Joachim Krause und Christiane Magiera-Krause (Hrsg.)

Dokumentation zur Abrüstung und Sicherheit

Übersicht über die bisher erschienenen Bände:

es behandelten

Band I :	die Ereignisse 1943/59	(ISBN 3-87748-264-3)
II :	die Ereignisse 1960/63	(ISBN 3-87748-265-1)
III :	die Ereignisse 1964/65	(ISBN 3-87748-266-X)
IV :	die Ereignisse 1966	(ISBN 3-87748-267-8)
V :	die Ereignisse 1967	(ISBN 3-87748-268-6)
VI :	die Ereignisse 1968	(ISBN 3-87748-269-4)
VII :	die Ereignisse 1969	(ISBN 3-87748-270-8)
VIII :	die Ereignisse 1970	(ISBN 3-87748-271-6)
IX :	die Ereignisse 1971	(ISBN 3-87748-272-4)
X :	die Ereignisse 1972	(ISBN 3-87748-273-2)
XI :	die Ereignisse 1973	(ISBN 3-87748-274-0)
XII :	die Ereignisse 1974	(ISBN 3-87748-275-9)
XIII :	die Ereignisse 1975	(ISBN 3-87748-276-7)
XIV :	die Ereignisse 1976	(ISBN 3-87748-278-3)
XV :	die Ereignisse 1977	(ISBN 3-87748-279-1)
XVI :	die Ereignisse 1978	(ISBN 3-87748-312-7)
XVII :	die Ereignisse 1978/79	(ISBN 3-88579-025-4)
XVIII :	die Ereignisse 1980	(ISBN 3-88579-026-2)
XIX :	die Ereignisse 1981	(ISBN 3-88579-027-0)
XX :	die Ereignisse 1982	(ISBN 3-88579-028-9)
XXI :	die Ereignisse 1983	(ISBN 3-88579-029-7)
XXII :	die Ereignisse 1984	(ISBN 3-88579-030-0)
XXIII :	die Ereignisse 1985/86	(ISBN 3-88579-031-9)
XXIV :	die Ereignisse 1987/88	(ISBN 3-88000-000-0)
XXV :	die Ereignisse 1989/92	(ISBN 3-89665-063-7)
XXVI :	die Ereignisse 1993/96	(ISBN 3-89665-078-5)
XXVII :	die Ereignisse 1997/98	(ISBN 3-89665-142-0)
XXVIII :	die Ereignisse 1999/2000	(ISBN 3-89665-210-9)

In Vorbereitung: Band XXX: die Ereignisse 2003/2004

Band XXIX – 2001/2002: ISBN 3-89665-296-6

Gesamtherstellung und Vertrieb:

Richarz Publikations Service GmbH, Sankt Augustin

2003

Dokumentation zur Abrüstung und Sicherheit

Band XXIX: 2001/2002

Herausgegeben und zusammengestellt von
Joachim Krause und
Christiane Magiera-Krause

Eine Publikation des Instituts für Sicherheitspolitik an der Universität Kiel

Academia Verlag ▲ Sankt Augustin

Bibliografische Information Der Deutschen Bibliothek
Die Deutsche Bibliothek verzeichnet diese Publikation in der
Deutschen Nationalbibliografie; detaillierte bibliografische Daten
sind im Internet über http://dnb.ddb.de abrufbar.

ISBN 3-89665-296-6

1. Auflage 2003

© Academia Verlag
Bahnstraße 7, D-53757 Sankt Augustin
Internet: www.academia-verlag.de
E-mail: kontakt@academia-verlag.de

Printed in Germany

Alle Rechte vorbehalten
Ohne schriftliche Genehmigung des Verlages ist es nicht gestattet, das Werk unter Verwendung mechanischer, elektronischer und anderer Systeme in irgendeiner Weise zu verarbeiten und zu verbreiten. Insbesondere vorbehalten sind die Rechte der Vervielfältigung – auch von Teilen des Werkes – auf fotomechanischem oder ähnlichem Wege, der tontechnischen Wiedergabe, des Vortrags, der Funk- und Fernsehsendung, der Speicherung in Datenverarbeitungsanlagen, der Übersetzung und der literarischen und anderweitigen Bearbeitung.

Herstellung: Richarz Publikations-Service GmbH, Sankt Augustin

I. CHRONIK DER EREIGNISSE 1

2001 1

1. **(22.I.) Europäische Union richtet sicherheits- und verteidigungspolitische Gremien ein** 1
   Beschluss des Rates vom 22. 1. 2001 zur Einsetzung des Politischen und Sicherheitspolitischen Komitees 1

2. **(26.I.) Israel und Palästinenser einigen sich auf Wiederaufnahme von Gesprächen** 4
   Gemeinsame israelisch-palästinensische Erklärung über die Gespräche in Taba, veröffentlicht am 26. 1. 2001 4

3. **(3.II.) US-Verteidigungsminister plädiert für Raketenabwehr** 5
   Rede des US-Verteidigungsminister vor der Konferenz zur Sicherheitspolitik vom 3. 2. 2001 5

4. **(12.III.) Direktor der BMDO erklärt Raketenabwehr für machbar** 7

5. **(16.III.) Sicherheitsrat der VN zur Einrichtung demokratischer und autonomer Selbstverwaltungsinstitutionen im Kosovo** 11
   Erklärung des Präsidenten des Sicherheitsrats zum Kosovo vom 16. 3. 2001 11

6. **(21.III.) Sicherheitsrat verurteilt terroristische Aktivitäten in Teilen der ehemaligen jugoslawischen Republik Mazedonien und in bestimmten Ortschaften in Südserbien** 12
   Resolution 1345 des VN-Sicherheitsrats, verabschiedet am 21. 3. 2001 12

7. **(29.III.) Deutsch-amerikanische Erklärung zu transatlantischen Beziehungen** 14
   Transatlantische Vision für das 21. Jahrhundert: Gemeinsame Erklärung des deutschen Bundeskanzlers und des amerikanischen Präsidenten vom 29. 3. 2001 14

8. **(30.IV.) Mitchell-Kommission legt Bericht mit Empfehlungen zum Nahost-Konflikt vor** 16
   Bericht des Sharm-el-Scheich Untersuchungsausschuss, vorgelegt am 30. 4. 2001 (Auszüge) 17

9. **(1.V.) US-Präsident Bush zur nuklearen Abrüstung und Raketenabwehr** 21
   Rede von US-Präsident Bush vor der National Defense University vom 1. 5. 2001 21

10. **(10.-11.V.) Jahrestreffen der Nuklearen Lieferländer** 24
    Nuclear Suppliers Group Plenary Meeting, Aspen, 10. - 11. 5. 2001 24

11. **(15.V.) Reaktion Israels auf den Bericht der Mitchell-Komission** 25

Inhaltsverzeichnis

Stellungnahme der israelischen Regierung zum Bericht des Scharm-el-Scheich-Untersuchungsausschusses, veröffentlicht am 15. 5. 2001 in Jerusalem   25

12. (21.V.) US-Außenminister Powell zum Nahen Osten   28

13. (22.V.) EU begrüßt Ergebnisse der Mitchell-Kommission   30
Erklärung des Vorsitzes im Namen der Europäischen Union zum Bericht des Scharm-el-Scheich-Untersuchungsausschusses, veröffentlicht am 22. 5. 2001 in Brüssel   30

14. (26.V.) Arafat zu den Aussichten des Friedensprozesses in Nahost   31
Rede des Präsidenten der Palästinensischen Autonomiebehörde, Yassir Arafat, auf dem Außenministertreffen der Islamischen Konferenz, 26. 5. 2001   31

15. (29.V.) NATO-Frühjahrstreffen in Budapest   34
Kommuniqué - Treffen des NATO-Rats auf Ebene der Außenminister, Budapest, den 29. 5. 2001   34

16. (1.VI.) Sicherheitsrat lockert Sanktionenregime für Irak   50
Resolution 1352 des VN-Sicherheitsrats, verabschiedet am 1. 6. 2001   51

17. (1.VI.) Letzte INF-Inspektion abgeschlossen   51
Statement by the official representative of the Ministry of Foreign Affairs of the Russian Federation from 1. 6. 2001   52

18. (1.VI.) Überprüfungskonferenz zum Vertrag über konventionelle Streitkräfte in Europa abgeschlossen   52
Offizielle Schlussfolgerungen der Konferenz zur Überprüfung der Wirkungsweise des Vertrags über konventionelle Streitkräfte in Europa und der abschließenden Akte der Verhandlungen über Personalstärken vom 1. 6. 2001   52

19. (6.VI) USA wollen weiter mit Nordkorea verhandeln   55
Statement by President George W. Bush on Undertaking Talks with North Korea, 6. 6. 2001   55

20. (7.-8.VI) NATO-Verteidigungsminister zur Lage der Allianz und zur Situation auf dem Balkan   55
1. Kommuniqué - Treffen des Nordatlantikrats auf Ebene der Verteidigungsminister, Brüssel, 7. 6. 2001   56
2. Treffen der Verteidigungsminister im Verteidigungsplanungsausschuss und in der Nuklearen Planungsgruppe - Kommuniqué vom 7. 6. 2001   56
3. Treffen der Verteidigungsminister, Erklärung zur Lage auf dem Balkan vom 7. 6. 2001   58
4. Treffen der Verteidigungsminister, Erklärung zur Initiative zur Verteidigungsfähigkeit vom 7. 6. 2001   62
5. Treffen der NATO-Ukraine-Kommission auf Ebene der Verteidigungsminister - Erklärung vom 7. 6. 2001   63
6. Treffen des Ständigen NATO-Russland-Rats auf Ebene der Verteidigungsminister - Erklärung vom 8. 6. 2001   64
7. Treffen des Euro-Atlantischen Partnerschaftsrats auf Ebene der Verteidigungsminister, Zusammenfassung durch den Vorsitzenden vom 8. 6. 2001   65

Inhaltsverzeichnis

21. (13.VI.) **Sondergipfel der NATO zu ESVP und Erweiterung** 66
Presseerklärung von Generalsekretär Robertson nach Abschluss des Gipfels
am 13. 6. 2001 66

22. (13.VI.) **Sicherheitsrat zur Zusammenarbeit bei Friedenssicherungseinsätzen** 68
Resolution 1353 des VN-Sicherheitsrat, verabschiedet am 13. 6. 2001 68

23. (14.VI.) **Amerikanischer Plan für den Nahen Osten vorgelegt** 74
Waffenstillstandsplan für den Nahen Osten, vorgelegt vom CIA Direktor
George Tenet am 14. 6. 2001 74

24. (15.VI.) **EU-Gipfel von Göteborg zur Weiterentwicklung der ESVP** 76
1. Empfehlungen zur ESVP, aus den Schlussfolgerungen des Vorsitzes 76
2. Erklärung über die Verhinderung der Verbreitung ballistischer Raketen 77
3. Erklärung zur ehemaligen jugoslawischen Republik Mazedonien 77
4. Bericht des Vorsitzes an den Europäischen Rat (Göteborg) über die
Europäische Sicherheits- und Verteidigungspolitik 78
5. Bericht des Hohen Vertreters für die Außen- und Sicherheitspolitik der
Europäischen Union über den Nahen Osten, vom 15. 6 . 2001 103

25. (2.VII.) **Russisch-französische Erklärung über strategische Fragen** 108
Gemeinsame Erklärung über strategische Fragen vom 2. 7. 2001 108

26. (3.VII.) **Sicherheitsrat der VN beschließt Maßnahmen zur weiteren Deckung des humanitären Bedarfs der irakischen Bevölkerung** 109
Resolution 1360 des VN-Sicherheitsrats, verabschiedet am 3. 7. 2001 110

27. (12.VII.) **Überlegungen der Bush-Administration zur Raketenabwehr** 112

28. (19.VII.) **G8-Außenminster zur Konfliktverhütung und zur aktuellen Lage in Krisenregionen** 120
1. Schlussfolgerungen von Rom vom 19. 7. 2001 120
2. Römische Initiativen der G8 zur Konfliktverhütung, vom 19. 7. 2001 125

29. (21.VII.) **Gipfeltreffen der G8 in Genua** 127
G8-Erklärungen zu regionalen Fragen vom 21. 7. 2001 127

30. (24.VII.) **US-Überlegungen zum strategischen Verhältnis zu Russland** 129
Ausführungen des Staatssekretärs im US-Außenministerium vor dem
Streitkräfteausschuss des US-Senats am 24. 7. 2001 (Auszüge) 129

31. (25.VII.-17.VIII.) **Verhandlungen über Ergänzungsprotokoll zum BWÜ gescheitert** 132

32. (13.VIII.) **Rahmenabkommen zwischen der Republik Mazedonien und der Euro-Atlantischen Gemeinschaft** 134
Framework Agreement (Ohrid-Agreement), 13. 8. 2001 135

33. (22.VIII.) **Beginn der Operation Essential Harvest** 145

Inhaltsverzeichnis

34. (30.VIII.) Sicherheitsrat verabschiedet Grundsatzdokument über eine umfassende Strategie zur Verhütung bewaffneter Konflikte 145
Resolution 1366 des VN-Sicherheitsrats, verabschiedet am 30. 8. 2001 145

35. (10.IX.) Sicherheitsrat hebt Waffenembargo gegen Jugoslawien auf 149
Resolution 1367 des VN-Sicherheitsrats, verabschiedet am 10. 9. 2001 149

36. (11.IX.) Terroranschläge in New York und Washington 150
1. Ansprache des amerikanischen Präsidenten vom 12. 9. 2001 150
2. Regierungserklärung des deutschen Bundeskanzlers zu den Anschlägen in den USA, am 12. 9. 2001 vor dem Deutschen Bundestag in Berlin (Auszüge) 150
3. Erklärung des russischen Staatspräsidenten zu den terroristischen Anschlägen in den Vereinigten Staaten, 12. 9. 2001 152

37. (12.IX.) Sicherheitsrat verurteilt Terror als Bedrohung des Weltfriedens 152
Resolution 1368 des VN-Sicherheitsrats, verabschiedet am 12. 9. 2001 152

38. (12.IX.) Europäischer Rat verurteilt Anschläge von New York und Washington 153
1. Erklärung der Europäischen Union vom 12. 9. 2001 153
2. Schlussfolgerungen des Rates vom 12. 9. 2001 153

39. (12.IX.) NATO-Rat zum Eintreten des Bündnisfalls 154

40. (18.-21.IX.) Dritte Vertragsstaatenkonferenz des Ottawa-Abkommens zur Ächtung von Antipersonenminen 154
Declaration of the Third Meeting of the States Parties from 21. 9. 2001 155

41. (19.XI.) Regierungserklärung der Bundesregierung zu den Anschlägen vom 11. September 157
Regierungserklärung der Bundesregierung vom 19. 9. 2001 zu den Konsequenzen der terroristischen Anschläge gegen die USA 157

42. (20.IX.) Präsident Bush macht islamische Fundamentalisten für Anschlag verantwortlich 159

43. (21.IX.) EU beschließt umfassenden Maßnahmenkatalog gegen Terrorismus 164
Bekämpfung des Terrorismus: Schlussfolgerungen des Europäischen Rates vom 21. 9. 2001 164

44. (25.-28.IX.) Plenartreffen von MTCR 170
Results of the Plenary Meeting of the Missile Technology Control Regime, Ottawa, Canada, 28. 9. 2001 170

45. (26.IX.) Sicherheitsrat zur Souveränität und territorialen Unversehrtheit Mazedoniens 171
Resolution 1371 des VN-Sicherheitsrats, verabschiedet am 26. 9. 2001 171

46. (27.IX.) Bundestags-Beschluss über Bundeswehreinsatz in Mazedonien 172
Beschluss des Deutschen Bundestages über die Beteiligung bewaffneter deutscher Streitkräfte an dem NATO-geführten Einsatz auf mazedonischem

Inhaltsverzeichnis

Territorium zum Schutz von Beobachtern internationaler Organisationen im Rahmen der weiteren Implementierung des politischen Rahmenabkommens vom 13. 8. 2001 auf der Grundlage der Einladung des mazedonischen Präsidenten Trajkovski vom 18. 9. 2001 und der Resolution Nr. 1371(2001) des Sicherheitsrates der Vereinten Nationen vom 26. 9. 2001   173

47. (27.IX.) Operation Amber-Fox in Mazedonien gestartet   175
NATO Press Release, 27. 9. 2001   176

48. (28.IX.) Sicherheitsrat der VN gegen die Finanzierung terroristischer Handlungen   176
Resolution 1373 des VN-Sicherheitsrats, verabschiedet am 28. 9. 2001   176

49. (1.-4.X.) Jahrestreffen der Australiengruppe   179
The Australia Group: Tackling the threat of chemical and biological weapons, 4. 10. 2001   179

50. (4.X.) NATO Zusammenarbeit zur Abwehr des Terrorismus beschlossen   180
Presseerklärung des Generalsekretärs der NATO zu der Entscheidung des Nordatlantikrats über die Anwendung des Artikel 5 des Washingtoner Vertrags nach den Anschlägen in den USA, abgegeben am 4. 10. 2001   180

51. (7.X.) USA beginnen Militärschläge in Afghanistan   181
1. Rede von US-Präsident Bush zum Beginn der Militärschläge gegen Afghanistan am 7. 10. 2001   181
2. Fernsehansprache des französischen Staatspräsidenten zum Militäreinsatz in Afghanistan am 7. 10. 2001 in Paris   183
3. Regierungserklärung des deutschen Bundeskanzlers zur aktuellen Lage nach Beginn der Operation gegen den internationalen Terrorismus in Afghanistan, 11. 10. 2001 vor dem Deutschen Bundestag in Berlin (Auszüge)   184

52. (9.X.) EU zum Vorgehen gegen die Taliban, zum Kampf gegen den Terrorismus und zur Lage im Nahen Osten   186
1. Erklärung des Rates zum Vorgehen der USA gegen die Taliban vom 9. 10. 2001   186
2. Schlussfolgerungen des Rates zum Vorgehen der Europäischen Union vom 9. 10. 2001   187
3. Friedensprozess im Nahen Osten: Erklärung des Rates vom 9. 10. 2001   189

53. (17.X.) EU-Staaten zum Vorgehen gegen den Terrorismus   189
Schlussfolgerungen des Rates der EU vom 17. 10. 2001 zum Vorgehen nach den Terroranschlägen in den Vereinigten Staaten   189

54. (19.X.) EU-Gipfel zu weiteren Maßnahmen gegen Terrorismus   192
Erklärung der Staats- und Regierungschefs der Europäischen Union und des Präsidenten der Kommission vom 19. 10. 2001 über die Maßnahmen nach den Terroranschlägen vom 11. 9. und die Terrorismusbekämpfung   192

55. (29.X.) EU über Grundsätze einer Nahost Friedensregelung   194
Erklärung des Rates der EU zum Nahen Osten vom 29. 10. 2001   194

56. (6.-8.X.) Deutschland leistet militärische Hilfe für Operation Enduring Freedom   195

Inhaltsverzeichnis

    1. Erklärung des US-Verteidigungsministers zur Bitte um militärischen Beistand Deutschlands im Kampf gegen den internationalen Terrorismus, vom 6. 11. 2001   196

    2. Regierungserklärung des deutschen Bundeskanzlers zur Beteiligung bewaffneter deutscher Streitkräfte an der Bekämpfung des internationalen Terrorismus, 8. 11. 2001 vor dem Deutschen Bundestag in Berlin (Auszüge)   196

57. (10.XI.) US-Präsident Bush ruft zum Krieg gegen Terrorismus auf   198
Rede von US-Präsident George W. Bush vor der Generalversammlung der Vereinten Nationen vom 10. 11. 2001.   198

58. (11.-13.XI.) Zweite Konferenz zur Förderung des Inkrafttretens des Nuklearen Teststoppvertrags   202
Conference on Facilitating the Entry into Force of the Comprehensive Nuclear-Test-Ban Treaty - Final Declaration, 13. 11. 2001   202

59. (12.XI.) Sicherheitsrat der VN über das weltweite Vorgehen gegen den Terrorismus   205
Resolution 1377 des VN-Sicherheitsrats, verabschiedet am 12. 11. 2001   205

60. (13.XI.) Russisch-amerikanisches Gipfeltreffen   207
1. Gemeinsame Erklärung der Präsidenten von Russland und den USA zu Afghanistan, 13. 11. 2001   207
2. Gemeinsame Erklärung der Präsidenten von Russland und den USA zum Nahen Osten, 13. 11. 2001   207

61. (14.XI.) Sicherheitsrat der VN unterstützt Einrichtung einer Übergangsverwaltung in Afghanistan   208
Resolution 1378 des VN-Sicherheitsrats, verabschiedet am 14. 11. 2001   208

62. (16.XI.) Kanzler Schröder verbindet Afghanistan Abstimmung mit Vertrauensfrage   209
Rede des deutschen Bundeskanzlers vor dem Deutschen Bundestag in Berlin zum Militäreinsatz gegen Terrorismus und zur Vertrauensfrage am 16. 11. 2001   210

63. (20.XI.) EU beschließt Verbesserung der militärischen Fähigkeiten   212
1. Erklärung über die Verbesserung der europäischen militärischen Fähigkeiten vom 20. 11. 2001   212
2. Erklärung zu den polizeilichen Fähigkeiten   217

64. (19.XI-7.XII.) Überprüfungskonferenz zum BWÜ geht ohne Ergebnis zu Ende   219

65. (19.XI.) Differenziertes Sanktionenregime für Irak vereinbart   219
Resolution 1382 des VN-Sicherheitsrats, verabschiedet am 29. 11. 2001   219

66. (3.-4.XII.) OSZE - Ministerratstreffen in Bukarest   230
1. Erklärung des Ministerrats von Bukarest   230
2. Beschluss über die Bekämpfung des Terrorismus   231
3. Bukarester Aktionsplan zur Bekämpfung des Terrorismus   232

Inhaltsverzeichnis

67. (5.XII.) Implementierung des START-Vertrages abgeschlossen   237
Statement by the Official Spokesman of the Foreign Ministry of the Russian Federation regarding the end of the Period of Strategic Offensive Arms Reductions under the START Treaty, 5. 12. 2001   238

68. (5.-6.XII.) Regelungen für Neuordnung Afghanistans gefunden   238
1. Übereinkommen über vorläufige Regelungen in Afghanistan bis zur Wiederherstellung dauerhafter staatlicher Institutionen, unterzeichnet auf dem Petersberg bei Bonn am 5. 12. 2001   238
2. Kommuniqué über die Jahrestagung der Afghanistan Support Group (ASG) am 5. und 6. 12. 2001 in Berlin   244

69. (6.-7.XII.) NATO-Herbsttagung zu Terrorismus und Beziehungen zu Russland   245
1. Kommuniqué der NATO-Außenminister, Brüssel, den 6. 12. 2001   245
2. Die Antwort der NATO auf Terrorismus, Brüssel, den 7. 12. 2001   248
3. Gemeinsame NATO-Russland-Erklärung anlässlich des Treffens des Ständigen Gemeinsamen Rats auf Ebene der Außenminister, Brüssel, den 7. 12. 2001   250
4. Treffen des euro-atlantischen Partnerschaftsrats (EAPR) auf Ebene der Außenminister Zusammenfassung durch den Vorsitzenden, Brüssel, den 7. 12. 2001   251

70. (6.XII.) Sicherheitsrat unterstützt vorläufige Regelungen für Afghanistan   252
Resolution 1383 des VN-Sicherheitsrats, verabschiedet am 6. 12. 2001   252

71. (10.XII.) EU-Außenminister zu Afghanistan und zum Nahen Osten   253
1. Afghanistan - Schlussfolgerungen des Rates vom 10. 12. 2001   253
2. Erklärung des Rates zum Nahen Osten vom 10. 12. 2001   254

72. (11.-21.XII.) Zweite Überprüfungskonferenz zum VN-Waffenübereinkommen   255
Final declaration of the Second Review Conference of the Convention on Prohibition or Restrictions on the use of Certain Conventional Weapons which May be Deemed to be Excessively Injurious or to have Indiscriminate Effects, Geneva 21. 12. 2001   255

73. (13.XII.) Bundestag beschließt Fortsetzung des Mazedonieneinsatzes der Bundeswehr   261
Beschluss des Deutschen Bundestages vom 13. 12. 2001 über die Fortsetzung der Beteiligung bewaffneter deutscher Streitkräfte an dem NATO-geführten Einsatz auf mazedonischem Territorium zum Schutz von Beobachtern internationaler Organisationen im Rahmen der weiteren Implementierung des politischen Rahmenabkommens vom 13. 8. 2001 auf der Grundlage des Ersuchens des mazedonischen Präsidenten Trajkowski vom 3. 12. 2001 und der Resolution Nr. 1371 (2001) des Sicherheitsrates der Vereinten Nationen vom 26. 9. 2001 (573:35:6)   261

74. (13.XII.) USA treten vom ABM-Vertrag zurück   262
1. Erklärung von US-Präsident Bush zum Rücktritt der USA vom ABM-Vertrag   262

2. Text of Diplomatic Notes to Russia, Belarus, Kazakhstan, and Ukraine, 13. 12. 2001 — 263
3. Statement by the President of the Russian Federation of 13. 12. 2001 — 263

75. (15.XII.) EU-Gipfel in Laeken — 264
1. Schlussfolgerungen des Vorsitzenden, 15. 12. 2001 (Auszüge) — 264
2. Erklärung von Laeken zur Zukunft der Europäischen Union, 15. 12. 2001 — 266
3. Erklärung zur Einsatzbereitschaft auf dem Gebiet der Gemeinsamen Sicherheits- und Verteidigungspolitik, 15. 12. 2001 — 271
4. Erklärung der EU zur Lage im Nahen Osten vom 15. 12. 2001 — 273

76. (18.XII.) NATO-Verteidigungsminister zur Terrorismusbekämpfung — 274
1. Treffen des Nordatlantikrats auf Ebene der Verteidigungsminister, Kommuniqué vom 18. 12. 2001 — 274
2. Kampf gegen den Terrorismus: Anpassung der Verteidigungsfähigkeiten des Bündnisses, 18. 12. 2001 — 275
3. DPC/NPG-Kommuniqué, 18. 12. 2001 — 277
4. Erklärung der Verteidigungsminister zur Lage auf dem Balkan vom 18. 12. 2001 — 279

77. (18.XII.) Russland kritisiert Pläne der USA, im Weltraum Raketenabwehrkomponenten zu stationieren — 282
Statement by the Ministry of Foreign Affairs of the Russian Federation regarding the stepping up of attempts by the United States of America to set in place a global missile defence system, 18. 12. 2001 — 282

78. (20.XII.) Sicherheitsrat beschließt Einrichtung einer Internationalen Sicherheitsbeistandstruppe für Afghanistan — 283
Resolution 1386 des VN-Sicherheitsrats, verabschiedet am 20. 12. 2001 — 283

79. (22.XII.) Bundestag billigt Beteiligung der Bundeswehr an Afghanistan Truppe — 284
1. Rede von Bundesaußenminister Joschka Fischer zur Mandatserteilung für die Friedensmission in Afghanistan am 22. 12. 2001 vor dem Deutschen Bundestag — 285
2. Beschluss des Deutschen Bundestages über die Beteiligung bewaffneter deutscher Streitkräfte an dem Einsatz einer Internationalen Sicherheitsunterstützungstruppe in Afghanistan auf Grundlage der Resolutionen 1386 (2001), 1383 (2001) und 1378 (2001) des Sicherheitsrats der Vereinten Nationen — 286

2002 — 290

80. (1.I.) Vertrag über den Offenen Himmel in Kraft getreten — 290

81. (15.I.) Sicherheitsrat zur Lage zwischen Kroatien und Jugoslawien — 290
Resolution 1387 des Sicherheitsrats, verabschiedet am 15. 1. 2002 — 290

82. (16.I.) Sicherheitsrat beschließt Maßnahmen gegen Mitglieder der Taliban und der Al-Qaida-Organisation — 291
Resolution 1390 des VN-Sicherheitsrats, verabschiedet am 16. 1. 2002 — 291

Inhaltsverzeichnis

83. (24.-28.I.) Vorstellungen der Bush-Administration zur Abrüstungsdiplomatie — 294
   1. Rede des Staatssekretärs im US-Außenministerium, John Bolton, vor der CD vom 24. 1. 2002 — 294
   2. Answer given to Korean central news agency by the spokesman of the Foreign Ministry of the Democratic People's Republic of Korea. — 297
   3. Statement by the Russian Foreign Ministry from 28. 1. 2002 in Connection with the Speech of US Under Secretary of State John R. Bolton — 298

84. (28.I.) EU zur Lage im Nahen Osten — 298
   Schlussfolgerungen des Rates zur Lage im Nahen Osten vom 28. 1. 2002 — 299

85. (29.I.) Präsident Bush zur Lage der Nation — 299
   Erster Bericht zur Lage der Nation des amerikanischen Präsidenten, George W. Bush, vom 29. 1. 2002 in Washington (Auszug) — 300

86. (31.I.) Grundsatzerklärung des Sicherheitsrats zur Situation Afrikas — 302
   Erklärung des Präsident des Sicherheitsrats zur Situation in Afrika vom 31. 1. 2002 — 302

87. (12.II.) Außenminister Fischer kritisiert US-Politik gegenüber „Achse des Bösen" — 305
   Interview des deutschen Außenministers mit der Tageszeitung „Die Welt" vom 12. 2. 2002 (Auszüge) — 305

88. (25.II.) Deutsch-britische Initiative zur Stärkung des Europäischen Rates — 306
   Brief des deutschen Bundeskanzlers und des britischen Premierministers an den Ratsvorsitzenden der EU zur Notwendigkeit einer Reform des Europäischen Rates vom 25. 2. 2002 — 306

89. (11.III.) Präsidenten Bush ruft zur zweiten Phase des Krieges gegen Terrorismus auf — 308
   Rede von US-Präsident Bush vom 11. 3. 2002 zum Gedenken an die Terroranschläge vom 11. September 2001 — 308

90. (12.III.) Außenminister Powell zur Nuclear Posture Review — 311
   Aussagen des amerikanischen Außenministers zur Nuclear Posture Review vom 12. 3. 2002 — 311

91. (12.III.) Sicherheitsrat zur Situation in Israel und Palästina — 313
   Resolution 1397 des VN-Sicherheitsrats, verabschiedet am 12. 3. 2002 — 313

92. (28.III.) Sicherheitsrat richtet VN-Hilfsmission für Afghanistan ein — 314
   Resolution 1401 des VN-Sicherheitsrats, verabschiedet am 28. 3. 2002 — 314

93. (30.III.) Sicherheitsrat der VN zu Israel und zu den Palästinensern — 315
   Resolution 1402 des VN-Sicherheitsrats, verabschiedet am 30. 3. 2002 — 315

94. (10.IV.) Erstes Treffen des Quartetts über Nahen Osten — 316

Gemeinsame Erklärung der USA, Russlands, der EU und der Vereinten
Nationen zum Nahen Osten vom 10. 4. 2002   316

**95. (15.IV.) Europäischer Rat beschließt Maßnahmen gegen
terroristische Bedrohungen**   318
Schlussfolgerungen des Rates zu den Auswirkungen der terroristischen
Bedrohung auf die Nichtverbreitungs-, die Abrüstungs- und die
Rüstungskontrollpolitik der Europäischen Union, 15. 4. 2002   318

**96. (13.V.) Europäischer Rat zu militärischen Fähigkeiten und
Rüstungspolitik**   322
1. Stellungnahme des Rates für Allgemeine Angelegenheiten zu
militärischen Fähigkeiten vom 13. 5. 2002   322
2. Leitlinien des Vorsitzes für die weitere Verstärkung der Zusammenarbeit
im Rüstungsbereich   323

97. (14.V.) Sicherheitsrat lockert Importregime für den Irak   324
Resolution 1409 des VN-Sicherheitsrats, verabschiedet am 14. 5. 2002   324

98. (14.-15.V.) NATO-Minister-Treffen in Reykjavik   329
1. Treffen des Nordatlantikrats auf Ebene der Außenminister 14. 5. 2002 -
Kommuniqué   329
2. Treffen des Euro-Atlantischen Partnerschaftsrats auf Ebene der
Außenminister 15. 5. 2002 - Zusammenfassung durch den Vorsitzenden   334
3. Treffen der NATO-Ukraine-Kommission auf Ebene der Außenminister   335

99. (16.-17.V.) Treffen der Lieferländer nuklearer Technologie   336
Nuclear Suppliers Group plenary meeting, Prague, 17 May 2002   336

100.(17.V.) Sicherheitsrat lockert Sanktionen über UNITA   337
Resolution 1412 des VN-Sicherheitsrates verabschiedet am 17. 5. 2002   337

**101.(23.V.) Rede von US-Präsident Bush während einer
Sondersitzung des Deutschen Bundestags**   338
Rede von US-Präsident George W. Bush vor dem Deutschen Bundestag vom
23. 5. 2002.   338

**102.(23.V.) Sicherheitsrat verlängert Mandat für Afghanistan
Unterstützungstruppe**   342
Resolution 1413 des VN-Sicherheitsrats, verabschiedet am 23. 5. 2002   343

**103.(24.V.) USA und Russland schließen Abrüstungsvertrag und
vereinbaren weitere Kooperation**   344
Joint US-Russian Statement from 24. 5. 2002   344

**104.(28.V.) NATO-Russland-Gipfeltreffen beschließt engere
Beziehungen**   348
Die Beziehungen zwischen der NATO und Russland: eine neue Qualität -
Erklärung des Gipfeltreffens der Staats- und Regierungschefs der
Mitgliedstaaten der NATO und der Russischen Föderation vom 28. 5. 2002   348

**105.(29.V.) EU-Russland-Gipfel beschließt Erweiterung der
Zusammenarbeit**   350

Inhaltsverzeichnis

Gemeinsame Erklärung des russischen Präsidenten, des Präsidenten des
Europäischen Rates, des Hohen Vertreters für die Gemeinsame Außen- und
Sicherheitspolitik, und des Präsidenten der Europäischen Kommission auf
dem neunten EU-Russland-Gipfel am 29. 5. 2002 in Moskau (gekürzt) 350

106. (29.V.) Erneuter Bundestagsbeschluss über Mazedonien-Einsatz 355
Beschluss des Deutschen Bundestages vom 29. 5. 2002 über die Fortsetzung
der Beteiligung bewaffneter deutscher Streitkräfte an dem NATO-geführten
Einsatz auf mazedonischem Territorium zum Schutz von Beobachtern
internationaler Organisationen im Rahmen der weiteren Implementierung
des politischen Rahmenabkommens vom 13. 8. 2001 auf der Grundlage des
Ersuchens der mazedonischen Regierung vom 28. 4. 2002 und der
Resolution 1371 (2001) des Sicherheitsrats der Vereinten Nationen vom 26.
9. 2001. 355

107. (3.-6.VI.) Australiengruppe verschärft Exportkontrollregime 355
1. Press Release: New Measures to Fight the Spread of Chemical and
Biological Weapons, 6. 6. 2002 356
2. List of Biological Agents for Export Control Core List (revised version
2002) 357
3. Guidelines for Transfers of Sensitive Chemical or Biological Items 360

108. (6.-7.VI.) NATO-Verteidigungsministertreffen 362
1. Kommuniqué des Treffens des Nordatlantikrats auf Ebene der
Verteidigungsminister vom 6. 6. 2002 363
2. Erklärung zum Balkan vom 6. 6. 2002 364
3. Erklärung zu den Verteidigungsfähigkeiten vom 6. 6. 2002 367
4. Gemeinsames Kommuniqué des Verteidigungsplanungsausschusses
(DPC) und der Nuklearen Planungsgruppe (NPG), Treffen des
Nordatlantikrats auf Ebene der Verteidigungsminister 369
5. Treffen des Euro-Atlantischen Partnerschaftsrats auf Ebene der
Verteidigungsminister, Zusammenfassung des Vorsitzenden vom 7. 6. 2002 371
6. Erklärung zum Treffen des NATO-Russland-Rats auf Ebene der
Verteidigungsminister vom 6. 6. 2002 372
7. Erklärung zum Treffen der NATO-Ukraine-Kommission auf Ebene der
Verteidigungsminister vom 7. 6. 2002 373

**109. (6.VI.) USA werden Ministerium für Heimatverteidigung
einrichten** 374
Rede von US-Präsident Bush vom 6. 6. 2002 374

**110. (13.VI.) Außenministertreffen der G8 zu internationalen
Konflikten** 377
1. Canadian Chair's Statement on the G8-Meeting, 13. 6. 2002 377
2. G8 Conflict Prevention: Disarmament, Demobilisation and Reintegration 379

111. (13.VI.) USA wollen Kooperation bei Raketenabwehr 381
Erklärung von Präsident George W. Bush zum Rücktritt der USA vom ABM-
Vertrag vom 13. 6. 2002. 381

**112. (14.VI.) Russland sieht sich nicht mehr an den START-II Vertrag
gebunden** 382

xv

Statement by the Ministry of Foreign Affairs of the Russian Federation on the
Legal Status of the Treaty Between the Russian Federation and the United
States of America on Further Reduction and Limitation of Strategic Offensive
Arms, from 14. 6. 2002 382

**113. (21.-22.VI.) EU-Gipfel in Sevilla zur Außen- und
Verteidigungspolitik** 382
1. Schlussfolgerungen des Vorsitzes, Sevilla 21. - 22. 6. 2002 (Auszüge) 382
2. Erklärung des Europäischen Rates über den Beitrag der GASP,
einschliesslich der ESVP, zur Bekämpfung des Terrorismus 383
3. Bericht des Vorsitzes über die Europäische Sicherheits- und
Verteidigungspolitik 384

114. (24.VI.) US-Präsident hält Grundsatzrede zum Nahen Osten 389
Rede von US-Präsident Bush zum Nahen Osten vom 24. 6. 2002 389

**115. (26.VI.) Sicherheitsrat zeigt sich befriedigt über Entwicklung in
Afghanistan** 392
Resolution 1419 des VN-Sicherheitsrates, verabschiedet am 26. 6. 2002 392

116. (26.-27.VI.) Gipfeltreffen der G8-Staaten in Kananaskis 394
1. The Kananaskis Summit Chair's Summary, 27. 6. 2002 394
2. Erklärung der Staats- und Regierungschefs der G8 vom 27. 6. 2002: Die
Globale G8-Partnerschaft 395

**117. (12.VII.) Sicherheitsrat beschließt Ausnahmeregelung für
Internationalen Strafgerichtshof** 398
Resolution 1422 des VN-Sicherheitsrats, verabschiedet am 12. 7. 2002 399

**118. (16.VII.) Bemühungen des Quartetts für Friedenslösung im
Nahen Osten fortgesetzt** 399
Gemeinsame Erklärung des Nahost-Quartetts (UN, EU, USA, Russland)
vom 16. 7. 2002 in New York 400

119. (22.VII.) EU zur Entwicklung im Nahen Osten 402
Nahosterklärung der Europäischen Union vom 22. 7. 2002 402

120. (25.VII.) Regierungserklärung zur Verteidigungspolitik 403
Rede von Verteidigungsminister Struck am 25. 7. 2002 403

**121. (1.VIII.) USA vereinbaren Zusammenarbeit mit ASEAN-Staaten
bei Bekämpfung des Terrorismus** 405
Gemeinsame Erklärung der Vereinigten Staaten von Amerika und der
Mitgliedstaaten des Verbands Südostasiatischer Nationen (ASEAN) zur
Zusammenarbeit bei der Bekämpfung des internationalen Terrorismus,
unterzeichnet am 1. 8. 2002 405

**122. (7.VIII.) Außenminister Fischer spricht sich gegen
Militärintervention im Irak aus** 407
Interview von Außenminister Fischer mit der Süddeutschen Zeitung
vom 7. 8. 2002 (Auszüge) 407

123. (9.VIII.) Bundeskanzler Schröder kritisiert Irak-Politik der USA 408

Inhaltsverzeichnis

124. (15.VIII.) Bundeskanzler Schröder bekräftigt deutsche Haltung im Irak-Konflikt — 409

125. (26.VIII.) US-Vizepräsident zur Politik gegenüber dem Irak — 414
Rede von US-Vizepräsident Cheney vom 26. 8. 2002 — 414

126. (11.IX.) Bundeskanzler Schröder bekräftigt Kritik an Irak-Politik der USA — 419
Auszüge aus dem N 24 Interview mit dem Bundeskanzler am 11. 9. 2002 — 419

127. (12.IX.) Rede von US-Präsident George W. Bush vor den VN — 422
US-Präsident ruft Vereinte Nationen zum Handeln gegenüber Irak auf — 422

128. (16.-20.IX.) Vierte Staatenkonferenz zum Ottawa-Übereinkommen zur Ächtung von Antipersonenminen — 427
Declaration of the Forth Meeting of the States Parties, Geneva 20. 9. 2002 — 427

129. (17.IX.) Nahost-Quartett einigt sich auf „Roadmap" — 429
Gemeinsame Erklärung des Nahost-Quartetts (UN, EU, USA, Russland) vom 17. 9. 2002 in New York — 429

130. (17.IX.) Nationale Sicherheitsstrategie der USA veröffentlicht — 431
The National Security Strategy of the United States of America from 17. 9. 2002 — 431

131. (24.IX.) Sicherheitsrat kritisiert Israel und Palästinensische Autonomiebehörde — 450
Resolution 1435, vom VN-Sicherheitsrat verabschiedet am 24. 9. 2002 — 450

132. (24.-27.IX.) Plenartreffen von MTCR — 451
Results of the MTCR Plenary Meeting, Warsaw, Poland, 27. 9. 2002 — 451

133. (11.X.) US-Kongress verabschiedet Resolution zum Einsatz von Gewalt gegen Irak — 452
Joint Resolution to Authorize the use of United States Armed Forces Against Iraq — 453

134. (16.X.) Nordkorea gesteht Existenz eines verbotenen Urananreicherungsprogramms ein — 454
Presseerklärung des Sprechers des amerikanischen Außenministeriums zu Nordkoreas Nuklearprogramm, abgegeben am 16. 10. 2002 in Washington — 454

135. (24.-25.X.) EU-Gipfel von Brüssel zum Verhältnis ESVP-NATO — 455
1. Schlussfolgerungen des Vorsitzes, Brüssel 24. - 25. 10. 2002 (Auszüge) — 455
2. Anlage zu ESVP: Umsetzung der Bestimmungen von Nizza über die Beteiligung der nicht der EU angehörenden europäischen Bündnispartner — 456

136. (25.X.) Nordkorea wirft USA Vertragsbruch vor — 459
Erklärung des Sprechers des Außenministeriums der Koreanischen Demokratischen Volksrepublik zur Nuklearfrage auf der koreanischen Halbinsel, abgegeben am 25. 10. 2002 in Pjöngjang — 459

137. (28.X.) Französischer Außenminister kritisiert US-Politik in der Irak-Krise — 461

Inhaltsverzeichnis

Interview des französischen Außenministers zu Irak mit „Le Figaro" am 28. 10. 2002 in Paris — 461

138. (29.X.) Bundesregierung bleibt bei Nein zu Irak-Intervention — 463
Regierungserklärung des deutschen Bundeskanzlers am 29. 10. 2002 vor dem Deutschen Bundestag in Berlin, Auszüge zur Außen- und Sicherheitspolitik — 463

139. (8.XI.) Sicherheitsrat gibt Irak letzte Chance — 465
Resolution 1441 des VN-Sicherheitsrats, verabschiedet am 8. 11. 2002 — 465

140. (11.-14.XI.) Fortsetzung der Überprüfungskonferenz des BWÜ — 469
Convention on the Prevention of Biological Weapons, Results of the Fifth Review Conference, 14. 11. 2002 — 469

141. (13.XI.) Irak erklärt sich zur Wiederaufnahme von Inspektionen bereit — 470
Schreiben des Außenministers Iraks Nadschi Sabri an UN-Generalsekretär Kofi Annan vom 13. 11. 2002 — 470

142. (19.XI.) EU fordert Irak zur Kooperation auf — 473
Erklärung der EU zum Irak vom 19. 11. 2002 — 474

143. (21.-22.XI.) NATO-Gipfeltreffen in Prag — 474
1. Prager Gipfelerklärung der Staats- und Regierungschefs auf dem Treffen des Nordatlantikrats in Prag am 21. 11. 2002 — 474
2. Prager Gipfelerklärung zur Frage des Irak vom 21. 11. 2002 — 480
3. Treffen des NATO-Russland-Rats (NRR) auf Ebene der Außenminister Prag, den 22. 11. 2002. Abschlusserklärung durch NATO-Generalsekretär Lord Robertson — 481
4. Euro-Atlantischer-Partnerschaftsrat: Zusammenfassung durch den Vorsitzenden, 22. 11. 2002 — 482

144. (22.XI.) Vorschläge zur Europäischen Verteidigung veröffentlicht — 483
1. Stellungnahme der Regierung des Vereinigten Königreichs zu den Beratungen des Konvents, Arbeitsgruppe VIII „Verteidigung" vom 22. 11. 2002 — 483
2. Gemeinsame deutsch-französische Vorschläge für den Europäischen Konvent zum Bereich Europäische Sicherheits- und Verteidigungspolitik, vorgelegt vom französischen Außenminister, Dominique de Villepin, und vom deutschen Außenminister, Joschka Fischer, Mitglieder des Konvents, am 22. 11. 2002 in Brüssel — 487

145. (25.XI.) Verhaltenskodex gegen Raketenproliferation verabschiedet — 489
The Hague Code of Conduct against Missile Proliferation — 489

146. (27.XI.) Sicherheitsrat verlängert ISAF Mandat in Afghanistan — 492
Resolution 1444 des VN-Sicherheitsrats, verabschiedet am 27. 11. 2002 — 492

147. (29.XI.) Internationale Atomenergieorganisation kritisiert Nordkorea — 493
Resolution GOV/2002-60 des Board of Governors der IAEA vom 29. 11. 2002 — 493

Inhaltsverzeichnis

148. (6.-7.XII.) OSZE-Ministerrat in Porto   494
1. „Bewältigung des Wandels" Erklärung des Ministerrats von Porto   495
2. Erklärungen des Ministerrates   497
3. Interpretative Erklärungen zu den Erklärungen des Ministerrats   502
4. OSZE-Charta zur Verhütung und Bekämpfung des Terrorismus vom 7. 12. 2002   504

149. (9.XII.) Sicherheitsrat hebt alle Sanktionen über Angola auf   507
Resolution 1448 des VN-Sicherheitsrats, verabschiedet am 9. 12. 2002   507

150. (10.XII.) Nationale Strategie der USA zur Abwehr von Massenvernichtungswaffen   508
National Strategy to Combat Weapons of Mass Destruction from December 2002   508

151. (11.XII.) Vierte Staatenkonferenz zum Zweiten Protokoll zum VN-Waffenabkommen   514
An Appeal of the States Parties to Amended Protocol II to the CCW on the Occasion of the Fourth Annual Conference   514

152. (11.-12.XII.) Mitgliedstaaten des Wassenaar Arrangements zur Bekämpfung des Terrorismus   515
1. The 2002 Plenary of the Wassenaar Arrangement on Export Controls for Conventional Arms and Dual-Use Goods and Technologies   515
2. Best Practice Guidelines for Exports of Small Arms and Light Weapons (SALW) as adopted by the Plenary of 11.-12. 12. 2002   516
3. Statement of Understanding on Arms Brokerage   519
4. The Wassenaar Arrangement on Export Controls for Conventional Arms and Dual-Use Goods and Technologies: Initial Elements as Amended by the Plenary of 2002   519

153. (12.-13.XII.) EU-Gipfel in Kopenhagen   522
1. Schlussfolgerungen des Vorsitzes, Kopenhagen 12. - 13. 12. 2002 (Auszüge)   522
2. Anlage II: Erklärung des Rates(Tagung in Kopenhagen vom 12. 12. 2002)   526
3. Erklärung des Europäischen Rates zum Nahen Osten   526
4. Erklärung des Europäischen Rates zu Irak   527

154. (12.-13.XII.) Vertragstaatenkonferenz des VN-Waffenübereinkommens berät über Handhabung von Restmunition   527
Report of the Meeting of the States Parties to the Convention on Prohibitions or Restrictions on the Use of Certain Conventional Weapons which May be Deemed to be Excessively Injurious or to Have Indiscriminate Effects, 13. 12. 2002 (Auszüge)   528

155. (13.XII.) Sondertreffen der Nuklearen Lieferländer zu Nordkorea   530
Nuclear Suppliers Group Extraordinary Plenary Meeting, Vienna 13. 12. 2002   530

156. (22.-31.XII.) Streit über nordkoreanisches Nuklearprogramm eskaliert   531

II. ABKOMMEN UND VERTRÄGE 532

1. Treaty Between the United States of America and the Russian Federation on Strategic Offensive Reductions, 24. 5. 2002 532

III. REGISTER 534

1. Sach- und Länderregister 534
2. Personenregister 549
3. Abkürzungsverzeichnis 552
4. Verzeichnis der Quellen 558

Chronik der Ereignisse

2001

22. I. 2001

1. **Europäische Union richtet sicherheits- und verteidigungspolitische Gremien ein**

Am 22. Januar 2001 beschäftigte sich der Rat Allgemeine Angelegenheit der Europäischen Union mit der weiteren Entwicklung der Europäischen Sicherheits- und Verteidigungspolitik (ESVP) und der Umsetzung der auf dem Gipfel von Nizza verabschiedeten Beschlüsse *(siehe Band XXVIII, S. 389 ff.)*. Dabei wurden die in Nizza im Grundsatz beschlossenen Organe der ESVP eingeführt. Im Folgenden sind die entsprechenden Beschlüsse der Ratstagung wiedergegeben.

Beschluss des Rates vom 22. 1. 2001 zur Einsetzung des Politischen und Sicherheitspolitischen Komitees

„Der Rat der Europäischen Union -

gestützt auf den Vertrag über die Europäische Union, insbesondere auf Artikel 28 Absatz 1,

gestützt auf den Vertrag zur Gründung der Europäischen Gemeinschaft, insbesondere auf Artikel 207,

unter Bezugnahme auf Artikel 25 des Vertrags über die Europäische Union,

in Erwägung nachstehender Gründe:

(1) Der Europäische Rat hat auf seiner Tagung in Helsinki der Einsetzung eines Politischen und Sicherheitspolitischen Komitees grundsätzlich zugestimmt; auf der Grundlage der Schlussfolgerungen dieser Tagung wurde mit dem Beschluss 2000/143/GASP des Rates[1] ein Politisches und Sicherheitspolitisches Interimskomitee geschaffen.

---

[1] Beschluss 2000/143/GASP des Rates vom 14. Februar 2000 zur Schaffung des Politischen und Sicherheitspolitischen Interimskomitees (ABl.L 49 vom 22. 2. 2000, S.1).

- I. Chronik -
Nr. 1/22.I.2001: EU-Gremien

(2) Der Europäische Rat hat auf seiner Tagung vom 7. bis 11. Dezember 2000 in Nizza Einvernehmen über die Einsetzung des ständigen Politischen und Sicherheitspolitischen Komitees erzielt und dessen Rolle, Modalitäten und Funktionen festgelegt.

(3) Nach den Leitlinien des Europäischen Rates von Nizza sollte dieses Komitee in die Lage versetzt werden, seine Arbeit aufzunehmen.

(4) Der Grundsatz der einheitlichen Vertretung der Mitgliedstaaten der Union nach außen sollte uneingeschränkt gewahrt werden -

Beschliesst:

Artikel 1

Es wird ein Politisches und Sicherheitspolitisches Komitee (PSK) nachstehend 'Komitee' genannt, als ständige Konfiguration des Komitees nach Artikel 25 des Vertrags eingesetzt.

Artikel 2

Die Rolle, Modalitäten und Funktionen des Komitees sind im Anhang festgelegt, der der Anlage III des vom Europäischen Rat in Nizza gebilligten Berichts des Vorsitzes entspricht.

Artikel 3

Dieser Beschluss wird am Tag seiner Annahme wirksam.

Artikel 4

Dieser Beschluss wird im Amtsblatt veröffentlicht.

ANHANG: POLITISCHES UND SICHERHEITSPOLITISCHES KOMITEE

Nach dem in Helsinki vereinbarten Konzept soll das Politische und Sicherheitspolitische Komitee als 'Motor' der Europäischen Sicherheits- und Verteidigungspolitik (ESVP) und der Gemeinsamen Außen- und Sicherheitspolitik (GASP) fungieren: 'Das PSK wird sich (...)mit allen Aspekten der GASP, einschließlich der GESVP, befassen.' Dem PSK kommt unbeschadet des Artikels 207 des Vertrags zur Gründung der Europäischen Gemeinschaft (EGV) eine zentrale Rolle bei der Festlegung der Reaktion der Europäischen Union auf eine Krise und deren Umsetzung zu.

Das PSK befasst sich mit sämtlichen in Artikel 25 des Vertrags über die Europäische Union (EUV) vorgesehenen Aufgaben. Es kann in der Zusammensetzung der Politischen Direktoren zusammentreten.

Der Generalsekretär/Hohe Vertreter für die GASP kann nach Konsultation des Vorsitzes unbeschadet des Artikels 18 EUV vor allem im Krisenfall den Vorsitz im PSK übernehmen.

1. Aufgabe des PSK ist es insbesondere,

   a) die internationale Lage in den Bereichen der Gemeinsamen Außen-und Sicherheitspolitik zu verfolgen, auf Ersuchen des Rates oder von sich aus durch an den Rat gerichtete Stellungnahmen zur Festlegung der Politiken beizutragen und die Durchführung vereinbarter Politiken zu überwachen; dies gilt unbeschadet des Artikels 207 EG-Vertrag und der Zuständigkeiten des Vorsitzes und der Kommission;

   b) die Entwürfe für Schlussfolgerungen des Rates (Allgemeine Angelegenheiten) in Bezug auf die in seinen Zuständigkeitsbereich fallenden Fragen zu prüfen;

   c) den anderen Ausschüssen Leitlinien für die in den Bereich der GASP fallenden Fragen vorzugeben;

   d) dem Generalsekretär/Hohen Vertreter und den Sonderbeauftragten als bevorzugter Ansprechpartner zur Verfügung zu stehen;

   e) dem Militärausschuss Leitlinien vorzugeben; Stellungnahmen und Empfehlungen des Militärausschusses entgegenzunehmen. Der Vorsitzende des Militärausschusses (EUMC),

- I. Chronik -
Nr. 1/22.I.2001: EU-Gremien

der das Bindeglied zum Europäischen Militärstab (EUMS) darstellt, nimmt erforderlichenfalls an den Sitzungen des PSK teil;

f) Informationen, Empfehlungen und Stellungnahmen des Ausschusses für die nichtmilitärischen Aspekte der Krisenbewältigung entgegenzunehmen und diesem Leitlinien für die in den Bereich der GASP fallenden Fragen vorzugeben;

g) die die GASP betreffenden Arbeiten der verschiedenen Arbeitsgruppen zu koordinieren, zu überwachen und zu kontrollieren, wobei er diesen Gruppen Leitlinien vorgeben kann und deren Berichte zu prüfen hat;

h) auf seiner Ebene und in den im Vertrag vorgesehenen Konfigurationen den Politischen Dialog zu führen;

i) gemäß den in den einschlägigen Dokumenten festgelegten Modalitäten als bevorzugter Dialogpartner für ESVP - Fragen mit den 15 und den 6 sowie mit der NATO zu fungieren;

j) unter Aufsicht des Rates die Verantwortung für die politische Leitung der Entwicklung der militärischen Fähigkeiten zu übernehmen und dabei der Art der Krisen Rechnung zu tragen, auf die die Union zu reagieren gedenkt. Im Rahmen der Entwicklung der militärischen Fähigkeiten kann sich der PSK auf die Stellungnahme des vom Europäischen Militärstab unterstützten Militärausschusses stützen.

2. Ferner stellt das PSK im Krisenfall das Gremium des Rates dar, das sich mit Krisensituationen befasst und alle denkbaren Optionen für die Reaktion der Union im einheitlichen institutionellen Rahmen und unbeschadet der jeweiligen Beschlussfassungs- und Durchführungsverfahren der einzelnen Säulen prüft. Somit sind allein der Rat, dessen Beratungen vom AStV vorbereitet werden, und die Kommission im Rahmen ihrer jeweiligen Zuständigkeiten nach den in den Verträgen festgelegten Verfahren befugt, rechtlich bindende Beschlüsse zu fassen. Die Kommission nimmt ihre Zuständigkeiten, einschließlich ihres Initiativrechts, gemäß den Verträgen wahr. Der AStV erfüllt die ihm durch Artikel 207 EG-Vertrag und durch Artikel 19 der Geschäftsordnung des Rates übertragenen Aufgaben. Hierzu wird er rechtzeitig vom PSK befasst. Im Krisenfall ist eine enge Koordinierung zwischen diesen beiden Gremien besonders notwendig; diese wird insbesondere gewährleistet durch

a) die gegebenenfalls erforderliche Teilnahme des Vorsitzenden des PSK an den Tagungen des AStV;

b) die Referenten für Außenbeziehungen, denen es obliegt, für eine wirksame und ständige Koordinierung zwischen den Beratungen im Rahmen der GASP und den Beratungen im Rahmen anderer Säulen zu sorgen (Anlage zu den Schlussfolgerungen des Rates vom 11. Mai 1992). Zur Vorbereitung der Reaktion der Union auf eine Krise obliegt es dem PSK, dem Rat die von der Union zu verfolgenden politischen Ziele vorzuschlagen und einen kohärenten Katalog von Optionen zu empfehlen, mit denen zur Beilegung der Krise beigetragen werden soll. Es kann insbesondere eine Stellungnahme ausarbeiten, in der es dem Rat die Annahme einer Gemeinsamen Aktion empfiehlt. Es überwacht unbeschadet der Rolle der Kommission die Umsetzung der beschlossenen Maßnahmen und beurteilt deren Wirkungen. Die Kommission unterrichtet das PSK von den Maßnahmen, die sie getroffen hat oder zu treffen beabsichtigt. Die Mitgliedstaaten informieren das PSK über die Maßnahmen, die sie auf nationaler Ebene getroffen haben oder zu treffen beabsichtigen. Das PSK nimmt die 'politische Kontrolle und strategische Leitung' der militärischen Reaktion der Union auf eine Krise wahr. Hierzu beurteilt es insbesondere auf der Grundlage der Stellungnahmen und Empfehlungen des Militärausschusses die wesentlichen Elemente (militärstrategische Optionen, einschließlich Befehlskette, Operationskonzept, Operationsplan), die dem Rat zu unterbreiten sind."

(EU-Website)

26. I. 2001

2. Israel und Palästinenser einigen sich auf Wiederaufnahme von Gesprächen

Vom 21. bis zum 26. Januar 2001 fanden in Taba Konsultationen zwischen Vertretern Israels und der Palästinensischen Autonomiebehörde statt, die angesichts der eskalierenden Gewalt nach Möglichkeiten der Fortsetzung des Friedensprozesses suchten. Sie konnten sich auf die nachfolgend wiedergegebene Erklärung einigen, diese hatte jedoch angesichts der fortgesetzten Gewalt keine lange Lebensdauer.

Gemeinsame israelisch-palästinensische Erklärung über die Gespräche in Taba, veröffentlicht am 26. 1. 2001

„Die israelischen und die palästinensischen Delegationen haben in den vergangenen sechs Tagen ernsthafte, tief greifende und praktische Gespräche mit dem Ziel geführt, ein endgültiges und stabiles Abkommen zwischen den beiden Seiten zu erreichen. Die Taba-Gespräche fanden in einer zuvor noch nie da gewesenen positiven Atmosphäre und unter dem Ausdruck des gegenseitigen Willens statt, auf die nationalen, die sicherheitspolitischen und die existenziellen Bedürfnisse der anderen Seite einzugehen. Trotz des substanziellen Fortschritts in allen Fragen stellte es sich aufgrund der gegebenen Umstände und der zeitlichen Beschränkung als unmöglich heraus, in allen Fragen eine Übereinkunft zu erzielen.

Die Verhandlungspartner erklären, dass sie niemals zuvor dem Erreichen eines Abkommens näher waren, und dass es die gemeinsame Überzeugung ist, dass die verbliebenen Lücken mit der Wiederaufnahme der Verhandlungen nach den israelischen Wahlen überbrückt werden könnten. Beide Seiten verpflichten sich, zur Normalität zurückzukehren und in der Praxis eine Sicherheitslage durch die Respektierung ihrer gegenseitigen Verpflichtung im Geiste des Memorandums von Scharm el-Scheich zu schaffen.

Die Verhandlungsteams diskutierten vier Hauptthemen: Flüchtlinge, Sicherheit, Grenzen und Jerusalem, mit dem Ziel, ein endgültiges Abkommen zu erreichen, welches dem Konflikt zwischen ihnen ein Ende setzen und für den Frieden beider Völker sorgen wird.

Die beiden Seiten berücksichtigten die Ideen von Präsident CLINTON zusammen mit ihren jeweiligen Verbesserungsvorschlägen und Vorbehalten. Bei allen Fragen war ein substanzieller Fortschritt im Verständnis für die Positionen der Gegenseite vorhanden, und in einigen Fragen näherten sich die beiden Seiten an. Wie bereits bemerkt, verhinderte der politische Zeitplan, dass eine Übereinkunft in allen Punkten erzielt werden konnte.

Angesichts des bemerkenswerten Fortschritts im Verringern der Differenzen zwischen den beiden Seiten sind beide Seiten jedoch davon überzeugt, dass es unter intensiver Anstrengung und der Anerkennung der Lebensnotwendigkeit und der Dringlichkeit eines Abkommens in kurzer Zeit möglich sein wird, die verbliebenen Differenzen zu überbrücken und eine endgültige Friedensregelung zu finden. In dieser Hinsicht vertrauen beide Seiten darauf, dass sie diesen Prozess zur frühstmöglichen Gelegenheit beginnen und voranbringen können.

Die Taba-Gespräche beschließen eine extensive Phase in den Verhandlungen um den endgültigen Status mit dem Gefühl, das Vertrauen zwischen den beiden Seiten wiederhergestellt zu haben, und mit dem Bewusstsein, dass sie noch nie einem Abkommen so nahe waren wie heute. Wir verlassen Taba im Geiste der Hoffnung und der gegenseitigen Leistung und bestätigen, dass die Grundlagen gelegt wurden sowohl für die Wiedererrichtung des gegenseitigen Vertrauens als auch für das Vorankommen im überzeugenden Engagement bezüglich aller Kernpunkte.

Beide Seiten danken Präsident Hosni MUBARAK dafür, diese Gespräche beherbergt und ermöglicht zu haben. Sie danken auch der Europäischen Union für ihre Unterstützung der Gespräche."

(Botschaft des Staates Israels)

- I. Chronik -
Nr. 3/3.II.2001: Rumsfeld zur Raketenabwehr

3. II. 2001

3. US-Verteidigungsminister plädiert für Raketenabwehr

Am 3. Februar 2001 hielt der neue US-Verteidigungsminister Donald H. RUMSFELD bei der Münchner Konferenz zur Sicherheitspolitik eine Rede, in der er die Haltung der neuen Bush-Administration zur Raketenabwehr darlegte. Die Rede wird im folgenden in gekürzter Fassung wiedergegeben.

Rede des US-Verteidigungsminister vor der Konferenz zur Sicherheitspolitik vom 3. 2. 2001

„... Meines Erachtens läuft die Gewährleistung unserer zukünftigen Sicherheit auf vier bekannte Konzepte hinaus, auch wenn sie in diesem neuen Jahrhundert in einem neuen Licht erscheinen: Abschreckung, Verteidigung, Diplomatie und Nachrichtendienste.

Wir müssen die Abschreckung gegen ein viel breiteres Spektrum potenzieller Bedrohungen aufrecht erhalten als im Kalten Krieg. Diese Haltung muss mit Verteidigungsfähigkeiten untermauert werden, die die Abschreckung glaubwürdig machen. Unsere Abschreckungs- und Verteidigungsbestrebungen sind die Grundlage unserer diplomatischen Bemühungen. Und schließlich brauchen wir die nachrichtendienstliche Seite, die den Politikern, Diplomaten und unserer Regierung ein gemeinsames Bewusstsein für die Situation gibt, so dass sie ihre Arbeit auf der Basis der gleichen Tatsachen verrichten können.

Heute möchte ich insbesondere kurz auf vier spezifische Themen eingehen:

- Raketenabwehr

- der Balkan

- die europäische Verteidigungsidentität

- und die Perspektive der NATO-Erweiterung

Heute sind wir gegenüber der Bedrohung eines massiven Atomkriegs sicherer als zu jedem anderen Zeitpunkt seit dem Anbruch des Atomzeitalters - aber wir sind heute verwundbarer durch die Kofferbombe, den Cyberterroristen, die rohe und zufällige Gewalt eines verbrecherischen Regimes oder eines mit Raketen und Massenvernichtungswaffen ausgerüsteten Schurkenstaats. Diese sogenannte Welt nach dem Kalten Krieg ist eine integriertere Welt. Folglich sind Waffen und Technologien, die einst nur in wenigen Ländern vorhanden waren, jetzt überall zugänglich. Und nicht nur Ländern, sondern staatenähnlichen Gebilden.

Damit komme ich zu meinem ersten Thema, Raketenabwehr. Meiner Ansicht nach müssen wir uns vor Augen führen, dass die Abschreckung im Kalten Krieg durch die sichere gemeinsame Zerstörung und das Konzept des massiven Rückschlags im damals einigermaßen funktionierte. Aber, wie Senator MCCAIN heute Morgen als Antwort auf eine Frage sagte, die Probleme haben sich geändert. Die Ansprüche haben sich geändert. Und wir sind verpflichtet, für diese veränderten Umstände zu planen um sicherzustellen, dass wir - vor allem - unbesonnene und skrupellose Aggressoren davon abhalten können, Maßnahmen zu ergreifen oder damit zu drohen. Terrorwaffen müssen nicht abgeschossen werden. Sie müssen nur in die Hände von Personen geraten, die mit ihrem Einsatz drohen. Und das ändert das Verhalten. Wir wissen das. Wir wissen aus der Geschichte, dass Schwäche provoziert. Dass sie Menschen zu Abenteuern verleitet, die sie andernfalls meiden würden.

Kein amerikanischer Präsident kann verantwortungsbewusst sagen, dass seine Verteidigungspolitik darauf abzielt, das amerikanische Volk ohne Verteidigung gegenüber bekannten Bedrohungen zu lassen. Diese Bedrohungen existieren. Es kann keinen Zweifel geben: Ein Verteidigungssystem muss nicht perfekt sein, aber das amerikanische Volk darf nicht völlig wehrlos sein. Das ist nicht so sehr eine technische Frage wie eine Frage der verfassungsmäßigen Verantwortung des Präsidenten. Es ist tatsächlich in vielerlei Hinsicht, wie Dr. KISSINGER sagte, eine moralische Frage. Deshalb beabsichtigen die Vereinigten Staaten ein Raketenabwehrsystem zu entwickeln und zu stationieren, durch das unsere Bevölkerung und unsere Streitkräfte vor einem begrenzten Angriff mit ballistischen Flugkörpern geschützt werden können und sind bereit, durch einen Raketenangriff bedrohte Freunde und Bündnispartner bei

- I. Chronik -
Nr. 3/3.II.2001: Rumsfeld zur Raketenabwehr

der Stationierung eines solchen Verteidigungssystems zu unterstützen. Diese Systeme werden für niemanden eine Bedrohung darstellen. Das ist eine Tatsache. Sie sollten niemandem Sorgen bereiten, außer denjenigen, die andere bedrohen.

Ich möchte unseren Freunden hier in Europa ganz deutlich sagen: Wir werden Sie konsultieren. Die Vereinigten Staaten haben kein Interesse daran, ein Verteidigungssystem zu stationieren, das uns von unseren Freunden und Bündnispartnern trennen würde. Wir sind ähnlichen Bedrohungen ausgesetzt. Es liegt voll und ganz im Interesse der Vereinigten Staaten sicherzustellen, dass unsere Freunde und Bündnispartner und die stationierten Truppen vor Angriffen sowie Drohungen und Erpressung geschützt werden. Wir sehen dieses Thema nicht als entzweiend, sondern als als Chance für ein gemeinsames Vorgehen zur Erweiterung unser aller Sicherheit.

Ein weiteres Gebiet auf dem eine neue Denkweise erforderlich ist, ist die Fähigkeit des Bündnisses, auf regionale Konflikte zu reagieren. Wir haben die Herausforderung auf dem Balkan gesehen. Der Balkan hat gezeigt, dass das Bündnis seine Fähigkeiten modernisieren und ändern muss. Dafür brauchen wir zusätzliche Ressourcen. Zweitens hat er gezeigt, dass wir erfolgreicher sind, wenn wir zusammenarbeiten.

Sicherlich haben Sie alle gehört, dass Präsident BUSH unser Engagement auf dem Balkan überprüfen möchte, um die angemessenste Art und das angemessenste Ausmaß des Engagements zu sondieren. Wie bereits gesagt, werden wir nicht unilateral handeln oder vergessen, unsere Bündnispartner zu konsultieren. Sie können sich dessen sicher sein.

Ich möchte erwähnen, als wir in Bosnien angefangen haben, stationierten wir Zehntausende schwer bewaffneter Truppen. Heute haben wir immer noch fähige Truppen dort, aber die Mission hat sich geändert und die Zahl der Soldaten und Waffen wurde dementsprechend verringert. Wir haben diese zahlenmäßigen Veränderungen als Folge des ordentlichen Verfahrens des Bündnisses vorgenommen, das meines Erachtens 1996 begann und alle sechs oder acht Monate über Routineüberprüfungen fortgeführt wurde, wenn ich mich recht erinnere. Wir sind der Ansicht, dieser Prozess der Konsultation, der Bewertung und der Veränderung sollte andauern.

Wiederum wahrt die Bereitschaft von Nationen, gemeinsam zu handeln, die Sicherheit und stärkt den Frieden. Und damit komme ich zum dritten Thema, das ich heute ansprechen möchte, die Initiative einiger unserer Bündnispartner zur Entwicklung einer europäischen Verteidigungsfähigkeit.

Als ehemaliger Botschafter bei der NATO habe ich enorme Achtung vor dem Wert des Bündnisses. Es war über 50 Jahre lang das Schlüsselinstrument für die Wahrung des Friedens in Europa. Ich denke es ist nur gerecht ganz einfach zu sagen, dass es das erfolgreichste militärische Bündnis der Geschichte ist. Die NATO hat sich weiterentwickelt und die Partnerschaft für den Frieden etabliert, die dazu führt, dass ganz Europa gemeinsam an der Entwicklung der Sicherheit teilhat, wie von den Streitkräften der Partner heute in Bosnien und dem Kosovo gezeigt wird.

Die europäische Sicherheits- und Verteidigungsidentität ist eine weitere Entwicklung. Ich weiß noch nicht genug darüber, um ins Detail zu gehen. Ich bin tatsächlich hier, um zuzuhören und zu lernen und sie besser zu verstehen. Aber ich möchte Ihnen einige Eindrücke mitteilen.

Unsere europäischen Verbündeten und Partner wissen, dass die NATO das Herzstück der europäischen Verteidigung ist. Um genauso erfolgreich zu sein wie in der Vergangenheit, müssen wir vor allem die NATO als Kern der Verteidigungsstruktur Europas bewahren.

Ich befürworte Bestrebungen zur Stärkung der NATO. Was innerhalb unseres Bündnisses und mit unserem Bündnis geschieht, muss mit seiner andauernden Stärke, seiner Widerstandsfähigkeit und Effektivität vereinbar sein. Maßnahmen, die die Effektivität der NATO durch verwirrende Duplizierung oder Störung der transatlantischen Verbindung beeinträchtigen, wären nicht positiv. Sie bergen das Risiko, Instabilität in einem enorm wichtigen Bündnis zu verursachen. Und ein weiterer Punkt: Welche Form diese Bestrebungen letztendlich auch annehmen werden, so meine ich, sie sollte jedem NATO-Mitglied offen stehen, das daran teilnehmen will.

- I. Chronik -
Nr. 4/12.III.2001: BMDO zur Reketenabwehr

Das Thema der europäischen Teilhabe bringt mich zu der Chance der NATO-Erweiterung. Auch hier sehen wir Chancen in der neuen Welt, die Menschen in diesem Raum mitgestaltet haben. Wir haben gute Fortschritte gemacht, die Vision eines ganzen und freien Europas zu erfüllen.

Mit der Erweiterung der NATO-Mitgliedschaft muss unsere Fähigkeit wirkungsvoll zu handeln natürlich zumindest bewahrt und schließlich erweitert werden. Die neuen Mitglieder sollten die Werte der Bündnispartner teilen und bereit sein, die Last der erforderlichen Sicherheitsinvestitionen zu tragen, um voll an der Verfolgung unserer Ziele teilzuhaben.

Das Bündnis wird die Erweiterung beim nächsten Gipfel 2002 besprechen - eine Gelegenheit für Staaten, ihr Beitrittsgesuch darzulegen. Die Mitgliedschaft in der NATO ist meines Erachtens mehr als nur ein Schritt in der Entwicklung der europäischen Demokratien. Die Mitgliedstaaten übernehmen eine Verpflichtung zur kollektiven Verteidigung und müssen in der Lage sein, dieser Verpflichtung nachzukommen.

Ich habe mich auf vier Themen konzentriert mit Hinweisen auf unsere Fähigkeit zu einer zukunftsgerichteten Sichtweise der Freiheit, die wir alle verteidigen wollen. Diese Themen sind trotz ihrer oberflächlichen Unterschiede auf einer tieferen Ebene alle Teil des gleichen Gewebes - teil der Grundlage der Freiheit und Sicherheit dieses Bündnisses, das wir stärken und bewahren möchten.

Wenn wir die NATO schwächen, schwächen wir Europa, und das schwächt uns alle. Wir und die anderen Nationen des Bündnisses sind durch die Verfolgung und Bewahrung von etwas Großem und Gutem miteinander verbunden, etwas Beispiellosem in der Geschichte. Unser größter Trumpf sind immer noch unsere Werte - Freiheit, Demokratie, Achtung der Menschenrechte und der Rechtsstaatlichkeit. Angesichts gemeinsamer Gefahren, müssen wir die Verantwortung auch weiterhin gemeinsam tragen. Ich bin überzeugt, dass wir unsere hervorragende Partnerschaft angesichts dieser Herausforderungen erfolgreich stärken. Vielen Dank."

(Amerika Dienst)

12. III. 2001

4. Direktor der BMDO erklärt Raketenabwehr für machbar

Am 12. März 2001 wurde der nachfolgende Artikel des Direktors der amerikanischen Behörde für die Verteidigung gegen ballistische Flugkörper, Generalleutnant Ronald KADISH veröffentlicht. In ihm wurde argumentiert, dass eine nationale Raketenabwehr nicht nur strategisch sinnvoll ist, sondern auch technisch möglich. Der Artikel entstand aus einer Rede vor der Handelskammer in Greater Fairbanks in Alaska vom 2. März 2001.

„Als Direktor der Organisation für die Verteidigung gegen ballistische Flugkörper (Ballistic Missile Defense Organisation, BMDO) bin ich für die Programme zur Raketenabwehr verantwortlich. Der Haushalt hierfür beläuft sich auf etwa 4 Milliarden Dollar im Jahr. Bei der Organisation sind rund 500 Mitarbeiter damit beschäftigt, Technologie in funktionierende Systeme umzuwandeln. Ich möchte über die Abwehr ballistischer Flugkörper sprechen. Es gibt bei diesem Thema viele Missverständnisse.

Lassen Sie uns an den 8. September 1944 zurückdenken, als Einwohner der Stadt London sich zum Abendessen hinsetzten. Der ruhige Herbstabend wurde plötzlich von einer schrecklichen Explosion erschüttert, die die Welt aufrüttelte. 16 Sekunden später, nur rund 24 Kilometer nordöstlich, explodierte eine zweite deutsche V-2-Rakete in dem Dorf Epping. Die Ära der ballistischen Flugkörper hatte begonnen, und die Welt veränderte sich für immer.

Im Lauf der nächsten acht Monate warfen die Deutschen etwa 3.000 V-2-Raketen auf Ziele der Alliierten ab, insbesondere auf London und Antwerpen. Über 5.000 Menschen wurden getötet und Hunderttausende wurden terrorisiert. Winston CHURCHILL äußerte: '[Die Raketen] stellten eine Belastung dar, die vielleicht fast noch größer war als die der Luftangriffe von 1940 bis

- I. Chronik -
Nr. 4/12.III.2001: BMDO zur Reketenabwehr

1941. Die Anspannung und der Druck dauerten länger an. Der anbrechende Tag brachte keine Erleichterung und die Wolken keine Beruhigung ... das Willkürliche, Unpersönliche der Raketen gab dem Einzelnen am Boden ein Gefühl der Hoffnungslosigkeit.' Vielleicht drückte er es am besten aus mit den Worten: 'Der Engel des Todes schwebt über dem Land, nur kann man nicht immer seinen Flügelschlag hören.'

Im Zweiten Weltkrieg bestand die einzige wirkungsvolle Verteidigung darin, die V-2-Fabriken und Abschussrampen anzugreifen oder die Stellen zu besetzen, von denen die Raketen abgefeuert werden konnten. Diese Tatsache hat sich für die Vereinigten Staaten in den letzten 50 Jahren nicht geändert - wir haben heute noch immer keine Verteidigung gegen ballistische Flugkörper, nachdem diese abgeschossen wurden.

Der aktuelle Film 'Thirteen Days', eine Nacherzählung der Kubakrise von 1963, erinnert eine ganz neue Generation Amerikaner daran, wie nah dieses Land einem Atomkrieg kam. Der Atomkrieg, das Undenkbare, geschah beinahe. Der ehemalige Verteidigungsminister (Robert) MCNAMARA, damals eine der Hauptpersonen und ein Berater bei diesem Filmprojekt, ist sicherlich dieser Meinung. 30 Jahre später erzählten die Russen MCNAMARA, dass Fidel CASTRO und CHE GUEVARA an die Sowjetunion appelliert hatten, ihre Raketen trotz der Tatsache auf die Vereinigten Staaten abzuschießen, das die überwältigende Macht Amerikas nur etwa 125 Kilometer entfernt war. CASTRO ließ sich dadurch nicht abschrecken und war bereit, sein Land zu opfern und dabei 'schön zu sterben'. Anastas MIKOYAN, der damalige Stellvertretende Ministerpräsident der Sowjetunion - und glücklicherweise jemand mit mehr Kontrolle über die Raketen als Fidel oder Che - sagte: 'Wir sind uns ihrer Bereitschaft, schön zu sterben, bewusst, aber unseres Erachtens ist dies es nicht wert, schön dafür zu sterben.' Die Sowjetunion war abgeschreckt. CASTRO war es nicht. Die Raketen wurden aus Kuba entfernt.

Während die Abschreckung bei der Pattsituation zwischen den beiden Supermächten funktionierte, betont dieser Austausch die Unzuverlässigkeit der Abschreckung in der heutigen komplexeren Welt und wirft Fragen auf bezüglich eines ausschließlichen Rückgriffs auf Abschreckung als endgültige Sicherheitsmaßnahme.

Lassen Sie uns jetzt zum Golfkrieg vorspulen, der vor erst 10 Jahren stattfand. Im Fernsehen ausgestrahlte Bilder israelischer Bürger, die sich in Erwartung der Angriffe mit SCUD-Raketen Gasmasken aufsetzten, demonstrieren, wie gut Saddam HUSSEIN die Lektion der V-2-Raketen gelernt hatte. Wer könnte die 28 amerikanischen Soldaten und Soldatinnen vergessen, die getötet wurden, als eine irakische SCUD-Rakete ihre Baracken außerhalb von Dharan, weit hinter der Front, traf? Sie erinnern sich vielleicht nicht, wie knapp wir in El Jubayl, einem wichtigen saudischen Hafen in Reichweite irakischer SCUD-Raketen, einer Katastrophe entgangen sind. Eine SCUD-Rakete landete gleich neben der Anlegestelle und verfehlte nur knapp einen Hubschrauberträger, die USS Tarawa, zwei Tanker mit Kerosin, ein Frachtschiff, ein polnisches Lazarettschiff und einen Lastkahn der US-Armee. Die Anlegestelle selbst war beladen mit Munition und Tanklastwagen.

Wie im Zweiten Weltkrieg wurde zur Abwehr dieser Angriffe ein Großteil der Flugeinsätze des Bündnisses für die Versuche benötigt, die Abschussrampen und Unterstützungseinrichtungen zu lokalisieren und zu zerstören.

Aus der Perspektive der Kriegsführung sind die Lektionen ziemlich eindeutig, auch ohne Massenvernichtungswaffen. Ballistische Flugkörper sind für die militärischen Einsätze an der Front und dahinter sehr zerstörerisch. Sie lösen große Angst bei der Zivilbevölkerung aus, die sich in der Reichweite aufhält - ballistische Raketen sind tatsächlich Schreckenswaffen.

Lassen Sie uns nun über die aktuelle Debatte über Raketenabwehr nachdenken. Der ehemalige Senator Sam NUNN sagte vor mehr als 10 Jahren: 'Wir sollten in Washington etwas Ungewöhnliches tun. Wir sollten die Tatsachen für sich sprechen lassen.' Welches sind die Schlüsselfaktoren?

Tatsache Nr. 1: Die Bedrohung durch Raketen, vor der unsere Nation heute steht, ist eine ganz andere als die, mit der wir vor 20 oder 30 Jahren konfrontiert waren. Ja, Russland hat noch immer die Fähigkeit, einen großangelegten Angriff auf die Vereinigten Staaten auszuüben, aber die Wahrscheinlichkeit, dass dies geschieht, ist dramatisch zurückgegangen. Ebenso hat China einen begrenzten, aber steigenden Bestand an Interkontinentalraketen. Besonders besorgniserregend ist jedoch die weltweite Verbreitung ballistischer Flugkörper aller Reichweiten und von Programmen zur Entwicklung von Massenvernichtungswaffen.

- I. Chronik -
Nr. 4/12.III.2001: BMDO zur Reketenabwehr

Als der ABM-Vertrag 1972 unterzeichnet wurde, gab es nur 9 Länder, die die Fähigkeit zu ballistischen Flugkörpern hatten. Heute, fast drei Jahrzehnte später, haben mehr als 30 Länder diese Fähigkeit. Unglücklicherweise könnten eine Reihe dieser Länder eine Bedrohung für die Vereinigten Staaten, unsere Bündnispartner und unsere Truppen im Ausland darstellen.

Trotz unserer Maßnahmen gegen die Proliferation haben unsere Bemühungen die Verbreitung lediglich verlangsamt, nicht aber gestoppt. Einige Nationen haben eine Katalysatorrolle bei der Verbreitung dieser Technologien übernommen, aber Tatsache ist, dass das weltweite Wissen um Raketen und Waffen in den letzten 50 Jahren zugenommen hat. Was üblicherweise auf den Regalen einzelner, ausgewählter Bibliotheken zu finden war, ist jetzt im Internet für praktisch alle erhältlich, die daran interessiert sind. Es bleiben natürlich die eigentlichen technischen Herausforderungen, bei der Herstellung beispielsweise, die jedoch langsam aber sicher überwunden werden.

Während ich dieses Bild von den Bedrohungen unserer Nation darlege, werde ich an eine Bemerkung des Marquis von SALISBURY erinnert: 'Glaubt man den Ärzten, ist nichts gesund; glaubt man den Theologen, ist nichts unschuldig; glaubt man den Soldaten, ist nichts sicher.' Um dies auf die Raketenabwehr zu übertragen, möchte ich zwei Schritte weiter gehen: Glaubt man den Kritikern der Raketenabwehr, wird nichts funktionieren. Glauben Sie den leidenschaftlichen Fürsprechern, könnten wir es morgen in Angriff nehmen. Die Wahrheit liegt irgendwo zwischen diesen beiden Extremen.

Tatsache Nr. 2: Das Abfangen eines ballistischen Flugkörpers im All war und ist seit der Erfindung ballistischer Raketen eine schwierige technische und organisatorische Herausforderung - sowohl im Hinblick auf die Wissenschaft als auch die Konstruktion. Aber es ist nicht unmöglich. Wir befinden uns jetzt kurz vor der Beschaffung und Stationierung einer Raketenabwehr und betreiben nicht mehr nur Forschung. In der Tat gehen wir von der Theorie zur Praxis über, von wissenschaftlicher Theorie über technische Fakten zu stationierten Systemen. Die ersten von uns stationierten Systeme bieten eine Nahabwehr zum Abfangen einer Kurzstreckenrakete in ihrer Endphase. Dazu zählen die Patriot Advanced Capability 3 (PAC3) des Heeres, die voraussichtlich Ende dieses Jahres in Betrieb genommen werden können. Dies ist eine entschieden verbesserte Version der Patriot-Rakete, die im Golfkrieg solch traurige Berühmtheit erlangte. In einigen Jahren erwarten wir, das Gebiets System der Marine zu stationieren, das auf die bestehende Flottenluftverteidigungsfähigkeit aufbaut. Die beiden Systeme sind auf die Verteidigung eines relativ kleinen Gebiets beschränkt.

Diese Systeme werden Ende des Jahrzehnts vom THAAD (Theater High Altitude Ares Defense System) des Heeres und den Theater Wide Systemen der Marine ersetzt. Beide werden weiter in die Anflugbahn des ballistischen Flugkörpers hineinreichen und so eine größere Region verteidigen. Es gibt eine unumstößliche Regel für die Raketenabwehr - je später man eine gegnerische Rakete aufspürt und abfängt, desto näher ist sie, wenn man sie zerstört und desto kleiner ist das Gebiet, das man verteidigen kann. Umgekehrt gilt, je eher man sie aufspüren, entscheiden und handeln kann, desto weiter entfernt ist sie, wenn man sie zerstört und desto größer ist das Gebiet, das man verteidigen kann. In diesem Geschäft ist weiter entfernt besser; damit bekommt man genug Zeit für die Möglichkeit zu einem zweiten oder dritten Schuss, wenn man das Ziel verfehlt hat.

Das System einer Nationalen Raketenabwehr (National Missile Defense - NMD), an dem wir arbeiten, zerstört Raketengefechtsköpfe im Marschflug - der längsten Flugzeit der Flugbahn. Wegen seiner großen Reichweite hat es das Potenzial zur Verteidigung eines viel größeren Gebiets - in diesem Fall die Vereinigten Staaten. Zu diesem Zweck setzen wir weltraum- und bodengestützte Sensoren ein (wenn Sie so wollen, die Augen, um den Abschuss zu beobachten und den Flug zu verfolgen). Wir haben ein Gefechtsführungssystem, das die Informationen der Sensoren auswertet, verifiziert, ob es sich um einen gegnerischen Flugkörper handelt und den besten Punkt für das Abfangen festsetzt. Dann schießt das System unter menschlicher Anleitung den Abfangflugkörper ab, den wir als 'kill vehicle' mit kinetischer Energie bezeichnen.

Zurzeit haben wir ein kleines, rund 60 Kilo schweres 'kill vehicle' mit einem eigenen Lenk- und Erfassungssystem. Sobald es in den Weltraum abgeschossen und in die richtige Richtung gebracht wurde, kann es in der Endphase auf das Ziel zusteuern und den Gefechtskopf durch einen gewaltigen Schlag unschädlich machen. Dieser Zusammenprall findet bei Geschwin-

- I. Chronik -
Nr. 4/12.III.2001: BMDO zur Reketenabwehr

digkeiten von rund 24.000 km/h oder mehr statt, so dass von dem Ziel-Wiedereintrittsflugkörper bei diesen Geschwindigkeiten nicht viel übrig bleibt.

Das wird als vernichtender Treffer bezeichnet - eine Kugel mit einer Kugel treffen. Herkömmliche Sprengstoffe funktionieren im Weltraum nicht gut und die Abfangflugkörper mit Atomgefechtsköpfen, auf die wir uns vor 25 Jahren verlassen haben - und auf die sich die Russen immer noch verlassen - haben größere politische und operative Nachteile.

Wir haben mit den vernichtenden Treffern nicht nur einmal, sondern mit drei verschiedenen Systemen bei sieben von zehn Versuchen in den letzten beiden Jahren Erfolg gehabt. Dennoch war der Weg zur Entwicklung einer Raketenabwehr steinig. Trotz der Erfolge haben wir immer noch nicht den Grad der Zuverlässigkeit erreicht, den wir benötigen. Alle größeren Programme sind im Verzug. Unser NMD-Programm hat beispielsweise bisher bei unseren Flugerprobungen von Abfangflugkörpern einen Treffer und danach zwei weithin publizierte Misserfolge gehabt.

Ich habe etwas Grundlegendes über die Raketenabwehr gelernt: Erfolg findet im Privaten und Misserfolg in voller Öffentlichkeit statt. Dass über diese Versuche eingehend berichtet wurde, ist eine Untertreibung. Trotz unserer weithin beachteten Misserfolge haben wir bei der Entwicklung dieses Systems beträchtliche Fortschritte erzielt.

Ich möchte die zweite Tatsache erneut und besser formulieren: Es handelt sich hier um Raketentechnik - und die ist kompliziert, aber nicht unmöglich. Vor 700 Jahren glaubte man allgemein, dass Seeleute, die sich zu weit von zu Hause fort begaben, über die Kante der Welt fallen würden. Kolumbus belehrte sie eines Besseren. Vor 70 Jahren erklärten Neinsager, Flugkörper würden im Weltraum nicht funktionieren, weil es dort keinen Luftwiderstand gäbe. Robert GODDARD belehrte sie eines Besseren. Vor sieben Jahren sagten die Kritiker immer noch, wir könnten einen Flugkörper im Weltall nicht treffen. Wir haben es getan. Jetzt sagen sie: 'In Ordnung, Sie können ihn treffen. Aber er wird durch Attrappen und Gegenmaßnahmen getäuscht, deswegen sollten Sie ihn nicht bauen.'

Das führt zur Tatsache Nr. 3: Man benötigt Geduld, um revolutionäre Technologie hervorzubringen. Erprobung impliziert gleichermaßen Misserfolge und Erfolge, die sich aus ihnen ergeben. Wernher von BRAUN, der Projektleiter des deutschen V-2-Programms war und später Pionierarbeit für das Weltraum- und Raketenprogramm der Vereinigten Staaten leistete, erlebte viele Misserfolge. Er bezeichnete diese Rückschläge als 'erfolgreiche Misserfolge', weil er und sein Team so viel aus ihnen lernten - eine Tatsache über hochtechnologische Entwicklungen, die viele Kritiker zu vergessen tendieren.

Erinnern die Kritiker sich, dass das Atlas-Interkontinentalraketenprogramm in seiner zweieinhalbjährigen Flugerprobungszeit 12 Misserfolge erlebte; dass das Minuteman-1-Interkontinentalraketenprogramm 10 Misserfolge in einem dreieinhalbjährigen Erprobungsprogramm erlebte; und dass das Corona-Programm für den ersten operativen Aufklärungssatelliten unseres Landes 13 Misserfolge und Pannen überlebte, bevor Discovery 14 in die Umlaufbahn gebracht und ihr Film genutzt werden konnte?

Die Geduld unserer Führungsspitze war - damals und heute - bei all den aus diesen technischen Schwierigkeiten resultierenden Frustrationen unerlässlich. Ich spreche hier von der nationalen Führungsspitze, der Art von Unterstützung und Geduld, wie sie Senator STEVENS gezeigt hat, der sich vehement für die Sache der Raketenabwehr eingesetzt hat. Und ich spreche von der Unterstützung und Führungsstärke vor Ort, die in diesem Saal versammelt ist. Das ist Führungsstärke durch Vision und Geduld - die Art von Geduld, die frühere Programme durch ihre Testphasen zum Erfolg getrieben hat. Unser Testprogramm folgt einem willkürlichen schrittweisen Ansatz, der auf Simulationen, Bodenerprobung und risikoverringernden Flügen aufbaut, die keinen Abfangversuch beinhalten.

Während Sie der sich entfaltenden Diskussion zuhören, sollten Sie sich an folgende Fakten erinnern. Die Bedrohung ist heute anderes gelagert als vor 10 oder 20 Jahren. In ihrem Buch über die Auswirkungen von V-Waffen haben Benjamin KING und Timothy KUTTA es am treffendsten formuliert: '...die Technologie [der V-Waffen] steht allen zur Verfügung, die sie haben wollen. Die SCUD ist nur ein Abkömmling der V-Waffen. Heute gibt es buchstäblich Tausende von ihnen auf der ganzen Welt. Wir leben in ihrem Schatten und sie werden nicht verschwinden.' Raketenabwehr ist Raketenwissenschaft. Wir sind kurz davor, die schwierigen

Fragen der Verteidigung gegen diese ballistischen Flugkörper zu lösen. Vor uns liegen noch einige schwierige Herausforderungen, aber wir machen beachtliche Fortschritte."

(Amerika Dienst)

16. III. 2001

5. Sicherheitsrat der VN zur Einrichtung demokratischer und autonomer Selbstverwaltungsinstitutionen im Kosovo

Am 16. März 2001 befasste sich der Sicherheitsrat der Vereinten Nationen in Genf mit der Lage im Kosovo und den Aufgaben der Übergangsverwaltungsmission. Dabei legte er Grundlagen fest, die die weiteren Bemühungen um den Aufbau demokratischer und autonomer Institutionen anleiten sollen. Im Anschluss an die Sitzung gab der Präsident des Sicherheitsrates die folgende Erklärung ab.

Erklärung des Präsidenten des Sicherheitsrats zum Kosovo vom 16. 3. 2001

„Der Sicherheitsrat begrüßt die Unterrichtung durch den Sonderbeauftragten des Generalsekretärs über den Stand der Durchführung seiner Resolution 1244 (1999) vom 10. Juni 1999.

Der Sicherheitsrat würdigt den Sonderbeauftragten des Generalsekretärs und den Kommandeur der internationalen Sicherheitspräsenz (KFOR) für ihre unter schwierigen Umständen weiterhin unternommenen Bemühungen, die Resolution 1244 (1999) vollständig durchzuführen, und begrüßt die vom Sonderbeauftragten des Generalsekretärs benannten vorrangigen Arbeitsbereiche.

Der Sicherheitsrat begrüßt die Einrichtung einer dem Sonderbeauftragten des Generalsekretärs unterstehenden Arbeitsgruppe mit dem Ziel, einen rechtlichen Rahmen für vorläufige demokratische und autonome Selbstverwaltungsinstitutionen im Kosovo auszuarbeiten und betont, dass alle ethnischen Gruppen in der Arbeit dieser Gruppen vertreten sein müssen. Er unterstreicht, dass die Regierung der Bundesrepublik Jugoslawien über den Prozess auf dem Laufenden gehalten werden muss. Er fordert alle Parteien auf, die Bemühungen der Mission der Vereinten Nationen im Kosovo (UNMIK) um den Aufbau einer stabilen multiethnischen und demokratischen Gesellschaft im Kosovo und um die Schaffung geeigneter Bedingungen für Wahlen im gesamten Kosovo zu unterstützen. Er betont, wie wichtig eine Reihe von Schritten sind, die zur Abhaltung dieser Wahlen unternommen werden: die Schaffung des rechtlichen Rahmens, insbesondere die Festlegung der Aufgaben und Befugnisse der gewählten Organe; der Aufbau eines integrierten Wählerverzeichnisses, das die Flüchtlinge und Vertriebenen einschließen soll; die volle Einbeziehung aller Gemeinschaften in den Wahlgang; sowie die Schaffung eines in hohem Maße sicheren Umfeldes für die Wahlen.

Der Sicherheitsrat begrüßt die engen Kontakte zwischen der Regierung der Bundesrepublik Jugoslawien und der UNMIK und der KFOR, insbesondere die Schritte zur Eröffnung eines UNMIK-Büros in Belgrad, das diese Konsultationen erleichtern wird. Er betont, wie wichtig ein substanzieller Dialog zwischen den politischen Führern des Kosovo und der Regierung der Bundesrepublik Jugoslawien ist.

Der Sicherheitsrat fordert die Beendigung aller Gewalthandlungen im Kosovo, insbesondere soweit diese ethnisch motiviert sind, und fordert alle politischen Führer im Kosovo nachdrücklich auf, diese Handlungen zu verurteilen und ihre Bemühungen um Toleranz zwischen den Volksgruppen zu verstärken. Er weist erneut darauf hin, wie wichtig die Lösung des Problems der vermissten und inhaftierten Personen ist, und stellt fest, dass dies eine bedeutende vertrauensbildende Maßnahme wäre. Er begrüßt die ersten Schritte, die die Regierung der Bundesrepublik Jugoslawien diesbezüglich unternommen hat.

Der Sicherheitsrat ist nach wie vor besorgt über die Sicherheitslage in einigen Ortschaften in Südserbien nach den Gewalthandlungen bewaffneter Gruppen, die der albanischen Volksgruppe angehören. Er begrüßt die am 12. März 2001 unterzeichneten Waffenruhevereinbarungen und fordert ihre strikte Einhaltung. Er betont, dass eine friedliche Beilegung dieser Krise nur auf dem Weg eines substanziellen Dialogs erreicht werden kann. Er würdigt die von den Behörden der Bundesrepublik Jugoslawien und Serbiens nach wie vor geübte Zurückhaltung.

Der Sicherheitsrat begrüßt den Plan der Regierung der Bundesrepublik Jugoslawien für Südserbien und unterstützt ihre Initiative, durch einen Prozess des Dialogs und vertrauensbildender Maßnahmen eine friedliche und dauerhafte Lösung zu finden. Er vertritt die Auffassung, dass die schnelle Durchführung von vertrauensbildenden Maßnahmen ein wichtiges Element einer friedlichen Regelung darstellen könnte, und unterstreicht, wie wichtig die weitere politische und finanzielle Unterstützung dieses Prozesses durch die internationale Gemeinschaft ist.

Der Sicherheitsrat begrüßt den von der Organisation des Nordatlantikvertrags (NATO) gefassten Beschluss, den Kommandeur der KFOR zu ermächtigen, die kontrollierte Rückkehr von Truppen der Bundesrepublik Jugoslawien in die Bodensicherheitszone zu gestatten, die in der am 9. Juni 1999 in Kumanovo unterzeichneten Militärisch-Technischen Vereinbarung definiert ist, auf die in Anhang II der Resolution 1244 (1999) Bezug genommen wird, als ersten Schritt einer stufenweisen und an Bedingungen geknüpften Reduzierung der Bodensicherheitszone.

Der Sicherheitsrat bekundet erneut seine nachdrückliche Unterstützung für die ehemalige jugoslawische Republik Mazedonien, die in der Erklärung seines Präsidenten vom 7. März 2001 (S/PRST/2001/7) zum Ausdruck gebracht wurde. Er verurteilt auf das schärfste die fortgesetzten extremistischen Gewalttaten in Teilen der ehemaligen jugoslawischen Republik Mazedonien, die von Kräften außerhalb des Landes unterstützt werden und die die Stabilität und Sicherheit der gesamten Region bedrohen, und unterstreicht, wie wichtig die Aufrechterhaltung der territorialen Unversehrtheit der ehemaligen jugoslawischen Republik Mazedonien und aller anderen Staaten der Region ist. Er unterstützt die Bemühungen der Regierung der ehemaligen jugoslawischen Republik Mazedonien, mit der NATO und anderen internationalen Organisationen zusammenzuarbeiten, um diese Gewalt auf eine Weise zu beenden, welche die Herrschaft des Rechts achtet.

Der Sicherheitsrat wird mit der Angelegenheit aktiv befasst bleiben."

(Deutscher Übersetzungsdienst, Vereinte Nationen)

21. III. 2001

6. Sicherheitsrat verurteilt terroristische Aktivitäten in Teilen der ehemaligen jugoslawischen Republik Mazedonien und in bestimmten Ortschaften in Südserbien

Vor dem Hintergrund von Gewalttaten in Südserbien und in Mazedonien, die von albanischen Extremisten der UCK verübt worden waren und zu einer Gefahr für die Stabilität Mazedoniens wurden, beschäftigte sich der Sicherheitsrat der Vereinten Nationen in New York am 21. März 2001 mit der dortigen Situation. Er verurteilte deutlich die Aktivitäten der UCK und forderte einen sofortigen Waffenstillstand.

Resolution 1345 des VN-Sicherheitsrats, verabschiedet am 21. 3. 2001

„Der Sicherheitsrat,

unter Hinweis auf seine Resolutionen 1160 (1998) vom 31. März 1998, 1199 (1998) vom 23. September 1998, 1203 (1998) vom 24. Oktober 1998, 1239 (1999) vom 14. Mai 1999 und 1244 (1999) vom 10. Juni 1999 sowie die Erklärungen seines Präsidenten vom 19. Dezember 2000 (S/PRST/2000/40), 7. März 2001 (S/PRST/2001/7) und 16. März 2001 (S/PRST/2001/8),

- I. Chronik -
Nr. 6/21.III.2001: VN verurteilt Aktivitäten der UCK

mit Genugtuung über die Maßnahmen, die die Regierung der ehemaligen jugoslawischen Republik Mazedonien ergriffen hat, um innerhalb ihrer Grenzen eine multiethnische Gesellschaft zu konsolidieren, und mit dem Ausdruck ihrer vollen Unterstützung für den Fortgang dieses Prozesses,

sowie mit Genugtuung über den von der Regierung der Bundesrepublik Jugoslawien vorgelegten Plan, die Krise in einigen Ortschaften in Südserbien auf friedlichem Wege zu lösen, und die Durchführung politischer und wirtschaftlicher Reformen befürwortend, die die Wiedereingliederung der Angehörigen der albanischen Volksgruppe als vollwertige Mitglieder der Zivilgesellschaft zum Ziel haben,

mit Genugtuung über die internationalen Anstrengungen, namentlich der Übergangsverwaltungsmission der Vereinten Nationen im Kosovo, der internationalen Sicherheitspräsenz im Kosovo (KFOR), der Europäischen Union, der Nordatlantikvertrags-Organisation und der Organisation für Sicherheit und Zusammenarbeit in Europa (OSZE), in Zusammenarbeit mit den Regierungen der ehemaligen jugoslawischen Republik Mazedonien, der Bundesrepublik Jugoslawien und anderer Staaten, um die Eskalation der ethnischen Spannungen in dem Gebiet zu verhüten,

ferner mit Genugtuung über den Beitrag der Europäischen Union zu einer friedlichen Lösung der Probleme in einigen Ortschaften in Südserbien, ihren Beschluss, die dortige Präsenz der Überwachungsmission der Europäischen Union auf der Grundlage des bestehenden Mandats der Mission zu verstärken, sowie ihren umfassenderen Beitrag zu Gunsten der Region,

mit Genugtuung über die Zusammenarbeit zwischen der Nordatlantikvertrags-Organisation und den Behörden der ehemaligen jugoslawischen Republik Mazedonien und der Bundesrepublik Jugoslawien zur Bewältigung der Sicherheitsprobleme in Teilen der ehemaligen jugoslawischen Republik Mazedonien und einigen Ortschaften in Südserbien,

1. verurteilt nachdrücklich die extremistischen Gewalthandlungen, namentlich die terroristischen Aktivitäten, in bestimmten Teilen der ehemaligen jugoslawischen Republik Mazedonien und bestimmten Ortschaften in Südserbien (Bundesrepublik Jugoslawien) und stellt fest, dass diese Gewalthandlungen von extremistischen Angehörigen der albanischen Volksgruppe außerhalb dieser Gebiete unterstützt werden und eine Bedrohung der Sicherheit und Stabilität der gesamten Region darstellen;

2. bekräftigt sein Eintreten für die Souveränität und territoriale Unversehrtheit der Bundesrepublik Jugoslawien, der ehemaligen jugoslawischen Republik Mazedonien und der anderen Staaten der Region, wie dies in der Schlussakte von Helsinki zum Ausdruck kommt;

3. bekundet erneut seine nachdrückliche Unterstützung für die volle Durchführung der Resolution 1244 (1999);

4. verlangt, dass alle diejenigen, die derzeit an bewaffneten Handlungen gegen die Behörden dieser Staaten beteiligt sind, diese Handlungen sofort einstellen, ihre Waffen niederlegen und an ihre Heimstätten zurückkehren;

5. unterstützt die Anstrengungen, welche die Regierungen der ehemaligen jugoslawischen Republik Mazedonien und der Bundesrepublik Jugoslawien unternehmen, um die Gewalt unter Achtung der Herrschaft des Rechts zu beenden;

6. unterstreicht, dass alle Meinungsverschiedenheiten im Wege eines Dialogs zwischen allen legitimen Parteien beigelegt werden müssen;

7. unterstreicht ferner, dass alle Parteien Zurückhaltung üben und das humanitäre Völkerrecht und die Menschenrechte in vollem Umfang achten müssen;

8. begrüßt die Anstrengungen, die die Regierung Albaniens unternimmt, um den Frieden in der Region zu fördern und die gegen den Frieden arbeitenden Extremisten zu isolieren, und ermutigt sie und alle Staaten, alle möglichen konkreten Maßnahmen zu ergreifen, um jede Unterstützung für die Extremisten zu verhindern, und dabei auch die Resolution 1160 (1998) zu berücksichtigen;

9. fordert die politischen Führer der Kosovo-Albaner und die Führer der albanischen Gemeinschaften in der ehemaligen jugoslawischen Republik Mazedonien, in Südserbien und anders-

- I. Chronik -
Nr. 7/29.III.2001: Transatlantische Beziehungen

wo auf, die Gewalthandlungen und die ethnische Intoleranz öffentlich zu verurteilen und ihren Einfluss geltend zu machen, um Frieden zu gewährleisten, und fordert alle diejenigen, die mit den extremistischen bewaffneten Gruppen in Verbindung stehen, auf, ihnen klar zu machen, dass sie von keiner Seite der internationalen Gemeinschaft Unterstützung erhalten;

10. begrüßt die Anstrengungen, die die KFOR unternimmt, um die Resolution 1244 (1999) in Zusammenarbeit mit den Behörden der ehemaligen jugoslawischen Republik Mazedonien und der Bundesrepublik Jugoslawien durchzuführen, und fordert die KFOR auf, weitere verstärkte Anstrengungen zu unternehmen, um nicht autorisierte Grenzübertritte und illegale grenzüberschreitende Waffenlieferungen in der Region zu verhüten, im Kosovo (Bundesrepublik Jugoslawien) Waffen zu beschlagnahmen und den Rat auch weiterhin im Einklang mit Resolution 1160 (1998) unterrichtet zu halten;

11. fordert die Staaten und die zuständigen internationalen Organisationen auf, zu prüfen, wie sie die in der Region unternommenen Anstrengungen, demokratische und multiethnische Gesellschaften im Interesse aller weiter zu stärken und bei der Rückkehr der Vertriebenen in die betreffenden Gebiete behilflich zu sein, am besten praktisch unterstützen können;

12. fordert alle Staaten in der Region auf, ihre jeweilige territoriale Unversehrtheit zu achten und bei den Maßnahmen zusammenzuarbeiten, welche die Stabilität und die regionale politische und wirtschaftliche Zusammenarbeit im Einklang mit der Charta der Vereinten Nationen, den wesentlichen Grundsätzen der OSZE und dem Stabilitätspakt für Süd-osteuropa fördern;

13. beschließt, die Entwicklungen am Boden sorgfältig zu verfolgen und aktiv mit der Angelegenheit befasst zu bleiben."

(Deutscher Übersetzungsdienst, Vereinte Nationen)

29. III. 2001

7. Deutsch-amerikanische Erklärung zu transatlantischen Beziehungen

Am 29. März 2001 trafen der deutsche Bundeskanzler, Gerhard SCHRÖDER, und der amerikanische Präsident George W. BUSH in Washington, D.C., zusammen. Dabei verabschiedeten sie die anliegende Erklärung zu den transatlantischen Beziehungen.

Transatlantische Vision für das 21. Jahrhundert: Gemeinsame Erklärung des deutschen Bundeskanzlers und des amerikanischen Präsidenten vom 29. 3. 2001

„Die Bundesrepublik Deutschland und die Vereinigten Staaten von Amerika sind durch eine tiefe Freundschaft verbunden. Unsere heutige Begegnung eröffnet ein neues Kapitel unserer engen Beziehungen. Zu Beginn des 21. Jahrhunderts bekräftigen wir unser gemeinsames Engagement für die unverrückbaren Prinzipien, die der transatlantischen Wertegemeinschaft zugrunde liegen - Freiheit, Demokratie und Menschenrechte. Auf dieser Grundlage wollen wir die Partnerschaft zwischen Europa und den Vereinigten Staaten von Amerika stärken und weiter ausbauen. Wir wollen ihr im Zeitalter der Globalisierung eine neue Qualität geben.

Wir sind uns darüber einig, dass unsere Zusammenarbeit im Atlantischen Bündnis auch in Zukunft von entscheidender Bedeutung für die Sicherheit und Stabilität der euro-atlantischen Region bleibt und dass dazu auch eine angemessene militärische Präsenz der Vereinigten Staaten in Europa gehört. Die Atlantische Allianz hat sich den historischen Veränderungen in Europa nach dem Ende des Kalten Krieges angepasst und spielt heute auch eine wichtige Rolle bei der Förderung von Stabilität in den Staaten Mittel-, Ost- und Südosteuropas. Die Offenheit des Bündnisses für die Aufnahme neuer Mitglieder und das Angebot umfassender Partnerschaft an die neuen Demokratien auf dem europäischen Kontinent dienen Frieden und Sicherheit in ganz Europa. Sie richten sich gegen niemanden.

Wir sind übereinstimmend der Auffassung, dass Russland einen wesentlichen Beitrag zur Wahrung von Frieden und Stabilität in Europa und in der Welt leisten kann. Wir ermutigen

- I. Chronik -
Nr. 7/29.III.2001: Transatlantische Beziehungen

die russische Regierung, weiter eine Politik demokratischer Reformen zu verfolgen, und bieten hierbei unsere Zusammenarbeit an.

Den Staaten Südosteuropas werden wir Partner auf dem Weg in eine friedliche Zukunft sein. Krieg, aggressiver Nationalismus und extremistische Gewalttaten müssen der Vergangenheit angehören. Wir werden den Stabilisierungs- und Demokratisierungsprozess auf dem Balkan unterstützen und uns dabei weiterhin eng abstimmen und gemeinsam handeln. Bei diesen Bemühungen wird der Stabilitätspakt auch in Zukunft eine zentrale Rolle spielen.

Unsere beiden Länder fühlen sich seit langem der territorialen Unversehrtheit Mazedoniens verpflichtet. Wir verurteilen mit allem Nachdruck die Gewalttaten, mit denen eine kleine Gruppe von Extremisten versucht, die demokratische, multiethnische Regierung des Landes zu destabilisieren. Ihre gewalttätigen Methoden schaden den langfristigen Interessen der ethnischen Albaner in Mazedonien, im Kosovo und überall in der Region. Nachdrücklich unterstützen wir Präsident TRAJKOWSKI und die mazedonische Regierung bei proportional angemessenen Maßnahmen zur Verhinderung weiterer Gewalt. Wir dringen darauf, dass sie mit gewählten Vertretern der mazedonisch-albanischen Bevölkerungsgruppe eng zusammenarbeiten, um legitimen Minderheitenbelangen Rechnung zu tragen. Wir begrüßen die von der NATO, der Europäischen Union und der OSZE unternommenen Schritte, die Mazedonien dabei helfen sollen, die Aufständischen in Schach zu halten und eine politische Lösung erleichtern sollen.

Wir sind davon überzeugt, dass das sich einigende Europa die transatlantischen Beziehungen bereichern wird. Die Vereinigten Staaten von Amerika haben von Anfang an die europäische Einigung unterstützt, denn ein starkes und leistungsfähiges Europa liegt im Interesse Amerikas, ebenso wie Europa ein starkes Amerika braucht. In diesem Sinne betrachten wir die Entwicklung einer Europäischen Sicherheits- und Verteidigungspolitik als wichtigen Beitrag zur Lastenteilung bei der Friedenssicherung, wodurch die Atlantische Allianz gestärkt werden wird.

Die Vereinigten Staaten und Deutschland begrüßen die Bemühungen der Europäischen Union, mehr Verantwortung für die Krisenbewältigung zu übernehmen, indem sie ihre Kapazitäten ausbaut und die Fähigkeit entwickelt, zu handeln, wo die NATO als Ganzes sich nicht engagieren möchte. Daher begrüßen die Vereinigten Staaten die Europäische Sicherheits- und Verteidigungspolitik (ESVP) der Europäischen Union, mit der Europa zu einem stärkeren und handlungsfähigeren Partner gemacht werden soll, der im Stande ist, Krisen abzuwenden und zu bewältigen, die die Sicherheit der transatlantischen Gemeinschaft berühren.

Dies beinhaltet:

- den Ausbau von EU-Fähigkeiten in einer Weise, die mit der NATO umfassend koordiniert, kompatibel und ihr gegenüber transparent ist;

- eine möglichst umfassende Beteiligung nicht der EU angehörender europäischer NATO-Mitglieder an der operationellen Planung und Durchführung EU-geführter Übungen und Einsätze im Sinne der Interessen und Sicherheitsverpflichtungen, die sie als NATO-Mitglieder miteinander teilen;

- die Zusammenarbeit mit anderen EU-Mitgliedstaaten mit dem Ziel, die Fähigkeiten Europas zu verbessern und die EU in die Lage zu versetzen, dort zu handeln, wo die NATO als Ganzes nicht engagiert ist.

Gemeinsam sind wir entschlossen, neue Anstrengungen bei der Verhinderung der Verbreitung von Massenvernichtungswaffen und immer ausgereifterer Trägersysteme zu unternehmen. Wir sind uns einig, dass hierzu substanzielle bilaterale Konsultationen sowie enge Konsultationen mit anderen Verbündeten und interessierten Parteien erforderlich sind. Wir werden zusammen auf eine Strategie für die Ära nach dem Kalten Krieg hinarbeiten, die unsere gemeinsame Sicherheit erhöht, die angemessene Mischung offensiver und defensiver Systeme umfasst, den Abbau von Nuklearwaffen fortsetzt und Kontrollen hinsichtlich der Verbreitung von Massenvernichtungswaffen und Trägersystemen sowie Maßnahmen zur Bekämpfung der Proliferation stärkt.

Wir sind entschlossen, unsere Anstrengungen zur Beseitigung von Hindernissen zu verstärken, die den Handel zwischen der Europäischen Union und den Vereinigten Staaten von

Amerika beeinträchtigen. Dort, wo Meinungsunterschiede zwischen uns bestehen, wollen wir uns um eine Annäherung unserer Positionen bemühen.

Wir wollen im G-7/G-8-Rahmen dazu beitragen, dass die Vorteile der technologischen Entwicklung, insbesondere im Bereich der Informationstechnologie, verstärkt auch den ärmsten Ländern zugute kommen. Gemeinsam wollen wir ferner die Bemühungen um ein stabiles globales Finanzsystem verstärken. Dies kommt auch unserem Einsatz zur Überwindung von Hunger, Armut und Krankheit in weiten Teilen der Welt zugute. Sie sind eine Herausforderung für uns alle.

Wir teilen die Sorge über einen weltweiten Klimawandel. Wir stellen unumwunden fest, dass wir über den besten Weg zum Schutz des Weltklimas unterschiedlicher Meinung sind. Die Bundesrepublik Deutschland, die die Konferenz zum Klimawandel in Bonn im Juli dieses Jahres ausrichten wird, betont, dass die in Kyoto vereinbarten Zielgrößen zur Verringerung der Treibhausgase für die wirksame Bekämpfung des weltweiten Klimawandels unerlässlich sind. Die Vereinigten Staaten lehnen das Kyoto-Protokoll ab, weil es viele Länder von seiner Anwendung ausnimmt und der amerikanischen Wirtschaft schweren Schaden zufügen würde. Beide Seiten sind jedoch bereit, mit Freunden und Verbündeten konstruktiv zusammenzuarbeiten, um das Problem zu lösen. In diesem Zusammenhang halten sie es für notwendig, der Herausforderung des weltweiten Klimawandels unter anderem dadurch zu begegnen, dass sie entsprechende Technologien, marktorientierte Anreize und andere innovative Ansätze entwickeln.

Der Bekämpfung von AIDS messen wir besondere Bedeutung bei. Wir wollen darauf hinwirken, dass die G-7/G-8 ihre Anstrengungen intensivieren, um die Leiden von Millionen von Menschen zu lindern, die von dieser Krankheit betroffen sind. Für besonders wichtig halten wir es, dass die pharmazeutische Industrie zusätzliche Maßnahmen ergreift, damit die HIV/AIDS-Kranken in den besonders betroffenen Ländern der Dritten Welt mit für sie bezahlbaren Medikamenten versorgt werden können.

Wir begrüßen die Vereinbarungen über die Errichtung der deutschen Bundesstiftung zur Entschädigung von Zwangsarbeitern. Mit großer Zufriedenheit nehmen wir zur Kenntnis, dass die deutsche Wirtschaft den von ihr zugesagten Anteil für die Bundesstiftung nunmehr vollständig bereit hält. Wir treten dafür ein, dass die getroffenen Vereinbarungen zu umfassendem und andauerndem Rechtsfrieden nun schnell umgesetzt werden, damit die Auszahlungen an die hochbetagten Opfer so rasch wie möglich beginnen können.

Die deutsch-amerikanische Freundschaft gehört zu den tragenden Pfeilern der transatlantischen Beziehungen. Sie muss sich auch im neuen Jahrhundert weiterhin auf breite Unterstützung in unseren Völkern gründen können. In diesem Sinne wollen wir auf beiden Seiten des Atlantiks verstärkt auf Begegnungen junger Menschen setzen."

(Presse- und Informationsamt der Bundesregierung)

30. IV. 2001

8. Mitchell-Kommission legt Bericht mit Empfehlungen zum Nahost-Konflikt vor

Am 30. April 2001 legte der sogenannte Scharm-el-Scheich-Untersuchungsausschuss unter Leitung des früheren US-Senators George J. MITCHELL seinen Bericht vor, in dem die Frage geklärt werden sollte, wer für die Eskalation der Gewalt im Nahen Osten verantwortlich sei und welche Maßnahmen zur Besserung der Lage vorzunehmen wären. Der Mitchell-Kommission gehörten namhafte Politiker aus mehreren Ländern an: Suleyman DEMIREL, Neunter Präsident der Republik Türkei; Thorbjörn JAGLAND, Außenminister von Norwegen; George J. MITCHELL (Vorsitzender), Ehemaliges Mitglied und Mehrheitsführer des Senats der Vereinigten Staaten; Warren B. RUDMAN, Ehemaliges Mitglied des Senats der Vereinigten Staaten; Javier

- I. Chronik -
Nr. 8/30.IV.2001: Mitchell-Kommission zu Nahost-Konflikt

SOLANA, Hoher Vertreter für die Gemeinsame Außen- und Sicherheitspolitik, Europäische Union.

Bericht des Sharm-el-Scheich Untersuchungsausschuss, vorgelegt am 30. 4. 2001 (Auszüge)

„...Nach unserem ersten Treffen, das wir abgehalten haben, bevor wir die Region besucht haben, haben wir ein Ende jeglicher Gewalt gefordert. Unsere Treffen und unsere Beobachtungen während und nach den Besuchen in der Region haben unsere Überzeugungen in dieser Hinsicht bestärkt. Gewalt, von welchem Ursprung auch immer, wird die Probleme der Region nicht lösen. Sie wird sie nur schlimmer machen. Tod und Zerstörung werden nicht Frieden bringen, sondern werden den Hass vertiefen und die Entschlossenheit auf beiden Seiten festigen. Es gibt nur einen einzigen Weg zu Frieden, Gerechtigkeit und Sicherheit im Nahen Osten, und das ist der über Verhandlungen.

Trotz ihrer langen Geschichte und unmittelbaren Nähe scheinen einige Israelis und Palästinenser die Probleme und Sorgen des jeweils anderen nicht im vollen Umfange zu würdigen. Einige Israelis verstehen allem Anschein nach nicht die Erniedrigungen und Frustrationen, die Palästinenser jeden Tag aushalten müssen als Ergebnis dessen, dass sie mit den anhaltenden Wirkungen einer Besetzung leben, unterhalten durch die Präsenz israelischer Streitkräfte und israelischer Siedler in Siedlungen in ihrer Mitte, oder die Entschlossenheit der Palästinenser, Unabhängigkeit und echte Selbstbestimmung zu erreichen. Einige Palästinenser verstehen allem Anschein nach nicht das Ausmaß, in dem Terrorismus Angst im israelischen Volk auslöst und ihren Glauben an die Möglichkeit der Koexistenz aushöhlt oder die Entschlossenheit der Regierung von Israel, alles, was auch immer nötig ist, zu tun, um ihr Volk zu schützen.

Furcht, Hass, Grimm und Frustration haben auf beiden Seiten zugenommen. Von allen Gefahren die größte ist es, dass die Kultur des Friedens, die im vorangegangenen Jahrzehnt entwickelt wurde, zerstört wird. An ihrer Stelle gibt es ein zunehmendes Gefühl von Vergeblichkeit und Verzweiflung sowie einen zunehmender Rückgriff auf Gewalt.

Politische Führungspersönlichkeiten auf beiden Seiten müssen entschlossen handeln und sprechen, um diese gefährlichen Trends umzukehren; sie müssen das Verlangen nach und den Antrieb für Frieden anfeuern. Das wird schwierig sein, doch es kann getan werden und es muss getan werden, denn die Alternative ist unannehmbar und sollte undenkbar sein. Zwei stolze Völker teilen ein Land und eine Bestimmung. Ihre konkurrierenden Ansprüche und religiösen Unterschiede haben zu einem zermürbenden, demoralisierenden und entmenschenden Konflikte geführt. Sie können mit dem Konflikt weitermachen oder sie können verhandeln, um eine Möglichkeit herauszufinden, um nebeneinander in Frieden zu leben.

Es gibt durchaus Erfolge. Im Jahr 1991 fand die erste Friedenskonferenz mit Israelis und Palästinensern in Madrid statt, um einen Frieden zu erreichen, der auf den Resolutionen 242 und 338 des UN-Sicherheitsrats beruhte. Im Jahr 1993 trafen sich die Befreiungsorganisation Palästinas (PLO) und Israel in Oslo zu ersten direkten Verhandlungen; sie haben zur gegenseitigen Anerkennung und der Erklärung von Prinzipien (von den Seiten unterzeichnet in Washington, DC, am 13. September 1993) geführt, die einen Plan dafür boten, den in Madrid vereinbarten Bestimmungsort zu erreichen. Seither sind wichtige Schritte in Kairo, in Washington und anderswo durchgeführt worden. Im vergangenen Jahr sind die Seiten sehr eng an eine dauerhafte Lösung herangekommen.

So viel ist bereits erreicht worden. So viel steht auf dem Spiel. Wenn die Seiten ihre Reise zu ihrem gemeinsamen Bestimmungsort erfolgreich abschließen sollen, müssen vereinbarte Verpflichtungen eingehalten werden, das Völkerrecht beachtet und die Menschenrechte geschützt werden. Wir ermutigen sie, zu den Verhandlungen zurückzukehren, wie schwierig das auch ist. Dies ist der einzige Weg zu Frieden, Gerechtigkeit und Sicherheit.

EMPFEHLUNGEN

Die Regierung von Israel und die Palästinensische Autonomiebehörde müssen rasch und entschlossen handeln, um die Gewalt zu stoppen. Ihre unmittelbaren Ziele sollten es dann sein, Vertrauen wiederherzustellen und Verhandlungen wieder aufzunehmen. Was wir verlangen, ist nicht leicht. Die Palästinenser und Israelis - nicht nur ihre Führungspolitiker, sondern zwei Öffentlichkeiten insgesamt - haben das Vertrauen zueinander verloren. Wir verlangen von den Führungspolitikern, für das Wohl ihrer Menschen das politisch Schwierige zu tun: zu führen, ohne zu wissen, wie viele folgen werden.

Während unserer Mission war es unser Ziel, die in Scharm el-Scheich vereinbarte Aufgabe zu erfüllen. Wir schätzen die Unterstützung, die von den Teilnehmern an dem Gipfel unserer Arbeit erwiesen worden ist, und wir loben die Seiten für ihre Zusammenarbeit. Unsere prinzipielle Empfehlung lautet, dass sie sich wieder auf den Geist von Scharm el-Scheich verpflichten und dass sie die dort in den Jahren 1999 und 2000 getroffenen Beschlüsse in die Tat umsetzen. Wir glauben, dass die Gipfelteilnehmer kühne Taten der Seiten unterstützen werden, um diese Ziele zu erreichen.

DIE GEWALT BEENDEN

Die Regierung von Israel und die Palästinensische Autonomiebehörde sollten ihr ihre Verpflichtung auf die vorhandenen Vereinbarungen und Verpflichtungen bekräftigen und sollten sofort eine bedingungslose Einstellung der Gewalt in die Tat umsetzen. Alles, was weniger ist, als eine umfassende Anstrengung beider Seiten, um die Gewalt zu beenden, wird die Anstrengung selbst unwirksam machen und wird wahrscheinlich von der anderen Seite als ein Beweis für böse Absicht interpretiert werden.

Die Regierung von Israel und die Palästinensische Autonomiebehörde sollten unverzüglich die Sicherheitszusammenarbeit wieder aufnehmen.

Eine wirksame zweiseitige Zusammenarbeit mit dem Ziel, Gewalt zu verhindern, wird die Wiederaufnahme von Verhandlungen unterstützen. Wir sind besonders besorgt darüber, dass Terrorismus und andere Gewaltakte beim Ausbleiben einer wirksamen, transparenten Sicherheitszusammenarbeit weiter gehen werden und vielleicht als offiziell gebilligt angesehen werden, ob sie es nun sind oder nicht. Die Seiten sollten die Erweiterung der Breite der Sicherheitszusammenarbeit in Erwägung ziehen, um die dringenden Punkte beider Gemeinschaften zu berücksichtigen und um Akzeptanz für diese Anstrengungen von diesen Gemeinschaften zu erringen.

Wir erkennen die Position der Palästinensischen Autonomiebehörde an, dass Sicherheitszusammenarbeit ein politisches Problem darstellt beim Fehlen eines angemessenen politischen Kontexts, d.h. also der Lockerung der strengen israelischen Sicherheitsmaßnahmen kombiniert mit anhaltenden, fruchtbaren Verhandlungen. Wir erkennen auch die Befürchtung der Palästinensischen Autonomiebehörde an, dass die Regierung von Israel, hat sie einmal die Sicherheitszusammenarbeit erreicht, vielleicht nicht mehr bereit sein wird, sich entschlossen mit den palästinensischen politischen Anliegen auseinander zu setzen. Wir sind davon überzeugt, dass Sicherheitszusammenarbeit nicht lange aufrechterhalten werden kann, wenn bedeutsame Verhandlungen aus unvernünftigen Gründen verschoben werden, wenn Sicherheitsmaßnahmen 'vor Ort' als feindselig angesehen werden, oder wenn Schritte unternommen werden, die als provokativ angesehen werden oder als Präzedenzfall, der das Ergebnis von Verhandlungen im Voraus bestimmen will.

VERTRAUEN WIEDERHERSTELLEN

- Die Palästinensische Autonomiebehörde und die Regierung Israels sollten sich zusammen bemühen, eine bedeutsame Abkühlungsperiode einzuleiten und zusätzliche vertrauensbildende Maßnahmen durchzuführen, von denen einige im Oktober in der Erklärung von Scharm el-Scheich vorgeschlagen war und einige am 7. Januar 2001 von den USA angeboten wurden.

- Die Palästinensische Autonomiebehörde und die Regierung von Israel sollten ihre Bemühungen wieder aufnehmen, Aufhetzung in all ihren Formen zu identifizieren, zu verurteilen und dagegen einzutreten.

- Die Palästinensische Autonomiebehörde sollte es sowohl Palästinensern wie Israelis gleichermaßen durch konkrete Taten klarmachen, dass Terrorismus widerwärtig und unannehmbar ist, und dass die Palästinensische Autonomiebehörde hundertprozentige Bemühungen unternehmen wird, um terroristische Operationen zu verhindern und Täter zu bestrafen. Zu diesen Bemühungen sollten unverzügliche Schritte gehören, um Terroristen zu fassen und ins Gefängnis zu werfen, die innerhalb der Jurisdiktion der Palästinensischen Autonomiebehörde operieren.

- I. Chronik -
Nr. 8/30.IV.2001: Mitchell-Kommission zu Nahost-Konflikt

- Die israelische Regierung sollte alle Siedlungsaktivitäten einfrieren, einschließlich des 'natürlichen Wachstums' bestehender Ansiedlungen. Die Art der Sicherheitszusammenarbeit, die von der Regierung Israels gewünscht wird, kann nicht für lange Zeit mit einer Siedlungsaktivität koexistieren, die kürzlich von der Europäischen Union als Grund 'großer Besorgnis' und von denen Vereinigte Staaten als 'provokativ' bezeichnet wurde.

- Die Regierung Israels sollte die Frage sorgsam erwägen, ob Siedlungen, die Brennpunkte für wesentliche Spannungen sind, wertvolles Kapital für zukünftige Verhandlungen sind oder Provokationen, die wahrscheinlich den Beginn substanzieller Verhandlungen verhindern.

- Die Regierung Israels wünscht vielleicht der Palästinensischen Autonomiebehörde klarzumachen, dass ein künftiger Frieden keine Bedrohung für den territorialen Zusammenhang eines Palästinensischen Staates sein würde, der im Westjordanland und im Gaza-Streifen errichtet werden soll.

- Die israelische Armee sollte einen Rückzug auf Positionen in Erwägung ziehen, die sie vor dem 28. September 2000 innehatte, was die Zahl von Spannungspunkten und das Potenzial für gewalttätige Konfrontationen verringern wird.

- Die Regierung Israels sollte sicherstellen, dass die israelische Armee Politiken und Verfahren einführt und durchsetzt, die nichttödliche Antworten auf unbewaffnete Demonstranten ermutigen, mit dem Ziel, Verluste und Spannungen zwischen den beiden Gemeinschaften so gering wie möglich zu halten. Die israelische Armee sollte:

- als Routineverfahren Ermittlungen der Militärpolizei beim Tod von Palästinensern als Ergebnis von Aktionen der israelischen Armee in den Palästinensischen Gebieten bei Vorfällen, in denen Terrorismus keine Rolle spielt, wieder einführen. Die israelische Armee sollte die pauschale Charakterisierung des jetzigen Aufstands als eines 'bewaffneten Konflikts knapp unterhalb des Krieges' aufgeben, die es unterlässt, zwischen Terrorismus und Protest zu unterscheiden.

- Taktiken zur Beherrschung von Menschenmassen übernehmen, die das Potenzial für Todesfälle und Verwundungen so gering wie möglich machen, einschließlich der Ausmusterung von Geschossen mit Metallkern aus der allgemeinen Anwendung.

- Sicherstellen, dass an bekannten Spannungspunkten jederzeit erfahrenes und abgehärtetes Personal Dienst tut.

- Sicherstellen, dass die erklärten Werte und Einsatzverfahren der israelischen Armee wirksam ein Gefühl der Pflicht zur Sorge für Palästinenser im Westjordanland und dem Gaza-Streifen wie auch für die Israelis, die dort leben, vermitteln, der übereinstimmt mit dem 'Ethikkodex der israelischen Armee'.

- Die Regierung Israels sollte Sperrungen aufheben, der Palästinensischen Autonomiebehörde alle geschuldeten Steuereinkünfte übermitteln, und es den Palästinensern, die in Israel beschäftigt waren, gestatten, an ihre Arbeitsplätze zurückzukehren; und sie sollte sicherstellen, dass Streitkräfte und Siedler ablassen von der Zerstörung von Häusern, Straßen wie auch von Bäumen und anderem landwirtschaftlichen Eigentum in palästinensischen Gebieten. Wir nehmen die Positionen der Regierung Israels zur Kenntnis, dass Aktionen dieser Art aus Sicherheitsgründen ergriffen worden sind. Dennoch werden ihre wirtschaftlichen Auswirkungen über Jahre hin anhalten.

- Die Palästinensische Autonomiebehörde sollte die Zusammenarbeit mit israelischen Sicherheitsbehörden wieder aufnehmen, um im größtmöglichen Ausmaß sicherzustellen, dass palästinensische Arbeiter, die in Israel beschäftigt sind, vollständig überprüft und frei von Verbindungen zu Organisationen und Individuen sind, die terroristisch tätig sind.

- Die Palästinensische Autonomiebehörde sollte Schützen daran hindern, palästinensisch besiedelte Gebiete zu nutzen, um auf israelisch besiedelte Gebiete und Stellungen der israelischen Armee zu feuern. Dies bringt Zivilisten auf beiden Seiten in unnötige Gefahr.

- Die Regierung von Israel und die Armee sollten Politiken und Verfahren annehmen und umsetzen, die darauf angelegt sind, sicherzustellen, dass die Erwiderung auf jeden Beschuss, der aus palästinensisch besiedelten Gebieten kommt, die Gefahr für Leben und Eigentum palästinensischer Zivilisten so gering wie möglich macht, unter Berücksichtigung dessen, dass es wahrscheinlich das Ziel der Schützen ist, eine unverhältnismäßige Erwiderung der israelischen Armee hervorzurufen.

- Die Regierung Israels sollte alle notwendigen Schritte unternehmen, um Gewaltakte durch Siedler zu verhindern.

- Die Seiten sollten die Bestimmungen des Wye-River-Abkommens einhalten, die illegale Waffen verbieten.

- Die Palästinensische Autonomiebehörde sollte alle notwendigen Schritte tun, um eine klare und unumstrittene Befehlskette einzurichten für Bewaffnete, die unter ihrer Befehlsgewalt operieren.

- Die Palästinensische Autonomiebehörde sollte wirksame Standards für Verhalten und Verantwortlichkeit einrichten und durchsetzen, sowohl innerhalb der uniformierten Angehörigen der Polizei wie auch zwischen der Polizei und der zivilen politischen Führung, der sie unterstellt ist.

- Die Palästinensische Autonomiebehörde und die Regierung Israels sollten eine gemeinsame Einrichtung in Erwägung ziehen, um die den Überlieferungen von Muslimen, Juden und Christen heiligen Stätten zu bewahren und zu schützen. Eine Initiative dieser Art könnte einen Besorgnis erregenden Trend vielleicht umkehren: den zunehmende Gebrauch religiöser Themen, um Gewalt zu ermutigen und zu rechtfertigen.

- Die Regierung Israels und die Palästinensische Autonomiebehörde sollten gemeinsam die Arbeit palästinensischer und israelischer Nichtregierungsorganisationen (NGOs), die die jeweilige Gemeinschaft überschreiten und in Initiativen engagiert sind, die die beiden Völker verbinden, billigen und unterstützen. Es ist wichtig, dass diese Aktivitäten, einschließlich der Gewährung humanitärer Hilfe für palästinensische Dörfer durch israelische NGOs, die volle Unterstützung beider Seiten erhalten.

WIEDERAUFNAHME VON VERHANDLUNGEN

Wir wiederholen unsere Überzeugung, dass ein hundertprozentiges Bemühen, die Gewalt zu stoppen, die Sicherheitszusammenarbeit unverzüglich wieder aufzunehmen und vertrauenbildende Maßnahmen auszutauschen, vordringlich sind für die Wiederaufnahme von Verhandlungen. Doch keiner dieser Schritte wird lange aufrechterhalten werden, wenn eine Rückkehr zu ernsthaften Verhandlungen fehlt.

Es gehört nicht zu unserem Mandat, den Ort, die Grundlage oder die Tagesordnung von Verhandlungen vorzuschreiben. Um jedoch einen wirksamen politischen Kontext für praktische Zusammenarbeit zwischen den Seite zu gewährleisten, dürfen Verhandlungen nicht grundlos aufgeschoben werden und sie müssen unserer Meinung nach einen Geist des Kompromisses, der Versöhnung und der Partnerschaft zeigen, ungeachtet der Ereignisse der vergangenen sieben Monate.

Im Geist der Abkommen und Vereinbarungen, die in den Jahren 1999 und 2000 in Scharm el-Scheich getroffen wurden, empfehlen wir, dass die Seiten sich treffen, um ihre Verpflichtung auf unterzeichnete Abkommen und auf gegenseitige Vereinbarungen zu bekräftigen und entsprechende Taten durchführen. Das sollte die Grundlage sein für die Wiederaufnahme umfassender und bedeutungsvoller Verhandlungen.

Die Seiten stehen an einer Wegscheide. Wenn sie nicht an den Verhandlungstisch zurückkehren, sehen sie sich der Aussicht gegenüber, es jahrelang auszufechten, wobei viele ihrer Bürger in entfernte Länder auswandern werden, um ihr Leben zu leben und ihre Kinder aufzuziehen. Wir beten dafür, dass sie die richtige Wahl treffen. Das bedeutet, die Gewalt jetzt zu stoppen. Israelis und Palästinenser müssen zusammen leben, arbeiten und prosperieren. Geschichte und Geographie haben sie dazu bestimmt, Nachbarn zu sein. Das kann nicht geändert werden. Erst, wenn ihre Taten von diesem Bewusstsein geleitet werden, werden sie in der Lage sein, die Vision und die Möglichkeit von Frieden und geteiltem Wohlergehen zu entwickeln."

(Amerika Dienst)

- I. Chronik -
Nr. 9/1.V.2001: Bush zu Abrüstung und Raketenabwehr

1. V. 2001

9. US-Präsident Bush zur nuklearen Abrüstung und Raketenabwehr

Am 1. Mai 2001 hielt der neue US-Präsident George W. BUSH vor der National Defense University in Washington eine Grundsatzrede, in der er die Prinzipien darlegte, nach denen seine Administration strategische Stabilität herstellen will. Insbesondere äußerte er sich zu den Möglichkeiten nuklearer Abrüstung und Raketenabwehr. Die Rede wird im Folgenden leicht gekürzt wiedergegeben.

Rede von US-Präsident Bush vor der National Defense University vom 1. 5. 2001

„... Ich möchte, das wir heute Nachmittag rund 30 Jahre zurückdenken, an eine ganz andere Zeit in einer ganz anderen Welt. Die Vereinigten Staaten und die Sowjetunion waren in feindlicher Rivalität verhaftet. Die Sowjetunion war unser unbestrittener Feind; eine hoch gerüstete Bedrohung von Freiheit und Demokratie. Sehr viel mehr trennte uns als die Berliner Mauer. Unser höchstes Ideal war - und ist - die Freiheit des Einzelnen. Ihr höchstes Ideal war die Errichtung eines riesigen kommunistischen Reichs. Ihr totalitäres Regime hielt einen Großteil Europas hinter einem eisernen Vorhang gefangen.

Wir trauten ihnen nicht - und das aus gutem Grund. Unsere tiefgreifenden Differenzen fanden ihren Ausdruck in einer gefährlichen militärischen Konfrontationen, die Tausende, in höchster Alarmstufe auf den jeweils anderen gerichtete Nuklearwaffen zur Folge hatte. Die Sicherheit der Vereinigten Staaten und der Sowjetunion gleichermaßen gründete auf einem furchterregenden Prinzip: Keine Seite würde Nuklearwaffen auf die andere Seite abfeuern, denn das würde das Ende beider Nationen bedeuten.

Wir gingen sogar so weit, diese Beziehungen im ABM-Vertrag von 1972 zu kodifizieren - auf der Grundlage der Doktrin, dass unser bloßes Überleben am besten gesichert wäre, wenn beiden Seiten völlig offen und anfällig für einen Nuklearangriff blieben. Die Bedrohung war real und lebendig. Das Strategische Luftwaffenkommando hatte eine Looking Glass genannte luftgestützte Befehlsstelle, die 24 Stunden einsatzbereit war für den Fall, dass der Präsident den Vormarsch unserer strategischen Streitkräfte auf ihre Ziele und den Abwurf ihrer nuklearen Kampfmittel befahl.

Die Sowjetunion hatte fast 1,5 Millionen Soldaten mitten im Herzen Europas stationiert, in Polen und der Tschechoslowakei, in Ungarn und Ostdeutschland. Wir benutzten unsere Nuklearwaffen nicht nur, um die Sowjetunion vom Einsatz ihrer Nuklearwaffen abzuhalten, sondern auch, um ihre konventionellen Streitkräfte zurückzuhalten, um sie davon abzuhalten, den Eisernen Vorhang in Teile Europas und Asiens auszudehnen, die noch frei waren. In dieser Welt waren wenige andere Nationen im Besitz von Nuklearwaffen, und die welche besaßen, waren verantwortungsbewusste Bündnispartner wie Großbritannien und Frankreich. Wir machten uns Sorgen über die Verbreitung von Nuklearwaffen in andere Länder, aber es war eine zumeist vage Bedrohung, noch keine Realität.

Heute scheint die Sonne auf eine völlig andere Welt. Die Mauer gibt es nicht mehr, ebenso wie die Sowjetunion. Das Russland von heute ist nicht die Sowjetunion von gestern. Seine Regierung ist nicht mehr kommunistisch. Sein Präsident ist gewählt. Das Russland von heute ist nicht unser Gegner, sondern ein im Übergang befindliches Land mit der Chance, als großartige Nation daraus hervorzugehen - demokratisch und im Frieden mit sich selbst und seinen Nachbarn. Der Eiserne Vorhang existiert nicht mehr. Polen, Ungarn und die Tschechische Republik sind freie Nationen und sind jetzt unsere Bündnispartner in der NATO zusammen mit einem wiedervereinigten Deutschland.

Dennoch ist dies immer noch eine gefährliche Welt, eine weniger sichere, weniger berechenbare. Mehr Nationen sind im Besitz von Nuklearwaffen und noch mehr streben ihren Besitz an. Viele haben chemische und biologische Waffen. Manche haben bereits die ballistische Raketentechnologie entwickelt, die ihnen den Abschuss von Massenvernichtungswaffen mit großer Reichweite und in unglaublicher Geschwindigkeit erlauben würde. Und eine Reihe dieser Länder verbreitet diese Technologien auf der ganzen Welt.

- I. Chronik -
Nr. 9/1.V.2001: Bush zu Abrüstung und Raketenabwehr

Am beunruhigendsten ist, dass die Liste dieser Länder einige der verantwortungslosesten Staaten der Welt beinhaltet. Im Gegensatz zur Zeit des Kalten Kriegs stellen heute die größte Bedrohung nicht Tausende ballistischer Raketen in den Händen der Sowjets dar, sondern einige wenige Raketen in den Händen dieser Staaten - Staaten, für die Terror und Erpressung ein Lebensstil sind. Sie streben den Besitz von Massenvernichtungswaffen an, um ihre Nachbarn einzuschüchtern und die Vereinigten Staaten und andere verantwortungsbewusste Nationen davon abzuhalten, Bündnispartnern und Freunden in strategischen Teilen der Welt zu helfen.

Als Saddam HUSSEIN 1990 in Kuwait einmarschierte, vereinigten sich die Streitkräfte der Welt, um ihn zurückzuweisen. Die internationale Gemeinschaft hätte sich jedoch einer völlig anderen Situation gegenübergesehen, wenn Saddam HUSSEIN sie mit Nuklearwaffen hätte erpressen können. Ebenso wie Saddam HUSSEIN hegen einige der Tyrannen von heute einen unversöhnlichen Hass auf die Vereinigten Staaten von Amerika. Sie hassen unsere Freunde, sie hassen unsere Werte, sie hassen Demokratie und Freiheit und die Freiheit des Einzelnen. Vielen ist das Leben ihrer Bürger egal. In einer solchen Welt reicht die Abschreckung aus der Zeit des Kalten Kriegs nicht mehr aus.

Um Frieden zu bewahren und unsere Bürger sowie unsere eigenen Bündnispartner und Freunde zu schützen, müssen wir eine Sicherheit anstreben, die auf mehr als dem furcherregenden Prinzip gründet, dass wir diejenigen zerstören können, die uns zu zerstören versuchen. Dies ist eine bedeutende Chance für die Welt, das Undenkbare zu überdenken und neue Wege zur Bewahrung des Friedens zu finden.

Die Welt von heute erfordert eine neue Politik, eine umfassende Strategie aktiver Nichtverbreitung, Bekämpfung der Weiterverbreitung und Verteidigungssysteme. Wir müssen mit gleichgesinnten Nationen zusammenarbeiten, um denjenigen die Waffen des Schreckens zu verweigern, die sie beschaffen wollen. Wir müssen mit Bündnispartnern und Freunden zusammenarbeiten, die sich uns anschließen wollen, um sich gegen das Leid zu schützen, das sie zufügen können. Und gemeinsam müssen wir alle abschrecken, die ihren Einsatz in Erwägung ziehen.

Wir benötigen neue Abschreckungskonzepte, die sich sowohl auf offensive als auch auf defensive Streitkräfte stützen. Abschreckung kann nicht mehr ausschließlich auf der Androhung eines nuklearen Vergeltungsschlags gründen. Verteidigungssysteme können die Abschreckung stärken, indem sie den Anreiz zur Weiterverbreitung verringern.

Wir benötigen einen neuen Rahmen, der uns den Aufbau von Raketenabwehrsystemen gegen die verschiedenen Bedrohungen der Welt von heute gestattet. Um das zu tun, müssen wir uns der Zwänge des 30 Jahre alten ABM-Vertrags entledigen. Dieser Vertrag trägt der Gegenwart weder Rechnung, noch weist er uns den Weg in die Zukunft. Er konserviert die Vergangenheit. Ein Vertrag, der uns davon abhält, die Bedrohungen von heute in Angriff zu nehmen, der uns verbietet, vielversprechende Technologien zu unserer Verteidigung sowie der unserer Freunde und unserer Bündnispartner zu entwickeln, liegt weder in unserem Interesse noch im Interesse des Weltfriedens.

Dieser neue Rahmen muss weitere Reduzierungen von Nuklearwaffen fördern. Nuklearwaffen spielen bei unserer Sicherheit und der unserer Bündnispartner immer noch eine entscheidende Rolle. Wir können und werden den Umfang, die Zusammensetzung und den Charakter unserer Nuklearstreitkräfte in einer Weise verändern, die der Tatsache Rechnung trägt, dass der Kalte Krieg vorüber ist.

Ich verpflichte mich zum Aufbau einer glaubwürdigen Abschreckung mit einer möglichst niedrigen Anzahl von Nuklearwaffen im Einklang mit unseren nationalen Sicherheitserfordernissen, einschließlich unserer Verpflichtungen gegenüber unseren Bündnispartnern. Mein Ziel ist die rasche Verringerung der Nuklearstreitkräfte. Die Vereinigten Staaten werden mit gutem Beispiel vorangehen, um ihre Interessen und die Sache des Friedens auf der Welt zu verwirklichen.

Vor einigen Monaten habe ich Verteidigungsminister RUMSFELD gebeten, alle verfügbaren Technologien und Stationierungsmodalitäten für eine effektive Raketenabwehr zu prüfen, die die Vereinigten Staaten, ihre stationierten Streitkräfte, ihre Freunde und Bündnispartner schützen könnten. Der Minister hat eine Reihe sich ergänzender und innovativer Ansätze sondiert.

- I. Chronik -
Nr. 9/1.V.2001: Bush zu Abrüstung und Raketenabwehr

Der Minister hat kurzfristige Optionen ausgemacht, die uns die Stationierung erster Fähigkeiten gegen begrenzte Bedrohungen erlauben würden. In einigen Fällen können wir uns auf bereits erprobte Technologien stützen, die land- oder seegestützte Fähigkeiten zum Abfangen von Raketen in der mittleren Flugphase oder nach ihrem Wiedereintritt in die Atmosphäre beinhalten könnten. Wir sind uns auch der beträchtlichen Vorteile beim Abfangen von Raketen in ihrer ersten Flugphase und besonders in der Antriebsphase bewusst.

Die Vorbereitungsarbeit hat einige vielversprechende Optionen für moderne Sensoren und Abfangraketen hervorgebracht, die diese Fähigkeit bieten könnten. Wenn sie see- oder flugzeuggestützt sind, könnte ein solcher Ansatz eine begrenzte, aber effektive Raketenabwehr bieten.

Wir müssen noch mehr tun, um die endgültige Form der Raketenabwehr zu entscheiden. Wir werden alle diese Optionen weiter prüfen. Wir sind uns der vor uns liegenden technologischen Schwierigkeiten bewusst und stellen uns der Herausforderung. Unser Nation wird die besten Leute für diese entscheidende Aufgabe abstellen.

Wir werden auswerten, was funktioniert und was nicht. Wir wissen, dass einige Ansätze nicht funktionieren werden. Wir wissen auch, dass wir auf unseren Erfolgen aufbauen können. Wenn wir bereit sind, werden wir in Zusammenarbeit mit dem Kongress die Raketenabwehr zur Stärkung der globalen Sicherheit und Stabilität stationieren. Ich habe von Anfang an klargestellt, dass ich zu diesem wichtigen Thema unsere Freunde und Bündnispartner konsultieren werde, die ebenfalls durch Raketen und Massenvernichtungswaffen bedroht sind. Heute gebe ich die Entsendung hochrangiger Regierungsvertreter in die Hauptstädte der Bündnispartner in Europa, Asien, Australien und Kanada bekannt, um unsere gemeinsame Verantwortung zur Schaffung eines neuen Rahmens für Sicherheit und Stabilität zu erörtern, der die Welt von heute widerspiegelt. Sie werden nächste Woche abreisen. Die Delegationen werden von drei auf diesem Podium anwesenden Männern angeführt: Rich ARMITAGE, Paul WOLFOWITZ und Steve HADLEY, Stellvertretende Leiter des Außenministeriums, des Verteidigungsministeriums und des Nationalen Sicherheitsrats. Ihre Reisen werden Teil eines andauernden Konsultationsprozesses sein und viele Menschen und viele Regierungsebenen einbeziehen, darunter auch meine Kabinettsminister. Es werden wirkliche Konsultationen sein. Wir konfrontieren unsere Freunde und Bündnispartner nicht mit bereits getroffenen unilateralen Entscheidungen. Wir freuen uns darauf, ihre Meinungen zu hören, die Ansichten unserer Freunde, und sie zu berücksichtigen.

Wir wünschen Ihren Beitrag zu allen das neue strategische Umfeld umgebenden Themen. Wir werden auch andere interessierte Staaten einbeziehen müssen, darunter China und Russland. Russland und die Vereinigten Staaten sollten bei der Entwicklung einer neuen Grundlage für weltweiten Frieden und Sicherheit im 21. Jahrhundert zusammenarbeiten. Wir sollten die Zwänge des ABM-Vertrags hinter uns lassen, der auf Misstrauen und gegenseitiger Verletzbarkeit gründende Beziehungen fortschreibt. Dieser Vertrag ignoriert die von der Technologie in den letzten 30 Jahren erzielten grundlegenden Durchbrüche. Er verbietet uns, alle Optionen zur Verteidigung gegen die uns, unsere Bündnispartner und andere Länder konfrontierenden Bedrohungen zu sondieren.

Aus diesem Grund sollten wir zusammenarbeiten, um diesen Vertrag durch einen neuen Rahmen zu ersetzen, der eine eindeutige und klare Abkehr von der Vergangenheit und insbesondere von dem feindschaftlichen Vermächtnis des Kalten Kriegs darstellt. Diese neuen kooperativen Beziehungen sollten in die Zukunft blicken, nicht in die Vergangenheit. Sie sollten beruhigen, nicht bedrohen. Sie sollten auf Offenheit, gegenseitigem Vertrauen und echten Chancen für Zusammenarbeit gründen, einschließlich des Bereichs der Raketenabwehr. Sie sollten uns den Austausch von Informationen gestatten, so dass jede Nation ihre Frühwarnfähigkeit und ihre Fähigkeit zur Verteidigung ihrer Bürger und ihres Staatsgebiets verbessern kann. Und eines Tages können wir vielleicht sogar bei einer gemeinsamen Verteidigung zusammenarbeiten.

Ich möchte die Arbeit an der Umwandlung unserer Beziehungen vollenden - auf einem nuklearen Gleichgewicht des Schreckens gründende Beziehungen sollen zu Beziehungen werden, die auf gemeinsamer Verantwortung und gemeinsamen Interessen fundieren. Es mag Meinungsverschiedenheiten mit Russland geben, aber wir sind keine strategischen Gegner und dürfen es nicht sein. Russland und Amerika sehen sich beide neuen Bedrohungen ihrer Sicherheit gegenüber. Gemeinsam können wir die heutigen Bedrohungen bewältigen und die

- I. Chronik -
Nr. 10/10.-11.V.2001: NSG-Jahrestreffen

Chancen von heute nutzen. Wir können Technologien erforschen, die das Potenzial besitzen, uns alle sicherer zu machen.

Dies ist eine Zeit für Vision; eine Zeit für eine neue Denkweise; eine Zeit für mutige Führung. Looking Glass hält nicht mehr 24 Stunden Wache. Wir alle müssen die Welt in einer neuen, realistischen Weise sehen, um den Frieden für nachfolgende Generationen zu bewahren..."

(Amerika-Dienst)

10. - 11. V. 2001

10. Jahrestreffen der Nuklearen Lieferländer

Am 10. und 11. Mai 2001 trafen in Aspen, Colorado, die Vertreter der Mitgliedsstaaten der Gruppe nuklearer Lieferländer (NSG) zu ihrer jährlichen Tagung zusammen. Die Ergebnisse sind in der anliegenden Pressemitteilung wiedergegeben.

Nuclear Suppliers Group Plenary Meeting, Aspen, 10. - 11. 5. 2001

"The 2001 Plenary Meeting of the Nuclear Suppliers Group (NSG) was held in Aspen, Colorado on 10-11 May. Mr. Robert J. EINHORN, Assistant Secretary for Nonproliferation, US Department of State, chaired the meeting.

The aim of the NSG, which has 39 Member States and the European Commission as permanent observer, is to prevent the proliferation of nuclear weapons through export controls of nuclear and nuclear-related material, equipment, software and technology, without hindering international cooperation on peaceful uses of nuclear energy. The Plenary agreed that the activities of the Group continued to fulfil this aim and that the Group's contribution is all the more valuable today in the face of advancing threats of nuclear proliferation.

Slovenia was welcomed as the newest member of the group.

The NSG approved a new procedural arrangement to improve the effectiveness of the group. In this context, the NSG agreed to create a standing intersessional body, the Consultative Group, tasked to hold consultations on issues associated with its Guidelines on nuclear supply and the technical annexes. The NSG also agreed to amend the Guidelines on nuclear supply and the technical annexes. The NSG also agreed to amend the Guidelines to ensure improved clarity on current policies and conditions of supply. Matters related to consistent interpretation of the Guidelines were also discussed. In order to better inform the public of the work of the Group, the Plenary endorsed the creation of a website, to be launched in the near future.

The NSG reaffirmed its 1992 decision requiring IAEA Full-Scope Safeguards as a condition of nuclear supply. At the same time, the NSG agreed to consider options for engaging with non-NSG countries that have developed nuclear programs and that are potential nuclear suppliers, for the purpose of strengthening the global nuclear nonproliferation regime.

The NSG encourages all States that have not yet done so to conclude Full-Scope Safeguards agreements with the IAEA and to bring them into force. The NSG reaffirms that the provisions of the IAEA model Additional Protocol will strengthen the nuclear safeguards regime and facilitate the exchange of nuclear and nuclear-related material in peaceful nuclear cooperation. The NSG encourages all States which have not yet done so, to conclude such Additional Protocols as soon as possible and bring them into force. The NSG also encourages all states to follow the NSG Guidelines on nuclear supply.

The Chair was requested to continue contacts with Kazakhstan with a view to taking an intersessional decision on Kazakhstan's membership. The NSG mandated the Chair to pursue a dialogue with non-member States, and in particular to continue contacts with China, Egypt, India, Iran and Pakistan. The NSG also invited the Chair to open a dialogue with Indonesia, Malaysia and Mexico, and to consider and make recommendations on a dialogue with transhipment states.

- I. Chronik -
Nr. 11/15.V.2001: Israel zur Mitchell-Kommission

The NSG members accepted with appreciation the offer of the Government of the Czech Republic to host the next Plenary meeting in May 2002."

(NSG Website)

15. V. 2001

11. Reaktion Israels auf den Bericht der Mitchell-Kommission

Am 15. Mai 2001 veröffentlichte die Regierung Israels die nachfolgende Erklärung, in der die Ergebnisse des Scharm-el-Scheich-Untersuchungsausschusses (Mitchell-Kommission) gewürdigt und teilweise kritisiert wurden. Insbesondere betonte die israelische Regierung, dass sobald erkennbar wird, dass die Palästinensische Autonomiebehörde der Gewalt ein Ende gemacht hat und eine Beruhigungsfrist verstrichen hat, Israel bereit sei, die Verhandlungen mit der Palästinensischen Autorität wieder aufzunehmen.

Stellungnahme der israelischen Regierung zum Bericht des Scharm-el-Scheich-Untersuchungsausschusses, veröffentlicht am 15. 5. 2001 in Jerusalem

„1. In Beantwortung der Aufforderung des Scharm-el-Scheich-Untersuchungsauschusses, zu seinem Bericht vom 30. April 2001 Stellung zu nehmen, möchte die Regierung von Israel den ehrenwerten Mitgliedern des Ausschusses ihre aufrichtige Anerkennung aussprechen für die große Sorgfalt, mit der sie sich der schwierigen Aufgabe unterzogen haben, eine Beurteilung der Ereignisse seit September 2000 vorzunehmen. Israel ist der Meinung, dass der Bericht des Ausschusses einen konstruktiven, positiven Versuch darstellt, um dem Kreislauf der Gewalt zu durchbrechen und die Wiederaufnahme der bilateralen Friedensverhandlungen zu erleichtern.

2. Israel begrüßt insbesondere die uneingeschränkte Forderung nach einem bedingungslosen Ende der Gewalt, der Einhaltung einer angemessenen Beruhigungsfrist und der Wiederaufnahme von Verhandlungen.

3. Zu denjenigen Teilen des Berichts, die der Erwähnung wert sind, gehören folgende:

- der Besuch von Herrn SHARON auf dem Tempelberg hat die Gewalt nicht verursacht;

- die Palästinensische Autonomiebehörde (PA) 'muss äußerste Anstrengungen unternehmen, um ein vollständiges Ende der Gewalt durchzusetzen, und dies muss von der Regierung von Israel auch so gesehen werden';

- beide Seiten müssen klarstellen, dass gewalttätige Demonstrationen nicht hingenommen werden;

- die Verurteilung der Feuerüberfälle palästinensischer Schützen;

- Terrorismus wird verurteilt. 'Die PA sollte durch konkretes Handeln Palästinensern ebenso wie Israelis klar machen, dass Terrorismus verwerflich und inakzeptabel ist, und dass die PA hundertprozentige Bemühungen unternehmen wird, um terroristische Akte zu verhindern und die Täter zu bestrafen. Diese Bemühungen sollten sofortige Schritte einschließen, Terroristen zu ergreifen und einzukerkern, die innerhalb des Zuständigkeitsbereichs der PA operieren';

- 'die sofortige Wiederaufnahme der Sicherheitszusammenarbeit ist zwingend';

- 'Die PA sollte die Zusammenarbeit mit israelischen Sicherheitsbehörden wieder aufnehmen, um sicherzustellen, dass in Israel beschäftigte palästinensische Arbeiter umfassend überprüft werden und keine Verbindung zu Terroristen und terroristischen Organisationen haben';

- 'die PA sollte wirksame Standards des Verhaltens und der Verantwortlichkeit schaffen und anwenden';

- I. Chronik -
Nr. 11/15.V.2001: Israel zur Mitchell-Kommission

- die Forderung nach Erhaltung und Schutz Heiliger Stätten.

4. Die schriftlichen Erklärungen, die dem Ausschuss durch die Regierung von Israel zugeleitet worden sind, besagten, dass der Ausbruch palästinensischer Gewalt kein spontaner Akt war, sondern vielmehr Ausdruck einer strategischen Entscheidung auf Seiten der palästinensischen Führung, um durch Gewalt zu Ergebnissen zu gelangen, die durch Verhandlungen nicht erreicht werden konnten - Verhandlungen, bei denen die palästinensische Seite eine inflexible und kompromisslose Haltung einnahm.

5. Darüber hinaus wurde in den israelischen Erklärungen als Grund für die Gewalt eine Anzahl von grundlegenden und schwerwiegenden Punkten aufgelistet, bei denen die Palästinenser nicht den Verpflichtungen gerecht geworden sind, die sie in nicht weniger als elf Vereinbarungen eingegangen sind, die mit Israel abgeschlossen worden sind, seitdem der Oslo-Friedensprozess im Jahr 1993 begonnen hat. Die andauernde Gewalt ist auch ein weiterer Beweis des Versagens der palästinensischen Seite, die Maßnahmen zu ergreifen, zu denen sie sich in den Vereinbarungen mit Israel verpflichtet hat.

6. In den Erklärungen Israels wurde auf folgende Handlungen der Palästinenser hingewiesen: Angriffe auf israelische Zivilisten sowohl durch direkte Attacken als auch durch wahllose Bombenanschläge; die illegale Verbreitung von Waffen unter den Palästinensern; deren Einsatz bei Angriffen auf israelische Sicherheitskräfte; das Versagen der palästinensischen Polizei, derartige Anschläge zu unterbinden, und sogar ihre aktive Teilnahme daran; die Freilassung terroristischer Häftlinge; die fortgesetzte feindselige Propaganda und Aufstachelung zur Gewalt, die sich nicht zuletzt an palästinensische Kinder vom frühesten Alter an richtet; die Einbeziehung von Kindern in Gewaltakte, die oft als Schutzschilde für Feuerüberfälle palästinensischer Scharfschützen, die sich hinter ihnen verstecken, benutzt werden; sowie die Verweigerung des Zugangs zu, die Angriffe auf und die Zerstörung von jüdischen Heiligen Stätten. Die palästinensische Führung stiftet nach wie vor zu diesen feindseligen Handlungen an und dirigiert sie.

7. Israel schätzt die wichtige Arbeit des Ausschusses und seinen bedeutsamen Beitrag zu den Bemühungen, der Gewalt ein Ende zu bereiten und Vertrauen zwischen beiden Seiten wiederherzustellen. Gleichzeitig ist es nach wie vor sehr besorgt über die Fortsetzung und sogar Eskalation des Konflikts. Die wahllosen Terrorangriffe gegen unschuldige Zivilisten haben zugenommen. Nach wie vor werden Mörsergranaten auf zivile Siedlungen abgefeuert. Ein signifikantes Zeichen für diese Eskalation war kürzlich das Aufbringen eines Kriegsschiffes durch die israelische Marine, das große Mengen von illegalen Waffen und von Munition für die Palästinensische Autonomiebehörde an Bord hatte, darunter Katjuscha-Raketen, Luftabwehrraketen, Granatwerfer und Minen, und dies nur wenige Tage nach der Übergabe des Berichts an beide Seiten.

8. Israels Erklärungen in Bezug auf die palästinensische Gewalt enthalten eine detaillierte Beschreibung der lebensbedrohenden Umstände, denen sich die israelischen Verteidigungsstreitkräfte tagtäglich im Westjordanland und im Gaza-Streifen ausgesetzt sehen. Dies war kein ziviler Aufstand, sondern vielmehr ein fortdauernder Zustand, in dessen Verlauf die israelischen Kräfte intensiver Beschießung ausgesetzt sind. Die Erklärungen enthielten vollständige und genaue Darlegungen der Methoden, die von Israel angewandt werden, um mit solchen Angriffen und Ausbrüchen der Gewalt fertig zu werden, und heben hervor, dass die Gewalt nicht von Israel ausging und dass das Vorgehen Israels ausschließlich eine Reaktion auf palästinensische Angriffe darstellte. Es versteht sich von selbst, dass die von Israel ergriffenen Sicherheitsmaßnahmen nicht notwendig gewesen wären, wenn die palästinensische Gewalt zu einem Ende gekommen wäre. Die israelischen Sicherheitsorgane haben gehandelt und handeln weiterhin entsprechend der höchsten ethischen Maßstäbe, entsprechend militärischen Befehlen und einer genau definierten Befehlskette, und all dies unter schwierigsten Bedingungen.

9. Im Verlauf der letzten Monate sah sich Israel konfrontiert mit palästinensischen Versuchen, politische Ziele durch den Einsatz von Gewalt und Terror zu erreichen. Terror ist das genaue Gegenteil des Friedensprozesses. Er zielt ohne Unterschied auf unschuldige Zivilisten. Das israelische Volk, das um des Friedens willen einen langen Weg gegangen ist, wurde mit Terror und Gewalt belohnt. Die Enttäuschung des israelischen Volkes ist verständlich.

10. Der Ausschuss hat auch ein entsprechendes oder wechselseitiges Vorgehen Israels vorgeschlagen, um ein Ende der Gewalt herbeizuführen. Israel widmet diesen Dingen sorgfältige

- I. Chronik -
Nr. 11/15.V.2001: Israel zur Mitchell-Kommission

und unmittelbare Beachtung; einige von ihnen sind von Israel bereits in seinen Erklärungen vorgeschlagen und sogar einseitig umgesetzt worden. Vorbehaltlich der prinzipiellen Bedingung, dass die Palästinensische Autonomiebehörde jeglicher Gewalt ein Ende setzt, gefolgt von einer angemessenen Beruhigungsfrist, ist Israel bereit, im Rahmen der zwischen den Seiten unterzeichneten Abkommen und auf der Grundlage der Gegenseitigkeit die Verhandlungen wieder aufzunehmen. Israel legt Wert auf die Feststellung, dass die Beendigung der Gewalt durch die palästinensische Seite begleitet werden sollte von konkreten, nachprüfbaren Maßnahmen wie z. B. die Verhinderung von terroristischen Aktivitäten und die Verhaftung von Terroristen. Israel vertraut darauf, dass eine eindeutige Entscheidung der palästinensischen Führung in dieser Hinsicht zu einer vollständigen und wirksamen Umsetzung solcher Maßnahmen vor Ort führen wird.

11. Israel begrüßt die Erklärung der Kommission, dass die Parteien 'ihre Verpflichtung auf bestehende Vereinbarungen und Vorhaben bekräftigen und sofort eine bedingungslose Beendigung der Gewalt in die Wege leiten sollten'. In dieser Hinsicht muss Israel daran erinnern, dass bezüglich der Frage der Siedlungen zusammen mit prinzipiellen Fragen - Jerusalem, Flüchtlingen und Grenzen - von Israel und der palästinensischen Seite klar vereinbart wurde, dass dies in Verhandlungen über den dauerhaften Status behandelt werden sollte. In den bilateralen Abkommen zwischen den beiden Seiten ist keine Rede davon, dass die Siedlungsfrage als eine Frage anzusehen sei, die von den anderen Fragen losgelöst werden könnte oder ohne Bezug sei zu einer allumfassenden Lösung dieser anderen Probleme. Tatsächlich hat auch der Ausschuss selbst erklärt, dass die Siedlungsfrage eine der Kernfragen sei, über die zwischen beiden Seiten verhandelt werden müsse. Dem Ergebnis derartiger Verhandlungen, bei denen jede Seite legitime Positionen und Forderungen hat, sollte nicht vorgegriffen werden.

12. In der Sache muss daran erinnert werden, dass es bereits Teil der Politik der israelischen Regierung ist, keine neuen Siedlungen zu errichten. Gleichzeitig müssen jedoch die laufenden und täglichen Notwendigkeiten für die Entwicklung solcher Gemeinschaften berücksichtigt werden.

13. Die internationale Gemeinschaft sollte uneingeschränkt jeden Versuch zurückweisen, den Bericht des Ausschusses als eine Legitimierung von Gewalt und Terror zu interpretieren. Es sollte eine eindeutige Unterstützung geben für die Forderung des Ausschusses nach 'bedingungsloser Einstellung der Gewalt'. Sobald erkennbar wird, dass die Palästinensische Autonomiebehörde der Gewalt ein Ende gemacht hat und es eine angemessene Beruhigungsfrist gegeben hat, ist Israel bereit, die Verhandlungen wieder aufzunehmen. Das Tempo für die Wiederaufnahme von Verhandlungen ist allerdings nicht allein Sache Israels.

14. Trotz der Ereignisse der letzten Monate bleibt Israel dem Frieden verpflichtet, und es hofft, dass positive Schritte unternommen werden, so dass dieses Ziel, das ein wesentlicher Pfeiler jeder israelischen Regierung seit ihrer Gründung vor 53 Jahren gewesen ist, erreicht werden kann.

15. Israel erinnert an den Brief des Vorsitzenden ARAFAT an Ministerpräsident RABIN vom 9. September 1993, in dem er schreibt: 'Die PLO verpflichtet sich auf den Nahost-Friedensprozess und auf eine friedliche Lösung des Konflikts zwischen den beiden Parteien und erklärt, dass alle ausstehenden Fragen über den dauerhaften Status durch Verhandlungen geregelt werden.'

Das Prinzip der friedlichen Beilegung von Konflikten ist der Eckpfeiler der Beziehungen zwischen Israel und den Palästinensern Es wird von der internationalen Gemeinschaft anerkannt und unterstützt. Israel appelliert an die palästinensische Seite, diese grundlegende Verpflichtung zu erneuern und den Pfad von Terror und Gewalt umgehend zu verlassen, damit die Seiten Verhandlungen zum Wohle des israelischen und des palästinensischen Volkes wieder aufnehmen können.

16. Israel anerkennt die Notwendigkeit für eine Wiederherstellung von Zuversicht und Vertrauen zwischen beiden Seiten nach mehreren Monaten bewaffneter Auseinandersetzungen. Es ist bereit, seinen Teil zu tun, um zu diesem Prozess beizutragen und hat bereits einseitige Maßnahmen unternommen, um die Situation zu verbessern. Israel unterstützt voll und ganz die Meinung des Ausschusses, dass Verhandlungen einen 'Geist des Kompromisses, der Aussöhnung und der Partnerschaft' zum Ausdruck bringen sollten, und ruft die palästinensische Seite auf, in diesem Geist zu handeln. Israel wird damit fortfahren, den Bericht sorgfältig

daraufhin zu prüfen, in welcher Weise er dabei helfen könnte einen Weg zu öffnen zurück zu bilateralen Verhandlungen im Rahmen der unterzeichneten Abkommen."

(Internationale Politik)

21. V. 2001

12. US-Außenminister Powell zum Nahen Osten

Vor dem Hintergrund der eskalierenden Gewalt im Nahen Osten nahm die neue US-Administration zum ersten Mal Position zu dem Konflikt zwischen Israel und den Palästinensern. US-Außenminister Colin POWELL nahm am 21. Mai 2001 in Washington Stellung zu dem kurz zuvor erstellten Bericht einer Untersuchungskommission, die von dem US-Senator George MITCHELL geleitet worden war. POWELL billigte den Bericht und schloss sich der Forderung nach einem Waffenverzicht und nach Verhandlungen über die Siedlungsproblematik an.

„Guten Morgen, meine Damen und Herren. Im Namen von Präsident BUSH und in meinem Namen möchte ich Senator George MITCHELL und dem gesamten Scharm-el-Scheikh-Untersuchungsausschuss meine Anerkennung für den hervorragenden Bericht aussprechen, den sie erarbeitet haben und über den Senator MITCHELL und Senator RUDMAN uns heute Morgen kurz informierten. Ich habe Senator MITCHELL geschrieben, ihm gratuliert und die Meinung der Vereinigten Staaten zu dem Bericht dargelegt. Kopien meines Briefes stehen Ihnen gleich nach diesem Briefing zur Verfügung.

Obwohl die dem Ausschuss übertragene Aufgabe eine sehr, sehr schwierige war, erledigte der Ausschuss sie professionell, im Wesentlichen selbständig und unter der sehr soliden Führung von Senator MITCHELL. Ich möchte besonders dem ehemaligen Präsidenten der Türkei, Herrn DEMIREL, Außenminister JAGLAND, dem Hohen Repräsentanten SOLANA und natürlich Senator MITCHELL und Senator RUDMAN gratulieren - eine namhafte internationale Gruppe, die auf Aufforderung der Parteien durch die Förderung der Vereinigten Staaten zusammenkam, um diese sehr, sehr schwierige Aufgabe zu erfüllen.

Nach dem Amtsantritt der Bush-Administration kam Senator MITCHELL auf mich zu und fragte mich, ob die Arbeit des Ausschusses fortgeführt werden sollte. Die Regierung BUSH sagte Senator MITCHELL ihre volle Unterstützung zu. Beide Parteien arbeiteten weiterhin mit dem Ausschuss zusammen, und nun ist ihre Arbeit beendet. Wir begrüßen außerdem den Geist der Zusammenarbeit, der beide Seiten bei ihren Aufgaben und der Arbeit mit dem Ausschuss leitete. Sowohl die Regierung Israels als auch die Palästinenserbehörde haben dem Bericht des Ausschusses jetzt ihre Unterstützung ausgesprochen. Die Regierung Israels erklärte in ihrer Reaktion: 'Der Bericht des Ausschusses stellt einen konstruktiven und positiven Versuch dar, den Zyklus der Gewalt zu durchbrechen und die Wiederaufnahme der bilateralen Friedensverhandlungen zu erleichtern.' Die Palästinenserbehörde erklärte, dass 'die Erkenntnisse und Empfehlungen des Berichts Palästinensern und Israelis eine vernünftige und kohärente Grundlage für die Beilegung der aktuellen Krise und der Bereitung eines Wegs zur Wiederaufnahme sinnvoller Verhandlungen bieten '

Die beiden Seiten, die diesen Bericht in Auftrag gegeben haben, haben ihn also akzeptiert. Jetzt ist es an der Zeit, dass beide Seiten mit Hilfe der internationalen Gemeinschaft und der Vereinigten Staaten auf der Grundlage dieses Berichts Fortschritte machen. Die Vereinigten Staaten sind der Ansicht, dass der Ausschuss den Parteien Ideen aufgezeigt hat, die dazu beitragen können, eine Lösung für die schreckliche Tragödie zu finden, die das israelische und palästinensische Volk seit acht Monaten in einer anhaltenden Abwärtsspirale der Gewalt gefangen hält, einer Spirale, die in den letzten Tagen noch schlimmer wurde. Unseres Erachtens sollten beide Seiten die Empfehlungen des Berichts äußerst ernsthaft in Betracht ziehen. In diesem Sinne unterstützen wir den Bericht.

Die Vereinigten Staaten rufen beide Seiten auf, die Hauptempfehlungen des Ausschusses aufzunehmen, indem sie ihre Verpflichtungen gegenüber bestehenden Abkommen und Maß-

- I. Chronik -
Nr. 12/21.V.2001: Powell zum Nahen Osten

nahmen erneut bestätigen, die Gewalthandlungen sofort bedingungslos einstellen und die Sicherheitszusammenarbeit wieder aufnehmen. In diesem Zusammenhang machen wir auf den Hinweis des Berichts aufmerksam, dass die Palästinenser alles in Ihrer Macht Stehende tun müssen, um eine völlige Einstellung der Gewalt durchzusetzen.

Die Parteien sollten außerdem rasch über die Verabschiedung vertrauensbildender Maßnahmen nachdenken, die vom Ausschuss als Mittel für einen zügigen Übergang zur Wiederaufnahme der Verhandlungen empfohlen werden. Beide Seiten - beide Seiten - müssen einseitige Maßnahmen vermeiden, die den Ausgang der Verhandlungen über den endgültigen Status gefährden könnten und die die andere Seite in dieser heiklen Zeit als provokativ betrachten könnte.

In diesem Zusammenhang verweisen wir auf die Beobachtungen des Berichts zu den negativen Auswirkungen weiterer Siedlungsaktivitäten auf die Friedensaussichten. Wir sind der Meinung, diese Frage ist eine wesentliche vertrauensbildende Maßnahme, die von den Parteien angesprochen werden muss.

Wie Sie wissen, haben Senator MITCHELL und die anderen Ausschussmitglieder die Siedlungsthematik in Zusammenhang mit den vertrauensbildenden Maßnahmen gebracht. Sie ist auf keine Weise mit dem obigen Aufruf zur sofortigen Einstellung der feindlichen Handlungen verbunden. Das Siedlungsproblem muss letztlich allerdings als Teil der vertrauensbildenden Maßnahmen zwischen den beiden Seiten gelöst werden. Auf beiden Seiten gibt es momentan sehr unterschiedliche Ansichten über die Siedlungsproblematik. Die Umsetzung dieser und anderer vom Ausschuss vorgeschlagener Maßnahmen zur Wiederherstellung des Vertrauens wird keine leichte Aufgabe sein. Die Vereinigten Staaten sind zur engen Zusammenarbeit mit den Parteien bereit, um Rahmenvorgaben und einen Zeitplan zur Umsetzung der Empfehlungen des Berichts zu entwickeln, einschließlich der Rückkehr zu den Verhandlungen.

Letztlich müssen die Verhandlungen wieder aufgenommen werden. Allerdings können Verhandlungen in der momentanen Situation intensiver Gewalt und einem völligen Mangel an Vertrauen zwischen den beiden Parteien nicht begonnen werden. Trotzdem wollen wir sicherstellen, dass Verhandlungen ein wesentlicher Teil dieses Unterfangens sind. Wir weisen darauf hin, dass der ägyptisch-jordanische non-paper-Vorschlag, über den ausführlich berichtet wurde, Ideen enthält, die des Mitchell-Ausschussberichts ergänzen. Außerdem werden wir mit den Parteien erörtern, welche Elemente des ägyptisch-jordanischen non-paper in den Umsetzungsplan eingeschlossen werden können, auf den Senator MITCHELL Bezug nahm.

Sie werden feststellen, dass er in seiner Erklärung über die Notwendigkeit eines Zeitplans und einer Abfolge für die Umsetzung vertrauensbildender Maßnahmen und einen Weg sprach, der uns zu Verhandlungen bringt - wenn wir die Gewalt einmal unter Kontrolle haben, bedingungslos.

Damit die Vereinigten Staaten bei der Einführung dieses Zeitplans und der Abfolge eine konstruktive Rolle spielen und den Parteien auf dem Weg zur Umsetzung der Empfehlungen des Berichts helfen können, weise ich Botschafter INDYK und Generalkonsul Ron SCHLIECHER an, sofort mit der Arbeit mit den Parteien zu beginnen, um die Umsetzung der Empfehlungen des Berichts zu erleichtern.

Gleichzeitig habe ich den Botschafter in Jordanien und designierten Abteilungsleiter für Nahostfragen William BURNS, der sich momentan auf dem Weg zurück nach Amman oder in Amman befindet, angewiesen, sich diesen Bestrebungen anzuschließen und sich den Parteien zur Verfügung zu stellen.

Botschafter BURNS wird mir in dieser Sache als Sonderbeauftragter dienen. Ich hoffe, der Senat wird seine Ernennung als Abteilungsleiter in naher Zukunft bestätigen können. Bis dahin bleibt er Botschafter in Jordanien und übernimmt zusätzlich diese Aufgabe, mir und dem Präsidenten Bericht zu erstatten, was wir tun können, um zur Verwirklichung dieser Empfehlungen beizutragen und den Zeitplan für die vertrauensbildenden Maßnahmen aufzustellen, der zur Wiederaufnahme der Verhandlungen führen soll.

Nach diesen ersten Gesprächen mit Botschafter BURNS, Botschafter INDYK und Generalkonsul SCHLIECHER, habe ich diese Personen über Botschafter BURNS aufgefordert, mir und dem Präsidenten direkt Bericht zu erstatten über die Aussichten auf eine sofortige Einstellung der

- I. Chronik -
Nr. 13/22.V.2001: EU zur Mitchell-Kommission

Gewalt und die Wiederaufnahme der Verhandlungen sowie darüber, wie ein Zeitplan und eine Abfolge für die Umsetzung vertrauensbildender Maßnahmen aufgestellt werden können.

Wenn wir die Situation überprüft haben und Botschafter BURNS seine erste Gesprächsrunde abgeschlossen hat, werde ich feststellen, was ich persönlich noch zur Unterstützung des Prozesses und zur Versöhnung Israels und Palästinas beitragen kann. Die Vereinigten Staaten werden sich weiter engagieren. Ich werde mich weiter engagieren. Der Präsident wird sich weiter engagieren.

Es ist klarer als je zuvor, dass es keine militärische Lösung - keine militärische Lösung - für diesen Konflikt geben kann und dass Verhandlungen der einzige Weg zu einem gerechten und umfassenden Frieden im Nahen Osten sind. Ich möchte nun schließen, indem ich die internationale Gemeinschaft ermutige, die führenden Politiker gemeinsam mit den Vereinigten Staaten aufzufordern, zuallererst die Gewalt bedingungslos einzustellen. Ich habe mit Kofi ANNAN gesprochen, dem Generalsekretär der Vereinten Nationen und mit den führenden Politikern der Europäischen Union. Ich erwarte ihre unterstützenden Erklärungen im Laufe des Tages.

Die Last liegt meines Erachtens jetzt bei der Führung der Region und insbesondere bei dem Vorsitzenden ARAFAT und Premierminister SCHARON, diese Empfehlungen und diesen Bericht so bald wie möglich sorgfältig zu überdenken, da wir die jetzige Richtung nicht weiter einschlagen können. Wir alle wissen, dass Menschenleben in Gefahr sind. Jetzt ist nicht die Zeit, dazusitzen und mit dem Finger aufeinander zu zeigen. Es ist jetzt an der Zeit, den Bericht im Sinne seiner Verfasser zu nutzen und nach vorne zu blicken - nicht zurück - um zu sehen, wie man aus dieser Situation herauskommt, den Zyklus durchbricht und zu einer Situation gelangt, in der wir, wie Senator MITCHELL sagte, uns treffen und über die legitimen Ansprüche sowohl der Palästinenser als auch des israelischen Volks sprechen können, während sie versuchen, sich dieses Land zu teilen..."

(Amerika Dienst)

22. V. 2001

13. EU begrüßt Ergebnisse der Mitchell-Kommission

Am 22. Mai 2001 wurde in Brüssel die nachfolgende Erklärung der Außenminister der EU veröffentlicht, in der diese die Ergebnisse des Scharm-el-Scheich-Untersuchungsausschusses (auch Mitchell-Kommission genannt) vom 30. 4. 2001 begrüßen.

Erklärung des Vorsitzes im Namen der Europäischen Union zum Bericht des Scharm-el-Scheich-Untersuchungsausschusses, veröffentlicht am 22. 5. 2001 in Brüssel

„Die Europäische Union begrüßt die Veröffentlichung des Berichts der Scharm-el-Scheich-Enquêtekommission (Mitchell-Bericht) und macht sich die darin enthaltenen Empfehlungen in vollem Umfang zu Eigen. Wie auch die jordanisch-ägyptische Initiative stellt der Mitchell-Bericht einen realistischen und ausgewogenen Vorschlag dar, auf dessen Grundlage im Nahen Osten die Ruhe wieder hergestellt und der Friedensprozess wieder in Gang gebracht werden kann.

Die Union ruft die Parteien nachdrücklich dazu auf, den Empfehlungen des Berichts gewissenhaft nachzukommen. Im Besonderen erwartet die Union, dass die Parteien unmittelbar und ohne Vorbedingungen Schritte zur Beendigung der Gewalt unternehmen, die Zusammenarbeit im Bereich Sicherheit wieder aufnehmen und gegenseitig vertrauensbildende Maßnahmen ergreifen, zu denen auch eine Einstellung der Siedlungstätigkeiten gehört. All diese Maßnahmen sind wichtig für eine Wiederaufnahme der Verhandlungen, die danach erfolgen sollte. Die Verhandlungen sollten auf dem Völkerrecht, im Besonderen den UN-Resolutionen 242 und 338, und dem Grundsatz Land für Frieden beruhen.

Der Mitchell-Bericht und die ägyptisch-jordanische Initiative haben den Parteien die Mittel an die Hand gegeben, den Teufelskreis der Gewalt zu durchbrechen. Die Union erwartet, dass beide Parteien alles in ihren Kräften Stehende tun werden, um die Gewalt zu beenden und in dieser kritischen Lage eine Verhandlungslösung herbeizuführen. Die Union ist bereit, die Parteien dabei zu unterstützen."

(Website der EU)

26. V. 2001

14. Arafat zu den Aussichten des Friedensprozesses in Nahost

Am 26. Mai 2001 hielt der Präsident der Palästinensischen Autonomiebehörde, Yassir ARAFAT, vor den Teilnehmern einer Außenministerkonferenz der Islamischen Konferenz (ICO) in Doha (Katar) eine Rede, in der er auf die Ergebnisse der Mitchell-Kommission einging, die ihren Bericht am 30. 4. 2001 veröffentlicht hatte *(siehe oben Seite 16)*. In ihr gab sich ARAFAT kämpferisch und kompromisslos, deutete aber an, auf der Basis der Empfehlungen der Kommission weiter verhandeln zu wollen.

Rede des Präsidenten der Palästinensischen Autonomiebehörde, Yassir Arafat, auf dem Außenministertreffen der Islamischen Konferenz, 26. 5. 2001 (gekürzt)

„.... Dies ist der achte Monat in Folge, in dem die Regierung von Israel diesen ungerechten Angriffskrieg führt, ihre Armee und ihre Siedler gegen unser Volk, unser Land und unsere Palästinensische Autonomiebehörde, ihre Apparate, Einrichtungen und Sicherheitskräfte. Es ist ein zerstörerischer Angriffskrieg, der darauf zielt, unser Volk aus seinem Land zu vertreiben, auf die Auslöschung unserer Geschichte und unserer heiligen Stätten in diesem Heiligen Land, auf dessen Bezirken Gottes Segen ruhte. Es ist ein aggressiver Krieg, der auf die Ausrottung unserer Existenz in unserer Heimat zielt, der einzigen Heimat, die wir besitzen, in unserem Land, dem Land der nächtlichen Reise des Propheten Mohammed, mögen Gottes Gebete und Frieden mit ihm sein, und in dem Land der Geburt unseres Herrn Jesus Christus, Friede sei mit ihm. Sie versuchen mit allen Mitteln, unsere islamischen und christlichen heiligen Stätten auszulöschen und zu zerstören und unser heiliges Jerusalem zu judaisieren.

Die israelische Regierung belagert unser Volk im achten Monat in Folge, bombardiert Städte, planiert Land, zerstört Fabriken und Anlagen, zerstört Brücken und Wohngegenden und tötet Kinder im Schoß ihrer Mütter und Väter. Welches Gewissen dieser Welt kann angesichts der Tötung des Kindes Mohammed DURRA schweigen? Welches Gewissen dieser Welt kann schweigen, wenn Bombensplitter den Körper des vier Monate alten Kindes Iman HIJJOU durchdringen, während es an der Brust seiner Mutter trinkt? Haben sie die israelische Sicherheit mit ihren Raketen und Panzergranaten derart bedroht, dass sie getötet werden mussten, so wie sie und ihre Medien mit Hilfe einiger ausländischer Medien fortwährend lügen?

Ja, in der Tat, dies ist ein zerstörerischer Angriffskrieg, der auf die Ausrottung unseres Volkes gerichtet ist, auf die Vernichtung seiner Existenz, seines Staatswesens und seiner heiliger Stätten ohne angemessene Berücksichtigung der Menschenrechte und internationaler Gesetzlichkeit. Unsere Menschen, die sich diesem zerstörerischen Krieg ausgesetzt und diesen Verbrechen und Massakern, die von der israelischen Regierung seit 50 Jahren verübt werden. Wird die Welt das Massaker von Deir Yassin oder die Massaker von Dawaymeh, von Lod und Ramla 1948 vergessen? Wird die Welt die Massaker in den Flüchtlingslagern von Sabra und Shatila vergessen? Wird die Welt die Massaker in der heiligen Al-Aksa-Moschee, in der heiligen Ibrahimi-Moschee vergessen und die anderen Verbrechen und Massaker? In den vergangenen acht Monaten haben wir in der gesegneten Al-Aksa-Intifada 600 Märtyrer verloren, wurden mehr als 28 000 Menschen verletzt, unter ihnen eine große Zahl von Kindern, Frauen und alten Menschen!

Unser palästinensisches Volk, das den Tag des Jüngsten Gerichts erwartet, im Heiligen Jerusalem und all seinen Bezirken, ruft Euch und alle Brüder, Freunde und die internationale Gemeinschaft auf, diesen zerstörerischen Angriffskrieg Israels zu stoppen, der jeden Tag das Leben unserer Kinder und unseres Volkes kostet. Diese Seelen finden in der internationalen Gemeinschaft niemanden, der sich gegen das aggressive Israel erhebt um ihnen zu sagen:

- I. Chronik -
Nr. 14/26.V.2001: Arafat zum Friedensprozess

Genug des Tötens des palästinensischen Volkes, das wie alle anderen Völker in der Welt das Recht hat, in Freiheit, Würde und Unabhängigkeit auf dem Boden seiner Heimat zu leben, in seinem unabhängigen Staat und in seinem Heiligen Jerusalem, der ewigen Hauptstadt des unabhängigen Palästina.

Weshalb diese absolute Unfähigkeit im UN-Sicherheitsrat angesichts dieses Angriffskriegs, den die Regierung von Israel gegen unser Volk führt? Wer erlegt dem UN-Sicherheitsrat dieses totale Schweigen auf? Sind es doppelte Maßstäbe oder völlige Voreingenommenheit zu Gunsten der Aggression und des Aggressors, auf Kosten der internationalen Regeln und Gesetze und auf Kosten der Opfer unseres Volkes, unseres Landes und unserer christlichen und islamischen heiligen Stätten, die unter das Konkordat von Omar fallen, dem wir voll und ganz verpflichtet sind und das wir respektieren.

Die Geschichte dieser islamischen Treffen auf höchster Ebene und auf Ebene der Außenminister ist verknüpft mit dieser weit reichenden Verschwörung gegen unser Volk, unsere Heimat, Palästina, das Heilige Jerusalem und unsere christlichen und islamischen heiligen Stätten. Trotz der wichtigen Beschlüsse, die beim jüngsten islamischen Gipfel, der im Bruderstaat Katar stattfand, getroffen wurden, um die Aggression zu stoppen und unsere heiligen Stätten zu schützen, werden die israelischen Aggressoren immer sturer. Sie haben ihre Aggression gegen unser Volk fortgesetzt, unsere Heimat und heiligen Stätten, weil sie keine Angst haben, dass ihnen eine Strafe auferlegt werden könnte, sei sie politischer, diplomatischer oder wirtschaftlicher Art, die sie zwingen würde, ihre Aggression zu beenden. Ich sage offen, dass die israelischen Aggressoren bei den dominierenden und hegemonialen Kräften in der internationalen Gemeinschaft kompletten Schutz und volle Rückdeckung genießen.

Bedauerlicherweise wird den israelischen Aggressoren dieser Schutz auch zuteil, nachdem wir die Resolutionen der internationalen Gesetzmäßigkeit akzeptiert und uns damit einverstanden erklärt haben, dass sie den Weg zu einem gerechten Frieden darstellen, der uns unsere nationalen Rechte in vollem Umfang garantieren wird, in unserer Heimat, den heiligen Stätten und in unserem heiligen Jerusalem. Die Verschwörung wurde jedoch aufgedeckt und zeigte sich in ihrer hässlichsten Form. Die Israelis setzten die Judaisierung Jerusalems fort, vor allem, als sie jüngst erklärten, SHARON habe die architektonischen Pläne zum Bau einer Synagoge im Vorhof der Haram Sharif erhalten, die die Grundlage für den von ihnen beanspruchten Tempelbau bilden soll. Darüber hinaus setzten sie den Bau neuer und die Erweiterung bereits bestehender Siedlungen in und außerhalb des Heiligen Jerusalem fort, anstatt sie in Befolgung der Resolutionen der internationalen Gesetzmäßigkeit aufzugeben, die einen israelischen Rückzug aus allen unseren besetzten Gebieten fordern, und die diese Siedlungen als illegale Maßnahmen betrachten.

Unser palästinensisches Volk steht fest zu seinem Land, zum Heiligen Jerusalem und seinen heiligen Stätten. Es wird nicht ein Jota Staub seines Heimatlandes preisgeben. Es wird keiner einzigen der Resolutionen der internationalen Gesetzmäßigkeit entsagen. Es wird das Recht der palästinensischen Flüchtlinge nicht aufgeben, die gemäß Resolution 194 der UN-Generalversammlung in ihre Heimat und ihre Häuser zurückkehren dürfen, aus denen sie unrechtmäßig mit vorgehaltenem Gewehr vertrieben wurden.

Die Sache Palästinas ist Eure Sache. Die Sache Jerusalems und seiner heiligen Stätten ist Eure Sache und Sache Eurer heiliger Stätten. Es gibt keine Möglichkeit, das Heilige Jerusalem vor den Gefahren der Judaisierung und den krebsartigen Siedlungen, die den Heiligen Hügel empor wuchern, zu erretten als Euren entschiedenen, beständigen und gläubigen Widerstand als einer arabischen und islamischen Nation gegen diese schändliche Aggression und gefährlichen Aggressoren ebenso wie gegen jene, die die israelischen Aggressoren vor Maßnahmen der internationalen Gesetzmäßigkeit, der Menschenrechte und der Vereinten Nationen schützen.

Die Gefahr ist unmittelbar. Sie ist ernst. Deshalb kann sie nicht beendet werden durch Schuldzuweisungen, Verurteilungen und Zensur. Es gibt keine Möglichkeit als die, entschlossenen Widerstand zu leisten, der der Aggression und den Aggressoren Fesseln anlegt, und der das Recht unseres Volkes sicherstellt, in seiner Heimat zu leben - frei von Besatzung, von Siedlungen, rassistischer Aggression und militärischer Eskalation. Die israelische Regierung setzt diese Praktiken fort, weil sie denkt, sie könne unser Volk durch Gewalt und allmächtige Stärke und durch die modernsten Vernichtungswaffen, durch Mord und Zerstörung unterdrücken, sein Heiliges Jerusalem judaisieren und sein Recht auf Unabhängigkeit, Souveränität und ein freies und menschenwürdiges Leben in seiner Heimat verneinen. Sie vergisst, dass

- I. Chronik -
Nr. 14/26.V.2001: Arafat zum Friedensprozess

unser Volk aus allmächtigen Riesen besteht, die sich nicht herabsetzen lassen oder zurückweichen, und die ihren Widerstand und ihre Opfer fortführen werden, bis ein kleiner Junge oder ein kleines Mädchen in der Lage sein werden, die Flagge Palästinas im Namen unseres Volkes zu hissen - auf den Mauern Jerusalems, den Minaretten Jerusalems und den Kirchen Jerusalems. Sie sehen dies in weiter Ferne, wir in naher Zukunft. Unsere Worte entsprechen der Wahrheit.

Unsere standhaften, bewahrenden und frommen Menschen setzen große Hoffnungen in Euch. Ihr seid ihre Stütze. Ihr seid das arabisch-islamische Bollwerk, auf das sie sich bei ihrem Heiligen Krieg und ihren Opfern, in ihrer Geduld und ihrer Ausdauer zur Opferung stützen. Unser Volk erwartet einen islamisch-arabischen Widerstand ebenso wie einen Widerstand von allen gläubigen Christen, von den Blockfreien Ländern und allen Freunden in der ganzen Welt. Es erwartet diesen Widerstand, der ihm den Rücken stärkt, es ermutigt und seine Standhaftigkeit angesichts der israelischen Kriegsmaschinerie, ihrer fortgesetzten Eskalation gegen unser Volk und unsere heiligen Stätten festigt.

Sie erwarten einen Widerstand, der ihre Standhaftigkeit angesichts der israelischen Zerstörungsaktionen, die unserem Volk zugefügt werden, seinen Städten, Dörfern und Flüchtlingslagern, ebenso unterstützt wie angesichts der Planierung unserer grünen Felder, der Zerstörung unserer Fabriken, Anlagen und lebenswichtigen Einrichtungen, der Zerstörung unserer Infrastruktur und überregionaler Strukturen, angesichts der wirtschaftlichen und finanziellen Belagerung, der Einbehaltung unserer Steuereinnahmen, der Behinderung von Nachschub und medizinischer Versorgung und des Arbeitsverbots für unserer rund 360 000 Arbeiter, und trotz anderer Arten der Belagerung und Aushungerung.

Wir sind für einen gerechten, vollständigen und umfassenden Frieden in unserer Region und auf allen arabischen Verhandlungswegen. Wir sind für den Frieden der Mutigen um unserer Kinder und deren Kinder willen. Im Gefolge dieser Umstände, gefährlicher militärischer Eskalation und der gegenwärtigen Situation erkennen wir nichts, was besser geeignet wäre als die ägyptisch-jordanische Initiative und die Empfehlungen der Mitchell-Kommission, vor allem deren Empfehlungen bezüglich einer endgültigen und vollständigen Einstellung des Baus von Siedlungen. Wir haben gemäß der Vereinbarung von Oslo einen Stopp des Baus und Ausbaus von Siedlungen mit unserem verstorbenen Partner RABIN vereinbart, der von jenen extremen zionistischen Kräften ermordet wurde, die weder Frieden noch ein Abkommen wollen, sondern militärische Eskalation, die unser palästinensisches Volk und unsere arabische und islamische Nation in die Knie zwingen und die das christlichen und islamischen heiligen Stätten judaisieren wollen, wie sie dies in Jerusalem, Hebron, Bethlehem, Beit Jala und Beit Sahour tun.

Es besteht ein internationaler Konsens bezüglich dieser Initiative und des Berichts der Mitchell-Kommission, der als Ergebnis des Treffens in Scharm el-Scheich erarbeitet wurde, an dem die USA, die Europäische Union, der Generalsekretär der Vereinten Nationen, Ägypten und Jordanien teilnahmen. Warum setzen wir dies nicht fort, indem wir einen Mechanismus zur Umsetzung ausarbeiten und eine neue Konferenz in Scharm el-Scheich einberufen, an der die Russische Föderation, der zweite Unterstützer des Friedensprozesses, teilnehmen kann und auf der Vertreter der Islamischen Konferenz, des Jerusalem-Ausschusses und andere internationale Kräfte vertreten sind? Warum setzen wir nicht alle internationalen Anstrengungen daran, damit sie von Israel akzeptiert und umgesetzt werden - von Israel, das versucht, sich von allen Vereinbarungen und Verpflichtungen loszusagen, die von den unterschiedlichen israelischen Regierungen unterzeichnet wurden? Die israelische Regierung entzieht sich weiterhin allen Resolutionen der internationalen Gesetzmäßigkeit. Bei diesem Bemühen wird Israel gedeckt und unterstützt durch die Weigerung, den UN-Sicherheitsrat eine Resolution annehmen zu lassen über internationale Streitkräfte oder Beobachter, die unserem Volk internationalen Schutz vor dieser totalen israelischen Aggression gegen unsere Heimat, unser Volk und unsere heiligen Stätten bieten würden.

Unser Volk setzt große Hoffnungen in Euch und Euren Widerstand. Es ist der festen Überzeugung, dass das Heilige Jerusalem und das geliebte Palästina von Euch treuhänderisch verwaltet werden, und dass Ihr dieses Vertrauen, das Gott, der Allmächtige, in Euch gesetzt hat, bis zum Tag des Jüngsten Gerichts nicht aufs Spiel setzen werdet."

(Internationale Politik)

29. V. 2001

15. NATO-Frühjahrstreffen in Budapest

Am 29. Mai 2001 kamen in der ungarischen Hauptstadt Budapest die Außenminister der NATO-Mitgliedstaaten zu ihrer regelmäßigen Frühjahrskonferenz zusammen. Neben der kritischen Lage in Mazedonien kamen vor allem Fragen der Entwicklung im Kosovo und Bosnien-Herzegovina zur Sprache. Auch wurde die Zusammenarbeit mit der EU vor dem Hintergrund der neuesten Entwicklungen bei ESVP behandelt. Weitere Themen waren das Verhältnis zu Russland sowie zu anderen Staaten Osteuropas.

Kommuniqué - Treffen des NATO-Rats auf Ebene der Außenminister, Budapest, den 29. 5. 2001

1. Auf unserem heutigen Treffen haben wir den Stand der Fortschritte erörtert, die zur Förderung der Sicherheit und Stabilität im euro-atlantischen Raum erzielt wurden und haben Weisung zur weiteren Umsetzung der Washingtoner Gipfelentscheidungen erteilt. Insbesondere haben wir:

- unser Engagement für eine friedliches, stabiles und demokratisches Südosteuropa sowie unsere Entschlossenheit zum Widerstand gegen jede Art der Gewalt bekräftigt, ungeachtet, ob ihre Motive ethnischer, politischer oder krimineller Natur sind;

- unsere Anstrengungen zur Entwicklung enger und effektiver Beziehungen zwischen der NATO und der EU fortgesetzt, um die transatlantische Partnerschaft zu stärken; und

- beschlossen, unsere Gespräche über die Sicherheitsherausforderungen des 21. Jahrhunderts, einschließlich der Proliferation von Massenvernichtungswaffen und ihrer Trägermittel sowie über die Frage, wie diesen Herausforderungen am besten zu begegnen ist, intensiv weiterzuführen.

2. Wir bekräftigen das starke Engagement der NATO für Sicherheit, Stabilität, Frieden, Demokratie und Achtung der Menschenrechte in Südosteuropa. Die Allianz wird dieses Ziel energisch weiterverfolgen, in erster Linie durch die von der NATO geführten Friedensoperationen in Bosnien und Herzegowina sowie im Kosovo und durch Sicherheitskooperation mit den Ländern der Region.

3. Wir zollen den Männern und Frauen aller Nationen, die bei SFOR und KFOR ihren Dienst versehen, unseren Respekt für ihren professionellen Einsatz und ihre Pflichterfüllung für die Sache des Friedens und der Stabilität. Wir sprechen den Familien derjenigen, die ihr Leben verloren oder in Ausübung ihres Auftrags Verletzungen davongetragen haben, unsere tiefe Anteilnahme aus. Wir danken NATO-Partnern und anderen Nationen für die substantiellen Beiträge, die sie zu unserer gemeinsamen Anstrengung leisten.

4. Wir erneuern unsere Bereitschaft zur Unterstützung der territorialen Integrität und Souveränität aller Länder Südosteuropas. Wir unterstreichen unsere Entschlossenheit, dauerhafte Stabilität durch regionale Aussöhnung und Zusammenarbeit, gutnachbarliche Beziehungen, stabile und sichere Grenzen, Schutz der Rechte der Angehörigen ethnischer Gruppen und Minderheiten, vertrauensbildende Maßnahmen, eine dauerhafte Lösung der Flüchtlings- und Vertriebenenfrage sowie die uneingeschränkte Zusammenarbeit mit dem internationalen Strafgerichtshof für das ehemalige Jugoslawien (IStGhJ) zu fördern.

5. Wir begrüßen die ständige Verbesserung unserer Beziehungen zur Bundesrepublik Jugoslawien (BRJ) und sehen ihrer weiteren Entwicklung erwartungsvoll entgegen. Wir sind ermutigt durch die positiven Schritte, die die demokratisch gewählte Regierung getan hat und sind überzeugt, dass ihre konstruktive Einstellung zu dauerhafter Stabilität der gesamten Region beitragen und neue Chancen für die regionale Zusammenarbeit und Integration in euro-atlantische Strukturen bieten wird. Wir begrüßen die Fortschritte der BRJ in der Verbesserung ihrer Beziehungen zu ihren Nachbarstaaten und in der Mitarbeit an der vollständigen

- I. Chronik -
Nr. 15/29.V.2001: NATO-Frühjahrstreffen in Budapest

Umsetzung der allgemeinen Rahmenvereinbarung für den Frieden in Bosnien und Herzegowina sowie der Resolution 1244 des VN-Sicherheitsrats. Wir begrüßen die kooperativere Haltung der BRJ gegenüber dem IStGhJ sowie die bereits eingeleiteten positiven Maßnahmen und erwarten von ihr, den Weg zur uneingeschränkten Zusammenarbeit mit dem Gerichtshof bei seiner Arbeit in Den Haag weiter zu beschreiten, unter anderem auch durch die Annahme eines geeigneten rechtlichen Rahmens. Alle Angeklagten müssen für ihr Handeln zur Rechenschaft gezogen werden, und zwar in voller Übereinstimmung mit der Resolution 827 des VN-Sicherheitsrats über die Einsetzung des IStGhJ. In diesem Zusammenhang begrüßen wir die Inhaftierung des ehemaligen Präsidenten MILOŠEVIC.

6. Wir appellieren an Belgrad und Podgorica zur Wiederaufnahme eines konstruktiven Dialogs über ihre verfassungsrechtliche Beziehung und zur Suche nach Lösungen, die für beide annehmbar sind. Wir raten eindringlich von jedem einseitigen Schritt ab, durch den die politische Stabilität nicht nur der BRJ, sondern der gesamten Region gefährdet werden könnte. Wir bekräftigen unsere Bereitschaft zur Unterstützung eines demokratischen Montenegro als Teil einer demokratischen Bundesrepublik Jugoslawien.

7. Wir unterstützen die laufenden Anstrengungen zur Suche nach einer friedlichen Lösung der Probleme in Südserbien, unter Berücksichtigung des Friedensplans der Behörden der BRJ und Serbiens, der die legitimen Gründe zur Klage der ethnisch-albanischen Gemeinschaft aufzugreifen sucht. Wir freuen uns, dass die Bemühungen der persönlichen Vertreters des Generalsekretärs und die enge Zusammenarbeit mit der Europäischen Union in diesem Zusammenhang von instrumentaler Bedeutung sind. Die NATO bleibt in diesem Prozess engagiert, und wir zählen dabei auf die weitere Zusammenarbeit mit den Behörden der BRJ/Serbiens. Wir sind ermutigt durch jüngste positive Entwicklungen nach der Entscheidung der NATO, als weiteren Schritt zur schließlichen Aufgabe der Sicherheitszone die kontrollierte Rückkehr von Streitkräften der BRJ in Sektor B unter der Autorität von COMKFOR zuzulassen. Besonders begrüßen wir die Zurückhaltung der Streitkräfte der BRJ bei ihrer Rückkehr in diese Zone sowie das Ausbleiben größerer Konfrontationen mit bewaffneten Gruppen. Wir begrüßen auch die Tatsache, dass viele ethnische Albaner, die zuvor zu bewaffneten Gruppen gehört hatten, unter der Aufsicht von KFOR ihre Waffen niedergelegt und ihre Aktionen eingestellt haben.

8. Der erfolgreiche Abschluss des jetzt in Südserbien in Gang gesetzten Prozesses und die dauerhafte Stabilität der Region erfordern die baldige Umsetzung greifbarer und verifizierbarer vertrauensbildender Maßnahmen. Wir begrüßen die ersten Schritte zur Umsetzung des unter der Schirmherrschaft der OSZE stehenden Ausbildungskonzepts für multi-ethnische Polizeikräfte, die von den serbischen Behörden angekündigte Amnestie, die von Führern bewaffneter Gruppen unterzeichnete Erklärung zur Entmilitarisierung sowie die freiwillige Entwaffnung und Auflösung dieser Gruppen. Die strikte politische Kontrolle über Streitkräfte der BRJ in der Region sowie die Integration ethnischer Albaner in administrative und politische Strukturen auf kommunaler Ebene sind ebenfalls wichtig. Die ethnischen Albaner müssen sich ihrerseits voll zu dem auf Aussöhnung gerichteten politischen Prozess, zur freiwilligen Entwaffnung, zur Auflösung bewaffneter Gruppen und zum Verzicht auf Gewalt verpflichten. Die KFOR-Truppe wird zusammen mit der UNMIK-Polizei ihre robusten Aktionen fortsetzen, um den Transport von Waffen und die Bewegung bewaffneter Gruppen zwischen dem Kosovo und Südserbien sowie anderen Teilen der Region, einschließlich der ehemaligen jugoslawischen Republik Mazedonien, zu unterbinden.

9. Wir bekräftigen unser Eintreten für die vollständige Implementierung der Resolution 1244 des VN-Sicherheitsrats. Wir begrüßen die ausgezeichnete Arbeitsbeziehung zwischen KFOR und der Interims-Verwaltungsmission der VN im Kosovo (UNMIK), auf ein friedliches, multi-ethnisches, multikulturelles und demokratisches Kosovo hinzuwirken, in dem alle Bewohner, ungeachtet ihrer ethnischen Abstammung oder Religion, in Frieden und Sicherheit leben und die weltweit geltenden Menschenrechte und Freiheiten gleichermaßen genießen können, auch durch Teilhabe an demokratischen Institutionen. Wir begrüßen den Erlass der Verordnung über den verfassungsmäßigen Rahmen für eine vorläufige Selbstverwaltung im Kosovo durch den Sonderbeauftragten des VN-Generalsekretärs als einen bedeutenden Schritt zur Umsetzung der Resolution 1244 des VN-Sicherheitsrats. Dieser Rahmen wird die Grundlage für Gesamtwahlen im Kosovo bilden, die am 17. November stattfinden sollen. Die Führer im Kosovo sollten ihrer Verantwortung gerecht werden und jede Anstrengung unter-

nehmen, um sicherzustellen, dass die Wahlen friedlich in einem sicheren Umfeld stattfinden können. Wir fordern alle Gemeinschaften im Kosovo eindringlich auf, sich an diesen Wahlen zu beteiligen und die neuen politischen Strukturen im Kosovo voll mitzutragen. Alle Vertriebenen sollten die Möglichkeit haben, an diesen allgemeinen Wahlen teilzunehmen.

10. Wir bekräftigen einmal mehr, wie wichtig es ist, Voraussetzungen zu schaffen, unter denen Flüchtlinge und Vertriebene, einschließlich Kosovo-Serben und andere ethnische Minderheiten, unbeschadet und in Sicherheit nach Hause zurückkehren können. Wir fordern die politische Führung des Kosovo mit Nachdruck auf, dieses Ziel im Zusammenwirken mit KFOR und UNMIK aktiver zu verfolgen.

11. Die Schaffung eines sicheren Umfelds für alle Menschen im Kosovo bleibt vorrangiges Ziel. Wir verurteilen auf das Schärfste jeden Akt ethnisch, politisch oder kriminell motivierter extremistischer Tätigkeiten durch ethnische Albaner und Serben, ebenso wie Gewaltakte gegen die Präsenz der internationalen Gemeinschaft. Alle diese Gewalttätigkeiten sind unentschuldbar und laufen den Interessen des Kosovo sowie der Region insgesamt zuwider. Wir appellieren an alle politischen Parteien und Gemeinschaften im Kosovo, speziell die albanischen, solche Aktivitäten unmissverständlich zu verurteilen und die bedeutenden Anstrengungen von KFOR und UNMIK zur Bekämpfung des Extremismus und Stärkung der Rechtsstaatlichkeit zu unterstützen und es nicht zuzulassen, dass das Kosovo als Ausgangspunkt für extremistische Aktivitäten in der Region genutzt wird. In diesem Zusammenhang drängen wir auch auf den baldigen Erlass einer UNMIK-Verordnung gegen den Extremismus, um ein wirksameres Vorgehen gegen Befürworter von Extremismus und Gewalt zu ermöglichen. Ethnische Spannungen in Mitrovica und in Minderheitengebieten bleiben Anlass zu besonderer Sorge.

12. Nach wie vor sind wir auch sehr beunruhigt durch das hohe Ausmaß an organisierter Kriminalität und seine Verknüpfungen mit dem Extremismus und externen Geldquellen. Das organisierte Verbrechen gefährdet die gesunde wirtschaftliche Entwicklung im Kosovo und stellt eine bedeutende Quelle der Instabilität für die Region dar.

13. Die Funktionstüchtigkeit des Justizsystems im Kosovo ist Grundvoraussetzung für eine gesunde demokratische Entwicklung und wirtschaftliche Prosperität. Wir begrüßen die jüngsten Fortschritte zur Stärkung der Rechtsstaatlichkeit, stellen aber fest, dass weitere Verbesserungen erforderlich sind. Wir würdigen die fortgesetzte Arbeit der OSZE, um dabei mitzuhelfen, Mitglieder für den multi-ethnischen Polizeidienst des Kosovo zu rekrutieren.

14. Wir begrüßen die kürzlich erfolgte Freilassung ethnisch-albanischer politischer Gefangener aus serbischen Gefängnissen. Wir erinnern an die Notwendigkeit, daß Belgrad alle verbleibenden Kosovo-Albaner freilässt, die ohne rechtlichen Grund in Serbien inhaftiert bleiben. Wir fordern, jede nur mögliche Anstrengung zu unternehmen, exakte Nachweise über Vermisste zu führen, ungeachtet ihrer ethnischen Abstammung, und unterstreichen die Bereitschaft von KFOR zur Zusammenarbeit mit der internationalen Kommission für Vermisste (International Commission of Missing Persons - ICMP).

15. Wir anerkennen, dass das Kosovo-Schutzkorps (Kosovo Protection Corps - KPC) grundsätzlich seine zivile Rolle unter der Gesamtverantwortung von UNMIK und mit ständiger Dienstaufsicht durch KFOR weiter ordnungsgemäß erfüllt. Anlass zu ernster Sorge geben dennoch Fälle der nicht ordnungsgemäßen Aufgabenwahrnehmung durch einzelne Mitglieder und Fälle der Verstrickung in das organisierte Verbrechen, unerlaubten Waffenbesitz und Unterstützung von extremistischen Aktivitäten im Kosovo sowie in angrenzenden Gebieten. Wir verurteilen diese Aktivitäten und erinnern die Führung des Kosovo-Schutzkorps an die Notwendigkeit, weiter Schritte zu unternehmen, um diesen Aktivitäten Einhalt zu gebieten und extremistische Aktivitäten im Kosovo sowie in der Region klar und öffentlich zu verurteilen. KFOR wird auch in Zukunft in Übereinstimmung mit den vom Sonderbeauftragten des Generalsekretärs aufgestellten Grundsätzen und Prioritäten die enge Dienstaufsicht über das Kosovo-Schutzkorps ausüben. Wir messen der strikten Durchsetzung des KPC-Verhaltenskodex äußerste Wichtigkeit bei.

- I. Chronik -
Nr. 15/29.V.2001: NATO-Frühjahrstreffen in Budapest

16. Wir haben einen Bericht über die Rollen und Aufträge der KFOR-Truppe sowie Empfehlungen zur Stärke und Struktur von KFOR zur Kenntnis genommen. Wir begrüßen die in dem Bericht enthaltenen Schlussfolgerungen, insbesondere dass zum gegenwärtigen Zeitpunkt Änderungen in Stärke und Dispositiv von KFOR nicht angezeigt sind.

17. Wir treten weiter mit Festigkeit für die vollständige Umsetzung der allgemeinen Rahmenvereinbarung für den Frieden in Bosnien und Herzegowina ein. Wir unterstützen uneingeschränkt die Ziele des Rats für die Umsetzung des Friedens (Peace Implementation Council - PIC) und seine Entschlossenheit, Bosnien und Herzegowina als einheitlichen, multiethnischen, demokratischen Staat mit tragfähigen und funktionstüchtigen gemeinschaftlichen Institutionen in euro-atlantische Strukturen zu integrieren. Wir werden besonders über SFOR weiter eng mit dem Hohen Repräsentanten des VN-Generalsekretärs und mit anderen Organisationen, einschließlich dem Hohen Flüchtlingskommissar der VN, der OSZE, der Europäischen Union, der VN-Mission in Bosnien und Herzegowina, der internationalen Polizeitruppe IPTF sowie dem IStGhJ zusammenarbeiten. Wir billigen mit Nachdruck die Anstrengungen von SFOR und des IStGhJ, wegen Kriegsverbrechen angeklagte Personen zu ergreifen und vor Gericht zu bringen. In diesem Zusammenhang unterstreichen wir noch einmal, dass die Gebietseinheiten die Hauptverantwortung dafür tragen, die wegen Kriegsverbrechen angeklagten Personen vor Gericht zu bringen und wir fordern sie dringend auf, dazu wirksamer mit SFOR zusammenzuarbeiten.

18. Im Nachgang zu den Wahlen im Herbst des vergangenen Jahres begrüßen wir die Beteiligung gemäßigter, nicht-nationalistischer politischer Parteien an der neuen Staatsregierung und den Regierungen der Gebietseinheiten. Die internationale Gemeinschaft erwartet, dass diese neuen Regierungen größere und zügigere Fortschritte auf dem Wege zu einer sich selbsttragenden, multi-ethnischen Demokratie erzielen. Wir appellieren an die neu gewählte Führung von Bosnien und Herzegowina, im Prozess zur vollständigen Umsetzung der Friedensvereinbarung von Dayton größere Verantwortung zu übernehmen und mehr Eigeninitiative zu entfalten sowie Bosnien und Herzegowina auf die vollständige Integration in euroatlantische Strukturen vorzubereiten.

19. Wir verurteilen jede Form des Separatismus und nationalistischer Gewalt in Bosnien und Herzegowina. Große Sorge bereiten uns in diesem Zusammenhang die jüngsten von kroatischen Extremisten in Mostar und von serbischen Extremisten in Trebinje und Banja Luka verübten Gewaltakte, die die Friedensvereinbarung von Dayton sowie die rechtmäßigen Institutionen des Staates und der Gebietseinheiten in Bosnien und Herzegowina unmittelbar herausfordern. Wir appellieren an alle politischen Führer in Bosnien und Herzegowina sowie in anderen Ländern der Region, diese Vorfälle unmissverständlich zu verurteilen. Wir unterstützen den Hohen Repräsentanten und SFOR uneingeschränkt in ihren Anstrengungen, dieser Herausforderung zu begegnen. Wir appellieren an alle Bürger in Bosnien und Herzegowina, ihre Differenzen mit friedlichen, rechtlichen und demokratischen Mitteln zu lösen. Wir fordern sie ferner eindringlich zu der Einsicht auf, dass den Interessen ihrer Gemeinschaft im bestehenden institutionellen Rahmen von Bosnien und Herzegowina sowie durch die Zusammenarbeit mit dem Hohen Repräsentanten und den rechtmäßigen Behörden des Staates und der Gebietseinheiten am besten gedient ist. Gewalt durch jegliche Gruppierung gegen diese Behörden, Bewohner von Bosnien und Herzegowina oder SFOR-Truppen und andere Vertreter der internationalen Gemeinschaft wird nicht hingenommen.

20. Wir appellieren eindringlich an die bosnischen Kroaten, keine begrenzten, engstirnigen Ziele zu verfolgen, sondern einzusehen, dass sich ihre Interessen am besten verwirklichen lassen, wenn sie sich für die kollektiven Interessen der bosnischen Gemeinschaft insgesamt einsetzen. Wir fordern die bosnischen Kroaten, die die Strukturen der Föderation verlassen haben, zur Rückkehr auf, und sprechen denjenigen, die bereits zurückgekehrt sind, unsere Anerkennung für ihr Engagement für die Zukunft von Bosnien und Herzegowina aus. Wir begrüßen die Politik Kroatiens, den Versuchen der HDZ zur Schaffung paralleler Institutionen eine Absage zu erteilen.

21. Wir ermutigen die Präsidentschaft, das Programm zur Verteidigungsreform mit Vorrang weiterzuführen. Bosnien und Herzegowina benötigt Streitkräfte unter einheitlicher Führung, die zur gemeinsamen Dislozierung und Durchführung gemeinsamer Aktionen unter der Leitung internationaler und regionaler Sicherheitsorganisationen befähigt sind. Dazu begrüßen

- I. Chronik -
Nr. 15/29.V.2001: NATO-Frühjahrstreffen in Budapest

wir die Billigung einer gemeinsamen Verteidigungspolitik für Bosnien und Herzegowina durch die Präsidentschaft. Wir bekräftigen in diesem Zusammenhang unsere verbindliche Zusage, weiter zu Stabilität und Vertrauen in Bosnien und Herzegowina beizutragen und die Zusammenarbeit zwischen den Streitkräften der Gebietseinheiten zu stärken.

22. Wir drängen die Führung von Bosnien und Herzegowina zur vollständigen Implementierung des Anhangs I B der Friedensvereinbarung von Dayton in Bezug auf vertrauens- und sicherheitsbildende Maßnahmen. Wir appellieren an die benachbarten Länder von Bosnien und Herzegowina, die vollständige Umsetzung der Friedensvereinbarung von Dayton offen und transparent zu unterstützen und richten diesen Appell speziell an die Unterzeichnerstaaten dieser Vereinbarung.

23. Wir begrüßen den Beitrag der OSZE zur Umsetzung der Friedensvereinbarung und zur Schaffung eines Rahmens für Frieden und Stabilität in Südosteuropa. Wir appellieren an die Staaten, die im Rahmen dieser Vereinbarung an den Verhandlungen über regionale Stabilität teilnehmen, die neuen Impulse zu nutzen, die von der Teilnahme der Bundesrepublik Jugoslawien in der OSZE ausgehen, mit dem Ziel, ihre Arbeit so bald wie möglich zum Abschluss zu bringen. Die NATO ist bereit, die Implementierung einer solchen Vereinbarung im Rahmen des Stabilitätspakts für Südosteuropa zu unterstützen.

24. Wir haben einen Bericht über die Rollen und Aufträge der SFOR-Truppe sowie Empfehlungen zu ihrer Stärke und Struktur zur Kenntnis genommen. Wir begrüßen die in dem Bericht enthaltenen Schlussfolgerungen, besonders dass es zum gegenwärtigen Zeitpunkt nicht angeraten ist, eine größere Umstrukturierung oder Reduzierungen von SFOR ins Auge zu fassen, speziell angesichts der aktuellen Vorfälle, dass aber unter bestimmten Voraussetzungen, wie von den Militärbehörden der NATO vorgegeben, eine moderate Reduzierung der Gesamtstärke im Rahmen der bestehenden Kräftestruktur vorgenommen werden könnte. Wir bekräftigen die Empfehlung in dem Bericht, dass es erforderlich ist, die multinationalen, spezialisierten Einheiten mit Ressourcen im vereinbarten Umfang auszustatten.

25. Wir bekräftigen unser uneingeschränktes Eintreten für die Sicherheit, Stabilität und territoriale Integrität der ehemaligen jugoslawischen Republik Mazedonien. Wir verurteilen auf das Schärfste die jüngsten Gewaltakte durch extremistische albanische Gruppen, die nicht nur die Stabilität der ehemaligen jugoslawischen Republik Mazedoniens gefährden, sondern auch die Anstrengungen derjenigen ethnischen Albaner untergraben haben, die mit der internationalen Gemeinschaft zusammenarbeiten, um dem Krisenherd Balkan Frieden, Demokratie und Stabilität zu bringen. Wir fordern die Führer ethnisch albanischer Gemeinschaften in der Region eindringlich auf, diese Gewaltakte unmissverständlich zu verurteilen. Die Extremisten müssen ihre Gewaltakte unverzüglich einstellen.

26. Wir sind ermutigt durch die Absage, die die überwältigende Mehrheit der Bevölkerung in der ehemaligen jugoslawischen Republik Mazedonien denjenigen erteilt hat, die glauben, dass ihre Zielvorstellungen durch Gewalt verwirklicht werden sollten. Wir unterstützen die Behörden in der ehemaligen jugoslawischen Republik Mazedonien in ihren Anstrengungen, die extremistischen Elemente so zu isolieren, dass eine friedliche Lösung gefördert wird. Wir erwarten von den Behörden, dass sie unverhältnismäßige Gewaltanwendung vermeiden und alle Vorsichtsmaßnahmen ergreifen, um Opfer unter der Zivilbevölkerung auszuschließen.

27. Wir begrüßen die Bildung einer breiten Koalitionsregierung. Wir fordern die Parteien eindringlich auf, schnell konkrete Schritte im laufenden inter-ethnischen Dialog unter der Ägide von Präsident TRAJKOVSKI, unter Beteiligung politischer Parteien aller ethnischen Gruppen zu unternehmen, um die legitimen Anliegen zu erfüllen, die inter-ethnischen Beziehungen zu festigen und eine bessere Zukunft für alle Bewohner, ungeachtet ihrer ethnischen Abstammung, sicherzustellen. In diesem Zusammenhang nehmen wir die Schritte der Regierung zur Kenntnis, höhere Bildungseinrichtungen in albanischer Sprache, einen albanischsprachigen Fernsehkanal und eine erweiterte örtliche Selbstverwaltung einzurichten.

28. Die Zusammenarbeit zwischen den internationalen Organisationen hat zu einer abgestimmten Vorgehensweise geführt und die Entschlossenheit der internationalen Gemeinschaft klar signalisiert, die Stabilität in der Region zu fördern. Wir begrüßen besonders die enge

- I. Chronik -
Nr. 15/29.V.2001: NATO-Frühjahrstreffen in Budapest

Zusammenarbeit zwischen der NATO und der EU, wie sie durch die gemeinsamen Missionen des Hohen Repräsentanten der EU und des NATO-Generalsekretärs in Skopje beispielhaft dokumentiert wird.

29. Wir begrüßen die Tatsache, dass durch verstärkte Patrouillentätigkeit und Verstärkungen der KFOR-Kräfte auf der Kosovo-Seite der Grenze die Fähigkeit von KFOR verbessert worden ist, jeden Transfer von Personal und Kriegsgerät aus dem Kosovo in die ehemalige jugoslawische Republik Mazedonien aufzuspüren, zu unterbrechen und ein entsprechendes Abschreckungspotential aufzubauen. KFOR ist entschlossen, dies energisch weiterzuführen. Die Allianz hat vor kurzem einen Hohen Zivilen Vertreter ernannt, um die Verständigung und Abstimmung mit den Behörden in der ehemaligen jugoslawischen Republik Mazedonien und anderen politischen Führern im Land zu fördern.

30. Wir begrüßen die verbesserte militärische Koordinierung und den Austausch militärischer Informationen mit dem Verteidigungs- und dem Innenministerium in der ehemaligen jugoslawischen Republik Mazedonien und die Einrichtung eines NATO-Kooperations- und Koordinationszentrums unter der Leitung eines Hohen Militärischen Vertreters, um den Informationsaustausch zu erleichtern und als Koordinierungsstelle für Unterstützungsanstrengungen zu agieren. Wir nehmen auch dankbar die Anstrengungen von Bündnispartnern zur Kenntnis, ihre bilaterale Unterstützung der ehemaligen jugoslawischen Republik Mazedonien zu erhöhen. Die Allianz wird weiter nach praktischen Mitteln und Wegen suchen, um die Unterstützung in all diesen Bereichen zu steigern.

31. Wir erneuern unseren tiefen Dank an die ehemalige jugoslawische Republik Mazedonien für die Unterstützung von KFOR und begrüßen die jüngste Vereinbarung über den Rechtsstatus von KFOR-Angehörigen während ihres Aufenthalts auf dem Gebiet der ehemaligen jugoslawischen Republik Mazedonien.

32. Die Entwicklung eigener nationaler Fähigkeiten durch die Länder Südosteuropas zur Sicherstellung der Kontrolle und Absicherung ihrer Grenzen ist von kritischer Bedeutung für die Sicherheit und Stabilität der Region. Die Allianz hat konkrete Schritte unternommen, um die Regierungen der ehemaligen jugoslawischen Republik Mazedoniens sowie Albaniens darin zu unterstützen und nutzt die bestehenden Rahmen des Euro-Atlantischen Partnerschaftsrats (EAPR) sowie der Südosteuropa-Initiative (South East Europe Initiative - SEEI), um mit Partnern in dieser Frage einen Dialog zu führen.

33. Wir haben den konsolidierten Fortschrittsbericht zur Entwicklung der Südosteuropa-Initiative der Allianz (SEEI) sowie zu Beiträgen der Allianz zu den Zielen des Stabilitätspakts entgegengenommen. Wir haben mit Zufriedenheit festgestellt, dass viele der im Rahmen der SEEI-Initiative auf den Weg gebrachten Aktivitäten weit gediehen sind und wertvolle Ergebnisse zur Unterstützung der regionalen Zusammenarbeit und zu den Anstrengungen einzelner Länder zu ihrer weiteren Integration in die euro-atlantische Gemeinschaft zeitigen und so die Ziele des Stabilitätspakts unterstützen und ergänzen.

34. Wir begrüßen die Annahme im weiteren Verlaufe des heutigen Tages des gemeinsamen Dokuments zur Bewertung sicherheitspolitischer Herausforderungen und Chancen der Region (Common Assessment Paper on Regional Security Challenges and Opportunities - SEECAP), das zum Ziel hat, eine realistische Sicherheitspolitik und die Reform der Verteidigungsorganisationen der Länder der Region zu entwickeln. Wir begrüßen auch die fortgesetzten Anstrengungen der Lenkungsgruppe für Sicherheitskooperation in Südosteuropa (South East Europe Security Cooperation Steering Group - SEEGROUP) als eine wertvolle regionale Initiative zur Unterstützung der Südosteuropa-Initiative der NATO sowie des Stabilitätspakts für Südosteuropa. Wir sind ermutigt durch die Fortschritte, die Länder Südosteuropas in der Entwicklung ihrer eigenen regionalen Friedenstruppen erzielt haben und nehmen die Erklärung zur Kenntnis, dass die Multinationale Friedenstruppe für Südosteuropa am 1. Mai ihre Einsatzbereitschaft hergestellt hat.

35. Wir sind erfreut, dass neben Bulgarien und Rumänien nun auch Kroatien das erfolgreiche Programm nutzt, das von der Allianz und der Weltbank auf den Weg gebracht wurde und

durch den Stabilitätspakt gefördert wird, um ehemalige Soldaten umzuschulen und in die zivile Wirtschaft einzugliedern.

36. Wir erteilen dem Ständigen NATO-Rat die Weisung, die Anstrengungen im Rahmen der SEEI sowie die Beiträge der Allianz zum Stabilitätspakt weiterzuverfolgen, insbesondere auf dem Gebiet der Verteidigungsreform, und erwarten weitere Fortschritte bis zu unserem nächsten Treffen.

37. Das Bündnis hat die Besorgnisse der Öffentlichkeit über Berichte sehr ernst genommen, dass bei NATO-Operationen eingesetzte Soldaten und Zivilpersonen sowie die Zivilbevölkerung durch abgereichertes Uran gesundheitlich gefährdet worden sein könnten. Ein umfassender Informationsaustausch unter den Bündnispartnern, den Ländern der Region, allen Nationen, die Truppen für SFOR und KFOR bereitstellen, sowie fachlich zuständigen internationalen Organisationen hat keinen Hinweis auf einen solchen Zusammenhang ergeben. Die Bündnispartner werden in dieser Angelegenheit weiter Informationen untereinander austauschen und ihre Zusammenarbeit mit den Agenturen der Vereinten Nationen, besonders mit dem VN-Umweltprogramm sowie mit anderen relevanten internationalen Organisationen fortführen.

38. Wir haben die bisher erzielten Fortschritte in der Umsetzung der Initiative zur Verteidigungsfähigkeit (Defence Capabilities Initiative - DCI) überprüft. Das Ziel dieser Initiative ist unverändert: Bereitstellung der Kräfte und Fähigkeiten, die die Allianz benötigt, um den Sicherheitsherausforderungen des 21. Jahrhundert über das volle Spektrum der Bündnisaufträge zu begegnen. Die Bündnispartner der NATO müssen ihre Verteidigungsfähigkeiten und die Interoperabilität weiter steigern, und zwar durch Verbesserungen der Dislozierbarkeit und Mobilität von Bündnisstreitkräften, ihrer Durchhalte- und Überlebensfähigkeit sowie ihrer Wirksamkeit im Einsatz und der Effektivität ihrer Führung. Unvermindertes Engagement ist erforderlich, um diese ehrgeizigen Ziele zu erreichen - sowohl im NATO-Hauptquartier als auch in den Hauptstädten. Wir wollen diese Arbeit ohne Abstriche weiter unterstützen und weisen besonders darauf hin, dass die Anstrengungen der Allianz und der Bündnisstaaten zur Umsetzung der Initiative zur Verteidigungsfähigkeit sowie die Anstrengungen der EU zum Ausbau der europäischen Fähigkeiten sich gegenseitig verstärken. Da Partnern bei zukünftigen NATO-geführten Operationen eine wichtige Rolle zukommt, begrüßen wir ihr gegenwärtiges Engagement in DCI-Teilbereichen.

39. Wir haben den Stand der Fortschritte geprüft, die bislang in der Entwicklung der europäischen Sicherheits- und Verteidigungsidentität (ESVI) in Übereinstimmung mit den Entscheidungen des Washingtoner Gipfels und späterer Ministertreffen erzielt worden sind. Wir haben unsere Entschlossenheit bekräftigt, den europäischen Pfeiler der NATO zu stärken und bleiben einer ausgewogenen und dynamischen transatlantischen Partnerschaft verpflichtet. Wir teilen das Bekenntnis der EU zu einer echten strategischen Partnerschaft im Krisenmanagement zwischen der NATO und der EU. Das Bündnis bleibt Grundlage für die kollektive Verteidigung seiner Mitglieder und wird auch in Zukunft aktiv seine wichtige Rolle im Krisenmanagement spielen, wie im Strategischen Konzept festgelegt. Die Partnerschaft zwischen der NATO und der EU sowie die Entwicklung einer leistungsfähigen und effektiven ESVI, in Übereinstimmung mit den auf dem Washingtoner Gipfel und späteren Ministertreffen vorgegebenen Prinzipien, werden die Allianz stärken, mit der wir auch in Zukunft bereit sein werden, gemeinsame Sicherheitsziele zu verfolgen, wo immer möglich.

40. Wir bekräftigen unser Bekenntnis zu einer transparenten, kohärenten und kooperativen Beziehung zwischen der NATO und der EU, die die weitere militärische Effektivität der Allianz sowie den Zusammenhalt unter den Bündnispartnern sicherstellt. Der Ausbau europäischer Fähigkeiten ist für diesen Prozess von zentraler Bedeutung. Die NATO und die EU haben ein gemeinsames Interesse daran, die kohärente Entwicklung der militärischen Fähigkeiten ihrer Mitgliedsstaaten sicherzustellen.

41. Wir begrüßen die Intensivierung des Dialogs zwischen der Allianz und der Europäischen Union seit unserem letzten Treffen in Brüssel. Die enge Abstimmung und Zusammenarbeit zwischen den beiden Organisationen sowie die von ihnen eingeleiteten und sich gegenseitig verstärkenden Schritte als Reaktion auf die Lage auf dem westlichen Balkan zeigen, dass sich die NATO und die EU im Rahmen einer erfolgreichen praktischen Zusammenarbeit in Fragen

gemeinsamer Interessen engagieren, die sich auf Sicherheit, Verteidigung und Krisenmanagement beziehen. Die Fortsetzung dieser praktischen Zusammenarbeit wird mithelfen sicherzustellen, dass Krisen mit der geeignetsten militärischen Reaktion begegnet werden kann und ein wirksames Krisenmanagement gewährleistet wird. In diesem Zusammenhang begrüßen wir das hohe Maß an Abstimmung und Zusammenarbeit zwischen dem Generalsekretär und dem Hohen Repräsentanten der EU, besonders ihre gemeinsamen Missionen sowie die Missionen ihrer persönlichen Vertreter in der Region. Wir freuen uns auf das erste formelle Treffen der Außenminister der NATO und der Europäischen Union am 30. Mai.

42. Auf unserem Treffen im Dezember hatten wir unter anderem die Vorschläge zur Kenntnis genommen und begrüßt, die der Europäische Rat in Nizza für Dauervereinbarungen unterbreitet hatte, um volle Transparenz, Konsultation und Kooperation zwischen NATO und EU sicherzustellen. Wir stimmten darin überein, dass Konsultation und Kooperation zwischen den beiden Organisationen über gemeinsam interessierende Fragen der Sicherheit, der Verteidigung und des Krisenmanagements entwickelt werden würden, damit auf Krisen mit der geeignetsten militärischen Antwort reagiert und ein wirksames Krisenmanagement sichergestellt würden. Wir erwarteten die baldige Aufstellung solcher für beide Seiten zufrieden stellender Vorkehrungen auf der Grundlage der in Washington und auf späteren Ministertreffen aufgestellten Prinzipien, die in der Rahmenvereinbarung über diese Vorkehrungen Berücksichtigung finden würden. Diese Vorkehrungen würden Schlüssel für eine enge, vertrauensvolle und transparente Beziehung zwischen den beiden Organisationen sein, wie auf dem Washingtoner Gipfel ins Auge gefasst. Im Nachgang zu den Ergebnissen der NATO-Ministertreffen und zum Treffen des Europäischen Rates in Nizza fand im Januar dieses Jahres ein Briefwechsel zwischen dem Generalsekretär und der EU-Präsidentschaft statt. Mindestens drei Treffen des Nordatlantischen Rates und des Politischen und Sicherheitspolitischen Ausschusses der EU sowie mindestens ein Ministertreffen werden während jeder EU-Präsidentschaft stattfinden. Jede der zwei Organisationen kann weitere Treffen beantragen, falls erforderlich. Beide Organisationen treten dafür ein, Kontakte und Treffen in der Notfallphase einer Krise zu intensivieren.

43. Wir begrüßen die vier Treffen zwischen dem Nordatlantikrat und dem Politischen und Sicherheitspolitischen Ausschuss der EU, die bisher stattgefunden haben und erwarten weitere Treffen dieser Art in der Zukunft. Wir begrüßen auch die bisher erzielten Fortschritte in den Ad-hoc-Arbeitsgruppen der NATO und der EU. Wir sehen ihrer zukünftigen Arbeit, die allen relevanten Belangen, einschließlich der Frage der Beteiligung, Rechnung tragen wird, erwartungsvoll entgegen.

44. Wir nehmen die erfolgreiche Umsetzung der im vergangenen Jahr erstellten vorläufigen NATO-EU-Sicherheitsvereinbarung zum Schutz von Informationen zur Kenntnis und begrüßen die Fortschritte, die in der Erstellung einer ständigen Sicherheitsvereinbarung zwischen den beiden Organisationen erzielt worden sind, einschließlich der produktiven Arbeit in der NATO-EU-Ad-hoc-Arbeitsgruppe für Sicherheitsfragen. Wir bekräftigen unsere Bereitschaft, eine ständige Sicherheitsvereinbarung zwischen der NATO und der EU vorrangig zum Abschluss zu bringen.

45. Die europäischen Bündnispartner der NATO wollen ihre militärischen Fähigkeiten weiter steigern und den europäischen Pfeiler der Allianz stärken. Dadurch wird ihre Fähigkeit erweitert, sowohl zu den Aufträgen der Allianz als auch zu EU-geführten Operationen als Teil der Petersberg-Aufgaben beizutragen, sofern die Allianz als Ganzes nicht engagiert ist. Wir weisen darauf hin, dass dieser Prozess nicht die Schaffung einer europäischen Armee impliziert und dass die Zusage nationaler Ressourcen für EU-geführte Operationen auf der Grundlage souveräner Entscheidungen erfolgen wird.

46. Wir begrüßen die weiteren Anstrengungen in der EU zur Erfüllung ihres Planziels bis zum Jahre 2003 nach Maßgabe des Treffens des Europäischen Rats in Helsinki, um so zur Verbesserung und Stärkung der europäischen militärischen Fähigkeiten beizutragen. Die bedeutenden zusätzlichen Beiträge, die nicht zur EU gehörende europäische NATO-Mitglieder zum Truppenkontingent angeboten haben, das für EU-geführte Operationen zur Verfügung stehen soll, sind wichtig und werden das Spektrum der möglicherweise der EU zur Verfügung stehenden Fähigkeiten erweitern. Wir begrüßen die bilateralen Treffen zwischen der EU und nicht zur EU gehörenden NATO-Mitgliedern, um ihre Beiträge zum europäischen Krisenma-

nagement auf der Grundlage derselben Kriterien, wie sie auch für EU-Mitgliedsstaaten gelten, abzuklären und zu evaluieren, und wir sehen der weiteren Entwicklung dieser Praxis erwartungsvoll entgegen. Wir nehmen die Feststellung der EU zur Kenntnis, dass weitere Verbesserungen der Fähigkeiten erforderlich sind. Die Initiative zur Verteidigungsfähigkeit der Allianz (Defence Capabilities Initiative - DCI) unterstützt ebenfalls die Erweiterung der europäischen Fähigkeiten. Die Ziele der NATO-Initiative zur Verteidigungsfähigkeit und das Planziel der EU verstärken sich gegenseitig. Wir stellen mit Zufriedenheit fest, dass die NATO auf Ersuchen der EU-Präsidentschaft und auf der Grundlage einer Entscheidung des NATO-Rats zugestimmt hat, für die Dauer der schwedischen EU-Präsidentschaft die Arbeit der erweiterten Hochrangigen Arbeitsgruppe durch ein Expertenteam weiter zu unterstützen, das nationalen Experten derjenigen NATO-Mitglieder offen steht, die sich an dieser Arbeit beteiligen möchten. Um diese wichtige Arbeit während der nächsten EU-Präsidentschaft fortzuführen, ist die NATO bereit, vorbehaltlich einer baldigen Ratsentscheidung, auf Ersuchen der EU weiteres Fachwissen einzubringen.

47. Wir unterstreichen noch einmal, wie schon auf dem Washingtoner Gipfel und auf späteren Ministertreffen, wie wichtig es ist, in der Beteiligungsfrage Lösungen zu finden, die alle Bündnispartner zufrieden stellen. Die Bündnispartner begrüßen die Tatsache, dass erste Treffen zwischen der EU und nicht der EU angehörenden NATO-Mitgliedern stattgefunden haben. Die Bündnispartner erwarten die weitere umfassende und effektive praktische Umsetzung der vom Europäischen Rat in Nizza vereinbarten Vorkehrungen für Dialog, Konsultation und Kooperation mit nicht zur EU gehörenden europäischen Bündnispartnern in Fragen, die sich auf Sicherheit und Verteidigungspolitik sowie Krisenmanagement und die Modalitäten für die Beteiligung an EU-geführten militärischen Operationen beziehen. Wir begrüßen die verpflichtende Zusage der EU zur Intensivierung der Konsultation in Krisenzeiten, wodurch die nicht zur EU gehörenden europäischen Bündnispartner auch in die Lage versetzt werden, ihre Bedenken anzumelden, wenn sie der Meinung sind, dass ihre Sicherheitsinteressen tangiert sein könnten. Es ist besonders wichtig in diesem Zusammenhang, dass nicht zur EU gehörende europäische Bündnispartner Treffen mit der Europäischen Union beantragen und Vorschläge zur Tagesordnung einbringen können. Konsultation und Kooperation sind besonders wichtig mit dem Politischen und Sicherheitspolitischen Ausschuss der EU sowie dem EU-Militärausschuss und, wo angezeigt, mit dem Militärstab der EU, um sicherzustellen, dass die betreffenden Bündnispartner größtmöglichen Nutzen hieraus ziehen und sie in die Lage versetzt werden, effektive Beiträge zu leisten. In diesem Zusammenhang und in Übereinstimmung mit dem Washingtoner Vertrag unterstreichen wir einmal mehr die Wichtigkeit, die wir der Respektierung der Sicherheitsinteressen aller Bündnispartner sowie ihren gegenseitigen Verpflichtungen als Bündnispartner beimessen.

48. Wir begrüßen die Fortschritte, die in der Entwicklung des Dialogs, der Zusammenarbeit und der Abstimmung zwischen Kanada und der EU über das volle Spektrum sicherheits- und verteidigungspolitischer Fragen erreicht worden sind, die im beiderseitigen Interesse sind. Hierzu zählt eine gemeinsame Verpflichtung zur Intensivierung der Konsultation in Krisenzeiten, besonders dann, wenn die EU eine Operation in Erwägung zieht, bei der NATO-Kräfte und -Fähigkeiten zum Einsatz kommen sollen. Kanada und die EU haben vereinbart, ihren Dialog fortzuführen, um die Modalitäten für Konsultationen mit Kanada sowie die kanadische Beteiligung an EU-geführten Operation zu finalisieren.

49. Unter Berücksichtigung der weiteren Entwicklung relevanter Vorkehrungen in der EU wird die Arbeit zu ESVI in der Allianz entsprechend der Weisung des Washingtoner Gipfels und der Vereinbarungen auf späteren Ministertreffen fortgesetzt. Diese Arbeit geht von dem Grundsatz aus, dass Nichts vereinbart sein wird, bis über Alles Einigung besteht - die Frage der Beteiligung ist in diesem Zusammenhang ebenfalls relevant. Auf dieser Grundlage und entsprechend der Entscheidungen von Washington und auf späteren Ministertreffen haben intensivierte Gespräche über die Beteiligungsfrage seit unserem letzten Treffen im Dezember die Aussichten für Fortschritte zu verschiedenen Aspekten der Washingtoner Agenda erhöht, speziell zu Vorkehrungen für:

- den gesicherten EU-Zugriff auf Planungsfähigkeiten der NATO, durch die zur militärischen Planung für EU-geführte Operationen beigetragen werden kann;

- die Annahme der Verfügbarkeit für die EU von zuvor identifizierten NATO-Fähigkeiten und gemeinsamen Kräften/Fähigkeiten zum Einsatz in EU-geführten Operationen;

- I. Chronik -
Nr. 15/29.V.2001: NATO-Frühjahrstreffen in Budapest

- die Identifizierung einer Reihe europäischer Führungsoptionen für EU-geführte Operationen, unter Weiterentwicklung der Rolle des Stellvertretenden Obersten Alliierten Befehlshabers Europa (DSACEUR), damit er seine europäischen Aufgaben uneingeschränkt und effektiv übernehmen kann; und die weitere Anpassung des Verteidigungsplanungssystems der Allianz.

Wichtige Arbeit bleibt zu tun, die wir intensiv unter Berücksichtigung relevanter Entwicklungen in sowie Vorschlägen von der EU weiterverfolgen wollen.

50. Eingedenk der Entscheidungen des Washingtoner Gipfels und vor der Überprüfung des Erweiterungsprozesses durch die Staats- und Regierungschefs auf ihrem Gipfeltreffen in Prag im Jahre 2002 bekräftigen wir das Bekenntnis der Allianz, für neue Mitglieder offen zu bleiben. Die Allianz erwartet, dass sie in den kommenden Jahren weitere Einladungen an Staaten aussprechen wird, die willens und fähig sind, die Verantwortlichkeiten und Pflichten der Mitgliedschaft zu übernehmen, sofern die NATO feststellt, dass die Aufnahme dieser Staaten den politischen und strategischen Gesamtinteressen der Allianz dient und dass die Aufnahme die Sicherheit und Stabilität in Europa insgesamt verbessern würde. Kein europäischer demokratischer Staat, dessen Aufnahme die Ziele des Washingtoner Vertrags erfüllen würde, wird von der Erwägung über die Frage der Mitgliedschaft ausgeschlossen, ungeachtet seiner geographischen Lage, wobei jeder Fall für sich nach der für ihn eigenen Sachlage geprüft werden wird.

51. Der Aktionsplan zur Mitgliedschaft (Membership Action Plan - MAP) als Prozess unterstreicht das Bekenntnis der NATO zur Politik der offenen Tür, durch die Unterstützung der neun beitrittswilligen Staaten in ihren Anstrengungen, sich auf eine mögliche zukünftige Mitgliedschaft vorzubereiten. Die Straffung dieses Prozesses, die wir in Absprache mit den beitrittswilligen Staaten vorgenommen haben, hat die Wirksamkeit und Effektivität des MAP verbessert. Wir sind erfreut, dass die beitrittswilligen Länder die Möglichkeiten des Aktionsplans zur Mitgliedschaft voll genutzt haben.

52. Nach Treffen des Nordatlantikrats mit hohen Regierungsvertretern eines jeden beitrittswilligen Landes in diesem Frühjahr zur Bewertung der Fortschritte haben wir jetzt den zweiten Jahreszyklus des Aktionsplans zur Mitgliedschaft abgeschlossen. Wir haben heute im Rahmen unserer laufenden Überprüfung des Erweiterungsprozesses, einschließlich der Umsetzung des Aktionsplans zur Mitgliedschaft, einen konsolidierten Fortschrittsbericht über den Ausgang des zweiten Zyklus entgegengenommen. Der Bericht stellt die Fortschritte heraus, die die beitrittswilligen Staaten zur Vorbereitung auf ihre mögliche Mitgliedschaft erzielt haben - ebenso wie die Herausforderungen, die es noch zu bewältigen gilt - ,und zwar in allen Bereichen des MAP, einschließlich politischer und wirtschaftspolitischer, verteidigungsrelevanter und militärischer, ressourcenbezogener sowie sicherheitspolitischer und rechtlicher Fragen. Wir begrüßen das Ausmaß, in dem die beitrittswilligen Länder den MAP als Hilfsmittel zur Förderung von Reformen genutzt und welche Fortschritte sie in ihren Reformen erzielt haben.

53. Mit dem Eintritt in den dritten MAP-Zyklus ermutigen wir alle beitrittswilligen Länder, zielgerichtete Anstrengungen weiterzuführen, um die sich selbst gesteckten ehrgeizigen Ziele energisch weiterzuverfolgen, sich gründlich auf eine mögliche zukünftige Mitgliedschaft in der Allianz vorzubereiten, dabei die bereits erzielten Fortschritte weiter auszubauen. Dazu fordern wir alle beitrittswilligen Länder eindringlich auf, ihre Anstrengungen fortzusetzen, um realistische und finanzierbare Ziele, auch für die Verteidigungsreform, zu definieren und zu verwirklichen. Wir erteilen dem Ständigen NATO-Rat die Weisung, in Abstimmung mit den beitrittswilligen Ländern zu prüfen, ob weitere Änderungen erforderlich sind, um die Umsetzung des MAP wirksamer zu gestalten.

54. Wir setzen uns weiter mit Nachdruck für die Stärkung des Euro-Atlantischen Partnerschaftsrats (EAPR) und der Partnerschaft für den Frieden (PfP) ein, um Zusammenarbeit, Transparenz und Vertrauen unter allen Mitgliedern der euro-atlantischen Gemeinschaft zu erhöhen. Die Partnerschaft ist Dreh- und Angelpunkt für die Rolle der Allianz, Sicherheit und Stabilität im euro-atlantischen Raum zu fördern und sie trägt zur Steigerung der Allianzfähigkeiten im Krisenmanagement bei. Das gemeinsame Eintreten der Allianz und ihrer Partner für Kooperationsanstrengungen zur Wahrnehmung gemeinsamer euro-atlantischer Sicherheits-

- I. Chronik -
Nr. 15/29.V.2001: NATO-Frühjahrstreffen in Budapest

interessen ist auf dem Balkan in aller Deutlichkeit unter Beweis gestellt worden, wo viele Partnerstaaten wertvolle Beiträge zu SFOR und KFOR leisten und die Anstrengungen der Allianz sowie der breiteren internationalen Gemeinschaft unterstützen, um in der Balkanregion dauerhaften Frieden zu schaffen. Wir freuen uns daher, Außenminister SVILANOVIC aus der Bundesrepublik Jugoslawien als Gastredner auf dem morgigen EAPR-Treffen der Außenminister begrüßen zu können.

55. Mit Zufriedenheit nehmen wir die vielen EAPR/PfP-Aktivitäten zur Kenntnis, um die praktische regionale Zusammenarbeit in Südosteuropa sowie im Kaukasus und in Zentralasien zu fördern. Wir anerkennen das Bekenntnis Kroatiens zur aktiven Beteiligung im EAPR und PfP und begrüßen das erklärte Interesse an einer möglichen zukünftigen NATO-Mitgliedschaft sowie die Absicht Kroatiens, in einen intensivierten Dialog zu Fragen der Mitgliedschaft mit der Allianz einzutreten. Wir begrüßen die Absicht Tadschikistans, sich der Partnerschaft für den Frieden anzuschließen und erwarten die baldige Unterzeichnung des PfP-Rahmendokuments durch Tadschikistan. Wir schätzen den Wert der regionalen Ad-hoc-Arbeitsgruppen für Südosteuropa und den Kaukasus für die Förderung regionaler Zusammenarbeit in anderen Bereichen der euro-atlantischen Region. Wir begrüßen die fortgesetzten Bemühungen im EAPR/PfP-Rahmen zur Unterstützung laufender breit angelegter Anstrengungen zur Behandlung der Frage der Proliferation kleiner und leichter Waffen sowie der Unterstützung weltweiter humanitärer Maßnahmen zur Minenbeseitigung und die Förderung des humanitären Völkerrechts, neben anderen prioritären Aufgabenfeldern des EAPR. Wir begrüßen es, dass das erste Projekt des PfP-Treuhandfonds für die Vernichtung eingelagerter Bestände von Anti-Personenminen in Angriff genommen worden ist, durch das der Gesamtbestand Albaniens von 1,7 Millionen Anti-Personenminen zur Vernichtung kommt. Wir begrüßen diese fortgesetzte Schwerpunktbildung, die auf ergebnisorientierte, praktische Aktivitäten ausgerichtet ist. Wir unterstreichen die Wichtigkeit sicherzustellen, dass die Arbeit des EAPR die Anstrengungen anderer euro-atlantischer Sicherheitsforen, wie der OSZE, berücksichtigt und ergänzt. In diesem Zusammenhang nehmen wir die laufenden Initiativen zur Kenntnis, durch die dieses Ziel erreicht werden soll.

56. Wir haben heute Berichte über die erweiterte und operativere Partnerschaft und die Umsetzung des Konzepts operativer Fähigkeiten zur Kenntnis genommen. Der Prozess zur Erweiterung und operativeren Ausgestaltung der Partnerschaft für den Frieden wird unsere gemeinsame Fähigkeit zur wirksamen Beherrschung von Krisen weiter stärken. Wir wollen weitere Fortschritte zu diesen Initiativen auf unserem nächsten Treffen prüfen. Wir begrüßen weitere Fortschritte in der wirksamen und gezielten Unterstützung von Partneranstrengungen, ihre Verteidigungsorganisation und ihre Streitkräfte zu reorganisieren und umzustrukturieren. Wir treten weiter mit Nachdruck für die vollständige Umsetzung des politisch-militärischen Rahmens für NATO-geführte PfP-Operationen ein. In diesem Rahmen halten wir die erweiterte Rolle von Partnern in Bezug auf die politische Weisungsgebung und Aufsicht, an die Planung sowie die Führungsvorkehrungen für NATO-geführte Krisenreaktionseinsätze für wichtig. Wir haben heute einen Fortschrittsbericht über die Umsetzung des politisch-militärischen Rahmens entgegengenommen. Der jetzige Stand der Implementierung stellt einen bedeutenden Fortschritt zum Stand vor 12 Monaten dar. Es ist jedoch erforderlich, die Verfahren dieses Rahmens weiter zu verfeinern und praktisch zu erproben, um größtmöglichen Nutzen gleichermaßen für die NATO und Partner daraus zu ziehen. Die vollständige Implementierung des Rahmens ist ein Prozess, der letztlich dazu beiträgt, NATO-geführte Operationen mit Partnern effizienter zu gestalten. Die nächste umfassende Überprüfung der Implementierung des Rahmens sollte Ende des Jahres erfolgen, mit der Vorlage eines Berichts zum Zeitpunkt der Ministertreffen im Frühjahr 2002.

57. Vier Jahre nach der Unterzeichnung der NATO-Russland-Grundakte in Paris bleibt die Allianz dem Bekenntnis verpflichtet, eine starke, stabile und dauerhafte Partnerschaft mit der Russischen Föderation auf der Grundlage der Prinzipen der Transparenz, der Reziprozität und des gegenseitigen Vertrauens aufzubauen. Wir begrüßen die Fortschritte, die wir in unseren Konsultationen und unserer Zusammenarbeit im Ständigen NATO-Russland-Rat (NRR) erzielt haben.

58. Wir messen dem weiteren und verbesserten Dialog über Fragen in Bezug auf die Lage auf dem Balkan große Wichtigkeit bei. Wir stellen mit Zufriedenheit die weitere ausgezeichnete

- I. Chronik -
Nr. 15/29.V.2001: NATO-Frühjahrstreffen in Budapest

praktische Zusammenarbeit mit den russischen Streitkräften sowohl bei SFOR als auch bei KFOR fest.

59. Wir wertschätzen unsere laufenden Konsultationen und unsere Zusammenarbeit mit Russland im Rahmen des NRR über Fragen wie die Nichtverbreitung von Massenvernichtungswaffen und ihrer Trägermittel, die Verteidigungsreform, Fragen der Abrüstung und Rüstungskontrolle einschließlich KSE und Offener Himmel, Wissenschafts- und Umweltfragen, die Vorbereitung auf zivile Notfälle sowie die Umschulung ehemaliger Soldaten. Wir begrüßen die aktive Zusammenarbeit im Such- und Rettungsdienst auf See auf der Grundlage des Kooperationsprogramms, das im Dezember 2000 zwischen der NATO und Russland über diesen Fragenkomplex im NRR vereinbart wurde. Wir erwarten weitere Konsultationen über den russischen Vorschlag zur Raketenabwehr und über Vorschläge der Bündnispartner zu vertrauens- und sicherheitsbildenden Maßnahmen in Nuklearfragen (VSBM). Wir begrüßen die intensivierte russische Teilnahme im EAPR und ermutigen Russland, sich aktiver an der Partnerschaft für den Frieden zu beteiligen.

60. Wir begrüßen die Eröffnung des NATO-Informationsbüros in Moskau als einen wichtigen Schritt zur Verbesserung des Verständnisses der Öffentlichkeit über die Partnerschaft zwischen der NATO und Russland. Wir wollen die Informationsaktivitäten der NATO in Russland weiter entwickeln. Große Wichtigkeit messen wir der Weiterentwicklung militärischer Zusammenarbeit bei und führen dazu unsere Konsultationen mit Russland fort, um eine militärische Verbindungsmission der NATO in Moskau einzurichten, wie in der Grundakte vorgesehen.

61. Der andauernde Konflikt in Tschetschenien gibt weiterhin Anlass zu großer Sorge. Wir anerkennen das Recht Russlands zur Wahrung seiner territorialen Integrität und zum Schutz aller Einwohner vor Terrorismus und Verbrechen, die wir in all ihren Erscheinungsformen verurteilen. Wir fordern alle Parteien eindringlich auf, sofortige Schritte zu tun, um die fortdauernden Kämpfe zu beenden und dringend eine politische Lösung zu suchen. Wir sind zutiefst beunruhigt durch weitere Berichte über weit verbreitete Verletzungen der Menschenrechte in Tschetschenien und drängen die russische Regierung zur Durchführung systematischer Untersuchungen über diese Berichte und zur Strafverfolgung aller Täter. Wir appellieren an Russland, alle seine internationalen Verpflichtungen zum Schutz der Menschenrechte zu respektieren. Wir begrüßen die Bereitschaft der russischen Regierung, die Rückkehr der OSZE-Unterstützungsgruppe nach Tschetschenien zu beschleunigen und fordern Russland eindringlich auf, seiner Verpflichtung nachzukommen, die Arbeit dieser Gruppe unter ihrem bestehenden Mandat zu ermöglichen. Wir fordern Russland ferner auf, die Bereitstellung humanitärer Unterstützung zu erleichtern, um den Vertriebenen in ihrer Not zu helfen. Wir appellieren an die tschetschenische Seite, in gutem Glauben bei der Suche nach einer politischen Lösung des Konflikts mitzuwirken, den Terrorismus zu verurteilen und ihn zu bekämpfen.

62. Wir bleiben unserer ausgeprägten Partnerschaft mit der Ukraine auf der Grundlage unserer Unterstützung einer unabhängigen, demokratischen, stabilen und marktorientierten Ukraine verpflichtet. Wir ermutigen die Ukraine, konkrete Schritte zu tun, um den Reformprozess voranzubringen und in diesem Zusammenhang die uneingeschränkte Achtung demokratischer Werte und Freiheiten, der Menschenrechte und Rechtsstaatlichkeit im Einklang mit den internationalen Verpflichtungen der Ukraine zu gewährleisten. Wir schätzen den Wert guter Beziehungen der Ukraine zu ihren Nachbarn, einschließlich Russland und Mitgliedern der Allianz, als Beitrag zu Stabilität in Mittel- und Osteuropa. Wir begrüßen auch den breiter gefassten Beitrag der Ukraine sich Sicherung von Stabilität in ganz Europa.

63. Wir erneuern unseren Dank an die Ukraine für ihren fortwährenden Beitrag zu KFOR als Ausdruck des Bekenntnisses der Ukraine zu unserer gemeinsamen Anstrengung, Frieden und Stabilität auf dem Balkan zu schaffen. Wir stellen mit Zufriedenheit die Fortschritte fest, die in der Umsetzung der in Madrid vor vier Jahren unterzeichneten NATO-Ukraine-Charta über eine Ausgeprägte Partnerschaft erzielt worden sind. Wir sind mit der bisher erfolgreich verlaufenen Umsetzung militärischer und nicht-militärischer Kooperations- und Konsultationsaktivitäten im Rahmen des NATO-Ukraine-Arbeitsplans für 2001 zufrieden. Wir nehmen die verbesserte Zusammenarbeit auf den Gebieten der Umschulung ehemaliger Soldaten, der zivilen Notfallplanung und mit dem Programm 'Wissenschaft für Frieden' zur Kenntnis und

45

- I. Chronik -
Nr. 15/29.V.2001: NATO-Frühjahrstreffen in Budapest

ermutigen die Ukraine, die kritische Arbeit zur Verteidigungsreform fortzuführen und sich dabei voll auf die gemeinsame NATO-Ukraine-Arbeitsgruppe für Verteidigungsreform abzustützen. Eine positive Entwicklung ist die Entscheidung der Ukraine zur vollen Beteiligung am Planungs- und Überprüfungsprozess (Planning and Review Process - PARP), um so ihre Planung für die Verteidigungsreform zu fördern.

64. Wir wollen mit Entschlossenheit auf diesen Leistungen aufbauen. In diesem Zusammenhang begrüßen wir das staatliche Programm der Ukraine für die Zusammenarbeit mit der NATO für die Jahre 2001-2004, das das Eintreten der Ukraine für eine starke Beziehung zwischen der NATO und der Ukraine unterstreicht. Große Bedeutung messen wir weiterhin der Rolle des NATO-Informations- und Dokumentationszentrums in Kiew bei, das eingerichtet wurde, um das Verständnis der Öffentlichkeit über die ausgeprägte Partnerschaft zwischen der NATO und der Ukraine im ganzen Lande zu steigern, sowie dem NATO-Verbindungsbüro, das die Teilnahme der Ukraine an der Partnerschaft für den Frieden und ihre Anstrengungen zur Umsetzung der Verteidigungsreform erleichtert.

65. Wir bekräftigen unsere feste Überzeugung, dass die Sicherheit in ganz Europa eng mit der Sicherheit und Stabilität im Mittelmeerraum verknüpft ist. Wir unterstreichen die Wichtigkeit, die wir unserem Mittelmeerdialog beimessen, der Teil des kooperativen Gesamtansatzes der Allianz zur Sicherheit ist und andere internationale Anstrengungen verstärkt und ergänzt.

66. Wir begrüßen den erfolgreichen Abschluss - im März 2001 - der ersten Besuchsrunde ranghoher Vertreter der NATO in Mittelmeerländern. Die Besuche wurden durchgeführt, um einen Meinungsaustausch über den NATO-Mittelmeerdialog vorzunehmen und ein besseres Verständnis der speziellen Ziele und Prioritäten eines jeden am Dialog beteiligten Landes herzustellen. Wir regen an, dass die Mittelmeerländer ihr Interesse an politischen Konsultationen und praktischer Zusammenarbeit mit unserem Bündnis zeigen. Dazu wollen wir geeignete Vorkehrungen mit allen Mittelmeerpartnern über die Sicherheit von Daten/Informationen treffen.

67. Wir bekräftigen die progressive Ausrichtung des Dialogs und werden weiterhin Mittel und Wege prüfen, um die politischen und praktischen Dimensionen unserer Kooperationsbeziehungen zu allen Mittelmeerpartnern in Übereinstimmung mit den Washingtoner Gipfelentscheidungen in Bereichen zu stärken, in denen die NATO besonders wertvolle Beiträge leisten kann und an denen Partner ihr Interesse bekundet haben. Wir haben heute den Fortschrittsbericht über den Mittelmeerdialog entgegengenommen und stellen mit Zufriedenheit die zunehmende Wechselwirkung zwischen der Allianz und ihren Mittelmeerpartnern fest.

68. Wir begrüßen die wichtige Rolle, die die OSZE im euro-atlantischen Raum spielt, besonders in Südosteuropa. Wir begrüßen auch die Fortschritte, die in der Umsetzung der übernommenen Verpflichtungen und der auf dem Istanbuler Gipfel auf den Weg gebrachten Initiativen erzielt worden sind, um die operationellen Fähigkeiten der OSZE zu stärken und so ihre Krisenmanagementkapazität zu verbessern. Wir erinnern an die NATO-Unterstützung der Plattform für Kooperative Sicherheit, auf der die OSZE ihre Absicht erklärt hat, mit anderen Institutionen zusammenzuarbeiten. Wir begrüßen die substantiellen Fortschritte in der Implementierung der Plattform, besonders die erweiterten Kontakte und die stärkere Zusammenarbeit zwischen der NATO und der OSZE in Fragen, die beide Seiten gemeinsam interessieren. In diesem Zusammenhang schätzen wir die enge und fruchtbare Zusammenarbeit zwischen der NATO und der OSZE zur Förderung der Stabilität in Südserbien und in der ehemaligen jugoslawischen Republik Mazedonien.

69. Zum Zeitpunkt unseres Treffens in Budapest richten die Vertragsparteien des KSE-Vertrags die zweite Überprüfungskonferenz zum KSE in Wien aus. Dies ist eine wichtige Gelegenheit zur Bekräftigung der entscheidenden Bedeutung des KSE-Vertrags als Eckpfeiler für Sicherheit und Stabilität in Europa. Auf der Konferenz werden die Wirkungsweise des Vertrags und der in der Schlussakte der Konferenz der Vertragparteien erwähnten Elemente über konventionelle Streitkräfte in Europa vom 19. November 1999 überprüft. Wir hoffen, dass es möglich sein wird, wichtige Fortschritte über Fragen zu erzielen, die für das Inkrafttreten des angepassten Vertrags relevant sind. Das Vertrauen in die vollständige und zeitgerechte Implementierung aller KSE-Verpflichtungen sowie der damit zusammenhängenden Auflagen ist essentiell für die weitere Funktionsfähigkeit dieses Vertrags.

- I. Chronik -
Nr. 15/29.V.2001: NATO-Frühjahrstreffen in Budapest

70. Wir stellen mit Zufriedenheit fest, dass die Russische Föderation ihre Verpflichtungen östlich des Urals erfüllt hat, Ausrüstungen in der vereinbarten Höhe zu vernichten und dass die Zerstörung von Kampfpanzern, wie gefordert, weitergeht. Wir sind nach wie vor besonders besorgt darüber, dass Russland die Obergrenzen für Ausrüstungen nach Artikel V des Vertrags ('Flanken'-Beschränkungen) weiter übersteigt. Wir nehmen zur Kenntnis, dass Russland den Abzug aus dem Nordkaukasus angekündigt hat. Russland hat jedoch weder für die 'maximale Transparenz', einschließlich der Informationen über die aus der Region abgezogenen und die dort noch verbleibenden Ausrüstungen gesorgt, noch zusätzliche Inspektionsmöglichkeiten zur Überwachung der abgezogenen Ausrüstungen geboten. Das ist äußerst bedauerlich. Wir unterstreichen einmal mehr die Wichtigkeit, die wir der Erfüllung der Verpflichtung der Regierung der Russischen Föderation vom November 1999 beimessen, russische Ausrüstungsbestände im Nordkaukasus so bald wie möglich auf die durch den Vertrag vereinbarten Obergrenzen für Waffen und Ausrüstungen zu reduzieren, und zwar bei maximaler Transparenz und in Übereinstimmung mit den vereinbarten Zählregeln und -verfahren. Diese Bedingungen sind zur Zeit nicht in ausreichendem Maße gegeben, um andere Vertragsstaaten in die Lage zu versetzen, mit Vertrauen den russischen Abzug der durch den Vertrag begrenzten Ausrüstungen aus der Region sowie die dort noch verbleibenden Ausrüstungsbestände zu verifizieren.

71. Wir begrüßen den Abschluss der ersten Phase ihrer Verpflichtung von Istanbul zum Abzug und zur Reduzierung von Streitkräften aus Georgien durch die Russische Föderation. Mit dem 1. Juli nähert sich ein wichtiger Termin, da bis dahin die russischen Militärstützpunkte in Gudauta und Vaziani aufgelöst und die Streitkräfte abgezogen sein müssen, wie auf dem Istanbuler Gipfel vereinbart. Wir erwarten den baldigen Abschluss der Verhandlungen über Verweildauer und Modalitäten der verbleibenden russischen Militärstützpunkte in Übereinstimmung mit den Rechten des Gastgeberstaats nach Artikel IV Absatz 5 des geltenden KSE-Vertrags. Wir unterstreichen die Notwendigkeit substantieller und baldiger Fortschritte in der russischen Verpflichtung aus Istanbul zum Abzug seiner Streitkräfte und Ausrüstungen aus Moldau. Der Termin für den Abschluss der ersten Phase dieser Verpflichtung zum Abzug und/oder zur Vernichtung russischer Ausrüstungen rückt zum Jahresende näher und mit der Umsetzung wurde noch gar nicht begonnen.

72. Die vollständige Implementierung und Verifikation des KSE-Vertrags ist von essentieller Bedeutung zur Gewährleistung von Sicherheit und Stabilität im euro-atlantischen Raum. Das baldige Inkrafttreten des angepassten KSE-Vertrags wird die weitere Funktionsfähigkeit des Vertragswerks in dieser Rolle sicherstellen und den Beitritt anderer Staaten ermöglichen. Dafür treten wir ein. Wir haben jedoch immer wieder erklärt, dass für uns die Ratifizierung des angepassten Vertrags nur in Verbindung mit der Einhaltung der durch den Vertrag vereinbarten Obergrenzen für Waffen und Ausrüstungen und in Übereinstimmung mit den in der KSE-Schlussakte enthaltenen Bestimmungen ins Auge gefasst werden kann.

73. Wir begrüßen die positiven Schritte Russlands und Weißrusslands zur Ratifizierung des Vertrags über den Offenen Himmel. Dieser Vertrag ist eine der bislang weitreichendsten internationalen Rüstungskontrollanstrengungen zur Förderung von Offenheit und Transparenz in Bezug auf militärische Kräfte und Aktivitäten. Wir freuen uns, dass der Vertrag seinem Inkrafttreten näher gerückt ist und ermutigen Russland sowie Weißrussland zum Abschluss des Ratifizierungsprozesses.

74. Die Vorbereitung der ersten Internationalen Konferenz der Vereinten Nationen im Juli 2001 zum unerlaubten Handel mit kleinen und leichten Waffen in all seinen Aspekten ist Dreh- und Angelpunkt für alle internationalen Anstrengungen in diesem Jahr, um die unkontrollierte Verbreitung und destabilisierende Massierung kleiner und leichter Waffen in den Griff zu bekommen. Bündnispartner stimmen überein, dass die Konferenz ein möglichst umfassendes Aktionsprogramm anstreben sollte, das bilaterale und internationale Unterstützung für die am stärksten betroffenen Teile der Welt bestmöglich erleichtert. Haltung der Allianz ist, dass diese Probleme als Teil eines langfristigen Prozesses, mit besonderem Schwerpunkt auf Management der Bevorratung und Unterstützung für die Vernichtung überschüssiger Waffen und dazugehörender Munition, angegangen werden müssen. Der PfP-Treuhandfonds für die Vernichtung eingelagerter Bestände von Anti-Personenminen ist aufgestockt worden, um die Zerstörung überschüssiger Munition sowie leichter und kleiner Waffen mit abzudecken. Da-

- I. Chronik -
Nr. 15/29.V.2001: NATO-Frühjahrstreffen in Budapest

durch wird das Aktionsprogramm des PfP-Arbeitsprogramms unter dem Kapitel kleine und leichte Waffen weiter erleichtert.

75. Wir begrüßen die regionalen Initiativen der Europäischen Union und der OSZE zu dieser Frage und als einen Meilenstein besonders das OSZE-Dokument über kleine und leichte Waffen, das sich auf die Entwicklung von Normen, Grundsätzen und Maßnahmen zur Erfassung aller mit diesem Fragenkomplex zusammenhängenden Aspekte konzentriert. Wir unterstützen die Umsetzung der im OSZE-Dokument enthaltenen Maßnahmen durch alle Mitgliedsstaaten des Euro-Atlantischen Partnerschaftsrats.

76. Die Weiterverbreitung nuklearer, biologischer und chemischer Waffen (NBC-Waffen) und ihrer Trägersysteme bleibt für die Allianz Grund zu ernster Sorge, da sie die internationale und regionale Sicherheit gefährdet und eine unmittelbare militärische Bedrohung für die Bevölkerung, das Territorium und die Streitkräfte von Bündnispartnern darstellen kann. Das wichtigste nichtverbreitungspolitische Ziel der Allianz und ihrer Mitglieder ist unverändert: die Proliferation zu verhindern oder, sollte sie dennoch stattfinden, durch diplomatische Mittel rückgängig zu machen. In diesem Zusammenhang messen wir Nichtverbreitungs- und Exportkontrollregimen, der internationalen Rüstungskontrolle sowie der Abrüstung als Mittel zur Verhinderung der Proliferation große Wichtigkeit bei. Dementsprechend wird die Allianz ihre Anstrengungen weiter steigern, um die Gefahren zu reduzieren, die sich aus der Proliferation von Massenvernichtungswaffen und ihrer Trägersysteme ergeben.

77. Der Nichtverbreitungsvertrag (NVV) ist der Eckpfeiler des nuklearen Nichtverbreitungsregimes und die essentielle Grundlage für die Weiterverfolgung der nuklearen Abrüstung. Wir bekräftigen unsere uneingeschränkte Unterstützung des NVV, einschließlich unserer übereinstimmenden Überzeugung von der Wichtigkeit der universellen Einhaltung sowie Erfüllung des Vertrags und der Verpflichtung aller Signatarstaaten zu Abrüstung, gestärkten Sicherungssystemen der Internationalen Atomenergieorganisation (IAEO) sowie zur friedlichen nuklearen Zusammenarbeit unter wirksamen nichtverbreitungspolitischen Regimen und Sicherungssystemen. Die Länder der Allianz haben Nuklearwaffen sowie Trägersysteme drastisch reduziert und bekräftigen ihren Willen, auf die weitere Reduzierung von Nuklearwaffen im globalen Kontext hinzuarbeiten. Im weiter gefassten Rahmen bekräftigen wir unsere Entschlossenheit, zur Implementierung der Schlussfolgerungen der NVV-Überprüfungskonferenz aus dem Jahre 2000 beizutragen.

78. Wir setzen uns weiter mit Nachdruck für das Trägertechnologieregime (Missile Technology Control Regime - MTCR), die Australische Gruppe sowie den Zangger-Ausschuss und die Gruppe der Nuklearlieferländer als wichtige Bestandteile unserer Anstrengungen ein, um der Weiterverbreitung von Massenvernichtungswaffen und ihrer Trägersysteme entgegenzutreten. Wir ermutigen alle Länder, die MTCR-Richtlinien sowie den dazugehörenden Annex und die entsprechenden Richtlinien und Kontrolllisten anderer Regime zu erfüllen und einseitig zu implementieren. Wir begrüßen und unterstützen auch laufende Anstrengungen zur Erreichung eines internationalen Verhaltenskodex gegen die Proliferation von ballistischen Flugkörpern, von dem wir hoffen, dass er zu einem universell geltenden Mechanismus zur Förderung der Nichtverbreitung von Flugkörpern wird.

79. Wir bekräftigen, dass das Verteidigungsdispositiv der Allianz mit der Fähigkeit ausgestattet sein muss, auf die Bedrohungen, die sich aus der Verbreitung von Massenvernichtungswaffen und ihrer Trägersysteme ergeben, angemessen und wirksam reagieren zu können. Unsere Reaktion sollte im Einklang mit dem Prinzip der Unteilbarkeit der Sicherheit der Bündnispartner stehen. Wir werden gemeinsam weiter darauf hinarbeiten, die umfassende Strategie der Allianz an die Herausforderungen nach dem kalten Krieg anzupassen, um diesen Herausforderungen zu begegnen und dazu auf politische und verteidigungspolitische Anstrengungen in einem angemessenen Mischverhältnis zurückgreifen. In diesem Zusammenhang sind multilaterale Nichtverbreitungs- und Exportkontrollregime sowie internationale Rüstungskontrolle und Abrüstung von Wichtigkeit.

Wir begrüßen die von Präsident BUSH initiierten Konsultationen mit Bündnispartnern und anderen interessierten Parteien über die strategische Überprüfung der USA, einschließlich der Raketenabwehr, und wir werden umfassende Konsultationen zu diesen Fragen in der Allianz fortführen. Die Konsultationen mit Bündnismitgliedern werden eine angemessene Beurteilung

- I. Chronik -
Nr. 15/29.V.2001: NATO-Frühjahrstreffen in Budapest

der Bedrohungen umfassen und das volle Spektrum strategischer Fragen ansprechen, die unsere gemeinsame Sicherheit tangieren, sowie die Mittel zur Reaktion hierauf, einschließlich der Abschreckung sowie offensiver und defensiver Mittel und Steigerung der Wirksamkeit der Rüstungskontrolle, der Abrüstung und Nichtverbreitung sowie diplomatischer und nichtverbreitungspolitischer Maßnahmen. Wir beabsichtigen, diese Konsultationen aktiv fortzuführen und begrüßen die Zusicherung der USA, dass die Ansichten der Bündnispartner bei der weiteren Überprüfung der amerikanischen Pläne Berücksichtigung finden.

Wir begrüßen auch die weitere Arbeit in der NATO zur taktischen Raketenabwehr (Theatre Missile Defence - TMD) für den Objekt- und Raumschutz, insbesondere die Arbeit an einer Durchführbarkeitsstudie für ein mögliches System zur Verteidigung dislozierter NATO-Streitkräfte. Wir werden die Konsultationen über TMD-bezogene Fragen in der Allianz fortsetzen.

80. Angesichts der bisherigen positiven Ergebnisse des START-Prozesses unterstützen wir mit Nachdruck den laufenden Prozess zur Erreichung weiterer Reduzierungen in der Zahl stationierter Nuklearwaffen der USA und Russlands. Die betreffenden Bündnispartner werden auf noch niedrigere Höchstgrenzen für Nuklearkräfte hinarbeiten, unter Wahrung eines Mindestbestandes, wie er zum Erhalt von Frieden und Stabilität erforderlich ist. Angesichts der Notwendigkeit zum Abbau der Ungewissheiten im Zusammenhang mit substrategischen Nuklearwaffen in Russland sind wir der Ansicht, dass eine Bestätigung der Präsidenten-Initiative aus den Jahren 1991/1992 ein erster, aber nicht ausreichender Schritt in diese Richtung sein könnte. Die Allianz begrüßt das Engagement der USA zur Erreichung einer glaubwürdigen Abschreckung mit der geringst möglichen Anzahl nuklearer Waffen entsprechend der Sicherheitserfordernisse der USA und der Bündnispartner. Wir treten weiter für den sofortigen Beginn von Verhandlungen im Rahmen der Abrüstungskonferenz für einen Vertrag über das Verbot der Produktion von Spaltmaterial für Waffenzwecke und andere Kernsprengkörper in Übereinstimmung mit dem Mandat des Sonderkoordinators ein. Solange der Vertrag über das umfassende Verbot von Nuklearversuchen nicht in Kraft getreten ist, fordern wir alle Staaten eindringlich auf, bestehende Moratorien für Nuklearversuche zu erhalten.

81. Wir unterstreichen erneut die Wichtigkeit des universellen Beitritts und der Einhaltung sowie der vollständigen Erfüllung und Implementierung des Übereinkommens über das Verbot chemischer Waffen sowie des Übereinkommens über das Verbot biologischer Waffen und von Toxinwaffen (Biological and Toxin Weapons Convention - BTWC). Wenngleich die Russische Föderation für die Vernichtung ihrer chemischen Waffen verantwortlich ist, bekräftigen wir unsere Bereitschaft zur Unterstützung Russlands bei der Vernichtung chemischer Waffen. Wir begrüßen die Anstrengungen der BTWC-Ad-hoc-Gruppe zur Vereinbarung von Maßnahmen, einschließlich möglicher Maßnahmen zur Durchsetzung und Erfüllung des Übereinkommens, um das Vertragswerk zu stärken. Wir treten weiter uneingeschränkt dafür ein, Anstrengungen weiterzuverfolgen, damit das BTWC ein wirksames Instrument ist, um der wachsenden Bedrohung durch biologische Waffen zu begegnen. Wir appellieren ferner an alle Staaten, sich konstruktiv an der Abrüstungskonferenz und ihren verschiedenen Aktivitäten zu beteiligen.

82. Der Bericht vom Dezember 2000 über Optionen für vertrauens- und sicherheitsbildende Maßnahmen (VSBM), Verifikation und Rüstungskontrolle sowie Abrüstung ist Zeugnis für das langjährige Engagement der Allianz für die Ziele der Rüstungskontrolle, Abrüstung und Nichtverbreitung. Der Ständige NATO-Rat geht den in diesem Bericht enthaltenen Empfehlungen weiter nach, und im Rahmen des Ständigen NATO-Russland-Rats besonders den VSBM-Empfehlungen, die sich auf Nuklearfragen mit Russland beziehen.

83. Wir sind erfreut, dass das NATO-WMD-Zentrum weiter dazu beiträgt, die Koordinierung aller WMD-bezogenen Aktivitäten im NATO-Hauptquartier zu verbessern, einschließlich der Stärkung unserer Verpflichtungen zur Rüstungskontrolle und Nichtverbreitung. Nach seinem ersten Arbeitsjahr stellen wir anerkennend den Beitrag des WMD-Zentrums zur Unterstützung der Aufgaben der hochrangigen NATO-Gruppen für Proliferation fest. Das WMD-Zentrum stellt ebenfalls Partnerländern Informationen über Proliferationsfragen zur Verfügung; besonders beachtenswert sind laufende Konsultationen mit Russland über die Proliferation von Massenvernichtungswaffen und ihrer Trägermittel.

- I. Chronik -
Nr. 16/1.VI.2001: VN zum Sanktionenregime für Irak

84. Wir verurteilen den Terrorismus in all seinen Erscheinungsformen. Der Terrorismus stellt eine Bedrohung für die innere und äußere Sicherheit, für die friedlichen Beziehungen zwischen Staaten und ihre territoriale Integrität, für die Entwicklung und Funktionstüchtigkeit demokratischer Institutionen in der ganzen Welt sowie für die Geltung der Menschenrechte und Grundfreiheiten dar. Wir bekräftigen unsere feste Entschlossenheit, den Terrorismus unter voller Respektierung aller unserer internationalen Verpflichtungen und nationalen Gesetze zu bekämpfen. In diesem Zusammenhang schätzen und unterstützen wir die Arbeit innerhalb der Vereinten Nationen zur Beseitigung dieser Bedrohung.

85. Wir haben uns auf eine neue Ministerrichtlinie für die zivile Notfallplanung geeinigt, die den Nationen und relevanten NATO-Gremien konkrete Empfehlungen zur Frage abgibt, wie der laufende Anpassungsprozess weiterzuführen ist. Wir werden konkrete Schritte, einschließlich struktureller und verfahrenstechnischer Art, zur Umsetzung dieser neuen politischen Weisung ergreifen und wollen unsere Partnerländer in diesen Prozess einbeziehen.

86. Wir begrüßen die wertvolle Rolle, die das Euro-atlantische Koordinierungszentrum für Katastrophenhilfe zur Unterstützung von Partnern und Mitgliedern des Bündnisses spielt. Wir sind erfreut über die guten Fortschritte im Rahmen der Initiative zur Verhinderung von und Vorbereitung auf Katastrophen als Teil des Arbeitstisches für Sicherheitsfragen des Stabilitätspakts, mit der Unterstützung durch das Euro-atlantische Koordinierungszentrum für Katastrophenhilfe. Wir begrüßen die Zusammenarbeit zwischen Institutionen und Nationen, die durch die Initiative gefördert wird und sind bereit, auch in Zukunft NATO-Fachwissen und Unterstützung für dieses wichtige regionale Projekt einzubringen.

87. Im Einklang mit der laufenden Anpassung der NATO an das sich verändernde internationale Umfeld und die erweiterte NATO-Agenda hat der Generalsekretär eine Initiative ('NATO-Plus') auf den Weg gebracht, um die Effektivität und Effizienz der Arbeitspraxis der Organisation zu verbessern. Wir haben heute einen ersten Bericht des Generalsekretärs über diese Initiative entgegengenommen und unterstützen mit Nachdruck seine Anstrengungen, aus einer guten Organisation eine noch bessere zu machen. Wir messen der ständigen Verbesserung der NATO große Wichtigkeit bei und werden dementsprechend den Fortschritt dieser Initiative über den Ständigen NATO-Rat weiter begleiten.

88. Wir begrüßen die Tatsache, dass nach der Ministerweisung vom Dezember 2000 die Arbeit vorangekommen ist, um die Transparenz und Effizienz des Zivilhaushalts der NATO zu verbessern, besonders durch die Anpassung des Haushalts an ein ergebnis- und zielorientiertes Format, das die Prioritäten der Allianz widerspiegelt. Wir erteilen dem Ständigen Rat die Weisung, uns hierüber auf unserem nächsten Treffen zu berichten.

89. Wir unterstreichen die Wichtigkeit beständiger Fortschritte im Rahmen des Bauprojekts für ein modernes und effizientes Hauptquartier der NATO im 21. Jahrhundert.

90. Wir sprechen der Regierung Ungarns unseren tiefen Dank für die Ausrichtung dieses Treffens aus."

(Deutsche NATO Vertretung)

1. VI. 2001

16. Sicherheitsrat lockert Sanktionenregime für Irak

Am 1. Juni 2001 befasste sich der Sicherheitsrat der Vereinten Nationen in New York mit dem Irak und der Lage der dortigen Bevölkerung angesichts der fortbestehenden Sanktionen. Es wurde beschlossen, die bisherigen Ausnahmeregelungen beizubehalten und weitere Reformen des Sanktionsregimes ins Auge zu fassen.

- I. Chronik -
Nr. 17/1.VI.2001: Letzte INF-Inspektion

Resolution 1352 des VN-Sicherheitsrats, verabschiedet am 1. 6. 2001

„Der Sicherheitsrat,

unter Hinweis auf seine früheren einschlägigen Resolutionen, namentlich seine Resolutionen 986 (1995) vom 14. April 1995, 1284 (1999) vom 17. Dezember 1999 und 1330 (2000) vom 5. Dezember 2000,

in der Überzeugung, dass vorübergehende Maßnahmen zur Deckung des zivilen Bedarfs des irakischen Volkes ergriffen werden müssen, bis die Erfüllung der einschlägigen Resolutionen, so auch insbesondere der Resolutionen 687 (1991) vom 3. April 1991 und 1284 (1999), durch die Regierung Iraks es dem Rat gestattet, weitere Maßnahmen in Bezug auf die in Resolution 661 (1990) vom 6. August 1990 genannten Verbote zu ergreifen, im Einklang mit den Bestimmungen der genannten Resolutionen,

unter Hinweis auf die Vereinbarung vom 20. Mai 1996 zwischen den Vereinten Nationen und der Regierung Iraks (S/1996/356),

entschlossen, die humanitäre Lage in Irak zu verbessern,

in Bekräftigung des Eintretens aller Mitgliedstaaten für die Souveränität und territoriale Unversehrtheit Iraks,

tätig werdend nach Kapitel VII der Charta der Vereinten Nationen,

1. beschließt, die Bestimmungen der Resolution 1330 (2000) bis zum 3. Juli 2001 zu verlängern;

2. bekundet seine Absicht, neue Regelungen für den Verkauf oder die Lieferung von Rohstoffen oder Erzeugnissen an Irak und für die Erleichterung des zivilen Handels und der wirtschaftlichen Zusammenarbeit mit Irak in zivilen Bereichen nach Maßgabe der folgenden Grundsätze in Erwägung zu ziehen:

a) dass diese neuen Regelungen den Zufluss von Rohstoffen oder Erzeugnissen, mit Ausnahme der in Ziffer 24 der Resolution 687 (1991) genannten, nach Irak erheblich verbessern werden, vorbehaltlich dessen, dass der Ausschuss nach Resolution 661 (1990) vorgeschlagene Verkäufe oder Lieferungen von Rohstoffen oder Erzeugnissen nach Irak, die in einer vom Rat zu erstellenden Liste zu prüfender Güter enthalten sind, überprüft;

b) dass diese neuen Regelungen die Kontrollen zur Verhinderung des Verkaufs oder der Lieferung von Gütern, die vom Rat verboten beziehungsweise nicht genehmigt wurden, in den in Ziffer 2 a) genannten Kategorien sowie zur Verhinderung des Zuflusses nach Irak von Einnahmen aus der Ausfuhr von Erdöl und Erdölprodukten aus Irak außerhalb des mit Ziffer 7 der Resolution 986 (1995) eingerichteten Treuhandkontos verbessern werden, und bekundet außerdem seine Absicht, solche neuen Regelungen sowie Bestimmungen zu verschiedenen damit zusammenhängenden Fragen, die der Rat derzeit erörtert, für einen am 4. Juli 2001 um 0.01 Uhr New Yorker Ortszeit beginnenden Zeitraum von 190 Tagen zu verabschieden und umzusetzen;

3. beschließt, mit der Angelegenheit befasst zu bleiben."

(Deutscher Übersetzungsdienst, Vereinte Nationen)

1. VI. 2001

17. Letzte INF-Inspektion abgeschlossen

Am 31. Mai 2001 fand die letzte Inspektion unter dem Intermediate-Range Nuclear Forces Treaty (INF-Treaty von 1988, *Text siehe Band XXIV, S. 811ff*) statt. Aus diesem Anlass veröffentlichte das russische Außenministerium am 1. Juni 2001 in Moskau eine Erklärung, in der es eine Bilanz des Vertrages zog und konkrete Angaben zur Implementierung machte.

- I. Chronik -
Nr. 18/1.VI.2001: KSE-Überprüfungskonferenz

Statement by the official representative of the Ministry of Foreign Affairs of the Russian Federation from 1. 6. 2001

"On 31 May, the inspections which had been under way for the first 13 years of the implementation of the INF Treaty were concluded. Over the first three years - from July 1988 to May 1991 - the parties eliminated, as verified by inspectors, all systems and facilities covered by the Treaty. The Soviet Union destroyed 1,846 intermediate-range and shorter-range missiles, 825 launchers for these missiles, 1,761 pieces of support equipment and 408 fixed structures for launchers. A total of 74 missile operating bases and 31 support facilities ceased their activities related to intermediate-range and short-range missiles.

In its turn, the United States eliminated 846 intermediate-range and shorter-range missiles, 289 launchers for these missiles, 251 training missile stages, 3 training cruise missiles and 29 training launchers. Nine missile operating bases and 14 support facilities were dismantled. Two entire classes of nuclear missiles, with respective ranges of 500-1,000 km and 1,000-5,500 km, were fully eliminated from the arsenals of the USSR and the United States. The inspections carried out since the end of the elimination period focused on verifying compliance with the obligations prohibiting the production and flight-testing of intermediate-range and shorter-range missiles. The activities took the form of inspections at former missile bases and former missile support facilities. In addition, throughout the years while the Treaty has been in force, the parties have carried out continuous monitoring - at the portals of the Votkinsk machine engineering plant in the Republic of Udmurtia and at the portals of the Hercules plant in the town of Magna, Utah.

Right from the start, inspections under the INF Treaty went beyond the bounds of the bilateral relationship between the USSR and the United States. They also covered missiles which came under the Treaty and were located abroad: American missiles in Belgium, Germany, Italy, the Netherlands and the United Kingdom; and Soviet missiles in Czechoslovakia and the German Democratic Republic. After the demise of the USSR, the inspections were taken over by the Russian Federation, the Republic of Belarus, the Republic of Kazakhstan and Ukraine as the successor States of the USSR under the Treaty.

Over the 13 years that the Treaty has been in force, more than 440 inspections have been conducted at facilities in the United States, while more than 770 American inspections have been conducted at facilities of the former USSR, including in the Russian Federation. Many thousands of specialists from the States parties to the Treaty have been involved in carrying out these inspections."

(CD/1647)

1. VI. 2001

18. Überprüfungskonferenz zum Vertrag über konventionelle Streitkräfte in Europa abgeschlossen

Vom 28. Mai bis zum 1. Juni 2001 trafen in Wien die Vertreter der Mitgliedstaaten des Vertrags über Konventionelle Streitkräfte in Europa (KSE) von 1990 *(Text in Band XXV, S. 412 ff.)* zusammen. Die Vertreter berieten über die Umsetzung des Abkommens bzw. der seither vereinbarten Veränderungen *(siehe Band XXV, S. 430 sowie Band XXVIII, S. 475 ff.)* und betonten die fortbestehende Gültigkeit der Bestimmungen. Es wurde eine positive Bilanz der Umsetzung aller Vereinbarungen getroffen.

Offizielle Schlussfolgerungen der Konferenz zur Überprüfung der Wirkungsweise des Vertrags über konventionelle Streitkräfte in Europa und der abschließenden Akte der Verhandlungen über Personalstärken vom 1. 6. 2001

„1. Die Vertragsstaaten des Vertrags vom 19. November 1990 über konventionelle Streitkräfte in Europa kamen vom 28. Mai bis 1. Juni 2001 in Wien unter dem Vorsitz der Republik Italien zu einer Überprüfungskonferenz gemäß Artikel XXI des Vertrags zusammen.

- I. Chronik -
Nr. 18/1.VI.2001: KSE-Überprüfungskonferenz

2. Die Vertragsstaaten bekannten sich erneut zur grundlegenden Funktion des KSE-Vertrags als Eckpfeiler der Sicherheit in Europa und zur Einhaltung seiner Ziele und Zwecke. Sie erklärten erneut ihre Entschlossenheit, alle Verpflichtungen aus dem Vertrag und den dazugehörigen Dokumenten nach Treu und Glauben zu erfüllen.

Die Umsetzung des Vertrags seit seinem Inkrafttreten 1992 hat positive Ergebnisse gebracht, darunter erheblich verringerte Bestände von durch den Vertrag begrenzter Ausrüstung und gestärktes Vertrauen durch Transparenz und Vorhersehbarkeit in Bezug auf die konventionellen Streitkräfte. Die Vertragsstaaten begrüßten die beachtlichen Fortschritte bei der Umsetzung des Vertrags, einschließlich der Reduzierung der konventionellen Waffen und Ausrüstungen um mehr als 59000 Stück, des Austauschs von rund 6000 Notifikationen jährlich zusätzlich zum Jährlichen Informationsaustausch und der Durchführung von über 3300 Inspektionen und Beobachtungsbesuchen vor Ort zur Verifizierung der Einhaltung der Bestimmungen des Vertrags und der dazugehörigen Dokumente. Hinsichtlich der Abschließenden Akte der Verhandlungen über Personalstärken stellten die Vertragsstaaten mit Genugtuung fest, dass die Personalstärken der konventionellen Streitkräfte im Anwendungsgebiet erheblich reduziert wurden.

3. Die Umsetzung des Vertrags und der Abschließenden Akte erfolgte in einer Zeit der Veränderung, in der sich im europäischen Sicherheitsumfeld ein tiefgreifender Wandel vollzogen hat. Dank der gemeinsamen und kooperativen Bemühungen der Vertragsstaaten haben der Vertrag und die Abschließende Akte in der Phase des Übergangs nichts von ihrer Bedeutung als stabilisierende Faktoren eingebüßt und zu deren friedlichem Verlauf und zur Stärkung der Sicherheit beigetragen.

4. Die Vertragsstaaten überprüften Wirkungsweise und Umsetzung des KSE-Vertrags und der dazugehörigen Dokumente. Sie kamen zu dem Schluss, dass der KSE-Vertrag im Allgemeinen befriedigend funktioniert und umgesetzt wird. Es gibt jedoch mehrere Umsetzungsfragen, die der weiteren Prüfung und Regelung in der Gemeinsamen Beratungsgruppe bedürfen.

Die Vertragsstaaten stellten fest, dass bestimmte im Vertrag festgelegte zahlenmäßige Beschränkungen überschritten wurden. Die Vertragsstaaten wurden informiert, dass die als vorübergehend gemeldete Überschreitung verringert wurde. Sie erwarten, dass die verbliebene Überschreitung so rasch wie möglich beseitigt wird. Sie bekräftigten die Bedeutung von Transparenz in Bezug auf die Beseitigung jeder Überschreitung der im KSE-Vertrag vorgeschriebenen Begrenzungen. In diesem Zusammenhang wiederholen sie ihr Bekenntnis zur vollständigen und fortgesetzten Umsetzung des Vertrags und der dazugehörigen Dokumente und zur Einhaltung der darin enthaltenen zahlenmäßigen Begrenzungen.

Die Vertragsstaaten stellten fest, dass die Gemeinsame Beratungsgruppe (GBG) das von der Ersten Überprüfungskonferenz übertragene Mandat in Bezug auf die Fortschreibung des Protokolls über vorhandene Typen konventioneller Waffen und Ausrüstungen nicht vollständig erfüllt hat und forderten die GBG auf, diese Aufgabe so rasch wie möglich abzuschließen, wobei gemäß der auf der Ersten Überprüfungskonferenz getroffenen Vereinbarung

- alle Ungenauigkeiten richtig gestellt werden sollten, unter anderem durch die Herausnahme von Typen, Modellen und Versionen konventioneller Waffen und Ausrüstungen, die nicht den Kriterien des Vertrags entsprechen;

- die Gemeinsame Beratungsgruppe prüfen sollte, ob eine jährliche Fortschreibung der Listen sinnvoll ist;

- die Gemeinsame Beratungsgruppe eine elektronische Version der Listen in allen offiziellen Sprachen erwägen sollte.

Die Vertragsstaaten überprüften die Bemühungen zur Lösung des Problems der durch den Vertrag begrenzten konventionellen Waffen und Ausrüstungen im Anwendungsgebiet, die nicht der Rechenschaftspflicht und Kontrolle unterworfen werden. Unter Hinweis auf das Schlussdokument der Ersten KSE-Überprüfungskonferenz und eingedenk der einschlägigen Bestimmungen des Übereinkommens über die Anpassung des KSE-Vertrags äußerten die Vertragsstaaten ihre anhaltende Besorgnis über das Vorhandensein solcher durch den Vertrag begrenzten Waffen und Ausrüstungen im Anwendungsgebiet. Sie stellten fest, dass diese Situation die Wirkungsweise des Vertrags nachteilig beeinflusst. Sie erklärten ihre Bereit-

- I. Chronik -
Nr. 18/1.VI.2001: KSE-Überprüfungskonferenz

schaft, sich in der Gemeinsamen Beratungsgruppe entsprechend dem Auftrag der Ersten Überprüfungskonferenz mit dieser Frage weiter zu befassen.

Ferner brachten die Vertragsstaaten bei der Überprüfungskonferenz gewisse Umsetzungsfragen zur Sprache, die einer weiteren Erwägung in der GBG bedürfen, unter anderem

- Begrenzungen und damit einhergehende vertragliche Verpflichtungen,

- Auslegung der Zählregeln des Vertrags,

- Notifikationen und Informationsaustausch,

- Verifikation einschließlich von Fragen, die sich während Inspektionen ergeben haben,

- Vorbereitung des Inkrafttretens des Anpassungsübereinkommens und seiner Umsetzung.

5. Die Vertragsstaaten verwiesen auf die Unterzeichnung des Anpassungsübereinkommens durch die Staats- und Regierungschefs der Vertragsstaaten und auf die Verabschiedung der KSE-Schlussakte durch das OSZE-Gipfeltreffen am 19. November 1999 in Istanbul.

Das Anpassungsübereinkommen berücksichtigt das neue Sicherheitsumfeld und bereitet größerer Stabilität und Sicherheit in Europa den Weg. Der angepasste KSE-Vertrag wird eine neue Struktur der Begrenzungen schaffen, um den Veränderungen Rechnung zu tragen, die in der politischen und militärischen Lage in Europa eingetreten sind; er wird mehr Transparenz bewirken und Bestimmungen über die Zustimmung des aufnehmenden Staates zur Präsenz fremder Streitkräfte beinhalten. Die Vertragsstaaten stellten fest, dass mehrere auf der Ersten Überprüfungskonferenz identifizierte Umsetzungsfragen auch im Zusammenhang mit dem Anpassungsübereinkommen behandelt wurden. Sie erinnerten daran, dass andere OSZE-Teilnehmerstaaten, deren Landgebiete in Europa innerhalb des geographischen Gebiets zwischen dem Atlantischen Ozean und dem Uralgebirge liegen, ein Ersuchen um Beitritt zum Vertrag stellen können. Sie stellten fest, dass dies Gelegenheit geben werde, die vom Vertrag ermöglichte Stabilität auszuweiten.

Das Anpassungsübereinkommen tritt in Kraft, sobald es von allen Vertragsstaaten ratifiziert wurde. Ihr Ziel ist nach wie vor das frühestmögliche Inkrafttreten des Anpassungsübereinkommens, doch haben viele Vertragsstaaten erklärt, dass die Ratifizierung nur im Zusammenhang mit der vollen und verifizierbaren Einhaltung der vereinbarten Niveaus der konventionellen Waffen und Ausrüstungen im Einklang mit den Verpflichtungen aus der KSE-Schlussakte möglich sein wird. Einige von ihnen unterstrichen insbesondere die Verpflichtungen aus der Gipfelerklärung von Istanbul. Andere Vertragsstaaten haben das Übereinkommen bereits ratifiziert oder erklärt, dass sie im Begriff seien, dies zu tun, und andere Partner eindringlich ersucht, ihrem Beispiel bald zu folgen.

Alle Vertragsstaaten verwiesen auf die Bedeutung, die sie allen Verpflichtungen aus der Schlussakte einschließlich ihrer Anhänge beimessen. Sie bekräftigten ihre Entschlossenheit, alle diese Verpflichtungen ohne Ausnahme rechtzeitig zu erfüllen. Sie begrüßten die erzielten Fortschritte und die Zusicherungen in Bezug auf die Erfüllung dieser Verpflichtungen und stellten fest, dass weitere Schritte notwendig wären, um die festgelegten Fristen einzuhalten.

Die Vertragsstaaten bekräftigten, dass alle Bestimmungen des Vertrags, der dazugehörigen Dokumente und der Abschließenden Akte mit Ausnahme der durch das Anpassungsübereinkommen bei dessen Inkrafttreten abgeänderten Bestimmungen vollinhaltlich in Kraft bleiben und auch in Zukunft in Kraft sein werden.

6. Die Vertragsstaaten begrüßten die Fortschritte bei der Durchführung der auf der Ersten Überprüfungskonferenz identifizierten Aufgaben. Über die erfolgreiche Aushandlung des Anpassungsübereinkommens hinaus hat die GBG bei den Vorbereitungen für das Inkrafttreten des angepassten KSE-Vertrags Fortschritte erzielt.

Die Vertragsstaaten stellten fest, dass die Bestimmungen von Anhang E des Schlussdokuments der Ersten Überprüfungskonferenz erfolgreich durchgeführt wurden. Die den Verpflichtungen entsprechende volle Stückzahl von Ausrüstungen wurde zerstört, und die erforderliche Zerstörung von Panzern geht weiter.

7. Die Vertragsstaaten äußerten ihre Befriedigung über den Beitrag, den der Vertrag zur Sicherheit in Europa geleistet hat und weiter leistet, und äußerten die Hoffnung, dass die dritte

derartige Konferenz die Wirkungsweise und Umsetzung des angepassten KSE-Vertrags überprüfen werde."

(OSZE Website)

6. VI. 2001

19. USA wollen weiter mit Nordkorea verhandeln

Am 6. Juni 2001 verkündete Präsident George W. BUSH in Washington, D.C., dass eine Überprüfung der Politik gegenüber Nordkorea abgeschlossen worden sei. Zwar habe man weiterhin Vorbehalte gegenüber der Politik der Vorgängeradministration, werde aber im Wesentlichen dabei bleiben, entlang dem 1994 getroffenen Rahmenabkommen auf dem Wege von Verhandlungen nach einer Lösung zu suchen.

Statement by President George W. Bush on Undertaking Talks with North Korea, 6. 6. 2001

"Over the past several months, my Administration has been reviewing our policy towards North Korea. We have recently discussed the results of our thinking with our close allies, South Korea and Japan.

We have now completed our review. I have directed my national security team to undertake serious discussions with North Korea on a broad agenda to include: improved implementation of the Agreed Framework relating to North Korea's nuclear activities; verifiable constraints on North Korea's missile programs and a ban on its missile exports; and a less threatening conventional military posture.

We will pursue these discussions in the context of a comprehensive approach to North Korea which will seek to encourage progress toward North-South reconciliation, peace on the Korean peninsula, a constructive relationship with the United States, and greater stability in the region. These are the goals South Korean President KIM DAE-JUNG and I discussed during his visit here last March. I look forward to working with him.

Our approach will offer North Korea the opportunity to demonstrate the seriousness of its desire for improved relations. If North Korea responds affirmatively and takes appropriate action, we will expand our efforts to help the North Korean people, ease sanctions, and take other political steps.

I have asked Secretary of State POWELL to outline our approach to South Korean Foreign Minister HAN when they meet tomorrow here in Washington and we will also inform our allies in Japan."

(White House)

7. - 8. VI. 2001

20. NATO-Verteidigungsminister zur Lage der Allianz und zur Situation auf dem Balkan

Am 7. Juni 2001 kamen in Brüssel die Verteidigungsminister der NATO zu ihrer regulären Frühjahrstagung zusammen. Dabei standen die kritische Situation in Mazedonien, die Initiative zur Verstärkung der Verteidigungsfähigkeit (Defence Capabilities Initiative - DCI) sowie die Zusammenarbeit mit der EU im Mittelpunkt. Die Verteidigungsminister traten auch als Defence Planning Group und als Nuclear Planning Group zusammen. Neben einem Abschlusskommuniqué wurden ein Kommuniqué der Defence Plan-

- I. Chronik -
Nr. 20/7.-8.VI.2001: NATO-Verteidigungsminister

ning Group sowie gesonderte Erklärungen zu Mazedonien und DCI verabschiedet. Außerdem fand ein Treffen der NATO-Ukraine-Kommission sowie ein Treffen des Euro-Atlantischen-Partnerschaftsrats auf Verteidigungsministerebene statt. Am 8. Juni 2001 trafen die Verteidigungsminister mit ihrem russischen Kollegen zusammen.

1. Kommuniqué - Treffen des Nordatlantikrats auf Ebene der Verteidigungsminister, Brüssel, 7. 6. 2001

„1. Der Nordatlantikrat traf am 7. Juni 2001 in Brüssel auf Ebene der Verteidigungsminister zusammen. Wir schließen uns der Erklärung an, die unsere Außenministerkollegen in der letzten Woche auf ihrem Treffen in Budapest abgegeben haben.

2. Wir konzentrierten unsere Gespräche auf die Lage auf dem Balkan und die Fortschritte in der Umsetzung der Entscheidungen der Staats- und Regierungschefs auf ihrem Gipfeltreffen in Washington. Zu dieser letzteren Frage erörterten wir insbesondere die Umsetzung der Initiative zur Verteidigungsfähigkeit, die Arbeiten zur Europäischen Sicherheits- und Verteidigungsidentität (ESVI) und den Beziehungen zwischen der NATO und der EU, größere Herausforderungen im Zusammenhang mit der Weiterverbreitung nuklearer, biologischer und chemischer Waffen nach Maßgabe des Strategischen Konzepts der Allianz sowie die 'Outreach'- und Kooperationsaktivitäten der Allianz.

3. Wir begrüßten besonders die gestiegenen Aussichten auf Fortschritte in den verschiedenen Aspekten der Washingtoner ESVI-Agenda nach den intensivierten Gesprächen über die Beteiligungsfrage, wie in Budapest festgestellt. Wir erwarten den baldigen Abschluss dieser Gespräche, so dass es möglich werden sollte, die praktischen Vereinbarungen zur NATO-Unterstützung für EU-geführte Operationen zu finalisieren.

4. Zur Frage der Raketenabwehr hat uns der US-Verteidigungsminister über die amerikanische Beurteilung der gegenwärtigen und sich weiterentwickelnden Bedrohungen unterrichtet, die sich aus der Proliferation nuklearer, chemischer und biologischer Waffen sowie ihrer Trägermittel ergeben. Wir begrüßen die von Präsident BUSH initiierten Konsultationen und stellten übereinstimmend fest, dass es wichtig ist, dass wir als Verteidigungsminister uns weiterhin eng über die Beurteilung der Bedrohungen konsultieren, ebenso wie über die Mittel, um diesen Bedrohungen zu begegnen und damit zusammenhängende Fragen zu behandeln, einschließlich multilateraler Nichtverbreitungs- und Exportkontrollregime sowie internationaler Rüstungskontrolle und Abrüstung.

5. Wir haben getrennte Erklärungen zur Lage auf dem Balkan und der Initiative zur Verteidigungsfähigkeit abgegeben."

2. Treffen der Verteidigungsminister im Verteidigungsplanungsausschuss und in der Nuklearen Planungsgruppe - Kommuniqué vom 7. 6. 2001

„1. Der Verteidigungsplanungsausschuss und die Nukleare Planungsgruppe der Nordatlantikpakt-Organisation traten am 7. Juni 2001 auf Ministerebene zusammen.

2. Die kollektive Verteidigungsplanung ist Kernstück der Arbeit in der Allianz. Sie versetzt das Bündnis in die Lage, dafür Sorge zu tragen, dass es über die militärischen Fähigkeiten verfügt, die erforderlich sind, um das volle Spektrum seiner Aufgaben, von der kollektiven Verteidigung bis zur Krisenreaktion und friedensunterstützenden Operation, vorzubereiten und durchzuführen. Diese gemeinsame Anstrengung bildet auch das tragende Fundament für den politischen Zusammenhalt in der Allianz sowie die transatlantische Bindung. Durch unseren kollektiven Verteidigungsplanungsprozess verfolgen wir auch die Verwirklichung der entscheidenden Verbesserungen unserer Potentiale, die wir in der Initiative zur Verteidigungsfähigkeit vereinbart haben.

3. Es ist ein essentieller Teil unserer Arbeit als Verteidigungsminister sicherzustellen, dass die Planungsarbeit der NATO genau auf die Ergebnisse ausgerichtet ist, die wir erzielen müssen. Wir haben daher heute den Stand der laufenden Arbeit zur Umsetzung der auf unserem letz-

- I. Chronik -
Nr. 20/7.-8.VI.2001: NATO-Verteidigungsminister

ten Treffen verabschiedeten Ministerrichtlinie geprüft. Dabei haben wir uns besonders auf die Frage konzentriert, wie diese Vorgaben von den Militärbehörden der NATO für unsere Nationen in detaillierte Planungsziele umgesetzt werden, die wir auf unserem Frühjahrstreffen im nächsten Jahr als NATO-Streitkräfteziele billigen sollen. Diese Streitkräfteziele müssen die in der Umsetzung der Initiative zur Verteidigungsfähigkeit bereits erzielte Dynamik weiter erhöhen. Das erfordert von unseren Nationen, die zur Verteidigung verfügbaren Ressourcen optimal zu nutzen, unter anderem auch durch multinationale, gemeinschaftliche und gemeinsame Projektfinanzierungen und in vielen Fällen durch die Bereitstellung zusätzlicher Mittel. Den Streitkräftezielen kommt auch eine bedeutende Rolle bei der Umsetzung der neuen Streitkräftestruktur der NATO zu.

4. Auf unserem Treffen der Nuklearen Planungsgruppe haben wir die weitere Gültigkeit der grundlegend politischen Zweckbindung sowie der Prinzipien für die nuklearen Kräfte der NATO nach Maßgabe des Strategischen Konzepts der Allianz aus dem Jahre 1999 bekräftigt. Wir unterstreichen einmal mehr, dass die in Europa stationierten und für die NATO verfügbaren Nuklearkräfte auch in Zukunft ein essentielles politisches und militärisches Bindeglied zwischen den europäischen und nordamerikanischen Mitgliedern der Allianz darstellen.

5. Vor zehn Jahren hatte die Allianz mit dem Strategischen Konzept aus dem Jahre 1991 eine Reihe entscheidender strategischer und politischer Veränderungen vorgenommen, um sich der Sicherheitslage nach dem kalten Krieg anzupassen. Im Rückblick stellen wir mit Zufriedenheit fest, dass die neue NATO-Strategie der reduzierten Abstützung auf nukleare Waffen, wie im Strategischen Konzept von 1999 bekräftigt, voll und ganz in die NATO-Doktrin eingebracht worden ist und dass das drastisch reduzierte nukleare Kräftedispositiv der NATO den Schlüsselprinzipien der NATO voll entspricht. Nuklearkräfte sind ein glaubwürdiges und wirksames Element der Allianzstrategie der Kriegsverhinderung; sie bleiben auf dem Mindestniveau erhalten, das ausreicht, um Frieden und Stabilität zu wahren, und das unter Bedingungen, die die höchsten Standards in Bezug auf Schutz und Sicherheit erfüllen.

6. Im Rahmen der Überprüfung des Status der Nuklearkräfte und damit zusammenhängender Entwicklungen begrüßten wir die Unterrichtung durch den amerikanischen Verteidigungsminister über eine Reihe aktueller Themen. Wir haben Interesse an Konsultationen mit den USA über amerikanische Überlegungen bekundet, Abschreckungskonzepte und -kräfte anzupassen, um zukünftigen Sicherheitsherausforderungen begegnen zu können, und haben die Möglichkeit daraus resultierender weiterer Reduzierungen der strategischen Nuklearkräfte zur Kenntnis genommen . Der amerikanische Verteidigungsminister hat uns über die in den USA zur Zeit laufenden Überprüfungen der nuklearen Abschreckungsstrategie und Streitkräftedispositive, einschließlich Raketenabwehr, unterrichtet, und wir schätzen die Zusicherung, dass laufende, umfassende Konsultationen zu diesen Fragen in der Allianz stattfinden werden.

7. Die NATO setzt sich seit langem für Rüstungskontrolle, Abrüstung und Nichtverbreitung ein, denen auch in Zukunft eine bedeutende Rolle zur Verwirklichung der sicherheitspolitischen Ziele der Allianz zukommt. Der Nichtverbreitungsvertrag (NVV) ist der Eckpfeiler des nuklearen Nichtverbreitungsregimes und essentielle Grundlage für die Weiterführung der nuklearen Abrüstung. Wir bekräftigen unser Engagement, auf weitere Reduzierungen der Nuklearwaffen hinzuarbeiten sowie unsere Entschlossenheit, zur Implementierung der Schlussfolgerungen der NVV-Überprüfungskonferenz aus dem Jahre 2000 beizutragen. Wir anerkennen die bisher erzielten positiven Ergebnisse des START-Prozesses und unterstützen mit Nachdruck den laufenden Prozess zur Erreichung weiterer Reduzierungen der in den USA und Russland stationierten strategischen Nuklearwaffen. Solange der Vertrag über das umfassende Verbot von Nuklearversuchen (Comprehensive Test Ban Treaty - CTBT) nicht in Kraft getreten ist, fordern wir alle Staaten eindringlich auf, bestehende Moratorien für Nuklearversuche zu erhalten.

8. Auf der Grundlage der Nuklearinitiative von Präsident BUSH aus dem Jahre 1991 hat die NATO die Entscheidung getroffen, die Zahl der für ihre substrategischen Streitkräfte in Europa verfügbaren Nuklearwaffen um über 85 Prozent zu reduzieren. Diese Reduzierungen wurden im Jahre 1993 zum Abschluss gebracht. Angesichts der Notwendigkeit, die Ungewissheiten im Umfeld nicht-strategischer Waffen in Russland abzubauen, sind wir der Ansicht, dass eine erneute Bekräftigung der Präsidenteninitiative aus den Jahren 1991/1992 ein erster, aber

nicht ausreichender Schritt in diese Richtung sein könnte. Wir erneuern daher unseren Appell an Russland, die Reduzierungen seiner nicht-strategischen Nuklearwaffenbestände, deren Implementierung bis zum Ende des Jahres 2000 vorgesehen war, zum Abschluss zu bringen.

9. Wir schätzen den Wert des Gedankenaustausches mit der Russischen Föderation über eine Reihe nuklearwaffenbezogener Fragen im Ständigen NATO-Russland-Rat und sehen den von der NATO vorgeschlagenen Konsultationen über vertrauens- und sicherheitsbildende Maßnahmen im nuklearen Kontext, durch die größere Transparenz mit Russland in Fragen der Nuklearwaffen auf der Grundlage der Gegenseitigkeit erzielt werden sollen, erwartungsvoll entgegen. Wir sehen diese Vorschläge als eine Grundlage zur Verbesserung des Verständnisses, des Vertrauens und der Zusammenarbeit. Wir haben unsere Erwartung zum Ausdruck gebracht, dass substanzielle Konsultationen mit Russland zu diesen Fragen unser erklärtes Ziel einer echten und verlässlichen Partnerschaft mit der Russischen Föderation fördern werden."

3. Treffen der Verteidigungsminister, Erklärung zur Lage auf dem Balkan vom 7. 6. 2001

„1. Die vergangenen zehn Jahre waren für viele Menschen auf dem Balkan geprägt durch Tragödien, vertane Möglichkeiten und vergeudete Ressourcen. Heute haben die Länder der Region aber die Chance, auf der Grundlage der Unterstützung der territorialen Integrität und Souveränität aller Länder, demokratischer Rechte für alle sowie der Ablehnung von ethnischem Extremismus und krimineller Aktivitäten ihre Zukunft besser zu gestalten.

2. Wir bekräftigen das starke Engagement der NATO für Sicherheit, Stabilität, Frieden, Demokratie und Achtung der Menschenrechte. Die Allianz wird diese Ziele energisch weiterverfolgen, in erster Linie durch die von der NATO-geführten Friedensoperationen in Bosnien und Herzegowina sowie im Kosovo, aber auch durch Unterstützung und Anstrengungen der NATO in der ehemaligen jugoslawischen Republik Mazedonien sowie anderen Teilen der Region. Wir unterstreichen unsere Entschlossenheit, regionale Aussöhnung durch politisches Engagement, Partnerschaft, vertrauensbildende Maßnahmen, eine dauerhafte Lösung der Flüchtlings- und Vertriebenenfrage sowie die uneingeschränkte Zusammenarbeit mit dem internationalen Strafgerichtshof für das ehemalige Jugoslawien ((IStGhJ) zu erreichen.

3. Wir zollen den Frauen und Männern der SFOR- und KFOR-Truppen für ihren fortwährenden und unermüdlichen Einsatz für Frieden und Stabilität unseren Respekt. Oft erfüllen sie ihre Aufgaben unter schwierigen und gefährlichen Bedingungen, nicht selten mit ernsthaften Verletzungen oder dem Verlust ihres Lebens. Wir sprechen den Familien derjenigen, die im Dienste des Friedens ihr Leben verloren haben, unsere tief empfundene Anteilnahme aus. Wir danken den NATO-Partnern und anderen Nationen sowie internationalen Organisationen für die substantiellen Beiträge, die sie zu unserer gemeinsamen Anstrengung leisten.

4. In Bezug auf Kosovo bekräftigen wir unser Eintreten für die vollständige Implementierung der Resolution 1244 des VN-Sicherheitsrats ein. KFOR setzt sich auch in Zukunft für die Schaffung eines sicheren und gesicherten Umfelds ein, in dem alle Menschen in Frieden leben und an demokratischen Institutionen teilhaben können, ungeachtet ihrer ethnischen Abstammung oder Religion. Wir verurteilen auf das Schärfste Gewalt aus ethnischen, politischen und kriminellen Beweggründen sowie extremistische Tätigkeiten aller Parteien. Wir bekräftigen das Engagement von KFOR zur uneingeschränkten Unterstützung der Rückkehr von Kosovo-Serben sowie anderer Minderheiten und würdigen die Koordinierungsbemühungen im Gemeinsamen Ausschuss für die Rückkehr von Flüchtlingen und Vertriebenen. Die Zusammenarbeit zwischen KFOR und der Interims-Verwaltungsmission der VN im Kosovo (UNMIK) ist weiter ausgezeichnet, und wir begrüßen die feste Entschlossenheit des neuen Sonderbeauftragten des VN-Generalsekretärs, die UNMIK-Anstrengungen zur Implementierung der Resolution 1244 des VN-Sicherheitsrats fortzuführen. Wir beglückwünschen UNMIK zum Erfolg in der Umsetzung der Ergebnisse der Kommunalwahlen aus dem letzten Jahr sowie zur Schaffung des Rahmens für eine funktionierende Zivilverwaltung und begrüßen den Erlass von Verordnungen für den verfassungsmäßigen Rahmen einer vorläufigen Selbstverwaltung, auf dessen Grundlage am 17. November Wahlen stattfinden werden. Wir bekräftigen das Engagement von KFOR zur Unterstützung der Ausrichtung der Wahlen, besonders durch die Schaffung eines sicheren Umfelds. Wir fordern alle Gemeinschaften eindringlich auf, sich an diesen Wahlen zu beteiligen und die neuen politischen Strukturen im Kosovo voll mitzu-

- I. Chronik -
Nr. 20/7.-8.VI.2001: NATO-Verteidigungsminister

tragen. Wir gratulieren dem VN-Koordinierungszentrum für Maßnahmen zur Minenbeseitigung zu ihrem erfolgreich durchgeführten Programm zur Räumung von Minen im Kosovo und anderer nicht zur Wirkung gelangter Kampfstoffe im Kosovo, das im Dezember 2001, ein Jahr früher als geplant, zum Abschluss gebracht werden soll.

5. Wir würdigen den mutigen Einsatz der UNMIK-Polizei und des Kosovo-Polizeidienstes für ihre Leistungen zur Herstellung der öffentlichen Sicherheit im Kosovo. KFOR ist weiterhin uneingeschränkt bereit, die UNMIK-Polizei, die inzwischen ihre volle Personalstärke erreicht und die Hauptverantwortung für Ruhe und Ordnung übernommen hat, zu unterstützen. Wir begrüßen die Einrichtung gemeinsamer Einsatzzentralen, die als wertvolle Stellen zur Abstimmung der Anstrengungen von KFOR und der UNMIK-Polizei bereitstehen. Wir würdigen auch den bedeutenden Beitrag des multi-ethnischen Kosovo-Polizeidienstes, dessen Beamte schon bald selbständig die Patrouillentätigkeit aufnehmen werden. Trotzdem ist die Zahl der kriminellen, politischen und inter-ethnischen Gewalttakte nach wie vor unannehmbar hoch. Das organisierte Verbrechen stellt eine bedeutende Herausforderung für die Ziele der internationalen Gemeinschaft und das Gefühl der Sicherheit der Bewohner im Kosovo dar - ein Problem, das durch die immer noch unzureichende Justiz- und Strafjustiz weiter verschärft wird. Wir begrüßen die Schritte, die der Sonderbeauftragte des VN-Generalsekretärs zur Festigung von Ruhe und Ordnung unternimmt.

6. Wir nehmen die weiteren Fortschritte zur Kenntnis, die in der Entwicklung des Kosovo-Schutzkorps (Kosovo Protection Corps - KPC) als wirksame zivile Einrichtung unter der Gesamtverantwortung von UNMIK und mit ständiger Dienstaufsicht durch KFOR erzielt werden. Wir messen der strikten Durchsetzung des KPC-Verhaltenskodex weiterhin äußerste Wichtigkeit bei und anerkennen, dass das Kosovo-Schutzkorps grundsätzlich seine Rolle weiter erfüllt. Anlass zu ernster Sorge bereiten uns dennoch Fälle der nicht ordnungsgemäßen Aufgabenwahrnehmung, der Verstrickung in illegale Aktivitäten sowie der Unterstützung extremistischer Tätigkeiten durch einzelne Mitglieder des KPC im Kosovo und in anderen Teilen der Region. Wir lehnen solche Aktivitäten ab und fordern die Führung des KPC eindringlich auf, weiter die erforderlichen Schritte zu unternehmen, um sicherzustellen, dass diese ein Ende haben, und alle extremistischen Tätigkeiten öffentlich zu verurteilen.

7. Wir haben die Gesamtstärke und Struktur der KFOR-Truppe überprüft und sind zu der Schlussfolgerung gelangt, dass sie unverändert erhalten bleiben sollten. Wir haben dem Ständigen NATO-Rat die Weisung erteilt, bis zu unserem Treffen im Dezember eine weitere Überprüfung der Rollen und Aufgaben von KFOR durchzuführen.

8. Wir treten weiter mit Festigkeit für die vollständige Umsetzung der allgemeinen Rahmenvereinbarung für den Frieden in Bosnien und Herzegowina sowie die Erreichung der vom Rat für die Umsetzung des Friedens vorgegebenen Ziele ein. Wir werden besonders über SFOR weiter die Anstrengungen des Hohen Repräsentanten unterstützen, um den Herausforderungen zu begegnen, die separatistische Aktivitäten und nationalistische Gewalt darstellen. Wir verurteilen die Bemühungen des kroatischen Nationalkongresses (HDZ) zur Bildung einer illegalen, sich selbst verwaltenden 'dritten Entität'. Wir appellieren an die benachbarten Staaten von Bosnien und Herzegowina, den militärischen und zivilen Implementierungsprozess in allen Aspekten uneingeschränkt zu unterstützen.

9. SFOR wird weiterhin für ein sicheres und gesichertes Umfeld sorgen, in dem die zivile Umsetzung weiter voranschreiten kann. Wir sind zutiefst beunruhigt durch die jüngsten Vorfälle durch kroatische Extremisten in Mostar und durch serbische Extremisten in Trebinje sowie Banja Luka. Wir verurteilen solche Vorfälle auf das Schärfste und appellieren an alle zuständigen Behörden und politischen Führer in Bosnien und Herzegowina sowie in der gesamten Region, ihre Anstrengungen zur vollständigen Erreichung der vom Rat für die Umsetzung des Friedens vorgegebenen Ziele zu steigern. SFOR tritt weiterhin uneingeschränkt für die Förderung der öffentlichen Sicherheit sowie die Rückkehr von Flüchtlingen ein und wird Gewalt von keiner Gruppe tolerieren. Wir stimmten über die Notwendigkeit überein, die Entwicklung ziviler Institutionen und den Aufbau der örtlichen Polizei zu beschleunigen, damit diese größere Verantwortung für die Sicherheit vor Ort und den Erhalt von Ruhe und Ordnung übernehmen können.

- I. Chronik -
Nr. 20/7.-8.VI.2001: NATO-Verteidigungsminister

10. Wir begrüßen jüngste Fortschritte zur Stärkung von Institutionen auf staatlicher Ebene in Bosnien und Herzegowina, besonders des Ministerrats. Wir appellieren an den Ministerrat, im Zusammenwirken mit dem Parlament und der Präsidentschaft alle möglichen Maßnahmen zu ergreifen, um diese Anstrengungen fortzuführen. Wir sind besonders ermutigt durch die Einsetzung und die wachsende Stärke des staatlichen Grenzschutzdienstes, der nach Herstellung der vollen Einsatzbereitschaft Unterstützung leisten soll, um Schmuggel und illegalen Menschenhandel zu kontrollieren und zur Unterstützung der Staatsregierung für die vermehrte Steuereinnahme Sorgen zu tragen. Wir begrüßen die Billigung einer gemeinsamen Verteidigungspolitik durch die Präsidentschaft von Bosnien und Herzegowina und appellieren an die Präsidentschaft, die Arbeit zur Umstrukturierung der Streitkräfte der Gebietseinheiten über den Ständigen Militärausschuss zu beschleunigen. Wir würdigen die Anstrengungen von SFOR, im Zusammenwirken mit dem Ständigen Militärausschuss eine einheitliche Führungsstruktur für Streitkräfte zu entwickeln, die zur gemeinsamen Dislozierung und Durchführung gemeinsamer Aktionen unter der Leitung internationaler Sicherheitsorganisationen befähigt sind. Das NATO-Programm zur Sicherheitskooperation mit Bosnien und Herzegowina leistet dazu einen bedeutenden Beitrag. Wir bekräftigen das Engagement von SFOR zur Unterstützung des Hohen Repräsentanten und der anderen zivilen Stellen in ihrer Arbeit zur Förderung zentraler Institutionen. Wir bekräftigen auch unser uneingeschränktes Engagement zur Unterstützung des internationalen Strafgerichtshofs für das ehemalige Jugoslawien (IStGhJ), besonders seine Maßnahmen zur Ergreifung von Personen die wegen Kriegsverbrechen angeklagt sind. Wir werden unsere Anstrengungen fortsetzen, um diese vor Gericht zu bringen.

11. Wir haben die Gesamtstärke und Struktur der SFOR-Truppe überprüft und sind zu der Schlussfolgerung gelangt, dass es zum gegenwärtigen Zeitpunkt nicht angeraten ist, größere Umstrukturierungen oder Reduzierungen von SFOR ins Auge zu fassen, speziell angesichts der aktuellen Entwicklungen, dass aber unter bestimmten Voraussetzungen, die von den Militärbehörden der NATO bestimmt werden, eine moderate Reduzierung der Gesamtstärke im Rahmen der bestehenden Kräftestruktur vorgenommen werden könnte. Wir haben insbesondere den Beitrag zur Kenntnis genommen, den die multinationalen, spezialisierten Einheiten leisten und auf die Notwendigkeit hingewiesen, dass die Nationen die Forderungen von COMSFOR erfüllen. Wir haben dem Ständigen NATO-Rat die Weisung erteilt, bis zu unserem informellen Treffen im September eine mittelfristige Strategie für die SFOR-Truppe ausarbeiten zu lassen, einschließlich einer Überprüfung ihrer Aufgaben und Aufträge, und auf dieser Grundlage bis zu unserem nächsten formellen Treffen im Dezember eine weitere SFOR-Überprüfung durchzuführen.

12. Wir begrüßen die ständige Verbesserung unserer Beziehungen zur Regierung der demokratischen Bundesrepublik Jugoslawien (BRJ) und die Fortschritte der BRJ in ihrer Mitarbeit zur vollständigen Implementierung der allgemeinen Rahmenvereinbarung für den Frieden in Bosnien und Herzegowina sowie der Resolution 1244 des VN-Sicherheitsrats zum Kosovo. Wir begrüßen die kooperativere Haltung der BRJ gegenüber dem IStGhJ sowie die bereits eingeleiteten positiven Maßnahmen und erwarten von ihr, den Weg zur uneingeschränkten Zusammenarbeit mit dem Gerichtshof bei seiner Arbeit in Den Haag weiter zu beschreiten, unter anderem auch durch die Annahme eines geeigneten rechtlichen Rahmens. Alle Angeklagten müssen für ihr Handeln zur Rechenschaft gezogen werden, und zwar in voller Übereinstimmung mit der Resolution 827 des VN-Sicherheitsrats über die Einsetzung des IStGhJ. In diesem Zusammenhang begrüßen wir die Inhaftierung des ehemaligen Präsidenten MILOŠEVIC. Wir fordern Belgrad und Podgorica eindringlich auf, für beide Seiten annehmbare Lösungen in der Frage ihrer zukünftigen verfassungsmäßigen Beziehung innerhalb einer demokratischen Bundesrepublik Jugoslawien zu suchen.

13. Wir unterstützen weiterhin die Anstrengungen zur Suche nach eine friedlichen Lösung der Probleme in Südserbien. Wir würdigen die Anstrengungen unter der Leitung des persönlichen Vertreters des Generalsekretärs zur Erleichterung dieses Prozesses, im engen Zusammenwirken mit der EU. Wir stellen mit Zufriedenheit fest, dass nach unserer Entscheidung zur Genehmigung des kontrollierten Rückkehr von Streitkräften der Bundesrepublik Jugoslawien in die Sicherheitszone, mit dem Ziel, diese endgültig aufzulösen, die Bundesrepublik Jugoslawien die Absichtserklärung von COMKFOR zur Rückkehr der Streitkräfte der Bundesrepublik Jugoslawien, besonders in den Sektor B, eingehalten hat. Wir begrüßen die Tatsache, dass diese Rückkehr ohne ernsthafte Gewaltanwendung stattfand und dass viele Mitglieder be-

- I. Chronik -
Nr. 20/7.-8.VI.2001: NATO-Verteidigungsminister

waffneter Gruppen ihre Waffen freiwillig niedergelegt haben. Wir appellieren an alle ethnischen Albaner, der Gewalt weiter abzuschwören. Wir fordern alle Bewohner in dieser Region eindringlich auf, eine multi-ethnische Polizeitruppe zu unterstützen und administrative sowie politische Strukturen auf kommunaler Ebene mitzutragen. Die Behörden der BRJ sollten die vertrauensbildenden Maßnahmen, die in ihrem Plan für eine friedliche Lösung des Problems enthalten sind, weiter umsetzen.

14. Wir bekräftigen unser uneingeschränktes Eintreten für die Sicherheit, Stabilität und territoriale Integrität der ehemaligen jugoslawischen Republik Mazedonien. Wir erinnern an die wertvolle Unterstützung, die die ehemalige jugoslawische Republik Mazedonien der Allianz besonders seit 1999 leistet sowie an ihre Unterstützung von KFOR, die Bereitstellung ihrer Verbindungswege und an ihren Beitrag zur Partnerschaft für den Frieden. Wir verurteilen auf das Schärfste die jüngsten Gewaltakte durch extremistische albanische Gruppen, die nicht nur die Stabilität dieses Landes bedrohen, sondern die Anstrengungen all derjenigen ethnischen Albaner untergraben, die mit der Internationalen Gemeinschaft zusammenarbeiten, um dem Balkan Frieden, Demokratie und Stabilität zu bringen. Die bewaffneten Extremisten müssen unverzüglich ihre Waffen niederlegen und sich zurückziehen. Ihre Agenda der Gewalt findet keine Unterstützung und steht in direktem Widerspruch zu den Anstrengungen und Zielen der Internationalen Gemeinschaft. Wir begrüßen die Bildung einer breiten Koalitionsregierung und fordern die Partner eindringlich auf, schnell konkrete Schritte in den inter-ethnischen Dialog zu vertiefen und dabei alle rechtmäßigen Parteien in der ehemaligen jugoslawischen Republik Mazedonien unter der Ägide von Präsident TRAJKOVSKI einzubeziehen In diesem Zusammenhang begrüßen wir die Erklärung der politischen Führung vom 29. Mai. Wir unterstützen die Behörden in der ehemaligen jugoslawischen Republik Mazedonien in ihren Anstrengungen, die extremistischen Elemente so zu isolieren, dass eine friedliche Lösung gefördert wird. Wir erwarten von den Behörden, dass sie unverhältnismäßige Gewaltanwendung vermeiden und alle Vorsichtsmaßnahmen ergreifen, um Opfer unter der Zivilbevölkerung auszuschließen.

15. Wir begrüßen die robusten Maßnahmen, die KFOR ergriffen hat, um die Sicherheit auf der Kosovo-Seite der Grenze zur ehemaligen jugoslawischen Republik Mazedonien zu festigen und nehmen die verstärkten Grenzeinsätze zur Kenntnis, die nunmehr stattfinden. Wir danken denjenigen Bündnismitgliedern und Partnern, die die zusätzlichen Kräfte bereitgestellt und für die zusätzliche Flexibilität gesorgt haben, die erforderlich sind, um die Patrouillentätigkeit und die Fähigkeit von KFOR zu verbessern, den Transfer von Personal und Kriegsgerät zwischen dem Kosovo und der ehemaligen jugoslawischen Republik Mazedonien aufzuspüren, zu unterbrechen und ein entsprechendes Abschreckungspotential aufzubauen.

16. Wir begrüßen die verbesserte militärische Abstimmung zwischen KFOR und dem Verteidigungs- sowie dem Innenministerium in Skopje sowie den Abschluss einer Vereinbarung über ein Truppenstatut zwischen der NATO und der ehemaligen jugoslawischen Republik Mazedonien sowie die Einrichtung eines NATO-Kooperations- und Koordinationszentrums, das den zeitgerechten Austausch militärischer Informationen erleichtern wird. Wir nehmen auch dankbar die Anstrengungen von Bündnispartnern zur Kenntnis, ihre bilaterale Unterstützung der ehemaligen jugoslawischen Republik Mazedonien zu steigern. Die Allianz wird weiter nach praktischen Mitteln und Wegen suchen, um die Unterstützung in all diesen Bereichen zu steigern. Wir begrüßen besonders das konstruktive Engagement zwischen der NATO und der Regierung der ehemaligen jugoslawischen Republik Mazedonien sowie die enge Zusammenarbeit zwischen der NATO und der EU, wie sie durch die gemeinsamen Missionen des NATO-Generalsekretärs und des Hohen Repräsentanten der EU in Skopje beispielhaft dokumentiert wird.

17. Wir haben heute den konsolidierten Fortschrittsbericht zur Entwicklung der Südosteuropa-Initiative der Allianz (South East Europe Initiative - SEEI) sowie zu Beiträgen der Allianz zu den Zielen des Stabilitätspakts entgegengenommen und mit Zufriedenheit den Fortschritt festgestellt, der durch diese Initiative erzielt worden ist. Die Entwicklung des gemeinsamen Dokuments zur Bewertung sicherheitspolitischer Herausforderungen und Chancen der Region (South East Europe Common Assessment Paper on Regional Security Challenges and Opportunities - SEECAP) kann einen dauerhaften Beitrag zur weiteren Entwicklung regionaler Kooperation leisten und die Reform des Sicherheitsbereichs fördern. Wir begrüßen auch die fortgesetzten Anstrengungen der Lenkungsgruppe für Sicherheitskooperation in Südosteuropa

- I. Chronik -
Nr. 20/7.-8.VI.2001: NATO-Verteidigungsminister

(South East Europe Security Cooperation Steering Group - SEEGROUP) zur weiteren Stärkung der regionalen Zusammenarbeit. Die Arbeit zur Erhöhung der Grenzsicherheit in der ehemaligen jugoslawischen Republik Mazedonien und Albanien hat zu Sicherheit und Stabilität in der Region beigetragen. Wir begrüßen es, dass die Zusammenarbeit zwischen der NATO und der Weltbank zur Umschulung und Wiedereingliederung ehemaliger Soldaten in die zivile Wirtschaft auf Kroatien ausgedehnt worden ist. Wir sind ermutigt durch die Fortschritte, die Länder Südosteuropas in der Entwicklung ihrer eigenen regionalen Friedenstruppe erzielt haben und nehmen zur Kenntnis, dass die Multinationale Friedenstruppe für Südosteuropa am 1. Mai ihre Einsatzbereitschaft verkündet hat."

4. Treffen der Verteidigungsminister, Erklärung zur Initiative zur Verteidigungsfähigkeit vom 7. 6. 2001

„1. Auf der Grundlage eines Berichts durch die hochrangige Lenkungsgruppe haben wir die Fortschritte überprüft, die in der Umsetzung der Initiative zur Verteidigungsfähigkeit (DCI) erzielt worden sind, seit sie im April 1999 von den Staats- und Regierungschefs der NATO auf den Weg gebracht wurde. Das Ziel dieser Initiative ist unverändert: Bereitstellung der Kräfte und Fähigkeiten, die die Allianz benötigt, um den Sicherheitsaufgaben des 21. Jahrhunderts über das volle Spektrum der Bündnisaufträge gerecht zu werden. Insbesondere haben wir die Absicht, die Verteidigungsfähigkeiten und die Interoperabilität weiter zu steigern, und zwar durch Verbesserungen der Dislozierbarkeit und Mobilität von Bündnisstreitkräften, ihrer Durchhalte- und Überlebensfähigkeit sowie ihrer Wirksamkeit im Einsatz und der Effektivität ihrer Führung.

2. Wenngleich in bestimmten Bereichen Fortschritte erzielt wurden, sind weitere Anstrengungen erforderlich, um die erforderlichen Verbesserungen zu erzielen. Es bestehen zum Beispiel seit langem eine Reihe besonders kritischer Mängel in Bezug auf die Wirksamkeit im Einsatz und die Überlebensfähigkeit von Bündnisstreitkräften, zum Beispiel auf dem Gebiet der Unterdrückung gegnerischer Luftverteidigungssysteme und unterstützender Störmaßnahmen, der Kennung Freund/Feind, der Aufklärung, der Zielüberwachung und -erfassung (einschließlich des NATO-Bodenüberwachungssystems), bei Waffensystemen der Luftstreitkräfte zum Einsatz bei Tag und in der Nacht sowie unter Allwetterbedingungen, die Luftverteidigung in allen Aspekten, auch gegen taktische ballistische Flugkörper sowie Marschflugkörper, Fähigkeiten gegen nukleare, biologische und chemische Waffen (NBC-Waffen) und ihre Trägermittel sowie NBC-Spür- und Abwehrsysteme. Wir messen der beschleunigten Arbeit in all diesen Bereichen große Wichtigkeit bei, wo erforderlich auch durch die Lösung von Problemen in Verbindung mit Ressourcen. Wir haben einen Bericht über besondere Überlegungen im Zusammenhang mit dem Schutz vor biologischen Waffen zur Kenntnis genommen. In Bezug auf die Unterdrückung gegnerischer Luftverteidigungssysteme und unterstützende Störmaßnahmen sowie das NATO-Bodenüberwachungssystem haben wir die Weisung erteilt, spezielle Treffen auf hoher Ebene auszurichten, um die Möglichkeit kooperativer Lösungen zu untersuchen.

3. Wir schätzen ganz besonders den Wert der Anstrengungen, die in hochrangigen Treffen unter nationalem Vorsitz gemacht werden, um den Umfang für Fortschritte in multinationalen Projekten zu untersuchen, die sich in bedeutender Weise auf die Ressourcen auswirken. Hierzu zählen strategische Luft- und Seetransportkapazitäten, die Luft-zu-Luft-Betankung, präzisionsgelenkte Munition, taktische Kommunikationssysteme, die Kennung Freund/Feind, Minen-Gegenmaßnahmen sowie die kooperative Beschaffung logistischer Vorräte. Wir erwarten von diesen Anstrengungen innovative Lösungswege zur Beseitigung von Mängeln in den Potentialen. Wir sehen ferner der weiteren Arbeit im DCI-Rahmen erwartungsvoll entgegen, um die Harmonisierung der Verteidigungsplanung zu verbessern und das Potential für Konzeptentwicklungen und -erprobungen zu nutzen.

4. Wir engagieren uns weiter mit Nachdruck für den erfolgreichen Abschluss von DCI und unterstützen mit Nachdruck die Arbeit der hochrangigen Lenkungsgruppe. Die Verwirklichung der Ziele von DCI setzt weiterhin nicht nachlassende Anstrengungen aller Bündnispartner voraus. Dadurch wird auch der europäische Pfeiler der Allianz gestärkt, da die Ziele der Initiative zur Verteidigungsfähigkeit und das Planziel der EU sich gegenseitig verstärken. Wir sind entschlossen, ein wesentlich verbessertes Maß der DCI-Umsetzung zu erreichen und sicherzustellen, dass die erforderlichen Verbesserungen der Potentiale auch tatsächlich vorge-

nommen werden. Dazu werden wir uns persönlich stärker in die Umsetzung von DCI einschalten, und zwar durch eine bessere Nutzung der vorhandenen Ressourcen, wo erforderlich durch eine Erhöhung verfügbarer Ressourcen, und durch die unmittelbarere Einschaltung in den Entscheidungsprozess zu potentiellen multinationalen Projekten."

5. Treffen der NATO-Ukraine-Kommission
auf Ebene der Verteidigungsminister - Erklärung vom 7. 6. 2001

„1. Die NATO-Ukraine-Kommission trat heute zu ihrem Treffen auf Ebene der Verteidigungsminister im NATO-Hauptquartier in Brüssel zusammen. Die Minister überprüften den Stand der Kooperation zwischen der NATO und der Ukraine und erörterten den Beitrag der ausgeprägten Partnerschaft zwischen der NATO und der Ukraine zur Unterstützung der ukrainischen Anstrengungen, wirksame Strukturen zu entwickeln, um die Verteidigungs- und Sicherheitserfordernisse der Ukraine zu erfüllen. Die Kommission verwies auf die Einsetzung nationaler Koordinatoren in der Ukraine als ein nützliches Mittel, um diesen Prozess effizienter zu gestalten, besonders auf dem Gebiet der Verteidigungsreform.

2. Die Kommission stellte den fortwährenden Beitrag der Ukraine zur Sicherheit in Europa heraus. Die NATO-Minister dankten der Ukraine für ihre beständige Unterstützung NATO-geführter Operationen auf dem Balkan und die Beteiligung ukrainischer Streitkräfte im polnisch-ukrainischen Bataillon im Rahmen von KFOR. Die Bündnispartner verweisen auf den wertvollen KFOR-Beitrag der 14. ukrainischen Hubschrauberstaffel. Während ihres 18-monatigen Dienstes, der im März 2001 zu Ende geht, hat die 14. Hubschrauberstaffel über 6.500 Flugeinsätze durchgeführt.

3. Die Kommission nahm mit Zufriedenheit den Statusbericht über die Umsetzung von Aktivitäten im Rahmen der gemeinsamen Arbeitsgruppe zur Verteidigungsreform zur Kenntnis. Die Minister verwiesen auf die breit gefächerten Aktivitäten, einschließlich einer Reihe von Gesprächen am runden Tisch über Sicherheit und Verteidigung mit Abgeordneten des ukrainischen Parlaments (Verkhovna Rada) sowie laufende Gespräche mit der Marine und dem Grenzschutz über maritime Fragen. Die Kommission nahm das Angebot Kanadas zur Kenntnis, einen Ausbilder für die neu eingerichtete multinationale Fakultät bei der nationalen Verteidigungsakademie der Ukraine abzustellen. Die Minister nahmen auch das Angebot der Ukraine zur Kenntnis, ein PfP-Symposium zum Thema 'Die Welt im 21. Jahrhundert: Zusammenarbeit, Partnerschaft und Dialog' auszurichten, das am 5. und 5. Juli in Kiew stattfinden wird.

4. Die Kommission unterstrich die Wichtigkeit des PfP-Planungs- und Überprüfungsprozesses als ein nützliches Mittel zur Förderung der Anstrengungen zur ukrainischen Verteidigungsreform. Die Minister nahmen den Abschluss einer Bewertung der gegenwärtigen Fähigkeiten der ukrainischen Streitkräfte sowie der aktuellen Pläne der Ukraine zur Reorganisation und Umstrukturierung zur Kenntnis. Die NATO-Minister bekräftigten ihr Engagement zur Unterstützung der Verteidigungsreform und der Anstrengungen der gemeinsamen Arbeitsgruppe. Die Kommission nahm zur Kenntnis, dass von Nationen zur Zeit Optionen sondiert werden, um diese Anstrengungen zur Verteidigungsreform zu verstärken, indem sie erfahrene Offiziere aus Ländern des Bündnisses zum ukrainischen Verteidigungsministerium abstellen, um die Ukraine in Bereichen wie der Streitkräfteplanung zu unterstützen.

5. Die Minister unterstrichen auch die Wichtigkeit größerer Transparenz und Abstimmung in Bezug auf die umfassenden bilateralen Programme zwischen der Ukraine und Bündnispartnern der NATO und erteilten der gemeinsamen Arbeitsgruppe die Weisung zur Nachbereitung und Weiterführung der Ergebnisse des Treffens in London vom 27. März 2001, das zum Ziel hatte, den Wert von über 600 zur Zeit geplanten bilateralen Aktivitäten zu optimieren. Die Minister nahmen das Angebot der Niederlande zur Kenntnis, einen Experten zur Unterstützung der Anstrengungen zur Verteidigungsreform im Rahmen der gemeinsamen Arbeitsgruppe abzustellen.

6. Die Minister brachten ihre Zufriedenheit über den wichtigen Beitrag des NATO-Verbindungsbüros sowie des NATO-Informations- und Dokumentationszentrums für die Umsetzung der Aktivitäten der gemeinsamen Arbeitsgruppe zum Ausdruck, die zum Ziel haben, die Verteidigungsreform und das breit gefächerte Kooperationsprogramm zwischen der NATO und der Ukraine zu fördern. Die Minister stellten ebenfalls mit Zufriedenheit den Beitrag der zwei ukrainischen Verbindungsoffiziere heraus, die zu den Hauptquartieren SACLANT und

abkommandiert sind und vereinbarten, weiter Maßnahmen zu untersuchen, um die Vorkehrungen für die Zusammenarbeit und Abstimmung zu verbessern.

7. Die Minister verweisen auf den hohen Wert, den sie der Arbeit der gemeinsamen hochrangigen Arbeitsgruppe beimessen und vereinbarten, weitere Fortschritte in der Verteidigungsreform auf ihrem Treffen im Herbst 2001 zu überprüfen."

6. Treffen des Ständigen NATO-Russland-Rats auf Ebene der Verteidigungsminister - Erklärung vom 8. 6. 2001

„1. Der Ständige NATO-Russland-Rat trat am Freitag, dem 8. Juni 2001 in Brüssel auf Ebene der Verteidigungsminister zusammen.

2. Wie in der NATO-Russland-Grundakte vorgegeben, bekräftigten die Minister ihr Engagement für eine starke, stabile und dauerhafte Partnerschaft auf verteidigungspolitischem und militärischem Gebiet. Sie vereinbarten, ihre Anstrengungen zur Förderung eines dauerhaften und umfassenden Friedens im gesamten euro-atlantischen Raum auf der Grundlage der Prinzipien von Demokratie und kooperativer Sicherheit zu steigern.

3. Die Minister überprüften die Lage auf dem Balkan. Sie stellten die gute Zusammenarbeit zwischen ihren Streitkräften vor Ort und das hohe Maß an Gemeinsamkeit in ihrer Beurteilung der Sicherheitslage heraus. Sie erneuerten ihr uneingeschränktes Eintreten für die Sicherheit, Stabilität und territoriale Integrität der ehemaligen jugoslawischen Republik Mazedonien. Sie bekräftigten die Wichtigkeit der Unterstützung der Anstrengungen in Skopje zur Isolierung extremistischer Elemente, bei gleichzeitiger Weiterführung der politischen Reformen. Sie appellierten an alle ethnischen Gemeinschaften, eine feste Position gegen Extremismus und Gewalt einzunehmen.

4. Die Minister begrüßten die Anstrengungen der demokratischen Regierung der Bundesrepublik Jugoslawien (BRJ), zu dauerhafter Stabilität in der Region beizutragen. Sie begrüßten den von der BRJ/den serbischen Behörden entwickelten Friedensplan, um die inter-ethnischen Beziehungen in Südserbien zu normalisieren und begrüßten ferner die verbesserte Sicherheitslage in der Region. Sie drängten auf die weitere Umsetzung der im Friedensplan enthaltenen vertrauensbildenden Maßnahmen. Sie verwiesen auf die gute Zusammenarbeit mit den Behörden der BRJ im Zusammenhang mit der Rückkehr der Sicherheitskräfte der BRJ in die Sicherheitszone.

5. Die Minister brachte ihre Bereitschaft zur Unterstützung eines demokratischen Montenegro als Teil der Bundesrepublik Jugoslawien zum Ausdruck. Sie wiesen auf die Gefahren einseitiger Aktionen hin und forderten eine baldige Wiederaufnahme eines konstruktiven Dialogs zwischen den Behörden in Belgrad und Podgorica.

6. Die Minister begrüßten die bedeutenden Anstrengungen der Truppenteile von NATO und Russland in Bosnien und Herzegowina sowie im Kosovo. Sie verurteilten mit Nachdruck die anhaltenden Gewaltakte in und um Kosovo sowie extremistische und terroristische Aktivitäten. Sie bekräftigten ihr Eintreten für die vollständige Umsetzung der Friedensvereinbarung von Dayton und die Resolution 1244 des VN-Sicherheitsrats in allen Aspekten.

7. Die Minister drückten ihre Zufriedenheit aus über die breit gefächerten Themen, die seit ihrem letzten Treffen im Ständigen NATO-Russland-Rat behandelt worden sind, einschließlich Verteidigungsreform, Rüstungskontrolle, Proliferationsprobleme, Umschulung vorzeitig entlassener Soldaten, Bekämpfung des internationalen Terrorismus sowie im Dialog über die Wege und Mittel zur Verbesserung der Zusammenarbeit im Euro-Atlantischen Partnerschaftsrat und der Partnerschaft für den Frieden.

8. Die Minister führten ihre Gespräche über russische Vorschläge für eine nicht-strategische Raketenabwehr fort und vereinbarten, diesen Gedankenaustausch im Ständigen NATO-Russland-Rat weiterzuführen. Sie sprachen ferner nuklearwaffenbezogene Fragen an, einschließlich der Vorschläge der NATO für vertrauens- und sicherheitsbildende Maßnahmen in diesem Kontext.

9. Die Minister billigten einen Fortschrittsbericht über die Umsetzung des Arbeitsprogramms für die Zusammenarbeit im Such- und Rettungsdienst auf See unter der Ägide des Ständigen NATO-Russland-Rats sowie ein Arbeitsprogramm für den Zeitraum Juli bis Dezember 2001. Sie begrüßten ferner die Vereinbarung über die Eröffnung eines 'Informations-, Konsultations-

- I. Chronik -
Nr. 20/7.-8.VI.2001: NATO-Verteidigungsminister

und Ausbildungszentrums' für die berufliche Umschulung von Soldaten, die aus der Armee der Russischen Föderation entlassen werden sollen bzw. bereits entlassen worden sind.

10. Die Minister unterstrichen die Wichtigkeit, die sie der Weiterentwicklung ihrer militärischen Zusammenarbeit beimessen und vereinbarten, Konsultationen über die Einrichtung einer militärischen Verbindungsmission der NATO in Moskau zu beschleunigen, um bis Ende des Jahres eine Vereinbarung hierüber zu erzielen.

11. Die Minister vereinbarten, am 18. Dezember 2001 in Brüssel wieder auf Ministerebene zusammenzutreffen."

7. Treffen des Euro-Atlantischen Partnerschaftsrats auf Ebene der Verteidigungsminister, Zusammenfassung durch den Vorsitzenden vom 8. 6. 2001

„1. Die Verteidigungsminister des Euro-Atlantischen Partnerschaftsrats traten heute in Brüssel zusammen, um ihre Ansichten über das Sicherheitsumfeld im euro-atlantischen Raum auszutauschen, den Beitrag der Partnerschaft für den Frieden zu den Fähigkeiten im Rahmen des Krisenmanagements zu erörtern und - für die betroffenen Minister - die neue ministerielle Weisung für den PfP-Planungs- und Überprüfungsprozess zu billigen. Carl BILDT, der Sonderbeauftragte des VN-Generalsekretärs für den Balkan, unterrichtete über jüngste Entwicklungen auf dem Balkan. Der Generalsekretär der NATO unterrichtete den Euro-Atlantischen Partnerschaftsrat über die Entscheidungen und wichtigsten Fragen, die auf dem Treffen des Nordatlantikrats auf Ebene der Verteidigungsminister am 7. Juni erörtert worden waren.

2. Die Minister tauschten ihre Ansichten über die Lage im euro-atlantischen Raum, besonders im Kosovo, in Bosnien und Herzegowina, in der Bundesrepublik Jugoslawien sowie der ehemaligen jugoslawischen Republik Mazedonien aus. Die Minister begrüßten die Bildung einer breiten Koalitionsregierung in der ehemaligen jugoslawischen Republik Mazedonien und drängten auf Fortführung des inter-ethnischen Dialogs und gleichzeitig auf Unterstützung der Anstrengungen der Behörden in Skopje, um extremistische Elemente zu isolieren und dabei unverhältnismäßige Gewaltanwendung zu vermeiden. Die Minister begrüßten die Elemente für eine Strategie um die Krise zu bewältigen, wie sie der Verteidigungsminister der ehemaligen jugoslawischen Republik Mazedonien auf dem Treffen geschildert hatte. Die Minister begrüßten die verbesserte militärische Abstimmung zwischen KFOR und dem Verteidigungs- sowie dem Innenministerium in Skopje und den Abschluss einer Vereinbarung über ein Truppenstatut mit der ehemaligen jugoslawischen Republik Mazedonien. Die Minister begrüßten ferner die enge Zusammenarbeit zwischen der NATO und der EU zur Befassung mit der Lageentwicklung.

3. In Bezug auf Kosovo bekräftigten die Minister ihr Eintreten für die vollständige Implementierung der Resolution 1244 des VN-Sicherheitsrats und die Unterstützung der KFOR-Rolle zur Schaffung eines sicheren Umfelds. Sie verwiesen auf die bedeutende Herausforderung, die das organisierte Verbrechen für die Ziele der internationalen Gemeinschaft darstellt und begrüßten die Schritte, die der Sonderbeauftragte des VN-Generalsekretärs ergriffen hat, um Ruhe und Ordnung zu festigen. Die Minister wiesen auf die entscheidende Unterstützungsrolle hin, die KFOR bei den anstehenden Wahlen spielen wird.

4. Zu Bosnien und Herzegowina bekräftigten die Minister ihr Engagement für SFOR, die vollständige Implementierung der allgemeinen Rahmenvereinbarung sowie die Erreichung der Ziele, die der Rat für die Umsetzung des Friedens vorgegeben hat. Sie unterstützten die Anstrengungen durch den Hohen Repräsentanten, um den Herausforderungen zu begegnen, die sich aus nationalistischer Gewalt und separatistischen Aktivitäten ergeben und sie begrüßten die Fortschritte zur Stärkung der Institutionen auf staatlicher Ebene, besonders des Ministerrats.

5. Die Minister begrüßten die Absicht der demokratischen Regierung der Bundesrepublik Jugoslawien, an der vollständigen Umsetzung der allgemeinen Rahmenvereinbarung für den Frieden in Bosnien und Herzegowina sowie der Resolution 1244 des VN-Sicherheitsrats in Bezug auf Kosovo mitzuarbeiten. Sie begrüßten die Anstrengungen zur Förderung einer friedlichen Lösung der Probleme in Südserbien und die einvernehmlich erzielte Rückkehr von Streitkräften der BRJ in die Sicherheitszone. Sie verliehen ihrer Hoffnung Ausdruck, dass alle Menschen, die in dieser Region leben, die örtlichen administrativen und politischen Struktu-

ren mittragen und unterstrichen die Notwendigkeit zur weiteren Implementierung der vertrauensbildenden Maßnahmen.

6. Der PfP-Planungs- und Überprüfungsprozess, der allen Partnern offen steht, hat sich als sehr erfolgreiches Mittel zur Entwicklung der Interoperabilität zwischen Streitkräften von Bündnismitgliedern und Partnern erwiesen sowie zur Entwicklung von Fähigkeiten für multinationale Operationen, an denen Bündnisstaaten und Partnerländer teilnehmen. Kroatien und Irrland nehmen ersten Mal am PARP Prozess teil. Die Minister der Bündnispartner und der 19 Partner, die sich am Planungs- und Überprüfungsprozess beteiligen, billigten die PARP-Ministerrichtlinie 2001, die die Planungsparameter vorgibt, die die weitere Entwicklung des PARP Prozesses in den kommenden Jahren bestimmen werden.

7. Die Minister nahmen eine Reihe von Berichten über die erweiterte und operativere Partnerschaft zur Kenntnis sowie die Beiträge der NATO zur dauerhaften Sicherheit und Stabilität auf dem Balkan durch ihre Südosteuropa-Initiative und ihre Unterstützung des Stabilitätspakts. Zu diesen Berichten zählte der Bericht des Vorsitzenden des Politisch-Militärischen Lenkungsausschusses über die Gesamtentwicklungen in der Partnerschaft für den Frieden, der eine Steigerung im Beitrag der Partner zu PfP-Programmen hervorhob. Sie brachten ihre Zufriedenheit über die ständigen Fortschritte verschiedener laufender Initiativen für die erweiterte und operativere Partnerschaft zum Ausdruck und begrüßten die Erweiterung des PfP-Treuhandfonds für die Vernichtung eingelagerter Bestände von Anti-Personenminen auf kleine und leichte Waffen sowie Munitionsteile. Die Minister brachten ihre Zufriedenheit über den Stand der Umsetzung des Konzepts für operative Fähigkeiten zum Ausdruck und unterstrichen die Notwendigkeit, die erforderlichen Ressourcen zur Verfügung zu stellen, damit die einzelnen Elemente dieses Konzepts ihr volles Potential entfalten können.

8. Die Minister zeigten sich erfreut über die Ergebnisse der zweiten Überprüfung der Implementierung der politisch-militärischen Rahmenvorgabe für NATO-geführte PfP-Operationen, die Erfahrungen aus der täglichen Zusammenarbeit zwischen der NATO und Partnern im Rahmen von SFOR und KFOR sowie die Erfahrungen aus der Krisenmanagementübung CMX-01 im Februar widerspiegeln. Die Minister würdigten ebenfalls die Fortschritte, die im Rahmen des PfP-Programms zur Erweiterung der Aus- und Fortbildung erzielt worden sind.

9. Das nächste Treffen der Verteidigungsminister im Euro-Atlantischen Partnerschaftsrat wird im Dezember 2001 in Brüssel stattfinden."

(Deutsche NATO-Vertretung)

13. VI. 2001

21. Sondergipfel der NATO zu ESVP und Erweiterung

Am 13. Juni 2001 fand in Brüssel ein Sondergipfel der NATO-Mitgliedstaaten statt, auf dem der neue US-Präsident George W. BUSH erstmals mit seinen Amtskollegen zusammentraf. Hauptgegenstände der Beratungen waren die Vorstellungen der neuen US-Administration zur Herstellung von strategischer Stabilität, das Verhältnis zwischen NATO und ESVP, die künftigen Aufgaben der Allianz sowie die Erweiterung. Zu letzterem wurde beschlossen, im November 2002 eine Einladung zur Mitgliedschaft an eine Reihe von Staaten auszusprechen. Die wichtigsten Punkte sind in der nachfolgenden Erklärung des NATO-Generalsekretärs Lord ROBERTSON festgehalten.

Presseerklärung von Generalsekretär Robertson nach Abschluss des Gipfels am 13. 6. 2001

„We have just concluded our meeting of NATO's Presidents and Prime Ministers - the first meeting at this level since NATO's 50th Anniversary Summit in Washington in 1999. For fifty-

- I. Chronik -
Nr. 21/13.VI.2001: NATO zu ESVP und Erweiterung

two years, NATO has kept the peace in Europe, and ensured the safety of its people. It has been a bastion of freedom, an inspiration to millions who had been denied their basic rights, and a promise to future generations. It was NATO which protected our people in the Cold War. NATO which laid the foundation stones where democracy and prosperity could be built. NATO which stopped the blood-letting in the Balkans. And NATO which has taken the lead in overcoming the divide between the Eastern and Western halves of this continent.

Our vision is that all people in the Euro-Atlantic area will enjoy the same safety and liberty that we have secured for ourselves - and that this will be achieved through cooperation, not conflict. In the history of peace and conflict, no organisation has done so much, for so many, so peacefully, as this Alliance of great democracies. Today, NATO's leaders renewed their commitment to the continuing purpose of this Alliance, to the trans-Atlantic cooperation which is at its heart, and to the vision of a Europe that is whole, free, and at peace. We reviewed the major issues on NATO's agenda, and helped chart the course toward our next Summit meeting in Prague in November 2002. While we discussed NATO's full agenda leading to the Prague Summit, let me point to four areas in particular.

Firstly, today was an important opportunity to engage directly with President BUSH about U.S. thinking on new concepts of deterrence, the strategic environment, and the means of dealing with the challenges facing the NATO of today, and the NATO of tomorrow. This included U.S. thinking about non-conventional and asymmetric threats, missile defence, nuclear force reductions, building the right mix of offensive and defensive forces, countering the proliferation of weapons of mass destruction, and continuing our transformation of NATO's armed forces. NATO has embarked on a major thinking process about the challenges we face and the best means of addressing them. These consultations will continue and deepen. We did not seek to take any decisions today. We committed ourselves to a continuing process of consultations, before decisions are made, in order to ensure that the interests of all Allies are fully considered and taken into account in forging a common NATO approach. As Secretary General, I gave a personal and urgent message that NATO's credibility is its capability. If we want NATO to be as successful in the future as it has been in the past, we must all invest wisely and enough, to ensure that we have the military capabilities for any crisis of the future.

Second, we reaffirmed our commitment to the successful strengthening of Europe's defence role. NATO's success in the future depends in part on the equitable sharing of roles, responsibilities, and burdens, among all its members. Heads of State and Government welcomed the EU's progress in defining its role in future crisis management activities, and establishing the Headline Goal, which reinforces NATO's call for nations to strengthen their overall defence capabilities. The development of the European Security and Defence Identity is of great importance for NATO. Its development must naturally be consistent with NATO's existing defence planning arrangements, and it must take account of the security interests of all Allies, including those that are not members of the European Union.

Third, NATO will continue to carry out its role in managing existing security challenges facing the Euro-Atlantic area today. Foremost, this concerns NATO's involvement in the Balkans, where we have stopped two wars, assisted the return of nearly two-million refugees, and laid a foundation for democratic reform, from Zagreb to Belgrade, and Brcko to Pristina. We are proud of the accomplishments of our 50,000 troops in the Balkans, and the thousands of others who preceded them. And NATO's troops are, of course, joined by a further 10,000 troops from partner nations. We are grateful to all of these soldiers and to their families. Their sacrifices are understood, deeply appreciated, and extraordinarily important. They meant and still mean the difference between life and death, between suffering and hope, for millions of people. Our goal is to see the democratic structures in the region become strong enough to be self-sustaining. That job is not yet done. We will therefore maintain our presence, and our commitment to the tasks ahead.

One immediate task ahead is to assist the government in Skopje in dealing with the ethnic Albanian insurgency. Heads of State and Government reaffirmed their full support for the government in Skopje and their complete and total rejection of the attacks on this democratic government. The only way to address the legitimate concerns of the local ethnic Albanian population is through a normal political process. The armed extremists must lay down their arms. There is no other way.

Finally, we reaffirmed our commitment to the enlargement of the Alliance, in accordance with Article 10 of the North Atlantic Treaty, and we discussed the preparations for our review of the process of NATO enlargement, which will take place at our Summit meeting in Prague. No decisions were taken, and we did not discuss any question of 'who' might be invited to join NATO in the future. But there was general agreement today on the following points:

- Heads of State and Government welcomed the success of the Membership Action Plan in assisting aspiring members with their own preparation for membership.

- NATO hopes and expects, based on current and anticipated progress by aspiring members, to launch the next round of enlargement at the Prague Summit in 2002.

I will stop here, and I have time for only a few questions. The text of my remarks will be available immediately at the end of this press conference."

(NATO Website)

13. VI. 2001

22. Sicherheitsrat zur Zusammenarbeit bei Friedenssicherungseinsätzen

Am 13. Juni 2001 verabschiedete der Sicherheitsrat der Vereinten Nationen in New York eine Resolution, die Grundsätze der Zusammenarbeit mit jenen Staaten festlegt, die Truppen für Friedenseinsätze der Vereinten Nationen zur Verfügung stellen. Die entsprechenden Grundsätze sind in begleitenden Anhängen wiedergegeben.

Resolution 1353 des VN-Sicherheitsrat, verabschiedet am 13. 6. 2001

„Der Sicherheitsrat,

in Bekräftigung seiner Resolutionen 1318 (2000) vom 7. September 2000 und 1327 (2000) vom 13. November 2000 und der Erklärungen seines Präsidenten vom 3. Mai 1994 (S/PRST/1994/22) und 28. März 1996 (S/PRST/1996/13) sowie aller weiteren einschlägigen Erklärungen seines Präsidenten,

sowie unter Hinweis auf die Erklärung seines Präsidenten vom 31. Januar 2001 (S/PRST/2001/3),

unter Berücksichtigung der Auffassungen, die bei seiner Aussprache zu dem Punkt 'Stärkung der Zusammenarbeit mit den truppenstellenden Ländern' auf seiner 4257. Sitzung am 16. Januar 2001 zum Ausdruck gebracht wurden,

in Bekräftigung seiner Verpflichtung auf die in Artikel 1 Absätze 1 bis 4 der Charta verkündeten Ziele der Vereinten Nationen und die in Artikel 2 Absätze 1 bis 7 der Charta verkündeten Grundsätze der Vereinten Nationen, namentlich seiner Verpflichtung auf die Grundsätze der politischen Unabhängigkeit, der souveränen Gleichheit und der territorialen Unversehrtheit aller Staaten sowie die Achtung der Souveränität aller Staaten,

in Bekräftigung der ihm nach der Charta der Vereinten Nationen obliegenden Hauptverantwortung für die Wahrung des Weltfriedens und der Sicherheit, unter erneuter Bekundung seiner Entschlossenheit, die Fähigkeiten der Vereinten Nationen auf diesem Gebiet zu stärken, sowie unter Betonung seiner Bereitschaft, zu diesem Zweck alle in seiner Zuständigkeit liegenden notwendigen Maßnahmen zu ergreifen,

unter Hinweis auf die einschlägigen Empfehlungen in dem Bericht der Sachverständigengruppe für die Friedensmissionen der Vereinten Nationen (S/2000/809) sowie in Bekräftigung seiner Unterstützung für alle Anstrengungen zur Stärkung der Effizienz und Wirksamkeit der Friedenssicherungseinsätze der Vereinten Nationen,

unter Betonung der Notwendigkeit, die Sicherheit der Friedenssicherungskräfte und des übrigen Personals der Vereinten Nationen und beigeordneten Personals, einschließlich des humanitären Personals, zu gewährleisten,

- I. Chronik -
Nr. 22/13.VI.2001: VN zu Friedenssicherungseinsätzen

unter Betonung der Notwendigkeit, die Beziehungen zwischen dem Sicherheitsrat, den truppenstellenden Ländern und dem Sekretariat zu verbessern, um einen Geist der Partnerschaft, der Zusammenarbeit und des gegenseitigen Vertrauens zu fördern,

in Anerkennung der Notwendigkeit, die Zusammenarbeit mit den truppenstellenden Ländern im Rahmen einer Reihe von Maßnahmen zur Gewährleistung kohärenter und stärker integrierter Einsatzkonzepte und zur effizienteren Steuerung und erhöhten operativen Wirksamkeit der Friedenssicherungseinsätze der Vereinten Nationen zu verstärken,

feststellend, dass die einschlägigen Bestimmungen in den Anlagen zu dieser Resolution auch die Verstärkung der Zusammenarbeit mit den Ländern, die Zivilpolizeikräfte und anderes Personal stellen, betreffen,

1. kommt überein, die in den Anlagen zu dieser Resolution enthaltenen Beschlüsse und Empfehlungen zu verabschieden;

2. ersucht seine Arbeitsgruppe für Friedenssicherungseinsätze, ihre Arbeit zur Stärkung der Fähigkeit der Vereinten Nationen zur Einrichtung und Unterstützung effizienter und wirksamer Friedenssicherungseinsätze fortzusetzen;

3. verpflichtet sich, die Durchführung der vereinbarten Maßnahmen zur Zusammenarbeit mit den truppenstellenden Ländern aufmerksam zu verfolgen, und ersucht seine Arbeitsgruppe für Friedenssicherungseinsätze, innerhalb von sechs Monaten nach Verabschiedung dieser Resolution die Effizienz und Wirksamkeit der vereinbarten Maßnahmen zu bewerten, ihre weitere Verbesserung unter Berücksichtigung der Vorschläge der truppenstellenden Länder zu erwägen und dem Rat über diese Angelegenheiten Bericht zu erstatten;

4. beschließt, mit der Angelegenheit aktiv befasst zu bleiben."

ANLAGE I

A: Grundsatzerklärung über die Zusammenarbeit mit den truppenstellenden Ländern

„Der Sicherheitsrat,

1. erkennt an, dass seine Partnerschaft mit den truppenstellenden Ländern gestärkt werden kann, indem die Mitgliedstaaten, insbesondere jene, die über die größten Kapazitäten und Mittel dafür verfügen, ihren Teil der Verantwortung übernehmen, indem sie den Vereinten Nationen Personal, Unterstützung und Einrichtungen zur Erhaltung des Weltfriedens und der internationalen Sicherheit bereitstellen;

2. ermutigt die Mitgliedstaaten, Schritte zu unternehmen, um das Problem der unzureichenden Bereitstellung von Personal und Ausrüstung für bestimmte Friedenssicherungseinsätze der Vereinten Nationen zu lösen;

3. betont, wie wichtig es ist, dass die truppenstellenden Länder die notwendigen und geeigneten Schritte unternehmen, um sicherzustellen, dass ihre Friedenssicherungskräfte die Fähigkeit zur Erfüllung der Mandate der Missionen besitzen, und unterstreicht, wie wichtig die bilaterale und internationale Zusammenarbeit in dieser Hinsicht ist, namentlich auf dem Gebiet der Ausbildung, der Logistik und der Ausrüstung;

4. unterstreicht, wie wichtig es ist sicherzustellen, dass die einzelstaatlichen Kontingente, die an Friedenssicherungseinsätzen der Vereinten Nationen teilnehmen, wirksame und angemessene Unterstützung, namentlich auf dem Gebiet der Ausbildung, der Logistik und der Ausrüstung, durch das Sekretariat erhalten;

5. betont, dass sichergestellt werden muss, dass das Sekretariat ausreichende Humanressourcen und Finanzmittel zur Erfüllung dieser Aufgaben erhält und dass diese Ressourcen effizient und wirksam eingesetzt werden;

6. unterstreicht, dass die Konsultationen zwischen dem Sicherheitsrat, dem Sekretariat und den truppenstellenden Ländern die Fähigkeit des Sicherheitsrats, in Wahrnehmung seiner Verantwortlichkeiten angemessene, wirksame und rechtzeitige Entscheidungen zu treffen, stärken sollen;

- I. Chronik -
Nr. 22/13.VI.2001: VN zu Friedenssicherungseinsätzen

7. unterstreicht außerdem, dass es schon von der Konzeption der Friedenssicherungseinsätze an gilt, einen umfassenden Ansatz zu verfolgen, um ihre Wirksamkeit zu erhöhen, namentlich durch die Ausarbeitung von Eventualfallplänen für brisante Situationen und durch die Förderung von kohärenten Ausstiegsstrategien;

B: Operative Fragen

1. befürwortet die internationale Zusammenarbeit bei der Friedenssicherungsausbildung und deren Unterstützung, einschließlich der Errichtung von regionalen Zentren für die Friedenssicherungsausbildung, und unterstreicht die Notwendigkeit, dass der Generalsekretär diesen Zentren technische Unterstützung gewährt;

2. ersucht den Generalsekretär, in seine regelmäßigen Berichte an den Sicherheitsrat über einzelne Friedenssicherungseinsätze Informationen über seine Konsultationen mit den truppenstellenden Ländern aufzunehmen, und verpflichtet sich, die bei diesen Konsultationen und in seinen Treffen mit den truppenstellenden Ländern zum Ausdruck gebrachten Auffassungen bei der Beschlussfassung über solche Einsätze zu berücksichtigen;

3. ersucht den Generalsekretär außerdem, im Rahmen seiner Bemühungen, aus Erfahrungen zu lernen und diese bei der Durchführung und Planung laufender und künftiger Einsätze zu berücksichtigen, in geeigneten Phasen jedes Friedenssicherungseinsatzes mit interessierten Delegationen, insbesondere den truppenstellenden Ländern, Evaluierungssitzungen abzuhalten;

4. ersucht den Generalsekretär ferner, bei der Durchführung von Friedenssicherungseinsätzen und in dem regelmäßigen Prozess der Erfahrungsauswertung die operativen Erfahrungen der einzelstaatlichen Kontingente während des Feldeinsatzes oder nach dem Abzug zu berücksichtigen;

5. verpflichtet sich, die truppenstellenden Länder vollständig über das Mandat von Missionen des Sicherheitsrats, die Friedenssicherungseinsätze betreffen, sowie anschließend über die Schlussfolgerungen der Missionen zu unterrichten;

6. ist der Auffassung, dass die Durchführung von Erkundungsbesuchen des Missionsgebiets durch die Länder, die Truppen zugesagt haben, für die Vorbereitung der wirksamen Teilnahme an Friedenserhaltungseinsätzen höchst wertvoll sein kann, und befürwortet die Unterstützung solcher Besuche;

7. fordert den Generalsekretär nachdrücklich auf, weitere Schritte zu unternehmen, um den Vorschlag der Sachverständigengruppe für die Friedensmissionen der Vereinten Nationen, integrierte Missionsarbeitsstäbe einzurichten, umzusetzen und andere damit zusammenhängende Möglichkeiten zur Steigerung der Planungs- und Unterstützungsfähigkeiten der Vereinten Nationen weiterzuverfolgen;

8. betont, dass die Informations- und Analysekapazität des Sekretariats der Vereinten Nationen verbessert werden muss, mit dem Ziel, die Qualität der Beratung für den Generalsekretär, den Sicherheitsrat und die truppenstellenden Länder zu verbessern;

9. betont außerdem, dass die dem Sicherheitsrat und den truppenstellenden Ländern vom Sekretariat erteilte Beratung eine Reihe von Handlungsempfehlungen beinhalten soll, die auf einer objektiven Bewertung der Lage am Boden gründen anstatt auf Mutmaßungen darüber, was die Mitgliedstaaten zu unterstützen bereit wären;

10. unterstreicht, wie wichtig bei den Friedenssicherungseinsätzen wirksame missionsspezifische Kapazitäten für Öffentlichkeitsarbeit und Kommunikation sind, insbesondere für Kampagnen zur Förderung des Verständnisses der örtlichen Bevölkerung im Missionsgebiet für die Ziele und den Auftragsrahmen der Mission;

11. betont, dass ein wirksames Programm für die Öffentlichkeitsarbeit notwendig ist, um die Unterstützung der internationalen Öffentlichkeit für die Friedenssicherungseinsätze der Vereinten Nationen zu mobilisieren, und betont in dieser Hinsicht außerdem die Notwendigkeit besonderer Programme, insbesondere in den truppenstellenden Ländern, um den Beitrag der Friedenssicherungskräfte besser herauszustellen;

- I. Chronik -
Nr. 22/13.VI.2001: VN zu Friedenssicherungseinsätzen

12. unterstreicht in dieser Hinsicht, dass die Vereinten Nationen über eine wirksame Kapazität auf dem Gebiet der Öffentlichkeitsarbeit verfügen müssen, und nimmt in dieser Hinsicht Kenntnis von den Vorschlägen des Generalsekretärs zur Stärkung der Planung und Unterstützung der Öffentlichkeitsarbeit bei Friedenssicherungseinsätzen durch das Sekretariat (S/2000/1081);

C: Weitere Mechanismen

1. verpflichtet sich, die Möglichkeit der Nutzung des Generalstabsausschusses als eines der Mittel zur Stärkung der Friedenssicherungseinsätze der Vereinten Nationen weiter zu prüfen;

2. verleiht seiner Auffassung Ausdruck, dass die Gruppe der Freunde des Generalsekretärs sowie andere informelle Mechanismen, zu denen truppenstellende Länder, Mitglieder des Sicherheitsrats, Geber und die Länder in der Region gehören könnten, eine nützliche Rolle bei der Steigerung der Kohärenz und Wirksamkeit der Maßnahmen der Vereinten Nationen spielen können, und betont, dass sie in enger Zusammenarbeit mit dem Sicherheitsrat tätig sein sollen;

D: Weiterverfolgung

1. bekundet seine Absicht, innerhalb von sechs Monaten die Effizienz und Wirksamkeit seiner Sitzungen mit den truppenstellenden Ländern im Hinblick auf mögliche weitere Verbesserungen des gegenwärtigen Systems zu bewerten, namentlich durch die Prüfung spezifischer Vorschläge der truppenstellenden Länder bezüglich neuer Mechanismen;

2. beschließt, die Zusammenarbeit mit den truppenstellenden Ländern zusätzlich zu den in der Resolution und in dieser Anlage enthaltenen Grundsätzen und Bestimmungen und auf deren Grundlage durch die Verbesserung und Erweiterung der bestehenden Konsultationsmechanismen wie in Anlage II erläutert zu stärken, um sicherzustellen, dass den Auffassungen und Besorgnissen der truppenstellenden Länder entsprechend Rechnung getragen wird.

ANLAGE II

Form, Verfahren und Dokumentation der Sitzungen
mit den truppenstellenden Ländern

Die Konsultationen mit den truppenstellenden Ländern werden in folgender Form stattfinden:

A. Öffentliche oder nichtöffentliche Sitzungen des Sicherheitsrats unter Teilnahme der truppenstellenden Länder;

B. Konsultationssitzungen mit den truppenstellenden Ländern;

C. Sitzungen des Sekretariats mit den truppenstellenden Ländern;

A: Öffentliche oder nichtöffentliche Sitzungen des Sicherheitsrats

1. Der Sicherheitsrat wird öffentliche oder nichtöffentliche Sitzungen unter Teilnahme der truppenstellenden Länder, auch auf deren Ersuchen und unbeschadet der vorläufigen Geschäftsordnung des Sicherheitsrats, abhalten, um sicherzustellen, dass Fragen, die für einen bestimmten Friedenssicherungseinsatz von ausschlaggebender Bedeutung sind, vollständig und auf hoher Ebene geprüft werden können;

2. Solche Sitzungen können insbesondere dann abgehalten werden, wenn der Generalsekretär mögliche truppenstellende Länder für einen neuen oder laufenden Friedenssicherungseinsatz benannt hat, bei der Prüfung einer Änderung, Verlängerung oder Beendigung eines Friedenssicherungsmandats oder wenn eine rapide Verschlechterung der Lage am Boden eintritt, insbesondere wenn diese die Sicherheit der Friedenssicherungskräfte der Vereinten Nationen bedroht;

B: Konsultationssitzungen mit den truppenstellenden Ländern

- I. Chronik -
Nr. 22/13.VI.2001: VN zu Friedenssicherungseinsätzen

1. Konsultationssitzungen mit den truppenstellenden Ländern werden auch künftig das hauptsächliche Konsultationsverfahren darstellen und werden auch weiterhin vom Präsidenten des Sicherheitsrats einberufen werden und unter seinem Vorsitz stehen;

2. Die Konsultationssitzungen können, auch auf Ersuchen der truppenstellenden Länder, nach Bedarf in verschiedenen Phasen der Friedenssicherungseinsätze abgehalten werden, namentlich:

   a) im Stadium der Missionsplanung, einschließlich der Ausarbeitung des Einsatzkonzepts und des Mandats für einen neuen Einsatz;

   b) bei jeder Änderung des Mandats, insbesondere bei der Erweiterung oder Reduzierung des Auftragsrahmens, bei der Einführung neuer oder zusätzlicher Aufgaben oder Komponenten oder bei einer Änderung der Ermächtigung zur Gewaltanwendung;

   c) bei der Verlängerung eines Mandats;

   d) im Falle bedeutender oder schwerwiegender politischer, militärischer oder humanitärer Entwicklungen;

   e) bei einer rapiden Verschlechterung der Sicherheitslage am Boden;

   f) bei der Beendigung, dem Abzug oder der Reduzierung des Umfangs eines Einsatzes, einschließlich des Übergangs von der Friedenssicherung zur Friedenskonsolidierung in der Konfliktfolgezeit;

   g) vor und nach Missionen des Rats zu einem spezifischen Friedenssicherungseinsatz;

3. Die folgenden Parteien werden zur Teilnahme an diesen Sitzungen eingeladen:

   a) die Länder, die Truppen, Militärbeobachter oder Zivilpolizeikräfte für Friedenssicherungseinsätze stellen;

   b) vom Generalsekretär benannte potenzielle truppenstellende Länder;

   c) zuständige Organe und Organisationen der Vereinten Nationen, wenn sie zu dem zur Erörterung stehenden Gegenstand einen konkreten Beitrag leisten können;

   d) gegebenenfalls andere Organe und Organisationen als Beobachter;

   e) gegebenenfalls Länder, die besondere Beiträge leisten, wie sonstiges Zivilpersonal, Beiträge zu Treuhandfonds, Logistik, Ausrüstung und Einrichtungen sowie andere Beiträge;

   f) gegebenenfalls das Gastland/die Gastländer als Beobachter;

   g) gegebenenfalls der Vertreter einer truppenstellenden regionalen oder subregionalen Organisation oder Abmachung;

   h) gegebenenfalls regionale Organisationen als Beobachter, wenn sie keine Truppen stellen;

4. Bei den Konsultationssitzungen werden gegebenenfalls die folgenden Fragen geprüft:

   a) Vorbereitungen für die Festlegung eines Friedenssicherungsmandats durch den Sicherheitsrat;

   b) operative Fragen, einschließlich des Einsatzkonzepts, der Missionsplanung, der Ermächtigung zum Einsatz von Gewalt, der Unterstellungsverhältnisse, der Truppenstruktur, der Einheit und Kohäsion der Truppe, der Ausbildung und Ausrüstung, der Risikobewertung und der Dislozierung;

   c) wesentliche Besorgnisse oder Empfehlungen des Generalsekretärs, die in seinem Bericht, in Informationsnotizen oder mündlichen Unterrichtungen des Sekretariats dargelegt werden;

   d) besondere Besorgnisse der truppenstellenden Länder, einschließlich derer, die dem Präsidenten des Sicherheitsrats übermittelt wurden;

e) die Fortschritte bei der Erfüllung der Aufgaben der Mission in verschiedenen Gebieten oder Anteilen der Mission;

5. Die folgenden Maßnahmen werden getroffen, um die Qualität und Wirksamkeit der Konsultationen zu erhöhen:

a) Der Präsident des Sicherheitsrats wird bei der Einladung zur Teilnahme an diesen Sitzungen ein informelles Papier mit der Tagesordnung unter die Teilnehmer verteilen, worin die zu behandelnden Themen genannt werden und auf die einschlägige Hintergrunddokumentation verwiesen wird;

b) der Generalsekretär soll, soweit das Arbeitsprogramm des Sicherheitsrats es zulässt, sicherstellen, dass vom Sicherheitsrat erbetene Berichte über bestimmte Friedenssicherungseinsätze rechtzeitig fertiggestellt werden, um die Abhaltung von Sitzungen mit den truppenstellenden Ländern vor den Beratungen zwischen den Mitgliedern des Sicherheitsrats zu ermöglichen;

c) das Sekretariat soll außerdem allen Teilnehmern zu Beginn dieser Sitzungen die einschlägigen Daten und Fakten zur Verfügung stellen;

d) der Generalsekretär soll nach Möglichkeit sicherstellen, dass die Unterrichtungen von hochrangigen Bediensteten durchgeführt werden, die für die Mission im Feld arbeiten;

e) der Generalsekretär soll sicherstellen, dass die Unterrichtungen nach Bedarf eine objektive Bewertung und Analyse der politischen, militärischen, humanitären und die Menschenrechte betreffenden Lage beinhalten;

f) der Generalsekretär soll den Nutzen der Unterrichtungen erhöhen, indem er sie nutzerfreundlicher gestaltet, so auch durch den Einsatz von Informationstechnologie;

6. Die folgenden Regelungen werden getroffen, um die rechtzeitige und angemessene Übermittlung der Besorgnisse und Auffassungen der truppenstellenden Länder, die in den Konsultationssitzungen zum Ausdruck gebracht werden, an die Mitglieder des Sicherheitsrats zu gewährleisten, sodass diese Besorgnisse und Auffassungen gebührend berücksichtigt werden können:

- Der Präsident des Sicherheitsrats wird mit Hilfe des Sekretariats eine Zusammenfassung der Inhalte dieser Sitzungen ausarbeiten und zur Verfügung stellen;

- die Zusammenfassung der Erörterungen wird gegebenenfalls vor den informellen Konsultationen oder vor der nächsten Sitzung über den betreffenden Friedenssicherungseinsatz an die Ratsmitglieder verteilt;

C: Sitzungen des Sekretariats mit den truppenstellenden Ländern

Der Sicherheitsrat unterstützt die bestehende Praxis der Sitzungen des Sekretariats mit den truppenstellenden Ländern zur Erörterung von Angelegenheiten, die bestimmte Friedenssicherungseinsätze betreffen, sowie gegebenenfalls die Teilnahme von Sonderbeauftragten des Generalsekretärs, Truppenkommandeuren und Leitern der Zivilpolizei an diesen Sitzungen.

Weitere Formen der Konsultation

Der Sicherheitsrat stellt fest, dass es sich bei den hier genannten Formen der Konsultation nicht um eine erschöpfende Aufzählung handelt und dass Konsultationen vielfältige andere Formen annehmen können, einschließlich des Austauschs formeller oder informeller Mitteilungen zwischen dem Präsidenten des Rates oder seinen Mitgliedern, dem Generalsekretär und den truppenstellenden Ländern sowie gegebenenfalls mit anderen besonders betroffenen Ländern, einschließlich Ländern der betreffenden Region."

(Deutscher Übersetzungsdienst, Vereinte Nationen)

14. VI. 2001

23. Amerikanischer Plan für den Nahen Osten vorgelegt

Am 14. Juni 2001 legte der Direktor des amerikanischen Geheimdienstes CIA, George TENET, einen Plan vor, wie im Nahen Osten ein Waffenstillstand zu erreichen sei und wie die Gespräche zwischen Israel und der Palästinenserbehörde wieder aufgenommen werden können. TENET war hierzu vom amerikanischen Präsidenten gebeten worden und hatte zuvor umfangreiche Konsultationen geführt.

**Waffenstillstandsplan für den Nahen Osten,
vorgelegt vom CIA Direktor George Tenet am 14. 6. 2001**

„Die Sicherheitsorganisationen der Regierung Israels (RI) und der Palästinensischen Autonomiebehörde (PA) bekräftigen ihre Verpflichtungen auf die Sicherheitsabkommen, die im Oktober 2000 in Scharm el-Scheich ausgearbeitet wurden, eingearbeitet in den Mitchell-Bericht vom April 2001. Operative Voraussetzung des Arbeitsplans ist, dass beide Seiten sich auf einen gegenseitigen, umfassenderen Waffenstillstand verpflichten, der sich auf alle gewalttätigen Aktivitäten bezieht, in Übereinstimmung mit der öffentlichen Erklärung beider Führer. Darüber hinaus wird das in diesem Arbeitsplan erwähnte gemeinsame Sicherheitskomitee Fragen lösen, die sich vielleicht während der Durchführung dieses Arbeitsplans ergeben werden.

Die Sicherheitsorganisationen der RI und der PA vereinbaren, die folgenden spezifischen, konkreten und realistischen Sicherheitsschritte umgehend einzuleiten, um die Sicherheitszusammenarbeit wiederherzustellen sowie die Lage vor Ort, wie sie vor dem 28. September existiert hat.

1. Die RI und die PA werden unverzüglich die Sicherheitszusammenarbeit wieder aufnehmen.

- Ein hochrangiges Treffen von israelischen, palästinensischen und amerikanischen Sicherheitsbeamten wird umgehend abgehalten werden und wird mindestens einmal pro Woche erneut zusammentreten, mit einer verpflichtenden Teilnahme von vorher bestimmten Hohen Beamten.

- Die israelisch-palästinensischen Bezirkskoordinationsbüros (District Coordination Office-DCOs) werden wiederbelebt. Sie werden ihre täglichen Aktivitäten im größtmöglichen Ausmaß durchführen, entsprechend den vor dem 28. September 2000 eingeführten Standards. Sobald es die Sicherheitslage gestattet, werden die Hindernisse für eine effektive Zusammenarbeit - wozu die Errichtung von Mauern zwischen den israelischen und palästinensischen Seiten gehört - beseitigt werden und gemeinsame israelisch-palästinensische Patrouillen werden wieder aufgenommen werden.

- Hohen israelischen und palästinensischen Beamten wird von den USA ein Videokonferenzsystem zur Verfügung gestellt werden, um häufige Dialoge und Sicherheitszusammenarbeit zu erleichtern.

2. Beide Seiten werden unverzüglich Maßnahmen ergreifen, um eine strikte Erfüllung des erklärten Waffenstillstands durchzusetzen und um die Sicherheitslage zu stabilisieren.

- Spezifische Verfahren werden von dem hochrangigen Sicherheitskomitee entwickelt werden, um die sichere Bewegung von Sicherheitsleuten der RI und der PA zu gewährleisten, die in Gebieten außerhalb ihrer jeweiligen Kontrolle unterwegs sind, in Übereinstimmung mit bestehenden Abkommen.

- Israel wird jegliche Angriffe gegen die Einrichtungen der Palästinensischen Autonomiebehörde unterlassen: die Hauptquartiere der Palästinensischen Sicherheits-, Aufklärungs-, und Polizeiorganisationen oder die Gefängnisse in der Westbank und Gaza.

- Die PA wird sich unverzüglich daran machen, Terroristen in der Westbank und im Gaza-Streifen zu verhaften, zu verhören und einzusperren, und wird dem Sicherheitskomitee

- I. Chronik -
Nr. 23/14.VI.2001: Plan der CIA für den Nahen Osten

die Namen der Festgenommenen mitteilen, sobald sie gefasst sind, wie auch eine Verlesung der unternommenen Aktionen.

- Israel wird alle festgenommenen Palästinenser freilassen, die bei Sicherheitsrazzien festgenommen wurden und keine Verbindung zu terroristischen Aktivitäten haben.

- In Übereinstimmung mit ihrer einseitigen Waffenstillstandserklärung wird die PA alle palästinensischen Sicherheitsfunktionäre davon abhalten, Angriffe gegen israelische Ziele, einschließlich von Siedlern, anzustiften, sie zu unterstützen, dabei Beihilfe zu leisten oder sie durchzuführen.

- In Übereinstimmung mit der einseitigen Waffenstillstandserklärung Israels werden israelische Streitkräfte keine 'proaktiven' Sicherheitseinsätze in Gebieten durchführen, die unter der Kontrolle der PA stehen, oder Angriffe gegen unschuldige zivile Ziele führen.

- Die RI wird wieder Ermittlungsverfahren der Militärpolizei bei palästinensischen Todesfällen einführen, die sich aus Aktionen der israelischen Verteidigungsstreitkräfte (IDF) in der Westbank und dem Gaza-Streifen in Fällen ergeben haben, die keinen Bezug zum Terrorismus haben.

3. Palästinensische und israelische Sicherheitsbeamte werden das Sicherheitskomitee benutzen, um gegenseitig wie auch mit bestimmten amerikanischen Beamten Informationen über terroristische Bedrohung auszutauschen, einschließlich von Informationen über bekannte oder vermutete terroristische Operationen, die in Gebieten stattfinden, oder sich dort hinbewegen, die unter der Kontrolle des jeweils anderen stehen.

- Nach legitimer Information über Terroristen oder Bedrohung wird sofort gehandelt werden, wobei Nachfolgeaktionen und Ergebnisse dem Sicherheitskomitee berichtet werden.

- Die PA wird vorbeugende Operationen gegen Terroristen, terroristische Verstecke, Waffenlager und Mörserfabriken durchführen. Die PA wird dem Sicherheitskomitee regelmäßige Berichte über die Fortschritte diese Aktionen erstatten.

- Die israelischen Behörden werden Maßnahmen ergreifen gegen israelische Staatsbürger, die zur Gewaltanwendung gegen Palästinenser aufrufen, sie durchführen oder vorhaben, sie durchzuführen, wobei dem Sicherheitskomitee Berichte über Fortschritte bei diesen Aktionen erstattet werden.

4. Die PA und die RI werden energisch vorgehen, um Individuen und Gruppen daran zu hindern, Gebiete zu nutzen, die unter ihrer jeweiligen Kontrolle stehen, um Gewaltakte durchzuführen. Darüber hinaus werden beide Seiten Schritte tun, um sicherzustellen, dass Gebiete unter ihrer Kontrolle nicht genutzt werden, um Angriffe gegen die andere Seite zu lancieren, noch um sie als Zufluchtsort nach einem Angriff zu nutzen.

- Das Sicherheitskomitee wird entscheidende Brennpunkte identifizieren, und jede Seite wird die andere über die Namen des höherrangigen Sicherheitspersonals informieren, die verantwortlich sind für jeden Brennpunkt.

- Gemeinsame standardisierte Einsatzverfahren (SOPs) werden für jeden Brennpunkt entwickelt werden. Diese SOPs werden festlegen, wie die beiden Seiten mit Sicherheitsvorfällen umgehen und wie sie darauf reagieren, ebenso die Verfahren für Kontakte im Notfall und die Verfahren, um Sicherheitskrisen zu deeskalieren.

- Palästinensische und israelische Sicherheitsbeamte werden praktische Maßnahmen feststellen und sie vereinbaren, die notwendig sind, um 'demonstrationsfreie Zonen' und 'Pufferzonen' um Brennpunkte herum durchzusetzen, um Gelegenheiten für Konfrontationen zu verringern. Beide Seiten werden alle notwendigen Maßnahmen ergreifen, um Zusammenrottungen zu verhindern und Demonstrationen unter Kontrolle zu behalten, besonders im Gebiet der Brennpunkte.

- Palästinensische und israelische Sicherheitsbeamte werden abgestimmte Bemühungen unternehmen, um illegale Waffen, einschließlich Granatwerfern, Raketen und Sprengstoffen, in Gebieten unter ihrer jeweiligen Kontrolle aufzufinden und zu beschlagnahmen. Darüber hinaus werden intensive Bemühungen unternommen werden, um den Schmuggel

- I. Chronik -
Nr. 24/15.-16.VI.2001: EU-Gipfel von Göteborg

und die illegale Herstellung von Waffen zu verhindern. Jede Seite wird das Sicherheitskomitee über den Stand und den Erfolg dieser Bemühungen informieren.

- Die israelischen Verteidigungsstreitkräfte werden zusätzliche nichttödliche Maßnahmen ergreifen, um mit palästinensischen Massenaufläufen und Demonstranten umzugehen, und werden sich ganz allgemein darum bemühen, bei der Erwiderung auf Gewalt die Gefahr für Leben und Eigentum palästinensischer Zivilisten so gering wie möglich zu halten.

5. Die RI und die PA werden unter der Schirmherrschaft des hochrangigen Sicherheitskomitees - innerhalb einer Woche nach dem Beginn der Treffen des Sicherheitskomitees und der Wiederaufnahme der Sicherheitszusammenarbeit - einen vereinbarten Zeitplan ausarbeiten, um die erneute vollständige Stationierung der israelischen Armee-Einheiten auf Positionen durchzuführen, die vor dem 28. September 2000 gehalten wurden.

- Nachweisbare Stationierung auf dem Boden wird innerhalb der ersten 48 Stunden dieser einwöchigen Periode begonnen und fortgesetzt werden, während der Zeitplan ausgearbeitet wird.

6. Innerhalb einer Woche nach dem Beginn der Treffen des Sicherheitskomitees und der Wiederaufnahme der Sicherheitszusammenarbeit wird ein besonderer Zeitplan entwickelt werden für die Aufhebung interner Schließungen wie auch für die Wiedereröffnung interner Straßen, der Allenby-Brücke, des Flughafens von Gaza, des Hafens von Gaza und von Grenzübergängen. Sicherheitskontrollpunkte werden entsprechend den legitimen Sicherheitsinteressen und folgender Beratung zwischen den beiden Seiten so gering wie möglich gehalten werden.

- Nachweisbare Handlungen vor Ort bezüglich der Aufhebung der Abschließungen werden innerhalb der ersten 48 Stunden dieser einwöchigen Periode begonnen und fortgesetzt werden, während der Zeitplan entwickelt wird.

Die Seiten geloben, dass, selbst wenn unvorhergesehene Ereignisse eintreten, die Sicherheitszusammenarbeit im gemeinsamen Sicherheitskomitee weiter gehen wird."

(Internationale Politik)

15. - 16. VI. 2001

24. EU-Gipfel von Göteborg zur Weiterentwicklung der ESVP

Am 15. und 16. Juni 2001 kamen in Göteborg die Staats- und Regierungschefs der Europäischen Union zusammen. Dabei wurden neben der Lage in Mazedonien und dem Problem der Verbreitung ballistischer Raketen auch die weitere Entwicklung der ESVP angesprochen und die in dem Bericht der Präsidentschaft gemachten Empfehlungen angenommen. Im Folgenden sind jene Auszüge aus den Schlussfolgerungen des Vorsitzes wiedergegeben, die die Entwicklung der ESVP betreffen. Des weiteren sind zwei Erklärungen abgedruckt, die sich mit der Lage auf dem Balkan sowie mit der Verbreitung ballistischer Raketen befassen. Auch ist der Bericht der Präsidentschaft über die ESVP wiedergegeben sowie ein Bericht des Hohen Beauftragten für Gemeinsame Außen- und Sicherheitspolitik Javier SOLANA, über den Friedensprozess im Nahen Osten.

1. Empfehlungen zur ESVP, aus den Schlussfolgerungen des Vorsitzes

„...47. Die Europäische Union hat sich dazu verpflichtet, ihre Fähigkeiten, Strukturen und Verfahren weiterzuentwickeln und zu präzisieren, um ihre Fähigkeit zu verbessern, unter Rückgriff auf militärische und zivile Mittel die Aufgaben der Konfliktverhütung und der Krisenbewältigung in vollem Umfang wahrzunehmen. Wie im Bericht des Vorsitzes und in den vom Rat angenommenen Anhängen zum Ausdruck gebracht, stärkt die Entwicklung der ESVP die Fähigkeit der Union, gemäß den Grundsätzen der Charta der Vereinten Nationen zum

- I. Chronik -
Nr. 24/15.-16.VI.2001: EU-Gipfel von Göteborg

Frieden und zur Sicherheit in der Welt beizutragen. Die Europäische Union erkennt an, dass dem Sicherheitsrat der Vereinten Nationen die Hauptverantwortung für die Aufrechterhaltung des Friedens und der Sicherheit in der Welt zukommt.

48. Was die zivilen Aspekte der Krisenbewältigung anbelangt, so sind neue konkrete Ziele formuliert worden, die bis 2003 durch freiwillige Beiträge erreicht werden sollten. Die ständigen politischen und militärischen Strukturen sind im Rat und im Ratssekretariat eingerichtet worden. Es sind die Grundlagen für einen erfolgreichen Verlauf der während des nächsten Vorsitzes geplanten Konferenzen über die Verbesserung der militärischen Fähigkeiten und über die polizeilichen Fähigkeiten geschaffen worden.

49. Fortschritte gibt es bei der Entwicklung einer dauerhaften und effektiven Beziehung zur NATO. Es sind Dauervereinbarungen über die Konsultationen und die Zusammenarbeit getroffen und umgesetzt worden, wie das Beispiel der engen Zusammenarbeit bei der Krisenbewältigung im westlichen Balkan zeigt. Es ist geboten, zu einer raschen Einigung über Vereinbarungen zu gelangen, die der EU den Rückgriff auf Mittel und Fähigkeiten der NATO ermöglichen.

50. Die Vereinbarungen über die Konsultation und Beteiligung der nicht der EU angehörenden europäischen NATO-Mitglieder und anderer Länder, die sich um den Beitritt zur EU bewerben, und über die Beziehungen zu Kanada und zu anderen potenziellen Partnern wie Russland und der Ukraine wurden umgesetzt.

51. Der künftige belgische Vorsitz wird ersucht, zusammen mit dem Generalsekretär/Hohen Vertreter der Arbeit in Bezug auf alle Aspekte der ESVP voranzubringen und über die Fortschritte in Richtung auf das Ziel, der EU rasch zur Handlungsfähigkeit zu verhelfen, Bericht zu erstatten. Es müssen weiterhin Fortschritte erzielt werden, sodass ein diesbezüglicher Beschluss so bald wie möglich, jedoch spätestens auf der Tagung des Europäischen Rates in Laken gefasst werden kann. ...."

2. Erklärung über die Verhinderung der Verbreitung ballistischer Raketen

„Die Stärkung internationaler Normen und politischer Instrumente zur Verhinderung der Verbreitung von Massenvernichtungswaffen und ihrer Trägersysteme ist für die EU von höchster Bedeutung. Wir treten dafür ein, zur Erreichung dieses Ziels beizutragen. Wir weisen auf die Notwendigkeit hin, die konsequente Durchführung unserer nationalen Exportkontrollen beizubehalten und die multilateralen Nichtverbreitungs- und Exportkontrollregelungen zu verschärfen.

Was die besondere Herausforderung, die sich aufgrund der Verbreitung ballistischer Raketen stellt, anbelangt, so vertreten wir die Auffassung, dass diese Verpflichtung durch ein umfassendes und multilaterales Vorgehen gemäß den Schlussfolgerungen des Rates (Allgemeine Angelegenheiten) vom 14. Mai 2001 ergänzt werden sollte.

Wir sind der Ansicht, dass die Europäische Union, die für eine verstärkte Abrüstung und für multilaterale Nichtverbreitungsinstrumente eintritt, eine führende Rolle im Zusammenhang mit diesen Bemühungen spielen sollte.

Wir bitten den Rat, unverzüglich einen gemeinsamen Standpunkt betreffend die Bekämpfung der Verbreitung ballistischer Raketen anzunehmen, der sich auf die allgemeine Verbreitung des von den TTR-Mitgliedern vorgeschlagenen Internationalen Verhaltenskodex stützt. Diese Initiative könnte zu gegebener Zeit zur Einberufung einer internationalen Konferenz führen.

Diese Initiative wird in voller Transparenz mit den Hauptpartnern der Europäischen Union durchgeführt."

3. Erklärung zur ehemaligen jugoslawischen Republik Mazedonien

„Ein Schwerpunkt unserer Beratungen war die derzeitige Lage in der ehemaligen jugoslawischen Republik Mazedonien.

Der Hohe Vertreter für die GASP hat uns über seinen letzten Besuch in Skopje, an dem auch der NATO-Generalsekretär teilgenommen hat, Bericht erstattet. Wir würdigen ausdrücklich das entscheidende Handeln des Hohen Vertreters SOLANA in der derzeitigen Krise. Wir begrüßen die Zusammenarbeit mit der NATO und den USA.

- I. Chronik -
Nr. 24/15.-16.VI.2001: EU-Gipfel von Göteborg

Wir erklären erneut, dass wir uns nachdrücklich zur Unverletzlichkeit der international anerkannten Grenzen in der Region und zur Souveränität und territorialen Integrität der ehemaligen jugoslawischen Republik Mazedonien als einem multiethnischen Staat bekennen.

Wir bekräftigen erneut, dass eine politische Lösung notwendig ist. Dies verlangt nach

- Eröffnung eines echten Dialogs, der alle aktuellen Fragen umfasst, auch verfassungsrechtliche Fragen; wir begrüßen die Bereitschaft von Präsident TRAJKOVSKI und der Regierung der nationalen Einheit, entsprechend zu handeln. Wir appellieren an sie, unverzüglich greifbare Fortschritte zu erzielen, und sehen dem Bericht von Premierminister GEORGIEVSKI an den Rat (Allgemeine Angelegenheiten) am 25. Juni erwartungsvoll entgegen;

- Schaffung eines dauerhaften Friedens; es ist unabdingbar, dass die Waffenruhe aufrecht erhalten wird. Wir verurteilen jeden Rückgriff auf Gewalt aufs Schärfste. Präsident TRAJKOVSKIS Plan zur Entwaffnung, den die Regierung angenommen hat, ist eine gute Grundlage für Fortschritte in dieser Richtung. Wir appellieren an alle demokratischen Kräfte in der ehemaligen jugoslawischen Republik Mazedonien, an die Nachbarländer und an die internationale Gemeinschaft, gemeinsam gegen den Extremismus vorzugehen.

Schritte zur Festigung der Waffenruhe müssen unverzüglich unternommen werden.

Wir erklären, dass die Europäische Union bereit ist, auf den Fortschritten in den derzeitigen Gesprächen aufzubauen und sich weiter für eine Erleichterung des politischen Dialogs in der ehemaligen jugoslawischen Republik Mazedonien einzusetzen.

In diesem Zusammenhang sind wir übereingekommen, für eine begrenzte Zeit einen Vertreter der EU zu benennen, der seinen Sitz in Skopje hat und dem Hohen Vertreter unterstellt ist. Die EU wird weiterhin in enger Zusammenarbeit mit der NATO sowie mit den wichtigsten beteiligten Partnern und Organisationen tätig sein. Wir ersuchen den Rat, die geeigneten Maßnahmen zu ergreifen.

Wir erklären, dass eine Einigung im politischen Dialog über substanzielle Reformen die Bedingungen dafür schaffen wird, dass die EU der ehemaligen jugoslawischen Republik Mazedonien weitere Hilfe leisten kann.

Wir erklären erneut, dass die EU entschlossen ist, ihrer Verantwortung gerecht zu werden. Mit unseren Hauptpartnern werden wir die Stabilität in der Region, die demokratische Entwicklung und den Wohlstand fördern, insbesondere durch den Stabilisierungs- und Assoziierungsprozess und den Stabilitätspakt."

4. Bericht des Vorsitzes an den Europäischen Rat (Göteborg) über die Europäische Sicherheits- und Verteidigungspolitik

I. EINLEITUNG

„1. Der Europäische Rat hat vor zwei Jahren in Köln im Hinblick auf die Ziele der Gemeinsamen Außen- und Sicherheitspolitik (GASP) beschlossen, die Europäische Union in die Lage zu versetzen, Beschlüsse über das gesamte Spektrum der im Vertrag über die Europäische Union festgelegten Aufgaben der Konfliktverhütung und der Krisenbewältigung, die Petersberg-Aufgaben zu fassen, damit sie ihre Rolle auf der internationalen Bühne uneingeschränkt wahrnehmen kann. Die Europäische Sicherheits- und Verteidigungspolitik (ESVP) ist seitdem auf den Folgetagungen des Europäischen Rates - insbesondere in Helsinki, Feira und Nizza - weiter entwickelt worden. Unter schwedischem Vorsitz ist die Arbeit im Zusammenwirken mit dem Generalsekretär/Hohen Vertreter in Bezug auf alle Aspekte der ESVP vorangebracht worden.

2. Vorrang genoss die Aufgabe, die militärischen und zivilen Fähigkeiten weiterzuentwickeln. Zu diesem Zweck sind die diesbezüglichen Arbeiten vorangetrieben worden, damit bis zum Jahr 2003 das Planziel für die militärischen Fähigkeiten sowie die vereinbarten zivilen Ziele erreicht werden.

3. Der Europäische Rat hat in Nizza das Ziel einer raschen Einsatzbereitschaft der Europäischen Union formuliert. Zu diesem Zweck sind entsprechend dem Mandat, das dem schwedischen Vorsitz in Nizza erteilt wurde, ständige Strukturen für die Krisenbewältigung geschaf-

- I. Chronik -
Nr. 24/15.-16.VI.2001: EU-Gipfel von Göteborg

fen worden, und man hat damit begonnen, Verfahren zur Krisenbewältigung zu entwickeln und zu validieren. Es sind Regelungen für die Konsultation und Zusammenarbeit zwischen der EU und der NATO festgelegt worden. In diesem Rahmen ist zwischen der EU und der NATO mit Erfolg eine enge praktische Zusammenarbeit bei der Krisenbewältigung im westlichen Balkan, insbesondere in der ehemaligen jugoslawischen Republik Mazedonien und in Südserbien, entwickelt worden. Die Beratungen über die anderen Aspekte der Beziehungen zwischen der EU und der NATO sind fortgesetzt worden. Welche Fortschritte in diesem Bereich und in anderen Bereichen erzielt worden sind, wird nachstehend dargelegt.

4. Die Entwicklung der ESVP im Hinblick auf die Ziele der GASP wird die Fähigkeit der Union, gemäß den Grundsätzen der Charta der Vereinten Nationen zum Frieden und zur Sicherheit in der Welt beizutragen, stärken. Die Europäische Union anerkennt, dass dem VN-Sicherheitsrat die Hauptverantwortung für die Wahrung des Weltfriedens und der internationalen Sicherheit zukommt. Unter schwedischem Vorsitz sind konkrete Schritte zur Intensivierung der Zusammenarbeit zwischen der EU und den Vereinten Nationen unternommen worden.

5. Mit der Entwicklung der ESVP sollte von Anfang an auch die Handlungsfähigkeit der EU in dem äußerst wichtigen Bereich der Konfliktverhütung gestärkt werden. Ein europäisches Programm zur Verhütung gewaltsamer Konflikte wird gesondert vorgelegt.

6. Im Zusammenhang mit der Vorlage dieses Berichts hat der Vorsitz davon Kenntnis genommen, dass Dänemark auf das Protokoll Nr. 5 zum Vertrag von Amsterdam über die Position Dänemarks hingewiesen hat.

II. ENTWICKLUNG DER HANDLUNGSFÄHIGKEIT

7. Die Europäische Union hat sich dazu verpflichtet, ihre Fähigkeiten, Strukturen und Verfahren weiter zu entwickeln und zu präzisieren, um ihre Fähigkeit zu verbessern, unter Rückgriff auf militärische und zivile Mittel die Aufgaben der Konfliktverhütung und der Krisenbewältigung in vollem Umfang wahrzunehmen. Damit werden die Europäer auch in die Lage versetzt, auf entsprechende Ersuchen federführender Organisationen wie der Vereinten Nationen oder der OSZE wirksamer und kohärenter zu reagieren. Die EU ist entschlossen, die Fähigkeit, eigenständig Beschlüsse zu fassen, zu entwickeln und in den Fällen, in denen die NATO als Ganzes nicht beteiligt ist, als Reaktion auf internationale Krisen EU-geführte militärische Operationen einzuleiten und durchzuführen. Dies impliziert nicht die Schaffung einer europäischen Armee. Die Bereitstellung nationaler Mittel durch die Mitgliedstaaten für derartige Operationen erfolgt auf der Grundlage souveräner Beschlüsse.

A. Stärkung der Fähigkeiten

Militärische Fähigkeiten

8. In Helsinki wurde für die Entwicklung der militärischen Fähigkeiten als Planziel vorgesehen, dass die EU bis 2003 in die Lage versetzt werden soll, Streitkräfte, die in der Lage sind, den Petersberg-Aufgaben, einschließlich Aufgaben mit größten Anforderungen, in vollem Umfang gerecht zu werden, rasch zu verlegen und dann einsatzfähig zu halten. Auf der Grundlage der unter französischem Vorsitz erzielten Ergebnisse, insbesondere der Beitragskonferenz, ist - soweit notwendig unter Rückgriff auf das Fachwissen der NATO - die Arbeit vorangebracht worden. Im Einzelnen wurde Folgendes getan:

- Im Rahmen einer Analyse des Bedarfs an Fähigkeiten im Zusammenhang mit den bereits geleisteten Beiträgen der Mitgliedstaaten in Form von Einsatzkräften wurden Bedarfslücken festgestellt. Damit diese Bedarfslücken geschlossen werden können, werden die Mitgliedstaaten auf dieser Grundlage ersucht werden, ihre Beiträge zu überprüfen und anzugeben, welche - nationalen und/oder multinationalen - Projekte geplant sind.

- Der Bedarf an operativen und strategischen Fähigkeiten wurde weiter erarbeitet und präzisiert. Dazu gehört der Bedarf in Bezug auf Interoperabilität, Ablösung und Bereitschaftsgrad sowie der Bedarf in Bezug auf die wichtigsten unterstützenden Fähigkeiten wie C3I (Führung, Information und Aufklärung), ISTAR (Nachrichtengewinnung, Überwachung, Zielerfassung und Aufklärung), strategische Beweglichkeit und Logistik.

- I. Chronik -
Nr. 24/15.-16.VI.2001: EU-Gipfel von Göteborg

- Eine Liste der Einsatzkräfte und Fähigkeiten, die der Union bereits vor Ende 2001 zur Verfügung stehen, ist erstellt worden.

9. Die Verteidigungsminister der Mitgliedstaaten sind unter schwedischem Vorsitz zu zwei informellen Tagungen zusammengetreten und haben Fragen im Zusammenhang mit den Fähigkeiten behandelt und über Mittel zur Schließung der Bedarfslücken beraten.

10. Der schwedische Vorsitz hat in Zusammenarbeit mit dem künftigen belgischen Vorsitz einen Plan für die Beratungen über die militärischen Fähigkeiten erstellt, um die angemessene Vorbereitung einer Konferenz über die Verbesserung der Fähigkeiten im November 2001 zu gewährleisten. Die Mitgliedstaaten werden auf der Konferenz ersucht werden, sich zu bestimmten zusätzlichen Maßnahmen zu verpflichten, um die festgestellten Bedarfslücken zu schließen.

11. Die Angebote der nicht der EU angehörenden europäischen NATO-Mitglieder und anderer Länder, die sich um den Beitritt zur EU bewerben, sind in bilateralen Sitzungen mit allen in Frage stehen 15 Staaten im Hinblick auf ihre mögliche Beteiligung an EU-geführten Operationen überprüft und klargelegt worden. Sie werden als wichtige zusätzliche Beiträge zur Verbesserung der europäischen militärischen Fähigkeiten begrüßt und sind nach den Kriterien bewertet worden, die auch auf die Mitgliedstaaten angewandt werden. Diese Einsatzkräfte werden die für EU-geführte Operationen zur Verfügung stehenden Fähigkeiten verstärken und verbessern.

12. Um fortlaufende Maßnahmen der EU zur Stärkung der Fähigkeiten zu gewährleisten, werden im Einklang mit den in Nizza vereinbarten Zielen, Grundsätzen und Aufgaben die Einzelheiten des Überprüfungs- und Beurteilungsmechanismus für die militärischen Fähigkeiten erarbeitet. Ziel ist es, Fortschritte bei der Erfüllung der Verpflichtung zu erleichtern, die im Hinblick auf die Erreichung des Planziels eingegangen worden sind, die Einzelziele im Rahmen des Planziels im Lichte veränderter Gegebenheiten zu überprüfen und auch dazu beizutragen, dass die Vereinbarkeit der im Rahmen der EU eingegangenen Verpflichtungen mit den - für die betroffenen Länder - im Rahmen der NATO-Planung oder des Planungs- und Überprüfungsprozesses der Partnerschaft für den Frieden eingegangenen Verpflichtungen gewährleistet ist.

Zivile Fähigkeiten

13. Die Mitgliedstaaten haben auf den Aufruf zu freiwilligen Beiträgen für Polizeieinsätze mit umfangreicher Unterstützung reagiert, und es sind erhebliche Fortschritte im Hinblick auf die in Feira für 2003 gesteckten konkreten Ziele erreicht worden, die sich auf die beiden in Nizza festgelegten generischen Konzepte erstrecken: Stärkung der lokalen Polizeikräfte und Substitution lokaler Polizeikräfte. Als Ergebnis dieser Bemühungen sollten die auf einer noch im Verlauf dieses Jahres stattfindenden Ministerkonferenz gemachten Zusagen bestätigen, dass die Ziele erreicht werden.

14. Am 10. Mai fand eine Konferenz der Leiter der obersten nationalen Polizeibehörden über die in den EU-Mitgliedstaaten im polizeilichen Bereich vorhandenen Fähigkeiten zur Bewältigung internationaler Krisen statt. Die Arbeiten der Konferenz und die Beiträge der Mitgliedstaaten sind als Grundlage für einen Aktionsplan für die Polizei (*siehe Anlage I*) herangezogen worden.

15. Im Rahmen der EU sind Kriterien für die Auswahl, Schulung und Ausrüstung von Polizeioffizieren, die Aufgaben im internationalen Rahmen übernehmen sollen, ausgearbeitet worden, die dann auf einzelstaatlicher Ebene umzusetzen wären.

16. Leitprinzipien und Modalitäten der Beiträge von nicht der EU angehörenden Staaten zu EU-Polizeimissionen gemäß Titel V EUV sind ausgearbeitet worden und werden in *Anlage II* aufgeführt. Staaten, die entsprechend diesen Modalitäten bereit und fähig sind, einen Beitrag zu leisten, können vom Rat eingeladen werden, an solchen Operationen teilzunehmen.

17. Neue konkrete Ziele, die bis 2003 durch freiwillige Beiträge erreicht werden sollen, sind in den Bereichen Rechtsstaatlichkeit, Zivilverwaltung und Bevölkerungsschutz festgelegt worden und werden in *Anlage III* aufgeführt. Die EU müsste danach wie folgt vorgehen:

- Sie müsste ihre Fähigkeit verbessern, zur Stärkung der Fähigkeiten im Bereich der Rechtsstaatlichkeit beizutragen. Im Rahmen dieses Gesamtziels müssten die Mitglied-

- I. Chronik -
Nr. 24/15.-16.VI.2001: EU-Gipfel von Göteborg

staaten in der Lage sein, für Krisenbewältigungsoperationen bis zu 200 Beamte zur Verfügung zu stellen, um insbesondere die Polizei in der Strafrechtspflege zu ergänzen.

- Sie müsste einen Pool von Experten einrichten, die im Zusammenhang mit Krisenbewältigungsoperationen Aufgaben innerhalb der Zivilverwaltung übernehmen und bei Bedarf kurzfristig eingesetzt werden können.

- Sie müsste ihre Fähigkeiten auf dem Gebiet des Bevölkerungsschutzes stärken. Das Ziel ist es, dass die Mitgliedstaaten in Zusammenarbeit letztendlich Einsatzgruppen von bis zu 2000 Personen kurzfristig bereit stellen können. Die Mitgliedstaaten müssten auch in der Lage sein, Beurteilungs- und/oder Koordinationsgruppen sowie zusätzliche oder spezialisiertere Ressourcen bereitzustellen.

18. In Bezug auf all diese Bereiche hat die EU sich ferner verpflichtet, gemeinsame Standards und Module für Schulungen auszuarbeiten und - was den Bevölkerungsschutz anbelangt - gemeinsame Übungen zu entwickeln.

19. Ob möglicherweise in weiteren Bereichen Fähigkeiten zur zivilen Krisenbewältigung durch die EU notwendig sind, sollte immer wieder überprüft werden.

B. Strukturen, Verfahren und Übungen

20. Auf der ersten Tagung des Rates (Allgemeine Angelegenheiten) unter schwedischem Vorsitz wurde beschlossen, das Politische und Sicherheitspolitische Komitee (PSK), den EU-Militärausschuss (EUMC) und den EU-Militärstab (EUMS), die seit März 2000 als Interimsgremien tätig gewesen waren, als ständige Strukturen einzusetzen.

- Das PSK, das am 22. Januar 2001 als ständiges Gremium eingerichtet wurde, befasst sich mit allen GASP-Fragen, einschließlich der ESVP. Mit der Einsetzung des PSK wurde die Fähigkeit der Union gestärkt, sich mit solchen Fragen zu befassen und in Krisensituationen kohärent vorzugehen.

- Der EU-Militärausschuss wurde am 9. April als ständiges Gremium eingerichtet, als der Rat den ständigen Vorsitzenden des EUMC ernannte. Dem EUMC obliegt es, das PSK in allen militärischen Angelegenheiten im Rahmen der EU militärisch zu beraten und militärische Leitvorgaben für den EUMS festzulegen.

- Der EU-Militärstab wurde am 11. Juni als ständiges Gremium eingerichtet. Der EUMS stellt gemäß den militärischen Weisungen des EUMC sein militärisches Fachwissen und seine militärische Unterstützung in ESVP-Fragen bereit, wozu auch die Durchführung EU-geführter militärischer Krisenmanagementoperationen gehört.

21. Der Ausschuss für die zivilen Aspekte der Krisenbewältigung hat unter schwedischem Vorsitz intensive Arbeiten zu den zivilen Fähigkeiten und anderen Aspekten der zivilen Krisenbewältigung durchgeführt, wobei er gemäß seinem Mandat das PSK und andere einschlägige Ratsgremien beraten und diesen gegenüber Empfehlungen abgegeben hat.

22. Der Generalsekretär/Hohe Vertreter hat Beschlüsse zur Stärkung des Ratssekretariats, insbesondere seiner politisch-militärischen Strukturen, gefasst, die das Sekretariat in die Lage versetzen werden, die fortschreitenden Arbeiten im Rahmen der ESVP in dem erforderlichen Maße zusätzlich zu unterstützen. Dazu zählt die Polizeieinheit, die gegenwärtig im Ratssekretariat eingerichtet wird und in Krisenzeiten rasch von den Mitgliedstaaten verstärkt werden kann; damit wird die EU Polizeieinsätze planen und durchführen können (einschließlich der integrierten Planung und Koordinierung, Lagebeurteilung, Vorbereitung von Übungen und Erarbeitung rechtlicher Rahmenregelungen und -vorschriften). Der Generalsekretär/Hohe Vertreter wird die Vorkehrungen für diese Einheit ständig überprüfen und erforderlichenfalls anpassen.

23. Der Kommission kommt eine wesentliche Rolle zu, wenn es gilt, die Kohärenz des Vorgehens in externen Politikbereichen der EU, einschließlich der GASP und der ESVP, zu gewährleisten und die Zusammenarbeit mit internationalen Organisationen zu verstärken. Die Kommission trägt zur Entwicklung gemeinsamer politischer Konzepte bei, indem sie dem Rat Maßnahmen vorschlägt und indem sie Instrumente zur Krisenbewältigung und Konfliktverhütung, die in ihre Zuständigkeit fallen, verwaltet. Die laufende Reform der Vorschriften für

- I. Chronik -
Nr. 24/15.-16.VI.2001: EU-Gipfel von Göteborg

die Außenhilfe und die Haushaltsführung wird es ermöglichen, dass die Gemeinschaftsunterstützung für EU-Krisenbewältigungsoperationen effektiver abgewickelt wird.

24. Der Rat hat im Februar 2001 eine Verordnung über einen Krisenreaktionsmechanismus angenommen. Dank dieser Verordnung wird die Gemeinschaft ihre Fähigkeiten zur zivilen Krisenbewältigung schneller mobilisieren können.

25. Im Anschluss an die Grundsatzentscheidungen, die der Europäische Rat auf seiner Tagung in Nizza über die Einbeziehung der geeigneten WEU-Funktionen im Bereich der Petersberg-Aufgaben gefasst hat, wurden folgende Maßnahmen getroffen:

- Es haben Arbeiten stattgefunden, die den Rat in die Lage versetzen sollten, in naher Zukunft Beschlüsse über die Schaffung eines Satellitenzentrums der Europäischen Union und eines Instituts für Sicherheitsstudien der Europäischen Union als Einrichtungen der EU zu fassen, durch die die GASP, einschließlich der ESVP gestärkt würde. Das Satellitenzentrum wird durch Auswertung von Satellitenbildern und anderen relevanten Daten zur Beschlussfassung der Union beitragen. Das Institut wird durch akademische Forschung und Untersuchungen in einschlägigen Bereichen zur Entwicklung der GASP beitragen.

- Die Kommission hat ein Kooperationsvorhaben lanciert, das den multinationalen Polizeiberaterstab der WEU in Albanien (MAPE) ablöst.

- Der Rat hat beschlossen, die Minenräumungsmission der WEU in Kroatien (WEUDAM) bis November dieses Jahres weiter zu unterstützen, damit sie ihre laufenden Projekte abschließen kann.

26. Der schwedische Vorsitz hat Arbeiten eingeleitet, in deren Rahmen Grundsätze für die Finanzierung von Operationen mit militärischen oder verteidigungspolitischen Bezügen festgelegt werden sollen. Dass es die finanziellen Aspekte in Zusammenarbeit mit Polizeieinsätzen wie auch mit anderen Bereichen aus dem Spektrum der zivilen Fähigkeiten, insbesondere dem Bevölkerungsschutz, zu regeln gilt, wurde ebenfalls betont.

27. Der Rat hat die EU-Übungspolitik (*Anlage IV*) und ein EU-Übungsprogramm angenommen. Im Rahmen der Übungspolitik wird festgestellt, inwieweit ein EU-Übungsbedarf besteht und welche Kategorien von Übungen, einschließlich gemeinsamer Übungen mit der NATO, erforderlich sind; diese Übungspolitik wird die Grundlage für die effektive Durchführung aller EU-Übungen bilden. Vereinbarungen für die Einbeziehung der nicht der EU angehörenden europäischen NATO-Mitglieder und anderer Länder, die sich um den Beitritt zur EU bewerben, sind im Rahmen der EU-Übungspolitik vorgesehen. Das Übungsprogramm erstreckt sich über den Zeitraum 2001-2006, wobei eine Abfolge von Übungen vorgesehen ist, mit denen die angemessene Bereitschaft und ein effizientes Funktionieren im Krisenfall gewährleistet werden soll. Im Übungsprogramm sind keine militärischen Übungen unterhalb der Ebene des Force Headquarters vorgesehen. Die konkreten Arbeiten zur Vorbereitung der für das Jahr 2002 vorgesehenen Übung werden so bald wie möglich aufgenommen.

28. Gegenwärtig werden Krisenbewältigungsverfahren entwickelt, die eine rasche, wirksame und kohärente Beschlussfassung gewährleisten sollen. Sie werden in dem Workshop zur Krisenbewältigung getestet, der im Juni 2001 auf PSK-Ebene durchgeführt wird. Diese Verfahren werden im Anschluss an diesen Workshop im Lichte der Erfahrungen aktualisiert und überarbeitet.

29. Damit die Union bei der Krisenbewältigung wirksam vorgehen kann, muss sie in der Lage sein, das volle Spektrum der ihr zur Verfügung stehenden zivilen und militärischen Mittel kohärent und koordiniert einzusetzen. Unter Berücksichtigung der Arbeiten, die auf dem vom Vorsitz in Ystad veranstalteten Seminar eingeleitet wurden, wird der Weiterentwicklung von Instrumenten und Modalitäten für eine zivil-militärische Koordinierung im ESVP-Kontext Priorität eingeräumt.

30. Es ist wichtig, dass alle, die sich an EU-Krisenbewältigungsoperationen beteiligen, eine angemessene Schulung zur Gleichstellungsproblematik erhalten.

- I. Chronik -
Nr. 24/15.-16.VI.2001: EU-Gipfel von Göteborg

III. ZUSAMMENARBEIT MIT DER NATO

31. Die Entwicklung einer dauerhaften und effektiven Beziehung zur NATO nach den in Feira und Nizza vereinbarten Grundsätzen stellt ein entscheidendes Element der ESVP dar. Diese Entwicklung wird zu einer echten strategischen Partnerschaft mit der NATO bei der Krisenbewältigung führen, bei der die Beschlussfassungsautonomie der beiden Organisationen gebührend berücksichtigt wird. Dementsprechend werden die Konsultationen und die Zusammenarbeit zwischen EU und NATO in Bezug auf die im gemeinsamen Interesse liegenden Fragen der Sicherheit, der Verteidigung und der Krisenbewältigung mit dem Ziel ausgebaut, die geeignetste militärische Reaktion auf eine Krise sowie eine wirksame Krisenbewältigung zu gewährleisten.

32. Nach Vorlage des Berichts und der Schlussfolgerungen von Nizza und der Reaktion der NATO fand ein Briefwechsel zwischen dem schwedischen Vorsitz und dem NATO-Generalsekretär statt, mit dem die Dauervereinbarungen über die Konsultationen und die Zusammenarbeit zwischen der EU und der NATO bestätigt wurden. In den Beziehungen zwischen der EU und der NATO als Institutionen wird keiner der Mitgliedstaaten diskriminiert.

33. Der schwedische Vorsitz hat entsprechend diesen Vereinbarungen Arbeiten durchgeführt. Die erste offizielle EU/NATO-Ministertagung fand am 30. Mai 2001 in Budapest statt. Ergänzend zu mehreren Sitzungen des PSK und des NAC fand auch eine Sitzung auf der Ebene der Militärausschüsse statt. In der EU/NATO-Ad-hoc-Gruppe 'Fähigkeiten' konnte zu den einschlägigen Aspekten der EU- und der NATO-Arbeiten in diesem Bereich ein Meinungs- und Informationsaustausch vorgenommen werden. Die Unterstützung durch NATO-Experten bei der Präzisierung des Planziels und der Ausarbeitung des EU-Übungsprogramms war von großem Nutzen.

34. Die EU und die NATO haben eine enge Zusammenarbeit aufgenommen, was Fragen der Krisenbewältigung im westlichen Balkan, insbesondere in Südserbien und der ehemaligen jugoslawischen Republik Mazedonien betrifft. Dies schließt politische Konsultationen auf Ministerebene und auf der Ebene des PSK/NAC, gemeinsame Aktivitäten des Generalsekretärs/Hohen Vertreters und des NATO-Generalsekretärs sowie ihrer Vertreter in der Region ein. Darüber hinaus arbeiten die EU-Überwachungsmissionen (EUMM) und die KFOR in diesem Bereich nunmehr eng zusammen.

35. Einer raschen Einigung bedarf es bei den Vereinbarungen, die den Zugang der EU zu NATO-Mitteln und -Fähigkeiten ermöglichen (d.h. gesicherter ständiger Zugang zu den Planungskapazitäten der NATO, Annahme der Verfügbarkeit vorab identifizierter Mittel und Fähigkeiten und Bestimmung einer Reihe von Führungsoptionen), und zwar auf der Grundlage der vom Europäischen Rat in Nizza angenommenen Vereinbarungen. Der baldige Abschluss eines Sicherheitsabkommens gemäß den Schlussfolgerungen des Europäischen Rates von Nizza und Feira wird ebenfalls erwartet.

IV. ZUSAMMENARBEIT MIT INTERNATIONALEN ORGANISATIONEN

36. Die im Rahmen der ESVP geschaffenen, sich entwickelnden Fähigkeiten machen eine intensivierte, sich gegenseitig verstärkende Zusammenarbeit zwischen der Europäischen Union und anderen internationalen Organisationen, einschließlich der Vereinten Nationen, der OSZE und des Europarats erforderlich, wobei es zu keinen unnötigen Duplizierungen kommen soll. Im zivilen Bereich hat die EU eine Reihe von Grundsätzen für die Zusammenarbeit mit internationalen Organisationen sowie die Bereiche, in denen es eine solche Zusammenarbeit geben soll, festgelegt; diese sind in *Anlage V* aufgeführt.

37. Wie von der EU- und dem VN-Generalsekretär beiderseits anerkannt wurde, besteht ein eindeutiges Potential für einen Ausbau der Zusammenarbeit mit den Vereinten Nationen in Bezug auf die militärischen und die zivilen Aspekte der Krisenbewältigung und der Konfliktverhütung, wie vom Rat (Allgemeine Angelegenheiten) am 11. Juni 2001 festgestellt worden ist. Besonders wichtig ist es sicherzustellen, dass mit den sich entwickelnden militärischen und zivilen Fähigkeiten der EU ein tatsächlicher Beitrag zu den Vereinten Nationen geleistet wird. Die von den Mitgliedstaaten in Bezug auf konkrete Ziele der EU gemachten Zusagen werden bewirken, dass für die internationale Krisenbewältigung ein größerer Gesamtbestand an Ressourcen zur Verfügung steht.

Nr. 24/15.-16.VI.2001: EU-Gipfel von Göteborg

38. Unter schwedischem Vorsitz sind als zentrales Anliegen der EU Bemühungen um eine Intensivierung des Zusammenwirkens mit den Vereinten Nationen Themen und Bereiche für eine Zusammenarbeit zwischen der EU und den Vereinten Nationen ermittelt und vom Rat gebilligt worden. Dazu gehören die Konfliktverhütung wie auch zivile und militärische Aspekte der Krisenbewältigung. Der westliche Balkan, der Nahe Osten und Afrika sind als spezifische Bereiche für diese Zusammenarbeit bestimmt worden.

39. Modalitäten, auf deren Grundlage eine intensivierte Zusammenarbeit bei der Krisenbewältigung und der Konfliktverhütung stattfinden soll, sind inzwischen festgelegt worden. Der Rat hat den Vorsitz, der vom Generalsekretär/Hohen Vertreter unterstützt wird, ersucht, diese Zusammenarbeit weiter fortzuführen und dem Rat über die erzielten Fortschritte Bericht zu erstatten.

40. Die OSZE mit ihrem umfassenden und kooperativen Sicherheitskonzept und ihrer großen Erfahrung bei der Krisenbewältigung und der Konfliktverhütung, die sie im Rahmen vieler Einsätze vor Ort erworben hat, ist für die EU ein wichtiger Partner. Deshalb wurde ein besonderes Augenmerk auf den Ausbau der Zusammenarbeit zwischen der EU und der OSZE gerichtet, wobei konkrete Maßnahmen, Methoden und Instrumente sowie funktionale und geografische Bereiche im Mittelpunkt standen.

V. ZUSAMMENARBEIT MIT NICHT DER EU ANGEHÖRENDEN EUROPÄISCHEN NATO-MITGLIEDERN UND ANDEREN LÄNDERN, DIE SICH UM DEN BEITRITT ZUR EU BEWERBEN

41. Die Europäische Union misst der engen Einbeziehung der nicht der EU angehörenden europäischen NATO-Mitglieder und anderer Länder, die sich um den Beitritt zur EU bewerben, in die ESVP im Rahmen der in Nizza vorgesehenen einheitlichen umfassenden Struktur besondere Bedeutung bei.

42. Der schwedische Vorsitz hat die vom Europäischen Rat in Nizza angenommenen Regelungen umgesetzt. Die EU-Außenminister bzw. -Verteidigungsminister sind am 15. Mai mit ihren Amtskollegen aus den nicht der EU angehörenden europäischen NATO-Mitgliedstaaten und den Ländern, die sich um den Beitritt zur EU bewerben (die 'Fünfzehn') sowie den nicht der EU angehörenden europäischen NATO-Mitgliedern (die 'Sechs') zusammengetreten. Bei den Beratungen ging es um die laufenden Arbeiten im Rahmen der ESVP, die Folgemaßnahmen zur Beitragskonferenz, die zivilen Aspekte der Krisenbewältigung, die Umsetzung der Regelungen betreffend die Konsultation und Beteiligung, die EU-NATO-Beziehungen sowie krisenbezogene Themen, wie die Krisenbewältigung im westlichen Balkan.

43. Zur Erleichterung enger Kontakte mit den einschlägigen EU-Gremien haben die nicht der EU angehörenden europäischen NATO-Mitglieder und andere Länder, die sich um den Beitritt zur EU bewerben, Ansprechpartner für das PSK sowie Points of Contact für den EU-Militärstab (EUMS) benannt. Zusätzlich zu den Zusammenkünften auf Ministerebene und auf der Ebene des PSK haben unter schwedischem Vorsitz erste Sitzungen auf der Ebene des EUMC stattgefunden.

VI. ZUSAMMENARBEIT MIT ANDEREN POTENZIELLEN PARTNERN

44. Unter schwedischem Vorsitz sind die Regelungen für die Konsultation und die Beteiligung anderer potenzieller Partner, die im Grundsatz vom Europäischen Rat auf der Tagung in Nizza festgelegt worden waren, umgesetzt worden.

45. Kanada mit seinen langjährigen Erfahrungen mit Friedenssicherungsmissionen ist für die Europäische Union im Bereich der ESVP ein wertvoller Partner. Die EU begrüßt die Bereitschaft Kanadas, zu den Krisenmanagementbemühungen der Union beizutragen. Als Ergebnis des Gipfels EU-Kanada im Dezember letzten Jahres und im Anschluss an die vom Europäischen Rat in Nizza vereinbarten Regelungen haben die EU und Kanada regelmäßige Konsultationen über Fragen von gemeinsamem Interesse aus dem Bereich der ESVP aufgenommen. Die EU wird mit Kanada an der weiteren Ausarbeitung von Modalitäten für eine kanadische Beteiligung an EU-geführten Operationen arbeiten.

46. Auf ihrem jüngsten Gipfel haben die EU und Russland bekräftigt, dass ihnen die Förderung eines verstärkten Dialogs und einer engeren Zusammenarbeit in politischen Fragen und Sicherheitsfragen in Europa ein großes Anliegen ist. Die erfolgreiche Umsetzung der Be-

schlüsse, die der Europäische Rat in Nizza zu den Regelungen für einen verstärkten Dialog und eine engere Zusammenarbeit mit Russland gefasst hat, sollte die notwendige Basis für eine mögliche Beteiligung Russlands an EU-geführten Krisenmanagementoperationen nach vereinbarten Modalitäten darstellen.

47. Es besteht ein laufender Dialog zwischen der EU und der Ukraine zu ESVP-Fragen, wobei von den in Nizza vereinbarten Regelungen in vollem Umfang Gebrauch gemacht wird.

VII. MANDAT FÜR DEN BELGISCHEN VORSITZ

48. Auf der Grundlage des vorliegenden Berichts wird der belgische Vorsitz ersucht, zusammen mit dem Generalsekretär/Hohen Vertreter im Rat (Allgemeine Angelegenheiten) die Beratungen über die Entwicklung der ESVP fortzusetzen und in folgenden Bereichen die erforderlichen Maßnahmen zu treffen:

a) Erreichung des Ziels, die EU in diesem Bereich einsatzfähig zu machen. Ein entsprechender Beschluss sollte spätestens auf der Tagung des Europäischen Rates in Laken gefasst werden.

Zu diesem Zweck wird der belgische Vorsitz ersucht, aufbauend auf den Arbeiten des schwedischen Vorsitzes

- die erforderlichen Maßnahmen zur weiteren Einrichtung und Validierung des Krisenbewältigungsinstrumentariums, einschließlich der einschlägigen Strukturen und Verfahren, zu ergreifen,

- die Beratungen mit der NATO im Hinblick auf die rasche Festlegung der vorgesehenen Vereinbarungen zwischen der EU und der NATO fortzusetzen;

b) Gewährleistung der Überprüfung der Ziele im Bereich der militärischen Fähigkeiten durch Veranstaltung einer Konferenz über die Verbesserung der Fähigkeiten auf Ministerebene, so dass Bedarfslücken geschlossen werden können und zur Erreichung des in Helsinki vereinbarten Planziels und der Ziele im Bereich der kollektiven Fähigkeiten beigetragen werden kann;

c) Erarbeitung der praktischen Modalitäten im Zusammenhang mit der Umsetzung der militärischen und zivilen Aspekte der Krisenbewältigung, einschließlich der zivil-militärischen Koordinierung;

d) Ausarbeitung der Finanzierungsmodalitäten im Zusammenhang mit der Durchführung von Krisenmanagementoperationen;

e) Veranstaltung einer Beitragskonferenz auf Ministerebene für den Bereich Polizei und Beginn der Umsetzung des Aktionsplans für die Polizei;

f) Ergreifung von Maßnahmen zur Umsetzung und weiteren Präzisierung der vereinbarten konkreten Ziele in den Bereichen Rechtsstaatlichkeit, Zivilverwaltung und Bevölkerungsschutz;

g) umfassende Umsetzung der vereinbarten Regelungen für die Konsultation und die Beteiligung der nicht der EU angehörenden europäischen NATO-Mitglieder und anderer Länder, die sich um den Beitritt zur EU bewerben;

h) umfassende Umsetzung der vereinbarten Regelungen für die Konsultation und die Beteiligung anderer potenzieller Partner;

i) weitere Ausarbeitung der vereinbarten Modalitäten für Beiträge von nicht der EU angehörenden Staaten zu EU-Polizeimissionen und Aufstellung von Grundsätzen für mögliche Beiträge von nicht der EU angehörenden Staaten zu anderen zivilen Missionen;

j) Ausbau der Zusammenarbeit der EU mit den Vereinten Nationen, der OSZE und anderen einschlägigen Organisationen;

k) weitere Förderung der Kohärenz und der Wirksamkeit der EU-Konfliktverhütung.

- I. Chronik -
Nr. 24/15.-16.VI.2001: EU-Gipfel von Göteborg

49. Der belgische Vorsitz wird ersucht, dem Europäischen Rat auf dessen Tagung in Laken einen Bericht vorzulegen.

ANLAGE I: AKTIONSPLAN FÜR DIE POLIZEI

I. Einleitung

1. Auf der Tagung des Europäischen Rates in Feira haben sich die Mitgliedstaaten verpflichtet, bis 2003 im Rahmen einer freiwilligen Zusammenarbeit bis zu 5.000 Polizeibeamte, von denen 1.000 innerhalb von 30 Tagen einsetzbar sind, für internationale Missionen im gesamten Spektrum von Konfliktspräventions- und Krisenbewältigungsoperationen bereitzustellen. In Nizza ersuchte der Europäische Rat den nächsten Vorsitz, gemeinsam mit dem Generalsekretär/Hohen Vertreter die Beratungen fortzusetzen und die für die 'Entwicklung einer Fähigkeit zur Planung und Durchführung von Polizeieinsätzen' erforderlichen Maßnahmen zu ergreifen. Der Vorsitz wurde ersucht, 'den Bedarf für die Planung und Durchführung von Operationen europäischer Polizeikräfte zu ermitteln'.

2. Zu diesem Zweck wird dieser Aktionsplan vorgelegt. Er wird es den nächsten Vorsitzen ermöglichen, die Arbeiten, welche die EU im Polizeibereich bei der internationalen Krisenbewältigung voll handlungsfähig machen sollen, voranzubringen und zum Abschluss zu bringen. Dies wird die EU in die Lage versetzen, zum einen von den VN oder der OSZE geleitete Polizeieinsätze zu unterstützen, wobei sicherzustellen ist, dass die Bemühungen der EU in sich schlüssig sind und dass sich diese und die Operationen internationaler Organisationen gegenseitig unterstützen, und zum anderen unabhängige, EU-geleitete Einsätze durchführen.

3. Dieser Aktionsplan kann erforderlichenfalls überarbeitet werden, wenn mehr Erfahrungen gesammelt worden sind.

II. Aktionsplan

4. Die Beratungen im Rat sowie die Vorschläge für die und die Erörterungen auf der vom Vorsitz am 10. Mai 2001 veranstalteten Konferenz der Leiter der obersten nationalen Polizeibehörden über die Befähigung der Polizei der EU-Mitgliedstaaten zur Bewältigung internationaler Krisen haben dazu beigetragen, den Bedarf für die Planung und Durchführung von Operationen europäischer Polizeikräfte, einschließlich der Beiträge zu internationalen Organisationen, zu ermitteln. Folgende Aspekte verdienen besondere Aufmerksamkeit:

- Entwicklung und Validierung von Vereinbarungen über die Planung und Durchführung von Polizeieinsätzen auf politisch-strategischer Ebene, einschließlich der Entwicklung der Befähigung zu einer allgemeinen, operativen Einsatzplanung für Polizeiaktionen, der Einbeziehung der Fachkenntnisse und Beiträge der Polizei in die EU-Strukturen für die frühzeitige Warnung und die rechtzeitige Lagebeurteilung (einschließlich Informationsmissionen der EU), der Entwicklung der Fähigkeit, rasch operative Stäbe einzurichten, der möglichen Zusammenstellung integrierter Polizeieinheiten und des Aufbaus der erforderlichen Schnittstellen mit den militärischen und den anderen zivilen Akteuren der Krisenbewältigungsoperationen. Diese Arbeit wird zu einer ständigen Verbesserung der Verfahren für eine kohärente, umfassende Krisenbewältigung der EU und zu EU-Maßnahmen im Zuge des Krisenmanagements beitragen.

- Entwicklung und Validierung von Konzepten und Systemen zur Befehligung und Überwachung von Polizeieinsätzen sowohl auf operativer Ebene als auch auf politischer Ebene im Rat, einschließlich von Polizeieinsätzen als Teil der Krisenbewältigungsoperationen der EU, die auch militärische Mittel umfassen.

- Entwicklung und Validierung eines Rechtsrahmens für Polizeieinsätze im Rahmen der Krisenbewältigung, einschließlich eines Rahmens 'Vereinbarung über den Status der Einsatzkräfte' und eines Kompendiums der Regeln für den Einsatz.

- Entwicklung und Validierung von Vorkehrungen, mit denen die Interoperabilität der an EU-Polizeieinsätzen teilnehmenden Polizeikräfte sichergestellt wird, einschließlich der Vorkehrungen für eine gemeinsame Ausrüstung, Verwaltung und logistische Unterstützung, und die Entwicklung eines gemeinsamen Vokabulars und gemeinsamer Leitlinien für internationale Polizeieinsätze. (NB: Der Begriff 'Polizeikräfte' erstreckt sich sowohl auf Polizeikräfte mit Zivilstatus als auch auf Polizeikräfte des 'Gendarmerie'-

- I. Chronik -
Nr. 24/15.-16.VI.2001: EU-Gipfel von Göteborg

Typus). Diese Vorkehrungen werden sich u.a. auf die EU-Kriterien für die Auswahl, die Ausbildung und die Ausrüstung von Polizeibeamten stützen, die an internationalen Polizeieinsätzen teilnehmen.[1]

- Entwicklung und Durchführung eines Ausbildungsprogramms für Polizeibeamte für internationale Krisenbewältigung, einschließlich einer Grund- und einer Spezialausbildung, wobei der Ausbildung leitender Polizeibeamter für Befehlsfunktionen bei Polizeieinsätzen besondere Aufmerksamkeit gewidmet wird.

- Ermittlung geeigneter Finanzierungsmodalitäten für EU-Polizeieinsätze.

III. Durchführung

5. Weitere Arbeiten und Überlegungen in Bezug auf diese Anforderungen an die operative Fähigkeit der EU im Polizeibereich einschließlich der Erstellung eines Zeitplans werden in den einschlägigen Ratsgremien vom Vorsitz mit Unterstützung des Generalsekretärs/Hohen Vertreters durchgeführt werden.

6. Die Durchführung des Aktionsplans wird von der Nachfrage abhängig sein. Er wird den Lehren aus laufenden und abgeschlossenen internationalen Polizeimissionen gebührend Rechnung tragen. Die Erfahrungen der Vereinten Nationen und insbesondere die Schlussfolgerungen des Brahimi-Berichts und die Maßnahmen im Anschluss an diesen Bericht werden Berücksichtigung finden.

7. Durch die vom Generalsekretär/Hohen Vertreter beschlossene Schaffung einer Polizeieinheit innerhalb des Ratssekretariats werden der Generalsekretär/Hohe Vertreter und die einschlägigen Ratsgremien Fachkenntnisse in der Polizeiarbeit und Unterstützung erhalten, und es werden tägliche Arbeitskontakte zu den Mitgliedstaaten und zu internationalen Organisationen erleichtert.

8. Zwischen dem Rat und der Kommission und innerhalb des Rates sollte hinsichtlich der polizeilichen und justiziellen Zusammenarbeit (Titel VI des VEU) eine kontinuierliche Koordination und Zusammenarbeit gewährleistet sein. Die Europäische Polizeiakademie (EPA) spielt bei der Ausbildung leitender Polizeibeamter für die Krisenbewältigung eine Schlüsselrolle.

9. Eine enge zivil-militärische Koordinierung wird gegebenenfalls durch die einschlägigen EU-Strukturen und Verfahren für die Krisenbewältigung, insbesondere das PSK, sichergestellt werden. Die Kommission wird an dieser Tätigkeit in vollem Umfang beteiligt.

10. Die Durchführung des Aktionsplans wird mit einer angemessenen Konsultation der Vereinten Nationen, der OSZE und gegebenenfalls des Europarates einhergehen, damit die Kompatibilität der polizeilichen Fähigkeiten und Vorkehrungen der EU mit den einschlägigen internationalen Normen gewährleistet ist.

11. Die Durchführung des Aktionsplans sollte gegebenenfalls den vereinbarten Leitprinzipien und Modalitäten für die Beiträge von Drittstaaten zu EU-geführten Polizeimissionen Rechnung tragen.

ANLAGE II: BEITRÄGE DER NICHT DER EU ANGEHÖRENDEN STAATEN ZU EU-POLIZEIMISSIONEN IM RAHMEN DER ZIVILEN KRISENBEWÄLTIGUNG

I. Einleitung

1. Auf der Tagung des Europäischen Rates (Nizza) wurde vereinbart, dass die Frage der Beiträge der nicht der EU angehörenden Staaten zu den zivilen Krisenbewältigungsoperationen der EU, insbesondere zu EU-Polizeimissionen, nach noch festzulegenden Modalitäten in einer konstruktiven Haltung geprüft werden wird. Der Vorsitz wurde ersucht, Vorschläge zu den

---

[1] „EU-Kriterien für die Auswahl von Polizeibeamten, ihre Ausrüstung und Anforderungen an ihre Ausbildung für zivile Krisenbewältigung", Dok. 5038/3/01 ENFOPOL 1 REV 3 COR 1, 2 vom 7. Mai 2001.

- I. Chronik -
Nr. 24/15.-16.VI.2001: EU-Gipfel von Göteborg

Modalitäten der Beteiligung von Drittländern an den zivilen Aspekten der Krisenbewältigung zu unterbreiten.

2. Gemäß dem in Nizza erteilten Mandat wird bei der Erarbeitung spezifischer Modalitäten für die Beiträge von Drittländern zu zivilen Operationen der EU in einer ersten Phase den Polizeimissionen besondere Aufmerksamkeit geschenkt. Die im Folgenden vorgeschlagenen Grundsätze beziehen sich ausschließlich auf Polizeieinsätze im Rahmen von Titel V EUV.

II. Grundprinzipien und Modalitäten für Polizeimissionen

3. Nicht der EU angehörende Staaten könnten wertvolle Beiträge zu Polizeieinsätzen der EU leisten. Daher wird die Frage solcher Beiträge nach noch festzulegenden Modalitäten in einer konstruktiven Haltung geprüft werden. Dabei sollen die Beschlussfassungsautonomie der EU und der einheitliche institutionelle Rahmen der Union voll und ganz gewahrt werden.

4. Bei einem EU-geführten Polizeieinsatz würden alle Teilnehmerstaaten dieselben internationalen Normen anwenden.

5. Die EU ist übereingekommen, für EU-geführte Krisenbewältigungsoperationen Strukturen vorzusehen, in deren Rahmen regelmäßige Konsultationen mit den nicht der EU angehörenden europäischen NATO-Mitgliedern und anderen Ländern, die sich um den Beitritt zur EU bewerben (EU + 15) stattfinden und diese Länder in Krisenzeiten gegebenenfalls an EU-geführten militärischen Operationen teilnehmen können. Der Dialog und die Unterrichtung über Fragen betreffend Polizeieinsätze könnten also auch im Rahmen der Zusammensetzung EU + 15 stattfinden. Im Krisenfall könnte diese Struktur für die Zeit, bis der Rat einen Beschluss über die Einleitung eines Polizeieinsatzes fasst, auch der Konsultation im Hinblick auf mögliche Beiträge zu einer Mission dienen.

6. Um die Zusammenarbeit in diesem Bereich mit einer breiten Palette potenzieller Partner - u.a. Russland, der Ukraine, anderen europäischen Staaten, mit denen die Union einen politischen Dialog unterhält, sowie anderen interessierten Staaten wie Kanada - erleichtern, könnte die Frage der Polizeieinsätze im Rahmen der bestehenden Strukturen in den Dialog über ESVP-Fragen und die Zusammenarbeit und Konsultation mit den betreffenden Ländern in diesem Bereich einbezogen werden.

7. Dem PSK kommt auch im Zusammenhang mit Polizeieinsätzen eine wichtige Rolle bei der Förderung von Konsultationen mit Drittländern zu.

8. Hat der Rat die Einleitung eines Polizeieinsatzes oder einer integrierten Operation beschlossen, die Polizeikomponenten umfasst, können Staaten, die in der Lage und bereit sind, zu einer bestimmten Operation beizutragen, mit Beschluss des Rates eingeladen werden, an der Operation teilzunehmen.

9. Alle Drittländer, die in nennenswertem Umfang zu einem EU-geführten Polizeieinsatz beitragen, haben hinsichtlich der laufenden Durchführung des Einsatzes dieselben Rechte und Pflichten wie die an dem Einsatz beteiligten EU-Mitgliedstaaten. Zu diesem Zweck sollten geeignete Konzepte für die laufende Durchführung bei EU-Polizeieinsätzen sowie bei integrierten Operationen mit militärischen Komponenten wie auch Polizeikomponenten entwickelt werden.

10. Dies präjudiziert nicht die Möglichkeit, Polizeieinsätze u.a. abhängig von der Größenordnung und der Art des Einsatzes nach anderen Verfahren durchzuführen, sofern dies beschlossen wird.

11. Der Beschluss der EU, einen Polizeieinsatz zu beenden, wird nach Konsultationen zwischen den teilnehmenden Staaten gefasst.

III. Weiterentwicklung von Vorschlägen betreffend die Modalitäten für Beiträge von Drittländern zu Polizeimissionen der EU

12. Die spezifischen Modalitäten für die Beiträge von Drittländern zu Polizeieinsätzen müssen noch weiter ausgearbeitet und vom PSK geprüft werden. Dabei wäre zu berücksichtigen, dass alle notwendigen Verfahren für die zivile Krisenbewältigung durch die EU noch nicht vollständig entwickelt sind.

- I. Chronik -
Nr. 24/15.-16.VI.2001: EU-Gipfel von Göteborg

ANLAGE III: NEUE KONKRETE ZIELE FÜR DIE ZIVILEN ASPEKTE
DER KRISENBEWÄLTIGUNG

1. Gemäß den Ergebnissen der Tagungen des Europäischen Rates in Feira und Nizza hat der Rat nunmehr konkrete Ziele in den Bereichen Rechtsstaatlichkeit, Zivilverwaltung und Bevölkerungsschutz festgelegt, die bis zum Jahr 2003 durch freiwillige Beiträge zu erreichen sind.

I. Rechtsstaatlichkeit

2. Die EU misst der Stärkung der Rechtsstaatlichkeit als einem Instrument zur Konfliktverhütung und zur Krisenbewältigung große Bedeutung bei. Erfahrungsgemäß ist die Stärkung der Rechtsstaatlichkeit eine Voraussetzung für die Konsolidierung von Frieden und Sicherheit. Die internationalen Bemühungen zur Stärkung - und erforderlichenfalls zum Wiederaufbau - glaubwürdiger örtlicher Polizeikräfte können nur dann ihre volle Wirkung entfalten, wenn der Polizei ein funktionierendes Gerichts- und Strafvollzugswesen zur Seite steht.

3. Verstärkte Fähigkeiten im Bereich der Rechtsstaatlichkeit werden die EU in die Lage versetzen, einem Ersuchen einer internationalen federführenden Organisation besser Folge zu leisten; zudem werden sie die Durchführung autonomer EU-Missionen erleichtern. Um bei allen Arten von Konfliktverhütungs- und Krisenbewältigungsoperationen zur Stärkung der Rechtsstaatlichkeit beitragen zu können, sollte sich die EU darauf konzentrieren, Beamte aus dem breiten Spektrum der für die Wahrung der Rechtsstaatlichkeit unerlässlichen Aufgaben zu ermitteln und zu schulen, die für internationale Missionen bereitgestellt werden sollten.

4. Für internationale Missionen wird in erster Linie auf die Beamtenschaft der Mitgliedstaaten zurückgegriffen; was jedoch die Maßnahmen zur Förderung der Rechtsstaatlichkeit anbelangt, so bietet sich auch für andere Beitragswillige als die staatlichen Stellen der Mitgliedstaaten, z.B. Hochschulorganisationen und NROs, eine Fülle von Möglichkeiten, was die Bereitstellung von Experten anbelangt. In diesem Zusammenhang muss betont werden, dass jegliche Teilnahme freiwillig ist.

5. Diese Arbeit wird ein abgestimmtes Vorgehen seitens der EU erfordern, da der Notwendigkeit Rechnung zu tragen ist, hierfür genügend qualifizierte Beamte und Experten, die mit verschiedenen Rechtssystemen vertraut sind, zu finden.

Konkrete Ziele

Stärkung der EU-Fähigkeiten insgesamt

6. In Krisenbewältigungssituationen könnten Missionen zur Förderung der Rechtsstaatlichkeit, die unter anderem über Expertise in den Bereichen Recht, Gerichts- und Strafrechtswesen verfügen, mit der Stärkung örtlicher Einrichtungen durch Beratung, Schulung oder Überwachung beauftragt werden, oder sie könnten mittels der vorübergehenden Beauftragung eines internationalen Mitarbeiterstabs mit Exekutivaufgaben betraut werden, insbesondere wenn örtliche Einrichtungen fehlen. In derartigen Situationen sollte möglichst rasch mit dem Wiederaufbau des örtlichen Gerichts- und Strafrechtswesens begonnen werden. Missionen zur Wiederherstellung der Rechtsstaatlichkeit würden zwar in der Regel eine polizeiliche Komponente ergänzen, könnten aber auch ohne eine solche Komponente durchgeführt werden. Bei jeder Mission ist es wesentlich, dass die örtlichen Fähigkeiten rasch aufgebaut und anschließend der Übergang zu einer mit ein-heimischen Kräften besetzten Verwaltung gewährleistet wird.

7. Erfahrungsgemäß ist auch für Kontinuität zwischen kurzfristiger Krisenbewältigungshilfe und langfristigeren Initiativen zu sorgen. Eine kohärente Politik, die die unmittelbare Krisenbewältigung mit einer langfristigen Förderung des Aufbaus von Institutionen verbindet, ist von entscheidender Bedeutung. Die Verwirklichung dieser unterschiedlichen Vorhaben erfordert eine Kombination verschiedener EU-Instrumente. Die EU wird insbesondere in vollem Umfang Gemeinschaftsinstrumente nutzen. Auf Gemeinschaftsebene wird unter anderem der Krisenreaktionsmechanismus ein wichtiges Instrument darstellen.

8. Die Mitgliedstaaten sollten schrittweise ihre Fähigkeit zur Bereitstellung von Richtern, Staatsanwälten und weiteren Kategorien von Beamten und Experten im Bereich der Rechtsstaatlichkeit für internationale Missionen ausbauen. Es sollte ein ausreichend großer Pool von Beamten und Experten der Mitgliedstaaten in diesem Bereich geschaffen werden.

Nr. 24/15.-16.VI.2001: EU-Gipfel von Göteborg

9. Der Umstand, dass sich die jeweilige Expertise und die jeweiligen Stärken der einzelnen Mitgliedstaaten ergänzen, lässt Raum für Spezialisierung. In den Mitgliedstaaten sollte die Fähigkeit ihrer Behörden, für die Bereitstellung qualifizierten Personals zu sorgen, ausgebaut werden. Die Mitgliedstaaten sollten auf der Grundlage eines Informationsaustausches eine allgemeine Bestandsaufnahme der Modalitäten und Bedingungen für Beamte, die freiwillig internationale Aufgaben übernehmen möchten, vornehmen.

Fähigkeiten und Krisenreaktionsfähigkeit

10. Im Rahmen des allgemeinen Ziels für die Fähigkeiten der EU insgesamt sollten die Mitgliedstaaten insbesondere ihre Fähigkeit ausbauen, für Krisenmanagementoperationen Beamte zur Verfügung zu stellen, die Aufgaben im Bereich der Strafverfolgung und des Gerichts- und Strafvollzugswesens wahrnehmen; hierdurch soll in erster Linie gewährleistet werden, dass bei Operationen, in deren Rahmen internationale Polizeikräfte Exekutivaufgaben wahrnehmen, eine vollständige und funktionierende Strafrechtspflege besteht.

11. Durch den schrittweisen Ausbau ihrer Fähigkeiten sollten die Mitgliedstaaten - auf freiwilliger Basis – im Jahr 2003 in der Lage sein, bis zu 200 Beamte bereitzustellen, die angemessen auf Krisenmanagementoperationen im Bereich der Rechtsstaatlichkeit vorbereitet sind. Hierbei ist ein ausgewogenes zahlenmäßiges Verhältnis zwischen den unterschiedlichen benötigten Beamten, zu denen Staatsanwälte und Richter sowie Strafvollzugsbeamte zählen, anzustreben.

12. Zu diesem Ziel sollte auch die Fähigkeit zählen, polizeiliche Krisenreaktionseinheiten und Informationsmissionen mit umfassendem Fachwissen im Bereich der Rechtsstaatlichkeit zu ergänzen, was eine frühzeitige Planung der Rechtsstaatlichkeitshilfe ermöglichen würde; diese sollten innerhalb von 30 Tagen einsatzfähig sein.

13. Der Koordinierung und Kohärenz zwischen der EU-Rechtsstaatlichkeitskomponente und anderen Elementen einer EU-Krisenbewältigungsoperation wird entscheidende Bedeutung zukommen.

Aufstellung von Normen

14. Die EU und ihre Mitgliedstaaten sollten schrittweise ein umfassendes Spektrum vereinbarter Normen für die Auswahl, Schulung und Ausrüstung von Beamten und Experten auf dem Gebiet der Rechtsstaatlichkeit entwickeln und Module für ihre Schulung vorsehen. Ferner könnte die Aufstellung gemeinsamer Schulungsprogramme erwogen werden. Die EU-Normen sollten mit jenen der einschlägigen internationalen Organisationen vereinbar sein und zweckmäßigerweise weiter auf diesen aufbauen.

15. Es sei darauf hingewiesen, dass die Kommission im Jahr 2001 ein Projekt für eine Gemeinschaftsaktion zur Unterstützung der Entwicklung gemeinsamer Schulungsmodule für Beamte und Experten auf dem Gebiet der Rechtsstaatlichkeit, die im Rahmen der zivilen Krisenbewältigung eingesetzt werden sollen, in die Wege leiten wird.

16. Die EU sollte sich des Weiteren verstärkt darum bemühen, eine Katalysatorfunktion innerhalb der internationalen Organisationen zu übernehmen; in diesem Zusammenhang sollte sie auch dafür eintreten, dass die Mandate für internationale Missionen, an denen Beamte und Experten auf dem Gebiet der Rechtsstaatlichkeit beteiligt sind, klar festgelegt werden und dass innerhalb der Vereinten Nationen ein grundlegender, unmittelbar anwendbarer vorläufiger Rechtsrahmen für die Fälle ausgearbeitet wird, in denen die internationale Gemeinschaft auf ein institutionelles und normatives Vakuum trifft.

17. Die EU wird dafür sorgen, dass die Beamten und Experten, die bei Krisenmanagementmissionen eingesetzt werden sollen, eine angemessene Schulung erhalten, in der sie für die Berücksichtigung der Gleichstellungsproblematik bei ihren Aufgaben sensibilisiert werden.

Umsetzung

18. In den spezifischen konkreten Zielen kommen der politische Wille und das Engagement der Mitgliedstaaten zum Ausdruck. Die Ziele sollten von den zuständigen Ratsgremien weiter präzisiert werden. Die EU sollte bei ihren Arbeiten dem Erfahrungsschatz der VN, der OSZE und des Europarats, der in diesem Bereich besonders große Erfahrung hat, in vollem Umfang Rechnung tragen. Die Europäische Union sollte dafür sorgen, dass ihre eigenen Anstrengun-

- I. Chronik -
Nr. 24/15.-16.VI.2001: EU-Gipfel von Göteborg

gen mit jenen dieser Organisationen kohärent sind und sich gegenseitig verstärken, ohne dass es zu einer unnötigen Duplizierung kommt.

19. Es ist eine Methode zu entwickeln, mit deren Hilfe das quantitative gestaffelte Ziel durch freiwillige Beiträge erreicht und weiterverfolgt werden kann. Die Mitgliedstaaten sollten eine Bestandsaufnahme ihrer jeweiligen Expertise und ihrer Stärken vornehmen. Diese Arbeit sollte in enger Zusammenarbeit mit der einschlägigen Expertise der Mitgliedstaaten durchgeführt werden.

20. Die Ziele erfordern eine Vorabidentifizierung der benötigten Fähigkeiten und Funktionen und eine Grundausbildung eines hinreichend großen Pools von Beamten und Experten der Mitgliedstaaten auf dem Gebiet der Rechtsstaatlichkeit, damit alle erforderlichen Aufgabenbereiche abgedeckt werden können. Ferner bedarf es möglicherweise eines Ausbaus der Mechanismen für die Ablösung eingesetzter Kräfte und die Bereitstellung ausreichender finanzieller und logistischer Ressourcen.

21. Allgemeine Informationen über die Fähigkeiten im Bereich der Rechtsstaatlichkeit, einschließlich von Angaben zur Einsatzbereitschaft, sowie über die spezifische nationale Expertise sind in die Datenbank zum Thema Rechtsstaatlichkeit einzugeben, die beim Ratssekretariat als Teil des Koordinierungsmechanismus für zivile Aspekte der Krisenbewältigung eingerichtet wurde. Spezifische Informationen sollten in den Mitgliedstaaten nach noch zu vereinbarenden Modalitäten registriert werden. Weitere Arbeiten sind in Bezug auf nationale Regelungen, auch zu spezifischen Informationen über Fähigkeiten und die jeweilige einzige nationale Kontaktstelle, durchzuführen.

II. Zivilverwaltung

22. Der Europäische Rat hat auf seiner Tagung in Feira die Zivilverwaltung zu einem vorrangigen Bereich erklärt, in dem sich die EU um eine Stärkung ihrer Fähigkeiten bemühen sollte. Diese Verpflichtung hat der Europäische Rat in Nizza bekräftigt und hervorgehoben, dass die Europäische Union 'ihre Überlegungen auf der Grundlage der Empfehlungen des Europäischen Rates (Feira) fortsetzen' muss, 'um konkrete Ziele festzulegen und die EU mit geeigneten Mitteln auszustatten, so dass sie komplexe politische Krisen wirksam bewältigen kann.'

A. Konkrete Ziele

23. Um die Fähigkeiten der Europäischen Union auf dem Gebiet der Zivilverwaltung so zu stärken, dass Beiträge zu einem möglichst breiten Spektrum von Krisenmanagementoperationen - sowohl zu autonomen EU-geführten Krisenmanagementoperationen als auch zu Operationen internationaler Organisationen - geleistet werden können, hat die Union folgende konkrete Ziele festgelegt, die bis 2003 erreicht werden sollen.

Stärkung der EU-Fähigkeiten insgesamt

24. In der Erkenntnis, dass Verwaltungsexperten bei internationalen Krisenmanagementoperationen eine zentrale Rolle spielen und dass ein wachsender Bedarf an solchen Experten besteht, verpflichtet sich die EU, einen Pool von Experten einzurichten, die im Zusammenhang mit Krisenmanagementoperationen auf freiwilliger Basis Aufgaben innerhalb der Zivilverwaltung übernehmen und bei Bedarf kurzfristig eingesetzt werden können.

25. Der Pool sollte eine dynamische Einrichtung sein und Hand in Hand mit der Stärkung der Fähigkeiten schrittweise erweitert werden. Informationen über den Expertenpool sollten in eine Datenbank eingegeben werden, die von dem Koordinierungsmechanismus für die zivilen Aspekte der Krisenbewältigung im Ratssekretariat in enger Zusammenarbeit mit der Kommission eingerichtet wird.

26. Bei Operationen an denen Verwaltungsexperten beteiligt sind, könnte eine Kombination verschiedener EU-Instrumente zum Einsatz gelangen. Auf Gemeinschaftsebene wird unter anderem der Krisenreaktionsmechanismus ein wichtiges Instrument in der Krisenphase darstellen.

27. Es wird äußerst wichtig sein, zwischen den Zivilverwaltungskomponenten und anderen Elementen einer Krisenmanagementoperation der EU für Koordinierung und Kohärenz der Maßnahmen zu sorgen.

28. Der Expertenpool sollte ein breites Spektrum von Funktionen abdecken, die für Krisenmanagementoperationen relevant sind. Grundlage für die Ausgestaltung der Funktionen könnte die nachstehende Beispielliste sein, die sich wiederum auf Erfahrungen mit Krisenmanagementoperationen (beispielsweise im westlichen Balkan und in Osttimor) stützt. Spezielle Prioritäten könnten zu einem späteren Zeitpunkt festgelegt werden.

29. Allgemeine Verwaltungsfunktionen: Standesamt, Grundbuchamt, Wahlen/Ernennungen im Zusammenhang mit politischen Gremien, Besteuerung, Kommunalverwaltung, Zollverwaltung.

30. Sozialfunktionen: Bildungswesen, Sozialdienste, Gesundheitsdienste und ärztliche Versorgung.

31. Infrastrukturfunktionen: Wasserversorgung, Energieversorgung, Telekommunikation, ständige Infrastruktur, Verkehr, Abfallbewirtschaftung.

32. Die enge Verknüpfung zwischen Zivilverwaltung im Rahmen der Krisenbewältigung und langfristiger Strukturhilfe - die nicht zuletzt auf die Beteiligung ähnlicher Funktionskategorien und die zeitliche Überschneidung der Aktivitäten zurückzuführen ist - erfordert unbedingt Kontinuität in der Vorgehensweise. Der reibungslose Übergang von einer Phase mit speziellen Zielen und Aktivitäten zur anderen sollte sichergestellt werden.

33. Der Expertenpool sollte auf die Arbeit in verschiedenen Stadien einer Krise vorbereitet sein. Die Experten müssten in der Lage sein, beratende Aufgaben, Schulungs- und Überwachungsaufgaben, aber auch Exekutivaufgaben in den verschiedensten Situationen wahrzunehmen; diese reichen von der Unterstützung bestehender lokaler Strukturen im Bedarfsfall bis hin zu komplexen Notfällen, in denen die lokalen Strukturen wenig funktionsfähig sind oder gar nicht existieren. Das unmittelbarste Ziel des Einsatzes einer Zivilverwaltungskomponente im Rahmen einer Krisenmanagementoperation wird darin bestehen, einen funktionierenden Verwaltungsapparat zu schaffen oder dessen Bestehen zu sichern, wobei ein möglichst rascher Übergang zu einer mit einheimischen Kräften besetzten Verwaltung zu fördern ist.

34. Die EU sollte eine enge Zusammenarbeit mit anderen relevanten Akteuren anstreben, z.B. mit internationalen Organisationen, Nichtregierungsorganisationen, dem Privatsektor und der Bürgergesellschaft im weiteren Sinne.

Stärkung der Fähigkeiten in den Bereichen Schulung und Beurteilung

35. In der Erkenntnis, dass die Fähigkeit, qualifizierte Verwaltungsexperten rasch für internationale Missionen zur Verfügung stellen zu können, weitgehend von vorbereitenden Schulungen abhängt, verpflichtet sich die EU, entsprechende gemeinsame Standards und Module für die Schulungen in diesem Bereich auszuarbeiten.

36. In der Erkenntnis, dass die Beurteilung der Bedürfnisse, Verhältnisse und Kapazitäten vor Ort für die Ausarbeitung von Strategien und die Ermittlung der Ressourcen für eine bestimmte Mission von entscheidender Bedeutung ist, verpflichten sich die Mitgliedstaaten, zu diesem Zweck ihre Fähigkeit zu stärken, mit der erforderlichen Expertise zu Vorauskommandos beizutragen.

B. Umsetzung

37. Diese konkreten Ziele sind Ausdruck des politischen Willens und Engagements der EU. Sowohl die quantitativen als auch die qualitativen Aspekte werden weiter ausgearbeitet.

38. Als erstes sollte zur Stärkung der EU-Fähigkeiten insgesamt eine detailliertere Liste der Funktionen und Expertenkategorien unter Mitwirkung von Experten der Mitgliedstaaten, die vorzugsweise Erfahrung mit internationalen Missionen haben sollten, ausgearbeitet werden. Dann könnten die Mitgliedstaaten angeben, zu welchen Funktionen und Expertenkategorien sie speziell Beiträge leisten könnten. Vorauskommandos könnten als spezifische Funktion vorgemerkt werden. Das Ergebnis ließe sich in einer Datenbank erfassen.

39. Weiterhin sollten die Funktionen und Expertenkategorien, bei denen die Fähigkeiten verstärkt werden müssten, ermittelt und vorhandene Defizite ausgeglichen werden. Angesichts des dynamischen Charakters des Expertenpools würde sich dieser Prozess über das Zieldatum 2003 hinaus fortsetzen.

40. Die Erreichung des Ziels im Bereich Schulung sollte vorrangig betrieben werden. Es sei darauf hingewiesen, dass die Kommission in Kürze ein Projekt einleiten wird, das die Entwicklung gemeinsamer Schulungsmodule für Personen vorsieht, die im Rahmen der zivilen Krisenbewältigung für den Bereich Rechtsstaatlichkeit und sonstige zivile Aufgaben eingesetzt werden. Diese Module sollten in Zusammenarbeit mit einschlägigen internationalen Organisationen, insbesondere den VN, der OSZE und dem Europarat entwickelt werden, um Komplementarität und Interoperabilität sicherzustellen.

III. Bevölkerungsschutz

41. Auf seiner Tagung in Feira hat der Europäische Rat den Bevölkerungsschutz zu einem vorrangigen Bereich erklärt, in dem sich die EU um eine Stärkung ihrer Fähigkeiten bemühen sollte. Diese Verpflichtung hat der Europäische Rat auf seiner Tagung in Nizza bekräftigt und festgestellt, dass die Überlegungen fortgesetzt werden müssen, um konkrete Ziele auf dem Gebiet des Bevölkerungsschutzes festzulegen und die EU mit geeigneten Mitteln auszustatten, so dass sie komplexere Krisen wirksam bewältigen kann.

A. Aufgabe des Bevölkerungsschutzes in der Krisenbewältigung

42. Der Bevölkerungsschutz schließt die Mittel ein, die den Mitgliedstaaten im Rahmen ihrer Notfalldienste zur Verfügung stehen, also Mittel, die in erster Linie Schutz- und Rettungsaufgaben auf nationaler Ebene dienen. Diese Mittel werden auf ein entsprechendes Ersuchen hin auch bei größeren Natur-, Technologie- und Umweltkatastrophen in anderen Mitgliedstaaten sowie in Drittländern eingesetzt.

43. In den letzten Jahren wurde der Bevölkerungsschutz zunehmend auch im Rahmen der Krisenbewältigung oftmals unter Federführung der VN/OCHA eingesetzt. Derartige Situationen sind häufig komplexer als größere Natur-, Technologie- und Umweltkatastrophen. Im Allgemeinen ist eine größere Vielfalt internationaler Akteure an den Schauplätzen vertreten, und im Falle bewaffneter Konflikte gilt das humanitäre Völkerrecht. Die Fähigkeit des Bevölkerungsschutzes, innerhalb kürzester Zeit zu reagieren und Notfallsituationen unterschiedlicher Art zu bewältigen, sowie die tägliche Erfahrung mit Einsätzen unter großer Belastung und schwierigen Bedingungen haben sich in derartigen komplexen Situationen als wertvoll erwiesen.

44. Der Bevölkerungsschutz ist daher in Krisenfällen aufgerufen, unter anderem die Träger humanitärer Einsätze dabei zu unterstützen, unmittelbar das Überleben der betroffenen Bevölkerung zu sichern und ihrem Schutzbedürfnis gerecht zu werden, und zwar beispielsweise auf den Gebieten Bergung und Rettung, Aufbau von Flüchtlingslagern und Kommunikationssystemen sowie Bereitstellung sonstiger Formen der logistischen Unterstützung.

45. Es sei bemerkt, dass die Struktur des Bevölkerungsschutzes von Mitgliedstaat zu Mitgliedstaat verschieden ist und dass die Mitgliedstaaten unterschiedliche Ressourcen und Organisationen zur Krisenbewältigung heranziehen.

B. Konkrete Ziele

46. Die Europäische Union hat sich zur Stärkung ihrer Fähigkeiten auf dem Gebiet des Bevölkerungsschutzes nachstehende konkrete Ziele gesetzt, die bis 2003 erreicht werden sollen.

Stärkung der Fähigkeiten der EU insgesamt

47. In Anerkennung der lebenswichtigen Rolle des Bevölkerungsschutzes bei Krisenbewältigungsoperationen und in Anerkennung des wachsenden Bedarfs an Einsatzkräften und sonstigen Ressourcen des Bevölkerungsschutzes für derartige Operationen verpflichtet sich die Europäische Union, ihre Fähigkeiten auf diesem Gebiet zu verstärken. Ziel ist es, dass die Mitgliedstaaten schließlich Folgendes auf freiwilliger Basis bereitstellen können:

- 2 bis 3 Beurteilungs- und/oder Koordinationsgruppen, die insgesamt aus 10 Experten bestehen und - je nach den Umständen - innerhalb von 3 bis 7 Stunden entsandt werden können. Die Experten sollten aus einer Gruppe von bis zu 100 speziell zu diesem Zweck ausgewählten Experten rund um die Uhr abrufbereit sein;

- I. Chronik -
Nr. 24/15.-16.VI.2001: EU-Gipfel von Göteborg

- Einsatzgruppen des Bevölkerungsschutzes, für die bis zu 2.000 Personen kurzfristig zur Verfügung gestellt werden können;

- zusätzliche oder spezialisiertere Ressourcen von den zuständigen Diensten oder gegebenenfalls Nichtregierungsorganisationen und anderen Stellen entsprechend den spezifischen Bedürfnissen in der jeweiligen Krisensituation, die innerhalb eines Zeitraums von zwei Tagen bis zu einer Woche verlegt werden könnten.

48. Die verstärkten Fähigkeiten auf dem Gebiet des Bevölkerungsschutzes werden die Union in die Lage versetzen, auf Ersuchen von internationalen federführenden Organisationen wie den VN besser zu reagieren wie auch autonome EU-Missionen durchführen zu können. Die Mitgliedstaaten werden Ressourcen des Bevölkerungsschutzes für Operationen bereitstellen, an denen sie aus freier Entscheidung mitwirken wollen.

49. Mit diesen Ressourcen sollte es möglich sein, Aufgaben des Bevölkerungsschutzes im Rahmen von Krisenmanagementoperationen zu erfüllen und den unterschiedlichen Bedürfnissen auf dem Gebiet des Bevölkerungsschutzes in den verschiedenen Phasen dieser Operationen zu entsprechen. Die hierbei eingesetzten Kräfte sollten hoch qualifiziert sein und aus den Diensten der Mitgliedstaaten stammen.

50. Die Einsatzgruppen und sonstigen Ressourcen des Bevölkerungsschutzes sollten die vor Ort vorhandenen Ressourcen verstärken und eng mit einschlägigen örtlichen Stellen und/oder internationalen Koordinierungsmechanismen zusammenarbeiten.

Stärkung der Reaktionsfähigkeit der EU

51. Der Ausbau der Reaktionsfähigkeit der EU wird, insbesondere was Transportkosten anbelangt, entsprechende Überlegungen zu den finanziellen Aspekten erforderlich machen.

52. Damit dem Bedarf an effizienten Bevölkerungsschutzmaßnahmen entsprochen und die erforderliche Kompatibilität und Komplementarität der Einsatzgruppen gewährleistet werden kann, sollten bis 2003 umfassende Schulungs- und Übungsprogramme für die Krisenbewältigung aufgestellt werden. Die Programme sollten Folgendes vorsehen:

- einen Grundlehrgang und einen Auffrischungslehrgang auf EU-Ebene für Experten, die für die Beurteilungs- und/oder Koordinierungsgruppen sowie als Gruppenleiter ausgewählt wurden;

- eine Schulung nach vereinbarten Anforderungen, die unter der Verantwortung der Mitgliedstaaten für sonstiges Personal durchgeführt wird;

- ein System für Übungen.

53. Die Lehrgangsprogramme sollten in Zusammenarbeit mit einschlägigen weltweit und regional tätigen internationalen Organisationen entwickelt werden, damit deren Erfahrung und Sachverstand in vollem Umfang genutzt, Doppelarbeit vermieden und Interoperabilität gewährleistet werden kann. Das System für die Übungen sollte, wenn es aufgestellt ist, in die Übungspolitik und das Übungsprogramm der EU eingehen.

Zusammenarbeit mit den Streitkräften und Einsatz militärischer Mittel

54. Soweit verfügbar und angebracht kann der Einsatz militärischer Mittel wie beispielsweise Transportkapazitäten zur Unterstützung von Bevölkerungsschutzeinsätzen im Rahmen der Krisenbewältigung die Fähigkeit der EU im Bereich des Bevölkerungsschutzes verbessern. Verfahren und Regelungen für die Kooperation auf verschiedenen Ebenen könnten ausgearbeitet werden, damit die Zusicherung der Union, für Synergieeffekte zwischen den zivilen und den militärischen Aspekten der Krisenbewältigung zu sorgen, konkretisiert wird. Bei dieser Arbeit könnte nationalen und inter-nationalen Leitlinien Rechnung getragen werden.

C. Durchführung

55. Die konkreten Ziele für den Bevölkerungsschutz im Rahmen der Krisenbewältigung sind Ausdruck des politischen Willens und der politischen Verpflichtung der Europäischen Union. Sie werden weiter präzisiert und begleitet werden. Das Gemeinschaftsverfahren zur Förderung einer verstärkten Zusammenarbeit bei Katastrophenschutzeinsätzen wird, sobald es durch einen Ratsbeschluss eingeführt wurde, eine herausragende Rolle bei der Erreichung der

konkreten Ziele einnehmen. Der Mechanismus könnte unter noch festzulegenden Bedingungen zu einem Instrument für die Förderung und die Unterstützung der Krisenbewältigung nach Titel V des Vertrags über die Europäische Union werden.

56. Die Fähigkeitsziele sollten auf der Grundlage unterschiedlicher Szenarien und der in den letzten Jahren gemachten Erfahrungen auf dem Gebiet des Bevölkerungsschutzes im Rahmen der Krisenbewältigung weiter präzisiert werden. Der Unterschiedlichkeit der Ausgangslagen, in denen Ressourcen für Zwecke des Bevölkerungsschutzes im Rahmen von Krisenmanagementoperationen eingesetzt werden, sollte sorgsam Rechnung getragen werden. Es könnte dann genauer analysiert werden, welche Ressourcen von den Mitgliedstaaten zur Verfügung gestellt werden könnten. Der spezifischen Leistungsfähigkeit und Erfahrung der einzelnen Mitgliedstaaten sollte ebenfalls Rechnung getragen werden.

57. Fragen der Zusammenarbeit mit den Streitkräften und des Einsatzes militärischer Mittel könnten durch die einschlägigen Stellen insbesondere durch Krisenmanagementübungen weiter präzisiert werden.

58. Es wird eine Methode entwickelt, damit gewährleistet ist, dass diese spezifischeren Fähigkeitsziele durch freiwillige Beiträge erreicht und weiterverfolgt werden.

ANLAGE IV: ÜBUNGSPOLITIK DER EUROPÄISCHEN UNION

I. Einleitung

1. Gemäß den Schlussfolgerungen, die der Europäische Rat auf seinen Tagungen in Köln, Helsinki, Feira und Nizza angenommen hat, entwickelt die Europäische Union sowohl ihre militärischen als auch ihre zivilen Fähigkeiten zur Krisenbewältigung in einem kohärenten Rahmen, der das Instrumentarium der einzelnen Säulen zur Bewältigung des gesamten Spektrums der Petersberg-Aufgaben wie sie im Vertrag definiert werden - humanitäre Aufgaben und Rettungseinsätze, friedenserhaltende Aufgaben sowie Kampfeinsätze bei der Krisenbewältigung einschließlich friedensschaffender Maßnahmen - umfasst. Damit wird die GASP gestärkt und kann die Union auch einen größeren Beitrag zu Frieden und Sicherheit in der Welt gemäß den Grundsätzen der VN-Charta leisten.

2. Die EU muss in der Lage sein, ihre Rolle im Bereich der Krisenbewältigung wirksam wahrzunehmen. Sie muss daher sicherstellen, dass die Strukturen, Verfahren und Vorkehrungen im Rahmen von Übungen ordnungsgemäß getestet und validiert werden, damit in Krisenfällen eine angemessene Bereitschaft und ein effizientes Funktionieren gewährleistet werden kann. Anhand von Übungen kann auch ein möglicher Bedarf an neuen Fähigkeiten ermittelt werden; ferner stellen Übungen ein nützliches Mittel dar, um die Solidarität zwischen den Mitgliedstaaten der Union und ihre Bereitschaft, einen Beitrag zur Konfliktverhütung und zur Krisenbewältigung zu leisten, unter Beweis zu stellen. Übungen tragen daher in erheblichem Maße zur Glaubwürdigkeit der GESVP und damit zur Stärkung der GASP bei.

3. Die Union entwickelt eine autonome Fähigkeit, in deren Rahmen sie eigenständig Beschlüsse fassen und in den Fällen, in denen die NATO als Ganzes nicht beteiligt ist, als Reaktion auf internationale Krisen EU-geführte militärische Operationen einleiten und durchführen kann, wodurch die Ziele der GASP gestärkt werden. Hierzu sind geeignete militärische Fähigkeiten und effiziente Regelungen für die Beschlussfassung erforderlich. NATO-Komponenten wie der gesicherte Zugang zu den Planungskapazitäten der NATO und die angenommene Verfügbarkeit von vorab identifizierten Mitteln und Fähigkeiten sind für EU-geführte Operationen ebenfalls von besonderer Bedeutung.

4. Im Zivilbereich ist eine Reihe von Maßnahmen getroffen worden, um die Koordinierung der zivilen Krisenbewältigungsressourcen und -instrumente der Gemeinschaft, der Union und der Mitgliedstaaten zu fördern und zu verbessern. Die Gewährleistung eines raschen und reibungslosen Einsatzes ziviler und militärischer Instrumente, insbesondere ihre effiziente Koordinierung, ist eines der Hauptziele beim Beüben der Krisenbewältigungsverfahren, damit diese aufgrund der gesammelten Erfahrungen dann entsprechend angepasst werden können.

5. Die Konzipierung der EU-Übungspolitik erfolgt unter voller Wahrung des einheitlichen institutionellen Rahmens der EU. In vorliegendem Dokument, das als Grundlage für eine wirksame Durchführung sämtlicher Übungsaktivitäten der EU dienen wird, wird der EU-

- I. Chronik -
Nr. 24/15.-16.VI.2001: EU-Gipfel von Göteborg

Bedarf an Übungen und Übungskategorien identifiziert. Konzeptionelle und technische Folgedokumente zum Thema Übungen werden sich auf dieses Dokument stützen.

6. Die Übungspolitik wird erforderlichenfalls im Lichte weiterer Entwicklungen in der EU, insbesondere des Inkrafttretens des Vertrags von Nizza, überarbeitet.

II. Übungsbedarf der EU

7. Die Übungsziele werden entsprechend dem in diesem Abschnitt aufgeführten Bedarfsspektrum für Übungen festgelegt. Dies ist wichtig bei der Übungs-Programmplanung und bei der Gestaltung jeder einzelnen Übung (Ausarbeitung von Übungsspezifikationen). Die Anzahl und Komplexität der für eine bestimmte Übung ausgewählten Ziele entscheiden darüber, welcher Aufwand (zeitlich, personell und finanziell) für die Planung und Durchführung der Übung erforderlich ist.

8. Generell müssten folgende Aspekte durch Übungen abgedeckt werden:

1. die internen Strukturen und Mechanismen der Union, insbesondere das Zusammenwirken der institutionellen Akteure der EU und der Mitgliedstaaten;

2. das gesamte Spektrum der verfügbaren zivilen und militärischen Instrumente und deren kohärentes und koordiniertes Zusammenwirken insgesamt;

3. die strategische Partnerschaft zwischen der EU und der NATO bei der Krisenbewältigung unter gebührender Berücksichtigung der Beschlussfassungsautonomie der beiden Organisationen;

4. die Konsultation und Beteiligung von nicht der EU angehörenden europäischen NATO-Mitgliedern und anderen Ländern, die sich um den Beitritt zur Union bewerben;

5. die Konsultation und Zusammenarbeit mit anderen internationalen Organisationen wie den VN, der OSZE und dem Europarat;

6. die Konsultation und Beteiligung anderer potenzieller Partner.

9. Da die Union nach einem umfassenden Konzept vorgeht, kann jedes Tätigwerden im Rahmen der Petersberg-Aufgaben eine starke Synergie von militärischen und zivilen Komponenten erfordern. Die Übungen müssen zur Erreichung dieses Ziels beitragen. Dabei sollten sowohl zivile als auch militärische Mittel und Fähigkeiten wie auch die Instrumente der Gemeinschaft, der Union und der Mitgliedstaaten zum Einsatz kommen. Bei ihren Übungen wird die EU ferner den Aspekten der Öffentlichkeitsarbeit umfassend Rechnung tragen.

10. Die Entschlossenheit der Union zur Stärkung und Verbesserung ihrer Fähigkeit, wirksam auf Krisen zu reagieren, impliziert auch Tätigkeiten in zivilen Bereichen, bei denen der Kommission eine wichtige Rolle zukommen wird. Ferner haben sich die Mitgliedstaaten verpflichtet, ihre Krisenreaktionsfähigkeit in den Bereichen Polizei, Stärkung der Rechtsstaatlichkeit, lokale Verwaltung und Bevölkerungsschutz zu verstärken. Diese zivilen Fähigkeiten und das Zusammenwirken von Gemeinschaft, Union und Ressourcen und Instrumenten der Mitgliedstaaten werden in Übungen erprobt werden müssen.

11. Die Union verfügt über keine permanente militärische Kommandostruktur. Was Krisenbewältigungsoperationen betrifft, die den Einsatz militärischer Kräfte implizieren, so ist ein Spektrum an Übungen notwendig, um sicherzustellen, dass alle Ebenen der Befehlskette - von der Ebene der einschlägigen Ratsgremien bis hin zur Ebene potenzieller Operation Headquarters (OHQ) und Force Headquarters (FHQ) (ungeachtet dessen, ob diese von Mitgliedstaaten als nationale und multinationale Hauptquartiere oder von der NATO zur Verfügung gestellt werden) - gemäß den Krisenbewältigungsverfahren beübt werden. Die EU muss jede dieser denkbaren Handlungsweisen beüben: von der Ebene des Politischen und Sicherheitspolitischen Komitees (PSK), das die politische Kontrolle und die strategische Leitung sicherstellt, bis hin zur Ebene der Force Headquarters (FHQ). In der Regel würden nur zwei Ebenen der Befehlskette gleichzeitig beübt. Für diejenigen Aspekte solcher Krisenmanagementübungen, bei denen militärische Fähigkeiten zum Einsatz kommen, welche eine zivile Dimension haben, wird die Einbeziehung der Kommission und der einschlägigen Gremien und Strukturen des Rates entsprechend erforderlich sein.

- I. Chronik -
Nr. 24/15.-16.VI.2001: EU-Gipfel von Göteborg

12. Die EU ist entschlossen, ihre institutionelle und praktische Zusammenarbeit mit der NATO in der Frage der militärischen Reaktion auf Krisen zu verstärken, um eine wirksame Krisenbewältigung zu gewährleisten. Kernpunkte sind dabei der gesicherte Zugang zu den Planungskapazitäten der NATO und die angenommene Verfügbarkeit von vorab identifizierten Mitteln und Fähigkeiten der NATO in Krisenzeiten, die in Übungen getestet werden müssen. Die Zusammenarbeit wird unter anderem unter voller Wahrung der Beschlussfassungsautonomie der EU und der NATO stattfinden, wobei die beiden Organisationen als gleichberechtigte Partner miteinander verkehren und keiner der Mitgliedstaaten diskriminiert werden darf. Die Erfahrungen aus gemeinsamen WEU/NATO-Übungen (CMX/CRISEX 2000 und JES01) könnten gegebenenfalls berücksichtigt werden.

13. Ferner ist die EU zum Dialog, zur Konsultation und zur Zusammenarbeit mit nicht der EU angehörenden europäischen NATO-Mitgliedern und anderen Ländern, die sich um den Beitritt zur EU bewerben, sowie anderen potenziellen Partnern bei EU-geführten Krisenbewältigungsoperationen entschlossen. Auch diese Vereinbarungen müssen in entsprechenden Übungen getestet werden.

14. Die operativen Fähigkeiten der EU könnten auch auf Anfrage einer federführenden Organisation wie den VN oder der OSZE eingesetzt werden. Die Übungen müssen zu diesem Ziel beitragen. Für die Beiträge der EU zu VN- und OSZE-geführten Einsätzen sind entsprechende Modalitäten zu entwickeln und gegebenenfalls zu testen. Daher sollte gegebenenfalls die Entsendung von Beobachtern und/oder die Beteiligung dieser Organisationen an den Übungen vorgesehen werden. Die Zusammenarbeit mit anderen Organisationen einschließlich von NRO könnte erwogen werden.

15. In Anbetracht der Stellung der EU innerhalb der europäischen Sicherheitsarchitektur müssen die Übungen auf der Grundlage der erforderlichen Transparenz und Komplementarität zwischen der EU und anderen Organisationen, des sparsamen Einsatzes der Ressourcen und der Vermeidung unnötiger Duplizierungen durchgeführt werden. Die EU wird ihr Übungsprogramm mit den Programmen der Mitgliedstaaten, der NATO/PfP und anderen einschlägigen Organisationen so weit und so früh wie möglich koordinieren. Die bei den Übungen gesammelten Erfahrungen sollten ausgetauscht werden.

III. Übungskategorien

16. Für die effektive Durchführung EU-geführter Operationen wird die Europäische Union gemäss den Erfordernissen des Einzelfalls bestimmen müssen, ob sie

- EU-geführte Operationen unter Einsatz von Mitteln und Fähigkeiten der NATO oder

- EU-geführte Operationen ohne Rückgriff auf Mittel und Fähigkeiten der NATO

durchführt.

Die Union muss jede dieser denkbaren Handlungsweisen wie auch die Phase zur Vorbereitung der Entscheidung beüben, wenn beide Optionen möglich sind.

17. Die Gestaltung jeder einzelnen Übung wird davon abhängen, welche spezifischen Übungsziele ausgewählt werden und auf welchen spezifischen Übungszielen der Schwerpunkt liegt. Die EU-Übungen können Folgendes beinhalten:

a) Die EU wird ihre Krisenbewältigungsverfahren, -maßnahmen und -vorkehrungen auf strategischer politisch-militärischer Ebene erproben müssen. Dies macht beispielsweise Krisenmanagementübungen (CME) erforderlich, an denen die Mitgliedstaaten (Hauptstädte und Delegationen), die einschlägigen Ratsgremien, der Generalsekretär/Hohe Vertreter, die Kommission sowie gegebenenfalls andere Ebenen beteiligt sind. Auch geeignete Strukturen und Modalitäten, die für den Dialog und die Konsultation mit der NATO bzw. mit Drittländern festgelegt werden, können Gegenstand solcher Übungen sein. Ferner sollten auch rechtliche Vereinbarungen wie Abkommen über die Rechtsstellung der Truppen und die Unterstützung durch das Gastgeberland beübt werden.

b) Mit EU-Übungen könnte ferner die Fähigkeit der EU erprobt werden, im Krisengebiet zeitgerecht und in koordinierter Weise eine kombinierte Zusammenstellung von zivilen und militärischen Instrumenten zu dislozieren und zu koordinieren. Der Grad der Einbeziehung von Hauptquartieren (OHQ/FHQ, militärischen und/oder zivilen, d.h. für die Polizeikräfte) hängt von den in diesem Zusammenhang gewählten Zielen ab.

c) Die Beiträge der EU zur zivilen Krisenbewältigung werden Gegenstand spezifischer EU-Übungen sein. Diese werden die Mitgliedstaaten, die Kommission, den Koordinierungsmechanismus für die zivile Krisenbewältigung, andere einschlägige Ratsgremien und ausgewählte mögliche zivile Mittel und Fähigkeiten gemäß den jeweils festgelegten Übungszielen einzubeziehen. Bei diesen Übungen könnten die Planungs- und Beschlussfassungsvorkehrungen der Union beispielsweise hinsichtlich der Mobilisierung ziviler Fähigkeiten (z.B. Polizei, Richter) und der Zusammenlegung dieser Ressourcen als Bestandteil eines gemeinsamen Vorgehens in Koordinierung mit den Gemeinschaftsinstrumenten erprobt werden.

d) Die EU wird entsprechend Übungen durchführen, die ausschließlich auf militärische Aspekte ausgerichtet sind, beispielsweise Stabsrahmenübungen (CPX), an denen die Ebene unterhalb der politisch-militärischen Entscheidungsebene beteiligt ist. An solchen militärischen Übungen wären potenzielle EU-Hauptquartiere, die für die Zwecke der betreffenden Übung bestimmt worden sind, beteiligt, sie könnten jedoch auch die Mitgliedstaaten (Hauptstädte und Delegationen) und einschlägige Ratsgremien (unter anderem Lagezentrum, Militärstab und GDE) einbeziehen.

e) Wenn die EU Optionen im Hinblick auf eine Operation prüft, so könnte sie für die Ausarbeitung ihrer strategischen militärischen Optionen einen Beitrag der Planungskapazitäten der NATO gemäß den Bestimmungen der Vereinbarung über einen gesicherten permanenten Zugang der EU zu den Planungskapazitäten der NATO heranziehen. Dies wird in Übungen mit militärischer Komponente zu berücksichtigen sein.

f) Das Ratssekretariat und/oder die Kommission könnten es für erforderlich halten, die Zusammenarbeit und Koordinierung zwischen ihren einschlägigen Dienststellen insgesamt zu testen und zu beüben. Zu diesem Zweck werden entweder interne Übungen des Ratssekretariats oder interne Übungen der Kommission oder Übungen, bei denen beide zusammenarbeiten, geplant und durchgeführt.

g) Gemeinsame Krisenmanagementübungen mit der NATO werden auf Szenarien für EU-geführte Operationen beruhen, bei denen die EU auf Mittel und Fähigkeiten der NATO zurückgreift. Die Übungen könnten unter anderem politisch-militärische Krisenmanagementübungen umfassen, und in der Regel werden sich daran die Mitgliedstaaten, die EU-Organe (beispielsweise der Rat, die Kommission) und das NATO-Hauptquartier in Brüssel beteiligen. Die EU und die NATO könnten es für erforderlich halten, dass die von der NATO bereitgestellten militärischen Hauptquartiere für den spezifischen Fall EU-geführter Operationen beübt werden. Solche militärischen Übungen (CPX) werden sich beispielsweise auf die Befehlskette unterhalb der strategischen politisch-militärischen Ebene konzentrieren, d.h. mit anderen Worten auf das Zusammenwirken von Operation Headquarters (OHQ) und Force Headquarters (FHQ)/Stäben der Alliierten Streitkräftekommandos (CJTF HQ), die von der NATO bereitgestellt werden. Bei diesen gemeinsamen EU/NATO-Übungen könnte der Schwerpunkt auch auf der Fähigkeit der EU zur Dislozierung und Koordinierung einer kombinierten Zusammenstellung ziviler und militärischer Instrumente liegen. Die Übungs-Programmplanung, Planung, Durchführung, Auswertung und Berichterstattung wird in enger Abstimmung zwischen EU und NATO stattfinden müssen, wobei jeweils kompatible Verfahren anzuwenden sind.

h) An EU-Übungen können sich auch andere Delegationen, wie die Vereinten Nationen, die OSZE und gegebenenfalls NRO beteiligen, falls der Rat dies beschließt.

IV. Teilnahme und Beobachtung von Übungen

18. Der Beschluss, mit dem andere Staaten und Organisationen zur Teilnahme an oder zur Beobachtung der einzelnen Übungen eingeladen werden, wird vom Rat gefasst.

a) Die EU wird die NATO auf der Grundlage der Gegenseitigkeit im Bereich der Krisenmanagementübungen einladen, die EU-Übungen, einschließlich der Übungen, die nicht gemeinsam durchgeführt werden, zu beobachten.

Nr. 24/15.-16.VI.2001: EU-Gipfel von Göteborg

b) Die nicht der EU angehörenden europäischen NATO-Mitglieder und andere Länder, die sich um den Beitritt zur EU bewerben, werden eingeladen, sich entsprechend den Regelungen für ihre Teilnahme an EU-geführten Operationen an der Durchführung einschlägiger Übungen zu beteiligen. In Übereinstimmung mit den bestehenden Verfahren des Dialogs, der Konsultation und der Zusammenarbeit sollten diese Länder zur Beobachtung einschlägiger Übungen eingeladen werden.

c) Die in den politischen Dialog mit der Union eingebundenen Staaten und andere interessierte Staaten sollten gegebenenfalls zur Teilnahme an oder zur Beobachtung von einschlägigen Übungen eingeladen werden.

d) EU-Übungen sollten anderen internationalen Organisationen, gegebenenfalls auch den NRO, zur Teilnahme und Beobachtung offen stehen.

19. Die Beschlüsse über die Teilnahme an und die Beobachtung von EU/NATO-Übungen werden nach EU/NATO-Konsultationen vom Rat und dem einschlägigen Gremium in der NATO gefasst. In diesem Zusammenhang wird sich die EU darum bemühen, sicherzustellen, dass alle nicht der NATO angehörenden Länder, die sich um den Beitritt zur EU bewerben, an diesen Übungen teilnehmen bzw. die Übungen beobachten.

20. Die Modalitäten für die Teilnahme anderer Staaten und Organisationen an Übungen und für die Beobachtung von Übungen durch diese Staaten und Organisationen werden in den betreffenden Übungsspezifikationen festgelegt, die Gegenstand eines Ratsbeschlusses sein müssen.

V. Sonstige Übungsaktivitäten

21. Die EU beabsichtigt nicht, Übungen durchzuführen, an denen militärische Kräfte unterhalb der FHQ-Ebene beteiligt sind. Die Übungen nationaler und multinationaler Kräfte unterhalb dieser Ebene fallen nach wie vor in die Zuständigkeit der Mitgliedstaaten. Diese Art von Übung kann für die betreffenden Staaten auch im Rahmen der Kommandostruktur der NATO und/oder der Partnerschaft für den Frieden der NATO (PFP) durchgeführt werden. Es wird davon ausgegangen, dass ein Mitgliedstaat oder eine Gruppe von Mitgliedstaaten planen und durchführen kann, die auf Szenarien basieren, welche einen Bezug zu potenziellen EU-geführten Krisenbewältigungsoperationen aufweisen. Soweit diese Übungen zu solchen Operationen beitragen können, sollten einschlägige Informationen mit den übrigen Mitgliedstaaten über den Militärstab ausgetauscht werden, der diese Informationen zu Informationszwecken zusammenstellt. Die Mitgliedstaaten, das Ratssekretariat und die Kommission könnten dabei als Beobachter eingeladen werden.

22. Die Teilnahme der Union an anderen als den oben beschriebenen Übungen kann in Aussicht genommen werden; z.B. auf Einladungen zur Beobachtung von Übungen hin, die der EU von Drittländern oder internationalen Organisationen offiziell übermittelt werden. Jede Einladung dürfte anders geartet sein und müsste auf die politisch-militärischen Auswirkungen, Beiträge und Nutzeffekte hin geprüft werden. Daher werden die zuständigen Stellen wie nachstehend vorgesehen von Fall zu Fall über eine Teilnahme von EU-Beobachtern entscheiden und dabei die spezifischen Ziele der betreffenden Übung berücksichtigen.

VI. Aufgaben und Zuständigkeiten

23. Die Übungspolitik der Europäischen Union wird im Einklang mit den EU-Verfahren unter voller Wahrung der im Vertrag verankerten Befugnisse der Organe und Einrichtungen konzipiert und implementiert. Die Verantwortung für sämtliche EU-Übungen liegt bei der Union. Die Kommission wird entsprechend den einschlägigen Vertragsbestimmungen einbezogen.

24. Der Rat wird die Übungspolitik billigen und in engem Benehmen mit der Kommission für ein kohärentes Zusammenwirken der verschiedenen an der Implementierung der Übungspolitik beteiligten Stellen sorgen und hierzu entsprechende Beschlüsse fassen. Der Rat billigt das jährliche Übungsprogramm der Europäischen Union und das grundlegende Planungsdokument für jede einzelne Übung - die Übungsspezifikationen (EXSPEC) - gegebenenfalls in engem Benehmen mit der Kommission.

25. Unbeschadet Nummer 28 trägt das PSK die Gesamtverantwortung für die Übungs-Programmplanung, Planung, Durchführung und Auswertung aller EU-Übungen und die Be-

richterstattung darüber, vor allem für die Aufstellung des jährlichen EU-Übungsprogramms und die Ausarbeitung der Übungsspezifikationen (EXSPEC). Der Militärausschuss, der durch den EUMS unterstützt wird, wird das PSK in Bezug auf alle einschlägigen Aspekte der Übungspolitik, des Übungskonzepts, des Übungsprogramms und von dessen Umsetzung beraten. Übungen, die sich auf rein militärische Aspekte konzentrieren, werden unter Leitung des Militärausschusses, der vom EUMS unterstützt wird, und entsprechend den Richtlinien des PSK stattfinden. Der Ausschuss für die zivilen Aspekte der Krisenbewältigung wird ebenfalls Informationen bereitstellen, Empfehlungen abgeben und seinen Ratschlag beisteuern sowie entsprechend den vom Rat für den Ausschuss vereinbarten Richtlinien eine Rolle spielen. Bei Übungen, deren Schwerpunkt auf dem zivilen Instrumentarium der Krisenbewältigung liegt, wird die Kommission eine aktive Rolle spielen.

26. Die EU kann beschließen, die Mitgliedstaaten (z.B. nationale/multinationale HQ) und/oder die NATO (z.B. DSACEUR/CJPS entsprechend den jeweiligen Regelungen für den gesicherten Zugang) zu bitten, die Planung von EU-Übungen zu unterstützen und hierzu Beiträge zu leisten.

27. Es werden Konzepte und verfahrenstechnische Dokumente, einschließlich von Übungsspezifikationen, auszuarbeiten sein. Es wird der Vorarbeit für die Übungs-Programmplanung, einschließlich der Koordinierung des Übungsprogramms der EU mit dem der NATO und anderer Organisationen bedürfen. Diese Arbeiten finden unter Federführung des Ratssekretariats/der Direktion 'Operationen und Übungen' zusammen mit der Abteilung 'Operationen und Übungen' des EUMS unter Aufsicht des Generalsekretärs/Hohen Vertreters statt. Die einschlägigen Strukturen der Kommission werden an diesen Arbeiten mitwirken. Dieser Grundsatz gilt ebenfalls für die Planung, Durchführung und Auswertung einzelner Übungen sowie die Berichterstattung darüber. Die erforderlichen Kontakte mit den Experten der Mitgliedstaaten im Vorbereitungsprozess könnten im Rahmen einer Arbeitskonfiguration von PMG/MCWG stattfinden.

28. Über interne Übungen des Ratssekretariats, interne Übungen der Kommission und Übungen, bei denen beide zusammenarbeiten, entscheidet der Generalsekretär/Hohe Vertreter bzw. die Kommission.

VII. Leitlinien für die Implementierung der Übungspolitik

29. In diesem Grundsatzpapier wird der politische und operationelle Rahmen für die künftigen EU-Übungsaktivitäten festgelegt. Weitere Einzelheiten der Implementierung sowie der Auswahl und Gestaltung der Übungen werden sobald wie möglich in ein EU-Übungskonzept aufgenommen. In diesem werden auch für jede einzelne Übung die Verfahren für die Planung, Durchführung, Auswertung und Berichterstattung festgelegt.

30. Es ist ein jährliches Übungsprogramm aufzustellen, das dem Rat zur Annahme vorgelegt wird. Das Programm muss progressiv sein, wobei für jede Übung den Erfahrungen Rechnung zu tragen ist, die in den vorangegangenen Übungen gemacht wurden, und es muss eine angemessene langfristige Planung der Übungen der EU, wozu auch die Koordinierung mit anderen Organisationen zählt, gestatten. Das Gesamtprogramm der beschlossenen, voraussichtlich beschlossenen und beabsichtigten Übungen sollte sich daher auf einen Fünf-Jahres-Zeitraum erstrecken. Die Auswirkungen von tatsächlichen Bindungen von Ressourcen müssen ebenfalls gebührend berücksichtigt werden.

31. Zur Berücksichtigung der unterschiedlichen Anforderungen an die Übungsplanungskapazität der Mitgliedstaaten, die für den Beitrag sowohl zu Programmen der EU zu nationalen und multinationalen Programmen als auch zu NATO-Programmen verantwortlich ist, ist es wesentlich, dass nicht nur die Übungs-Programmplanung sondern auch die Planungssitzungen eng koordiniert werden.

32. Modalitäten für die Finanzierung von Übungen werden auszuarbeiten sein.

- I. Chronik -
Nr. 24/15.-16.VI.2001: EU-Gipfel von Göteborg

ANLAGE V: ZUSAMMENARBEIT DER EU MIT INTERNATIONALEN
ORGANISATIONEN BEI DEN ZIVILEN ASPEKTEN DER KRISENBEWÄLTIGUNG

I. Einleitung

1. Die Mitgliedstaaten der EU sind als Mitglieder internationaler Organisationen aktiv an der Krisenbewältigung und der Konfliktverhütung beteiligt. Ihr diesbezügliches Handeln wird gemäß Artikel 19 EUV koordiniert. Es umfasst Bemühungen zur Stärkung der Fähigkeiten der internationalen Organisationen, wobei die EU in Bezug auf die Aufstellung von Normen und die Durchführung von Reformen als Katalysator fungiert.

2. Der Europäische Rat hat auf mehreren aufeinander folgenden Tagungen (Helsinki, Feira und Nizza) betont, dass die EU ihre Fähigkeit zur Krisenbewältigung steigern sollte, um stärker zu den Maßnahmen der federführenden Organisationen wie der VN oder der OSZE beitragen und um eigenständige Missionen durchführen zu können.

3. Dieses Papier befasst sich mit der Zusammenarbeit mit internationalen Organisationen, die so ausgebaut werden sollte, dass sie zu einer gegenseitigen Stärkung führt. Es müssen sowohl mögliche Bereiche als auch die Modalitäten für die Zusammenarbeit ermittelt werden. Diese entwickelt sich im Gesamtrahmen der laufenden Arbeiten im Hinblick auf die Zusammenarbeit der EU mit internationalen Organisationen.

4. Die zivile Krisenbewältigung ist ein besonders wichtiger Bereich für die Entwicklung einer derartigen Zusammenarbeit, da die EU ihre Fähigkeit weiterentwickeln will, zur Arbeit internationaler Organisationen beizutragen und von deren Erfahrungen zu profitieren.

II. Leitprinzipien

5. Folgende Prinzipien, die für alle einschlägigen Fähigkeitsbereiche gelten, sollten die Zusammenarbeit der Union mit einschlägigen internationalen Organisationen leiten:

- Nutzensteigerung. Die EU wird sich darum bemühen, den Nutzen der Arbeit der internationalen Organisationen bei der Konfliktverhütung und der Krisenbewältigung zu steigern. Sie kann dies beispielsweise durch die Verbesserung ihrer Fähigkeiten, einschließlich ihrer Fähigkeit zur raschen Reaktion auf Krisen, tun und dadurch systematischer und ohne unnötige Doppelarbeit und Bürokratie beträchtliche quantitative und qualitative Beiträge zu Friedensmissionen unter der Führung internationaler Organisationen leisten.

- Interoperabilität. Die EU sollte aus den Erfahrungen internationaler Organisationen lernen und sicherstellen, dass die Verfahren und Leitlinien (z.B. die Ausbildungsnormen und Einstellungskriterien), die als Teil der politischen und operativen Konzepte für die zivile Krisenbewältigung der EU ausgearbeitet werden, mit denen internationaler Organisationen interoperabel und kompatibel sind. Dadurch würden Beiträge zu Maßnahmen unter Federführung internationaler Organisationen vereinfacht.

- Sichtbarkeit. Das Handeln der EU sollte auch bei der Zusammenarbeit der EU mit internationalen Organisationen und bei ihren Beiträgen zu deren Arbeit sichtbar sein. Dies würde die aktive Rolle der EU bei der Krisenbewältigung hervorheben und somit die ESVP stärken.

- Beschlussfassungsautonomie. Die Beschlussfassungsautonomie der EU und ihr einheitlicher institutioneller Rahmen müssen uneingeschränkt gewahrt bleiben.

III. Optionen für Maßnahmen

6. Der Europäische Rat hat auf seiner Tagung in Feira darauf hingewiesen, dass eine gesteigerte Effizienz der Europäischen Union bei der zivilen Krisenbewältigung bei Maßnahmen federführender Organisationen wie der VN oder der OSZE oder bei eigenständigen Missionen der EU genutzt werden kann. Somit gibt es ein breites Spektrum von Optionen für spezifische Maßnahmen:

- Die Mitgliedstaaten der EU können ohne Koordinierung durch die EU als Einzelstaaten zu Maßnahmen unter Federführung internationaler Organisationen beitragen.

- I. Chronik -
Nr. 24/15.-16.VI.2001: EU-Gipfel von Göteborg

- Die Mitgliedstaaten der EU können als Einzelstaaten zu solchen Maßnahmen beitragen, aber im Anschluss an EU-Konsultationen, die z.B. darauf abzielen, ob und welche Ressourcen gebündelt werden können.

- Zu einer Maßnahme unter Federführung einer internationalen Organisation könnte ein von der EU koordinierter Beitrag geleistet werden.

- Die EU könnte in einer Maßnahme unter Gesamtleitung einer internationalen Organisation einen ganzen Bestandteil (z.B. Polizei) bereitstellen und leiten. Ein Beispiel könnte eine Situation wie im Kosovo mit einer Pfeilerstruktur zwischen den einzelnen Organisationen sein, wobei eine von ihnen die Gesamtleitung hätte.

- Die EU könnte eine Maßnahme leiten, wobei einige Bestandteile von internationalen Organisationen mit besonderen Fachkenntnissen und Erfahrungen in einschlägigen Bereichen bereitgestellt würden.

- Die EU könnte eine eigenständige Maßnahme leiten.

7. Der tatsächliche Beschluss, welche dieser Optionen, deren Reihenfolge übrigens keine Rangfolge hinsichtlich der Priorität beinhaltet, bzw. welche anderen Optionen in einer konkreten Krisensituation gewählt werden, ist ein politischer Beschluss. Er wird von der politischen Einschätzung der vorliegenden Situation und den Fähigkeiten der Union abhängen.

8. Die laufenden Arbeiten in der EU werden die Fähigkeit der Union und der Mitgliedstaaten steigern, zu Maßnahmen innerhalb dieses breiten Spektrums beizutragen.

9. Die praktischen Aspekte der Beiträge der EU zu zivilen Maßnahmen und zu Maßnahmen unter der Leitung der VN, der OSZE und des Europarates sollten weiter ausgearbeitet werden.

IV. Erfahrungsaustausch mit internationalen Organisationen[1]

10. Bei der Weiterentwicklung ihrer zivilen Krisenbewältigungsfähigkeiten sollte die EU die Erfahrungen und Fachkenntnisse internationaler Organisationen voll nutzen. Im Gegenzug sollte die Union ihr Fachwissen und ihre Erfahrungen den internationalen Organisationen zur Verfügung stellen.

11. Die VN spielen bei der zivilen Krisenbewältigung, einschließlich Polizeieinsätze, aber auch bei der Stärkung der Rechtsstaatlichkeit, der Zivilverwaltung und des Bevölkerungsschutzes eine einzigartige Rolle und verfügen über entsprechende Erfahrungen. Den Erfahrungen und Lehren aus diesen und anderen Bereichen, einschließlich der im Brahimi-Bericht genannten, sollte die EU bei der Steigerung ihrer zivilen Krisenbewältigungsfähigkeiten uneingeschränkt Rechnung tragen.

12. Die OSZE mit ihrem umfassenden und kooperativen Ansatz im Sicherheitsbereich und ihrer umfangreichen Erfahrung bei der Krisenbewältigung und Konfliktverhütung durch zahlreiche Missionen vor Ort ist für die EU einer der wichtigsten Partner bei der zivilen Krisenbewältigung. Das REACT-System, die Ausbildungsnormen und die Verfahren der OSZE für eine schnelle Reaktion sind für die Weiterentwicklung der Fähigkeiten der EU in diesem Bereich besonders wichtig.

13. Um den Schutz der Menschenrechte, die pluralistische Demokratie und die Rechtsstaatlichkeit zu fördern, hat der Europarat rechtliche und Beobachtungsmechanismen sowie spezifische Kontrollmechanismen für Übereinkommen geschaffen. Er kann Fachwissen z.B. im legislativen und institutionellen Bereich liefern.

14. Die Zusammenarbeit zwischen der EU und internationalen Organisationen bei der zivilen Krisenbewältigung sollte auf der Grundlage der Arbeitsprogramme des Vorsitzes und der von der Kommission ausgearbeiteten Projekte und Programme weiter ausgebaut werden."

(Website der EU)

---

[1] Der Text wurde vom Rat bereits am 14. Mai 2001 gebilligt.

- I. Chronik -
Nr. 24/15.-16.VI.2001: EU-Gipfel von Göteborg

5. Bericht des Hohen Vertreters für die Außen- und Sicherheitspolitik der Europäischen Union über den Nahen Osten, vom 15. 6 . 2001

EINFÜHRUNG

„Im März 2001 bat mich der Europäische Rat von Stockholm, 'mit allen Beteiligten in engem Kontakt zu bleiben und spätestens auf der Göteborger Tagung des Europäischen Rates in engem Benehmen mit der Kommission darüber Bericht zu erstatten, wie die Europäische Union bei der Förderung der Wiederaufnahme des Friedensprozesses eine größere Rolle spielen kann.' Eine Frage war die Wünschbarkeit, in diesem Zusammenhang einen Ablaufplan zu berücksichtigen, der es den Parteien ermöglichen würde, den Friedensprozess wieder aufzunehmen. Diese Schlussfolgerungen des Rates sind heute noch relevanter geworden.

- Unsere zunehmende tägliche Koordination stellt eine angemessene Antwort dar. Wir müssen diese Bestimmtheit beibehalten und verbessern. Eine solche geschlossene Haltung kann und muss sich auf den wirksamen Einsatz uns zur Verfügung stehender Mittel berufen können.

- Wir haben den gewünschten potenziellen Ablaufplan. Die Schlussfolgerungen des Scharm-el-Scheich-Untersuchungsausschusses (Mitchell-Kommission, FFC) können und müssen einen wesentlichen Bestandteil davon ausmachen. Wir müssen die schnelle Verabschiedung eines Planes vorantreiben und uns bereithalten, bei der Umsetzung zu helfen.

- Jeder Tag, jede Stunde bringen neue Entwicklungen. Wir müssen bei der Bewältigung der Krise einbezogen sein, aber zugleich müssen wir eine Reihe strategischerer Orientierungen berücksichtigen, die unseren langfristigen Zielen zugrunde liegen.

II. DIE KRISE AM SCHEIDEWEG

Die Situation vor Ort hat sich so verschlechtert, dass es sehr schwer geworden ist, einen politischen Rahmen und einen Zeitplan für die Wiederaufnahme der Friedensverhandlungen auszuarbeiten. Wir sprechen nicht mehr von einem Ende der Gewalt, sondern davon, wie einen Waffenstillstand erreicht und eingehalten werden kann. Einen möglichen Krieg zu verhindern, ist vorrangiger geworden als die Wiederaufnahme des Friedensprozesses. Die Vertrauensbeziehung zwischen den Führern beider Seiten ist stark in Mitleidenschaft gezogen worden.

Wir haben es mit drei hauptsächlichen Risiken zu tun:

- Israel hat öffentlich zur Debatte gestellt, ob Präsident ARAFAT immer noch ein Verhandlungspartner ist und ob die Palästinensische Autonomiebehörde nicht zum Feind geworden ist. Wenn Israel weiterhin willkürlicher terroristischer Anschläge ausgesetzt ist, droht die verbleibende öffentliche Unterstützung für den Friedensprozess weiter unterminiert zu werden. Auch wenn Israels Sicherheitsbedürfnisse verständlich sind, sind wir uns jedoch auch einig, dass es ohne die Palästinensische Autonomiebehörde (PA) lediglich palästinensische Anarchie gäbe. Paradoxerweise sehen wir nun, dass die wirtschaftlichen und finanziellen Maßnahmen Israels die PA schwächen, während die palästinensischen Bewegungen, die gegen den Friedensprozess sind, einen relativen Wohlstand zu genießen scheinen, der ihnen gestattet, ihre Netzwerke auf die Bevölkerung auszuweiten. Wir müssen die Institutionen beibehalten, so enttäuschend sie auch für das palästinensische Volk sein mögen. Nach dieser Maxime handelt die Kommission angesichts der Schwierigkeiten der Vergangenheit wie der Gegenwart. Unsere Unterstützung ist jetzt noch entscheidender.

- Die Verzweiflung der Palästinenser ist das zweite Risiko, und zwar auf zwei Ebenen; unter den Leuten auf der Straße. Sie sehen sich den Beschränkungen der Besatzung tagtäglich ausgesetzt und haben keine Aussichten. Die Krise hat tief greifende Folgen auf das zivile Leben: die Politik der internen und externen Abriegelungen kompliziert alle Aktivitäten; die Arbeitslosenrate wird auf 40% geschätzt; das Bruttoinlandsprodukt ist um ein Drittel gesunken. Was die Führungsebene betrifft: sie glauben nicht, dass es bei den Verhandlungen über den dauerhaften Status mit der von Ministerpräsident SHARON geführten Regierung einen wie auch immer gearteten Fortschritt geben kann. Dieselben Zweifel werden in der gesamten Region zum Ausdruck gebracht.

- I. Chronik -
Nr. 24/15.-16.VI.2001: EU-Gipfel von Göteborg

- Das dritte Risiko ist die regionale Destabilisierung. Dies sollte weder über- noch unterbewertet werden. Es ein Anlass zu ernster Besorgnis in der Region. Es gibt ernst zu nehmende Hinweise auf eine Rückkehr extremistischer Bewegungen.

III. EINE ROLLE FÜR DIE UNION ENTSPRICHT IHREM ENGAGEMENT UND IHREN INTERESSEN

Frieden und Stabilität im Nahen Osten gehören zu unseren fundamentalen Interessen, sowohl aufgrund der geographischen Nähe als auch aufgrund der Risiken, die wir bei einer fortwährenden Instabilität in der Region eingehen könnten. Angesichts dieser Risiken war die Europäische Union in der Lage, zwei hauptsächlichen Richtlinien zu folgen, die auf eine Stärkung der gemeinschaftlichen Natur ihrer Nahost-Politik hinweisen.

Auf der Suche nach einem Ausweg aus der Krise

Dies war unser Ziel bei der Teilnahme an der Arbeit des Scharm-el-Scheichh-Untersuchungsausschusses, in dem ich der Vertreter der Europäischen Union war. Sein Bericht, der den Parteien am 30. April übergeben und am 21. Mai veröffentlicht wurde, erhielt breite internationale Unterstützung. Die ägyptischen und jordanischen Behörden meinten, dass er das Denken, das ihrer Initiative zugrunde lag, widerspiegelte.

Beide Parteien verkündeten öffentlich, dass sie die Empfehlungen des Ausschusses akzeptieren. Auf der Grundlage diese Konsenses habe ich meine Bemühungen auf einen Dialog mit den Parteien konzentriert, um zu sehen, wie die Schlussfolgerungen des Bericht umgesetzt werden könnten.

Stärkung unseres politischen Dialogs mit den Parteien und anderen wichtigen Akteuren in der internationalen Gemeinschaft

Die merklich gemeinschaftlichere Natur unserer Appelle und die Koordination unserer Kontakte und Besuche haben zu einer zunehmenden Sichtbarkeit Europas innerhalb der Region geführt. Unser politischer Dialog mit den israelischen Behörden hat an Qualität und Aufrichtigkeit gewonnen. Wir haben mit derselben Offenheit eine Vertrauensbeziehung mit den Palästinensern und mit unseren anderen Partnern in der Region angestrebt.

Diese Bemühungen sind in enger Absprache mit unseren anderen Partnern von statten gegangen. Ich habe besonders darauf geachtet, wie auch unser Sonderbeauftragter, Miguel Angel MORATINOS, eine enge Verbindung mit Washington beizubehalten.

Die Vereinigten Staaten sind und werden immer essenziell sein für die Wiederaufnahme des Prozesses. Wir müssen uns ständig beraten. Wir mögen unsere eigenen spezifischen Ansätze haben, aber die Ziele sind die gleichen. Wir müssen in koordinierter Weise handeln, und wir müssen sicherstellen, dass sich unsere Bemühungen ergänzen. Wir teilen unsere Analyse mit unseren übrigen Partnern. Dabei denke ich besonders an den Generalsekretär der Vereinten Nationen, die Russische Föderation und andere Staaten wie Japan.

Im Zusammenhang mit den Grausamkeiten, die Tel Aviv in der Nacht des 1. Juni heimsuchten, war es der europäischen Koordination, mit einem von uns vor Ort präsent, möglich, eine weitere Eskalation zu verhindern. Wir müssen diese intensiven internen Kontakte in dieser sehr gefährlichen Situation, die wir zur Zeit haben, beibehalten. Wir müssen in diesen beiden Richtungen weitermachen.

VI. EIN ZUKÜNFTIGER ANSATZ

Seit der Annahme des Scharm-el-Scheich-Berichts haben die Parteien zwei 'unilaterale Waffenstillstände' verkündet. Diese Ankündigungen wurden zum Teil aus taktischen Erwägungen gemacht in einem nationalen und internationalen Klima von beträchtlichem Skeptizismus. Seitdem hat es eine deutliche Verringerung der Gewalt gegeben.

Auf dieser relativen Abnahme der Spannung aufbauend haben intensive amerikanische Bemühungen darin gemündet, dass (zum Zeitpunkt der Niederschrift) eine Waffenstillstandsverständigung ausgehandelt wurde, die prinzipiell von beiden Parteien akzeptiert wurde. Das war eine schwierige Übung, und ich habe diesen Bemühungen die Unterstützung, die mir möglich war, zukommen lassen. Wir müssen diese Verständigung unterstützen, so fragil sie auch sein mag.

Andererseits muss dieser Fortschritt schnell durch einen dauerhafteren politischen Prozess gestützt werden. Es ist daher an der Zeit, zum strategischen Prozess vorzudringen, der von der 'Mitchell-Kommission' gefordert wurde, die meinte, dass, 'wenn der Kreislauf der Gewalt aufgebrochen und die Suche nach Frieden wieder aufgenommen werden soll, es eine neue bilaterale Beziehung geben muss, die sowohl die Sicherheitskooperation als auch Verhandlungen einschließt.'

Was wir in diesem Zusammenhang tun können ist,

- unseren kollektiven Anteil bei den Bemühungen zu übernehmen, eine glaubhafte Strategie zur Rückkehr zum Friedensprozess sicherzustellen;

- bereit zu sein, alle uns zur Verfügung stehenden Mittel einzusetzen, um diese Bemühungen zu unterstützen.

Bemühungen fortsetzen, die Gewalt zu beenden

Die Verantwortlichkeit liegt hauptsächlich bei den Parteien selbst. Ich glaube, dass Israel es vorgezogen hat, mit Beschränkung zu reagieren, was nicht klar war in der Zeit nach der Dolphinarium-Tragödie in Tel Aviv. Ich glaube, dass Präsident ARAFAT ernsthafte und bedeutende Bemühungen unternommen hat, um die Anzahl der Vorfälle in den letzten zwei Wochen zu verringern. Ich habe ihn gebeten, uns über diese Bemühungen regelmäßig zu informieren.

Wir müssen die beiden Parteien bitten, ihr Möglichstes zu tun, auch wenn wir uns bewusst sein müssen, dass es sehr schwer ist, eine vollständige Einstellung der Gewalt bei dieser Art von Konflikt zu garantieren. Für die Menschen auf beiden Seiten ist nunmehr wichtig, wirkliche Verbesserungen vor Ort zu sehen. Für die Israelis bedeutet das größere Sicherheit. Für die Palästinenser bedeutet es die Wiederherstellung der Bewegungsfreiheit.

Die schnelle Verabschiedung eines Umsetzungsplans für den Scharm-el-Sheichh-Bericht ermutigen

Wenn sie fortdauern soll, wird die Ruhe durch politische Aussichten unterstützt werden müssen. Es muss schnell ein Plan für die Übersetzung der Scharm-el-Sheich-Empfehlungen entworfen werden. Die Stufen des Prozesses und die Inhalte dieser Stufen müssen als Ganzes gebilligt werden.

Der Konsolidierung der Waffenruhe sollte schnell eine Beruhigungsphase folgen, damit wir zur Situation zurückkehren können, die vor dem September 2000 vor Ort herrschte. Sie sollte so kurz, aber auch so substanziell wie möglich sein.

Sie wird umso wirksamer sein, wenn die folgenden Stufen von Anfang an gut definiert sind. Sie sollte die Rückkehr zu einem Minimum an Vertrauen erlauben, die die Wiederaufnahme der Verhandlungen auf einer einfachen Grundlage ermöglichen, die von den beiden Parteien akzeptiert wird: Umsetzung der unterzeichneten Abkommen, damit die Übergangsmaßnahmen abgeschlossen und die Verhandlungen über den endgültigen Status wieder aufgenommen werden können.

Es sollte möglich sein, mit diesem Paket sofort zu beginnen. Wir können alles für seine Verabschiedung vorbereiten. Es wird eine so eng wie mögliche Kooperation mit allen, die unsere Analyse teilen und bereits in denselben Bahnen denken, nötig werden.

Wir müssen uns der Schwierigkeiten bewusst sein. Diese Krise wird ihre Spuren hinterlassen. Die Umsetzung der Scharm-el-Scheich-Empfehlungen wird keine einfache Angelegenheit sein. Eine Reihe von Schwierigkeiten könnte auftauchen:

- die Frage des Zeitplans. Er muss klar sein und muss denjenigen, die glauben, dass der Friedensprozess keine Chance mehr hat, keine Zeit lassen, sich Diskussionen auszudenken und sich in endlosen Haarspaltereien zu ergehen. Die Entschlossenheit muss mit der Dringlichkeit der Situation übereinstimmen.

- I. Chronik -
Nr. 24/15.-16.VI.2001: EU-Gipfel von Göteborg

- Die Frage des Einfrierens von Siedlungstätigkeiten. Die Position der Europäischen Union ist bekannt. Eine Mehrheit von Israelis ist bereit zu glauben, das ein Einfrieren den Interessen Israels dienen kann. Eine Formel kann dafür gefunden werden. Wichtig ist, was vor Ort passiert. Eine unserer Kernaussagen muss sein, dieses Paket schnell sicherzustellen und alle unsere Bestrebungen darauf zu richten, die Verpflichtungen einzuhalten. Die Parteien haben die Fähigkeit, dies zu tun. Sie haben ihre Bereitschaft, dies zu tun, öffentlich bekundet. Wenn dies nicht so wäre, sollten wir sie noch stärker drängen als Teil eines international so breit wie möglich angelegen Bemühens.

Bereit stehen, um das Vertrauen an Ort und Stelle wieder aufzubauen helfen

Die gegenseitige Verpflichtung der Israelis und der Palästinenser, gutnachbarschaftliche Beziehungen wieder aufzubauen, die beide Nationen, ihre Identitäten und ihre Hoffnungen respektieren, kann durch internationale Unterstützung gefördert werden, die auf einer Hervorhebung der Bemühungen, eine Beruhigung der Ängste und die Hilfe bei der Wiederherstellung der minimalen Vertrauensbasis abzielt.

Wir müssen unsere Bereitschaft zu helfen deutlich aussprechen und wir müssen über Wege nachdenken, dies in Zeiten größter Dinglichkeit zu tun. Jede der Parteien mag versucht sein, den guten Willen der anderen anzuzweifeln. Die Notwendigkeit der Einbeziehung einer dritten Partei, um den Prozess voranzubringen, wird wichtig bleiben. Eine Koalition für den Frieden im Nahen Osten hat sich gebildet, die die FFC-Empfehlungen unterstützt. Dementsprechend mag es notwendig sein, präsent zu sein, um die Anerkennung der Bemühungen der Parteien zu jeder Zeit zu gewährleisten.

Wenn sie einen gemeinsamen Maßstab für die Bewertung der Einhaltung von Verpflichtungen akzeptieren, sollten wir in der Lage sein, unsere guten Dienste zusammen mit anderen anzubieten. Es obliegt den Parteien festzulegen, welche Art von fremder Hilfe sie als nützlich ansehen. Selbst wenn sie das nicht tun, sollten wir unsere politischen Ressourcen mobilisieren, um die überschwängliche Ermutigung zu geben, die gebraucht wird. Das ist, was ich versuchte zu tun, als ich die Palästinensische Autonomiebehörde bat, in Bezug auf ihre Sicherheitsbestrebungen Transparenz zu zeigen. Uns jetzt darauf vorzubereiten hieße, die Bedeutung zu demonstrieren, die wir dem Aufbau unserer Gemeinsamen Außenpolitik im Dienste des Friedens beimessen.

Initiativen zur Wiederherstellung des Vertrauens ohne Aufschub unterstützen

Wir können und müssen jetzt über Wege nachdenken, wie die Kooperation zwischen der palästinensischen und der israelischen Zivilgesellschaft wieder belebt werden kann. In der Vergangenheit haben wir die Notwendigkeit hervorgehoben, die menschliche Dimension des Friedensprozesses zu stärken. Wir haben 'Von-Mensch-zu-Mensch'-Programme unterstützt. Heute sind viele davon ausgesetzt. Wir müssen damit beginnen, sie wieder aufzunehmen. Es können eine Menge von Initiativen sein, wenn jeder Mitgliedstaat seinen Part übernimmt, wenn die Mechanismen des Barcelona-Prozesses in diesem Sinne eingesetzt werden.

Wir dürfen diese Projekte nicht auf eine kleine Gruppe einflussreicher palästinensischer oder israelischer Persönlichkeiten beschränken. Die Projekte, die wir unterstützen, müssen solche sein, die es beiden Völkern ermöglicht, besser zu verstehen, wie eine Wiederkehr von Tragödien verhindert, Schmerz gestillt und ihre Energie darauf gerichtet werden kann, eine Zukunft aufzubauen, die von konstruktivem Handeln geprägt ist und nicht von Zerstörung und Drohungen.

Das ist eine der Empfehlungen der Scharm-el-Scheich-Kommission. Es muss, damit es beginnen kann, kein Datum festgelegt werden. Es benötigt unsere volle Unterstützung, damit die ersten Schritte so bald wie möglich ergriffen werden können. Das Ministertreffen des Europa-Mittelmeer-Prozesses, das für die nächste Präsidentschaft angesetzt ist, könnte die Gelegenheit sein, eine kollektive Bestandsaufnahme aller Bemühungen, die von der Europäischen Union in diese Richtung auf allen Ebenen unternommen worden sind, vorzunehmen.

- I. Chronik -
Nr. 24/15.-16.VI.2001: EU-Gipfel von Göteborg

Der palästinensischen Wirtschaft eine zweite Chance geben

Die palästinensischen Wirtschaft liegt danieder. Selbst wenn die vertrauensbildenden Maßnahmen es erlauben, dass sie nach und nach zum Normalmaß zurückkehrt, wird die Erholung eine lange Zeit brauchen. Als Hauptgeber können wir den Normalisierungsprozess beschleunigen.

Unser gesamtes kollektives Hilfssystem sollte neu bewertet werden. Dessen eingedenk hat die Kommission die Art ihrer Hilfe für die Palästinensische Autonomiebehörde geändert. Das Abkommen zwischen der Kommission und der Palästinensischen Autonomiebehörde, das am 31. Mai 2001 unterzeichnet wurde, wird 60 Millionen EUR an kontrollierter Budgethilfe bereitstellen. Die Palästinensische Autonomiebehörde hat sich verpflichtet, eine strengere und transparentere Politik durchzuführen. Wir werden die Bestrebungen der Kommission, der Palästinensischen Autonomiebehörde bei ihren Reformen zu helfen, unterstützen. Der Ansatz der direkten Unterstützung, der zur Zeit angewandt wird, ist keine definitive Abhilfe für die Krise der palästinensischen Institutionen. Die Summe, die einbezogen ist, ist geringer als die gesamten Gelder, die von Israel seit dem Beginn der Krise eingefroren wurden. Die europäische Hilfe wird schnell aufgebraucht sein. Wir müssen diese Situation erneut diskutieren.

Viele Projekte, die von der Union und/oder den Mitgliedstaaten finanziert wurden, sind von der Krise betroffen. Einige sind zerstört worden. Andere sind abgebrochen worden. Um wieder auf den Weg zurückzukehren und um unsere gemeinsame Entschlossenheit zu zeigen, könnte eine kollektive Evaluierung anvisiert werden, um den besten Weg anzuzeigen, den Schaden zu beheben, die Projekte wieder aufzunehmen, die ausgesetzt werden mussten, und die Prioritäten zu überprüfen. Eine solche kollektive Evaluierung sollte von unserer gewachsenen Effektivität zeugen. Es würde die gewachsene Sichtbarkeit und Transparenz der Europäischen Union demonstrieren. Die Kommission könnte all ihre Erfahrungen für solche Bemühungen einsetzen.

Unsere Vision einer regionalen Politik beibehalten

Die gegenwärtige Krise betrifft hauptsächlich die israelisch-palästinensischen Beziehungen. Diese sollte uns nicht von dem globalen Ansatz ablenken, den wir seit der Madrider Konferenz angenommen haben. Da wir uns dem zehnten Jahrestag dieses Versuchs, die Krise in den achtziger Jahren zu beenden, nähern, brauchen wir sowohl Madrid-Zwei als auch Barcelona-Plus.

Madrid-Zwei: ein subregionaler Ansatz

Die Spannungen in der Region sind nicht auf die extrem gefährlichen beschränkt, die wir hervorgehoben haben. Die Situation an der Grenze zwischen Israel und Libanon ist nicht zufrieden stellend. Die Aussichten auf eine Wiederaufnahme der Gespräche zwischen Israel und Syrien sind sehr schlecht. Die Länder der Region stehen frustrierten Bevölkerungen gegenüber, die die Früchte der Globalisierung nicht schnell genug ernten.

Um diese Risiken anzugehen, müssen wir unseren Grundsätzen treu bleiben und auf kollektive internationale Bemühungen hinarbeiten, die Stabilität und die Suche nach einem dauerhaften Frieden fördern. Wir müssen in engem Dialog mit Amman, Beirut, Kairo und Damaskus bleiben.

Barcelona-Plus: die Assoziierungsabkommen voll ausnutzen

Der Europa-Mittelmeer-Prozess bleibt ein einzigartiger Mechanismus, der unsere bilateralen Beziehungen mit dem Nahen Osten und die Möglichkeit multilateralen Handelns umfasst. Ein solches Handeln ist durch die derzeitige Situation behindert. Dennoch hat der Prozess großes Potenzial. Wir dürfen nicht von Zweifeln befallen sein. Der Prozess hat nichts an seiner Bedeutung eingebüßt im Hinblick auf unsere langfristige Vision der Europa-Mittelmeer-Beziehungen. Wir müssen auch jeglicher Versuchung widerstehen, eines der Gründungsmitglieder vom Prozess auszuschließen.

Wir genießen privilegierte bilaterale Beziehungen in der gesamten Region: wir sind der hauptsächliche ausländische Handelspartner, der politische Dialog, der auf gegenseitigem Respekt beruht, ist unser Wunsch und unsere Praxis, und wir haben soziokulturelle Bande, die wir aus der Vergangenheit übernahmen, in der Gegenwart beibehalten, die wir zunehmend

- I. Chronik -
Nr. 25/2.VII.2001: Frankreich und Rußland

auf die Zukunft ausrichten müssen. Der Nahe Osten macht sowohl insgesamt als auch in seinen einzelnen Facetten einen Wandel durch, den wir in der Lage sind, zu ermutigen.

Unsere bilateralen Beziehungen liegen im Kontext der Assoziierungsabkommen. Wir haben nur in der Region die notwendige kritische Masse an Abkommen, die wir unterzeichnet haben oder die verhandelt werden. Wir haben ein vertragliches Rahmenwerk, das es ermöglicht, das Tempo für unseren wirtschaftlichen, politischen und menschlichen Austausch festzulegen. Dieses Rahmenwerk ermöglicht es, mehr zu tun, und es erinnert uns daran, wie man es besser machen kann. Es erlaubt uns, nicht nur unsere Beziehung zu verteidigen, sondern auch die essenziellen Werte festzulegen, die wir vertreten. Wir müssen von den vorhandenen Mitteln vollen Gebrauch machen und die Philosophie, die dahinter steht, bekräftigen.

V. SCHLUSSFOLGERUNG

Die schwedische Präsidentschaft hinterlässt eine Europäische Union, die im Nahen Osten präsenter und kohärenter ist, der öfter zugehört wird von anderen Partnern in der internationalen Gemeinschaft. Unsere Koordinierung, die Aktivitäten der Kommission, die Arbeit unseres Sonderbeauftragten und meine eigene müssen es uns ermöglichen, in diese Richtung weiterzumachen.

Wir haben eine kritische Situation im Nahen Osten, die eine vorrangige Nutzung sowohl unserer alten Mittel als auch unserer neuen erfordert. Unser Handlungen heute sind oft solche der Dringlichkeit. Sie erfordern schnellere Fähigkeiten, zu handeln und zu reagieren. Des Weiteren streben wir nicht einfach nur danach, eine weitere Verschlimmerung zu verhindern. Wir streben danach, zur Vision des Friedens und der Stabilität zurückzukehren, die unser Wunsch für diese benachbarte Region ist. Zu keinem Zeitpunkt sollten wir dieses langfristige Ziel aus den Augen verlieren."

(Internationale Politik)

2. VII. 2001

25. Russisch-französische Erklärung über strategische Fragen

Am 2. Juli 2001 wurde aus Anlass eines dreitägigen Besuchs des französischen Staatspräsidenten Jacques CHIRAC in Moskau eine gemeinsam mit Präsident Wladimir PUTIN verantwortete Erklärung veröffentlicht, die den Willen beider Regierungen zum Ausdruck brachte, strategische Ziele auch in Abgrenzung von den USA zu verfolgen.

Gemeinsame Erklärung über strategische Fragen vom 2. 7. 2001

„Frankreich und die Russische Föderation haben als Ständige Mitglieder des Sicherheitsrats eine besondere Verantwortung, was den Erhalt des Friedens und der internationalen Sicherheit anbelangt. Sie drücken ihren Willen aus, sowohl bilateral als auch multilateral zu handeln, um dem strategischen Gleichgewicht einen Beitrag zu leisten. Sie haben vor, die strategische Partnerschaft zwischen Russland und der Europäischen Union, am 30. Oktober 2000 beim Gipfel in Paris begründet, in der Tat umzusetzen, besonders mittels der Vertiefung des Dialogs und der Zusammenarbeit bei Fragen der Sicherheit und der Konfliktvorbeugung.

Frankreich und Russland sehen die grundlegende Notwendigkeit, die internationalen strategischen Gleichgewichte im neuen Kontext, herbeigeführt durch das Ende des Kalten Krieges, zu garantieren. Die Instrumente dieser Gleichgewichte existieren bereits. Um diesen neuen strategischen Kontext und die wachsende Multipolarität besser zu berücksichtigen, sollte man darauf achten, dass sie nicht durch ein zügelloses System ersetzt werden, das neuen Rivalitäten eine freie Bahn lassen würde. Sie sind der Ansicht, dass gemäß der Definition der Bedingungen für die strategische Stabilität die nukleare Abhaltung (dissuasion), gegründet auf das Prinzip der Hinlänglichkeit, ihre volle Stichhaltigkeit behält.

Sie sind der Meinung, dass die Abkommen über Abrüstung - einschließlich der nuklearen Abrüstung - und die multinationalen Regime für Nichtverbreitung unerlässlich bleiben. Die

Pflichten, die sie enthalten, und die Kontrollen, die sie vorsehen, bilden Faktoren des Vertrauens. Frankreich und die Russische Föderation messen der Prävention der Verbreitung von Massenvernichtungswaffen und deren Trägermitteln eine besondere Bedeutung bei.

Im Bereich der Kernwaffen ist der Nichtverbreitungsvertrag ein grundlegendes Stabilitätsinstrument. Dessen Vorschriften müssen respektiert werden. Der Vertrag über das umfassende Teststoppverbot muss so bald wie möglich in Kraft treten. Die Verhandlungen über einen Vertrag über das Verbot der Herstellung von Spaltprodukten für Kernwaffen müssen bei der Abrüstungskonferenz unverzüglich aufgenommen werden.

Frankreich und Russland beglückwünschen einander für die Zusammenarbeit beim Abbau russischer Kernwaffen und bei der Vernichtung und Kontrolle des für Verteidigungszwecke überschüssigen russischen Plutoniums. Beide Staaten treten für die Entwicklung der internationalen Zusammenarbeit zu diesem Zweck ein, vor allem im Rahmen der G-8.

Frankreich und die Russische Föderation sehen in den Vereinbarungen über das Verbot der Produktion, Nutzung und Lagerung von chemischen Waffen internationale Instrumente, die respektiert und universalisiert werden müssen. Die Annahme eines Überprüfungsprotokolls der Konvention über das Verbot biologischer Waffen ist eine notwendige Maßnahme, um dieses Instrument zu stärken. Bis zu seiner Verabschiedung sind Maßnahmen für Transparenz nötig. Die Zerstörung der Bestände von chemischen Waffen muss von den Staaten, die davon welche besitzen, verfolgt werden. Die biologischen Waffen müssen vollständig eliminiert werden.

Frankreich und die Russische Föderation sind entschlossen, ihre Bemühungen zur Prävention der Verbreitung von ballistischen Raketen zu verstärken. Sie unterstreichen die notwendige strikte Durchführung der nationalen Politik zur Exportkontrolle.

In diesem Kontext beglückwünschen sich Frankreich und die Russische Föderation zu den bereits unternommenen Initiativen, um die Instrumente zur Prävention der ballistischen Weiterverbreitung zu verbessern, besonders das globale System der Kontrolle und das Projekt über Verhaltensregeln, vorgeschlagen von den Mitgliedern der MTCR. Die Verhandlungen mit Nichtmitgliedstaaten des Regimes im Hinblick auf die Verbreitung des Verhaltenskodex müssen vertieft werden. Frankreich und Russland erachten die Abhaltung einer internationalen Konferenz zu diesem Thema zu einem geeigneten Zeitpunkt als angebracht. Frankreich und die Russische Föderation werden der Arbeit des UN-Expertenausschusses zu Raketen Beiträge leisten. Frankreich und die Russische Föderation bekräftigen, dass die internationalen Bemühungen zur Verhinderung des Rüstungswettlaufs im Weltraum essenziell sind.

Frankreich und Russland werden ihre enge Zusammenarbeit verfolgen und regelmäßige Beratungen auf den angemessenen Niveaus zur Gesamtheit dieser Fragen wahrnehmen."

(Internationale Politik)

3. VII. 2001

26. Sicherheitsrat der VN beschließt Maßnahmen zur weiteren Deckung des humanitären Bedarfs der irakischen Bevölkerung

Am 3. Juli 2001 befasste sich der Sicherheitsrat der Vereinten Nationen erneut mit der Lage im Irak und mit der dortigen Versorgungslage. Die bestehenden Ausnahmeregelungen vom Sanktionsregime, insbesondere das Programm zum begrenzten Export von Erdöl, wurden verlängert und der Generalsekretär ersucht, weitergehende Maßnahmen zu ergreifen, um die gerechte Verteilung der Güter sicher zu stellen. Die tiefgreifenden Meinungsunterschiede innerhalb des Sicherheitsrates über das weitere Vorgehen gegenüber dem Irak blieben bestehen.

- I. Chronik -
Nr. 26/3.VII.2001: VN zum humanitären Bedarf im Irak

Resolution 1360 des VN-Sicherheitsrats, verabschiedet am 3. 7. 2001

„Der Sicherheitsrat,

unter Hinweis auf seine früheren einschlägigen Resolutionen, namentlich die Resolutionen 986 (1995) vom 14. April 1995, 1284 (1999) vom 17. Dezember 1999, 1330 (2000) vom 5. Dezember 2000 und 1352 (2001) vom 1. Juni 2001, soweit sie sich auf die Verbesserung des humanitären Programms für Irak beziehen,

in der Überzeugung, dass vorübergehende Maßnahmen zur weiteren Deckung des humanitären Bedarfs des irakischen Volkes ergriffen werden müssen, bis die Erfüllung der einschlägigen Resolutionen, so auch insbesondere der Resolution 687 (1991) vom 3. April 1991, durch die Regierung Iraks es dem Rat gestattet, weitere Maßnahmen in Bezug auf die in Resolution 661 (1990) vom 6. August 1990 genannten Verbote zu ergreifen, im Einklang mit den Bestimmungen der genannten Resolutionen,

sowie in der Überzeugung, dass die humanitären Hilfsgüter gerecht an alle Teile der irakischen Bevölkerung im ganzen Land verteilt werden müssen,

entschlossen, die humanitäre Lage in Irak zu verbessern,

in Bekräftigung des Eintretens aller Mitgliedstaaten für die Souveränität und territoriale Unversehrtheit Iraks,

tätig werdend nach Kapitel VII der Charta der Vereinten Nationen,

1. beschließt, dass die Bestimmungen der Resolution 986 (1995), mit Ausnahme der Ziffern 4, 11 und 12 und vorbehaltlich von Ziffer 15 der Resolution 1284 (1999), für einen weiteren Zeitraum von 150 Tagen ab dem 4. Juli 2001 0.01 Uhr New Yorker Ortszeit in Kraft bleiben;

2. beschließt ferner, dass aus dem Erlös aus der von den Staaten getätigten Einfuhr von Erdöl und Erölprodukten aus Irak, einschließlich der damit zusammenhängenden finanziellen und sonstigen wesentlichen Transaktionen, in dem in Ziffer 1 genannten Zeitraum von 150 Tagen die vom Generalsekretär in seinem Bericht vom 1. Februar 1998 (S/1998/90) empfohlenen Beträge für die Bereiche Nahrungsmittel/Ernährung und Gesundheit auch künftig im Kontext der Tätigkeiten des Sekretariats mit Vorrang zuzuteilen sind, wobei 13 Prozent des in dem genannten Zeitraum erzielten Erlöses für die in Ziffer 8 Buchstabe b der Resolution 986 (1995) genannten Zwecke zu verwenden sind;

3. ersucht den Generalsekretär, auch weiterhin die erforderlichen Maßnahmen zu ergreifen, um die wirksame und effiziente Durchführung dieser Resolution sicherzustellen, und den Beobachtungsprozess der Vereinten Nationen in Irak auch weiterhin nach Bedarf dahin gehend zu verbessern, dass dem Rat die erforderliche Zusicherung gegeben werden kann, dass die im Einklang mit dieser Resolution beschafften Güter gerecht verteilt werden und dass alle Güter, deren Beschaffung genehmigt wurde, einschließlich Gegenstände mit doppeltem Verwendungszweck und Ersatzteile, für den genehmigten Zweck verwendet werden, namentlich auf den Sektor des Wohnungsbaus und der damit zusammenhängenden Infrastrukturentwicklung;

4. beschließt, 90 Tage nach Inkrafttreten von Ziffer 1 und erneut vor Ablauf des 150-Tage-Zeitraums eine eingehende Überprüfung aller Aspekte der Durchführung dieser Resolution vorzunehmen, und bekundet seine Absicht, vor Ablauf des 150-Tage-Zeitraums gegebenenfalls die Verlängerung der Bestimmungen dieser Resolution wohlwollend zu prüfen, sofern aus den in den Ziffern 5 und 6 genannten Berichten hervorgeht, dass diese Bestimmungen zufriedenstellend angewandt werden;

5. ersucht den Generalsekretär, dem Rat 90 Tage nach Inkrafttreten dieser Resolution über ihre Durchführung umfassend Bericht zu erstatten und erneut spätestens eine Woche vor Ablauf des 150-Tage-Zeitraums auf der Grundlage der vom Personal der Vereinten Nationen in Irak gemachten Beobachtungen sowie auf der Grundlage von Konsultationen mit der Regierung Iraks darüber Bericht zu erstatten, ob Irak die gerechte Verteilung der im Einklang mit Ziffer 8 Buchstabe a der Resolution 986 (1995) finanzierten Medikamente, medizinischen Versorgungsgüter, Nahrungsmittel und Güter und Versorgungsgegenstände zur Deckung des Grundbedarfs der Zivilbevölkerung sichergestellt hat, und in seine Berichte auch etwaige

Bemerkungen zu der Frage aufzunehmen, ob die Einnahmen zur Deckung des humanitären Bedarfs Iraks ausreichen;

6. ersucht den Ausschuss nach Resolution 661 (1990), dem Rat in enger Abstimmung mit dem Generalsekretär 90 Tage nach Inkrafttreten von Ziffer 1 und erneut vor Ablauf des 150-Tage-Zeitraums über die Durchführung der Regelungen in den Ziffern 1, 2, 6, 8, 9 und 10 der Resolution 986 (1995) Bericht zu erstatten;

7. beschließt, dass die gemäß dieser Resolution erzielten Mittel auf dem mit Ziffer 7 der Resolution 986 (1995) eingerichteten Treuhandkonto bis zu einem Gesamtbetrag von 600 Millionen US-Dollar zur Deckung aller angemessenen Ausgaben, mit Ausnahme der in Irak zahlbaren Ausgaben, verwendet werden dürfen, die unmittelbar aus den nach Ziffer 2 der Resolution 1175 (1998) vom 19. Juni 1998 und Ziffer 18 der Resolution 1284 (1999) genehmigten Verträgen entstehen, und bekundet seine Absicht, die Verlängerung dieser Bestimmung wohlwollend zu prüfen;

8. ersucht den Generalsekretär, die erforderlichen Maßnahmen zur Überweisung der überschüssigen Mittel aus dem nach Ziffer 8 Buchstabe d der Resolution 986 (1995) eingerichteten Konto für die in Ziffer 8 Buchstabe a der Resolution 986 (1995) genannten Zwecke zu ergreifen, um die für die Beschaffung humanitärer Hilfsgüter verfügbaren Mittel zu erhöhen, gegebenenfalls einschließlich für die in Ziffer 24 der Resolution 1284 (1999) genannten Zwecke;

9. beschließt, dass die effektive Abzugsquote der auf das Treuhandkonto nach Resolution 986 (1995) eingezahlten Mittel, die in dem 150-Tage-Zeitraum an den Entschädigungsfonds zu überweisen sind, 25 Prozent beträgt, beschließt ferner, dass die sich aus diesem Beschluss ergebenden zusätzlichen Mittel auf das nach Ziffer 8 Buchstabe a der Resolution 986 (1995) eingerichtete Konto eingezahlt werden und ausschließlich für humanitäre Projekte zu verwenden sind, die dem Bedarf der hilfsbedürftigsten Gruppen in Irak Rechnung tragen, wie in Ziffer 126 des Berichts des Generalsekretärs vom 29. November 2000 (S/2000/1132) angegeben, ersucht den Generalsekretär, in den in Ziffer 5 genannten Berichten über die Verwendung dieser Mittel Bericht zu erstatten, und bekundet seine Absicht, einen Mechanismus zu schaffen, um vor Ablauf des 150-Tage-Zeitraums die effektive Abzugsquote der auf das Treuhandkonto eingezahlten und in künftigen Phasen an den Entschädigungsfonds zu überweisenden Mittel zu überprüfen, unter Berücksichtigung der wichtigsten Elemente des humanitären Hilfsbedarfs des irakischen Volkes;

10. fordert alle Staaten und insbesondere die Regierung Iraks nachdrücklich auf, bei der wirksamen Durchführung dieser Resolution voll zu kooperieren;

11. fordert die Regierung Iraks auf, die verbleibenden Maßnahmen zu ergreifen, die zur Durchführung der Ziffer 27 der Resolution 1284 (1999) notwendig sind, und ersucht ferner den Generalsekretär, in seine Berichte nach Ziffer 5 eine Prüfung der von der Regierung Iraks bei der Durchführung dieser Maßnahmen erzielten Fortschritte aufzunehmen;

12. unterstreicht die Notwendigkeit, sicherzustellen, dass die Sicherheit aller Personen, die an der Durchführung dieser Resolution in Irak unmittelbar beteiligt sind, auch weiterhin geachtet wird;

13. ruft alle Staaten auf, auch weiterhin zu kooperieren, indem sie Anträge rechtzeitig vorlegen, Ausfuhrgenehmigungen rasch ausstellen, den Transit der von dem Ausschuss nach Resolution 661 (1990) genehmigten humanitären Hilfsgüter erleichtern und alle anderen innerhalb ihrer Zuständigkeit liegenden geeigneten Maßnahmen ergreifen, um sicherzustellen, dass die dringend benötigten humanitären Hilfsgüter die Bevölkerung Iraks so rasch wie möglich erreichen;

14. beschließt, mit der Angelegenheit befasst zu bleiben."

(Deutscher Übersetzungsdienst, Vereinte Nationen)

- I. Chronik -
Nr. 27/12.VII.2001: USA zur Raketenabwehr

12. VII. 2001

27. Überlegungen der Bush-Administration zur Raketenabwehr

Am 12. Juli 2001 nahm der stellvertretende amerikanische Verteidigungsministers Paul WOLFOWITZ vor dem Streitkräfteausschuss des US-Senats Stellung zur Abwehr ballistischer Raketen. Hierbei legte er die Überlegungen der Bush-Administration zur Raketenabwehr und strategischen Stabilität dar.

EINLEITUNG

„Vorsitzender LEVIN, Senator WARNER, verehrte Ausschussmitglieder, vielen Dank für diese Gelegenheit, zum Haushaltsantrag 2002 der Regierung zur Abwehr ballistischer Raketen Stellung nehmen zu dürfen.

Stellen Sie sich einmal folgendes Szenario vor: Ein Schurkenstaat mit einem unterlegenen Militär, aber im Besitz von ballistischen Raketen und Massenvernichtungswaffen, begeht einen Akt der Aggression gegen ein Nachbarland. Während Präsident BUSH als Reaktion darauf amerikanische Truppen auf das Gefechtsfeld entsendet, droht der Völkermord begehende Diktator unseren Bündnispartnern und stationierten Streitkräften mit einem Angriff mit ballistischen Raketen.

Plötzlich, praktisch ohne Vorwarnung, regnet es Raketen auf unsere Truppen und sie schlagen in den dicht besiedelten Wohngebieten der Hauptstädte unserer Bündnispartner ein. Panik bricht aus. Sirenen heulen und Rettungsmannschaften in Schutzkleidung rasen zur Suche nach Opfern in den Trümmern und schaffen die Verletzten in die Krankenhäuser. Durch ihre Gasmasken murmelnde Reporter versuchen, das Ausmaß der Zerstörung zu beschreiben, während die Bilder über das Blutbad unverzüglich auf der ganzen Welt gesendet werden.

Herr Vorsitzender, die von mir beschriebene Szene ist keine Sciene Fiction. Sie ist kein von kreativen Pentagonplanern erdachtes künftiges Konfliktszenarium. Es ist eine Beschreibung von Ereignissen, die vor zehn Jahren stattfanden - während des Golfkriegs.

Ich erinnere mich besonders gut an diese Ereignisse. Als Saddam HUSSEIN SCUD-Raketen auf Israel abfeuerte, wurde ich mit dem Stellvertretenden Außenminister Lawrence EAGLEBURGER dorthin entsandt, um Israel zu überzeugen zu versuchen, sich nicht weiter in den Krieg hineinziehen zu lassen, wie Saddam HUSSEIN es beabsichtigte. Wir sahen Kinder, die mit Gasmasken in fröhlich geschmückten Schachteln zur Schule gingen - zweifelsohne, um sie von der Möglichkeit einer drohenden Massenvernichtung abzulenken. Sie waren schrecklich jung, um über das Undenkbare nachdenken zu müssen. Mit diesen Raketen terrorisierte Saddam HUSSEIN eine Generation israelischer Kinder, und es gelang ihm beinahe, den gesamten strategischen Kurs des Golfkriegs zu verändern.

Dieses Jahr markiert den 10. Jahrestag der ersten amerikanischen Kriegsopfer durch einen Angriff mit ballistischen Raketen. In den letzten Tagen von Wüstensturm traf eine einzige SCUD-Rakete amerikanische Kasernen in Dharan und tötete 28 unserer Soldaten und verwundete 99. 13 der Getöteten kamen aus einer kleinen Stadt in Pennsylvania namens Greensburg. Es war der schlimmste Einsatz für amerikanische Truppen im Golfkrieg. Für die 13 Familien in Greensburg war es der schlimmste Tag ihres Lebens.

Heute, zehn Jahre später, ist es angemessen zu fragen, wie viel besser wir in der Lage zur Bewältigung einer Bedrohung sind, die bereits vor zehn Jahren real und ernst war - und es heute noch mehr ist. Traurigerweise lautet die Antwort, nicht viel besser. Trotz dieser tragischen Erfahrung sind wir ein Jahrzehnt später praktisch noch nicht in der Lage, uns gegen

- I. Chronik -
Nr. 27/12.VII.2001: USA zur Raketenabwehr

einen Angriff mit ballistischen Raketen zu verteidigen, selbst einen Angriff mit einer relativ primitiven ballistischen SCUD-Rakete.

Verglichen mit 1991 hat sich unsere Fähigkeit zum Abschuss einer SCUD-Rakete heute nicht viel verbessert. Wir sind immer noch ein oder zwei Jahre von der ersten Stationierung der PAC-3-Rakete (der dritten Generation der Patriot-Rakete) - unserer Antwort auf die SCUD und zwar einer effektiven - und viele Jahre von der vollständigen Stationierung entfernt. Heute haben unsere Streitkräfte am Persischen Golf und in Korea - und die Zivilisten, die sie verteidigen - praktisch kein Mittel zum Schutz gegen nordkoreanische, mit chemischen und konventionellen Gefechtsköpfen bestückte ballistische Raketen. Ohne Raketenabwehr könnte ein Angriff Nordkoreas zu Zehn- oder sogar Hunderttausenden von Verletzten führen.

Denjenigen, die sich fragen, warum so viele den Vereinigten Staaten feindlich gesinnte Regime - von denen viele verzweifelt arm sind - solch enorme Summen in die Beschaffung von ballistischen Raketen investieren, schlage ich folgende mögliche Antwort vor: Sie wissen, dass wir keine Abwehrsysteme haben.

Es kann ihrer Aufmerksamkeit nicht entgangen sein, dass die einzigen Waffen, dank derer Saddam HUSSEIN die amerikanischen Streitkräfte während des Golfkriegs wirklich bluten lassen konnte - die einzigen Waffen, die es ihm gestatteten, den Krieg auf das Staatsgebiet seiner Gegner auszuweiten und unschuldige Frauen und Kindern zu ermorden - ballistische Raketen waren.

Wir haben die Bedrohung durch ballistische Raketen vor zehn Jahren unterschätzt - und heute, ein Jahrzehnt später, unterschätzen wir sie immer noch. Herr Vorsitzender, es ist an der Zeit, unseren Kopf aus dem Sand zu ziehen und uns mit einigen unerfreulichen, aber unumstrittenen Fakten zu befassen: Die Bedrohung unserer Freunde, Bündnispartner und stationierten Streitkräfte durch Kurzstreckenraketen begann vor einem Jahrzehnt; jetzt haben wir eine Bedrohung durch Mittelstreckenraketen; und die Bedrohung amerikanischer Städte durch Langstreckenraketen lauert am Horizont - sie ist einige Jahre, nicht Jahrzehnte entfernt - und unser Volk und unser Staatsgebiet sind wehrlos. Warum? Die Antwort hat vier Buchstaben: A B M V.

Im vergangenen Jahrzehnt hat unsere Regierung die Herausforderung der Entwicklung eines Systems zur Abwehr von Raketen nicht ernst genommen. Wir haben es nicht ausreichend finanziert, wir haben nicht daran geglaubt, und wir haben dem ABM-Vertrag Priorität eingeräumt. So benehmen sich die Vereinigten Staaten nicht, wenn sie ein Problem ernst nehmen. So haben wir nicht in nur zehn Jahren einen Menschen auf den Mond geschickt. So haben wir nicht das Polaris-Programm oder Interkontinentalraketen in noch kürzerer Zeit entwickelt.

Die Zeit, ernst zu werden, ist längst vorbei. Heute nimmt die Anzahl der Länder zu, die den Besitz nuklearer, chemischer und biologischer Waffen anstreben. Die Anzahl der Länder nimmt zu, die den Besitz moderner konventioneller Waffen anstreben. Die Anzahl der Länder nimmt zu, die den Besitz ballistischer Raketentechnologie anstreben. Die Anzahl von Raketen auf der Erdoberfläche nimmt zu.

Betrachten Sie sich folgende Fakten:

- Bei der Unterzeichnung des ABM-Vertrags 1972 war die Anzahl der Länder unbekannt, die den Besitz von biologischen Waffen anstrebten; heute sind es mindestens 13.

- 1972 unterhielten zehn Länder bekanntermaßen Chemiewaffenprogramme; heute sind es 16 (vier Länder haben ihre Programme beendet, aber zehn weitere sind an ihre Stelle getreten).

- 1972 kannten wir nur fünf Länder, die Nuklearwaffenprogramme unterhielten; heute kennen wir 12.

- 1972 waren uns nur insgesamt neun Länder bekannt, die im Besitz von ballistischen Raketen waren; heute sind es 28, und allein in den letzten fünf Jahren wurden über 1.000 Raketen aller Reichweiten produziert.

- Und das sind nur die uns bekannten Fälle. In diesem Augenblick werden gefährliche Fähigkeiten entwickelt, die uns jetzt nicht bekannt sind und vielleicht auf Jahre hinaus nicht bekannt sein werden - vielleicht erst, wenn sie stationiert worden sind.

- I. Chronik -
Nr. 27/12.VII.2001: USA zur Raketenabwehr

Zum Beispiel überraschte Nordkorea 1998 die Welt mit dem Abschuss seiner Taepo Dong 1-Rakete über Japan, mit einer bisher unbekannte dritten Stufe. Die Nachrichtendienste erklären uns, dass dieser Abschuss die Fähigkeit Nordkoreas demonstrierte, eine kleine Waffenladung in die Vereinigten Staaten zu befördern. Zurzeit entwickelt Nordkorea die Taepo Dong 2-Rakete, die noch weiter in amerikanisches Territorium eindringen und eine noch größere Waffenladung tragen kann.

Andere unfreundlich gesinnte Regime wie Iran, Syrien und Libyen entwickeln ebenfalls Raketen zunehmender Reichweite und Technologie. Einige dieser Länder sind weniger als fünf Jahre von der Stationierung solcher Fähigkeiten entfernt. Diese Regime arbeiten zusammen und tauschen Technologie sowie Know-how aus.

Die diese Fähigkeiten anstrebenden Länder tun dies, weil sie davon überzeugt sind, dass dies ihre Macht und ihren Einfluss verstärkt; weil sie davon überzeugt sind, dass sie uns von der Kräfteprojektion zur Beendigung von Aggressionsakten abhalten und uns von der Verteidigung unserer Interessen auf der Welt abschrecken können, wenn sie das amerikanische Volk bedrohen.

Wenn wir nicht jetzt Verteidigungssysteme gegen diese Waffen bauen, werden feindlich gesinnte Mächte bald die Fähigkeit besitzen - oder sie besitzen sie bereits - amerikanische und verbündete Städte mit nuklearen, chemischen oder biologischen Waffen anzugreifen. Sie werden bald die Macht haben, unsere Bevölkerung zur Geisel von Terror und Erpressung zu machen. Sie werden ihrer Ansicht nach die Fähigkeit erlangen, uns von der Bildung internationaler Koalitionen abzuhalten, ihre Akte der Aggression anzufechten und uns in eine wirklich isolationistische Position zwingen. Und sie würden noch nicht einmal die Waffen in ihrem Besitz benutzen müssen, um unser Verhalten zu beeinflussen und ihr Ziel zu erreichen.

Wir können jedoch nicht sicher sein, dass sie diese Waffen in einer Krise nicht einsetzen würden. Wenn Saddam HUSSEIN die Fähigkeit zum Angriff einer westlichen Hauptstadt mit einer Nuklearwaffe besäße, könnte er dann wirklich durch die Aussicht eines Atomangriffs der Vereinigten Staaten abgeschreckt werden, der Millionen von Irakern töten würde? Ist er so besorgt um sein Volk? Würden wir wirklich wollen, dass unsere einzige Option in solch einer Krise die Zerstörung Bagdads und seiner Bevölkerung ist? Eine Politik der internationalen Verletzbarkeit ist nicht die richtige Strategie für den Umgang mit den Gefahren dieses neuen Jahrhunderts.

Während wir die Existenz der Bedrohung seit nahezu einem Jahrzehnt erörtern, haben andere Länder eifrig Raketentechnologie beschafft, entwickelt und verbreitet. Wir können es uns nicht leisten, die Gefahr noch länger zu diskutieren. Wir befinden uns in einem Wettlauf mit der Zeit - und wir fangen das Rennen von einer hinteren Position an. Nicht zuletzt dank der Einschränkungen des antiquierten ABM-Vertrags haben wir den größeren Teil eines Jahrzehnts vergeudet. Wir können es uns nicht leisten, ein weiteres zu verschwenden.

ENTWICKLUNG UND ERPROBUNG

Präsident BUSH hat seine Absicht zur Entwicklung und Stationierung von Verteidigungssystemen bekundet, die zum Schutz des amerikanischen Volks, unserer Freunde, Bündnispartner und Streitkräfte auf der ganzen Welt vor einem begrenzten Angriff mit ballistischen Raketen in der Lage sind. Die geänderte Haushaltsvorlage für 2002 sieht 8,3 Milliarden Dollar für die Raketenabwehr vor.

Wir beabsichtigen die Entwicklung von Abwehrsystemen, die zur Verteidigung gegen einen begrenzten Raketenangriff durch einen Schurkenstaat oder gegen einen versehentlichen oder nicht genehmigten Angriff in der Lage sind. Wir beabsichtigen die Entwicklung einer gestaffelten Verteidigung, die Flugkörper jeder Reichweite in jeder Flugphase abfangen kann - Antriebs- mittlerer und Endflugphase.

Wir haben ein Programm zur Entwicklung und Stationierung zu einem angemessenen Zeitpunkt erarbeitet. Die Entwicklung einer geeigneten gestaffelten Verteidigung wird Zeit erfordern. Sie erfordert die aggressivere Erforschung von Schlüsseltechnologien, insbesondere derjenigen, die durch den ABM-Vertrag eingeschränkt werden. Daher planen wir den stufenweisen Aufbau mit der Stationierung der Fähigkeiten, sobald sich die Technologie als ausgereift erweist und fügen dann mit der Zeit neue Fähigkeiten hinzu, wenn sie ausgereift sind.

- I. Chronik -
Nr. 27/12.VII.2001: USA zur Raketenabwehr

Wir haben das Programm so entworfen, dass wir im Notfall gegebenenfalls im Test befindliche Technologien zur Verteidigung gegen eine rasch auftretende Bedrohung stationieren könnten. Dies ist bisher schon einige Male mit anderen militärischen Fähigkeiten gemacht worden, sowohl im Golfkrieg als auch im Kosovo. Aber vorbehaltlich eines solchen Notfalls müssen wir die operative Stationierung von im Test befindlichen Technologien äußerst sorgfältig in Erwägung ziehen - weil solche Stationierungen störend sein und einen Rückschlag für die normalen Entwicklungsprogramme bedeuten können.

Wir haben uns jedoch noch nicht für eine Systemarchitektur zur Stationierung entschieden. Wir sind dazu nicht in der Lage, weil in der Vergangenheit so viele vielversprechende Technologien nicht weiter verfolgt wurden. Das von uns ererbte Programm war nicht für maximale Effektivität entworfen, sondern musste sich innerhalb der Einschränkungen des ABM-Vertrags bewegen. Infolgedessen waren Entwicklungs- und Erprobungsprogramme zur Verteidigung gegen eine Bedrohung mit Langstreckenraketen auf bodengestützte Komponenten begrenzt - und luft-, see- und weltraumgestützte Fähigkeiten mit enormem Potenzial wurden ignoriert.

Um das Programm zu beschleunigen, müssen wir die Suche nach effektiven Technologien erweitern, bevor wir zur Stationierung kommen können. Wir müssen auf Halde gelegte Technologien abstauben, neue in Betracht ziehen und alle in den Entwicklungs- und Erprobungsprozess einbringen.

Um das breitest mögliche Spektrum der zahlreichen vielversprechenden Technologien zu prüfen, haben wir ein flexibles und erweitertes Forschungs-, Entwicklungs-, Erprobungs- und Evaluierungsprogramm erarbeitet. Wir werden unser Programm erweitern und die Tests von Technologien und Stationierungsbestimmungen hinzufügen, einschließlich boden-, luft-, see- und weltraumgestützter Fähigkeiten, die bisher unberücksichtigt gelassen oder nicht genügend erforscht wurden.

Ungeachtet der Verzögerungen des letzten Jahrzehnts liegt die Fähigkeit zur Verteidigung Amerikas in greifbarer Nähe. Die Technologie von 2001 ist nicht mit der Technologie von 1981 oder 1991 vergleichbar - dem Jahr, in dem wir unsere ersten Verluste durch den Angriff eines Schurkenstaats mit ballistischen Raketen erlitten.

Heute ist die Abwehr ballistischer Raketen nicht mehr ein Erfindungsproblem - es ist eine Herausforderung für die Ingenieure. Es ist eine Herausforderung, der wir gewachsen sind.

ABM-VERTRAG

Unser Programm ist auf die Entwicklung der fähigsten Verteidigung ausgerichtet, die für unser Land, unsere Bündnispartner und stationierten Streitkräfte zum frühest möglichen Zeitpunkt realisierbar ist. Das bedeutet, dass es sich an einem Punkt - und mit der Zeit immer häufiger - an den durch den ABM-Vertrag auferlegten Einschränkungen stoßen wird. Wir werden die Tests nicht ausschließlich zum Zweck der Überschreitung der Einschränkungen des Vertrags durchführen - aber wir werden auch unser Programm nicht zur Vermeidung dessen entwerfen.

Diese Administration hat jedoch nicht die Absicht, den ABM-Vertrag zu verletzen, wir beabsichtigen, über ihn hinauszugehen. Darauf arbeiten wir auf zwei parallelen Ebenen hin: Erstens verfolgen wir das von mir beschriebene beschleunigte Forschungs-, Entwicklungs- und Erprobungsprogramm. Und zweitens führen wir Gespräche mit Russland über einen neuen Sicherheitsrahmen, der die Tatsache berücksichtigt, dass der Kalte Krieg vorüber ist und die Vereinigten Staaten und Russland keine Gegner sind. Wir machen auf diesen beiden Ebenen gleichzeitig Fortschritte, und wir haben das Gefühl, dass die Aussichten auf Erfolg in beiden Fällen vielversprechend sind.

Wir haben mit Russland einen Dialog über den Aufbau neuer Sicherheitsbeziehungen eingeleitet, die nicht auf der Aussicht der gegenseitigen Vernichtung unserer jeweiligen Bevölkerung basieren, die das Fundament der alten amerikanisch-sowjetischen Beziehungen bildeten. Das ist kein gesundes Fundament für die amerikanisch-sowjetischen Beziehungen im 21. Jahrhundert.

Bei seinem kürzlichen Europabesuch führte Präsident BUSH gute Gespräche mit dem russischen Präsidenten PUTIN, und Verteidigungsminister RUMSFELD unterhielt letzten Monat bei der NATO einen konstruktiven Dialog mit dem russischen Verteidigungsminister Sergej

- I. Chronik -
Nr. 27/12.VII.2001: USA zur Raketenabwehr

IWANOW. Nach dem Treffen erklärte Minister IWANOW seine Übereinstimmung mit Minister RUMSFELD: 'Im 21. Jahrhundert sehen wir uns nicht nur zahlreicheren Bedrohungen gegenüber, sondern sie sind auch sehr viel vielfältiger als in der Vergangenheit.'

Unsere Gespräche mit Russland werden fortgesetzt, und wir haben keinen Grund zu der Annahme, dass sie scheitern werden. Die Frage, ob wir den ABM-Vertrag im Jahr 2002 verletzen werden, geht davon aus, dass sie scheitern werden. Aber es gibt keinen Grund zu der Annahme, dass wir scheitern werden; und wenn wir Erfolg haben, wird der ABM-Vertrag kein Hindernis mehr für den Schutz des amerikanischen Volkes, unserer Bündnispartner und stationierten Streitkräfte vor einem Angriff mit ballistischen Raketen sein.

Bis unser Entwicklungsprogramm soweit fortgestritten ist, dass es an den ABM-Vertrag aneckt, hoffen und erwarten wir, eine Einigung mit Russland erreicht zu haben. Präsident BUSH hat allerdings außerdem hervorgehoben, dass ein 30 Jahre alter Vertrag zur Erhaltung des atomaren Schreckensgleichgewichts im Kalten Krieg uns nicht davon abhalten darf, Schritte zum Schutz unserer Bürger, unserer Streitkräfte und unserer Bündnispartner zu unternehmen. Wir würden eine kooperative Lösung vorziehen, und wir sind optimistisch, dass eine solche Lösung möglich ist. Allerdings müssen wir erreichen, dass wir aus den Zwängen des ABM-Vertrags entlassen werden.

Wenn wir uns alle einig sind, dass eine kooperative Lösung vorzuziehen ist, dann ist es wichtig, dass der Kongress die gleiche Entschlossenheit zeigt wie der Präsident, mit der Entwicklung von Verteidigungssystemen zum Schutz unserer Bürger, Freunde und Bündnispartner sowie unserer Streitkräfte auf der ganzen Welt voranzuschreiten - Verteidigungssystemen, die bei aller Fantasie nicht als Bedrohung für Russland oder seine Sicherheit gesehen werden können.

Wenn wir umgekehrt Russland den fälschlichen Eindruck vermitteln, dass es durch Bestehen auf Einhaltung des ABM-Vertrags ein Veto gegen die Entwicklung unserer Raketenabwehr einlegen kann, könnte die unbeabsichtigte Folge sein, eine kooperative Lösung auszuschließen und dem Präsidenten damit keine Wahl zu lassen, als unilateral aus dem ABM-Vertrag auszutreten.

Wie ich bereits sagte, wurde das zurzeit geplante Testprogramm nicht unter Berücksichtigung der Einschränkungen des ABM-Vertrags entworfen, allerdings wurde es auch nicht mit dem Zweck der Nichteinhaltung dieser Einschränkungen entworden. Allerdings wird mit der Entwicklung des Programms und der jeweiligen Testphasen der eine oder andere Aspekt unausweichlich mit den Beschränkungen und Begrenzungen des Vertrags in Konflikt geraten. Dies wird wahrscheinlich eher in Monaten als Jahren der Fall sein. Es ist nicht möglich, mit Sicherheit zu sagen, dass dieser Fall im kommenden Jahr eintritt. Diese Unsicherheit ist teils das Ergebnis der unausweichlichen Unsicherheiten aller Forschungs- und Entwicklungsprogramme. Bei vielen der ersten Probleme wird es um juristische Schwierigkeiten gehen, die wir durch die Überprüfungsgruppe für die Einhaltung des Vertrags vollständig lösen werden.

Die Testanlage beispielsweise, mit deren Bau im April 2002 begonnen werden soll, ist auf die Prüfung der Fähigkeit zum Abfangen einer bodengestützten Rakete in mittlerer Flugphase unter realistischen Betriebsbedingungen ausgerichtet. Während der Prüfung des Aegis-Systems für die mittlere Flugphase zur Prüfung der schiffsgestützten Aegis-Radare zur Verfolgung von ballistischen Langstreckenraketen wird es auch Möglichkeiten geben. Es wird auch Gelegenheiten geben, die Daten von Radaren, die bei Tests der mittleren Flugphase verwandt wurden, mit den Radaren für die Verfolgung von Kurzstreckenraketen zu kombinieren. Werden diese Tests über die Grenzen des Vertrags hinausgehen? In jedem Fall wird es diejenigen geben, die alle drei Seiten der Medaille hervorheben. Wir haben ein etabliertes System für die Lösung dieser schwierigen Probleme.

Was ich Ihnen sagen kann, ist Folgendes: Bis eine geplante Entwicklungstätigkeit auf Einschränkungen des ABM-Vertrags stößt, hoffen und beabsichtigen wir voll und ganz, eine Verständigung mit Russland erzielt zu haben. Erwartungsgemäß werden wir derartige Probleme sechs Monate im Voraus identifizieren. Wir werden uns entweder mit Russland geeinigt haben - in diesem Fall wäre die Frage erledigt - oder wir hätten zwei weniger als optimale Alternativen: Wir könnten es einem obsoleten Vertrag erlauben, uns an der Verteidigung Amerikas zu hindern, oder wir könnten uns unilateral aus dem Vertrag zurückziehen, wozu wir juristisch gesehen jedes Recht haben.

- I. Chronik -
Nr. 27/12.VII.2001: USA zur Raketenabwehr

Allerdings sollten wir auch im letzteren Fall unsere Bemühungen um eine Einigung mit Russland fortsetzen. Unser Ziel ist es allerdings, weit vor dieser Zeit zu einer Einigung mit Russland zu kommen. Eine solche Einigung wäre im Interesse beider Länder. Das Ende des Kalten Kriegs hat unsere Beziehungen grundlegend verändert. Wir bitten um Ihre Unterstützung, während wir weiter an einer kooperativen Lösung arbeiten. Ich kann Ihnen versichern, dass sich der Präsident an die Anforderungen des Vertrags halten wird, die gebotenen Benachrichtigungspflichten während unseres Voranschreitens einzuhalten.

NEUER ABSCHRECKUNGSRAHMEN

Wir sind optimistisch, was eine Einigung mit Russland angeht, da ein neuer Sicherheitsrahmen im Interesse unserer beiden Nationen liegt. Der Kalte Krieg ist vorbei. Die Sowjetunion gibt es nicht mehr. Russland ist nicht unser Feind. Wir sind nicht mehr in der Haltung des ideologischen Antagonismus des Kalten Kriegs gefangen. Dennoch kodifiziert der ABM-Vertrag eine Beziehung im Kalten Krieg, die für das 21. Jahrhundert nicht mehr relevant ist.

Die Raketenabwehr, die wir stationieren, wird genau das sein - eine Abwehr. Dieses Verteidigungssystem wird niemanden bedrohen. Es wird allerdings diejenigen abschrecken, die uns mit einem Angriff mit ballistischen Raketen drohen. Wir halten Russland nicht für ein solches Land. Amerikaner liegen nachts nicht wach und fürchten sich vor einem massiven russischen Erstschlag, so wie sie sich vor einem sowjetischen Erstschlag im Kalten Krieg fürchteten.

Unser Raketenschild wird keine Bedrohung für Russland darstellen. Seine Aufgabe wird es sein, Schutz vor begrenzten Raketenangriffen von einer zunehmenden Zahl möglicher Quellen zu bieten - aber nicht vor den Tausenden Raketen in den Waffenlagern Russlands.

Zudem wird die Raketenabwehr nur ein Teil des größeren Abschreckungsrahmens des 21. Jahrhunderts sein, an dessen Aufbau wir arbeiten. Im Kalten Krieg war es unser Ziel, einen Gegner vom Einsatz eines bestehenden Waffenlagers gegen uns abzuschrecken. Im 21. Jahrhundert besteht die Herausforderung für uns nicht nur darin, eine Vielzahl potenzieller Gegner davon abzuhalten, vorhandene Waffen einzusetzen, sondern auch, sie überhaupt von der Entwicklung neuer Fähigkeiten abzuhalten.

Das erfordert einen anderen Ansatz zur Abschreckung. Ebenso wie wir beabsichtigen, 'gestaffelte Verteidigungssysteme' aufzubauen, um Bedrohungen durch Raketen in verschieden Phasen abzuwehren, benötigen wir auch eine Strategie der 'gestaffelten Abschreckung', bei der wir eine Kombination an Fähigkeiten entwickeln - sowohl offensiver als auch defensiver Art - mit denen wir vielfältige auftretende Bedrohungen in verschieden Phasen abschrecken und bewältigen können.

Ziel einer solchen Strategie wäre es, Länder davon abzubringen, gefährliche Fähigkeiten überhaupt erst zu erlangen, indem wir Fähigkeiten entwickeln und einsetzen, die ihnen die Anreize zum Wettbewerb nehmen; sie von der weiteren Investition in bestehende gefährliche Fähigkeiten abhalten, die entstanden sind, jedoch noch keine signifikante Bedrohung darstellen; sie durch die Drohung verheerender Gegenschläge vom Einsatz gefährlicher Fähigkeiten abzuschrecken, wenn sie als Bedrohung für uns alle auftreten.

Ebenso wie die überwältigende Seemacht der Vereinigten Staaten potenzielle Gegner davon abhält, in konkurrierende Seestreitkräfte zu investieren, um die Freiheit der Meere zu bedrohen - denn letztlich würden sie ein Vermögen ausgeben, ohne ihre strategischen Ziele zu realisieren - sollten wir eine Reihe neuer Fähigkeiten entwickeln, die allein durch ihre Existenz potenzielle Gegner davon abhält und entmutigt, in andere feindliche Fähigkeiten zu investieren.

Die Raketenabwehr ist lediglich ein Beispiel. Sie hat erhebliche Aufmerksamkeit erregt, weil sie neu ist - aber sie ist lediglich ein Bestandteil eines neuen Abschreckungsrahmens, zu dem mehrere, sich gegenseitig verstärkende Abschreckungsschichten zählen, unter anderem Diplomatie, Rüstungskontrolle, Antiterrorismus, Bekämpfung der Verbreitung sowie kleinere aber effektive offensive Nuklearstreitkräfte.

WAS DAS PROGRAMM NICHT IST

Wir haben besprochen, was das Programm ist; jetzt müssen wir auch darüber sprechen, was das Programm nicht ist.

- I. Chronik -
Nr. 27/12.VII.2001: USA zur Raketenabwehr

- Es ist keine Bestrebung, einen undurchdringlichen Schild um die Vereinigten Staaten zu bauen. Dies ist nicht der Krieg der Sterne. Wir verfolgen das sehr viel begrenztere Ziel einer effektiven Verteidigung gegen einen begrenzten Raketenangriff. Tatsächlich macht das geänderte Bedrohungsszenario - von den Tausenden Raketen in den sowjetischen Arsenalen zu der Hand voll begrenzter Raketenangriffe - die Stationierung einer effektiven Verteidigung realistischer als je zuvor.

- Es ist für niemanden eine Bedrohung und wird nur für die Schurkenstaaten ein Problem darstellen, die unsere Bürger, unsere Bündnispartner oder unsere stationierten Truppen mit Angriffen durch ballistische Raketen bedrohen wollen.

- Es wird die Rüstungskontrolle nicht unterminieren und kein Wettrüsten auslösen. Wenn überhaupt, so wird der Aufbau einer effektiven Abwehr den Wert ballistischer Raketen reduzieren und damit Anreize für ihre Entwicklung und Verbreitung abschaffen. Da sie praktisch keine Auswirkungen auf die Fähigkeiten Russlands haben wird, gibt es für Russland keine Anreize knappe Ressourcen dafür auszugeben, sie zu übertreffen. China ist bereits im Begriff, seine Raketenfähigkeiten zügig zu modernisieren und wird diese Modernisierung unabhängig vom Aufbau unserer Raketenabwehr fortsetzen. Im Gegenteil, Russen und Chinesen werden sehen, dass wir unsere offensiven Nuklearstreitkräfte substanziell reduzieren und es keinen Grund für sie gibt, ihre aufzustocken. Allein in diesem Haushaltsvoranschlag, der Reduzierungen bei Peacekeeper, Trident und B-1 vorsieht, werden wir unter den START-Vertrag fallende Gefechtsköpfe um mehr als 1.000 Stück reduzieren. Wir planen unsere Nuklearstreitkräfte unabhängig davon zu reduzieren, was Russland entscheidet, allerdings sind wir der Ansicht, es ist in seinem besten Interesse, den gleichen Weg einzuschlagen.

- Es ist keine 'Vogelscheuchen'-Verteidigung. Wir beabsichtigen, so früh wie möglich effektive Verteidigungssysteme aufzubauen und zu stationieren. Diese Verteidigungssysteme werden mit der Zeit immer effektiver, während wir eine immer modernere Kombination von Fähigkeiten stationieren, die eine 'gestaffelte Abwehr' gegen Raketen aller Reichweiten und in allen Flugphasen bietet. Je ausgereifter, desto besser, aber die Verteidigungssysteme müssen nicht perfekt sein, um Leben zu retten und die Zahl der Verletzten zu verringern. So unvollkommen das PAC-2-System im Golfkrieg auch war, es gab nicht einen einzigen Bündnispartner oder Befehlshaber, der nicht nach mehr davon verlangte.

Wird unsere Abwehr hundertprozentig effektiv sein? Herr Vorsitzender, keine Verteidigung ist hundertprozentig effektiv. Ungeachtet der Milliarden, die wir für Terrorismusbekämpfung ausgeben, konnten wir die Terroranschläge auf die Khobar Towers, unsere Botschaften in Kenia und Tansania oder das World Trade Center nicht verhindern. Ich kenne jedoch niemanden, der vorgeschlagen hat, wir sollten aufhören, Geld für Maßnahmen zur Terrorismusbekämpfung auszugeben, weil wir keine perfekte Verteidigung haben. Zudem muss die Abwehr nicht hundertprozentig effektiv sein, um einen maßgeblichen Beitrag zur Abschreckung zu leisten.

- Es wird den Steuerzahler nicht Hunderte Millionen Dollar kosten. Die Summe, die wir für Ausgaben für die Raketenabwehr vorgesehen haben, ist vergleichbar mit der für andere wichtige Rüstungsentwicklungsprogramme und mit anderen Bestandteilen unserer Sicherheitsstrategie. Wir haben 2002 8,3 Milliarden Dollar für die Raketenabwehr vorgesehen. Das ist immer noch ein hoher Betrag, aber die Folgen des Scheiterns könnten erheblich sein.

- Es lenkt weder die Aufmerksamkeit noch Ressourcen von anderen, dringlicheren Bedrohungen ab. Einige argumentieren, dass wir kein Geld für die Raketenabwehr ausgeben sollten, weil die wahre Bedrohung von Terroristen mit Kofferbomben ausgehe. Das wäre, als argumentierte man, es sei nicht nötig, die Haustür abzuschließen, weil ein Einbrecher auch durchs Fenster kommen kann. Beide Bedrohungen sind real - aber in den letzten zehn Jahren ist die Arbeit an der Abwehr der terroristischen Bedrohung energisch vorangebracht worden, während die Arbeit an der Abwehr ballistischer Raketen durch ein obsolete Theorie behindert wurde. Wir korrigieren das.

Während wir die Tests und die Entwicklung beschleunigen, wird es sicherlich Stolpersteine auf dem Weg geben, Herr Vorsitzender. Wir erwarten fehlgeschlagene Tests. Es gibt keine einzige wichtige technologische Entwicklung in der menschlichen Geschichte, die nicht mit

- I. Chronik -
Nr. 27/12.VII.2001: USA zur Raketenabwehr

einem Prozess immer neuer Versuche begann, und viele unserer erfolgreichsten Waffenentwicklungen haben gescheiterte Tests hinter sich:

- Das Corona-Satellitenprogramm, das die ersten über das Objekt hinwegziehenden Aufklärungssatelliten hervorbrachte, erlitt 11 Testfehlschläge.
- Die Thor-Able- und Thor-Agena-Abschussprogramme scheiterten vier von fünf Mal.
- Die Atlas-Agena-Starts scheiterten fünf von acht Mal.
- Die Scout-Starts scheiterten vier von sechs Mal.
- Das Vanguard-Programm scheiterte bei den ersten 14 Versuchen 11 Mal.
- Die Polaris scheiterte bei 66 von 123 Flügen.

Herr Vorsitzender, aus diesen Fehlschlägen sind einige der effektivsten je stationierten Fähigkeiten entstanden. Aus Fehlern lernen wir. Wenn ein Programm nie Fehlschläge erleidet, bedeutet das, dass jemand nicht genug Risiken eingeht und nicht aggressiv genug vorgeht. Durchdachte Risiken einzugehen ist für jedes fortgeschrittene Entwicklungsprogramm entscheidend - und wird für die Entwicklung einer effektiven Abwehr gegen ballistische Flugkörper entscheidend sein.

SCHLUSSBEMERKUNGEN

Herr Vorsitzender, lassen Sie mich schließen, wie ich begonnen habe. Diese Bedrohung ist keine Fiktion. Sie ist nicht begrenzt. Sie ist nicht weit entfernt. Und sie wird nicht verschwinden, wenn das eine oder andere lästige Regime verschwindet.

- Unsere besten nachrichtendienstlichen Erkenntnisse lassen vermuten, dass nordkoreanische Raketen verheerende Auswirkungen auf dichtbevölkerte Gebiete und unsere in Südkorea stationierten Streitkräfte hätten, wenn es morgen in Korea Krieg gäbe, auch wenn nur konventionelle Waffen zum Einsatz kämen. Und Nordkorea stellt jetzt auch für Japan eine erhebliche Bedrohung dar.

- Und wir wissen, dass es nur eine Frage der Zeit ist, bis der Iran Atomwaffen entwickelt. Das Land könnte bald die Fähigkeit besitzen, Israel und einige NATO-Bündnispartner anzugreifen.

Stellen Sie sich vor, welche Art Anhörungen wir in drei oder vier Jahren hätten, wenn der Iran die Fähigkeit entwickelt, am Golf stationierte israelische oder amerikanische Truppen mit Mittelstreckenraketen anzugreifen - oder wenn Nordkorea die Fähigkeit erlangt, die Vereinigten Staaten mit nuklearen Langstreckenraketen anzugreifen. Ich persönlich möchte dann nicht vor diesen Ausschuss treten und erklären müssen, warum wir die entstehende Bedrohung ignoriert und nicht alles uns Mögliche getan haben, um sie zu bewältigen.

Dies ist kein parteipolitisches Thema. Wir wissen nicht, ob der Präsident, der als Erster mit einer Krise konfrontiert wird, in der ein Schurkenstaat die Fähigkeit besitzt, Los Angeles, Detroit oder New York mit atomaren, chemischen oder biologischen Waffen anzugreifen, Republikaner oder Demokrat sein wird. Aber wir wissen sehr wohl, dass diese Person ein Amerikaner sein wird. Und so müssen auch wir handeln - nicht als Republikaner oder Demokraten, sondern als Amerikaner.

Zukünftige Generationen, die auf diese Zeit zurückblicken, sollen kein parteipolitisches Gezänk sehen, sondern Staatsmänner, die überparteilich handelten um sicherzustellen, dass die Vereinigten Staaten, ihre Bündnispartner und ihre stationierten Streitkräfte vor diesen realen auftretenden Bedrohungen geschützt sind."

(Amerika Dienst)

18. - 19. VII. 2001

28. G8-Außenminster zur Konfliktverhütung und zur aktuellen Lage in Krisenregionen

Am 18. und 19. Juli 2001 kamen in Rom die Außenminister der G8-Staaten zu einer Aussprache über eine Reihe von anstehenden regionalen Themen sowie zur Rolle der G8 bei der Konfliktverhütung zusammen. Dabei wurden Schlussfolgerungen zu den globalen Herausforderungen für Sicherheit und Frieden verabschiedet sowie ein Dokument über Konfliktprävention.

1. Schlussfolgerungen von Rom vom 19. 7. 2001

„Wir sind am 18. und 19. Juli 2001 in Rom zusammengekommen, um eine Bilanz der gegenwärtigen Lage und der Entwicklungen auf der internationalen politischen Bühne zu ziehen.

Wir hatten einen breiten und informellen Meinungsaustausch darüber, wie der Dialog zwischen den G8 und den Zivilgesellschaften unter Berücksichtigung der Risiken und Chancen des sich gegenwärtig vollziehenden Interdependenz- und Globalisierungsprozesses gestärkt werden kann. Wir werden auch weiterhin untereinander und mit anderen eng bei diesem aktuellen Thema zusammenarbeiten.

Wir haben die Entwicklung der wichtigsten politischen Themen untersucht, denen sich die Völkergemeinschaft auf globaler und regionaler Ebene gegenübersieht. Wir haben beschlossen, unsere Formulierungsvorschläge zum Nahen Osten, zur ehemaligen jugoslawischen Republik Mazedonien, zu Afrika und zur Koreanischen Halbinsel den Staats- und Regierungschefs der G8 für ihr Gipfeltreffen in Genua vom 20. bis 22. Juli unmittelbar vorzulegen.

Wir haben ferner folgende Schlussfolgerungen vereinbart:

GLOBALE HERAUSFORDERUNGEN FÜR FRIEDEN UND SICHERHEIT

Konfliktverhütung

1. Wir betrachten unser Engagement für die Konfliktverhütung als unverzichtbares Element unserer internationalen Maßnahmen und Initiativen. Zwar liegt die Hauptverantwortung für die Vermeidung von Konflikten bei den direkt Betroffenen, doch werden wir auch weiterhin auf wirksame Maßnahmen seitens der Völkergemeinschaft, insbesondere der Vereinten Nationen, zur Verhütung von Konflikten hinwirken. Wir nehmen die Fortschritte in den fünf von uns in Miyazaki aufgezeigten Bereichen zur Kenntnis, insbesondere auf dem Gebiet 'Konflikt und Entwicklung', in dessen Rahmen wir Aspekten wie Abrüstung, Demobilisierung und Wiedereingliederung sowie Zusammenarbeit bei der Wasserbewirtschaftung unsere besondere Aufmerksamkeit widmen werden; wir werden weitere Fortschritte auf diesen Gebieten unterstützen. Wir haben ferner beschlossen, uns auf zwei neue Initiativen zu konzentrieren: den Beitrag von Frauen zur Verhütung gewaltsamer Konflikte und die Rolle des Privatsektors. Die einschlägigen Punkte werden in den beigefügten Dokumenten näher ausgeführt.

Abrüstung, Nichtverbreitung und Rüstungskontrolle

2. Im Hinblick auf die Erhaltung und Stärkung der strategischen Stabilität und der internationalen Sicherheit angesichts der Herausforderungen des 21. Jahrhunderts messen wir den bestehenden multilateralen Vertragsregimen und Exportkontrollvereinbarungen große Bedeutung bei, die auf die Bekämpfung von Gefahren gerichtet sind, die von der Verbreitung von Massenvernichtungswaffen und ihren Trägermitteln ausgehen können. In diesem Zusammenhang begrüßen wir Bemühungen um die Stärkung des internationalen Rüstungskontroll- und Nichtverbreitungsregimes und bekräftigen unsere Entschlossenheit, für die Einhaltung und universale Geltung der für Massenvernichtungswaffen grundlegenden Verträge einzutreten und zur Umsetzung der Schlussfolgerungen der NVV-Überprüfungskonferenz des Jahres 2000 beizutragen. Wir begrüßen die Bereitschaft Russlands und der Vereinigten Staaten, weitere tiefe Einschnitte in ihre strategischen Offensivpotenziale vorzunehmen und die strategische Stabilität zu stärken.

- I. Chronik -
Nr. 28/18.-19.VII.2001: G8-Außenministertreffen in Rom

Wir begrüßen Bemühungen um die Einigung auf Maßnahmen, darunter auch potenzielle Durchsetzungs- und Einhaltungsmaßnahmen, zur Stärkung des B-Waffen-Übereinkommens (BWÜ). Wir bekennen uns weiterhin uneingeschränkt zu den Anstrengungen, das BWÜ zu einem wirksamen Instrument zur Bekämpfung der wachsenden Gefahr zu machen, die von biologischen Waffen ausgeht. Wir begrüßen die Bemühungen, die von Mitgliedern des Trägertechnologie-Regimes (MTCR) unternommen werden, um einen internationalen Verhaltenskodex gegen die Verbreitung von Flugkörpern zu erarbeiten und auf seine universelle Geltung hinzuwirken. Solange der Vertrag über das umfassende Verbot von Nuklearversuchen (CTBT) nicht in Kraft getreten ist, fordern wir alle Staaten dringend auf, bestehende globale Moratorien für Nukleartests aufrechtzuerhalten. Wir bekräftigen unser Bekenntnis zu einem sofortigen Beginn von Verhandlungen über einen Vertrag über das Verbot von spaltbarem Material (cut-off) mit dem Ziel, diese Verhandlungen innerhalb fünf Jahren abzuschließen. Wir fordern alle Staaten, die dies noch nicht getan haben, auf, angemessene Sicherungsabkommen und Zusatzprotokolle mit der Internationalen Atomenergie-Organisation (IAEO) zu schließen.

3. Wir legen auch weiterhin größten Wert darauf sicherzustellen, dass waffengrädiges Plutonium, das nicht mehr für Verteidigungszwecke benötigt wird, nie für Kernwaffen verwendet wird. Wir ersuchen alle Geber, die beabsichtigen, einen substanziellen Beitrag zum Entsorgungsprogramm der Russischen Föderation zu leisten, an der Finalisierung eines internationalen Finanzierungsplans mitzuwirken und gemeinsam auf den Beginn von Verhandlungen über einen multilateralen Rahmen für dieses Programm hinzuarbeiten. Wir werden außerdem die Bemühungen der Russischen Föderation um die Zerstörung ihrer chemischen Waffen im Einklang mit dem Chemiewaffenübereinkommen unterstützen.

4. Als Teil der Bemühungen der Völkergemeinschaft um die Hebung humanitärer Standards betreffend konventionelle Waffen einschließlich übrig gebliebener Sprengstoffe aus Kriegen werden wir auf ein erfolgreiches Ergebnis der in diesem Jahr stattfindenden Überprüfungskonferenz des Übereinkommens über bestimmte konventionelle Waffen hinarbeiten. Wir sind ferner unverändert besorgt über die Geißel des wahllosen Einsatzes von Antipersonenminen, die so vielen unschuldigen Zivilisten überall auf der Welt Schaden zugefügt haben, sowie über die unverändert Existenz großer Bestände an Landminen. Wir sind entschlossen, Anstrengungen auf dem Gebiet der Minenräumung, des humanitären Minenräumens, der Opferhilfe und der Entwicklung von Technologien für Antiminenprogramme zu unterstützen, auch im Rahmen des Übereinkommens von Ottawa und des geänderten Minenprotokolls zu dem Übereinkommen über bestimmte konventionelle Waffen. Die Bereitstellung von Gebermitteln auch in Zukunft wird den Verlauf dieser humanitären Krise entscheidend beeinflussen. Wir sind entschlossen, aktiv auf die Annahme eines praktischen Programms auf der VN-Konferenz über den unerlaubten Handel mit Kleinwaffen und leichten Waffen hinzuwirken.

Terrorismus

5. Wir verurteilen erneut alle Formen des Terrorismus ungeachtet seiner Motive, und wir betonen die Notwendigkeit einer verstärkten internationalen Zusammenarbeit bei der Ausarbeitung von Präventions- und Durchsetzungsstrategien. Wir erinnern an die von den Justiz- und Innenministern der G8 in Mailand in diesem Jahr geäußerte Entschlossenheit, die wir unterstützen. Wir fordern unsere Experten dringend auf, weitere Fortschritte bei der Stärkung der Zusammenarbeit zur Bekämpfung traditioneller und neuer terroristischer Bedrohungen, einschließlich solcher im Hochtechnologiebereich, zu erzielen.

6. Wir betonen, wie wichtig die möglichst breite Anwendung von sektoralen Übereinkünften der Vereinten Nationen zur Terrorismusbekämpfung ist, einschließlich des Übereinkommens zur Bekämpfung der Finanzierung des Terrorismus, und wir bekräftigen unsere politische Unterstützung für die Aushandlung eines umfassenden VN-Übereinkommens gegen den internationalen Terrorismus. Wir betonen ferner, wie wichtig es ist, die Ausarbeitung des internationalen Übereinkommens gegen den Nuklearterrorismus abzuschließen, und ermutigen zu seiner anschließenden Annahme.

Vereinte Nationen

7. Unter erneutem Hinweis auf die Bedeutung der Schlussfolgerungen des letztjährigen Millenniums-Gipfels und der Millenniums-Generalversammlung bekräftigen wir unser Bekenntnis zur Reform, Stärkung und Steigerung der Effektivität des VN-Systems einschließlich einer

- I. Chronik -
Nr. 28/18.-19.VII.2001: G8-Außenministertreffen in Rom

Reform des Sicherheitsrats. Wir ermutigen die Vereinten Nationen, die partnerschaftliche Zusammenarbeit und Konsultation mit anderen Akteuren insbesondere im Bereich der humanitären und Entwicklungshilfe weiter zu stärken.

8. Aus Anlass des 50. Jahrestags des Abschlusses des Genfer Abkommens über die Rechtsstellung der Flüchtlinge von 1951 bekennen sich die G8 erneut zu den Bestimmungen dieser Übereinkunft sowie zu dem Protokoll von 1967 und würdigen das Engagement des Hohen Flüchtlingskommissars.

REGIONALE KRISEN

Balkan / Südosteuropa

9. Die Lage auf dem Balkan muss auch weiterhin genau beobachtet werden. Wir begrüßen die Fortschritte seit unserem letzten Treffen in Miyazaki, insbesondere in der Bundesrepublik Jugoslawien. Wir werden auch weiterhin Reformen und die Stärkung der regionalen Zusammenarbeit unterstützen. Wir erwarten die uneingeschränkte Einhaltung aller internationalen Verpflichtungen einschließlich des Übereinkommens von Dayton und der Zusammenarbeit mit dem Internationalen Strafgerichtshof für das ehemalige Jugoslawien. In diesem Zusammenhang begrüßen wir die von der Bundesrepublik Jugoslawien und anderen Ländern in der Region unternommenen Schritte. Slobodan MILOŠEVIC und andere angeklagte Kriegsverbrecher stehen jetzt in Den Haag vor Gericht. Wir verurteilen alle Formen ethnisch motivierter nationalistischer und separatistischer Gewalt. Wir unterstützen ein demokratisches Montenegro innerhalb eines demokratischen Jugoslawiens und ermutigen Belgrad und Podgorica zum Dialog. Im Kosovo erwarten wir die vollständige Umsetzung der Resolution 1244 des VN-Sicherheitsrats sowie im November Wahlen im gesamten Kosovo in einem sicheren Umfeld, gefolgt von der Einsetzung einer demokratischen Übergangsregierung. Wir ermutigen alle ethnischen Gruppen, uneingeschränkt an diesem Prozess mitzuarbeiten.

10. Wir sind unverändert überzeugt, dass eine verstärkte regionale Zusammenarbeit grundlegende Chancen für Entwicklung und Wohlstand schafft. Wir fordern jeden Staat in der Region auf, sein Engagement für konkrete Fortschritte in diesem Bereich unter Beweis zu stellen. Der EU-Stabilisierungs- und Assoziierungsprozess ist in diesem Zusammenhang ein wichtiger Faktor. Wir begrüßen die Unterstützung und die Initiativen seitens der G8-Mitglieder und anderer betroffener Staaten sowie regionaler und internationaler Organisationen. Wir bekräftigen unsere uneingeschränkte Unterstützung für den Stabilitätspakt und werden eng zusammenarbeiten, um die Regionalkonferenz, die am 25. und 26. Oktober in Bukarest stattfindet, zu einem Erfolg werden zu lassen. Die Achtung der Souveränität und territorialen Unversehrtheit stellt eine solide Grundlage für langfristige Stabilität und Sicherheit in der Region dar.

Zypern

11. Wir erinnern an die Erklärung von Okinawa und erneuern unser Bekenntnis zur Unterstützung der Bemühungen des VN-Generalsekretärs um eine gerechte und dauerhafte Lösung, die die grundlegenden Interessen aller Parteien in einem ungeteilten Zypern unter uneingeschränkter Berücksichtigung der einschlägigen Resolutionen des VN-Sicherheitsrats wahrt. Wir hoffen auf neuerliche Bemühungen aller Parteien und auf eine prompte Wiederaufnahme der Gespräche mit Unterstützung der guten Dienste des VN-Generalsekretärs.

Irak

12. Wir fordern Irak auf, alle einschlägigen Resolutionen des VN-Sicherheitsrats vollständig zu beachten, darunter diejenige, die die Einreise von VN- und IAEO-Inspektoren mit dem Mandat zur Verifizierung der Beseitigung von Massenvernichtungswaffen regelt. Die Wiederaufnahme der Zusammenarbeit mit den VN ist ein notwendiger Schritt auf dem Weg zur Aussetzung und möglichen späteren Aufhebung der Sanktionen und wird Irak die Wiedereingliederung in die Völkergemeinschaft ermöglichen. In diesem Sinne begrüßen wir den Dialog zwischen dem VN-Generalsekretär und der Regierung Iraks. Wir unterstreichen die Verantwortung, die jedes Mitglied der Völkergemeinschaft dafür trägt, im Einklang mit einschlägigen Resolutionen des VN-Sicherheitsrats dafür zu sorgen, dass Irak nicht noch einmal eine Gefahr für Frieden und Stabilität in der Region darstellt. Die territoriale Unversehrtheit und die Souveränität jedes Staates in der Region müssen gewahrt werden, um Sicherheit und

- I. Chronik -
Nr. 28/18.-19.VII.2001: G8-Außenministertreffen in Rom

Stabilität in der Golf-Region zu fördern. Wir betonen, dass wir unverändert besorgt über die humanitäre Lage in Irak sind, die ehrgeizigere Maßnahmen erfordert, um das Leid der Menschen zu lindern, und wir fordern die irakische Regierung auf, das Programm 'Öl gegen Nahrungsmittel' in allen Teilen umzusetzen. Unter Verweis auf die Resolutionen 1352 und 1360 des VN-Sicherheitsrats fordern wir die internationale Gemeinschaft und den VN-Sicherheitsrat auf, eine neue Irak-Politik zu entwickeln.

Afghanistan

13. Eingedenk der Notwendigkeit der uneingeschränkten Umsetzung der Resolutionen 1267 und 1333 des VN-Sicherheitsrats äußern wir erneut unsere Sorge über die wachsende terroristische Bedrohung und fordern die Taliban dringend auf, die in diesen Resolutionen enthaltenen Forderungen zu erfüllen und insbesondere die Ausbildungslager für Terroristen zu schließen. Wir fordern diejenigen, die Einfluss - nicht zuletzt finanzieller Art - auf die Taliban haben, verantwortungsvoll zu handeln. Wir begrüßen und unterstützen das Verbot des Mohnanbaus, wenngleich Opiumbestände und Drogenhandel nach wie vor Anlass zur Sorge geben. Wir verurteilen die fortgesetzten Menschenrechtsverletzungen in Afghanistan, insbesondere die Verschlechterung der Lage der Frauen und religiösen Minderheiten. Wir verurteilen die Zerstörung der unschätzbaren Statuen von Bamiyan durch die Taliban. Wir bekräftigen unser Engagement für die wirksame Unterstützung zur Linderung der katastrophalen humanitären Lage des afghanischen Volkes sowie für eine wirksame Zusammenarbeit der Geberländer und Durchführungsorganisationen im Rahmen der Afghanistan-Unterstützungsgruppe. Wir unterstützen die Bemühungen der Vereinten Nationen und anderer Stellen um eine Förderung des Friedensprozesses durch politische Verhandlungen zwischen den afghanischen Parteien oder durch Mechanismen wie Loya Jjrga, die auf die Einsetzung einer multi-ethnischen und uneingeschränkt repräsentativen Regierung auf einer breiten Grundlage gerichtet sind.

Südasien

14. Wir begrüßen das Gipfeltreffen zwischen Indien und Pakistan in Agra und unterstützen mit Nachdruck die Absicht beider Länder, den hochrangigen Dialog mit dem Ziel fortzusetzen, Fortschritte in ihren Beziehungen zu erreichen. Wir ermutigen beide Länder, ihre Politik der Zurückhaltung fortzusetzen, und rufen sie auf, alles zu unterlassen, was ihre Beziehungen und die regionale Stabilität negativ beeinflussen könnte. Wir betonen erneut die Bedeutung der Resolution 1172 des VN-Sicherheitsrats und fordern Indien und Pakistan dringend auf, sich uneingeschränkt an internationalen Bemühungen zur Stärkung der Nichtverbreitungs- und Abrüstungsregime zu beteiligen. Wir nehmen ihr Bekenntnis zu dem Moratorium für Kernwaffenversuche zur Kenntnis.

Indonesien

15. Wir bekräftigen unsere Unterstützung für ein demokratisches, stabiles und geeintes Indonesien als Schlüsselfaktor für die Stabilität und die wirtschaftliche Entwicklung Südostasiens und betonen gleichzeitig, dass es für Indonesien von entscheidender Bedeutung ist, die gegenwärtigen politischen Spannungen durch demokratische und friedliche Mittel und im Einklang mit seiner Verfassung zu überwinden. Wir ermutigen die indonesische Regierung, ihre Bemühungen um die Reform der Wirtschaft und des Regierungsapparats fortzusetzen, und bekräftigen die Bereitschaft der Völkergemeinschaft, bei diesen Bemühungen zu helfen. Wir fordern die indonesische Regierung auf, einen echten Dialog zwischen allen Parteien zu fördern und dabei die Menschenrechte uneingeschränkt zu achten. Wir bekräftigen unsere Unterstützung für die territoriale Unversehrtheit Indonesiens.

Osttimor

16. Wir begrüßen die Fortschritte, die die Osttimorer und die UNTAET in Richtung auf Unabhängigkeit und Demokratie für Osttimor erzielt haben. In diesem Zusammenhang betonen wir, wie wichtig es ist, dass die für den 30. August angesetzten Wahlen zur verfassunggebenden Versammlung fair und reibungslos vonstatten gehen. Wir nehmen zur Kenntnis, dass Osttimor sich gewaltigen Herausforderungen gegenübersieht, und bekräftigen daher unsere Unterstützung für die Bemühungen des Volkes von Osttimor um den Aufbau eines auf Dauer lebensfähigen Staates.

- I. Chronik -
Nr. 28/18.-19.VII.2001: G8-Außenministertreffen in Rom

Kolumbien

17. Wir setzen uns uneingeschränkt für einen unumkehrbaren Friedensprozess in Kolumbien ein. Wir fordern alle Parteien dringend auf, den Konflikt auf dem Verhandlungsweg zu lösen und die Menschenrechte zu achten. Alle illegalen bewaffneten Gruppen müssen ihre Geiseln freilassen. Die Regierung Kolumbiens sollte ihre Bemühungen um die Bekämpfung der Aktivitäten paramilitärischer Gruppen fortsetzen und konkrete Schritte zu ihrer Auflösung unternehmen. Wir ersuchen die Völkergemeinschaft, gemeinsam mit den Regierungen in der Region Initiativen zur Bekämpfung der Armut zu unterstützen und die nachhaltige Entwicklung in der Anden-Region mit dem Ziel, den illegalen Drogenanbau und Drogenhandel zu bekämpfen, gegebenenfalls im Rahmen der Unterstützungsgruppe für den Friedensprozess in Kolumbien zu fördern.

Afrika

18. Wir begrüßen und unterstützen die Konsolidierung von Demokratie, Pluralismus und fairen Wahlprozessen in einer wachsenden Zahl afrikanischer Länder. Wir rufen zu ähnlichen Fortschritten in Richtung auf politische Offenheit andernorts in Afrika auf, wo demokratische Prinzipien und Rechtsstaatlichkeit untergraben werden.

Horn von Afrika

19. Wir begrüßen und unterstützen den Friedensprozess zwischen Äthiopien und Eritrea auf der Grundlage der Übereinkunft von Algier und der einschlägigen Resolutionen des VN-Sicherheitsrats als ein positives Beispiel für die Bewältigung afrikanischer Krisen durch afrikanische Staaten mit Unterstützung der Völkergemeinschaft. Wir fordern die Parteien dringend auf, alle ihre Verpflichtungen zu erfüllen, uneingeschränkt mit den Vereinten Nationen zusammenzuarbeiten und sich auf eine dauerhafte Aussöhnung und regionale Zusammenarbeit zuzubewegen. Wir sind der Auffassung, dass das Ende des Bürgerkriegs in Sudan und die Herstellung des Friedens und der nationalen Einheit in Somalia die nächsten wesentlichen Schritte zur Stabilisierung und Entwicklung am Horn von Afrika insgesamt darstellen.

Demokratische Republik Kongo und Burundi

20. Wir begrüßen die positiven Schritte in Richtung auf die Umsetzung der Übereinkünfte von Lusaka und Arusha sowie aller einschlägigen VN-Sicherheitsratsresolutionen zur Verwirklichung des Friedens in der Demokratischen Republik Kongo und in Burundi. Wir fordern alle Unterzeichner und betroffenen Parteien dringend auf, umfassend mit den Vereinten Nationen und allen am Friedensprozess Beteiligten zusammenzuarbeiten und insbesondere die Entsendung von VN-Friedenstruppen zu erleichtern, den nationalen Dialog zu unterstützen und den Prozess der Entwaffnung, Demobilisierung, Wiederansiedlung und -eingliederung von Kombattanten und des vollständigen Abzugs fremder Truppen aus der Demokratischen Republik Kongo einzuleiten. Wir fordern die Völkergemeinschaft auf, die humanitären Hilfsanstrengungen auch weiterhin zu unterstützen.

Mano-Gebiet

21. Wir begrüßen die Fortschritte in Richtung auf die Umsetzung der Übereinkunft von Abuja in Sierra Leone. Wir fordern die Völkergemeinschaft auf, die Konsolidierung des Friedensprozesses und das Wiederaufbauprogramm in diesem Land zu unterstützen. Wir appellieren an alle Parteien, uneingeschränkt mit den Vereinten Nationen zusammenzuarbeiten und die einschlägigen Resolutionen des VN-Sicherheitsrats einzuhalten.

Südliches Afrika

22. Wir unterstützen die laufenden Bemühungen der VN und der angolanischen Regierung um eine friedliche Lösung des Konflikts in dieser Region. Wir drängen auf eine rasche Beilegung des andauernden Konflikts in Angola auf der Grundlage des Protokolls von Lusaka. Wir sind der Auffassung, dass eine dauerhafte Lösung für die Probleme Simbabwes von entscheidender Bedeutung für die Stabilität im südlichen Afrika ist."

- I. Chronik -
Nr. 28/18.-19.VII.2001: G8-Außenministertreffen in Rom

2. Römische Initiativen der G8 zur Konfliktverhütung, vom 19. 7. 2001

1. STÄRKUNG DER ROLLE DER FRAUEN IN DER KONFLIKTVERHÜTUNG

„Die Völkergemeinschaft erkennt zunehmend an, dass Frauen einen positiven Beitrag zur Verhütung von Konflikten und zur Konsolidierung des Friedens leisten können. So wurde zum Beispiel die Rolle der Frauen bei der Konfliktverhütung, -beilegung und -nachsorge in dem Schlussdokument der 23. Sondertagung der Generalversammlung 'Frauen 2000: Gleichstellung, Entwicklung und Frieden für das 21. Jahrhundert' unterstrichen. Im Oktober 2000 verabschiedete der Sicherheitsrat die Resolution Nr. 1325 zum Thema Frauen, Frieden und Sicherheit. Diese Bemühungen zeigen ein wachsendes Bewusstsein dafür, dass in Konfliktsituationen Frauen mehr als nur Opfer sind, die den Schutz der Völkergemeinschaft brauchen: Sie sind Unterhändlerinnen, Friedensstifterinnen und Beraterinnen, deren Arbeit von ausschlaggebender Bedeutung für einen tragfähigen Frieden ist.

Trotz aller einschlägigen Studien, Konferenzen und Versprechen hat es die Völkergemeinschaft bisher versäumt, die uneingeschränkte und gleichberechtigte Beteiligung von Frauen an der Konfliktverhütung, an friedenssichernden Missionen und an der Friedenskonsolidierung zu gewährleisten. Internationale Bemühungen um die Beilegung sich zuspitzender politischer, wirtschaftlicher und humanitärer Krisen können durch die Einbeziehung von Frauen wesentlich gestärkt werden. Unser umfassender Konfliktverhütungsansatz bleibt unvollständig, wenn wir Frauen nicht einbeziehen. Frauen bringen alternative Perspektiven in die Konfliktverhütung auf der Basis- und Gemeindeebene ein. Wir müssen kreative und innovative Wege zur besseren Ausschöpfung der Begabungen von Frauen bei der Konfliktverhütung und nachhaltigen Sicherung des Friedens beschreiten. Außerdem sollten wir praktische Schritte und Strategien aufzeigen, die wir einzeln oder gemeinsam unterstützen können, um die Rolle von Frauen auf dem Gebiet der Konfliktverhütung und -nachsorge zu fördern.

Auf der Grundlage der Pekinger Erklärung und Aktionsplattform für die 4. Weltfrauenkonferenz 1995, der in der Erklärung des Entwicklungsausschusses der OECD enthaltenen Leitlinien für Konflikte, Frieden und Entwicklungszusammenarbeit an der Schwelle zum 21. Jahrhundert sowie ihrer im April 2001 verabschiedeten Ergänzung, der vereinbarten Schlussfolgerungen 'Frauen und bewaffnete Konflikte' der VN-Kommission für die Rechtsstellung der Frau von 1998, der Erklärung des Präsidenten des VN-Sicherheitsrats vom 8. März 2000 zum Internationalen Tag der Frau, des UNIFEM-Berichts 'Frauen am Friedensverhandlungstisch: Auf die Frauen kommt es an' aus dem Jahr 2000, des Schlussdokuments der 23. Sondertagung der Generalversammlung 'Frauen 2000: Gleichstellung, Entwicklung und Frieden für das 21. Jahrhundert', der Studie der Gruppe für Erfahrungsauswertung der Hauptabteilung Friedenssicherungseinsätze 'Integration einer Geschlechterperspektive in mehrdimensionale Friedensunterstützungsmissionen' sowie des Berichts des VN-Sekretariats über die Umsetzung des Brahimi-Berichts werden die G8-Partner die Chance ergreifen, der Völkergemeinschaft ein Beispiel zu geben.

Die G8, ausgehend von diesen Voraussetzungen,

- betonen, wie wichtig die systematische Einbeziehung von Frauen in die Verhütung und Beilegung von Konflikten und die Schaffung von Frieden sowie ihre uneingeschränkte und gleichberechtigte Teilnahme an allen Phasen der Konfliktverhütung, -beilegung und -nachsorge ist;

- ermutigen zur Teilnahme aller Akteure der Zivilgesellschaft einschließlich Frauenorganisationen an der Konfliktverhütung und -beilegung und befürworten und unterstützen den Austausch von Erfahrungen und optimalen Verfahrensweisen. Im Einklang mit der Erklärung des OECD-Entwicklungsausschusses von 1997 und ihrer Ergänzung vom April 2001 äußern sich die G8 zuversichtlich, dass die uneingeschränkte und gleichberechtigte Beteiligung von Frauen an allen Phasen des Prozesses der Konfliktverhütung, -beilegung und -nachsorge die Chancen auf die Schaffung einer gerechten und friedlichen Gesellschaft steigern wird. Besonderes Augenmerk sollte in diesem Zusammenhang der Zusammenarbeit mit Frauen vor Ort gelten, die eine einflussreiche Kraft für den Frieden darstellen;

- ermutigen die für die Planung der Entwaffnungs-, Demobilisierungs- und Wiedereingliederungsprogramme Zuständigen, die besonderen Bedürfnisse weiblicher Ex-Kombattanten sowie ihrer Familienangehörigen zu berücksichtigen, insbesondere bei der Entwicklung

- I. Chronik -
Nr. 28/18.-19.VII.2001: G8-Außenministertreffen in Rom

von Wiedereingliederungsstrategien in das Bildungs- und Ausbildungswesen sowie die Ressourcenverteilung;

- treten für eine geeignete, gleichstellungsrelevante Fragen besonders berücksichtigende Ausbildung für Teilnehmer an friedensunterstützenden Missionen ein, darunter Militärzivile Polizeibedienstete sowie Personal von Menschenrechts- und humanitären Organisationen;

- befürworten die Berufung von mehr Frauen auf nationale und internationale Positionen, darunter Sonderberichterstatter des VN-Generalsekretärs (Special Rapporteurs), Sonderbeauftragte (Special Envoys), Beauftragte (Resident Coordinators) und andere operative Positionen;

- verpflichten sich, wo dies angebracht ist, Gleichstellungsfragen in die Entwicklung, Gestaltung, Umsetzung, Überwachung und Evaluierung bilateraler und multilateraler Hilfsprogramme einzubeziehen, sowie zur Beteiligung von Frauen an diesen Programmen.

2. SOZIALES UNTERNEHMERTUM UND KONFLIKTVERHÜTUNG

Im Anschluss an die in den Schlussfolgerungen des Außenministertreffens von Miyazaki im Juli 2000 enthaltene Feststellung betreffend die Rolle, die ein sozial denkendes und handelndes Unternehmertum bei der Konfliktverhütung spielen kann, haben die G8 dieses Thema als eine Aufgabe erkannt, die ihre vorrangige Aufmerksamkeit und Initiative verdient.

Obwohl an der politischen Natur gewaltsamer Konflikte kaum zu zweifeln ist, erweisen sich auch wirtschaftliche Faktoren häufig als höchst relevant, sowohl als Ziele als auch als Instrumente von Konflikten. Angesichts einer wachsenden Zahl von Unternehmen, die auf immer mehr ausländischen Märkten als Verkäufer, Investoren und Käufer aktiv sind, internationalisiert sich der Privatsektor mehr denn je. Es wächst das Bewusstsein für den Einfluss, den Wirtschaftsunternehmen in konfliktträchtigen Regionen nehmen können.

Diese Unternehmen wiederum haben ein unmittelbares, von allen an der Konfliktverhütung und -nachsorge Beteiligten geteiltes Interesse, ein stabiles Umfeld für ihre Aktivitäten zu gewährleisten.

Auf internationaler Ebene wird an dem Thema soziales Unternehmertum auf dem Wege der Entwicklung multilateraler Regeln und Normen intensiv gearbeitet. Auf dem Weltwirtschaftsforum 1999 in Davos hob der VN-Generalsekretär Kofi ANNAN den 'Globalen Pakt' aus der Taufe, einen Aufruf an international führende Unternehmer, sich auf einen Katalog von neun Prinzipien zu verpflichten, der auf bestehenden VN-Übereinkünften einschließlich der Allgemeinen Erklärung der Menschenrechte, der Erklärung über grundlegende Prinzipien und Rechte bei der Arbeit und der Rio-Erklärung fußt. Die OECD-Minister haben vor kurzem die geänderten OECD Guidelines für multinationale Unternehmen beschlossen. Internationale Bemühungen um die Eindämmung des illegalen Handels mit Rohdiamanten aus Konfliktzonen sind ein gutes Beispiel für Bereiche, in denen der Privatsektor einen aktiven Beitrag zur Konfliktverhütung leisten kann.

Die G8, ausgehend von diesen Voraussetzungen,

- erkennen an, dass der Privatsektor durch staatsbürgerlich verantwortliches Verhalten eine wichtige und positive Rolle bei Konfliktverhütung und Wiederaufbaumaßnahmen nach Konflikten spielen kann;

- begrüßen die Resolution A/55/215 der VN-Generalversammlung mit dem Titel 'Auf dem Weg zu globalen Partnerschaften', die im Dezember 2000 im Konsens verabschiedet wurde, und nehmen Initiativen wie zum Beispiel den Globalen Pakt des VN-Generalsekretärs, die OECD Guidelines für multinationale Unternehmen und ähnliche Aktivitäten in anderen multilateralen Foren einschließlich der Weltbank zur Kenntnis;

- beabsichtigen, mit privaten und nichtstaatlichen Sektoren unter Zugrundelegung dieser Initiativen als Bezugspunkte zusammenzuarbeiten;

- beabsichtigen, mit dem Privatsektor und nichtstaatlichen Sektoren auch weiterhin zusammenzuarbeiten, um optimale Verfahrensweisen auszuloten, mit denen auf konkrete Herausforderungen in hoch riskanten Szenarien reagiert werden kann;

- I. Chronik -
Nr. 29/21.VII.2001: Gipfeltreffen der G8 in Genua

- betonen, wie wertvoll der Beitrag ist, den partnerschaftliches Zusammenwirken zwischen Unternehmen und örtlichen Gemeinden zum Aufbau von Zivilgesellschaften leisten kann."

(Auswärtiges Amt)

21. VII. 2001

29. Gipfeltreffen der G8 in Genua

Im Anschluss an das Treffen der G8-Außenminister in Rom kam es am 21. Juli 2001 in Genua zum Gipfeltreffen der sieben wichtigsten Industriestaaten und Russlands. Neben einer Reihe von primär wirtschaftspolitischen Themen wurde auch eine Erklärung der G8 zu regionalen Fragen verabschiedet, die auf die einzelnen Konfliktregionen Bezug nahm.

G8-Erklärungen zu regionalen Fragen vom 21. 7. 2001

„Die Außenminister der G8 trafen am 18. und 19. Juli in Rom zusammen. Ihre Schlussfolgerungen, die bereits veröffentlicht wurden, genießen unsere volle Unterstützung. Sie haben unsere Aufmerksamkeit auf die Lage im Nahen Osten, in Afrika, in der ehemaligen jugoslawischen Republik Mazedonien und auf der koreanischen Halbinsel gelenkt. Zum Nahen Osten haben wir eine gesonderte Erklärung abgegeben. Mit Afrika werden wir uns gesondert beschäftigen.

Zur ehemaligen jugoslawischen Republik Mazedonien und der koreanischen Halbinsel haben wir uns auf die folgenden Schlussfolgerungen geeinigt:

EHEMALIGE JUGOSLAWISCHE REPUBLIK MAZEDONIEN

1. Wir betrachten Frieden und Stabilität in der ehemaligen jugoslawischen Republik Mazedonien als ein entscheidendes Ziel. Wir fordern alle Parteien in der ehemaligen jugoslawischen Republik Mazedonien mit großem Nachdruck auf, ein Höchstmaß an Verantwortungsbewusstsein an den Tag zu legen, um zu einem raschen Erfolg des laufenden politischen Dialogs beizutragen. Wir unterstützen die Regierung der ehemaligen jugoslawischen Republik Mazedonien sowie ihre Entschlossenheit, die Souveränität, territoriale Unversehrtheit und Einheit des Landes zu bewahren. Wir verurteilen jegliche Gewaltanwendung zur Durchsetzung politischer Ziele. Wir begrüßen die Zusage der Parteien, die Kampfhandlungen einzustellen, und wir ersuchen sie, sich daran strikt und auf unbegrenzte Zeit zu halten. Wir fordern alle bewaffneten Gruppen auf, sich freiwillig entwaffnen zu lassen und aufzulösen. Nur durch friedliche politische Lösungen kann eine demokratische und wirklich multiethnische Zukunft für alle Bürger der ehemaligen jugoslawischen Republik Mazedonien gewährleistet werden.

Wir ermutigen zur Annahme und Umsetzung derjenigen verfassungsrechtlichen und gesetzgeberischen Maßnahmen in der ehemaligen jugoslawischen Republik Mazedonien, die eine Teilhabe aller Bürger am politischen Leben des Landes und den größtmöglichen Respekt für die Identität und die Rechte aller Gemeinschaften gemäß den Grundsätzen der Nichtdiskriminierung und der Gleichbehandlung gewährleisten. Die Bemühungen der Vertreter der internationalen Gemeinschaft in der ehemaligen jugoslawischen Republik Mazedonien um die Erleichterung des politischen Dialogs zwischen den Parteien sind notwendig und sollten fortgesetzt werden. Wir unterstützen den Gedanken, im Anschluss an die Herbeiführung eines dauerhaften Friedens und den erfolgreichen Abschluss einer politischen Vereinbarung zwischen den Parteien eine Geberkonferenz einzuberufen.

KOREANISCHE HALBINSEL

2. Bemühungen um den Abbau von Spannungen und die Herbeiführung eines dauerhaften Friedens auf der koreanischen Halbinsel sollten gefördert werden. Wir betonen erneut, dass wir die Politik des Engagements seitens der Republik Korea und die Fortsetzung des im letzten Jahr begonnenen Prozesses der Aussöhnung zwischen der Republik Korea und der Demo-

- I. Chronik -
Nr. 29/21.VII.2001: Gipfeltreffen der G8 in Genua

kratischen Volksrepublik Korea unterstützen. Wir hoffen auf ein baldiges zweites innerkoreanisches Gipfeltreffen sowie die Wiederaufnahme der Ministerkontakte.

3. Wir bekräftigen unsere Unterstützung für die Umsetzung des vereinbarten Rahmens einschließlich der Energieentwicklungsorganisation für die Koreanische Halbinsel (KEDO). Wir erwarten, dass die Demokratische Volksrepublik Korea das angekündigte Moratorium für Flugkörperstarts umsetzt und auf internationale Besorgnisse betreffend Sicherheit, Nichtverbreitung, humanitäre und Menschenrechtsfragen konstruktiv reagiert, weil dies für den Abbau der Spannungen in der Region und die weitere Integration der Demokratischen Volksrepublik Korea in die internationale Gemeinschaft von wesentlicher Bedeutung ist.

GENUA-PLAN FÜR AFRIKA

Auf dem G8-Gipfeltreffen in Genua haben wir beschlossen, die Bemühungen der Afrikaner, afrikanische Probleme selbst zu lösen, zu unterstützen. Frieden, Stabilität und Armutsbekämpfung gehören zu den wichtigsten Herausforderungen, denen wir uns im neuen Jahrtausend gegenübersehen. Wir begrüßen die Neue Afrikanische Initiative, die auf den Grundsätzen der Verantwortung und Teilhabe mit besonderem Schwerpunkt auf Demokratie, Transparenz, verantwortungsbewusstem staatlichen Handeln, Rechtsstaatlichkeit und Menschenrechten als fundamentalen Entwicklungsfaktoren beruht. Diese Initiative bildet die Grundlage für eine neue, intensive Partnerschaft zwischen Afrika und der entwickelten Welt.

Bei der Konfliktbeilegung in verschiedenen Teilen Afrikas wurden wesentliche Fortschritte erzielt. In vielen Regionen stellen Konflikte jedoch nach wie vor ein großes Hindernis für die wirtschaftliche und soziale Entwicklung dar. Wir drängen auf ein fortgesetztes Engagement der internationalen Gemeinschaft für Konfliktverhütung, -bewältigung und -beilegung im partnerschaftlichen Zusammenwirken mit afrikanischen Regierungen, der Afrikanischen Union und subregionalen Organisationen.

Wir unterstützen weiterhin die Konsolidierung der Demokratie, des Pluralismus sowie fairer Wahlprozesse in einer wachsenden Zahl afrikanischer Länder. Wir regen zu ähnlichen Fortschritten in Richtung auf politische Offenheit überall dort an, wo demokratische Grundsätze und Rechtsstaatlichkeit schwach ausgeprägt sind. Wir betonen ferner, wie wichtig es ist, partnerschaftlich mit afrikanischen Regierungen zusammenzuarbeiten, um den Zugang afrikanischer Produkte zu den Weltmärkten zu verbessern, ausländische Direktinvestitionen anzulokken und Investitionen in gesellschaftliche Schlüsselsektoren, insbesondere in das Gesundheits- und Bildungswesen, zu fördern. Die Umsetzung der HIPC-Initiative wird Mittel für solche Ausgaben freisetzen.

Wir haben heute beschlossen, eine neue Partnerschaft zu begründen, um auf die Themen einzugehen, die für die Entwicklung Afrikas von entscheidender Bedeutung sind. Wir bekennen uns zur Förderung dieses Ziels mit unseren afrikanischen Partnern und in multilateralen Foren - im Rahmen der VN, der Weltbank und des IWF sowie in einer neuen Runde der WTO-Verhandlungen. Unsere Partnerschaft wird die Schlüsselthemen der Neuen Afrikanischen Initiative unterstützen, darunter:

- Demokratie und politisch verantwortliches staatliches Handeln,

- Konfliktverhütung und -minderung,

- Förderung der menschlichen Entwicklung durch Investitionen in das Gesundheits- und Bildungssystem und Bekämpfung von HIV/AIDS, Tuberkulose und Malaria, auch durch den Globalen AIDS- und Gesundheitsfonds,

- Informations- und Kommunikationstechnologien,

- gezielte Wirtschaftspolitik und Unternehmensführung,

- Maßnahmen gegen die Korruption,

- Schaffung von Anreizen für private Investitionen in Afrika,

- Ausbau des Handels innerhalb Afrikas sowie zwischen Afrika und der Welt,

- Bekämpfung des Hungers und Erhöhung der Ernährungssicherheit.

Um diesen Prozess voranzubringen, wird jeder von uns einen hochrangigen persönlichen Beauftragten ernennen, der bei der Erarbeitung eines konkreten Aktionsplans, der auf dem G8-Gipfel im nächsten Jahr unter kanadischer Führung verabschiedet werden soll, den Kontakt zu den afrikanischen Staats- und Regierungschef hält, die sich für diesen Prozess engagieren.

G8-ERKLÄRUNG ZUM NAHEN OSTEN

Die Lage im Nahen Osten stellt eine ernste Gefahr dar. Zu viele Menschen haben bereits ihr Leben verloren. Wir können nicht tatenlos zusehen, während die Lage sich verschlimmert. Es besteht akuter Handlungsbedarf.

Die dringliche Umsetzung des Mitchell-Berichts ist der einzig gangbare Weg. Die Abkühlungsphase muss so schnell wie möglich einsetzen. Gewalt und Terrorismus müssen enden. Ein Monitoring durch Dritte, das von beiden Parteien akzeptiert wird, würde den Interessen der Parteien bei der Umsetzung des Mitchell-Berichts dienen.

Wir unterstützen uneingeschränkt die G8-Position, die unsere Außenminister am 19. Juli formuliert haben."

(Auswärtiges Amt)

24. VII. 2001

30. US-Überlegungen zum strategischen Verhältnis zu Russland

Am 24. Juli 2001 legte der Staatssekretär im US-Außenministerium, John BOLTON, vor dem Streitkräfteausschuss des Senats in Washington die Überlegungen der Bush-Administration zu einem neuen strategischen Rahmen mit Russland dar.

Ausführungen des Staatssekretärs im US-Außenministerium vor dem Streitkräfteausschuss des US-Senats am 24. 7. 2001 (Auszüge)

„Herr Vorsitzender, Mitglieder des Ausschusses, ich freue mich, heute hier bei Ihnen zu sein, um über die Raketenabwehrpläne dieser Administration und den ABM-Vertrag zu sprechen. Die heutige Anhörung findet direkt im Anschluss an das Treffen des Präsidenten mit Präsident PUTIN in Genua statt. Eines der vorrangigen Ziele von Präsident BUSH bei diesem Treffen war es, einen Schritt voranzukommen bei unseren Bemühungen, Präsident PUTIN zu überzeugen, mit uns gemeinsam einen neuen strategischen Rahmen für die Handhabung von Sicherheitsbedrohungen zu schaffen, denen wir uns nun gegenübersehen, während wir gleichzeitig auf kooperative Beziehungen zu Russland hinarbeiten und die feindliche Gesinnung des Kalten Kriegs hinter uns lassen. Dieses Ziel wurde erreicht. Die Präsidenten verständigten sich, dass die Welt sich geändert habe und sie unmittelbar mit intensiven Konsultationen über Raketenabwehr und offensive Systeme beginnen würden.

Diese Wechselbeziehung zwischen Offensive und Defensive ist kein neuer Gedanke, sondern folgt direkt aus dem, was Präsident BUSH bereits sagte. In seiner Rede vom 1. Mai verdeutlichte er seine Vision, dass ein neuer strategischer Rahmen ein neues Konzept der Abschreckung verkörpere, zu dem begrenzte Verteidigungssysteme und eine verminderte Abhängigkeit von offensiven Nuklearwaffen gehörten. Wir sind zuversichtlich, dass die intensiven Konsultationen, die wir nun beschlossen haben, zügig zu einer Einigung über einen neuen strategischen Rahmen führen werden. Nach Ansicht des Präsidenten muss der Rahmen über den ABM-Vertrag hinausgehen. Seit einiger Zeit weisen wir auf zwei grundlegende Probleme bei diesem Vertrag hin.

Erstens beschränkt der Vertrag erheblich die Art von Entwicklung und Erprobung, die für die meisten effektiven Raketenabwehrsysteme zur Verteidigung der amerikanischen Bevölkerung, unserer im Ausland stationierten Streitkräfte und unserer Bündnispartner vor den Bedrohungen durch Schurkenstaaten und versehentlichen Abschüssen notwendig sind. Der Vertrag wurde schließlich mit der konkreten Absicht ausgehandelt, Raketenabwehrsysteme

- I. Chronik -
Nr. 30/24.VII.2001: US-Überlegungen zu Russland

erheblich einzuschränken und die Verteidigung des Staatsgebietes gegen ballistische Langstreckenraketen zu verbieten. Folglich ist es unseres Erachtens nicht möglich, den Vertrag Zeile um Zeile zu ändern, um zu versuchen, die für die Durchführung des Testprogramms in diesem oder nächsten Jahr erforderliche Flexibilität zu erreichen. Vielmehr müssen wir akzeptieren, dass zwischen dem Vertrag und dem Ansatz der Administration zur Entwicklung einer Raketenabwehr ein grundlegender Konflikt besteht. Um die effektivsten Raketenabwehrsysteme zu entwickeln, darf unser Ansatz die Kombination technischer Lösungen, die die effektivste Verteidigung für uns und unsere Bündnispartner bietet, nicht im Voraus beurteilen. Dies ist der vom Präsidenten in seiner Rede am 1. Mai beschriebene Ansatz, den der Stellvertretende Verteidigungsminister WOLFOWITZ und General KADISH vor kurzem vor dem Streitkräfteausschuss des Senats und des Repräsentantenhaus im Detail ausführten.

Das zweite grundlegende Problem beim ABM-Vertrag ist, dass er für die Beziehungen, die wir uns in Zukunft zu Russland wünschen, nicht mehr angemessen ist. Wir müssen einen neuen strategischen Rahmen definieren, der für Großmächte, die keine Feinde mehr sind, angemessen ist. Der Kalte Krieg ist vorbei. Wir müssen uns von den Überbleibseln einer Beziehung lösen, die auf ideologischem Konflikt und Feindseligkeit gegenüber der Sowjetunion beruhte, in der unser Verhältnis das von Gegnern war und unser Hauptanliegen in der Beschränkung der imperialen Tendenzen der kommunistischen Ideologie lag.

Wir müssen die Trägheit überwinden, die das Konzept der gegenseitig zugesicherten Zerstörung als zentralen Punkt unserer strategischen Beziehungen zu Russland erhalten hat. Dieser Schwerpunkt ist kontraproduktiv und unvereinbar mit der Idee, kooperativere, konstruktivere Beziehungen aufzubauen.

Wir sprechen hier nicht davon, die Gegebenheiten der nuklearen Abschreckung neuer Bedrohungen abzuschaffen, sondern von der Anerkennung der offensichtlichen Tatsache, dass die Abschreckung durch eine Mischung aus offensiven und defensiven Fähigkeiten gestärkt werden kann und dass unsere Beziehungen zu Russland immer weniger durch Abschreckung und immer mehr durch Zusammenarbeit geprägt werden sollten. Die Verteidigungssysteme, die wir stationieren wollen, wären eingeschränkt und in der Lage, eine Hand voll Raketen abzufangen, nicht Tausende. Unsere Verteidigungssysteme könnten die strategischen Raketenfähigkeiten Russlands nicht ausschalten, auch nicht bei einer sehr viel geringeren russischer Truppenstärke. Wir sprechen von der Ergänzung der Abschreckung geringer Bedrohungen durch Vergeltungsmaßnahmen mit effektiven Verteidigungssystemen, und wir sprechen von der Beschleunigung der Umwandlung unserer Sicherheitsbeziehungen zu Russland in Beziehungen, für die Berechnungen der Abschreckung durch Vergeltungsmaßnahmen des Kalten Kriegs immer weniger relevant für die Wirklichkeit der Kooperation und Partnerschaft sind.

Seit Ende des Kalten Kriegs haben wir einige moderate Veränderung unserer Truppenstruktur vorgenommen, um die Gesamtzahlen und das Alarmbereitschaftsniveau zu senken sowie unsere Abschreckungsanforderungen anzupassen, aber Größe und Art der Nuklearstreitkräfte jeder Seite entsprechen immer nicht den Verbesserungen, die seit dem Kalten Krieg bei den politischen Beziehungen zwischen den Vereinigten Staaten und Russland stattgefunden haben. Wir machen Fortschritte. Wir arbeiten bei der Eindämmung des Flusses von Drogen und Terroristen aus Afghanistan gut mit Russland zusammen. Als gemeinsame Vorsitzende der Minsk-Gruppe sind die Vereinigten Staaten und Russland mit Aserbaidschan und Armenien aktiv an der Suche einer Lösung für die Probleme in Berg-Karabach beteiligt. Wir heißen die Kooperation und die Beiträge Russlands bei diesen und anderen Themen willkommen; sie sind konstruktiv, binden Russland an die internationale Gemeinschaft und haben auf bilateraler Ebene zu mehr Verständnis zwischen uns geführt.

Es gibt jedoch noch sehr viel mehr wichtige Beziehungen, die wir mit den Russen eingehen sollten. Wir müssen beispielsweise auf umfassende Wirtschaftskooperation hinarbeiten, und wir benötigen bessere Zusammenarbeit bei Sicherheitsfragen von gemeinsamem Interesse. Die Russen sehen sich ebenfalls Problemen gegenüber, wenn die Verbreitung von Massenvernichtungswaffen und ballistischer Raketentechnologie in Russland möglicherweise feindlich gesinnten Ländern andauert. Vor der National Defense University sprach der Präsident über Raketenabwehr als einen Bereich potenzieller realer Möglichkeiten für Zusammenarbeit. Kooperative Beziehungen sollten auch auf der Prämisse von Offenheit, gegenseitigem Vertrauen und der Beseitigung von Unsicherheiten gründen. Größere Transparenz und vertrauensbildende Maßnahmen können dazu beitragen, einige der aktuellen Belange anzusprechen, zum Beispiel die Natur und den Umfang der amerikanischen Raketenabwehrprogramme.

- I. Chronik -
Nr. 30/24.VII.2001: US-Überlegungen zu Russland

Darüber hinaus hat der Präsident seinen Wunsch deutlich gemacht, im Einklang mit unseren nationalen Sicherheitsbedürfnissen, einschließlich unserer Verpflichtungen gegenüber unseren Bündnispartnern, so wenig Nuklearwaffen wie möglich beizubehalten. Die Überprüfung unseres nuklearen Einsatzkonzepts wird mit im weiteren Verlauf dieses Jahres zu treffenden Entscheidungen fortgesetzt; und die Präsidenten BUSH und PUTIN sind sich der engen Beziehung zwischen Offensivstreitkräften und Reduzierungen sowie Verteidigungsthemen bewusst.

Daher könnten die von mir erörterten Gedanken alle Elemente eines neuen strategischen Rahmens mit Russland sein, der einen klaren Bruch mit der Vergangenheit darstellt, insbesondere mit der feindlichen Gesinnung des Kalten Kriegs, deren Bestandteil der ABM-Vertrag ist. Wir möchten nicht bei Verhandlungen ins Stocken geraten, die sich unendlich hinziehen könnten. Hunderte von Seiten lange offizielle Abkommen, die jeden Gefechtskopf und jedes Pfund der Nutzlast zählen, sind charakteristisch für Abkommen, die von misstrauischen Gegnern ausgehandelt werden. Das ist nicht die Art von Beziehungen, die wir zu Russland wünschen.

Unsere Gespräche mit Russland dauern an. Präsident BUSH ist inzwischen zweimal mit Präsident PUTIN zusammengetroffen. Außenminister POWELL hatte in diesem Jahr sechs Gespräche mit Außenminister IWANOW und wird ihn nächste Woche in Hanoi erneut treffen. Verteidigungsminister RUMSFELD hat letzten Monat bei der NATO produktive Gespräche mit Verteidigungsminister Sergej IWANOW geführt. Condoleezza RICE fliegt morgen nach Moskau, um den Zeitplan und die Tagesordnung für die intensiven Konsultationen auf Ministerebene festzulegen, auf die sich die Präsidenten BUSH und PUTIN in Genua geeinigt haben. Wir haben keinen genauen Zeitplan, aber wir haben klargestellt, dass die Einschränkungen des ABM-Verrtags für uns ein Problem darstellen, und der Präsident hat erklärt, dass wir Fortschritte erzielen müssen. Zurzeit besteht unser Ziel in der Aufnahme hochrangiger Konsultationen, um herauszufinden, ob wir uns schnell auf die Grundzüge eines neuen strategischen Rahmens einigen können.

Unser umfassendes Engagement mit den Russen sollte klarstellen, das wir gemeinsam Fortschritte erzielen möchten. Wir sind der Auffassung, dass diese Gespräche Erfolg haben können. Die Unterstützung dieses Ausschusses und des Kongesses für das Raketenabwehrprogramm des Präsidenten für das Haushaltsjahr 2002 und die Notwendigkeit, über den ABM-Vertrag hinauszugehen, um einen neuen strategischen Rahmen festzusetzen, wären ein wichtiger Beitrag zu unseren Erfolgsaussichten.

Wie jedoch bereits gesagt, müssen wir schnell Fortschritte erzielen. In seiner Anhörung vor dem Streitkräfteausschuss des Senats am letzten Dienstag erklärte der Stellvertretende Verteidigungsminister WOLFOWITZ, das Verteidigungsministerium habe einen Prozess eingeleitet, der vom Raketenabwehrprogramm der Administration aufgeworfene Vertragsfragen zum frühest möglichen Zeitpunkt ausmachen wird. Konkret stellt er fest, dass die Überprüfungsgruppe des Verteidigungsministeriums für die Einhaltung des Vertrags (Compliance Revieme Group - CRG) angewiesen wurde, binnen zehn Tagen nach Erhalt der Pläne für neue Entwicklungen oder Vertragsveranstaltungen Probleme im Zusammenhang mit dem ABM-Vertrag auszumachen. Wir sind sicher, dass das behördenübergreifende Engagement dazu beitragen wird, endgültige Positionen der Regierung zu diesen Fragen zu entwickeln. Täuschen Sie sich jedoch nicht - Außenminister POWELL hat in seiner Anhörung bezüglich der Fortschritte bei unserem Raketenabwehrprogrammen erklärt: ...der einzige Weg, wie wir letztlich Fortschritte zu diesem Ziel machen können, besteht darin, dafür zu sorgen, dass der ABM-Vertrag in grundlegender Weise modifiziert, abgeschafft oder geändert wird...

Unser Ziel ist die Erlangung des Einvernehmens mit Russland bis zu dem Zeitpunkt, an dem unser Entwicklungsprogramm in Konflikt mit den Bestimmungen des ABM-Vertrags gerät. Meines Erachtens gibt es zunehmende Beweise, dass Russland zur Sondierung gemeinsamer Lösungen und zu einem Abkommen über einen neuen strategischen Rahmen bereit ist. Die Administration beabsichtigt, alles in ihrer Macht Stehende zu tun, um dieses Ergebnis zu erzielen. Am Sonntag hat der Präsident in Genua erklärt: 'Ich weiß, dass wir auf eine Vereinbarung hinarbeiten - um zu sehen, ob wir nicht eine Übereinkunft über einen neuen strategischen Rahmen sowie die Notwendigkeit zur Reduzierung von Offensivwaffen erlangen können, um die Welt friedlicher zu machen.' Ich fordere das Verständnis und die Unterstützung dieses Ausschusses für diese Bestrebungen."

(Amerika Dienst)

- I. Chronik -
Nr. 31/25.VII.-17.VIII 2001: Verhandlungen zum BWÜ

25. VII. - 17. VIII. 2001

31. Verhandlungen über Ergänzungsprotokoll zum BWÜ gescheitert

In der Zeit zwischen dem 25. Juli und dem 17. August 2001 fanden in Genf Beratungen einer Ad-Hoc Gruppe bestehend aus über 50 Staaten statt, die ein Verifikationsprotokoll zum Übereinkommen über das Verbot und die Vernichtung von Biologischen und Toxinwaffen von 1972 entwickeln sollen. Die Verhandlungen liefen seit 1995 und die vorangegangenen Beratungen hatten einen vom Vorsitzenden, dem ungarischen Botschafter Tibor TÓTH, verantworteten ‚Rollenden Text' von mehreren Hundert Seiten erbracht, auf dessen Basis das Protokoll verabschiedet werden sollte. Zu Beginn der Verhandlungen sprachen sich die meisten Delegationen dafür aus, die Beratungen bis zum Beginn der fünften Überprüfungskonferenz im November 2001 abzuschließen. So stellte Belgien für die Europäische Union die folgende Position dar:

"The European Union reaffirms that even if on certain points the Composite Text does not fully correspond to what we would like to see, nevertheless we think that it is a basis on which political decisions could be taken. Indeed a Protocol based on the Composite Text and which would respect the general balance of it could certainly consolidate the Convention and would be a useful supplement to existing multi-lateral regimes in the field of disarmament and non-proliferation and therefore would enhance everyone's security."

Brasilien sprach sich dann im Namen weiterer 35 Staaten in ähnlicher Weise aus:

„The Ad Hoc Group has entered the last round of negotiations on the Protocol to strengthen the implementation of the Biological Weapons Convention. At this crucial juncture it is of utmost importance that all delegations demonstrate the necessary political will to bring these negotiations to a successful conclusion before the forthcoming Review Conference. We continue to believe that your Composite Text (CRP.8) provides the basis to conclude our work expeditiously in accordance with the mandate of the Ad Hoc Group and the undertakings regarding the conclusion of the negotiations as agreed by consensus at the 1996 Review Conference. We consider that CRP.8 reflects a careful and sustained endeavour to reach comprehensive and balanced compromises. We believe that a Protocol based on your text would enhance international confidence that the prohibitions of the Convention are being upheld and that its provisions are being implemented...

This statement demonstrates that there is much common ground as well as a strong and widely-shared political will amongst the States Parties to the BWC to conclude successfully these negotiations before the Fifth Review Conference."

Auch der Vertreter Indiens betonte, dass sein Land die Zeit gekommen sähe, die Verhandlungen abzuschließen, da es nur noch kleinere Probleme zu klären gäbe. Am 25. Juli 2001 überraschte die US-Delegation mit einem 10-seitigen Papier, in dem sie nicht nur den Text des Vorsitzenden ablehnte, sondern auch den gesamten Ansatz der seit sechs Jahren vorangehenden Verhandlungen in Frage stellte. Unter anderem hieß es in dem Text:

"After extensive deliberation, the United States has concluded that the current approach to a Protocol to the Biological Weapons Convention, an approach most directly embodied in CRP.8, known as the 'Composite Text', is not, in our view, capable of achieving the mandate set forth for the Ad Hoc Group of strengthening confidence and compliance with the Biological Weapons Convention...

One overarching concern is the inherent difficulty of crafting a mechanism suitable to address the unique biological weapons threat. The traditional approach that has worked well for many other types of weapons is not a workable structure for biological weapons. We believe the objective of the mandate was and is important to international security. We will therefore be unable to support the current text - even with changes - as an appropriate outcome of the Ad Hoc Group efforts."

Der Chefdelegierte der USA, Don MAHLEY, ergänzte:

"The draft Protocol will not improve our ability to verify BWC compliance. It will not enhance our confidence in compliance and will do little to deter those countries seeking to develop biological weapons. In our assessment, the draft Protocol would put national security and confidential business information at risk.

The conceptual approach used in the current negotiating effort fails to address the objective we have sought throughout the negotiations, if we are to find an appropriate solution to the problem, we need to think 'outside the box'. It will require new and innovative paradigms to deal with the magnitude of biological activity that can be a threat, the explosively changing technology in the biological fields, and the varied potential objectives of a biological weapons program. We simply cannot try to patch or modify the models we have used elsewhere... Some have argued both publicly and privately that not having this Protocol will weaken the BWC itself. The United States categorically rejects that supposition. Let me re-emphasize that the U.S. fully sup-ports the global ban on biological weapons embodied in the BWC, and remains committed to finding effective ways to strengthen the overall regime against the BW threat, including multilateral ones. The United States will, therefore, work hard to improve - not lessen - global efforts to counter both the BW threat and the potential impact such weapons could have on civilization. And we would reply to those who cry that not having this Protocol weakens the global norm against BW that there absolutely is no reason that kind of reaction need occur. It will happen only if we convince ourselves that it is happening, and we would urge others to join with us in ensuring such a reaction does not take place.

Strengthening the Biological Weapons Convention, to us, can happen in a number of ways. It can happen first of all by greater universality and adherence to the convention. ... Secondly, the idea of compliance with the Biological Weapons Convention to us is divided into several generic objective categories. One of them is trying to get more information that would let us identify situations that might be of concern to the Biological Weapons Convention. Now that, of course, in the current Protocol draft is what they try to do with declarations.

We think that there are other mechanisms that you have to pursue and we will try to provide that kind of an increased information base. Secondly, we think that there ought to be, indeed, ways to raise the kind of concerns that you have to public consciousness so that people are more aware of the norm. We think for example that there may be things to do in terms of we intend to be doing that at the meeting of the Australia Group in October of this year. There are other things that we think can happen that are not appropriate for the Ad Hoc Group, and that should be pursued by other organizations with competence. For instance, we believe that increased capability to resist disease, among other things, lowers the probability that a biological weapons attack would be successful, and therefore in some ways lowers the desirability of biological weapons for a potential proliferator or for a terrorist."

Dieser Schritt der USA löste nicht nur erwartungsgemäß große Enttäuschung unter den anwesenden Delegationen aus, die sechs harte Jahre der Verhandlungen hinter sich gebracht hatten, er führte auch zu entsprechenden Stellungnahmen. Die belgische Delegation in ihrer Eigenschaft als Präsidentschaft der Europäischen Union stellte fest:

"We noted with concern that the United States are of the view that the costs related to the Protocol would outweigh the benefit thereof. This is one of the conclusions that we do not share. We regret that after six years of joint work on the basis of terms of reference accepted by all, the United States are of the view that nothing could make the Composite Text submitted by President TÓTH acceptable. We do not share the conclusion either. The European Union is of the view that we should reserve the achievement of many years of negotiation...

At this stage of the negotiation, we must maintain the chances of arriving at a multilateral agreement on biological weapons involving all concerned States. We are considering all possible options. In any event it cannot be business as usual."

Weitere Stellungnahmen drückten ähnliche Haltungen aus. So führte die australische Delegation aus:

"We will lose a valuable opportunity to step up our fight against the biological weapons if the Protocol negotiations fail. We have long believed that such threats are best met with a range of measures, including multilateral instruments. ... Australia maintains that failure to achieve a Protocol could amount to a setback for multilateral arms control and send the wrong message to potential proliferators. Australia believes that after seven years of hard work we have brought ourselves within reach of achieving an acceptable result by the November Review Conference and that this is still possible with the right political will."

Auch der Iran sprach sich gegen die USA aus und erklärte:

"At the peak of satisfaction for the creation of a new cooperative atmosphere and momentum, all of the sudden we face a totally unjustified statement, with its main message that even the Protocol concept is questioned and there is no necessity to work on a protocol for the BWC...Detailed scrutiny of the said statement would lead us to the following conclusions: in spite of the fact that the US has been fully involved in all stages of negotiation, in many cases created obstacles to consensus, imposed its position through introducing square brackets in the Rolling Text, claims in the said statement that its serious concerns have been ignored during past years. This statement for the first time, surprisingly and with unjustified explanation, questioned the very concept and the necessity of the Protocol. Had the US made this position years ago, energy and thousands of man days spent by all other countries had not been wasted. Such decisions, neglecting already undertaken international obligations, shall undoubtedly put the credibility of any country in question."

Der Vertreter Argentiniens führte aus:

"We shall work and we shall support initiatives, which make it possible to get out of the impasse where the Ad Hoc Group finds itself now. We consider it opportune to begin the work of drafting the report, which will be presented to the Review Conference for the Biological Weapons Convention. A freeze on the work of this Ad Hoc Group would send a negative signal to the international community and its failure would add one further factor for concern to the somewhat discouraging situation in recent years for the disarmament and non-proliferation regime."

Die USA blieben jedoch bei ihrer Haltung und die weiteren Beratungen der Ad-Hoc-Gruppe drehten sich um die Frage, wie nach der Ablehnung des Gesamtansatzes durch die USA weiter zu verfahren ist und wie der Bericht an die Überprüfungskonferenz abzufassen sei. Trotz intensiver Bemühungen und Konsultationen gelang es jedoch nicht, die inhaltlichen Differenzen zwischen den USA und dem Rest der Delegationen zu überbrücken geschweige denn einen gemeinsamen Text für einen Abschlussbericht zu verabschieden. Die Verhandlungen gingen am 17. August zu Ende, ohne dass ein Bericht an die Überprüfungskonferenz fertig gestellt werden konnte.

(nach CBWC Bulletin, 53/2001)

13. VIII. 2001

32. Rahmenabkommen zwischen der Republik Mazedonien und der Euro-Atlantischen Gemeinschaft

Am 13. August 2001 wurde in der mazedonischen Stadt Ohrid ein Rahmenabkommen zwischen der Republik Mazedonien und der Euroatlantischen Gemeinschaft (der EU und der NATO) geschlossen, welches die Voraussetzungen für die friedliche Beilegung des Streites um die Rechte der Albaner in der früheren jugoslawischen Republik festlegte. Im Einzelnen wurden

I. Chronik
Nr.32/13.VIII.2001: Mazedonien, EU und NATO

grundlegende Prinzipien beschlossen sowie noch vorzunehmende Verfassungsänderungen, mit denen der albanischen Bevölkerungsgruppe größere Autonomie eingeräumt werden sollten. Damit wurde die Grundlage für die Vermeidung eines Bürgerkrieges in Mazedonien gelegt. Das Abkommen wird hier gekürzt wiedergegeben.

Framework Agreement (Ohrid-Agreement), 13. 8. 2001

„The following points comprise an agreed framework for securing the future of Macedonia's democracy and permitting the development of closer and more integrated relations between the Republic of Macedonia and the Euro-Atlantic community. This Framework will promote the peaceful and harmonious development of civil society while respecting the ethnic identity and the interests of all Macedonian citizens.

1. BASIC PRINCIPLES

1.1. The use of violence in pursuit of political aims is rejected completely and unconditionally. Only peaceful political solutions can assure a stable and democratic future for Macedonia.

1.2. Macedonia's sovereignty and territorial integrity, and the unitary character of the State are inviolable and must be preserved. There are no territorial solutions to ethnic issues.

1.3. The multi-ethnic character of Macedonia's society must be preserved and reflected in public life.

1.4. A modern democratic state in its natural course of development and maturation must continually ensure that its Constitution fully meets the needs of all its citizens and comports with the highest international standards, which themselves continue to evolve.

1.5. The development of local self-government is essential for encouraging the participation of citizens in democratic life, and for promoting respect for the identity of communities.

2. CESSATION OF HOSTILITIES

2.1. The parties underline the importance of the commitments of July 5, 2001. There shall be a complete cessation of hostilities, complete voluntary disarmament of the ethnic Albanian armed groups and their complete voluntary disbandment. They acknowledge that a decision by NATO to assist in this context will require the establishment of a general, unconditional and open-ended cease-fire, agreement on a political solution to the problems of this country, a clear commitment by the armed groups to voluntarily disarm, and acceptance by all the parties of the conditions and limitations under which the NATO forces will operate.

3. DEVELOPMENT OF DECENTRALIZED GOVERNMENT

3.1. A revised Law on Local Self-Government will be adopted that reinforces the powers of elected local officials and enlarges substantially their competencies in conformity with the Constitution (as amended in accordance with Annex A) and the European Charter on Local Self-Government, and reflecting the principle of subsidiarity in effect in the European Union. Enhanced competencies will relate principally to the areas of public services, urban and rural planning, environmental protection, local economic development, culture, local finances, education, social welfare, and health care. A law on financing of local self-government will be adopted to ensure an adequate system of financing to enable local governments to fulfill all of their responsibilities.

3.2. Boundaries of municipalities will be revised within one year of the completion of a new census, which will be conducted under international supervision by the end of 2001. The revision of the municipal boundaries will be effectuated by the local and national authorities with international participation.

3.3. In order to ensure that police are aware of and responsive to the needs and interests of the local population, local heads of police will be selected by municipal councils from lists of candidates proposed by the Ministry of Interior, and will communicate regularly with the councils.

The Ministry of Interior will retain the authority to remove local heads of police in accordance with the law.

4. NON-DISCRIMINATION AND EQUITABLE REPRESENTATION

4.1. The principle of non-discrimination and equal treatment of all under the law will be respected completely. This principle will be applied in particular with respect to employment in public administration and public enterprises, and access to public financing for business development.

4.2. Laws regulating employment in public administration will include measures to assure equitable representation of communities in all central and local public bodies and at all levels of employment within such bodies, while respecting the rules concerning competence and integrity that govern public administration. The authorities will take action to correct present imbalances in the composition of the public administration, in particular through the recruitment of members of under-represented communities. Particular attention will be given to ensuring as rapidly as possible that the police services will generally reflect the composition and distribution of the population of Macedonia, as specified in Annex C.

4.3. For the Constitutional Court, one-third of the judges will be chosen by the Assembly by a majority of the total number of Representatives that includes a majority of the total number of Representatives claiming to belong to the communities not in the majority in the population of Macedonia. This procedure also will apply to the election of the Ombudsman (Public Attorney) and the election of three of the members of the Judicial Council.

5. SPECIAL PARLIAMENTARY PROCEDURES

5.1. On the central level, certain Constitutional amendments in accordance with Annex A and the Law on Local Self-Government cannot be approved without a qualified majority of two-thirds of votes, within which there must be a majority of the votes of Representatives claiming to belong to the communities not in the majority in the population of Macedonia.

5.2. Laws that directly affect culture, use of language, education, personal documentation, and use of symbols, as well as laws on local finances, local elections, the city of Skopje, and boundaries of municipalities must receive a majority of votes, within which there must be a majority of the votes of the Representatives claiming to belong to the communities not in the majority in the population of Macedonia.

6. EDUCATION AND USE OF LANGUAGES

6.1. With respect to primary and secondary education, instruction will be provided in the students' native languages, while at the same time uniform standards for academic programs will be applied throughout Macedonia.

6.2. State funding will be provided for university level education in languages spoken by at least 20 percent of the population of Macedonia, on the basis of specific agreements.

6.3. The principle of positive discrimination will be applied in the enrolment in State universities of candidates belonging to communities not in the majority in the population of Macedonia until the enrolment reflects equitably the composition of the population of Macedonia.

6.4. The official language throughout Macedonia and in the international relations of Macedonia is the Macedonian language.

6.5. Any other language spoken by at least 20 percent of the population is also an official language, as set forth herein. In the organs of the Republic of Macedonia, any official language other than Macedonian may be used in accordance with the law, as further elaborated in Annex B. Any person living in a unit of local self-government in which at least 20 percent of the population speaks an official language other than Macedonian may use any official language to communicate with the regional office of the central government with responsibility for that municipality; such an office will reply in that language in addition to Macedonian. Any person may use any official language to communicate with a main office of the central government, which will reply in that language in addition to Macedonian.

6.6. With respect to local self-government, in municipalities where a community comprises at least 20 percent of the population of the municipality, the language of that community will be used as an official language in addition to Macedonian. With respect to languages spoken by less than 20 percent of the population of the municipality, the local authorities will decide democratically on their use in public bodies.

6.7. In criminal and civil judicial proceedings at any level, an accused person or any party will have the right to translation at State expense of all proceedings as well as documents in accordance with relevant Council of Europe documents.

6.8. Any official personal documents of citizens speaking an official language other than Macedonian will also be issued in that language, in addition to the Macedonian language, in accordance with the law.

7. EXPRESSION OF IDENTITY

7.1. With respect to emblems, next to the emblem of the Republic of Macedonia, local authorities will be free to place on front of local public buildings emblems marking the identity of the community in the majority in the municipality, respecting international rules and usages.

8. IMPLEMENTATION

8.1. The Constitutional amendments attached at Annex A will be presented to the Assembly immediately. The parties will take all measures to assure adoption of these amendments within 45 days of signature of this Framework Agreement.

8.2. The legislative modifications identified in Annex B will be adopted in accordance with the timetables specified therein.

8.3. The parties invite the international community to convene at the earliest possible time a meeting of international donors that would address in particular macro-financial assistance; support for the financing of measures to be undertaken for the purpose of implementing this Framework Agreement, including measures to strengthen local self-government; and rehabilitation and reconstruction in areas affected by the fighting.

9. ANNEXES

The following Annexes constitute integral parts of this Framework Agreement:

A. Constitutional Amendments

B. Legislative Modifications

C. Implementation and Confidence-Building Measures

10. FINAL PROVISIONS

10.1. This Agreement takes effect upon signature.

10.2. The English language version of this Agreement is the only authentic version.

10.3. This Agreement was concluded under the auspices of President Boris TRAJKOVSKI.

Done at Skopje, Macedonia on 13 August 2001, in the English language.

ANNEX A: CONSTITUTIONAL AMENDMENTS

Preamble

The citizens of the Republic of Macedonia, taking over responsibility for the present and future of their fatherland, aware and grateful to their predecessors for their sacrifice and dedication in their endeavors and struggle to create an independent and sovereign state of Macedonia, and responsible to future generations to preserve and develop everything that is valuable from the rich cultural inheritance and coexistence within Macedonia, equal in rights and obligations towards the common good - the Republic of Macedonia, in accordance with the tradition of the

Krushevo Republic and the decisions of the Antifascist People's Liberation Assembly of Macedonia, and the Referendum of September 8, 1991, they have decided to establish the Republic of Macedonia as an independent, sovereign state, with the intention of establishing and consolidating rule of law, guaranteeing human rights and civil liberties, providing peace and coexistence, social justice, economic well-being and prosperity in the life of the individual and the community, and in this regard through their representatives in the Assembly of the Republic of Macedonia, elected in free and democratic elections, they adopt ...

Article 7

(1) The Macedonian language, written using its Cyrillic alphabet, is the official language throughout the Republic of Macedonia and in the international relations of the Republic of Macedonia.

(2) Any other language spoken by at least 20 percent of the population is also an official language, written using its alphabet, as specified below.

(3) Any official personal documents of citizens speaking an official language other than Macedonian shall also be issued in that language, in addition to the Macedonian language, in accordance with the law.

(4) Any person living in a unit of local self-government in which at least 20 percent of the population speaks an official language other than Macedonian may use any official language to communicate with the regional office of the central government with responsibility for that municipality; such an office shall reply in that language in addition to Macedonian. Any person may use any official language to communicate with a main office of the central government, which shall reply in that language in addition to Macedonian.

(5) In the organs of the Republic of Macedonia, any official language other than Macedonian may be used in accordance with the law.

(6) In the units of local self-government where at least 20 percent of the population speaks a particular language, that language and its alphabet shall be used as an official language in addition to the Macedonian language and the Cyrillic alphabet. With respect to languages spoken by less than 20 percent of the population of a unit of local self-government, the local authorities shall decide on their use in public bodies.

Article 8

(1) The fundamental values of the constitutional order of the Republic of Macedonia are:

- the basic freedoms and rights of the individual and citizen, recognized in international law and set down in the Constitution;

- equitable representation of persons belonging to all communities in public bodies at all levels and in other areas of public life;

...

Article 19

(1) The freedom of religious confession is guaranteed.

(2) The right to express one's faith freely and publicly, individually or with others is guaranteed.

(3) The Macedonian Orthodox Church, the Islamic Religious Community in Macedonia, the Catholic Church, and other Religious communities and groups are separate from the state and equal before the law.

(4) The Macedonian Orthodox Church, the Islamic Religious Community in Macedonia, the Catholic Church, and other Religious communities and groups are free to establish schools and other social and charitable institutions, by ways of a procedure regulated by law.

Article 48

(1) Members of communities have a right freely to express, foster and develop their identity and community attributes, and to use their community symbols.

(2) The Republic guarantees the protection of the ethnic, cultural, linguistic and religious identity of all communities.

(3) Members of communities have the right to establish institutions for culture, art, science and education, as well as scholarly and other associations for the expression, fostering and development of their identity.

(4) Members of communities have the right to instruction in their language in primary and secondary education, as determined by law. In schools where education is carried out in another language, the Macedonian language is also studied.

Article 56

...

(2) The Republic guarantees the protection, promotion and enhancement of the historical and artistic heritage of Macedonia and all communities in Macedonia and the treasures of which it is composed, regardless of their legal status. The law regulates the mode and conditions under which specific items of general interest for the Republic can be ceded for use.

Article 69

...

(2) For laws that directly affect culture, use of language, education, personal documentation, and use of symbols, the Assembly makes decisions by a majority vote of the Representatives attending, within which there must be a majority of the votes of the Representatives attending who claim to belong to the communities not in the majority in the population of Macedonia. In the event of a dispute within the Assembly regarding the application of this provision, the Committee on Inter-Community Relations shall resolve the dispute.

Article 77

(1) The Assembly elects the Public Attorney by a majority vote of the total number of Representatives, within which there must be a majority of the votes of the total number of Representatives claiming to belong to the communities not in the majority in the population of Macedonia.

(2) The Public Attorney protects the constitutional rights and legal rights of citizens when violated by bodies of state administration and by other bodies and organizations with public mandates. The Public Attorney shall give particular attention to safeguarding the principles of non-discrimination and equitable representation of communities in public bodies at all levels and in other areas of public life.

...

Article 78

(1) The Assembly shall establish a Committee for Inter-Community Relations.

(2) The Committee consists of seven members each from the ranks of the Macedonians and Albanians within the Assembly, and five members from among the Turks, Vlachs, Romanies and two other communities. The five members each shall be from a different community; if fewer than five other communities are represented in the Assembly, the Public Attorney, after consultation with relevant community leaders, shall propose the remaining members from outside the Assembly.

(3) The Assembly elects the members of the Committee.

(4) The Committee considers issues of inter-community relations in the Republic and makes appraisals and proposals for their solution.

(5) The Assembly is obliged to take into consideration the appraisals and proposals of the Committee and to make decisions regarding them.

(6) In the event of a dispute among members of the Assembly regarding the application of the voting procedure specified in Article 69(2), the Committee shall decide by majority vote whether the procedure applies.

Article 84

The President of the Republic of Macedonia

...

- ~~proposes the members of the Council for Inter-Ethnic Relations;~~ (to be deleted) ...

Article 86

(1) The President of the Republic is President of the Security Council of the Republic of Macedonia.

(2) The Security Council of the Republic is composed of the President of the Republic, the President of the Assembly, the Prime Minister, the Ministers heading the bodies of state administration in the fields of security, defence and foreign affairs and three members appointed by the President of the Republic. In appointing the three members, the President shall ensure that the Security Council as a whole equitably reflects the composition of the population of Macedonia.

(3) The Council considers issues relating to the security and defence of the Republic and makes policy proposals to the Assembly and the Government.

Article 104

(1) The Republican Judicial Council is composed of seven members.

(2) The Assembly elects the members of the Council. Three of the members shall be elected by a majority vote of the total number of Representatives, within which there must be a majority of the votes of the total number of Representatives claiming to belong to the communities not in the majority in the population of Macedonia.

...

Article 109

(1) The Constitutional Court of Macedonia is composed of nine judges.

(2) The Assembly elects six of the judges to the Constitutional Court by a majority vote of the total number of Representatives. The Assembly elects three of the judges by a majority vote of the total number of Representatives, within which there must be a majority of the votes of the total number of Representatives claiming to belong to the communities not in the majority in the population of Macedonia.

...

Article 114

...

(5) Local self-government is regulated by a law adopted by a two-thirds majority vote of the total number of Representatives, within which there must be a majority of the votes of the total number of Representatives claiming to belong to the communities not in the majority in the population of Macedonia. The laws on local finances, local elections, boundaries of municipalities, and the city of Skopje shall be adopted by a majority vote of the Representatives at-

tending, within which there must be a majority of the votes of the Representatives attending who claim to belong to the communities not in the majority in the population of Macedonia.

Article 115

(1) In units of local self-government, citizens directly and through representatives participate in decision-making on issues of local relevance particularly in the fields of public services, urban and rural planning, environmental protection, local economic development, local finances, communal activities, culture, sport, social security and child care, education, health care and other fields determined by law.

...

Article 131

(1) The decision to initiate a change in the Constitution is made by the Assembly by a two-thirds majority vote of the total number of Representatives.

(2) The draft amendment to the Constitution is confirmed by the Assembly by a majority vote of the total number of Representatives and then submitted to public debate.

(3) The decision to change the Constitution is made by the Assembly by a two-thirds majority vote of the total number of Representatives.

(4) A decision to amend the Preamble, the articles on local self-government, Article 131, any provision relating to the rights of members of communities, including in particular Articles 7, 8, 9, 19, 48, 56, 69, 77, 78, 86, 104 and 109, as well as a decision to add any new provision relating to the subject matter of such provisions and articles, shall require a two-thirds majority vote of the total number of Representatives, within which there must be a majority of the votes of the total number of Representatives claiming to belong to the communities not in the majority in the population of Macedonia.

(5) The change in the Constitution is declared by the Assembly.

ANNEX B: LEGISLATIVE MODIFICATIONS

The parties will take all necessary measures to ensure the adoption of the legislative changes set forth hereafter within the time limits specified.

1. Law on Local Self-Government

The Assembly shall adopt within 45 days from the signing of the Framework Agreement a revised Law on Local Self-Government. This revised Law shall in no respect be less favorable to the units of local self-government and their autonomy than the draft Law proposed by the Government of the Republic of Macedonia in March 2001. The Law shall include competencies relating to the subject matters set forth in Section 3.1 of the Framework Agreement as additional independent competencies of the units of local self-government, and shall conform to Section 6.6 of the Framework Agreement. In addition, the Law shall provide that any State standards or procedures established in any laws concerning areas in which municipalities have independent competencies shall be limited to those which cannot be established as effectively at the local level; such laws shall further promote the municipalities' independent exercise of their competencies.

2. Law on Local Finance

The Assembly shall adopt by the end of the term of the present Assembly a law on local self-government finance to ensure that the units of local self-government have sufficient resources to carry out their tasks under the revised Law on Local Self-Government. In particular, the law shall:

- Enable and make responsible units of local self-government for raising a substantial amount of tax revenue;

- Provide for the transfer to the units of local self-government of a part of centrally raised taxes that corresponds to the functions of the units of local self-government and that takes account of the collection of taxes on their territories; and

- Ensure the budgetary autonomy and responsibility of the units of local self-government within their areas of competence.

3. Law on Municipal Boundaries

The Assembly shall adopt by the end of 2002 a revised law on municipal boundaries, taking into account the results of the census and the relevant guidelines set forth in the Law on Local Self-Government.

4. Laws Pertaining to Police Located in the Municipalities

The Assembly shall adopt before the end of the term of the present Assembly provisions ensuring:

- That each local head of the police is selected by the council of the municipality concerned from a list of not fewer than three candidates proposed by the Ministry of the Interior, among whom at least one candidate shall belong to the community in the majority in the municipality. In the event the municipal council fails to select any of the candidates proposed within 15 days, the Ministry of the Interior shall propose a second list of not fewer than three new candidates, among whom at least one candidate shall belong to the community in the majority in the municipality. If the municipal council again fails to select any of the candidates proposed within 15 days, the Minister of the Interior, after consultation with the Government, shall select the local head of police from among the two lists of candidates proposed by the Ministry of the Interior as well as three additional candidates proposed by the municipal council;

- That each local head of the police informs regularly and upon request the council of the municipality concerned;

- That a municipal council may make recommendations to the local head of police in areas including public security and traffic safety; and

- That a municipal council may adopt annually a report regarding matters of public safety, which shall be addressed to the Minister of the Interior and the Public Attorney (Ombudsman).

5. Laws on the Civil Service and Public Administration

The Assembly shall adopt by the end of the term of the present Assembly amendments to the laws on the civil service and public administration to ensure equitable representation of communities in accordance with Section 4.2 of the Framework Agreement.

6. Law on Electoral Districts

The Assembly shall adopt by the end of 2002 a revised Law on Electoral Districts, taking into account the results of the census and the principles set forth in the Law on the Election of Members for the Parliament of the Republic of Macedonia.

7. Rules of the Assembly

The Assembly shall amend by the end of the term of the present Assembly its Rules of Procedure to enable the use of the Albanian language in accordance with Section 6.5 of the Framework Agreement, paragraph 8 below, and the relevant amendments to the Constitution set forth in Annex A.

8. Laws Pertinent to the Use of Languages

The Assembly shall adopt by the end of the term of the present Assembly new legislation regulating the use of languages in the organs of the Republic of Macedonia. This legislation shall provide that:

- Representatives may address plenary sessions and working bodies of the Assembly in languages referred to in Article 7, paragraphs 1 and 2 of the Constitution (as amended in accordance with Annex A);

- Laws shall be published in the languages referred to in Article 7, paragraphs 1 and 2 of the Constitution (as amended in accordance with Annex A); and

- All public officials may write their names in the alphabet of any language referred to in Article 7, paragraphs 1 and 2 of the Constitution (as amended in accordance with Annex A) on any official documents.

The Assembly also shall adopt by the end of the term of the present Assembly new legislation on the issuance of personal documents.

The Assembly shall amend by the end of the term of the present Assembly all relevant laws to make their provisions on the use of languages fully compatible with Section 6 of the Framework Agreement.

9. Law on the Public Attorney

The Assembly shall amend by the end of 2002 the Law on the Public Attorney as well as the other relevant laws to ensure:

- That the Public Attorney shall undertake actions to safeguard the principles of non-discrimination and equitable representation of communities in public bodies at all levels and in other areas of public life, and that there are adequate resources and personnel within his office to enable him to carry out this function;

- That the Public Attorney establishes decentralized offices;

- That the budget of the Public Attorney is voted separately by the Assembly;

- That the Public Attorney shall present an annual report to the Assembly and, where appropriate, may upon request present reports to the councils of municipalities in which decentralized offices are established; and

- That the powers of the Public Attorney are enlarged:

- To grant to him access to and the opportunity to examine all official documents, it being understood that the Public Attorney and his staff will not disclose confidential information;

- To enable the Public Attorney to suspend, pending a decision of the competent court, the execution of an administrative act, if he determines that the act may result in an irreparable prejudice to the rights of the interested person; and

- To give to the Public Attorney the right to contest the conformity of laws with the Constitution before the Constitutional Court.

10. Other Laws

The Assembly shall enact all legislative provisions that may be necessary to give full effect to the Framework Agreement and amend or abrogate all provisions incompatible with the Framework Agreement.

ANNEX C: IMPLEMENTATION AND CONFIDENCE-BUILDING MEASURES

1. International Support

1.1. The parties invite the international community to facilitate, monitor and assist in the implementation of the provisions of the Framework Agreement and its Annexes, and request such efforts to be coordinated by the EU in cooperation with the Stabilization and Association Council.

2. Census and Elections

2.1. The parties confirm the request for international supervision by the Council of Europe and the European Commission of a census to be conducted in October 2001.

2.2. Parliamentary elections will be held by 27 January 2002. International organizations, including the OSCE, will be invited to observe these elections.

3. Refugee Return, Rehabilitation and Reconstruction

3.1. All parties will work to ensure the return of refugees who are citizens or legal residents of Macedonia and displaced persons to their homes within the shortest possible timeframe, and invite the international community and in particular UNHCR to assist in these efforts.

3.2. The Government with the participation of the parties will complete an action plan within 30 days after the signature of the Framework Agreement for rehabilitation of and reconstruction in areas affected by the hostilities. The parties invite the international community to assist in the formulation and implementation of this plan.

3.3. The parties invite the European Commission and the World Bank to rapidly convene a meeting of international donors after adoption in the Assembly of the Constitutional amendments in Annex A and the revised Law on Local Self-Government to support the financing of measures to be undertaken for the purpose of implementing the Framework Agreement and its Annexes, including measures to strengthen local self-government and reform the police services, to address macro-financial assistance to the Republic of Macedonia, and to support the rehabilitation and reconstruction measures identified in the action plan identified in paragraph 3.2.

4. Development of Decentralized Government

4.1. The parties invite the international community to assist in the process of strengthening local self-government. The international community should in particular assist in preparing the necessary legal amendments related to financing mechanisms for strengthening the financial basis of municipalities and building their financial management capabilities, and in amending the law on the boundaries of municipalities.

5. Non-Discrimination and Equitable Representation

5.1. Taking into account i.a. the recommendations of the already established governmental commission, the parties will take concrete action to increase the representation of members of communities not in the majority in Macedonia in public administration, the military, and public enterprises, as well as to improve their access to public financing for business development.

5.2. The parties commit themselves to ensuring that the police services will by 2004 generally reflect the composition and distribution of the population of Macedonia. As initial steps toward this end, the parties commit to ensuring that 500 new police officers from communities not in the majority in the population of Macedonia will be hired and trained by July 2002, and that these officers will be deployed to the areas where such communities live. The parties further commit that 500 additional such officers will be hired and trained by July 2003, and that these officers will be deployed on a priority basis to the areas throughout Macedonia where such communities live. The parties invite the international community to support and assist with the implementation of these commitments, in particular through screening and selection of candidates and their training. The parties invite the OSCE, the European Union, and the United States to send an expert team as quickly as possible in order to assess how best to achieve these objectives.

5.3. The parties also invite the OSCE, the European Union, and the United States to increase training and assistance programs for police, including:

- professional, human rights, and other training;

- technical assistance for police reform, including assistance in screening, selection and promotion processes;

- development of a code of police conduct;

- cooperation with respect to transition planning for hiring and deployment of police officers from communities not in the majority in Macedonia; and

- deployment as soon as possible of international monitors and police advisors in sensitive areas, under appropriate arrangements with relevant authorities.

5.4. The parties invite the international community to assist in the training of lawyers, judges and prosecutors from members of communities not in the majority in Macedonia in order to be able to increase their representation in the judicial system.

6. *Culture, Education and Use of Languages*

6.1. The parties invite the international community, including the OSCE, to increase its assistance for projects in the area of media in order to further strengthen radio, TV and print media, including Albanian language and multiethnic media. The parties also invite the international community to increase professional media training programs for members of communities not in the majority in Macedonia. The parties also invite the OSCE to continue its efforts on projects designed to improve inter-ethnic relations.

6.2. The parties invite the international community to provide assistance for the implementation of the Framework Agreement in the area of higher education."

(Präsidialamt der Republik Mazedonien)

22. VIII. 2001

33. Beginn der Operation Essential Harvest

Am 22. August 2001 wurde die Operation „Essential Harvest" begonnen, mit der die NATO innerhalb von 30 Tagen die Waffen albanischer Separatisten in Mazedonien einsammeln und zerstören sollte. Etwa 3500 Soldaten aus verschiedenen NATO-Staaten wurden eingesetzt. Die Operation lief effektiv am 27. August an und dauerte einen Monat lang. Ihr Erfolg blieb umstritten, da die Albaner offenbar nicht alle Waffen abgaben.

30. VIII. 2001

34. Sicherheitsrat verabschiedet Grundsatzdokument über eine umfassende Strategie zur Verhütung bewaffneter Konflikte

Am 30. August 2001 befasste sich der Sicherheitsrat der Vereinten Nationen in New York mit den Möglichkeiten einer umfassenden Strategie zur Verhütung bewaffneter Konflikte. Dabei wurde eine Grundsatzerklärung angenommen, die im Folgenden wiedergegeben ist.

Resolution 1366 des VN-Sicherheitsrats, verabschiedet am 30. 8. 2001

„Der Sicherheitsrat,

unter Hinweis auf seine Resolutionen 1196 (1998) vom 16. September 1998, 1197 (1998) vom 18. September 1998, 1208 (1998) vom 19. November 1998, 1209 (1998) vom 19. November 1998, 1265 (1999) vom 17. September 1999, 1296 (2000) vom 19. April 2000, 1318 (2000) vom 7. September 2000, 1325 (2000) vom 31. Oktober 2000 und 1327 (2000) vom 13. November 2000,

sowie unter Hinweis auf die Erklärungen seines Präsidenten vom 16. September 1998 (S/PRST/1998/28), 24. September 1998 (S/PRST/1998/29), 30. November 1998 (S/PRST/

- I. Chronik -
Nr. 34/30.VIII.2001: VN zu bewaffneten Konflikten

1998/35), 24. September 1999 (S/PRST/1999/28), 30. November 1999 (S/PRST/1999/34), 23. März 2000 (S/PRST/2000/10), 20. Juli 2000 (S/PRST/2000/25), 20. Februar 2001 (S/PRST/2001/5) und 22. März 2001 (S/PRST/2001/10),

nach Behandlung des Berichts des Generalsekretärs über die Verhütung bewaffneter Konflikte (S/2001/574) und insbesondere der darin enthaltenen Empfehlungen bezüglich der Rolle des Sicherheitsrats,

unter erneutem Hinweis auf die in der Charta der Vereinten Nationen verankerten Ziele und Grundsätze und in Bekräftigung seines Eintretens für die Grundsätze der politischen Unabhängigkeit, der souveränen Gleichheit und der territorialen Unversehrtheit aller Staaten,

eingedenk der Folgen bewaffneter Konflikte für die zwischenstaatlichen Beziehungen, der wirtschaftlichen Belastung der beteiligten Nationen und der internationalen Gemeinschaft sowie vor allem der humanitären Folgen von Konflikten,

sowie eingedenk der ihm nach der Charta der Vereinten Nationen obliegenden Hauptverantwortung für die Wahrung des Weltfriedens und der internationalen Sicherheit und in Bekräftigung seiner Rolle bei der Verhütung bewaffneter Konflikte,

unter nachdrücklichem Hinweis auf die Notwendigkeit der Wahrung des regionalen Friedens und des Weltfriedens sowie der regionalen und internationalen Stabilität und freundschaftlicher Beziehungen zwischen allen Staaten und unter Hervorhebung des vorrangigen politischen, humanitären und moralischen Gebots, den Ausbruch und die Eskalation von Konflikten zu verhüten, sowie der damit verbundenen wirtschaftlichen Vorteile,

betonend, wie wichtig eine umfassende Strategie zur Verhütung bewaffneter Konflikte ist, die operative und strukturelle Maßnahmen beinhaltet, sowie in Anerkennung der zehn Grundsätze, die der Generalsekretär in seinem Bericht über die Verhütung bewaffneter Konflikte aufgestellt hat,

mit Genugtuung davon Kenntnis nehmend, dass immer häufiger, mit dem Einverständnis der empfangenden Mitgliedstaaten, auf Missionen des Sicherheitsrats in Konfliktgebiete oder mögliche Konfliktgebiete zurückgegriffen wird, was unter anderem einen bedeutenden Beitrag zur Verhütung bewaffneter Konflikte leisten kann,

erneut erklärend, dass die Konfliktprävention eine der wichtigsten Verantwortlichkeiten der Mitgliedstaaten ist,

in Anerkennung der wesentlichen Rolle des Generalsekretärs bei der Verhütung bewaffneter Konflikte sowie der Wichtigkeit der Bemühungen, seine Rolle im Einklang mit Artikel 99 der Charta der Vereinten Nationen zu stärken,

sowie in Anerkennung der Rolle der sonstigen zuständigen Organe, Büros, Fonds und Programme, der Sonderorganisationen der Vereinten Nationen und anderer internationaler Organisationen, namentlich der Welthandelsorganisation und der Bretton-Woods-Institutionen, sowie der Rolle der nichtstaatlichen Organisationen, der Akteure der Zivilgesellschaft und des Privatsektors bei der Verhütung bewaffneter Konflikte,

betonend, dass die tieferen Ursachen und die regionalen Dimensionen der Konflikte angegangen werden müssen, unter Hinweis auf die Empfehlungen in dem Bericht des Generalsekretärs vom 13. April 1998 über Konfliktursachen und die Förderung dauerhaften Friedens und einer nachhaltigen Entwicklung in Afrika (S/1998/318) und unterstreichend, dass zwischen Konfliktprävention und nachhaltiger Entwicklung eine positive Wechselwirkung besteht,

mit dem Ausdruck seiner ernsten Besorgnis über die Bedrohung des Friedens und der Sicherheit, die vom unerlaubten Handel mit Kleinwaffen und leichten Waffen sowie von der exzessiven und destabilisierenden Anhäufung dieser Waffen in Konfliktgebieten ausgeht, sowie über deren Potenzial, bewaffnete Konflikte zu verschärfen und in die Länge zu ziehen,

unter Betonung der Wichtigkeit angemessener, berechenbarer und gezielt eingesetzter Ressourcen für die Konfliktprävention und einer stetigen Finanzierung für langfristige konfliktverhütende Maßnahmen,

- I. Chronik -
Nr. 34/30.VIII.2001: VN zu bewaffneten Konflikten

erneut darauf hinweisend, dass Frühwarnung, präventive Diplomatie, vorbeugende Einsätze, praktische Abrüstungsmaßnahmen und die Friedenskonsolidierung in der Konfliktfolgezeit miteinander verflochtene und einander ergänzende Bestandteile einer umfassenden Konfliktverhütungsstrategie sind,

unterstreichend, wie wichtig es ist, das Bewusstsein für das humanitäre Völkerrecht zu schärfen und seine Achtung zu gewährleisten, betonend, dass die Mitgliedstaaten eine grundlegende Verantwortung für die Verhütung von Völkermord, Verbrechen gegen die Menschlichkeit und Kriegsverbrechen sowie dafür tragen, dass solche Verbrechen nicht straflos bleiben, in Anerkennung der Rolle, die den Ad-hoc-Gerichten für das ehemalige Jugoslawien und für Ruanda dabei zukommt, von künftigen derartigen Verbrechen abzuschrecken und dadurch zur Verhütung bewaffneter Konflikte beizutragen, und betonend, wie wichtig in dieser Hinsicht internationale Bemühungen im Einklang mit der Charta der Vereinten Nationen sind,

erneut auf die gemeinsame Verpflichtung hinweisend, die Menschen vor den verheerenden Auswirkungen bewaffneter Konflikte zu bewahren, die Lehren anerkennend, die alle Beteiligten aus dem Versagen der Präventionsbemühungen zu ziehen haben, die Tragödien wie dem Völkermord in Ruanda (S/1999/1257) und dem Massaker in Srebrenica (A/54/549) vorangingen, und entschlossen, im Rahmen seiner Zuständigkeiten geeignete Maßnahmen zu treffen, um zusammen mit den Anstrengungen der Mitgliedstaaten dafür zu sorgen, dass solche Tragödien nicht wieder vorkommen,

1. bekundet seine Entschlossenheit, das Ziel der Verhütung bewaffneter Konflikte als festen Bestandteil seiner Hauptverantwortung für die Wahrung des Weltfriedens und der internationalen Sicherheit zu verfolgen;

2. betont, dass die wesentliche Verantwortung für die Konfliktverhütung bei den einzelstaatlichen Regierungen liegt und dass die Vereinten Nationen und die internationale Gemeinschaft eine wichtige Rolle bei der Unterstützung der einzelstaatlichen Anstrengungen zur Konfliktprävention spielen sowie beim Aufbau einzelstaatlicher Kapazitäten auf diesem Gebiet behilflich sein können, und erkennt die wichtige Unterstützungsfunktion der Zivilgesellschaft an;

3. fordert die Mitgliedstaaten sowie die regionalen und subregionalen Organisationen und Abmachungen auf, die Entwicklung einer umfassenden Konfliktverhütungsstrategie entsprechend dem Vorschlag des Generalsekretärs zu unterstützen;

4. betont, dass eine Präventionsstrategie nur dann erfolgreich sein kann, wenn die Vereinten Nationen das Einverständnis und die Unterstützung der beteiligten Regierungen erhalten und wenn nach Möglichkeit auch weitere wichtige einzelstaatliche Akteure mit ihnen zusammenarbeiten, und unterstreicht in diesem Zusammenhang, dass der anhaltende politische Wille von Nachbarstaaten, regionalen Verbündeten oder anderen Mitgliedstaaten notwendig ist, die in der Lage sind, die Anstrengungen der Vereinten Nationen zu unterstützen;

5. bekundet seine Bereitschaft, Fälle von Frühwarnung oder Prävention, auf die der Generalsekretär die Aufmerksamkeit des Rates lenkt, umgehend zu behandeln, und legt dem Generalsekretär in diesem Zusammenhang nahe, dem Sicherheitsrat seine Einschätzung möglicher Bedrohungen des Weltfriedens und der internationalen Sicherheit gegebenenfalls unter gebührender Berücksichtigung der jeweiligen regionalen und subregionalen Dimensionen mitzuteilen, im Einklang mit Artikel 99 der Charta der Vereinten Nationen;

6. verpflichtet sich, potenzielle Konfliktsituationen im Rahmen einer Konfliktverhütungsstrategie genau zu verfolgen, und bekundet seine Absicht, potenzielle Konfliktfälle, auf die ein Mitgliedstaat der Vereinten Nationen, ein Nichtmitgliedstaat oder die Generalversammlung seine Aufmerksamkeit lenkt oder auf die er durch Informationen des Wirtschafts- und Sozialrats aufmerksam wird, zu prüfen;

7. bekundet seine Entschlossenheit, frühzeitig wirksame Maßnahmen zur Verhütung bewaffneter Konflikte zu ergreifen und zu diesem Zweck alle geeigneten ihm zur Verfügung stehenden Mittel einzusetzen, darunter auch seine Missionen in mögliche Konfliktgebiete mit dem Einverständnis der Empfangsstaaten;

8. wiederholt seinen Aufruf an die Mitgliedstaaten, die Kapazitäten der Vereinten Nationen zur Wahrung des Weltfriedens und der internationalen Sicherheit zu stärken, und fordert sie in dieser Hinsicht nachdrücklich auf, die notwendigen personellen, materiellen und finanziellen Ressourcen für frühzeitige Präventionsmaßnahmen bereitzustellen, einschließlich, je

nach Sachlage, für Frühwarnung, präventive Diplomatie, vorbeugende Einsätze, praktische Abrüstungsmaßnahmen und Friedenskonsolidierung;

9. bekräftigt seine Rolle bei der friedlichen Beilegung von Streitigkeiten und wiederholt seine Aufforderung an die Mitgliedstaaten, ihre Streitigkeiten gemäß Kapitel VI der Charta der Vereinten Nationen auf friedlichem Wege beizulegen, indem sie unter anderem von regionalen Präventionsmechanismen Gebrauch machen und häufiger den Internationalen Gerichtshof in Anspruch nehmen;

10. bittet den Generalsekretär, Informationen und Analysen aus dem System der Vereinten Nationen über schwere Verstöße gegen das Völkerrecht, namentlich gegen das humanitäre Völkerrecht und die Menschenrechte, sowie über mögliche Konfliktsituationen, die unter anderem durch ethnische, religiöse und Gebietsstreitigkeiten, Armut und mangelnde Entwicklung entstehen, an den Rat weiterzuleiten, und bekundet seine Entschlossenheit, solche Informationen und Analysen zu Situationen, die nach seiner Auffassung eine Bedrohung des Weltfriedens und der internationalen Sicherheit darstellen, ernsthaft zu prüfen;

11. bekundet seine Absicht, das Amt des Koordinators der Vereinten Nationen für Nothilfe und andere zuständige Stellen der Vereinten Nationen auch künftig zu bitten, die Ratsmitglieder über Notlagen zu unterrichten, die nach seiner Auffassung eine Bedrohung des Weltfriedens und der internationalen Sicherheit darstellen, und unterstützt die Durchführung von Schutz- und Hilfsmaßnahmen durch die zuständigen Stellen der Vereinten Nationen im Einklang mit ihrem jeweiligen Mandat;

12. bekundet seine Bereitschaft, auf Empfehlung des Generalsekretärs und mit dem Einverständnis der betroffenen Mitgliedstaaten vorbeugende Einsätze zu erwägen;

13. fordert alle Mitgliedstaaten auf, sicherzustellen, dass das am 20. Juli 2001 verabschiedete Aktionsprogramm der Vereinten Nationen zur Verhütung, Bekämpfung und Beseitigung des unerlaubten Handels mit Kleinwaffen und leichten Waffen unter allen Aspekten (A/CONF.192/15) rasch und getreu durchgeführt wird, und auf nationaler, regionaler und globaler Ebene alle notwendigen Maßnahmen zu ergreifen, um den unerlaubten Zustrom von Kleinwaffen und leichten Waffen in Konfliktgebiete zu verhindern und zu bekämpfen;

14. bekundet seine Bereitschaft, bei seinen Anstrengungen zur Verhütung bewaffneter Konflikte vollen Gebrauch von den Informationen zu machen, die der Generalsekretär unter anderem gemäß Abschnitt II Ziffer 33 des Aktionsprogramms erhält;

15. betont, wie wichtig es ist, im Rahmen einer Konfliktverhütungsstrategie von Fall zu Fall auch Elemente der Friedenskonsolidierung, darunter bei Zivilpolizei, in Friedenssicherungseinsätze aufzunehmen, um einen reibungslosen Übergang zur Phase der Friedenskonsolidierung in der Konfliktfolgezeit und letztendlich den Abschluss der Mission zu erleichtern;

16. beschließt, gegebenenfalls die Aufnahme einer Entwaffnungs-, Demobilisierungs- und Wiedereingliederungskomponente in die Mandate der Friedenssicherungs- und Friedenskonsolidierungseinsätze der Vereinten Nationen aufzunehmen und dabei der Rehabilitation von Kindersoldaten besondere Aufmerksamkeit zu widmen;

17. bekräftigt seine Anerkennung der Rolle der Frauen bei der Konfliktprävention und ersucht den Generalsekretär, bei der Durchführung von Friedenssicherungs- und Friedenskonsolidierungsaufträgen sowie bei Konfliktpräventionsmaßnahmen die Geschlechterperspektive stärker zu berücksichtigen;

18. unterstützt die Stärkung der Rolle des Generalsekretärs bei der Konfliktverhütung, indem namentlich vermehrt interdisziplinäre Ermittlungsmissionen und Vertrauensbildungsmissionen der Vereinten Nationen in Spannungsregionen eingesetzt, regionale Präventionsstrategien mit regionalen Partnern und geeigneten Organisationen und Organen der Vereinten Nationen entwickelt sowie die Kapazitäten und die Ressourcenbasis des Sekretariats für Präventionsmaßnahmen erweitert werden;

19. unterstützt außerdem den Aufruf des Generalsekretärs zur Unterstützung der Folgeprozesse, die auf der dritten und vierten Tagung auf hoher Ebene der Vereinten Nationen und der Regionalorganisationen auf dem Gebiet der Konfliktverhütung und der Friedenskonsolidierung eingeleitet wurden, und zur Bereitstellung von mehr Mitteln für den Aufbau regionaler Kapazitäten in diesen Bereichen;

20. fordert den Ausbau der Konfliktverhütungskapazitäten der Regionalorganisationen, insbesondere in Afrika, unter anderem durch die Gewährung internationaler Hilfe an die Organisation der afrikanischen Einheit und ihre Nachfolgeorganisation über ihren Mechanismus für die Verhütung, Bewältigung und Beilegung von Konflikten sowie an die Wirtschaftsgemeinschaft der westafrikanischen Staaten und ihren Mechanismus für die Verhütung, Bewältigung und Beilegung von Konflikten, Friedenssicherung und Sicherheit;

21. betont, dass die Voraussetzungen für dauerhaften Frieden und eine nachhaltige Entwicklung geschaffen werden müssen, indem die tieferen Ursachen bewaffneter Konflikte angegangen werden, und fordert die Mitgliedstaaten und die zuständigen Organe des Systems der Vereinten Nationen zu diesem Zweck auf, zur effektiven Verwirklichung der Erklärung über eine Kultur des Friedens und zur Durchführung des Aktionsprogramms für eine Kultur des Friedens (A/53/243) beizutragen;

22. sieht mit Interesse der weiteren Behandlung des Berichts des Generalsekretärs über die Verhütung bewaffneter Konflikte durch die Generalversammlung und den Wirtschafts- und Sozialrat sowie durch andere Akteure, namentlich die Bretton-Woods-Institutionen, entgegen und unterstützt die Ausarbeitung eines systemweiten, koordinierten und synergistischen Konzepts zur Verhütung bewaffneter Konflikte;

23. beschließt, mit der Angelegenheit aktiv befasst zu bleiben."

(Deutscher Übersetzungsdienst, Vereinte Nationen)

10. IX. 2001

35. Sicherheitsrat hebt Waffenembargo gegen Jugoslawien auf

Am 10. September 2001 befasste sich der Sicherheitsrat der Vereinten Nationen in New York mit der Situation in Jugoslawien und im Kosovo. Dabei wurde der Beschluss gefasst, das im März 1998 verhängte Verbot von Waffenlieferungen an die Bundesrepublik Jugoslawien sowie in das Kosovo *(siehe Band XXVII, S. 268 ff.)* aufzuheben.

Resolution 1367 des VN-Sicherheitsrats, verabschiedet am 10. 9. 2001

„Der Sicherheitsrat,

unter Hinweis auf seine Resolutionen 1160 (1998) vom 31. März 1998, 1199 (1998) vom 23. September 1998, 1203 (1998) vom 24. Oktober 1998, und insbesondere in Bekräftigung seiner Resolutionen 1244 (1999) vom 10. Juni 1999 und 1345 (2001) vom 21. März 2001,

mit Befriedigung feststellend, dass die in den Ziffern 16 a) bis e) seiner Resolution 1160 (1998) aufgeführten Bedingungen erfüllt worden sind,

diesbezüglich Kenntnis nehmend von dem Schreiben des Generalsekretärs vom 6. September 2001 (S/2001/849),

ferner in Anbetracht der schwierigen Sicherheitslage entlang der Verwaltungsgrenze des Kosovo und Teilen der Grenze der Bundesrepublik Jugoslawien sowie unter nachdrücklichem Hinweis auf die weiterhin bestehenden Befugnisse des Sonderbeauftragten des Generalsekretärs, als Leiter der internationalen Zivilpräsenz, und des Kommandeurs der internationalen Sicherheitspräsenz (KFOR), gemäß Resolution 1244 (1999) die

tätig werdend nach Kapitel VII der Charta der Vereinten Nationen,

1. beschließt, die mit Ziffer 8 der Resolution 1160 (1998) verhängten Verbote aufzuheben;

2. beschließt ferner, den mit Ziffer 9 der Resolution 1160 (1998) eingerichteten Ausschuss aufzulösen."

(Deutscher Übersetzungsdienst, Vereinte Nationen)

- I. Chronik -
Nr. 36/11.IX.2001: Terroranschläge in den USA

11. IX. 2001

36. Terroranschläge in New York und Washington

Am 11. September 2001 kam es in New York und Washington zu blutigen Terroranschlägen gegen das World Trade Center und das Verteidigungsministerium, bei denen mehrere Tausende Menschen das Leben verloren. Im folgenden sind die Kommentare von US-Präsident George W. BUSH, dem deutschen Bundeskanzler Gerhard SCHRÖDER und dem russischen Präsidenten Wladimir PUTIN dokumentiert.

1. Ansprache des amerikanischen Präsidenten vom 12. 9. 2001

„Ich komme eben von einem Treffen mit meinen Nationalen Sicherheitsberatern, bei dem wir die neuesten nachrichtendienstlichen Erkenntnisse erhalten haben. Die vorsätzlichen und tödlichen Angriffe, die gestern gegen unser Land verübt wurden, waren mehr als Terrorakte. Es waren kriegerische Akte. Sie machen es erforderlich, dass unser Land fest und entschlossen zusammensteht. Der Angriff gilt Freiheit und Demokratie.

Das amerikanische Volk muss wissen, dass wir uns einem anderen Feind gegenübersehen als jemals zuvor. Dieser Feind versteckt sich im Schatten und hat keinen Respekt vor Menschenleben. Dies ist ein Feind, der unschuldige und ahnungslose Menschen als Opfer auswählt und dann Deckung sucht. Aber er wird nicht für immer nach Deckung suchen können. Dies ist ein Feind, der versucht, sich zu verstecken. Aber er wird sich nicht ewig verstecken können. Dies ist ein Feind, der denkt, dass seine Zufluchtsorte sicher sind. Aber sie werden nicht immer sicher sein.

Dieser Feind hat nicht nur unser Volk angegriffen, sondern alle friedliebenden Menschen überall auf der Welt. Die Vereinigten Staaten von Amerika werden alle ihre Ressourcen einsetzen, um diesen Feind zu besiegen. Wir werden die Welt mobilisieren. Wir werden geduldig, wir werden konzentriert, und wir werden fest entschlossen sein. Dieser Kampf wird Zeit und Entschlusskraft erfordern. Aber täuschen Sie sich nicht: Wir werden gewinnen. Die Bundesregierung und alle wissen Behörden arbeiten. Aber es ist nicht das normale Tagesgeschäft. Wir arbeiten unter erhöhter Alarmbereitschaft. Amerika schreitet voran, und während wir das tun, müssen wir uns der Bedrohungen für unser Land besonders bewusst sein. Die Verantwortlichen sollten angemessene Sicherheitsvorkehrungen zum Schutz unserer Bürger treffen.

Aber wir werden diesem Feind nicht erlauben, den Krieg zu gewinnen, indem er unsere Lebensweise ändert oder unsere Freiheiten einschränkt. Heute Morgen lege ich dem Kongress einen Antrag auf Ermächtigung für Notfallmittel vor, so dass wir bereit sind, so viel wie nötig auszugeben, um Opfer zu retten und den Bürgern New Yorks und Washingtons bei der Bewältigung dieser Tragödie zu helfen sowie unsere nationale Sicherheit zu gewährleisten. Ich möchte den Mitgliedern des Kongresses für ihre Einigkeit und ihre Unterstützung danken. Amerika ist geeint. Die friedliebenden Nationen der Welt stehen an unserer Seite. Dies wird ein gewaltiger Kampf von Gut gegen Böse. Aber das Gute wird obsiegen."

(Amerika Dienst)

2. Regierungserklärung des deutschen Bundeskanzlers zu den Anschlägen in den USA, am 12. 9. 2001 vor dem Deutschen Bundestag in Berlin (Auszüge)

„Der gestrige 11. September 2001 wird als ein schwarzer Tag für uns alle in die Geschichte eingehen. Noch heute sind wir fassungslos angesichts eines nie da gewesenen Terroranschlags auf das, was unsere Welt im Innersten zusammenhält. Wir wissen noch nicht, wer hinter dieser Kriegserklärung an die zivilisierte Völkergemeinschaft steht. Wir wissen noch nicht einmal, wie viel Tausende ganz und gar unschuldige Menschen den feigen Attentaten zum Opfer gefallen sind. Wir wissen und erfahren aber: Jetzt geht es darum, unser Mitgefühl, unsere Solidarität zu zeigen: Solidarität mit der Bevölkerung der Vereinigten Staaten von Amerika, und zwar Solidarität aller, die für Frieden und Freiheit einstehen, in Deutschland, in Europa, überall auf der Welt. ...

- I. Chronik -
Nr. 36/11.IX.2001: Terroranschläge in den USA

Ich habe dem amerikanischen Präsidenten das tief empfundene Beileid des gesamten deutschen Volkes ausgesprochen. Ich habe ihm auch die uneingeschränkte - ich betone: die uneingeschränkte - Solidarität Deutschlands zugesichert. ... Ich möchte hier in Anwesenheit des neuen amerikanischen Botschafters Dan COATS noch einmal ausdrücklich versichern: Die Menschen in Deutschland stehen in dieser schweren Stunde fest an der Seite der Vereinigten Staaten von Amerika. Selbstverständlich bieten wir den Bürgern und Behörden der Vereinigten Staaten von Amerika jede gewünschte Hilfe an, natürlich auch bei der Ermittlung und Verfolgung der Urheber und Drahtzieher dieser niederträchtigen Attentate.

Bei meinem Gespräch mit den Partei- und Fraktionsvorsitzenden am gestrigen Abend bestand völlige Einmütigkeit darüber, dass diese außergewöhnliche Situation das Zusammenstehen aller Demokraten erfordert. Die gestrigen Anschläge in New York und Washington sind nicht nur ein Angriff auf die Vereinigten Staaten von Amerika; sie sind eine Kriegserklärung gegen die gesamte zivilisierte Welt. Diese Art von terroristischer Gewalt, das wahllose Auslöschen unschuldiger Menschenleben stellt die Grundregeln unserer Zivilisation in Frage. Sie bedroht unmittelbar die Prinzipien menschlichen Zusammenlebens in Freiheit und Sicherheit, all das also, was in Generationen aufgebaut wurde. Gemeinsam werden wir diese Werte - sei es in Amerika, sei es in Europa oder wo auch immer in der Welt - nicht zerstören lassen.

In Wirklichkeit - das zeigt sich immer mehr - sind wir bereits eine Welt. Deshalb sind die Anschläge in New York, dem Sitz der Vereinten Nationen, und in Washington gegen uns alle gerichtet. Der gestrige terroristische Angriff hat uns noch einmal vor Augen geführt: Sicherheit ist in unserer Welt nicht teilbar. Sie ist nur zu erreichen, wenn wir noch enger für unsere Werte zusammenstehen und bei ihrer Durchsetzung zusammenarbeiten.

Wir müssen nun rasch noch wirksamere Maßnahmen ergreifen, um dem Terrorismus weltweit den Nährboden zu entziehen. Es hat zu gelten: Wer Terroristen hilft oder sie schützt, verstößt gegen die fundamentalen Werte des Zusammenlebens der Völker. Ich habe noch gestern Abend mit dem französischen Staatspräsidenten CHIRAC und Ministerpräsident JOSPIN, mit dem britischen Premierminister BLAIR und dem russischen Präsidenten PUTIN gesprochen. Wir sind uns in der Bewertung einig, dass diese Terrorakte eine Kriegserklärung an die freie Welt bedeuten.

Die Außenminister der Europäischen Union werden noch heute zu einer Sondersitzung zusammentreten. Danach wird es notwendig sein, dass die Europäische Union auf höchster Ebene ihre Solidarität zum Ausdruck bringt. Ich habe den amtierenden Ratspräsidenten der Europäischen Union, den belgischen Ministerpräsidenten VERHOFSTADT, gebeten, eine entsprechende Initiative zu ergreifen.

Viele Menschen werden sich fragen: Was bedeuten diese Anschläge für uns in Deutschland? Ich habe gestern Abend unverzüglich eine Sitzung des Bundessicherheitsrats einberufen. Wir haben auf der Grundlage der uns zugänglichen Informationen die Lage eingehend analysiert. Derzeit liegen keine Hinweise auf eine außerordentliche Bedrohung der Sicherheit unseres Landes vor. Gleichwohl haben wir zusätzliche Maßnahmen ergriffen, die zum Schutz der Menschen in unserem Land erforderlich sind. Das betrifft insbesondere die Sicherheit des Luftraums und des Flugverkehrs sowie den Schutz amerikanischer und anderer herausgehobener Einrichtungen.

Darüber hinaus werden wir gemeinsam überlegen müssen, welche längerfristigen Konsequenzen aus diesen fürchterlichen Anschlägen zu ziehen sind. Der Bundessicherheitsrat wird heute Vormittag zu einer erneuten Sitzung zusammenkommen. Es ist selbstverständlich, dass wir alle Fraktionen des Deutschen Bundestags, die Vorsitzenden der politischen Parteien, aber auch die Öffentlichkeit über die weiteren Entwicklungen informieren werden. Die nächste Unterrichtung der Partei- und Fraktionsvorsitzenden erfolgt, wie verabredet, bereits heute Mittag im Bundeskanzleramt.

Ich bin davon überzeugt: Gemeinsam werden wir uns dieser verbrecherischen Herausforderung gewachsen zeigen. Freiheit und Demokratie, die Werte des friedlichen Zusammenlebens der Menschen und der Völker, werden diese Prüfung bestehen."

(Deutscher Bundestag, Plenarprotokoll 14/186)

- I. Chronik -
Nr. 37/12.IX.2001: VN-Sicherheitsrat verurteilt Terror

3. Erklärung des russischen Staatspräsidenten zu den terroristischen Anschlägen in den Vereinigten Staaten, 12. 9. 2001

„Die Vereinigten Staaten sahen sich heute einem bisher nicht da gewesenen Angriff seitens des internationalen Terrorismus ausgesetzt. Zuerst möchte ich allen Opfern und Familien von Toten mein ehrliches und tiefes Beileid aussprechen. Das Ereignis, das heute in den USA stattgefunden hat, geht über nationale Grenzen hinaus. Es ist eine tollkühne Herausforderung der gesamten Menschheit, zumindest der zivilisierten Menschheit. Und was heute geschehen ist, ist ein zusätzlicher Beweis für die Relevanz des russischen Vorschlags, die Bemühungen der internationalen Gemeinschaft im Kampf gegen den Terrorismus, diese Pest des 21. Jahrhunderts, zusammenzuführen.

Russland weiß aus erster Hand, was Terrorismus ist. Deshalb verstehen wir so gut wie jeder andere die Gefühle des amerikanischen Volkes. Wenn ich mich jetzt für Russland an das amerikanische Volk wende, möchte ich sagen, dass wir mit Ihnen sind, dass wir Ihren Schmerz voll und ganz teilen und mit fühlen. Wir unterstützen Sie."

(Internationale Politik)

12. IX. 2001

37. Sicherheitsrat verurteilt Terror als Bedrohung des Weltfriedens

Am 12. September 2001, einen Tag nach den terroristischen Anschlägen gegen das World Trade Center in New York und das amerikanische Verteidigungsministerium in Washington trat der Sicherheitsrat der Vereinten Nationen in New York zusammen. Dabei wurden die Anschläge einmütig verurteilt und derartige Handlungen als Bedrohungen des Weltfriedens und der internationalen Sicherheit qualifiziert, die es zu verhüten oder zu bekämpfen gelte.

Resolution 1368 des VN-Sicherheitsrats, verabschiedet am 12. 9. 2001

„Der Sicherheitsrat,

in Bekräftigung der Grundsätze und Ziele der Charta der Vereinten Nationen,

entschlossen, die durch terroristische Handlungen verursachten Bedrohungen des Weltfriedens und der internationalen Sicherheit mit allen Mitteln zu bekämpfen,

in Anerkennung des naturgegebenen Rechts zur individuellen und kollektiven Selbstverteidigung im Einklang mit der Charta,

1. verurteilt unmissverständlich mit allem Nachdruck die grauenhaften Terroranschläge, die am 11. September 2001 in New York, Washington und Pennsylvania stattgefunden haben, und betrachtet diese Handlungen, wie alle internationalen terroristischen Handlungen, als Bedrohung des Weltfriedens und der internationalen Sicherheit;

2. bekundet den Opfern und ihren Angehörigen sowie dem Volk und der Regierung der Vereinigten Staaten von Amerika sein tiefstes Mitgefühl und Beileid;

3. fordert alle Staaten dringend zur Zusammenarbeit auf, um die Täter, Organisatoren und Förderer dieser Terroranschläge vor Gericht zu stellen, und betont, dass diejenigen, die den Tätern, Organisatoren und Förderern dieser Handlungen geholfen, sie unterstützt oder ihnen Unterschlupf gewährt haben, zur Verantwortung gezogen werden;

4. fordert außerdem die internationale Gemeinschaft auf, ihre Anstrengungen zu verdoppeln, um terroristische Handlungen zu verhüten und zu bekämpfen, namentlich durch verstärkte Zusammenarbeit und die volle Durchführung der einschlägigen internationalen Übereinkünfte gegen den Terrorismus sowie der Resolutionen des Sicherheitsrats, insbesondere der Resolution 1269 (1999) vom 19. Oktober 1999;

- I. Chronik -
Nr. 38/12.IX.2001: Europäischer Rat verurteilt Terror

5. bekundet seine Bereitschaft, alle erforderlichen Schritte zu unternehmen, um auf die Terroranschläge vom 11. September 2001 zu antworten, und alle Formen des Terrorismus zu bekämpfen, im Einklang mit seiner Verantwortung nach der Charta der Vereinten Nationen;

6. beschließt, mit der Angelegenheit befasst zu bleiben."

(Deutscher Übersetzungsdienst, Vereinte Nationen)

12. IX. 2001

38. Europäischer Rat verurteilt Anschläge von New York und Washington

Am 12. September 2001 kam der Rat für Allgemeine Angelegenheiten der Europäischen Union zu einer Sondersitzung in Brüssel zusammen, um über die Lage nach den Anschlägen vom 11. September zu beraten. Dabei wurden die nachfolgende Erklärung sowie ein entsprechendes Dokument über weitere Schlussfolgerungen verabschiedet.

1. Erklärung der Europäischen Union vom 12. 9. 2001

„Der Rat der Europäischen Union, der heute in Anwesenheit des Generalsekretärs der Atlantischen Allianz zu einer Sondertagung zusammengetreten ist, brachte sein Entsetzen über die gestrigen Terroranschläge in den Vereinigten Staaten zum Ausdruck. Der Rat unterstrich seine uneingeschränkte Solidarität mit der Regierung der Vereinigten Staaten und dem amerikanischen Volk in dieser schrecklichen Stunde und sprach allen Opfern und ihren Angehörigen sein tiefstes Mitgefühl aus. Wir bitten alle Europäer, am Freitag, dem 14. September um 12.00 Uhr drei Schweigeminuten einzulegen, und wir erklären außerdem den 14. September 2001 zum Tag der Trauer.

Diese schrecklichen Anschläge sind ein Angriff nicht nur gegen die Vereinigten Staaten, sondern gegen die Menschheit an sich und die Werte und Freiheiten, die wir alle teilen. Leben und Arbeiten in unseren offenen und demokratischen Gesellschaften werden unbeirrt weitergehen.

Die Union verurteilt aufs Schärfste die Urheber dieser Akte der Barbarei und diejenigen, die sie unterstützen. Die Union und ihre Mitgliedstaaten werden keine Mühen scheuen, um dabei zu helfen, die Verantwortlichen ausfindig zu machen, vor Gericht zu stellen und zu bestrafen: es wird keinen sicheren Unterschlupf für Terroristen und diejenigen, die sie unterstützen, geben.

Die Union wird mit den Vereinigten Staaten und allen ihren Partnern aufs Engste zusammenarbeiten, um den internationalen Terrorismus zu bekämpfen. Alle internationalen Organisationen, insbesondere die Vereinten Nationen, müssen darin eingebunden werden, und alle einschlägigen internationalen Instrumente, einschließlich derer, die die Finanzierung des Terrorismus zum Gegenstand haben, müssen ohne Einschränkung angewandt werden.

Die Gemeinschaft und ihre Mitgliedstaaten haben den Vereinigten Staaten jede mögliche Hilfe bei den Such- und Rettungsarbeiten angeboten. Es wird derzeit darüber beraten, in welcher Form die Hilfe am Besten geleistet werden kann.

Unter Hinweis auf die starken und dauerhaften Bindungen zwischen der Europäischen Union und den Vereinigten Staaten hat der Rat den Vorsitz aufgefordert, mit der Regierung der Vereinigten Staaten in engem Kontakt zu bleiben, um diese Botschaft der Solidarität zu übermitteln."

2. Schlussfolgerungen des Rates vom 12. 9. 2001

„Der Rat brachte die tief empfundene Solidarität der Europäischen Union mit dem amerikanischen Volk zum Ausdruck und billigte eine Erklärung, in der die Terroranschläge in den Vereinigten Staaten verurteilt werden.

Der Rat wurde von den Sicherheitsmaßnahmen unterrichtet, die die Mitgliedstaaten ergriffen haben. Um ein Höchstmaß an Zusammenarbeit zwischen ihnen zu gewährleisten, ersucht der Rat die Ratsformationen 'Justiz/Inneres' und 'Verkehr', so schnell wie möglich alle erforderlichen Maßnahmen zu ergreifen, um den höchsten Sicherheitsgrad, insbesondere im Luftverkehr, aufrecht zu erhalten sowie alle zweckmäßigen Maßnahmen zu treffen, um den Terrorismus zu bekämpfen und Anschläge zu vereiteln. Der Rat (Justiz/Inneres) wird auf seiner Tagung am 27./28. September- gegebenenfalls auch früher - ebenso wie die Verkehrsminister auf ihrer informellen Tagung am 14./15. September die Maßnahmen, die dann bereits ergriffen worden sind, sowie die Maßnahmen, die sie ergänzen sollen, bewerten. Der Rat bekräftigt seine Entschlossenheit, den Terrorismus jedweder Form mit allen ihm zur Verfügung stehenden Mitteln zu bekämpfen. Der Rat hat ferner Kenntnis von der Erklärung der Kommission und des Präsidenten des Rates 'Wirtschaft und Finanzen' genommen.

Der Rat hat den Vorsitz, den Hohen Vertreter für die Gemeinsame Außen- und Sicherheitspolitik und die Kommission ersucht, so rasch wie möglich einen Bericht über empfohlene konkrete Maßnahmen vorzulegen, um die Anwendung und Stärkung der operativen Instrumente sowohl der Gemeinsamen Außen- und Sicherheitspolitik als auch des Bereichs Justiz und Inneres zu beschleunigen. Diese Maßnahmen werden darauf gerichtet sein, die Fähigkeit der Europäischen Union, den internationalen Terrorismus gemeinsam mit den Vereinigten Staaten und ihren anderen Partnern wirksam zu bekämpfen, zu verbessern. Der Rat beabsichtigt seinerseits, sich hiermit weiterhin regelmäßig zu befassen, um insbesondere die Koordinierung der Gesamtheit der Maßnahmen der Union sicherzustellen."

(Website der EU)

12. IX. 2001

39. NATO-Rat zum Eintreten des Bündnisfalls

Am 12. September 2001 tagte in Brüssel der NATO-Rat, um über die Konsequenzen der Terroranschläge von New York und Washington zu beraten. Dabei äußerten alle Teilnehmer tiefe Anteilnahme für die Opfer und verdammten den internationalen Terrorismus. NATO-Generalsekretär Lord ROBERTSON teilte nach der Sitzung mit, was der Rat beschlossen hatte:

„Am 12. September traf sich der Nordatlantikrat erneut in Reaktion auf die abscheulichen Anschläge, die gestern gegen die Vereinigten Staaten verübt wurden. Der Rat stimmt überein, dass dieser Anschlag, falls festgestellt wird, dass er vom Ausland aus gegen die Vereinigten Staaten verübt wurde, als Handlung im Sinne des Artikels 5 des Nordatlantikvertrages angesehen wird, in dem es heißt, dass ein bewaffneter Angriff gegen einen oder mehrere Verbündete in Europa oder Nordamerika als ein Angriff gegen sie alle angesehen wird."

(Deutsche NATO Vertretung)

18. - 21. IX. 2001

40. Dritte Vertragsstaatenkonferenz des Ottawa-Abkommens zur Ächtung von Antipersonenminen

Vom 18. bis zum 21. September 2001 fand in der nikaraguanischen Hauptstadt Managua die dritte Staatenkonferenz des Ottawa-Abkommens über das Verbot des Besitzes und des Einsatzes von Antipersonenminen statt. Im Folgenden wird aus der umfangreichen Dokumentation lediglich die Abschlussdeklaration wiedergegeben.

- I. Chronik -
Nr. 40/18.-21.IX.2001: Ottawa-Abkommen

Declaration of the Third Meeting of the States Parties from 21. 9. 2001

"1. We, the States Parties to the Convention on the Prohibition of the Use, Stockpiling, Production and Transfer of Anti-Personnel Mines and on Their Destruction, along with other States, international organizations and institutions and non-governmental organizations, gathered in Managua, Nicaragua, reaffirm our unwavering commitment both to the total eradication of anti-personnel mines and to addressing the insidious and inhumane effects of these weapons.

2. Meeting in Nicaragua, one of the most mine-affected countries in the Americas, we are witness to the devastating effects of this weapon on individuals and their communities. We are also witness to the importance of our work in addressing the problems faced by the Nicaraguan people, and countless others in countries around the world. We are reminded of the long journey ahead towards a mine-free world, as well as the significant steps already secured to reach our goal.

3. We celebrate the growing support for the Convention, ratified or acceded to by 120 States. With an additional 21 countries having signed, but not yet ratified the Convention, the number of States Parties and signatories now totals 141, including more than 40 mine-affected States. We call upon those that have not done so, to ratify or accede to the Convention. We also call upon all States in the process of formally accepting the obligations of the Convention, to provisionally apply the terms of the Convention.

4. We recognize that the new international norm established by the Convention is being demonstrated by the successful record of implementation of the Convention, including the conduct of many States not party to the Convention respecting the provisions therein. This includes the complete destruction of stockpiled anti-personnel mines in 30 countries, with 17 States Parties in the process of destroying stockpiles. Furthermore, approximately 220 million US$ has been allocated by donors over the past year to address the global landmine problem, in addition to the resources being allocated by mine-affected countries themselves.

5. We are pleased that over the past year, a considerable amount of land was cleared of anti-personnel mines, that casualty rates in several of the world's most mine-affected States have decreased, that landmine victim assistance has improved, and that our cooperative efforts continue to contribute to this progress.

6. While celebrating the success of the Convention, we remain deeply concerned that anti-personnel mines continue to kill, maim and threaten the lives of countless innocent people each day, that the terror of mines prevents individuals from reclaiming their lives and that the lasting impact of these weapons denies communities the opportunity to rebuild long after conflicts have ended.

7. We deplore any use of anti-personnel mines. Such acts are contrary to the object and purpose of the Convention and exacerbate the humanitarian problems already caused by the use of these weapons. We urge all those who continue to use, develop, produce, otherwise acquire, stockpile, retain and/or transfer anti-personnel landmines, to cease immediately and to join us in the task of eradicating these weapons.

8. We expect those States, which have declared their commitment to the object and purpose of the Convention and which continue to use anti-personnel mines, to recognize that this is a clear violation of their solemn commitment. We call upon all States concerned to respect their commitments.

9. Recognizing the need to secure full compliance with all obligations of the Convention, we reaffirm our commitment to effectively implement the Convention and to comply fully with its provisions. We do so in the spirit of cooperation and collaboration that has characterized this process. In this context, we recall that the four-year maximum time period for the destruction of stockpiled anti-personnel mines is rapidly approaching for many States Parties. We also recall that as soon as possible, but not later than ten years after the entry into force of this Convention, each State party undertakes to destroy or ensure the destruction of all anti-personnel mines in mined areas under its jurisdiction or control. We encourage national, regional and international initiatives aimed at fulfilling these obligations.

10. We call upon all governments and people everywhere to join in the common task to meet the enormous challenges of mine action, including victim assistance, to provide the technical

and financial assistance required, and, where appropriate, to integrate these efforts into development planning and programming. As States Parties bound to the eradication of anti-personnel mines, we reiterate that assistance and cooperation for practical mine action will flow primarily to those that have forsworn the use of these weapons forever through adherence to, implementation of, and compliance with the Convention.

11. We recognize that to achieve the promise of this unique and important humanitarian instrument, we must continue working tirelessly in all parts of the world to end the use of anti-personnel mines, to destroy stockpiles, to cease development, production and transfers of these weapons, to clear mined areas to free land from its deadly bondage, to assist victims to reclaim their lives with dignity and to prevent new victims.

12. We also recognize that progress to free the world from anti-personnel mines would be promoted by the commitment by non-State actors to cease and renounce their use in line with the international norm established by this Convention.

13. We warmly welcome the substantial progress made during the intersessional work programme. This programme continues to focus and advance the international community's mine action efforts, it greatly assists in our collective aim to implement the Convention and it provides a forum for mine-affected and other States to share experiences, acquire knowledge and enhance efforts to implement the Convention at the national level. We express our satisfaction that the intersessional work programme has been carried out in the Convention's tradition of partnership, dialogue, openness and practical cooperation. We welcome the increased participation of mine-affected States in the intersessional work and the valuable contribution of the Sponsorship Programme.

14. Recognizing the importance of the challenge to reach the goal set by the Americas to convert the "Western Hemisphere into an anti-personnel landmine free zone" as soon as possible, which is a determining factor in the efforts to make the Convention both universal and fully operative, achieving this goal will be an example to the world of the Convention's effectiveness and an inspiration for other affected regions.

15. To further enhance the intersessional process, we must build upon its accomplishments, strengthen its outcomes and focus on providing States and other relevant international actors with the tools required to carry out the promise of the Convention. We continue to encourage the active participation of mine-affected and other interested States, as well as other relevant actors in the Intersessional Work Programme.

16. We acknowledge the positive work of the Coordinating Committee tasked with the coordination of the intersessional work programme, and its role in the strengthening of the intersessional process.

17. We call upon the States Parties to continue participating in the work of the Standing Committees established by the meetings of the States Parties to the Convention.

18. We express our gratitude to the International Campaign to Ban Landmines and other relevant non-governmental organizations, to regional and international organizations, including the International Committee of the Red Cross, for their important and substantive contribution to the intersessional process and to the overall implementation and consolidation of the Convention. We also thank all those agencies involved in mine clearance, mine awareness, victim assistance, stockpile destruction and other efforts to this end.

19. We thank the Geneva International Centre for Humanitarian Demining for its essential support and its commitment to enhance its support to the intersessional process through the establishment of an implementation unit.

20. In reflecting upon our progress and accomplishments, and in considering the work that lies ahead, we reconfirm our conviction to make anti-personnel mines objects of the past, our obligation to assist those who have fallen victim to this terror, and our shared responsibility to the memories of those whose lives have been lost as a result of the use of these weapons, including those killed as a result of their dedication to helping others by clearing mined areas or providing humanitarian assistance."

(UN Website)

19. IX. 2001

41. Regierungserklärung der Bundesregierung zu den Anschlägen vom 11. September

Am 19. September 2001 kam es im Deutschen Bundestag in Berlin zu einer Debatte über die Konsequenzen der Anschläge vom 11. September. In diesem Zusammenhang gab Bundeskanzler Gerhard SCHRÖDER die nachfolgende Regierungserklärung ab.

Regierungserklärung der Bundesregierung vom 19. 9. 2001 zu den Konsequenzen der terroristischen Anschläge gegen die USA

„In meiner Regierungserklärung vom 12. September habe ich, bezogen auf die terroristischen Angriffe gegen die Vereinigten Staaten, gesagt: Dies ist nicht nur ein Krieg gegen die USA, dies ist ein Krieg gegen die zivilisierte Welt. Daran halte ich fest. Danach ist gefragt worden, ob das jener Kampf der Kulturen sei, von dem so oft gesprochen worden ist. Meine Antwort heißt: nein. Es geht nicht um den Kampf der Kulturen, sondern es geht um den Kampf um die Kultur in einer immer mehr zusammenwachsenden Welt. Dabei wissen wir um die Verschiedenheiten der Kulturen in der Welt und wir respektieren sie. Wir bestehen aber darauf, dass die Verheißungen der amerikanischen Unabhängigkeitserklärung universell gelten. Dort heißt es: ‚Folgende Wahrheiten erachten wir als selbstverständlich: dass alle Menschen gleich geschaffen sind, dass sie von ihrem Schöpfer mit gewissen, unveräußerlichen Rechten ausgestattet sind, dass dazu Leben, Freiheit und das Streben nach Glück gehören.'

Meine Damen und Herren, diese Verheißungen - wenn sie auch Erbe des christlichen Abendlandes sind, das sich auch nicht ohne verhängnisvolle Irrungen zu diesen Werten hin entwickelt hat - stehen nicht im Widerspruch zu einer Interpretation des Islam von jedem fundamentalistischen Wahnsinn. Jener gesichts- und auch geschichtslose barbarische Terrorismus ist gegen all das gerichtet, was unsere Welt im Innersten zusammenhält, nämlich die Achtung vor dem menschlichen Leben und der Menschenwürde, die Werte von Freiheit, Toleranz, Demokratie und friedlichem Interessenausgleich.

Deutschland steht angesichts dieses beispiellosen Angriffs uneingeschränkt an der Seite der Vereinigten Staaten von Amerika.

Unser Bekenntnis zur politischen und moralischen Solidarität mit den USA ist in diesen Tagen mehr als eine bloße Selbstverständlichkeit. Gerade hier in Berlin werden wir Deutschen niemals vergessen, was die Vereinigten Staaten für uns getan haben. Es waren die Amerikaner, die ganz entscheidend zum Sieg über den Nationalsozialismus beigetragen haben, und es waren unsere amerikanischen Freunde, die uns nach dem Zweiten Weltkrieg einen Neuanfang in Freiheit und Demokratie ermöglicht haben. Sie haben nicht nur die Lebensfähigkeit, sondern auch die Freiheit Westberlins garantiert und geschützt. Sie haben uns geholfen, unsere staatliche Einheit in einem friedlichen, demokratischen Europa wiederzugewinnen.

Klar muss aber sein: Dankbarkeit ist eine wichtige und auch gewichtige Kategorie. Doch sie würde zur Legitimation existenzieller Entscheidungen, vor denen wir unter Umständen stehen, nicht reichen. Bei den Entscheidungen, die wir zu treffen haben werden, lassen wir uns einzig von einem Ziel leiten: die Zukunftsfähigkeit unseres Landes inmitten einer freien Welt zu sichern; denn genau darum geht es.

Die Welt hat auf die barbarischen Anschläge reagiert, selten einmütig und selten eindeutig. Der Sicherheitsrat der Vereinten Nationen hat in der grundlegenden Resolution 1368 einmütig festgestellt, dass die terroristischen Anschläge von New York und Washington eine, wie es in der Erklärung heißt, Bedrohung des Weltfriedens und der internationalen Sicherheit darstellen. Der Weltsicherheitsrat hat damit eine Weiterentwicklung bisherigen Völkerrechts vorgenommen. Bislang galt ein bewaffneter Angriff, eine Störung des Weltfriedens, der Weltsicherheit immer dann, wenn es sich um einen Angriff von einem Staat auf einen anderen Staat handelte. Mit dieser Resolution - das ist das entscheidend Neue - sind die völkerrechtlichen Voraussetzungen für ein entschiedenes, auch militärisches Vorgehen gegen den Terrorismus geschaffen worden.

- I. Chronik -
Nr. 41/19.IX.2001: Bundesregierung zu Terroranschlägen

Der NATO-Rat hat den Vereinigten Staaten seine volle Solidarität auf der Grundlage von Art. 5 des NATO-Vertrages erklärt. Auch er hat, ganz ähnlich wie der Weltsicherheitsrat, neu interpretiert, was unter einem bewaffneten Angriff auf einen Bündnispartner zu verstehen sei, nämlich nicht nur, wie bei Zustandekommen des NATO-Vertrages gedacht, der kriegerische Angriff eines Staates auf einen Staat, der NATO-Mitglied ist, sondern - ebenso wie der Weltsicherheitsrat - auch ein terroristischer Angriff, verstanden als Angriff auf einen Bündnispartner. Damit gilt dieser Angriff auf die Vereinigten Staaten als ein Angriff auf die NATO-Partner. Der NATO-Rat hat diesen Beschluss mit unserer vollen Unterstützung gefasst. Das entspricht dem Geist und dem Buchstaben des NATO-Vertrages.

Die NATO hat bisher keine konkrete Aktion beschlossen. Voraussetzung für einen Beschluss über konkrete Aktionen ist die Feststellung, dass es sich bei den Anschlägen von New York und Washington um einen Angriff von außen handelt. Außerdem muss eine konkrete Bitte um Unterstützung durch die Vereinigten Staaten ausgesprochen werden. Das ist zurzeit aus Gründen, die wir alle kennen, nicht der Fall.

Die Vereinigten Staaten können auf der Grundlage der Entscheidung des Sicherheitsrats Maßnahmen gegen Urheber und Hintermänner, Auftraggeber und Drahtzieher der Attentate ergreifen. Diese sind völkerrechtlich gedeckt. Sie können und sie dürfen, durch diese Weiterentwicklung des Völkerrechts gedeckt, ebenso entschieden gegen Staaten vorgehen, die den Verbrechern Hilfe und Unterschlupf gewähren. Um es klar zu sagen: Auf all das bezieht sich das, was ich uneingeschränkte Solidarität genannt habe.

Was heißt das für die Pflichten der Bündnispartner? Alle Bündnispartner haben ihre moralische und politische Solidarität ausgesprochen. Das ist selbstverständlich. Wir wissen heute noch nicht, ob und welche Unterstützung die Vereinigten Staaten von den NATO-Partnern erwarten und einfordern. Das könnte auch militärischer Beistand sein; ein solcher kann nicht ausgeschlossen werden und deswegen darf ich ihn nicht ausschließen. Um welche Form der Unterstützung wir auch immer gebeten werden: Es ist eine absolute Selbstverständlichkeit, dass wir bei den Entscheidungen das Grundgesetz und die Rechtsprechung des Bundesverfassungsgerichts - dabei insbesondere die Rechte dieses Hohen Hauses - strikt beachten werden.

Mit jedem Recht - wir wissen das - korrespondiert eine Pflicht, aber umgekehrt gilt auch: Mit der Bündnispflicht, die wir übernommen haben, korrespondiert ein Recht und dieses Recht heißt Information und Konsultation. Wir als Deutsche und Europäer wollen bei allen notwendigen Maßnahmen eine uneingeschränkte Solidarität mit den USA erreichen. Ich betone: Zu Risiken - auch im Militärischen - ist Deutschland bereit, aber nicht zu Abenteuern. Diese werden von uns dank der besonnenen Haltung der amerikanischen Regierung auch nicht verlangt. Ich denke, das wird so bleiben.

Die Form der Solidarität, von der ich gesprochen habe, ist die Lehre, die wir aus unserer Geschichte gezogen haben, eine Lehre, die für die zivilisierte Welt bitter genug war. Allerdings: Eine Fixierung auf ausschließlich militärische Maßnahmen wäre fatal. Wir müssen und wollen ein umfassendes Konzept zur Bekämpfung des Terrorismus, zur Prävention und zur Bewältigung von Krisen entwickeln. Dieses Konzept muss auf politische, wirtschaftliche und kulturelle Zusammenarbeit sowie auf Zusammenarbeit in Fragen der Sicherheit gegründet sein. Zu diesem Zweck werden wir auch in der Europäischen Union unsere Zusammenarbeit im Kampf gegen den Terrorismus weiter verstärken müssen. Gerade jetzt muss Europa mit einer Stimme sprechen.

Auf meinen Vorschlag hin hat darum der belgische EU-Ratsvorsitzende VERHOFSTADT für diesen Freitag eine Sondersitzung dses Europäischen Rates einberufen, auf der wir die weitere Haltung der Europäischen Union zur Bekämpfung des Terrorismus beraten werden. Unser Ziel muss sein, möglichst alle Länder in ein weltweites System von Sicherheit und Wohlstand zu integrieren. Dazu wollen wir im Rahmen der Entwicklungszusammenarbeit weitere Anreize für Staaten bieten, die sich zur Kooperation bei der Bekämpfung des Terrorismus bereit erklären. Für die Krisenregionen des Nahen Ostens und Zentralasiens müssen wir eine Perspektive für politische und wirtschaftliche Stabilisierung und Stabilität, für Frieden und Entwicklung eröffnen. Vor allem müssen wir jetzt mit vereinten Anstrengungen alles daransetzen, den Durchbruch zum Frieden im Nahen Osten zu erreichen. ...

Bereits heute Nachmittag werden wir im Bundeskabinett ein Maßnahmenpaket beschließen, um die Bekämpfung des Terrorismus im Lichte der jetzt evidenten Erkenntnisse zu optimieren. Dazu gehört auch eine Neuregelung im Strafrecht, die es uns ermöglicht, aus dem Aus-

- I. Chronik -
Nr. 42/20.IX.2001: Al-Qaida verantwortlich für Terror

land operierende Unterstützer krimineller Vereinigungen künftig genauso zu belangen wie Mitglieder und Unterstützer inländischer krimineller Vereinigungen. ...

Unser Kampf gegen den Terrorismus ist eine Verteidigung unserer offenen Gesellschaft, die auf festen Werten basiert, eine Verteidigung unserer Liberalität und auch unserer Art, in einer offenen Gesellschaft zu leben. Der Terrorismus - das müssen wir immer wieder deutlich machen - wird es nicht so weit bringen, dass wir die Werte, die wir gegen den Terrorismus verteidigen, selber in Frage stellen. Deshalb darf und wird der Terrorismus uns auch nicht daran hindern, ein modernes, auf die Anforderungen unserer Volkeswirtschaft abgestimmtes Zuwanderungsrecht zu beschließen.

Mit dem Gesetzentwurf des Bundesinnenministers haben wir ein zeitgemäßes Zuwanderungsrecht auf den Weg gebracht. Das Gesetz wird in Deutschland dringend gebraucht. Sinnvolle deutsche Ausländer-, Zuwanderungs- und Integrationspolitik braucht mehr denn je ein abgewogenes rechtliches Instrumentarium; denn Zuwanderung wird sich nicht von allein steuern und regeln. Natürlich sind wir offen für Überarbeitungen in dem einen oder anderen Punkt. Notwendige Ergänzungen und Anpassungen können auch im weiteren parlamentarischen Verfahren berücksichtigt werden. Gerade in der aktuellen Situation werden die Stärken und Vorzüge des Entwurfs mehr als deutlich: Dieses Gesetz bringt mehr Sicherheit, beispielsweise durch die Personenüberprüfungen in Visaverfahren schon vor der Einreise bei den deutschen Auslandsvertretungen. Auch erlaubt die Neuregelung eine genauere Unterscheidung zwischen den Menschen, die ein Aufenthaltsrecht erlangen können, und den Menschen, für die das nicht gilt. Alle erhalten schneller Gewissheit über ihre weitere Situation und die daraus folgenden Konsequenzen. Dadurch werden sich deutlich weniger Personen hier aufhalten, denen die sichere Perspektive für einen Aufenthalt bei uns fehlt. ...

Wie so viele andere Nationen ist auch Deutschland ganz direkt von den terroristischen Attentaten in den Vereinigten Staaten betroffen. Wir trauern um viele Deutsche, die in den entführten Flugzeugen oder im World Trade Center einen schrecklichen Tod fanden. Ihre genaue Zahl wissen wir immer noch nicht. Unsere Gedanken sind bei den Opfern und ihren Angehörigen. Ihnen gelten - ich denke, da spreche ich für alle - unser Mitgefühl und unsere Anteilnahme. ...

Zu Beginn dieses neuen Jahrhunderts steht Deutschland auf der richtigen Seite - fast ist man versucht zu sagen: endlich -, auf der Seite der unveräußerlichen Rechte aller Menschen. Diese Menschenrechte sind die große Errungenschaft und das Erbe der europäischen Aufklärung. Diese Werte der Menschenwürde, der freiheitlichen Demokratie und der Toleranz sind unsere große Stärke im Kampf gegen den Terrorismus. Sie sind das, was unsere Völker- und Staatengemeinschaft zusammenhält, und sie sind das, was die Terroristen zerstören wollen. Diese Werte, meine sehr verehrten Damen und Herren, sind unsere Identität und deshalb werden wir sie verteidigen, mit Nachdruck, mit Entschiedenheit, aber auch mit Besonnenheit."

(Deutscher Bundestag, Plenarprotokoll 14/187)

20. IX. 2001

42. Präsident Bush macht islamische Fundamentalisten für Anschlag verantwortlich

Am 20. September 2001 hielt US-Präsident George W. BUSH vor beiden Häusern des Kongresses eine weltweit durchs Fernsehen übertragene Rede, in der er die Verantwortung für die Terroranschläge vom 11. September 2001 der islamisch-fundamentalistischen Organisation Al-Qaida zuwies. Diese werde von den Taliban-Milizen in Afghanistan geduldet und unterstützt. Er forderte die Talibanherrscher in Afghanistan ultimativ zur Herausgabe der Al-Qaida-Führer heraus und verlangte, dass diese die gesamte Infrastruktur der Al-Qaida in Afghanistan zerschlagen.

„Sehr geehrter Mr. Speaker, Herr Vorsitzender pro tempore, Mitglieder des Kongresses, meine lieben amerikanischen Mitbürger: Im normalen Verlauf der Dinge kommen Präsidenten in

- I. Chronik -
Nr. 42/20.IX.2001: Al-Qaida verantwortlich für Terror

dieses Haus, um über die Lage der Nation zu berichten. Heute Abend ist ein solcher Bericht nicht nötig. Die Lage der Nation wurde bereits vom amerikanischen Volk beschrieben.

Wir haben sie im Mut von Passagieren gesehen, die sich auf Terroristen stürzten, um anderen am Boden das Leben zu retten... Wir haben die Lage der Nation im Durchhaltevermögen unserer Bergungsarbeiter gesehen, die über ihre Erschöpfungsgrenze hinaus schufteten. Wir haben gesehen, wie Flaggen gehisst, Kerzen angezündet, Blut gespendet und gebetet wurde - auf Englisch, Hebräisch und Arabisch. Wir haben das Mitgefühl eines liebevollen und hilfsbereiten Volks gesehen, das den Schmerz von Fremden zu seinem eigenen machte.

Liebe Mitbürger, in den letzten neun Tagen hat die gesamte Welt mit eigenen Augen die Lage unserer Nation gesehen - und sie ist gut. Heute Abend sind wir ein Land, das sich der Gefahr bewusst geworden und aufgerufen ist, die Freiheit zu verteidigen. Unser Schmerz wurde zu Wut, und Wut zu Entschlossenheit. Ob wir unsere Feinde zur Rechenschaft ziehen oder unsere Feinde ihrer gerechten Bestrafung zuführen, der Gerechtigkeit wird Genüge getan werden. Ich danke dem Kongress für seine Führungsstärke in einer so wichtigen Zeit. Ganz Amerika war bewegt, als man am Abend der Tragödie Republikaner und Demokraten gemeinsam auf den Stufen dieses Kapitols stehen und 'God Bless America' singen sah. Und Sie taten mehr als singen, Sie handelten, indem sie 40 Milliarden Dollar für den Wiederaufbau Ihrer Gemeinden und für die Bedürfnisse des Militärs bewilligten.

Speaker HASTERT und Minderheitenführer GEPHARDT - Mehrheitsführer DASCHLE und Senator LOTT - ich danke Ihnen für Ihre Freundschaft und Führungsstärke sowie Ihren Dienst für unser Land. Und im Namen des amerikanischen Volks danke ich der Welt für alle Unterstützungsbekundungen. Amerika wird nie vergessen, wie unsere Nationalhymne im Buckingham Palace, auf den Straßen von Paris und am Brandenburger Tor in Berlin gespielt wurde. Wir werden nicht vergessen, wie sich südkoreanische Kinder vor unserer Botschaft in Seoul zum Beten versammelten und wir werden das Mitgefühl nicht vergessen, das uns in einer Moschee in Kairo ausgesprochen wurde. Wir werden nie die Schweigeminuten und Tage der Trauer in Australien, Afrika und Lateinamerika vergessen.

Auch werden wir die Bürger aus achtzig anderen Nationen nicht vergessen, die mit unseren eigenen Bürgern starben. Dutzende von Pakistanern. Mehr als 130 Israelis. Mehr als 250 Staatsangehörige Indiens. Männer und Frauen aus El Salvador, Iran, Mexiko und Japan. Und Hunderte britische Staatsbürger. Amerika hat keinen treueren Freund als Großbritannien. Wir sind wieder einmal durch eine große Sache verbunden. Der britische Premierminister hat einen Ozean überquert, um zu zeigen, dass er mit den Zielen Amerikas übereinstimmt. Heute Abend heißen wir Tony BLAIR willkommen.

Am 11. September haben Feinde der Freiheit eine kriegerische Handlung gegen unser Land begangen. Die Amerikaner haben Kriege erlebt - aber in den letzten 136 Jahren waren dies Kriege auf fremdem Boden, mit Ausnahme eines Sonntags im Jahre 1941. Amerikaner haben in Kriegen Verluste erlitten - aber nicht im Zentrum einer großen Stadt an einem friedlichen Morgen. Die Amerikaner haben Überraschungsangriffe erlebt - aber nie zuvor Angriffe auf Tausende Zivilisten. Alles das wurde uns an einem einzigen Tag angetan - und die Nacht brach über eine andere Welt herein, eine Welt, in der die Freiheit selbst Angriffen ausgesetzt ist.

Die Amerikaner haben heute Abend viele Fragen. Die Amerikaner fragen: Wer hat unser Land angegriffen? Die von uns gesammelten Beweise weisen alle auf eine Reihe lose verbundener Terrororganisationen hin, die als Al-Qaida bekannt sind. Es sind die gleichen Mörder, die wegen der Bombenanschläge auf die amerikanischen Botschaften in Tansania und Kenia angeklagt wurden und für den Bombenangriff auf die U.S.S. Cole verantwortlich sind. Die Al-Qaida ist für den Terror, was die Mafia für das Verbrechen ist. Aber ihr Ziel ist nicht, Profit zu machen; ihr Ziel ist es, die Welt neu zu schaffen - und Menschen überall ihre radikalen Überzeugungen aufzuzwängen.

Die Terroristen praktizieren eine Randform des islamischen Extremismus, die von muslimischen Gelehrten und der großen Mehrheit der muslimischen Kleriker abgelehnt wird - eine Randbewegung, die die friedlichen Lehren des Islams pervertiert. Die Terroristen haben Weisung, Christen und Juden zu töten, alle Amerikaner zu töten und keine Unterscheidung zu treffen zwischen Militär und Zivilisten, einschließlich Frauen und Kindern. Diese Gruppe und ihr Anführer - eine Person namens Osama BIN LADEN - werden mit vielen anderen Organisa-

- I. Chronik -
Nr. 42/20.IX.2001: Al-Qaida verantwortlich für Terror

tionen in verschiedenen Ländern in Verbindung gebracht, einschließlich des Ägyptisch-Islamischen Dschihad und der Islamischen Bewegung Usbekistans.

Es gibt Tausende dieser Terroristen in mehr als 60 Ländern. Sie werden in ihren eigenen Ländern und ihrer Umgebung rekrutiert und in Lager wie beispielsweise in Afghanistan gebracht, wo sie in der Taktik des Terrors ausgebildet werden. Sie werden in ihre Heimatländer zurückgeschickt oder in Verstecke in Ländern auf der ganzen Welt, wo sie Übel und Zerstörung planen. Die Führung von Al-Qaida hat großen Einfluss in Afghanistan und unterstützt das Taliban-Regime bei der Kontrolle des Großteils des Landes. In Afghanistan sehen wir Al-Qaidas Vision der Welt.

Den Menschen in Afghanistan wurde Gewalt angetan - viele hungern und viele sind geflohen. Frauen dürfen keine Schule besuchen. Man kann für den Besitz eines Fernsehers ins Gefängnis kommen. Religion kann nur unter dem Diktat der Führung ausgeübt werden. Ein Mann kann in Afghanistan verhaftet werden, weil sein Bart nicht lang genug ist. Die Vereinigten Staaten respektieren die Menschen in Afghanistan - schließlich sind wir zurzeit die größte Quelle für humanitäre Hilfe für das Land - aber wir verurteilen das Taliban-Regime. Es unterdrückt nicht nur sein eigenes Volk, es bedroht Menschen überall, indem es Terroristen unterstützt, versorgt, und sie beliefert. Durch Beihilfe zum Mord begeht das Taliban-Regime Mord. Und heute Abend fordern die Vereinigten Staaten von Amerika Folgendes von den Taliban:

- Liefern Sie den Vereinigten Staaten alle führenden Mitglieder der Al-Qaida aus, die sich in Ihrem Land verstecken.

- Lassen Sie alle ausländischen Staatsbürger frei - einschließlich der amerikanischen Staatsbürger - die sie zu Unrecht verhaftet haben, und schützen Sie ausländische Journalisten, Diplomaten und Hilfsarbeiter in Ihrem Land.

- Schließen Sie sofort und dauerhaft jedes terroristische Trainingslager in Afghanistan und liefern Sie jeden Terroristen sowie jede Person, die dem Unterbau der Terrorgruppen angehört, an die zuständigen Behörden aus.

- Ermöglichen Sie den Vereinigten Staaten uneingeschränkten Zugang zu den Trainingslagern der Terroristen, so dass wir sicherstellen können, dass sie nicht weiter operieren.

- Über diese Forderung kann nicht verhandelt oder diskutiert werden. Die Taliban müssen handeln, und sie müssen sofort handeln. Sie werden die Terroristen aushändigen oder sie wird das gleiche Schicksal wie die Terroristen ereilen.

Ich möchte mich heute Abend auch direkt an die Muslime aller Welt wenden: Wir respektieren Ihren Glauben. Er wird von vielen Millionen Amerikanern in Freiheit ausgeübt sowie von vielen weiteren Millionen in Ländern, die Amerika zu seinen Freunden zählen darf. Die Lehren des Islam sind gut und friedvoll, und diejenigen, die im Namen Allahs Böses begehen, schänden den Namen Allahs. Die Terroristen sind Verräter ihres eigenen Glaubens, die im Grunde den Islam selbst zur Geisel machen. Feind Amerikas sind nicht unsere vielen muslimischen Freunde, und es sind nicht unsere vielen arabischen Freunde. Unser Feind ist ein radikales Netzwerk von Terroristen sowie jedes Land, das diese Terroristen unterstützt.

Unser Krieg gegen den Terrorismus beginnt mit der Al-Qaida, aber er wird dort nicht enden. Er wird nicht eher zu Ende sein bis jede weltweit tätige terroristische Gruppe gefunden, am weiteren Vorgehen gehindert und besiegt worden ist. Die Amerikaner fragen: Warum hassen sie uns? Sie hassen, was wir hier in eben diesem Hause sehen können - eine demokratisch gewählte Regierung. Ihre Führung ist eine selbst ernannte Führung. Sie hassen unsere Freiheiten - unsere Religionsfreiheit, unser Recht auf freie Meinungsäußerung, unser freies Wahlrecht und Versammlungsrecht und die Freiheit, kontroverse Meinungen zu vertreten.

Sie wollen die gegenwärtigen Regierungen in vielen muslimischen Staaten wie Ägypten, Saudi-Arabien und Jordanien stürzen. Sie wollen Israel aus dem Nahen Osten vertreiben. Sie wollen Christen und Juden aus weiten Teilen Asiens und Afrikas vertreiben. Diese Terroristen töten nicht nur, um Menschenleben auszulöschen, sondern um eine ganze Lebensweise zu sabotieren. Mit jeder Gräueltat hoffen sie, in Amerika Furcht zu schüren, wollen, dass Amerika sich aus der Welt zurückzieht und seine Freunde im Stich lässt. Sie stellen sich gegen uns, weil wir ihnen im Weg stehen.

- I. Chronik -
Nr. 42/20.IX.2001: Al-Qaida verantwortlich für Terror

Wir lassen uns nicht von ihrer angeblichen Frömmigkeit täuschen. Wir hatten schon vorher mit solchen Leuten zu tun. Sie sind die Erben aller mörderischen Ideologien des 20. Jahrhunderts. Indem sie Menschenleben für ihre radikalen Visionen opfern - und dabei alle Werte mit Ausnahme des Willens zur Macht aufgeben - folgen Sie dem Weg des Faschismus, des Nationalsozialismus und des Totalitarismus. Und sie werden diesem Weg bis zum Ende folgen: dem anonymen Grab der Geschichte für ausgemusterte Lügen.

Die Amerikaner fragen: Wie werden wir diesen Krieg führen und gewinnen? Wir werden alle uns zur Verfügung stehenden Mittel einsetzen - alle Mittel der Diplomatie, alle nachrichtendienstlichen Mittel, alle polizeilichen Instrumente, alle Möglichkeiten der finanziellen Einflussnahme und alle erforderlichen Waffen des Krieges, um das Netzwerk des weltweiten Terrors zu zerschlagen und zu besiegen. Dieser Krieg wird nicht so sein wie der Krieg gegen den Irak vor 10 Jahren, mit seiner gezielten Befreiung eines Gebietes und seinem schnellen Ende. Er wird nicht so aussehen wie der Luftkrieg im Kosovo vor zwei Jahren, wo keine Bodentruppen eingesetzt wurden und nicht ein einziger Amerikaner im Kampf fiel.

Unsere Antwort umfasst weit mehr als unmittelbare Vergeltung und einzelne militärische Schläge. Die Amerikaner sollten sich nicht auf eine Schlacht, sondern auf einen lang andauernden Feldzug einstellen, wie wir ihn bislang noch nicht erlebt haben. Dazu können bedeutende militärische Schläge gehören, die im Fernsehen zu sehen sein werden, und verdeckte Operationen, die selbst bei Erfolg geheim bleiben werden. Wir werden die Finanzquellen der Terroristen austrocknen, sie gegeneinander ausspielen, sie von Ort zu Ort jagen, bis es keinen Ort der Zuflucht oder der Ruhe mehr für sie gibt. Und wir werden Staaten verfolgen, die Ihnen Hilfe oder Unterschlupf gewähren. Jede Nation in jeder Region muss nun eine Entscheidung treffen. Entweder sind sie auf unserer Seite oder auf der Seite der Terroristen. Von diesem Tag an wird jeder Staat, der weiterhin Terroristen unterstützt oder ihnen Unterschlupf gewährt, von den USA als feindliches Regime betrachtet.

Unsere Nation hat erkannt: Wir sind nicht vor einem Angriff gefeit. Wir werden Verteidigungsmaßnahmen ergreifen, um Amerikaner zu schützen. Heute sind Dutzende von Bundesministerien und Bundesbehörden sowie Regierungen der Bundesstaaten und Kommunalverwaltungen für die innere Sicherheit verantwortlich. Wir müssen diese Anstrengungen auf höchster Ebene koordinieren. Deshalb kündige ich heute die Schaffung einer Einrichtung auf Kabinettsebene an, die mir gegenüber direkt verantwortlich ist - das Amt für Innere Sicherheit. Diese Maßnahmen sind sehr wichtig. Aber der einzige Weg, Terrorismus als Bedrohung unserer Lebensweise zu bekämpfen, ist, ihn zu stoppen, zu vernichten und auszumerzen, wo immer er entsteht.

An diesen Anstrengungen werden viele beteiligt sein, von FBI-Agenten über die Nachrichtendienste bis hin zu den Reservisten, die wir einberufen haben. Sie alle verdienen unseren Dank und unsere Gebete sind mit ihnen. Und heute Abend möchte ich, nur einige Meilen vom beschädigten Pentagon entfernt, eine Botschaft an unser Militär richten: Seid bereit. Ich habe die Streitkräfte in Alarmbereitschaft versetzt, und das hat seinen Grund. Die Stunde wird kommen, in der Amerika handelt, und Ihr werdet uns stolz machen. Dies ist nicht nur ein Kampf Amerikas. Und es geht hier nicht nur um die Freiheit Amerikas. Dies ist der Kampf der gesamten Welt. Dies ist der Kampf der gesamten Zivilisation. Es ist der Kampf aller, die an Fortschritt und Pluralismus, Toleranz und Freiheit glauben.

Wir fordern alle Nationen auf, an unserer Seite zu stehen. Wir werden um Hilfe von Polizeikräften, Nachrichtendiensten und Banksystemen auf der ganzen Welt bitten und wir werden diese Hilfe benötigen. Die Vereinigten Staaten sind dankbar, dass viele Staaten und viele internationale Organisationen bereits reagiert haben - mit Anteilnahme und mit Unterstützung. Länder in Lateinamerika, Asien, Afrika, und Europa bis hin zu Ländern der islamischen Welt. Vielleicht spiegelt der NATO-Vertrag am deutlichsten die Haltung der Welt wider: Ein Angriff auf einen ist ein Angriff auf alle.

Die zivilisierte Welt stellt sich an die Seite Amerikas. Ihnen ist klar, dass ihre eigenen Städte, ihre eigenen Bürger als nächstes betroffen sein könnten, wenn Terror unbestraft bleibt. Terror, der unbeantwortet bleibt, kann nicht nur Gebäude zum Einsturz bringen, sondern auch die Stabilität rechtmäßiger Regierungen bedrohen. Und wir werden dies nicht zulassen. Die Amerikaner fragen: Was wird von uns erwartet? Ich bitte Sie, Ihr Leben zu leben und Ihre Kinder in den Arm zu nehmen. Ich weiß, dass viele Bürger sich heute Nacht fürchten. Ich bitte Sie, ruhig und entschlossen zu sein, auch angesichts der andauernden Bedrohung.

- I. Chronik -
Nr. 42/20.IX.2001: Al-Qaida verantwortlich für Terror

Ich fordere Sie auf, die Werte Amerikas aufrechtzuerhalten und sich daran zu erinnern, warum so viele hierher gekommen sind. Wir befinden uns in einem Kampf um unsere Prinzipien, und unsere Hauptverantwortung ist es, diese Prinzipien zu leben. Niemand sollte wegen seiner ethnischen Herkunft oder seines religiösen Glaubens unfair behandelt oder mit unfreundlichen Worten bedacht werden. Ich fordere Sie auf, die Opfer dieser Tragödie auch weiterhin mit Ihren Hilfsleistungen zu unterstützen. Alle, die Hilfe leisten möchten, können sich an eine zentrale Informationsbörse wenden, libertyunites.org, um die Namen von Gruppen zu finden, die direkte Hilfe in New York, Pennsylvania und Virginia leisten. Die Tausenden FBI-Agenten, die im Rahmen dieser Untersuchung tätig sind, benötigen vielleicht Ihre Unterstützung, und ich bitte Sie, diese zu geben. Ich bitte Sie um Geduld bei den Verspätungen und Unannehmlichkeiten, die mit verstärkten Sicherheitsvorkehrungen einhergehen können, und um Geduld in einem Kampf, der lange dauern wird.

Ich bitte Sie, sich auch weiterhin an der amerikanischen Wirtschaft zu beteiligen und ihr zu vertrauen. Terroristen haben ein Symbol amerikanischen Wohlstands angegriffen. Sie haben seine Quelle nicht berührt. Amerika ist erfolgreich wegen der harten Arbeit, der Kreativität und dem Unternehmergeist seiner Menschen. Dies waren die wahren Stärken unserer Wirtschaft vor dem 11. September, und dies sind unsere Stärken heute. Abschließend bitte ich Sie darum, auch weiterhin für die Opfer des Terrors zu beten, für ihre Familien, für die Menschen in Uniform und für unser großartiges Land. Gebete haben uns in unserem Leid getröstet, und sie werden uns auf dem Weg, der vor uns liegt, stärken. Heute Abend danke ich meinen amerikanischen Mitbürgern für das, was sie bereits getan haben, und das, was sie tun werden. Und ich danke Ihnen, den Damen und Herren im Kongress, den Repräsentanten des amerikanischen Volks, für das, was Sie bereits getan haben, und das, was wir zusammen tun werden.

Heute Abend sehen wir uns neuen und unerwarteten nationalen Herausforderungen gegenüber. Wir werden zusammenkommen, um die Flugsicherheit zu verbessern, die Anzahl der bewaffneten Flugbegleiter auf Inlandsflügen dramatisch zu erhöhen und neue Maßnahmen gegen Flugzeugentführungen zu ergreifen. Wir werden zusammenkommen, um Stabilität sicherzustellen und unsere Fluggesellschaften in dieser Notlage mit direkter Unterstützung in Betrieb zu halten. Wir werden zusammenkommen, um den Polizeiorganen die notwendigen Mittel für die Bekämpfung des Terrors in der Heimat an die Hand zu geben. Wir werden zusammenkommen mit dem Ziel, unsere nachrichtendienstlichen Fähigkeiten zu stärken, um die Pläne der Terroristen schon vor ihrer Ausführung zu kennen und sie zu finden, bevor sie angreifen können. Wir werden zusammenkommen, um aktive Maßnahmen zu ergreifen, die die amerikanische Wirtschaft stärken und den Menschen die Rückkehr an ihre Arbeit ermöglichen. Heute Abend begrüßen wir zwei politische Führer, die den außergewöhnlichen Geist aller New Yorker verkörpern: Gouverneur George PATAKI und Bürgermeister Rudy GIULIANI. Als Symbol amerikanischer Entschlossenheit wird meine Regierung mit dem Kongress und diesen beiden führenden Politikern zusammenarbeiten, um der Welt zu zeigen, dass wir New York City wieder aufbauen werden.

Nach allem, was gerade passiert ist - all den verlorenen Leben, all den Möglichkeiten und Hoffnungen, die mit ihnen gestorben sind - ist es nur natürlich zu fragen, ob Amerikas Zukunft von Furcht bestimmt sein wird. Einige Stimmen sprechen von einem Zeitalter des Terrors. Ich weiß, dass Kämpfe und Gefahren vor uns liegen. Aber dieses Land wird unsere Gegenwart bestimmen und nicht von ihr bestimmt werden. So lange die Vereinigten Staaten von Amerika entschlossen und stark sind, wird dies kein Zeitalter des Terrors werden. Dies wird ein Zeitalter der Freiheit, hier und auf der ganzen Welt.

Uns ist großer Schaden zugefügt worden. Wir haben einen großen Verlust erlitten. Und in unserer Trauer und Wut haben wir unseren Auftrag und unsere Bewährungsprobe gefunden. Freiheit und Furcht führen Krieg. Die Verbreitung der menschlichen Freiheit - die große Errungenschaft unserer Zeit und die große Hoffnung jeder Ära - hängt jetzt von uns ab. Unsere Nation - diese Generation - wird unsere Menschen und unsere Zukunft von einer dunklen Bedrohung durch Gewalt befreien. Wir werden durch unsere Bemühungen und unseren Mut die Welt für diese Sache zusammenbringen. Wir werden nicht ruhen, wir werden nicht straucheln, wir werden nicht versagen.

Ich hoffe, dass sich das Leben in den nächsten Monaten und Jahren wieder der Normalität annähern wird. Wir werden zu unseren Leben und zur Routine zurückkehren, und das ist gut. Selbst Trauer wird im Lauf der Zeit und durch Gnade weniger. Aber unsere Entschlossenheit darf nicht enden. Jeder von uns wird sich daran erinnern, was an diesem Tag geschah und

- I. Chronik -
Nr. 43/21.IX.2001: EU-Maßnahmen gegen Terrorismus

wem es zustieß. Wir werden den Moment erinnern, in dem uns die Nachricht erreichte wo wir waren und was wir taten. Einige werden sich an ein Bild des Feuers erinnern, andere an eine Geschichte der Rettung. Einige werden Erinnerungen an ein Gesicht und an eine für immer verlorene Stimme mit sich tragen.

Und ich werde dies bei mir tragen. Es ist die Polizeimarke eines Mannes mit dem Namen George HOWARD, der beim Versuch, anderen zu helfen, im World Trade Center starb. Ich habe sie von seiner Mutter, Arlene, bekommen, als stolzes Andenken an ihren Sohn. Dies ist mein Andenken an Leben, die zu Ende gingen, und an eine Aufgabe, die nicht zu Ende geht.

Ich werde diese Wunde unseres Landes nicht vergessen und diejenigen, die sie ihm zugefügt haben. Ich werde nicht weichen - ich werde nicht ruhen - ich werde diesen Kampf für die Freiheit und Sicherheit des amerikanischen Volkes nicht aufgeben. Der Verlauf dieses Konflikts ist ungewiss, aber sein Ergebnis ist sicher. Freiheit und Furcht, Gerechtigkeit und Grausamkeit liegen schon immer im Kampf, und wir wissen, dass Gott nicht neutral zwischen ihnen steht. Meine Mitbürger, wir werden Gewalt mit geduldiger Gerechtigkeit begegnen - sicher im Bewusstsein, dass unsere Sache gerecht ist, und zuversichtlich im Hinblick auf die Siege, die kommen werden. In allen Dingen, die vor uns liegen, hoffen wir darauf, dass Gott uns Weisheit gibt und die Vereinigten Staaten von Amerika schützt."

(Amerika Dienst)

21. IX. 2001

43. EU beschließt umfassenden Maßnahmenkatalog gegen Terrorismus

Am 21. September 2001 beschloss der Europäische Rat für Inneres und Justiz auf einer Sondersitzung in Brüssel einen umfangreichen Maßnahmenkatalog zur Terrorbekämpfung. Der Katalog enthält über 70 individuelle Maßnahmen.

Bekämpfung des Terrorismus: Schlussfolgerungen des Europäischen Rates vom 21. 9. 2001

- I -

„In Anbetracht der in den Vereinigten Staaten am 11. September erfolgten Terroranschläge ist der Rat (Justiz und Inneres) am Donnerstag, den 20. September 2001, zusammengetreten, um im Sinne der seit dem Europäischen Rat (Tampere) gefassten Beschlüsse die erforderlichen Maßnahmen zur Wahrung eines höchstmöglichen Sicherheitsniveaus sowie jede andere angezeigte Maßnahme zur Bekämpfung des Terrorismus zu ergreifen.

Der Rat hat beschlossen, auf sämtliche bereits auf der Ebene der Europäischen Union getroffene Maßnahmen zurückzugreifen, um diese abscheuerregenden Handlungen zu bekämpfen, insbesondere auf

- die Übereinkommen von 1995 und 1996 über die Auslieferung zwischen den Mitgliedstaaten

- die Einrichtung von Europol und von Pro Eurojust

- das Übereinkommen über die Rechtshilfe in Strafsachen vom 29. Mai 2000

- die Einrichtung der Task Force der Polizeichefs.

In Anbetracht der Schwere der jüngsten Ereignisse muss die Union jedoch die Verwirklichung des Raums der Freiheit, der Sicherheit und des Rechts beschleunigen und ihre Zusammenarbeit mit ihren Partnern - insbesondere den Vereinigten Staaten - intensivieren.

Der Rat hat daher folgende Maßnahmen angenommen:

- I. Chronik -
Nr. 43/21.IX.2001: EU-Maßnahmen gegen Terrorismus

II. MASSNAHMEN ZUR VERBESSERUNG DER BEKÄMPFUNG DES TERRORISMUS IN DER EUROPÄISCHEN UNION

Justizielle Zusammenarbeit

1. Der Rat setzt sich zum Ziel, im Sinne der Schlussfolgerungen des Europäischen Rates (Tampere) die Auslieferung durch ein Verfahren der Überstellung der Urheber terroristischer Anschläge auf der Grundlage eines europäischen Haftbefehls zu ersetzen. In diesem Zusammenhang hat der Rat zwei ihm von der Kommission unterbreitete Vorschläge für Rahmenbeschlüsse eingehend erörtert; einer dieser Vorschläge betrifft die Angleichung des Strafrechts der Mitgliedstaaten zwecks Festlegung einer gemeinsamen Definition der terroristischen Handlung sowie zwecks Einführung gemeinsamer strafrechtlicher Sanktionen, der andere Vorschlag zielt auf die Schaffung eines europäischen Haftbefehls ab. Der Rat betont,

- dass es dringend erforderlich ist, zu einem gemeinsamen Verständnis des Begriffs Terrorismus - nicht nur auf politischer Ebene sondern auch auf rechtlicher Ebene - zu gelangen, um die grenzüberschreitende Zusammenarbeit zu erleichtern, und

- dass es notwendig ist, auf das Erfordernis der beiderseitigen Strafbarkeit in Fällen von Terrorismus zu verzichten.

Der Rat begrüßt diese Initiativen, die den ehrgeizigen Bestrebungen des Europäischen Rates, den Bürgern ein hohes Schutzniveau in einem Raum der Freiheit, der Sicherheit und des Rechts zu bieten, Ausdruck verleihen. Der Rat beauftragt den in Artikel 36 EUV vorgesehenen Ausschuss Hoher Beamter, unverzüglich mit der eingehenden Prüfung dieser beiden Vorschläge zu beginnen, damit er auf seiner Tagung am 6.-7. Dezember 2001 über diese beiden Vorschläge ein politisches Einvernehmen von erheblicher Tragweite erzielen kann. In der Zwischenzeit fordert der Rat die Mitgliedstaaten nachdrücklich auf, alle notwendigen Vorkehrungen zu treffen, damit die beiden Auslieferungsübereinkommen am 1. Januar 2002 in Kraft treten können.

2. Der Rat betont, dass alles daran gesetzt werden muss, damit das Übereinkommen vom 29. Mai 2000 über die Rechtshilfe in Strafsachen zwischen den Mitgliedstaaten möglichst bald, auf jeden Fall aber im Laufe des Jahres 2002, ratifiziert wird. Gemäß der Nummer 43 der Schlussfolgerungen des Europäischen Rates (Tampere) ersucht der Rat die zuständigen Behörden der Mitgliedstaaten, unverzüglich ein oder mehrere gemeinsame Teams zu bilden, die sich aus auf die Bekämpfung des Terrorismus spezialisierten Polizeibeamten und Richtern/Staatsanwälten, Vertretern von Pro-Eurojust und - sofern das Übereinkommen dies zulässt - von Europol zusammensetzen und die den Auftrag haben, die laufenden Ermittlungen im Zusammenhang mit dem Terrorismus, die Verbindungen untereinander aufweisen, zu koordinieren.

3. Im Übrigen begrüßt der Rat den von Belgien, Spanien, Frankreich und dem Vereinigten Königreich unterbreiteten Entwurf für einen Rahmenbeschluss, der sich unter anderem auf terroristische Handlungen bezieht und ein vorzeitiges Inkrafttreten des Artikels 13 des Übereinkommens vom 29. Mai 2000 über die Rechtshilfe in Strafsachen zwischen den Mitgliedstaaten bezweckt, in dem die Einsetzung gemeinsamer Ermittlungsteams geregelt ist. Dieses Instrument würde den Ermittlungs- und Strafverfolgungsbehörden eine koordinierte Bekämpfung des Terrorismus ermöglichen. Der Rat wird diesen Entwurf eines Rahmenbeschlusses auf seiner Tagung am 6. und 7. Dezember 2001 annehmen.

4. Der Rat ersucht die Europäische Kommission, Vorschläge zu unterbreiten, mit denen dafür Sorge getragen wird, dass die Strafverfolgungsbehörden die Möglichkeit erhalten, im Zusammenhang mit kriminellen Handlungen zu ermitteln, die unter Anwendung elektronischer Kommunikationssysteme begangen wurden, und Maßnahmen gegen die Urheber zu ergreifen. In diesem Rahmen wird der Rat besonders darauf achten, dass ein Gleichgewicht zwischen dem Schutz personenbezogener Daten und der Notwendigkeit des Zugangs der Strafverfolgungsbehörden zu Daten für strafrechtliche Ermittlungszwecke gewährleistet wird.

5. Die Kommission, der Rat und das Europäische Parlament sollten bei der Ausarbeitung aller EU-Rechtsvorschriften dafür sorgen, dass deren mögliche Auswirkungen auf die Bekämpfung der Kriminalität und des Terrorismus umfassend Rechnung getragen wird. Der Rat fordert die Kommission auf, die EU-Rechtsvorschriften daraufhin zu überprüfen, ob sie den Bemühungen im Bereich der Strafverfolgung förderlich sind.

- I. Chronik -
Nr. 43/21.IX.2001: EU-Maßnahmen gegen Terrorismus

6. Der Rat begrüßt die Arbeit, die von der vorläufigen Stelle zur justiziellen Zusammenarbeit Pro-Eurojust seit ihrer Einrichtung vor 6 Monaten, insbesondere bei der Koordination von Ermittlungen im Bereich Terrorismus geleistet worden ist. Er ersucht Pro-Eurojust, unverzüglich - und zwar spätestens bis zum 15. Oktober 2001 - die Initiative zu einem Treffen der in der Terrorismusbekämpfung spezialisierten Richter/Staatsanwälte der Mitgliedstaaten zu ergreifen, damit diese alle Vorkehrungen für eine einwandfreie Koordinierung der laufenden Ermittlungen in Bezug auf terroristische Handlungen prüfen und ihm etwaige Bemerkungen über die bei der Rechtshilfe in Strafsachen zwischen den Mitgliedstaaten festgestellten Hindernisse übermitteln. Im Übrigen bekräftigt der Rat seine Entschlossenheit, auf seiner Tagung am 6.-7. Dezember 2001 abschließend über den Entwurf für einen Beschluss zur Errichtung von Eurojust zu beraten, damit Eurojust Anfang 2002 seine Tätigkeit aufnehmen kann.

7. Der Rat beschließt, den Anschluss der Kontaktstellen des Europäischen Justiziellen Netzes an das gesicherte elektronische Netz zu beschleunigen. Er ersucht den Generalsekretär des Rates um Prüfung der entsprechenden praktischen Modalitäten.

Polizeiliche Zusammenarbeit / Nachrichtendienste

8. Der Rat ersucht die Task Force der Polizeichefs, so rasch wie möglich - und auf jeden Fall vor dem 1. November 2001 - eine Ad-hoc-Tagung der Leiter der Terrorismusbekämpfungseinheiten der Union zu veranstalten, um die Beratungen über folgende Themen zu vertiefen:

- Verbesserung der operativen Zusammenarbeit zwischen Mitgliedstaaten und Drittstaaten,

- Koordinierung der in den Mitgliedstaaten ergriffenen Maßnahmen zur Gewährleistung eines hohen Sicherheitsniveaus, insbesondere auch im Bereich der Flugsicherheit,

- Aufgaben, die dem bei Europol gebildeten Team von Experten für die Terrorismusbekämpfung übertragen werden könnten.

9. Der Rat erinnert daran, wie wichtig es im Hinblick auf die Qualität der von Europol zu erstellenden Analysen ist, dass die Strafverfolgungsbehörden, aber auch die Nachrichtendienste der Mitgliedstaaten alle für die Terrorismusbekämpfung relevanten Informationen gemäß den Bestimmungen des Europol-Übereinkommens rasch übermitteln. In dieser Hinsicht beauftragt der Rat den Direktor von Europol, ihm auf der Tagung am 6.-7. Dezember 2001 darüber Bericht zu erstatten, wie die Mitgliedstaaten Daten in die für den Terrorismusbereich errichteten Analysedateien eingeben, und diesem Bericht eine Analyse etwaiger Probleme beizufügen.

10. Der Rat beschließt, bei Europol für einen verlängerbaren Zeitraum von sechs Monaten eine Gruppe von Experten für die Terrorismusbekämpfung einzusetzen; die Mitgliedstaaten werden ersucht, zu dieser Gruppe Verbindungsbeamte aus den in der Terrorismusbekämpfung spezialisierten Strafverfolgungsbehörden und Nachrichtendiensten - unbeschadet der einzelstaatlichen Rechtsvorschriften, die deren Arbeitsweise regeln - zu entsenden. Diese Gruppe hat unter anderem folgende Aufgaben:

- rechtzeitige Einholung aller relevanten Informationen und Erkenntnisse über die aktuelle Bedrohung;

- Analyse der eingeholten Informationen und Durchführung der erforderlichen operativen und strategischen Analysen;

- Ausarbeitung eines Dokuments zur Beurteilung der Bedrohung unter Zugrundelegung der erhaltenen Informationen. Diese Untersuchung enthält insbesondere Angaben über die Ziele, die Schäden, die möglichen Modi Operandi, die Folgen für die Sicherheit der Mitgliedstaaten (Beschreibung möglicher Situationen) und zeigt die Bereiche auf, in denen Präventivmaßnahmen zu ergreifen sind (Flugverkehr, offizielle Gebäude, VIP-Schutz usw.).

11. Der Rat ersucht Europol, das in der Gemeinsamen Maßnahme vom 15. Oktober 1996 vorgesehene Verzeichnis der besonderen Fähigkeiten und Fachkenntnisse auf dem Gebiet der Terrorismusbekämpfung zu aktualisieren.

- I. Chronik -
Nr. 43/21.IX.2001: EU-Maßnahmen gegen Terrorismus

12. Der Rat ersucht den Ausschuss 'Artikel 36' dafür Sorge zu tragen, dass die Tätigkeiten von Europol, Pro-Eurojust und der Task Force der Polizeichefs optimal aufeinander abgestimmt sind.

13. Der Rat wird prüfen, ob es sich im Rahmen der Terrorismusbekämpfung empfiehlt, anderen staatlichen Stellen Zugriff auf das SIS zu gewähren.

14. Der Rat betont, dass die Sicherheits- und Nachrichtendienste bei der Bekämpfung des Terrorismus eine wichtige Rolle spielen. Ihre Erkenntnisse sind von größtem Wert für eine frühzeitige Aufdeckung von möglichen terroristischen Bedrohungen sowie der Absichten von Terroristen und terroristischen Gruppierungen. Daher nehmen sie bei der Verhütung des Terrorismus eine Schlüsselstellung ein. Die Zusammenarbeit und der Informationsaustausch zwischen diesen Diensten muss intensiviert werden. Um diesen Prozess zu beschleunigen, treten die Leiter dieser Dienste der Mitgliedstaaten der Europäischen Union regelmäßig - und zum ersten Mal noch vor dem 1. November 2001 - zusammen. Sie werden unverzüglich die notwendigen Schritte einleiten, um ihre Zusammenarbeit weiter zu verbessern. Die Zusammenarbeit zwischen den Polizeidiensten - einschließlich von Europol - und den Nachrichtendiensten muss intensiviert werden.

15. Der Rat beauftragt den Ausschuss 'Artikel 36', eine gestraffte und rascher arbeitende Variante des Begutachtungsmechanismus, der in der Gemeinsamen Maßnahme vom 5. Dezember 1997 betreffend die Schaffung eines Mechanismus für die Begutachtung der einzelstaatlichen Anwendung und Umsetzung der zur Bekämpfung der Kriminalität eingegangenen internationalen Verpflichtungen vorgesehen ist, auszuarbeiten, um die Modalitäten einer gegenseitigen Begutachtung der einzelstaatlichen Vorkehrungen zur Terrorismusbekämpfung festzulegen: zugrunde zu legen sind dabei sowohl Erwägungen legislativer Art (beispielsweise Prüfung der Rechtsvorschriften einiger Mitgliedstaaten, nach denen behördliche Abhörmaßnahmen durchgeführt oder Verzeichnisse terroristischer Organisationen aufgestellt werden dürfen) als auch Erwägungen technischer und administrativer Art. Der Rat wünscht, dass ihm bis Ende 2002 ein Evaluierungsbericht mit Vorschlägen für Maßnahmen vorgelegt wird. An das Generalsekretariat des Rates werden zu diesem Zweck nationale Terrorismusbekämpfungsexperten aus den Polizei- und Nachrichtendiensten entsandt.

16. Der Rat ruft bereits jetzt die Mitgliedstaaten dazu auf, einander über die auf einzelstaatlicher Ebene ergriffenen Terrorismusbekämpfungsmaßnahmen (Kontrollen auf den Flughäfen, grenzüberschreitende Kontrollen, Überwachung von Schnellverbindungsstrecken, Kontrollen an den Außengrenzen der Europäischen Union usw.) zu unterrichten, und beauftragt die Gruppe ‚Terrorismus', zusammen mit Europol eine Bestandsaufnahme dieser Maßnahmen vorzunehmen und Alarm- und Eingreifpläne für den Fall grenzüberschreitender terroristischer Aktionen zu entwickeln.

17. Der Rat beschließt, dem Europäischen Parlament jährlich einen Bericht mit der Kurzbezeichnung TE-SAT (Terrorism situation and trends - Lage und Tendenzen des Terrorismus) zu übermitteln, in dem die Lage des Terrorismus in der Europäischen Union in den letzten zwölf Monaten dargelegt und die beobachteten Tendenzen analysiert werden (Dok. 8466/2/01 ENFOPOL 41 REV 2).

18. Der Rat erklärt sein Einverständnis mit dem Verfahren für einen schnellen Informationsaustausch über terroristische Vorfälle.

19. Der Rat ersucht die Mitgliedstaaten, die Zusammenarbeit innerhalb der Europäischen Union in Bezug auf Methoden zum Aufspüren von Sprengstoff und Waffen und in Bezug auf die Überwachung von Herstellung, Lagerung, Lieferung und Verkauf von Waffen und Sprengstoff zu intensivieren. Er ersucht ferner die Kommission, die Maßnahmen zu prüfen, die gegebenenfalls für eine stärkere Harmonisierung der Rechtsvorschriften in diesem Bereich sowie im Bereich der Ausstellung von Waffenscheinen erforderlich sind.

Finanzierung des Terrorismus

20. Der Rat ersucht die Mitgliedstaaten, so rasch wie möglich die einschlägigen Übereinkommen zur Verhütung und Bekämpfung der Finanzierung des Terrorismus - und speziell das Übereinkommen der Vereinten Nationen zur Bekämpfung der Finanzierung des Terrorismus - zu ratifizieren und die erforderlichen Durchführungsmaßnahmen zu treffen. Nach Einholung der Stellungnahme des Europäischen Parlaments wird der Rat das Protokoll zu dem Überein-

- I. Chronik -
Nr. 43/21.IX.2001: EU-Maßnahmen gegen Terrorismus

kommen vom 29. Mai 2000 über die Rechtshilfe in Strafsachen zwischen den Mitgliedstaaten verabschieden.

21. Die EU und die Mitgliedstaaten werden die einschlägigen EG- und EU-Instrumente überprüfen, um eine größere Kohärenz und bessere Effizienz zu gewährleisten und auszuschließen, dass das Abheben und die Überweisung von Geldmitteln zur Finanzierung des Terrorismus, einschließlich von Erträgen aus der Drogenkriminalität, durch die Bankensysteme erleichtert werden. Sie beschließen, rasch Bestimmungen zu verabschieden, um die Mechanismen für einen automatischen Informationsaustausch zwischen den nationalen zentralen Meldestellen auf Daten über sämtliche Finanzierungsquellen des Terrorismus auszudehnen.

22. Der Rat wird so rasch wie möglich nach Einholung der Stellungnahme des Europäischen Parlaments den Entwurf für einen Rahmenbeschluss über die Vollstreckung von Entscheidungen über die Sicherstellung von Vermögensgegenständen oder Beweismitteln in der Europäischen Union, dessen Geltungsbereich auf die mit dem Terrorismus zusammenhängenden Straftaten ausgeweitet werden muss, sowie den Entwurf für eine Richtlinie zur Verhinderung der Nutzung des Finanzsystems zum Zwecke der Geldwäsche annehmen.

23. Der Rat wird auf seiner Tagung am 16. Oktober 2001 (Gemeinsame Tagung des Rates 'JI' und 'ECOFIN') prüfen, welche Maßnahmen in Bezug auf die von der GAFI ermittelten, nicht kooperativen Gerichtsbezirke und Hoheitsgebiete zu ergreifen sind, um den Kampf gegen die Finanzierung des Terrorismus zu intensivieren.

Maßnahmen an den Grenzen

24. Der Rat ersucht die zuständigen Behörden der Mitgliedstaaten, die Kontrollen an den Außengrenzen zu verstärken, und fordert die Task-Force der Polizeichefs auf, umgehend die Modalitäten dieser Verstärkung zu prüfen und dem Rat auf seiner Dezembertagung Bericht zu erstatten.

Der Rat ersucht die zuständigen Behörden der Mitgliedstaaten, unverzüglich die in Artikel 2 Absatz 3 des Schengener Durchführungsübereinkommens vorgesehenen Überwachungsmaßnahmen zu verstärken.

25. Der Rat empfiehlt den Mitgliedstaaten, bei der Ausstellung von Identitätsdokumenten und Aufenthaltstiteln (insbesondere bei Zweitausfertigungen) mit höchster Wachsamkeit vorzugehen. Er empfiehlt ferner, systematischere Kontrollen der Identitätsdokumente durchzuführen, damit jegliche Fälschung aufgedeckt wird.

26. Der Rat ersucht die Mitgliedstaaten, bei den Verfahren zur Ausstellung von Visa äußerste Strenge walten zu lassen und zu diesem Zweck die konsularische Zusammenarbeit vor Ort zu verstärken. Er ersucht ferner die Kommission, Vorschläge zur Einrichtung eines Netzes für den Informationsaustausch über ausgestellte Visa vorzulegen.

27. Der Rat ersucht die am Schengener Informationssystem (SIS) teilnehmenden Staaten, systematischer in das System Ausschreibungen nach den Artikeln 95, 96 und 99 des Schengener Durchführungsübereinkommens einzugeben.

28. Der Rat wird prüfen, nach welchen Modalitäten die Mitgliedstaaten die vom Schengener Durchführungsübereinkommen gebotenen Möglichkeiten - und zwar insbesondere Artikel 2 Absatz 2 - im Falle einer terroristischen Bedrohung von außergewöhnlicher Schwere auf koordinierte Weise in Anspruch nehmen können.

29. Der Rat ersucht die Kommission, dringend das Verhältnis zwischen der Gewährleistung der inneren Sicherheit und der Erfüllung der Anforderungen aus internationalen Schutzverpflichtungen und den diesbezüglichen völkerrechtlichen Instrumenten zu prüfen.

30. Der Rat kommt überein, unverzüglich die Lage der Länder und Regionen zu prüfen, in denen erhebliche Bevölkerungsbewegungen infolge der stärkeren Spannungen, die durch die Angriffe gegen die Vereinigten Staaten entstanden sind, stattfinden könnten, und ersucht die Kommission, in Absprache mit den Mitgliedstaaten die Möglichkeit zu prüfen, die Richtlinie des Rates über den vorübergehenden Schutz vorläufig anzuwenden, falls in der Europäischen Union besondere Schutzvorkehrungen getroffen werden müssten.

- I. Chronik -
Nr. 43/21.IX.2001: EU-Maßnahmen gegen Terrorismus

Sonstige Maßnahmen

31. Der Rat begrüßt es, dass die Annahme des Vorschlags der Kommission über die Einführung eines gemeinschaftlichen Mechanismus zur Koordinierung der Katastrophenschutzeinsätze unmittelbar bevorsteht.

32. Der Rat ersucht die für den Katastrophenschutz zuständigen Generaldirektoren, sich auf ihrer außerordentlichen Tagung im Oktober in Knokke vorrangig mit der Reaktion der Katastrophenschutzbehörden im Falle eines schweren terroristischen Anschlags im Gebiet der Union oder außerhalb der Union zu befassen, um die noch zu vertiefenden Fragen, die einer verstärkten Zusammenarbeit bedürfenden Bereiche usw. zu bestimmen.

33. Der Rat empfiehlt, dass unverzüglich - in Verbindung mit den Arbeiten des Rates 'Verkehr' - darüber beraten wird, wie die Sicherheitsnormen in den Flughäfen und an Bord der Flugzeuge verstärkt werden können. Die Sicherheit der Flugzeuge muss das höchstmögliche Niveau erreichen.

III. MASSNAHMEN ZUR VERBESSERUNG DER ZUSAMMENARBEIT MIT DEN VEREINIGTEN STAATEN

1. Die Europäische Union ist bereit, unverzüglich in Abstimmung mit den Vereinigten Staaten eine Evaluierung aller Aspekte der terroristischen Bedrohung vorzunehmen, wobei insbesondere die Terrororganisationen zu identifizieren sind; in diese Evaluierung würde sowohl der amerikanische Beitrag als auch eine im Rahmen der Union erarbeitete, eingehende Analyse der regionalen Situationen und der thematischen Aspekte einbezogen. Ferner sollen häufiger Zusammenkünfte mit den amerikanischen Behörden stattfinden: Es könnte vorgeschlagen werden, dass zweimal pro Halbjahr gemeinsame Troika-Sitzungen (COTER/Gruppe 'Terrorismus JI') abgehalten werden. Eine Evaluierung der bei diesem Austausch erzielten Fortschritte könnte anlässlich der auf hohem Niveau erfolgenden Zusammenkünfte im Rahmen des transatlantischen Dialogs stattfinden.

2. Es empfiehlt sich, eine intensivere Zusammenarbeit und engere Konsultationen mit den Vereinigten Staaten in allen zuständigen internationalen Gremien und insbesondere eine aktive Rolle der Union im Rahmen der Vereinten Nationen ins Auge zu fassen.

3. Im Übrigen ist es erforderlich, die Vorgehensweise bei der globalen Bekämpfung der Finanzierung des Terrorismus besser aufeinander abzustimmen. In diesem Rahmen wird die EU den internationalen Druck auf Länder beibehalten, deren Bankensysteme und -gepflogenheiten das Abheben und die Überweisung von Geldmitteln erleichtern, die zur Finanzierung des Terrorismus dienen könnten.

4. Der Rat ersucht Vertreter der Vereinigten Staaten, an relevanten Beratungen der Leiter der Antiterroreinheiten der Europäischen Union teilzunehmen, die auf Initiative der Task-Force der Polizeichefs zusammenkommen, damit vorbildliche Praktiken auf dem Gebiet der Terrorismusbekämpfung - wie etwa Technologien auf der Grundlage von Geräten zum Personenscreening und zur Personenermittlung sowie Eventualfallplanung betreffend schwere terroristische Anschläge (auch auf IT-Systeme) - entwickelt und gemeinsam angewandt werden können. Durch eine derartige Zusammenlegung von Wissen werden möglicherweise auch Lücken ermittelt und Wege aufgezeigt, wie diese gemeinsam geschlossen werden können.

5. Was die Beziehungen zwischen Europol und den USA anbelangt, so ersucht der Rat den Direktor von Europol, alle Maßnahmen zu treffen, damit die Möglichkeiten aus dem Europol-Übereinkommen und den vom Rat verabschiedeten einschlägigen Rechtsakten genutzt werden, um in Erwartung einer förmlichen Vereinbarung eine informelle Zusammenarbeit mit den Vereinigten Staaten aufzubauen. Der Rat ersucht im Übrigen den Direktor von Europol, so rasch wie möglich die förmliche Vereinbarung zum Abschluss zu bringen, damit der Rat auf der Tagung am 16. November den Abschluss genehmigen kann. In dieser Vereinbarung wird insbesondere ein Austausch von Verbindungsbeamten zwischen Europol und den auf polizeilichem Gebiet tätigen US-Dienststellen vorgesehen werden. Gleichzeitig wird der Direktor von Europol ersucht, die notwendigen Schritte zu unternehmen, um die Aufnahme von Verhandlungen mit den Vereinigten Staaten im Hinblick auf den Abschluss einer Vereinbarung, die die Übermittlung personenbezogener Daten einschließt, zu ermöglichen.

- I. Chronik -
Nr. 44/ 25.-28.IX.2001: Plenartreffen von MTCR

6. Der Rat ersucht das Team der Experten für Terrorismusbekämpfung, das bei Europol gebildet wird, so rasch wie möglich Kontakte zu den US-Terrorismusbekämpfungsbehörden herzustellen, damit eine gemeinsame Evaluierung der terroristischen Bedrohung entwickelt und eine Unterrichtung über die auf nationaler Ebene getroffenen Terrorismusbekämpfungsmaßnahmen stattfinden kann. Dieses Team wird - unbeschadet bilateraler Kontakte - als europäische Kontaktstelle für den Austausch dringender Informationen benannt.

7. Der Rat ist grundsätzlich damit einverstanden, den Vereinigten Staaten vorzuschlagen, dass auf der Grundlage von Artikel 38 EUV ein Abkommen über die Zusammenarbeit in Strafsachen auf dem Gebiet der Terrorismusbekämpfung ausgehandelt wird.

8. Der Rat ersucht Pro-Eurojust - und dann später Eurojust -, zusammen mit den amerikanischen Richtern und Staatsanwälten, die sich auf die Terrorismusbekämpfung spezialisiert haben, alle Maßnahmen zu prüfen, die geeignet sind, die justizielle Zusammenarbeit in diesem Bereich zu verbessern.

- IV -

Die Justiz- und die Innenminister werden ihre Amtskollegen aus den beitrittswilligen Ländern bei ihrem Treffen am Rande der am 27. und 28. September 2001 stattfindenden Ratstagung über den Inhalt der vorstehenden Schlussfolgerungen unterrichten, damit gemeinsame Maßnahmen herausgearbeitet werden können."

(Website der EU)

25. - 28. IX. 2001

44. Plenartreffen von MTCR

Vom 25. bis 28. September 2001 trafen in Ottawa die Vertreter der Mitgliedstaaten des Raketentechnologiekontrollregimes MTCR zu ihrer jährlichen Plenartagung zusammen. Auf ihr wurden hauptsächlich die Fortschritte bei der Erstellung eines Verhaltenskodex behandelt sowie die Folgen der Anschläge vom 11. September diskutiert.

Results of the Plenary Meeting of the Missile Technology Control Regime, Ottawa, Canada, 28. 9. 2001

"The Missile Technology Control Regime (MTCR) held its 16th Plenary Meeting in Ottawa from 25 to 28 September 2001, in order to review its activities and strengthen its efforts to prevent missile proliferation. The meeting marked the start of the Canadian chairmanship and was officially opened by the Honourable Dr. Rey PAGTAKHAN, Secretary of State (Asia Pacific) of Canada.

The Republic of Korea was warmly welcomed to its first Plenary meeting.

The MTCR was established in 1987 with the aim of controlling exports of missiles capable of delivering weapons of mass destruction. The 33 countries of the MTCR[1] form an important international arrangement dealing with such missiles, as well as related equipment and technology.

Coordinating their efforts through the MTCR, its member states have contributed significantly to a reduction in the global missile proliferation threat. The Plenary however agreed that the

---

[1] Members: Argentina, Australia, Austria, Belgium, Brazil, Canada, the Czech Republic, Denmark, Finland, France, Germany, Greece, Hungary, Iceland, Ireland, Italy, Japan, the Republic of Korea, Luxembourg, Netherlands, New Zealand, Norway, Poland, Portugal, Russia, South Africa, Spain, Sweden, Switzerland, Turkey, Ukraine, the United Kingdom and the United States.

risk of proliferation of weapons of mass destruction and their means of delivery remained a major concern for global and regional security, and that more must therefore be done at the national, regional and global level. The Plenary also noted that the tragic events of 11 September 2001 in the United States only added force to the importance of the MTCR's work in that regard.

The Plenary re emphasized the important role played by export controls, the need to strengthen them further, the need for their strict implementation and the need for adaptation in the face of technological development.

Partners continued their deliberations on a set of principles, general measures, cooperation and confidence building measures in the form of a draft International Code of Conduct against ballistic missile proliferation, taking into account the results of extensive contact on this subject undertaken with countries outside the MTCR since the Helsinki Plenary. The result of these deliberations was an augmented draft text, which will be distributed to all states at an early date.

Universalization of the draft Code should take place through a transparent and inclusive negotiating process open to all states on the basis of equality. In this regard, the Plenary noted with appreciation the offer of France to host the first negotiation session in 2002. France will consult with all states to determine their interest in participating in the process.

This concludes the work of the MTCR per se on the draft Code.

The Canadian chairmanship was encouraged to pursue intensified outreach activities and dialogue with relevant states concerning export controls, transshipment and the fulfilment of the objectives of the MTCR.

The Plenary welcomed the offer of Poland to host the next Plenary Meeting in September 23 - 27, 2002 and to serve as Chair of the MTCR for the subsequent year."

(MTCR Website)

26. IX. 2001

45. Sicherheitsrat zur Souveränität und territorialen Unversehrtheit Mazedoniens

Am 26. September 2001 befasste sich der Sicherheitsrat der Vereinten Nationen in New York mit der Lage in Mazedonien nach dem Abschluss des Rahmenabkommens von Ohrid. Dieses Abkommen sowie andere Aktivitäten der internationalen Gemeinschaft - insbesondere die Bemühungen der NATO, die UCK zur Abgabe ihrer Waffen zu bewegen - wurden vom Sicherheitsrat in nachfolgender Resolution gebilligt.

Resolution 1371 des VN-Sicherheitsrats, verabschiedet am 26. 9. 2001

„Der Sicherheitsrat,

unter Hinweis auf seine Resolutionen 1244 (1999) vom 10. Juni 1999 und 1345 (2001) vom 21. März 2001 sowie auf die Erklärungen seines Präsidenten vom 7. März 2001 (S/PRST/2001/7), 16. März 2001 (S/PRST/2001/8) und 13. August 2001 (S/PRST/2001/20),

mit Genugtuung über die Maßnahmen, die die Regierung der ehemaligen jugoslawischen Republik Mazedonien ergriffen hat, um innerhalb ihrer Grenzen eine multiethnische Gesellschaft zu konsolidieren, und mit dem Ausdruck ihrer vollen Unterstützung für den Fortgang dieses Prozesses,

in dieser Hinsicht die am 13. August 2001 in Skopje erfolgte Unterzeichnung des Rahmenabkommens durch den Präsidenten der ehemaligen jugoslawischen Republik Mazedonien und die Führer der vier politischen Parteien begrüßend,

- I. Chronik -
Nr. 46/27.IX.2001: Bundeswehreinsatz in Mazedonien

unter Begrüßung der internationalen Anstrengungen, namentlich der von der Organisation für Sicherheit und Zusammenarbeit in Europa, der Europäischen Union und der Nordatlantikvertrags-Organisation in Zusammenarbeit mit der Regierung der ehemaligen jugoslawischen Republik Mazedonien und anderen Staaten unternommenen Anstrengungen, die Eskalation der ethnischen Spannungen in dem Gebiet zu verhindern und die vollinhaltliche Durchführung des Rahmenabkommens zu erleichtern, was zum Frieden und zur Stabilität in der Region beiträgt,

erfreut über den Brief des Ständigen Beauftragten der ehemaligen jugoslawischen Republik Mazedonien an den Präsidenten des Sicherheitsrats vom 21. September 2001 (S/2001/897),

1. bekräftigt erneut sein Eintreten für die Souveränität und territoriale Unversehrtheit der ehemaligen Republik Mazedonien und der anderen Staaten der Region;

2. fordert die vollinhaltliche Durchführung der Resolution 1345 (2001);

3. unterstützt die vollinhaltliche und rechtzeitige Durchführung des Rahmenabkommens, lehnt die Anwendung von Gewalt zur Verfolgung politischer Ziel ab und betont, dass nur friedliche politische Lösungen eine stabile und demokratische Zukunft für die ehemalige jugoslawische Republik Mazedonien sicherstellen können;

4. begrüßt die Anstrengungen der Europäischen Union und der Organisation für Sicherheit und Zusammenarbeit in Europa, zur Durchführung des Rahmenabkommens beizutragen, insbesondere durch die Anwesenheit internationaler Beobachter;

5. befürwortet die Anstrengungen der Mitgliedstaaten und der zuständigen internationalen Organisationen, die Durchführung des Rahmenabkommens zu unterstützen, und unterstützt in dieser Hinsicht nachdrücklich die Einrichtung einer multinationalen Sicherheitspräsenz in der ehemaligen jugoslawischen Republik Mazedonien auf Ersuchen ihrer Regierung, um zur Sicherheit der Beobachter beizutragen, und bittet die Regierung der ehemaligen jugoslawischen Republik Mazedonien, den Rat unterrichtet zu halten;

6. verlangt, dass alle Beteiligten die Sicherheit des internationalen Personals in der ehemaligen jugoslawischen Republik Mazedonien gewährleisten;

7. begrüßt die Anstrengungen der Übergangsverwaltungsmission der Vereinten Nationen im Kosovo und der internationalen Sicherheitspräsenz (KFOR), die Resolution 1244 (1999) vollinhaltlich durchzuführen, insbesondere durch die weitere Verstärkung ihrer Anstrengungen, nicht autorisierte Grenzübertritte und illegale grenzüberschreitende Waffenlieferungen in der Region zu verhüten, im Kosovo (Bundesrepublik Jugoslawien) illegale Waffen zu beschlagnahmen und den Rat unterrichtet zu halten;

8. beschließt, mit der Angelegenheit befasst zu bleiben."

(Deutscher Übersetzungsdienstes, Vereinte Nationen)

27. IX. 2001

46. Bundestags-Beschluss über Bundeswehreinsatz in Mazedonien

Am 27. September 2001 stimmte der Deutsche Bundestag der Beteiligung der Bundeswehr beim geplanten Einsatz der NATO zum Schutz der internationalen Beobachter in Mazedonien zu. Der Beschluss wurde mit einer großen Mehrheit von 528 Ja-Stimmen gegen 40 Nein-Stimmen und 10 Enthaltungen gefasst. Er basierte auf der Resolution 1371 des Sicherheitsrates und dem politischen Rahmenabkommen vom 13. August 2001.

Beschluss des Deutschen Bundestages über die Beteiligung bewaffneter deutscher Streitkräfte an dem NATO-geführten Einsatz auf mazedonischem Territorium zum Schutz von Beobachtern internationaler Organisationen im Rahmen der weiteren Implementierung des politischen Rahmenabkommens vom 13. 8. 2001 auf der Grundlage der Einladung des ma-

- I. Chronik -
Nr. 46/27.IX.2001: Bundeswehreinsatz in Mazedonien

zedonischen Präsidenten Trajkovski vom 18. 9. 2001 und der Resolution Nr. 1371(2001) des Sicherheitsrates der Vereinten Nationen vom 26. 9. 2001

„Die NATO-geführte Operation ESSENTIAL HARVEST wurde am 26. September 2001 erfolgreich beendet. Das Bündnis hat mit dem Einsammeln und Zerstören der von den ethnisch albanischen bewaffneten Gruppen abgegebenen Waffen den politischen Prozess in Mazedonien gefördert und den Willen der internationalen Gemeinschaft, zur friedlichen Streitbeilegung in Mazedonien beizutragen, sichtbar unterstrichen.

In Mazedonien sind in den vergangenen Wochen deutliche Fortschritte bei der Verständigung der politischen Parteien untereinander erzielt worden. Dennoch bestehen Spannungen - besonders in den nördlichen Regionen des Landes - innerhalb der Bevölkerung fort. Die Umsetzung des politischen Rahmenabkommens vom 13. August 2001 wird noch geraume Zeit in Anspruch nehmen. Dabei sind die Bildung und der Ausbau von Vertrauen zwischen slawischen und albanischen Mazedoniern besonders wichtig. Dieses Vertrauen muss sich vor allem bei der Wiederherstellung öffentlicher Sicherheit und bei dem weiteren Aufbau leistungsfähiger öffentlicher Institutionen herausbilden. Die Unterstützung durch die internationale Gemeinschaft ist dabei unerlässlich. Dem Einsatz von internationalen Beobachtern kommt bei der Wiederherstellung normaler Lebensverhältnisse herausragende Bedeutung zu. Er dient der länderspezifischen Konfliktprävention; gleichzeitig ist er Teil einer langfristig angelegten politischen und ökonomischen Gesamtstrategie für die Balkanregion und Südosteuropa, die auf den bisherigen Erfolgen des Stabilitätspakts aufbaut.

Das politische Rahmenabkommen sieht den Einsatz von internationalen Beobachtern vor. Sowohl EU als auch OSZE haben die Mitgliederzahl ihrer Beobachtermissionen in Mazedonien bereits erhöht und planen weitere personelle Aufstockungen. Beide Organisationen haben jedoch deutlich gemacht, dass sie nach Abschluss der Operation ESSENTIAL HARVEST zusätzlichen, über die Verantwortung Mazedoniens hinausgehenden Schutz für ihre Beobachter durch eine internationale militärische Sicherheitspräsenz als notwendig erachten; ein Einsatz von Beobachtern in Krisensituationen und die erforderliche weitere personelle Aufstockung der Missionen sei ohne diesen zusätzlichen Schutz nicht zu vertreten. Die umfassende Präsenz internationaler Beobachter ist für die weitere Stabilisierung Mazedoniens jedoch von wesentlicher Bedeutung.

Auf Ersuchen des mazedonischen Präsidenten hat die NATO daher beschlossen, den Beobachtern - in Anerkennung der grundsätzlichen Verantwortung der mazedonischen Regierung für ihre Sicherheit der Beobachter - zusätzlichen Schutz durch militärische Präsenz in Mazedonien zu bieten.

Der Deutsche Bundestag stimmt daher der Beteiligung bewaffneter deutscher Streitkräfte an dem NATO-geführten Einsatz auf mazedonischem Territorium zum Schutz von Beobachtern internationaler Organisationen im Rahmen der weiteren Implementierung des politischen Rahmenabkommens vom 13. August 2001 auf Basis der Bitte des mazedonischen Präsidenten vom 18. September 2001 und der Beschlüsse des NATO-Rats vom 26. September 2001 sowie gemäß dem Beschluss der Bundesregierung vom 27. September 2001 zu.

Der Beschluss der Bundesregierung lautet:

1. Völkerrechtliche Grundlagen und politische Rahmenbedingungen

Der Präsident der ehemaligen jugoslawischen Republik Mazedonien (im Folgenden: Mazedonien), Boris TRAJKOVSKI, hat mit Schreiben vom 18. September 2001 an den NATO-Generalsekretär um eine militärische Präsenz der NATO gebeten, die nach Abschluss der Operation ESSENTIAL HARVEST einen zusätzlichen Beitrag zur Sicherheit internationaler Beobachter leisten soll. Die Verantwortung für die Sicherheit der Beobachter trägt weiterhin die mazedonische Regierung. Die NATO entwickelte aus Anlass des Schreibens von Präsident Boris TRAJKOVSKI den Operationsplan 10417 AMBER FOX, der am 26. September 2001 vom NATO-Rat gebilligt wurde. Das Einladungsschreiben von Präsident Boris TRAJKOVSKI stellt, ergänzt um weitere Vereinbarungen, die rechtliche Grundlage für die geplante NATO-Operation dar. Die weiteren Vereinbarungen zum Status der NATO-Truppe und zu den Modalitäten des Einsatzes wurden abgeschlossen.

Dieser Einsatz in Mazedonien steht im Einklang mit der Charta der Vereinten Nationen. Der Sicherheitsrat der Vereinten Nationen hat in seiner Resolution Nr. 1371(2001) vom 26. Sep-

- I. Chronik -
Nr. 46/27.IX.2001: Bundeswehreinsatz in Mazedonien

tember 2001 die Bemühungen der Mitgliedstaaten und internationaler Organisationen bei der Umsetzung des Rahmenabkommens vom 13. August 2001 gebilligt und seine nachdrückliche Unterstützung dafür zum Ausdruck gebracht, dass auf Wunsch der mazedonischen Regierung eine multinationale Sicherheitspräsenz in Mazedonien geschaffen wird, die einen Beitrag zum Schutz der internationalen Beobachter leistet.

2. Verfassungsrechtliche Grundlagen

Die deutschen Streitkräfte handeln bei der Umsetzung des NATO-Operationsplans 10417 AMBER FOX im Rahmen und nach den Regeln eines Systems gegenseitiger kollektiver Sicherheit im Sinne des Artikels 24 Abs. 2 Grundgesetz. Der Einsatz dieser Kräfte darf erfolgen, sobald der Deutsche Bundestag seine konstitutive Zustimmung erteilt hat.

3. Auftrag

Die Operation AMBER FOX unterstützt die internationale Gemeinschaft bei ihren politischen Anstrengungen zur friedlichen Beilegung des innermazedonischen Konflikts und fördert zugleich die Stabilisierung der Balkanregion. Ziel der Operation ist die Gewährleistung von Hilfe in Notfällen für in Mazedonien eingesetzte internationale Beobachter. Die zu diesem Zweck eingesetzte 'Task Force FOX' hat folgende Aufgaben:

- Verlegung in das Einsatzgebiet,

- Eigensicherung,

- Koordinierung mit den internationalen Organisationen und mazedonischen Behörden,

- Aufklärung und Austausch von Informationen mit internationalen Organisationen und mazedonischen Behörden,

- Unterstützung von Beobachtern in Notfällen,

- Befreiung von Beobachtern aus der Gewalt Dritter auch gegen Widerstand sowie

- Rückverlegung.

4. Ermächtigung zum Einsatz, Beginn und Dauer

Der Bundesminister der Verteidigung wird ermächtigt, im Einvernehmen mit dem Bundesminister des Auswärtigen für die deutsche Beteiligung an der Operation AMBER FOX in nachfolgenden Ziffern 5 und 8 genannte Kräfte der NATO anzuzeigen und - unter dem Vorbehalt der konstitutiven Zustimmung durch den Deutschen Bundestag - im Rahmen der Operation AMBER FOX einzusetzen.

Die Ausführungsanweisung für die Operation wurde durch den NATO-Rat am 26. September 2001 erlassen. Die Operation beginnt am 27. September 2001. Fortschritte bei dem parallel zum Einsatz der internationalen Beobachter erfolgenden Aufbau multiethnischer Polizeikräfte in Mazedonien werden mitbestimmend für die politische Entscheidung zur Beendigung der Operation sein. Die Ermächtigung zur deutschen Beteiligung gilt zunächst für drei Monate. Für den Fall der Fortführung der NATO-Operation AMBER FOX auf der Grundlage des Operationsplans 10417 wird der Bundesminister der Verteidigung ermächtigt, im Einvernehmen mit dem Bundesminister des Auswärtigen eine entsprechende Verlängerung des Einsatzes der deutschen Kräfte bis zu einer erneuten Beschlussfassung des Deutschen Bundestages anzuordnen. In diesem Fall wird die Bundesregierung den Deutschen Bundestag mit der weiteren Beteiligung deutscher Kräfte spätestens in der ersten auf die Verlängerungsentscheidung der Bundesregierung folgenden regulären Sitzungswoche erneut konstitutiv befassen.

5. Einzusetzende Kräfte

Für die deutsche Beteiligung an der Operation AMBER FOX werden bereitgestellt:

- mechanisierte Kräfte,

- Unterstützungskräfte einschließlich Aufklärungskräften,

- Kräfte in integrierter Verwendung,

- I. Chronik -
Nr. 47/27.IX.2001: Operation Amber-Fox in Mazedonien

- Kräfte für die Führung des Hauptquartiers 'Task Force FOX' und
- Kräfte als Verbindungsorgane zu nationalen Regierungs- und Nichtregierungsorganisationen sowie zu internationalen Organisationen.

6. Status und Rechte

Status und Rechte der 'Task Force FOX' richten sich nach den zwischen der NATO und Mazedonien getroffenen Vereinbarungen. Die Wahrnehmung des Rechts zur individuellen und kollektiven Selbstverteidigung bleibt davon unbe-rührt. Den im Rahmen dieser Operation eingesetzten Kräften wird auch das Recht zur Anwendung von Gewalt zur Durchsetzung ihres Unterstützungsauftrags sowie die Befugnis zur Wahrnehmung des Rechts auf bewaffnete Nothilfe zugunsten Jedermann erteilt.

7. Einsatzgebiet

Einsatzgebiet ist das Territorium Mazedoniens. Angrenzende Räume können mit Zustimmung des jeweiligen Staates zu den Zwecken Zugang und Versorgung genutzt werden.

8. Personaleinsatz

Für die Operation AMBER FOX werden bis zu 600 deutsche Soldaten mit entsprechender Ausrüstung eingesetzt.

Kräfte der Operationen JOINT FORGE (SFOR) und JOINT GUARDIAN (KFOR) können zur Unterstützung herangezogen werden, sofern die Auftragserfüllung im Rahmen des jeweiligen Einsatzes nicht gefährdet wird. Dabei und im Falle von Kontingentwechseln kann die Personalobergrenze von 600 Soldaten vorübergehend überschritten werden.

Im Rahmen der Operation AMBER FOX kann der Einsatz von deutschem Per-sonal in Kontingenten anderer Nationen sowie der Einsatz von Personal anderer Nationen im Rahmen des deutschen Kontingents auf der Grundlage bilateraler Vereinbarungen und in den Grenzen der für Soldaten des deutschen Kontingents und andere truppenstellende Nationen bestehenden rechtlichen Bindungen genehmigt werden.

Es werden eingesetzt

- nur Berufssoldaten und Soldaten auf Zeit sowie
- Soldaten, die Grundwehrdienst, freiwilligen zusätzlichen Wehrdienst oder eine Wehrübung leisten, nur, wenn sie sich für besondere Auslandsverwendungen freiwillig verpflichtet haben.

9. Besondere Auslandsverwendung

Bei dem Einsatz handelt es sich um eine besondere Auslandsverwendung im Sinne des § 58a des Bundesbesoldungsgesetzes.

10. Finanzierung

Die einsatzbedingten Zusatzkosten dieses Einsatzes werden für den Zeitraum von drei Monaten rund 76 Mio. DM betragen. Entsprechende Mittel sind im Einzelplan 14 im Haushalt 2001 nicht veranschlagt und stehen im Regierungsentwurf 2002 nicht zur Verfügung. Für das Haushaltsjahr 2001 werden Zusatzausgaben von rund 40 Mio. DM erwartet. Der Finanzminister hat erklärt, dass er die erforderlichen Mittel überplanmäßig zur Verfügung stellen wird."

(Deutscher Bundestag Drucksache 14/6970)

27. IX. 2001

47. Operation Amber-Fox in Mazedonien gestartet

Am 27. September 2001 begann in Mazedonien die Operation „Amber Fox". Hierbei handelt es sich um eine internationale, von der NATO organisierte

Truppe, die die Aufgabe hat, die Beobachter der EU und der OSZE zu beschützen, die die Umsetzung des am 13. August 2001 beschlossenen Rahmenabkommens von Ohrid überwachen sollen. Die NATO gab aus diesem Anlass folgende Pressemitteilung heraus.

NATO Press Release, 27. 9. 2001

„Following approval of the Operational Plan on 26 September, the North Atlantic Council has agreed to issue the Execution Directive authorising the Supreme Allied Commander Europe, General Joseph RALSTON, to release the Activation Order for Operation Amber Fox. This activation order enables the NATO force for this mission to be deployed. The adoption of this decision is in response to a request by the authorities of the former Yugoslav Republic of Macedonia[1] earlier this month.

Operation Amber Fox has the mandate to contribute to the protection of international monitors from the European Union and the Organisation for Security and Cooperation in Europe, who are overseeing the implementation of the peace plan in the former Yugoslav Republic of Macedonia. The operation consists of approximately 700 troops from NATO member countries, which have reinforced some 300 troops already based in the country. Operation Amber Fox was initiated on the request of President TRAJKOVSKI of the former Yugoslav Republic of Macedonia."

(NATO Website)

28. IX. 2001

48. Sicherheitsrat der VN gegen die Finanzierung terroristischer Handlungen

Am 28. November 2001 befasste sich der Sicherheitsrat der Vereinten Nationen in New York mit dem Problem des Terrorismus und verabschiedete eine Resolution, die es Staaten untersagt, Terrorismus direkt oder indirekt zu unterstützen und insbesondere terroristische Aktivitäten zu finanzieren. Außerdem forderte der Sicherheitsrat die Staatenwelt auf, die Finanzierung terroristischer Handlungen zu bekämpfen.

Resolution 1373 des VN-Sicherheitsrats, verabschiedet am 28. 9. 2001

„Der Sicherheitsrat,

in Bekräftigung seiner Resolutionen 1269 (1999) vom 19. Oktober 1999 und 1368 (2001) vom 12. September 2001,

sowie in Bekräftigung seiner unmissverständlichen Verurteilung der Terroranschläge, die am 11. September 2001 in New York, Washington und Pennsylvania stattgefunden haben,

und mit dem Ausdruck seiner Entschlossenheit, alle derartigen Handlungen zu verhüten,

ferner in Bekräftigung dessen, dass diese Handlungen, wie jede Handlung des internationalen Terrorismus, eine Bedrohung des Weltfriedens und der internationalen Sicherheit darstellen,

in Bekräftigung des naturgegebenen Rechts zur individuellen oder kollektiven Selbstverteidigung, das in der Charta der Vereinten Nationen anerkannt und in der Resolution 1368 (2001) bekräftigt wird,

---

[1] Turkey recognises the Republic of Macedonia with its constitutional name.

- I. Chronik -
Nr. 48/28.IX.2001: VN gegen Finanzierung des Terrors

in Bekräftigung der Notwendigkeit, durch terroristische Handlungen verursachte Bedrohungen des Weltfriedens und der internationalen Sicherheit mit allen Mitteln, im Einklang mit der Charta der Vereinten Nationen, zu bekämpfen,

zutiefst besorgt über die in verschiedenen Weltregionen zu verzeichnende Zunahme terroristischer Handlungen, die durch Intoleranz oder Extremismus motiviert sind,

mit der Aufforderung an die Staaten, dringend zusammenzuarbeiten, um terroristische Handlungen namentlich durch verstärkte Zusammenarbeit und durch die volle Durchführung der einschlägigen internationalen Übereinkünfte betreffend den Terrorismus zu verhüten und zu bekämpfen,

in der Erkenntnis, dass die Staaten die internationale Zusammenarbeit durch zusätzliche Maßnahmen ergänzen müssen, um die Finanzierung und Vorbereitung terroristischer Handlungen in ihrem Hoheitsgebiet mit allen rechtlich zulässigen Mitteln zu verhüten und zu bekämpfen,

in Bekräftigung des von der Generalversammlung in ihrer Erklärung vom Oktober 1970 (Resolution 2625 (XXV)) aufgestellten und vom Sicherheitsrat in seiner Resolution 1189 (1998)) vom 13. August 1998 bekräftigten Grundsatzes, dass jeder Staat verpflichtet ist, die Organisierung, Anstiftung oder Unterstützung terroristischer Handlungen in einem anderen Staat oder die Teilnahme daran oder die Duldung organisierter Aktivitäten in seinem eigenen Hoheitsgebiet, die auf die Begehung solcher Handlungen gerichtet sind, zu unterlassen,

tätig werdend nach Kapitel VII der Charta der Vereinten Nationen,

1. beschließt, dass alle Staaten

   a) die Finanzierung terroristischer Handlungen verhüten und bekämpfen werden;

   b) die vorsätzliche Bereitstellung oder Sammlung von Geldern, gleichviel durch welche Mittel und ob mittelbar oder unmittelbar, durch ihre Staatsangehörigen oder in ihrem Hoheitsgebiet mit der Absicht oder in Kenntnis dessen, dass diese Gelder zur Ausführung terroristischer Handlungen verwendet werden, unter Strafe stellen werden;

   c) unverzüglich Gelder und sonstige finanzielle Vermögenswerte oder wirtschaftliche Ressourcen von Personen, die terroristische Handlungen begehen, zu begehen versuchen oder sich an deren Begehung beteiligen oder diese erleichtern, sowie von Institutionen, die unmittelbar oder mittelbar im Eigentum oder unter der Kontrolle dieser Personen stehen, und von Personen und Institutionen, die im Namen oder auf Anweisung dieser Personen und Institutionen handeln, einfrieren werden, einschließlich der Gelder, die aus Vermögen stammen oder hervorgehen, das unmittelbar oder mittelbar im Eigentum oder unter der Kontrolle dieser Personen und mit ihnen verbundener Personen und Institutionen steht;

   d) ihren Staatsangehörigen oder allen Personen und Institutionen in ihrem Hoheitsgebiet untersagen werden, Gelder, finanzielle Vermögenswerte oder wirtschaftliche Ressourcen oder Finanz- oder damit zusammenhängende Dienstleistungen unmittelbar oder mittelbar zum Nutzen von Personen zur Verfügung zu stellen, die terroristische Handlungen begehen, zu begehen versuchen, erleichtern oder sich daran beteiligen, oder zum Nutzen von Institutionen, die unmittelbar oder mittelbar im Eigentum oder unter der Kontrolle dieser Personen stehen oder zum Nutzen von Personen und Institutionen, die im Namen oder auf Anweisung dieser Personen handeln;

2. beschließt außerdem, dass alle Staaten

   a) es unterlassen werden, Institutionen oder Personen, die an terroristischen Handlungen beteiligt sind, in irgendeiner Form aktiv oder passiv zu unterstützen, indem sie namentlich die Anwerbung von Mitgliedern terroristischer Gruppen unterbinden und die Belieferung von Terroristen mit Waffen beendigen;

   b) die erforderlichen Maßnahmen ergreifen werden, um die Begehung terroristischer Handlungen zu verhüten, namentlich durch die frühzeitige Warnung anderer Staaten im Wege des Informationsaustauschs;

c) denjenigen, die terroristische Handlungen finanzieren, planen, unterstützen oder begehen oder die den Tätern Unterschlupf gewähren, einen sicheren Zufluchtsort verweigern werden;

d) diejenigen, die terroristische Handlungen finanzieren, planen, erleichtern oder begehen, daran hindern werden, ihr Hoheitsgebiet für diese Zwecke gegen andere Staaten oder deren Angehörige zu nutzen;

e) sicherstellen werden, dass alle Personen, die an der Finanzierung, Planung, Vorbereitung oder Begehung terroristischer Handlungen oder an deren Unterstützung mitwirken, vor Gericht gestellt werden, dass diese terroristischen Handlungen zusätzlich zu allen sonstigen Gegenmaßnahmen als schwere Straftaten nach ihrem innerstaatlichen Recht umschrieben werden und dass die Strafe der Schwere dieser terroristischen Handlungen gebührend Rechnung trägt;

f) einander größtmögliche Hilfe bei strafrechtlichen Ermittlungen oder Strafverfahren im Zusammenhang mit der Finanzierung oder Unterstützung terroristischer Handlungen gewähren werden, einschließlich Hilfe bei der Beschaffung des für die Verfahren notwendigen Beweismaterials, das sich in ihrem Besitz befindet;

g) die Bewegung von Terroristen oder terroristischen Gruppen verhindern werden, indem sie wirksame Grenzkontrollen durchführen und die Ausgabe von Identitätsdokumenten und Reiseausweisen kontrollieren und Maßnahmen zur Verhütung der Nachahmung, Fälschung oder des betrügerischen Gebrauchs von Identitätsdokumenten und Reiseausweisen ergreifen;

3. fordert alle Staaten auf,

a) Wege zur Intensivierung und Beschleunigung des Austauschs operationaler Informationen zu finden, insbesondere im Bezug auf Handlungen oder Bewegungen von Terroristen oder Terroristennetzen, auf gefälschte oder verfälschte Reiseausweise, den Handel mit Waffen, Sprengstoffen oder sicherheitsempfindlichem Material, die Nutzung von Kommunikationstechnologien durch terroristische Gruppen und die Gefahr, die von Massenvernichtungswaffen im Besitz terroristischer Gruppen ausgeht;

b) im Einklang mit dem Völkerrecht und dem jeweiligen innerstaatlichen Recht Informationen auszutauschen und in Verwaltungs- und Justizfragen zusammenzuarbeiten, um die Begehung terroristischer Handlungen zu verhüten;

c) insbesondere im Rahmen bilateraler und multilateraler Regelungen und Vereinbarungen zusammenzuarbeiten, um Terroranschläge zu verhüten und zu bekämpfen und Maßnahmen gegen die Täter zu ergreifen;

d) so bald wie möglich Vertragsparteien der einschlägigen internationalen Übereinkünfte und Protokolle betreffend den Terrorismus zu werden, namentlich des Internationalen Übereinkommens zur Bekämpfung der Finanzierung des Terrorismus vom 9. Dezember 1999;

e) ihre Zusammenarbeit zu verstärken und die einschlägigen internationalen Übereinkünfte und Protokolle betreffend den Terrorismus sowie die Resolutionen des Sicherheitsrats 1269 (1999) und 1368 (2001) vollinhaltlich durchzuführen;

f) bevor sie einer Person Flüchtlingsstatus gewähren, im Einklang mit den entsprechenden Bestimmungen des innerstaatlichen Rechts und des Völkerrechts, einschließlich der internationalen Menschenrechtsnormen, geeignete Maßnahmen zu ergreifen, um sich zu vergewissern, dass der Asylsuchende keine terroristischen Handlungen geplant oder erleichtert oder sich daran beteiligt hat;

g) in Übereinstimmung mit dem Völkerrecht sicherzustellen, dass diejenigen, die terroristische Handlungen begehen, organisieren oder erleichtern, den Flüchtlingsstatus nicht missbrauchen und dass angebliche politische Beweggründe nicht als Grund anerkannt werden, Anträge auf die Auslieferung mutmaßlicher Terroristen abzuweisen;

4. nimmt mit Besorgnis Kenntnis von der engen Verbindung zwischen dem internationalen Terrorismus und der grenzüberschreitenden organisierten Kriminalität, unerlaubten Drogen,

der Geldwäsche, dem unerlaubten Waffenhandel und der unerlaubten Verbringung nuklearer, chemischer, biologischer und anderer potenziell tödlicher Materialien und betont in diesem Zusammenhang, dass die Anstrengungen auf einzelstaatlicher, subregionaler, regionaler und internationaler Ebene besser koordiniert werden müssen, um die weltweite Reaktion auf diese ernste Herausforderung und Bedrohung der internationalen Sicherheit zu verstärken;

5. erklärt, dass die Handlungen, Methoden und Praktiken des Terrorismus im Widerspruch zu den Zielen und Grundsätzen der Vereinten Nationen stehen und dass die wissentliche Finanzierung und Planung terroristischer Handlungen sowie die Anstiftung dazu ebenfalls im Widerspruch zu den Zielen und Grundsätzen der Vereinten Nationen stehen;

6. beschließt, im Einklang mit Regel 28 seiner vorläufigen Geschäftsordnung einen aus allen Ratsmitgliedern bestehenden Ausschuss des Sicherheitsrats einzusetzen, der die Durchführung dieser Resolution unter Heranziehung geeigneten Sachverstands überwachen wird, und fordert alle Staaten auf, dem Ausschuss spätestens 90 Tage nach Verabschiedung dieser Resolution und anschließend nach einem von dem Ausschuss vorzuschlagenden Zeitplan über die Schritte Bericht zu erstatten, die sie zur Durchführung dieser Resolution ergriffen haben;

7. weist den Ausschuss an, seine Aufgaben festzulegen, binnen 30 Tagen nach Verabschiedung dieser Resolution ein Arbeitsprogramm vorzulegen und im Benehmen mit dem Generalsekretär zu erwägen, welche Unterstützung er benötigt;

8. bekundet seine Entschlossenheit, im Einklang mit seinen Verantwortlichkeiten nach der Charta alle notwendigen Schritte zu unternehmen, um die vollinhaltliche Durchführung dieser Resolution sicherzustellen;

9. beschließt, mit dieser Angelegenheit befasst zu bleiben."

(Deutscher Übersetzungsdienst, Vereinte Nationen)

1. - 4. X. 2001

49. Jahrestreffen der Australiengruppe

Vom 1. bis zum 4. Oktober 2001 trafen in Paris die Vertreter der Australiengruppe zusammen, um über die Entwicklung im Bereich der Exportkontrollen für biologische und chemische Substanzen und Technologie zu beraten. Die Ergebnisse sind in der nachfolgenden Erklärung wiedergegeben.

The Australia Group: Tackling the threat of chemical and biological weapons, 4. 10. 2001

"At their annual meeting in Paris (1-4 October), the thirty-three countries from Europe, the Asia-Pacific and the Americas which constitute the *Australia Group* reaffirmed their commitment to strengthening national efforts to prevent the spread of chemical and biological weapons (CBW).

The *Australia Group* is an informal network of countries that consult on and harmonise their national export licensing measures on CBW items. Participants aim to prevent any inadvertent contribution to chemical or biological weapons programs.

Participants in the *Australia Group* condemned the callous terrorist attacks in the United States on 11 September and observed one minute of silence in memory of the victims. Participants expressed the resolve of their governments to prevent CBW proliferation, whether by state or non-state actors. Recalling that terrorist groups have used or tried to use chemical and biological agents in the past, participants agreed that the *Australia Group* has an important role to play in reducing the threat of CBW terrorist attacks.

During consultations the *Australia Group* reviewed developments in CBW proliferation over the past year and affirmed the continuing effectiveness of national export controls on dual-use items that can be used in CBW programs. In light of technological developments since its last meeting, the Group updated the common control lists that form the basis for harmonising the national measures of all participants.

- I. Chronik -
Nr. 50/4.X.2001: Zusammenarbeit der Nato gegen Terror

Participants reiterated their commitment to fair and transparent trade in chemical and biological materials for peaceful purposes. They agreed that the non-discriminatory application of national export licensing measures allows legitimate trade to expand unhampered by proliferation fears. They urged all countries that are not participants in the *Australia Group* to implement similar national measures to prevent the proliferation of chemical and biological weapons. Participants expressed their willingness, on a national basis, to continue assisting others to improve the effectiveness of their export controls.

Participants welcomed Bulgaria to the Group. This brings total participation to 33 countries plus the European Commission.

All *Australia Group* participants are parties to the Chemical Weapons Convention (CWC) and the Biological Weapons Convention (BWC). These conventions legally oblige all states parties, *inter alia*, not to assist in any way the development and production of chemical and biological weapons anywhere. Participants reaffirmed the central role of national export controls in this regard.

Consistent with their commitment to transparency and public outreach, participants welcomed the establishment of the *Australia Group* website (www.australiagroup.net). *Australia Group* participants maintain an active outreach program aimed at discussing continuing CBW proliferation concerns and exchanging views regarding export controls. They agreed to continue promoting greater public awareness and understanding of the Group's activities in the lead-up to its next meeting in June 2002."

(Website Australia Group)

4. X. 2001

50. NATO Zusammenarbeit zur Abwehr des Terrorismus beschlossen

Am 4. Oktober 2001 kam es in Brüssel zu einem Treffen des NATO-Rates, auf dem über Wünsche der USA über die Zusammenarbeit im Kampf gegen den Terrorismus beraten wurde. Die NATO-Mitgliedstaaten hatten sich am 12. September 2001 grundsätzlich dazu entschlossen, den Bündnisfall gemäss Artikel 5 des Vertrags von Washington festzustellen, sofern die USA eine externe Bedrohung geltend machen *(siehe oben Seite 154)*. Nunmehr war dies geschehen und es waren entsprechende Wünsche vorgetragen worden. Die Ergebnisse des Treffens wurden anschließend von Generalsekretär Lord ROBERTSON der Presse mitgeteilt.

Presseerklärung des Generalsekretärs der NATO zu der Entscheidung des Nordatlantikrats über die Anwendung des Artikel 5 des Washingtoner Vertrags nach den Anschlägen in den USA, abgegeben am 4. 10. 2001

„Gemäß ihrer Entscheidung, sich auf Artikel 5 des Washingtoner Vertrags infolge der Anschläge vom 11. September gegen die Vereinigten Staaten zu berufen, sind die NATO-Verbündeten heute übereingekommen - auf Anfrage der Vereinigten Staaten - Maßnahmen zu unternehmen, individuell und kollektiv, um die Möglichkeiten im Kampf gegen den Terrorismus auszuweiten. Insbesondere stimmten sie überein:

- die geheimdienstliche Zusammenarbeit und den Austausch von Informationen zu verstärken, sowohl bilateral als auch in den geeigneten NATO-Gremien, die im Zusammenhang mit den Bedrohungen stehen, die vom Terrorismus ausgehen, und den Maßnahmen, die dagegen unternommen werden;

- Verbündeten und anderen Staaten, die infolge ihrer Unterstützung des Kampfes gegen den Terrorismus einer gesteigerten Bedrohung durch den Terrorismus ausgesetzt sind, individuell oder kollektiv, Hilfe zur Verfügung zu stellen;

- die notwendigen Maßnahmen zu ergreifen, um eine größere Sicherheit für Einrichtungen der Vereinigten Staaten und anderer Verbündeter auf ihrem Territorium zu gewährleisten;

- bestimmte Aktivposten der Verbündeten im Verantwortungsbereich der NATO, die benötigt werden, um Einsätze gegen den Terrorismus direkt zu unterstützen, wieder aufzustocken;

- den Luftstreitkräften der Vereinigten Staaten und anderen Verbündeten Blankoüberflugrechte im Einklang mit den notwendigen Luftverkehrsregelungen und den nationalen Durchführungsbestimmungen für militärische Flüge zur Verfügung zu stellen oder einzuräumen, die im Zusammenhang mit Einsätzen gegen den Terrorismus stehen;

- den Vereinigten Staaten und anderen Verbündeten See- und Flughäfen auf dem Territorium der NATO-Staaten für Einsätze gegen den Terrorismus, unter Einschluss des Auftankens, im Einklang mit den nationalen Durchführungsbestimmungen, zur Verfügung zu stellen.

Der Nordatlantikrat stimmte außerdem überein:

- dass die Allianz bereit ist, Teile ihrer Ständigen Seestreitkräfte in den östlichen Mittelmeerraum zu verlegen, um eine NATO-Präsenz zu schaffen und Entschlusskraft zu zeigen;

- dass die Allianz in ähnlicher Weise bereit ist, Teile ihrer luftgestützten NATO-Frühwarneinheiten zu verlegen, um Einsätzen gegen den Terrorismus zu unterstützen.

Die heutigen kollektiven Maßnahmen dienen der Umsetzung von Artikel 5 des Washingtoner Vertrags. Diese Maßnahmen wurden von den Vereinigten Staaten gemäß der Feststellung angefordert, dass die Angriffe des 11. Septembers von außen gesteuert wurden."

(Internationale Politik)

7. X. 2001

51. USA beginnen Militärschläge in Afghanistan

Am 7. Oktober 2001 begannen die USA mit Militärschlägen gegen Einrichtungen der Al-Qaida und der Taliban in Afghanistan. Wie US-Präsident George W. BUSH in seiner nachfolgend wiedergegebenen Rede ausführte, wurden diese Schläge gezielt gegen Einrichtungen dieser Organisationen geführt, um die Nutzung Afghanistans als logistische Operationsbasis für terroristische Aktivitäten zu unterbinden. Weitere militärische Aktionen unter Mitwirkung von Verbündeten wurden angekündigt. Die Operationen der USA wurden weitgehend begrüßt, wie die Äußerungen des französischen Staatspräsidenten Jacques CHIRAC und des deutschen Bundeskanzlers Gerhard SCHRÖDER erkennen ließen.

1. Rede von US-Präsident Bush zum Beginn der Militärschläge gegen Afghanistan am 7. 10. 2001

„Auf meinen Befehl hin haben die Streitkräfte der Vereinigten Staaten mit Militärschlägen gegen terroristische Ausbildungslager der Al-Qaida und militärische Einrichtungen des Taliban-Regimes in Afghanistan begonnen. Diese sorgfältig gezielten Aktionen stellen darauf ab, die Verwendung Afghanistans als Operationsbasis für die Terroristen zu unterbinden und die militärischen Fähigkeiten des Taliban-Regimes anzugreifen.

Wir führen diese Operation gemeinsam mit unserem unerschütterlichen Freund Großbritannien durch. Andere enge Freunde, darunter Kanada, Australien, Deutschland und Frankreich, haben für den weiteren Verlauf der Operation Streitkräfte zugesagt. Mehr als 40 Länder im Nahen Osten, in Afrika, Europa und ganz Asien haben Überflug- oder Landerechte einge-

- I. Chronik -
Nr. 51/7.X.2001: US-Militärschläge in Afghanistan

räumt. Viele weitere haben uns nachrichtendienstliche Erkenntnisse zur Verfügung gestellt. Die Welt unterstützt uns mit ihrem kollektiven Willen.

Vor mehr als zwei Wochen übermittelte ich der Talibanführung eine Reihe klarer und konkreter Forderungen: Schließen Sie die Ausbildungslager der Terroristen; liefern Sie die Anführer des Al-Qaida-Netzwerks aus und lassen Sie alle ausländischen Staatsangehörigen ausreisen, einschließlich der amerikanischen Bürger, die ungerechtfertigt in Ihrem Land festgehalten werden. Keine dieser Forderungen wurde erfüllt. Und nun werden die Taliban den Preis zahlen. Indem wir Lager vernichten und die Kommunikation stören, werden wir es den Terroristen schwerer machen, neue Rekruten auszubilden und ihre bösartigen Pläne zu koordinieren.

Zunächst werden sich die Terroristen vielleicht tiefer in ihre Höhlen und anderen unzugänglichen Verstecke vergraben. Unsere Militäraktion ist auch darauf ausgerichtet, den Weg frei zu machen für andauernde, umfassende und unermüdliche Operationen, um die Terroristen herauszutreiben und ihrer gerechten Bestrafung zuzuführen.

Gleichzeitig werden die unterdrückten Menschen in Afghanistan die Großzügigkeit der Vereinigten Staaten und ihrer Bündnispartner kennen lernen. Während wir militärische Ziele angreifen, werden wir auch Nahrungsmittel, Medikamente und Hilfsgüter für die hungernden und leidenden Männer, Frauen und Kinder Afghanistans abwerfen.

Die Vereinigten Staaten von Amerika sind ein Freund des afghanischen Volks, und wir sind Freunde von fast einer Milliarde Menschen weltweit, die dem islamischen Glauben angehören. Die Vereinigten Staaten von Amerika sind ein Feind derjenigen, die Terroristen unterstützen und der barbarischen Verbrecher, die eine große Religion entweihen, indem sie in ihrem Namen Mord begehen.

Diese militärische Aktion ist ein Teil unseres Feldzugs gegen den Terrorismus, eine weitere Front in einem Krieg, der bereits durch Diplomatie, Nachrichtendienste, das Einfrieren von Vermögenswerten und die Verhaftung von bekannten Terroristen durch Strafverfolgungsbehörden in 38 Ländern geführt wird. Angesichts des Wesens und der Reichweite unserer Feinde werden wir diesen Konflikt durch die geduldige Anhäufung von Erfolgen gewinnen, durch die Bewältigung einer Reihe von Herausforderungen mit Entschlossenheit, starkem Willen und Zielsetzung.

Heute konzentrieren wir uns auf Afghanistan, aber der Kampf ist umfassender. Jedes Land muss eine Entscheidung treffen. In diesem Konflikt gibt es keinen neutralen Boden. Wenn Mitglieder einer Regierung die Verbrecher und Mörder unschuldiger Menschen unterstützen, sind sie selbst zu Verbrechern und Mördern geworden. Und sie werden diesen einsamen Weg auf eigene Gefahr gehen.

Ich spreche heute vom Treaty Room des Weißen Hauses zu Ihnen, einem Ort, an dem amerikanische Präsidenten auf den Frieden hingearbeitet haben. Wir sind eine friedliche Nation. Dennoch mussten wir so plötzlich und so tragisch die Erfahrung machen, dass es in einer Welt unerwarteten Terrors keinen Frieden geben kann. Angesichts der neuen Bedrohung von heute besteht der einzige Weg zu Frieden in der Verfolgung derjenigen, die ihn bedrohen.

Wir haben nicht um diese Mission gebeten, aber wir werden sie erfüllen. Die heutige Militäroperation heißt 'Andauernde Freiheit'. Wir verteidigen nicht nur unsere kostbaren Freiheiten, sondern auch die Freiheit der Menschen überall auf der Welt, frei von Angst zu leben und ihre Kinder frei von Angst zu erziehen.

Ich weiß, dass viele Amerikaner heute Angst haben. Und unser Regierung trifft Sicherheitsvorkehrungen. Alle Strafverfolgungsbehörden und Nachrichtendienste arbeiten in ganz Amerika, auf der ganzen Welt aggressiv und rund um die Uhr. Auf meine Bitte hin haben viele Gouverneure die Nationalgarde zur Verstärkung der Sicherheit auf den Flughäfen aktiviert. Wir haben Reservisten zur Verstärkung unserer militärischen Fähigkeiten und zur Verbesserung des Schutzes unseres Heimatlandes einberufen.

In den kommenden Monaten wird unsere Geduld eine unserer Stärken sein - Geduld mit den langen Wartezeiten, die sich aus verstärkten Sicherheitskontrollen ergeben; Geduld und Verständnis, dass die Erlangung unserer Ziele Zeit erfordern wird; Geduld bei all den Opfern, die auf uns zukommen können.

- I. Chronik -
Nr. 51/7.X.2001: US-Militärschläge in Afghanistan

Heute werden diese Opfer von den Angehörigen unserer Streitkräfte gebracht, die uns jetzt so weit von zu Hause entfernt verteidigen und von ihren stolzen und besorgten Familien. Ein Oberbefehlshaber schickt Amerikas Söhne und Töchter erst nach sorgfältigster Prüfung und vielen Gebeten in einen Kampf in einem fremden Land. Wir verlangen viel von denjenigen, die unsere Uniform tragen. Wir verlangen von ihnen, ihre Angehörigen zu verlassen, große Entfernungen zurückzulegen, Verletzungen zu riskieren, sogar bereit zu sein, das größte Opfer zu bringen - ihr Leben zu lassen. Sie sind engagiert, und sie sind ehrenhaft; sie vertreten das Beste unseres Landes. Und wir sind dankbar.

An all die Männer und Frauen in unserem Militär - jeden Seemann, jeden Soldaten, jeden Flieger, jeden Küstenwachmann, jeden Marineinfanteristen - gewandt, sage ich: Euer Auftrag ist festgelegt; Eure Ziele sind klar; Eure Sache ist gerecht. Ihr habt mein volles Vertrauen, und Ihr werdet jedes erforderliche Instrument zur Ausübung Eurer Pflicht zur Hand haben.

Vor kurzem erhielt ich einen bewegenden Brief, der viel über den Zustand Amerikas in diesen schwierigen Zeiten aussagt - einen Brief von einer Viertklässlerin, deren Vater im Militär ist: 'So wenig ich möchte, dass mein Vater kämpft', schrieb sie, 'ich bin bereit, ihn Ihnen zu überlassen.'

Das ist ein wertvolles Geschenk, das größte, das sie machen konnte. Dieses junge Mädchen weiß, worum es in Amerika geht. Seit dem 11. September hat eine ganze Generation junger Amerikaner ein neues Verständnis des Werts der Freiheit und ihres Preises bei der Erfüllung der Pflicht und beim Erbringen von Opfern gewonnen.

Der Kampf wird jetzt an vielen Fronten aufgenommen. Wir werden nicht wanken; wir werden nicht ruhen; wir werden nicht straucheln; und wir werden nicht versagen. Frieden und Freiheit werden obsiegen."

(Amerika Dienst)

2. Fernsehansprache des französischen Staatspräsidenten zum Militäreinsatz in Afghanistan am 7. 10. 2001 in Paris

„Am 11. September haben die Vereinigten Staaten einen Schlag erlitten. 6000 Unschuldige haben ihr Leben verloren. Das ist grauenhaft. Wir müssen wissen, dass diese terroristischen Angriffe uns alle betreffen. Alle Demokratien sind bedroht. Frankreich hat unverzüglich seine Solidarität gezeigt. Es hat klar gemacht, dass es diesen Kampf, an dem sich alle freiheitsliebenden Menschen entschlossen beteiligen sollen, zusammen mit den Vereinigten Staaten führen wird.

Die Weigerung des Talibanregimes, BIN LADEN und die Urheber der Anschläge auszuliefern, haben heute die Vereinigten Staaten und ihre Verbündeten dazu gebracht, Einsätze in Afghanistan durchzuführen. Der Sicherheitsrat der Vereinten Nationen erkennt die Legitimität dieser Aktion an.

Natürlich ist das afghanische Volk daran nicht schuld, ein Volk, das so viel in den vergangenen 20 Jahren gelitten hat und heute Opfer eines barbarischen Regimes ist. Und es muss alles unternommen werden, um auf das humanitäre Drama, das es durchmacht, zu reagieren. Es wird alles getan werden, um ihm zu helfen und um künftig die Entwicklung Afghanistans zu unterstützen. Die militärischen Einsätze werden lange Zeit andauern. Sie zielen darauf ab, die Schuldigen zu bestrafen und in Afghanistan die Infrastruktur der terroristischen Netzwerke und ihrer Unterstützung zu zerstören.

Unsere Streitkräfte werden sich daran beteiligen. In der jetzigen Phase sind französische Schiffe an dieser Operation beteiligt. In diesen Tagen haben die Vereinigten Staaten neue Anfragen nach militärischer Beteiligung an uns gerichtet. Wir werden unseren Teil im Geist von Solidarität und Verantwortung übernehmen. Das ist es, was ich Präsident BUSH gesagt habe, der mich heute Nachmittag vor Beginn der Einsätze angerufen hat.

Ich füge noch hinzu, dass der Kampf gegen den Terrorismus eine komplizierte, gnadenlose Auseinandersetzung ist, die an zahlreichen Fronten stattfindet. Über den Militäreinsatz hinaus, der darauf abzielt, seine Stützpunkte zu vernichten, muss man seine Netzwerke mittels einer verstärkten internationalen Zusammenarbeit auf den Gebieten der Nachrichtendienste, der Justiz, der Polizei und des Finanzwesens angehen. Dieser Kampf ist eröffnet.

- I. Chronik -
Nr. 51/7.X.2001: US-Militärschläge in Afghanistan

Unter diesen Umständen sind die Franzosen geeint, Sie sind geeint, ich weiß das. Bei den Aktionen, die ich mit der Regierung durchführe, weiß ich, dass ich auf Ihre Unterstützung zählen kann. Wir selbst haben vor gar nicht langer Zeit den Schrecken des Terrorismus blutig erfahren. Wir wissen, dass man der Erpressung oder der Angst nie nachgeben darf. Das ist der Preis der Freiheit und der Würde."

(Internationale Politik)

3. Regierungserklärung des deutschen Bundeskanzlers zur aktuellen Lage nach Beginn der Operation gegen den internationalen Terrorismus in Afghanistan, 11. 10. 2001 vor dem Deutschen Bundestag in Berlin (Auszüge)

„Am 7. Oktober haben die Vereinigten Staaten von Amerika als Teil der notwendigen Antwort auf die terroristischen Anschläge von New York und Washington mit militärischen Maßnahmen gegen die Infrastruktur des terroristischen Netzwerks von Osama BIN LADEN und gegen Einrichtungen des Talibanregimes in Afghanistan begonnen. In dieser Situation wird von Deutschland aktive Solidarität und verantwortliches Handeln erwartet und auch geleistet, eine Solidarität, die sich nicht in Lippenbekenntnissen erschöpfen darf, und eine Politik, die Deutschlands Verantwortung in der Welt, aber auch der Verantwortung der Bundesregierung für die Menschen in Deutschland angemessen ist.

Übrigens haben wir das, was wir hier an politischen Aktivitäten entwickelt haben, nicht zuletzt auch gemeinsam mit der Opposition erarbeitet. Ich sage sehr deutlich: Ich bin für manchen Rat - auch für den, der nicht öffentlich gegeben wurde - dankbar. Das Gleiche gilt für diejenigen, die in der Vergangenheit Verantwortung für unser Land getragen haben und mit denen ich mich beraten habe.

Nicht nur bei uns stellen sich viele Menschen die Fragen: Welcher konkrete Beitrag wird im Kampf gegen den Terrorismus von uns gefordert und welche Risiken müssen wir alle miteinander dabei eingehen? Stehen wir vor einer neuen Phase internationaler Instabilität, mit allen Konsequenzen für die äußere und innere Sicherheit, aber auch mit allen Konsequenzen für unsere Freiheit? Die Antwort der Bundesregierung und - soweit ich das verstanden habe - fast des gesamten Hohen Hauses auf diese Fragen ist eindeutig: Wir befinden uns mitten in einer entscheidenden und wahrscheinlich langwierigen Auseinandersetzung mit dem internationalen Terrorismus.

Wir - das gilt für uns alle - haben diesen Konflikt nicht gewollt. Er ist uns durch barbarische Attentate in den Vereinigten Staaten aufgezwungen worden. Aber wir nehmen diese Auseinandersetzung mit dem Terrorismus an und wir werden sie miteinander gewinnen.

Die Vereinigten Staaten von Amerika und wir als Verbündete führen keinen Krieg gegen einzelne Staaten oder Völker und schon gar keinen gegen die islamische Welt insgesamt. Aber wer den Terrorismus fördert und unterstützt, wer seinen Hintermännern und Drahtziehern Unterschlupf bietet, wer ihnen gestattet, ihre Netzwerke des Terrors zu betreiben und ihre Verbrechen vorzubereiten, der wird dafür zur Rechenschaft gezogen.

Das Talibanregime hat all das gewusst. Die Machthaber in Kabul, die ja auch die Unterdrücker ihres Volkes sind, hatten Zeit genug, den Forderungen der Staaten- und Völkergemeinschaft nachzukommen. Sie haben die derzeitige Konfrontation gewollt. Das afghanische Volk ist selbst Opfer von Terrorismus, Armut und Unterdrückung. Darum wollen wir die Menschen in Afghanistan im Rahmen der atlantischen Solidarität, aber vor allem im Rahmen der Vereinten Nationen mit einem wirklich umfassenden Hilfsprogramm unterstützen. ...

Wir müssen und wir werden den Verfassungsschutz an die veränderte Bedrohungslage personell wie strukturell anpassen. Unsere Ermittlungen haben gezeigt, dass es auch bei uns in Deutschland Strukturen terroristischer Netzwerke gibt. Deren Gefährdungspotenzial müssen wir alle sehr ernst nehmen und diese Netzwerke müssen zerschlagen werden.

Handlungsbedarf gibt es auch beim Zivil- und Katastrophenschutz, der teilweise von den Ländern und teilweise von uns zu organisieren ist. Nach dem Ende des Kalten Krieges schienen die früheren Gefährdungslagen weggefallen zu sein. Wir werden unsere Bemühungen um den Schutz der Bevölkerung, die wir nicht aufgegeben haben, nunmehr sehr gezielt auf die neuen Problemlagen hin verstärken. Es geht in erster Linie darum, die erforderlichen Informationen schnell, länderübergreifend und bundesweit zu vernetzen sowie ihre Weiterleitung

- I. Chronik -
Nr. 51/7.X.2001: US-Militärschläge in Afghanistan

zu garantieren, um auf diese Weise effiziente Einsätze sicherzustellen. Dazu gehört auch ein entsprechendes Warnsystem für die Bevölkerung.

Was im Kampf gegen den Terrorismus nicht so sehr weiterhilft, ist eine abstrakte Diskussion über die Verschiebung von Grundsätzen, nach denen unser Gemeinwesen organisiert ist. Ich will gar keine Zweifel aufkommen lassen: Ich plädiere dafür, dass wir unter allen Umständen an der Unterscheidung von äußerer und innerer Sicherheit festhalten. ...

In meiner Regierungserklärung vom 19. September habe ich darauf hingewiesen, dass wir unsere besondere Aufmerksamkeit auf die finanziellen Strukturen der terroristischen Netzwerke richten müssen und es unsere Aufgabe ist, diese Finanzströme zu erfassen und wirksam zu unterbinden. Dazu bedarf es Maßnahmen auf nationaler, aber natürlich auch auf internationaler Ebene. Wir werden eine Zentralstelle zur Bekämpfung der Geldwäsche einrichten sowie Strukturen und Instrumente schaffen, um unerlaubt betriebene Bankgeschäfte und das Schattenbankwesen leichter verfolgen zu können. Am vergangenen Wochenende haben sich die Finanzminister der G-7-Staaten und Russlands auf einen umfassenden Aktionsplan zur Bekämpfung des Terrorismus durch Verhinderung von Geldwäsche und Überwachung der Finanzströme geeinigt. Die vom Bundesfinanzminister entwickelten Maßnahmen und der in internationaler Kooperation verabredete Aktionsplan sind geeignet, die Finanzquellen des Terrorismus auszutrocknen und damit den terroristischen Netzwerken eine wichtige Voraussetzung ihrer Existenz wirksam zu entziehen. ... Ich sage auch ganz unzweideutig: Genauso wenig wie wir uns von den Terroristen in einen 'Kampf der Kulturen' treiben lassen, werden wir im Kampf gegen den Terrorismus jene Werte, die unsere Welt zusammenhalten - die Werte von Freiheit, Solidarität, Rechtssicherheit und Gerechtigkeit -, auch nur einen Millimeter preisgeben. ...

Gerade wir Deutschen, die wir durch die Hilfe und Solidarität unserer amerikanischen und europäischen Freunde und Partner die Folgen zweier Weltkriege überwinden konnten, um zu Freiheit und Selbstbestimmung zu finden, haben nun auch eine Verpflichtung, unserer neuen Verantwortung umfassend gerecht zu werden. Das schließt - und das sage ich ganz unmissverständlich - auch die Beteiligung an militärischen Operationen zur Verteidigung von Freiheit und Menschenrechten, zur Herstellung von Stabilität und Sicherheit ausdrücklich ein. Bei den gezielten Militärschlägen, die im Augenblick von den Vereinigten Staaten und Großbritannien durchgeführt werden, haben unsere amerikanischen und britischen Freunde deshalb nicht nur unsere uneingeschränkte Solidarität verdient. Diese Militärschläge stehen - das kann gar nicht oft genug betont werden - völlig im Einklang mit der Beschlussfassung des Weltsicherheitsrats über die Anwendung legitimer Selbstverteidigung, also mit den Resolutionen 1368 und 1373. In seiner wegweisenden Resolution 1373 hat der Sicherheitsrat der Vereinten Nationen in beeindruckender Weise das Völkerrecht im Hinblick auf die neu entstandenen Bedrohungen angepasst. Das Völkerrecht angepasst zu haben heißt für uns, es innerhalb bestimmter Zeit im Inneren wirksam umzusetzen und es als Richtschnur für nationales und internationales Handeln zu begreifen.

Diese Bedrohungen und Angriffe überschreiten das Maß dessen, was in der internationalen Politik, aber vor allem im Zusammenleben der Menschen, in der Geschichte menschlicher Zivilisation bisher als Angriff von einzelnen Terroristen und terroristischen Gruppen vorstellbar gewesen und tatsächlich realisiert worden ist.

Bürgermeister GIULIANI hat mich vorgestern an den Ort dieser Katastrophe geführt, an den Ort, an dem noch vor wenigen Wochen Tausende von Menschen ihrer Arbeit im World Trade Center nachgingen. Die Erschütterung, die jeden denkenden, fühlenden und mitfühlenden Menschen beim Anblick dieses 'Ground Zero' erfasst, kann man kaum beschreiben; denn - gestatten Sie mir, diese Erfahrung kurz mitzuteilen - die Fernsehbilder, die wir alle gesehen haben, gehen gnädig mit den Zuschauern um, weil sie Distanz schaffen. Wenn man es unmittelbar sieht und erlebt, kann man eigentlich nur zu der Überzeugung kommen, das wir alles, aber auch wirklich alles tun müssen, damit sich diese grausamen Anschläge nicht wiederholen können.

Unsere Verbündeten haben uns bisher nicht um einen direkten militärischen Beistand im Kampf gegen den Terrorismus gebeten. Präsident BUSH hat mir versichert, wie hoch er und das amerikanische Volk den Beitrag schätzen, den wir bisher in der nachrichtendienstlichen Zusammenarbeit, bei der Austrocknung der Finanzquellen und vor allem bei der Herstellung der internationalen Allianz gegen den Terrorismus geleistet haben. Ich habe gegenüber dem amerikanischen Präsidenten deutlich gemacht, dass Deutschland seiner Verantwortung auf

- I. Chronik -
Nr. 52/8.-9.X.2001: EU-Außenministertreffen in Brüssel

allen Gebieten nachkommen wird. Das schließt auch die militärische Zusammenarbeit ausdrücklich ein. Eine solche Verpflichtung ergibt sich für uns aus Artikel 5 des NATO-Vertrags, dessen Anwendbarkeit auf die aktuelle Situation vom NATO-Rat festgestellt worden ist.

Die Bereitschaft, auch militärisch für Sicherheit zu sorgen, ist ein wichtiges Bekenntnis zu Deutschlands Allianzen und Partnerschaften. Aber nicht nur das: Die Bereitschaft, unserer größer gewordenen Verantwortung für die internationale Sicherheit gerecht zu werden, bedeutet auch ein weiter entwickeltes Selbstverständnis deutscher Außenpolitik. International Verantwortung zu übernehmen und dabei jedes unmittelbare Risiko zu vermeiden kann und darf nicht die Leitlinie deutscher Außen- und Sicherheitspolitik sein.

Mit Bezug auf die innenpolitische Diskussion sage ich auch: Wir sollten versuchen, nachzuvollziehen und zu verstehen, dass es viele Menschen gibt, die sich Sorgen um Tatsache und Umfang eines militärischen Beitrags zur Bekämpfung des Terrorismus machen. Mit den Menschen, die sich einer solchen Entwicklung noch verweigern wollen, müssen und werden wir die Diskussion aufnehmen.

Im Übrigen: Dass unsere zivile Gesellschaft gegenüber der Notwendigkeit militärischer Optionen und ihrer Ausübung zurückhaltender als jemals in der deutschen Geschichte geworden ist, begreife ich als einen zivilisatorischen Fortschritt, auch wenn es die eigene Argumentation bezüglich bestimmter Notwendigkeiten schwerer macht. Mir ist - ich glaube, da spreche ich den meisten aus dem Herzen - die Zurückhaltung einer Gesellschaft, die sich zu Recht etwas auf ihren zivilen Charakter einbildet, allemal lieber als jede Form von Hurrapatriotismus. Wir Deutschen stehen - auch das hat der Generalsekretär der Vereinten Nationen sehr deutlich gemacht - an vorderster Front bei der konsequenten Sicherung des Friedens in der Welt, aber ebenso bei der konsequenten Herstellung von Sicherheit und Stabilität, die auf Menschenrechten und Menschenwürde basiert. ..."

(Deutscher Bundestag, Plenarprotokoll)

8. - 9. X. 2001

52. EU zum Vorgehen gegen die Taliban, zum Kampf gegen den Terrorismus und zur Lage im Nahen Osten

Am 8. und 9. Oktober 2001 trafen die Außenminister der EU in Brüssel zu einer Sitzung des Rates Allgemeine Angelegenheiten zusammen, um unter anderem über die Lage in Afghanistan und im Nahen Osten zu beraten. In einer Erklärung zu dem militärischen Vorgehen der USA in Afghanistan drückten sie ihre Solidarität mit den USA erneut aus und ließen Verständnis für deren Militärmaßnahmen erkennen. Eine weitere Erklärung ist dem Vorgehen der EU gegen den Terrorismus sowie der verschärften Lage im Nahen Osten gewidmet.

1. Erklärung des Rates zum Vorgehen der USA gegen die Taliban vom 9. 10. 2001

„Die EU erklärt, dass sie mit den USA uneingeschränkt solidarisch ist und die Aktion entschieden unterstützt, die als Akt der Selbstverteidigung gemäß der VN-Charta und der Resolution1368 des VN-Sicherheitsrates unternommen wird. Die Terroranschläge vom 11. September sind ein Angriff auf unsere offenen, demokratischen, toleranten und multikulturellen Gesellschaften und werden vom VN-Sicherheitsrat als Bedrohung des Weltfriedens und der internationalen Sicherheit angesehen.

Die Staats- und Regierungschefs der EU haben am 21. September deutlich gemacht, dass ein Gegenschlag in der Folge dieser barbarischen Taten legitim ist. Die Mitgliedstaaten haben bestätigt, dass sie bereit sind, entsprechend den jedem von ihnen zur Verfügung stehenden Mitteln zu handeln.

Die EU steht weiterhin in enger Konsultation mit den Vereinigten Staaten. Alle Informationen weisen eindeutig und überzeugend darauf hin, dass Osama BIN LADEN und das Al-Qaida-Netz

- I. Chronik -
Nr. 52/8.-9.X.2001: EU-Außenministertreffen in Brüssel

für die Anschläge des 11. September verantwortlich sind. Einen Monat danach hat es das Taliban-Regime trotz wiederholten Drucks abgelehnt, sich seiner Verantwortung zu stellen und die Verdächtigen zu übergeben, damit sie vor Gericht gestellt werden können. Das Al-Qaida-Netz und das Regime, von dem es unterstützt wird und Unterschlupf erhält, haben nun die Konsequenzen ihres Handelns zu tragen. Die EU betont, dass die sorgsam gezielte Aktion, die am 7. Oktober eingeleitet wurde, kein Angriff auf den Islam oder die Bevölkerung Afghanistans ist, zu deren Unterstützung die Union entschlossen ist. Die EU und ihre Mitgliedstaaten reagieren unmittelbar auf die humanitäre Krise in Afghanistan und der Nachbarregion und haben bereits beschlossen, 316 Mio. Euro zur Verfügung zu stellen. Das afghanische Volk hat eine Regierung verdient, die wirklich repräsentativ ist und seinen Bedürfnissen und Anliegen Rechnung trägt. Eine solche Regierung wird in der EU einen bereitwilligen Partner finden. Die EU ist der Auffassung, dass den Vereinten Nationen hierbei eine wesentliche Aufgabe zukommt.

Die gegenwärtig geführte militärische Aktion ist Teil einer umfassenderen multilateralen Strategie; die Europäische Union ist entschlossen, zu dieser Strategie das Ihrige beizutragen. Dazu gehört ein breit angelegtes Vorgehen gegen die Organisationen und Finanzstrukturen, die der Unterstützung des Terrorismus dienen.

Die EU wird ihre engen Kontakte zu den Ländern der Region und anderen Partnern fortsetzen. Die mit der Europäischen Union assoziierten mittel- und osteuropäischen Länder Bulgarien, Tschechische Republik, Estland, Ungarn, Lettland, Litauen, Polen, Rumänien, Slowakei und Slowenien, die assoziierten Länder Zypern, Malta und Türkei sowie die dem Europäischen Wirtschaftsraum angehörenden EFTA-Länder Island, Liechtenstein und Norwegen schließen sich dieser Erklärung an."

2. Schlussfolgerungen des Rates zum Vorgehen der Europäischen Union vom 9. 10. 2001

„1. Der Rat bekräftigt die Entschlossenheit der Europäischen Union und ihrer Mitgliedstaaten, mit vollem Engagement koordiniert an der globalen Koalition gegen den Terrorismus unter der Ägide der Vereinten Nationen teilzunehmen. Der Terrorismus ist für Europa und die Welt eine beispiellose Herausforderung und stellt eine Bedrohung für unsere Sicherheit und unsere Stabilität dar.

2. Die Union wird entsprechend der gemeinsamen Ministererklärung vom 20. September und im Lichte der jüngsten Gespräche des Präsidenten des Europäischen Rates und des Präsidenten der Kommission vom 28. September in Washington ihre Partnerschaft mit den Vereinigten Staaten auf der Grundlage einer verstärkten Zusammenarbeit und Abstimmung weiter ausbauen.

3. Die Union hat mehrere Initiativen ergriffen, um die Antiterror-Koalition zu erweitern und wirksam umzusetzen. Sie weist auf die Bedeutung ihrer Beziehungen zu ihren arabischen und moslemischen Partnerländern hin. Die Troika hat vom 24. bis 28. September Pakistan, Iran, Saudi-Arabien, Syrien und Ägypten besucht - in Ägypten hat sie auch Gespräche mit den Verantwortlichen der Arabischen Liga geführt, um insbesondere deutlich zu machen, dass es die Europäische Union in aller Form ablehnt, dass die arabische und moslemische Welt mit fanatischen Terrorgruppen gleichgesetzt wird. Eine besondere Konsultation fand mit Russland beim Gipfeltreffen EU-Russland am 3. Oktober in Brüssel statt. Im Anschluss an die auf diesem Gipfeltreffen angenommene gemeinsame Erklärung weist der Rat darauf hin, dass der Dialog mit Russland insbesondere über die Terrorismusbekämpfung intensiviert und ausgebaut werden muss.

4. Der Rat begrüßt die Annahme der Resolution 1373 (2001) durch den Sicherheitsrat der Vereinten Nationen und die Einsetzung des in dieser Resolution vorgesehenen Ausschusses. Er erinnert daran, dass die Union und ihre Mitgliedstaaten zugesagt haben, rasch die zu ihrer vollständigen Umsetzung erforderlichen Maßnahmen zu ergreifen.

5. Der Rat erinnert daran, dass die Union entschlossen ist, in enger Abstimmung mit den Vereinigten Staaten gegen die Finanzquellen des Terrorismus vorzugehen. Er nimmt zur Kenntnis, dass die Kommission die erforderlichen Maßnahmen ergreift, um die Vermögenswerte der Personen einzufrieren, die der im Rahmen der Resolution 1267 eingesetzte Ausschuss für Sanktionen ermittelt hat.

- I. Chronik -
Nr. 52/8.-9.X.2001: EU-Außenministertreffen in Brüssel

6. Die Union wird weiterhin einen engen Dialog mit ihren Partnern im Rahmen des Barcelona-Prozesses – insbesondere auf der Ministertagung am 6. November - sowie mit den Golfstaaten führen. Sie wird die afrikanischen Partnerstaaten in ihrer Absicht unterstützen, auf der Ministertagung EU/Afrika am 11. Oktober einen Entwurf für eine Initiative gegen den Terrorismus auszuarbeiten. Am 20. Oktober wird eine Tagung der Europakonferenz auf Ministerebene zum Thema Terrorismusbekämpfung stattfinden. Sie wird es ermöglichen, die Beitrittsländer stärker zu beteiligen; zum ersten Mal werden- auf besondere Einladung- auch Russland, die Ukraine und die Republik Moldau teilnehmen. Die Organisation der Vereinten Nationen - insbesondere die 56. Tagung ihrer Generalversammlung - wird ein wichtiges Forum zur Verfolgung der Ziele der Union darstellen.

7. Hinsichtlich Afghanistans:

- Der Rat hat eine gesonderte Erklärung im Anschluss an den Gegenschlag in Afghanistan angenommen.

- die Union und ihre Mitgliedstaaten werden alles in ihrer Macht Stehende tun, um eine humanitäre Katastrophe in Afghanistan und seinen Nachbarländern zu vermeiden. Dies muss in enger Zusammenarbeit mit den Vereinten Nationen, dem UNHCR und den übrigen Sonderorganisationen, dem IKRK, den Vereinigten Staaten, den Nachbarländern und mit anderen Partnern im Rahmen multilateraler Organisationen geschehen. In diesem Zusammenhang begrüßt der Rat nachdrücklich die ersten Hilfsmaßnahmen der Kommission für die Flüchtlinge und fordert sie auf, unverzüglich neue Maßnahmen zu unterbreiten.

- Die Europäische Union wird sich bereithalten, um zu gegebener Zeit einen mit Unterstützung der Vereinten Nationen eingeleiteten politischen Prozess in Afghanistan zu fördern und zum Wiederaufbau sowie zur Modernisierung, Entwicklung und Öffnung des Landes beizutragen.

8. Der Rat hat folgende Leitlinien vereinbart:

- Die Union und ihre Mitgliedstaaten werden auf multi- und bilateraler Ebene tätig werden, um die Unterzeichnung, Ratifizierung und rasche Umsetzung aller bestehenden internationalen Übereinkünfte über die Terrorismusbekämpfung und den Abschluss der Verhandlungen über den Entwurf für ein umfassendes Übereinkommen zur Bekämpfung des Terrorismus zu fördern.

- Für die systematische Bewertung der Beziehungen der Union zu Drittländern unter dem Aspekt der eventuell von ihnen ausgehenden Unterstützung für den Terrorismus wird ein Bezugsrahmen erarbeitet werden. In diesem Zusammenhang nimmt der Rat die Absicht der Kommission zur Kenntnis, ihm zu geeigneter Zeit Vorschläge bezüglich der im Rahmen der Gemeinschaft unterhaltenen Beziehungen zu unterbreiten.

- Unter den derzeitigen Umständen müssen die Beziehungen der Union zu einigen Ländern überprüft werden:

- Der dank der Mission der Troika eingeleitete Dialog mit Pakistan wird fortgesetzt und weiterentwickelt werden. Der Rat fordert die Kommission zudem auf zu prüfen, wie die Hilfe der Gemeinschaft für Islamabad verstärkt werden kann, und zwar insbesondere dadurch, dass die Unterzeichnung des Kooperationsabkommens der dritten Generation mit Pakistan in Betracht gezogen wird.

- Die Konsultationen mit Iran werden im Hinblick auf die Aushandlung eines Handels- und Kooperationsabkommens mit diesem Land ausgebaut.

- Die Europäische Union wird im Hinblick auf das zweite Gipfeltreffen mit Indien festlegen, wie es seine Zusammenarbeit mit diesem Land verstärken kann.

- Wichtig ist auch, dass die Union ihr Engagement in Mittelasien und ihre Beziehungen zu den dortigen Ländern verstärkt. Der Rat fordert seine zuständigen Gremien und die Kommission auf, ihm diesbezügliche Vorschläge zu unterbreiten. Für einen substanziellen Beitrag der Union zur Konferenz von Bischkek am 13. und 14.Dezember, auf der es insbesondere um die Terrorismusbekämpfung gehen wird, wird gesorgt werden.

- I. Chronik -
Nr. 53/17.X.2001: EU-Staaten gegen den Terrorismus

9. Die Union bekräftigt ihr aktives Eintreten für die Nichtverbreitung und die Abrüstung sowie ihren Willen, die bereits unternommenen Bemühungen zur Verhinderung regionaler Konflikte und zur Stabilisierung im Zusammenhang mit solchen Konflikten fortzusetzen.

10. Der Rat bekräftigt, dass zur Lösung des Nahostkonflikts eine Rückkehr zu einem echten politischen Prozess erforderlich ist. Er erinnert an seine diesbezüglichen Zusagen und fordert den Hohen Vertreter dazu auf, seine Bemühungen fortzusetzen.

11. Der Rat (Allgemeine Angelegenheiten) wird auf seiner nächsten Tagung prüfen, welche Fortschritte erzielt worden sind."

3. Friedensprozess im Nahen Osten: Erklärung des Rates vom 9. 10. 2001

„Die Europäische Union erklärt, dass sie angesichts der neuerlichen Verschlechterung der Lage im Nahen Osten sehr besorgt ist. Sie bedauert, dass die Zahl der Opfer von Auseinandersetzungen, Terror, Provokation und Gewalt erheblich zugenommen hat. Sie erklärt vorbehaltlos, dass sie den Dialog PERES-ARAFAT unterstützt, der zu einer dauerhaften politischen Lösung führen soll.

Sie appelliert an die Konfliktparteien, aufrichtig den Verpflichtungen nachzukommen, die sie im Rahmen der Waffenruhe eingegangen sind, und den direkten Dialog aufzunehmen, der aufgrund der Empfehlungen des Mitchell-Berichts eingeleitet werden sollte und mit dem dringend die Eröffnung einer Perspektive für eine politische Lösung angestrebt werden sollte.

Die Europäische Union fordert die Konfliktparteien in diesem Zusammenhang auf, sich auf einen unparteiischen Überwachungsmechanismus zu verständigen, der ihnen helfen kann, ihre Differenzen beizulegen und die Hindernisse zu überwinden, die ihnen bei ihren Bemühungen um eine Aussöhnung entgegenstehen. Die EU ist weiterhin bereit, sich an einem derartigen Mechanismus zu beteiligen.

Die Europäische Union begrüßt darüber hinaus die Erklärung von Präsident BUSH, in der das Recht der Palästinenser auf einen lebensfähigen Staat anerkannt wird, sofern das Existenzrecht Israels garantiert wird. Dies ist seit langem Standpunkt der EU.

Die EU betont in diesem Zusammenhang, dass ein intensiverer Dialog zwischen der EU und den Vereinigten Staaten von größter Bedeutung ist. Die Europäische Union ruft die Vereinigten Staaten auf, ihren ganzen Einfluss geltend zu machen, damit eine Beilegung des Konflikts im Nahen Osten zustande kommt."

(Website der EU)

17. X. 2001

53. EU-Staaten zum Vorgehen gegen den Terrorismus

Am 17. Oktober 2001 kam es in Luxemburg zu einer außerordentlichen Tagung des Rates für Allgemeine Angelegenheiten, in dessen Verlauf über das Vorgehen der EU nach den Terroranschlägen vom 11. September beraten wurde. Die folgenden Schlussfolgerungen des Rates bekräftigen erneut die Solidarität mit den USA und legen mehrere Maßnahmen der EU fest.

Schlussfolgerungen des Rates der EU vom 17. 10. 2001 zum Vorgehen nach den Terroranschlägen in den Vereinigten Staaten

„1. Die Europäische Union erklärt sich uneingeschränkt solidarisch mit den Vereinigten Staaten und teilt deren Ziele bei der Bekämpfung des Terrorismus. Sie bekräftigt die Bedeutung ihrer engen Konsultationen mit den Vereinigten Staaten. Sie bestätigt ihre vorbehaltlose Unterstützung für die in legitimer Selbstverteidigung ergriffenen Maßnahmen, die mit der Charta der Vereinten Nationen und der Resolution 1368 des Sicherheitsrates der Vereinten Nationen im Einklang stehen.

- I. Chronik -
Nr. 53/17.X.2001: EU-Staaten gegen den Terrorismus

2. Der Rat hat erneut auf die Bedeutung einer multilateralen und globalen Vorgehensweise unter Leitung der Vereinten Nationen zur Stärkung der internationalen Koalition bei der Bekämpfung des Terrorismus in allen seinen Ausprägungen hingewiesen. Die Union wird sich in den Vereinten Nationen und den übrigen zuständigen internationalen Organisationen entschlossen für eine Stärkung des Kampfes gegen den Terrorismus einsetzen. Sie wird insbesondere die 'Ministerwoche' im Rahmen der VN-Generalversammlung im November nutzen, um auf die Verwirklichung ihrer Ziele hinzuwirken.

3. Die humanitäre Soforthilfe für Afghanistan stellt eine absolute Priorität für die Union dar, die sich verpflichtet, unverzüglich eine Hilfe von mehr als 320 Mio. Euro bereitzustellen. In diesem Zusammenhang wird die Freigabe von 25 Mio. Euro aus der Reserve die Kommission (ECHO) in die Lage versetzen, den dringendsten humanitären Bedürfnissen nachzukommen. Die Bereitstellung und die Weiterleitung der Hilfe werden regelmäßig überprüft.

4. Der Rat zeigt sich besorgt angesichts der Schwierigkeiten, die die Verbringung der humanitären Hilfe nach Afghanistan und die Weiterleitung im Lande selbst aufwerfen. Er unterstützt die Bemühungen der Sonderorganisationen der Vereinten Nationen, des IKRK sowie der humanitären Organisationen insgesamt um praktische und flexible Lösungen. Der Rat appelliert ferner an die Länder der Region, dass sie die humanitären Maßnahmen im Hinblick auf die Aufnahme neuer Flüchtlingsströme aus Afghanistan mit allen ihnen zur Verfügung stehenden Mitteln fördern, und er wird die notwendigen Mittel aufbringen, um sie dabei zu unterstützen.

5. Der Rat (Allgemeine Angelegenheiten) hat vereinbart, dass die künftigen Arbeiten der Union in Bezug auf Afghanistan sich an folgenden Punkten orientieren werden, sobald das Netzwerk Al Qaida und seine Terroristen eliminiert sind:

– Einsetzung einer stabilen, legitimierten und weitgehend repräsentativen Regierung in Afghanistan, die Ausdruck des Willens der Bevölkerung ist;

– wesentliche Rolle der VN bei den Bemühungen um einen Friedensplan für Afghanistan;

– weiterhin absoluter Vorrang für die humanitäre Soforthilfe;

– Wiederaufbauplan für das Land;

– regionale Dimension der Stabilisierung Afghanistans.

Er beauftragt den Vorsitz, den Hohen Vertreter und die Kommission, mit der internationalen Gemeinschaft und insbesondere mit dem Generalsekretär der Vereinten Nationen und dessen persönlichem Vertreter, Herrn BRAHIMI, unverzüglich Kontakt aufzunehmen, um einen wirksamen Beitrag zu den Bemühungen der Vereinten Nationen zu leisten.

6. Der Rat hat beschlossen, die Beziehungen der Europäischen Union zu den Nachbarländern Afghanistans zu intensivieren, um einen Beitrag zur Stabilität in der Region zu leisten. Der politische Dialog mit Pakistan, dessen Bemühungen in der augenblicklichen Situation zu würdigen sind, wird in Betracht gezogen. Die Unterzeichnung eines Kooperationsabkommens mit Pakistan wird in Betracht gezogen. Der Rat nimmt die Vorschläge der Kommission im Bereich des Handels zur Kenntnis und begrüßt ihre Absicht, in Abstimmung mit den internationalen Finanzinstitutionen eine Finanzhilfe bereitzustellen.

7. Der Präsident des Rates hat die indische Regierung am 15. Oktober 2001 von der Absicht der Union unterrichtet, im Hinblick auf das Gipfeltreffen zwischen der EU und Indien am 23. November über einen Ausbau des politischen Dialogs und der Zusammenarbeit mit diesem Land zu befinden.

8. Der Rat setzt den politischen Dialog mit Iran fort und begrüßt in diesem Zusammenhang die Zusage der Kommission, im November 2001 ein Mandat für die Aushandlung eines Handels- und Kooperationsabkommens mit Iran vorzulegen.

9. Die Beziehungen zu den Ländern Zentralasiens sollen aktiver ausgestaltet werden. Der Rat hat Kenntnis davon genommen, dass die Kommission so rasch wie möglich eine Mitteilung zu Zentralasien vorlegen wird, in der sie konkrete Initiativen im Rahmen der Intensivierung der Beziehungen der Union zu diesen Ländern vorschlagen wird. Der Rat hat ferner auch den Hohen Vertreter ersucht, Vorschläge auszuarbeiten.

- I. Chronik -
Nr. 53/17.X.2001: EU-Staaten gegen den Terrorismus

10. Im Anschluss an die Mission der Minister-Troika von Ende September ist die Union entschlossen, den engen und abgestimmten politischen Dialog mit unseren arabischen und moslemischen Partnern fortzuführen, und ersucht den Vorsitz und den Hohen Vertreter, den Rat fortlaufend zu unterrichten.

11. Die Union hebt die dringende Notwendigkeit hervor, dem Friedensprozess im Nahen Osten einen neuen Impuls zu verleihen. Unter Verweis auf seine Erklärung vom 8. Oktober 2001 hat der Rat den Hohen Vertreter ersucht, zusammen mit den Vereinigten Staaten und den wichtigsten Beteiligten seine Bemühungen fortzusetzen, die darauf abzielen, die Parteien des Nahostkonflikts dazu zu bringen, den Weg einer politischen Lösung dieses Konflikts einzuschlagen, welche die Errichtung eines palästinensischen Staates und das Recht Israels, in Frieden und Sicherheit zu leben, als Grundlage hat.

12. Die Mitgliedstaaten werden ihre Aktionen und Maßnahmen untereinander abstimmen, um insbesondere die Effizienz der Besuche von Ministern in der Region zu gewährleisten.

13. Die Union wird ferner ihre Handlungsfähigkeit dadurch verbessern, dass die gemeinsame Außen- und Sicherheitspolitik ausgebaut und die Europäische Sicherheits- und Verteidigungspolitik so rasch wie möglich operativ gemacht wird.

14. Der Rat hat den Bericht des Vorsitzes über die Arbeiten der verschiedenen Ratsformationen zur Terrorismusbekämpfung geprüft.

15. Er begrüßt, dass in allen Ratsformationen die Arbeiten zur Verstärkung der Terrorismusbekämpfung gut vorangekommen sind und bereits erste Ergebnisse gezeigt haben. Die Schlussfolgerungen der informellen Sondertagung des Europäischen Rates vom 21. September 2001 kommen überall zum Tragen. Herausgestellt wurden insbesondere folgende Ergebnisse:

- die insbesondere in Anwendung der Resolution 1373 des Sicherheitsrates der Vereinten Nationen bereits ergriffenen Maßnahmen gegen die Finanzierungsquellen des Terrorismus, wie die politische Einigung über die Richtlinie gegen die Geldwäsche, die vollständige Anwendung der Maßnahmen der FATF und das Einfrieren von Vermögenswerten von Personen und Organisationen mit Verbindungen zu den Taliban;

- die laufenden Arbeiten zur Erstellung einer Liste terroristischer Organisationen und der wertvolle Beitrag, den die Nachrichtendienste hierzu leisten; nach Auffassung des Rates sind deren regelmäßige Treffen von entscheidender Bedeutung für einen erfolgreichen Kampf gegen den Terrorismus; der Rat hat ein System von Indikatoren gebilligt, anhand deren Engagement und Bereitschaft zur Zusammenarbeit von Drittländern bei der Terrorismusbekämpfung bewertet werden können;

- die bereits erzielten Fortschritte bei der Prüfung der Kommissionsvorschläge in Bezug auf den europäischen Haftbefehl und Terrorismus als Straftatbestand sowie die Festlegung einer koordinierten Position der Europäischen Union im Rahmen des Abschlusses eines weltweiten VN-Übereinkommens gegen den internationalen Terrorismus; der Rat bittet darum, dass gleichzeitig alle Maßnahmen geprüft werden, die die gegenseitige Rechtshilfe mit Drittländern bei der Verfolgung von Urhebern terroristischer Anschläge oder von terroristischen Vereinigungen erleichtern;

- die zahlreichen laufenden Kontakte mit den USA, insbesondere das bevorstehende Treffen mit der Troika auf operativer Ebene am 19. Oktober in Washington, an dem Vertreter der Task Force der Polizeichefs, der für die Terrorismusbekämpfung zuständigen Gruppe von Europol, von Eurojust und der Nachrichtendienste teilnehmen werden.

16. Der Rat hat den vom Vorsitz vorgelegten ‚Fahrplan' begrüßt, in dem alle Initiativen und Arbeiten des Rates aufgeführt sind und aus dem auch hervorgeht, wer jeweils die Federführung hat, welche Fristen gelten und welche Fortschritte bereits erzielt wurden. Der Rat hat darum gebeten, dass der Fahrplan vom Ausschuss der Ständigen Vertreter regelmäßig auf den neuesten Stand gebracht wird. Er ist der Ansicht, dass dieser Fahrplan ein wesentliches Instrument zur Messung der in allen Ratsformationen erzielten Ergebnisse darstellt. Er wird auf seiner nächsten Tagung die weiteren Fortschritte anhand der aktualisierten Fassung des Fahrplans prüfen.

- I. Chronik -
Nr. 54/19.X.2001: EU-Gipfel in Gent zu Terrorismus

17. Der Rat hat den Ausschuss der Ständigen Vertreter beauftragt, dafür Sorge zu tragen, dass die Union gemäß der Resolution 1373 des Sicherheitsrates einen Bericht über die Maßnahmen erstellt, die sie zur Durchführung der Resolution ergriffen hat."

(Website der EU)

19. X. 2001

54. EU-Gipfel zu weiteren Maßnahmen gegen Terrorismus

Am 19. Oktober 2001 trafen im belgischen Gent die Staats- und Regierungschefs der Europäischen Union sowie der Präsident der EU-Kommission zu einem Sondertreffen zusammen, auf dem unter anderem auch die Reaktionen der EU auf die terroristischen Anschläge vom 11. September behandelt wurden. Der Europäische Rat brachte dabei seine Unterstützung für das amerikanische Vorgehen in Afghanistan zum Ausdruck und bekräftigte den zuvor vom Rat für Allgemeine Angelegenheiten beschlossenen Katalog von Maßnahmen gegen den Terrorismus. Des Weiteren betonten die Teilnehmer, wie wichtig die Lösung der politischen Fragen im Nahen Osten für die Bekämpfung des Terrorismus seien.

Erklärung der Staats- und Regierungschefs der Europäischen Union und des Präsidenten der Kommission vom 19. 10. 2001 über die Maßnahmen nach den Terroranschlägen vom 11. 9. und die Terrorismusbekämpfung

„Der Europäische Rat bringt erneut und unmissverständlich seine volle Unterstützung für die Maßnahmen zur Bekämpfung des Terrorismus in allen seinen Aspekten in dem von den Vereinten Nationen festgelegten Rahmen zum Ausdruck und bekräftigt seine uneingeschränkte Solidarität mit den Vereinigten Staaten.

1. Der Europäische Rat hat von dem Bericht des Präsidenten des Rates 'Allgemeine Angelegenheiten' Kenntnis genommen. Er misst der Information, der Konsultation und der Koordinierung mit den Vereinigten Staaten eine besondere Bedeutung bei. Der Europäische Rat bekräftigt seine ganz entschiedene Unterstützung für die am 7. Oktober eingeleiteten militärischen Operationen, die im Sinne der Charta der Vereinten Nationen und der Resolution 1368 des Sicherheitsrats der Vereinten Nationen rechtmäßig sind. Er stellt fest, dass diese gezielten Aktionen mit den Schlussfolgerungen der Sondertagung des Europäischen Rates vom 21. September im Einklang stehen. Die Partner werden weiterhin alle erforderlichen Maßnahmen treffen, um die Zivilbevölkerung zu schonen. Der Europäische Rat ist entschlossen, den Terrorismus in allen seinen Formen und überall in der Welt zu bekämpfen. In Afghanistan besteht das Ziel weiterhin in der Beseitigung der terroristischen Organisation Al Qaeda, die hinter den Anschlägen vom 11. September steht und deren Führer vom Talibanregime nicht ausgeliefert worden sind. Ab sofort muss unter der Ägide der Vereinten Nationen darauf hingewirkt werden, dass eine stabile, legitime Regierung gebildet wird, die die gesamte afghanische Bevölkerung repräsentiert, die Menschenrechte achtet und gute Beziehungen zu allen Nachbarländern entwickelt. Sobald dieses Ziel erreicht ist, wird die Europäische Union sich zur Stabilisierung der Region mit der Staatengemeinschaft in einem umfassenden und ehrgeizigen politischen und humanitären Hilfsprogramm für den Wiederaufbau Afghanistans engagieren. Der Vorsitz wird zusammen mit dem Hohen Vertreter und der Kommission die Kontakte mit allen Ländern der Region fortsetzen, um sie daran zu beteiligen. Der Europäische Rat wird seine Bemühungen um eine Verstärkung der Koalition der Staatengemeinschaft fortsetzen, um den Terrorismus unter allen seinen Aspekten zu bekämpfen.

2. Der Europäische Rat hat die Durchführung des Aktionsplans zur Bekämpfung des Terrorismus geprüft. Gemäß diesem Plan sind inzwischen 79 Maßnahmen eingeleitet. Diese Maßnahmen werden zügig nacheinander durchgeführt und haben bereits die ersten Ergebnisse gezeigt. Ohne die Gesamtheit dieser Maßnahmen aus dem Auge zu verlieren, fordert der Europäische Rat den Rat auf, sich insbesondere auf die nachstehenden vier Punkte zu konzentrieren, die so bald wie möglich umzusetzen sind:

- I. Chronik -
Nr. 54/19.X.2001: EU-Gipfel in Gent zu Terrorismus

- Billigung der konkreten Modalitäten des Europäischen Haftbefehls, der gemeinsamen Definition der terroristischen Straftatbestände und der Einfrierung von Vermögensgegenständen auf der Tagung des Rates 'Justiz und Inneres' am 6. und 7. Dezember auf der Grundlage der bereits erzielten Fortschritte; der Europäische Rat bekräftigt seine Entschlossenheit, den Grundsatz der doppelten Strafbarkeit für ein breites Spektrum von Handlungen, insbesondere terroristischen Straftaten, die zu einem Antrag auf direkte Überstellung führen, abzuschaffen;

- Verstärkung der Zusammenarbeit zwischen den operativen Dienststellen, die für die Terrorismusbekämpfung zuständig sind: Europol, Eurojust, Nachrichtendienste, Polizeidienste und die Justizbehörden. Diese Zusammenarbeit muss es insbesondere ermöglichen, bis Jahresende eine Liste der terroristischen Organisationen zu erstellen.

- wirksame Bekämpfung der Finanzierung des Terrorismus durch die förmliche Annahme der Richtlinie über die Geldwäsche und die beschleunigte Ratifizierung des Übereinkommens der Vereinten Nationen zur Bekämpfung der Finanzierung des Terrorismus durch alle Mitgliedstaaten; darüber hinaus müssen die Zusagen der FATF, deren Mandat erweitert werden müsste, bis Jahresende in Rechtsakte umgesetzt werden;

- unverzügliche Billigung der Vorschläge der Kommission im Bereich der Flugsicherheit.

3. Die humanitäre Hilfe für Afghanistan und die angrenzenden Länder ist eine absolute Priorität. Die Europäische Union und die Mitgliedstaaten werden zusammen mit anderen Gebern alle erforderliche humanitäre Hilfe leisten, um den Bedürfnissen der Bevölkerung und der afghanischen Flüchtlinge Rechnung zu tragen. Die Union unternimmt ihre Bemühungen im Rahmen der Arbeit der Vereinten Nationen, des Internationalen Komitees vom Roten Kreuz und der anderen humanitären Organisationen. Sie würdigt das von der Russischen Föderation unterbreitete Angebot einer engen Zusammenarbeit bei der Beförderung der Hilfsgüter. Der Europäische Rat hat sich mit den wirtschaftlichen und finanziellen Folgen der afghanischen Krise für die Nachbarstaaten, die Flüchtlinge aufnehmen, befasst. Die Aufnahme von Flüchtlingen in diesen Ländern kann nur vorübergehend sein, denn das Ziel ist ihre Rückkehr nach Afghanistan, sobald die Krise behoben sein wird. Die Union wird alle erforderlichen Maßnahmen treffen, um die nachteiligen wirtschaftlichen, finanziellen und humanitären Auswirkungen auf diese Länder zu lindern. Entsprechend den Schlussfolgerungen des Rates 'Allgemeine Angelegenheiten' vom 17. Oktober 2001 wird der Rat seine Beziehungen zu den Ländern der Region verstärken.

4. In demselben Rahmen hat der Europäische Rat ferner die konkreten Kooperationsvorschläge geprüft, die von amerikanischer Seite im Anschluss an das Treffen vom 27. September zwischen dem Präsidenten des Europäischen Rates und dem Präsidenten der Vereinigten Staaten formuliert wurden. Die technische Prüfung dieser Vorschläge ist sogleich eingeleitet worden, und sie sind bereits Gegenstand von Gesprächen zwischen den amerikanischen Stellen und der operativen Troika in Washington. Die meisten dieser Vorschläge sind schon von dem Aktionsplan der Europäischen Union erfasst. Ferner ist die Union bereit, sich mit den Vereinigten Staaten an Initiativen auf der Basis der Gegenseitigkeit zu beteiligen, wie z.B. -
der Erleichterung der Rechtshilfe zwischen den zuständigen Behörden der Vereinigten Staaten und der Mitgliedstaaten sowie der Auslieferung im Bereich des Terrorismus im Einklang mit den Verfassungsbestimmungen der Mitgliedstaaten;

- der Verstärkung der gemeinsamen Maßnahmen im Bereich der Nichtverbreitung und der Kontrolle der Ausfuhr von Waffen und chemischen, bakteriologischen und nuklearen Stoffen, die zu terroristischen Zwecken verwendet werden könnten;

- der Verstärkung unserer Zusammenarbeit zur Gewährleistung der Sicherung der Pässe und Visa sowie der Bekämpfung der Dokumentenfälschung.

5. Der Europäische Rat hat sich mit der Bedrohung beschäftigt, die darin besteht, dass bei terroristischen Aktionen biologische und chemische Mittel eingesetzt werden können. Dies verlangt eine adäquate Reaktion vonseiten jedes Mitgliedstaats und der Europäischen Union insgesamt. In Europa ist keinerlei Anschlag dieser Art festgestellt worden. Von öffentlicher Seite wird weiterhin eine erhöhte Wachsamkeit an den Tag gelegt werden und die Zusammenarbeit zwischen den Nachrichtendiensten, den Polizeibehörden sowie den für Katastrophenschutz und für Gesundheit zuständigen Stellen wird verstärkt.

- I. Chronik -
Nr. 55/29.X.2001: EU zum Nahen Osten

Parallel zu den bereits getroffenen Maßnahmen ersucht der Europäische Rat den Rat und die Kommission, ein Programm auszuarbeiten, das einer besseren Zusammenarbeit zwischen den Mitgliedstaaten in den Bereichen Risikobewertung, Gefahrenwarnung und Intervention, Lagerung von Einsatzmitteln sowie Forschung dient. Dieses Programm muss sowohl auf die Erkennung und Bestimmung infektiöser und toxischer Wirkstoffe als auch auf die Prävention und die Behandlung von chemischen oder biologischen Aggressionen abstellen. Die Ernennung eines europäischen Koordinators für Katastrophenschutzmaßnahmen wird Teil dieses Programms sein. Gegen die verantwortungslosen Personen, die die derzeitige Situation ausnutzen, um falschen Alarm auszulösen, werden die Mitgliedstaaten entschlossene Maßnahmen ergreifen, indem sie insbesondere Straftaten dieser Art streng ahnden.

6. Der Europäische Rat betont, dass die Wiederaufnahme des Nahost-Friedensprozesses ohne Vorbedingung von entscheidender Bedeutung ist. Die Resolutionen 242 und 338 müssen die Grundlage für eine politische Lösung bleiben, die auf der Schaffung eines palästinensischen Staates und dem Recht Israels, in Frieden und Sicherheit zu leben, basiert. Eine solche Lösung setzt unbedingt voraus, dass der Gewalt Einhalt geboten wird und der Grundsatz zweier Staaten Anerkennung findet. Der Vorsitz der Europäischen Union wird gemeinsam mit dem Hohen Vertreter und der Kommission beauftragt, sich in die unmittelbar betroffenen Länder zu begeben, um zu prüfen, wie die Union die Wiederaufnahme dieses Prozesses fördern kann. Die Union wird der Wiederankurbelung der Wirtschaftstätigkeit und der Investitionen in den palästinensischen Gebieten besondere Bedeutung beimessen.

7. Die Europäische Union wird ihre Bemühungen in anderen Regionen der Welt verstärken, um ein gerechtes weltweites System der Sicherheit, des Wohlstands und der Entwicklung zu fördern. Das Recht muss in den Gebieten, in denen kein Recht herrscht, wiederhergestellt werden. Die Rückkehr zur Stabilität auf dem Balkan bleibt für die Europäische Union auf jeden Fall eine Priorität.

8. Zur Verhinderung der Gleichsetzung von Terrorismus und arabischer und muslimischer Welt hält es der Europäische Rat es für unerlässlich, dass der Dialog von gleich zu gleich zwischen unseren Zivilisationen, insbesondere im Rahmen des Barcelona-Prozesses, aber auch durch einen aktiven kulturellen Austausch, gefördert wird. Die Union ersucht die Verantwortlichen in den Mitgliedstaaten, dem Dialog zwischen den Kulturen sowohl auf internationaler Ebene als auch innerhalb ihrer Gesellschaft eine konkrete Priorität einzuräumen."

(Website der EU)

29. X. 2001

55. EU über Grundsätze einer Nahost Friedensregelung

Am 29. Oktober 2001 verabschiedete der Rat für Allgemeine Angelegenheiten der EU die nachfolgende Erklärung zum Nahen Osten. Angesichts der eskalierenden Gewalt zwischen Israelis und Palästinensern forderten die Außenminister beide Seiten zur Rückkehr zum Verhandlungsprozess auf und bekräftigten die grundlegenden Prinzipien, die ihrer Meinung nach den Friedensprozess anleiten sollten.

Erklärung des Rates der EU zum Nahen Osten vom 29. 10. 2001

„Anlässlich des zehnten Jahrestages der Madrider Konferenz hält es die Europäische Union für erforderlich, ihre Überzeugung in Erinnerung zu rufen, dass der allmählich und mühsam durch Verhandlungen und Abkommen zwischen den einzelnen Parteien zustande gekommene Rahmen für den 'Friedensprozess' die einzige vernünftige Hoffnung auf ein Ende des Konflikts darstellt, dessen Fortsetzung die Leiden der betroffenen Völker nur verschlimmern kann.

Die Situation im Nahen Osten verschlechtert sich unaufhörlich. Die Gewalt hat in den letzten Tagen ein seit Jahren nicht mehr gekanntes Ausmaß angenommen. Misstrauen, Angst und Hass führen zu einer weiteren Radikalisierung. Das Fehlen einer politischen Perspektive fördert die weitere Konfrontation und spielt den Extremisten in die Hände.

- I. Chronik -
Nr. 56/6.XI.2001: BRD bei Operation Enduring Freedom

Die Europäische Union ruft Israelis und Palästinenser dazu auf, unverzüglich und ohne jede Vorbedingung den Verhandlungsweg auf der Grundlage der Empfehlungen des Mitchell-Berichts und des Tenet-Plans wieder einzuschlagen, solange noch Zeit hierfür ist. Sie fordert die israelischen Behörden auf, den sofortigen Rückzug ihrer Streitkräfte aus der unter alleiniger palästinensischer Verwaltung stehenden Zone (der so genannten Zone A) abzuschließen. Sie fordert die Palästinensische Behörde auf, alles zu tun, um die für die Gewaltakte gegenüber Israel Verantwortlichen dingfest zu machen.

Trotz Schwierigkeiten und Hindernissen aller Art sind zahlreiche Etappen des Friedensprozesses zurückgelegt worden. Damit ist etwas erreicht worden, was bewahrt und vor allem weiter ausgebaut werden muss; zu dem Erreichten gehören insbesondere

- die Grundsätze der Madrider Konferenz, insbesondere der Grundsatz 'Land für Frieden',
- die Resolutionen 242 und 338 des Sicherheitsrats der Vereinten Nationen,
- die von den Parteien unterzeichneten Abkommen, die vor Ort zu konkreten Ergebnissen geführt haben, und die bei den vorhergehenden Verhandlungen erzielten Fortschritte.

Unter den derzeitigen Umständen fordert die Europäische Union beide Seiten dazu auf, auf politischem, sicherheitspolitischem, wirtschaftlichem und sozialem Gebiet alles für die bedingungslose Rückkehr zum Verhandlungsweg zu tun, mit dem Ziel, die auf der Madrider Konferenz von 1991 zum Ausdruck gebrachten legitimen Erwartungen der Völker der Region zu erfüllen, nämlich

- auf palästinensischer Seite die Schaffung eines lebensfähigen, demokratischen Staates sowie das Ende der Besetzung ihrer Gebiete,
- auf israelischer Seite das Recht auf ein Leben in Frieden und Sicherheit innerhalb international anerkannter Grenzen.

Die Europäische Union erinnert auch daran, dass bei der Suche nach einem globalen und dauerhaften Frieden in der Region zwei Teilaspekte des Konflikts, nämlich der Konflikt zwischen Israel und Syrien und der Konflikt zwischen Israel und dem Libanon gebührend berücksichtigt und nach denselben Grundsätzen gelöst werden müssen.

Die Suche nach dem Frieden ist in erster Linie eine Angelegenheit der Beteiligten selbst, die alle Bestandteile des dauerhaften Status aushandeln müssen. Hierzu gehören auch die Aussicht auf eine gerechte und durchführbare Lösung der besonders komplizierten Fragen im Zusammenhang mit Jerusalem und den Flüchtlingen und Wirtschaftshilfe für die palästinensische Bevölkerung. Die Europäische Union bekräftigt noch einmal ihre Bereitschaft, in enger Zusammenarbeit mit den Vereinigten Staaten von Amerika und den übrigen betroffenen Partnern, an der endgültigen Beilegung des Konflikts mitzuwirken."

(Website der EU)

6. XI. 2001

56. Deutschland leistet militärische Hilfe für Operation Enduring Freedom

Einen Monat nach Beginn der militärischen Operationen in Afghanistan wurde am 6. November 2001 bekannt, dass die USA ein generelles Angebot der deutschen Bundesregierung angenommen hatte, militärische Hilfestellung zu leisten. In einer Erklärung vom 6. November spezifizierte der amerikanische Verteidigungsminister Donald RUMSFELD diese Bitte. Das Kabinett beschloss, dieser Bitte zu entsprechen und am 8. November wurde im Bundestag eine entsprechende Regierungserklärung abgegeben, die die Gegenstände der deutschen Beteiligung umriss.

- I. Chronik -
Nr. 56/6.XI.2001: BRD bei Operation Enduring Freedom

1. Erklärung des US-Verteidigungsministers zur Bitte um militärischen Beistand Deutschlands im Kampf gegen den internationalen Terrorismus, vom 6. 11. 2001

"The U.S. asked for assistance from Germany. They responded positively. Discussions were held at Central Command as to what might be appropriate. The U.S. then requested of Germany some of the capabilities that had been discussed, but we did not request a specific number (3900) of Special Forces, which was the question I was asked. The U.S. is pleased that Germany responded positively. Both Chancellor SCHRÖDER and my statements are consistent.

Did the U.S. solicit Germany's offer of military assistance to participate in Operation Enduring Freedom? We welcome Germany's offer to provide a variety of military capabilities to support the global campaign against terrorism in accordance with its commitments as a NATO ally under Article 5 of the Washington Treaty. The U.S. has made specific requests of Germany in the fight against terrorism during extensive and on-going consultations that help shape our approach to Operation Enduring Freedom.

We reach decisions jointly during these discussions, as is the norm among NATO allies. These are confidential discussions; we leave it to our coalition partners, of which Germany is one of the strongest, to decide how to announce specific forms of cooperation. The United States Central Command is working with German military authorities to integrate German forces into our anti-terrorist efforts."

(Dokumentarchiv.de)

2. Regierungserklärung des deutschen Bundeskanzlers zur Beteiligung bewaffneter deutscher Streitkräfte an der Bekämpfung des internationalen Terrorismus, 8. 11. 2001 vor dem Deutschen Bundestag in Berlin (Auszüge)

„,...,Der Deutsche Bundestag unterstützt die Bereitschaft der Bundesregierung, den Bekundungen der uneingeschränkten Solidarität mit den Vereinigten Staaten konkrete Maßnahmen des Beistands folgen zu lassen. Dazu zählen politische und wirtschaftliche Unterstützung sowie die Bereitstellung geeigneter militärischer Fähigkeiten zur Bekämpfung des internationalen Terrorismus.' Dies hat der Deutsche Bundestag bereits am 19. September mit übergroßer, fraktionsübergreifender Mehrheit beschlossen.

Rufen wir uns in Erinnerung, dass der Sicherheitsrat der Vereinten Nationen schon am Tag nach den Anschlägen einstimmig die völkerrechtlich verbindliche Resolution 1368 verabschiedet hat. Darin wird festgestellt, dass die Angriffe eine Bedrohung des internationalen Friedens und der Sicherheit darstellen und das Selbstverteidigungsrecht nach Artikel 51 der Charta der Vereinten Nationen auslösen. Der NATO-Rat hat am 4. Oktober erstmalig in der Geschichte des Bündnisses den Bündnisfall nach Artikel 5 des NATO-Vertrags festgestellt. Das Bündnis hat unverzüglich erste Schritte zur Unterstützung der USA eingeleitet. Die Bundesrepublik Deutschland hatte sich damit konkret verpflichtet, zu den Maßnahmen gegen den Terrorismus beizutragen.

Am 7. Oktober haben die Vereinigten Staaten, unterstützt von Großbritannien, mit der militärischen Operation ‚Enduring Freedom' zur Bekämpfung des Terrorismus begonnen. Die amerikanische Regierung hat nun konkrete Anfragen an uns gerichtet. Sie umfassen die Bereitstellung von ABC-Abwehrkräften, einer Einheit zur Evakuierung von Verletzten, von Spezialkräften der Bundeswehr, von Lufttransportkräften zum Transport von Personen und Material sowie von Seestreitkräften - zum Beispiel zur Kontrolle des freien Schiffsverkehrs und zum Schutz von Schiffen mit gefährlicher Ladung. Das Bundeskabinett hat gestern beschlossen, dieser Bitte zu entsprechen.

Wir erfüllen damit die an uns gerichteten Erwartungen und leisten das, was uns objektiv möglich ist und was in dieser Situation politisch zu verantworten ist. Alles in allem werden an der Operation ‚Enduring Freedom' maximal 3900 deutsche Berufs- und Zeitsoldaten beteiligt sein. Ein gleichzeitiger Einsatz aller Soldaten ist allerdings nicht zu erwarten. Das Mandat ist auf zwölf Monate begrenzt. Bei einer Verlängerung müsste der Bundestag erneut befasst werden. Zunächst geht es nur um die Bereitstellung der deutschen Kräfte, auch wenn der Bundestag schon jetzt um die Zustimmung für einen späteren Einsatzbeschluss gebeten wird. Dieses Verfahren ist nicht neu. ...

- I. Chronik -
Nr. 56/6.XI.2001: BRD bei Operation Enduring Freedom

Natürlich stellen sich viele Menschen in Deutschland jetzt besorgt die Frage, welche Konsequenzen der deutsche Beitrag für uns hat - und insbesondere für unsere Soldaten. Es gibt darauf keine endgültige Antwort. Ich bin mir wohl bewusst: Jeder Auslandseinsatz birgt Risiken und Gefahren. Aber ich möchte in aller Deutlichkeit erklären: Wir werden alle Anstrengungen unternehmen, die bestmögliche Sicherheit unserer Soldaten zu gewährleisten. Wir sind nicht die einzigen, die aufgefordert sind, ihrer Verantwortung auch durch einen militärischen Beitrag nachzukommen. Kanada und Australien zählen zu den Staaten, die sich an den Maßnahmen beteiligen - aber auch die Türkei, die Tschechische Republik und unsere europäischen Partner Frankreich, Italien und Großbritannien.

Die militärischen Operationen richten sich auf der Grundlage der Resolution 1368 des Sicherheitsrats gegen das terroristische Netzwerk von Osama BIN LADEN und gegen das den Terrorismus unterstützende Talibanregime in Afghanistan. Vergessen wir nicht, dass es sich hier um ein Gewaltregime handelt, das den Tod vieler tausend Afghanen, das Unterdrückung und Massenvertreibungen und auch Akte kultureller Barbarei zu verantworten hat. Ein Regime, das darüber hinaus terroristische Bestrebungen mit dem Ziel fördert, die Stabilität arabischer und muslimischer Staaten zu erschüttern. Ich betone aber noch einmal: Der Kampf gegen den Terrorismus ist nicht mit militärischen Mitteln allein zu gewinnen. Wir müssen dauerhafte Anstrengungen auf vielerlei Ebenen unternehmen, um dieser Herausforderung zu begegnen.
...

Die Eindämmung des internationalen Terrorismus verlangt große Anstrengungen und langen Atem. Wir haben ein gemeinsames Interesse, die militärische Operation zu einem raschen und erfolgreichen Ende zu führen. Und wir begrüßen ausdrücklich die Zusicherung der amerikanischen Regierung, alle nur möglichen Vorkehrungen zu treffen, um zivile Opfer zu vermeiden. Mit unseren humanitären Bemühungen machen wir zugleich deutlich, dass sich die militärischen Operationen nicht gegen das afghanische Volk richten, sondern gegen den Terrorismus. Allein Deutschland hat in den vergangenen Jahren humanitäre Leistungen in Höhe von mehr als 100 Millionen DM erbracht. Afghanistan war immer ein Schwerpunktland unserer humanitären Hilfe. Auch deswegen haben wir in diesem Jahr den Vorsitz in der Afghanistan Support Group inne.

Mindestens ebenso wichtig wie militärisches und humanitäres Engagement sind politische und diplomatische Bemühungen. Wirtschaftliche Maßnahmen kommen hinzu, ebenso wie die notwendige Zusammenarbeit der Nachrichtendienste. Schließlich müssen wir uns auch der geistigen Auseinandersetzung mit dem Terrorismus stellen. Das heißt vor allem: uns dem Phänomen stellen, dass Terroristen kulturelle, soziale und politische Missstände für ihre mörderischen Zwecke instrumentalisieren. Diese geistige Auseinandersetzung haben wir im Dialog mit den muslimischen Gesellschaften zu führen, die dabei allerdings auch ihrer eigenen Verantwortung nachkommen müssen, um das Ziel einer gemeinsamen, friedlichen und humanen Entwicklung zu erreichen.

Nur auf der Grundlage eines solchen umfassenden Konzepts und gemeinsamen Handelns wird die internationale Koalition im Kampf gegen den Terrorismus erfolgreich sein. Wir stehen im Kampf gegen den Terrorismus vor einer großen Herausforderung. Sie ist nicht ohne Risiko. Sie birgt aber die Chance, Gefahren für die friedliche Existenz und das friedliche Zusammenleben der Völker zu Beginn des 21. Jahrhunderts dauerhaft zu beseitigen.

Ich will aber abschließend noch auf eines hinweisen. Es geht bei unserer Entscheidung auch um die Bündnisfähigkeit Deutschlands. Mehr als 50 Jahre lang haben die Vereinigten Staaten in Solidarität zu uns gestanden. Es waren die Amerikaner, die uns die Rückkehr in die Völkergemeinschaft ermöglicht, die unsere Freiheit garantiert und unsere staatliche Einheit unterstützt haben. Über viele Jahrzehnte haben wir die Solidarität der Amerikaner für selbstverständlich genommen und unseren Nutzen daraus gezogen.

Bündnissolidarität ist aber keine Einbahnstraße. Und deshalb geht es jetzt auch darum, unseren praktischen Beitrag zur Solidarität - die ja unseren gemeinsamen Werten, unseren gemeinsamen Zielen und unserer gemeinsamen Zukunft in Sicherheit und Freiheit gilt - zu leisten. Wir tun dies in offener, demokratischer und auch kritischer Diskussion. Aber, wie ich hoffe, auch mit großer Geschlossenheit im Ergebnis."

(Presse- und Informationsamt der Bundesregierung)

- I. Chronik -
Nr. 57/10.XI.2001: Bush zum Krieg gegen den Terrorismus

10. XI. 2001

57. US-Präsident Bush ruft zum Krieg gegen Terrorismus auf

Am 10. November 2001 hielt der amerikanische Präsident George W. BUSH eine Rede vor der Generalversammlung der Vereinten Nationen, in der er vor dem Hintergrund der Erkenntnisse über die Anschläge vom 11. September 2001 die Staatengemeinschaft zur Unterstützung beim Kampf gegen den Terrorismus aufforderte.

Rede von US-Präsident George W. Bush vor der Generalversammlung der Vereinten Nationen vom 10. 11. 2001.

„Vielen Dank. Herr Generalsekretär, Herr Präsident, verehrte Delegierte, sehr geehrte Damen und Herren. Wir treffen in einem dem Frieden gewidmeten Saal zusammen, in einer von Gewalt gezeichneten Stadt, in einem für die Gefahr erwachten Land, in einer Welt, die sich für einen langen Kampf zusammentut. Jede heute hier vertretene zivilisierte Nation ist entschlossen, dem fundamentalen Gebot der Zivilisation nachzukommen: Wir werden uns und unsere Zukunft gegen Terror und gesetzlose Gewalt verteidigen.

Die Vereinten Nationen wurden in diesem Sinne gegründet. Im Zweiten Weltkrieg lernten wir, dass man sich vom Bösen nicht abschotten kann. Wir erkannten einmal mehr, dass einige Verbrechen so schrecklich sind, dass sie gegen die Menschheit selbst verstoßen. Und wir beschlossen, den Aggressionen und Ambitionen der Übeltäter frühzeitig, entschieden und kollektiv entgegenzutreten, bevor sie uns alle bedrohen. Das Böse ist zurückgekehrt, und dieses Thema gewinnt erneut an Bedeutung.

Einige Meilen von hier liegen noch Tausende in einem Grab aus Schutt. Der Generalsekretär, der Präsident der Generalversammlung und ich werden morgen diese Stätte besuchen, und der Name jeder Nation und Region, die Bürger verloren hat, wird laut verlesen. Wenn wir den Namen jeder verstorbenen Person vorläsen, würde das über drei Stunden dauern... Das Leid des 11. Septembers wurde Menschen vieler Glaubensrichtungen und vieler Länder zugefügt. Alle Opfer, darunter Muslime, wurden von den Anführern der Terroristen mit der gleichen Gleichgültigkeit und der gleichen Zufriedenheit getötet. Die Terroristen verstoßen gegen die Lehren jeder Religion, einschließlich der, auf die sie sich berufen.

Vorige Woche erklärte der Scheich der Al-Azhar-Universität, der ältesten islamischen Hochschule der Welt, der Terrorismus sei eine Krankheit und der Islam verbiete das Töten unschuldiger Zivilisten. Die Terroristen nennen ihre Sache heilig, finanzieren sie jedoch mit Geldern aus dem Drogenhandel; sie rufen zu Mord und Selbstmord im Namen eines großen Glaubens auf, der beides verbietet. Sie wagen es, Gottes Segen zu erbitten, bei ihrem Plan, unschuldige Männer, Frauen und Kinder zu töten. Aber der Gott Isaaks und Ismaels würde ein solches Gebet nie erhören. Und ein Mörder ist kein Märtyrer, er ist einfach nur ein Mörder.

Die Zeit vergeht. Für die Vereinigten Staaten von Amerika wird es allerdings kein Vergessen des 11. Septembers geben. Wir werden uns an jeden ehrenhaft gestorbenen Rettungsarbeiter erinnern. Wir werden uns an jede trauernde Familie erinnern. Wir werden uns an Feuer und Asche, an die letzten Telefongespräche, die Beerdigung der Kinder erinnern. Und die Menschen meines Landes werden sich an die erinnern, die sich gegen uns verschworen haben. Wir lernen ihre Namen. Wir lernen ihre Gesichter kennen. Es gibt keinen Winkel der Erde, der weit entfernt oder finster genug ist, um sie zu schützen. Wie lange es auch dauern wird, die Stunde der Gerechtigkeit wird kommen.

Für jedes Land steht bei dieser Sache etwas auf dem Spiel. Während wir hier zusammentreffen, planen die Terroristen weitere Morde - vielleicht in meinem Land, vielleicht in Ihrem. Sie töten, weil sie herrschen wollen. Sie streben den Sturz von Regierungen und die Destabilisation ganzer Regionen an. Vorige Woche verurteilten sie im Hinblick auf das Treffen der Generalversammlung die Vereinten Nationen. Sie nannten unseren Generalsekretär einen Verbrecher und verurteilten alle arabischen Nationen als Verräter des Islams.

Nur wenige Länder entsprechen ihren strengen Maßstäben der Brutalität und Unterdrückung. Jedes andere Land ist ein potenzielles Ziel. Und die ganze Welt ist mit der erschreckendsten

- I. Chronik -
Nr. 57/10.XI.2001: Bush zum Krieg gegen den Terrorismus

aller Aussichten konfrontiert: Eben diese Terroristen streben den Besitz von Massenvernichtungswaffen an, den Werkzeugen, mit denen Hass in Holocaust verwandelt werden kann. Man kann davon ausgehen, dass sie chemische, biologische und nukleare Waffen in dem Augenblick einsetzen werden, in dem sie dazu in der Lage sind. Kein Anflug von Gewissen würde es verhindern. Diese Bedrohung kann nicht ignoriert werden. Diese Bedrohung kann nicht gemildert werden. Die Zivilisation selbst, unsere gemeinsame Zivilisation, ist bedroht. Die Geschichte wird unsere Reaktionen aufzeichnen, und jedes Land in diesem Saal beurteilen oder verteidigen.

Die zivilisierte Welt reagiert jetzt. Wir handeln, um uns selbst zu verteidigen, und unsere Kinder vor einer Zukunft in Angst zu schützen. Wir entscheiden uns für die Würde des Lebens und gegen eine Kultur des Todes. Wir entscheiden uns für gesetzlichen Wandel und offene Auseinandersetzungen, gegen Zwang, Subversion und Chaos. Diese Bekenntnisse - zu Hoffnung und Ordnung, Gesetz und Leben - einen die Menschen über Kulturen und Kontinente hinweg. Von diesen Bekenntnissen hängt jeglicher Frieden und Fortschritt ab. Für diese Bekenntnisse sind wir entschlossen zu kämpfen.

Die Vereinten Nationen haben sich dieser Verantwortung gestellt. Am 12. September wurden diese Gebäude für Dringlichkeitssitzungen der Generalversammlung und des Sicherheitsrats geöffnet. Vor Sonnenuntergang waren diese Anschläge gegen die Welt von der Welt verurteilt worden. Und ich möchte Ihnen für diese starke und prinzipientreue Stellungnahme danken.

Ich möchte auch den arabisch-islamischen Ländern danken, die die Morde der Terroristen verurteilten. Viele von Ihnen haben die Zerstörung durch Terror in ihrem eigenen Land erlebt. Ihr eigener Hass und Extremismus isoliert die Terroristen zunehmend. Sie können sich nicht hinter dem Islam verstecken. Die Initiatoren des Massenmords und ihrer Verbündeten haben in keiner Kultur Platz und finden in keinem Glauben eine Heimat.

Eine wachsende globale Koalitionen wird den Verschwörungen des Terrors entgegengetreten. Nicht jede Nation wird an jeder Maßnahme gegen den Feind teilnehmen. Aber jede Nation in unserer Koalition hat Pflichten. Diese Pflichten können sehr anstrengend sein, wie wir in Amerika lernen. Wir haben bereits unsere Gesetze und unser tägliches Leben angepasst. Wir ergreifen neue Maßnahmen, um den Terror zu untersuchen und uns gegen Bedrohungen zu schützen.

Die führenden Politiker aller Nationen müssen jetzt sorgfältig über ihre Verantwortung und ihre Zukunft nachdenken. Terroristische Gruppen wie die Al-Qaida sind von der Unterstützung oder der Gleichgültigkeit der Regierungen ihnen gegenüber abhängig. Sie benötigen eine finanzielle Infrastruktur und Zufluchtsorte, an denen sie ausbilden, planen und sich verstecken können.

Einige Nationen möchten im Kampf gegen den Terror eine Rolle übernehmen, sagen uns aber, ihnen mangele es an den Mitteln, ihre Gesetze umzusetzen und ihre Grenzen zu kontrollieren. Wir sind bereit zu helfen. Einige Regierungen verschließen immer noch die Augen vor den Terroristen und hoffen, dass die Bedrohung an ihnen vorübergehen wird. Sie täuschen sich. Und einige Regierungen haben sich auf die Seite der Terroristen gestellt, während sie sich verpflichten, die Prinzipien der Vereinten Nationen zu achten. Sie unterstützen die Terroristen und gewähren ihnen Zuflucht, und sie werden herausfinden, dass ihre willkommenen Gäste Parasiten sind, die sie schwächen und schließlich verzehren werden.

Jedes Regime, das den Terror unterstützt, wird einen Preis zahlen. Und er wird gezahlt werden. Die Verbündeten des Terrors sind ebenso des Mordes schuldig und ebenso rechenschaftspflichtig.

Die Taliban lernen diese Lektion jetzt - das Regime und die Terroristen, die es unterstützen, sind nun fast nicht mehr zu unterscheiden. Gemeinsam fördern sie den Terror im Ausland und zwängen dem afghanischen Volk die Herrschaft des Terrors auf. Frauen werden im Fußballstadion in Kabul hingerichtet. Sie können geschlagen werden, wenn sie zu dünne Strümpfe tragen. Männer werden eingesperrt, wenn sie Gebetszusammenkünfte verpassen.

Die Vereinigten Staaten führen die Terroristen in Afghanistan mit der Unterstützung vieler Nationen ihrer gerechten Strafe zu. Wir machen Fortschritte bei der Bekämpfung militärischer Ziele, und das ist unser Anliegen. Anders als der Feind versuchen wir, die Verluste an unschuldigen Leben möglichst gering - nicht möglichst hoch - zu halten.

- I. Chronik -
Nr. 57/10.XI.2001: Bush zum Krieg gegen den Terrorismus

Ich bin stolz auf das ehrenhafte Verhalten des amerikanischen Militärs. Und mein Land betrübt das Leid, das die Taliban Afghanistan zugefügt haben, einschließlich der schrecklichen Belastung durch den Krieg. Das afghanische Volk hat seine gegenwärtigen Herrscher nicht verdient. Jahre der Misswirtschaft durch die Taliban haben nichts als Hunger und Not gebracht. Sogar vor der aktuellen Krise hingen vier Millionen Afghanen von den Vereinigten Staaten und anderen Ländern ab, um Nahrungsmittel zu erhalten, und Millionen Afghanen flüchteten vor der Unterdrückung der Taliban.

Ich verspreche allen Opfern dieses Regimes: Die Tage der Taliban, in denen sie Terroristen Zuflucht gewähren und mit Drogen handeln und Frauen Gewalt antun, nähern sich dem Ende. Und wenn dieses Regime verschwunden ist, werden die Afghanen mit dem Rest der Welt sagen: Gut, dass wir sie los sind.

Ich kann auch versprechen, dass die Vereinigten Staaten und die ganze Welt den Menschen in Afghanistan behilflich sein werden, ihr Land wieder aufzubauen. Viele Länder, darunter meines, schicken Lebensmittel und Medikamente, um den Afghanen durch den Winter zu helfen. Die Vereinigten Staaten haben mehr als 1,3 Millionen Pakete mit Rationen über Afghanistan abgeworfen. Erst diese Woche haben wir 20.000 Decken und über 200 Tonnen an Vorräten in die Region geflogen. Wir stellen weiterhin humanitäre Hilfe zur Verfügung, sogar während die Taliban versuchten, die von uns geschickten Nahrungsmittel zu stehlen.

Letztendlich wird mehr Hilfe benötigt werden. Die Vereinigten Staaten werden eng mit den Vereinten Nationen und den Entwicklungsbanken zusammenarbeiten, um Afghanistan wieder aufzubauen, nachdem der Konflikt beendet ist und die Taliban nicht mehr an der Macht sind. Und die Vereinigten Staaten werden mit den Vereinten Nationen zusammenarbeiten, um eine Regierung nach den Taliban zu unterstützen, die das gesamte afghanische Volk repräsentiert.

In diesem Krieg des Terrors muss jeder von uns Rechenschaft ablegen für das, was wir getan oder unterlassen haben. Nach einer Tragödie gibt es eine Zeit für Mitgefühl und Beileid. Und mein Land ist für beides sehr dankbar. Wir werden die Gedenkfeiern und Mahnwachen auf der ganzen Welt werden nicht vergessen. Aber die Zeit des Mitgefühls ist jetzt vorbei, die Zeit zum Handeln ist gekommen.

Die grundlegendsten Verpflichtungen in diesem neuen Konflikt wurden bereits von den Vereinten Nationen definiert. Am 28. September verabschiedete der Sicherheitsrat die Resolution 1373. Ihre Anforderungen sind eindeutig: Jedes Mitglied der Vereinten Nationen hat die Verantwortung, hart gegen die Finanzierung der Terroristen durchzugreifen. Wir müssen in unseren eigenen Ländern alle notwendigen Gesetze verabschieden, um die Vermögenswerte der Terroristen konfiszieren zu können. Wir müssen diese Gesetze auf jede Finanzinstitution in jeder Nation anwenden.

Wir haben die Verantwortung, nachrichtendienstliche Erkenntnisse weiterzugeben und die Bestrebungen der Strafverfolgungsbehörden zu koordinieren. Wenn Sie etwas wissen, sagen Sie es uns. Wenn wir etwas wissen, sagen wir es Ihnen. Und wenn wir die Terroristen finden, müssen wir zusammenarbeiten, um sie der Gerechtigkeit zuzuführen. Wir haben die Verantwortung, den Terroristen jegliche Zuflucht, jeglichen Unterschlupf und jegliche Durchreise zu verwehren. Jedes bekannte Terroristenlager muss geschlossen, seine Betreiber verhaftet und die Beweise ihrer Verhaftung den Vereinten Nationen vorgelegt werden. Wir haben die Verantwortung, den Terroristen Waffen vorzuenthalten und Privatbürger aktiv davon abzuhalten, sie ihnen zur Verfügung zu stellen.

Die Verpflichtungen sind dringlich, und sie sind für jedes Land mit einem Platz in diesem Saal verbindlich. Viele Regierungen nehmen diese Verpflichtungen ernst, und mein Land weiß dies zu schätzen. Aber es ist über die Resolution 1373 hinaus noch mehr erforderlich, und von unserer Koalition gegen den Terror wird mehr erwartet.

Wir fordern ein umfassendes Bekenntnis zu diesem Kampf. Wir müssen allen Terroristen geschlossen Widerstand leisten, nicht nur einigen von ihnen. In dieser Welt gibt es die gute Sache und die schlechte Sache, und wir mögen unterschiedlicher Meinung sein, wo man die Grenze zieht. Es gibt allerdings nichts derartiges wie einen guten Terroristen. Kein nationales Ziel, kein erinnertes Unrecht kann jemals den vorsätzlichen Mord an Unschuldigen rechtfertigen. Jede Regierung, die diesen Grundsatz zurückweist und versucht, sich seine terroristischen Freunde auszusuchen, wird die Konsequenzen tragen.

- I. Chronik -
Nr. 57/10.XI.2001: Bush zum Krieg gegen den Terrorismus

Wir müssen die Wahrheit über den Terrorismus sagen. Wir dürfen die verabscheuungswürdigen Verschwörungstheorien über die Anschläge vom 11. September niemals tolerieren; bösartige Lügen, die versuchen, die Schuld von den Terroristen selbst, von den Schuldigen weg zu verlagern. Ethnischen Hass zu schüren, bedeutet die Sache des Terrors zu befördern.

Der Krieg gegen den Terrorismus darf nicht als Entschuldigung für die Verfolgung ethnischer und religiöser Minderheiten in einem Land dienen. Unschuldigen Menschen muss es möglich sein, ihr eigenes Leben zu leben, gemäß ihrer eigenen Gebräuche, nach ihrer eigenen Religion. Und jede Nation muss Wege für die friedliche Äußerung von Meinung und Dissens finden. Wenn diese Wege versperrt sind, wächst die Versuchung, sich mit Gewalt auszudrücken.

Wir müssen unsere Agenda für Frieden und Wohlstand in jedem Land fortführen. Mein Land verpflichtet sich, Entwicklung zu fördern und den Handel auszuweiten. Mein Land verpflichtet sich, in Bildung und die Bekämpfung von AIDS und anderen Infektionskrankheiten auf der Welt zu investieren. Nach dem 11. September sind diese Verpflichtungen noch wichtiger geworden. In unserem Kampf gegen hasserfüllte Gruppen, die Armut und Verzweiflung ausnutzen, müssen wir eine Alternative der Chancen und Hoffnung bieten.

Die amerikanische Regierung steht auch zu ihrem Engagement für einen gerechten Frieden im Nahen Osten. Wir arbeiten auf einen Tag hin, an dem die beiden Staaten, Israel und Palästina, innerhalb von sicheren und anerkannten Grenzen friedlich miteinander leben, wie in den Resolutionen des Sicherheitsrats gefordert. Wir werden alles in unserer Macht Stehende tun, um beide Parteien zurück an den Verhandlungstisch zu bringen. Aber der Frieden wird nur kommen, wenn alle für immer Aufhetzung, Gewalt und Terror abschwören.

Und schließlich ist dieser Kampf für die Vereinten Nationen selbst ein entscheidender Moment. Die Welt braucht ihre prinzipientreue Führungskraft. Es unterminiert die Glaubwürdigkeit dieser großartigen Institution, wenn beispielsweise die Menschenrechtskommission denjenigen Sitze anbietet, die am hartnäckigsten gegen Menschenrechte verstoßen. Die Vereinten Nationen sind vor allem von ihrer moralischen Autorität abhängig - und diese Autorität muss erhalten bleiben.

Die von mir beschriebenen Schritte werden nicht leicht sein. Sie werden allen Ländern Anstrengungen abverlangen. Einigen Ländern werden sie großen Mut abverlangen. Der Preis der Untätigkeit ist jedoch viel höher. Die einzige Alternative zum Sieg ist eine albtraumhafte Welt, in der jede Stadt ein potenzielles Schlachtfeld ist.

Ich habe dem amerikanischen Volk gesagt, dass Freiheit und Furcht miteinander Krieg führen. Wir sind mit Feinden konfrontiert, die nicht unsere Politik, sondern unsere Existenz hassen, die Toleranz und die Offenheit und kreative Kultur, die uns auszeichnen. Aber es ist sicher, wie dieser Konflikt ausgehen wird: Es gibt einen Strom in der Geschichte, und er fließt Richtung Freiheit. Unsere Feinde ärgert das, und sie tun es ab, aber die Träume der Menschheit werden durch Freiheit definiert - das natürliche Recht etwas zu schaffen, aufzubauen, einer Religion zu folgen und in Würde zu leben. Wenn Männer und Frauen aus der Unterdrückung entlassen werden, finden sie Erfüllung und Hoffnung, und sie finden zu Millionen aus der Armut.

Diese Bestrebungen sind erhebend für die Völker Europas, Asiens, Afrikas und des gesamtamerikanischen Kontinents, und sie können erhebend sein für die gesamte islamische Welt.

Wir stehen für die beständigen Hoffnungen der Menschheit, und diese Hoffnungen werden wir ihr nicht versagen. Wir sind dazu zuversichtlich, dass es einen Lenker der Geschichte gibt, der die Zeit und die Ewigkeit mit Sinn erfüllt. Wir wissen, dass es das Böse gibt, aber das Gute wird obsiegen. Dies ist die Lehre vieler Glaubensrichtungen, und aus dieser Sicherheit gewinnen wir Kraft für eine lange Reise. Es ist unsere Aufgabe - die Aufgabe dieser Generation - die Antwort auf Aggression und Terror zu finden. Wir haben keine andere Wahl, denn es gibt keinen anderen Frieden.

Wir haben nicht um diese Mission gebeten, aber es ist ehrenhaft, dem Ruf der Geschichte zu folgen. Wir haben die Chance, die Geschichte unserer Zeit zu schreiben, eine Geschichte des Muts, der Grausamkeit besiegt, und des Lichts, das die Dunkelheit überwindet. Dieser Ruf ist jedes Lebens würdig und jeder Nation würdig. Schreiten wir also zuversichtlich, entschlossen und furchtlos voran."

(Amerika Dienst)

11. - 13. XI. 2001

58. Zweite Konferenz zur Förderung des Inkrafttretens des Nuklearen Teststoppvertrags

Vom 11. bis zum 13. November 2001 fand in New York am Rande der Generalversammlung der Vereinten Nationen die zweite Konferenz zur Förderung des Inkrafttretens des Vertrages über das umfassende Verbot von Nuklearversuchen (Teststoppvertrag) statt. Obwohl der Vertrag von mehr als 150 Staaten ratifiziert worden war, konnte er noch nicht in Kraft treten, weil von den 44 im Vertrag aufgeführten Staaten, deren Ratifikation für das Inkrafttreten unabdinglich ist, nicht alle die Ratifikation vollzogen haben bzw. vollziehen wollen. Die Konferenz sollte vor allem vor dem Hintergrund der Ablehnung des Vertrags durch den US-Senat im Jahre 1999 ein Signal setzen. Im folgenden ist die Abschlussdeklaration wiedergegeben.

Conference on Facilitating the Entry into Force of the Comprehensive Nuclear-Test-Ban Treaty - Final Declaration, 13. 11. 2001

„1. Fully conscious of the responsibilities which we assumed by signing the Comprehensive Nuclear-Test-Ban Treaty, pursuant to article XIV of that Treaty, and recalling the Final Declaration adopted by the Conference, held in Vienna, from 6 to 8 October 1999, we the ratifiers, together with the States Signatories, met in New York from 11 to 13 November 2001 to promote the entry into force of the Treaty at the earliest possible date. We welcomed the presence of representatives of non-signatory States, international organizations and non-governmental organizations.

2. We reaffirmed our strong determination to enhance international peace and security throughout the world and stressed the importance of a universal and internationally and effectively verifiable comprehensive nuclear-test-ban treaty as a major instrument in the field of nuclear disarmament and non-proliferation in all its aspects. We reiterated that the cessation of all nuclear-weapon test explosions and all other nuclear explosions, by constraining the development and qualitative improvement of nuclear weapons and ending the development of advanced new types of nuclear weapons, constitutes an effective measure of nuclear disarmament and non-proliferation in all its aspects and thus a meaningful step in the realization of a systematic process to achieve nuclear disarmament. We therefore renewed our commitment to work for universal ratification of the Treaty, and its early entry into force as provided for in article XIV.

3. We reviewed the overall progress made since the opening for signature of the Treaty and, in particular, the progress made after the Conference held in Vienna from 6 to 8 October 1999. We noted with appreciation the overwhelming support for the Treaty that has been expressed: the United Nations General Assembly and other multilateral organs have called for signatures and ratifications of the Treaty as soon as possible and have urged all States to remain seized of the issue at the highest political level. We highlighted the importance of the Treaty and its entry into force for the practical steps for systematic and progressive efforts towards nuclear disarmament and non-proliferation, which were identified in 2000 at international forums dealing with nuclear disarmament and non-proliferation. We believe that the cessation of all nuclear-weapon test explosions or any other nuclear explosions will contribute to the accomplishment of those efforts.

4. In accordance with the provisions of article XIV of the Treaty, we examined the extent to which the requirement set out in paragraph 1 had been met and decided by consensus what measures consistent with international law may be undertaken to accelerate the ratification process in order to facilitate the early entry into force of the Treaty.

5. Since the Treaty was adopted by the United Nations General Assembly and opened for signature five years ago, progress has been made in the ratification process. As of today, 162 States have signed and 87 States have deposited their instruments of ratification, an increase of over 70 per cent compared with the number of ratifications at the time of the Conference

- I. Chronik -
Nr. 58/11.-13.XI.2001: Nuklearer Teststoppvertrag

held in 1999. Of the 44 States listed in Annex 2 to the Treaty whose ratification is required for the entry into force of the Treaty, 41 have signed, and of these, 31 have also ratified the Treaty. A list of those States is provided in the appendix. Progress in ratification has been sustained. We welcomed this as evidence of the strong determination of States not to carry out any nuclear-weapon test explosion or any other nuclear explosion, and to prohibit and prevent any such nuclear explosion at any place under their jurisdiction or control.

6. Despite the progress made and our strong support for the Treaty, we noted with concern that it has not entered into force five years after its opening for signature. We therefore stressed our determination to strengthen efforts aimed at promoting its entry into force at the earliest possible date in accordance with the provisions of the Treaty.

7. After the opening for signature of the CTBT, nuclear explosions were carried out. The countries concerned subsequently declared that they would not conduct further nuclear explosions and indicated their willingness not to delay the entry into force of the Treaty.

8. In the light of the CTBT and bearing in mind its purpose and objectives, we affirm that the conduct of nuclear-weapon test explosions or any other nuclear explosion constitutes a serious threat to global efforts towards nuclear disarmament and non-proliferation.

9. We call upon all States to maintain a moratorium on nuclear-weapon test explosions or any other nuclear explosions and underline the importance of signature and ratification of the Treaty.

10. We noted with satisfaction the report of the Executive Secretary of the Preparatory Commission for the Comprehensive Nuclear-Test-Ban Treaty Organization (CTBTO) to the Conference on progress made by the Preparatory Commission and its Provisional Technical Secretariat since November 1996 in fulfilment of the requirement to take all necessary measures to ensure the effective establishment of the future CTBTO.

11. In this connection, we welcomed the momentum which has been developed by the Preparatory Commission and its Provisional Technical Secretariat across the Major Programmes of the Commission, as identified by the Executive Secretary in his report. We also welcomed the progress in building the global infrastructure for Treaty verification, including the International Monitoring System, with a view to ensuring that the verification regime shall be capable of meeting the verification requirements of the Treaty at entry into force. We further welcomed the conclusion of a significant number of related agreements and arrangements with States and with international organizations.

12. Convinced of the importance of achieving universal adherence to the Treaty, welcoming the ratifications of all the States that have done so since the 1999 Conference, and stressing in particular the steps required to achieve its early entry into force, as provided for in article XIV of the Treaty, we:

(a) Call upon all States that have not yet signed the Treaty to sign and ratify it as soon as possible and to refrain from acts which would defeat its object and purpose in the meanwhile;

(b) Call upon all States that have signed but not yet ratified the Treaty, in particular those whose ratification is needed for its entry into force, to accelerate their ratification processes with a view to early successful conclusion;

(c) Recall the fact that two States out of three whose ratifications are needed for the Treaty's entry into force but which have not yet signed it have expressed their willingness not to delay the entry into force of the Treaty, and call upon them to sign and ratify it as soon as possible;

(d) Note the fact that one State out of three whose ratifications are needed for the Treaty's entry into force but which have not yet signed it has not expressed its intention towards the Treaty, and call upon this State to sign and ratify it as soon as possible so as to facilitate the entry into force of the Treaty;

(e) Note the ratification by three nuclear-weapon States and call upon the remaining two to accelerate their ratification processes with a view to early successful conclusion;

(f) In pursuit of the early entry into force of the Treaty, undertake ourselves to use all avenues open to us in conformity with international law, to encourage further signature and ratification of the Treaty; and urge all States to sustain the momentum generated by this Conference by continuing to remain seized of the issue at the highest political level;

(g) Agree that ratifying States will select one of their number to promote cooperation to facilitate the early entry into force of the Treaty, through informal consultations with all interested countries; and encourage bilateral, regional and multilateral initiatives aimed at promoting further signatures and ratification;

(h) Urge all States to share legal and technical information and advice in order to facilitate the processes of signature, ratification and implementation by the States concerned, and upon their request. We encourage the Preparatory Commission for the Comprehensive Nuclear-Test-Ban Treaty Organization and the Secretary-General of the United Nations to continue supporting actively these efforts consistent with their respective mandates;

(i) Call upon the Preparatory Commission for the Comprehensive Nuclear-Test-Ban Treaty Organization to continue its international cooperation activities to promote understanding of the Treaty, including by demonstrating the benefits of the application of verification technologies for peaceful purposes in accordance with the provisions of the Treaty, in order to further encourage signature and ratification of the Treaty;

(j) Reiterate the appeal to all relevant sectors of civil society to raise awareness of and support for the objectives of the Treaty, as well as its early entry into force as provided for in article XIV of the Treaty.

13. We reaffirm our commitment to the Treaty's basic obligations and our undertaking to refrain from acts which would defeat the object and purpose of the Treaty pending its entry into force.

14. We remain steadfast in our commitment to pursue the efforts to ensure that the Treaty's verification regime shall be capable of meeting the verification requirements of the Treaty at entry into force, in accordance with the provisions of article IV of the Treaty. In this context, we will continue to provide the support required to enable the Preparatory Commission for the Comprehensive Nuclear-Test-Ban Treaty Organization to complete its tasks in the most efficient and cost-effective way.

15. The Conference addressed the issue of possible future conferences, expressed the determination of its participants to continue working towards entry into force of the Treaty and took note of the provisions contained in paragraph 3 of article XIV of the Treaty.

APPENDIX TO THE FINAL DECLARATION OF THE CONFERENCE ON FACILITATING
THE ENTRY INTO FORCE OF THE COMPREHENSIVE NUCLEAR-TEST-BAN TREATY,
NEW YORK, 2001

List of States

A. States which have ratified the Treaty

Argentina, Australia, Austria, Azerbaijan, Bangladesh, Belarus, Belgium, Benin, Bolivia, Brazil, Bulgaria, Cambodia, Canada, Chile, Costa, Croatia, Czech Republic, Denmark, Ecuador, El Salvador, Estonia, Fiji, Finland, France, Gabon, Germany, Greece, Grenada, Guyana, Holy See, Hungary, Iceland, Ireland, Italy, Japan, Jordan, Kenya, Kiribati, Lao People's Democratic Republic, Lesotho, Lithuania, Luxembourg, Maldives, Mali, Malta, Mexico, Micronesia (Federated States of), Monaco, Mongolia, Morocco, Namibia, Nauru, Netherlands, New Zealand, Nicaragua, Nigeria, Norway, Panama, Paraguay, Russian Federation, Peru, Philippines, Poland, Portugal, Qatar, Republic of Korea, Saint Lucia, Rica, Romania, Senegal, Sierra Leone, Singapore, Slovakia, Slovenia, South Africa, Spain, Sweden, Switzerland, Tajikistan, The former Yugoslav Republic of Macedonia, Turkey, Turkmenistan, Uganda, Ukraine, United Arab Emirates, United Kingdom of Great Britain and Northern Ireland, Uruguay, Uzbekistan

B. *The following 44 States, whose ratification is required for the entry into force of the Treaty in accordance with article XIV, are listed in Annex 2 to the Treaty*

Algeria, Argentina, Australia, Austria, Bangladesh, Belgium, Brazil, Bulgaria, Canada, Chile, China, Colombia, Democratic People's Republic of Korea, Democratic Republic of the Congo, Egypt, Finland, France, Germany, Hungary, India, Indonesia, Iran (Islamic Republic of), Israel, Italy, Japan, Mexico, Netherlands, Norway, Pakistan, Peru, Poland, Republic of Korea, Romania, Russian Federation, Slovakia, South Africa, Spain, Sweden, Switzerland, Turkey, Ukraine, United Kingdom of Great Britain and Northern Ireland, United States of America, Viet Nam

1. *States listed in Annex 2 to the Treaty which have signed and ratified the Treaty*

Argentina, Australia, Austria, Bangladesh, Belgium, Brazil, Bulgaria, Canada, Chile, Finland, France, Germany, Hungary, Italy, Japan, Mexico, Netherlands, Norway, Peru, Poland, Republic of Korea, Romania Russian Federation, Slovakia, South Africa, Spain, Sweden, Switzerland, Turkey, Ukraine, United Kingdom of Great Britain and Northern Ireland,

2. *States listed in Annex 2 to the Treaty which have signed but not ratified the Treaty*

Algeria, China, Colombia, Democratic Republic of the Congo, Egypt, Indonesia, Iran (Islamic Republic of), Israel, United States of America, Viet Nam,

3. *States listed in Annex 2 to the Treaty which have not signed the Treaty*

Democratic People's Republic of Korea, India, Pakistan."

(CTBTO)

12. XI. 2001

59. Sicherheitsrat der VN über das weltweite Vorgehen gegen den Terrorismus

Am 12. November 2001 befasste sich der Sicherheitsrat der Vereinten Nationen in New York auf Ministerebene mit der Bekämpfung des Terrorismus. In der nachfolgenden Erklärung über das weltweite Vorgehen gegen den Terrorismus wird der Terrorismus als Bedrohung des Friedens qualifiziert und gemeinsames Vorgehen gegen alle Formen des Terrorismus gefordert.

Resolution 1377 des VN-Sicherheitsrats, verabschiedet am 12. 11. 2001

„Der Sicherheitsrat,

beschließt, die beigefügte Erklärung über das weltweite Vorgehen gegen den Terrorismus zu verabschieden.

Anlage

Der Sicherheitsrat,

zusammengetreten auf Ministerebene,

unter Hinweis auf seine Resolutionen 1269 (1999) vom 19. Oktober 1999, 1368 (2001) vom 12. September 2001 und 1373 (2001) vom 28. September 2001,

erklärt, dass Akte des internationalen Terrorismus eine der schwerwiegendsten Bedrohungen des Weltfriedens und der internationalen Sicherheit im einundzwanzigsten Jahrhundert darstellen,

- I. Chronik -
Nr. 59/12.XI.2001: VN zum Vorgehen gegen Terrorismus

erklärt ferner, dass Akte des internationalen Terrorismus eine Herausforderung aller Staaten und der gesamten Menschheit darstellen,

verurteilt erneut unmissverständlich alle terroristischen Handlungen, Methoden und Praktiken als kriminell und nicht zu rechtfertigen, ungeachtet ihrer Beweggründe, in allen Formen und Ausprägungen, gleichviel wo und von wem sie begangen werden,

betont, dass Akte des internationalen Terrorismus im Widerspruch zu den Zielen und Grundsätzen der Charta der Vereinten Nationen stehen und dass die Finanzierung, Planung und Vorbereitung sowie jegliche andere Form der Unterstützung von Akten des internationalen Terrorismus ebenfalls im Widerspruch zu den Zielen und Grundsätzen der Charta der Vereinten Nationen stehen,

unterstreicht, dass Akte des Terrorismus unschuldige Menschenleben und die Würde und Sicherheit der Menschen überall gefährden, die soziale und wirtschaftliche Entwicklung aller Staaten bedrohen und weltweit Stabilität und Wohlstand untergraben,

bekräftigt, dass ein dauerhafter, umfassender Ansatz, der sich auf die aktive Mitwirkung und Zusammenarbeit aller Mitgliedstaaten der Vereinten Nationen stützt und im Einklang mit der Charta der Vereinten Nationen und dem Völkerrecht steht, für die Bekämpfung der Geißel des internationalen Terrorismus unverzichtbar ist,

betont, dass nachhaltige internationale Anstrengungen zur Förderung des gegenseitigen Verständnisses zwischen den Kulturen und zur Regelung regionaler Konflikte sowie des gesamten Spektrums von Weltproblemen, einschließlich der Entwicklungsfragen, zur internationalen Kooperation und Zusammenarbeit beitragen werden, die ihrerseits notwendig sind, um den internationalen Terrorismus auf nachhaltige Weise und auf möglichst breiter Grundlage zu bekämpfen,

begrüßt, dass sich die Staaten ausdrücklich verpflichtet haben, namentlich auch während der Plenardebatte der Generalversammlung vom 1. bis 5. Oktober 2001, die Geißel des internationalen Terrorismus zu bekämpfen,

fordert alle Staaten auf, so bald wie möglich Vertragsparteien der einschlägigen internationalen Übereinkünfte und Protokolle über den Terrorismus zu werden, und legt den Mitgliedstaaten nahe, die diesbezüglichen Arbeiten voranzubringen,

fordert alle Staaten auf, dringend Schritte zur vollinhaltlichen Durchführung der Resolution 1373 (2001) zu unternehmen und sich dabei gegenseitig zu unterstützen und unterstreicht die Verpflichtung der Staaten, Terroristen und denjenigen, die den Terrorismus unterstützen, jegliche finanzielle und sonstige Unterstützung und jede Zuflucht zu verweigern,

bekundet seine Entschlossenheit, in voller Zusammenarbeit mit allen Mitgliedern der Vereinten Nationen mit der Durchführung der genannten Resolution fortzufahren, und begrüßt die Fortschritte, die der Ausschuss für Terrorismusbekämpfung bisher erzielt hat, der nach Ziffer 6 der Resolution 1373 (2001) eingerichtet wurde, um die Durchführung jener Resolution zu überwachen,

erkennt an, dass viele Staaten Hilfe benötigen werden, um alle Anforderungen der Resolution 1373 (2001) zu erfüllen, und bittet die Staaten, den Ausschuss für Terrorismusbekämpfung über die Bereiche zu informieren, in denen sie eine solche Unterstützung benötigen,

bittet in diesem Zusammenhang den Ausschuss für Terrorismusbekämpfung, zu prüfen, auf welche Weise Staaten unterstützt werden können, und insbesondere gemeinsam mit den internationalen, regionalen und subregionalen Organisationen zu untersuchen,

- wie beste Verfahrensweisen in den durch die Resolution 1373 (2001) erfassten Bereichen gefördert werden können, einschließlich der Ausarbeitung von Mustergesetzen, wo dies angebracht ist,

- inwieweit bereits technische, finanzielle, die Gesetzgebung betreffende oder sonstige Hilfsprogramme zur Verfügung stehen, die die Durchführung der Resolution 1373 (2001) erleichtern könnten,

- wie mögliche Synergien zwischen diesen Hilfsprogrammen gefördert werden können, fordert alle Staaten auf, ihre Anstrengungen zur Beseitigung der Geißel des internationalen Terrorismus zu verdoppeln."

(Deutscher Übersetzungsdienst, Vereinte Nationen)

13. XI. 2001

60. Russisch-amerikanisches Gipfeltreffen

Am 13. November 2001 trafen in Washington der amerikanische Präsident George W. BUSH und sein russischer Amtskollege Wladimir PUTIN zusammen. Im Mittelpunkt der Beratungen standen die Lage in Afghanistan, die Entwicklung im Nahen Osten sowie die nukleare Rüstungskontrolle und Raketenverteidigung. Beide Präsidenten konnten sich auf die nachfolgenden Erklärungen zu Afghanistan und zum Nahen Osten einigen

1. Gemeinsame Erklärung der Präsidenten von Russland und den USA zu Afghanistan, 13. 11. 2001

„Wir sagen dem Volke Afghanistans unsere stetige Unterstützung zu, nämlich bei seinen Bemühungen, eine Regierung zu bilden, die Afghanistan Frieden und Stabilität bringen kann, die Lager der Terroristen zu schließen und mit der Nutzung Afghanistans als Basis des internationalen Terrorismus Schluss zu machen. Wir stimmen darin überein, dass die neue afghanische Regierung die geltenden internationalen Prinzipien einhalten, die Menschenrechte, darunter Frauen- und Mädchenrechte, respektieren, die Hilfelieferungen für die Bekämpfung der gegenwärtigen humanitären Krise sichern und Afghanistan bzw. die Region wirtschaftlich wiederaufbauen soll.

Russland und die USA haben keine Absicht und sind auch nicht imstande, die künftige Regierung Afghanistans zu bilden. Nur die Afghanen selbst werden ihr Schicksal bestimmen. Nach unserer Ansicht soll die künftige Regierung dem Volke Afghanistans Frieden bringen und die Sicherheit in der Region festigen und deshalb eine breite Basis haben, also sollen darin alle Afghanen, sowohl Männer als auch Frauen sowie alle ethnischen Gruppen vertreten sein. Wir stimmen darin überein, dass die Taliban-Bewegung keinen Platz in den künftigen Organen der Staatsmacht in Afghanistan haben darf.

Wir begrüßen die Ernennung des Botschafters L. BRAHIMI zum Sonderbeauftragten des UN-Generalsekretärs zu Afghanistan und betonen unsere Unterstützung seiner Bemühungen bei der Herstellung des Friedens und der Stabilität in Afghanistan und in der ganzen Region."

2. Gemeinsame Erklärung der Präsidenten von Russland und den USA zum Nahen Osten, 13. 11. 2001

„Wir drücken unsere tiefe Besorgnis wegen der Lage im Nahost aus, die zur Ursache ungeheuerlicher Leiden der Palästinenser und Israelis im vergangenen Jahr wurde. Mit allen Gewalttätigkeiten und Terrorakten soll Schluss gemacht werden.

Als Mitsponsor des friedlichen Prozesses fordern Russland und die USA die Führung Israels und der Palästinensischen Autonomiebehörde dazu auf, dringende Schritte zur Entspannung vorzunehmen, von den Handlungen abzusehen, die die andere Seite gefährden sowie einen Dialog auf der hohen politischen Ebene wieder aufzunehmen. Man muss unverzüglich mit der Umsetzung des Tenet-Plans sowie der Empfehlungen des Mitchell-Berichts beginnen: Mit Gewalttätigkeiten Schluss zu machen, stabiles Zusammenwirken im Sicherheitsbereich aufzunehmen, vertrauensbildende Maßnahmen zu ergreifen und intensive Verhandlungen wieder aufzunehmen.

Die Russische Föderation und die Vereinigten Staaten von Amerika handeln zusammen mit den anderen wichtigen Parteien und aktivieren Bemühungen, die auf die schnellste Beilegung der Krise in der Region und die Wiederaufnahme der Verhandlungen auf allen Ebenen - der palästinensischen, syrischen und libanesischen - im Interesse der Fortbewegung zur umfassenden Regelung im Nahen Osten auf Grund der Prinzipien von Madrid, der Resolutionen 242 und 338 des UN-Sicherheitsrats, der geltenden Abkommen und Vereinbarungen gerichtet sind."

(Russische Botschaft, Berlin)

14. XI. 2001

61. Sicherheitsrat der VN unterstützt Einrichtung einer Übergangsverwaltung in Afghanistan

Am 14. November 2001 beschäftigte sich der Sicherheitsrat der Vereinten Nationen mit der Lage in Afghanistan nach dem Zusammenbruch der Taliban-Herrschaft. Er legte dabei Grundsätze für eine künftige Neuregelung der Verhältnisse in Afghanistan fest.

Resolution 1378 des VN-Sicherheitsrats, verabschiedet am 14. 11. 2001

„Der Sicherheitsrat,

in Bekräftigung seiner früheren Resolutionen über Afghanistan, insbesondere der Resolutionen 1267 (1999) vom 15. Oktober 1999, 1333 (2000) vom 19. Dezember 2000 und 1363 (2001) vom 30. Juli 2001,

in Unterstützung der internationalen Anstrengungen zur Ausrottung des Terrorismus im Einklang mit der Charta der Vereinten Nationen sowie außerdem in Bekräftigung seiner Resolutionen 1368 (2001) vom 12. September 2001 und 1373 (2001) vom 28. September 2001,

in Anerkennung der Dringlichkeit der sicherheitsbezogenen und politischen Lage in Afghanistan im Lichte der jüngsten Entwicklungen, insbesondere in Kabul,

die Taliban dafür verurteilend, dass sie die Nutzung Afghanistans als Basis für den Export des Terrorismus durch das Al-Qaida-Netzwerk und andere terroristische Gruppen zulassen und dass sie Usama BIN LADEN, der Al-Qaida und ihren Verbündeten Unterschlupf gewähren, und in diesem Zusammenhang die Anstrengungen des afghanischen Volkes unterstützend, das Taliban-Regime zu ersetzen,

mit Genugtuung über die Absicht des Sonderbeauftragten, ein dringliches Zusammentreffen der verschiedenen afghanischen Prozesse an einem geeigneten Ort einzuberufen, und die Vereinigte Front und alle in diesen Prozessen vertretenen Afghanen auffordernd, seine Einladung zu diesem Treffen unverzüglich, in redlicher Absicht und ohne Vorbedingungen anzunehmen,

mit Genugtuung über die Erklärung der Außenminister und anderer hochrangiger Vertreter der Sechs plus Zwei zur Lage in Afghanistan vom 12. November 2001 und über die Unterstützung, die andere internationale Gruppen angeboten haben,

Kenntnis nehmend von den Auffassungen, die auf der Sitzung des Sicherheitsrats zur Situation in Afghanistan am 13. November 2001 zum Ausdruck gebracht wurden,

den Ansatz billigend, den der Sonderbeauftragte des Generalsekretärs auf der Sitzung des Sicherheitsrats am 13. November 2001 vorgezeichnet hat,

in Bekräftigung seines nachdrücklichen Bekenntnisses zur Souveränität, Unabhängigkeit, territorialen Unversehrtheit und nationalen Einheit Afghanistans,

zutiefst besorgt über die äußerst ernste humanitäre Lage und die fortgesetzten schweren Verletzungen der Menschenrechte und des humanitären Völkerrechts durch die Taliban,

1. bekundet seine nachdrückliche Unterstützung für die Anstrengungen des afghanischen Volkes, eine neue Übergangsverwaltung einzurichten, die zur Bildung einer Regierung führt; beide sollten

- auf breiter Grundlage stehen, multiethnisch sein und das gesamte afghanische Volk uneingeschränkt vertreten sowie sich zum Frieden mit den Nachbarn Afghanistans bekennen,

- die Menschenrechte aller Afghanen ungeachtet des Geschlechts, der ethnischen Zugehörigkeit oder der Religion achten,

- die internationalen Verpflichtungen Afghanistans achten, namentlich indem sie bei den internationalen Anstrengungen zur Bekämpfung des Terrorismus und des unerlaubten Drogenhandels innerhalb Afghanistans wie auch ausgehend von Afghanistan voll kooperieren, und

- die dringende Auslieferung humanitärer Hilfsgüter und die geregelte Rückkehr der Flüchtlinge und Binnenvertriebenen, sobald die Situation es zulässt, erleichtern;

2. fordert alle afghanischen Kräfte auf, Vergeltungsmaßnahmen zu unterlassen, sich streng an ihre Verpflichtungen nach den Menschenrechten und dem humanitären Völkerrecht zu halten und die Sicherheit und Bewegungsfreiheit des Personals der Vereinten Nationen und des beigeordneten Personals sowie der Mitarbeiter der humanitären Organisationen zu gewährleisten;

3. bestätigt, dass den Vereinten Nationen bei der Unterstützung der Anstrengungen des afghanischen Volkes, dringend eine solche neue Übergangsverwaltung einzurichten, die zur Bildung einer neuen Regierung führt, eine zentrale Rolle zukommen sollte, und spricht dem Sonderbeauftragten des Generalsekretärs seine volle Unterstützung bei der Erfüllung seines Mandats aus und fordert die Afghanen sowohl innerhalb Afghanistans als auch in der afghanischen Diaspora sowie die Mitgliedstaaten auf, mit ihm zusammenzuarbeiten;

4. fordert die Mitgliedstaaten auf,

- diese Verwaltung und Regierung zu unterstützen, indem sie insbesondere Projekte durchführen, die eine rasche Wirkung entfalten,

- dringende humanitäre Hilfe zu gewähren, um das Leid des afghanischen Volkes sowohl innerhalb Afghanistans als auch der afghanischen Flüchtlinge zu lindern, namentlich auch auf dem Gebiet der Minenräumung, und

- langfristige Hilfe zu Gunsten des Wiederaufbaus und der Wiederherstellung der Gesellschaft und der Wirtschaft Afghanistans zu gewähren, und begrüßt die diesbezüglich eingeleiteten Initiativen;

5. ermutigt die Mitgliedstaaten, die Anstrengungen zu unterstützen, die unternommen werden, um die Sicherheit in den Gebieten Afghanistans, die sich nicht mehr unter der Kontrolle der Taliban befinden, zu gewährleisten, um insbesondere sicherzustellen, dass Kabul als Hauptstadt des gesamten afghanischen Volkes geachtet wird, und besonders um Zivilpersonen, die Übergangsbehörden, das Personal der Vereinten Nationen und das beigeordnete Personal sowie die Mitarbeiter der humanitären Organisationen zu schützen;

6. beschließt, mit der Angelegenheit aktiv befasst zu bleiben."

(Deutscher Übersetzungsdienst, Vereinte Nationen)

16. XI. 2001

62. Kanzler Schröder verbindet Afghanistan Abstimmung mit Vertrauensfrage

Nachdem die Bundesregierung am 8. November 2001 klar gestellt hatte, dass sie dem amerikanischen Ersuchen nach militärischer Unterstützung im Rahmen der Operation Enduring Freedom nachkommen wolle, zeichnete sich in den darauffolgenden Tagen ab, dass Bundeskanzler Gerhard SCHRÖDER für diese Position keine Mehrheit innerhalb der Regierungsko-

Nr. 62/16.XI.2001: Vertrauensfrage von Kanzler Schröder

alition erhalten würde. In einer Regierungserklärung vom 16. November 2001, abgegeben im Deutschen Bundestag, betonte er, wie wichtig ihm eine entsprechende Mehrheit durch die Regierungsparteien sei. Er verband daher diese Entscheidung mit der Vertrauensfrage des Kanzlers.

Rede des deutschen Bundeskanzlers vor dem Deutschen Bundestag in Berlin zum Militäreinsatz gegen Terrorismus und zur Vertrauensfrage am 16. 11. 2001

„Die jüngsten Entwicklungen in Afghanistan sind ermutigende Erfolge im Kampf gegen den internationalen Terrorismus. In weiten Teilen des Landes sind die Menschen aus dem Würgegriff des menschenverachtenden Talibanregimes befreit worden. Die Terroristen des Netzwerks von Osama BIN LADEN sind nun auch in Afghanistan weitgehend isoliert und in ihrer Bewegungsfreiheit erheblich eingeschränkt.

Durch die militärischen Maßnahmen ist der Weg frei geworden für die humanitäre Versorgung der Not leidenden afghanischen Bevölkerung. Gleichzeitig kann und muss jetzt der Prozess einer dauerhaften Stabilisierung des Landes beginnen. Die Lage erlaubt und erfordert es, nun rasch mit Gesprächen zu beginnen, die eine Regierungsbildung unter Einschluss aller afghanischen Bevölkerungsgruppen ermöglichen sollen. Ich begrüße es daher nachdrücklich, dass der Generalsekretär der Vereinten Nationen, Kofi ANNAN, die Vertreter der verschiedenen Fraktionen und ethnischen Gruppen an einen Tisch gebeten hat. Die innere Einigung der Afghanen wird Voraussetzung für eine wirksame Hilfe beim Wiederaufbau und bei der Stabilisierung des Landes sein.

Deutschland wird sich an dieser Hilfe substanziell beteiligen; denn wir sind als Teil der Antiterrorkoalition diese Hilfe nicht nur dem afghanischen Volk, nein, wir sind uns unserer eigenen Glaubwürdigkeit im Kampf gegen den Terror schuldig. Uns sollte gleichwohl bewusst sein, dass die Erfolge, die wir erzielt haben, nur ein Etappenziel sind. Die Befriedung Afghanistans, der Beginn eines Stabilisierungsprozesses, an dessen Ende die Rückkehr Afghanistans in die Völkergemeinschaft stehen muss, wären Ergebnisse, auf die wir im Kampf gegen den internationalen Terror wirksam aufbauen können. Das Ende dieses Kampfes wären sie allerdings nicht.

Der bisherige Verlauf dieser Auseinandersetzung zeigt uns auch, dass es richtig und wichtig war, auf eine umfassende Strategie zur Bekämpfung des Terrorismus zu setzen. Dabei war es, wie ich meine, richtig, den militärischen Aspekt dieser Auseinandersetzung nicht auszublenden. Wir haben stets betont, dass wir nicht allein und schon gar nicht ausschließlich auf militärische Maßnahmen setzen. Aber es gibt Situationen, in denen eine von allen gewollte politische Lösung militärisch vorbereitet, erzwungen und schließlich auch durchgesetzt werden muss. Wer die Fernsehbilder von den feiernden Menschen in Kabul nach dem Abzug der Taliban gesehen hat - ich denke hier vor allen Dingen an die Bilder der Frauen, die sich endlich wieder frei auf den Straßen begegnen dürfen -, dem sollte es nicht schwer fallen, das Ergebnis der Militärschläge im Sinne der Menschen dort zu bewerten. Ich denke, ich spreche im Namen des ganzen Hauses, wenn ich zum Ausdruck bringe, wie erleichtert wir alle darüber sind, dass sich die Mitarbeiter von Shelter Now wieder in Freiheit befinden.

Aber machen wir uns keine Illusionen: Der Kampf gegen den Terror wird noch lange dauern und uns einen langen Atem abverlangen. Schnelle Erfolge sind keineswegs garantiert. Doch ist der Kampf zu gewinnen, und wir werden ihn gewinnen, wenn wir alle Mittel, die notwendig sind, aufeinander abgestimmt, aber eben auch konsequent einsetzen. Das betrifft zunächst die politisch-diplomatischen Mittel. Hier ist mit der Bildung einer internationalen Antiterrorkoalition eine gute Grundlage gelegt worden. Ich selbst habe in den vergangenen Wochen viele Gespräche mit zahlreichen Staats- und Regierungschefs geführt. Auch erwähne ich hier ausdrücklich die intensiven Bemühungen des Bundesaußenministers, gemeinsam mit unseren europäischen und amerikanischen Partnern den Friedensprozess im Nahen Osten wieder in Gang zu bringen.

Die Außenpolitik dieser Regierungskoalition ist seit unserem Amtsantritt darauf gerichtet, durch Herstellung ökonomischer, sozialer und materieller Sicherheit, durch Förderung der Rechtsstaatlichkeit und regionaler Stabilitätsbündnisse, durch Krisenprävention und Friedenssicherung zur Stabilität in der Welt beizutragen. Wo es nötig und für uns objektiv möglich und vertretbar war, haben wir uns auch mit militärischen Mitteln an Einsätzen der Staatengemeinschaft beteiligt, wie wir das zum Beispiel auf dem Balkan tun. Wir werden dies auch in Zu-

- I. Chronik -
Nr. 62/16.XI.2001: Vertrauensfrage von Kanzler Schröder

kunft fortsetzen. Niemals haben wir dabei den Einsatz der Bundeswehr ohne begleitendes, nachhaltiges Engagement auf politischem, ökonomischem und humanitärem Gebiet beschlossen.

Nach diesem Selbstverständnis handeln wir auch heute im Kampf gegen den Terrorismus. Auch in der Auseinandersetzung um Afghanistan hat unsere Hilfe für die Menschen in der Krisenregion hohe Priorität. 100 Millionen DM haben wir bereits für die humanitäre Hilfe bereitgestellt, um die Bevölkerung vor dem drohenden Wintereinbruch wirksam zu unterstützen. Weitere 160 Millionen DM haben wir für den Wiederaufbau zur Verfügung gestellt. Dank der militärischen Erfolge gegen die Taliban kann diese Hilfe jetzt dort, wo sie sehr dringend gebraucht wird, so wirksam ankommen, wie es nötig ist. Wir haben außerdem sehr zielstrebig sowohl die finanziellen wie auch die polizeilichen Maßnahmen gegen den Terrorismus verstärkt. Es hat erste Fahndungserfolge und Festnahmen von Verdächtigen aus dem Umfeld des Terrornetzes von BIN LADEN gegeben. Bis heute sind fast 200 Konten gesperrt worden, bei denen der Verdacht besteht, dass sie zu Transaktionen für den Terrorismus benutzt wurden. Die Zusammenarbeit der in- und ausländischen Nachrichtendienste ist schon innerhalb kürzester Zeit verbessert worden. Auch das sind wichtige Fortschritte. Aber ich betone es noch einmal: Der Kampf gegen den Terror und die terroristischen Netzwerke steht erst am Anfang.

Der Deutsche Bundestag hat heute Vormittag über den Antrag der Bundesregierung zur Bereitstellung von Bundeswehreinheiten im Kampf gegen den internationalen Terrorismus zu beschließen. In Verbindung damit habe ich eine Abstimmung gemäß Artikel 68 des Grundgesetzes beantragt. Ich möchte Ihnen erläutern, was mich bewogen hat, diese Vertrauensfrage zu stellen. Es geht, kurz gesagt, um die Verlässlichkeit unserer Politik, um Verlässlichkeit gegenüber den Bürgern, gegenüber unseren Freunden in Europa und unseren internationalen Partnern. Die heutige Entscheidung über die Bereitstellung von Bundeswehreinheiten im Kampf gegen den Terrorismus stellt sicher eine Zäsur dar. Erstmals zwingt uns die internationale Situation, zwingt uns die Kriegserklärung durch den Terrorismus dazu, Bundeswehreinheiten für einen Kampfeinsatz außerhalb des NATO-Vertragsgebiets bereitzustellen. Für eine Entscheidung von solcher Tragweite, auch für daraus vielleicht noch folgende Beschlussfassungen des Deutschen Bundestags ist es nach meiner festen Überzeugung unabdingbar, dass sich der Bundeskanzler und die Bundesregierung auf eine Mehrheit in der sie tragenden Koalition stützen können.

Wir Deutschen können der Auseinandersetzung mit dem Terrorismus nicht ausweichen und wollen das auch nicht. Der Deutsche Bundestag hat das nicht zuletzt dadurch zum Ausdruck gebracht, dass er für die Solidarität mit den Vereinigten Staaten ausdrücklich auch ‚die Bereitstellung geeigneter militärischer Fähigkeiten' beschlossen hat.

Die Bundesregierung hat nun in der vergangenen Woche nach einer entsprechenden Anforderung der Vereinigten Staaten den deutschen Solidarbeitrag und die Bereitstellung deutscher Streitkräfte konkretisiert. Über diesen Antrag ist heute Vormittag abzustimmen. Die Entscheidungen, die für die Bereitstellung deutscher Streitkräfte zu treffen sind, nimmt niemand auf die leichte Schulter - auch ich nicht. Aber sie sind notwendig, und deshalb müssen sie getroffen werden. Wir erfüllen damit die an uns gerichteten Erwartungen unserer Partner und leisten das, was uns objektiv möglich ist und politisch verantwortet werden kann. Aber mehr noch: Durch diesen Beitrag kommt das vereinte und souveräne Deutschland seiner gewachsenen Verantwortung in der Welt nach. Wir müssen erkennen: Nach den epochalen Veränderungen seit dem Herbst 1989 hat Deutschland seine volle Souveränität zurückgewonnen. Es hat damit aber auch neue Pflichten übernommen, an die uns die Verbündeten erinnern. Wir haben kein Recht, darüber Klage zu führen. Wir sollten vielmehr damit zufrieden sein, dass wir seit den epochalen Veränderungen 1989 gleichberechtigte Partner in der Staatengemeinschaft sind.

Ich habe bewusst die Vertrauensfrage nach Artikel 68 des Grundgesetzes und den Antrag über die Bereitstellung deutscher Streitkräfte für den Kampf gegen den Terrorismus miteinander verknüpft. Denn der Bundeskanzler kann seinem Amt und seiner Verantwortung für das Gemeinwohl nur dann entsprechen, wenn seine Person und sein Programm das Vertrauen und die Zustimmung der ihn tragenden Mehrheit des Hohen Hauses finden. Sosehr ich die Bereitschaft der Oppositionsfraktionen begrüße, den Bereitstellungsbeschluss als solchen mitzutragen, so deutlich wird doch am absehbaren Nein der Opposition zur Abstimmung in der Vertrauensfrage, dass eine solche Parlamentsmehrheit eben nicht in dem notwendigen Umfang belastbar ist und - das füge ich hinzu - auch nicht sein kann. Dies ist doch völlig klar.

- I. Chronik -
Nr. 63/19.-20.XI.2001: EU zu militärischen Fähigkeiten

Ich erkenne ausdrücklich an - dies finde ich nicht zuletzt aus außenpolitischen und internationalen Gründen richtig -, dass das Nein der Oppositionsfraktionen in der Vertrauensfrage kein Nein zum Beschluss über die Bereitstellung deutscher Streitkräfte ist. Es ist wichtig, dass dies zum Ausdruck gebracht wird. Denn damit ist klar, dass auch die wichtigen Oppositionsfraktionen in diesem Hause die Entscheidung als solche mittragen, wenn sie auch daran gehindert sind - das ist ein ganz normaler parlamentarischer Vorgang -, in der Vertrauensfrage mit Ja zu stimmen. Sind Sie jetzt zufrieden, oder nicht?

Der Antrag nach Artikel 68 des Grundgesetzes - es ist mir wichtig, das zu betonen - ist in unserer Demokratie ein verfassungsrechtlich und übrigens auch verfahrenstechnisch eindeutig geregelter Vorgang im Verhältnis zwischen Bundeskanzler und Parlament. Das gilt ausdrücklich auch für die Verbindung der Vertrauensfrage mit der Abstimmung über eine Sachfrage.

So meint der ehemalige Verfassungsrichter Hans Hugo KLEIN, bei dem ich übrigens in Göttingen Staatsrecht, nicht aber Politik gelernt habe und der Politik leider auch nicht von mir gelernt hat, wie Sie wohl alle wissen: Die Vertrauensfrage - ich zitiere – ‚erlaubt es dem Bundeskanzler, die Belastbarkeit der ihn tragenden parlamentarischen Mehrheit gerade auch im Zusammenhang mit einer konkreten Sachentscheidung zu testen'. - Soweit Hans Hugo KLEIN, der Mitglied Ihrer Fraktion, Verfassungsrichter und - wie gesagt - ein bedeutender Staatsrechtslehrer war, was man an seinen Schülern sehen kann.

Insofern habe ich kein Verständnis dafür, dass der eine oder andere im Vorfeld von einer Einschränkung der Gewissensfreiheit durch ebendieses Verfahren gesprochen hat. Unser Grundgesetz ist eine vorbildliche demokratische Verfassung. Wenn diese Verfassung das heute gewählte Verfahren ausdrücklich vorsieht, dann doch wohl deshalb, weil eben kein Widerspruch zwischen einer Abstimmung nach Artikel 68 des Grundgesetzes und der ebenso verbürgten und ebenso wichtigen Gewissensfreiheit besteht.

Genau in diesem Sinne bitte ich um das Vertrauen des Deutschen Bundestags, um Vertrauen in Vernunft und Verlässlichkeit meiner Politik und um Vertrauen in die weitere Arbeit dieser Bundesregierung."

(Presse- und Informationsamt der Bundesregierung)

19. - 20. XI. 2001

63. EU beschließt Verbesserung der militärischen Fähigkeiten

Am 19. und 20. November 2001 beraten in Brüssel die Außenminister der EU-Staaten (Rat für Allgemeine Angelegenheiten) gemeinsam mit den jeweiligen Verteidigungsministern über die Verbesserung der europäischen militärischen Fähigkeiten. Dabei nahmen sie die nachfolgende Erklärung an.

1. Erklärung über die Verbesserung der europäischen militärischen Fähigkeiten
vom 20. 11. 2001

I. ENTWICKLUNG DER MILITÄRISCHEN FÄHIGKEITEN

„1. Im Rahmen der Verfolgung der Ziele der GASP zielen die seit den Tagungen des Europäischen Rates in Köln, Helsinki, Feira, Nizza und Göteborg unternommenen Bemühungen darauf ab, der Europäischen Union die Mittel zu geben, mit denen sie in Einklang mit den Grundsätzen der Charta der Vereinten Nationen ihrer Rolle auf der internationalen Bühne in vollem Umfang nachkommen und angesichts von Krisen Verantwortung übernehmen kann, wobei die Palette der bereits vorhandenen Instrumente weiterentwickelt und um eine militärische Fähigkeit ergänzt wird, damit alle Konfliktverhütungs- und Krisenmanagementaufgaben, wie sie im Vertrag über die Europäische Union festgelegt sind (‚Petersberg-Aufgaben'), durchgeführt werden können. Diese Entwicklung impliziert auch eine echte strategische

- I. Chronik -
Nr. 63/19.-20.XI.2001: EU zu militärischen Fähigkeiten

Partnerschaft zwischen EU und NATO bei der Krisenbewältigung, wobei die Beschlussfassungsautonomie beider Organisationen gewahrt bleibt.

2. Auf der Konferenz über die Verbesserung der Fähigkeiten, die am 19. November 2001 in Brüssel stattgefunden hat,[1] haben die Verteidigungsminister ihre Verantwortlichkeit im Rahmen der Präzisierung des Planziels bekräftigt (60.000 Personen, die innerhalb von weniger als 60 Tagen für eine Einsatzdauer von mindestens einem Jahr verlegt werden können). Dabei haben sie ihre Entschlossenheit betont, nach neuen Lösungen und Formen der Zusammenarbeit zu suchen, um die erforderlichen militärischen Fähigkeiten zu entwickeln und die ermittelten Lücken zu schließen, wobei für eine optimale Nutzung der Ressourcen zu sorgen ist.

Die Mitgliedstaaten haben ihre verbindliche Zusage bekräftigt, die in Helsinki festgelegten Ziele in vollem Umfang zu erfüllen und Schritte gegen die ermittelten Lücken zu unternehmen. Ihre überprüften nationalen Beiträge tragen verstärkt zur Erreichung des Planziels bei. Die Mitgliedstaaten haben sich ferner auf einen ‚Europäischen Aktionsplan zu den Fähigkeiten' verständigt (siehe Abschnitt III), in dem alle Bemühungen, Investitionen, Entwicklungen und Koordinierungsmaßnahmen aufgeführt sind, die sowohl auf nationaler als auch auf multinationaler Ebene stattfinden oder geplant sind, um die bestehenden Mittel zu verbessern und die für ein Handeln der Union notwendigen Fähigkeiten nach und nach zu entwickeln. Diese Konferenz stellt eine wichtige Etappe in einem anspruchsvollen Prozess der Stärkung der militärischen Fähigkeiten der Union dar, mit dem das festgelegte Planziel bis 2003 erreicht werden soll und der sich über diesen Zeitpunkt hinaus fortsetzen wird, damit die Ziele im Bereich der strategischen Fähigkeiten im Rahmen eines dynamischen und ständigen Prozesses der Anpassung der Kräfte und Fähigkeiten erreicht werden.

II. BEITRÄGE

3. Allgemeine Feststellungen

Auf der Konferenz über die Verbesserung der Fähigkeiten haben die Mitgliedstaaten auf freiwilliger Basis ihre auf der Konferenz vom November 2000 zugesagten Beiträge bestätigt und sowohl in quantitativer als auch in qualitativer Hinsicht erhebliche Verbesserungen vorgenommen, wodurch verschiedene Lücken geschlossen werden konnten. Aufgrund des Umstands, dass bestimmte Fähigkeiten mehrere Funktionen übernehmen können, und durch den Substitutionsprozess können auch andere Lücken ganz oder teilweise geschlossen werden. Die Bewertung der überprüften nationalen Beiträge ergibt, dass die EU in der Lage sein muss, bis 2003 Operationen im gesamten Spektrum der Petersberg-Aufgaben durchzuführen. Es bedarf jedoch noch weiterer Bemühungen, um die Union in die Lage zu versetzen, komplexeste Operationen optimal durchzuführen und die etwaigen Begrenzungen und Beschränkungen hinsichtlich der Größenordnung von Operationen und der Dislozierungsfrist sowie hinsichtlich des Risikograds weiter zu reduzieren.

4. Kräfte

Beiträge und erzielte Fortschritte

In quantitativer Hinsicht ergibt sich aus den freiwilligen Beiträgen der Mitgliedstaaten, dass ein Gesamtbestand an Mitteln bestehend aus einem Pool von mehr als 100.000 Personen, etwa 400 Kampfflugzeugen und 100 Schiffen zur Verfügung steht, mit dem der durch das Planziel vorgegebene Bedarf für die Durchführung unterschiedlicher Krisenmanagementoperationen in vollem Umfang gedeckt werden kann. Die Beiträge in Form von Elementen der Landstreitkräfte entsprechen dem wesentlichen Bedarf an Streitkräften sowie an kampfunterstützenden und sonstigen unterstützenden Mitteln. Der Bedarf an Elementen der Seestreitkräfte ist weitgehend gedeckt. Die angebotenen Fähigkeiten im Bereich der Luftstreitkräfte decken quantitativ den Bedarf an Luftverteidigung und an Luftunterstützung der Bodentruppen.

Die Mitgliedstaaten haben umfassende zusätzliche Beiträge zugesagt und damit mehrere Lücken und Mängel in vollem Umfang oder teilweise geschlossen bzw. behoben. Im Bereich

---

[1] Dänemark hat dabei auf das Protokoll Nr. 5 im Anhang zum Vertrag von Amsterdam hingewiesen.

- I. Chronik -
Nr. 63/19.-20.XI.2001: EU zu militärischen Fähigkeiten

der Landstreitkräfte betrifft dies vor allem Mehrfachraketenwerfereinheiten, Fernmeldeeinheiten, Einheiten für die elektronische Kampfführung, Panzerinfanterieeinheiten und Pioniereinheiten zur Überwindung von Gewässern. Was die Mittel im Bereich der Seestreitkräfte anbelangt, so wurden im Bereich der Marineflieger Fortschritte erzielt. Bei den Elementen der Luftstreitkräfte wurden zusätzliche Beiträge in den Bereichen Suche und Rettung sowie Präzisionswaffen geleistet.

Noch erforderliche Bemühungen

Zusätzlicher Bemühungen bedarf es in den Bereichen Schutz der dislozierten Kräfte, Fähigkeiten des Einsatzes und Logistik. Bei dem Bereitschaftsgrad der Elemente der Landstreitkräfte, der operativen Mobilität und der Flexibilität der dislozierten Kräfte sind gleichfalls Verbesserungen vonnöten. Verbesserungen müssen auch noch bei den Mitteln im Bereich Marineflieger und beim Verwundetentransport zur See erzielt werden. Bei den Elementen der Luftstreitkräfte sind vor allem noch Probleme in den Bereichen Suche und Rettung sowie im Bereich Präzisionswaffen zu lösen.

5. Strategische Fähigkeiten

Beiträge und erzielte Fortschritte

Was die Mittel für Streitkräfteführung, Fernmelde- und Nachrichtenwesen (C3I) anbelangt, so bieten die Mitgliedstaaten eine ausreichende Zahl an Hauptquartieren auf operativer Ebene sowie auf Streitkraft- und Teilstreitkraftebene und verlegefähige Fernmeldemodule an. Die Mitgliedstaaten haben darüber hinaus eine bestimmte Anzahl von Mitteln im Bereich Aufklärung angeboten, mit denen sie zu den Analyse- und Überwachungsfähigkeiten der EU beitragen. Mit den verfügbaren Transportmitteln für Luft und See können Vorauskräfte disloziert werden; die strategische Beweglichkeit wurde ebenfalls verbessert. Fortschritte wurden im Bereich C3I und bei der strategischen Beweglichkeit zur See gemacht.

Noch erforderliche Bemühungen

Die qualitative Prüfung bestimmter C3I-Mittel bleibt noch vorzunehmen. Falls sich bei dieser Prüfung ergeben sollte, dass gewisse Mängel bestehen, so müssten diese als kritische Mängel betrachtet werden. Außerdem bestehen nach wie vor Lücken im Bereich der verlegefähigen Fernmeldemodule. Zusätzlicher Bemühungen bedarf es in den Bereichen der Unterstützung der Entschlussfassung auf strategischer Ebene, denn die Möglichkeiten der Intelligence, Zielerfassung, Überwachung und Aufklärung (ISTAR) bleiben weiterhin begrenzt. Was die strategische Mobilität anbelangt, so mangelt es vor allem an Großraumtransportflugzeugen und RoRo-Schiffen. Die Auswirkung dieser Lücken könnte jedoch durch eine effizientere Nutzung der vorhandenen Mittel (koordinierte oder gemeinsame Nutzung der Mittel, Planung der Bewegungen ...) und den organisierten Rückgriff auf handelsübliche Mittel verringert werden.

6. Qualitative Verbesserungen

Neben diesen quantitativen Verbesserungen haben alle Mitgliedstaaten ohne Ausnahme Maßnahmen getroffen, die durch die Verbesserung der qualitativen Aspekte ihrer Streitkräfte zweifellos zur Erreichung des Planziels für die Krisenbewältigung beitragen werden. Diese zahlreichen Bemühungen konzentrieren sich vor allem auf die acht folgenden Bereiche:

- Strukturen der Streitkräfte;

- Haushalt;

- Personal;

- multinationale Zusammenarbeit;

- Logistik;

- Ausbildung und Training;

- Forschung und Technologie, industrielle Zusammenarbeit, öffentliche Auftragsvergabe;

- I. Chronik -
Nr. 63/19.-20.XI.2001: EU zu militärischen Fähigkeiten

- zivil-militärische Zusammenarbeit.

Mit den Maßnahmen, die die Mitgliedstaaten getroffen haben bzw. fortzusetzen beabsichtigen, können die Verfügbarkeit, die Verlegefähigkeit, der Schutz der Kräfte, die Durchhaltefähigkeit und die Interoperabilität der Streitkräfte verbessert werden. Die Prüfung der Fortschritte und der Bemühungen, die noch erforderlich sind, um vor allem die hohe Verfügbarkeit bestimmter Elemente der im Rahmen des Planziels von Helsinki vorgesehenen Kräfte zu gewährleisten, wird fortgesetzt.

7. Beiträge der Fünfzehn und der Sechs

Die nicht der EU angehörenden europäischen NATO-Mitgliedstaaten und die anderen Länder, die sich um den Beitritt zur EU bewerben, haben sich den Bemühungen um eine Verbesserung der europäischen militärischen Fähigkeiten angeschlossen, indem sie auf der Ministertagung am 21. November 2000 sehr wertvolle ergänzende Beiträge zugesagt haben, die in einem ergänzenden Dokument zum Streitkräfte-Katalog aufgeführt sind. Die betreffenden Länder wurden eingeladen, ihre Beiträge auf der Ministertagung am 20. November 2001 zu aktualisieren, und zwar wie im vergangenen Jahr nach einem Parallelverfahren zu dem auf die fünfzehn Mitgliedstaaten angewandten Verfahren. Ihre quantitativ und qualitativ überprüften Angebote werden als zusätzliche Fähigkeiten begrüßt, die zur Palette der für EU-geführte Operationen zur Verfügung stehenden Fähigkeiten beitragen. Diese Beiträge werden zusammen mit den betreffenden Staaten nach denselben Kriterien bewertet wie die der Mitgliedstaaten.

8. Mechanismus zur Entwicklung der Fähigkeiten (CDM)

Wie auf der Tagung des Europäischen Rates in Göteborg vereinbart und im Interesse eines dauerhaften Vorgehens zur Stärkung der Fähigkeiten, die sich die EU geben will, weisen die Mitgliedstaaten darauf hin, dass es darauf ankommt, gemäß den Schlussfolgerungen von Nizza einen Überprüfungs- und Beurteilungsmechanismus für die militärischen Fähigkeiten im Detail festzulegen. Um unnötige Duplizierungen im Falle der betroffenen Mitgliedstaaten zu vermeiden, wird dieser Mechanismus dem Verteidigungsplanungsprozess der NATO und dem Planungs- und Überprüfungsprozess der Partnerschaft für den Frieden (PARP) Rechnung tragen.

III. EUROPÄISCHER AKTIONSPLAN ZU DEN FÄHIGKEITEN

9. Einleitung

Gemäß den Beschlüssen, die der Europäische Rat auf seiner Tagung in Helsinki und den nachfolgenden Tagungen gefasst hat, haben sich die Mitgliedstaaten freiwillig verpflichtet, ihre militärischen Fähigkeiten weiter zu verbessern und somit die Entwicklung der europäischen Fähigkeiten zur Krisenbewältigung zu verstärken. Auf der Konferenz über die Verbesserung der militärischen Fähigkeiten am 19. November 2001 (CIC) haben die Mitgliedstaaten Lücken ermittelt und einen Aktionsplan beschlossen, der dieser Situation abhelfen soll. Dieser Plan wird dazu beitragen, die vom Europäischen Rat in Helsinki gesetzten Ziele zu erreichen. Der Aktionsplan stützt sich auf nationale Beschlüsse („Bottom-up'-Konzept). Mittels einer Rationalisierung der jeweiligen Verteidigungsanstrengungen der Mitgliedstaaten und einer Verstärkung der Synergie ihrer nationalen und multinationalen Projekte dürfte er die Verbesserung der europäischen militärischen Fähigkeiten ermöglichen. Außerdem ist der Europäische Aktionsplan zu den Fähigkeiten so ausgelegt, dass er das politische Vorhaben, in dem das Planziel seinen Ursprung hat, unterstützt und die notwendigen Impulse für die Verwirklichung der Ziele, die sich die EU in Helsinki gesetzt hat, gibt. Der Europäische Aktionsplan zu den Fähigkeiten, der im Geist der Transparenz umgesetzt wird, soll in erster Linie die noch bestehenden Lücken schließen. Der Mechanismus zur Entwicklung der Fähigkeiten (CDM), der die für den ständigen, detaillierten Prozess erforderlichen Instrumente umfassen wird, soll die Überprüfung und das Voranbringen der Entwicklung der europäischen militärischen Fähigkeiten sicherstellen.

10. Prinzipien des Europäischen Aktionsplans zu den Fähigkeiten

Der Aktionsplan stützt sich daher auf folgende Prinzipien:

- Verbesserung der Wirksamkeit und Effizienz der Anstrengungen auf dem Gebiet der europäischen militärischen Fähigkeiten: Die gegenwärtige Zersplitterung der Bemühungen im Verteidigungsbereich bietet den Mitgliedstaaten die Möglichkeit, diese Bemühungen zu rationalisieren. Dies könnte durch Intensivierung der militärischen Zusammenarbeit zwischen den Mitgliedstaaten oder zwischen Staatengruppen geschehen.

- ‚Bottom-up'-Konzept der europäischen Zusammenarbeit im Verteidigungsbereich: Die Zusagen der Mitgliedstaaten werden auf freiwilliger Basis und im Einklang mit den nationalen Entscheidungen gegeben. Die benötigten Fähigkeiten werden zum einen mittels Durchführung der geplanten nationalen und multinationalen Projekte und zum anderen durch die Entwicklung neuer Projekte und Initiativen geschaffen, mit denen die noch bestehenden Lücken geschlossen werden können.

- Koordinierung zwischen den EU-Mitgliedstaaten und Zusammenarbeit mit der NATO: Die Anwendung dieses Prinzips ist von wesentlicher Bedeutung, um die spezifischen Lücken festzustellen, unnötige Duplizierungen zu vermeiden und Transparenz und Kohärenz in den Beziehungen zur NATO sicherzustellen.

- Bedeutung einer breiten Unterstützung in der Öffentlichkeit: Die Bürger der Mitgliedstaaten müssen sich ein klares Bild davon machen können, in welchem Kontext sich die Entwicklung der ESVP vollzieht, welche Lücken bestehen und welche Anstrengungen unternommen werden müssen, um die gesetzten Ziele zu erreichen. Diese Transparenz des Aktionsplans wird dazu beitragen, dass der Plan mehr Wirkung zeitigt, und wird das Handeln und den politischen Willen, die diesem Plan zugrunde liegen, stärken.

11. Nationale und multinationale Projekte

Die Prüfung der laufenden, geplanten bzw. in Aussicht genommenen nationalen und multinationalen Projekte zeigt, dass mit diesen Projekten - sofern sie vollständig durchgeführt und die Mittel der EU zur Verfügung gestellt werden - Schritte unternommen werden können, um die große Mehrheit der bestehenden Lücken ganz oder teilweise zu schließen. Aus der Prüfung der Projekte und Initiativen ergibt sich jedoch, dass sie gegenwärtig nicht ausreichen, um alle ermittelten Lücken zu schließen. Daher müssen Methoden gefunden werden, die für jede noch verbleibende Lücke eine geeignete Lösung vorsehen. Der Aktionsplan wird nur dann eine Wirkung haben, wenn sich die Mitgliedstaaten verpflichten, alle Lücken zu schließen, indem sie ihre laufenden und künftigen Projekte und Initiativen abschließend durchführen und die entsprechenden neuen Fähigkeiten der EU zur Verfügung stellen. Damit dieser Prozess zum Erfolg führt, wird es konsequenter und ständiger Bemühungen der Mitgliedstaaten bedürfen.

12. Durchführung des Aktionsplans

a) Eine sehr breite Palette potenzieller Lösungen wird zur Beseitigung der noch bestehenden Lücken angeboten:

- Die eventuelle Bereitstellung anderer nationaler Kräfte und Fähigkeiten als der bereits zugesagten und deren Berücksichtigung bei künftigen Projekten und Initiativen könnte zur Schließung bestimmter Lücken, vor allem im Zusammenhang mit den Streitkräften, führen.

- Andere alternative Lösungen bestehen zum einen in der Verbesserung der Wirksamkeit und Effizienz der bestehenden Fähigkeiten und zum anderen in der Suche nach kreativen Lösungen außerhalb des traditionellen Rahmens der Beschaffungsprogramme für militärisches Gerät.

- Die multinationalen Lösungen können Koproduktion, Finanzierung und Beschaffung von Fähigkeiten speziell für Projekte großen Umfangs, aber auch für sehr spezifische Fähigkeiten beinhalten. Diese Lösungen können sich auch auf die Verwaltung und die Nutzung von Gerät erstrecken, wenn sich das betreffende Gerät bereits im Einsatz befindet.

b) Sämtliche Lücken werden weiterhin unter Leitung des Militärausschusses sowohl in quantitativer als auch in operativer Hinsicht geprüft und beurteilt, wobei die Ergebnisse der Sitzung der hochrangigen nationalen Experten für Beschaffungs- und Planungsprogramme im Verteidigungsbereich berücksichtigt werden, die in diesem Zusammenhang eine wichtige Rolle spielen.

- I. Chronik -
Nr. 63/19.-20.XI.2001: EU zu militärischen Fähigkeiten

c) Im Bemühen um Wirksamkeit und Flexibilität und um die Mitgliedstaaten in die Verantwortung einzubinden, sollte die HTF nach Fähigkeitskategorien in einer auf den Einzelfall abgestimmten Zusammensetzung als Expertengruppe zusammentreten. Diese Gruppen hätten die noch bestehenden Lücken insgesamt zu prüfen und alle denkbaren nationalen oder multinationalen Lösungen festzustellen. Die Impulsgebung, die Koordinierung und die Synthese in diesen Gruppen könnte von einem Mitgliedstaat oder einer Gruppe von Staaten mit Pilotfunktion übernommen werden.

d) Im Rahmen seiner in den Schlussfolgerungen des Europäischen Rates von Nizza festgelegten Zuständigkeiten auf dem Gebiet der politischen Leitung der Entwicklung der militärischen Fähigkeiten erstattet das PSK dem Rat regelmäßig Bericht und stützt sich dabei auf den Ratschlag des Militärausschusses.

IV. RÜSTUNGSINDUSTRIE

13. Die Minister haben die laufenden Fortschritte im Hinblick auf die Umstrukturierung der europäischen Verteidigungsindustrien und den Ausbau der industriellen und technologischen Verteidigungsgrundlagen, die von Wettbewerbsfähigkeit und Dynamik geprägt sein müssen, begrüßt. Es handelt sich hierbei um eine positive Entwicklung, die einen großen Schritt nach vorne darstellt und zur Stärkung der Fähigkeiten der Union und damit auch zum Erfolg des Europäischen Aktionsplans zu den militärischen Fähigkeiten beiträgt.

Die Minister haben auch anerkannt, dass es von Belang ist, die Harmonisierung des militärischen Bedarfs und die Planung der Rüstungsbeschaffung zu verbessern, was nach dem besten Ermessen der Mitgliedstaaten geschehen soll.

Die Minister haben ferner die Bedeutung der Zusammenarbeit zwischen den Verteidigungsindustrien positiv hervorgehoben.

...

Im Rat kam die Frage zur Sprache, in welcher Weise die mit der Verteidigung zusammenhängenden Angelegenheiten im Rahmen des Rates erörtert werden sollten. Er kam überein, diese Frage unter dem nächsten Vorsitz weiter zu prüfen."

2. Erklärung zu den polizeilichen Fähigkeiten

„1. Der Europäische Rat hat auf aufeinander folgenden Tagungen die von ihm eingegangene Verpflichtung bekräftigt, die zivilen und militärischen Mittel und Fähigkeiten auszubauen, mit denen die Union in die Lage versetzt werden soll, Beschlüsse zum gesamten Spektrum der Konfliktverhütungs- und Krisenmanagementaufgaben, wie sie im Vertrag über die Europäische Union festgelegt sind, den so genannten 'Petersberg-Aufgaben', zu fassen und durchzuführen. Die Union wird so in der Lage sein, gemäß den Grundsätzen der Charta der Vereinten Nationen und der Schlussakte von Helsinki einen größeren Beitrag zur internationalen Sicherheit zu leisten. Die Union anerkennt, dass der Sicherheitsrat der Vereinten Nationen vorrangig die Verantwortung für die Aufrechterhaltung von Frieden und Sicherheit auf internationaler Ebene trägt.

2. Im Bereich der zivilen Fähigkeiten hat der Europäische Rat in Feira vier prioritäre Bereiche für die weiteren Arbeiten ermittelt: Polizei, Stärkung des Rechtsstaats, Stärkung der Zivilverwaltung und Katastrophenschutz. In Anerkennung der zentralen Rolle der Polizei bei internationalen Krisenmanagementoperationen und des zunehmenden Bedarfs an Polizeikräften für solche Operationen haben sich die EU-Mitgliedstaaten im Rahmen einer freiwilligen Zusammenarbeit konkrete Ziele für die Fähigkeiten der EU insgesamt, die Krisenreaktionsfähigkeit und hinsichtlich der Aufstellung von Normen für internationale Polizeieinsätze gesetzt. Insbesondere haben die Mitgliedstaaten als letztliches Ziel vereinbart, dass sie bis 2003 in der Lage sein sollten, bis zu 5.000 Polizeikräfte für internationale Missionen im gesamten Spektrum der Krisenverhütungs- und Krisenmanagementoperationen unter Berücksichtigung der besonderen Erfordernisse in jeder Phase der betreffenden Operationen bereitzustellen. Im Rahmen dieses Ziels für die Fähigkeiten der EU insgesamt haben die Mitgliedstaaten ferner zugesagt, dass sie in der Lage sein werden, binnen 30 Tagen 1.000 Polizeikräfte zu bestimmen und zu verlegen.

- I. Chronik -
Nr. 63/19.-20.XI.2001: EU zu militärischen Fähigkeiten

3. Die polizeilichen Fähigkeiten der EU befinden sich im Aufbau und werden dazu beitragen, dass die Union wirksamer und besser auf Krisen reagieren kann. Dadurch wird die EU in der Lage sein, VN- und OSZE-geführte Polizeieinsätze zu unterstützen und EU-geführte Einsätze autonom durchzuführen. Die Europäische Union wird dafür Sorge tragen, dass ihre eigenen Bemühungen und diejenigen der Vereinten Nationen, der OSZE und des Europarates kohärent sind und sich gegenseitig verstärken, wobei unnötige Duplizierungen vermieden werden.

4. Am 19. November 2001 hat in Brüssel eine Beitragskonferenz auf Ministerebene zu den polizeilichen Fähigkeiten stattgefunden, auf der die nationalen Beiträge erfasst werden sollen, mit denen die vom Europäischen Rat in Feira gesetzten Ziele im Bereich der polizeilichen Fähigkeiten erreicht werden sollen. Auf der Konferenz wurden auch die laufenden und künftigen Arbeiten zur Umsetzung des Aktionsplans für die Polizei geprüft, der vom Europäischen Rat in Göteborg auf der Grundlage der Arbeiten der vom Vorsitz am 10. Mai 2001 veranstalteten Konferenz der Leiter der obersten nationalen Polizeibehörden angenommen worden war.

5. Auf der Konferenz haben die Mitgliedstaaten auf freiwilliger Basis in quantitativer und qualitativer Hinsicht die nachstehenden Beiträge zugesagt, mit denen die polizeilichen Fähigkeiten der EU für Krisenmanagementoperationen erreicht werden sollen. Damit tragen sie zur Schaffung einer neuen, wesentlichen Fähigkeit zur Krisenbewältigung bei, so dass das gesamte Spektrum der vom Europäischen Rat auf seinen Tagungen in Nizza und Göteborg ermittelten Polizeimissionen, d.h. von Schulungs-, Beratungs- und Überwachungsmissionen bis hin zu Exekutivmissionen abgedeckt werden kann. Die in Feira gesetzten Ziele sind damit erreicht.

A) QUANTITATIVE ASPEKTE

Was das Gesamtziel anbelangt, so haben die Mitgliedstaaten zugesagt, bis 2003 5.000 Polizeikräfte bereit zu stellen. Was das Ziel der Verlegung von Polizeikräften binnen 30 Tagen anbelängt, so haben die Mitgliedstaaten zugesagt, bis 2003 bis zu 1.400 Polizeikräfte bereit zu stellen. Im Rahmen ihrer Zusagen haben sich manche Mitgliedstaaten verpflichtet, rasch verlegefähige, integrierte und interoperable Polizeieinheiten bereit zu stellen.

B) QUALITATIVE ASPEKTE

Was die qualitativen Aspekte anbelangt, so sind bei beiden Arten von Missionen – Stärkung bzw. Substitution der lokalen Polizeikräfte - alle in den Mitgliedstaaten vorhandenen speziellen Fähigkeiten der Polizei gefordert. Die Fähigkeiten werden in Form von Polizeikräften für einzelne Aufgabenbereiche oder integrierten Polizeieinheiten zugesagt. Letztere können in den Anfangsphasen komplexer Situationen, wie sie auf der Tagung des Europäischen Rates in Nizza definiert wurden, ein Plus an Effizienz darstellen. Die zugesagten polizeilichen Fähigkeiten umfassen sowohl Polizeikräfte mit zivilem Status als auch Polizeikräfte mit militärischem Status vom Typ ‚Gendarmerie'. Diese Vielfalt ist ein qualitatives Plus für die Europäische Union. Bei einer Operation, bei der militärische und polizeiliche Komponenten zum Einsatz kommen, erfordert das Handeln der EU im Spektrum der Petersberg-Aufgaben eine starke Synergie zwischen den polizeilichen und den militärischen Komponenten einer solchen Operation. Vor Ort wird dies durch die enge Abstimmung zwischen beiden Komponenten gewährleistet, wobei den Beschränkungen für den Einsatz von Polizeikräften der Mitgliedstaaten Rechnung getragen wird. Die Union wird damit in der Lage sein, das gesamte Spektrum an Polizeimissionen in verschiedenen Phasen der Krisenbewältigung und der Konfliktverhütung abzudecken bzw. durchzuführen. Diese Missionen können in enger Verknüpfung mit Missionen zur Stärkung der Rechtsstaatlichkeit positiv zur Sicherung einer demokratischen Gesellschaft, in der die Menschenrechte und die Grundfreiheiten gewahrt werden, beitragen.

6. Die Mitgliedstaaten haben auf der Grundlage der Arbeiten des Polizeistabs im Ratssekretariat die Umsetzung des vom Europäischen Rat in Göteborg angenommenen Aktionsplans für die Polizei weiter vorangebracht. Auf der Beitragskonferenz wurden die beachtlichen Fortschritte begrüßt, die bisher bei den qualitativen Anforderungen für Ausbildungs- und Auswahlkriterien sowie bei den Leitlinien für die Polizeiführung und für die Interoperabilität erzielt wurden, und es wurde erklärt, dass man den weiteren Arbeiten in diesen Bereichen erwartungsvoll entgegensehe. Auf der Beitragskonferenz wurde betont, wie wichtig es ist, den Polizeistab mit angemessenen Mitteln auszustatten, damit vor allem die rasche Umsetzung des Aktionsplans für die Polizei gewährleistet werden kann. Der Polizeistab wurde eingerich-

tet, um die EU in die Lage zu versetzen, Polizeieinsätze zu planen und durchzuführen (unter anderem durch integrierte Planung und Koordinierung, Lagebeurteilung, Vorbereitung von Übungen und Ausarbeitung von rechtlichen Rahmenregelungen und Rechtsvorschriften).

...

Auf der Tagung des Europäischen Rates in Nizza war vereinbart worden, dass der Beitrag von Nichtmitgliedstaaten der EU zu Krisenmanagementoperationen der EU, insbesondere zu EU Polizeimissionen nach noch zu bestimmenden Modalitäten in einer konstruktiven Haltung geprüft wird. Der Europäische Rat hat in Göteborg sodann Grundprinzipien und Modalitäten für die Beiträge von Nicht-EU-Staaten zu EU-Polizeimissionen angenommen. Daher werden das Interesse, das Nicht-EU-Staaten im Bereich von EU-Krisenmanagementoperationen mit zivilen Mitteln bekundet haben, und die Beiträge, die diese Staaten möglicherweise anbieten wollen, sehr begrüßt. Die Tagung am 20. November mit den nicht der EU angehörenden europäischen NATO-Mitgliedstaaten und anderen Ländern, die sich um den Beitritt zur EU bewerben, wird Gelegenheit bieten, diese Länder über die Fortschritte im Polizeibereich zu unterrichten, Informationen über deren eigene Anstrengungen in diesem Bereich zu erhalten und - für diejenigen, die dies wünschen - zu erklären, dass sie bereit sind, ergänzende Beiträge zu von der EU durchgeführten Polizeimissionen zu leisten."

(Website der EU)

19. XI. – 7. XII. 2001

64. Überprüfungskonferenz zum BWÜ geht ohne Ergebnis zu Ende

Vom 19. November bis zum 7. Dezember 2001 fand in Genf die fünfte Überprüfungskonferenz des Übereinkommens zum Verbot biologischer und Toxin-Waffen von 1992 (BWÜ) statt. Die Konferenz wurde überschattet durch die zuvor von der US-Regierung praktisch erzwungene Beendigung der Verhandlungen über ein Verifikationsprotokoll. Die seit 1995 laufenden Verhandlungen eines Ad-hoc-Ausschusses waren im Juli 2001 abgebrochen worden, nachdem die US-Regierung erklärt hatte, sie werden an diesen Verhandlungen nicht mehr teilnehmen, weil der gewählte Ansatz keine sinnvollen Ergebnisse erwarten lasse. Auch die Beratungen über das Abschlussdokument der Überprüfungskonferenz wurden durch Interventionen der US Regierung durchkreuzt. Es gelang nicht ein entsprechendes Dokument zu verabschieden, so dass sich die Konferenz auf November 2002 vertagte.

29. XI. 2001

65. Differenziertes Sanktionenregime für Irak vereinbart

Am 29. November 2001 beriet der Sicherheitsrat der Vereinten Nationen über die Fortsetzung und Abänderung des Sanktionenregimes über den Irak. Er schloss damit die jahrelangen Debatten über die Reform des Sanktionenregimes ab. Mit der anliegenden Resolution wurde das allgemeine Sanktionsregime durch ein solches ersetzt, welches den Zugang Iraks zu bestimmten, spezifizierten Gegenständen und Technologien regelt bzw. verbietet.

Resolution 1382 des VN-Sicherheitsrats, verabschiedet am 29. 11. 2001

„Der Sicherheitsrat,

- I. Chronik -
Nr. 65/29.XI.2001: Sanktionenregime für den Irak

unter Hinweis auf seine früheren einschlägigen Resolutionen, namentlich seine Resolutionen 986 (1995) vom 14. April 1995, 1284 (1999) vom 17. Dezember 1999, 1352 (2001) vom 1. Juni 2001 und 1360 (2001) vom 3. Juli 2001, soweit sie sich auf die Verbesserung des humanitären Programms für Irak beziehen,

in der Überzeugung, dass vorübergehende Maßnahmen zur weiteren Deckung des zivilen Bedarfs des irakischen Volkes ergriffen werden müssen, bis die Erfüllung der einschlägigen Resolutionen, so auch insbesondere der Resolutionen 687 (1991) vom 3. April 1991 und 1284 (1999), durch die Regierung Iraks es dem Rat gestattet, weitere Maßnahmen in Bezug auf die in Resolution 661 (1990) vom 6. August 1990 genannten Verbote zu ergreifen, im Einklang mit den Bestimmungen der genannten Resolutionen,

entschlossen, die humanitäre Lage in Irak zu verbessern,

in Bekräftigung des Bekenntnisses aller Mitgliedstaaten zur Souveränität und territorialen Unversehrtheit Iraks,

tätig werdend nach Kapitel VII der Charta der Vereinten Nationen,

1. beschließt, dass die Bestimmungen der Resolution 986 (1995), mit Ausnahme der Ziffern 4, 11 und 12 und vorbehaltlich von Ziffer 15 der Resolution 1284 (1999) sowie der Ziffern 2, 3 und 5 bis 13 der Resolution 1360 (2001), für einen weiteren Zeitraum von 180 Tagen ab dem 1. Dezember 2001 0.01 Uhr New Yorker Ortszeit in Kraft bleiben;

2. nimmt Kenntnis von der vorgeschlagenen Liste zu prüfender Güter (enthalten in Anlage 1 zu dieser Resolution) und den Verfahren zu ihrer Anwendung (enthalten in Anlage 2 zu dieser Resolution) und beschließt, die Liste und die Verfahren anzunehmen, vorbehaltlich etwaiger Feinabstimmungen, denen der Rat im Lichte weiterer Konsultationen zustimmt, und ihre Anwendung ab 30. Mai 2002 festzulegen;

3. erklärt erneut, dass alle Staaten im Einklang mit Resolution 661 (1990) und den späteren einschlägigen Resolutionen gehalten sind, den Verkauf oder die Lieferung von Rohstoffen oder Erzeugnissen, einschließlich Waffen oder sonstigen militärischen Geräts, an Irak sowie die Bereitstellung von Finanzmitteln oder sonstigen finanziellen oder wirtschaftlichen Ressourcen an Irak, soweit diese nicht in bestehenden Resolutionen genehmigt sind, zu verhindern;

4. unterstreicht die Verpflichtung Iraks, bei der Durchführung dieser Resolution und der anderen anwendbaren Resolutionen zu kooperieren, namentlich indem es die Sicherheit aller Personen achtet, die an ihrer Durchführung unmittelbar beteiligt sind;

5. ruft alle Staaten auf, auch weiterhin zu kooperieren, indem sie technisch vollständige Anträge rechtzeitig vorlegen, Ausfuhrgenehmigungen rasch ausstellen und alle anderen innerhalb ihrer Zuständigkeit liegenden geeigneten Maßnahmen ergreifen, um sicherzustellen, dass die dringend benötigten humanitären Hilfsgüter die irakische Bevölkerung so rasch wie möglich erreichen;

6. bekräftigt sein entschlossenes Eintreten für eine umfassende Regelung auf der Grundlage der einschlägigen Resolutionen des Sicherheitsrats, einschließlich etwaiger Klärungen, die für die Durchführung der Resolution 1284 (1999) notwendig sind;

7. beschließt, dass die Bezugnahmen in der Resolution 1360 (2001) auf den darin festgelegten Zeitraum von 150 Tagen für die Zwecke dieser Resolution so auszulegen sind, dass sie sich auf den in Ziffer 1 festgelegten Zeitraum von 180 Tagen beziehen;

8. beschließt, mit der Angelegenheit befasst zu bleiben.

ANLAGE 1 [1]: VORGESCHLAGENE GÜTERPRÜFLISTE

(Anmerkung: Waffen und Munition sind gemäß SR-Resolution 687 (1991), Ziffer 24 verboten und somit nicht in dieser Prüfliste enthalten.)

---

[1] Übersetzung: Bundessprachenamt.

- I. Chronik -
Nr. 65/29.XI.2001: Sanktionenregime für den Irak

A. Artikel, die der SR-Resolution 1051 (1996) unterliegen.

B. Artikel der Liste im Anhang zu Dokument S/2001/1120 (mit Ausnahme der Artikel, die bereits durch die Resolution 687, Ziffer 24 abgedeckt werden). Die Liste umfasst die folgenden allgemeinen Kategorien und enthält Erläuterungen und Einvernehmenserklärungen:

(1) moderne Werkstoffe; (2) Werkstoffbearbeitung; (3) Elektronik; (4) Rechner; (5) Telekommunikation und Informationssicherheit; (6) Sensoren und Laser; (7) Navigation und Avionik; (8) Meeres- und Schiffstechnik und (9) Antriebssysteme.

C. Folgende Einzelartikel, die in der Anlage näher beschrieben sind:

Führung, Kommunikation und Simulation

1. Spezielle moderne Telekommunikationsmittel.

2. Mittel der Informationssicherheit.

Sensoren, elektronische Kampfführung, Nachtsichtgeräte

3. Spezielle elektronische Messgeräte und Prüfgeräte.

4. Bildverstärker-Nachtsichtsysteme, Röhren und Bauelemente.

Luftfahrzeuge und zugehörige Artikel

5. Spezielles Radargerät.

6. Nicht für den zivilen Luftverkehr zugelassene Luftfahrzeuge; alle Gasturbinenflugtriebwerke; unbemannte Luftfahrzeuge; Bauteile und Bauelemente.

7. Ohne Röntgenstrahlen arbeitende Sprengstoffspürgeräte.

Artikel für die Marine

8. Außenluftunabhängige Antriebssysteme und Brennstoffzellen, die speziell für Unterwasserfahrzeuge entworfen wurden, und speziell dafür ausgelegte Bauelemente.

9. Akustisches Gerät für die Marine.

Explosivstoffe

10. Speziell für zivile Projekte entwickelte Ladungen und Vorrichtungen, die geringe Mengen energetischen Materials enthalten.

Artikel der Flugkörpertechnik

11. Spezialgerät für Schwingungsprüfungen.

Fertigung konventioneller Waffen

12. Spezialgerät für die Halbleiterfertigung.

Militärischer Schwertransport

13. Tiefladeanhänger/Verlader mit einer Tragfähigkeit über 30 t und einer Breite von 3 m oder mehr.

Gerät für biologische Kampfmittel

14. Bestimmtes biologisches Gerät

ANLAGE ZUR VORGESCHLAGENEN GÜTERPRÜFLISTE:TECHNISCHE MERKMALE DER EINZELARTIKEL

1. Spezielle moderne Telekommunikationsmittel

a. Jede Art von Telekommunikationsgerät, das speziell für den Betrieb außerhalb des Temperaturbereichs von 218 K (-55 °C) bis 397 K (124 °C) ausgelegt ist.

- I. Chronik -
Nr. 65/29.XI.2001: Sanktionenregime für den Irak

b. Phasengesteuerte Gruppenantennen mit aktiven Bauelementen und verteilten Bauelementen, entwickelt zur elektronischen Steuerung der Strahlformung und -ausrichtung, ausgenommen Landesysteme mit Geräten, die den ICAO-Normen entsprechen (Mikrowellenlandesysteme).

c. Richtfunkgeräte, die für die Nutzung mit Frequenzen von 7,9 bis 10,55 GHz oder über 40 GHz ausgelegt sind, und zughörige Baugruppen und Bauteile.

d. Lichtwellenleiterkabel mit einer Länge von mehr als 5 m; und Vorformlinge oder gezogene Fasern aus Glas oder anderen Materialien, die für die Fertigung von oder die Verwendung als optische Übertragungsmedien optimiert wurden; optische Terminals und optische Verstärker.

e. Software, die speziell für die Entwicklung oder Fertigung der unter a bis d genannten Bauelemente oder Geräte entwickelt wurde.

f. Verfahren für die Entwicklung, Konstruktion oder Fertigung der unter a bis d genannten Bauelemente, Software oder Geräte.

2. Geräte der Informationssicherheit

Geräte der Informationssicherheit, die eine der folgenden Eigenschaften aufweisen:

a. Verschlüsselung mittels symmetrischer Algorithmen;

b. Verschlüsselung mittels asymmetrischer Algorithmen;

c. Verschlüsselung mittels diskretem Logarithmus;

d. analoge Verschlüsselung oder Verwürfelung;

e. Rechnersysteme mit mehrstufiger Sicherheit (MLS) gemäß TCSEC B1, B2, B3 oder A1 oder gleichwertige Systeme.

f. Software, die speziell für die Entwicklung oder Fertigung der unter a bis e genannten Artikel entwickelt wurde;

g. Verfahren für die Entwicklung, Konstruktion oder Fertigung der unter a bis e genannten Artikel.

Anmerkung 1: Dieser Eintrag erfordert keine Prüfung von Artikeln, die alle folgenden Punkte erfüllen:

a. Sie sind der Öffentlichkeit allgemein zugänglich, indem sie ohne Einschränkungen aus dem Bestand des Einzelhandels auf einem der folgenden Wege verkauft werden:

    a.1. im freien Handel;

    a.2. über den Versandhandel;

    a.3. mittels Bestellung über elektronische Medien;

    a.4. mittels Bestellung per Telephon.

b. Die kryptographischen Funktionen können vom Nutzer nicht leicht verändert werden.

c. Ausgelegt für den Einbau durch den Nutzer ohne weitere wesentliche Unterstützung durch den Lieferer; und

d. Falls erforderlich, stehen Einzelheiten zu den Artikeln zur Verfügung und werden auf Anforderung an die zuständige Behörde im Land des Exporteurs geliefert, um die Erfüllung der unter a bis c genannten Bedingungen feststellen zu können.

Anmerkung 2: Nicht geprüft werden müssen:

a. Personenbezogene Chipkarten, bei denen die kryptographische Fähigkeit auf den Einsatz in Geräten und Systemen beschränkt ist, die gemäß den Einträgen b bis f dieser Anmerkung

- I. Chronik -
Nr. 65/29.XI.2001: Sanktionenregime für den Irak

von der Kontrolle ausgeschlossen sind. Hat eine personenbezogene Chipkarte mehrere Funktionen, wird der Kontrollstatus jeder Funktion einzeln angesprochen;

b. Empfangsgeräte für Rundfunksendungen, Abonnement-Fernsehen (Pay TV) oder ähnliche auf eine begrenzte Zielgruppe ausgerichtete, verbraucherorientierte Rundstrahlverfahren ohne digitale Verschlüsselung, außer der, die ausschließlich dafür genutzt wird, Rechnungen oder programmbezogene Informationen zurück an die Anbieter zu schicken;

c. Geräte, bei denen die kryptographische Fähigkeit für den Nutzer nicht zugänglich ist und die speziell und ausschließlich für eine der folgenden Aufgaben entwickelt wurden:

   c.1. Ausführung von Softwareprogrammen mit Kopierschutz;

   c.2. Zugang zu einer der folgenden Informationsquellen:

      c.2.a. kopiergeschützte Daten, die auf Nur-Lese-Speichermedien gespeichert sind; oder

      c.2.b. Informationen, die in verschlüsselter Form auf Medien gespeichert sind (z. B. in Verbindung mit geistigen Eigentumsrechten), wobei die Medien in identischen Sätzen der Öffentlichkeit zum Verkauf angeboten werden; oder

      c.2.c. einmaliges Kopieren urheberrechtlich geschützter Audio-/Videodaten.

d. Kryptogerät, dass speziell und ausschließlich für Bank- und Geldgeschäfte entwickelt wurde;

Technische Anmerkung: Zu den 'Geldgeschäften' gehören die Erhebung und Begleichungvon Fahrpreisen und Krediten.

e. Tragbare oder mobile Funktelefone für zivile Verwendungszwecke (z. B. für kommerzielle, zivile zellulare Funksysteme), die über keine Möglichkeit zur End-zu-End-Verschlüsselung verfügen;

f. Schnurlose Telefone ohne Möglichkeit der End-zu-End-Verschlüsselung, bei denen die maximale wirksame Reichweite des unverstärkten, schnurlosen Betriebs (d. h. eine Einzelrichtfunkstrecke ohne Weiterleitung zwischen Terminal und Heimatbasisstation) gemäß Herstellerspezifikationen unter 400 m liegt.

3. Spezielle elektronische Messgeräte und Prüfgeräte

a. Signalanalysatoren von 4 bis 31 GHz;

b. Mikrowellenprüfempfänger von 4 bis 40 GHz;

c. Netzwerkanalysatoren von 4 bis 40 GHZ;

d. Signalgeneratoren von 4 bis 31 GHz;

e. Wanderfeldröhren, Impuls oder Dauerstrich, wie folgt:

   e.1. Röhren mit Kopplungshohlraum oder von diesen abgeleitete Röhren;

   e.2. Wendelröhren oder von diesen abgeleitete Röhren mit einem der folgenden Merkmale:

      e.2.a.1. Momentanbandbreite von einer halben Oktave oder mehr; und

      e.2.a.2. das Produkt aus der durchschnittlichen Ausgangsnennleistung (in kW) und der maximalen Betriebsfrequenz (in GHz) liegt über 0,2;

      e.2.b.1. Momentanbandbreite von weniger als einer halben Oktave; und

      e.2.b.2. das Produkt aus der durchschnittlichen Ausgangsnennleistung (in kW) und der maximalen Betriebsfrequenz (in GHz) liegt über 0,4.

f. Spezialgerät für die Fertigung von Elektronenröhren und Optikteilen und speziell hierfür entwickelte Bauelemente;

g. Wasserstoff-/Wasserstoffisotop-Thyratrone aus metallkeramischem Material und ausgelegt für einen Spitzenstrom von 500 A oder mehr.

h. Digitale Messdatenaufzeichnungsgeräte, die eine der folgenden Eigenschaften aufweisen:

h.1. maximale digitale Schnittstellenübertragungsgeschwindigkeit über 175 Mbit/s; oder

h.2. für den Weltraum geeignet.

i. Strahlungs- und Radioisotopenspür- und -simulationsgeräte, Analysegeräte, Software sowie Baugruppen und Baugruppenträger für nukleare Instrumentierungsmodule (NIM).

j. Software, die speziell für die Entwicklung oder Fertigung der unter a bis i genannten Bauelemente oder Geräte entwickelt wurde.

k. Verfahren für die Entwicklung, Konstruktion oder Fertigung der unter a bis i genannten Bauelemente oder Geräte.

Anmerkung:

Die Artikel unter a bis e müssen nicht überprüft werden, wenn sie Bestandteil von Verträgen für zivile Telekommunikationsprojekte sind, einschließlich Materialerhaltung, Betrieb und Instandsetzung des Systems, das vom Lieferstaat für die zivile Nutzung zugelassen wurde.

4. Bildverstärker-Nachtsichtsysteme, Röhren und Bauelemente

a. Nachtsichtsysteme (d. h. Kameras oder Direktsichtabbildungsgeräte) mit einer Bildverstärkerröhre, die eine Mikrokanalplatte (MCP) und eine S-20-, S-25-, GaAs- oder GaInAs-Photokathode verwendet.

b. Bildverstärkerröhren, die eine Mikrokanalplatte (MCP) und eine S-20-, S-25-, GaAs- oder GaInAs-Photokathode mit einer Empfindlichkeit von 240 μA pro Lumen oder darunter verwenden.

c. Mikrokanalplatten von 15 μm und darüber.

d. Software, die speziell für die Entwicklung oder Fertigung der unter a bis c genannten Bauelemente oder Geräte entwickelt wurde.

e. Verfahren für die Entwicklung, Konstruktion oder Fertigung der unter a bis c genannten Bauelemente oder Geräte.

5. Spezielles Radargerät

a. Alle Luftfahrzeugradargeräte und speziell für diese entwickelte Bauelemente, mit Ausnahme der speziell für meteorologische Zwecke entwickelten Radargeräte und der zivilen Flugverkehrskontrollgeräte (Modi 3, C und S), die speziell für den ausschließlichen Betrieb im Frequenzbereich von 960 bis 1215 MHz ausgelegt sind.

Anmerkung:

Dieser Eintrag erfordert keine Vorprüfung von Luftfahrzeugradargeräten, die als Originalgeräte in Luftfahrzeuge eingebaut wurden, die für den zivilen Luftverkehr zugelassen sind und im Irak betrieben werden.

b. Alle bodengestützten Primärradarsysteme, die über die Fähigkeit der Luftfahrzeugerfassung und -verfolgung verfügen.

c. Software, die speziell für die Entwicklung oder Fertigung der unter a und b genannten Bauelemente oder Geräte entwickelt wurde.

d. Verfahren für die Entwicklung, Konstruktion oder Fertigung der unter a und b genannten Bauelemente oder Geräte.

- I. Chronik -
Nr. 65/29.XI.2001: Sanktionenregime für den Irak

6. **Nicht für den zivilen Luftverkehr zugelassene Luftfahrzeuge; alle Gasturbinenflugtriebwerke; unbemannte Luftfahrzeuge; Bauteile und Bauelemente**

a. Nicht für den zivilen Luftverkehr zugelassene Luftfahrzeuge und speziell hierfür entwikkelte Bauteile und Bauelemente. Ausgenommen sind die Bauteile und Bauelemente, die speziell für den Transport von Passagieren entwickelt wurden, einschließlich Sitze, Verpflegungseinrichtungen, Klimaanlagen, Beleuchtungssysteme und Sicherheitsvorrichtungen für Passagiere.

Anmerkung:

Für den zivilen Luftverkehr zugelassene Luftfahrzeuge sind Luftfahrzeuge, die von den zivilen Luftfahrtbehörden im Land des Erstausrüsters die Zulassung für den allgemeinen zivilen Einsatz erhalten haben.

b. Alle Gasturbinentriebwerke, mit Ausnahme jener, die für Zwecke der stationären Energieerzeugung konstruiert wurden, und speziell hierfür entwickelte Bauteile und Bauelemente.

c. Unbemannte Luftfahrzeuge und zugehörige Bauteile und Bauelemente mit einer der folgenden Eigenschaften:

    c.1. Fähigkeit zum autonomen Betrieb;

    c.2. Fähigkeit zum Betrieb jenseits der Sichtlinie;

    c.3. Einbau eines Satellitennavigationsempfängers (d. h. GPS);

    c.4. Bruttostartgewicht über 25 kg (55 lbs.)

d. Bauteile und Bauelemente für Luftfahrzeuge, die für den zivilen Luftverkehr zugelassen sind (mit Ausnahme der Triebwerke).

Anmerkung 1:

Hierzu gehören nicht die Bauteile und Bauelemente für normale Materialerhaltungsmaßnahmen von Luftfahrzeugen, die sich nicht im Besitz des Irak befinden oder die für den zivilen Luftverkehr zugelassen und geleast wurden, sofern diese Bauteile und Bauelemente vom Erstausrüster der betreffenden Luftfahrzeuge ursprünglich qualifiziert oder zu-gelassen wurden.

Anmerkung 2:

Für Luftfahrzeuge im Besitz des Irak oder geleaste zivile Luftfahrzeuge ist eine Prüfung der Bauteile und Bauelemente für normale Materialerhaltungsmaßnahmen nicht erforderlich, wenn die Materialerhaltungsmaßnahmen in einem anderen Land als dem Irak durchgeführt werden.

Anmerkung 3:

Bei Luftfahrzeugen im Besitz des Irak oder geleasten Luftfahrzeugen unterliegen Bauteile und Bauelemente der Prüfung, sofern kein gleichwertiger Eins-zu-eins-Austausch von Bauteilen und Bauelementen erfolgte, die vom Erstausrüster für den Einsatz in den betreffenden Luftfahrzeugen qualifiziert oder zugelassen wurden.

Anmerkung 4:

Alle speziell entwickelten Bauteile oder Bauelemente, die die Leistungsfähigkeit des Luftfahrzeugs verbessern, unterliegen weiterhin der Prüfung.

e. Verfahren, einschließlich Software, für die Entwicklung, Konstruktion und Fertigung von Geräten und Bauteilen/Bauelementen für die unter a bis d genannten Artikel.

- I. Chronik -
Nr. 65/29.XI.2001: Sanktionenregime für den Irak

9. Akustisches Gerät für die Marine

a. Akustische Marinesysteme und -geräte und speziell hierfür entwickelte Bauelemente wie folgt:

a.1. Aktive (Sende- oder Sende- und Empfangs-)Systeme, entsprechende Geräte und speziell hierfür entwickelte Bauelemente wie folgt:

a.1.a. Seevermessungssysteme mit großer Streifenbreite für die topographische Kartierung des Meeresbodens, ausgelegt für die Messung von Tiefen von weniger als 600 m unter der Wasseroberfläche.

a.2. Passive (empfangende) Systeme (unabhängig davon, ob sie bei normaler Anwendung mit separatem aktiven Gerät in Verbindung stehen), entsprechende Geräte und speziell hierfür entwickelte Bauelemente wie folgt:

a.2.a. Hydrophone mit einer Empfindlichkeit besser als -220 dB in einer beliebigen Tiefe ohne Beschleunigungskompensation;

a.2.b. Akustische Hydrophon-Schleppsonare, die für einen Einsatz in Tiefen zwischen 15 und 35 m ausgelegt sind oder entsprechend geändert werden können.

a.2.b.1. Kurssensoren mit einer Genauigkeit, die besser als ±0,5° ist.

a.2.c. Speziell für akustische Hydrophon-Schleppsonare entwickeltes Verarbeitungsgerät.

a.2.d. Speziell für Boden- oder Stützkabelsysteme entwickeltes Verarbeitungsgerät.

b. Korrelations-Sonargeschwindigkeitsmessanlage für die Messung der Horizontalgeschwindigkeit des Geräteträgers relativ zum Meeresboden.

Technischer Hinweis:

Die Hydrophonempfindlichkeit ist definiert als das Zwanzigfache des Logarithmus zur Basis 10 des Verhältnisses zwischen effektiver Ausgangsspannung und einer effektiven Bezugsspannung von 1 V, wenn sich der Hydrophonfühler einem Vorverstärker in einem akustischen Feld in Form einer ebenen Welle mit einem Effektivdruck von 1 μPa befindet. Zum Beispiel ergeben sich bei einem Hydrophon von -160 dB (Bezugsspannung 1 V pro μPa) dann -180 dB.

10. Speziell für zivile Projekte entwickelte Ladungen und Vorrichtungen, die geringe Mengen der folgenden energetischen Stoffe enthalten

1. Cyclotetramethylentetranitramin (CAS 2691-41-0) (HMX); Octahydro-1,3,5,7-tetranitro-1,3,5,7-tetrazin; 1,3,5,7-Tetranitro-1,3,5,7-Tetraaza-cyclooctan; (Octogen);

2. Hexanitrostilben (HNS) (CAS 20062-22-0);

3. Triaminotrinitrobenzol (TATB) (CAS 3058-38-6);

4. Triaminoguanidinnitrat (TAGN) (CAS 4000-16-2);

5. Dinitroglycoluril (DNGU, DINGU) (CPS 55510-04-81: Tetranitroglycoluril (TNGU, SORGUYL) (CAS 55510-03-7);

6. Tetranitrobenzotriazolobenzotriazol (TACOT) (CAS 25243-36-1);

7. Diaminohexanitrobiphenyl (DIPAM) (CAS 17215-44-0);

8. Pikrylaminodinitropyridin (PYX) (CAS 38082-89-2);

9. 3-Vitro-1,2,4-triazol-5-on (NTO oder ONTA) (CAS 932-64-9);

10. Cyclotrimethylentrinitramin (RDX) (CAS 121-82-4); Cyclonit; T4; Hexahydro-1,3,5-trinitro-1, 3, 5-triazin; 1, 3, 5-Trinitro-1, 3, 5-triaza-cyclohexan (Hexogen);

- I. Chronik -
Nr. 65/29.XI.2001: Sanktionenregime für den Irak

11. 2-(5-Cyanotetrazolato)-Pentamin-Kobalt(III)-perchlorat (oder CP) (CAS 70247-32-4);

12. cis-Bis-(5-Nitrotetrazolato)-tetramin-Kobalt(III)-perchlorat (oder BNCP);

13. 7-Amino-4,6-dinitrobenzofurazan-1-oxid (ADNBF) (CAS 97096-78-1); Aminodinitrobenzofuroxan;

14. 5,7-Diamino-4,6-dinitrobenzofurazan-1-oxid (CAS 117907-74-1), (CL-14 oder Diaminodinitrobenzofuroxan);

15. 2,4,6-Trinitro-2,4,6-triazacyclohexanon (K-6 oder Keto-RDX) (CAS 115029-35-1);

16. 2,4,6,8-Tetranitro-2,4,6,8-tetraazabicyclo-[3,3,0]-octanon-3 (CAS 130256-72-3) (Tetranitrosemiglycouril, K-55 oder keto-bizyklisches HMX);

17. 1,1,3-Trinitroazetidin (TNAZ) (CAS 97645-24-4);

18. 1,4,5,8-tetranitro-1,4,5,8-tetraazadecalin (TNAD) (CAS 135877-16"=6);

19. Hexanitrohexaazaisowurtzitan (CAS 135285-90-4) (CL-20 oder HNIW); und Clathrate von CL-20;

20. Trinitrophenylmethylnitramin (Tetryl) (CAS 479-45-8);

21. Alle Explosivstoffe mit einer Detonationsgeschwindigkeit über 8700 m/s oder einem Detonationsdruck über 34 GPa (340 kbar);

22. Andere organische Explosivstoffe mit einem Detonationsdruck von 25 GPa (250 kbar) oder mehr, die bei Temperaturen von 523 K (250 °C) oder höher über einen Zeitraum von 5 Minuten oder länger stabil bleiben;

23. Alle anderen festen Treibstoffe der UN-Klasse 1.1 mit einem theoretischen spezifischen Impuls (unter Standardbedingungen) über 250 s für nicht metallisierte Zusammensetzungen bzw. über 270 s für Zusammensetzungen mit Aluminiumzusatz; und

24. Alle festen Treibstoffe der UN-Klasse 1.3 mit einem theoretischen spezifischen Impuls über 230 s für nicht halogenisierte Zusammensetzungen, über 250 s für nicht metallisierte Zusammensetzungen und über 266 s für metallisierte Zusammensetzungen.

Anmerkung:

Sind die oben aufgeführten energetischen Stoffe nicht in geringen Mengen Teil einer Ladung oder Vorrichtung, die speziell für zivile Projekte entwickelt wurde, gelten sie als militärische Artikel und unterliegen somit der Resolution UNSCR 687, Absatz 24.

11. Spezialgerät für Schwingungsprüfungen

Schwingungsprüfgerät und speziell hierfür entwickelte Bauteile und Bauelemente, mit denen die Flugbedingungen in Höhen unter 15 000 m simuliert werden können.

a. Software, die speziell für die Entwicklung oder Fertigung der oben genannten Bauelemente oder Geräte entwickelt wurde.

b. Verfahren für die Entwicklung, Konstruktion oder Fertigung der oben genannten Bauelemente oder Geräte.

12. Spezialgerät für die Halbleiterfertigung.

a. Artikel, die speziell für Fertigung, Zusammenbau, Verpackung, Prüfung und Konstruktion von Halbleiterbauelementen, integrierten Schaltungen und Baugruppen entwickelt wurden und eine Mindeststrukturgröße von 1,0 μm haben, einschließlich:

a.1. Geräte und Werkstoffe für Plasmaätzverfahren, chemische Bedampfungsverfahren (CVD-Verfahren), Lithographie, Maskenlithographie, Masken und Fotolacke.

a.2. Gerät, das speziell für die Ionenimplantation bzw. für die mit Ionen oder Photonen verstärkte Diffusion entwickelt wurde und eine der folgenden Eigenschaften aufweist:

- I. Chronik -
Nr. 65/29.XI.2001: Sanktionenregime für den Irak

a.2.a. Strahlenergie (Beschleunigungsspannung) über 200 keV; oder

a.2.b. Optimierung für den Betrieb mit einer Strahlenergie (Beschleunigungsspannung) unter 10 keV.

a.3. Folgendes Gerät zur Oberflächenbehandlung für die Bearbeitung von Halbleiterwafern:

a.3.a. Speziell entwickeltes Gerät für die Bearbeitung der Rückseite von Wafern mit einer Dicke von weniger als 100 μm und deren darauffolgende Trennung; oder

a.3.b. Speziell entwickeltes Gerät, um eine Rauheit der aktiven Oberfläche eines bearbeiteten Wafers mit einem 2...-Wert von maximal 2 μm (Mittigkeitsabweichung (Gesamt-Messuhrausschlag)) zu erzielen;

a.4. Gerät (mit Ausnahme von Universalrechenanlagen), das speziell für die rechnergestützte Konstruktion (CAD) von Halbleiterbauelementen oder integrierten Schaltungen entwickelt wurde;

a.5. Folgendes Gerät für den Zusammenbau integrierter Schaltungen:

a.5.a. Speicherprogrammgesteuerte Chipbonder, die alle folgenden Eigenschaften aufweisen:

a.5.a.1. Speziell für integrierte Hybridschaltungen ausgelegt;

a.5.a.2. X-Y-Tischpositionierarbeitsweg über 37,5 x 37,5 mm; und

a.5.a.3. Positionierungsgenauigkeit in der X-Y-Ebene feiner als +10 μm;

a.5.b. Speicherprogrammgesteuertes Gerät für die Herstellung mehrerer Bondverbindungen in einem einzigen Arbeitsgang (z. B. Balkenleiterbondgeräte, Chipträgerbondgeräte, Folienbondgeräte);

a.5.c. Halbautomatische oder automatische Heißkappeneinschmelzgeräte, bei denen die Kappe örtlich auf eine höhere Temperatur erhitzt wird als der Gehäusekörper und die speziell für Keramik-Mikroschaltungsgehäuse konstruiert sind und einen Durchsatz von einem oder mehr Gehäusen pro Minute aufweisen.

b. Software, die speziell für die Entwicklung oder Fertigung der unter a genannten Bauelemente oder Geräte entwickelt wurde;

c. Verfahren für die Entwicklung, Konstruktion oder Fertigung der unter a genannten Bauelemente oder Geräte.

14. Bestimmtes biologisches Gerät

a. Geräte zur Mikroverkapselung von lebenden Mikroorganismen und Toxinen mit einer Partikelgröße im Bereich von 1 bis 15 μm, um Grenzflächenpolykondensatoren und Phasenseparatoren mit einzuschließen.

ANLAGE II: VERFAHREN

1. Anträge für jeden Export von Rohstoffen oder Erzeugnissen sind von den Ausfuhrstaaten über ihre Ständigen Vertretungen oder Beobachtervertretungen sowie von den Organisationen und Programmen der Vereinten Nationen an das Büro für das Irak-Programm (OIP) zu übermitteln. Jeder Antrag hat die technischen Spezifikationen sowie die Informationen über den Endverwender zu enthalten, damit entschieden werden kann, ob der Vertrag einen der in Ziffer 24 der Resolution 687 (1991) aufgeführten Artikel oder einen auf der Liste zu prüfender Güter verzeichneten Artikel enthält. Dem Antrag ist eine Abschrift der vereinbarten Vertragsbestimmungen beizufügen.

2. Jeder Antrag sowie die vereinbarten Vertragsbestimmungen werden von Zollsachverständigen des OIP und Sachverständigen der Überwachungs-, Verifikations- und Inspektionskommission der Vereinten Nationen (UNMOVIC), bei Bedarf nach Konsultationen mit der IAEO, geprüft, um zu entscheiden, ob der Vertrag einen der in Ziffer 24 der Resolution 687 (1991)

- I. Chronik -
Nr. 65/29.XI.2001: Sanktionenregime für den Irak

aufgeführten Artikel oder einen auf der Liste zu prüfender Güter verzeichneten Artikel enthält. Das OIP wird für jeden Vertrag einen seiner Mitarbeiter als Kontaktperson bestimmen.

3. Die Sachverständigen können von den Ausfuhrstaaten oder von Irak zusätzliche Informationen anfordern, um zu verifizieren, dass die in Ziffer 2 genannten Bedingungen erfüllt sind. Die Ausfuhrstaaten oder Irak sollen die angeforderten Zusatzinformationen binnen eines Zeitraums von 60 Tagen vorlegen. Falls die Sach-verständigen binnen vier Arbeitstagen keine zusätzlichen Informationen anfordern, ist das Verfahren nach den Ziffern 5, 6 und 7 anzuwenden.

4. Entscheiden die Sachverständigen, dass der Ausfuhrstaat oder Irak die zusätzlichen Informationen nicht innerhalb der in Ziffer 3 festgelegten Frist beigebracht hat, so wird der Antrag erst dann weiter bearbeitet, wenn die notwendigen Informationen vorgelegt wurden.

5. Entscheiden die Sachverständigen der UNMOVIC, bei Bedarf nach Konsultationen mit der IAEO, dass der Vertrag einen der in Ziffer 24 der Resolution 687 (1991) aufgeführten Artikel enthält, so wird der Antrag als hinfällig betrachtet und an die Vertretung oder Organisation zurückgeleitet, die ihn eingereicht hat.

6. Entscheiden die Sachverständigen der UNMOVIC, bei Bedarf nach Konsultationen mit der IAEO, dass der Vertrag einen der auf der Liste zu prüfender Güter verzeichneten Artikel enthält, so übermitteln sie dem Ausschuss detaillierte Angaben über die auf der Liste verzeichneten Artikel, einschließlich der technischen Spezifikationen der Artikel und des entsprechenden Vertrags. Zusätzlich legen das OIP und die UNMOVIC, bei Bedarf nach Konsultationen mit der IAEO, dem Ausschuss eine Bewertung der humanitären, wirtschaftlichen und sicherheitsbezogenen Auswirkungen vor, die eine Genehmigung oder Ablehnung der auf der Liste verzeichneten Artikel hätte, samt einer Einschätzung der Tragfähigkeit des gesamten Vertrags, in dem die auf der Liste verzeichneten Artikel erscheinen, und des Risikos einer bestimmungswidrigen Nutzung des Artikels für militärische Zwecke. Das OIP legt darüber hinaus Informationen über eine mögliche Überwachung der Endverwendung dieser Artikel vor. Das OIP wird die betroffenen Vertretungen oder Organisationen umgehend unterrichten. Die übrigen von dem Vertrag erfassten Artikel, zu denen entschieden wird, dass sie nicht auf der Liste enthalten sind, werden nach dem in Ziffer 7 beschriebenen Verfahren bearbeitet.

7. Entscheiden die Sachverständigen der UNMOVIC, bei Bedarf nach Konsultationen mit der IAEO, dass der Vertrag keinen in Ziffer 2 genannten Artikel enthält, so unterrichtet das OIP schriftlich umgehend die Regierung Iraks und den Ausfuhrstaat. Der Exporteur erwirbt einen Anspruch auf Bezahlung, sobald Cotecna verifiziert hat, dass die Güter vertragsgemäß in Irak eingetroffen sind.

8. Ist die Vertretung oder Organisation, die einen Vertrag vorlegt, mit der Entscheidung, den Vertrag an den Ausschuss zu überweisen, nicht einverstanden, so kann sie binnen zwei Werktagen bei dem Exekutivdirektor des OIP Einspruch gegen die Entscheidung erheben. In diesem Fall benennt der Exekutivdirektor des OIP im Benehmen mit dem Exekutivvorsitzenden der UNMOVIC Sachverständige, die den Vertrag nach den bereits dargelegten Verfahren erneut prüfen. Ihre Entscheidung, die vom Exekutivdirektor und dem Exekutivvorsitzenden zu bestätigen ist, ist endgültig und nicht weiter anfechtbar. Der Antrag wird erst dann an den Ausschuss weitergeleitet, wenn die Einspruchsfrist abgelaufen ist, ohne dass Einspruch erhoben wurde.

9. Die Sachverständigen des OIP und der UNMOVIC, die Verträge prüfen, sind auf möglichst breiter geografischer Grundlage auszuwählen.

10. Das Sekretariat erstattet dem Ausschuss am Ende eines jeden 180-Tage-Zeitraums Bericht über die während dieses Zeitraums vorgelegten Verträge zur Ausfuhr nach Irak, die genehmigt wurden, und übermittelt jedem Ausschussmitglied auf Anfrage Abschriften der Anträge, ausschließlich zu Informationszwecken.

11. Jedes Ausschussmitglied kann eine dringliche Sitzung des Ausschusses verlangen, um über eine Änderung oder Außerkraftsetzung dieser Verfahren zu beraten. Der Ausschuss wird diese Verfahren laufend prüfen und sie im Lichte der gesammelten Erfahrungen bei Bedarf abändern."

(Deutscher Übersetzungsdienst, Vereinte Nationen)

3. - 4. XII. 2001

66. OSZE - Ministerratstreffen in Bukarest

Vom 3. bis 4. Dezember 2001 fand in der rumänischen Hauptstadt Bukarest das reguläre Treffen des Ministerrates der OSZE statt. Die Tagung stand unter dem Eindruck der Terroranschläge von New York und Washington und widmete dieser Thematik entsprechend viel Raum. Die Minister verabschiedeten neben einer allgemeinen Erklärung auch einen Beschluss und einen Arbeitsplan zur Bekämpfung des internationalen Terrorismus.

1. Erklärung des Ministerrats von Bukarest

„1. Wir, die Mitglieder des Ministerrats der OSZE, sind in Bukarest zusammengetreten, in einer Welt, die von dem verabscheuungswürdigen Angriff internationaler Terroristen in den Vereinigten Staaten zutiefst betroffen ist. Diese Ereignisse haben unter den Teilnehmerstaaten über das gesamte OSZE-Gebiet hinweg eine neue Entschlossenheit bewirkt, unsere Zusammenarbeit zu verstärken und zu vertiefen.

2. Wir verurteilen auf das Entschiedenste alle terroristischen Handlungen. Terrorismus ist durch nichts zu rechtfertigen, gleichgültig, welches seine Motive oder Ursachen sind. Es gibt keine Rechtfertigung dafür, dass unschuldige Menschen zur Zielscheibe von Angriffen werden. Im Kampf gegen den Terrorismus gibt es keine Neutralität.

3. Als Ausdruck der Solidarität der OSZE hat der Ministerrat heute einen Beschluss und einen Aktionsplan gegen den Terrorismus verabschiedet. Wir betonen erneut, dass der Kampf gegen den Terrorismus kein Krieg gegen Religionen oder Völker ist. Wir bekräftigen unsere Verpflichtung zum Schutz der Menschenrechte und Grundfreiheiten.

4. Wir sind entschlossen, unter Wahrung von Rechtsstaatlichkeit, persönlicher Freiheit und Gleichheit vor dem Gesetz unsere Bürger vor neuen Bedrohungen ihrer Sicherheit zu schützen. Organisierte Kriminalität, unerlaubter Drogen- und Waffenhandel und Menschenhandel beeinträchtigen die Sicherheit, die Wirtschaft und das Gesellschaftsgefüge aller Teilnehmerstaaten. Der Ministerrat unterstützt verstärkte Bemühungen und vermehrte internationale Zusammenarbeit im Kampf gegen diese Bedrohungen und fordert die Teilnehmerstaaten nachdrücklich auf, dem Übereinkommen der Vereinten Nationen gegen die grenzüberschreitende organisierte Kriminalität und dessen Protokollen beizutreten, sofern sie dies noch nicht getan haben.

5. Wir begrüßen die auf Veranlassung des rumänischen Vorsitzes vorgenommene Überprüfung der OSZE-Strukturen, deren Ziel es ist, die Effizienz der OSZE zu steigern, und die heute erfolgte Verabschiedung von Beschlüssen zur Stärkung der Rolle der OSZE als Forum für politischen Dialog in Fragen der Sicherheit und Zusammenarbeit in Europa. Dies bekräftigt unsere Entschlossenheit, die Mittel und Mechanismen der OSZE wirkungsvoller einzusetzen, um den Gefahren und Bedrohungen für die Sicherheit und Stabilität in der OSZE-Region zu begegnen. Insbesondere haben wir beschlossen, unsere Zusammenarbeit in der ökonomischen und ökologischen Dimension sowie die Rolle der OSZE bei Aktivitäten im polizeilichen Bereich zu verstärken; der Ständige Rat hat Beschlüsse über die notwendigen Maßnahmen gefasst, damit die OSZE diese fördern und unterstützen kann. Der Ministerrat beauftragt den Ständigen Rat, sich mittels einer Arbeitsgruppe für OSZE-Reform weiterhin mit Fragen in Bezug auf eine Reform der OSZE zu befassen und dem nächsten Ministerratstreffen darüber zu berichten.

6. Wir bringen erneut unser uneingeschränktes Bekenntnis zur Charta der Vereinten Nationen sowie zur Schlussakte von Helsinki, zur Charta von Paris, zur Europäischen Sicherheitscharta und zu allen anderen von uns vereinbarten OSZE-Dokumenten zum Ausdruck. Wir bekräftigen unsere Entschlossenheit, alle unsere OSZE-Verpflichtungen unverzüglich und ausnahmslos zu erfüllen.

7. Wir sind nach wie vor besorgt über das Anhalten von Konflikten in verschiedenen Regionen des OSZE-Gebiets, die in mehreren Teilnehmerstaaten die Einhaltung der Prinzipien der Schlussakte von Helsinki gefährden und gleichzeitig den Frieden und die Stabilität in der

- I. Chronik -
Nr. 66/3.-4.XII.2001: OSZE-Ministerratstreffen in Bukarest

OSZE-Region bedrohen können. Wir schätzen die wichtige Rolle der OSZE in der Frühwarnung, der Konfliktverhütung, dem Krisenmanagement und der Konfliktnachsorge. Wir zollen den Frauen und Männern, die in den Institutionen und Feldeinsätzen der OSZE ihren Dienst versehen, besondere Anerkennung und würdigen ihren Einsatz und ihre Leistung.

8. Wir bestätigen unsere Entschlossenheit, auf Bedrohungen von Sicherheit und Stabilität im einundzwanzigsten Jahrhundert einzugehen. Wir ersuchen den Ständigen Rat, für die OSZE eine Strategie auszuarbeiten, damit sie das Ihre zur Abwendung dieser Bedrohungen beitragen kann. Wir ersuchen das Forum für Sicherheitskooperation um einen eigenen Beitrag im Rahmen seines Zuständigkeitsbereichs und seines Mandats.

9. Wir betonen, dass Rüstungskontrolle und vertrauens- und sicherheitsbildende Maßnahmen ein Kernstück des umfassenden Sicherheitsansatzes der OSZE bleiben. Wir sind entschlossen, uns im Rahmen des Forums für Sicherheitskooperation weiterhin darum zu bemühen, auf gemeinsame Sicherheitsbedenken der Teilnehmerstaaten einzugehen, und in der politisch-militärischen Dimension der OSZE am Konzept der umfassenden und unteilbaren Sicherheit festzuhalten.

10. Wir nehmen Kenntnis vom Inkrafttreten des Vertrags über den Offenen Himmel am 1. Januar 2002. Wir erwarten die Umsetzung des Vertrags durch die Vertragsstaaten.

11. Gemeinsam können wir die Herausforderungen bewältigen, vor denen wir heute stehen. Wir erneuern unser Bekenntnis zu einer engen Zusammenarbeit untereinander, einzeln und innerhalb der Organisation, mit unseren Kooperationspartnern im Mittelmeerraum und mit Japan, der Republik Korea und Thailand sowie zwischen der OSZE und anderen internationalen Organisationen, Institutionen und subregionalen Gruppen entsprechend der Plattform für kooperative Sicherheit.

12. Wir erneuern ferner unser Bekenntnis zu den auf souveräner Gleichheit, gegenseitiger Achtung, Zusammenarbeit und Unterstützung der Demokratie beruhenden Beziehungen. Wir sind entschlossen, unsere Beziehungen - geleitet von gleichberechtigter Partnerschaft, Solidarität und Transparenz - im Einklang mit dem Konzept der gemeinsamen und umfassenden Sicherheit zu gestalten. Wir bleiben einer ungeteilten, freien und in Frieden lebenden OSZE-Gemeinschaft von Vancouver bis Wladiwostok verpflichtet, die durch konzertierte Bemühungen Bedrohungen des Friedens und der Stabilität begegnet."

2. Beschluss über die Bekämpfung des Terrorismus

„Die 55 Teilnehmerstaaten der OSZE vereinen sich im Kampf gegen den Terrorismus, eine Geißel unserer Zeit.

Die OSZE-Teilnehmerstaaten verurteilen auf das Entschiedenste die barbarischen Terroranschläge gegen die Vereinigten Staaten vom 11. September 2001. Sie waren ein Angriff auf die gesamte internationale Gemeinschaft und gegen Menschen jedes Glaubens und jeder Kultur. Diese abscheulichen Taten bedrohen ebenso wie alle anderen terroristischen Handlungen in all ihren Formen und Äußerungen, wann, wo oder von wem immer sie verübt werden, den Frieden, die Sicherheit und die Stabilität auf internationaler und regionaler Ebene. Es darf keinen sicheren Zufluchtsort für die Täter noch für jene geben, die die Urheber dieser Straftaten finanzieren, beherbergen oder in anderer Weise unterstützen. Terrorismus ist durch nichts zu rechtfertigen, gleichgültig welches seine Motive oder Ursachen sind.

Die OSZE-Teilnehmerstaaten werden terroristische Bedrohungen nicht hinnehmen sondern mit allen Mitteln nach Maßgabe ihrer völkerrechtlichen Verpflichtungen bekämpfen. Dazu wird es langer, unablässiger Bemühungen bedürfen, doch liegt ihre Stärke in ihrer breiten Koalition, die von Vancouver bis Wladiwostok reicht. Sie werden unter vollständiger Einhaltung des Völkerrechts und der Menschenrechte die Freiheit verteidigen und ihre Bürger vor terroristischen Handlungen schützen. Sie weisen entschieden die Gleichsetzung von Terrorismus mit irgendeiner Nation oder Religion zurück und bekräftigen die Normen, Prinzipien und Werte der OSZE.

Die OSZE-Teilnehmerstaaten verpflichten sich, die bilaterale und multilaterale Zusammenarbeit innerhalb der OSZE, mit den Vereinten Nationen und anderen internationalen und regionalen Organisationen zu verstärken und auszubauen, um den Terrorismus in all seinen Formen und Äußerungen, wo und von wem immer er verübt wird, zu bekämpfen. Als regionale

- I. Chronik -
Nr. 66/3.-4.XII.2001: OSZE-Ministerratstreffen in Bukarest

Abmachung im Sinne von Kapitel VIII der Charta der Vereinten Nationen ist die OSZE entschlossen, zur Erfüllung der völkerrechtlichen Verpflichtungen beizutragen, wie sie unter anderem in der Resolution 1373 (2001) des Sicherheitsrats der Vereinten Nationen verankert sind, und wird im Einklang mit den Zielen und Grundsätzen der Charta der Vereinten Nationen handeln. Die OSZE-Teilnehmerstaaten verpflichten sich, so rasch wie möglich allen zwölf den Terrorismus betreffenden Übereinkommen und Protokollen der Vereinten Nationen beizutreten. Sie fordern den raschen Abschluss der Verhandlungen über ein Umfassendes Übereinkommen der Vereinten Nationen über den internationalen Terrorismus.

Die OSZE-Teilnehmerstaaten sind aus politischer Solidarität zusammengetreten, um gemeinsam zu handeln. Sie erwarten von der Internationalen Konferenz von Bischkek über die Festigung von Sicherheit und Stabilität in Zentralasien, die am 13. und 14. Dezember 2001 stattfindet, einen substanziellen Beitrag zu den weltweiten Bemühungen im Kampf gegen den Terrorismus und werden die zentralasiatischen Partner auf deren Ersuchen auch durch technische Hilfe bei der Abwendung äußerer terroristischer Bedrohungen unterstützen.

Zu diesem Zweck verabschiedet der Ministerrat der OSZE den Bukarester Aktionsplan zur Bekämpfung des Terrorismus, der diesem Beschluss beigefügt ist."

3. Bukarester Aktionsplan zur Bekämpfung des Terrorismus

I. ZIEL DES AKTIONSPLANS

„1. Der Terrorismus ist im OSZE-Gebiet wie auch andernorts eine Gefahr für den Weltfrieden und die internationale Sicherheit. Die OSZE ist bereit, in enger Zusammenarbeit mit anderen Organisationen und Foren ihren Beitrag zum Kampf gegen den Terrorismus zu leisten. Dieser Beitrag wird mit der Plattform für kooperative Sicherheit im Einklang stehen und aus dem Zusammenwirken weltweiter und regionaler Bemühungen zur Bekämpfung des Terrorismus unter der Schirmherrschaft der Vereinten Nationen Nutzen ziehen. Die OSZE-Teilnehmerstaaten werden den politischen Willen, die Ressourcen und die praktischen Mittel aufbringen, um ihre Verpflichtungen im Rahmen bestehender Übereinkommen gegen den internationalen Terrorismus zu erfüllen, und verpflichten sich, die nationalen, bilateralen und multilateralen Bemühungen zur Bekämpfung des Terrorismus zu verstärken.

2. Als Beitrag zu den weltweiten Bemühungen zur Bekämpfung des Terrorismus wird die OSZE bestrebt sein, auf der Grundlage der besonderen Merkmale, der Stärken und der vergleichsweisen Vorteile der Organisation - ihr umfassendes Sicherheitskonzept, das die politisch-militärische, die menschliche und die wirtschaftliche Dimension miteinander verbindet, ihr breiter Teilnehmerkreis, ihre Erfahrungen in der Arbeit vor Ort, ihr Fachwissen in den Bereichen Frühwarnung, Konfliktverhütung, Krisenmanagement, Konfliktnachsorge und Aufbau demokratischer Institutionen - einen Mehrwert zu erbringen. Darüber hinaus betreffen viele wirksame Maßnahmen gegen den Terrorismus Bereiche, in denen die OSZE bereits tätig ist und über Erfahrungen verfügt, etwa die polizeiliche Ausbildung und Überwachung, die Rechts- und Justizreform und die Grenzüberwachung.

3. Ziel des Aktionsplans ist die Schaffung eines Rahmens für umfassende Maßnahmen der OSZE, die die Teilnehmerstaaten und die Organisation als Ganzes treffen müssen, um den Terrorismus unter vollständiger Einhaltung des Völkerrechts, einschließlich der völkerrechtlichen Bestimmungen über die Menschenrechte und anderer einschlägiger völkerrechtlicher Normen, zu bekämpfen. Der Aktionsplan soll bewirken, dass bestehende Aktivitäten, die zur Bekämpfung des Terrorismus beitragen, ausgeweitet werden, das Zusammenwirken zwischen den Staaten erleichtert wird und gegebenenfalls neu einzusetzende Instrumente ausfindig gemacht werden. Im Aktionsplan, der davon ausgeht, dass der Kampf gegen den Terrorismus unablässige Bemühungen erfordert, werden Aktivitäten aufgezeigt, die unverzüglich beziehungsweise auf mittlere oder lange Sicht zu verwirklichen sind.

II. VÖLKERRECHTLICHE UND POLITISCHE VERPFLICHTUNGEN

4. Die Übereinkommen der Vereinten Nationen und die Resolutionen des Sicherheitsrats der Vereinten Nationen bilden den weltweiten rechtlichen Rahmen für den Kampf gegen den Terrorismus. Die Sicherheitsratsresolutionen 1269 (1999), 1368, 1373 und 1377 (2001) bilden gemeinsam mit den zwölf maßgeblichen Übereinkommen und Protokollen der Vereinten Nationen zu Fragen der Terrorismusbekämpfung die Grundlage für diesen Rahmen und bein-

- I. Chronik -
Nr. 66/3.-4.XII.2001: OSZE-Ministerratstreffen in Bukarest

halten mehrere konkrete Elemente der Terrorismusbekämpfung. Darüber hinaus findet sich in einer Reihe von OSZE-Dokumenten, darunter die Gipfelerklärungen von Helsinki bis Istanbul, die Verpflichtung der OSZE zum Kampf gegen den Terrorismus im Einklang mit der Charta der Vereinten Nationen. Es muss angestrebt und gewährleistet werden, dass die Teilnehmerstaaten so breit und umfassend wie möglich an bestehenden Instrumenten und Verpflichtungen zur Bekämpfung des Terrorismus teilnehmen und diese umsetzen.

5. Die Teilnehmerstaaten gehen die Verpflichtung ein, sich zu bemühen, wenn möglich bis 31. Dezember 2002 allen zwölf den Terrorismus betreffenden Übereinkommen und Protokollen der Vereinten Nationen beizutreten, im Bewusstsein der wichtigen Aufgabe, die Parlamentariern im Ratifizierungsverfahren und in anderen Rechtsetzungsverfahren zur Bekämpfung des Terrorismus zukommen kann. Den Staaten wird nahe gelegt, den Ständigen Rat über diesbezügliche Schritte zu informieren. Sie werden sich konstruktiv an den im Rahmen der Vereinten Nationen geführten Verhandlungen über ein Umfassendes Übereinkommen gegen den internationalen Terrorismus und ein Internationales Übereinkommen zur Bekämpfung des Nuklearterrorismus beteiligen und deren baldigen und erfolgreichen Abschluss anstreben.

6. Das Büro für demokratische Institutionen und Menschenrechte (BDIMR) wird in enger Zusammenarbeit mit anderen Organisationen, einschließlich des Büros der Vereinten Nationen für Drogenkontrolle und Verbrechensverhütung (UNODCCP), auf formelles Ersuchen interessierter Teilnehmerstaaten und wo angebracht technische Hilfe/Beratung bei der Abfassung von Rechtsvorschriften anbieten, die für die Ratifizierung völkerrechtlicher Verträge erforderlich sind.

7. Die Teilnehmerstaaten werden prüfen, auf welche Weise sich die OSZE bewährte Praktiken und Erfahrungen anderer maßgeblicher Gruppen, Organisationen, Institutionen und Foren zunutze machen kann, etwa bei der Zusammenarbeit im Polizei- und Justizbereich, der Verhütung und Bekämpfung der Finanzierung des Terrorismus, der Verweigerung anderer Formen der Unterstützung, den Grenzkontrollen einschließlich der Visa- und Dokumentensicherheit und dem Zugang von Strafverfolgungsbehörden zu Informationen.

8. Die Teilnehmerstaaten werden ferner vom Forum für Sicherheitskooperation (FSK) Gebrauch machen, um ihre Bemühungen zur Bekämpfung des Terrorismus durch die vollständige und unverzügliche Umsetzung aller einschlägigen von der OSZE vereinbarten Maßnahmen zu verstärken. Zu diesem Zweck werden sie die Umsetzung bestehender politischmilitärischer Verpflichtungen und Vereinbarungen, insbesondere des Verhaltenskodex zu politisch-militärischen Aspekten der Sicherheit und des Dokuments über Kleinwaffen und leichte Waffen (SALW), nachhaltiger betreiben.

Das FSK wird prüfen, inwiefern seine anderen Dokumente für den Kampf gegen den Terrorismus von Bedeutung sind, und beurteilen, ob es erforderlich ist, zusätzliche Normen und Maßnahmen auszuarbeiten. Der Sicherheitsdialog kann als geeignete Grundlage für regelmäßige Konsultationen zu diesen Fragen innerhalb des FSK dienen.

Die Teilnehmerstaaten werden durch Beantwortung des Fragebogens zum Verhaltenskodex für noch mehr Transparenz in Bezug auf internationale, regionale und nationale Verpflichtungen zur Bekämpfung des Terrorismus sorgen, insbesondere hinsichtlich einschlägiger Übereinkommen und Resolutionen der Vereinten Nationen. Das FSK wird Mittel und Wege zur vollständigen Umsetzung des SALW-Dokuments prüfen, unter anderem im Hinblick auf Abschnitt V über Frühwarnung, Konfliktverhütung, Krisenbewältigung und Konfliktnachsorge. Das FSK wird die Möglichkeit erhöhter Transparenz in Bezug auf innerstaatliche Kennzeichnungssysteme, Ausfuhren und Einfuhren sowie innerstaatliche Lagerverwaltungs- und Sicherheitsverfahren prüfen, in erster Linie durch Überprüfung der dazu ausgetauschten Informationen und Ausarbeitung von Leitfäden für bewährte Praktiken. Die Folgekonferenz zum Verhaltenskodex und der SALW-Workshop, die beide 2002 stattfinden werden, könnten bewirken, dass diese Dokumente bei der Bekämpfung des Terrorismus noch stärkere Anwendung finden.

III. VORBEUGENDE MAßNAHMEN GEGEN TERRORISMUS IM OSZE-GEBIET

9. Terroristische Handlungen sind unter keinen Umständen und durch keine Begründung zu rechtfertigen. Gleichzeitig gibt es verschiedene soziale, wirtschaftliche, politische und andere Faktoren, darunter gewalttätiger Separatismus und Extremismus, die Voraussetzungen schaffen, unter denen terroristische Organisationen in der Lage sind, um Unterstützung zu werben

und diese zu finden. Der umfassende Sicherheitsansatz der OSZE ist bei der Bekämpfung des Terrorismus insofern ein vergleichsweiser Vorteil, als diese Faktoren von allen einschlägigen OSZE-Instrumenten und -Strukturen aufgezeigt und angesprochen werden.

10. Aufbau von Institutionen, Stärkung der Rechtsstaatlichkeit und der staatlichen Behörden: Das BDIMR wird seine Bemühungen um Förderung und Unterstützung des Aufbaus demokratischer Institutionen auf Ersuchen von Staaten fortsetzen und intensivieren, indem es unter anderem bei der Stärkung der Verwaltungskapazitäten, der örtlichen Verwaltung, der Zentralregierung und der parlamentarischen Strukturen, der Justiz, der Volksanwaltschaften und der Zivilgesellschaft Hilfestellung leistet. Es wird in dieser Hinsicht die gegenseitige Information über bewährte Praktiken und den Austausch von Erfahrungen zwischen den Teilnehmerstaaten erleichtern. Es wird weiterhin Projekte zur Festigung der demokratischen Institutionen, der Zivilgesellschaft und der verantwortungsvollen Staatsführung ausarbeiten.

11. Förderung der Menschenrechte, der Toleranz und der multikulturellen Gesellschaft: Die Teilnehmerstaaten/der Ständige Rat/das BDIMR/der Hohe Kommissar für nationale Minderheiten (HKNM)/der Beauftragte für Medienfreiheit werden Toleranz, Koexistenz und harmonische Beziehungen zwischen ethnischen, religiösen, sprachlichen und anderen Gruppen sowie die diesbezügliche konstruktive Zusammenarbeit zwischen den Teilnehmerstaaten fördern und verstärken. Sie werden in Fällen, in denen diese Gruppen Opfer von Gewalt, Intoleranz, Extremismus und Diskriminierung werden, für Frühwarnung sorgen und in geeigneter Weise reagieren und gleichzeitig der Rechtsstaatlichkeit, den demokratischen Werten und der persönlichen Freiheit zu mehr Achtung verhelfen. Sie werden sich dafür einsetzen, dass Angehörige nationaler Minderheiten das Recht haben, ihre ethnische, kulturelle, sprachliche oder religiöse Identität frei zum Ausdruck zu bringen, zu bewahren und zu entwickeln.

12. Der Beauftragte für Medienfreiheit wird die Entwicklung von Projekten in Erwägung ziehen, die durch den Einsatz von Medien zu Toleranz gegenüber Andersdenkenden und Andersgläubigen erziehen sollen. Er wird in den Medien Maßnahmen zur Verhütung und Bekämpfung von aggressivem Nationalismus, Rassismus, Chauvinismus, Fremdenfeindlichkeit und Antisemitismus fördern. Er wird weiterhin dazu ermutigen, dass eine pluralistische Debatte geführt wird und die Medien der Toleranz gegenüber der ethnischen, religiösen, sprachlichen und kulturellen Vielfalt mehr Aufmerksamkeit schenken; er wird in diesem Zusammenhang einen breiten Zugang der Öffentlichkeit zu den Medien fördern und Fällen von Verhetzung nachgehen.

13. Auseinandersetzung mit negativen sozio-ökonomischen Faktoren: Die Teilnehmerstaaten/das Sekretariat werden bestrebt sein, ökonomische und ökologische Probleme aufzuzeigen, die die Sicherheit bedrohen, etwa mangelhafte Staatsführung, Korruption, Schattenwirtschaft, hohe Arbeitslosigkeit, Massenarmut und große Ungleichheiten, demographische Faktoren und Ausbeutung natürlicher Ressourcen; sie werden sich ferner darum bemühen, diesen Faktoren auf ihr Ersuchen hin mit Hilfe des Büros des Koordinators für ökonomische und ökologische Aktivitäten der OSZE entgegenzuwirken, das unter anderem als Katalysator den Anstoß zu Aktionen und Kooperation gibt.

14. Verhütung gewaltsamer Konflikte und Förderung der friedlichen Beilegung von Streitigkeiten: Die OSZE wird sich unter Nutzung all ihrer Kapazitäten weiterhin und intensiver als bisher mit der Frühwarnung und einer angemessenen Reaktion, der Konfliktverhütung, dem Krisenmanagement und der Konfliktnachsorge befassen; sie wird ihre Fähigkeit zur Beilegung von Konflikten stärken; sie wird sich im Fall ungelöster Konflikte im Wege verstärkter Zusammenarbeit mit den Vereinten Nationen, der Europäischen Union und anderen internationalen Organisationen auch durch Förderung der Rechtsstaatlichkeit und der Verbrechensverhütung in derartigen Konfliktzonen verstärkt um dauerhafte Lösungen bemühen; sie wird eine raschere Einsatzfähigkeit in Krisensituationen (REACT) anstreben.

15. Auseinandersetzung mit der Frage der Langzeitvertriebenen: Die Teilnehmerstaaten/das BDIMR/der HKNM/der Beauftragte für Medienfreiheit werden ein verstärktes Potenzial der OSZE im Hinblick auf einen Beitrag zu dauerhaften Lösungen ausloten, indem sie andere einschlägige Organisationen, in erster Linie das Amt des Hochkommissars der Vereinten Nationen für die Flüchtlinge, unterstützen und mit ihnen zusammenarbeiten. Sie werden Fälle von Langzeitvertreibung genau beobachten.

16. Verschärfung einzelstaatlicher Rechtsvorschriften gegen den Terrorismus: Die Teilnehmerstaaten verpflichten sich, alle Verpflichtungen zu erfüllen, die sie im Rahmen einschlägi-

ger, den Terrorismus betreffender Übereinkommen und Protokolle und des Übereinkommens der Vereinten Nationen gegen die grenzüberschreitende organisierte Kriminalität und seiner Zusatzprotokolle eingegangen sind, diesbezüglich Informationen und Methoden auszutauschen und Mittel und Wege zur Zusammenarbeit bei der Durchführung auf bilateralen, OSZE-weiten und subregionalen Treffen zu prüfen.

17. Die Parlamentarische Versammlung der OSZE wird sich im Hinblick auf die Verschärfung der für die Bekämpfung des Terrorismus wesentlichen Rechtsvorschriften weiterhin um die Förderung des Dialogs zwischen OSZE-Parlamentariern bemühen.

18. Das BDIMR wird nach Maßgabe der Beschlüsse des Ständigen Rates auf Ersuchen interessierter Teilnehmerstaaten und wo angebracht technische Hilfe/Beratung in Bezug auf die Umsetzung internationaler Übereinkommen und Protokolle gegen den Terrorismus sowie im Hinblick auf die Übereinstimmung der betreffenden Rechtsvorschriften mit internationalen Normen anbieten und zu diesem Zweck die Zusammenarbeit mit anderen Organisationen, insbesondere dem UNODCCP, anstreben. Es wird prüfen, inwiefern es möglich ist, Kontakte zwischen nationalen Experten zu erleichtern, um den Informationsaustausch und die gegenseitige Information über bewährte Praktiken in Bezug auf Rechtsvorschriften zur Bekämpfung des Terrorismus zu fördern.

19. Unterstützung der Strafverfolgung und Kampf gegen die organisierte Kriminalität: Die Teilnehmerstaaten werden in Kenntnis des engen Zusammenhangs zwischen Terrorismus und grenzüberschreitender organisierter Kriminalität, illegalem Drogenhandel, Geldwäsche und illegalem Waffenhandel die notwendigen Schritte setzen, um auf ihrem Hoheitsgebiet unerlaubte Aktivitäten von Personen, Gruppen oder Organisationen zu verhindern, die zu terroristischen Handlungen oder anderen unerlaubten Aktivitäten, die auf den gewaltsamen Sturz des politischen Regimes eines anderen Teilnehmerstaats abzielen, anstiften, diese finanzieren, organisieren oder erleichtern oder an diesen mitwirken. Sie werden einander nach Maßgabe ihres innerstaatlichen Rechts und ihrer völkerrechtlichen Verpflichtungen bei der Beschaffung von Informationen im Zusammenhang mit strafrechtlichen Untersuchungen oder strafrechtlichen Auslieferungsverfahren in Bezug auf terroristische Handlungen in größtmöglichem Ausmaß unterstützen.

20. Der Ständige Rat wird die Möglichkeit der Abhaltung regelmäßiger Treffen von Beamten der Strafverfolgungsbehörden der Teilnehmerstaaten und gegebenenfalls von OSZE-Experten mit einschlägigen Erfahrungen auf diesem Gebiet prüfen; diese Treffen sollen der gegenseitigen Information über bewährte Praktiken und über Wege zu einer verbesserten Zusammenarbeit dienen.

21. Das Sekretariat wird die Teilnehmerstaaten auf deren Ersuchen durch Maßnahmen zur Bekämpfung des Menschenhandels, des Handels mit Drogen und mit Kleinwaffen und leichten Waffen nach Maßgabe einschlägiger Beschlüsse des Ständigen Rates unterstützen und wird sich bemühen, gegebenenfalls bei der Ermöglichung einer verstärkten Grenzüberwachung Beistand zu leisten. Es wird den Teilnehmerstaaten weiterhin auf deren Ersuchen und mit deren Zustimmung durch Beratung und Hilfestellung bei der Umstrukturierung beziehungsweise dem Wiederaufbau der Polizeidienste, bei der Überwachung und Ausbildung bestehender Polizeidienste einschließlich der Unterweisung in Menschenrechten und beim Aufbau von Kapazitäten einschließlich der Unterstützung integrierter oder multiethnischer Polizeidienste helfen. Es wird zu diesem Zweck seine derzeitigen polizeibezogenen Aktivitäten bei der Konfliktverhütung, dem Krisenmanagement und der Konfliktnachsorge verstärken.

22. Das BDIMR wird die Teilnehmerstaaten auf deren Ersuchen weiterhin in Bezug auf die Stärkung innerstaatlicher rechtlicher Rahmenbedingungen und rechtsstaatlicher Institutionen beraten, wie etwa Strafverfolgungsbehörden, Justiz und Staatsanwaltschaft, Anwaltsvereinigungen und Verteidiger. Es wird sich verstärkt darum bemühen, den Menschenhandel zu bekämpfen und seine Opfer zu unterstützen. Es wird gegebenenfalls die Reform des Strafvollzugs und Verbesserungen im Strafverfahren unterstützen.

23. Der Beauftragte für Medienfreiheit wird auf Ersuchen bei der Ausarbeitung von Gesetzen zur Verhinderung des Missbrauchs der Informationstechnologie für terroristische Zwecke mitarbeiten und dabei sicherstellen, dass diese Gesetze mit Verpflichtungen in Bezug auf die freie Meinungsäußerung und den freien Informationsfluss im Einklang stehen.

24. Bekämpfung der Finanzierung des Terrorismus. Die Teilnehmerstaaten werden im Rahmen des Übereinkommens der Vereinten Nationen zur Bekämpfung der Finanzierung des Terrorismus und der Sicherheitsratsresolution 1373 (2001) Maßnahmen ergreifen, um die Finanzierung des Terrorismus zu verhindern und zu bekämpfen, die vorsätzliche Bereitstellung oder Beschaffung von Geldern für terroristische Zwecke unter Strafe stellen und das Vermögen von Terroristen einfrieren, auch eingedenk der Sicherheitsratsresolution 1267 (1999). Sie werden Auskunftsersuchen anderer Teilnehmerstaaten oder einschlägiger internationaler Organisationen nach Maßgabe ihrer innerstaatlichen Rechtsvorschriften und ihrer völkerrechtlichen Verpflichtungen rasch beantworten.

25. Die Teilnehmerstaaten/das Sekretariat werden im Rahmen der für 2002 geplanten ökonomischen und ökologischen Aktivitäten auch Möglichkeiten zur Bekämpfung der wirtschaftlichen Faktoren, die das Aufkeimen des Terrorismus begünstigen können, der wirtschaftlichen Folgen des Terrorismus und der finanziellen Unterstützung von Terroristen prüfen. Sie werden prüfen, auf welche Weise die OSZE im Rahmen ihrer Bemühungen um Transparenz und um Bekämpfung der Korruption zu den umfassenderen internationalen Bemühungen um Bekämpfung des Terrorismus beitragen kann. Sie werden prüfen, ob sie bei der Planung gezielter Schulungsprojekte für Mitarbeiter innerstaatlicher Finanzinstitutionen im Hinblick auf die Terrorismusbekämpfung, unter anderem in Bezug auf die Überwachung von Finanzströmen und die Verhinderung von Geldwäsche, als Katalysator fungieren können. Die Teilnehmerstaaten werden sich im Rahmen der Vereinten Nationen konstruktiv an den bevorstehenden Verhandlungen über ein globales Rechtsdokument gegen Korruption beteiligen und deren raschen und erfolgreichen Abschluss anstreben.

26. Einschränkung der Bewegungsfreiheit von Terroristen: Die Teilnehmerstaaten werden die Bewegungsfreiheit einzelner Terroristen und terroristischer Gruppierungen durch wirksame Grenzkontrollen und die kontrollierte Ausstellung von Ausweisen und Reisedokumenten sowie durch Maßnahmen zur Gewährleistung der Sicherheit von Ausweisen und Reisedokumenten und zur Verhinderung ihrer Nachahmung, Fälschung und missbräuchlichen Verwendung einschränken. Sie werden diese Kontrollmaßnahmen unter vollständiger Einhaltung ihrer Verpflichtungen aus dem internationalen Flüchtlingsrecht und den völkerrechtlichen Bestimmungen über die Menschenrechte anwenden. Sie werden durch die ordnungsgemäße Anwendung der im Abkommen von 1951 über die Rechtsstellung der Flüchtlinge und in dessen Protokoll von 1967 enthaltenen Ausschlussklauseln gewährleisten, dass Personen, die sich an terroristischen Handlungen beteiligt haben, kein Asyl gewährt wird. Sie werden gemäß ihren Verpflichtungen aus dem Völkerrecht und dem innerstaatlichen Recht dafür sorgen, dass Personen, denen terroristische Handlungen zur Last gelegt werden, unverzüglich festgenommen und strafrechtlich verfolgt oder ausgeliefert werden.

IV. MASSNAHMEN IM RAHMEN DER PLATTFORM FÜR KOOPERATIVE SICHERHEIT - ZUSAMMENARBEIT MIT ANDEREN ORGANISATIONEN

27. Die Vereinten Nationen bilden den Rahmen für den weltweiten Kampf gegen den Terrorismus. Eine enge Zusammenarbeit und Koordination zwischen allen maßgeblichen Beteiligten muss gewährleistet sein. Die OSZE kann bei inter- und intraregionalen Initiativen die Funktion eines Koordinators übernehmen. Die OSZE erreicht über enge Kontakte nichtstaatliche Organisationen (NGOs), die Zivilgesellschaft und Parlamentarier und baut dadurch ein immer engmaschigeres Netz für die internationale Koalition gegen den Terrorismus auf.

28. Die Teilnehmerstaaten/das Sekretariat werden die Zusammenarbeit und den Informationsaustausch - in formeller wie auch in informeller Form - mit anderen einschlägigen Gruppen, Organisationen und Institutionen stärken, die sich an der Bekämpfung des Terrorismus beteiligen. Sie werden die Zusammenarbeit mit der Europäischen Union bei der Analyse und Frühwarnung stärken und in Bezug auf den Stabilitätspakt für Südosteuropa und die Zentraleuropäische Initiative in den für die Bekämpfung des Terrorismus relevanten Bereichen verstärkt nutzen. Sie werden innerhalb des OSZE-Gebiets den Dialog über Fragen im Zusammenhang mit neuen Bedrohungen und Herausforderungen fördern. Sie werden den Dialog mit Partnern außerhalb des OSZE-Gebiets, etwa den Kooperationspartnern im Mittelmeerraum und den Kooperationspartnern in Asien, der Schanghai-Kooperationsorganisation, der Konferenz über Interaktion und vertrauensbildende Maßnahmen in Asien, der Organisation der Islamischen Konferenz, der Arabischen Liga, der Afrikanischen Union und den an das OSZE-Gebiet angrenzenden Staaten, auf die Weitergabe von

- I. Chronik -
Nr. 67/5.XII.2001: Implementierung des START-Vertrages

Informationen über bewährte Praktiken und Erfahrungen bei den Bemühungen um Bekämpfung des Terrorismus im Hinblick auf eine Anwendung im OSZE-Gebiet ausweiten.

V. FOLGEMASSNAHMEN

29. Die 'Internationale Konferenz von Bischkek über die Festigung von Sicherheit und Stabilität in Zentralasien: Stärkung umfassender Bemühungen im Kampf gegen den Terrorismus', die am 13. und 14. Dezember 2001 in Bischkek stattfindet, wird erstmals Gelegenheit bieten,

- innerhalb eines breiten Teilnehmerkreises auf der Grundlage dieses Aktionsplans konkrete Erfahrungen und bewährte Praktiken in Bezug auf die Bekämpfung des internationalen Terrorismus zu erörtern und

- in Anbetracht der spezifischen Sicherheitsbedrohungen, denen diese Region ausgesetzt ist, einschlägige Bestimmungen dieses Aktionsplans im Hinblick auf die praktische Unterstützung der Teilnehmerstaaten in Zentralasien anzuwenden, einschließlich finanzieller und technischer Hilfe in ihren konkreten Interessensgebieten.

30. Der Generalsekretär wird bis 27. Dezember 2001 dem Ausschuss der Vereinten Nationen gegen den Terrorismus über die von der OSZE zur Bekämpfung des Terrorismus ergriffenen Maßnahmen berichten und danach die Vereinten Nationen entsprechend informieren. Darüber hinaus wird er den Ständigen Rat regelmäßig über OSZE-Aktivitäten im Rahmen dieses Aktionsplans informieren. Er wird einen Bericht über Aktivitäten der OSZE-Gremien in Fragen der Terrorismusbekämpfung zur Vorlage an das nächste Treffen des Ministerrats/Gipfeltreffen der OSZE und danach auf Ersuchen des Ständigen Rates ausarbeiten.

31. Jedes OSZE-Gremium, das aufgefordert wird, im Rahmen dieses Aktionsplans tätig zu werden, wird einen 'Fahrplan' für die Durchführung dieser Aufgaben ausarbeiten und dem Ständigen Rat vorlegen, einschließlich eines Zeitplans, der Auswirkungen auf die Ressourcen und der Angabe von Aktivitäten, für die weitere Beschlüsse des Ständigen Rates erforderlich sind.

Auf der Grundlage der von anderen OSZE-Gremien bereitgestellten Informationen wird das Sekretariat eine vorläufige Bewertung der administrativen und finanziellen Auswirkungen dieses Aktionsplans vornehmen, einschließlich der eventuell erforderlichen Einrichtung einer Antiterrorismus-Einheit oder -Ansprechstelle innerhalb des Sekretariats, und dem Ständigen Rat Empfehlungen zu den im Haushaltsplan 2002 vorzusehenden Ressourcen zur Genehmigung vorlegen. Der Ständige Rat wird die Durchführung dieses Aktionsplans laufend kontrollieren und dabei unter anderem über den Amtierenden Vorsitzenden und mit Unterstützung des Sekretariats tätig werden. Er wird ferner erkunden, welche Quellen zur Unterstützung der Umsetzung von Maßnahmen zur Bekämpfung des Terrorismus herangezogen werden können, darunter Expertenteams, und mit welchen zusätzlichen Aufgaben der Ständige Rat OSZE-Feldpräsenzen in enger Zusammenarbeit und nach Absprache mit den Regierungen der Gastländer betrauen könnte."

(OSZE Website)

5. XII. 2001

67. Implementierung des START-Vertrages abgeschlossen

Am 5. Dezember 2001 war die Umsetzung des 1991 zwischen den USA und der damaligen sowjetischen Regierung geschlossenen Abkommens über die Reduzierung strategischer Angriffswaffen *(START, siehe Band XXV, S. 439 ff.)* abgeschlossen. In einer Erklärung des russischen Außenministeriums vom 5. Dezember 2001 wurde eine Bilanz der Vereinbarung getroffen, die erkennen ließ, welche Auswirkungen dieser Vertrags gehabt hatte.

- I. Chronik -
Nr. 68/5.-6.XII.2001: Neuordnung Afghanistans

Statement by the Official Spokesman of the Foreign Ministry of the Russian Federation regarding the end of the Period of Strategic Offensive Arms Reductions under the START Treaty, 5. 12. 2001

"The period of strategic offensive arms reductions under the Treaty on Reduction and Limitation of Strategic Offensive Arms (START-1 Treaty), to which the Russian Federation, Belarus, Kazakhstan and Ukraine - the Soviet successor States - and the United States of America are parties, ended on 5 December. Under this Treaty, the parties undertook by seven years after its entry into force to have reduced the number of their strategic delivery vehicles to 1,600, and the number of warheads attributed to them to 6,000 each, and to set other limits.

The Russian side has fully honoured its commitment to those reductions and as of the control date of 5 December 2001 had actually reduced the number of its deployed strategic delivery vehicles (ICBMs, SLBMs and heavy bombers) to 1,136, and the number of warheads attributed to them to 5,518. We expect that the United States of America too will reach the reduction levels set by the Treaty. At the same time we have questions relating to the fulfilment of a number of obligations under this Treaty. We believe that these questions will be settled in the nearest future. A complete and timely implementation of the provisions of the START-1 Treaty creates a good basis for elaborating an agreement on further drastic reductions of strategic offensive arms, on which the Presidents of the Russian Federation and the United States agreed during their November summit."

(CD/1657)

5. - 6. XII. 2001

68. Regelungen für Neuordnung Afghanistans gefunden

Am 5. Dezember 2001 endete auf dem Petersberg bei Bonn eine Konferenz, auf der die wesentlichen politischen Kräfte Afghanistans zusammen gekommen waren, um über eine provisorische Regelung für ihr Land zu beraten. Wichtigstes Ergebnis war ein Abkommen über provisorische Regelungen für Afghanistan, mit dem der Weg für einen Neuanfang des Landes geebnet werden sollte. Im Anschluss fand in Berlin eine Tagung der Gruppe von Staaten statt, die sich zur Unterstützung Afghanistans entschlossen hatten. Deren Beratungsergebnisse wurden in einer Erklärung festgehalten.

1. Übereinkommen über vorläufige Regelungen in Afghanistan bis zur Wiederherstellung dauerhafter staatlicher Institutionen, unterzeichnet auf dem Petersberg bei Bonn am 5. 12. 2001

„Die Teilnehmer an den Gesprächen der Vereinten Nationen über Afghanistan,

in Anwesenheit des Sonderbeauftragten des Generalsekretärs für Afghanistan

in dem festen Willen, den tragischen Konflikt in Afghanistan zu beenden und die nationale Aussöhnung, einen dauerhaften Frieden, Stabilität und die Achtung der Menschenrechte im Lande zu fördern,

in Bekräftigung der Unabhängigkeit, der nationalen Souveränität und der territorialen Unversehrtheit Afghanistans,

in Anerkennung des Rechtes des afghanischen Volkes, seine politische Zukunft im Einklang mit den Grundsätzen des Islams, der Demokratie, des Pluralismus und der sozialen Gerechtigkeit in Freiheit selbst zu bestimmen,

unter Bekundung ihrer Dankbarkeit gegenüber den afghanischen Mudschaheddin, die über Jahre hin die Unabhängigkeit, territoriale Unversehrtheit und nationale Einheit des Landes verteidigt sowie eine wesentliche Rolle im Kampf gegen Terrorismus und Unterdrückung gespielt haben und deren aufopferungsvoller Einsatz sie nun zu Helden des Dschihads und zu

- I. Chronik -
Nr. 68/5.-6.XII.2001: Neuordnung Afghanistans

Vorkämpfern des Friedens, der Stabilität und des Wiederaufbaus ihrer geliebten afghanischen Heimat gemacht hat,

in dem Bewusstsein, dass die instabile Lage in Afghanistan die dringliche Durchführung von Übergangsregelungen erfordert, und unter Bekundung ihrer tiefen Dankbarkeit gegenüber Seiner Exzellenz Professor Burhanuddin RABBANI für seine Bereitschaft, die Macht einer nach diesem Übereinkommen zu errichtenden Interimsverwaltung zu übertragen,

in Anerkennung der Notwendigkeit, eine breite Vertretung aller Teile der afghanischen Bevölkerung, auch von Gruppen, die bei den Gesprächen der UN über Afghanistan nicht angemessen vertreten waren, im Rahmen dieser Übergangsregelungen zu gewährleisten,

unter Hinweis darauf, dass diese Übergangsregelungen ein erster Schritt zur Schaffung einer für Fragen der Gleichberechtigung der Geschlechter sensiblen, multiethnischen und in vollem Umfang repräsentativen Regierung auf breiter Basis gedacht sind und nicht über den festgelegten Zeitraum hinaus bestehen sollen,

in der Erkenntnis, dass es einige Zeit dauern kann, bis neue afghanische Sicherheitskräfte vollständig aufgebaut und einsatzfähig sind, und dass somit einstweilen andere Sicherheitsvorkehrungen nach Anlage I dieses Übereinkommens zu treffen sind,

in der Erwägung, dass den Vereinten Nationen als der international anerkannten unparteiischen Institution in der Zeit bis zur Errichtung dauerhafter Institutionen in Afghanistan eine besonders wichtige Rolle zukommt, die in Anlage II dieses Übereinkommens im Einzelnen dargelegt ist -

sind wie folgt übereingekommen:

DIE INTERIMSVERWALTUNG

I. Allgemeine Bestimmungen

(1) Mit dem offiziellen Übergang der Macht am 22. Dezember 2001 wird eine Interimsverwaltung errichtet.

(2) Die Interimsverwaltung besteht aus einer Interimsregierung mit einem Vorsitzenden, einer Unabhängigen Sonderkommission für die Einberufung der außerordentlichen Loya Jirga und einem Obersten Gerichtshof Afghanistans sowie anderen Gerichten, die die Interimsregierung einsetzen kann. Die Zusammensetzung, Aufgaben und Arbeitsverfahren der Interimsregierung und der Unabhängigen Sonderkommission sind in diesem Übereinkommen niedergelegt.

(3) Mit dem offiziellen Übergang der Macht geht alle afghanische Hoheitsgewalt mit sofortiger Wirkung von der Interimsverwaltung aus. In dieser Eigenschaft vertritt sie Afghanistan während des gesamten Interimszeitraums in seinen auswärtigen Beziehungen und nimmt seinen Sitz in den Vereinten Nationen und ihren Sonderorganisationen sowie in anderen internationalen Institutionen und Konferenzen wahr.

(4) Innerhalb von sechs Monaten nach Einsetzung der Interimsverwaltung wird eine außerordentliche Loya Jirga einberufen. Die außerordentliche Loya Jirga wird von Seiner Majestät Mohammed ZAHIR, dem früheren König von Afghanistan, eröffnet. Die außerordentliche Loya Jirga beschließt eine Übergangsverwaltung, einschließlich einer Übergangsregierung auf breiter Basis, die Afghanistan führt, bis eine in vollem Umfang repräsentative Regierung in freien und fairen Wahlen gewählt werden kann, die spätestens zwei Jahre nach dem Tag des Zusammentretens der außerordentlichen Loya Jirga stattfinden.

(5) Mit der Einsetzung der Übergangsverwaltung durch die außerordentliche Loya Jirga erlischt die Interimsverwaltung.

(6) Innerhalb von achtzehn Monaten nach Errichtung der Übergangsverwaltung wird eine verfassunggebende Loya Jirga einberufen, die eine neue Verfassung für Afghanistan beschließt. Um die verfassunggebende Loya Jirga bei der Ausarbeitung der ins Auge gefassten Verfassung zu unterstützen, setzt die Übergangsverwaltung innerhalb von zwei Monaten nach Aufnahme ihrer Tätigkeit und mithilfe der Vereinten Nationen eine Verfassungskommission ein.

II. Rechtlicher Rahmen und Justizsystem

(1) Der folgende rechtliche Rahmen gilt vorläufig bis zur Verabschiedung der oben genannten neuen Verfassung:

i) die Verfassung von 1964, a) soweit sie nicht diesem Übereinkommen entgegensteht, und b) mit Ausnahme derjenigen Bestimmungen, die sich auf die Monarchie sowie auf die vollziehenden und gesetzgebenden Organe beziehen;

ii) bestehende Gesetze und sonstige Rechtsvorschriften, soweit sie nicht diesem Übereinkommen oder völkerrechtlichen Verpflichtungen, an die Afghanistan gebunden ist, oder den anwendbaren Bestimmungen der Verfassung von 1964 entgegenstehen, vorausgesetzt, dass die Interimsverwaltung befugt ist, solche Gesetze und sonstigen Rechtsvorschriften aufzuheben oder zu ändern.

(2) Die richterliche Gewalt in Afghanistan ist unabhängig und wird von einem Obersten Gerichtshof Afghanistans sowie den sonstigen Gerichten ausgeübt, die gegebenenfalls von der Interimsregierung eingesetzt werden. Die Interimsregierung setzt mit Unterstützung der Vereinten Nationen eine Justizkommission ein, um das innerstaatliche Justizsystem im Einklang mit islamischen Grundsätzen, internationalen Normen, rechtsstaatlichen Verfahren und afghanischen Rechtstraditionen wiederaufzubauen.

III. Die Interimsregierung

A. Zusammensetzung

(1) Die Interimsregierung besteht aus einem Vorsitzenden, fünf stellvertretenden Vorsitzenden und 24 weiteren Mitgliedern. Jedes Mitglied mit Ausnahme des Vorsitzenden kann einem Ministerium der Interimsregierung vorstehen.

(2) Die Teilnehmer an den Gesprächen der UN über Afghanistan haben Seine Majestät Mohammed ZAHIR, den früheren König von Afghanistan, gebeten, den Vorsitz der Interimsregierung zu übernehmen. Seine Majestät hat deutlich gemacht, dass er es vorziehen würde, wenn ein geeigneter Kandidat, auf den sich die Teilnehmer einigen können, als Vorsitzender der Interimsregierung ausgewählt würde.

(3) Der Vorsitzende, die stellvertretenden Vorsitzenden und die anderen Mitglieder der Interimsregierung wurden von den Teilnehmern an den Gesprächen der UN über Afghanistan, wie in Anlage IV zu diesem Übereinkommen niedergelegt, ausgewählt. Die Auswahl erfolgte auf der Grundlage fachlicher Kompetenz und persönlicher Integrität sowie unter gebührender Berücksichtigung der ethnischen, geographischen und religiösen Zusammensetzung Afghanistans sowie der Bedeutung der Beteiligung von Frauen aus Listen, die von den Teilnehmern an den Gesprächen der UN über Afghanistan vorgelegt wurden.

(4) Ein Mitglied der Interimsregierung kann nicht gleichzeitig Mitglied der Unabhängigen Sonderkommission für die Einberufung der außerordentlichen Loya Jirga sein.

B. Verfahrensweise

(1) Der Vorsitzende der Interimsregierung oder, in dessen Abwesenheit, einer der stellvertretenden Vorsitzenden beruft die Sitzungen ein, führt den Vorsitz und schlägt die Tagesordnung für diese Sitzungen vor.

(2) Die Interimsregierung ist bemüht, ihre Beschlüsse durch Konsens zu fassen. Für eine Beschlussfassung müssen mindestens 22 Mitglieder anwesend sein. Wird eine Abstimmung erforderlich, so werden Beschlüsse mit der Mehrheit der anwesenden und abstimmenden Mitglieder gefasst, sofern in diesem Übereinkommen nichts anderes festgelegt ist. Bei Stimmengleichheit der Mitglieder hat der Vorsitzende die ausschlaggebende Stimme.

C. Aufgaben

(1) Der Interimsregierung obliegt die Führung der Staatsgeschäfte, und sie ist berechtigt, im Interesse des Friedens, der Ordnung und des öffentlichen Wohles Afghanistans Verordnungen zu erlassen.

- I. Chronik -
Nr. 68/5.-6.XII.2001: Neuordnung Afghanistans

(2) Der Vorsitzende oder, in dessen Abwesenheit, einer der stellvertretenden Vorsitzenden vertritt gegebenenfalls die Interimsregierung.

(3) Den mit der Führung der jeweiligen Ministerien betrauten Mitgliedern obliegt auch die Durchführung der Politik der Interimsregierung in ihren jeweiligen Zuständigkeitsbereichen.

(4) Nach dem offiziellen Übergang der Macht übt die Interimsregierung alle Hoheitsbefugnisse in Bezug auf Druck und Ausgabe der Landeswährung sowie die von den internationalen Finanzinstitutionen gewährten Sonderziehungsrechte aus. Die Interimsregierung errichtet mit Unterstützung der Vereinten Nationen eine Zentralbank Afghanistans, welche die Geldmenge des Landes im Wege transparenter und nachprüfbarer Verfahren steuert.

(5) Die Interimsregierung setzt mit Unterstützung der Vereinten Nationen eine unabhängige Kommission für den Öffentlichen Dienst ein, welche der Interimsverwaltung und der zukünftigen Übergangsverwaltung Auswahllisten von Kandidaten für wichtige Posten in den Verwaltungsbehörden sowie für die Ämter der Gouverneure und Uluswals mit dem Ziel vorlegt, die fachliche Eignung und Integrität der Kandidaten zu gewährleisten.

(6) Die Interimsregierung setzt mit Unterstützung der Vereinten Nationen eine unabhängige Menschenrechtskommission ein, zu deren Befugnissen die Überwachung der Menschenrechtslage, die Untersuchung von Menschenrechtsverletzungen und der Aufbau von innerstaatlichen Menschenrechtsinstitutionen gehören werden. Die Interimsregierung kann mit Unterstützung der Vereinten Nationen auch andere Kommissionen einsetzen, die mit der Untersuchung von in diesem Übereinkommen nicht genannten Angelegenheiten befasst werden.

(7) Die Mitglieder der Interimsregierung unterliegen einem im Einklang mit internationalen Normen ausgearbeiteten Verhaltenskodex.

(8) Verstößt ein Mitglied der Interimsregierung gegen den Verhaltenskodex, so wird es von der Mitarbeit in diesem Gremium suspendiert. Der Beschluss, ein Mitglied zu suspendieren, wird auf Vorschlag des Vorsitzenden oder eines stellvertretenden Vorsitzenden mit Zweidrittelmehrheit der Mitglieder gefasst.

(9) Die Aufgaben und Befugnisse der Mitglieder der Interimsregierung werden mit Unterstützung der Vereinten Nationen gegebenenfalls weiter ausgearbeitet.

IV. Die Unabhängige Sonderkommission für die Einberufung der außerordentlichen Loya Jirga

(1) Die Unabhängige Sonderkommission für die Einberufung der außerordentlichen Loya Jirga wird innerhalb eines Monats nach der Einsetzung der Interimsverwaltung errichtet. Die Unabhängige Sonderkommission wird aus einundzwanzig Mitgliedern bestehen, von denen einige über Fachkenntnisse in Verfassungs- oder Gewohnheitsrecht verfügen sollten. Die Mitglieder werden aus Kandidatenlisten ausgewählt, die von Teilnehmern an den Gesprächen der UN über Afghanistan sowie von afghanischen Berufsverbänden und zivilgesellschaftlichen Gruppen vorgelegt werden. Die Vereinten Nationen werden bei der Errichtung und der Arbeit der Kommission sowie eines substanziellen Sekretariats Unterstützung leisten.

(2) Die Unabhängige Sonderkommission ist die höchste Autorität für die Bestimmung der Verfahrensweise der außerordentlichen Loya Jirga und der Zahl der Personen, die an ihr teilnehmen werden. Die Unabhängige Sonderkommission wird den Entwurf einer Verfahrensordnung erarbeiten, die Folgendes festlegt:

i) die Kriterien für die Zuteilung von Sitzen an die niedergelassene und die nomadische Bevölkerung im Land;

ii) die Kriterien für die Zuteilung von Sitzen an afghanische Flüchtlinge, die in Iran, Pakistan und anderenorts leben, sowie an Afghanen aus der Diaspora;

iii) die Kriterien für die Einbeziehung von zivilgesellschaftlichen Organisationen und prominenten Persönlichkeiten, darunter islamische Gelehrte, Intellektuelle und Händler, und zwar sowohl aus dem Lande selbst wie in der Diaspora. Die Unabhängige Sonderkommission stellt sicher, dass Frauen ebenso wie alle anderen Teile der afghanischen Bevölkerung in gebührender Zahl in der außerordentlichen Loya Jirga vertreten sind.

(3) Die Unabhängige Sonderkommission wird mindestens zehn Wochen vor dem Zusammentreten der außerordentlichen Loya Jirga die Verfahrensordnung für die Einberufung der außerordentlichen Loya Jirga zusammen mit dem Zeitpunkt der Einberufung und dem vorgeschlagenen Tagungsort und -zeitraum veröffentlichen und bekannt machen.

(4) Die Unabhängige Sonderkommission wird Verfahren für die Überwachung des Prozesses der Benennung von Teilnehmern an der außerordentlichen Loya Jirga beschließen und umsetzen, um sicherzustellen, dass der Prozess der indirekten Wahl beziehungsweise Auswahl transparent und gerecht ist. Um Streitigkeiten über Benennungen vorzubeugen, wird die Unabhängige Sonderkommission ein Beschwerdeverfahren sowie Regeln für die Streitbeilegung festlegen.

(5) Die außerordentliche Loya Jirga wird ein Staatsoberhaupt für die Übergangsregierung wählen und Vorschläge bezüglich der Struktur und der Besetzung der Schlüsselpositionen der Übergangsregierung genehmigen.

V. Schlussbestimmungen

(1) Zum Zeitpunkt des offiziellen Übergangs der Macht werden alle Mudschaheddin, afghanischen Streitkräfte und bewaffneten Gruppierungen im Land der Befehlsgewalt der Interimsverwaltung unterstellt und nach den Bedürfnissen der neuen afghanischen Sicherheits- und bewaffneten Streitkräfte umorganisiert.

(2) Die Interimsverwaltung und die außerordentliche Loya Jirga handeln im Einklang mit den Grundsätzen und Bestimmungen der internationalen Übereinkünfte über Menschenrechte und humanitäres Völkerrecht, deren Vertragspartei Afghanistan ist.

(3) Im Kampf gegen Terrorismus, Drogen und organisiertes Verbrechen arbeitet die Interimsverwaltung mit der internationalen Gemeinschaft zusammen. Sie verpflichtet sich, das Völkerrecht zu achten sowie friedliche und freundschaftliche Beziehungen zu den Nachbarstaaten und der übrigen Völkergemeinschaft zu pflegen.

(4) Die Interimsverwaltung und die Unabhängige Sonderkommission für die Einberufung der außerordentlichen Loya Jirga werden die Beteiligung von Frauen sowie die ausgewogene Vertretung aller ethnischen und religiösen Gemeinschaften in der Interimsregierung und der außerordentlichen Loya Jirga sicherstellen.

(5) Alle von der Interimsverwaltung getroffenen Maßnahmen müssen mit der Resolution 1378 des Sicherheitsrats (14. November 2001) sowie den anderen einschlägigen Resolutionen des Sicherheitsrats betreffend Afghanistan vereinbar sein.

(6) Eine Geschäftsordnung der im Rahmen der Interimsverwaltung geschaffenen Organe wird gegebenenfalls mit der Unterstützung der Vereinten Nationen ausgearbeitet.

Dieses heute, am 5. Dezember 2001, in Bonn geschlossene Übereinkommen mit seinen Anlagen, die Bestandteile dieses Übereinkommens sind, wird in einer Urschrift, deren englischer Wortlaut verbindlich ist, im Archiv der Vereinten Nationen hinterlegt. Amtliche Wortlaute werden in Dari und Paschtu sowie in anderen Sprachen gefertigt, die der Sonderbeauftragte des Generalsekretärs gegebenenfalls benennt. Der Sonderbeauftragte des Generalsekretärs übermittelt jedem Teilnehmer beglaubigte Abschriften in englischer Sprache, Dari und Paschtu...

ANLAGE I: INTERNATIONALE SICHERHEITSTRUPPE

1. Die Teilnehmer an den Gesprächen der UN über Afghanistan erkennen an, dass die Afghanen selbst die Verantwortung dafür tragen, Sicherheit, Recht und Ordnung im gesamten Land zu gewährleisten. Mit diesem Ziel bringen sie ihre Entschlossenheit zum Ausdruck, alles in ihrer Macht Stehende zu tun, um die Sicherheit zu gewährleisten, einschließlich der Sicherheit aller in Afghanistan tätigen Mitarbeiter der Vereinten Nationen und anderer internationaler staatlicher und nichtstaatlicher Organisationen.

2. Eingedenk dieses Zieles ersuchen die Teilnehmer die internationale Gemeinschaft darum, die neuen afghanischen Behörden dabei zu unterstützen, neue afghanische Sicherheits- und bewaffnete Streitkräfte aufzubauen und auszubilden.

3. In der Erkenntnis, dass es einige Zeit dauern kann, bis neue afghanische Sicherheits- und bewaffnete Streitkräfte vollständig aufgebaut und einsatzfähig sind, ersuchen die Teilnehmer an den Gesprächen der UN über Afghanistan den Sicherheitsrat der Vereinten Nationen, die baldige Entsendung einer Truppe im Rahmen eines Mandats der Vereinten Nationen in Erwägung zu ziehen. Diese Truppe wird dazu beitragen, die Sicherheit in Kabul und den umgebenden Gebieten zu gewährleisten. Diese Truppe könnte gegebenenfalls nach und nach auch in anderen Städten und weiteren Gebieten eingesetzt werden.

4. Die Teilnehmer an den Gesprächen der UN über Afghanistan verpflichten sich dazu, alle militärischen Einheiten aus Kabul sowie anderen Städten und Gebieten abzuziehen, in denen die Truppe im Rahmen eines Mandats der UN stationiert wird. Es wäre auch wünschenswert, dass diese Truppe Unterstützung beim Wiederaufbau der Infrastruktur Afghanistans leistet.

ANLAGE II: DIE ROLLE DER VEREINTEN NATIONEN WÄHREND DES INTERIMSZEITRAUMS

1. Der Sonderbeauftragte des Generalsekretärs ist für alle Aspekte der Arbeit der Vereinten Nationen in Afghanistan zuständig.

2. Der Sonderbeauftragte überwacht und unterstützt die Durchführung aller Aspekte dieses Übereinkommens.

3. Die Vereinten Nationen beraten die Interimsverwaltung bei der Schaffung eines politisch neutralen Umfelds, das der Abhaltung der außerordentlichen Loya Jirga unter freien und fairen Bedingungen dienlich ist. Die Vereinten Nationen wenden ihre besondere Aufmerksamkeit dem Verhalten derjenigen Gremien und Ministerien zu, die einen direkten Einfluss auf die Einberufung und das Ergebnis der außerordentlichen Loya Jirga haben können.

4. Der Sonderbeauftragte des Generalsekretärs oder sein Vertreter kann eingeladen werden, an Sitzungen der Interimsregierung und der Unabhängigen Sonderkommission für die Einberufung der außerordentlichen Loya Jirga teilzunehmen.

5. Sollte, gleich aus welchem Grund, die Interimsregierung oder die Unabhängige Sonderkommission für die Einberufung der außerordentlichen Loya Jirga aktiv daran gehindert werden, zusammenzutreten oder nicht in der Lage sein, einen Beschluss über eine Angelegenheit im Zusammenhang mit der Einberufung der außerordentlichen Loya Jirga zu fassen, so bringt der Sonderbeauftragte des Generalsekretärs unter Berücksichtigung der in der Interimsregierung oder der Unabhängigen Sonderkommission geäußerten Auffassungen seine guten Dienste mit dem Ziel ein, einen Ausweg aus der Sackgasse oder einen Beschluss zu erleichtern.

6. Die Vereinten Nationen haben das Recht, Menschenrechtsverletzungen zu untersuchen und erforderlichenfalls Abhilfemaßnahmen zu empfehlen. Sie sind ferner zuständig für die Entwicklung und Durchführung eines Programms für Menschenrechtserziehung, das die Achtung und das Verständnis der Menschenrechte verbessern soll.

ANLAGE III: AN DIE VEREINTEN NATIONEN GERICHTETES ERSUCHEN DER TEILNEHMER AN DEN GESPRÄCHEN DER UN ÜBER AFGHANISTAN

Die Teilnehmer der Gespräche der UN über Afghanistan

1. ersuchen hiermit die Vereinten Nationen und die internationale Gemeinschaft, die erforderlichen Maßnahmen zu treffen, um die nationale Souveränität, territoriale Unversehrtheit und Einheit Afghanistans sowie die Nichteinmischung fremder Staaten in Afghanistans innere Angelegenheiten zu gewährleisten;

2. bitten hiermit die Vereinten Nationen und die internationale Gemeinschaft, insbesondere Geberländer und multinationale Institutionen, dringend, in Abstimmung mit der Interimsverwaltung ihr Bekenntnis zur Hilfe bei der Rehabilitierung, der Erholung und beim Wiederaufbau Afghanistans erneut zu bekräftigen, zu verstärken und umzusetzen;

3. ersuchen hiermit die Vereinten Nationen, so rasch wie möglich in Vorbereitung der allgemeinen Wahlen, die nach Annahme der neuen Verfassung durch eine verfassunggebende Loya Jirga abgehalten werden, i) eine Wählerregistrierung und ii) eine Zählung der afghanischen Bevölkerung vorzunehmen;

- I. Chronik -
Nr. 68/5.-6.XII.2001: Neuordnung Afghanistans

4. bitten hiermit die Vereinten Nationen und die internationale Gemeinschaft dringend, in Anerkennung der heldenhaften Rolle, welche die Mudschaheddin bei der Bewahrung der Unabhängigkeit Afghanistans und der Würde seines Volkes gespielt haben, und in Abstimmung mit der Interimsverwaltung die erforderlichen Maßnahmen zu treffen, um die Wiedereingliederung der Mudschaheddin in die neuen afghanischen Sicherheits- und bewaffneten Streitkräfte zu unterstützen;

5. bitten hiermit die Vereinten Nationen und die internationale Gemeinschaft, einen Fonds einzurichten, um Familien- und andere Angehörige von Märtyrern und Kriegsopfern sowie die Kriegsversehrten zu unterstützen;

6. ersuchen hiermit die Vereinten Nationen, die internationale Gemeinschaft und regionale Organisationen eindringlich, mit der Interimsverwaltung zusammenzuarbeiten, um den internationalen Terrorismus sowie den illegalen Drogenanbau und -handel zu bekämpfen und afghanischen Bauern die finanziellen, materiellen und technischen Ressourcen für den Anbau alternativer Nutzpflanzen bereitzustellen."

(Anlage IV nicht wiedergegeben)

2. Kommuniqué über die Jahrestagung der Afghanistan Support Group (ASG) am 5. und 6. 12. 2001 in Berlin

„Die wichtigsten Geberländer, Vertreter internationaler Organisationen und Nichtregierungsorganisationen sowie der Nachbarländer Afghanistans trafen am 5. und 6. Dezember 2001 in Berlin zur Jahrestagung der Afghanistan Support Group zusammen.

Die u.a. von Bundesaußenminister Joschka FISCHER und vom Sonderbeauftragten des Generalsekretärs der Vereinten Nationen, Lakdahr BRAHIMI, eröffnete Tagung war positiv geprägt von den Ergebnissen der Petersberg-Konferenz, die kurz zuvor erfolgreich zu Ende gegangen war. Die Teilnehmer der Tagung begrüßten die Ergebnisse der Petersberg-Konferenz, durch die die politischen Voraussetzungen für effektive humanitäre Hilfe und einen nachhaltigen Wiederaufbau Afghanistans entscheidend verbessert wurden.

Die Afghanistan Support Group äußerte sich entschlossen, den Prozess der politischen Stabilisierung Afghanistans umfassend zu unterstützen. Dies soll in einem eng abgestimmten Vorgehen der bilateralen Geber, der Organisationen der Vereinten Nationen und der Nichtregierungsorganisationen geschehen, für das die Afghanistan Support Group ein zentrales Steuerungs- und Koordinierungsorgan bleibt.

Auf der Tagesordnung standen eine Vielzahl praktischer Fragen der humanitären Hilfe und des Wiederaufbaus in Afghanistan, die sich gegenseitig ergänzen und verstärken. Neben der Erstversorgung von Flüchtlingen wurden gezielte, langfristig angelegte Projekte zur Rückführung von Flüchtlingen und Vertriebenen und ihrer Integration in die afghanische Gesellschaft erörtert. Weitere wichtige Themen waren der Aufbau demokratischer Institutionen, die Stärkung und Sicherung der Menschenrechte und insbesondere der Rechte der Frauen in Afghanistan.

Die Tagung bot zugleich ein Forum für die Nachbarländer Afghanistans, auf die besonderen Belastungen hinzuweisen, die durch die Flüchtlingsströme in Folge von Krieg, Dürre und aufgrund des bevorstehenden Winters hervorgerufen wurden. Auch sie sagten ihre Unterstützung bei der politischen und wirtschaftlichen Stabilisierung Afghanistans zu.

Die Teilnehmer stimmten darin überein, dass nach dem erfolgreichen Abschluss der Petersberg-Konferenz und der Einsetzung einer Übergangsverwaltung durch die Vereinten Nationen der afghanischen Bevölkerung konkrete Perspektiven für eine friedliche Zukunft sichtbar werden müssen. Die entscheidende Rolle bei Aufbau und Entwicklung Afghanistans wird dabei in erster Linie den Afghanen selbst zukommen. Die Geberländer unterstrichen jedoch ihre Bereitschaft, sich über die bisher schon geleistete humanitäre Hilfe hinaus für die langfristige Entwicklung des Landes zu engagieren.

Der Vorsitz der Afghanistan Support Group wird mit Beginn des neuen Jahres auf Norwegen übergehen."

(Auswärtiges Amt)

6. - 7. XII. 2001

69. NATO-Herbsttagung zu Terrorismus und Beziehungen zu Russland

Am 6. Dezember 2001 fand in Brüssel die Herbsttagung der NATO-Außenminister statt. Auch hier stand das Thema Terrorismus im Rahmen des Abschlusskommuniqués sowie einer gesonderten Erklärung im Mittelpunkt. Weitere wichtige Themen waren die anstehende Erweiterung, das Verhältnis zu Russland, die Rolle der NATO in Bosnien-Herzegovina, Kosovo und Mazedonien sowie die Nichtverbreitungspolitik. Am 7. Dezember 2001 fanden ein Treffen des Euro-Atlantischen Partnerschaftsrates sowie des NATO-Russlandrates statt.

1. Kommuniqué der NATO-Außenminister, Brüssel, den 6. 12. 2001

„1. Die terroristischen Angriffe am 11. September 2001 in den Vereinigten Staaten hatten zur Folge, dass zum ersten Mal in der Geschichte des Bündnisses der Artikel 5 des Nordatlantikvertrags ausgerufen wurde. Wir beklagen den Verlust von Menschenleben, der so viele NATO-Mitgliedsstaaten und Partnerländer getroffen hat. Wir haben heute eine getrennte Erklärung zur Antwort der NATO auf den Terrorismus und dem Beitrag zum Kampf gegen diese Geißel der Menschheit abgegeben. Vor diesem Hintergrund haben wir die umfassende Agenda der NATO geprüft und weitere Weisung für ihre Umsetzung vor dem Prager Treffen der Staats- und Regierungschefs im November nächsten Jahres erteilt.

2. Heute wollen wir einer neuen Beziehung zu Russland Form und Gestalt geben und unsere Fähigkeit erweitern, auf gemeinsamen Interessensgebieten zusammenzuarbeiten. Wir bekräftigen, dass eine von Vertrauen geprägte und ausgewogene Partnerschaft zwischen den Bündnispartnern und Russland, auf der Grundlage gemeinsamer demokratischer Werte und des gemeinsamen Bekenntnisses zur Gestaltung eines stabilen, friedlichen und ungeteilten Europas, wie in der NATO-Russland-Grundakte festgelegt, für Stabilität und Sicherheit im euro-atlantischen Raum von essentieller Bedeutung ist. Wir haben beschlossen, unserer Partnerschaft frische Impulse und Substanz zu verleihen, mit dem Ziel, zusammen mit Russland einen neuen NATO-Russland-Rat zu schaffen, um Möglichkeiten für gemeinsame Betätigungsfelder zu 20 zu identifizieren und wahrzunehmen. Dazu haben wir den Ständigen NATO-Rat beauftragt, in den kommenden Monaten auf der Basis der Grundakte neue, effektive Mechanismen für die Konsultation, Kooperation, gemeinsame Entscheidung sowie abgestimmte/gemeinsame Aktionen zu sondieren und zu entwickeln. Wir haben die Absicht, diese Kooperationsmechanismen bis zu unserem nächsten Treffen im Mai 2002 in Reykjavik oder früher bereitzustellen. Die grundlegenden Ziele der NATO bestehen fort, wie im Washingtoner Vertrag festgelegt, nach dessen Bestimmungen die NATO ihr Recht auf eigenständige Entscheidungen und Aktionen zu 19 in allen Fragen wahren wird, die mit ihren Verpflichtungen und Verantwortungen im Einklang stehen.

3. Wir freuen uns, dass uns Russland im Kampf gegen den Terrorismus zur Seite steht und sind überzeugt, dass dies in bedeutendem Maße zu unserem gemeinsamen Ziel einer starken, stabilen und dauerhaften Partnerschaft zwischen der NATO und Russland beitragen wird. Wir intensivieren unsere Zusammenarbeit auf diesem und anderen Gebieten, einschließlich der Nichtverbreitung, Fragen der Export- und Rüstungskontrolle, Transparenz in Bezug auf Waffen und Vertrauensbildende Maßnahmen, Raketenabwehr, im Such- und Rettungsdienst auf See sowie in der praktischen militärischen Zusammenarbeit als einen bedeutenden Schritt zu einer qualitativ neuen Beziehung. Wir unterstützen Russlands Recht zum Schutz seiner territorialen Integrität und erkennen sein Recht an, alle Bürger vor Terrorismus und Verbrechen zu schützen. Wir begrüßen die ersten Schritte, die Russland zur Herstellung eines politischen Dialogs im Tschetschenienkonflikt getan hat. Wir appellieren mit Nachdruck an Russland, auf diesen Schritten aufzubauen, um eine sofortige und dauerhafte politische und friedliche Lösung des Konflikts zu finden und die Menschenrechte und sonstigen Rechte der Bevölkerung zu schützen. Wir richten den Appell an die tschetschenische Seite, in gutem Glauben an der Suche nach einer politischen Lösung des Konflikts mitzuwirken, den Terrorismus zu verurteilen und gegen ihn vorzugehen.

- I. Chronik -
Nr. 69/6.-7.XII.2001: NATO-Herbsttagung in Brüssel

4. Auf ihrem Prager Gipfeltreffen im November nächsten Jahres werden unsere Staats- und Regierungschefs die nächste Erweiterungsrunde der NATO auf den Weg bringen. Wir bekräftigen die neun beitrittswilligen Länder darin, weiter gezielte Anstrengungen zur Vorbereitung auf eine mögliche zukünftige Mitgliedschaft zu unternehmen und dazu die in unseren Aktionsplan zur Mitgliedschaft (MAP) gebotenen Möglichkeiten voll zu nutzen. Wir erwarten auf unserem nächsten Frühjahrstreffen einen konsolidierten Fortschrittsbericht über Aktivitäten im Rahmen des MAP in den Jahren 2001-2002. Wir werden den MAP-Prozess über den laufenden Zyklus hinaus fortführen. Während die beitrittswilligen Länder ihre Vorbereitungen weiterführen, trifft die NATO ihre eigenen internen Vorbereitungen für die Aufnahme neuer Mitglieder. Wir erteilen dem Ständigen Rat die Weisung, auf unserem nächsten Treffen über die Fragen zu berichten, die es noch zu untersuchen gilt, um umfassende Empfehlungen für die Entscheidungen unserer Staats- und Regierungschefs auf dem Prager Gipfel vorzubereiten.

5. Wir bekräftigen unser Engagement für ein friedliches, stabiles und demokratisches Südosteuropa und unsere Entschlossenheit, gegen jede Art der Gewalt vorzugehen, ungeachtet ethnischer, politischer oder krimineller Beweggründe. Wir erneuern unsere Bereitschaft zur Unterstützung der territorialen Integrität und Souveränität aller Länder Südosteuropas. Durch unser Zusammenwirken mit Partnern im SFOR- und KFOR-Rahmen und unsere Kooperation mit anderen internationalen Institutionen werden wir regionale Aussöhnung und Zusammenarbeit, gutnachbarliche Beziehungen, stabile und sichere Grenzen, den Schutz der Rechte aller Angehörigen von Ethnien und Minderheitengruppen, Vertrauensbildende Maßnahmen, eine dauerhafte Lösung der Flüchtlings- und Vertriebenenfrage sowie die uneingeschränkte Zusammenarbeit mit dem internationalen Strafgerichtshof für das ehemalige Jugoslawien (IStGhf) fördern. Alle vom IStGhf wegen Kriegsverbrechen angeklagten Personen müssen in Den Haag vor Gericht gestellt werden.

6. Noch im Laufe dieses Monats werden unsere Verteidigungsminister den Stand der NATO-Operationen auf dem Balkan sowie Möglichkeiten zur Rationalisierung und für einen erweiterten regionalen Ansatz prüfen und dabei der Notwendigkeit weiterer enger Konsultationen mit anderen betroffenen internationalen Organisationen Rechnung tragen. Unsere Anstrengungen insgesamt haben zum Ziel, die Grundlage für sich selbst tragenden Frieden in der Region zu schaffen, der die internationale Truppenpräsenz nicht länger erforderlich macht.

7. Im zurückliegenden Jahr hat die Allianz in enger Zusammenarbeit mit der Europäischen Union (EU) und der Organisation für Sicherheit und Zusammenarbeit in Europa (OSZE) eine besonders aktive Rolle zur Förderung von Stabilität und Sicherheit in der ehemaligen jugoslawischen Republik Mazedonien gespielt. In diesem Zusammenhang danken wir den Nachbarstaaten, besonders Albanien, für ihre konstruktive Einstellung. Wir begrüßen die freiwillige Entwaffnung und Auflösung der so genannten Nationalen Befreiungsarmee, die Annahme von Verfassungsänderungen des Landes durch das Parlament und die von Präsident TRAJKOWSKI verkündete Amnestie. Wir verurteilen noch einmal mit Nachdruck die Anwendung von Gewalt zu politischen Zwecken. Wir fordern alle Beteiligten eindringlich auf, die Rahmenvereinbarung vollständig umzusetzen und weiter mit der internationalen Gemeinschaft zusammenzuarbeiten. Wir bekräftigen unsere Bereitschaft zur Unterstützung der territorialen Integrität der ehemaligen jugoslawischen Republik Mazedonien. Das Bündnis ist bereit, weiter zur Sicherheit beizusteuern, indem es im Rahmen seines Beitrags zu Frieden und Stabilität im Land weitere drei Monate lang den EU- und OSZE-Beobachtern Unterstützung gewährt.

8. Wir treten weiterhin mit Festigkeit für die vollständige Implementierung der Rahmenvereinbarung für den Frieden in Bosnien und Herzegowina ein und fordern alle politischen Führer in diesem Lande auf, auch weiterhin Separatismus und Gewalt zu entsagen, demokratische Institutionen zu unterstützen und größeres Verantwortungsbewusstsein sowie mehr Eigenverantwortung für den Prozess der Umsetzung der Friedensvereinbarung von Dayton zu übernehmen. Wir unterstützen mit Nachdruck die entsprechenden Anstrengungen durch SFOR und IStGhf, wegen Kriegsverbrechen angeklagte Personen zu ergreifen und vor Gericht zu stellen. In diesem Zusammenhang wiederholen wir, dass die Gebietseinheiten die Hauptverantwortung dafür tragen, dass wegen Kriegsverbrechen angeklagte Personen vor Gericht gestellt werden und wir fordern sie eindringlich auf, dazu effektiver mit SFOR zusammenzuarbeiten.

- I. Chronik -
Nr. 69/6.-7.XII.2001: NATO-Herbsttagung in Brüssel

9. Wir begrüßen die Wahlen vom 17. November für Gesamtkosovo, an denen sich alle Gemeinschaften sehr zahlreich beteiligt haben, als einen wichtigen Schritt zu einem friedlichen, multiethnischen, multikulturellen und demokratischen Kosovo, in dem alle seine Bewohner, ungeachtet ihrer Abstammung oder Religion, in Frieden und Sicherheit leben sowie weltweit geltende Menschenrechte und Freiheiten gleichermaßen genießen können, auch durch die Teilhabe an demokratischen Institutionen. Wir ermutigen die neu gewählten Führer, ihre neuen Ämter in strikter Übereinstimmung mit der Resolution 1244 des Sicherheitsrats der Vereinten Nationen, dem verfassungsmäßigen Rahmen für die provisorische Selbstverwaltung und in uneingeschränkter Zusammenarbeit mit UNMIK und KFOR auszuüben. Wir richten fernen den Appell an sie, die effektive Zusammenarbeit mit den Behörden der Bundesrepublik Jugoslawien (BRJ) aufzunehmen.

10. Wir begrüßen die konstruktive Unterstützung Belgrads der Teilnahme der kosovoserbischen Gemeinschaft an den jüngsten Wahlen im Kosovo. Wir stellen mit Zufriedenheit die stetigen Fortschritte zur Aussöhnung zwischen den Parteien in Südserbien fest und werden die Lage in dieser Region weiter mit großer Aufmerksamkeit verfolgen. Wir begrüßen die ständige Verbesserung unserer Beziehungen zur BRJ und sehen ihrer weiteren Entwicklung erwartungsvoll entgegen. Wir erneuern unsere Bereitschaft zur Unterstützung eines demokratischen Montenegro als Teil einer demokratischen BRJ.

11. Mit dem 10. Jahrestag der NATO-Politik der Partnerschaft und Zusammenarbeit anerkennen wir den entscheidenden Beitrag der Partnerländer der NATO zu den Anstrengungen der Allianz, Frieden und Stabilität in der euro-atlantischen Region zu fördern. Wir wertschätzen besonders ihre Beiträge zu unseren Friedensoperationen auf dem Balkan. Wir würdigen ebenso die Solidarität und Unterstützung, die unsere Partner, besonders die in Zentralasien und im Kaukasus, im internationalen Kampf gegen den Terrorismus unter Beweis gestellt haben. Wir wollen die Zusammenarbeit im Rahmen des Euro-Atlantischen Partnerschaftsrats (EAPR) und der Partnerschaft für den Frieden (PfP) weiter ausbauen und verstärken. Wir bestärken alle Partner darin, ihre Beziehung zur Allianz noch aktiver zu gestalten. Wir wollen unsere Zusammenarbeit mit unseren Partnern am Mittelmeerdialog ebenfalls erweitern und stärken und fordern sie auf, ihren Dialog mit uns in gemeinsamen Sicherheitsfragen zu intensivieren.

12. Wir messen der weiteren Entwicklung und dem Ausbau der ausgeprägten Partnerschaft zwischen der NATO und der Ukraine auch in Zukunft große Wichtigkeit bei. In diesem Zusammenhang fordern wir die Ukraine auf, weiter konkrete Schritte zur Fortführung ihres Reformprozesses zu tun und sind bereit, sie dabei zu unterstützen. Wir möchten auch unterstreichen, wie wichtig es ist, dass wir unsere gemeinsamen Verpflichtungen erfüllen und unserer gemeinsam übernommenen Verantwortung auf dem Balkan gerecht werden.

13. Wir bekräftigen unser Engagement zur Verwirklichung einer engen, transparenten und kohärenten NATO-EU-Beziehung. Unsere gemeinsamen Anstrengungen auf dem Balkan haben die Erreichung von Frieden und Stabilität in dieser Region gefördert und gezeigt, dass die enge Zusammenarbeit bedeutenden Nutzen mit sich bringt. Die Ereignisse vom 11. September haben die Wichtigkeit der erweiterten Zusammenarbeit zwischen den zwei Organisationen in gemeinsam interessierenden Fragen der Sicherheit, Verteidigung und Krisenbewältigung unterstrichen, damit auf Krisen mit der geeignetsten militärischen Antwort reagiert und ein effektives Krisenmanagement sichergestellt werden können. Wichtige Arbeit bleibt in der Frage der Vorkehrungen für NATO-Unterstützung für EU-geführte Operationen nach Maßgabe der Entscheidungen des Washingtoner Gipfels und späterer Ministertreffen noch zu tun. Wir sind nach wie vor entschlossen, in allen verschiedenen Aspekten unserer Beziehungen Fortschritte zu erzielen und stellen dabei die Notwendigkeit heraus, Lösungen zu finden, die für alle Bündnispartner in der Frage der Teilnahme der nicht zur EU gehörenden europäischen Bündnispartner zufrieden stellend sind. Wir nehmen die verbindliche Zusage der EU zur Kenntnis, die Modalitäten für Konsultationen mit Kanada und für die Teilnahme Kanadas an EU-geführten Operationen zu finalisieren.

14. Die Ereignisse vom und seit dem 11. September zeigen, dass unsere Sicherheit durch eine Vielzahl verschiedenartiger, oft unvorhersehbarer Herausforderungen bedroht wird. Durch unsere Initiative zur Verteidigungsfähigkeit wollen wir sicherstellen, dass die Streitkräfte des Bündnisses über die bestmöglichen Fähigkeiten verfügen, um diesen Herausforderungen zu

- I. Chronik -
Nr. 69/6.-7.XII.2001: NATO-Herbsttagung in Brüssel

begegnen und in der Lage sind, nahtlos zusammenzuwirken. Der Ausbau der europäischen Fähigkeiten ist für diesen Prozess von zentraler Bedeutung.

15. Wir bekräftigen, dass die Allianz befähigt sein muss, sich angemessen und effektiv gegen die Bedrohungen zu verteidigen, die sich aus der Proliferation von Massenvernichtungswaffen und ihrer Trägermittel ergeben können. Unsere Reaktion muss dem Grundsatz der Unteilbarkeit der Sicherheit der Bündnispartner entsprechen. Wir werden weiter gemeinsam darauf hinarbeiten, die umfassende Strategie der Allianz so anzupassen, dass diesen Herausforderungen begegnet werden kann, und zwar durch politische und verteidigungspolitische Anstrengungen im passenden Mischverhältnis. In diesem Zusammenhang wird die Politik des Bündnisses der Förderung der Rüstungskontrolle, Abrüstung und Nichtverbreitung weiter eine bedeutende Rolle spielen, um die Sicherheitsziele der Allianz zu verwirklichen. Die Allianz unterstreicht die Wichtigkeit der Einhaltung und Stärkung bestehender Nichtverbreitungs- und Exportkontrollregime sowie internationaler Rüstungskontroll- und Abrüstungsverträge. Wir werden weiter aktiv zur Entwicklung von Vereinbarungen und Maßnahmen auf diesem Gebiet beitragen und auf weitere Waffenreduzierungen, Transparenz und Vertrauensbildung hinarbeiten. Wir bekräftigen unsere Entschlossenheit, zur Implementierung der Schlussfolgerungen der Überprüfungskonferenz zum Nichtverbreitungsvertrag (NVV) aus dem Jahre 2000 beizutragen und werden auf einen erfolgreichen Ausgang der anstehenden Überprüfung hinwirken. Wir unterstützen ebenso die laufenden Anstrengungen zur Erreichung eines internationalen Verhaltenskodex gegen die Proliferation ballistischer Flugkörper noch vor Ende des Jahres 2002. Nichtverbreitung, Rüstungskontrolle und Abrüstung spielen zusammen mit der Abschreckung und Verteidigung eine essentielle Rolle im Ausbau der Sicherheit gegen diese neuen Bedrohungen und Herausforderungen. In diesem Kontext wird die Rolle, die der Raketenabwehr zukommen könnte, aktiv berücksichtigt, während wir unsere Konsultationen mit den Vereinigten Staaten in dieser Frage fortführen. Dazu begrüßen wir die laufende Arbeit in der NATO zur Abwehr taktischer Flugkörper.

16. Eingedenk der Ergebnisse der 2. KSE-Überprüfungskonferenz begrüßen die Bündnispartner die von Russland geplanten Reduzierungen seiner überzähligen Ausrüstungsbestände im Nordkaukasus auf die vereinbarten Obergrenzen, die transparent und verifizierbar sein müssen, und die Fortschritte in der Reduzierung und im Abzug russischer Ausrüstungen aus Moldau. Wir fordern die zügige Klärung der zwischen Russland und Georgien noch offenen Fragen. Die Bündnispartner können die Ratifizierung des angepassten KSE-Vertrags nur im Zusammenhang mit der vollständigen Erfüllung durch alle Vertragsstaaten der vereinbarten Vertragsobergrenzen und im Einklang mit den Verpflichtungen des KSE-Schlussakte ins Auge fassen. Wir erwarten das Inkrafttreten des Vertrags über den Offenen Himmel am 1. Januar 2002."

2. Die Antwort der NATO auf Terrorismus, Brüssel, den 7. 12. 2001

„1. Die terroristischen Angriffe vom 11. September waren ein Verbrechen gegen die ganze Welt. Wir antworten hierauf, indem wir die für diese Verbrechen Verantwortlichen zur Rechenschaft ziehen und sie daran hindern, in Zukunft unschuldige Menschen zu töten.

2. Der Terrorismus bedroht das Leben unserer Bürger sowie ihre Menschenrechte und bürgerlichen Freiheiten. Er gefährdet auch die Entwicklung und Funktionsweise demokratischer Institutionen, ihre territoriale Integrität von Staaten, ihre friedlichen Beziehungen sowie internationalen Frieden und Sicherheit. Für Terrorakte gibt es keinerlei Rechtfertigung. Wir lehnen den Terrorismus kategorisch ab und verurteilen ihn mit Entschiedenheit in all seinen Erscheinungsformen. Wir, die 19 Bündnispartner der NATO, sind entschlossen, diese Geißel der Menschheit zu bekämpfen. Dies erfordert unsere Sicherheit ohne jeden Abstrich.

3. Wir halten die Ereignisse vom 11. September für einen bewaffneten Angriff nicht nur gegen einen Bündnispartner, sondern gegen uns alle und haben daher den Artikel 5 des Washingtoner Vertrags ausgerufen. Dementsprechend haben wir beschlossen, individuell und kollektiv die von den USA geführte laufende Militäroperation gegen die Terroristen, die die Verbrechen am 11. September verübt haben und gegen diejenigen, die ihnen Schutz bieten, zu unterstützen. Zum ersten Mal patrouillieren Überwachungsflugzeuge der NATO im amerikanischen Luftraum. Seestreitkräfte des Bündnisses sind ins östliche Mittelmeer verlegt worden, um der Solidarität und Entschlossenheit der NATO Ausdruck zu verleihen. Unsere Friedenstruppen

- I. Chronik -
Nr. 69/6.-7.XII.2001: NATO-Herbsttagung in Brüssel

auf dem Balkan sind mit der Unterstützung der Länder dieser Region tätig, um terroristische Gruppen daran zu hindern, auf dem Balkan und von dort aus ihre Operationen zu führen. Einzelne Bündnispartner haben Streitkräfte und andere Kräfte/Mittel für den Kampf gegen den Terrorismus und zum Einsatz bei humanitären Hilfsmaßnahmen angeboten. Wir werden die Vereinigten Staaten bei der von den USA geführten Operation gegen diese Terroristen unterstützen, bis die Operation ihre Ziele erreicht hat. Wir werden diese Unterstützung in Übereinstimmung mit unseren Entscheidungen und in voller Übereinstimmung mit allen unseren Verpflichtungen nach dem Völkerrecht und den relevanten Bestimmungen der Charta der Vereinten Nationen bereitstellen.

4. Unser Kampf richtet sich nicht gegen den Islam oder die unschuldigen Menschen in Afghanistan. Unsere Länder tragen dazu bei, der afghanischen Bevölkerung, die unter der Grausamkeit des Taliban-Regimes gelitten hat, humanitäre Hilfe zukommen zu lassen. Wie in der Resolution 1368 des VN-Sicherheitsrats erklärt, richtet sich unser Kampf, der Kampf der internationalen Gemeinschaft, gegen die Terroristen, ihre Netzwerke und gegen diejenigen, die ihnen Zuflucht gewähren.

5. Wir erneuern unsere Entschlossenheit, die Bedrohung durch den Terrorismus so lange wie erforderlich zu bekämpfen. In Übereinstimmung mit unseren Verpflichtungen aus dem Washingtoner Vertrag werden wir unsere nationalen und kollektiven Fähigkeiten weiter verstärken, um unsere Bevölkerung, unser Territorium und unsere Streitkräfte vor jedem bewaffneten Angriff, auch von terroristischen Angriffen, zu schützen, die aus dem Ausland geführt werden. Wir tragen dieser Herausforderung in dem auf dem Washingtoner Gipfel angenommenen Strategischen Konzept Rechnung, in welchem wir klar zum Ausdruck gebracht haben, dass jeder bewaffnete Angriff auf das Territorium eines Bündnispartners, aus welcher Richtung auch immer, unter Artikel 5 des Washingtoner Vertrags fallen würde und in welchem wir den Terrorismus als eine Gefährdung der Sicherheitsinteressen der Allianz herausgestellt haben. Es ist von fundamentaler Wichtigkeit für unsere Sicherheit, dass wir uns dieser Herausforderung stellen.

6. Zur Erfüllung dieser entscheidenden Aufgabe, d.h. Schutz unserer Bevölkerung, unseres Territoriums und unserer Streitkräfte, werden wir Mittel und Wege untersuchen, um die militärischen Fähigkeiten der Allianz entsprechend anzupassen und zu erweitern. Wir werden unsere Beziehungen zu anderen Staaten und internationalen Organisationen vertiefen, um Informationen miteinander auszutauschen und geeignete Aktionen im Rahmen der Zusammenarbeit effektiver durchzuführen. Unsere Länder arbeiten auch eng zusammen, um der Bedrohung zu begegnen, die von einem möglichen terroristischen Einsatz von Massenvernichtungswaffen ausgeht. Abrüstung, Rüstungskontrolle und Nichtverbreitung können einen essentiellen Beitrag zum Kampf gegen den Terrorismus leisten. Wir werden unsere Fähigkeiten steigern, um nationale Stellen - auf entsprechendes Ersuchen - beim Schutz der Bevölkerung gegen die Auswirkungen terroristischer Angriffe unterstützen zu können. Wir werden ebenso die Zusammenarbeit mit unseren Partnern auf diesem Gebiet erweitern und dabei die verschiedenen Vorschläge und Initiativen berücksichtigen.

7. Die Unterstützung durch die Länder des euro-atlantischen Partnerschaftsrats, durch den NATO-Russland-Rat sowie die NATO-Ukraine-Kommission und ihre Verurteilung der Angriffe vom 11. September waren zur Bildung der internationalen Koalition von entscheidender Bedeutung. Wir danken den Ländern in Zentralasien und im Kaukasus für ihre mutige Unterstützung des Kampfes. Wir begrüßen die unmissverständliche Haltung unserer Partner am Mittelmeerdialog, die diese Angriffe uneingeschränkt verurteilt haben. Wir bekräftigen unsere Bereitschaft, wo erforderlich und im Rahmen unserer Fähigkeiten, individuell oder kollektiv Bündnispartnern und anderen Staaten, die in Folge ihrer Unterstützung des Kampfes gegen den Terrorismus verstärkt terroristischen Bedrohungen ausgesetzt sind bzw. sein könnten, zur Seite zu stehen.

8. Seit den Angriffen vom 11. September bietet Russland den Bündnispartnern im Kampf gegen den Terrorismus substantielle und bedeutende Zusammenarbeit an. Diese Zusammenarbeit zeigt die neue Qualität der NATO-Russland-Beziehungen. Wir wollen diese Zusammenarbeit weiter ausbauen und die Beziehungen zwischen der NATO und Russland vertiefen, um den neuen Herausforderungen zu begegnen, vor die sich die gesamte euro-atlantischen Gemeinschaft gestellt sieht.

- I. Chronik -
Nr. 69/6.-7.XII.2001: NATO-Herbsttagung in Brüssel

9. Wir unterstreichen, dass militärische Mittel allein nicht ausreichen, um den Terrorismus wirksam zu bekämpfen. Die Antwort hierauf muss vielschichtig und umfassend sein. Dazu unterstützen wir die Anstrengungen der Vereinten Nationen und ihre zentrale Rolle auf diesem Gebiet und verpflichten uns, die Resolution 1373 des VN-Sicherheitsrats uneingeschränkt zu implementieren. Wir unterstützen ebenso die Anstrengungen der Europäischen Union, der Organisation für Sicherheit und Zusammenarbeit in Europa, der G-8 sowie internationaler Finanzinstitute zur Terrorismusbekämpfung. Unserer Ansicht nach wird es von essentieller Bedeutung sein, in diesem vielschichtigen Kampf die Zusammenarbeit zwischen internationalen Organisationen, unter Berücksichtigung ihrer jeweiligen Aufgaben, weiter zu entwickeln. In diesem Zusammenhang sondieren die NATO und die Europäische Union Mittel und Wege zur Erweiterung der Zusammenarbeit im Kampf gegen den Terrorismus. Das heutige Treffen der Außenminister der NATO und der EU wird die Wichtigkeit der Beziehung zwischen den zwei Organisationen unterstreichen.

10. Wir werden für das Gipfeltreffen in Prag ein Maßnahmenpaket des Bündnisses schnüren, um unsere Fähigkeiten und das gemeinsame Engagement mit unseren Partnern zur Begegnung dieser Herausforderung zu verstärken."

3. Gemeinsame NATO-Russland-Erklärung anlässlich des Treffens des Ständigen Gemeinsamen Rats auf Ebene der Außenminister, Brüssel, den 7. 12. 2001

„1. Heute wollen wir einer neuen Beziehung zwischen den Bündnispartnern der NATO und Russland Form und Gestalt geben und unsere Fähigkeit erweitern, auf gemeinsamen Interessensgebieten zusammenzuarbeiten und uns neuen Bedrohungen und Risiken zu stellen, die unsere Sicherheit gefährden. Wir bekräftigen, dass eine von Vertrauen geprägte und ausgewogene Partnerschaft zwischen den Bündnispartnern und Russland, auf der Grundlage gemeinsamer demokratischer Werte und des gemeinsamen Bekenntnisses zur Gestaltung eines stabilen, friedlichen und ungeteilten Europas, wie in der NATO-Russland-Grundakte festgelegt, für Stabilität und Sicherheit im euro-atlantischen Raum von essentieller Bedeutung ist. Wir haben beschlossen, unserer Partnerschaft frische Impulse und Substanz zu verleihen, mit dem Ziel, einen neuen Rat zu schaffen, in dem die Mitgliedsstaaten der NATO und Russland zusammenkommen, um Möglichkeiten für gemeinsame Betätigungsfelder zu 20 zu identifizieren und wahrzunehmen.

2. Als Minister wollen wir unseren Dialog zu dem Prozess weiterführen, den wir heute auf den Weg gebracht haben. Regelmäßige Arbeitskontakte werden ebenfalls zwischen dem Außenministerium der Russischen Föderation und der NATO gepflegt. Der NATO-Russland-Rat hat ferner seine Botschafter beauftragt, in den kommenden Monaten auf der Basis der Grundakte neue, effektive Mechanismen für die Konsultation, Kooperation, gemeinsame Entscheidung sowie abgestimmte/gemeinsame Aktionen zu sondieren und zu entwickeln. Wir haben die Absicht, diese Kooperationsmechanismen, die über das bestehende Format hinausgehen, bis zu unserem nächsten Treffen im Mai 2002 in Reykjavik oder früher bereitzustellen.

3. Wir verurteilen den Terrorismus in all seinen Erscheinungsformen. Wir sprechen noch einmal den Opfern und Familienangehörigen der terroristischen Angriffe vom 11. September und anderer Terroranschläge unser tief empfundenes Mitgefühl aus. Wir unterstützen uneingeschränkt die Resolutionen 1368 und 1373 des VN-Sicherheitsrats und werden nichts unversucht lassen, um diejenigen vor Gericht zu stellen, die diese Akte verübt, organisiert und gefördert haben und um den Terrorismus als eine Geißel der Menschheit zu beseitigen.

4. Diese tragischen Vorfälle zeigen uns einmal mehr, dass die NATO und Russland gemeinsamen Bedrohungen ausgesetzt sind, die umfassende, abgestimmte Antworten erforderlich machen. Wir sind ermutigt durch den starken Geist der Partnerschaft und Zusammenarbeit in den Beziehungen zwischen der NATO und Russland. Wir intensivieren unsere Zusammenarbeit im Kampf gegen den Terrorismus und auf anderen Gebieten, einschließlich der Krisenbewältigung, der Nichtverbreitung, der Rüstungskontrolle und Vertrauensbildende Maßnahmen, der taktischen Raketenabwehr, im Such- und Rettungsdienst auf See sowie in der praktischen militärischen Zusammenarbeit und in zivilen Notfällen, als einen bedeutenden Schritt zu einer qualitativ neuen Beziehung."

- I. Chronik -
Nr. 69/6.-7.XII.2001: NATO-Herbsttagung in Brüssel

4. Treffen des euro-atlantischen Partnerschaftsrats (EAPR) auf Ebene der Außenminister Zusammenfassung durch den Vorsitzenden, Brüssel, den 7. 12. 2001

„1. Die Außenminister und Vertreter der Mitgliedsländer des euro-atlantischen Partnerschaftsrats (EAPR) traten heute in Brüssel zusammen.

2. Der NATO-Generalsekretär unterrichtete den EAPR über die wichtigsten Ergebnisse des Treffens des Nordatlantikrats vom 6. Dezember.

3. Mit diesem Treffen des EAPR wird der zehnte Jahrestag der Partnerschaft und Zusammenarbeit begangen. Im Dezember 1991 trat der Nordatlantische Kooperationsrat zum ersten Mal zusammen, so dass die Mitglieder der Allianz und ihre Partner sich gemeinsam den Herausforderungen der Ära nach dem kalten Krieg stellen konnten. Die Minister stimmten überein, dass während dieser letzten 10 Jahre die EAPR-Mitgliedsländer eine echte Partnerschaft über die ehemaligen Gräben im euro-atlantischen Raum aufgebaut haben.

4. Die Minister stimmten auch darin überein, dass die Arbeit der Partnerschaft keineswegs abgeschlossen ist. Sie bekräftigten die EAPR-Erklärung vom Tag nach dem schrecklichen Angriff auf die Vereinigten Staaten, in der diese brutalen Akte uneingeschränkt verurteilt wurden, unmissverständlich zum Ausdruck gebracht wurde, dass sie einen Angriff auf die gemeinsamen Werte der Mitgliedsstaaten darstellten und die das Versprechen enthielt, nichts unversucht zu lassen, um den Terrorismus als eine Geißel der Menschheit zu bekämpfen. Sie waren sich einig, dass der EAPR - eine einzigartige Koalition aus 46 Nationen von Nordamerika bis zu den Ländern Zentralasiens - eine ganz entscheidende Säule der internationalen Koalition gegen den Terrorismus darstellt und unterstrichen die Entschlossenheit, den EAPR/PfP-Rahmen voll zu nutzen, um Informationen untereinander auszutauschen, praktische Aktivitäten miteinander abzustimmen und dazu beizutragen, ihre Einwohner vor dem Terrorismus zu schützen. In diesem Zusammenhang billigten die Minister den neuen EAPR-Aktionsplan für die Jahre 2002 - 2004, der neue Kooperationsansätze im internationalen Kampf gegen den Terrorismus umfasst.

5. Die Minister tauschten ihre Ansichten über Entwicklungen in Südosteuropa aus. Sie bekräftigten ihr Eintreten für ein friedliches, stabiles und demokratisches Südosteuropa und verurteilten uneingeschränkt alle Gewaltakte, ungeachtet ethnischer, politischer oder krimineller Beweggründe.

6. Die Minister begrüßten die positiven Entwicklungen in der ehemaligen Republik Mazedonien sowie den abgestimmten und erfolgreichen Ansatz der internationalen Gemeinschaft als Beitrag zur Lösung der Krise. Die Minister begrüßten insbesondere den Beitrag zum Friedensprozess durch die NATO-Operation ESSENTIAL HARVEST und die weitere Rolle der TASK FORCE FOX zur Unterstützung von OSZE- und EU-Beobachtern, die Annahme von Verfassungsänderungen für das Land durch das Parlament und die von Präsident Trajkowski verkündete Amnestie. Sie forderten alle beteiligten Parteien mit Nachdruck auf, die in der Rahmenvereinbarung enthaltenen Reformen vollständig umzusetzen.

7. Die Minister begrüßten die Wahlen vom 17. November für Gesamtkosovo als einen wichtigen Schritt zu einem friedlichen, multi-ethnischen, multi-kulturellen und demokratischen Kosovo. Die Minister bekräftigten ihr Engagement, Bosnien und Herzegowina zu dauerhaftem Frieden und Stabilität zu verhelfen. Die Minister begrüßten auch die laufende Kooperation unter regionaler Führung im Rahmen der Lenkungsgruppe für Sicherheitskooperation in Südosteuropa (SEEGROUP - South East Europe Security Cooperation Steering Group) sowie die auf den Weg gebrachte Arbeit zur Reform des Sicherheitssektors auf der Grundlage des gemeinsamen Dokuments zur Bewertung sicherheitspolitischer Herausforderungen und Chancen in Südosteuropa (SEECAP - South East Europe Common Assessment Paper on Regional Security Challenges and Opportunities).

8. Die Minister erörterten die Entwicklung und Nutzung bestehender EAPR/PfP-Mechanismen auf der Grundlage der ihnen vorgelegten Berichte. Sie begrüßten die jüngsten Überprüfungsgespräche über den gegenwärtigen Stand der erweiterten und operativeren Partnerschaft sowie die Entscheidung zur Durchführung einer umfassenden Überprüfung der Partnerschaft im nächsten Jahr. Sie stimmten überein, dass durch diese Überprüfung zielgerichtet sichergestellt werden soll, dass die Partnerschaft in der Lage ist, zukünftigen Herausforderungen so effizient und effektiv wie möglich zu begegnen.

- I. Chronik -
Nr. 70/6.XII.2001: VN für Regelungen in Afghanistan

9. Die Minister werden im Mai 2002 in Reykjavik erneut zusammentreten."

(Deutsche NATO Vertretung)

6. XII. 2001

70. Sicherheitsrat unterstützt vorläufige Regelungen für Afghanistan

Am 6. Dezember 2001 beriet der Sicherheitsrat der Vereinten Nationen über die Lage in Afghanistan. In diesem Zusammenhang wurde das am Tag zuvor in Bonn verabschiedete Abkommen über vorläufige Regelungen in Afghanistan angenommen und alle politischen Kräfte des Landes aufgefordert, an dessen Umsetzung mitzuwirken.

Resolution 1383 des VN-Sicherheitsrats, verabschiedet am 6. 12. 2001

„Der Sicherheitsrat,

in Bekräftigung seiner früheren Resolutionen über Afghanistan, insbesondere seiner Resolution 1378 (2001) vom 14. November 2001,

sowie in Bekräftigung seines nachdrücklichen Bekenntnisses zur Souveränität, Unabhängigkeit, territorialen Unversehrtheit und nationalen Einheit Afghanistans,

unter nachdrücklichem Hinweis auf das unveräußerliche Recht des afghanischen Volkes, frei über seine eigene politische Zukunft zu bestimmen,

entschlossen, dem Volk Afghanistans dabei behilflich zu sein, die tragischen Konflikte in Afghanistan zu beenden und die nationale Aussöhnung, einen dauerhaften Frieden, Stabilität und die Achtung der Menschenrechte zu fördern, sowie mit der internationalen Gemeinschaft zusammenzuarbeiten, um der Nutzung Afghanistans als Basis für den Terrorismus ein Ende zu setzen,

mit Genugtuung über das Schreiben des Generalsekretärs vom 5. Dezember 2001, mit dem der Rat von der am 5. Dezember 2001 in Bonn erfolgten Unterzeichnung des Abkommens über vorläufige Regelungen in Afghanistan bis zur Wiedereinsetzung dauerhafter Regierungsinstitutionen (S/2001/1154) in Kenntnis gesetzt wird,

feststellend, dass die vorläufigen Regelungen der erste Schritt zur Einrichtung einer auf breiter Grundlage stehenden, gleichberechtigungsorientierten, multiethnischen und allseitig repräsentativen Regierung sein sollen,

1. macht sich das Abkommen über vorläufige Regelungen in Afghanistan bis zur Wiedereinsetzung dauerhafter Regierungsinstitutionen, von dem er in dem Schreiben des Generalsekretärs vom 5. Dezember 2001 in Kenntnis gesetzt wurde, zu eigen;

2. fordert alle afghanischen Gruppen auf, das Abkommen vollinhaltlich durchzuführen, indem sie insbesondere mit der Interimsbehörde, die am 22. Dezember 2001 ihre Tätigkeit aufnehmen soll, voll zusammenarbeiten;

3. bekräftigt seine volle Unterstützung des Sonderbeauftragten des Generalsekretärs und unterstützt die ihm in Anlage 2 des Abkommens übertragenen Aufgaben;

4. erklärt seine Bereitschaft, auf der Grundlage eines Berichts des Generalsekretärs weitere Maßnahmen zu ergreifen, um die mit dem Abkommen geschaffenen Übergangsinstitutionen zu unterstützen und zu gegebener Zeit die Durchführung des Abkommens und seiner Anlagen zu unterstützen;

5. fordert alle afghanischen Gruppen auf, den vollen und ungehinderten Zugang der humanitären Hilfsorganisationen zu den Not leidenden Menschen zu unterstützen und die Sicherheit der humanitären Helfer zu gewährleisten;

- I. Chronik -
Nr. 71/10.XII.2001: EU-Außenministertreffen in Brüssel

6. fordert alle bilateralen und multilateralen Geber auf, in Abstimmung mit dem Sonderbeauftragten des Generalsekretärs, den Organen der Vereinten Nationen und allen afghanischen Gruppen die von ihnen gemachten Zusagen für Hilfe bei der Normalisierung, Wiederherstellung und dem Wiederaufbau Afghanistans, im Benehmen mit der Übergangsbehörde und solange die afghanischen Gruppen ihre Verpflichtungen erfüllen, zu bekräftigen, auszuweiten und zu erfüllen;

7. beschließt, mit der Angelegenheit aktiv befasst zu bleiben."

(Deutscher Übersetzungsdienst, Vereinte Nationen)

10. XII. 2001

71. EU-Außenminister zu Afghanistan und zum Nahen Osten

Am 10. Dezember 2001 kamen in Brüssel die Außenminister der EU als Rat für Allgemeine Angelegenheiten zusammen. Unter anderem wurde die Rolle der EU beim Aufbau Afghanistans behandelt und eine Stellungnahme zur weiter verschlechternden Lage im Nahen Osten gemacht, die noch einmal die grundsätzlichen Anliegen der Union deutlich machte.

1. Afghanistan - Schlussfolgerungen des Rates vom 10. 12. 2001

„Der Rat begrüßt die Vereinbarung, in der die vorläufigen Regelungen für Afghanistan bis zur Wiedererrichtung ständiger staatlicher Institutionen festgelegt werden und die am 5. Dezember 2001 in Bonn unterzeichnet worden ist. Er unterstützt diese Regelungen uneingeschränkt. Er nimmt mit Genugtuung zur Kenntnis, dass sich der Sicherheitsrat der Vereinten Nationen dieser Vereinbarung mit seiner Resolution 1383 vom 6. Dezember 2001 angeschlossen hat.

Der Rat fordert alle afghanischen Gruppen auf, diese Vereinbarung vollständig umzusetzen. Er stellt fest, dass die vorläufigen Regelungen einen ersten Schritt hin zur Bildung einer auf einer breiten Grundlage stehenden multiethnischen Regierung darstellen müssen, die das gesamte Volk vertritt und sich für die Gleichstellung der Geschlechter und die Verbesserung der Lage der Frauen einsetzt. Er bekräftigt seine entschlossene Unterstützung für die Organisation der Vereinten Nationen und insbesondere für die Mission des Sonderbeauftragten des VN-Generalsekretärs in Afghanistan.

Der Rat hat Botschafter Klaus-Peter KLAIBER zum Sonderbeauftragten der Europäischen Union in Afghanistan ernannt, der die Aufgabe hat, zur Umsetzung der Politik der Union in diesem Land beizutragen. Er ist dem Generalsekretär/Hohen Vertreter unterstellt und wird in dem mit der Resolution 1378 des Sicherheitsrates gesteckten Rahmen in enger Verbindung mit dem Sonderbeauftragten des VN-Generalsekretärs wirken, dessen Tätigkeit er unterstützen wird.

Der Rat ist sich bewusst, wie wichtig und dringlich ein angemessenes sicheres Umfeld in Kabul und Umgebung - wie in der Vereinbarung vom 5. Dezember 2001 in jeglicher Hinsicht dargelegt - ist, insbesondere wenn man die etwaige Einsetzung einer internationalen Friedenssicherungstruppe geht. Die Mitgliedstaaten der Union sind bereit, ihren etwaigen Beitrag im Rahmen der Resolutionen des Sicherheitsrates der Vereinten Nationen zu prüfen.

Der Rat fordert außerdem die Nachbarländer auf, zu der neuen vorläufigen Verwaltung, die am 22. Dezember eingesetzt wird, Beziehungen zu entwickeln, die sich auf Zusammenarbeit und Vertrauen stützen, und somit zu den Bemühungen um die Stabilisierung Afghanistans beizutragen.

Der Rat bekräftigt die Zusage der Gemeinschaft und ihrer Mitgliedstaaten, bei den internationalen Bemühungen unter der Schirmherrschaft der Vereinten Nationen eine bedeutende Rolle zu übernehmen, um zum Wiederaufbau der Gesellschaft und der Wirtschaft in Afghanistan beizutragen. Die Einhaltung der politischen Zusagen durch die afghanischen Gruppen wird hierbei von entscheidender Bedeutung sein. Der Rat ist der Auffassung, dass die Bemühungen der internationalen Gemeinschaft ein kohärentes und koordiniertes Konzept für die humanitäre Hilfe, die unmittelbaren Bedürfnisse und den Wiederaufbau erfordern. Er weist nachdrück-

- I. Chronik -
Nr. 71/10.XII.2001: EU-Außenministertreffen in Brüssel

lich darauf hin, dass für die afghanische Bevölkerung rasch spürbare Fortschritte erzielt werden müssen, damit die in Bonn geschlossenen politischen Vereinbarungen konsolidiert werden können.

Die humanitäre Hilfe stellt eine absolute Priorität für die Union dar. Der Rat weist darauf hin, dass die Europäische Union seit dem 11. September 2001 bereits einen Betrag von 352 Mio. Euro für die humanitäre Hilfe und die Soforthilfe bereit gestellt bzw. zugesagt hat. In diesem Zusammenhang ist der Rat weiterhin besorgt über die wiederholten Angriffe auf Vertreter der humanitären Nichtregierungsorganisationen in Afghanistan. Er unterstreicht, wie wichtig es ist, die Beförderung der humanitären Hilfe mit allen zu Gebote stehenden Mitteln zu erleichtern. Der Rat weist auch auf die Bedeutung der Unterstützungsgruppe für Afghanistan hin. Diese Gruppe spielt eine wesentliche Rolle, wenn es darum geht, die humanitäre Hilfe, die unmittelbaren Bedürfnisse und den Wiederaufbau Afghanistans miteinander in Einklang zu bringen.

Auf Initiative des Vorsitzes wird die Europäische Union am 21. Dezember in Brüssel in der nächsten Sitzung der Lenkungsgruppe über den Wiederaufbau Afghanistans den Ko-Vorsitz führen. In dieser Sitzung sollte darauf hingearbeitet werden, dass konkrete und dauerhafte Koordinierungsvereinbarungen in Bezug auf die Bewertung des Bedarfs sowie die Ermittlung, Durchführung und Kontrolle der Unterstützung getroffen und die Mechanismen zur Kanalisierung der Finanzhilfe verfeinert werden.

Der Rat begrüßt die Arbeiten zur Formulierung einer Strategie der Europäischen Gemeinschaft und ihrer Mitgliedstaaten für den Wiederaufbau Afghanistans. Er nimmt insbesondere Kenntnis von der Unterstützung, die mittels des Krisenreaktionsmechanismus der Europäischen Union geleistet wurde, und unterstützt die Absicht der Kommission, rasch ein voll einsatzfähiges Team der Europäischen Gemeinschaft in Kabul zusammenzustellen. Der Rat begrüßt ferner die Absicht von ECHO, sein Büro von Kabul wieder zu eröffnen. In Anbetracht der Angriffe, denen einige Journalisten zum Opfer gefallen sind, weist der Rat darauf hin, dass die Sicherheit der Medienvertreter dringend verbessert werden muss."

2. Erklärung des Rates zum Nahen Osten vom 10. 12. 2001

„In einer Zeit, in der die Lage im Nahen Osten äußerst ernst ist, dürfen wir nicht resignieren. Wir sind überzeugt, dass nur ein entschlossenes und abgestimmtes Vorgehen der Europäischen Union, der Vereinten Nationen, der Vereinigten Staaten und der Russischen Föderation den Parteien helfen kann, die Spirale der Gewalt zu durchbrechen und sich wieder für die Suche nach Frieden einzusetzen. Dazu ist Folgendes erforderlich:

- die Bekräftigung und uneingeschränkte Anerkennung des unwiderruflichen Rechts Israels, innerhalb der international anerkannten Grenzen in Frieden und Sicherheit zu leben;

- die Schaffung eines lebensfähigen und demokratischen palästinensischen Staates sowie die Beendigung der Besetzung der palästinensischen Gebiete.

Als Sofortmaßnahme sind folgende Verpflichtungen einzugehen:

- seitens der palästinensischen Behörde: Zerschlagung der terroristischen Netze der Hamas und des Islamischen Dschihad, einschließlich der Verhaftung und strafrechtlichen Verfolgung aller Verdächtigen, und öffentlicher Appell in arabischer Sprache zur Ausrufung des Endes der bewaffneten Intifada;

- seitens der israelischen Regierung: Rückzug ihrer Streitkräfte und Einstellung der außergerichtlichen Hinrichtungen, Aufhebung der Absperrungen und aller dem palästinensischem Volk auferlegten Einschränkungen und Einstellung der Siedlungstätigkeiten.

Auf der Grundlage dieses Standpunkts der EU und der Beratungen die wir heute in Brüssel mit Herrn Shimon PERES und Herrn Nabil SCHAATH geführt haben, haben wir den Generalsekretär und Hohen Vertreter für die GASP, Herrn Javier SOLANA, gebeten, eine Reise in die Region zu unternehmen und dem Europäischen Rat in Laeken Bericht zu erstatten. Das Ziel besteht darin, in Abstimmung mit den Vereinten Nationen, den Vereinigten Staaten und Russland zu einer unverzüglichen Wiederaufnahme der Verhandlungen ohne Vorbedingungen beizutragen."

(Website der EU)

11. – 21. XII. 2001

72. Zweite Überprüfungskonferenz zum VN-Waffenübereinkommen

Vom 11. bis zum 21. Dezember 2001 fand in Genf die Zweite Überprüfungskonferenz der Vertragstaaten des VN-Übereinkommens über das Verbot oder die Beschränkung des Einsatzes bestimmter konventioneller Waffen, die übermäßige Leiden verursachen oder unterschiedslos wirken können (VN-Waffenübereinkommen) statt. Abgesehen von einer Würdigung der bisher erreichten Ergebnisse kamen die Teilnehmerstaaten darin überein, Veränderungen an Artikel I des Übereinkommens vorzunehmen sowie offene Konsultationen unter Regierungsexperten darüber anzufangen, inwieweit explosive Restbestände von Kriegen im Rahmen des Übereinkommens zu berücksichtigen sind. Des Weiteren wurde der Absicht Ausdruck gegeben, sich auch mit Minen zu beschäftigen, die nicht als Antipersonenminen gelten. Von der umfangreichen Dokumentation der Konferenz wird im Folgenden die Abschlussdeklaration nachgedruckt.

Final declaration of the Second Review Conference of the Convention on Prohibition or Restrictions on the use of Certain Conventional Weapons which May be Deemed to be Excessively Injurious or to have Indiscriminate Effects, Geneva 21. 12. 2001

"The high contracting parties to the Convention on Prohibition or Restrictions on the use of Certain Conventional Weapons which May be Deemed to be Excessively Injurious or to have Indiscriminate Effects, which met in Geneva from 11 to 21 December 2001, to review the scope and operation of the convention and the protocols annexed thereto and to consider any proposal for amendments of the convention or of the existing protocols, as well as proposals for additional protocols relating to other categories of conventional weapons not covered by the existing annexed protocols,

Reaffirming their conviction that the Convention on Prohibitions or Restrictions on the Use of Certain Conventional Weapons Which May Be Deemed to Be Excessively Injurious or to Have Indiscriminate Effects can significantly reduce the suffering of civilians and combatants,

Reaffirming their determination to call upon all States that have not done so to become parties to the Convention and its annexed Protocols as soon as possible, so that the instrument attains universal adherence,

Reaffirming the need to reinforce international cooperation in the area of prohibitions or restrictions on the use of certain conventional weapons which may be deemed to be excessively injurious or to have indiscriminate effects,

Recognising that many armed conflicts are non-international in character, and that such conflicts should also be within the scope of the Convention,

Gravely concerned that the indiscriminate effects or the irresponsible use of certain conventional weapons often fall on civilians, including in non-international armed conflicts,

Recognising the need to protect civilians from the effect of weapons, the use of which is restricted or prohibited by this Convention and its annexed Protocols, which take into account all circumstances ruling at the time, including humanitarian and military considerations,

Reaffirming their unequivocal condemnation of all acts, methods and practices of terrorism as criminal and unjustifiable, regardless of their motivation, in all their forms and manifestations, wherever and by whomever committed,

- I. Chronik -
Nr. 72/11.-21.XII.2001: VN-Waffenübereinkommen

Deeply concerned at the humanitarian and development problems caused by the presence of explosive remnants of war, which constitute an obstacle to the return of refugees and other displaced persons, to humanitarian aid operations, to reconstruction and economic development, as well as to the restoration of normal social conditions,

Welcoming the entry into force of Amended Protocol on Prohibitions or Restrictions on the Use of Mines, Booby-Traps and Other Devices (Amended Protocol II) on 3 December 1998,

Noting that the Convention on the Prohibition of the Use, Stockpiling, Production and Transfer of Anti-Personnel Mines and on Their Destruction entered into force on 1 March 1999,

Reaffirming also the need to reinforce international cooperation in the area of mine action and to devote greater resources towards that end,

Recognising the need to further explore the issue of mines other than anti-personnel mines, including through reinforced international cooperation in the area of mine action, and the allocation of necessary resources to that end,

Welcoming the entry into force of the Protocol on Blinding Laser Weapons (protocol IV) on 30 July 1998,

Recognising the crucial role of the International Committee of the Red Cross and encouraging it to continue to work to facilitate further ratifications and accessions to the Convention and its annexed Protocols, to disseminate their contents and to lend its expertise to future Conferences and other meetings related to the Convention and its annexed Protocols,

Acknowledging the invaluable humanitarian efforts of non-governmental organisations in armed conflicts and welcoming the expertise they have brought to the Review Conference itself,

Noting the report of the International Committee of the Red Cross on 'Ensuring respect for the 1868 St. Petersburg Declaration prohibiting the use of certain explosive projectiles' (dated 18 September 2001). Inviting States to consider this report and other relevant information, and take any appropriate action,

Solemnly Declare

- Their commitment to respect and comply with the objectives and provisions of the Convention and its annexed Protocols as an authoritative international instrument governing the use of certain conventional weapons which may be deemed to be excessively injurious or to have indiscriminate effects,

- Their determination to promote universal adherence to the Convention and its annexed Protocols, and to call upon all States that have not yet done so to take all measures to become parties, as soon as possible, to the Convention and to its annexed Protocols. In this regard, the Conference encourages States to cooperate to promote universal adherence,

- Their reaffirmation of the principles of international. humanitarian law, as mentioned in the Convention, that 'the right of the parties to an armed conflict to choose methods or means of warfare is not unlimited, and on the principle that prohibits the employment in armed conflicts of weapons, projectiles and material and methods of warfare of a nature to cause superfluous injury or unnecessary suffering' and that 'the civilian population and the combatants shall at all times remain under the protection and authority of the principles of international law derived from established custom, from the principles of humanity and from the dictates of public conscience',

- Their determination to extend the application of the Convention and its annexed Protocols to armed conflicts of a non-international character and, to that. end, their satisfaction with the amendment of Article I of the Convention,

- The importance they attach to the earliest possible entry into force of the amendment of Article I of the Convention, and their desire that all States, pending its entry into force, respect and ensure respect for the revised scope of application of the Convention to the fullest extent possible,

- Their commitment to the full implementation of, and compliance with, the Convention and its annexed Protocols, and to keep the provisions of the Convention and its annexed Protocols under review in order to ensure their provisions remain relevant to modern conflicts,

- Their determination to consult. and cooperate with each other in order to facilitate the full implementation of the obligation contained in the Convention and its annexed Protocols, thereby promoting compliance,

- Their commitment to reinforce cooperation and assistance, including the transfer of technology as appropriate, with a view to facilitating the implementation of the Convention and its annexed Protocols,

- Their determination to address as a matter of urgency the deleterious humanitarian effects of explosive remnants of war, through a thorough examination of these effects and possible measures to prevent and remedy them,

- Their commitment to further explore the issue of mines other than anti-personnel mines (referred to as anti-vehicle mines),

- Their satisfaction at the entry into force of Amended Protocol on Prohibitions or Restrictions on the Use of Mines, Booby-Traps and Other Devices (Amended Protocol II), and at the progress made by the three Annual Conferences of States Parties to Amended Protocol II, and their determination to encourage all States to become parties to Amended Protocol II as soon as possible,

- Their conviction that all States should strive towards the goal of the eventual elimination of anti-personnel mines globally and in this regard noting that a significant number of States Parties have formally committed themselves to a prohibition of the use, stockpiling, production and transfer of anti-personnel mines and on their destruction,

- Their continuing commitment to assist, to the extent feasible, impartial humanitarian demining missions, operating with the consent of the host State and/or the relevant States Parties to the conflict, in particular by providing all necessary information in their possession covering the location of all known minefields, mined areas, mines, booby- traps and other devices in the area in which the mission is performing its functions,

- Their satisfaction at the entry into force of the Protocol on Blinding Laser Weapons (Protocol IV), and their determination to encourage all States to become parties to the Protocol as soon as possible,

- Their reaffirmation of the recognition by the First Review Conference of the need for the total prohibition of blinding laser weapons, the use and transfer of which are prohibited in Protocol IV,

- Their recognition of the importance of keeping the blinding effects related to the use of laser systems under consideration, taking into account scientific and technological developments,

- Their determination to urge States which do not already do so, to conduct reviews such as that provided for in Article 36 of Protocol I additional to the 1949 Geneva Conventions, to determine whether any new weapon, means or methods of warfare would be prohibited by international humanitarian law or other rules of international law applicable to them,

- Their commitment to follow up the review process and, for that purpose, establish a regular review mechanism for the Convention and its amended Protocols, as well as more frequent meetings of States Parties,

recognise that the important principles and provisions contained in this Final Declaration can also serve as a basis for further strengthening the Convention and its annexed Protocols and express their determination to implement them, and

- decide to amend Article I of the Convention to read as follows:

'1. This Convention and its annexed Protocols shall apply in the situations referred to in Article 2 common to the Geneva Conventions of .12 August 1949 for the Protection of

War Victims, including any situation described in paragraph 4 of Article I of Additional Protocol I to these Conventions.

2. This Convention and its annexed Protocols shall also apply, in addition to situations referred to in paragraph 1 of this Article, to situations referred to in Article 3 common to the Geneva Conventions of 12 August 1949. This Convention and its annexed Protocols shall not apply to situations of internal disturbances and tensions, such as riots, isolated and sporadic acts of violence, and other acts of a similar nature, as not being armed conflicts.

3. In case of armed conflicts not of an international character occurring in the territory of one of the High Contracting Parties, each party to the conflict shall be bound to apply the prohibitions and restrictions of this Convention and its annexed Protocols.

4. Nothing in this Convention or its annexed Protocols shall be invoked for the purpose of affecting the sovereignty of a State or the responsibility of the Government, by all legitimate means, to maintain or re-establish law and order in the State or to defend the national unity and territorial integrity of the State.

5. Nothing in this Convention or its annexed Protocols shall be invoked as a justification for intervening, directly or indirectly, for any reason whatever, in the armed conflict or in the internal or external affairs of the High Contracting Party in the territory of which that conflict occurs.

6. The application of the provisions of this Convention and its annexed Protocols to parties to a conflict which are not High Contracting Parties that have accepted this Convention or its annexed Protocol, shall not change their legal status or the legal status of a disputed territory, either explicitly or implicitly.

7. The provisions of Paragraphs 2-6 of this Article shall not prejudice additional Protocols adopted after 1 January 2002, which may apply, exclude or modify the scope of their application in relation to this Article.'

- decide to commission follow-up work on decisions arising from the Second Review Conference o the Convention, under the oversight of the Chairman-designate of a meeting of the States Parties to the Convention to be held on 12-13 December 2002 in Geneva, in conjunction with the Fourth Annual Conference of States Parties to Amended Protocol II, which may begin on 11 December 2002.

- decide to establish an open-ended Group of Governmental Experts with separate Coordinators to:

(a) discuss ways and means to address the issue of Explosive Remnants of War (ERW). In this context the Group shall consider all factors, appropriate measures and proposals, in particular:

1. factors and types of munitions that could cause humanitarian problems after a contlict;

2. technical improvements and other measures for relevant types of munitions, including sub-munitions, which could reduce the risk of such munitions becoming ERW;

3. the adequacy of existing International Humanitarian Law in minimising post-conflict risks of ERW, both to civilians and to the military;

4. warning to the civilian population. in or close to, ERW-affected areas, clearance of ERW, the rapid provision of information to facilitate early and safe clearance of ERW, and associated issues and responsibilities;

5. assistance and co-operation.

The Coordinator shall undertake work in an efficient manner so as to submit recommendations, adopted by consensus, at an early date for consideration by the States Parties, including whether to proceed with negotiating a legally-binding instrument. or instruments on ERW and/or other approaches.

(b) further explore the issue of mines other than anti-personnel mines. The Coordinator shall submit a report, adopted by consensus, to the States Parties.

-.decide that the Chairman-designate shall undertake consultations during the intersessional period on possible options to promote compliance with the Convention and its annexed Protocols, taking into account proposals put forward, and shall submit a report, adopted by consensus, to the States Parties.

-.decide to invite interested States Parties to convene experts to consider possible issues related to small calibre weapons and ammunition, such as:

- military requirements

- scientific and technical factors/methodology

- medical factors

- legal/treaty obligations/standards

- financial implications

and in this respect, report on their work to the States Parties to the Convention. These meetings shall have no implications for the CCW budget.

The intersessional work will be undertaken in three sessions during 2002:

- 20 - 24 May 2002

- 8 - 19 July 2002 or 22 July - 2 August 2002

- 2 - 10 December 2002

The Chairman-designate shall consult States Parties on financial arrangements and the programme of work. The intersessional work will be conducted in accordance with the Rules of Procedure adopted by the Second Review Conference of the States Parties to the Convention.

Review of the Preamble

Preambular paragraph 3

The Conference recalls the obligation to determine in the study, development, acquisition or adoption of a new weapon, means and method of warfare, whether its employment would, in some or all circumstances, be prohibited under any rule of international law applicable to the High Contracting Parties.

Preambular paragraph 8

The Conference reaffirms the need to continue the codification and progressive development of the rules of international law applicable to certain conventional weapons which may be excessively injurious or have indiscriminate effects.

Preambular paragraph 10

The Conference underlines the need to achieve wider adherence to the Convention and its annexed Protocols. The Conference welcomes recent ratifications and accessions to the Convention and its annexed Protocols and urges the High Contracting Parties to accord high priority to their diplomatic efforts to encourage further adherence with a view to achieving universal adherence as soon as possible.

Review of the Articles

Article1 (Scope of application)

The Conference recognises the necessity and the importance of extending the application of the principles and rules of this Convention to conflicts of a non-international nature.

The Conference also recognises the right of a State Party to take legitimate measures to maintain or re-establish law and order in accordance with paragraph 4 of amended Article 1 of the Convention.

The Conference acknowledges and confirms that the High Contracting Parties agreed to broaden the scope of the Convention by amendment to Article 1. The Conference encourages all States Parties to deposit as soon as possible their instrument of ratification, acceptance, approval or accession of the amendment to Article1 with the Depositary of the Convention.

Article 2 (Relations with other international agreements)

The Conference reaffirms that nothing in the Convention or its annexed Protocol shall be interpreted as detracting from other obligations imposed upon the High Contracting Parties by international humanitarian law.

Article 3 (Signature)

The Conference notes the provisions of Article 3.

Article 4 (Ratification, acceptance, approval or accession)

The Conference notes that 88 States have ratified, accepted, acceded or succeeded to the Convention.

The Conference calls upon States which are not parties to this Convention to ratify, accept, approve or accede, as appropriate, to the Convention, thus contributing to the achievement of universal adherence to the Convention.

The Conference. in this context, invites the High Contracting Parties to encourage further accessions to the Convention and its annexed Protocols.

Article 5 (Entry into Force)

This Conference notes the provisions of Article 5.

Article 6 (Dissemination)

The Conference encourages international cooperation in the field of dissemination of the Convention and its annexed Protocols and recognises the importance of multilateral collaboration relating to instruction, the exchange of experience at all levels, the exchange of instructors and the organisation of joint seminars. The Conference underlines the importance of the High Contracting Parties' obligation to disseminate this Convention and its annexed Protocols, and, in particular to include the content in their programmes of military instruction at a1llevels.

The Conference requests the United Nations Secretary General to make all documents relating to the Convention available on the United Nations website.

Article 7 (Treaty relations upon entry into force of this Convention)

The Conference notes the provisions of Article 7.

Article 8 (Review and amendments)

The Conference agrees that future Review Conferences should continue to be held on a regular basis.

The Conference decides, consistent with Article 8.3 (c) to convene a further Conference five years following the entry into force of the amendments adopted at the Second Review Conference, but in any case not later than 2006, with preparatory meetings starting as early as 2005, if necessary.

The Conference welcomes the adoption of the text of an amended Article 1 of the Convention in accordance with subparagraph 3 (a) of this Article.

The Conference proposes that the next Review Conference consider further measures in relation to other conventional weapons, which may be deemed to cause unnecessary suffering or to have indiscriminate effects.

The Conference decides to convene a meeting of High Contracting Parties on 12-13 December 2002 in Geneva.

Article 9 (Denunciation)

The Conference notes with satisfaction that the provisions of this Article have not been invoked.

Article 10 (Depositary)

The Conference notes the provisions of Article 10.

Article 11 (Authentic texts)

The Conference notes the provisions of Article 11.

Review of the Protocols

Protocol on Non-Detectable Fragments (Protocol I)
The conference takes note of the provisions of this Protocol."

(UN Disarmament Website)

13. XII. 2001

73. Bundestag beschließt Fortsetzung des Mazedonieneinsatzes der Bundeswehr

Am 13. Dezember 2001 verlängerte der Deutsche Bundestag mit 573 Ja-Stimmen gegen 35 Nein-Stimmen und bei 6 Enthaltungen das Mandat, unter dem sich die Bundeswehr an der Operation Amber Fox in Mazedonien beteiligt. Im folgenden ist der Text des Beschlusses wiedergegeben.

Beschluss des Deutschen Bundestages vom 13. 12. 2001 über die Fortsetzung der Beteiligung bewaffneter deutscher Streitkräfte an dem NATO-geführten Einsatz auf mazedonischem Territorium zum Schutz von Beobachtern internationaler Organisationen im Rahmen der weiteren Implementierung des politischen Rahmenabkommens vom 13. 8. 2001 auf der Grundlage des Ersuchens des mazedonischen Präsidenten Trajkowski vom 3. 12. 2001 und der Resolution Nr. 1371 (2001) des Sicherheitsrates der Vereinten Nationen vom 26. 9. 2001
(573:35:6)

„Der Deutsche Bundestag stimmt der von der Bundesregierung am 10. Dezember 2001 beschlossenen Fortsetzung der deutschen Beteiligung an dem NATO-geführten Einsatz auf mazedonischem Territorium zum Schutz von Beobachtern internationaler Organisationen über den 26. Dezember 2001 hinaus zu. Die Fortsetzung dieses Einsatzes deutscher Kräfte ist bis zum 26. März 2002 befristet. Sie erfolgt im Rahmen der weiteren Implementierung des politischen Rahmenabkommens vom 13. August 2001 und auf der Grundlage der Resolution 1371 (2001) des Sicherheitsrates der Vereinten Nationen, des Ersuchens des mazedonischen Präsidenten Boris TRAJKOWSKI vom 3. Dezember 2001 sowie der Entscheidung des NATO-Rats vom 6. Dezember 2001 zur Verlängerung der Operation AMBERFOX auf der Grundlage des unveränderten Operationsplans 10417. Die Verlängerung der Operation beginnt am 27. Dezember 2001. Im Übrigen gelten die Regelungen des Beschlusses der Bundesregierung vom 27. September 2001, dem der Deutsche Bundestag am selben Tage zugestimmt hat (Bundestagsdrucksache 14/6970 vom 27. September 2001), für die Verlängerung des Einsatzes fort.

- I. Chronik -
Nr. 74/13.XII.2001: USA treten vom ABM-Vertrag zurück

Die einsatzbedingten Zusatzausgaben für die Verlängerung des Einsatzes werden für den Zeitraum von drei Monaten im Haushaltsjahr 2002 rund 12,63 Mio. Euro betragen. Daneben werden in 2002 Ausgaben von rund 8,44 Mio. Euro aus dem laufenden Einsatz zu leisten sein. Diese Ausgaben, die zurzeit auf insgesamt rund 21,07 Mio. Euro geschätzt werden, sind aus dem Einzelplan 14 bzw. aus den Mitteln des Einzelplans 60 zu finanzieren, die für den Einzelplan 14 vorgesehen sind...."

(Deutscher Bundestag Drucksache 14/7770)

13. XII. 2001

74. USA treten vom ABM-Vertrag zurück

Am 13. Dezember 2001 gab der amerikanische Präsident George W. BUSH in Washington die nachfolgende Erklärung ab, in der er bekannt gab, dass die Vereinigten Staaten vom ABM-Vertrag von 1972 zurücktreten werden. Gleichzeitig wurden Russland, die Ukraine, Kasachstan und Belarus in gleichlautenden Noten über die Motive und Absichten der USA unterrichtet. Die Reaktion Russlands war durch Bedauern gekennzeichnet, Präsident Wladimir PUTIN ließ eine Erklärung verbreiten, in der er betonte, dass für ihn der ABM-Vertrag einen wichtigen Baustein der internationalen Rechtsordnung darstelle.

1. Erklärung von US-Präsident Bush zum Rücktritt der USA vom ABM-Vertrag

„Guten Morgen. Ich habe gerade eine Besprechung mit meinem Nationalen Sicherheitsrat beendet. Wir haben diskutiert, was ich mit meinem Freund, Präsident Wladimir PUTIN, bei zahlreichen Treffen über viele Monate hinweg erörtert haben. Und das ist die Notwendigkeit für die Vereinigten Staaten, über den ABM-Vertrag von 1972 hinauszugehen.

Heute habe ich Russland im Einklang mit dem Vertrag offiziell davon unterrichtet, dass die Vereinigten Staaten von Amerika von diesem beinahe 30 Jahre alten Vertrag zurücktreten. Ich bin zu der Schlussfolgerung gelangt, dass der ABM-Vertrag die Fähigkeit unserer Regierung behindert, Wege zum Schutz unseres Volkes vor künftigen Angriffen durch Terroristen oder Schurkenstaaten zu entwickeln.

Der ABM-Vertrag von 1972 wurde von den Vereinigten Staaten und der Sowjetunion zu einer völlig anderen Zeit in einer völlig anderen Welt unterzeichnet. Einer der Unterzeichnerstaaten - die Sowjetunion - existiert nicht mehr. Und genauso wenig existiert die Feindseligkeit noch, die unsere beiden Länder damals veranlasste, tausende von Nuklearwaffen im 'hair trigger alert'-Bereitschaftsstatus aufeinander zu richten. Die grauenhafte Theorie war, dass keine Seite einen Nuklearangriff durchführen würde, weil sie wusste, die andere Seite würde reagieren und auf diese Weise beide Länder zerstören.

Wie die Ereignisse vom 11. September nur allzu deutlich gemacht haben, kommt heute die größte Bedrohung für unsere beiden Länder nicht vom jeweils anderen Land oder von anderen Großmächten, sondern von Terroristen, die ohne Warnung zuschlagen oder Schurkenstaaten, die den Besitz von Massenvernichtungswaffen anstreben.

Wir wissen, dass die Terroristen und einige ihrer Gefolgsleute die Fähigkeit anstreben, mit Raketen Tod und Zerstörung an unsere Türschwelle zu bringen. Und wir müssen die Freiheit und Flexibilität zur Entwicklung einer effektiven Verteidigung gegen diese Angriffe haben. Die Verteidigung des amerikanischen Volks ist meine oberste Priorität als Oberbefehlshaber, und ich kann und werde nicht zulassen, dass die Vereinigten Staaten Partner eines Vertrags bleiben, der uns von der Entwicklung effektiver Abwehrsysteme abhält.

Gleichzeitig haben die Vereinigten Staaten und Russland neue, vielversprechendere und konstruktivere Beziehungen entwickelt. Wir arbeiten darauf hin, die gegenseitig zugesicherte Zerstörung durch gegenseitige Zusammenarbeit zu ersetzen. Beginnend in Ljubljana und danach bei Treffen in Genua, Shanghai, Washington und Crawford haben Präsident PUTIN

- I. Chronik -
Nr. 74/13.XII.2001: USA treten vom ABM-Vertrag zurück

und ich gemeinsames Terrain für neue strategische Beziehungen erarbeitet. Russland befindet sich im Übergang zu freien Märkten und Demokratie. Wir haben uns zu starken Wirtschaftsbeziehungen zwischen Russland und den Vereinigten Staaten sowie neuen Kontakten zwischen Russland und unseren NATO-Partnern verpflichtet. Die NATO hat ihren Wunsch deutlich zum Ausdruck gebracht, Möglichkeiten für gemeinsame Aktionen nach der Erweiterung auf 20 Mitgliedstaaten auszumachen und zu sondieren.

Ich sehe einem Besuch in Moskau zur Fortsetzung unserer Gespräche erwartungsvoll entgegen, während wir einen offiziellen Weg zur Formulierung neuer strategischer Beziehungen suchen, die unsere jeweiligen Regierungen lange überdauern und eine Grundlage für Frieden in den kommenden Jahren bieten werden.

Wir arbeiten bereits eng zusammen, jetzt da die Welt sich im Kampf gegen den Terrorismus zusammenschließt. Ich weiß Präsident PUTINS wichtigen Rat und seine Zusammenarbeit bei unserem Kampf zur Zerschlagung des Al-Qaida-Netzwerks in Afghanistan außerordentlich zu schätzen. Ich weiß seine Verpflichtung zum Abbau der offensiven Nuklearwaffen Russlands zu schätzen. Ich wiederhole unsere Zusage, unser eigenes Nukleararsenal um zwischen 1.700 und 2.200 dislozierte strategische Nuklearwaffen zu reduzieren. Präsident PUTIN und ich haben außerdem vereinbart, dass meine Entscheidung, vom Vertrag zurückzutreten, in keiner Weise unsere neuen Beziehungen oder die russische Sicherheit unterminieren wird.

Wie Präsident PUTIN in Crawford erklärte, befinden wir uns auf dem Weg zu völlig anderen Beziehungen. Der Kalte Krieg ist seit langem vorüber. Heute lassen wir eines seiner letzten Relikte hinter uns.

Aber es ist nicht der Tag, um zurückzublicken. Es ist der Tag, um mit Hoffnung und in der Erwartung größeren Wohlstands und Friedens für die Russen, die Amerikaner und die ganze Welt nach vorne zu blicken."

2. Text of Diplomatic Notes to Russia, Belarus, Kazakhstan, and Ukraine, 13. 12. 2001

„The Embassy of the United States of America has the honor to refer to the Treaty between the United States of America and the Union of Soviet Socialist Republics (USSR) on the Limitation of Anti-Ballistic Missile Systems signed at Moscow May 26, 1972.

Article XV, paragraph 2, gives each Party the right to withdraw from the Treaty if it decides that extraordinary events related to the subject matter of the treaty have jeopardized its supreme interests.

The United States recognizes that the Treaty was entered into with the USSR, which ceased to exist in 1991. Since then, we have entered into a new strategic relationship with Russia that is cooperative rather than adversarial, and are building strong relationships with most states of the former USSR.

Since the Treaty entered into force in 1972, a number of state and non-state entities have acquired or are actively seeking to acquire weapons of mass destruction. It is clear, and has recently been demonstrated, that some of these entities are prepared to employ these weapons against the United States. Moreover, a number of states are developing ballistic missiles, including long-range ballistic missiles, as a means of delivering weapons of mass destruction. These events pose a direct threat to the territory and security of the United States and jeopardize its supreme interests. As a result, the United States has concluded that it must develop, test, and deploy anti-ballistic missile systems for the defense of its national territory, of its forces outside the United States, and of its friends and allies.

Pursuant to Article XV, paragraph 2, the United States has decided that extraordinary events related to the subject matter of the Treaty have jeopardized its supreme interests. Therefore, in the exercise of the right to withdraw from the Treaty provided in Article XV, paragraph 2, the United States hereby gives notice of its withdrawal from the Treaty. In accordance with the terms of the Treaty, withdrawal will be effective six months from the date of this notice."

3. Statement by the President of the Russian Federation of 13. 12. 2001

„The Administration of the United States of America declared today that it would withdraw from the 1972 Anti-Ballistic Missile Treaty in six months. The Treaty indeed grants each of the parties the right to withdraw from it if there are exceptional circumstances. The United States leaders have repeatedly spoken about this, and such a step was not unexpected on our part. Nevertheless, we consider that this decision is mistaken.

As is well known, the Russian Federation, like the United States of America, as distinct from the other nuclear Powers, has for a long time possessed an effective system for overcoming anti-missile defence. Therefore, I can state with complete confidence that the decision taken by the United States President does not create a threat to the national security of the Russian Federation. At the same time, our country did not accept joint withdrawal from the Anti-Ballistic Missile Treaty, which the United States persistently proposed, and did everything that it could in order to maintain the Treaty. Today, I continue to believe that such a position is correct and well-founded. In this regard, the Russian Federation was guided first and foremost by a concern to maintain and strengthen the international legal basis in the field of disarmament and the non-proliferation of weapons of mass destruction.

The Anti-Ballistic Missile Treaty is indeed one of the pillars of the legal system in this field. This system was created through joint efforts over the course of recent decades. In our view, the development of the situation in the contemporary world urgently dictates a certain logic of action. Today, when the world is being confronted with new threats, a legal vacuum in the field of strategic stability must not be permitted, and the non-proliferation regimes for weapons of mass destruction must not be undermined.

I consider that the current level of the bilateral relations between the Russian Federation and the United States of America must not only be maintained, but must also be used for the speedy development of a new framework for strategic relations. Together with the problem of anti-missile defence, the laying down in legal terms of the agreements reached on further radical, irreversible and verifiable reductions of strategic offensive weapons, in our opinion, down to the level of 1,500 to 2,200 nuclear warheads for each party is becoming particularly important under these circumstances. In conclusion, I should like to point out the Russian Federation will continue to firmly adhere in world affairs to its principled policy aimed at strengthening strategic stability and international security."

(Amerika Dienst und CD/1658)

14. - 15. XII. 2001

75. EU-Gipfel in Laeken

Am 14. und 15. Dezember 2001 trafen im belgischen Laeken die Staats- und Regierungschefs der EU zusammen. Die Teilnehmer behandelten unter anderem die Frage nach der Zukunft der Europäischen Union und beschlossen dazu die Einberufung eines europäischen Konvents, dessen Aufgabe in einer gesonderten Erklärung von Laeken beschrieben wurden. Daneben standen die Weiterentwicklung der ESVP sowie die Reaktionen der EU auf die Terroranschläge vom 11. September im Mittelpunkt. Was die ESVP betraf, so erklärten die Teilnehmer des Gipfels in einer gesonderten Erklärung zur ESVP, dass die Union nunmehr zur Vornahme von Krisenoperationen imstande sei. Des Weiteren wurde die Lage im Nahen Osten beraten, dies fand seinen Niederschlag in einer gesonderten Erklärung.

1. Schlussfolgerungen des Vorsitzenden, 15. 12. 2001 (Auszüge)

„....3. Der Europäische Rat hat entsprechend seinen Schlussfolgerungen von Nizza die in Anlage I enthaltene Erklärung angenommen. Diese Erklärung und die Perspektiven, die sie eröffnet, stellen für den europäischen Bürger eine entscheidende Etappe auf dem Weg zu einer Union dar, die einfacher gestaltet, in der Verfolgung ihrer wesentlichen Ziele schlagkräftiger und in der Welt stärker präsent ist. Zur Gewährleistung einer möglichst breit und transparent angelegten Vorbereitung der nächsten Regierungskonferenz hat der Europäische Rat die Einberufung eines Konvents unter dem Vorsitz von V. GISCARD D'ESTAING beschlossen;

- I. Chronik -
Nr. 75/14.-15.XII.2001: EU-Gipfel in Laeken

stellvertretende Vorsitzende sind G. AMATO und J.L. DEHAENE. An diesem Konvent werden alle beitrittswilligen Länder teilnehmen. Parallel zur Arbeit des Konvents wird es ein Forum geben, in dessen Rahmen die bereits eingeleitete öffentliche Diskussion über die Zukunft der Union strukturiert und erweitert werden kann.

4. Parallel zur Arbeit des Konvents kann eine Reihe von Maßnahmen bereits ohne Änderung der Verträge getroffen werden. In diesem Zusammenhang begrüßt der Europäische Rat das Weißbuch der Kommission über „Europäisches Regieren sowie die Absicht des Generalsekretärs des Rates, vor der Tagung des Europäischen Rates in Barcelona Vorschläge zur Anpassung der Strukturen und der Arbeitsweise des Rates im Hinblick auf die Erweiterung vorzulegen. Der Europäische Rat wird daraus auf seiner Tagung in Sevilla die entsprechenden praktischen Schlussfolgerungen ziehen. Schließlich begrüßt der Europäische Rat den Abschlussbericht der Hochrangigen Beratergruppe (Mandelkern-Gruppe) über die Qualität der Rechtsvorschriften sowie die Mitteilung der Kommission über die Vereinfachung des Regelungsumfelds, die im ersten Halbjahr 2002 in einen konkreten Aktionsplan einmünden soll...

...6. Der Europäische Rat hat die in Anlage II enthaltene Erklärung zur Einsatzbereitschaft auf dem Gebiet der Europäischen Sicherheits- und Verteidigungspolitik abgegeben und den Bericht des Vorsitzes gebilligt. Durch die Weiterentwicklung der ESVP, die Stärkung ihrer - zivilen wie auch militärischen - Fähigkeiten und die Schaffung der entsprechenden EU-Strukturen sowie nach den Konferenzen über die militärischen und die polizeilichen Fähigkeiten, die am 19. November 2001 in Brüssel stattfanden, ist die Union nunmehr zu Operationen zur Krisenbewältigung in der Lage. Die Union ist entschlossen, die Vereinbarungen mit der NATO rasch zum Abschluss zu bringen. Diese werden die Fähigkeiten der Europäischen Union bei der Durchführung von Operationen zur Krisenbewältigung im gesamten Spektrum der Petersberg-Aufgaben stärken. Ebenso wird auch die Umsetzung der Regelungen von Nizza und den Partnerländern die Mittel der Union zur Durchführung von Operationen zur Krisenbewältigung stärken. Im Zuge der weiteren Entwicklung der ihr zur Verfügung stehenden Mittel und Fähigkeiten wird die Union in der Lage sein, nach und nach immer komplexere Einsätze zu übernehmen...

13. Der Europäische Rat begrüßt es, dass am 5. Dezember in Bonn die Vereinbarung über vorläufige Regelungen in Afghanistan bis zur Wiederherstellung dauerhafter staatlicher Institutionen unterzeichnet wurde. Er ruft alle afghanischen Gruppen auf, diese Vereinbarung umzusetzen.

14. Der Europäische Rat hat sich verpflichtet, sich an den Bemühungen der internationalen Gemeinschaft zu beteiligen, die darauf abzielen, die Stabilität in Afghanistan auf der Grundlage der Ergebnisse der Bonner Konferenz und der einschlägigen Resolutionen des Sicherheitsrates der Vereinten Nationen wiederherzustellen. In diesem Zusammenhang befürwortet er die Stationierung einer internationalen Schutztruppe, die auf der Grundlage einer Resolution des Sicherheitsrates der Vereinten Nationen den Auftrag hätte, zur Sicherheit der afghanischen und internationalen Behörden in Kabul und Umgebung sowie zur Schaffung und Ausbildung der neuen afghanischen Sicherheits- und Streitkräfte beizutragen. Die Mitgliedstaaten der Union prüfen, welchen Beitrag sie zu dieser Schutztruppe leisten werden. Mit ihrer Beteiligung an dieser internationalen Truppe werden die Mitgliedstaaten der Union ein klares Signal für ihren Willen setzen, ihrer Verantwortung bei der Krisenbewältigung besser zu entsprechen und so zur Stabilisierung in Afghanistan beizutragen.

15. Angesichts der Notlage des afghanischen Volkes ist humanitäre Hilfe nach wie vor eine absolute Priorität. Die Beförderung der Hilfsgüter, insbesondere für Flüchtlinge und Vertriebene, muss sich nach der Entwicklung der Lage richten und möglichst effizient und optimal koordiniert vonstatten gehen. Die Union hat bereits einen Betrag von 360 Mio. Euro für humanitäre Hilfe zur Verfügung gestellt bzw. ist bereit, dies zu tun; 106 Mio. Euro davon werden aus dem Gemeinschaftshaushalt kommen.

16. Mehr als zwanzig Jahre Krieg und politische Instabilität haben die Strukturen der afghanischen Gesellschaft zerstört, eine Zerrüttung der Institutionen und des Staatswesens bewirkt und enormes menschliches Leid verursacht. Die Europäische Union wird das afghanische Volk und die neuen Entscheidungsträger beim Wiederaufbau des Landes und bei ihren Bemühungen um eine möglichst baldige Rückkehr zur Demokratie unterstützen. Besondere Aufmerksamkeit muss der Lage der Frauen gewidmet werden. Für Sanierung und Wiederaufbau ist eine intensive internationale Zusammenarbeit und Koordination erforderlich. Die Europäische Union hat Klaus-Peter KLAIBER zum Sonderbeauftragten für Afghanistan ernannt,

- I. Chronik -
Nr. 75/14.-15.XII.2001: EU-Gipfel in Laeken

der dem Hohen Vertreter für die GASP unterstellt ist. Die Union wird am 21. Dezember 2001 in Brüssel die Ko-Präsidentschaft bei dem ersten Treffen der Lenkungsgruppe wahrnehmen, die den politischen Neuanfang in Afghanistan unterstützen und die Bemühungen der Geber im Hinblick auf die für Januar 2002 in Tokio anberaumte Ministerkonferenz besser koordinieren soll. Sie wird bei diesen Treffen die Verpflichtung eingehen, insbesondere neben den Vereinigten Staaten, den arabischen Ländern und Japan einen Beitrag zur Deckung des Bedarfs zu leisten.

17. Die Europäische Union bekräftigt ihre volle Solidarität mit dem amerikanischen Volk und der internationalen Gemeinschaft bei der Bekämpfung des Terrorismus unter unumschränkter Wahrung der Rechte und Freiheiten des Einzelnen. Der am 21. September beschlossene Aktionsplan wird gemäß dem festgelegten Zeitplan durchgeführt. Die bisherigen Fortschritte zeigen, dass die Ziele erreicht werden. Das Einvernehmen über den Europäischen Haftbefehl stellt einen entscheidenden Schritt nach vorn dar. Weitere konkrete Maßnahmen im Rahmen der Terrorismusbekämpfung sind die gemeinsame Definition der terroristischen Straftatbestände, die Erstellung von Listen terroristischer Organisationen, Personen, Gruppierungen und Einrichtungen, die Zusammenarbeit zwischen den für die Terrorismusbekämpfung zuständigen Dienststellen sowie die Vorschriften über das Einfrieren von Guthaben, die aufgrund der Resolution 1373 des Sicherheitsrates der Vereinten Nationen verabschiedet wurden. Der Europäische Rat fordert den Rat und die Kommission auf, das Programm zur Verbesserung der Zusammenarbeit der Mitgliedstaaten hinsichtlich der Gefahren einer Verwendung von biologischen und chemischen Mitteln zügig auszuarbeiten; die Europäische Agentur für den Katastrophenschutz wird den Rahmen für diese Zusammenarbeit bilden.

18. Die Europäische Union bemüht sich darum, die Folgen der Terroranschläge vom 11. September für den Luftfahrtsektor abzufangen und eine rasche und koordinierte Reaktion aller Mitgliedstaaten herbeizuführen. Der Europäische Rat begrüßt die Festlegung eines gemeinsamen Standpunkts des Rates im Hinblick auf den Erlass der Verordnung über die Sicherheit in der Zivilluftfahrt..."

2. Erklärung von Laeken zur Zukunft der Europäischen Union, 15. 12. 2001

I. EUROPA AM SCHEIDEWEG

„Jahrhundertlang haben Völker und Staaten versucht, durch Krieg und Waffengewalt den europäischen Kontinent unter ihre Herrschaft zu bringen. Nach der Schwächung durch zwei blutige Kriege und infolge des Geltungsverlusts in der Welt wuchs das Bewusstsein, dass der Traum eines starken und geeinigten Europas nur in Frieden und durch Verständigung verwirklicht werden konnte. Um die Dämonen der Vergangenheit endgültig zu bannen, wurde mit einer Gemeinschaft für Kohle und Stahl der Anfang gemacht, zu der dann später andere Wirtschaftszweige, wie die Landwirtschaft, hinzukamen. Schließlich wurde ein echter Binnenmarkt für Waren, Personen, Dienstleistungen und Kapital geschaffen, zu dem 1999 eine einheitliche Währung hinzutrat. Am 1. Januar 2002 wird der Euro für 300 Millionen europäische Bürger zur alltäglichen Realität. Die Europäische Union entstand somit nach und nach. Zunächst ging es vor allem um wirtschaftliche und technische Zusammenarbeit. Vor zwanzig Jahren wurde mit der ersten Direktwahl des Europäischen Parlaments die demokratische Legitimität der Gemeinschaft, die bis dahin allein durch den Rat gegeben war, erheblich gestärkt. In den letzten zehn Jahren wurde eine politische Union auf den Weg gebracht, und es kam zu einer Zusammenarbeit in den Bereichen Sozialpolitik, Beschäftigung, Asyl, Einwanderung, Polizei, Justiz, Außenpolitik sowie zu einer gemeinsamen Sicherheits- und Verteidigungspolitik.

Die Europäische Union ist ein Erfolg. Schon mehr als ein halbes Jahrhundert lebt Europa in Frieden. Zusammen mit Nordamerika und Japan gehört die Union zu den drei wohlhabendsten Regionen der Welt. Und durch die Solidarität zwischen ihren Mitgliedern und eine gerechte Verteilung der Früchte des Wirtschaftswachstums ist der Lebensstandard in den schwächsten Regionen der Union gewaltig gestiegen, die so einen Großteil ihres Rückstands aufgeholt haben. Fünfzig Jahre nach ihrer Gründung befindet sich die Union allerdings an einem Scheideweg, einem entscheidenden Moment ihrer Geschichte. Die Einigung Europas ist nahe. Die Union schickt sich an, sich um mehr als zehn neue, vor allem mittel- und osteuropäische Mitgliedstaaten zu erweitern und so eine der dunkelsten Seiten der europäischen Geschichte endgültig umzuschlagen: den Zweiten Weltkrieg und die darauf folgende künstliche Teilung Europas. Endlich ist Europa auf dem Weg, ohne Blutvergießen zu einer großen

- I. Chronik -
Nr. 75/14.-15.XII.2001: EU-Gipfel in Laeken

Familie zu werden - eine grundlegende Neuordnung, die selbstverständlich ein anderes als das vor fünfzig Jahren verfolgte Konzept verlangt, als sechs Länder den Prozess einleiteten.

Die demokratische Herausforderung Europas

Gleichzeitig muss sich Europa einer doppelten Herausforderung stellen, nämlich innerhalb und außerhalb seiner Grenzen. In der Union müssen die europäischen Organe dem Bürger näher gebracht werden. Die Bürger stehen zweifellos hinter den großen Zielen der Union, sie sehen jedoch nicht immer einen Zusammenhang zwischen diesen Zielen und dem täglichen Wirken der Union. Sie verlangen von den europäischen Organen weniger Schwerfälligkeit und Starrheit und fordern vor allem mehr Effizienz und Transparenz. Viele finden auch, dass die Union stärker auf ihre konkreten Sorgen eingehen müsste und sich nicht bis in alle Einzelheiten in Dinge einmischen sollte, die eigentlich besser den gewählten Vertretern der Mitgliedstaaten und der Regionen überlassen werden sollten. Manche erleben dies sogar als Bedrohung ihrer Identität. Was aber vielleicht noch wichtiger ist: Die Bürger finden, dass alles viel zu sehr über ihren Kopf hinweg geregelt wird, und wünschen eine bessere demokratische Kontrolle.

Europas neue Rolle in einer globalisierten Welt

Außerhalb ihrer Grenzen sieht sich die Europäische Union gleichfalls mit einer sich schnell wandelnden, globalisierten Welt konfrontiert. Nach dem Fall der Berliner Mauer sah es einen Augenblick so aus, als ob wir für lange Zeit in einer stabilen Weltordnung ohne Konflikte leben könnten. Die Menschenrechte wurden als ihr Fundament betrachtet. Doch wenige Jahre später nur ist uns diese Sicherheit abhanden gekommen. Der 11. September hat uns in grausamer Weise die Augen geöffnet. Die Gegenkräfte sind nicht verschwunden: Religiöser Fanatismus, ethnischer Nationalismus, Rassismus und Terrorismus sind auf dem Vormarsch. Regionale Konflikte, Armut und Unter-Entwicklung sorgen dafür nach wie vor als Nährboden. Welche Rolle spielt Europa in dieser gewandelten Welt? Muss Europa nicht - nun, da es endlich geeint ist - eine führende Rolle in einer neuen Weltordnung übernehmen, die Rolle einer Macht, die in der Lage ist, sowohl eine stabilisierende Rolle weltweit zu spielen als auch ein Beispiel zu sein für zahlreiche Länder und Völker? Europa als Kontinent der humanitären Werte, der Magna Charta, der Bill of Rights, der Französischen Revolution, des Falls der Berliner Mauer. Kontinent der Freiheit, der Solidarität, vor allem der Vielfalt, was auch die Achtung der Sprachen, Kulturen und Traditionen anderer einschließt. Die einzige Grenze, die die Europäische Union zieht, ist die der Demokratie und der Menschenrechte. Die Union steht nur Ländern offen, die ihre Grundwerte, wie freie Wahlen, Achtung der Minderheiten und der Rechtsstaatlichkeit, teilen. Nun, da der Kalte Krieg vorbei ist und wir in einer globalisierten, aber zugleich auch stark zersplitterten Welt leben, muss sich Europa seiner Verantwortung hinsichtlich der Gestaltung der Globalisierung stellen. Die Rolle, die es spielen muss, ist die einer Macht, die jeder Form von Gewalt, Terror und Fanatismus entschlossen den Kampf ansagt, die aber auch ihre Augen nicht vor dem schreienden Unrecht in der Welt verschließt. Kurz gesagt, einer Macht, die die Verhältnisse in der Welt so ändern will, dass sie nicht nur für die reichen, sondern auch für die ärmsten Länder von Vorteil sind. Einer Macht, die der Globalisierung einen ethischen Rahmen geben, d.h. sie in Solidarität und in nachhaltige Entwicklung einbetten will.

Die Erwartungen des europäischen Bürgers

Das Bild eines demokratischen und weltweit engagierten Europas entspricht genau dem, was der Bürger will. Oftmals hat er zu erkennen gegeben, dass er für die Union eine gewichtigere Rolle auf den Gebieten der Justiz und der Sicherheit, der Bekämpfung der grenzüberschreitenden Kriminalität, der Eindämmung der Migrationsströme sowie der Aufnahme von Asylsuchenden und Flüchtlingen aus fernen Konfliktgebieten wünscht. Auch in den Bereichen Beschäftigung und Bekämpfung von Armut und sozialer Ausgrenzung sowie im Bereich wirtschaftlicher und sozialer Zusammenhalt will er Ergebnisse sehen. Einen gemeinsamen Ansatz verlangt er bei Umweltverschmutzung, Klimaänderung und Lebensmittelsicherheit. Kurz gesagt, bei allen grenz-überschreitenden Fragen, bei denen er instinktiv spürt, dass es nur durch Zusammenarbeit zu einer Wende kommen kann. Wie er auch mehr Europa in außen-, sicherheits- und verteidigungspolitischen Fragen wünscht, mit anderen Worten: mehr und besser koordinierte Maßnahmen bei der Bekämpfung der Krisenherde in und um Europa sowie in der übrigen Welt.

- I. Chronik -
Nr. 75/14.-15.XII.2001: EU-Gipfel in Laeken

Gleichzeitig denkt derselbe Bürger, dass die Union in einer Vielzahl anderer Bereiche zu weit geht und zu bürokratisch handelt. Bei der Koordinierung der wirtschaftlichen, finanziellen und steuerlichen Rahmenbedingungen muss das gute Funktionieren des Binnenmarktes und der einheitlichen Währung der Eckpfeiler bleiben, ohne dass die Eigenheit der Mitgliedstaaten dadurch Schaden nimmt. Nationale und regionale Unterschiede sind häufig das Ergebnis von Geschichte und Tradition. Sie können eine Bereicherung sein. Mit anderen Worten, was der Bürger unter ‚verantwortungsvollem Regierungshandeln' versteht, ist das Schaffen neuer Möglichkeiten, nicht aber neuer Zwänge. Er erwartet mehr Ergebnisse, bessere Antworten auf konkrete Fragen, nicht aber einen europäischen Superstaat oder europäische Organe, die sich mit allem und jedem befassen. Kurz, der Bürger verlangt ein klares, transparentes, wirksames, demokratisch bestimmtes gemeinschaftliches Konzept - ein Konzept, das Europa zu einem Leuchtfeuer werden lässt, das für die Zukunft der Welt richtungweisend sein kann, ein Konzept, das konkrete Ergebnisse zeitigt, in Gestalt von mehr Arbeitsplätzen, mehr Lebensqualität, weniger Kriminalität, eines leistungsfähigen Bildungssystems und einer besseren Gesundheitsfürsorge. Es steht außer Frage, dass Europa sich dazu regenerieren und reformieren muss.

II. DIE HERAUSFORDERUNGEN UND REFORMEN IN EINER ERNEUERTEN UNION

Die Union muss demokratischer, transparenter und effizienter werden. Und sie muss eine Antwort auf drei grundlegende Herausforderungen finden: Wie können dem Bürger, vor allem der Jugend, das europäische Projekt und die europäischen Organe näher gebracht werden? Wie sind das politische Leben und der europäische politische Raum in einer erweiterten Union zu strukturieren? Wie kann die Union zu einem Stabilitätsfaktor und zu einem Vorbild in der neuen multipolaren Welt werden? Um hierauf antworten zu können, muss eine Anzahl gezielter Fragen gestellt werden.

Eine bessere Aufteilung und Festlegung der Zuständigkeiten in der Europäischen Union

Der Bürger setzt oft Erwartungen in die Europäische Union, die von dieser nicht immer erfüllt werden; umgekehrt hat er aber mitunter den Eindruck, dass die Union zu viele Tätigkeiten in Bereichen entfaltet, in denen ihr Tätigwerden nicht immer unentbehrlich ist. Daher muss die Aufteilung der Zuständigkeiten zwischen der Union und den Mitgliedstaaten verdeutlicht, vereinfacht und im Lichte der neuen Herausforderungen, denen sich die Union gegenübersieht, angepasst werden. Dies kann sowohl dazu führen, dass bestimmte Aufgaben wieder an die Mitgliedstaaten zurückgegeben werden, als auch dazu, dass der Union neue Aufgaben zugewiesen oder die bisherigen Zuständigkeiten erweitert werden, wobei stets die Gleichheit der Mitgliedstaaten und ihre gegenseitige Solidarität berücksichtigt werden müssen.

Ein erstes Bündel von Fragen, die gestellt werden müssen, bezieht sich darauf, wie wir die Aufteilung der Zuständigkeiten transparenter gestalten können. Können wir zu diesem Zweck eine deutlichere Unterscheidung zwischen drei Arten von Zuständigkeiten vornehmen, nämlich zwischen den ausschließlichen Zuständigkeiten der Union, den Zuständigkeiten der Mitgliedstaaten und den von der Union und den Mitgliedstaaten geteilten Zuständigkeiten? Auf welcher Ebene werden die Zuständigkeiten Am effizientesten wahrgenommen? Wie soll dabei das Subsidiaritätsprinzip angewandt werden? Und sollte nicht deutlicher formuliert werden, dass jede Zuständigkeit, die der Union nicht durch die Verträge übertragen worden ist, in den ausschließlichen Zuständigkeitsbereich der Mitgliedstaaten gehört? Welche Auswirkungen würde dies haben?

Ein weiteres Bündel von Fragen bezieht sich darauf, dass in diesem erneuerten Rahmen und unter Einhaltung des Besitzstands der Gemeinschaft zu untersuchen wäre, ob die Zuständigkeiten nicht neu geordnet werden müssen. In welcher Weise können die Erwartungen des Bürgers hierbei als Richtschnur dienen? Welche Aufgaben ergäben sich daraus für die Union? Und umgekehrt: welche Aufgaben sollten wir besser den Mitgliedstaaten überlassen? Welche Änderungen müssen am Vertrag in den verschiedenen Politikbereichen vorgenommen werden? Wie lässt sich beispielsweise eine kohärentere gemeinsame Außenpolitik und Verteidigungspolitik entwickeln? Müssen die Petersberg-Aufgaben reaktualisiert werden? Wollen wir uns bei der polizeilichen Zusammenarbeit und bei der Zusammenarbeit in Strafsachen einem stärker integrierten Konzept zuwenden? Wie kann die Koordinierung der Wirtschaftspolitiken verstärkt werden? Wie können wir die Zusammenarbeit in den Bereichen soziale Integration, Umwelt, Gesundheit und Lebensmittelsicherheit verstärken? Sollen andererseits die tägliche

- I. Chronik -
Nr. 75/14.-15.XII.2001: EU-Gipfel in Laeken

Verwaltung und die Ausführung der Unionspolitik nicht ausdrücklicher den Mitgliedstaaten bzw. - wo deren Verfassung es vorsieht - den Regionen überlassen werden? Sollen ihnen nicht Garantien dafür gegeben werden, dass an ihren Zuständigkeiten nicht gerührt werden wird?

Schließlich stellt sich die Frage, wie gewährleistet werden kann, dass die neu bestimmte Aufteilung der Zuständigkeiten nicht zu einer schleichenden Ausuferung der Zuständigkeiten der Union oder zu einem Vordringen in die Bereiche der ausschließlichen Zuständigkeit der Mitgliedstaaten und - wo eine solche besteht - der Regionen führt. Wie kann man zugleich darüber wachen, dass die europäische Dynamik nicht erlahmt? Auch in Zukunft muss die Union ja auf neue Herausforderungen und Entwicklungen reagieren und neue Politikbereiche erschließen können. Müssen zu diesem Zweck die Artikel 95 und 308 des Vertrags unter Berücksichtigung des von der Rechtsprechung entwickelten Besitzstandes überprüft werden?

Vereinfachung der Instrumente der Union

Nicht nur die Frage, wer was macht, ist von Bedeutung. Ebenso bedeutsam ist die Frage, in welcher Weise die Union handelt, welcher Instrumente sie sich bedient. Die einzelnen Vertragsänderungen haben jedes Mal zu einer Zunahme der Instrumente geführt. Und schrittweise haben sich die Richtlinien in die Richtung immer detaillierterer Rechtsvorschriften entwickelt. Die zentrale Frage lautet denn auch, ob die verschiedenen Instrumente der Union besser definiert werden müssen und ob ihre Anzahl nicht verringert werden muss.

Mit anderen Worten: Soll eine Unterscheidung zwischen Gesetzgebungs- und Durchführungsmaßnahmen eingeführt werden? Muss die Anzahl der Gesetzgebungsinstrumente - direkte Normen, Rahmengesetzgebung und nicht bindende Instrumente (Stellungnahmen, Empfehlungen, offene Koordinierung) - verringert werden? Sollte häufiger auf die Rahmengesetzgebung zurückgegriffen werden, die den Mitgliedstaaten mehr Spielraum zur Erreichung der politischen Ziele bietet? Für welche Zuständigkeiten sind die offene Koordinierung und die gegenseitige Anerkennung die am besten geeigneten Instrumente? Bleibt das Verhältnismäßigkeitsprinzip der Ausgangspunkt?

Mehr Demokratie, Transparenz und Effizienz in der Europäischen Union

Die Europäische Union bezieht ihre Legitimität aus den demokratischen Werten, für die sie eintritt, den Zielen, die sie verfolgt, und den Befugnissen und Instrumenten, über die sie verfügt. Das europäische Projekt bezieht seine Legitimität jedoch auch aus demokratischen, transparenten und effizienten Organen. Auch die einzelstaatlichen Parlamente leisten einen Beitrag zu seiner Legitimierung. In der im Anhang zum Vertrag von Nizza enthaltenen Erklärung zur Zukunft der Union wurde darauf hingewiesen, dass geprüft werden muss, welche Rolle ihnen im europäischen Aufbauwerk zukommt. In einem allgemeineren Sinne ist zu fragen, welche Initiativen wir ergreifen können, um eine europäische Öffentlichkeit zu entwickeln.

Als Erstes stellt sich gleichwohl die Frage, wie wir die demokratische Legitimation und die Transparenz der jetzigen Organe stärken können - eine Frage, die für die drei Organe gilt. Wie lassen sich die Autorität und die Effizienz der Europäischen Kommission stärken? Wie soll der Präsident der Kommission bestimmt werden: vom Europäischen Rat, vom Europäischen Parlament oder - im Wege direkter Wahlen - vom Bürger? Soll die Rolle des Europäischen Parlaments gestärkt werden? Sollen wir das Mitentscheidungsrecht ausweiten oder nicht? Soll die Art und Weise, in der wir die Mitglieder des Europäischen Parlaments wählen, überprüft werden? Ist ein europäischer Wahlbezirk notwendig oder soll es weiterhin im nationalen Rahmen festgelegte Wahlbezirke geben? Können beide Systeme miteinander kombiniert werden? Soll die Rolle des Rates gestärkt werden? Soll der Rat als Gesetzgeber in derselben Weise handeln wie in seiner Exekutivfunktion? Sollen im Hinblick auf eine größere Transparenz die Tagungen des Rates - jedenfalls in seiner gesetzgeberischen Rolle - öffentlich werden? Soll der Bürger besseren Zugang zu den Dokumenten des Rates erhalten? Wie können schließlich das Gleichgewicht und die gegenseitige Kontrolle zwischen den Organen gewährleistet werden?

Eine zweite Frage, ebenfalls im Zusammenhang mit der demokratischen Legitimation, betrifft die Rolle der nationalen Parlamente. Sollen sie in einem neuen Organ - neben dem Rat und dem Europäischen Parlament - vertreten sein? Sollen sie eine Rolle in den Bereichen europäischen Handelns spielen, in denen das Europäische Parlament keine Zuständigkeit besitzt?

- I. Chronik -
Nr. 75/14.-15.XII.2001: EU-Gipfel in Laeken

Sollen sie sich auf die Aufteilung der Zuständigkeiten zwischen der Union und den Mitgliedstaaten konzentrieren, indem sie beispielsweise vorab die Einhaltung des Subsidiaritätsprinzips kontrollieren?

Die dritte Frage ist die, wie wir die Effizienz der Beschlussfassung und die Arbeitsweise der Organe in einer Union von etwa 30 Mitgliedstaaten verbessern können. Wie könnte die Union ihre Ziele und Prioritäten besser festlegen und besser für deren Umsetzung sorgen? Brauchen wir mehr Beschlüsse mit qualifizierter Mehrheit? Wie lässt sich das Mitentscheidungsverfahren zwischen Rat und Europäischem Parlament vereinfachen und beschleunigen? Ist der halbjährliche Turnus des Vorsitzes der Union aufrechtzuerhalten? Welches ist die künftige Rolle des Europäischen Parlaments? Was wird aus Rolle und Struktur der verschiedenen Ratsformationen? Wie kann zudem die Kohärenz der europäischen Außenpolitik vergrößert werden? Wie lässt sich die Synergie zwischen dem Hohen Vertreter und dem zuständigen Kommissionsmitglied verbessern? Soll die Vertretung der Union in internationalen Gremien ausgebaut werden?

Der Weg zu einer Verfassung für die europäischen Bürger

Für die Europäische Union gelten zurzeit vier Verträge. Die Ziele, Zuständigkeiten und Politikinstrumente der Union sind in diesen Verträgen verstreut. Im Interesse einer größeren Transparenz ist eine Vereinfachung unerlässlich. Die sich hierbei erhebenden Fragen lassen sich in vier Bündeln zusammenfassen. Ein erstes Fragenbündel betrifft die Vereinfachung der bestehenden Verträge ohne inhaltliche Änderungen. Muss die Unterscheidung zwischen Union und Gemeinschaften überprüft werden? Was soll mit der Einteilung in drei Säulen geschehen? Sodann ist über eine mögliche Neuordnung der Verträge nachzudenken. Soll zwischen einem Basisvertrag und den übrigen Vertragsbestimmungen unterschieden werden? Soll sich diese Unterscheidung in einer Aufspaltung der Texte niederschlagen? Kann dies zu einer Unterscheidung zwischen den Änderungs- und Ratifikationsverfahren für den Basisvertrag und für die anderen Vertragsbestimmungen führen? Ferner muss darüber nachgedacht werden, ob die Charta der Grundrechte in den Basisvertrag aufgenommen werden soll und ob die Europäische Gemeinschaft der Europäischen Menschenrechtskonvention beitreten soll. Schließlich stellt sich die Frage, ob diese Vereinfachung und Neuordnung nicht letztlich dazu führen sollte, dass in der Union ein Verfassungstext angenommen wird. Welches sollten die Kernbestandteile einer solchen Verfassung sein? Die Werte, für die die Union eintritt, die Grundrechte und -pflichten der Bürger, das Verhältnis zwischen den Mitgliedstaaten in der Union?

III. DIE EINBERUFUNG EINES KONVENTS ZUR ZUKUNFT EUROPAS

Im Hinblick auf eine möglichst umfassende und möglichst transparente Vorbereitung der nächsten Regierungskonferenz hat der Europäische Rat beschlossen, einen Konvent einzuberufen, dem die Hauptakteure der Debatte über die Zukunft der Union angehören. Im Lichte der vorstehenden Ausführungen fällt diesem Konvent die Aufgabe zu, die wesentlichen Fragen zu prüfen, welche die künftige Entwicklung der Union aufwirft, und sich um verschiedene mögliche Antworten zu bemühen. Der Europäische Rat hat Herrn V. GISCARD D'ESTAING zum Vorsitzenden des Konvents und Herrn G. AMATO sowie Herrn J.L. DEHAENE zu stellvertretenden Vorsitzenden ernannt.

Zusammensetzung

Neben seinem Vorsitzenden und seinen beiden stellvertretenden Vorsitzenden gehören dem Konvent 15 Vertreter der Staats- und Regierungschefs der Mitgliedstaaten (ein Vertreter pro Mitgliedstaat), 30 Mitglieder der nationalen Parlamente (2 pro Mitgliedstaat), 16 Mitglieder des Europäischen Parlaments und zwei Vertreter der Kommission an. Die Bewerberländer werden in vollem Umfang an den Beratungen des Konvents beteiligt. Sie werden in gleicher Weise wie die derzeitigen Mitgliedstaaten vertreten sein (ein Vertreter der Regierung und zwei Mitglieder des nationalen Parlaments) und an den Beratungen teilnehmen, ohne freilich einen Konsens, der sich zwischen den Mitgliedstaaten abzeichnet, verhindern zu können. Die Mitglieder des Konvents können sich nur dann durch Stellvertreter ersetzen lassen, wenn sie nicht anwesend sind. Die Stellvertreter werden in derselben Weise benannt wie die Mitglieder. Das Präsidium des Konvents bilden der Vorsitzende, die beiden stellvertretenden Vorsitzenden und neun Mitglieder des Konvents (die Vertreter aller Regierungen, die während des Konvents den Ratsvorsitz innehaben, zwei Vertreter der nationalen Parlamente, zwei Vertreter

- I. Chronik -
Nr. 75/14.-15.XII.2001: EU-Gipfel in Laeken

der Mitglieder des Europäischen Parlaments und zwei Vertreter der Kommission). Als Beobachter werden eingeladen: drei Vertreter des Wirtschafts- und Sozialausschusses und drei Vertreter der europäischen Sozialpartner sowie sechs Vertreter im Namen des Ausschusses der Regionen (die von diesem aus den Regionen, den Städten und den Regionen mit legislativer Befugnis zu bestimmen sind) und der Europäische Bürgerbeauftragte. Der Präsident des Gerichtshofs und der Präsident des Rechnungshofs können sich auf Einladung des Präsidiums vor dem Konvent äußern.

Dauer der Arbeiten

Die Eröffnungssitzung des Konvents findet am 1. März 2002 statt. Bei dieser Gelegenheit ernennt der Konvent sein Präsidium und legt seine Arbeitsmethoden fest. Die Beratungen werden nach einem Jahr so rechtzeitig abgeschlossen, dass der Vorsitzende des Konvents die Ergebnisse des Konvents dem Europäischen Rat vorlegen kann.

Arbeitsmethoden

Der Vorsitzende bereitet den Beginn der Arbeiten des Konvents vor, indem er die öffentliche Debatte auswertet. Dem Präsidium fällt die Aufgabe zu, Anstöße zu geben, und es erstellt eine erste Arbeitsgrundlage für den Konvent. Das Präsidium kann die Kommissionsdienste und Experten seiner Wahl zu allen technischen Fragen konsultieren, die seines Erachtens vertieft werden sollten. Es kann Ad-hoc-Arbeitsgruppen einsetzen. Der Rat wird über den Stand der Arbeiten des Konvents auf dem Laufenden gehalten. Der Vorsitzende des Konvents legt auf jeder Tagung des Europäischen Rates einen mündlichen Bericht über den Stand der Arbeiten vor; dies ermöglicht es zugleich, die Ansichten der Staats- und Regierungschefs einzuholen. Der Konvent tritt in Brüssel zusammen. Seine Erörterungen und sämtliche offiziellen Dokumente sind für die Öffentlichkeit zugänglich. Der Konvent arbeitet in den elf Arbeitssprachen der Union.

Abschlussdokument

Der Konvent prüft die verschiedenen Fragen. Er erstellt ein Abschlussdokument, das entweder verschiedene Optionen mit der Angabe, inwieweit diese Optionen im Konvent Unterstützung gefunden haben, oder - im Falle eines Konsenses - Empfehlungen enthalten kann. Zusammen mit den Ergebnissen der Debatten in den einzelnen Staaten über die Zukunft der Union dient das Abschlussdokument als Ausgangspunkt für die Arbeit der Regierungskonferenz, die die endgültigen Beschlüsse fassen wird.

Forum

Im Hinblick auf eine umfassende Debatte und die Beteiligung aller Bürger an dieser Debatte steht ein Forum allen Organisationen offen, welche die Zivilgesellschaft repräsentieren (Sozialpartner, Wirtschaftskreise, nichtstaatliche Organisationen, Hochschulen usw.). Es handelt sich um ein strukturiertes Netz von Organisationen, die regelmäßig über die Arbeiten des Konvents unterrichtet werden. Ihre Beiträge werden in die Debatte einfließen. Diese Organisationen können nach vom Präsidium festzulegenden Modalitäten zu besonderen Themen gehört oder konsultiert werden.

Sekretariat

Das Präsidium wird von einem Konventssekretariat unterstützt, das vom Generalsekretariat des Rates wahrgenommen wird. Experten der Kommission und des Europäischen Parlaments können daran beteiligt werden."

3. Erklärung zur Einsatzbereitschaft auf dem Gebiet der Gemeinsamen Sicherheits- und Verteidigungspolitik, 15. 12. 2001

„A. In Nizza und in Göteborg hat sich der Europäische Rat verpflichtet, die Union in diesem Bereich rasch einsatzbereit zu machen und spätestens auf der Tagung des Europäischen Rates in Laeken einen entsprechenden Beschluss zu fassen. Der Europäische Rat hat auf seiner außerordentlichen Tagung am 21. September 2001 dieses Ziel bestätigt: 'Die Union wird am effizientesten handeln können, wenn sie die Gemeinsame Außen- und Sicherheitspolitik (GASP) weiter ausbaut und aus der Europäischen Sicherheits- und Verteidigungspolitik

(ESVP) umgehend ein einsatzbereites Instrument macht'. Durch die Weiterentwicklung der ESVP, die Stärkung ihrer - zivilen wie auch militärischen -Fähigkeiten und die Schaffung der entsprechenden EU-Strukturen ist die Union nunmehr in der Lage, Operationen zur Krisenbewältigung durchzuführen. Im Zuge der weiteren Entwicklung der ihr zur Verfügung stehenden Mittel und Fähigkeiten wird die Union in der Lage sein, nach und nach immer anspruchsvollere Operationen durchzuführen. Entscheidungen, von dieser Fähigkeit Gebrauch zu machen, werden unter Berücksichtigung der Umstände der jeweiligen Situation getroffen, wobei die zur Verfügung stehenden Mittel und Fähigkeiten einen entscheidenden Faktor darstellen.

B. Diese Handlungsfähigkeit ist das Ergebnis erheblicher Fortschritte, die seit den Tagungen des Europäischen Rates in Köln und Helsinki erzielt wurden.

Fähigkeiten

Auf den Konferenzen über die militärischen und über die polizeilichen Fähigkeiten konnten Fortschritte auf dem Wege zur Erreichung der Fähigkeitsziele verzeichnet werden. Die Mitgliedstaaten haben auf der Grundlage innerstaatlicher Entscheidungen freiwillige Beiträge zugesagt. Der Aufbau der militärischen Fähigkeiten impliziert nicht die Schaffung einer europäischen Armee. Die nicht der Europäischen Union angehörenden europäischen NATO-Mitgliedstaaten und andere Länder, die sich um den Beitritt zur Europäischen Union bewerben, haben sehr wertvolle ergänzende Beiträge im militärischen und im polizeilichen Bereich zugesagt, mit denen die europäischen Fähigkeiten verbessert werden sollen.

Strukturen und Verfahren

Auf der Grundlage der gebilligten Übungspolitik und des gebilligten Übungsprogramms hat die Union begonnen, ihre Strukturen und Verfahren im Zusammenhang mit den zivilen und militärischen Aspekten von Operationen zur Krisenbewältigung zu testen. Die Europäische Union hat Strukturen und Verfahren für die Krisenbewältigung geschaffen, die es ihr ermöglichen, militärische Operationen zur Krisenbewältigung zu analysieren, zu planen und zu beschließen sowie - in den Fällen, in denen die NATO als Ganzes nicht beteiligt ist - einzuleiten und durchzuführen.

Vereinbarungen zwischen der Europäischen Union und der NATO

Die Fähigkeit der Union zur Krisenbewältigung ist durch die Fortentwicklung der Konsultationen, der Zusammenarbeit und der Transparenz zwischen den beiden Organisationen im Rahmen der Krisenbewältigung auf dem westlichen Balkan gestärkt worden.

Regelungen mit den Partnerländern

Die mit den nicht der Union angehörenden europäischen NATO-Mitgliedstaaten und anderen Ländern, die sich um den Beitritt zur Europäischen Union bewerben, sowie mit Kanada, Russland und der Ukraine vereinbarten Regelungen wurden weiter umgesetzt.

C. Um die Europäische Union in die Lage zu versetzen, Operationen zur Krisenbewältigung im gesamten Spektrum der Petersberg-Aufgaben, einschließlich Operationen, die größte Anforderungen im Hinblick auf Größenordnung, Verlegungsfrist und Komplexität stellen, durchzuführen, müssen noch erhebliche Fortschritte erzielt werden:

Ausgewogene Entwicklung der militärischen und zivilen Fähigkeiten

Die ausgewogene Entwicklung der militärischen und der zivilen Fähigkeiten ist für eine wirksame Krisenbewältigung durch die Union notwendig; dies erfordert eine enge Koordinierung aller - zivilen wie auch militärischen - Mittel und Instrumente, die der Union zur Verfügung stehen.

Die Stärkung der militärischen Fähigkeiten entsprechend dem Europäischen Aktionsplan, mit dem die ermittelten Lücken geschlossen werden sollen, und die Umsetzung der Übungspolitik werden erforderlich sein, damit die Union in zunehmendem Maße immer komplexere Operationen durchführen kann. Es sollte betont werden, wie wichtig es ist, dass der Mechanismus zur Entwicklung der militärischen Fähigkeiten festgelegt wird, damit vor allem unnötige Doppelarbeit vermieden und - was die betroffenen Mitgliedstaaten anbelangt - dem Verteidigungsplanungsprozess der NATO und dem Planungs- und Überprüfungsprozess der Partnerschaft für den Frieden (PfP) Rechnung getragen wird.

Der Aktionsplan im Polizeibereich wird umgesetzt, um die Union in die Lage zu versetzen, in naher Zukunft Polizeieinsätze durchzuführen. Die Union wird sich weiterhin darum bemühen, die Mittel zu entwickeln, mit denen sich die konkreten Ziele in den nachstehenden prioritären Bereichen rasch erreichen und umsetzen lassen: Rechtsstaatlichkeit, Zivilverwaltung und Zivilschutz. Zur Erreichung dieser Ziele werden die Union und insbesondere die zuständigen Minister nach neuen Lösungen und neuen Möglichkeiten der Zusammenarbeit suchen, um die notwendigen Fähigkeiten im Einklang mit diesem Bericht unter optimaler Nutzung der Ressourcen aufzubauen.

Abschließende Ausarbeitung der Vereinbarungen mit der NATO

Die Union beabsichtigt, die Sicherheitsvereinbarungen mit der NATO zum Abschluss zu bringen und die Übereinkünfte über den gesicherten Zugang zur Einsatzplanung des Bündnisses, über die Annahme der Verfügbarkeit von vorab identifizierten Mitteln und Fähigkeiten der NATO und über die Bestimmung einer Reihe der Union zur Verfügung gestellter Führungsoptionen zu schließen. Diese Übereinkünfte sind für die ESVP von wesentlicher Bedeutung und werden die verfügbaren Fähigkeiten der Union erheblich erweitern.

Umsetzung der Regelungen mit den Partnerländern

Die vollständige und umfassende Umsetzung der Regelungen, die in Nizza mit den Fünfzehn und den Sechs vereinbart wurden, deren ergänzender Beitrag zu den zivilen und den militärischen Fähigkeiten und deren Beteiligung an einer Operation zur Krisenbewältigung nach Maßgabe dieser Regelungen (insbesondere unter Einsetzung eines Ausschusses der beitragenden Länder im Falle einer Operation) werden eine beträchtliche Verstärkung für die von der Europäischen Union geführten Operationen zur Krisenbewältigung darstellen."

4. Erklärung der EU zur Lage im Nahen Osten vom 15. 12. 2001

„Angesichts der äußerst ernsten Lage muss sich jeder seiner Verantwortung stellen: Die Beendigung der Gewalt ist zwingend erforderlich.

Grundlage für den Frieden können nur die Resolutionen 242 und 338 der Vereinten Nationen sein sowie

- die Bekräftigung und die uneingeschränkte Anerkennung des unwiderruflichen Rechts Israels, innerhalb international anerkannter Grenzen in Frieden und Sicherheit zu leben;

- die Schaffung eines lebensfähigen, unabhängigen und demokratischen palästinensischen Staates sowie die Beendigung der Besetzung der palästinensischen Gebiete.

Für die Verhandlungen und für die Zerschlagung des Terrorismus sowie zur Schaffung des Friedens braucht Israel die Palästinensische Behörde und ihren gewählten Präsidenten Yassir ARAFAT als Partner. Ihre Fähigkeit, den Terrorismus zu bekämpfen, darf nicht geschwächt werden. Die Europäische Union ruft die Palästinensische Behörde erneut auf, alles zu tun, um Terrorakte zu verhindern. Die Europäische Union erinnert daran, dass von den Parteien folgende Verpflichtungen erwartet werden:

- von der Palästinensischen Behörde: Auflösung der Terrornetze der Hamas und des Islamischen Dschihad einschließlich der Verhaftung und gerichtlichen Verfolgung aller Verdächtigen; öffentlicher Aufruf in arabischer Sprache zur Beendigung der bewaffneten Intifada;

- von der israelischen Regierung: Rückzug ihrer Militärkräfte und Einstellung der außergerichtlichen Hinrichtungen; Aufhebung der Blockaden und sämtlicher dem palästinensischen Volk auferlegter Beschränkungen; Stopp der Siedlungspolitik und Einstellung der gegen die palästinensischen Infrastrukturen gerichteten Operationen.

Die Erfüllung dieser Verpflichtungen erfordert ein entschlossenes Handeln sowohl vonseiten der Palästinensischen Behörde als auch vonseiten Israels. Die unverzügliche und bedingungslose Umsetzung des Tenet-Plans für einen Waffenstillstand und der Empfehlungen der

Mitchell-Kommission stellt nach wie vor den Weg zu einer Wiederaufnahme des politischen Dialogs dar.

Die Europäische Union bleibt der Überzeugung, dass die Schaffung eines unparteiischen Überwachungsmechanismus im Interesse beider Seiten läge. Sie ist bereit, sich an einem solchen Mechanismus aktiv zu beteiligen. Es ist unerlässlich und dringend geboten, dass die Europäische Union, die Vereinten Nationen, die Vereinigten Staaten und die Russische Föderation sowie die am stärksten betroffenen arabischen Länder entschlossen und konzertiert handeln. Zu diesem Zweck hat der Europäische Rat den Hohen Vertreter Javier SOLANA beauftragt, die entsprechenden Gespräche weiter zu führen. Die Union misst einem Programm zur Wiederankurbelung der Wirtschaft, bei dem der Schwerpunkt auf Palästina liegt, als Frieden fördernde Maßnahme große Bedeutung bei.

Die Europäische Union wird sich weiterhin darum bemühen, dass zwei Staaten, Israel und Palästina, in Frieden und Sicherheit nebeneinander leben können. Der Frieden im Nahen Osten kann nur dann umfassend sein, wenn auch Syrien und Libanon einbezogen sind."

(Website der EU)

18. XII. 2001

76. NATO-Verteidigungsminister zur Terrorismusbekämpfung

Am 18. Dezember 2001 fanden in Brüssel die regulären Treffen der NATO-Verteidigungsminister statt. Zum einen traf der Atlantische Rat auf Ebene der Verteidigungsminister zusammen, daraufhin das Treffen der Verteidigungsminister als Verteidigungsplanungsausschuss und als nukleare Planungsgruppe. Wie bei den anderen Sitzungen auch standen Themen der Terrorismusbekämpfung und der Erweiterung der NATO im Vordergrund. Des Weiteren wurde ein Papier zur Lage auf dem Balkan verabschiedet.

1. Treffen des Nordatlantikrats auf Ebene der Verteidigungsminister, Kommuniqué vom 18. 12. 2001

1. Der Nordatlantikrat trat am 18. Dezember 2001 in Brüssel auf Ebene der Verteidigungsminister zusammen.

2. Wir haben uns auf die Anpassung der Verteidigungsfähigkeiten des Bündnisses an Veränderungen im Sicherheitsumfeld konzentriert, besonders im Lichte der terroristischen Angriffe gegen die Vereinigten Staaten vom 11. September sowie angesichts der Lage auf dem Balkan und haben getrennte Erklärungen zu diesen Fragen abgegeben. Wir haben ferner den Stand der Arbeit zur europäischen Sicherheits- und Verteidigungsidentität sowie die Beziehungen zwischen der NATO und der EU erörtert. Unsere gemeinsamen Anstrengungen auf dem Balkan haben gezeigt, dass enge Zusammenarbeit erheblichen Nutzen mit sich bringt. Wichtige Arbeit bleibt in der Frage der Vorkehrungen für NATO-Unterstützung für EU-geführte Operationen nach Maßgabe der Entscheidungen des Washingtoner NATO-Gipfels im Jahre 1999 und späterer Ministertreffen noch zu tun. Wir sind nach wie vor entschlossen, in allen verschieden Aspekten der NATO-EU-Beziehung Fortschritte zu erzielen und stellen dabei die Notwendigkeit heraus, Lösungen zu finden, die für alle Bündnispartner in der Frage der Teilnahme der nicht zur EU gehörenden europäischen Bündnispartner zufrieden stellend sind. Wir nehmen die verbindliche Zusage der EU zur Kenntnis, die Modalitäten für Konsultationen mit Kanada und für die Teilnahme Kanadas an EU-geführten Operationen zu finalisieren.

3. Wir haben auch die Anstrengungen zur Verbesserung der Bündnisfähigkeiten durch DCI (Defence Capabilities Initiative - Initiative zur Verteidigungsfähigkeit) bewertet. Wenngleich in Folge von DCI bereits Fortschritte zu verzeichnen sind, ist ihr volles Potential noch nicht ausgeschöpft, und wir sind dementsprechend entschlossen, uns persönlich dieser Initiative im Zuge der laufenden Anpassung der Bündnisstrukturen und -verfahren besonders anzunehmen.

- I. Chronik -
Nr. 76/18.XII.2001: NATO-Verteidigungsministertreffen

4. Wir tauschten unsere Ansichten über die Raketenabwehr und das global-strategische Umfeld aus. Wir nahmen die amerikanische und russische Erklärung zur Kenntnis, dass der Ausstieg der USA aus dem ABM-Vertrag keine Gefährdung für die Russische Föderation darstellt. Die Notwendigkeit zur Wahrung der strategischen Stabilität bleibt von kritischer Wichtigkeit. Wir begrüßten, dass beide Seiten intensiv darauf hinarbeiten und diese Arbeit fortführen, um ein neues strategisches Verhältnis auf der Grundlage der beiderseitigen Interessen und der Zusammenarbeit über ein breites Spektrum politischer, wirtschaftlicher und sicherheitspolitischer Fragen zu schaffen, um zur globalen Sicherheit und strategischen Stabilität beizutragen. In diesem Zusammenhang begrüßten wir die Tendenz zu neuen, niedrigeren Beständen an nuklearen Offensivwaffen, wie von den USA und Russland in ihren Erklärungen deutlich zum Ausdruck gebracht. Wir sehen weiteren Konsultationen mit den Vereinigten Staaten in diesen Fragen erwartungsvoll entgegen und begrüßen die weitere Arbeit in der Allianz zur taktischen Raketenabwehr.

5. Wir erörterten ferner die Kooperationsaktivitäten der NATO, einschließlich der Vorbereitungen für die Erweiterung, die Partnerschaft für den Frieden (PfP), den Mittelmeerdialog und unsere Beziehungen zur Ukraine und Russland. Wir bekräftigen, dass eine von Vertrauen geprägte und ausgewogene Partnerschaft zwischen den Bündnispartnern und Russland, auf der Grundlage gemeinsamer demokratischer Werte und des gemeinsamen Bekenntnisses zu einem stabilen, friedlichen und ungeteilten Europa, wie in der NATO-Russland-Grundakte festgelegt, für Stabilität und Sicherheit im euro-atlantischen Raum von essentieller Bedeutung ist. Wir begrüßen daher die Entscheidung der Außenminister vom 7. Dezember, der Partnerschaft zwischen den Bündnispartnern der NATO und Russland frische Impulse und Substanz zu verleihen, mit dem Ziel, einen neuen NATO-Russland-Rat zu schaffen, um Möglichkeiten für gemeinsame Betätigungsfelder zu 20 zu identifizieren und wahrzunehmen. Dazu wurde der Ständige NATO-Rat beauftragt, in den kommenden Monaten, auf der Basis der Grundakte neue, effektive Mechanismen für Konsultationen, Zusammenarbeit und gemeinsame Entscheidungen sowie abgestimmtes/gemeinsames Vorgehen zu sondieren und zu entwickeln. Die grundlegenden Ziele der NATO bestehen fort, wie im Washingtoner Vertrag festgelegt, nach dessen Bestimmungen die NATO ihr Recht auf eigenständige Entscheidungen und Aktionen zu 19 in allen Fragen wahren wird, die mit ihren Verpflichtungen und Verantwortungen im Einklang stehen. Als Verteidigungsminister sind wir entschlossen, die NATO-Russland-Partnerschaft auf verteidigungspolitischem und militärischem Gebiet zu erweitern.

6. Auf ihrem Prager Gipfeltreffen im November nächsten Jahres werden unsere Staats- und Regierungschefs die nächste Erweiterungsrunde der NATO auf den Weg bringen. Wir bestärken die neun beitrittswilligen Länder darin, ihre Vorbereitungen im Rahmen des Prozesses zum Aktionsplan zur Mitgliedschaft (Membership Action Plan - MAP) voranzubringen, der die Verteidigungsreform und Verbesserungen der militärischen Fähigkeiten umfasst. Inzwischen wird die NATO ihre eigenen internen Vorbereitungen für die Aufnahme neuer Mitglieder treffen, über die der Ständige Rat auf unserem nächsten Treffen berichten wird. Wir werden den MAP-Prozess über den laufenden Zyklus weiterführen.

7. Wir schließen uns voll und ganz den Erklärungen an, die unsere Außenminister Anfang des Monats zu diesen und anderen Fragen abgegeben haben."

2. Kampf gegen den Terrorismus: Anpassung der Verteidigungsfähigkeiten des Bündnisses, 18. 12. 2001

„1. Die Gräueltaten gegen die Vereinigten Staaten vom 11. September waren ein Angriff auf alle Bündnispartner. Die Tatsache, dass zum ersten Mal Artikel 5 des Washingtoner Vertrags ausgerufen wurde, und das innerhalb von einem Tag nach diesen tragischen Ereignissen, war hierfür schlüssiger Beweis und hat gezeigt, dass der umfassende Sicherheitsansatz der NATO auch die Möglichkeit kollektiver Maßnahmen als Reaktion auf einen terroristischen Angriff gegen einen Bündnispartner einschließen kann. So wurde ferner unsere Überzeugung zum Ausdruck gebracht, dass neben Tausenden unschuldigen Menschen die Werte Ziel des Angriffs waren, die die Grundlage unserer Gesellschaften sind. Diese Werte werden wir verteidigen. Individuell und kollektiv müssen wir uns einem veränderten Sicherheitsumfeld stellen.

2. Die Allianz muss ihre Fähigkeiten an diese Veränderungen in den Grundvoraussetzungen für Sicherheit und Stabilität anpassen. Wir schließen uns voll und ganz der jüngsten Erklärung zum Terrorismus der Außenminister des Bündnisses an. Als Verteidigungsminister ist uns besonders daran gelegen sicherzustellen, dass sich die militärischen Konzepte der Allianz

- I. Chronik -
Nr. 76/18.XII.2001: NATO-Verteidigungsministertreffen

zusammen mit unserer detaillierten Beurteilung der vom Terrorismus ausgehenden Bedrohung weiterentwickeln und dass die Verteidigungsfähigkeiten des Bündnisses angemessen sind, um die gestellten Forderungen zu erfüllen, einschließlich militärischer Reaktionen auf den Terrorismus. Solche Aktionen müssen sich natürlich auf das breite Spektrum nationaler und internationaler Mittel abstützen, von denen die militärischen nur ein Teil sind. Als Ergänzung ziviler Hilfsmittel können verteidigungspolitische und militärische Mittel jedoch für einige Zwecke von essentieller Bedeutung sein, unter anderem auch in der Informationsgewinnung, im Vorgehen gegen Terroristen und gegen diejenigen, die ihnen Zuflucht bieten, im Schutz unserer Bevölkerung, der Infrastruktureinrichtungen und Streitkräfte gegen terroristische Angriffe und ferner in der Behandlung der Folgen von Angriffen, die dennoch stattfinden könnten.

3. Das Bündnis ist bereits jetzt in der Lage, auf Grund der seit dem Ende des kalten Krieges laufenden Umgliederung seiner Streitkräfte, Militärstrukturen und Verteidigungsplanungsverfahren in bedeutendem Maße zum Kampf gegen den Terrorismus beizutragen. Seit dem 11. September leisten die Bündnispartner, individuell und kollektiv, tatsächlich bereits einen solchen Beitrag. In Verbindung mit der Ausrufung von Artikel 5 haben wir unseren Luftraum für Flugzeuge geöffnet, die an den Operationen der Koalition teilnehmen, Flugzeuge des luftgestützten Frühwarn- und Leitsystems (AWACS) verlegt, um Unterstützung bei der Überwachung des amerikanischen Luftraums zu leisten, Seestreitkräfte in das östliche Mittelmeer verlegt sowie Schritte zur Verstärkung des Schutzes sensitiver Einrichtungen eingeleitet und den Austausch von Informationen und Erkenntnissen gesteigert. Wir prüfen zur Zeit Mittel und Wege, um das Luftverteidigungsdispositiv der Allianz zu verbessern.

4. Im Lichte der Ereignisse vom 11. September ist bereits eine generelle Neubewertung des Verteidigungsdispositivs und der Verteidigungspläne des Bündnisses eingeleitet worden. Eine neue Beurteilung der Bedrohung durch den Terrorismus ist in Arbeit; Vorschläge zur Verbesserung des Stands der Vorbereitung der Allianz auf Terrorismusanschläge mit chemischen, biologischen, radiologischen und nuklearen Waffen werden eingehend weiterbearbeitet; und die betreffenden Bündnispartner prüfen die Auswirkungen des Terrorismus auf die nationale Verteidigungsplanung im Kontext mit dem Streitkräfteplanungssystem der NATO. Wir führen unsere Anstrengungen energisch weiter, um die Proliferation von Massenvernichtungswaffen und ihrer Einsatzmittel zu verhindern und intensivieren unsere Zusammenarbeit in der zivilen Notfallplanung.

5. Darüber hinaus wird durch die Beziehungen der NATO zu ihren Partnern - zu Russland, der Ukraine und den anderen Ländern des Euro-Atlantischen Partnerschaftsrats (EAPR) - ein Netz von Ländern gebildet, die durch ihre zur Regel gewordene Zusammenarbeit miteinander verbunden und in ihrer Verurteilung des Terrorismus vereint sind. Diese Beziehungen haben auf dem Balkan bereits ihre operative Wichtigkeit bewiesen und sind auch im Kampf gegen den Terrorismus wertvoll. Der Wert unserer Zusammenarbeit mit unseren Partnern schlägt sich bereits in den Konsultationen nieder, die über die gegenwärtige Krise geführt werden und in der Tatsache, dass eine Reihe von Partnern zu den Operationen der Koalition beitragen. Wir wollen unsere Beziehungen zu unseren Partnern in Zentralasien und im Kaukasus und ebenso mit unseren Partnern am Mittelmeerdialog vertiefen, die die Angriffe auf die Vereinigten Staaten ebenfalls uneingeschränkt verurteilt haben.

6. Der Kampf gegen den Terrorismus wird eine ganze Reihe internationaler Organisationen involvieren. Wir unterstützen die Anstrengungen der Vereinten Nationen in ihrer zentralen Rolle auf diesem Gebiet sowie die Anstrengungen der EU, der OSZE, der G-8 und internationaler Finanzinstitute.

7. Es bleibt jedoch noch viel zu tun, sowohl konzeptionell als auch in praktischer Hinsicht. Diese Arbeit muss folgende Punkte umfassen:

- wie bereits früher festgestellt, weitere Überlegungen über die Art und Weise, wie die Allianz im Bereich der Verteidigung zum Kampf gegen den Terrorismus beitragen kann;

- auf der Grundlage von Weisungen durch den Ständigen Rat und nach Fertigstellung der neuen Bedrohungsanalyse, Erarbeitung eines militärischen Verteidigungskonzepts gegen den Terrorismus durch die militärischen Kommandobehörden der NATO zur Billigung durch den Ständigen Rat;

- I. Chronik -
Nr. 76/18.XII.2001: NATO-Verteidigungsministertreffen

- eine Überprüfung der Wirksamkeit der verteidigungspolitischen und militärischen Grundsätze, Strukturen und Fähigkeiten der Allianz für das volle Spektrum ihrer Aufgaben, vor dem Hintergrund der Bedrohung durch den Terrorismus;

- weitere Anstrengungen durch die Hochrangige Verteidigungspolitische Gruppe für Proliferation (DGP), in Konsultationen mit anderen relevanten Gremien der NATO, um die Allianzfähigkeit zu verbessern, dem möglichen Einsatz chemischer, biologischer, radiologischer und nuklearer Stoffe zu begegnen;

- weitere Anstrengungen durch die Nationen und die zuständigen Gremien der Allianz zur Erarbeitung möglicher Maßnahmen in allen relevanten DCI-Teilbereichen, sowohl kurz- als auch mittelfristig, oder zusätzliche Anstrengungen, durch die das Verteidigungsdispositiv der Allianz gegen terroristische Angriffe ausgebaut würde;

- erweiterter Informationsaustausch unter den Bündnispartnern über Warnungen vor Bedrohungen und Bewertungen von Erkenntnissen, Konzepte, Strukturen, Ausrüstungen, Ausbildung und Übungen von Truppen, die zur Bekämpfung der terroristischen Gefahren vorgesehen sind und über andere Maßnahmen, durch die das Verteidigungsdispositiv der Allianz gegen solche Bedrohungen verbessert werden könnte.

8. Anstrengungen zur Verbesserung der NATO-Fähigkeiten, auf den Terrorismus zu reagieren, müssen fester, wenngleich dringender Bestandteil der laufenden allgemeinen Arbeit sein, durch die die militärischen Fähigkeiten der Allianz ausgebaut werden. Seit unserem letzten Treffen sind im weiter gefassten Sinn bereits Fortschritte erzielt worden, aber es bleibt noch eine Menge Arbeit zu tun. Für besonders besorgniserregend halten wir die seit langem bestehenden Mängel in Bereichen, wie zum Beispiel Wirksamkeit im Einsatz, Überlebensfähigkeit, Verlegefähigkeit, Freund-Feind-Identifizierung im Gefecht sowie Führungs- und Kommunikationsmittel, Aufklärung, Überwachung und Zielerfassung. Die vollständige Umsetzung der Initiative zur Verteidigungsfähigkeit ist von essentieller Wichtigkeit, wenn das Bündnis zur Durchführung seiner Aufgaben befähigt werden soll, unter Berücksichtigung der Bedrohung durch den Terrorismus.

9. Vor dem Hintergrund dieser Erklärung erteilen wir dem Ständigen Rat die Weisung, diese Punkte regelmäßig zu überprüfen und uns auf unserem nächsten Treffen über die Fortschritte zu berichten, die in Bezug auf die in Absatz 8 aufgeführten Aufgaben sowie ganz allgemein in der Fähigkeit der Allianz aus verteidigungspolitischer und militärischer Sicht erzielt worden sind, um das volle Spektrum ihrer Aufgaben im veränderten Sicherheitsumfeld wahrnehmen zu können, speziell im Lichte der Bedrohung durch den Terrorismus. Der Rat soll ferner Empfehlungen für weitere erforderliche Arbeiten unterbreiten. Darüber hinaus wird das im nächsten Jahr stattfindende Gipfeltreffen der Staats- und Regierungschefs in Prag ein besonders wichtiger Anlass sein, um die Fortschritte zu bewerten, die in der Weiterentwicklung der Fähigkeiten erzielt worden sind, die der Kampf gegen den Terrorismus und andere Herausforderungen erforderlich machen, vor die sich die Allianz gestellt sieht und um weitere Weisung zu erteilen, wo erforderlich."

3. DPC/NPG-Kommuniqué, 18. 12. 2001

„1. Der Verteidigungsplanungsausschuss und die Nukleare Planungsgruppe der Nordatlantikpakt-Organisation traten am 18. Dezember 2001 in Brüssel auf Ministerebene zusammen.

2. Nach den terroristischen Angriffen auf die Vereinigten Staaten und die Ausrufung von Artikel 5 des Washingtoner Vertrags erhält unsere Arbeit im Rahmen der Verteidigungsplanung einen neuen Stellenwert. Wir haben unser Bekenntnis zur kollektiven Verteidigung ebenso wie die Wichtigkeit bekräftigt, dass das Bündnis die erforderlichen Fähigkeiten besitzt, um sicherzustellen, dass wir wirksam auf jede Aggression, oder die Androhung einer Aggression, gegen unsere Nationen reagieren und andere potentielle Krisen beherrschen können.

3. Bei der Überprüfung der alliierten Verteidigungsplanung stellten wir fest, dass die Kräftestrukturen und Fähigkeiten der Bündnispartner im allgemeinen ausreichen, um möglichen konventionellen militärischen Angriffen auf das Bündnisgebiet begegnen zu können. Wie aber bereits im Strategischen Konzept festgestellt und durch die jüngsten Ereignisse bestätigt, müssen unsere Kräfte auch in der Lage sein, Herausforderungen auf einem breiteren Spektrum zu begegnen, was die Dislozierung größerer Truppenteile außerhalb des Bündnisgebiets erforderlich machen kann. In dieser Hinsicht, ebenso wie in ihrer Befähigung zur Behandlung

- I. Chronik -
Nr. 76/18.XII.2001: NATO-Verteidigungsministertreffen

der Folgen einer Proliferation von ABC-Waffen und ihrer Einsatzmittel, weisen die Streitkräfte der meisten Bündnispartner noch signifikante Mängel auf. Maßnahmen zur Abstellung dieser Mängel sind in der Initiative zur Verteidigungsfähigkeit und in unserem NATO-Verteidigungsplanungsprozess identifiziert worden. Jetzt ist es aber dringend erforderlich, weitere Fortschritte in der Entwicklung besser dislozierbarer Kräfte zu erzielen, um die Aufgaben wahrnehmen zu können, die wir uns in unserer Ministerweisung selbst vorgegeben haben.

4. Wir sind entschlossen sicherzustellen, dass die Weiterentwicklung unserer Streitkräfte derart erfolgt, dass diesen Herausforderungen begegnet werden kann. Dazu wollen wir die erforderlichen Umstrukturierungs- und Modernisierungsprozesse, die bereits auf den Weg gebracht worden sind, tatkräftig weiterführen. Zum Teil beabsichtigen wir, dieses Ziel durch die effektivere Nutzung der Verteidigungsressourcen zu erreichen, auch durch verstärkte multinationale Zusammenarbeit. Wir erkennen aber auch, dass in einigen Fällen mehr Ressourcen erforderlich sein werden, um dieses ehrgeizige Ziel zu verwirklichen, und wir werden äußerste Anstrengungen unternehmen, um sicherzustellen, dass diese Ressourcen auch bereitgestellt werden.

5. Die Weiterentwicklung der Bündnisfähigkeiten ist auch im Zusammenhang mit dem Erfolg möglicher zukünftiger EU-geführter Operation von Bedeutung. Für jede der betreffenden Nationen gilt es, Forderungen für die NATO und die EU aus nur einmal verfügbaren Streitkräftepotentialen zu erfüllen. Wir haben in der Verteidigungsüberprüfung auch den Kräften und Fähigkeiten Rechnung getragen, die Bündnispartner für EU-geführte Operationen zur Verfügung stellen könnten. Diese Zusagen scheinen mit der Streitkräfteplanung des Bündnisses voll und ganz vereinbar und stimmig zu sein und sollten daher keine negativen Auswirkungen auf die Fähigkeit des Bündnisses zur Durchführung seiner Aufgaben haben.

6. Auf unserem Treffen der Nuklearen Planungsgruppe haben wir den Status der nuklearen Kräfte der NATO überprüft und eine Reihe damit zusammenhängender Fragen erörtert. Wir haben den grundlegend politischen Zweck herausgestellt, nämlich den Frieden zu wahren sowie jegliche Form von Zwang und Krieg zu verhindern, und haben die Prinzipien bekräftigt, die das tragende Fundament für diese Kräfte nach Maßgabe des Strategischen Konzepts der Allianz bilden. Angesichts neuer Sicherheitsherausforderungen nie dagewesener Art haben wir besonderen Grund zur Bekräftigung unseres uneingeschränkten Vertrauens in, und unbeirrbaren Eintretens für, die Stärke und Gültigkeit der transatlantischen Bindung in unserer Allianz, welche ein Gleichmaß an Sicherheit und Stabilität im euro-atlantischen Raum gewährleistet. Wir haben einmal mehr unterstrichen, dass die in Europa stationierten und für die NATO verfügbaren Nuklearkräfte auch in Zukunft ein essentielles politisches und militärisches Bindeglied zwischen den europäischen und nordamerikanischen Mitgliedern der Allianz darstellen.

7. Wir haben die Unterrichtung durch den amerikanischen Verteidigungsminister über den laufenden Meinungsaustausch zwischen den Vereinigten Staaten und der Russischen Föderation über einen neuen strategischen Rahmen begrüßt. Wir unterstützen diese Entwicklungen voll, die darauf ausgerichtet sind, die Zusammenarbeit auf der Grundlage gemeinsamer Interessen zu fördern und die strategische Stabilität sowie die Zusammenarbeit auf dem Gebiet der Nichtverbreitung zu fördern. Wir begrüßen die Ergebnisse der Gespräche von Präsident BUSH mit Präsident PUTIN vom 13. und 14. November und haben unserer Erwartung Ausdruck verliehen, dass sich die Atmosphäre des Vertrauens und der Zusammenarbeit in Fragen der globalen Sicherheit und der strategischen Stabilität voll in der Beziehung der Allianz zu Russland niederschlagen wird, auch im Meinungsaustausch über Nuklearwaffenfragen.

8. Abschreckung und Verteidigung spielen zusammen mit Rüstungskontrolle, Abrüstung und Nichtverbreitung weiterhin eine bedeutende Rolle zur Verwirklichung der Sicherheitsziele der Allianz. Wir begrüßten die Entscheidung von Präsident BUSH, im Laufe der nächsten zehn Jahre die Zahl der einsatzbereit stationierten strategischen Nuklearwaffen auf einen Bestand zwischen 1.700 bis 2.200 zu reduzieren, ebenso wie die Erklärung von Präsident PUTIN, dass Russland beabsichtigt, seine strategischen Nuklearwaffen entsprechend zu reduzieren. Wir haben unsere Entschlossenheit bekräftigt, den Vertrag über die Nichtverbreitung nuklearer Waffen (NVV) zu stärken und zur Implementierung der Schlussfolgerungen der NVV-Überprüfungskonferenz aus dem Jahre 2000 beizutragen. Wir unterstützen weiterhin die bestehenden Moratorien für nukleare Testversuche.

9. In der jetzigen Zeit erhöhten Sicherheitsbewusstseins sind wir stolz auf den hervorragenden Sicherheitsstandard der Nuklearwaffen der NATO. Wir haben unser stetiges Engagement für das höchste Maß an Sicherheit und Absicherung dieser Waffen bekräftigt und einmal mehr unterstrichen, dass die Nuklearwaffen der NATO in jeder Beziehung sicher sind.

10. Wir haben unsere große Zufriedenheit über die ermutigenden Fortschritte im Meinungsaustausch mit der Russischen Föderation über Nuklearwaffenfragen im Rahmen des NATO-Russland-Rats zum Ausdruck gebracht, besonders über nuklearbezogene vertrauens- und sicherheitsbildende Maßnahmen, wie sie von der NATO vorgeschlagen worden sind. Wir stimmten darin überein, dass kurzfristig stattfindende zielgerichtete Gespräche über Fragen der Sicherheit und Absicherung nuklearer Waffen im beiderseitigen Interesse liegen. Die übereinstimmende Ansicht beider Seiten über den Wert eines solchen Austausches und über den Wunsch nach Treffen von Nuklearexperten ist in diesem wichtigen Bereich eine konstruktive Entwicklung zu größerer Transparenz, Berechenbarkeit und wachsendem gegenseitigen Vertrauen zwischen der NATO und Russland."

4. Erklärung der Verteidigungsminister zur Lage auf dem Balkan vom 18. 12. 2001

„1. Wir bekräftigen das starke Engagement der NATO für Sicherheit, Stabilität, Frieden, Demokratie und Achtung der Menschenrechte auf dem Balkan sowie die Entschlossenheit des Bündnisses, jeder Gewalt entgegenzutreten, ungeachtet ethnischer, politischer oder krimineller Beweggründe. Die Allianz wird dieses Ziel energisch weiterverfolgen, in erster Linie durch die NATO-geführten Friedenseinsätze in Bosnien und Herzegowina und im Kosovo sowie durch die Task Force Fox in der ehemaligen jugoslawischen Republik Mazedonien.

2. Wir erneuern unsere Bereitschaft zur Unterstützung der territorialen Integrität und Souveränität aller Balkanstaaten. Wir unterstreichen unsere Entschlossenheit, regionale Aussöhnung und Zusammenarbeit durch vertrauensbildende Maßnahmen, eine dauerhafte Lösung der Flüchtlings- und Vertriebenenfrage sowie Zusammenarbeit mit dem Internationalen Strafgerichtshof für das ehemalige Jugoslawien (IstGhJ) zu fördern. Wir würdigen die Anstrengungen der Länder in der Region zur Schaffung regionaler Sicherheit durch engere Zusammenarbeit.

3. Wir sprechen den Männern und Frauen von SFOR, KFOR sowie der Task Force Harvest und Task Force Fox für ihre herausragenden Anstrengungen zur Förderung von Frieden und Stabilität unsere Anerkennung aus. Wir danken ihnen für die Opfer, die sie auf sich nehmen, besonders denen, die ernsthafte Verletzungen davongetragen haben. Wir sprechen den Familien derjenigen unsere tiefempfundene Anteilnahme aus, die ihr Leben verloren haben. Den Partnern der NATO und anderen Ländern danken wir für ihre substantiellen Beiträge zu unserer gemeinsamen Anstrengung.

4. Die NATO übt auf dem Balkan zur Zeit die Führung über etwa 60.000 Soldaten aus 19 NATO-Staaten und 20 nicht zur NATO gehörenden Ländern aus. Die NATO-geführte Präsenz ist entscheidend für den Beitrag zu Stabilität und politischem Fortschritt und verläuft weiterhin erfolgreich. Während der vergangenen sechs Jahre haben sich die Herausforderungen und Bedrohungen von Grund auf verändert, und in den Einsatzgebieten stellen sich in zunehmendem Maße Probleme gleicher Art. Vor diesem Hintergrund sind wir der Ansicht, dass für spezielle Aspekte der Balkanoperationen, einschließlich der Rückkehr von Flüchtlingen, der Grenzsicherheit und Bekämpfung des organisierten Verbrechens, des Extremismus und Terrorismus, der Rahmen für einen stärkeren Regionalansatz entwickelt werden kann. Es besteht ferner Raum zur Rationalisierung der Balkanoperationen, mit dem Hauptziel, die Effizienz zu steigern und bedeutende Einsparungen von Ressourcen zu ermöglichen. Wir haben vereinbart, die nächsten Halbjahresüberprüfungen von KFOR und SFOR auf der Grundlage einer Analyse der laufenden Operationen im gesamten Einsatzgebiet durchführen zu lassen und alle Möglichkeiten zur Rationalisierung und Entwicklung eines stärkeren Regionalansatzes für die NATO-geführte Präsenz zu prüfen. Durch unsere Gesamtanstrengungen sollten sich selbst tragender Frieden und Demokratie in der Region schneller Wirklichkeit werden, so dass internationale Truppen nicht länger erforderlich sind.

5. Wir haben den Stand der NATO-geführten Operation im Kosovo geprüft. Wir treten weiter uneingeschränkt dafür ein, unserer Rolle zur Verwirklichung der Zielsetzungen der internationalen Gemeinschaft nach Maßgabe der Resolution 1244 des VN-Sicherheitsrats gerecht zu werden. Wir bekräftigen das Engagement der KFOR-Truppe zur Unterstützung bei der Rückkehr von Flüchtlingen und Vertriebenen, einschließlich der Kosovo-Serben und anderer Minderheiten, und würdigen die koordinierten Anstrengungen des dafür eingesetzten Gemeinsa-

men Ausschusses. Die Zusammenarbeit zwischen KFOR und allen Ebenen der VN-Mission zur Übergangsverwaltung des Kosovo (UNMIK) ist weiterhin ausgezeichnet. Wir sprechen der OSZE und UNMIK unsere Anerkennung dafür aus, dass sie im November 2001, mit Unterstützung durch KFOR, die Parlamentswahlen für ganz Kosovo erfolgreich durchgeführt haben.

6. Die KFOR-Truppe wird auch in Zukunft die UNMIK-Polizei sowie die Kosovo-Polizei uneingeschränkt unterstützen, und wir begrüßen den gerade eingeleiteten Prozess, durch den die Verantwortung für öffentliche Sicherheit auf die entsprechenden zivilen Stellen übertragen wird, sobald die Voraussetzungen dafür gegeben sind. Wir sind ermutigt durch die wachsenden Beiträge durch die multiethnische Polizei des Kosovo, die damit begonnen hat, die Verantwortung für tägliche Polizeiaufgaben zu übernehmen. Wir begrüßen die Schritte, die der Sonderbeauftragte des VN-Generalsekretärs zur Festigung von Recht und Gesetz ergreift, zum Beispiel durch die Aufstellung einer kriminalpolizeilichen Ermittlungseinheit und durch Maßnahmen zur Bekämpfung des Terrorismus, zur Kontrolle von Grenzübertritten und zur Eingrenzung des unerlaubten Waffenbesitzes.

7. Die Aufstellung des Kosovo-Schutzkorps, mit der Zielvorgabe, sich zu einer voll leistungsfähigen Zivilschutzorganisation zu entwickeln, die zum Wohle aller Bewohner des Kosovo arbeitet, geht weiter. Wir begrüßen das Programm zur Ausbildung des Kosovoschutzkorps, um im Notfall zur Kampfmittelbeseitigung eingesetzt werden zu können. Wir nehmen zur Kenntnis, dass das Kosovoschutzkorps im allgemeinen die vorgegebenen Bestimmungen einhält, aber trotzdem fordern wir die Angehörigen des Korps auf, sich von jeder extremistischen oder kriminellen Handlung zu distanzieren. Wir bestehen auf strikte Einhaltung des Verhaltenskodex sowie der Disziplinarordnung für das Korps. Die Frage der Überführung weiterer 2.000 Mann des Kosovoschutzkorps von der aktiven Verwendung in den Reservedienst ist ebenfalls eine dringend zu lösende Frage.

8. KFOR setzt seine robusten Maßnahmen zur Festigung der Sicherheit auf der Kosovo-Seite der Grenze zur ehemaligen jugoslawischen Republik Mazedonien im Rahmen der Operation Eagle fort. Die Truppe verfolgt im Rahmen ihrer Mittel und Möglichkeiten auch eine Reihe von Initiativen zur engeren Abstimmung mit dem Verteidigungs- und dem Innenministerium in Skopje, um die militärische Wirksamkeit der Grenzkontrollen und Abriegelungsoperationen zu erweitern und stimmt dies auch mit den albanischen Behörden ab.

9. Wir haben die Gesamtstärke und -strukturen von KFOR überprüft und sind zu der Schlussfolgerung gelangt, dass sie zum gegenwärtigen Zeitpunkt unverändert bleiben sollten, mit Ausnahme der weiteren Ablösung schwerer Einsatzmittel durch Einheiten, die für Operationen im Rahmen der inneren Sicherheit besser geeignet sind. Wir haben den Ständigen Vertretern die Weisung erteilt, eine weitere Überprüfung der Rollen und Aufgaben von KFOR rechtzeitig vor unserem Frühjahrstreffen durchzuführen. Es ist unser Ziel, ein Höchstmaß an Flexibilität in Bezug auf Streitkräfte und ihren rationellen Einsatz, auch durch eine Überprüfung der KFOR-Strukturen, zu erreichen.

10. Wir haben die zivilen und militärischen Fortschritte in Bosnien und Herzegowina einer Prüfung unterzogen. Die SFOR-Truppe wird auf der Grundlage ihres bisherigen Erfolgs in Bosnien und Herzegowina auch in Zukunft für ein sicheres Umfeld Sorge tragen und sich weiter engagieren, im Rahmen ihrer Mittel und Möglichkeiten die Arbeit internationaler Organisationen bei der zivilen Umsetzung zu unterstützen. In diesem Kontext misst die Allianz der Notwendigkeit große Bedeutung bei, den weiteren Aufbau ziviler Institutionen und der örtlichen Polizei zu beschleunigen, damit diese die ihnen rechtmäßig zufallenden Aufgaben der öffentlichen Sicherheit und Rechtsstaatlichkeit in Bosnien und Herzegowina wahrnehmen können. Wir erkennen die Notwendigkeit, die Fähigkeiten, das Ansehen, die Ausbildung und die Ausstattung der Polizei in Bosnien und Herzegowina zu verbessern, um zivilen Unruhen Herr werden zu können, ebenso wie die weiter bestehende Notwendigkeit der engeren Abstimmung zwischen SFOR, der internationalen Polizeitruppe IPTF und der örtlichen Polizei. Wir nehmen zur Kenntnis, dass das IPTF-Mandat Ende 2002 ausläuft und begrüßen Anstrengungen, dringend Kräfte zur Weiterführung des Mandats zu identifizieren. Wir begrüßen die Initiative durch das Büro des Hohen Repräsentanten, die Präsenz der internationalen Gemeinschaft in Bosnien und Herzegowina zu straffen und erwarten die Umsetzung dieser Maßnahme als einen weiteren Schritt zur Förderung der zivilen Umsetzung der Vereinbarung von Dayton.

11. Die Billigung einer Verteidigungspolitik für Bosnien und Herzegowina durch die Dreierpräsidentschaft war ein wichtiger Schritt, und wir nehmen den von der Präsidentschaft geäu-

- I. Chronik -
Nr. 76/18.XII.2001: NATO-Verteidigungsministertreffen

ßerten Wunsch zur Kenntnis, sich der Partnerschaft für den Frieden anzuschließen. Wir begrüßen die laufende Arbeit zur Entwicklung einer Sicherheitspolitik für Bosnien und Herzegowina. Wir appellieren an die Präsidentschaft, auf diesen positiven Schritten aufzubauen und Fortschritte in der Verteidigungsreform beschleunigt voranzubringen, besonders die Reduzierung und Umstrukturierung der Streitkräfte, und zwar über den Ständigen Ausschuss für Militärischen Angelegenheiten. Wir würdigen die Arbeiten von SFOR, diesem Ausschuss bei der Umstrukturierung und beim Reformprozess zu helfen, und diese Arbeiten sollten den Schwerpunkt für das NATO-Engagement bei den Streitkräften in Bosnien und Herzegowina bilden.

12. Wir bekräftigen unsere uneingeschränkte Bereitschaft zur Unterstützung des internationalen Strafgerichtshofs für das ehemalige Jugoslawien (IStGhJ), und besonders seine Maßnahmen zur Ergreifung wegen Kriegsverbrechen angeklagter Personen. Es ist wichtig, dass alle Angeklagten ergriffen und vor Gericht gestellt werden, besonders Radovan KARADZIC und Ratko MLADIC. Wir werden unsere Bemühungen fortsetzen, Kriegsverbrecher an die Gerichtsbarkeit zu überstellen. Wir begrüßen jüngste Beispiele für die Zusammenarbeit der Föderation mit dem IStGhJ und fordern alle Behörden in der Region eindringlich auf, ihre diesbezüglichen Verpflichtungen und Auflagen aus der Friedensvereinbarung von Dayton zu erfüllen.

13. Wir haben die Gesamtstärke und die Strukturen der SFOR-Truppe überprüft und sind zu der Folgerung gelangt, dass zum gegenwärtigen Zeitpunkt keine Veränderungen vorgenommen werden sollten. Wir haben die vollständige Bereitschaft der multinationalen Spezialkräfte in Übereinstimmung mit der vereinbarten Bedarfsanmeldung gefordert. Davon ausgehend, dass die Entwicklungen vor Ort weiter voranschreiten und dementsprechend Zuständigkeiten für die Unterstützung der zivilen Umsetzung auf andere Organisationen übergehen, haben wir den Militärbehörden der NATO die Weisung erteilt, ein Streitkräfte-Übergangskonzept - einschließlich wichtiger Vorgaben - zu erarbeiten und im Frühjahr Optionen für die Streitkräftestruktur vorzulegen, die ein Wiederaufflammen der Feindseligkeiten ausschließen und im Rahmen der Mittel und Möglichkeiten immer noch dazu beitragen, ein sicheres Umfeld durch eine niedrigere Präsenz in Bosnien und Herzegowina zu gewährleisten.

14. Die erfolgreichen Operationen Essential Harvest und Amber Fox sind Beweis für das Eintreten der NATO für die Stabilität und territoriale Integrität der ehemaligen jugoslawischen Republik Mazedonien, im Zusammenwirken mit anderen internationalen Organisationen, besonders der OSZE und der EU. Wir bekräftigen die Entscheidung, als Antwort auf ein Ersuchen durch Präsident Trajkowski das Mandat von Task Force Fox um weitere drei Monate bis zum 26. März 2002 zu verlängern. Wir fordern alle Beteiligten mit Nachdruck auf, die Vereinbarung von Ohrid uneingeschränkt zu implementieren und, weiter eng mit der internationalen Gemeinschaft zusammenzuarbeiten, auch in der Frage der Rückverlegung von Sicherheitskräften in sensitive Gebiete und durch die Umsetzung einer Amnestie. Wir fordern Extremisten aller Parteien eindringlich auf, der Gewaltanwendung zu entsagen. Wir unterstützen die Rolle des NATO-Kooperations- und Koordinationszentrums sowie den strukturierten Ansatz zur NATO-Präsenz im Lande, einschließlich der engeren Zusammenarbeit mit nationalen Unterstützungsstellen. Wir nehmen mit Dank die weiteren Anstrengungen durch Mitglieder der Allianz und Partnerstaaten zur Kenntnis, die bilateral geeignete Hilfe leisten.

15. Wir danken der albanischen Regierung für ihre konstruktive Haltung während der jüngsten Krise in der ehemaligen jugoslawischen Republik Mazedonien, die nicht zuletzt durch den positiven Einfluss der Verbindungszone (West) in Albanien im Rahmen von KFOR gefördert wurde.

16. Wir begrüßen die Verbesserung in unseren Beziehungen zur Bundesrepublik Jugoslawien und ihre konstruktiven Maßnahmen zur Unterstützung der Umsetzung der allgemeinen Rahmenvereinbarung für den Frieden in Bosnien und Herzegowina und der Resolution 1244 des VN-Sicherheitsrats für Kosovo. Wir appellieren an die Behörden in Belgrad, ihre Zusammenarbeit mit dem IStGhJ weiter zu entwickeln. Wir nehmen mit Zufriedenheit zur Kenntnis, dass die Behörden in der BRJ Kosovo-Serben zur Teilnahme an den Wahlen im Kosovo am 17. November ermutigt haben und begrüßen die Unterzeichnung des gemeinsamen BRJ-UNMIK-Dokuments. Wir erwarten die weitere Zusammenarbeit durch die demokratische Regierung der BRJ bei der Lösung der Probleme im Kosovo, wie zum Beispiel in Mitrovica, in der Transparenz ihrer Verbindungen zur Republika Srpska und weitere Maßnahmen, um wegen Kriegsverbrechen angeklagte Personen vor Gericht zu bringen. Wir bekräftigen unsere Bereit-

schaft zur Unterstützung eines demokratischen Montenegro als Teil einer demokratischen BRJ.

17. Wir stellen fest, dass die Lage in Südserbien relativ ruhig und stabil ist. Wir fordern alle Parteien mit Nachdruck auf, weiter auf eine friedliche Lösung aller bestehenden Schwierigkeiten hinzuarbeiten. Wir bestärken die ethnischen Albaner darin, weiterhin der Gewalt zu entsagen. Alle Parteien sollten die multiethnische Polizei uneingeschränkt unterstützen und Gelegenheiten zur Integration in örtliche administrative und politische Strukturen wahrnehmen, einschließlich der Teilnahme an örtlichen Wahlen. Die BRJ-Behörden sollten ihren Plan für eine friedliche Lösung des Problems weiter umsetzen. Wir erwarten eine weitere und zügige Implementierung der vertrauensbildenden Maßnahmen nach dem Covic-Plan. Wir erneuern unsere Zielsetzung, die Sicherheitszonen auf dem Boden und in der Luft aufzuheben."

(Deutsche NATO Vertretung)

18. XII. 2001

77. Russland kritisiert Pläne der USA, im Weltraum Raketenabwehrkomponenten zu stationieren

Am 18. Dezember 2001 wurde eine Stellungnahme des russischen Außenministeriums in Moskau veröffentlicht, in der Kritik an den amerikanischen Plänen zum Aufbau eines globalen Raketenverteidigungssystems geübt wird. Insbesondere die geplante Stationierung von Komponenten im Weltraum wurde gerügt.

Statement by the Ministry of Foreign Affairs of the Russian Federation regarding the stepping up of attempts by the United States of America to set in place a global missile defence system, 18. 12. 2001

"Moscow is watching with dismay as the United States of America steps up its attempts to set in place its so-called 'global missile defence system'. With the political decision to deploy by 2004 several strategic interceptors with 'support' from outer space, a new destabilizing phase has now been reached in the implementation of these plans.

In this connection, the Russian Federation stands by the views which it expressed after the United States unilaterally withdrew from the ABM Treaty of 1972, the cornerstone of the disarmament process. Abandonment of the principles of the ABM Treaty can only lead to a weakening of strategic stability, a senseless new arms race in the world, including the proliferation of weapons of mass destruction and their missile delivery systems, and the diversion of resources from efforts to combat the real challenges and threats of the present day - above all, international terrorism.

As part of their fundamentally new relationship, the strategic partnership that is being formed between them, in their most recent summit meetings the leaders of Russia and the United States have adopted a new - and positive - programme to make further far-reaching reductions in nuclear arms and to combat terrorism and the spread of weapons of mass destruction. It is important that a prominent place should be allocated in this programme of joint action to our cooperation in the truly vital and practical matter of non-strategic missile defence. This cooperation, at both bilateral and multilateral levels, should, moreover, be effected within the context of the NATO-Russia Permanent Joint Council.

Moscow is counting on the United States giving priority attention to the implementation of this particular strategic partnership programme, which has been agreed upon at the highest level, and to enlisting its friends and partners in the programme, rather than in a destabilizing strategic defence arms race, including in outer space."

(CD/1690)

20. XII. 2001

78. Sicherheitsrat beschließt Einrichtung einer Internationalen Sicherheitsbeistandstruppe für Afghanistan

Am 20. Dezember 2001 beschäftigte sich der Sicherheitsrat der Vereinten Nationen in New York erneut mit der Lage in Afghanistan. Nachdem das Interimsabkommen angenommen und vom Sicherheitsrat gebilligt worden war, wurde nunmehr ein Mandat für eine internationale Sicherheitstruppe (ISAF) erteilt, die den Transformationsprozess militärisch absichern soll.

Resolution 1386 des VN-Sicherheitsrats, verabschiedet am 20. 12. 2001

„Der Sicherheitsrat,

in Bekräftigung seiner früheren Resolutionen über Afghanistan, insbesondere seiner Resolutionen 1378 (2001) vom 14. November 2001 und 1383 (2001) vom 6. Dezember 2001,

in Unterstützung der internationalen Bemühungen zur Ausrottung des Terrorismus, in Übereinstimmung mit der Charta der Vereinten Nationen, sowie in Bekräftigung seiner Resolutionen 1368 (2001) vom 12. September 2001 und 1373 (2001) vom 28. September 2001,

mit Genugtuung über die Entwicklungen in Afghanistan, die es allen Afghanen erlauben werden, frei von Unterdrückung und Terror unveräußerliche Rechte und Freiheit zu genießen,

in Anerkennung dessen, dass die Afghanen selbst dafür verantwortlich sind, für Sicherheit und Recht und Ordnung im gesamten Land zu sorgen,

erneut erklärend, dass er sich das am 5. Dezember 2001 in Bonn unterzeichnete Abkommen über vorläufige Regelungen in Afghanistan bis zur Wiedereinsetzung dauerhafter Regierungsinstitutionen (S/2001/1154) (Abkommen von Bonn) zu eigen macht,

Kenntnis nehmend von dem Ersuchen an den Sicherheitsrat in Anhang 1 Absatz 3 des Abkommens von Bonn, die Genehmigung der baldigen Verlegung einer internationalen Sicherheitstruppe nach Afghanistan zu prüfen, sowie von der Unterrichtung durch den Sonderbeauftragten des Generalsekretärs vom 14. Dezember 2001 über seine Kontakte mit den afghanischen Behörden, worin diese die Verlegung einer von den Vereinten Nationen genehmigten internationalen Sicherheitstruppe nach Afghanistan begrüßen,

Kenntnis nehmend von dem Schreiben von Dr. Abdullah ABDULLAH an den Präsidenten des Sicherheitsrats, datiert vom 19. Dezember 2001 (S/2001/1223),

mit Genugtuung über das Schreiben des Ministers für auswärtige Angelegenheiten und Commonwealth-Fragen des Vereinigten Königreichs Großbritannien und Nordirlands an den Generalsekretär vom 19. Dezember 2001 (S/2001/1217) und Kenntnis nehmend von dem darin enthaltenen Angebot des Vereinigten Königreichs, bei der Organisation und dem Kommando einer Internationalen Sicherheitsbeistandstruppe die Führung zu übernehmen,

betonend, dass alle afghanischen Truppen ihre Verpflichtungen nach dem Recht der Menschenrechte, einschließlich der Achtung der Rechte der Frauen, und nach dem humanitären Völkerrecht streng einhalten müssen,

in Bekräftigung seines nachdrücklichen Bekenntnisses zur Souveränität, Unabhängigkeit, territorialen Unversehrtheit und nationalen Einheit Afghanistans,

feststellend, dass die Situation in Afghanistan weiterhin eine Bedrohung des Weltfriedens und der internationalen Sicherheit darstellt,

entschlossen, die vollinhaltliche Durchführung des Mandats der Internationalen Sicherheitsbeistandstruppe in Abstimmung mit der in dem Abkommen von Bonn eingesetzten Afghanischen Interimsbehörde sicherzustellen,

aus diesen Gründen tätig werdend nach Kapitel VII der Charta der Vereinten Nationen,

Nr.79/22.XII.2001: Bundeswehr bei Afghanistan Truppe

1. genehmigt, wie in Anhang 1 des Abkommens von Bonn vorgesehen, die Einrichtung einer Internationalen Sicherheitsbeistandstruppe für einen Zeitraum von sechs Monaten, um die Afghanische Interimsbehörde bei der Aufrechterhaltung der Sicherheit in Kabul und seiner Umgebung zu unterstützen, damit die Afghanische Interimsbehörde wie auch das Personal der Vereinten Nationen in einem sicheren Umfeld tätig sein können;

2. fordert die Mitgliedstaaten auf, Personal, Ausrüstung und andere Ressourcen zu der Internationalen Sicherheitsbeistandstruppe beizutragen, und bittet diese Mitgliedstaaten, die Führung der Truppe und den Generalsekretär zu unterrichten;

3. ermächtigt die an der Internationalen Sicherheitsbeistandstruppe teilnehmenden Mitgliedstaaten, alle zur Erfüllung ihres Mandats notwendigen Maßnahmen zu ergreifen;

4. fordert die Internationale Sicherheitsbeistandstruppe auf, bei der Durchführung des Mandats der Truppe in enger Abstimmung mit der Afghanischen Interimsbehörde sowie mit dem Sonderbeauftragten des Generalsekretärs zu arbeiten;

5. fordert alle Afghanen auf, mit der Internationalen Sicherheitsbeistandstruppe und den zuständigen internationalen staatlichen und nichtstaatlichen Organisationen zusammenzuarbeiten, und nimmt davon Kenntnis, dass sich die Parteien des Abkommens von Bonn verpflichtet haben, alle ihnen zur Verfügung stehenden Mittel und Einflussmöglichkeiten aufzubieten, um die Sicherheit und Bewegungsfreiheit des gesamten Personals der Vereinten Nationen und des gesamten sonstigen Personals der internationalen staatlichen und nichtstaatlichen Organisationen, das in Afghanistan eingesetzt ist, zu gewährleisten;

6. nimmt Kenntnis von der Zusage der afghanischen Parteien des Abkommens von Bonn in Anhang 1 des Abkommens, alle militärischen Einheiten aus Kabul abzuziehen, und fordert sie auf, diese Zusage in Zusammenarbeit mit der Internationalen Sicherheitsbeistandstruppe zu verwirklichen;

7. legt den Nachbarstaaten und den anderen Mitgliedstaaten nahe, der Internationalen Sicherheitsbeistandstruppe die erforderliche Hilfe zu gewähren, um die sie gebeten werden, namentlich die Gewährung von Überfluggenehmigungen und des Transits;

8. unterstreicht, dass die Kosten für die Internationale Sicherheitsbeistandstruppe von den betroffenen teilnehmenden Mitgliedstaaten getragen werden, ersucht den Generalsekretär, einen Treuhandfonds einzurichten, über den Beiträge an die betroffenen Mitgliedstaaten oder Einsätze weitergeleitet werden könnten, und ermutigt die Mitgliedstaaten, zu einem solchen Fonds beizutragen;

9. ersucht die Führung der Internationalen Sicherheitsbeistandstruppe, über den Generalsekretär regelmäßige Berichte über die Fortschritte bei der Durchführung ihres Mandats vorzulegen;

10. fordert die an der Internationalen Sicherheitsbeistandstruppe teilnehmenden Mitgliedstaaten auf, Unterstützung zu gewähren, um der Afghanischen Interimsbehörde bei der Aufstellung und Ausbildung neuer afghanischer Sicherheits- und Streitkräfte behilflich zu sein;

11. beschließt, mit der Angelegenheit aktiv befasst zu bleiben."

(Deutscher Übersetzungsdienst, Vereinte Nationen)

22. XII. 2001

79. Bundestag billigt Beteiligung der Bundeswehr an Afghanistan Truppe

Am 22. Dezember 2001 billigte der Deutsche Bundestag in Berlin mit einer knappen Mehrheit die Beteiligung der Bundeswehr an der Internationalen Unterstützungstruppe für Afghanistan. Die Entscheidung fiel im Gegensatz zu anderen Voten deshalb so knapp aus, weil Bundeskanzler Gerhard SCHRÖDER angesichts des Widerstands in der Rot-Grünen Koalition gegen dieses Engagement die Abstimmung mit der Vertrauensfrage verbunden

- I. Chronik -
Nr.79/22.XII.2001: Bundeswehr bei Afghanistan Truppe

hatte *(siehe oben S. 209)*, weshalb die Unionsparteien und die FDP, die ursprünglich eher Zustimmung signalisiert hatten, nunmehr ablehnten. In einem Redebeitrag vor der Abstimmung legte Außenminister Joschka FISCHER noch einmal die Gründe der Bundesregierung dar.

1. **Rede von Bundesaußenminister Joschka Fischer zur Mandatserteilung für die Friedensmission in Afghanistan am 22. 12. 2001 vor dem Deutschen Bundestag (gekürzt)**

„...Es ist eine historische Situation. Nach 23 Jahren Invasion, Krieg und Bürgerkrieg hat Afghanistan seit heute eine neue Chance. Es gab bewegende Bilder. Das, was geschehen ist, war erst der Beginn. Vor dem Land, vor den Menschen in Afghanistan, aber auch vor der internationalen Gemeinschaft liegt noch eine schwierige und gefährliche Wegstrecke. Nach 23 Jahren, die von Invasion, Krieg und Bürgerkrieg sowie einem humanitären Desaster geprägt waren, das die Weltöffentlichkeit kaum zur Kenntnis genommen hat und das sich seit Jahrzehnten jeden Winter wiederholt hat, besteht jetzt die große Chance, diesen Krieg bzw. Bürgerkrieg dauerhaft zu beenden. Ich finde, dieses verdient nun wirklich alle Unterstützung.

Was mich ganz besonders freut, ist, dass dieses Datum auch mit dem Namen der Stadt Bonn verbunden ist, nämlich mit der Vereinbarung, die auf dem Petersberg getroffen wurde. Für uns ist es nicht nur deswegen von großer Bedeutung, weil die Petersberg-Konferenz hier war, sondern auch, weil es die Rolle der Vereinten Nationen im beginnenden 21. Jahrhundert klar macht.

Die Vereinten Nationen werden dieses Land nicht anstelle der Afghanen regieren und befrieden können, aber sie sind die entscheidende Garantie-Institution für diesen Prozess.

Ich stimme den Vorrednern, dem Bundeskanzler, aber auch Ihnen, Herr MERZ, und all denen zu, die zu Recht darauf hinweisen, dass wir ohne die militärische Zerschlagung der terroristischen Strukturen von Al Khaida, ohne Beseitigung des Taliban-Regimes heute nicht diese Situation hätten, sondern die humanitäre Katastrophe auch in den kommenden Jahren und die schweren Menschenrechtsverletzungen und vor allen Dingen die Unterdrückung der Rechte der Frauen und Mädchen im wahrsten Sinne des Wortes weiter angedauert hätten. Das muss man der Ehrlichkeit halber ebenfalls hinzufügen.

Dieser Kampf gegen den internationalen Terrorismus - auch darauf wurde bereits hingewiesen - ist noch nicht beendet. Dennoch geht es bei dem heutigen Mandat um eine Friedensmission. Es geht nicht darum - ich habe das bereits gesagt -, anstelle der Afghanen zu handeln. Anders als im Kosovo wird es darauf ankommen, von Anfang an die Übergangsregierung instand zu setzen, Sicherheit zu gewährleisten. Insofern handelt es sich hier um eine robuste Mission, um eine Mission, die eindeutig unterstützen soll und Frieden bzw. die Herstellung des inneren Friedens zum Gegenstand hat, also um eine Friedensmission. Selbstverständlich hat der 11. September sehr klar gemacht, dass die Europäische Union bisher nicht darauf vorbereitet ist, Entscheidungen über Krieg und Frieden zu treffen. Selbstverständlich hätten wir uns einen stärkeren europäischen Ansatz gewünscht. Die Bundesregierung, insbesondere Bundeskanzler Schröder, hat von Anfang an - ich habe das hier schon mehrmals erläutert - darauf gedrungen, dass Europa hier stärker sichtbar wird. Nicht umsonst ist es ein deutscher Diplomat, der die Europäische Union in Afghanistan als Sonderbeauftragter unter Javier SOLANA repräsentieren wird. Auch das macht unsere europäische Überzeugung klar. Wir waren nämlich der Meinung, dass die Europäische Union sichtbar handeln muss. Hier gibt es auch einen engen Zusammenhang zur Verfassungsdebatte.

Es macht aber auch klar, wie wichtig es ist, dass sich die Bundesrepublik Deutschland engagiert. Das ist nicht nur eine Frage der humanitären Hilfe, das ist nicht nur eine Frage unserer Verpflichtung gegenüber den Vereinten Nationen. Es ist nicht nur eine Frage der Beziehungen zu Afghanistan, sondern es ist auch eine ganz zentrale europapolitische Frage, dass sich Deutschland in diesen Fragen gemeinsam mit seinen Partnern engagiert. Deswegen ist es sehr wichtig, dass die Niederländer und die Dänen gemeinsam mit unseren Soldaten, wenn der Bundestag dem zustimmt, an dieser Friedensmission der Vereinten Nationen in Afghanistan teilnehmen werden.

Der Bundeskanzler hat das Mandat bereits dargestellt. Es ist ein Mandat nach Kapitel VII der UN-Charta. Der Auftrag ist als Stabilisierung der Übergangsregierung klar definiert. Allein seine Größenordnung lässt anderes nicht zu. Anderes ist auch nicht intendiert. Der entschei-

- I. Chronik -
Nr.79/22.XII.2001: Bundeswehr bei Afghanistan Truppe

dende Punkt ist das Vertrauen zwischen den Bürgerkriegsparteien, die jetzt gemeinsam - nach einem langen Bürgerkrieg und großem Misstrauen - in diese Regierung eintreten und diese Regierung zu einem Handlungsinstrument der Befriedung und des inneren Wiederaufbaus Afghanistans machen sollen und machen müssen. In Kabul und Umgebung muss man eine entsprechende Sicherheitsunterstützungskomponente präsent haben. Das ist der Auftrag.

Es handelt sich hierbei um die Umsetzung des Petersberg-Abkommens. Entsprechend steht es auch in der Resolution des Sicherheitsrats geschrieben. Die räumliche Begrenzung ist damit definiert. Die zeitliche Begrenzung setzt eine Obergrenze von sechs Monaten. Die Fragen, die Sie hier gerade gestellt haben und die wir auch im Ausschuss diskutiert haben, kann ich Ihnen insoweit beantworten, als wir durchaus bereit gewesen wären, eine längere Perspektive ins Auge zu fassen, aber anerkennen müssen, dass der Sicherheitsrat so beschlossen hat, wie er beschlossen hat. Das heißt, zwischen dem Wünschbaren und dem, was durchsetzbar war, gibt es, wie oft in der Politik, in der Tat entsprechende Differenzen.

Die Frage 'Was folgt auf die britische Lead-Funktion?', die Sie gerade gestellt haben, ist eine Frage, die weiter diskutiert werden muss. Es gibt noch keine diesbezügliche Entscheidung. Die Frage des 'Gemeinsam rein und gemeinsam raus' wird sehr sorgfältig im Lichte dessen, wo wir nach den sechs Monaten stehen, abzuwägen sein. Dieser Aspekt wird die entsprechende Diskussion vermutlich schon vor Ablauf dieser sechs Monate sehr stark bestimmen.

Ich kann Ihnen nur Folgendes versichern: Wir haben einen Mandatsentwurf vorgelegt. Die Bundesregierung hat einen Kabinettsbeschluss herbeigeführt, in dem wir von einer Dauer von sechs Monaten - bis spätestens zum 20. Juni 2002 - ausgehen. Das ist unsere Position. Aber hier bestehen noch - um diesen Punkt möchte ich nicht herumreden - schwierige Fragen, die weiterhin zu diskutieren sind.

Ich habe vorhin darauf hingewiesen, dass für Afghanistan heute ein besonderer Tag ist. Ich sage nicht, dass diese Chance zum Frieden nach 23 Jahren von selbst Realität wird. Ich sage nicht, dass in Afghanistan nicht große Risiken, auch in der Umsetzung dieses Mandats, vor uns liegen. Aber ich sehe es als die einzige Chance an, diesem gequälten, durch Krieg und Bürgerkrieg zerstörten Land auf dem Weg zum inneren Frieden und zur Stabilisierung der gesamten Region, einer sehr gefährlichen Region, zu helfen.

Deswegen möchte auch ich Sie um Zustimmung zu diesem Mandat bitten. Unsere Soldaten werden, wenn der Bundestag zustimmt, gemeinsam mit unseren Partnern in Europa und in der Welt eine Friedensmission beginnen. Dies werden sie im Auftrag der Vereinten Nationen und der Humanität tun. Zu Beginn wird es ein sehr riskanter und schwieriger Einsatz werden. Ich bitte Sie also auch für die Soldaten, die vermutlich in diesen Einsatz gehen werden, um Ihr Vertrauen und um eine breite Zustimmung."

(Auswärtiges Amt)

2. **Beschluss des Deutschen Bundestages über die Beteiligung bewaffneter deutscher Streitkräfte an dem Einsatz einer Internationalen Sicherheitsunterstützungstruppe in Afghanistan auf Grundlage der Resolutionen 1386 (2001), 1383 (2001) und 1378 (2001) des Sicherheitsrats der Vereinten Nationen (538:35:87)**

„Die Vereinten Nationen haben mit der Resolution 1383 (2001) die Bonner Vereinbarung gewürdigt und die Verantwortlichkeiten des Sonderbeauftragten des Generalsekretärs der Vereinten Nationen in Einklang mit Anhang II der Vereinbarung bekräftigt. Die Vereinten Nationen haben darüber hinaus ihren Willen bekundet, die Umsetzung der Vereinbarung einschließlich der weiteren Anhänge zu unterstützen. Damit sind die politischen Voraussetzungen dafür geschaffen, dass die internationale Gemeinschaft den Afghanen substanzielle Hilfe beim Wiederaufbau ihres Heimatlandes leistet.

Die Bonner Vereinbarung zeichnet den weiteren politischen Weg in Afghanistan bis zu den in ca. zwei Jahren vorgesehenen Parlamentswahlen vor. Afghanistan soll auf diesem politischen Weg durch die Entsendung einer Internationalen Sicherheitsunterstützungstruppe unterstützt werden. Dabei liegt die Verantwortung für die öffentliche Sicherheit und Ordnung bei den Afghanen selbst. Die Unterzeichner der Bonner Vereinbarung haben den Sicherheitsrat der Vereinten Nationen ersucht, die Aufstellung einer Internationalen Sicherheitstruppe zu autorisieren, die vornehmlich zur Aufrechterhaltung der Sicherheit in Kabul und Umgebung bei-

- I. Chronik -
Nr.79/22.XII.2001: Bundeswehr bei Afghanistan Truppe

tragen soll. Die Teilnehmer an der Bonner Konferenz haben zugesichert, alle militärischen Einheiten aus Kabul und anderen Gebieten, in denen eine Truppe mit Mandat der Vereinten Nationen eingesetzt wird, abzuziehen. Mit der Resolution 1386 (2001) des Sicherheitsrats der Vereinten Nationen wurde das Mandat für die Aufstellung einer Internationalen Sicherheitsunterstützungstruppe in Afghanistan erteilt; das Mandat ist auf sechs Monate begrenzt. Die Vereinigten Staaten haben der Internationalen Sicherheitsunterstützungstruppe umfangreiche Unterstützung zugesagt; dazu gehören strategischer Lufttransport und Hilfe in Notlagen.

Um Afghanistan die Perspektive auf eine friedliche Zukunft zu eröffnen, sind Schritte zur Verhinderung erneuter Anarchie im öffentlichen Leben vordringlich. Die weitere Entwicklung des durch die Bonner Vereinbarung eingeleiteten politischen Prozesses wird wesentlich von der Sicherheitslage im Lande bestimmt sein. Wegen der unterschiedlichen Stammesinteressen ist der innenpolitische Frieden nach wie vor brüchig. Daher sollten Sicherheit und Ordnung mit Unterstützung der internationalen Gemeinschaft gewährleistet werden. Insbesondere in der Hauptstadt muss ein Umfeld geschaffen werden, das es der vorläufigen Regierung ab dem 22. Dezember 2001 ermöglicht, mit Hilfe der internationalen Gemeinschaft die Bonner Vereinbarung umzusetzen.

Die Beteiligung bewaffneter deutscher Streitkräfte an der vom Sicherheitsrat der Vereinten Nationen autorisierten Internationalen Sicherheitsunterstützungstruppe ist ein wesentlicher Beitrag Deutschlands zur Implementierung des auf dem Petersberg in Gang gesetzten nationalen Versöhnungsprozesses in Afghanistan, der den Weg zu einem Neuaufbau des Landes nach mehr als 20 Jahren Krieg und Bürgerkrieg eröffnet. Der Deutsche Bundestag stimmt daher der Beteiligung bewaffneter deutscher Streitkräfte an der Internationalen Sicherheitsunterstützungstruppe in Afghanistan zu, wie sie die Bundesregierung am 21. Dezember 2001 auf der Grundlage der Resolutionen 1386 (2001), 1383 (2001) und 1378 (2001) des Sicherheitsrats der Vereinten Nationen beschlossen hat.

Der Beschluss der Bundesregierung lautet:

1. Völkerrechtliche Grundlagen und politische Rahmenbedingungen

Vom 27. November bis zum 5. Dezember 2001 fanden auf dem Petersberg bei Bonn die von den Vereinten Nationen geleiteten Gespräche zu Afghanistan statt. Die Konferenz endete mit einer 'Vereinbarung über provisorische Regelungen in Afghanistan bis zum Wiederaufbau dauerhafter Regierungsinstitutionen' (Bonner Vereinbarung). Die Vereinbarung sieht vor, dass eine vorläufige Regierung[1] am 22. Dezember 2001 offiziell die Regierungsgewalt in Afghanistan übernimmt.

Der Sicherheitsrat der Vereinten Nationen hat die Bonner Vereinbarung mit der Resolution 1383 (2001) am 6. Dezember 2001 begrüßt und seine Bereitschaft erklärt, erforderliche Entscheidungen zur Umsetzung des Abkommens und der zugehörigen Anhänge zu treffen. Im Anhang I der Vereinbarung ersuchen die bei der Petersberg-Konferenz vertretenen afghanischen Gruppen den Sicherheitsrat der Vereinten Nationen, die baldige Entsendung einer Internationalen Sicherheitstruppe zu autorisieren. Auf Basis dieses Ersuchens sowie des Schreibens des Außenministers der vorläufigen afghanischen Regierung vom 19. Dezember 2001 verabschiedete der Sicherheitsrat der Vereinten Nationen am 20. Dezember 2001 die Resolution 1386 (2001), in der er die Mitgliedstaaten aufruft, sich an einer Internationalen Sicherheitsunterstützungstruppe ('International Security Assistance Force') in Afghanistan auf Grundlage des Kapitels VII der Satzung der Vereinten Nationen zu beteiligen.

Das Vereinigte Königreich von Großbritannien und Nordirland hat mit Schreiben seines Außenministers vom 19. Dezember 2001 dem Generalsekretär der Vereinten Nationen seine Bereitschaft erklärt, die Führung der Internationalen Sicherheitsunterstützungstruppe für ca. drei Monate, jedoch nicht länger als bis zum 30. April 2002, zu übernehmen. Der Sicherheitsrat der Vereinten Nationen hat dieses Angebot mit der Resolution 1386 (2001) begrüßt. Das

---

[1] 1) Die Bonner Vereinbarung spricht von „Interim Authority", die sich aus einer „Interim Administration", einer „Special Independent Commission for the Convening of the Emergency Loya Jirga" und einem „Supreme Court of Afghanistan" sowie anderer einzurichtender Gerichte zusammensetzt.

- I. Chronik -
Nr.79/22.XII.2001: Bundeswehr bei Afghanistan Truppe

Vereinigte Königreich wird als Leitnation die erforderlichen Vereinbarungen mit Afghanistan und den truppenstellenden Nationen schließen.

2. Verfassungsrechtliche Grundlagen

Die deutschen Streitkräfte handeln bei ihrer Beteiligung an der Internationalen Sicherheitsunterstützungstruppe in Afghanistan in Umsetzung der Resolution 1386 (2001) des Sicherheitsrats der Vereinten Nationen vom 20. Dezember 2001 im Rahmen und nach den Regeln eines Systems gegenseitiger kollektiver Sicherheit im Sinne des Artikels 24 Abs. 2 GG. Der Einsatz dieser Kräfte darf beginnen, sobald der Deutsche Bundestag seine konstitutive Zustimmung zu diesem Einsatz erteilt hat.

3. Auftrag

Deutsche Streitkräfte beteiligen sich an der Internationalen Sicherheitsunterstützungstruppe in Afghanistan. Der Einsatz der für sechs Monate aufgestellten Internationalen Sicherheitsunterstützungstruppe hat das Ziel, wie in Anhang I zur Bonner Vereinbarung vorgesehen, die vorläufigen Staatsorgane Afghanistans bei der Aufrechterhaltung der Sicherheit in Kabul und seiner Umgebung so zu unterstützen, dass sowohl die vorläufige afghanische Regierung als auch Personal der Vereinten Nationen in einem sicheren Umfeld arbeiten können. Das bedeutet folgende Aufgaben:

- Verlegung in das Einsatzgebiet,

- Eigensicherung,

- Unterstützung bei der Aufrechterhaltung der Sicherheit in Kabul und Umgebung,

- im Bedarfsfall Eigenevakuierung sowie

- Rückverlegung.

4. Ermächtigung zum Einsatz, Beginn und Dauer

Der Bundesminister der Verteidigung wird ermächtigt, im Einvernehmen mit dem Bundesminister des Auswärtigen für die deutsche Beteiligung an der Internationalen Sicherheitsunterstützungstruppe in Afghanistan die in den Ziffern 5 und 8 genannten Kräfte - unter dem Vorbehalt der konstitutiven Zustimmung durch den Deutsche Bundestag - im Rahmen des Mandats der Vereinten Nationen einzusetzen.

Der Einsatz ist bis zum 20. Juni 2002 befristet.

5. Einzusetzende Kräfte

Für die deutsche Beteiligung an der Internationalen Sicherheitsunterstützungstruppe in Afghanistan werden streitkräftegemeinsam bereitgestellt:

- Infanteriekräfte,

- Hubschrauberkräfte,

- Unterstützungskräfte,

- Lufttransportkräfte,

- Kräfte für die Beteiligung an internationalen Hauptquartieren und,

- sofern erforderlich, Kräfte als Verbindungsorgane zu nationalen Regierungs- und zu Nichtregierungsorganisationen sowie zu internationalen Organisationen.

6. Status und Rechte

Status und Rechte der Internationalen Sicherheitsunterstützungstruppe richten sich nach den zwischen der Leitnation und der vorläufigen Regierung von Afghanistan zu treffenden Vereinbarungen. Die Internationale Sicherheitsunterstützungstruppe ist autorisiert, alle erforderlichen Maßnahmen einschließlich der Anwendung militärischer Gewalt zu ergreifen, um den Auftrag gemäß Resolution 1386 (2001) durchzusetzen. Die Wahrnehmung des Rechts zur individuellen und kollektiven Selbstverteidigung bleibt davon unberührt. Den im Rahmen

- I. Chronik -
Nr.79/22.XII.2001: Bundeswehr bei Afghanistan Truppe

dieser Operation eingesetzten Kräften wird auch die Befugnis zur Wahrnehmung des Rechts auf bewaffnete Nothilfe zugunsten Jedermann erteilt.

7. Einsatzgebiet

Einsatzgebiet ist Kabul und Umgebung. Im weiteren Gebiet Afghanistans dürfen die deutschen Streitkräfte über die Wahrnehmung des individuellen und kollektiven Selbstverteidigungsrechts und des Nothilferechts hinaus nur zum Zwecke des Zugangs und der Logistik mit der erforderlichen Eigensicherung sowie für Abstimmungsgespräche eingesetzt werden. Andere Gebiete können für Zugang und Versorgung mit Zustimmung des jeweiligen Staates nach Maßgabe der mit ihm getroffenen Vereinbarungen genutzt werden. Im Übrigen richten sich Transit- und Überflugrechte nach den bestehenden internationalen Bestimmungen.

8. Personaleinsatz

Für die Beteiligung an der Internationalen Sicherheitsunterstützungstruppe in Afghanistan werden bis zu 1 200 Soldaten mit entsprechender Ausrüstung eingesetzt.

Im Rahmen der Internationalen Sicherheitsunterstützungstruppe in Afghanistan kann der Einsatz von deutschem Personal in Kontingenten anderer Nationen sowie der Einsatz von Personal anderer Nationen im Rahmen des deutschen Kontingents auf der Grundlage bilateraler Vereinbarungen und in den Grenzen der für Soldaten des deutschen Kontingents bestehenden rechtlichen Bindungen genehmigt werden.

Deutsche Soldaten, die im Rahmen von Austauschprogrammen bei den Streitkräften anderer NATO-Nationen dienen, verbleiben in ihrer Verwendung und nehmen auf Ersuchen der Gastnation an Einsätzen ihrer Streitkräfte im Rahmen der Internationalen Sicherheitsunterstützungstruppe in Afghanistan teil.

Es werden eingesetzt:

-Berufssoldaten, Soldaten auf Zeit

und

- aufgrund freiwilliger Verpflichtung für besondere Auslandsverwendungen

– Grundwehrdienstleistende, die freiwillig zusätzlichen Wehrdienst leisten (FWDL),

– Reservisten und frühere, nicht mehr wehrpflichtige Soldaten und frühere Soldatinnen sowie Ungediente, die berufsbezogen eingesetzt werden sollen.

9. Besondere Auslandsverwendung

Bei dem Einsatz handelt es sich um eine besondere Auslandsverwendung im Sinne des § 58a des Bundesbesoldungsgesetzes.

10. Finanzierung

Die einsatzbedingten Ausgaben werden im Haushaltsjahr 2002 für den Zeitraum von sechs Monaten rund 340 Mio. Euro betragen. Sie werden im Bundeshaushalt 2002 gegebenenfalls durch Umschichtungen finanziert."

(Deutscher Bundestag Drucksache 14/7930)

2002

1. I. 2002

80. Vertrag über den Offenen Himmel in Kraft getreten

Am 1. Januar 2002 trat der Vertrag über den Offenen Himmel in Kraft. Dieser war am 24. März 1992 in Helsinki von den Mitgliedstaaten der NATO und den ehemaligen Mitgliedstaaten des Warschauer Paktes - bzw. deren Nachfolgestaaten - unterzeichnet worden (*Text in Band XXV, S. 488 ff.*). Nachdem Russland im Frühjahr 2001 den Vertrag ratifiziert hatte, konnte er endlich in Kraft treten.

15. I. 2002

81. Sicherheitsrat zur Lage zwischen Kroatien und Jugoslawien

Am 15. Januar 2002 beschäftigte sich der Sicherheitsrat der vereinten Nationen mit den Beziehungen zwischen Jugoslawien und Kroatien. Die Mitglieder nahmen mit Befriedigung die Verbesserung der Beziehungen zur Kenntnis und forderten weitere, konstruktive Maßnahmen. Das Mandat für die militärische Beobachtermission für die Halbinsel Prevlaka wurde verlängert.

Resolution 1387 des Sicherheitsrats, verabschiedet am 15. 1. 2002

„Der Sicherheitsrat,

unter Hinweis auf alle seine früheren einschlägigen Resolutionen, insbesondere auch seine Resolutionen 779 (1992) vom 6. Oktober 1992, 981 (1995) vom 31. März 1995, 1088 (1996) vom 12. Dezember 1996, 1147 (1998) vom 13. Januar 1998, 1183 (1998) vom 15. Juli 1998, 1222 (1999) vom 15. Januar 1999, 1252 (1999) vom 15. Juli 1999, 1285 (2000) vom 13. Januar 2000, 1307 (2000) vom 13. Juli 2000, 1335 (2001) vom 12. Januar 2001, 1357 (2001) vom 21. Juni 2001 und 1362 (2001) vom 11. Juli 2001,

nach Behandlung des Berichts des Generalsekretärs vom 2. Januar 2002 (S/2002/1) über die Beobachtermission der Vereinten Nationen in Prevlaka (UNMOP),

sowie unter Hinweis auf die an seinen Präsidenten gerichteten Schreiben des Geschäftsträgers a.i. der Ständigen Vertretung Jugoslawiens vom 28. Dezember 2001 (S/2001/1301) und des Ständigen Vertreters Kroatiens vom 7. Januar 2002 (S/2002/29) betreffend das umstrittene Gebiet von Prevlaka,

in nochmaliger Bekräftigung seines Bekenntnisses zur Unabhängigkeit, Souveränität und territorialen Unversehrtheit der Republik Kroatien innerhalb ihrer international anerkannten Grenzen,

erneut Kenntnis nehmend von der am 30. September 1992 von den Präsidenten der Republik Kroatien und der Bundesrepublik Jugoslawien in Genf unterzeichneten Gemeinsamen Erklärung, insbesondere deren Artikel 1 sowie dem Artikel 3, in dem ihre Vereinbarung betreffend die Entmilitarisierung der Halbinsel Prevlaka bekräftigt wird, und von dem Abkommen über die Normalisierung der Beziehungen zwischen der Republik Kroatien und der Bundesrepublik Jugoslawien vom 23. August 1996 (S/1996/706, Anlage),

mit Genugtuung feststellend, dass die Gesamtsituation im Zuständigkeitsbereich der UNMOP stabil und ruhig geblieben ist, und erfreut über die Vereinbarung beider Seiten, eine zwischenstaatliche Grenzkommission einzusetzen,

- I. Chronik -
Nr. 82/16.I.2002: VN zu Taliban und Al-Qaida

in Würdigung der Rolle der UNMOP sowie feststellend, dass die Präsenz der Militärbeobachter der Vereinten Nationen nach wie vor wichtig für die Aufrechterhaltung von Bedingungen ist, die einer Verhandlungsregelung der Prevlaka-Streitfrage förderlich sind,

unter Hinweis auf die einschlägigen Grundsätze in dem am 9. Dezember 1994 verabschiedeten Übereinkommen über die Sicherheit von Personal der Vereinten Nationen und beigeordnetem Personal sowie auf die Erklärung seines Präsidenten vom 10. Februar 2000 (S/PRST/2000/4),

1. ermächtigt die Militärbeobachter der Vereinten Nationen, die Entmilitarisierung der Halbinsel Prevlaka im Einklang mit den Resolutionen 779 (1992) und 981 (1995) und den Ziffern 19 und 20 des Berichts des Generalsekretärs vom 13. Dezember 1995 (S/1995/1028) bis zum 15. Juli 2002 weiter zu überwachen, und ersucht den Generalsekretär, dem Rat auch weiterhin bei Bedarf Bericht zu erstatten;

2. erneuert seine Aufforderung an die Parteien, alle Verstöße gegen das Entmilitarisierungsregime in den von den Vereinten Nationen festgelegten Zonen zu unterlassen, mit den Militärbeobachtern der Vereinten Nationen voll zusammenzuarbeiten und ihre Sicherheit und volle und ungehinderte Bewegungsfreiheit zu gewährleisten;

3. begrüßt die anhaltenden Fortschritte bei der Normalisierung der Beziehungen zwischen den Regierungen der Republik Kroatien und der Bundesrepublik Jugoslawien und die Einsetzung einer zwischenstaatlichen Grenzkommission und legt den Parteien eindringlich nahe, ihre Bemühungen um eine Verhandlungslösung der Prevlaka-Streitfrage im Einklang mit Artikel 4 des Abkommens über die Normalisierung der Beziehungen zu beschleunigen;

4. ermutigt die Parteien, alle vertrauensbildenden Maßnahmen zu prüfen, einschließlich der ihnen gemäß Resolution 1252 (1999) angebotenen Optionen, die zur Erleichterung einer Lösung der Prevlaka-Streitfrage beitragen könnten;

5. ersucht die Parteien, dem Generalsekretär auch weiterhin mindestens alle zwei Monate über den Stand ihrer bilateralen Verhandlungen und über die Fortschritte beim Beginn der Arbeit der zwischenstaatlichen Grenzkommission Bericht zu erstatten;

6. ersucht die Militärbeobachter der Vereinten Nationen und die vom Rat in Resolution 1088 (1996) vom 12. Dezember 1996 genehmigte und mit Resolution 1357 (2001) vom 21. Juni 2001 verlängerte multinationale Stabilisierungstruppe, voll miteinander zu kooperieren;

7. beschließt, mit der Angelegenheit befasst zu bleiben."

(Deutscher Übersetzungsdienst, Vereinte Nationen)

16. I. 2002

82. Sicherheitsrat beschließt Maßnahmen gegen Mitglieder der Taliban und der Al-Qaida-Organisation

Am 16. Januar 2002 trat in New York der Sicherheitsrat der Vereinten Nationen zusammen, um über weitergehende Maßnahmen und eine Verbesserung der internationalen Kooperation im Kampf gegen den Terrorismus zu beraten. Insbesondere wurde beschlossen, dass alle Konten und Depots von Personen und Institutionen zu beschlagnahmen seien, die der Al-Qaida Organisation angehören oder ihr verbunden sind.

Resolution 1390 des VN-Sicherheitsrats, verabschiedet am 16. 1. 2002

„Der Sicherheitsrat,

unter Hinweis auf seine Resolutionen 1267 (1999) vom 15. Oktober 1999, 1333 (2000) vom 19. Dezember 2000 und 1363 (2001) vom 30. Juli 2001,

- I. Chronik -
Nr. 82/16.I.2002: VN zu Taliban und Al-Qaida

in Bekräftigung seiner früheren Resolutionen über Afghanistan, insbesondere der Resolutionen 1378 (2001) vom 14. November 2001 und 1383 (2001) vom 6. Dezember 2001,

sowie in Bekräftigung seiner Resolutionen 1368 (2001) vom 12. September 2001 und 1373 (2001) vom 28. September 2001 und mit dem erneuten Ausdruck seiner Unterstützung für die internationalen Bemühungen zur Ausrottung des Terrorismus, im Einklang mit der Charta der Vereinten Nationen,

in Bekräftigung seiner unmissverständlichen Verurteilung der Terroranschläge, die am 11. September 2001 in New York, Washington und Pennsylvania stattfanden, mit dem Ausdruck seiner Entschlossenheit, alle derartigen Handlungen zu verhindern,

im Hinblick auf die fortgesetzten Aktivitäten Usama BIN LADENS und des Al-Qaida-Netzwerks zur Unterstützung des internationalen Terrorismus sowie mit dem Ausdruck seiner Entschlossenheit, dieses Netzwerk auszulöschen,

davon Kenntnis nehmend, dass USAMA BIN LADEN und seine Verbündeten von den Vereinigten Staaten von Amerika unter anderem für die Bombenanschläge vom 7. August 1998 auf die Botschaften der Vereinigten Staaten in Nairobi (Kenia) und Daressalam (Tansania) unter Anklage gestellt wurden,

feststellend, dass die Taliban auf die in Ziffer 13 der Resolution 1214 (1998) vom 8. Dezember 1998, Ziffer 2 der Resolution 1267 (1999) und in den Ziffern 1, 2 und 3 der Resolution 1333 (2000) enthaltenen Forderungen nicht reagiert haben,

die Taliban dafür verurteilend, dass sie die Nutzung Afghanistans als Basis für die Ausbildung von Terroristen und für terroristische Tätigkeiten, namentlich auch für den Export des Terrorismus durch das Al-Qaida-Netzwerk und andere terroristische Gruppen, zugelassen haben und dass sie ausländische Söldner für feindselige Handlungen im Hoheitsgebiet Afghanistans eingesetzt haben,

unter Verurteilung des Al-Qaida-Netzwerks und der anderen mit ihm verbündeten terroristischen Gruppen für die vielfachen kriminellen und terroristischen Handlungen mit dem Ziel, den Tod zahlreicher unschuldiger Zivilpersonen und die Zerstörung von Sachwerten zu verursachen,

ferner bekräftigend, dass Akte des internationalen Terrorismus eine Bedrohung des Weltfriedens und der internationalen Sicherheit darstellen,

tätig werdend nach Kapitel VII der Charta der Vereinten Nationen,

1. beschließt, die mit Ziffer 8 c) der Resolution 1333 (2000) verhängten Maßnahmen fortzusetzen, und nimmt Kenntnis von der weiteren Anwendung der mit Ziffer 4 b) der Resolution 1267 (1999) verhängten Maßnahmen, im Einklang mit Ziffer 2, und beschließt, die mit Ziffer 4 a) der Resolution 1267 (1999) verhängten Maßnahmen zu beenden;

2. beschließt, dass alle Staaten im Hinblick auf Usama BIN LADEN, Mitglieder der Al-Qaida-Organisation und der Taliban sowie andere mit ihnen verbündete Einzelpersonen, Gruppen, Unternehmen und Institutionen auf der entsprechend den Resolutionen 1267 (1999) und 1333 (2000) aufgestellten Liste, die von dem Ausschuss nach Resolution 1267 (1999) (im Folgenden als 'Ausschuss' bezeichnet) regelmäßig zu aktualisieren ist, die folgenden Maßnahmen ergreifen werden:

a) die Gelder und anderen finanziellen Vermögenswerte oder wirtschaftlichen Ressourcen dieser Einzelpersonen, Gruppen, Unternehmen und Institutionen unverzüglich einzufrieren, einschließlich der Gelder, die aus Vermögensgegenständen stammen, die ihnen gehören oder die direkt oder indirekt von ihnen oder von Personen, die in ihrem Namen oder auf ihre Anweisung handeln, kontrolliert werden, sowie sicherzustellen, dass weder diese noch irgendwelche anderen Gelder, finanziellen Vermögenswerte oder wirtschaftlichen Ressourcen von ihren Staatsangehörigen oder von in ihrem Hoheitsgebiet befindlichen Personen direkt oder indirekt zu Gunsten solcher Personen zur Verfügung gestellt werden;

b) die Einreise dieser Einzelpersonen in oder ihre Durchreise durch ihr Hoheitsgebiet zu verhindern, mit der Maßgabe, dass diese Bestimmung keinen Staat dazu verpflichtet, seinen eigenen Staatsangehörigen die Einreise in sein Hoheitsgebiet zu verweigern oder ihre

- I. Chronik -
Nr. 82/16.I.2002: VN zu Taliban und Al-Qaida

Ausreise zu verlangen, und dass diese Bestimmung keine Anwendung findet, wenn die Ein- oder Durchreise zur Durchführung eines Gerichtsverfahrens erforderlich ist oder wenn der Ausschuss, stets im Einzelfall, feststellt, dass die Ein- oder Durchreise gerechtfertigt ist;

c) zu verhindern, dass diesen Einzelpersonen, Gruppen, Unternehmen und Institutionen von ihrem Hoheitsgebiet aus oder durch ihre Staatsangehörigen außerhalb ihres Hoheitsgebiets oder durch Schiffe oder Luftfahrzeuge, die ihre Flagge führen, Rüstungsgüter und sonstiges Wehrmaterial jeder Art, einschließlich Waffen und Munition, militärische Fahrzeuge und Ausrüstungsgegenstände, paramilitärische Ausrüstung, entsprechende Ersatzteile sowie technische Beratung, Hilfe oder Ausbildung hinsichtlich militärischer Aktivitäten auf direktem oder indirektem Wege geliefert, verkauft oder übertragen werden;

3. beschließt, dass die in den Ziffern 1 und 2 genannten Maßnahmen in 12 Monaten überprüft werden und dass der Rat am Ende dieses Zeitraums entweder die Fortsetzung dieser Maßnahmen genehmigen oder ihre Verbesserung beschließen wird, eingedenk der Grundsätze und Ziele dieser Resolution;

4. erinnert daran, dass alle Mitgliedstaaten verpflichtet sind, die Resolution 1373 (2001) vollinhaltlich durchzuführen, so auch im Hinblick auf jedes Mitglied der Taliban und der Al-Qaida-Organisation und sämtliche mit den Taliban und der Al-Qaida-Organisation verbündeten Einzelpersonen, Gruppen, Unternehmen und Institutionen, die an der Finanzierung, Planung, Erleichterung und Vorbereitung oder der Begehung terroristischer Handlungen oder an ihrer Unterstützung beteiligt waren;

5. ersucht den Ausschuss, die nachstehenden Aufgaben wahrzunehmen, dem Rat über seine Arbeit Bericht zu erstatten und Bemerkungen und Empfehlungen dazu vorzulegen:

a) die in Ziffer 2 genannte Liste auf der Grundlage der von den Mitgliedstaaten und den Regionalorganisationen bereitgestellten sachdienlichen Informationen regelmäßig zu aktualisieren;

b) von allen Staaten Informationen über die Maßnahmen einzuholen, die sie ergriffen haben, um die in Ziffer 2 genannten Maßnahmen wirksam durchzuführen, und sie danach um alle weiteren Informationen zu ersuchen, die der Ausschuss für notwendig erachtet;

c) dem Rat regelmäßig über die Informationen Bericht zu erstatten, die dem Ausschuss in Bezug auf die Durchführung dieser Resolution vorgelegt werden;

d) rasch die notwendigen Richtlinien und Kriterien zu veröffentlichen, um die Durchführung der in Ziffer 2 genannten Maßnahmen zu erleichtern;

e) die von ihm für sachdienlich erachteten Informationen, einschließlich der in Ziffer 2 genannten Liste, über geeignete Medien der Öffentlichkeit zugänglich zu machen;

f) mit den anderen zuständigen Sanktionsausschüssen des Sicherheitsrats und mit dem Ausschuss nach Ziffer 6 seiner Resolution 1373 (2001) zusammenzuarbeiten;

6. ersucht alle Staaten, dem Ausschuss spätestens 90 Tage nach Verabschiedung dieser Resolution und danach nach einem von dem Ausschuss vorzuschlagenden Zeitplan über die Schritte Bericht zu erstatten, die sie zur Durchführung der in Ziffer 2 genannten Maßnahmen unternommen haben;

7. fordert alle Staaten, die zuständigen Organe der Vereinten Nationen sowie gegebenenfalls andere Organisationen und interessierte Parteien nachdrücklich auf, mit dem Ausschuss und mit der in Ziffer 9 genannten Überwachungsgruppe voll zusammenzuarbeiten;

8. fordert alle Staaten nachdrücklich auf, sofort Schritte zu unternehmen, um durch den Erlass von Gesetzen oder gegebenenfalls Verwaltungsmaßnahmen die nach innerstaatlichem Recht gegen ihre Staatsangehörigen und andere in ihrem Hoheitsgebiet operierende Einzelpersonen oder Institutionen verhängten Maßnahmen durchzusetzen und zu verstärken, Verstöße gegen die in Ziffer 2 genannten Maßnahmen zu verhindern und zu bestrafen und den Ausschuss über die Verabschiedung solcher Maßnahmen zu unterrichten, und bittet die Staaten, dem Ausschuss über die Ergebnisse aller diesbezüglichen Ermittlungen oder Durchsetzungsmaß-

- I. Chronik -
Nr. 83/24.I.2002: Bush zur Abrüstungsdiplomatie

nahmen Bericht zu erstatten, es sei denn, dass die Ermittlungen oder Durchsetzungsmaßnahmen dadurch kompromittiert würden;

9. ersucht den Generalsekretär, die nach Ziffer 4 a) der Resolution 1363 (2001) eingesetzte Überwachungsgruppe, deren Mandat am 19. Januar 2002 endet, damit zu betrauen, über einen Zeitraum von 12 Monaten hinweg die Durchführung der in Ziffer 2 genannten Maßnahmen zu überwachen;

10. ersucht die Überwachungsgruppe, dem Ausschuss bis zum 31. März 2002 und danach alle vier Monate Bericht zu erstatten;

11. beschließt, mit der Angelegenheit aktiv befasst zu bleiben."

(Deutscher Übersetzungsdienst, Vereinte Nationen)

24. I. 2002

83. Vorstellungen der Bush-Administration zur Abrüstungsdiplomatie

Am 24. Januar 2002 hielt der Staatssekretär im amerikanischen Außenministerium, John BOLTON, eine Rede vor der Abrüstungskonferenz (Conference on Disarmament - CD) in Genf, in der er die Vorstellungen der Bush-Administration zu den Aufgaben und Zielen der multilateralen Abrüstung in offenen und teilweise nicht sehr diplomatischen Worten darlegte. So stellte er die Existenzberechtigung der Abrüstungskonferenz in Frage, wenn diese es nicht schaffen würde, sich auf ein Mandat für Verhandlungen über ein Herstellungsverbot für Kernwaffenmaterial zu einigen. Außerdem sei der Kampf gegen den Terrorismus eine Hauptaufgabe der multilateralen Diplomatie. Er griff namentlich Nordkorea und Irak dafür an, dass sie den Nuklearen Nichtverbreitungsvertrag gebrochen hätten. Am gleichen Tag noch wurde eine Antwortnote des nordkoreanischen Außenministeriums veröffentlich, die die Äußerungen BOLTONs scharf zurückwies. Am 28. Januar veröffentlichte das russische Außenministerium eine Erklärung, in der sie teilweise zustimmend, primär aber kritisch auf die Rede von BOLTON reagierte

1. Rede des Staatssekretärs im US-Außenministerium, John Bolton, vor der CD vom 24. 1. 2002

"Permit me to outline to this body, the world's oldest multilateral arms control negotiating forum, the fundamental elements of the Bush Administration's security policy. Our timing is particularly opportune. The September 11 terrorist attacks have made all too clear the grave threats to civilized nations that come from terrorists who strike without warning, their state sponsors, and rogue states that seek weapons of mass destruction. We must defend our homelands, our forces, and our friends and allies against these threats. And we must insist on holding accountable states that violate their nonproliferation commitments.

The fight against terrorism will remain a top international security priority. As President BUSH said: 'Our lives, our way of life, and our every hope for the world depend on a single commitment: The authors of mass murder must be defeated, and never allowed to gain or use the weapons of mass destruction.' The United States and its partners in this fight will meet this threat with every method at our disposal.

Above all, we are acting to end state sponsorship of terror. The United States believes that with very few exceptions, terrorist groups have not acquired and cannot acquire weapons of mass destruction without the support of nation-states. This support might be technical assistance. It might be funding. Perhaps such assistance has taken the form of simply turning a blind eye to terrorist camps within one's borders. But the fact that governments which sponsor terrorist

- I. Chronik -
Nr. 83/24.I.2002: Bush zur Abrüstungsdiplomatie

groups also are pursuing chemical, biological, nuclear, and missile programs is alarming, and cannot be ignored.

Nations that assist terror are playing a dangerous game. As President BUSH stated to a joint session of the U.S. Congress last fall: 'We will pursue nations that provide aid or safe haven to terrorism. Every nation, in every region, now has a decision to make. Either you are with us, or you are with the terrorists. From this day forward, any nation that continues to harbor or support terrorism will be regarded by the United States as a hostile regime.'

If the September 11 terrorist attacks taught the United States nothing else, it taught us not to underestimate the intentions and capabilities of rogue states and terrorist groups. We will not be complacent to the threat of any kind of attack on the United States, especially from weapons of mass destruction, whether chemical, biological, nuclear, or from missiles.

Chemical Weapons

On chemical weapons, the United States is alarmed by the continuing spread of dangerous technology to countries pursuing illegal programs. The United States is a strong proponent of the Chemical Weapons Convention (CWC), which provides several useful tools to combat chemical warfare programs. The United States has made effective use of the consultation provision of Article IX of the Convention to address our questions and compliance concerns. To date, we have conducted several visits at the invitation of other States Parties in a cooperative effort to resolve these questions and compliance concerns. In many cases, this has proven to be highly successful.

The United States will continue to use such consultation mechanisms to enhance verification and promote full compliance with the provisions of the Convention. Although bilateral consultations are not a prerequisite for launching a challenge inspection, the United States believes that challenge inspections may in some cases be the most appropriate mechanism for resolving compliance concerns.

Some States Parties have sought erroneously to characterize the challenge inspection process as tantamount to an abuse of political power. On the contrary, challenge inspections were included as a fundamental component of the CWC verification regime that benefits all States Parties, both as a deterrent to would-be violators and as a fact-finding tool to address compliance concerns. They are a flexible and indispensable tool that, if viewed realistically and used judiciously, can be instrumental in achieving the goals of the Chemical Weapons Convention. I caution those nations that are violating the Chemical Weapons Convention: You should not be smug in the assumption that your chemical warfare program will never be uncovered and exposed to the international community.

Biological Weapons

On biological weapons, the United States made its position crystal clear at the Fifth Review Conference of the Biological Weapons Convention (BWC) late last year: we will not condone violation of the BWC. We flatly oppose flawed diplomatic arrangements that purport to strengthen the BWC but actually increase the specter of biological warfare by not effectively confronting the serious problem of BWC noncompliance. It is for this reason that the United States rejected the draft protocol to the Biological Weapons Convention and the continuance of the BWC Ad Hoc Group and its mandate, and offered an alternate way ahead.

Regarding the BWC protocol, the United States was urged to go along with this proposal because it was 'flawed, but better than nothing.' After an exhaustive evaluation within the U.S. Government, we decided that the protocol was actually counterproductive. New approaches and new ways of thinking are needed to prevent the proliferation of biological weapons.

The United States presented a number of new proposals to do just this, including tightened national export controls, fully implementing the BWC by nationally criminalizing activity that violates it, intensified non-proliferation activities, increased domestic preparedness and controls, enhanced biodefense and counter-bioterrorism capabilities, and innovative measures against disease outbreaks. Many, if not all of these measures can begin to be implemented now. We look forward to discussing and refining them with all of you and hope that you will join us in endorsing and beginning to implement them as we prepare for the resumption of the BWC Review Conference next November.

- I. Chronik -
Nr. 83/24.I.2002: Bush zur Abrüstungsdiplomatie

Nuclear Weapons

On nuclear weapons, the United States recently completed a Nuclear Posture Review, the basic conclusions of which have recently been made public. Fundamental to this review is the assumption that the United States and Russia are no longer adversaries, and, therefore, that such Cold War notions as mutual assured destruction are no longer appropriate as the defining characteristic of our strategic relationship. Accordingly, President BUSH has announced that the United States will reduce its strategic nuclear force to a total of between 1,700 and 2,200 operationally deployed strategic warheads over the next ten years. President PUTIN has made a similarly bold and historic decision with respect to Russian strategic nuclear forces.

Given the new relationship between Moscow and Washington, the specter of nuclear war between the United States and the Russian Federation is now a comfortingly remote possibility. More likely is the possibility of the use of nuclear or radiological weapons by rogue states or terrorist groups. We are also currently faced with dangerously-high tensions in South Asia between India and Pakistan, both of which have nuclear explosive devices.

The proliferation of nuclear materials and technology is a serious threat to international security. The International Atomic Energy Agency's (IAEA) nuclear inspection system must be reinforced, as we press others to adopt strengthened IAEA safeguards designed to detect clandestine nuclear activities. The United States continues to emphasize the importance of universal adherence to, as well as full compliance with and implementation of, the NPT and comprehensive safeguards. Countries such as North Korea and Iraq must cease their violations of the NPT and allow the IAEA to do its work. Further, I caution those who think that they can pursue nuclear weapons without detection: the United States and its allies will prove you wrong.

And let me reiterate U.S. policy on nuclear weapons proliferation: the United States regards the proliferation of nuclear weapons technology as a direct threat to international security, and will treat it accordingly. The same holds true for nations that traffic in deadly chemical and biological weapons technology, and missile systems.

Missiles

Almost every state that actively sponsors terror is known to be seeking weapons of mass destruction and the missiles to deliver them at longer and longer ranges. Their hope is to blackmail the civilized world into abandoning the war on terror. They want the United States and others to forsake their friends and allies and security commitments around the world. September 11 reinforced our resolve to build a limited missile defense shield to defend our nation, friends, forces and interests against missile attacks from rogue states and terrorist organizations who wish to destroy civilized society.

It is an undeniable fact that the United States simply has no defense against a missile attack on our homeland. While we do have defenses against shorter-range missiles, we have none against even a single missile launched against our cities. We must fill this void in our defenses. As a result, we announced last month our decision to withdraw from the Anti-Ballistic Missile (ABM) Treaty. This was an important decision for the Bush-Administration and was made in close consultations with Moscow. Although our Russian friends did not agree with our withdrawal decision, the world is aware of the close and growing relationship between our two nations. Our new strategic relationship is much broader than the ABM-Treaty, as evidenced by the announcement by both the United States and Russia that we will reduce our offensive nuclear arsenals to the lowest levels in decades.

We are also concerned about the spread of missile technology that may not threaten the United States at this time, but poses serious threats to our friends and allies, as well as to deployed U.S. forces. Too many nations are remiss in not controlling their involvement in the proliferation of missile technology. We are aware of a long list of missile proliferation activities by enterprises from at least a dozen nations. Most of these transactions are serious, and could result in U.S. sanctions, as has been done several times over the past year. The United States calls on all countries to control missile-related transfers and ensure that private companies operating within their borders cease illegal missile transactions.

President BUSH has made clear the imperative of restructuring deterrence and defense capabilities to formulate a comprehensive strategy to enhance our security. This strategy must include strengthening nonproliferation measures (prevention), more robust counterproliferation capabilities (protection), and a new concept of deterrence, relying more on missile defense and less on offensive nuclear forces.

In this context, the security and well being of the United States and its allies depend on the ability to operate in space. America is committed to the exploration and use of outer space by all nations for peaceful purposes for the benefit of humanity -- purposes that allow defense and intelligence-related activities in pursuit of national security goals. We remain firmly committed to the Outer Space Treaty, and we believe that the current international regime regulating the use of space meets all our purposes. We see no need for new agreements.

Future of the Conference on Disarmament

This point leads me to touch briefly on the future of this body, the Conference on Disarmament. If it remains deadlocked in futility, it will continue to lose credibility and the attention of the world. To be productive and contribute to international security, the CD must change the way it does business. It must focus on new threats, such as efforts by terrorist groups to acquire weapons of mass destruction. It must squarely face the serious problem of violations of weapons of mass destruction nonproliferation regimes and treaties. Finally, in order to perform a useful function, the CD must put aside irreconcilable differences and work on issues that are ready for negotiation, such as a Fissile Material Cutoff Treaty...

I have one personal favor to ask the distinguished delegates in this room. It has become fashionable to characterize my country as 'unilateralist' and against all arms control agreements. Nonetheless, our commitment to multilateral regimes to promote nonproliferation and international security never has been as strong as it is today, through numerous arms control treaties and nonproliferation arrangements, including the NPT, CFE, CWC, BWC, LTBT, PNET, and the TTBT, as well as to nonproliferation regimes like the Zangger Committee, the NSG, MTCR, the Wassenaar Arrangement and the Australia Group. In fact, trying to characterize our policy as 'unilateralist' or 'multilateralist' is a futile exercise. Our policy is, quite simply, pro-American, as you would expect.

The main emphasis of the Bush-Administration's arms control policy is the determination to enforce existing treaties, and to seek treaties and arrangements that meet today's threats to peace and stability, not yesterday's. Fundamental to the Bush Administration's policy is the commitment to honor our arms control agreements, and to insist that other nations live up to them as well. Now is the time for the CD to build on its achievements to forge additional restraints against the spread of weapons of mass destruction..."

(Department of State)

2. Answer given to Korean Central News Agency by the spokesman of the Foreign Ministry of the Democratic People's Republic of Korea

"On 24 January Under Secretary of State John BOLTON urged the DPRK to accept an inspection by the International Atomic Agency (IAEA), asserting that the nuclear issue of the DPRK poses a serious threat to international security, at the UN conference on disarmament.

This is nothing but a provocative remark made by a person totally ignorant of the contents of the DPRK-U.S. agreed framework, to say nothing of the core of the nuclear issue.

The 1994 agreed framework was adopted to solve the nuclear issue. It is well known to everyone whose interests it reflects.

The keynote of it is the U.S. provision to the DPRK of two light water reactors, each with a capacity of one million kw, by the year 2003 in return for its freezing of an independent nuclear power industry.

According to the measure for simultaneous action stipulated in the framework, the DPRK froze its nuclear program and allowed the surveillance by the IAEA. But there has been no progress in the LWR project for the last seven years except a groundwork done for the construction.

The U.S. has, in fact, not properly discharged its obligations under the framework. Nevertheless, it is now demanding 'inspection' of the DPRK in a bid to attain its another sinister purpose.

- I. Chronik -
Nr. 84/28.I.2002: EU zur Lage im Nahen Osten

It is the United States which has caused complicated problems in the implementation of the framework, including compensation for the electricity loss, a product of the delayed LWR construction and little progress in the supply of heavy oil. It is again the U.S. which is threatening the Korean people with nuclear weapons.

The U.S. is well advised to reflect on its actions before taking issue with the DPRK and, though belatedly, sincerely fulfil its commitments made in the framework."

(CD/1663)

3. Statement by the Russian Foreign Ministry from 28. 1. 2002 in Connection with the Speech of US Under Secretary of State John R. Bolton

"Moscow has taken note of the speech of US Under Secretary of State John R. BOLTON, which he made at the Conference on Disarmament in Geneva setting forth the main elements of the policy of the administration of George W. BUSH in the area of international security and disarmament.

Russia shares the understanding of the need for the maximum concentration of the international community's efforts on the fight against international terrorism and on counteraction against new threats and challenges. Likewise one cannot but agree with the US proposals for the building-up of efforts to strengthen the internationally recognized non-proliferation standards and regimes, and to prevent the slightest possibility of weapons of mass destruction being turned into an instrument of blackmail and terror.

Yet Moscow is convinced that the most important aspect of the consolidation of strategic stability and international security under today's conditions must be the preservation and strengthening of the existing arms control and non-proliferation treaties and agreements.

At the same time a whole series of US approaches to disarmament problems - and they found again their reflection in the BOLTON speech - objectively complicate the situation, and undermine the international legal system in the disarmament field. It is the United States' decision to withdraw from the ABM Treaty of 1972, which Russia considers erroneous. It is the unwillingness of Washington to ratify the START II Treaty, and the Comprehensive Nuclear Test Ban Treaty, its rejection of the continuation of work on the verification mechanism under the Convention on the Prohibition of Biological Weapons. In spite of the support by the overwhelming majority of countries for the start of the negotiation process on averting an arms race in outer space at the Conference on Disarmament, in fact the US alone does not see any need for this.

Russia regards the Conference on Disarmament as a unique international negotiation forum for the elaboration of universal disarmament agreements. In the conditions of globalization we see no way of dealing with international problems except on the basis of extensive cooperation among states. We once again declare our readiness for the search of mutually acceptable solutions as to the commencement of the substantive work of the Conference in the spirit of the compromise proposals already made by the Russian side on the program of work."

(Außenministerium der Russischen Föderation)

28. I. 2002

84. EU zur Lage im Nahen Osten

Am 28. Januar 2002 verabschiedeten die EU-Außenminister die nachfolgende Erklärung zur Lage im Nahen Osten. So wie vorangegangene Erklärungen nahm auch diese Bezug auf die Gewalttätigkeiten und betonte die Notwendigkeit, im Rahmen der Vierergruppe nach Wegen zu suchen, wie ein dauerhafter Waffenstillstand erreicht werden kann. Im deutlichen Gegensatz zu der Politik der US-Regierung - die nicht mehr mit Palästinenserpräsident Yassir ARAFAT wegen dessen Verwicklung in terroristische Anschläge verhandeln will - sprach sich die EU für Verhandlungen unter Beteiligung von ARAFAT aus.

Schlussfolgerungen des Rates zur Lage im Nahen Osten vom 28. 1. 2002

„Die Lage im Nahen Osten ist kritisch. Die derzeitige Spirale der Gewalt muss unverzüglich gestoppt und das Leiden der Bevölkerung auf beiden Seiten beendet werden. Der Rat verurteilt entschieden die jüngsten Terroranschläge gegen unschuldige Zivilpersonen in Jerusalem. Die Europäische Union bekräftigt die Erklärung des Europäischen Rates von Laeken und appelliert nachdrücklich an die Konfliktparteien, alles zu tun, um den Tenet-Plan für einen Waffenstillstand und die Empfehlungen der Mitchell-Kommission unverzüglich und bedingungslos umzusetzen. Um Frieden zu schaffen, müssen Sicherheitsmaßnahmen und politische Maßnahmen parallel und einander verstärkend durchgeführt werden.

Für die Zerschlagung des Terrorismus sowie zur Schaffung des Friedens braucht Israel die Palästinensische Behörde und ihren gewählten Präsidenten Yasser ARAFAT als Verhandlungspartner. Deren Fähigkeit, den Terrorismus zu bekämpfen, darf nicht geschwächt werden.

Die Palästinensische Behörde und ihr gewählter Präsident Yasser ARAFAT müssen alles tun, um den Terrorismus und die bewaffnete Intifada zu beenden, alle Terrornetze aufzulösen und Personen, die Terrorakte verübt haben, zu verhaften und gerichtlich zu verfolgen. Die Europäische Union drängt auf einen zügigen Abschluss der Arbeit der von der Palästinensischen Behörde eingesetzten Untersuchungskommission, die die Hintergründe der Affäre um die ‚Karine A.' aufklären soll. Die Europäische Union würde es außerdem begrüßen, wenn die Arbeit der Untersuchungskommission unter internationaler Beteiligung stattfände.

Von der israelischen Regierung wird gefordert, dass sie ihre Streitkräfte zurückzieht und die außergerichtlichen Hinrichtungen einstellt, die Blockaden und alle der palästinensischen Bevölkerung und ihrer Führung auferlegten Beschränkungen aufhebt und den Siedlungsbau stoppt.

Die Europäische Union ist äußerst besorgt über die Zerstörung palästinensischer Infrastrukturen und Einrichtungen zur Förderung der wirtschaftlichen, sozialen und humanitären Entwicklung der Palästinenser, die von der Europäischen Union und anderen Geldgebern finanziert wurden. Die Europäische Union appelliert dringend an die Regierung Israels, dieser Vorgehensweise ein Ende zu setzen und behält sich das Recht vor, an geeigneter Stelle Entschädigung zu verlangen.

Es ist unerlässlich und dringend geboten, dass die Europäische Union, die Vereinten Nationen, die Vereinigten Staaten und die Russische Föderation sowie die am stärksten betroffenen arabischen Länder entschlossen und konzertiert handeln, um den Weg zu politischen Verhandlungen wieder frei zu machen."

(Website der EU)

29. I. 2002

85. Präsident Bush zur Lage der Nation

Am 29. Januar 2002 trug der amerikanische Präsident George W. BUSH seinen ersten Bericht zur Lage der Nation vor dem Kongress in Washington, D.C., vor. Die Rede war gekennzeichnet durch die Aufarbeitung der terroristischen Angriffe vom 11. September 2001 und die Militäroperationen in Afghanistan. Aufsehen erregte die Rede, weil er Irak, Nordkorea und den Iran als „Achse des Bösen" bezeichnete.

- I. Chronik -
Nr. 85/29.I.2002: Bush zur Lage der Nation

Erster Bericht zur Lage der Nation des amerikanischen Präsidenten, George W. Bush, vom 29. 1. 2002 in Washington (Auszug)

„"...Während wir uns heute Abend hier versammeln, befindet sich unser Land im Krieg, unsere Wirtschaft ist in der Rezession und die zivilisierte Welt steht vor nie da gewesenen Gefahren. Dennoch war die Lage der Nation nie stabiler.

Wir haben uns zuletzt in einer Stunde des Schocks und des Leids getroffen. In vier kurzen Monaten hat unsere Nation die Opfer getröstet, begonnen, New York und das Pentagon wieder aufzubauen, eine große Koalition um sich gesammelt, tausende Terroristen gefangen genommen, inhaftiert und die Welt von ihnen befreit, die Ausbildungslager der Terroristen in Afghanistan zerstört, Menschen vor dem Hungertod bewahrt und ein Land von brutaler Unterdrückung befreit. Die amerikanische Flagge weht wieder über unserer Botschaft in Kabul. Terroristen, die einst Afghanistan besetzten, sitzen nun in Zellen in Guantanamo Bay. Und die Anführer der Terroristen, die einst ihre Gefolgsleute aufriefen, ihr Leben zu opfern, fürchten um ihr eigenes Leben.

Amerika und Afghanistan sind jetzt Verbündete gegen den Terror. Wir werden Partner beim Wiederaufbau dieses Landes sein. Und heute Abend begrüßen wir das verehrte Oberhaupt der Übergangsregierung: den Vorsitzenden Hamid KARSAI. Das letzte Mal, als wir uns in dieser Kammer trafen, waren die Mütter und Töchter Afghanistans Gefangene in ihrem eigenen Heim; es war ihnen verboten, zu arbeiten und zur Schule zu gehen. Heute sind die Frauen frei und Teil der neuen Regierung Afghanistans. Wir heißen die neue Ministerin für Frauenangelegenheiten, Dr. Sima SAMAR, willkommen.

Unsere Fortschritte sind eine Würdigung des Kampfgeistes des afghanischen Volks, der Entschlossenheit unserer Koalition sowie der Macht des amerikanischen Militärs. Als ich unsere Truppen zum Einsatz rief, tat ich dies mit vollem Vertrauen in ihren Mut und ihre Fähigkeiten. Und heute Abend gewinnen wir dank ihnen den Krieg gegen den Terror. Die Männer und Frauen unserer Streitkräfte haben eine Botschaft überbracht, die jetzt jedem Feind der Vereinigten Staaten deutlich ist: Auch 7000 Meilen entfernt, über Meere und Kontinente, auf Berggipfeln und in Höhlen - sie werden der Gerechtigkeit dieser Nation nicht entfliehen.

Für viele Amerikaner waren diese vier Monate geprägt von Trauer und Schmerz, die nie vollkommen vorübergehen werden. Jeden Tag geht ein pensionierter Feuerwehrmann zurück zum Ground Zero, um sich seinen beiden Söhnen, die dort starben, näher zu fühlen...

Unsere Sache ist gerecht, und wir werden uns weiter für sie einsetzen. Unsere Entdeckungen in Afghanistan haben unsere schlimmsten Befürchtungen bestätigt und uns das wahre Ausmaß der vor uns liegenden Aufgabe vor Augen geführt. Wir haben den tiefen Hass unserer Feinde auf Videos gesehen, in denen sie über den Tod unschuldiger Menschen lachen. Und ihr tiefer Hass ist dem Wahnsinn der von ihnen geplanten Zerstörung ebenbürtig. Wir haben Diagramme von amerikanischen Kernkraft- und Wasserwerken, detaillierte Anweisungen für die Herstellung von Chemiewaffen, Überwachungskarten amerikanischer Städte und sorgfältige Beschreibungen von Wahrzeichen in Amerika und auf der ganzen Welt gefunden.

Was wir in Afghanistan gefunden haben, bestätigt, dass unser Krieg gegen den Terror dort noch lange nicht beendet ist, sondern gerade erst beginnt. Die meisten der 19 Männer, die am 11. September Flugzeuge entführten, wurden in den Lagern Afghanistans ausgebildet, und das Gleiche gilt für zehntausende andere. Tausende gefährliche Mörder, geschult in den Methoden des Mordens, oft von geächteten Regimes unterstützt, sind jetzt wie tickende Zeitbomben, die jederzeit ohne Warnung losgehen können, auf der ganzen Welt verteilt.

Dank der Arbeit unserer Strafverfolgungsbehörden und der Koalitionspartner wurden hunderte Terroristen verhaftet. Dennoch sind tausende ausgebildete Terroristen noch auf freiem Fuß. Diese Feinde sehen die gesamte Welt als Schlachtfeld, und wir müssen sie verfolgen, wo immer sie sind. Solange es Ausbildungslager gibt, solange Länder Terroristen Zuflucht gewähren, ist die Freiheit in Gefahr. Amerika und seine Bündnispartner dürfen und werden das nicht erlauben.

Unsere Nation wird bei der Verfolgung von zwei großen Zielen unerschütterlich, geduldig und hartnäckig bleiben. Zunächst werden wir die Ausbildungslager schließen, die Pläne der Terroristen durchkreuzen und sie zur Rechenschaft ziehen. Zweitens müssen wir Terroristen

- I. Chronik -
Nr. 85/29.I.2002: Bush zur Lage der Nation

und Regime, die in den Besitz von chemischen, biologischen oder nuklearen Waffen gelangen wollen, davon abhalten, die Vereinigten Staaten und die Welt zu bedrohen.

Unser Militär hat die Ausbildungslager der Terroristen in Afghanistan geschlossen, allerdings gibt es noch in mindestens einem Dutzend Länder Ausbildungslager. Eine terroristische Unterwelt - dazu zählen Gruppen wie die Hamas, Hisbollah, der Islamische Dschihad und Jaisch-i-Mohammed - operiert in entfernten Dschungeln und Wüsten und versteckt sich in den Zentren großer Städte.

Die sichtbarsten Militäreinsätze finden in Afghanistan statt, aber Amerika handelt auch andernorts. Wir haben jetzt auch Truppen auf den Philippinen, die bei der Ausbildung der Streitkräfte des Landes zur Verfolgung der terroristischen Zellen behilflich sind, die einen Amerikaner exekutierten und noch immer Geiseln festhalten. Unsere Soldaten haben in Zusammenarbeit mit der bosnischen Regierung Terroristen gefangen genommen, die einen Bombenangriff auf unsere Botschaft planten. Unsere Marine patrouilliert die Küste Afrikas, um die Verschiffung von Waffen und den Aufbau von Terroristenlagern in Somalia zu verhindern.

Ich hoffe, dass alle Nationen unserem Ruf folgen und die terroristischen Parasiten eliminieren, die ihre Länder und unser eigenes bedrohen. Viele Länder handeln entschlossen. Pakistan bekämpft den Terrorismus nun energisch, und ich bewundere die Führungsstärke von Präsident MUSCHARRAF. Aber einige Regierungen werden angesichts des Terrors zögerlich. Täuschen Sie sich nicht. Wenn sie nicht handeln - Amerika wird es tun.

Unser zweites Ziel ist es, den Terror unterstützende Regime daran zu hindern, Amerika oder seine Freunde und Bündnispartner mit Massenvernichtungswaffen zu bedrohen. Einige dieser Regime haben sich seit dem 11. September ziemlich ruhig verhalten. Aber wir kennen ihr wahres Gesicht. Nordkorea ist ein Regime, das sich mit Raketen und Massenvernichtungswaffen ausrüstet und gleichzeitig seine Bürger verhungern lässt. Der Iran strebt aggressiv den Besitz dieser Waffen an und exportiert den Terror, während einige wenige Ungewählte die Hoffnung des iranischen Volks auf Freiheit unterdrücken. Der Irak stellt weiterhin seine Feindseligkeit gegenüber Amerika zur Schau und unterstützt den Terror. Das irakische Regime plant insgeheim seit über zehn Jahren die Herstellung von Milzbranderregern, Nervengas und von Nuklearwaffen. Dies ist ein Regime, das bereits Giftgas zur Ermordung von tausenden der eigenen Bürger einsetzte - die Körper der Mütter wurden über den toten Kindern liegen gelassen. Dies ist ein Regime, das internationalen Inspektionen zustimmte - und dann die Inspektoren hinausschmiss. Dies ist ein Regime, dass etwas vor der zivilisierten Welt zu verstecken hat.

Staaten wie diese und ihre terroristischen Verbündeten stellen eine Achse des Bösen dar, die sich bewaffnet, um den Frieden auf der Welt zu bedrohen. Diese Regime sind eine ernste und wachsende Gefahr, da sie den Besitz von Massenvernichtungswaffen anstreben. Sie könnten Terroristen die Waffen zur Verfügung stellen und ihnen damit die Mittel geben, ihren Hass zu verwirklichen. Sie könnten unsere Bündnispartner angreifen und versuchen, die Vereinigten Staaten zu erpressen. Auf jeden Fall wäre der Preis der Gleichgültigkeit katastrophal.

Wir werden eng mit unserer Koalition zusammenarbeiten, um den Terroristen und den sie fördernden Staaten das Material, die Technologie und das Fachwissen für die Herstellung und Lieferung von Massenvernichtungswaffen zu verwehren. Wir werden zum Schutz der Vereinigten Staaten und ihrer Bündnispartner vor einem plötzlichen Angriff eine effektive Raketenabwehr entwickeln und stationieren. Und alle Länder sollten wissen: Amerika wird das für die Sicherheit seines Landes Erforderliche tun.

Wir werden uns beraten, aber die Zeit ist nicht auf unserer Seite. Ich werde nicht auf Ereignisse warten, während die Gefahren zunehmen. Ich werde nicht untätig zusehen, während die Gefahr näher und näher kommt. Die Vereinigten Staaten von Amerika werden es den gefährlichsten Regimes der Welt nicht erlauben, sie mit den zerstörerischsten Waffen der Welt zu bedrohen.

Unser Krieg gegen den Terror hat bereits seit einiger Zeit begonnen, aber er hat erst begonnen. Dieser Feldzug wird vielleicht nicht beendet werden, während wir die Wachhabenden sind - er muss und wird allerdings währenddessen stattfinden.

Wir dürfen nicht zu früh aufhören. Wenn wir jetzt aufhören - die Terroristenlager intakt lassen und Terrorstaaten dulden - würden wir uns nur vorübergehend in einem falschen Gefühl der

- I. Chronik -
Nr. 86/31.I.2002: Sicherheitsrat zur Situation in Afrika

Sicherheit wiegen. Die Geschichte hat Amerika und seine Bündnispartner aufgerufen zu handeln, und es ist sowohl unsere Verantwortung als auch unser Privileg, den Kampf der Freiheit auszutragen.

Unsere oberste Priorität muss immer die Sicherheit unserer Nation sein, und das spiegelt sich in der von mir dem Kongress übermittelten Haushaltvorlage wider. Meine Haushaltsvorlage unterstützt drei große Ziele für Amerika: Wir werden diesen Krieg gewinnen, wir werden unser Land schützen, und wir werden unsere Wirtschaft wiederbeleben.

Der 11. September hat das Beste an Amerika hervorgebracht, und das Beste in diesem Kongress. Ich spende Ihrer Verbundenheit und Entschlossenheit gemeinsam mit dem amerikanischem Volk Applaus. Die Amerikaner verdienen es, dass wir nun mit der gleichen Einstellung die Probleme hier zu Hause angehen. Ich bin ein stolzes Mitglied meiner Partei - aber während wir handeln, um den Krieg zu gewinnen, unser Volk zu schützen und Arbeitsplätze in den Vereinigten Staaten zu schaffen - müssen wir zu allererst und vor allem als Amerikaner und nicht als Republikaner oder Demokraten handeln.

Es kostet eine Menge, diesen Krieg zu führen. Wir geben mehr als eine Milliarde Dollar pro Monat aus - über 30 Millionen Dollar am Tag - und wir müssen auf zukünftige Einsätze vorbereitet sein. Afghanistan hat bewiesen, dass man mit teuren Präzisionswaffen den Feind besiegt und Unschuldige verschont, und wir brauchen mehr davon. Wir müssen alte Flugzeuge ersetzen und unser Militär beweglicher machen, damit wir unsere Truppen schnell und sicher überall auf der Welt stationieren können. Unsere Männer und Frauen in Uniform verdienen die besten Waffen, die beste Ausrüstung, die beste Ausbildung - und sie verdienen auch eine weitere Erhöhung ihres Solds."

(Amerikanische Botschaft, Berlin)

31. I. 2002

86. Grundsatzerklärung des Sicherheitsrats zur Situation Afrikas

Am 31. Januar 2002 beschäftigte sich der Sicherheitsrat der Vereinten Nationen mit der Lage in Afrika, insbesondere mit den politischen und ökonomischen Hintergründen der Kriege und Bürgerkriege. Er verabschiedete die anliegende Erklärung, die nach der Sitzung vom Präsidenten des Sicherheitsrates vorgelesen wurde.

Erklärung des Präsident des Sicherheitsrats zur Situation in Afrika vom 31. 1. 2002

„Der Sicherheitsrat dankt Seiner Exzellenz Amara ESSY, Generalsekretär der Organisation der afrikanischen Einheit (OAU), sowie den Ministern, die an der öffentlichen Sitzung vom 29. Januar 2002 über die ‚Situation in Afrika' teilgenommen haben, für ihren wertvollen Beitrag zu der Aussprache über die ‚Situation in Afrika'. Der Sicherheitsrat bekräftigt die Grundsätze der politischen Unabhängigkeit, der Souveränität und der territorialen Unversehrtheit aller Staaten und ihre Verpflichtung, ihre Streitigkeiten auf friedlichem Wege beizulegen. Der Sicherheitsrat unterstreicht eingedenk seiner Hauptverantwortung für die Wahrung des Weltfriedens und der internationalen Sicherheit sowie der Bestimmungen des Kapitels VIII der Charta der Vereinten Nationen die Bedeutung der Partnerschaft sowie der verstärkten Koordinierung und Zusammenarbeit auf der Grundlage der Komplementarität und des komparativen Vorteils zwischen den Vereinten Nationen, der OAU und den subregionalen Organisationen in Afrika bei der Förderung des Friedens und der Stabilität in der Region. Er begrüßt den im Juli 2001 auf dem OAU-Gipfeltreffen in Lusaka gefassten Beschluss, die Strukturen, Verfahren und Arbeitsmethoden des Zentralorgans des Mechanismus für die Verhütung, Bewältigung und Beilegung von Konflikten zu überprüfen. Er betont, wie wichtig es im Hinblick auf die dauerhafte Beilegung von Konflikten ist, dass die Vereinten Nationen und die OAU enger zusammenarbeiten und für eine bessere Koordinierung sorgen. In diesem Zusammenhang ersucht er den Generalsekretär, dem in Addis Abeba ansässigen Verbindungsbüro der Vereinten Nationen zur OAU nahe zu legen, enger mit dem OAU-Mechanismus für die Verhütung, Bewältigung und Beilegung von Konflikten zusammenzuwirken, was die Konflikte in

- I. Chronik -
Nr. 86/31.I.2002: Sicherheitsrat zur Situation in Afrika

Afrika betrifft. Der Sicherheitsrat erklärt sich bereit, seine Zusammenarbeit mit der OAU und mit den subregionalen Organisationen zu vertiefen, und bittet sie, ihn möglichst frühzeitig über ihre Beschlüsse und Initiativen zu unterrichten, die sich auf seine Verantwortlichkeiten nach der Charta auswirken könnten.

Der Sicherheitsrat fordert das System der Vereinten Nationen auf, auf dem Gebiet des Kapazitätsaufbaus, insbesondere im Hinblick auf die Frühwarnung zur Konfliktverhütung und die Friedenssicherung, mit der OAU und den subregionalen Organisationen in Afrika stärker zusammenzuarbeiten und ihnen im Rahmen der vorhandenen Ressourcen unter anderem auch Hilfe zu gewähren. Er betont außerdem, wie wichtig es ist, dass das System der Vereinten Nationen effektiv mit der OAU und den subregionalen Organisationen zusammenwirkt, durch den Austausch von Informationen und Analysen in der Konfliktverhütungsphase, Koordinierung und ein klares Verständnis ihrer jeweiligen Rolle bei der Förderung von Friedensprozessen sowie der koordinierten Unterstützung einzelstaatlicher und regionaler Friedenskonsolidierungsbemühungen. In diesem Zusammenhang begrüßt der Sicherheitsrat die Einrichtung des Büros der Vereinten Nationen in Westafrika und ersucht den Generalsekretär, alle notwendigen Maßnahmen zu ergreifen, damit dieses Büro seine Tätigkeit voll aufnehmen kann.

Der Sicherheitsrat nimmt mit Genugtuung davon Kenntnis, dass die von namhaften politischen Führungspersönlichkeiten Afrikas wahrgenommenen Gute-Dienste-Aufträge maßgebliche Fortschritte bei der politischen Beilegung bestimmter Konflikte erleichtert haben; er ermutigt die OAU und die subregionalen Organisationen, unter Berücksichtigung der konkreten Konflikt umstände darauf hin zuwirken, dass solche Führungspersönlichkeiten zu Sonderbotschaftern ernannt werden, sowie sich gegebenenfalls traditioneller Konfliktbeilegungsmethoden, beispielsweise der Einsetzung von Ältestenräten, zu bedienen; der Sicherheitsrat betont, welche wichtige Verhütungsfunktion solchen Bemühungen zukommt, und betont, dass sie richtig koordiniert werden müssen. Der Sicherheitsrat unterstreicht die besonderen Bedürfnisse von Frauen und Kindern in Friedensprozessen und ermutigt zur Verstärkung der Rolle von Frauen und Jugendlichen bei der Suche nach Konfliktlösungen in Afrika.

Der Sicherheitsrat befürwortet die Anstrengungen, die die internationale Gemeinschaft derzeit unternimmt, um gegen die Grundursachen von Konflikten in Afrika anzugehen, wie in dem Bericht des Generalsekretärs ‚Konfliktursachen und die Förderung dauerhaften Friedens und einer nachhaltigen Entwicklung in Afrika' (A/52/871-S/1998/318) dargestellt wird. Eingedenk der Verbindungen, die zwischen Konflikten in Afrika und unter anderem Armut und Entwicklung, der unerlaubten Verbreitung von Kleinwaffen und leichten Waffen, den Problemen der Flüchtlinge und Binnenvertriebenen, der illegalen Ausbeutung natürlicher Ressourcen und der sozialen Ausgrenzung als Ursprung von Binnenkonflikten bestehen, bekräftigt der Sicherheitsrat, dass er auch weiterhin entschlossen ist, gegen diese Probleme anzugehen, und ermutigt die OAU sowie die subregionalen Organisationen und die internationalen Finanzinstitutionen, dies ebenfalls zu tun. Der Sicherheitsrat betont, dass das frühzeitige Wiedereinsetzen der internationalen Zusammenarbeit und der Entwicklungshilfe für Länder, in denen ein Friedensprozess vonstatten geht, von entscheidender Bedeutung für den Erfolg dieses Friedensprozesses ist, und betont ferner, welche wichtige Rolle der Gebergemeinschaft und den internationalen Finanzinstitutionen in diesem Zusammenhang zukommt.

Der Sicherheitsrat betont, dass gute Staatsführung, Demokratie, Rechtsstaatlichkeit, die Achtung der Menschenrechte und die Bekämpfung der Armut für den Frieden, die Stabilität und die nachhaltige Entwicklung in Afrika unerlässlich sind. Er betont außerdem, wie wichtig eine im Dialog erzielte nationale Aussöhnung in den betreffenden Ländern ist. Er erklärt seine nachdrückliche Unterstützung für die Beschlüsse, die die Staats- und Regierungschefs der OAU auf ihrem 1999 in Algier abgehaltenen Gipfeltreffen gefasst haben, wonach Regierungen, die auf verfassungswidrigem Wege an die Macht kommen, die Anerkennung verweigert wird, und stellt mit Genugtuung fest, dass dieser Beschluss umgesetzt wird. Er bekräftigt, dass die Konfliktbeilegung in Afrika vor allem den politischen Willen und den Mut der Parteien selbst erfordert, nach Frieden zu suchen. Der Sicherheitsrat bekundet seine Besorgnis über die Auswirkungen von Konflikten auf die Zivilbevölkerung, darunter Verletzungen der Menschenrechte, insbesondere solche, die an den schwächsten Bevölkerungsgruppen wie alten Menschen, Frauen und Kindern verübt werden. Er betont, dass die betroffenen Staaten dafür verantwortlich sind, der Straflosigkeit ein Ende zu setzen und die für solche Akte Verantwortlichen strafrechtlich zu verfolgen.

- I. Chronik -
Nr. 86/31.I.2002: Sicherheitsrat zur Situation in Afrika

Der Sicherheitsrat unterstreicht, dass es gilt, das Problem der Flüchtlinge und Binnenvertriebenen anzugehen, das über seine humanitären Folgen hinaus auch eine Belastung der betroffenen Länder darstellt und zu einer Konfliktquelle werden kann. Er stellt fest, dass den Programmen zu Gunsten von Flüchtlingen und Binnenvertriebenen in Afrika nicht genügend Mittel zur Verfügung gestellt werden, und fordert die internationale Gemeinschaft erneut auf, diese Programme in Anbetracht des in Afrika bestehenden beträchtlichen Bedarfs mit den erforderlichen Finanzmitteln auszustatten.

Unter Hinweis auf seine Resolution 1308 (2000) vom 17. Juli 2000 und unter anderem anerkennend, dass die HIV/Aids-Pandemie auch durch Bedingungen der Gewalt und Instabilität verschärft wird und potenziell ein Risiko für Stabilität und Sicherheit bildet, wiederholt der Sicherheitsrat, dass die HIV/Aids-Pandemie die Stabilität und die Sicherheit gefährden kann, wenn ihr nicht Einhalt geboten wird. Der Rat fordert die internationale Gemeinschaft und die Geber nachdrücklich auf, ihre Anstrengungen im Kampf gegen HIV/Aids zu koordinieren.

Der Sicherheitsrat erklärt erneut, wie wichtig Abrüstung, Demobilisierung und Wiedereingliederung für den Prozess der Konfliktbeilegung und die Friedenskonsolidierung in der Konfliktfolgezeit sind, und nimmt davon Kenntnis, dass die Ressourcen für wirksame Wiedereingliederungsprogramme nicht ausreichen. In diesem Zusammenhang fordert er die internationale Gemeinschaft nachdrücklich auf, derartige Programme zu unterstützen, so auch durch die Durchführung von rasch wirkenden Projekten. Der Sicherheitsrat stellt fest, dass die afrikanischen Staaten zu Frieden und Sicherheit auf dem Kontinent beitragen können, indem sie transparenzsteigernde und vertrauensbildende Maßnahmen ergreifen. In diesem Zusammenhang erneuert der Sicherheitsrat seinen Appell an alle Staaten, das Aktionsprogramm der Vereinten Nationen zur Verhütung, Bekämpfung und Beseitigung des unerlaubten Handels mit Kleinwaffen und leichten Waffen unter allen Aspekten durchzuführen.

Der Sicherheitsrat begrüßt die Mitwirkung des Wirtschafts- und Sozialrats an seiner öffentlichen Sitzung vom 29. Januar 2002 über die Situation in Afrika. Er bekräftigt, wie wichtig es ist, seine Zusammenarbeit mit dem Wirtschafts- und Sozialrat durch stärkeres Zusammenwirken, im Einklang mit Artikel 65 der Charta der Vereinten Nationen, auf dem Gebiet der Verhütung bewaffneter Konflikte zu vertiefen, so auch durch die Auseinandersetzung mit wirtschaftlichen, sozialen, kulturellen und humanitären Problemen. Der Sicherheitsrat unterstreicht angesichts der Zeit, die er mit der Erörterung afrikanischer Konflikte verbringt, sowie angesichts der besonderen Problemstellungen in Afrika, dass die Normalisierung und der Wiederaufbau der Wirtschaft wichtige Bestandteile der langfristigen Entwicklung von Gesellschaften in der Konfliktfolgezeit wie auch der Wahrung eines dauerhaften Friedens sind, und fordert in dieser Hinsicht zu größerer internationaler Hilfe auf. Der Sicherheitsrat bekundet seine Entschlossenheit, nach Möglichkeit die politischen Voraussetzungen für das Nichtwiederaufleben eines jeweiligen Konflikts zu schaffen, bevor er einen Friedenssicherungseinsatz abzieht. Der Sicherheitsrat würdigt und unterstützt die Anstrengungen, die die afrikanischen Länder im Rahmen des Kampfes gegen den internationalen Terrorismus unternehmen. Der Sicherheitsrat begrüßt die vonstatten gehende Überleitung der OAU in die Afrikanische Union und fördert und unterstützt die Grundsätze der Neuen Partnerschaft für die Entwicklung Afrikas, die darauf gerichtet sind, die notwendigen Entwicklungsvoraussetzungen zu schaffen und die Wirtschaftsintegration in Afrika voranzutreiben. Er erkennt an, dass eine solide Wirtschaftspolitik den Frieden und die Stabilität in der Region weiter festigen werden. Er fordert die Geberländer und die Bretton-Woods-Institutionen auf, Afrika auch weiterhin bei der Durchführung der Initiative für hochverschuldete arme Länder behilflich zu sein und mit den afrikanischen Regierungen im Rahmen der Neuen Partnerschaft bei der Schaffung der Bedingungen zusammenzuarbeiten, die notwendig sind, um öffentliche wie privatwirtschaftliche Ressourcen zur Unterstützung des Wirtschaftswachstums und der Armutsminderung anzuziehen und zu mobilisieren.

Der Sicherheitsrat stellt fest, dass seine Begegnung mit dem Generalsekretär der OAU von großem Nutzen war, und betont, wie wichtig es ist, solche Konsultationen künftig regelmäßig mindestens einmal pro Jahr abzuhalten. Der Sicherheitsrat erkennt an, dass geeignete Maßnahmen zur Verhütung und Beilegung von Konflikten in Afrika getroffen werden müssen, und wird die Einrichtung einer Ad-hoc-Arbeitsgruppe erwägen, die die Durchführung der genannten Empfehlungen überwachen und die Koordinierung mit dem Wirtschafts- und Sozialrat verstärken soll."

(Deutscher Übersetzungsdienst, Vereinte Nationen)

12. II. 2002

87. Außenminister Fischer kritisiert US-Politik gegenüber „Achse des Bösen"

Am 12. Februar 2002 erschien ein Interview mit Außenminister Joschka FISCHER in der Tageszeitung „Die Welt", in dem er sich kritisch zur amerikanischen Politik gegen den von Präsident BUSH zuvor als „Achse des Bösen" bezeichneten Staaten (Irak, Nordkorea, Iran) äußerte. Insbesondere sprach er sich gegen eine Intervention im Irak aus.

Interview des deutschen Außenministers mit der Tageszeitung „Die Welt" vom 12. 2. 2002 (Auszüge)

„*...Frage:* Außenpolitik wird die deutsche Innenpolitik und den Wahlkampf auch dann wieder beherrschen, wenn der amerikanische Krieg gegen den Terrorismus in eine neue Runde geht. Sind Sie da genauso gelassen wie bei der Frühwarnung aus Brüssel?

Fischer: Nach dem 11. September war klar, dass wir solidarisch sein müssen, nicht nur theoretisch, sondern auch praktisch. Eine breite Antiterrorkoalition zu bilden war sehr klug von den USA und hat weltweit Rückendeckung gefunden.

Frage: Wäre eine Attacke gegen das Regime von Saddam HUSSEIN in Irak davon noch gedeckt?

Fischer: Es wird nicht gut gehen, ohne zwingende Beweise etwas einzuleiten, das zu einsamem Handeln führt. Die internationale Koalition gegen den Terror ist nicht die Grundlage, irgendetwas gegen irgendwen zu unternehmen - und schon gar nicht im Alleingang. Das sehen alle europäischen Außenminister so. Deshalb bringt das Wort von der 'Achse des Bösen' uns nicht weiter. Iran, Nordkorea und Irak in einen Topf zu werfen: Wohin soll das führen?

Frage: Die Amerikaner scheinen trotzdem zu einem Schlag gegen Irak entschlossen.

Fischer: Darüber spekuliere ich nicht. Aber eine Welt mit sechs Milliarden Menschen wird selbst von der mächtigsten Macht nicht allein in eine friedliche Zukunft geführt werden. Noch einmal, ich halte absolut nichts von Antiamerikanismus. Aber bei allem Unterschied in Größe und Gewicht: Bündnispartnerschaft unter freien Demokraten reduziert sich nicht auf Gefolgschaft, Bündnispartner sind nicht Satelliten.

Frage: Aber bei der militärischen Bekämpfung des Terrorismus geben die USA doch den Ton an.

Fischer: Ja. Aber das hat immer zwei Seiten. Wenn jetzt Signale in Richtung Hochrüstung gesetzt werden, dann wird das weltweit nicht zum Abbau von Verzweiflungspotenzial führen. Wir brauchen einen weiteren Sicherheitsbegriff, vor allem eine gerechte Gestaltung der Globalisierung.

Frage: Warum?

Fischer: Weil ein Dollar oder Euro nur einmal ausgegeben werden kann. Das Geld wird andernorts in der Welt fehlen, und das wird das Verzweiflungspotenzial und damit die Sicherheitsrisiken dort steigern. Darüber müssen wir mit den Amerikanern offen und solidarisch reden.

Frage: Gerade deshalb wird sich Deutschland zu den Irak-Plänen der US-Regierung stellen müssen.

Fischer: Saddam spielt ein brutales, zynisches Spiel. Ob seine Bevölkerung leidet und eine ganze Generation vor die Hunde geht, ist ihm egal. Aber die Optionen nur auf das Militärische zu verengen wäre falsch.

Frage: Was dann?

Fischer: Die UN-Inspektoren müssen wieder ins Land dürfen. Dazu ist Saddam verpflichtet. Das Sanktionsregime muss wirksam fortentwickelt werden, so dass der Irak keine Massenvernichtungsmittel produzieren und bereithalten kann.

Frage: Mit Irak hängt der Nahost-Konflikt eng zusammen. Auch da scheint der Westen in einer Sackgasse zu stecken. Muss die Antiterrorkoalition nicht auch verhindern, dass PLO-Chef ARAFAT weiter isoliert wird?

Fischer: Wenn der israelische Premierminister ARAFAT für irrelevant erklärt, steigert das sofort dessen Popularität bei den eigenen Leuten. Kein Volk würde sich von der anderen Seite vorschreiben lassen, wer sein legitimer Führer ist. Und solange Yasser ARAFAT das ist, wird man ihn nicht beiseite schieben können.

Frage: Aber können ARAFAT und Israels Premierminister Ariel SHARON überhaupt noch Frieden machen?

Fischer: Im Moment ist die Lage sehr, sehr schwierig. Für uns ist die Sicherheit und das Existenzrecht Israels unantastbar. Und dazu gehört der Frieden mit den palästinensischen Nachbarn. Gewalt und Terror müssen beendet und die Rückkehr zu Verhandlungen wieder eröffnet werden. ..."

(Auswärtiges Amt)

25. II. 2002

88. Deutsch-britische Initiative zur Stärkung des Europäischen Rates

Am 25. Februar 2002 wurde in Berlin und London ein gemeinsamer Brief des deutschen Bundeskanzlers, Gerhard SCHRÖDER, und des britischen Premierministers Tony BLAIR an den amtierenden Ratsvorsitzenden der EU, den spanischen Ministerpräsidenten José Maria AZNAR, veröffentlicht, in dem sich beide für eine Reform der Institution des Europäischen Rates aussprachen. In erster Linie ging es ihnen um die Stärkung des Gipfeltreffens der Staats- und Regierungschefs sowie um die Beschränkung der Tagesordnungspunkte auf jene, die von strategischer Bedeutung sind.

Brief des deutschen Bundeskanzlers und des britischen Premierministers an den Ratsvorsitzenden der EU zur Notwendigkeit einer Reform des Europäischen Rates vom 25. 2. 2002

„Sehr geehrter Herr Vorsitzender,

die Europäischen Räte von Helsinki und Nizza haben die Bedeutung einer Verbesserung der Arbeitsweise des Rates, insbesondere seiner Beschlussfassung, unterstrichen. Nur ein Rat, der effizient handelt und entscheidet, wird vor den Herausforderungen einer erweiterten Union bestehen können und auch weiterhin in der Lage sein, Sicherheit, Wohlstand und Stabilität für die Bürger zu gewährleisten. Javier SOLANA arbeitet daher an Vorschlägen, die er dem Europäischen Rat in Barcelona unterbreiten möchte. Deutschland und das Vereinigte Königreich setzen große Erwartungen in diese Vorschläge und legen im Folgenden einige ihrer gemeinsamen Ideen dar.

Die Erklärung von Laeken verweist ebenfalls auf die Notwendigkeit der Ratsreform. Der Konvent unter dem Vorsitz von Valéry GISCARD D'ESTAING wird sich dieser Thematik annehmen. Dabei werden Fragen wie: das Verhältnis des Rates zu den übrigen Institutionen, die Ausgestaltung des Ratsvorsitzes und andere Veränderungen erörtert werden müssen. All dies erfordert eine Änderung der Verträge. Wir hoffen jedoch, dass es daneben schon rechtzeitig zum Europäischen Rat in Sevilla gelingt, Einvernehmen über praktische Schritte zu erzielen, die die Arbeitsweise des Europäischen Rates wie des Ministerrats verbessern können.

Der Europäische Rat spielt eine Schlüsselrolle, indem er der Europäischen Union strategische Ziele setzt und Leitlinien für die inhaltliche Arbeit gibt, als Beispiele seien etwa die Umsetzung der Agenden von Lissabon und Tampere genannt. Der Europäische Rat hatte auch wesentlich Anteil daran, Europas Antwort auf die Ereignisse des 11. Septembers zu formulieren. Vor dem Hintergrund einer zunehmend komplexeren Welt und der Tatsache, dass wir neue Mitgliedstaaten aufnehmen werden, wird die Führungsrolle des Europäischen Rates immer wichtiger werden, aber auch immer schwieriger zu gewährleisten sein. Daher müssen wir sicherstellen, dass wir die dem Europäischen Rat für seine Beratungen zur Verfügung stehende Zeit so gut wie nur möglich nutzen, indem wir unsere Tagesordnung auf wenige Prioritäten konzentrieren. So sollten wir etwa vermeiden, dass die Tagungen des Europäischen Rates durch die Erörterung von Einzeldossiers blockiert werden, nur weil die zuständigen Fachräte keine Einigung erzielen konnten. Ebenso sollten wir uns nicht über ganze Sitzungen hinweg bis in die Einzelheiten mit der Formulierungen der Schlussfolgerungen befassen müssen.

Damit die Europäischen Räte zu optimalen Ergebnissen kommen, sollten wir uns auf die folgenden Grundsätze verpflichten:

- zu umfangreiche Tagesordnungen sollten vermieden werden;

- die Beratungen sollten sich auf strategische und themenübergreifende Fragen konzentrieren, wie etwa die Erörterung des Jahresprogramms der Kommission oder die Frage, wie wir die Dynamik der wirtschaftlichen Reformmaßnahmen in der Europäischen Union sicherstellen;

- die Erörterung einzelner legislativer Dossiers sollte grundsätzlich ausgeschlossen sein. Gibt es Schwierigkeiten bei der Entscheidungsfindung in den Fachministerräten, könnte der Europäische Rat Termine festlegen, zu denen die Beschlussfassung auf Ebene der Minister erfolgt sein muss;

- Zahl und Länge der dem Europäischen Rat vorgelegten Berichte sollten begrenzt werden;

- einstimmige Beschlussfassung sollte nur in Bereichen angewandt werden, für die die Verträge dies vorsehen. Entscheidungen, die an den Europäischen Rat verwiesen wurden und die nach Maßgabe des Vertrags im Rat mit qualifizierter Mehrheit zu fassen sind, sollten auch im Europäischen Rat mit qualifizierter Mehrheit gefasst werden, anderenfalls könnten Fortschritte in wichtigen Bereichen behindert werden;

- die Vertraulichkeit der Beratungen im Europäischen Rat sollte wieder hergestellt werden;

- das Verfahren zur Formulierung der Schlussfolgerungen des Europäischen Rates sollte reformiert werden, um den Zeitaufwand der Staats- und Regierungschefs für die Behandlung des Textentwurfs auf ein Minimum zu reduzieren. Der Wortlaut sollte sich auf die erörterten Themen konzentrieren.

Um diese Ziele zu erreichen, wird eine intensivere Vorbereitung jeder Tagung des Europäischen Rates, insbesondere der Schlussfolgerungen, erforderlich sein. Im Hinblick darauf sollte die Rolle des Ratssekretariats gestärkt werden. Und wir müssen gewährleisten, dass der Ministerrat dem Europäischen Rat eine Tagesordnung vorlegen kann, die sich auf die wesentlichen Punkte konzentriert und zu bewältigen ist.

Auch die Effizienz der Arbeitsweise des Ministerrats kann noch verbessert werden, insbesondere im Blick auf die Koordinierung der Beschlussfassung in den Fachräten. Eine deutliche Verringerung der Zahl der Ratsformationen wäre hierbei eine große Hilfe. Wir sollten in Betracht ziehen, Javier SOLANA zu bitten, hierzu bis Sevilla Vorschläge vorzulegen. Dies könnte mit einer Reduzierung der Anzahl der hochrangigen Ausschüsse einhergehen.

Eine verbesserte Transparenz der Beschlussfassung und die Frage der demokratischen Verantwortlichkeit sind natürlich wichtige Punkte in der Erklärung von Laeken. Wir sind der Meinung, dass beiden Zielen gedient wäre, wenn der Rat in seiner Rolle als Gesetzgeber öffentlich tagen würde. Ratsverhandlungen zu exekutiven sowie außen- und sicherheitspolitischen Angelegenheiten sollten dagegen weiterhin nichtöffentlich bleiben.

Wir sollten ferner ernsthaft in Erwägung ziehen, die Tradition des 'tour de table' aufzugeben. Es könnte viel Zeit gespart werden, indem die Delegationen gebeten werden, den Kollegen im Rat eine kurze Zusammenfassung (1-2 Seiten) ihrer Position als Gesprächsgrundlage vorzulegen. Eine Meinungsäußerung wäre dann nur vonseiten derjenigen Mitgliedstaaten erforderlich, die sich konkret äußern möchten. In jedem Fall wird es nach der Erweiterung wohl kaum

- I. Chronik -
Nr. 89/11.III.2002: Bush zum Krieg gegen den Terrorismus

mehr praktikabel sein, wenn zunächst 27 oder mehr Mitglieder ihre Positionen im Einzelnen darlegen und erst danach die eigentlichen Verhandlungen beginnen können.

Die Arbeitsweise des Rates bleibt eine wesentliche Frage, die in der Debatte um die Zukunft Europas zu beantworten sein wird. Dabei wird sich das Augenmerk auch auf die Beziehungen des Rates zu den übrigen Institutionen richten müssen. Eine rasche Einigung über das oben dargelegte Maßnahmenbündel wäre aber ein deutliches Zeichen, dass der Europäische Rat entschlossen ist, Reformen durchzuführen und den Erfolg des Erweiterungsprozesses zu gewährleisten.

Die Kollegen im Europäischen Rat, Romano PRODI und Javier SOLANA sowie Valéry GISCARD D'ESTAING erhalten Kopien dieses Schreibens."

(Britische Botschaft, Berlin)

11. III. 2002

89. Präsidenten Bush ruft zur zweiten Phase des Krieges gegen Terrorismus auf

Am 11. März 2002, sechs Monate nach den Terroranschlägen von New York und Washington, hielt US-Präsident George W. BUSH eine Rede, in der er Bilanz der bisherigen Bemühungen des Kampfes gegen den Terrorismus zog. Er kündigte eine zweite Phase des Kampfes an, die nunmehr nach der Niederlage der Taliban einsetzen werde und wo es darum gehe, die Terroristen auf der ganzen Welt zu verfolgen.

Rede von US-Präsident Bush vom 11. 3. 2002 zum Gedenken an die Terroranschläge vom 11. September 2001

„...Wir sind zusammengekommen, um eines schrecklichen Tags zu gedenken, um eine gerechte und lebenswichtige Sache zu bekräftigen und den vielen Nationen zu danken, die unsere Entschlossenheit teilen und an unserem gemeinsamen Sieg beteiligt sein werden. Sechs Monate sind seit dem 11. September vergangen. Aber für die Familien der Verstorbenen bringt jeder Tag neuen Schmerz; jeder Tag erfordert neuen Mut. Ihre Würde und Ihre Stärke sind ein Beispiel für unsere Nation. Amerika wird die Menschenleben, die verloren gingen, und die Gerechtigkeit, die ihr Tod fordert, nicht vergessen.

Wir sehen uns einem Feind mit skrupellosem Ehrgeiz gegenüber, der weder durch Gesetz noch Moral eingeschränkt wird. Die Terroristen verachten andere Religionen und entweihen ihre eigene. Und sie sind entschlossen, den Umfang und das Ausmaß ihres Mordens zu erweitern. Der Terror, der New York und Washington zum Ziel hatte, kann als nächstes jedes Zentrum der Zivilisation treffen. Gegen einen solchen Feind gibt es keine Immunität, und gegen einen solchen Feind kann es keine Neutralität geben.

Viele Nationen und viele Familien leben seit Jahrzehnten im Schatten des Terrors - erdulden Jahre des sinnlosen und erbarmungslosen Mordens. Der 11. September war nicht der Beginn des globalen Terrors, sondern der Beginn der gemeinsamen Reaktion der Welt. Die Geschichte wird diesen Tag nicht nur als einen Tag der Tragödie, sondern als einen Tag der Entscheidung festhalten - als die zivilisierte Welt zu Wut und Aktion aufgestachelt wurde. Und die Terroristen werden den 11. September als den Tag der Abrechnung erinnern.

Eine mächtige Koalition zivilisierter Nationen verteidigt jetzt unsere gemeinsame Sicherheit. Die Geldbestände der Terroristen wurden eingefroren. Gruppen, die als Fassade für Terroristen fungieren, wurden entlarvt. Ein terroristisches Regime wurde gestürzt. Von Spanien bis Singapur wurden Pläne für Terroranschläge aufgedeckt. Und tausende von Terroristen wurden vor Gericht gebracht, sind im Gefängnis oder rennen um ihr Leben.

Heute sind Vertreter vieler unserer Partner bei diesem großartigen Unternehmen unter uns, und wir sind stolz, heute Morgen die Flaggen ihrer Heimatländer gehisst zu haben. Es ist mir

- I. Chronik -
Nr. 89/11.III.2002: Bush zum Krieg gegen den Terrorismus

eine Ehre, den tief empfundenen Dank des amerikanischen Volks für die Beiträge dieser Nationen - einige wohl bekannt, andere nicht - zum Ausdruck zu bringen.

Die Macht und Tragfähigkeit unserer Koalition wird in Afghanistan unter Beweis gestellt. Mehr als die Hälfte unserer Streitkräfte, die jetzt den heroischen afghanischen Kämpfern zur Seite steht oder die Sicherheit in Kabul gewährleistet, kommt aus anderen Ländern als den Vereinigten Staaten. Es gibt viele Beispiele des Engagements: Unser guter Bündnispartner, Frankreich, hat nahezu ein Viertel seiner Marine zur Unterstützung der Operation Dauerhafter Friede stationiert, und Großbritannien hat seine größte Marineeinsatztruppe seit 20 Jahren entsandt. Britische und amerikanische Sondereinsatzkräfte kämpfen Seite an Seite mit den Truppen aus Australien, Kanada, Norwegen, Dänemark und Deutschland. Insgesamt haben 17 Nationen Streitkräfte in die Region entsandt. Und wir hätten unsere Arbeit nicht ohne die entscheidende Unterstützung von Ländern wie Pakistan und Usbekistan leisten können. Japanische Zerstörer tanken die Schiffe der Koalition im Indischen Ozean auf. Die türkische Luftwaffe tankt amerikanische Flugzeuge auf. Die Afghanen werden in Kliniken behandelt, die von Russen, Jordaniern und Spaniern gebaut wurden und erhalten Hilfslieferungen und Unterstützung von Südkorea...

Ein Teil dieser Sache war die Befreiung des afghanischen Volks von der terroristischen Unterdrückung, und das haben wir getan. Nächste Woche werden die Schulen in Afghanistan wieder geöffnet. Sie werden für alle geöffnet sein - und viele junge Mädchen werden zum ersten Mal in ihrem jungen Leben in die Schule gehen. Vor Afghanistan liegen viele schwierige Herausforderungen - aber wir haben Massenhungersnöte abgewandt, angefangen, die Minenfelder zu räumen, die Straßen wiederaufzubauen und die Gesundheitsfürsorge zu verbessern. In Kabul ist eine freundlich gesinnte Regierung jetzt unerlässliches Mitglied der Koalition gegen den Terror.

Jetzt, da die Taliban vertrieben sind und die Al-Qaida ihren Stützpunkt für Terrorismus verloren hat, sind wir in die zweite Phase des Kriegs gegen den Terror eingetreten - einen andauernden Feldzug, um den Terroristen die Zuflucht zu verweigern, die unsere Bürger von überall auf der Welt bedrohen.

In Afghanistan sind hunderte ausgebildeter Mörder jetzt tot. Viele wurden gefasst. Andere sind noch auf der Flucht, in der Hoffnung, erneut zuschlagen zu können. Diese terroristischen Kämpfer sind die fanatischsten, die gefährlichsten, und sie werden sich mit geringster Wahrscheinlichkeit ergeben. Sie versuchen, sich neu zu formieren, und wir werden sie aufhalten. Fünf Monate lang war unsere Koalition in Afghanistan geduldig und unerbittlich. Und mehr Geduld und Mut werden erforderlich sein. In den Schach-i-kot-Bergen führen wir einen erbitterten Krieg, und wir gewinnen. Dennoch wird nicht der letzte Kampf in Afghanistan sein. Und es wird andere Kämpfe in anderen Ländern geben.

Es darf für aus Afghanistan fliehende Terroristen - für keinen Terroristen, der nach einer Operationsbasis sucht - einen sicheren Zufluchtsort geben. Indem wir die Terroristen zwingen, von einem Ort an den anderen zu fliehen, stören wir die Pläne und die Vorbereitung auf weitere Angriffe auf Amerika und die zivilisierte Welt. Jeder Terrorist muss gezwungen werden, weltweit auf der Flucht zu leben, er darf keinen Ort haben, an dem er sich niederlassen oder organisieren kann, kein Versteck, keine Regierungen, hinter denen er sich verstecken kann, nicht einmal einen sicheren Ort zum Schlafen.

Ich habe in der zweiten Phase des Kriegs gegen den Terror eine klare Vorgehensweise dargelegt: Die Vereinigten Staaten fordern alle Regierungen der Welt auf, bei der Beseitigung der terroristischen Parasiten, die ihre eigenen Länder und den Frieden auf der Welt bedrohen, behilflich zu sein - und erwarten diese Hilfe auch von ihnen. Wenn einige Regierungen Schulungen oder Ressourcen benötigen, um dieser Verpflichtung nachzukommen, werden die Vereinigten Staaten helfen.

Wir helfen gerade auf den Philippinen, wo Terroristen mit Verbindungen zur Al Qaida versuchen, den südlichen Teil des Landes zur Etablierung eines Militärregimes zu besetzen. Sie unterdrücken die örtliche Bevölkerung und haben sowohl amerikanische als auch philippinische Staatsbürger entführt. Die Vereinigten Staaten haben zur Ausbildung philippinischer Streitkräfte mehr als 500 Soldaten entsandt. Wir stehen Präsident ARROYO zur Seite, der sich mit viel Mut gegen die terroristische Bedrohung stellt.

- I. Chronik -
Nr. 89/11.III.2002: Bush zum Krieg gegen den Terrorismus

In der Republik Georgien operieren eng mit der Al Qaida zusammenarbeitende Terroristen im Panski Tal nahe der russischen Grenze. Auf Bitten von Präsident SCHEWARDNADSE planen die Vereinigten Staaten die Entsendung von bis zu 150 Militärausbildern, um die Soldaten Georgiens darauf vorzubereiten, die Kontrolle in dieser gesetzlosen Region wiederherzustellen. Diese vorübergehende Unterstützung liegt im Interesse unserer beiden Länder.

Im Jemen arbeiten wir daran, ein zweites Afghanistan zu verhindern. Viele Rekruten der Al Qaida stammen aus der Nähe der Grenze zwischen dem Jemen und Saudi-Arabien. Die Al Qaida könnte versuchen, sich in entlegenen Winkeln der Region neu zu konstituieren. Präsident SALEH versicherte mir, dass er dieser Gefahr begegnen wird. Wir werden den jemenitischen Streitkräften mit Ausbildung und Gerät behilflich sein um zu verhindern, dass das Land zu einem Zufluchtsort für Terroristen wird.

In der momentanen Phase des Kriegs widersetzt sich unsere Koalition keinem Land, sondern einem Netzwerk. Der Sieg wird sich im Laufe der Zeit einstellen, wenn das Netzwerk langsam aber sicher zerschlagen wird. Dies erfordert internationale Zusammenarbeit an einer Reihe von Fronten: der diplomatischen, finanziellen und militärischen. Wir werden nicht in jede Schlacht amerikanische Truppen entsenden, aber die Vereinigten Staaten werden andere Länder aktiv auf die bevorstehenden Schlachten vorbereiten. Diese Mission wird beendet sein, wenn die Arbeit erledigt ist - wenn die Terrornetzwerke mit globaler Reichweite besiegt wurden. Die Zufluchtsorte und Ausbildungslager des Terrors sind eine Bedrohung für unser Leben und unsere Lebensweise, und sie werden zerstört werden.

Gleichzeitig muss jede Nation in unserer Koalition die in katastrophalem Ausmaß zunehmende Bedrohung des Terrors ernst nehmen - eines mit biologischen, chemischen und atomaren Waffen ausgerüsteten Terrors. Die Vereinigten Staaten beraten sich jetzt mit Freunden und Bündnispartnern über diese größte Gefahr, und wir sind entschlossen, uns ihr zu stellen.

Soviel wissen wir bereits: Einige den Terrorismus unterstützende Staaten streben den Besitz von Massenvernichtungswaffen an oder besitzen sie bereits, Terrorgruppen gieren nach diesen Waffen und würden sie ohne jegliche Gewissensbisse einsetzen. Wir wissen, dass diese Waffen in den Händen von Terroristen zu Erpressung, Völkermord und Chaos führen würden.

Diese Tatsachen können nicht geleugnet werden, und wir müssen uns ihnen stellen. Wenn die Verbreitung von Massenvernichtungswaffen verhindert wird, gibt es keinen Spielraum für Fehler und keine Möglichkeit, aus Fehlern zu lernen. Unsere Koalition muss bewusst handeln, Untätigkeit ist keine Option. Menschen ohne Achtung vor dem Leben darf nie erlaubt werden, die ultimativen Werkzeuge des Todes zu kontrollieren.

Wir versammeln uns heute hier, sechs Monate später - eine kurze Zeit in einem langen Kampf. Unser Krieg gegen den Terror wird anhand seines Ausgangs beurteilt werden, nicht anhand seines Anfangs. Es liegen noch mehr Gefahren und Opfer vor uns. Dennoch sind die Vereinigten Staaten vorbereitet. Unsere Entschlossenheit nimmt nur zu, denn wir erinnern uns. Wir erinnern uns an den Horror und das Heldentum dieses Morgens - den Tod von Kindern auf einem Schulausflug, den Widerstand von Passagieren an Bord eines zum Absturz verurteilten Flugzeugs, den Mut der Rettungsarbeiter, die mit den Fremden starben, die sie zu retten versuchten. Und wir erinnern uns an die Bilder von Terroristen, die über unsere Verluste lachten.

Jede zivilisierte Nation trägt ihren Teil zu diesem Kampf bei, denn jede zivilisierte Nation hat ein Interesse an seinem Ausgang. Es kann keinen Frieden geben in einer Welt, in der Meinungsverschiedenheiten und Groll als Entschuldigung dafür gelten, Unschuldige zu töten. Indem wir den Terror bekämpfen, kämpfen wir für die Voraussetzungen für einen dauerhaften Frieden. Wir kämpfen für gesetzlichen Wandel und gegen chaotische Gewalt, für Entscheidungsfreiheit und gegen Zwang und Brutalität, für die Würde und Güte jedes Lebens.

Jede Nation sollte wissen, dass der Krieg gegen den Terror für die Vereinigten Staaten nicht nur Politik ist, sondern ein Schwur. Ich werde in diesem Kampf für die Freiheit und Sicherheit meines Landes und der zivilisierten Welt nicht nachgeben.

Und wir werden Erfolg haben. Der Tag wird kommen, an dem die organisierte Bedrohung der Vereinigten Staaten, unserer Freunde und Bündnispartner durchbrochen wird. Und wenn die Terroristen geschlagen und verstreut und diskreditiert sind, werden viele alte Konflikte in einem neuen Licht erscheinen - ohne die dauernde Angst und Bitterkeit, die die Terroristen mit ihrer Gewalt verbreiten. Dann werden wir sehen, dass die alten und ernsten Dispute auf vernünftige Weise, mit gutem Willen und zu Gunsten der gemeinsamen Sicherheit gelöst werden können. Ich sehe eine friedliche Welt nach dem Krieg gegen den Terror, und mutig und geschlossen bauen wir diese Welt gemeinsam auf.

Jedes Land, dass sich unmissverständlich gegen den Terror stellt, kann zu dieser Sache beitragen. Jede Nation guten Willens ist willkommen. Gemeinsam werden wir der Gefahr des Augenblicks begegnen und das Versprechen unserer Zeit nutzen. Möge Gott unsere Koalition segnen."

(Amerika Dienst)

12. III. 2002

90. Außenminister Powell zur Nuclear Posture Review

Am 12. März 2002 kam es im amerikanischen Senat bei einer Anhörung des Unterausschusses für Handel, Justiz, Außenministerium und Justizwesen zu einer Anhörung mit US-Außenminister Colin POWELL, dessen Schwerpunkt auf der Neueinschätzung der Rolle nuklearer Waffen (Nuclear Posture Review) durch die Bush-Administration lag. Im Folgenden sind die wesentlichen Äußerungen POWELLs auf die Fragen des demokratischen Senators Jack REED wiedergegeben.

Aussagen des amerikanischen Außenministers zur Nuclear Posture Review vom 12. 3. 2002

„...Senator Jack REED: Herr Außenminister, am vergangenen Wochenende hat die Los Angeles Times die Nuclear Posture Review (NPR) beschrieben, die eine grundlegende Veränderung, so meine ich, in unserem Denken über Rüstungskontrolle bedeutet und Ihre Arbeit ungeheuer erschweren wird, wenn Sie hinaus in die Welt gehen und versuchen werden, sie zu erklären und zu verteidigen. Den Berichten in der Los Angeles Times kann man entnehmen, dass wir anfangen, auf Länder wie Libyen und Syrien zu zielen, die, so weit ich weiß, keine Nuklearwaffen besitzen; dass wir zumindest den präemptiven Einsatz von Kernwaffen vorsehen; dass wir die Entwicklung neuer Waffenklassen vorbereiten, die tief in den Untergrund eindringen würden. Und dies wirft eine Reihe von Fragen auf. Nebenbei muss ich anmerken, dass eines der in der Auseinandersetzung um den ABM-Vertrag mit schwingenden Argumente lautete, dass es unmoralisch sei, Kernwaffen für ein Gleichgewicht des Schreckens zu verwenden. Doch hat den Anschein, dass derartige moralische Einwände in dieser Überprüfung der Nuklearstrategie nicht enthalten sind.

Doch um ins Einzelne zu gehen, scheint es mir, dass wir uns von unserer traditionellen Vorgehensweise bei der Rüstungskontrolle abwenden, die eine sehr entschlossene, abgestimmte, stimmige Bemühung war, den Einsatz von Kernwaffen zu begrenzen - nicht, ihren Gebrauch auszuweiten. Zweitens scheint es mir angesichts der Entdeckung dieser neuen Ziele, dass die Hoffnung auf vielen Seiten, dass wir die Anzahl von Gefechtsköpfen und Trägern verringern könnten, einfach durch die Zunahme von Zielen in diesen verschiedenen Ländern Lügen gestraft werden könnte. Und schließlich wirft der Vorschlag oder die Erörterung der Entwicklung einer neuen Klasse von Kernwaffen die Frage von Nukleartests auf. Könnten Sie ganz allgemein über diese Fragen sprechen und im Besonderen, dass Sie voraussehen würden, dass wir mit dem Testen von Kernwaffen anfangen würden, um dieses neue Klasse von Systemen zu entwickeln? ...

Außenminister POWELL: Nachdem ich die Artikel vom Wochenende gelesen hatte sowie die weiterführenden Kommentare von heute, musste ich den Nuclear Posture Review von neuem lesen, denn es stimmte nicht - die Artikel stimmten nicht überein mit meinem Verständnis des Nuclear Posture Reviews. Lassen Sie es mich so beantworten: Als ich der Vorsitzende der Vereinigten Stabschefs war, am ersten Tag, als ich das Amt übernahm, am 1. Oktober 1989, hatten wir 29000 Kernwaffen in unserem operativen Inventar. Ich war dem Präsidenten und dem amerikanischen Volk gegenüber verantwortlich, wie sie vielleicht eingesetzt werden könnten. Jetzt, etwa 13 Jahre später, liegt diese Zahl weit, weit unter 10000. Wir haben aus

- I. Chronik -
Nr. 90/12.III.2002: Powell zur Nuclear Posture Review

unserem operativen Inventar zwei Drittel der Waffen entfernt, die darin waren, als ich Vorsitzender war. Wir sind von einer Lage, in der wir eine tagesaktuelle Alarmzielerfassung für spezifische Ziele über die ganze Sowjetunion und anderen Nationen des Warschauer Paktes hatten, am heutigen Tag zu einer Lage gelangt, in der kein einziges Land in der Welt auf einer tagesaktuellen Zielliste steht. Wir arbeiten zusammen mit den Russen an weiteren Verringerungen. Wir haben es im Nuclear Posture Review gesagt, dass wir Russland nicht wirklich als einen Feind so ansehen, wie wir Russland früher als Feind angesehen haben, und deshalb können wir sogar noch bedeutendere Verringerungen in unseren Nuklearstreitkräfte vornehmen. Der Präsident ist so weit gegangen, zu sagen, 'Schauen Sie, Präsident PUTIN, wir brauchen dafür nicht einmal einen Vertrag, den ich werde heruntergehen, ob Sie es nun tun oder nicht, weil ich so viele Sprengköpfe nicht brauche, wie wir es früher hatten.'

So ist es ganz im Gegenteil die Vorstellung von Präsident BUSH, die Vorstellung dieser Regierung, die Zahl von Kernwaffen weiter zu verringern. Ich war froh darüber, der Vorsitzende der Vereinigten Stabschefs zu sein, ich meine, es war 1991 oder 1992, Anfang 1992..., doch als ich zum Präsidenten der Vereinigten Staaten mit meinem Chef, Verteidigungsminister CHENEY, ging und Präsident George H. W. BUSH sagte, dass wir keine Kernwaffen mehr im Heer brauchen und dass sie alle weg sind. Die Marines haben sich von den ihrigen getrennt. Wir brauchen keine taktischen Kernwaffen mehr in der Marine der Vereinigten Staaten, und sie sind alle weg. Wir haben immer noch die ballistischen Raketen in der Marine. Und wir brauchen viel, viel weniger Kernwaffen - viel weniger Kernwaffen in der Luftwaffe.

Und so, ehrlich gesagt, sind wir bedeutend heruntergegangen, und wir werden weiter nach unten gehen. Das ist der erste Punkt. Daher hat, obwohl sich die traditionelle Rüstungskontrolle verändert hat, der Antrieb, die Zahl von Kernwaffen zu verringern, hat sich aber nicht verändert - der beschleunigt sich, sogar bei Fehlen von Verhandlungen über Rüstungskontrolle traditioneller Art.

Was die Berichte angeht, dass wir irgendwie darüber nachdenken, präemptiv auf jemanden los zu gehen, oder dass, wie ich es in einem Kommentar heute Morgen gelesen habe, wir die nuklearer Schwelle gesenkt haben, so haben wir nichts dergleichen gemacht. Es gibt keine Möglichkeit, das Dokument zu lesen und zum Schluss zu kommen, dass die Vereinigten Staaten mit höherer Wahrscheinlichkeit oder schneller Kernwaffen einsetzen werden.

Ganz im Gegenteil. Wir besitzen jetzt ein überwältigendes konventionelles, nichtnukleares Potenzial, noch größer, als es vor zehn Jahren war. Die Diskrepanz bei dem konventionellen Potenzial zwischen den Vereinigten Staaten und jeder anderen Nation oder Kombination von Nationen ist größer, als sie es vor zehn Jahren war. Wir sind nun keine Dummköpfe. Wir werden nicht plötzlich sagen, 'Lasst uns schneller zu Kernwaffen greifen,' wenn wir ein derartiges konventionelles Potenzial besitzen.

Was wir in dieser Überprüfung getan haben, ganz vernünftig, ist es, zu sagen, der amerikanische Präsident muss alle die Optionen haben, die ihm zur Verfügung stehen, kräftig und gut, und wohldurchdacht. Und wenn wir daher auf die Gefahren schauen, die es draußen gibt, und auf die Nationen schauen, die vielleicht Massenvernichtungswaffen entwickeln, ist es klug, ist es gesunder Menschenverstand, gutes Denken, politisch wie militärisch, diese Nationen in Betracht zu ziehen und zu bedenken, welches Spektrum an Optionen der Präsident haben sollte.

Kernwaffen sind nicht verschwunden von der Erde. Ich wünschte, sie wären es. Ich wünschte, es gäbe keine einzige Kernwaffe in der Welt, doch es gibt sie. Ich bin erfreut, an mehreren Regierungen beteiligt gewesen zu sein, die die Zahl verringert haben, und ich weiß nicht, ob es mich noch geben wird, wenn sie alle weg sind, was sie hoffentlich irgendwann sein werden. Doch solange wir Kernwaffen haben, und so lange es Nationen gibt, die sich weiterhin in diese Richtung bewegen, erfordert es die Sicherheit des amerikanischen Volkes, die Sicherheit unserer Nation und die Sicherheit unserer Freunde, das Undenkbare zu denken.

Doch nichts in dieser NPR scheint mir im Denken eine bedeutende Abweichung von früheren Regierungen zu sein was das Suchen nach fortgesetzter Verringerung und nach neueren Arten von Stabilität in unserem strategischen Rahmen betrifft. Deshalb haben wir uns so auf Raketenabwehr verpflichtet. Raketenabwehr tötet keinen einzigen Menschen. Raketenabwehr schützt Menschen vor offensiven Waffen der Art, von der wir uns befreien wollen. Es sind die offensiven Waffen, von denen wir uns befreien wollen - sie töten Menschen.

- I. Chronik -
Nr.91/12.III.2002: Sicherheitsrat zu Israel und Palästina

Was die Entwicklung neuer Kernwaffen angeht, so überprüfen wir, ob in unserem Inventar Verbesserungen gemacht werden können oder nicht oder ob es neue Dinge gibt, die wir uns anschauen sollten. Das ist vernünftig ...es gibt da keinen neuen Entwurf oder keine neue Kernwaffe, deren Produktion so gut wie beschlossen ist, die eine Erprobung erforderlich machte. Wir bleiben dem Testbann verpflichtet. Auch wenn wir nicht im CTBT sind, so bleibt der Präsident dem Moratorium für Erprobungen verpflichtet.

Daher wird es keinen Bruch des Teststopps geben. Es gibt keine neue Eskalation bei den Arten und Typen von Kernwaffen, die wir haben wollen. Es gibt keine Veränderungen bei der Schwelle, worüber Leute so gerne reden. Es gibt auch keine größere Absicht für Präemption, als es vielleicht in einigen vorherigen Regierungen gegeben hat. Was wir tun, ist es, die Welt anzuschauen, so wie sie hier und jetzt ist. Was jene Nationen angeht, die diese Arten von Massenvernichtungswaffen entwickeln, so erscheint es uns nicht schlecht, wenn sie bei den Vereinigten Staaten sehen, dass diese ein ganzes Spektrum von Optionen besitzen, und wenn sie erkennen, dass es einen amerikanischen Präsidenten gibt, dem ein ganzes Spektrum von Optionen zur Verfügung steht, um abzuschrecken, und um die Vereinigten Staaten von Amerika, das amerikanische Volk, unsere Art zu leben, und unsere Freunde und Verbündeten zu verteidigen...".

(Amerika Dienst)

12. III. 2002

91. Sicherheitsrat zur Situation in Israel und Palästina

Am 12. März 2002 beschäftigte sich der Sicherheitsrat der Vereinten Nationen in New York erneut mit der Lage in Israel und den Palästinensergebieten, die durch blutige Selbstmordanschläge und Vergeltungsaktionen der Israelis charakterisiert war. Der Sicherheitsrat betonte die Notwendigkeit einer friedlichen Lösung und dass alle Parteien die Sicherheit der Zivilbevölkerung gewährleisten müssen. Außerdem wurden beide Seiten zur Wiederaufnahme von Verhandlungen aufgerufen.

Resolution 1397 des VN-Sicherheitsrats, verabschiedet am 12. 3. 2002

„Der Sicherheitsrat,

unter Hinweis auf alle seine früheren einschlägigen Resolutionen, insbesondere die Resolutionen 242 (1967) und 338 (1973),

in Bekräftigung der Vision einer Region, in der zwei Staaten, Israel und Palästina, Seite an Seite innerhalb sicherer und anerkannter Grenzen leben,

mit dem Ausdruck seiner tiefen Besorgnis über die seit September 2000 anhaltenden tragischen und gewaltsamen Ereignisse, insbesondere über die jüngsten Angriffe und die gestiegene Zahl der Opfer,

betonend, dass alle beteiligten Parteien die Sicherheit der Zivilbevölkerung gewährleisten müssen,

sowie betonend, dass die allgemein anerkannten Normen des humanitären Völkerrechts geachtet werden müssen,

unter Begrüßung der diplomatischen Bemühungen, die die Sonderbotschafter der Vereinigten Staaten von Amerika, der Russischen Föderation und der Europäischen Union, der Sonderkoordinator der Vereinten Nationen und andere unternehmen, um einen umfassenden, gerechten und dauerhaften Frieden im Nahen Osten herbeizuführen, und diese Bemühungen befürwortend,

unter Begrüßung des Beitrags des saudi-arabischen Kronprinzen ABDULLAH,

Nr. 92/28.III.2002: VN-Hilfsmission für Afghanistan

1. verlangt die sofortige Einstellung aller Gewalthandlungen, namentlich aller Akte des Terrors, der Provokation, der Aufwiegelung und der Zerstörung;

2. fordert die israelische und die palästinensische Seite und ihre Führer auf, bei der Umsetzung des Tenet-Arbeitsplans und der Empfehlungen des Mitchell-Berichts zusammenzuarbeiten, mit dem Ziel, die Verhandlungen über eine politische Regelung wieder aufzunehmen;

3. bekundet seine Unterstützung für die Bemühungen, die der Generalsekretär und andere unternehmen, um den Parteien dabei behilflich zu sein, die Gewalttätigkeiten zu beenden und den Friedensprozess wieder aufzunehmen;

4. beschließt, mit der Angelegenheit befasst zu bleiben."

(Deutscher Übersetzungsdienst, Vereinte Nationen)

28. III. 2002

92. Sicherheitsrat richtet VN-Hilfsmission für Afghanistan ein

Am 28. März 2002 beschäftigte sich der Sicherheitsrat der Vereinten Nationen in New York erneut mit der Lage in Afghanistan. Dabei wurde deutlich, dass es einer Anstrengung der Vereinten Nationen bedarf, um die Situation vor Ort zu bessern. Der Sicherheitsrat richtete für den Zeitraum von 12 Monaten eine VN-Hilfsmission ein.

Resolution 1401 des VN-Sicherheitsrats, verabschiedet am 28. 3. 2002

„Der Sicherheitsrat,

in Bekräftigung seiner früheren Resolutionen über Afghanistan, insbesondere seiner Resolutionen 1378 (2001) vom 14. November 2001, 1383 (2001) vom 6. Dezember 2001 und 1386 (2001) vom 20. Dezember 2001,

unter Hinweis auf alle einschlägigen Resolutionen der Generalversammlung, insbesondere die Resolution 56/220 (2001) vom 21. Dezember 2001,

unter nachdrücklichem Hinweis auf das unveräußerliche Recht des afghanischen Volkes, frei über seine eigene politische Zukunft zu bestimmen,

in Bekräftigung seines nachdrücklichen Bekenntnisses zur Souveränität, Unabhängigkeit, territorialen Unversehrtheit und nationalen Einheit Afghanistans,

erneut erklärend, dass er sich das am 5. Dezember 2001 in Bonn unterzeichnete Abkommen über vorläufige Regelungen in Afghanistan bis zur Wiedereinsetzung dauerhafter Regierungsinstitutionen (S/2001/1154) (Abkommen von Bonn) zu eigen macht, insbesondere dessen Anhang 2 betreffend die Rolle der Vereinten Nationen während der Übergangsphase,

mit Genugtuung über die am 22. Dezember 2001 erfolgte Einsetzung der Afghanischen Interimsbehörde, und der Entfaltung des im Abkommen von Bonn vorgezeichneten Prozesses mit Interesse entgegensehend,

betonend, wie entscheidend wichtig es ist, den Anbau illegaler Drogenpflanzen und den unerlaubten Drogenhandel zu bekämpfen, die Landminengefahr zu beseitigen und auch den unerlaubten Zustrom von Kleinwaffen einzudämmen,

nach Behandlung des Berichts des Generalsekretärs vom 18. März 2002 (S/2002/278),

die Geberländer, die auf der Konferenz von Tokio über Wiederaufbauhilfe für Afghanistan Mittelzusagen abgegeben haben, dazu ermutigend, ihre Zusagen so bald wie möglich zu erfüllen, mit Lob für die Entschlossenheit, die die Sondermission der Vereinten Nationen in Afghanistan (UNSMA) bei der Durchführung ihres Mandats unter besonders schwierigen Umständen bewiesen hat,

1. unterstützt die Einrichtung einer Hilfsmission der Vereinten Nationen in Afghanistan (UNAMA) für einen Anfangszeitraum von zwölf Monaten ab dem Datum der Verabschiedung dieser Resolution mit dem Mandat und der Struktur, die in dem Bericht des Generalsekretärs vom 18. März 2002 (S/2002/278) ausgeführt sind;

2. bekräftigt seine nachdrückliche Unterstützung des Sonderbeauftragten des Generalsekretärs und billigt dessen volle Weisungsbefugnis, im Einklang mit den einschlägigen Ratsresolutionen, in Bezug auf die Planung und Durchführung sämtlicher Tätigkeiten der Vereinten Nationen in Afghanistan;

3. betont, dass die Bereitstellung gezielter Normalisierungs- und Wiederaufbauhilfe einen großen Beitrag zur Durchführung des Abkommens von Bonn leisten kann, und richtet zu diesem Zweck die eindringliche Bitte an die bilateralen und multilateralen Geber, sich insbesondere über die Unterstützungsgruppe für Afghanistan und die Durchführungsgruppe engstens mit dem Sonderbeauftragten des Generalsekretärs, der Afghanischen Interimsverwaltung und deren Nachfolgeorganen abzustimmen;

4. betont außerdem im Kontext der Ziffer 3, dass humanitäre Hilfe zu gewähren ist, wo immer Bedarf besteht, dass jedoch Normalisierungs- und Wiederaufbauhilfe über die Afghanische Interimsverwaltung und ihre Nachfolgeorgane nur dort bereitgestellt und wirksam erbracht werden sollen, wo die örtlichen Behörden zur Wahrung eines sicheren Umfelds beitragen und ihre Achtung der Menschenrechte unter Beweis stellen;

5. fordert alle afghanischen Parteien auf, mit der UNAMA bei der Durchführung ihres Auftrags zusammenzuarbeiten und die Sicherheit und Bewegungsfreiheit ihres Personals überall im Land zu gewährleisten;

6. die Internationale Sicherheitsbeistandstruppe, ihren Auftrag nach Resolution 1386 (2001) auch künftig in enger Abstimmung mit dem Generalsekretär und seinem Sonderbeauftragten ersucht wahrzunehmen;

7. ersucht den Generalsekretär, dem Rat alle vier Monate über die Durchführung dieser Resolution Bericht zu erstatten;

8. beschließt, mit der Angelegenheit aktiv befasst zu bleiben."

(Deutscher Übersetzungsdienst, Vereinte Nationen)

30. III. 2002

93. Sicherheitsrat der VN zu Israel und zu den Palästinensern

Nachdem es zu einer weiteren Eskalation in Israel und in den Palästinensergebieten gekommen war, bei der nach mehreren Selbstmordattentaten die israelische Armee das Hauptquartier von PLO-Führer Yassir ARAFAT angegriffen und umstellt hatte, beschäftigte sich der Sicherheitsrat der Vereinten Nationen in New York am 30. März 2002 erneut mit der dortigen Lage. In der nachfolgenden Resolution wurden beide Parteien zur Waffenruhe gemahnt und insbesondere die Verübung terroristischer Anschläge verurteilt.

Resolution 1402 des VN-Sicherheitsrats, verabschiedet am 30. 3. 2002

„Der Sicherheitsrat,

in Bekräftigung seiner Resolutionen 242 (1967) vom 22. November 1967, 338 (1973) vom 22. Oktober 1973, 1397 (2002) vom 12. März 2002 und der Grundsätze von Madrid,

- I. Chronik -
Nr. 94/10.IV.2002: Treffen des „Quartetts" in Madrid

mit dem Ausdruck seiner tiefen Besorgnis über die weitere Verschlechterung der Situation, namentlich über die jüngsten Selbstmordattentate in Israel und den Militärangriff gegen das Hauptquartier des Präsidenten der Palästinensischen Behörde,

1. fordert beide Parteien auf, unverzüglich in eine auch wirklich als solche verstandene Waffenruhe einzutreten; fordert den Rückzug der israelischen Truppen aus den palästinensischen Städten, einschließlich Ramallah; und fordert die Parteien auf, in vollem Umfang mit Sonderbotschafter ZINNI und anderen zusammenzuarbeiten, um als ersten Schritt zur Verwirklichung der Empfehlungen des Mitchell-Ausschusses den Tenet-Sicherheitsarbeitsplan umzusetzen, mit dem Ziel, die Verhandlungen über eine politische Regelung wieder aufzunehmen;

2. bekräftigt seine in Resolution 1397 (2002) vom 12. März 2002 aufgestellte Forderung, alle Gewalthandlungen, namentlich alle Akte des Terrors, der Provokation, der Aufwiegelung und der Zerstörung, sofort einzustellen;

3. bekundet seine Unterstützung für die Bemühungen, die der Generalsekretär und die Sonderbotschafter für den Nahen Osten unternehmen, um den Parteien dabei behilflich zu sein, die Gewalttätigkeiten zu beenden und den Friedensprozess wieder aufzunehmen;

4. beschließt, mit der Angelegenheit befasst zu bleiben."

(Deutscher Übersetzungsdienst, Vereinte Nationen)

10. IV. 2002

94. Erstes Treffen des Quartetts über Nahen Osten

Am 10. April 2002 trafen in Madrid der Generalsekretär der Vereinten Nationen, der russische Außenminister und seine Kollegen aus den USA und Spanien (für die Ratspräsidentschaft der EU) sowie der EU-Beauftragte für Gemeinsame Außen- und Sicherheitspolitik zusammen, um die Lage in Israel und den Palästinensergebieten zu beraten (sogenanntes Quartett). Sie verabschiedeten eine gemeinsame Erklärung, die auch vom Sicherheitsrat gebilligt wurde, in der sie beide Seiten für die Eskalation verantwortlich machten und forderten Palästinenserführer Yassir ARAFAT dazu auf, den Terroranschlägen gegen Israel Einhalt zu gebieten, während sie andererseits die Regierung Israel aufforderte, seine Militäroperationen zu beenden und zu einer Verhandlungslösung zurück zu kehren.

Gemeinsame Erklärung der USA, Russlands, der EU und der Vereinten Nationen zum Nahen Osten vom 10. 4. 2002

„Der Generalsekretär der Vereinten Nationen, Kofi ANNAN, der Außenminister der Russischen Föderation, Igor IWANOW, der Außenminister der Vereinigten Staaten, Colin POWELL, der Außenminister Spaniens, Josep PIQUÉ, und der Hohe Vertreter für die Gemeinsame Außen- und Sicherheitspolitik der Europäischen Union, Javier SOLANA, sind heute in Madrid zusammengetreten. Wir haben die sich ausweitende Konfrontation im Nahen Osten geprüft und sind übereingekommen, unser Vorgehen zur Lösung der gegenwärtigen Krise abzustimmen.

Wir bekunden unsere tiefe Besorgnis über die derzeitige Situation, namentlich über die zunehmende humanitäre Krise und über die wachsenden Risiken für die regionale Sicherheit. Wir bekräftigen unsere gemeinsame Verurteilung von Gewalt und Terrorismus, bekunden unsere tiefe Betroffenheit über den Verlust unschuldiger palästinensischer und israelischer Menschenleben und sprechen den Angehörigen der Getöteten und Verletzten unser tiefempfundenes Mitgefühl aus. In der Auffassung, dass es zu viel Leid und zu viel Blutvergießen gegeben hat, fordern wir die Führer Israels und der Palästinensischen Behörde auf, im Interesse ihres eigenen Volkes, der Region und der internationalen Gemeinschaft zu handeln und diese sinnlose Konfrontation sofort zu beenden.

- I. Chronik -
Nr. 94/10.IV.2002: Treffen des „Quartetts" in Madrid

In dieser Hinsicht bekunden wir unsere tiefe Besorgnis über die jüngsten Angriffe, die von Libanon aus über die von den Vereinten Nationen festgelegte Blaue Linie hinweg durchgeführt wurden. Das Quartett fordert alle Parteien auf, die Blaue Linie zu achten, alle Angriffe einzustellen und höchste Zurückhaltung zu üben. Es darf nicht zugelassen werden, dass der Konflikt sich ausweitet und die Sicherheit und Stabilität der Region bedroht.

Die Vereinten Nationen, die Europäische Union und Russland bekunden ihre nachdrückliche Unterstützung für die Mission von Außenminister POWELL und fordern Israel und die Palästinensische Behörde nachdrücklich auf, bei seiner Mission wie auch bei den fortgesetzten Bemühungen, die sie zur Wiederherstellung der Ruhe und zur Wiederaufnahme eines politischen Prozesses unternehmen, in vollem Umfang zu kooperieren.

Wir betonen erneut, dass es keine militärische Lösung des Konflikts gibt und fordern die Parteien auf, sich auf eine politische Lösung ihrer Streitigkeiten auf der Grundlage der Resolutionen 242 und 338 des Sicherheitsrats der Vereinten Nationen und des Grundsatzes 'Land gegen Frieden' zuzubewegen - die die Grundlage der Konferenz von Madrid im Jahr 1991 bildeten. Wir bekräftigen unsere Unterstützung für das von Präsident BUSH zum Ausdruck gebrachte und in der Resolution 1397 des Sicherheitsrats ausgeführte Ziel von zwei Staaten, Israel und Palästina, die Seite an Seite innerhalb sicherer und anerkannter Grenzen leben. Wir begrüßen aufs wärmste die Friedensinitiative von Kronprinz ABDULLAH von Saudi-Arabien, die in Beirut von der Arabischen Liga unterstützt wurde, als wichtigen Beitrag in Richtung auf einen umfassenden Frieden, der auch Syrien und Libanon einschließt.

Um Fortschritte in Richtung auf die von uns geteilten Ziele zu ermöglichen, bekräftigen wir, dass die Resolution 1402 des Sicherheitsrats unverzüglich in vollem Umfang durchgeführt werden muss, wie in der Resolution 1403 gefordert. Wir fordern Israel auf, seine Militäroperationen unverzüglich zu beenden. Wir fordern eine sofortige, echte Waffenruhe und einen sofortigen israelischen Rückzug aus den palästinensischen Städten, einschließlich Ramallahs und namentlich des Hauptquartiers des Vorsitzenden ARAFAT. Wir fordern Israel auf, die internationalen humanitären Grundsätze voll einzuhalten und humanitären Organisationen und Diensten vollen und ungehinderten Zugang einzuräumen. Wir fordern Israel auf, übermäßige Gewaltanwendung zu unterlassen und alles daran zu setzen, den Schutz von Zivilpersonen sicherzustellen.

Wir fordern den Vorsitzenden ARAFAT, den anerkannten und gewählten Führer des palästinensischen Volkes, auf, sofort die größtmöglichen Anstrengungen zu unternehmen, um den Terroranschlägen gegen unschuldige Israelis Einhalt zu gebieten. Wir fordern die Palästinensische Behörde auf, entschlossen zu handeln und alles in ihrer Macht Stehende zu tun, um die terroristische Infrastruktur, einschließlich der Finanzierung des Terrorismus, abzubauen und der Aufstachelung zur Gewalt ein Ende zu setzen. Wir fordern den Vorsitzenden ARAFAT auf, das volle Gewicht seiner politischen Autorität einzusetzen, um das palästinensische Volk davon zu überzeugen, dass sämtliche Terroranschläge gegen Israelis sofort beendet werden müssen, und seine Vertreter dazu zu ermächtigen, die Koordinierung mit Israel in Sicherheitsfragen sofort wieder aufzunehmen.

Terrorismus, einschließlich Selbstmordattentate, ist illegal und unmoralisch, hat den legitimen Bestrebungen des palästinensischen Volkes schwer geschadet und muss verurteilt werden, wie dies in der Resolution 1373 des Sicherheitsrats gefordert wird.

Wir fordern Israel und die Palästinensische Behörde auf, ohne weitere Verzögerung eine Einigung über die von General ZINNI vorgelegten Vorschläge für eine Waffenruhe zu erzielen. Wir würdigen die von General ZINNI bisher unternommenen Bemühungen zur Erreichung dieses Ziels.

Das Quartett hält sich bereit, den Parteien bei der Durchführung ihrer Vereinbarungen behilflich zu sein, insbesondere des Tenet-Arbeitsplans betreffend Sicherheitsfragen und der Mitchell-Empfehlungen, namentlich durch einen Mechanismus unter Einschaltung Dritter, dem die Parteien zugestimmt haben.

Wir betonen, dass der Tenet- und der Mitchell-Plan voll durchgeführt werden müssen, einschließlich der Beendigung jeglicher Siedlungstätigkeiten. Wir betonen, dass es eine sofortige, parallele und beschleunigte Bewegung in Richtung auf kurzfristige und greifbare politische Fortschritte geben muss, und dass es eine Reihe klar definierter Schritte geben muss, die zu einem dauerhaften Frieden führen - unter Einschluss der Anerkennung, der Normalisierung und der Sicherheit zwischen den Seiten, einer Beendigung der israelischen Besatzung und einer Beendigung des Konflikts. Dies wird es Israel gestatten, dauerhaften Frieden und dauerhafte Sicherheit zu genießen, und es wird dem palästinensischen Volk gestatten, seine Hoffnungen und Bestrebungen in Sicherheit und Würde zu verwirklichen.

In Unterstützung dieser Ziele fordern wir die internationale Gemeinschaft, insbesondere die arabischen Staaten, auf, die Palästinensische Behörde zu erhalten, zu stärken und zu unterstützen, namentlich durch Anstrengungen zum Wiederaufbau ihrer Infrastruktur und ihrer Sicherheits- und Regierungskapazitäten. Wir fordern außerdem die Gebergemeinschaft und die internationalen Finanzinstitutionen auf, sich erneut zur Bereitstellung von humanitärer Soforthilfe für das palästinensische Volk zu verpflichten und beim wirtschaftlichen und institutionellen Wiederaufbau behilflich zu sein. Wir würdigen die mutigen Bemühungen der humanitären Organisationen.

Wir sind übereingekommen, dass das Quartett die Situation im Nahen Osten auf höchster Ebene durch regelmäßige Konsultationen weiterverfolgen muss. Unsere Sonderbotschafter werden sich weiterhin vor Ort darum bemühen, den Parteien bei der Beendigung der Konfrontation und bei der Wiederaufnahme der politischen Verhandlungen behilflich zu sein."

(Deutscher Übersetzungsdienst, Vereinte Nationen)

15. IV. 2002

95. Europäischer Rat beschließt Maßnahmen gegen terroristische Bedrohungen

Am 15. April 2002 verabschiedete der Rat für Allgemeine Angelegenheiten der EU ein Papier mit konkreten Maßnahmen der Union auf dem Gebiet der Rüstungskontrolle zur Bekämpfung des internationalen Terrorismus.

Schlussfolgerungen des Rates zu den Auswirkungen der terroristischen Bedrohung auf die Nichtverbreitungs-, die Abrüstungs- und die Rüstungskontrollpolitik der Europäischen Union, 15. 4. 2002

„Der Europäische Rat hat auf seiner außerordentlichen Tagung am 21. September 2001 erklärt, dass der Terrorismus eine beispiellose Herausforderung für die Welt und für Europa darstellt und dass der Kampf gegen den Terrorismus ein vorrangiges Ziel der Europäischen Union sein wird.

Zur Verfolgung dieses vorrangigen Ziels haben die Außenminister der Europäischen Union am 10. Dezember 2001 eine gezielte Initiative ergriffen, mit der in den Bereichen Nichtverbreitung, Abrüstung und Rüstungskontrolle wirksam auf die internationale terroristische Bedrohung reagiert werden soll und in deren Mittelpunkt multilaterale Übereinkünfte, Ausfuhrkontrollen, die internationale Zusammenarbeit und der politische Dialog stehen. Zur Durchführung dieser gezielten Initiative nimmt der Rat heute folgende Liste konkreter Maßnahmen an:

KAPITEL I - MULTILATERALE ÜBEREINKÜNFTE

A. Unterstützung aller Schritte im Zusammenhang mit der weltweiten Anwendung bestehender multilateraler Übereinkünfte (unter anderem CWÜ, BWÜ, Genfer Protokoll, NPT, CTBT, CCW und Ottawa-Übereinkommen).

Die EU als solche und ihre Mitgliedstaaten werden wie folgt vorgehen:

1. Sie werden auf politischer Ebene weltweit den Beitritt zu Übereinkünften im Zusammenhang mit Massenvernichtungswaffen (BWÜ, CWÜ, Genfer Protokoll, NPT, CTBT, Sicherungsübereinkünfte und Zusatzprotokolle mit der IAEO, Übereinkommen über den physischen Schutz von Kernmaterial) fördern;

Nr. 95/15.IV.2002: EU-Maßnahmen gegen Terrorismus

2. sie werden dafür eintreten, dass alle einschlägigen Vorbehalte zum Genfer Protokoll zurückgezogen werden;

3. sie werden auf politischer Ebene darauf hinwirken, dass es auf breiterer Ebene zum Beitritt zu anderen einschlägigen Übereinkünften im Bereich der konventionellen Waffen kommt und diese Übereinkünfte wirksam angewandt werden.

B. Bemühen um weltweite effektive Umsetzung der internationalen Übereinkünfte sowie Erfüllung der politischen Verpflichtungen

Die EU als solche und ihre Mitgliedstaaten werden auf Folgendes hinwirken:

1. Erfüllung der von den Vertragsparteien im Rahmen der internationalen Übereinkünfte eingegangenen Verpflichtungen, unter anderem - sofern die internationalen Übereinkünfte dies vorsehen - die Vernichtung der verbotenen Waffen, die Verhütung ihrer Abzweigung und unrechtmäßigen Verwendung sowie die Verhütung der Weitergabe der betreffenden Waffentechnologien;

2. Verabschiedung und strikte Anwendung der nach den internationalen Übereinkünften erforderlichen nationalen Durchführungsbestimmungen;

3. volle Umsetzung des Nichtverbreitungsvertrages und der Schlussdokumente der NVV-Überprüfungskonferenzen von 1995 und 2000;

4. Umsetzung der Bestimmungen des Übereinkommens über den physischen Schutz von Kernmaterial in innerstaatliches Recht und Empfehlung an die betreffenden Staaten, die einschlägigen IAEO-Empfehlungen zu berücksichtigen und gegebenenfalls eine IPPAS-Mission anzufordern;

5. rechtzeitige kohärente und uneingeschränkte Erfüllung der Berichtspflichten, die entweder durch die internationalen Übereinkünfte oder durch die Schlussberichte der Überprüfungskonferenzen auferlegt wurden (Erklärungen zum Chemiewaffenübereinkommen, vertrauensbildende Maßnahmen des B-Waffenübereinkommens (BWC-CBMs), Berichte im Rahmen des revidierten Protokolls II zum VN-Waffenübereinkommen, Berichte nach Artikel 7 des Ottawa-Übereinkommens) und die Schaffung der nötigen Voraussetzungen für die Verarbeitung der entsprechenden Informationen (z.B. Übersetzung und Verarbeitung der von BWC-CBMs stammenden Informationen in nutzbaren Datenbanken);

6. Durchführung vertrauensbildender Maßnahmen wie unter anderem die Vorlage nationaler Berichte beim Register der Vereinten Nationen für konventionelle Waffen und die Erweiterung des Registers;

7. Durchführung des Aktionsprogramms der Vereinten Nationen zur Bekämpfung des unerlaubten Handels mit Kleinwaffen und leichten Waffen und des OSZE-Dokuments über Kleinwaffen und leichte Waffen (SALW-Dokument).

C. Unterstützung der Arbeit der internationalen Organisationen (z.B. OPCW, CTBTO, IAEO) insbesondere auf folgenden Gebieten:

1. Überprüfung der von den internationalen Organisationen benötigten Finanzmittel, um genügend Mittel bereitstellen zu können, damit diese Organisationen in der Lage sind, ihre Überwachungsaufgaben, insbesondere die im Lichte der neuen Bedrohungslage nach dem 11.September übernommenen Überwachungsaufgaben, wahrzunehmen und Sicherstellung einer möglichst effizienten Nutzung der bereitgestellten Mittel;

2. Aufrechterhaltung und Erweiterung der OPCW-Fähigkeiten zur Durchführung konkreter Inspektionen, insbesondere Verdachtsinspektionen und Ermittlungen im Falle angeblicher Verwendung. Häufigere und stärker realitätsbezogene Schulungen, insbesondere Inspektionspraktika, stellen ein ideales Verfahren dar, um solche Fähigkeiten beizubehalten und zu fördern;

3. Unterstützung der satzungsgemäßen Tätigkeiten der IAEO und Verstärkung ihrer Bemühungen um Unterstützung der Mitgliedstaaten auf folgenden Gebieten:

- physischer Schutz von Kernmaterial und Nuklearanlagen

- I. Chronik -
Nr. 95/15.IV.2002: EU-Maßnahmen gegen Terrorismus

- Verwaltung radioaktiver Quellen, die den Aspekten der Sicherheit und der Sicherung Rechnung trägt, einschließlich der Anwendung des Verhaltenskodexes über die Sicherheit und Sicherung radioaktiver Quellen

- unerlaubter Handel mit Kernmaterial und radioaktiven Stoffen.

D. Stärkung der multilateralen Übereinkünfte, wo immer erforderlich, insbesondere durch

1. energische Maßnahmen, um die ermittelten Lücken im derzeitigen Raster der multilateralen Übereinkünfte auf den Gebieten der Abrüstung, der Rüstungskontrolle und der Nichtverbreitung zu schließen;

2. Überprüfung und erforderlichenfalls Verstärkung der nationalen Maßnahmen zur Umsetzung der multilateralen Übereinkünfte auf den Gebieten der Abrüstung, der Rüstungskontrolle und der Nichtverbreitung;

3. Fortsetzung der Bemühungen um die Förderung einer weltweiten Unterstützung des Entwurfs für einen internationalen Verhaltenskodex gegen die Verbreitung ballistischer Flugkörper, damit dieser vor Ende 2002 angenommen werden kann;

4. Fortsetzung der Bemühungen um eine Stärkung des IAEO-Sicherungssystems durch die Unterzeichnung und Ratifizierung der Zusatzprotokolle;

5. Beschleunigung des Abschlusses der erforderlichen Verfahren in den EU-Mitgliedstaaten, damit die IAEO-Zusatzprotokolle für die EU in Kraft treten können;

6. besondere Bemühungen, um die Blockade in der Abrüstungskonferenz zu durchbrechen und die Aufnahme von Verhandlungen über einen Vertrag über das Verbot der Produktion von Spaltmaterial für Kernwaffen oder andere Kernsprengkörper zu fördern;

7. Ausarbeitung einer internationalen Übereinkunft über die Kennzeichnung und Rückverfolgbarkeit von SALW (u.a. französisch-schweizerischer Vorschlag) sowie eine internationale Übereinkunft in Bezug auf Maklergeschäfte als vorrangige Aufgabe;

8. Hinwirken auf den erfolgreichen Abschluss der 5. BWÜ-Überprüfungskonferenz, die im November 2002 erneut einberufen wird;

9. Hinwirken auf einen erfolgreichen baldigen Abschluss der in Wien stattfindenden Verhandlungen über die Erweiterung des Geltungs- und Anwendungsbereichs des Übereinkommens über den physischen Schutz von Kernmaterial;

10. Stärkung des VN-Waffenübereinkommens durch Förderung von Maßnahmen betreffend die Verifizierbarkeit der Einhaltung des Übereinkommens und seiner Protokolle und durch Ausarbeitung rechtlich bindender Übereinkünfte, insbesondere zum Problem der nicht explodierten Kampfmittel.

Damit die in diesem Kapitel genannten Ziele erreicht werden können, tauschen die EU und ihre Mitgliedstaaten Informationen über die Ergebnisse ihrer Demarchen aus, wobei das Ziel die Einrichtung einer länderspezifischen Datenbank sein sollte.

KAPITEL II - AUSFUHRKONTROLLEN

Die EU als solche und ihre Mitgliedstaaten werden folgende Maßnahmen treffen:

1. Bewertung geeigneter Mittel und Wege zur Verbesserung der bestehenden Ausfuhrkontrollmechanismen (Gruppe der Nuklearlieferländer, Zangger-Ausschuss, Trägertechnologie-Kontrollregime, Australische Gruppe und Wassenaar Arrangement) als Beitrag zur Bekämpfung des Terrorismus, um zu verhüten, dass Terroristen Waffen, Güter oder Technologien mit doppeltem Verwendungszweck abzweigen können;

2. Einrichtung oder Weiterentwicklung von EU-Koordinierungsmechanismen mit dem Ziel, die Praxis des Informationsaustausches im Rahmen der verschiedenen Ausfuhrkontrollregelungen und -vereinbarungen zu verbessern, damit stichhaltige und aktuelle Informationen über Proliferationsrisiken - auch über die Risiken, die von nichtstaatlichen Akteuren und diese unterstützenden Staaten ausgehen - bereitgestellt werden können;

- I. Chronik -
Nr. 95/15.IV.2002: EU-Maßnahmen gegen Terrorismus

3. Förderung - im Rahmen der betreffenden Regelungen und Vereinbarungen - der gegenseitigen Verständigung und strikten Einhaltung der vereinbarten Richtlinien, Grundsätze und Praktiken;

4. Förderung der Einbeziehung des Ziels der 'Terrorismusprävention' in alle bestehenden Ausfuhrkontrollregelungen und -vereinbarungen;

5. gegebenenfalls Förderung - im Rahmen einer verstärkten zielgruppenorientierten Arbeit - die Anwendung effektiver Ausfuhrkontrollkriterien durch Länder außerhalb der bestehenden Ausfuhrkontrollregelungen und -vereinbarungen;

6. Prüfung - in enger Zusammenarbeit mit der Kommission - von Maßnahmen zur Verbesserung der Anwendung des gemeinsamen Kontrollsystems auf der Grundlage der Verordnung (EG) Nr. 1334/2000 des Rates betreffend Güter und Technologien mit doppeltem Verwendungszweck und Prüfung der Frage, ob weitere Regulierungsmaßnahmen angenommen werden könnten, um das Kontrollsystem hinsichtlich der Nichtverbreitung effizienter zu gestalten, unter anderem durch folgende Maßnahmen:

- regelmäßigeren Austausch von Informationen zwischen den Mitgliedstaaten (z.B. in der Koordinierungsgruppe)

- Prüfung, ob die Mitgliedstaaten die Kontrollen beim Umladen und bei der Durchfuhr sowie entsprechende nachträgliche Kontrollen gemäß den Bestimmungen des Zollkodexes der Gemeinschaft durchführen;

7. Aufforderung der einschlägigen EU-Einrichtungen, eine Überprüfung des Systems der Verweigerungsmitteilungen in Erwägung zu ziehen, um sicherzustellen, dass dieses System, das vor mehr als drei Jahren eingeführt wurde, effizient funktioniert.

KAPITEL III - INTERNATIONALE ZUSAMMENARBEIT

Die EU als solche und ihre Mitgliedstaaten werden folgende Maßnahmen treffen:

1. Verbesserung der Vorbereitung der internationalen Hilfeleistungen im Rahmen von CWÜ und BWÜ, um die Staaten im Einklang mit den Beschlüssen des Europäischen Rates (Gent) gegen den Einsatz von chemischen und biologischen Waffen oder gegen die Bedrohung durch diese Waffen zu schützen;

2. Gegebenenfalls internationale Hilfeleistung über die Organisation für das Verbot chemischer Waffen in Den Haag gemäß Artikel X des Chemiewaffenübereinkommens;

3. weitere Bemühungen um Aufrechterhaltung eines hohen Niveaus des physischen Schutzes von Kernmaterial und kerntechnischen Anlagen sowie gegebenenfalls um Anhebung dieses Niveaus und um die Anwendung der einschlägigen Bestimmungen des Übereinkommens über den physischen Schutz von Kernmaterial hinsichtlich der internationalen Zusammenarbeit im Falle von unbefugter Verwendung oder Diebstahl von Kernmaterial;

4. uneingeschränkte Anwendung der Bestimmungen des Übereinkommens über Hilfeleistungen bei nuklearen Unfällen oder radiologischen Notfällen im Hinblick auf die Ursachen der radioaktiven Freisetzungen und radioaktive Stoffe;

5. Unterstützung und Förderung - im Rahmen der finanziellen Möglichkeiten der EU und in Weiterentwicklung bereits bestehender Initiativen in der Russischen Föderation und anderen GUS-Staaten - von Kooperationsprogrammen auf den Gebieten Abrüstung und Nichtverbreitung mit dem Ziel,

- die Vernichtung von Massenvernichtungswaffen und ihrer Trägersysteme zu unterstützen,

- die Entsorgung von dabei freigesetzten Stoffen, einschließlich radioaktiver Stoffe, zu unterstützen,

- die Verbreitungsrisiken u.a. durch die über das ISTC und das Wissenschafts- und Technologiezentrum in der Ukraine koordinierten Programme zu verringern,

- die Ausarbeitung und Anwendung der erforderlichen Rechtsvorschriften zu verbessern (u.a. Ausfuhrkontrollen);

6. Prüfung der Möglichkeiten für ein gezieltes Hilfsprogramm für die mittelasiatischen Staaten auf dem Gebiet der Ausfuhrkontrollen;

7. Stärkung der Zusammenarbeit im Bereich der Vernichtung von SALW-Beständen und anderen überschüssigen Beständen an konventionellen Waffen sowie bei der Erleichterung der Rückverfolgung der Lieferwege.

KAPITEL IV - POLITISCHER DIALOG

Die EU als solche und ihre Mitgliedstaaten werden folgende Maßnahmen treffen:

1. Intensivierung des politischen Dialogs über Abrüstung, Rüstungskontrolle und Nichtverbreitung, insbesondere mit Ländern in Asien und im Nahen Osten;

2. Aufforderung an gleich gesinnte Länder außerhalb der EU, sich den Bemühungen um eine Förderung der weltweiten Anwendung multilateraler Übereinkünfte anzuschließen;

3. Intensivierung und Ausdehnung der Zusammenarbeit mit den Bewerberländern auf dem Gebiet der Ausfuhrkontrolle, damit deren Fähigkeit zur Erfüllung der Anforderungen der gemeinsamen Ausfuhrkontrolle verbessert wird, und somit konkrete Unterstützung ihrer Beteiligung an allen Ausfuhrkontrollregelungen. Häufigere Erörterung von Ausfuhrkontrollfragen mit Drittländern im Rahmen des politischen Dialogs;

4. Förderung der Anwendung der einschlägigen Bestimmungen der Resolutionen und Beschlüsse des VN-Sicherheitsrats;

5. Förderung einer strikten Einhaltung der von den Vereinten Nationen, der EU und der OSZE verhängten Waffenembargos.

Der Rat wird die Annahme gemeinsamer Standpunkte und gemeinsamer Aktionen in Betracht ziehen, um die tatsächliche Durchführung der aufgeführten Maßnahmen sicherzustellen."

(Website der EU)

13. V. 2002

96. Europäischer Rat zu militärischen Fähigkeiten und Rüstungspolitik

Am 13. Mai 2002 kamen in Brüssel die Außen- und Verteidigungsminister der EU-Staaten als Rat für Allgemeine Angelegenheiten zusammen, um unter anderem über die Verbesserung der militärischen Fähigkeiten der EU sowie über die Rüstungszusammenarbeit zu beraten. Die beiden nachfolgenden Stellungnahmen wurden verabschiedet.

1. Stellungnahme des Rates für Allgemeine Angelegenheiten zu militärischen Fähigkeiten vom 13. 5. 2002

„1. Der Rat begrüßte die Teilnahme der Verteidigungsminister, die nach einer auf der Ratstagung vom 18. Februar getroffenen Vereinbarung zum ersten Mal - unter dem Vorsitz des Verteidigungsministers des Vorsitzlandes - zusammengetreten waren, um einige die militärischen Fähigkeiten betreffenden Tagesordnungspunkte zu erörtern. Der Rat prüfte alle einschlägigen Aspekte der Entwicklung von militärischen Fähigkeiten der EU gemäß den Vorgaben von Laeken: Mechanismus zur Entwicklung der Fähigkeiten, Fortschritte im Rahmen des Europäischen Aktionsplans zu den Fähigkeiten, Krisenreaktionskräfte im Rahmen des Helsinki-Planziels ('Headline Goal'), Führungsvorkehrungen für Hauptquartiere sowie die Zusammenarbeit im Rüstungsbereich.

2. Der Rat begrüßte die Fortschritte bei der Einführung des Mechanismus zur Entwicklung der Fähigkeiten (CDM) und beschloss, alles in seinen Kräften Stehende zu tun, um die Fort-

- I. Chronik -
Nr. 96/13.V.2002: Europäischer Rat in Brüssel

schritte weiterhin zu überwachen und zu bewerten, Mängel bei der Entwicklung der militärischen Fähigkeiten der EU zu beheben sowie die Grundsätze und einen Rahmen für den Bedarf an abgestimmten und einander verstärkenden Fähigkeiten mit der NATO im Rahmen des CDM zu entwickeln.

3. Gemäß dem in Laeken erteilten Mandat wurde der Rat von den Fortschritten unterrichtet, die beim Aufbau der europäischen militärischen Fähigkeiten und bei der Schließung der noch bestehenden Lücken erzielt worden sind, damit das Planziel vollständig erreicht wird. Er begrüßte den Sachstandsbericht über die Umsetzung des Europäischen Aktionsplans zu den Fähigkeiten (ECAP), den das PSK auf der Grundlage der Stellungnahme des EUMC erstellt hatte. Er begrüßte ferner die Zusammenarbeit zwischen den Mitgliedstaaten im Rahmen dieses Plans. Der Rat nahm mit Genugtuung zur Kenntnis, dass viele Lücken, die sich durch den ECAP beseitigen lassen, darunter die gravierendsten Lücken, von den aktiven Panels bereits geprüft werden. Wie zu diesem frühen Zeitpunkt nicht anders zu erwarten, wird es jedoch so lange gravierende Lücken geben, solange keine Ergebnisse erzielt worden sind, wobei andere Defizite erst noch in Angriff genommen werden müssen.

4. Der Rat äußerte die Erwartung, dass durch die Umsetzung des ECAP kontinuierlich Fortschritte bei der Stärkung der militärischen Fähigkeiten erzielt werden. Er bat darum, dass ihm unter dänischem Vorsitz ein weiterer Sachstandsbericht unterbreitet wird.

5. Der Rat prüfte den Sachstandsbericht über die Entwicklung der Verfahren und Konzepte für die Dislozierung der Krisenreaktionskräfte des Planziels, den das PSK auf der Grundlage der Stellungnahme des EUMC erstellt hatte, insbesondere über die Fortschritte bei der Ermittlung der wichtigsten Defizite sowie die Fortsetzung der Beratungen über die Einsatzkonzepte für Operationen, bei denen eine rasche Reaktion erforderlich ist. Der Rat bekräftigte, dass die Konzepte und Verfahren im Einklang mit dem Arbeitsplan des Vorsitzes für die rasche Reaktion weiterentwickelt werden müssen.

6. In diesem Zusammenhang begrüßte der Rat die Fortschritte bezüglich der Führungsvorkehrungen für nationale und multinationale Hauptquartiere. Er ersuchte die zuständigen Ratsgremien, ihre Beratungen über die verschiedenen Bereiche, die für die Verbesserung der Einsatzbereitschaft der Hauptquartiere von Belang sind, fortzusetzen.

7. Gemäß dem Mandat, das der Europäische Rat dem spanischen Vorsitz in Laeken erteilt hatte, erörterte der Rat, wie zur Unterstützung der ESVP die Zusammenarbeit im Rüstungsbereich gefördert werden kann, soweit dies die Mitgliedstaaten für angebracht halten. In diesem Zusammenhang begrüßte er die informelle Tagung der Nationalen Rüstungsdirektoren der EU, die auf Initiative des spanischen Vorsitzes am 29. April 2002 in Madrid stattfand, und er nahm Kenntnis von dem fruchtbaren Gedankenaustausch, der sich bei dieser Gelegenheit ergab. Der Rat war sich darin einig, dass weitere Beratungen über diese Fragen erforderlich sind, wobei die Leitlinien des Vorsitzes, die diesen Schlussfolgerungen in einem getrennten Dokument beigefügt sind, zu berücksichtigen wären. Der Rat ersucht das PSK, ihm über die Beratungen, die auf diesem Gebiet im Rahmen des ECAP stattfinden, Bericht zu erstatten."

2. Leitlinien des Vorsitzes für die weitere Verstärkung der Zusammenarbeit im Rüstungsbereich

„Die Zusammenarbeit bei Rüstungsfragen sollte als Bestandteil der Bemühungen der EU betrachtet werden, die Fähigkeitslücken im Rahmen des Europäischen Aktionsplans zu den Fähigkeiten (ECAP) zu schließen. Damit wären bei jedweder Zusammenarbeit die Grundsätze des ECAP einzuhalten, insbesondere die der Freiwilligkeit, Transparenz und der Vermeidung von Doppelarbeit.

Die Erfahrungen der Nationalen Rüstungsdirektoren sind äußerst wertvoll und sollten in pragmatischer Weise genutzt werden, um weitere Fortschritte im Rahmen des ECAP zu erreichen. In einem ersten Schritt sollten die Nationalen Rüstungsdirektoren umfassend über die Fortschritte derjenigen ECAP-Arbeitsgruppen informiert werden, in denen sich eine Beschaffungslösung abzeichne.

Die Nationalen Rüstungsdirektoren sollten den ECAP-Gruppen Beratung, gegebenenfalls auch ihre Beteiligung, anbieten, wenn es darum geht, wie sich eine Beschaffungslösung am besten erreichen lässt. Zu diesem Zweck sollten die Nationalen Rüstungsdirektoren ihren

Meinungsaustausch über eine Reihe von innovativen Beschaffungskonzepten, beispielsweise Leasing oder Finanzierung mit privaten und öffentlichen Mittel, fortsetzen.

Die europäische Verteidigungsindustrie spielt eine wichtige Rolle bei der Suche nach Beschaffungslösungen für die ECAP-Lücken. Die Industrie sollte über die Ziele und Fortschritte des ECAP weiterhin auf dem Laufenden gehalten werden.

Damit die technologische Verteidigungsbasis in Europa verbessert werden kann, muss dafür gesorgt werden, dass es im Bereich der Forschung und Entwicklung im ausreichenden Maße Investitionen und Zusammenarbeit gibt, damit das Gefälle gegenüber den anderen Ländern geringer wird."

(Website der EU)

14. V. 2002

97. Sicherheitsrat lockert Importregime für den Irak

Am 14. Mai 2002 beschäftigte sich der Sicherheitsrat der Vereinten Nationen in New York erneut mit der Lage im Irak und mit der Frage intelligenter Sanktionen. Nach jahrelangen Bemühungen war es gelungen, Einigung über ein Regime für die Kontrolle von Importen in den Irak zu erzielen, welches größere Flexibilität erlaubte und welches helfen sollte, Versorgungsengpässe in der Industrie und bei der Bevölkerung zu vermeiden. Mit der Verabschiedung der nachfolgenden Resolution verband sich auch die Hoffnung, Irak zur Wiederaufnahme der Waffeninspektionen bewegen zu können, die 1998 abgebrochen worden waren.

Resolution 1409 des VN-Sicherheitsrats, verabschiedet am 14. 5. 2002

„Der Sicherheitsrat,

unter Hinweis auf seine früheren einschlägigen Resolutionen, namentlich die Resolutionen 986 (1995) vom 14. April 1995, 1284 (1999) vom 17. Dezember 1999, 1352 (2001) vom 1. Juni 2001, 1360 (2001) vom 3. Juli 2001 und 1382 (2001) vom 29. November 2001, soweit sie sich auf die Verbesserung des humanitären Programms für Irak beziehen,

in der Überzeugung, dass vorübergehende Maßnahmen zur weiteren Deckung des zivilen Bedarfs des irakischen Volkes ergriffen werden müssen, bis die Erfüllung der einschlägigen Resolutionen, so namentlich der Resolutionen 687 (1991) vom 3. April 1991 und 1284 (1999), durch die Regierung Iraks es dem Rat gestattet, weitere Maßnahmen in Bezug auf die in Resolution 661 (1990) vom 6. August 1990 genannten Verbote zu ergreifen, im Einklang mit den Bestimmungen der genannten Resolutionen,

unter Hinweis auf seinen Beschluss in Resolution 1382 (2001), die vorgeschlagene Liste zu prüfender Güter und die Verfahren zu ihrer Anwendung, die in der Anlage zu der Resolution 1382 (2001) enthalten sind, vorbehaltlich etwaiger Feinabstimmungen, denen der Rat im Lichte weiterer Konsultationen zustimmt, anzunehmen und ihre Anwendung ab 30. Mai 2002 festzulegen,

entschlossen, die humanitäre Lage in Irak zu verbessern,

in Bekräftigung des Bekenntnisses aller Mitgliedstaaten zur Souveränität und territorialen Unversehrtheit Iraks,

tätig werdend nach Kapitel VII der Charta der Vereinten Nationen,

1. beschließt, dass die Bestimmungen der Resolution 986 (1995), mit Ausnahme der Ziffern 4, 11 und 12 sowie der Ziffern 2, 3 und 5 bis 13 der Resolution 1360 (2001) und vorbehaltlich von Ziffer 15 der Resolution 1284 (1999) und der weiteren Bestimmungen dieser Resolution, für

- I. Chronik -
Nr. 97/14.V.2002: Sicherheitsrat zu Importregime für Irak

einen weiteren Zeitraum von 180 Tagen ab dem 30. Mai 2002 0.01 Uhr New Yorker Ortszeit in Kraft bleiben;

2. beschließt, als Grundlage für das in Resolution 986 (1995) und anderen einschlägigen Resolutionen genannte humanitäre Programm in Irak die revidierte Liste zu prüfender Güter (S/2002/515) und die beigefügten revidierten Verfahren zu ihrer Anwendung anzunehmen und den Beginn der Anwendung mit 30. Mai 2002 0.01 Uhr New Yorker Ortszeit festzulegen;

3. ermächtigt die Staaten, ab 30. Mai 2002 0.01 Uhr New Yorker Ortszeit ungeachtet der Ziffer 3 der Resolution 661 (1990) und vorbehaltlich der Verfahren zur Anwendung der Liste zu prüfender Güter (S/2002/515) den Verkauf oder die Lieferung von Waren oder Erzeugnissen zu gestatten, die weder zu den Waren oder Erzeugnissen gehören, die in Ziffer 24 der Resolution 687 (1991) bezüglich militärischer Waren und Erzeugnisse aufgeführt sind, noch zu den gemäß Ziffer 24 der Resolution 687 (1991) in der Liste zu prüfender Güter (S/2002/515) erfassten Waren und Erzeugnissen aus dem Militärbereich, deren Verkauf oder Lieferung an Irak von dem Ausschuss nach Resolution 661 (1990) nicht genehmigt wurde;

4. beschließt, dass die Mittel auf dem mit Ziffer 7 der Resolution 986 (1995) eingerichteten Treuhandkonto ab 30. Mai 2002 0.01 Uhr New Yorker Ortszeit auch dafür verwendet werden dürfen, den Verkauf oder die Lieferung derjenigen Waren oder Erzeugnisse an Irak zu finanzieren, deren Verkauf oder Lieferung an Irak nach Ziffer 3 genehmigt wird, vorausgesetzt, dass die in Ziffer 8 a) der Resolution 986 (1995) genannten Bedingungen erfüllt sind;

5. beschließt, in regelmäßigen Abständen eine eingehende Überprüfung der Liste zu prüfender Güter und der Verfahren zu ihrer Anwendung vorzunehmen und etwaige notwendige Änderungen daran zu erwägen, und beschließt ferner, die erste derartige Überprüfung und Erwägung notwendiger Änderungen vor Ablauf des in Ziffer 1 festgelegten Zeitraums von 180 Tagen vorzunehmen;

6. beschließt, dass die Bezugnahmen in der Resolution 1360 (2001) auf den darin festgelegten Zeitraum von 150 Tagen für die Zwecke dieser Resolution so auszulegen sind, dass sie sich auf den in Ziffer 1 festgelegten Zeitraum von 180 Tagen beziehen;

7. ersucht den Generalsekretär und den Ausschuss nach Resolution 661 (1990), spätestens zwei Wochen vor Ablauf des Zeitraums von 180 Tagen die in den Ziffern 5 und 6 der Resolution 1360 (2001) genannten Berichte vorzulegen;

8. ersucht den Generalsekretär, im Benehmen mit den interessierten Parteien bis zum Ende des nächsten, am 30. Mai 2002 beginnenden Durchführungszeitraums der Resolution 986 (1995) einen Bewertungsbericht über die Anwendung der Liste zu prüfender Güter und der diesbezüglichen Verfahren vorzulegen und in diesen Bericht Empfehlungen über gegebenenfalls notwendige Änderungen der Liste zu prüfender Güter und der Verfahren zu ihrer Anwendung aufzunehmen, namentlich im Hinblick auf die Bearbeitung von Verträgen nach Ziffer 20 der Resolution 687 (1991) und den Nutzen des in Ziffer 8 a) ii) der Resolution 986 (1995) genannten Verteilungsplans;

9. beschließt, mit der Angelegenheit befasst zu bleiben.

VERFAHREN

1. Die nachstehenden Verfahren ersetzen die Ziffern 29 bis 34 des Dokuments S/1996/636* und die anderen bestehenden Verfahren, namentlich zum Zweck der Durchführung der einschlägigen Bestimmungen der Ziffern 17, 18 und 25 der Resolution 1284 (1999) betreffend die Bearbeitung der Anträge, die aus dem nach Ziffer 7 der Resolution 986 (1995) eingerichteten Treuhandfonds zu finanzieren sind.

2. Jeder Antrag ('Notifikation oder Antrag auf Genehmigung zur Lieferung von Gütern an Irak', laut dem diesen Verfahren beigefügten Formular, im Folgenden als 'Antrag' bezeichnet) für den Verkauf oder die Lieferung von Waren oder Erzeugnissen an Irak, worin die mit der Lieferung der betreffenden Waren und Erzeugnisse verbundenen Hilfsleistungen eingeschlossen sind, die aus dem Treuhandfonds nach Ziffer 7 der Resolution 986 (1995) finanziert werden sollen, ist von den Ausfuhrstaaten, über ihre Ständigen Vertretungen oder Beobachtervertretungen, beziehungsweise von den Organisationen und Programmen der Vereinten Nationen an das Büro für das Irak-Programm (OIP) zu übermitteln. Jeder Antrag hat die im Standard-Antragsformular verlangten vollständigen technischen Spezifikationen, die geschlosse-

- I. Chronik -
Nr. 97/14.V.2002: Sicherheitsrat zu Importregime für Irak

nen Vereinbarungen (zum Beispiel Verträge) und sonstige sachdienliche Informationen zu enthalten, darunter, soweit bekannt, auch Angaben darüber, ob der Antrag Artikel umfasst, die in der Liste zu prüfender Güter (im Folgenden als 'Güterprüfliste' bezeichnet) aufgeführt sind, damit entschieden werden kann, ob der Antrag einen in Ziffer 24 der Resolution 687 (1991) bezüglich militärischer Waren und Erzeugnisse aufgeführten Artikel oder in der Güterprüfliste erfasste Waren oder Erzeugnisse aus dem Militärbereich enthält.

3. Jeder Antrag wird innerhalb von 10 Werktagen vom OIP überprüft und registriert. Im Falle eines technisch unvollständigen Antrags kann das OIP Zusatzinformationen anfordern, bevor es den Antrag an die Überwachungs-, Verifikations- und Inspektionskommission der Vereinten Nationen (UNMOVIC) und die Internationale Atomenergie-Organisation (IAEO) weiterleitet. Entscheidet das OIP, dass die angeforderten Informationen nicht innerhalb von 90 Tagen beigebracht worden sind, gilt der Antrag wegen Inaktivität des Lieferanten als ruhend und wird nicht weiterbearbeitet, bis die Informationen beigebracht werden. Gehen die angeforderten Informationen nicht innerhalb eines weiteren Zeitraums von 90 Tagen ein, verfällt der Antrag. Das OIP hat die Vertretung oder die Organisation der Vereinten Nationen, die den Antrag vorgelegt hat, schriftlich über jede Änderung des Status des Antrags zu unterrichten. Das OIP wird für jeden Antrag einen seiner Mitarbeiter als Kontaktperson bestimmen.

4. Nach der Registrierung durch das OIP wird jeder Antrag von technischen Sachverständigen der UNMOVIC und der IAEO evaluiert, um zu entscheiden, ob er einen der in Ziffer 24 der Resolution 687 (1991) bezüglich militärischer Waren und Erzeugnisse aufgeführten Artikel oder in der Güterprüfliste erfasste Waren oder Erzeugnisse aus dem Militärbereich (im Folgenden als 'Listenartikel' bezeichnet) enthält. Die UNMOVIC und die IAEO können nach ihrem Ermessen und vorbehaltlich der Genehmigung durch den Ausschuss nach Resolution 661 (1990) Anleitungen dazu geben, welche Antragskategorien keine der durch Ziffer 24 der Resolution 687 (1991) bezüglich militärischer Waren und Erzeugnisse erfassten Artikel oder keine der in der Güterprüfliste erfassten Waren oder Erzeugnisse aus dem Militärbereich enthalten. Die UNMOVIC, die IAEA und das OIP können in gegenseitiger Absprache ein Verfahren ausarbeiten, wonach das OIP Anträge evaluieren und genehmigen darf, die nach diesen Anleitungen unter diese Kategorien fallen.

5. Militärische Güter und Dienstleistungen dürfen nach Ziffer 24 der Resolution 687 (1991) nicht an Irak verkauft oder geliefert werden und unterliegen nicht der Überprüfung auf Grund der Güterprüfliste. Zum Zwecke der Prüfung der in Ziffer 24 der Resolution 687 (1991) aufgeführten Güter und Dienstleistungen mit doppeltem Verwendungszweck sollen die UNMOVIC und die IAEO diese Güter und Dienstleistungen nach Ziffer 9 dieser Verfahren bearbeiten.

6. Nach Eingang eines vom OIP übermittelten registrierten Antrags verfügen die UNMOVIC und/oder die IAEO über eine Frist von 10 Werktagen zur Evaluierung eines Antrags nach den Ziffern 4 und 5. Bleiben die UNMOVIC und/oder die IAEO innerhalb dieser Frist von 10 Werktagen untätig, gilt der Antrag als genehmigt. Im Rahmen der technischen Evaluierung nach den Ziffern 4 und 5 können die UNMOVIC und/oder die IAEO von der Vertretung oder der Organisation der Vereinten Nationen, die den Antrag vorgelegt hat, Zusatzinformationen anfordern. Die betreffende Vertretung oder Organisation der Vereinten Nationen hat die angeforderten Zusatzinformationen innerhalb eines Zeitraums von 90 Tagen beizubringen. Sobald die UNMOVIC und/oder die IAEO die angeforderten Informationen erhalten haben, verfügen sie über eine Frist von 10 Werktagen, um den Antrag nach dem in den Ziffern 4 und 5 vorgesehenen Verfahren zu evaluieren.

7. Entscheiden die UNMOVIC und/oder die IAEO, dass die Vertretung oder die Organisation der Vereinten Nationen, die den Antrag vorgelegt hat, die angeforderten Zusatzinformationen nicht innerhalb des in Ziffer 6 festgelegten Zeitraums von 90 Tagen beigebracht hat, so gilt der Antrag wegen Inaktivität des Lieferanten als ruhend und wird nicht weiterbearbeitet, bis die Informationen beigebracht werden. Werden die angeforderten Informationen nicht innerhalb eines weiteren Zeitraums von 90 Tagen beigebracht, verfällt der Antrag. Das OIP hat die Vertretung oder die Organisation der Vereinten Nationen, die den Antrag vorgelegt hat, schriftlich über jede Änderung des Status des Antrags zu unterrichten.

8. Entscheiden die UNMOVIC und/oder die IAEO, dass der Antrag einen in Ziffer 24 der Resolution 687 (1991) bezüglich militärischer Waren und Erzeugnisse aufgeführten Artikel enthält, so wird der Antrag auf Verkauf oder Lieferung an Irak als nicht genehmigungsfähig angesehen. Die UNMOVIC und/oder die IAEO übermitteln der Vertretung oder der Organi-

- I. Chronik -
Nr. 97/14.V.2002: Sicherheitsrat zu Importregime für Irak

sation der Vereinten Nationen, die den Antrag vorgelegt hat, über das OIP eine schriftliche Erläuterung ihrer Entscheidung.

9. Entscheiden die UNMOVIC und/oder die IAEO, dass der Antrag einen oder mehrere Listenartikel enthält, setzen sie die Vertretung oder die Organisation der Vereinten Nationen, die den Antrag vorgelegt hat, über das OIP umgehend davon in Kenntnis. Ersucht die Vertretung oder die Organisation der Vereinten Nationen, die den Antrag vorgelegt hat, nicht innerhalb von 10 Werktagen um nochmalige Prüfung nach Ziffer 11, leitet das OIP den Antrag, der den oder die Listenartikel enthält, an den Ausschuss nach Resolution 661 (1990) weiter, damit dieser bewerten kann, ob die Listenartikel an Irak verkauft oder geliefert werden dürfen. Die UNMOVIC und/oder die IAEO übermitteln dem Ausschuss über das OIP eine schriftliche Erläuterung ihrer Entscheidung. Zusätzlich legen das OIP, die UNMOVIC und/oder die IAEO dem Ausschuss auf Ersuchen der Vertretung oder der Organisation der Vereinten Nationen, die den Antrag vorgelegt hat, eine Bewertung der humanitären, wirtschaftlichen und sicherheitsbezogenen Auswirkungen vor, die eine Genehmigung oder Ablehnung des/der Listenartikel(s) hätte, samt einer Einschätzung der Tragfähigkeit des gesamten Vertrags, in dem die Artikel erscheinen, und des Risikos einer Umlenkung der Artikel für militärische Zwecke. Die Bewertung, die das OIP dem Ausschuss vorlegt, ist vom OIP gleichzeitig der Vertretung oder der Organisation der Vereinten Nationen, die den Antrag vorgelegt hat, zu übermitteln. Das OIP setzt die Vertreter der Vereinten Nationen umgehend davon in Kenntnis, dass der Antrag einen oder mehrere Listenartikel enthält und dass diese Artikel nicht an Irak verkauft oder geliefert werden dürfen, es sei denn, das OIP teilt mit, dass die in den Ziffern 11 und 12 festgelegten Verfahren zu einer Genehmigung des Verkaufs oder der Lieferung des/der Listenartikel(s) an Irak geführt haben. Die übrigen Artikel in dem Antrag, zu denen entschieden wird, dass sie nicht auf der Güterprüfliste enthalten sind, gelten als genehmigt für den Verkauf oder die Lieferung an Irak und werden nach dem Ermessen der Vertretung oder der Organisation der Vereinten Nationen, die den Antrag vorgelegt hat, sowie mit Zustimmung der Vertragsparteien nach dem in Ziffer 10 vorgesehenen Verfahren bearbeitet. Auf Ersuchen der Vertretung oder der Organisation der Vereinten Nationen, die den Antrag vorgelegt hat, kann für diese genehmigten Artikel das entsprechende Genehmigungsschreiben ausgefertigt werden.

10. Entscheiden die UNMOVIC und/oder die IAEO, dass der Antrag keinen in Ziffer 4 genannten Artikel enthält, so unterrichtet das OIP umgehend schriftlich die Regierung Iraks und die Vertretung oder die Organisation der Vereinten Nationen, die den Antrag vorgelegt hat. Der Exporteur erwirbt einen Anspruch auf Bezahlung aus dem Treuhandkonto nach Ziffer 7 der Resolution 986 (1995), sobald die Vertreter der Vereinten Nationen verifiziert haben, dass die Artikel, auf die sich der Antrag bezieht, vertragsgemäß in Irak eingetroffen sind. Das OIP und der Finanzdienst (Treasury) der Vereinten Nationen setzen die Banken innerhalb von 5 Werktagen davon in Kenntnis, dass die Artikel, auf die sich der Antrag bezieht, in Irak eingetroffen sind.

11. Ist die Vertretung oder die Organisation der Vereinten Nationen, die einen Antrag vorgelegt hat, nicht mit der Entscheidung einverstanden, dass der Antrag einen oder mehrere in Ziffer 24 der Resolution 687 (1991) bezüglich militärischer Waren und Erzeugnisse aufgeführte Artikel oder in der Güterprüfliste erfasste Waren oder Erzeugnisse aus dem Militärbereich enthält, kann sie das OIP innerhalb von 10 Werktagen um nochmalige Prüfung dieser Entscheidung auf der Grundlage neu bereitgestellter technischer Informationen und/oder in dem Antrag zuvor nicht enthaltener Erläuterungen ersuchen. In diesem Fall prüfen die UNMOVIC und/oder die IAEO den oder die Artikel erneut nach den in den Ziffern 4 bis 6 beschriebenen Verfahren. Die Entscheidung der UNMOVIC und/oder der IAEO ist endgültig und unterliegt keiner weiteren Überprüfung. Die UNMOVIC und/oder die IAEO übermitteln dem Ausschuss nach Resolution 661 (1990) über das OIP eine schriftliche Erläuterung der nach der nochmaligen Prüfung getroffenen endgültigen Entscheidung. Die Anträge werden erst dann an den Ausschuss weitergeleitet, wenn die Frist für eine nochmalige Prüfung verstrichen ist, ohne dass eine solche beantragt wurde.

12. Nach Eingang eines Antrags nach Ziffer 9 oder 11 verfügt der Ausschuss nach Resolution 661 (1990) über eine Frist von 10 Werktagen, um nach den bestehenden Verfahren zu entscheiden, ob der oder die Artikel an Irak verkauft oder geliefert werden dürfen. Der Ausschuss kann folgende Entscheidungen treffen: a) Genehmigung, b) Genehmigung vorbehaltlich der Erfüllung bestimmter, vom Ausschuss festgelegter Bedingungen, c) Ablehnung, d) Anforderung zusätzlicher Informationen. Wird der Ausschuss innerhalb der Frist von 10 Werktagen nicht tätig, gilt der Antrag als genehmigt. Ein Mitglied des Ausschusses kann Zusatzinforma-

- I. Chronik -
Nr. 97/14.V.2002: Sicherheitsrat zu Importregime für Irak

tionen anfordern. Werden die Zusatzinformationen nicht innerhalb von 90 Tagen beigebracht, so gelten der oder die Artikel als zurückgestellt wegen Inaktivität des Lieferanten, und der Antrag wird nicht weiter bearbeitet, bis die Informationen beigebracht werden. Werden die angeforderten Informationen nicht innerhalb eines weiteren Zeitraums von 90 Tagen beigebracht, gilt der Antrag als verfallen. Das OIP hat die Vertretung oder die Organisation der Vereinten Nationen, die den Antrag vorgelegt hat, schriftlich über jede Änderung des Status des Antrags zu unterrichten. Sobald die Vertretung oder die Organisation der Vereinten Nationen, die den Antrag vorgelegt hat, die angeforderten Zusatzinformationen beigebracht hat, verfügt der Ausschuss über eine Frist von 20 Werktagen, um diese Informationen zu evaluieren. Wird der Ausschuss innerhalb der Frist von 20 Werktagen nicht tätig, gilt der Antrag als genehmigt.

13. Genehmigt der Ausschuss nach Resolution 661 (1990) den Verkauf oder die Lieferung eines Artikels an Irak nicht, so unterrichtet er über das OIP die Vertretung oder die Organisation der Vereinten Nationen, die den Antrag vorgelegt hat, und begründet seine Entscheidung. Die Vertretung oder die Organisation der Vereinten Nationen, die den Antrag vorgelegt hat, kann innerhalb von 30 Werktagen das OIP bitten, bei dem Ausschuss eine erneute Prüfung seiner Entscheidung auf der Grundlage neuer Informationen zu veranlassen, die zuvor in dem von dem Ausschuss geprüften Antrag nicht enthalten waren. Zu einem während dieses Zeitraums eingegangenen Ersuchen trifft der Ausschuss innerhalb von 5 Tagen eine Entscheidung, die als endgültig gilt. Wird innerhalb von 30 Werktagen kein derartiges Ersuchen gestellt, so gilt der Artikel als nicht genehmigungsfähig für den Verkauf oder die Lieferung an Irak, und das OIP wird die Vertretung oder die Organisation der Vereinten Nationen, die den Antrag vorgelegt hat, dementsprechend benachrichtigen.

14. Werden ein oder mehrere Artikel als nicht genehmigungsfähig für den Verkauf oder die Lieferung an Irak befunden oder als hinfällig betrachtet, so kann der Lieferant einen neuen Antrag auf der Grundlage eines neuen oder abgeänderten Vertrags vorlegen; der neue Antrag wird nach den in diesem Dokument beschriebenen Verfahren evaluiert und dem ursprünglichen Antrag beigefügt (nur zu Informationszwecken und zur Erleichterung der Prüfung).

15. Werden Artikel, die als nicht genehmigungsfähig für den Verkauf oder die Lieferung an Irak befunden oder als hinfällig betrachtet werden, durch andere Artikel ersetzt, werden die neuen Artikel Gegenstand eines neuen Antrags, der nach den in diesem Dokument beschriebenen Verfahren vorzulegen ist und dem der ursprüngliche Antrag beigefügt wird (nur zu Informationszwecken und zur Erleichterung der Prüfung).

16. Die Sachverständigen des OIP, der UNMOVIC und der IAEO, die Anträge evaluieren, sind auf möglichst breiter geografischer Grundlage auszuwählen.

17. Das Sekretariat der Vereinten Nationen erstattet dem Ausschuss nach Resolution 661 (1990) am Ende jedes Zeitraums über den Status aller während dieses Zeitraums vorgelegten Anträge Bericht, einschließlich der nach Ziffer 18 wieder in Umlauf gebrachten Verträge. Das Sekretariat übermittelt den Ausschussmitgliedern auf Anfrage innerhalb von 3 Werktagen nach Genehmigung der Anträge durch das OIP, die UNMOVIC und die IAEO Abschriften dieser Anträge, ausschließlich zu Informationszwecken.

18. Das OIP wird die derzeit zurückgestellten Verträge in zwei Kategorien unterteilen: Kategorie A und Kategorie B. Kategorie A umfasst die zurückgestellten Verträge, die nach dem Befund der UNMOVIC Artikel enthalten, die auf einer oder mehreren Listen der Resolution 1051 (1996) des Sicherheitsrats stehen. Kategorie A umfasst außerdem Verträge, die vor der Verabschiedung der Resolution 1284 (1999) des Sicherheitsrats bearbeitet wurden und die nach dem Befund eines oder mehrerer Mitglieder des Sanktionsausschusses Artikel enthalten, die auf einer oder mehreren Listen der Ratsresolution 1051 (1996) stehen. Das OIP betrachtet Verträge in Kategorie A als Verträge, die an die Vertretung oder die Organisation der Vereinten Nationen, die den Antrag vorgelegt hat, zurückzuleiten sind, und wird die betreffende Vertretung oder Organisation der Vereinten Nationen entsprechend benachrichtigen, möglichst unter Einschluss einzelstaatlicher Anmerkungen. Die Vertretung oder die Organisation der Vereinten Nationen, die den Antrag vorgelegt hat, kann einen Vertrag in Kategorie A als einen neuen Antrag nach den für die Güterprüfliste geltenden Verfahren vorlegen. Kategorie B umfasst alle anderen derzeit zurückgestellten Verträge. Die Verträge in Kategorie B werden vom OIP nach den für die Güterprüfliste geltenden Verfahren wieder in Umlauf gebracht. Das OIP fügt jedem wieder in Umlauf gebrachten Vertrag ausschließlich zu Informationszwecken die ursprüngliche Ausschuss-Registrierungsnummer und die einzelstaatlichen Anmerkungen

bei. Das OIP soll mit diesem Wiederumlaufverfahren innerhalb von 60 Tagen nach Verabschiedung dieser Resolution beginnen und es innerhalb von 60 Tagen danach abschließen."

(ein der Resolution anhängendes Musterformular wird hier nicht wiedergegeben)

(Deutscher Übersetzungsdienst, Vereinte Nationen)

14. – 15. V. 2002

98. NATO-Minister-Treffen in Reykjavik

Am 14. Mai 2002 trafen in der isländischen Hauptstadt Reykjavik die Außenminister der NATO-Mitgliedstaaten zu ihrem regulären Frühjahrstreffen zusammen. Dabei wurde eine Reihe von Fragen behandelt, angefangen von der Terrorismusbekämpfung bis hin zu regionalen Problemen und der Raketenabwehr sowie den Beziehungen zu Russland. Am 15. Mai 2002 folgten die Beratungen auf Ministerebene im Euro-Atlantischen-Partnerschaftsrat und in der NATO-Ukraine-Kommission.

1. Treffen des Nordatlantikrats auf Ebene der Außenminister 14. 5. 2002 - Kommuniqué

„1. Seit dem 11. September sind die Kernverpflichtungen der NATO Grundlage ihres Handelns, um vor jeder Aggressionsandrohung gegen einen NATO-Mitgliedsstaat abzuschrecken und diese abzuwehren, wie in Artikel 5 und 6 des Washingtoner Vertrags vorgesehen. Unsere Länder tragen individuell als Bündnispartner zum Kampf gegen den Terrorismus in Afghanistan bei. Die Allianz und ihre Mitglieder leisten ihren vollen Beitrag im laufenden Kampf gegen den Terrorismus und bekräftigen die Schlüsselrolle der NATO zur Gewährleistung der euro-atlantischen Sicherheit, auch angesichts neuer Bedrohungen. Die Allianz, die die transatlantische Bindung verkörpert, die Nordamerika und Europa in einer einzigartigen Verteidigungs- und Sicherheitspartnerschaft zusammenschweißt, muss und wird sich weiter anpassen, um besser befähigt zu sein, ihre fundamentalen Sicherheitsaufgaben zu erfüllen und die Sicherheit im gesamten euro-atlantischen Raum zu festigen. Wir werden unsere Konsultationen zu diesem Anpassungsprozess weiter intensivieren und erwarten, dass das Treffen unserer Staats- und Regierungschefs im November in Prag entscheidender Schritt zur Erreichung dieses Zieles darstellen wird.

2. Zur Vorbereitung auf den Prager Gipfel erteilten wir heute Weisung für die Entwicklung dringend benötigter neuer Fähigkeiten/Potentiale, zum Prozess der NATO-Erweiterung, zur Gestaltung einer neuen Sicherheitsbeziehung zu Russland sowie zur Entwicklung unserer Beziehungen zur Ukraine und allen anderen Partnern. Wir haben ferner das Engagement der NATO für ein friedliches, stabiles und demokratisches Südosteuropa sowie für die Entwicklung enger und starker Beziehungen zwischen der NATO und der Europäischen Union bekräftigt.

3. Wir bestärken unsere Entschlossenheit, die Bedrohung durch den Terrorismus so lange zu bekämpfen, wie dies erforderlich ist. Für Terroraktionen gibt es keinerlei Rechtfertigung. In Übereinstimmung mit unseren Verpflichtungen aus dem Washingtoner Vertrag werden wir unsere nationalen und kollektiven Fähigkeiten/Potentiale weiter verstärken, um unsere Bevölkerung, unser Hoheitsgebiet und unsere Streitkräfte vor allen bewaffneten Angriffen zu schützen, auch vor terroristischen Angriffen, die aus dem Ausland geführt werden. Wir haben diese Herausforderung in unserem Strategischen Konzept aus dem Jahre 1999 anerkannt und unmissverständlich darauf hingewiesen, dass bei jedem bewaffneten Angriff auf das Gebiet der Bündnismitglieder, aus welcher Richtung auch immer, Artikel 5 des Washingtoner Vertrags Anwendung finden würde und wir haben in diesem Strategischen Konzept den Terrorismus als eine Gefährdung der Sicherheitsinteressen unserer Allianz herausgestellt. Es ist von fundamentaler Bedeutung für unsere Sicherheit, dass wir uns dieser Herausforderung stellen. Maßnahmen zur Begegnung dieser Herausforderung werden im Einklang mit unseren Entscheidungen stehen und alle unsere Verpflichtungen aus dem Völkerrecht sowie die einschlägigen Bestimmungen der Charta der Vereinten Nationen und unsere nationalen Gesetze voll respektieren.

- I. Chronik -
Nr. 98/14.-15.V.2002: NATO-Tagung in Reykjavik

4. Unsere Länder arbeiten auch zusammen, um sich mit der Bedrohung auseinander zusetzen, die ein möglicher Einsatz von Massenvernichtungswaffen (MVW) samt ihrer Trägermittel, einschließlich ihrer möglichen Verwendung durch Terroristen, darstellt. Abrüstung, Rüstungskontrolle und Nichtverbreitung leisten zusammen mit der Abschreckung und Verteidigung einen essentiellen Beitrag zur Verhinderung des Einsatzes von MVW. Die Allianz erarbeitet zur Zeit Vorschläge zur Entwicklung dringend benötigter Abwehrmöglichkeiten gegen biologische und chemische Waffen. Für wichtig erachten wir auch die weitere Stärkung der Rolle des NATO-Zentrums für MVW im internationalen Stab. Wir werden ferner durch die Untersuchung aller möglichen Optionen unsere Fähigkeit erweitern, nationale Behörden auf deren Ersuchen beim Schutz der Zivilbevölkerung gegen die Auswirkungen terroristischer Angriffe zu unterstützen; wir arbeiten in diesem Bereich mit unseren Partnern zusammen und berücksichtigen dabei ihre verschiedene Anregungen und Initiativen. In diesem Kontext sondieren wir zur Zeit den Rahmen für eine Erweiterung der Zusammenarbeit mit der Europäischen Union. Gemeinsam mit unseren Kollegen aus dem Verteidigungsressort erarbeiten wir ein Paket von Vorschlägen, das beim Gipfeltreffen in Prag vorliegen und diese Fähigkeiten/Potentiale verstärken soll.

5. Um das volle Spektrum ihrer Aufgaben wahrnehmen zu können, muss die NATO über Streitkräfte verfügen, die schnell überall dorthin verlegt werden können, wo sie gebraucht werden, Operationen über größere Entfernungen und längere Zeiträume durchführen sowie die vorgegebenen Ziele erreichen können. Dies wird die Entwicklung neuer und ausgewogener Fähigkeiten/Potentiale in der Allianz, einschließlich strategischer Lufttransport- und moderner Einsatzpotentiale erfordern, damit die NATO kollektiv noch wirksamer auf jede Aggressionsandrohung gegen ein Mitgliedsland reagieren kann. Wir erwarten die Entscheidungen der Verteidigungsminister über spezifische Empfehlungen für die Entwicklung neuer Fähigkeiten/Potentiale zur Billigung durch die Staats- und Regierungschefs auf dem Prager Gipfel.

6. Auf dem Prager Gipfeltreffen im November dieses Jahres werden unsere Staats- und Regierungschefs die nächste Erweiterungsrunde der NATO einleiten. Dies wird das Bekenntnis der Allianz bekräftigen, für weitere Mitglieder offen zu bleiben und die Sicherheit im euroatlantischen Raum festigen. Wir haben heute einen umfassenden Fortschrittsbericht über das Ergebnis des dritten Zyklus des Aktionsplans zur Mitgliedschaft (MAP - Membership Action Plan) entgegengenommen. Wir sprechen allen beitrittswilligen Ländern zu den bisher erzielten bedeutenden Fortschritten zur Erreichung ihrer Ziele im Rahmen des MAP unsere Glückwünsche aus. Die Staats- und Regierungschefs erwarten von den zum Beitritt einzuladenden Ländern, dass sie sich nachweislich zu den Grundprinzipien und Werten nach Maßgabe des Washingtoner Vertrags bekennen, die Fähigkeit besitzen, zur kollektiven Verteidigung und zum vollen Spektrum der Allianzaufträge beizutragen, sich tatkräftig engagieren, um zu Stabilität und Sicherheit beizutragen, speziell in Krisen- und Konfliktregionen, sowie willens und in der Lage sind, die Verantwortungen aus der Mitgliedschaft zu übernehmen. Wir halten alle beitrittswilligen Länder dazu an, ihre Anstrengungen in den kommenden Monaten zu intensivieren und sie nicht nur bis zum Prager Gipfel, sondern auch in den folgenden Jahren weiterzuführen.

7. Wir wollen unsere Zusammenarbeit mit den beitrittswilligen Ländern fortsetzen, um ihnen dabei zu helfen, in ausreichendem Maße Fortschritte zu erzielen, so dass sie in Prag zur Aufnahme von Beitrittsgesprächen eingeladen werden können. Der Zyklus des Aktionsplans zur Mitgliedschaft für die Jahre 2002 - 2003, den wir heute eingeleitet haben und der im Frühjahr 2003 zum Abschluss gebracht werden soll, wird alle gegenwärtigen Teilnehmer umfassen und auf ihre individuellen Bedürfnisse zugeschnitten sein. Wir erwarten im Herbst dieses Jahres die Vorlage der individuellen nationalen Jahresprogramme. Nach Prag wird der MAP den beitrittswilligen Staaten ebenso wie den Ländern, die zur Aufnahme von Beitrittsgesprächen eingeladen werden, weiterhin ein nützliches Hilfsmittel sein.

8. Wie in Madrid streben wir an, dass alle zur Mitgliedschaft eingeladenen Länder dem Bündnis gleichzeitig vor dem nächsten Gipfeltreffen beitreten. Nach Prag erwarten wir, dass sich die eingeladenen Länder weiter am MAP beteiligen. Der Beitrittsprozess wird die im MAP-Rahmen geleistete Arbeit würdigen, und der MAP wird genutzt werden, um die Integration der Beitrittsländer in die Strukturen der Allianz zu erleichtern. Während der Beitrittsgespräche und auf der Grundlage des nationalen Jahresprogramms des jeweiligen Beitrittslandes wird das NATO-Experten-Team auf der Basis noch auszuarbeitender politischer Weisungen mit den einzelnen Beitrittsländern spezifische Themen und Reformfragen erörtern, zu denen vor und

- I. Chronik -
Nr. 98/14.-15.V.2002: NATO-Tagung in Reykjavik

nach dem Beitritt weitere Fortschritte erwartet werden, um den Beitrag dieser Länder zur Allianz zu erweitern. Diese Themen und Fragen werden aus bestehenden MAP-Zielvorgaben, Partnerschaftszielen und anderen Punkten abgeleitet, die die Bündnismitglieder zusammenstellen und Sachzusammenhänge berücksichtigen, die die Militärbehörden der NATO in Verbindung mit der militärischen Integration entwickeln. Für den Abschluss dieser Reformprojekte ist ein Terminplan aufzustellen, auch für diejenigen Reformen, die wahrscheinlich erst nach dem Beitritt zum Abschluss gebracht werden können. Dieser Terminplan soll sich im jeweiligen überarbeiteten nationalen Jahresprogramm widerspiegeln. Wir sehen den Zusagen, die die Beitrittsländer im Rahmen dieses Prozesses machen, erwartungsvoll entgegen. Wir gehen davon aus, dass die individuellen Beitrittsprotokolle spätestens auf unserem Treffen im Frühjahr 2003 unterzeichnet werden. Die Beitrittsländer werden sich an den folgenden MAP-Zyklen beteiligen, bis der Ratifizierungsprozess zum Abschluss gebracht ist.

9. Wir beglückwünschen Kroatien zu seinen Fortschritten in den Reformanstrengungen unter voller Nutzung der Optionen, die von der Partnerschaft für den Frieden und im Euro-Atlantischen Partnerschaftsrat sowie im Rahmen des intensivierten Dialogs angeboten werden. Wir erwarten, dass Kroatien weiter zur regionalen Stabilität auf dem Balkan beitragen wird. Wir begrüßen den Beitritt Kroatiens zum MAP und fordern Kroatien auf, sein erstes nationales Jahresprogramm im Herbst vorzustellen; wir wollen die Fortschritte Kroatiens in einer Überprüfung auf unserem nächsten Treffen im Frühjahr würdigen.

10. Die NATO trifft interne Vorbereitungen, um sicherzustellen, dass sie darauf eingestellt ist, neue Mitglieder aufzunehmen. Wir erteilen dem Ständigen NATO-Rat die Weisung, einen umfassenden Bericht über die relevanten Faktoren in Verbindung mit den Entscheidungen über die Erweiterung als Grundlage für weitere Überlegungen durch die Staats- und Regierungschefs auf dem Prager Gipfel zu erstellen. Diese Arbeit erfolgt nach politischen Weisungen durch den Rat und wird keine Bedingungen oder Entscheidungen über neue Mitglieder vorgeben.

11. Wir begrüßen die entscheidende und substantielle Vertiefung der Beziehung zwischen der NATO und Russland als einen historischen Schritt zu dem seit langem verfolgten Ziel der Allianz, einen sicheren, von Kooperation geprägten und demokratischen euro-atlantischen Raum zu schaffen. Wir erwarten heute Nachmittag die Billigung durch den Ständigen Gemeinsamen Rat des Dokuments zur Schaffung des NATO-Russland-Rats, in dem die NATO-Mitgliedsstaaten und Russland, unbeschadet des Rechts der NATO auf eigenständiges Handeln, in gemeinsamen Interessensbereichen als gleichwertige Partner zusammenarbeiten werden. Das Dokument wird auf der Gründungssitzung des NATO-Russland-Rats angenommen und unterzeichnet, das am 28. Mai in Rom als Gipfeltreffen unserer Staats- und Regierungschefs stattfinden soll. Wir sind zuversichtlich, dass die Schaffung des NATO-Russland-Rats unsere Partnerschaft mit Russland mit frischen Impulsen und Substanz versehen und einen substantiellen Beitrag zu unserer gemeinsamen Zielsetzung eines stabilen, friedlichen und ungeteilten Europas leisten wird, wie in der NATO-Russland-Grundakte festgelegt. Ein Treffen des NATO-Russland-Rats auf Ebene der Staats- und Regierungschefs in Prag würde die Gelegenheit zur Bestandsaufnahme unserer neuen Beziehung bieten.

12. Wir unterstützen das Recht Russlands, seine territoriale Integrität zu schützen und anerkennen seine Verantwortung für den Schutz aller Staatsbürger gegen Terrorismus und Verbrechen. Wir fordern Russland eindringlich auf, für den Konflikt in Tschetschenien eine sofortige und dauerhafte politische und friedliche Lösung zu finden sowie die Menschenrechte und sonstigen Rechte der Bevölkerung zu achten und zu schützen. Wir appellieren an die tschetschenische Seite, in der Suche nach einer politischen Lösung des Konflikts in gutem Glauben mitzuarbeiten, den Terrorismus zu verurteilen und ihn zu bekämpfen.

13. Wir erkennen die feste Entschlossenheit der Ukraine, die volle euro-atlantische Integration weiter anzustreben. Wir halten die Ukraine weiter dazu an, die erforderlichen Reformen umzusetzen, um dieses Ziel zu erreichen und sind bereit, ihr dabei auch in Zukunft zu helfen. In diesem Zusammenhang haben wir beschlossen, unserer Partnerschaft mit der Ukraine neue Impulse und Substanz zu verleihen. Dazu haben wir dem Ständigen Rat die Weisung erteilt, neue Mechanismen und Modalitäten zu entwickeln, die auf der Charta über eine ausgeprägte Partnerschaft aufbauen und unsere Beziehung auf eine qualitativ neue Stufe heben. Wir wollen unsere Beziehung vertiefen und erweitern, auch durch intensivierte Gespräche und die Zusammenarbeit in politischen, wirtschaftlichen und verteidigungsrelevanten Fragen. In

diesem Zusammenhang freuen sich die Bündnispartner auf ein Treffen der NATO-Ukraine-Kommission auf Ebene der Staats- und Regierungschefs auf dem Prager Gipfel.

14. Seit dem 11. September findet der wichtige Beitrag, den die Partnerschaften der NATO zur euro-atlantischen Sicherheit leisten, Bestätigung und erfährt weitere Stärkung. Wir freuen uns auf eine neue, gehaltvollere Beziehung zu Partnern, durch die unsere Zusammenarbeit in der Reaktion auf neue Sicherheitsherausforderungen, einschließlich der Terrorismusbekämpfung, intensiviert wird. Im Lichte des sich verändernden Sicherheitsumfelds unterziehen sich auch der Euro-Atlantische Partnerschaftsrat (EAPR) und die Partnerschaft für den Frieden (PfP) einer Anpassung, um wertbeständig und wirksam zu bleiben. Wir haben dem Ständigen Rat den Auftrag erteilt, unsere Partnerschaften weiter zu überprüfen, um unseren Staats- und Regierungschefs in Prag konkrete Vorschläge zur Weiterentwicklung des EAPR und der PfP zu unterbreiten, damit diese den Mitgliedern des Bündnisses und den Partnern ein noch besseres Hilfsmittel sein können, um den Herausforderungen des 21. Jahrhunderts zu begegnen. Wir freuen uns auf das Treffen des EAPR auf Ebene der Staats- und Regierungschefs in Prag.

15. Wir haben beschlossen, den politischen und praktischen Rahmen unseres Mittelmeerdialogs zu erweitern, auch durch Konsultationen mit Mittelmeerpartnern über gemeinsam interessierende Sicherheitsfragen, einschließlich terrorismusbezogene Belange, dort wo angezeigt. Diese Anstrengen haben zum Ziel, unsere Mittelmeerpartner noch näher an die NATO heranzuführen und dem Dialog bis zum Gipfel in Prag frische Impulse zu verleihen.

16. Wir bekräftigen unser Engagement zur Gestaltung einer engen, transparenten und kohärenten NATO-EU-Beziehung. Unsere gemeinsamen Anstrengungen auf dem Balkan haben die Verwirklichung von Frieden und Stabilität in dieser Region weiter gefördert und gezeigt, dass enge Zusammenarbeit erhebliche Vorteile mit sich bringt. Die Ereignisse vom 11. September haben die Wichtigkeit der erweiterten Zusammenarbeit zwischen den zwei Organisationen in gemeinsam interessierenden Fragen gezeigt, die sich auf Sicherheit, Verteidigung und Krisenmanagement beziehen, so dass auf Krisen mit der geeignetsten militärischen Antwort reagiert und wirksames Krisenmanagement sichergestellt werden können. In Bezug auf die Vorkehrungen für die NATO-Unterstützung EU-geführter Operationen nach Maßgabe der Entscheidungen des Washingtoner Gipfels im Jahre 1999 und nachfolgender Ministertreffen bleibt ist noch wichtige Arbeit zu tun. Wir sind weiter entschlossen, Fortschritte zu allen verschiedenen Aspekten unserer Beziehung zu zeitigen und erkennen die Notwendigkeit, Lösungen zu finden, die für alle Mitglieder des Bündnisses in der Frage der Beteiligung der nicht zur EU gehörender Bündnismitgliedern zufriedenstellend sind. Wir begrüßen die jüngsten Fortschritte zum Abschluss der EU-Modalitäten für Konsultationen mit Kanada und für die kanadische Beteiligung an EU-geführten Operationen.

17. Wir unterstreichen erneuert unser Engagement für ein friedliches, stabiles und demokratisches Südosteuropa und bekräftigen unsere Bereitschaft zur Unterstützung der territorialen Integrität und Souveränität aller Länder in der Region. Die fortgesetzte Präsenz NATO-geführter Kräfte beweist und unsere Entschlossenheit, jeder Art von ethnischer, politischer oder krimineller Gewalt Einhalt zu gebieten, und Frieden, Toleranz, Rechtsstaatlichkeit sowie demokratische Institutionen in der Region zu stärken. Indem wir mit unseren Partnern im Rahmen von SFOR und KFOR sowie mit anderen internationalen Institutionen zusammenarbeiten, werden wir die regionale Aussöhnung und Zusammenarbeit, den Schutz der Rechte aller ethnischen Gruppen und Minderheiten, vertrauensbildende Maßnahmen und eine dauerhafte Lösung der Flüchtlings- und Vertriebenenfrage weiter fördern. Wir engagieren uns auch in Zukunft aktiv in Fragen der Grenzsicherheit und Maßnahmen zur Unterbindung des Schmuggels und bekräftigen die Wichtigkeit breiterer regionaler Lösungsansätze zu diesen Punkten.

18. Im Lichte der Fortschritte, die auf dem Wege zu dauerhaftem und sich selbst tragendem Frieden erzielt worden sind, haben wir den Status der NATO-Operationen auf dem Balkan überprüft. Die Verteidigungsminister werden die Umsetzung der Kräfteumstrukturierung prüfen, die einen regionaleren Ansatz berücksichtigt und auf eine Rationalisierung der Militärpräsenz der NATO abzielt, da die zivilen Behörden in immer stärkerem Maße ihre Aufgaben selbst wahrnehmen. Die uneingeschränkte Zusammenarbeit mit dem Internationalen Strafgerichtshof für das ehemalige Jugoslawien (IStGhJ) ist weiterhin vorrangig. Alle vom IStGhJ wegen Kriegsverbrechen angeklagten Personen müssen in Den Haag vor Gericht gestellt werden.

- I. Chronik -
Nr. 98/14.-15.V.2002: NATO-Tagung in Reykjavik

19. Wir sind weiterhin entschlossen, Anstrengungen für Sicherheit und Stabilität in der ehemaligen jugoslawischen Republik Mazedonien zu unterstützen. Die NATO trägt auch in Zukunft zur Sicherheit bei, indem sie die EU- und OSZE-Beobachter durch die Präsenz der ‚Task Force Fox' unterstützt. Wir sind durch die Fortschritte in der Umsetzung der Rahmenvereinbarung vom See Ohrid ermutigt und weisen ausdrücklich darauf hin, dass die noch zu verabschiedende Gesetzgebung in Bezug auf die Vereinbarung und die Abhaltung freier und gerechter allgemeiner Wahlen im September zusammen wichtige Schritte auf dem Wege zu Frieden und Stabilität darstellen werden.

20. Wir treten weiter für einen sich selbst tragenden Frieden in Bosnien und Herzegowina in voller Übereinstimmung mit den Prinzipien der Allgemeinen Rahmenvereinbarung ein und appellieren an die örtlichen Behörden im Lande, größeres Verantwortungsbewusstsein und Eigenverantwortung im Umsetzungsprozess der Friedensvereinbarung von Dayton zu übernehmen. Wir unterstützen mit Nachdruck die Anstrengungen durch SFOR und den IStGhJ, wegen Kriegsverbrechen angeklagte Personen festzunehmen und vor Gericht zu stellen. In diesem Zusammenhang weisen wir noch einmal darauf hin, dass die Gebietseinheiten die Hauptverantwortung für die Überstellung angeklagter Kriegsverbrecher tragen und wir fordern sie eindringlich auf, dazu wirksamer mit SFOR zusammenzuarbeiten. Wir erwarten von den allgemeinen Wahlen im Herbst dieses Jahres, dass sie ein wichtiger Schritt zu einem einheitlichen, multi-ethnischen und demokratischen Bosnien und Herzegowina sein werden.

21. Wir sehen der weiteren Entwicklung der Beziehungen des Bündnisses zur Bundesrepublik Jugoslawien (BRJ) erwartungsvoll entgegen und zählen auf die zügige Umsetzung der Vereinbarung, die zwischen Serbien und Montenegro zur Neubestimmung ihres Verhältnisses erzielt worden ist. Wir begrüßen das Interesse der BRJ am Beitritt zur Partnerschaft für den Frieden (PfP) und erwarten die Zusammenarbeit mit der Führung der BRJ zur Erreichung der Fortschritte, die erforderlich sind, um die PfP-Teilnahme zu ermöglichen. Die uneingeschränkte und fortgesetzte Zusammenarbeit mit dem IStGhJ demokratische Reformen und die demokratische Kontrolle über die Streitkräfte sowie die vollständige und transparente Umsetzung der Friedensvereinbarungen von Dayton sind für eine tiefere Beziehung zum Bündnis von essentieller Bedeutung.

22. In Bezug auf Kosovo bekräftigen wir unser Eintreten für die vollständige Umsetzung der Resolution 1244 des Sicherheitsrats der Vereinten Nationen und begrüßen die Einsetzung provisorischer Selbstverwaltungsinstitutionen, denen Vertreter aller Gemeinschaften angehören. Wir appellieren an die provisorischen Institutionen und kommunalen Führer, ihrer Verantwortung gerecht zu werden und uneingeschränkt mit UNMIK, KFOR und der internationalen Gemeinschaft zusammenzuarbeiten, um ein friedliches, multi-ethnisches, multikulturelles und demokratisches Kosovo zu fördern. Wir erwarten von den Kommunalwahlen im Herbst dieses Jahres, dass sie ein weiterer wichtiger Schritt zu einem friedlichen, multi-ethnischen, multikulturellen und demokratischen Kosovo sein werden, in dem seine Bewohner, ungeachtet ethnischer Herkunft oder Religion, in Frieden und Sicherheit leben und die universellen Menschenrechte und Freiheiten gleichberechtigt genießen können, auch durch die Teilhabe an den demokratischen Institutionen.

23. Die Politik der Allianz der Förderung von Rüstungskontrolle, Abrüstung und Nichtverbreitung wird auch in Zukunft eine wichtige Rolle spielen, um die Sicherheitsziele des Bündnisses zu verwirklichen. Wir werden weiter gemeinsam darauf hinarbeiten, die umfassende Strategie der Allianz so anzupassen, dass den Bedrohungen, die von der Weiterverbreitung von Massenvernichtungswaffen und ihrer Einsatzmittel ausgehen, begegnet werden kann, und zwar durch politische und verteidigungspolitische Anstrengungen im passenden Mischverhältnis. Unsere Anstrengungen dazu müssen dem Grundsatz der Unteilbarkeit der Sicherheit der Bündnispartner entsprechen. Die Allianz unterstreicht die Wichtigkeit der Einhaltung und Stärkung bestehender Nichtverbreitungs- und Exportkontrollregime sowie internationaler Rüstungskontroll- und Abrüstungsverträge. Wir werden weiter aktiv zur Entwicklung von Vereinbarungen und Maßnahmen auf diesem Gebiet beitragen, auf weitere Waffenreduzierungen, Transparenz sowie vertrauens- und sicherheitsbildende Maßnahmen hinarbeiten. In diesem Zusammenhang begrüßen wir die Vereinbarung zwischen den USA und Russland, einen Vertrag zu unterzeichnen, um die Zahl der stationierten strategischen Nukleargefechtsköpfe von 1700 bis 2200 zu reduzieren. Wir bekräftigen unsere Entschlossenheit, zur Implementierung der Schlussfolgerungen der Überprüfungskonferenz zum Nichtverbreitungsvertrag (NVV) aus dem Jahre 2000 beizutragen und begrüßen die umfassende Erörterung von Fragen auf der Vorbereitungskonferenz im April 2002 im Vorfeld der Überprüfungskonferenz

im Jahre 2005. Wir unterstützen ebenso die laufenden Anstrengungen zur Erreichung eines internationalen Verhaltenskodex gegen die Proliferation ballistischer Flugkörper noch vor Ende des Jahres 2002. Rüstungskontrolle, Abrüstung und Nichtverbreitung spielen zusammen mit der Abschreckung und Verteidigung eine essentielle Rolle im Ausbau der Sicherheit gegen diese neuen Bedrohungen und Herausforderungen. In diesem Kontext findet die Rolle, die der Raketenabwehr zukommen könnte, in unseren weiteren Konsultationen mit den Vereinigten Staaten zu diesem Thema aktiv Berücksichtigung. Dazu begrüßen wir die laufende Arbeit in der NATO zur Abwehr taktischer Flugkörper.

24. Zum KSE-Vertrag begrüßen wir die Erklärung der Russischen Föderation von Dezember, dass sie sich nunmehr im Rahmen der durch den Vertrag vereinbarten Höchstgrenzen für Waffen und Ausrüstungen bewegt. Wir fordern Russland auf, seine Zusammenarbeit mit der NATO zu erweitern, um unsere Bemühungen zu erleichtern, diese Aussage so bald wie möglich verifizieren zu können. Wir können jedoch die Ratifizierung des angepassten KSE-Vertrags nur bei vollständiger Erfüllung der vereinbarten Vertragsobergrenzen durch alle Vertragsstaaten und bei Einhaltung der in der KSE-Schlussakte enthaltenen Verpflichtungen ins Auge fassen. Wir drängen auf die zügige Lösung noch ausstehenden Fragen in Bezug auf die Verpflichtungen von Istanbul, einschließlich der Fragen, die sich auf Georgien und Moldau beziehen. In Anerkenntnis der Beiträge des KSE-Vertrags zu Sicherheit und Stabilität in Europa erinnern wir daran, dass das Inkrafttreten des angepassten KSE-Vertrags den Beitritt durch Nicht-KSE-Staaten ermöglichen würde. Wir begrüßen das Inkrafttreten des Vertrags über den Offenen Himmel am 1. Januar 2002.

25. Wir sprechen der Regierung Islands unseren tiefen Dank für die Ausrichtung dieses Treffens aus."

2. Treffen des Euro-Atlantischen Partnerschaftsrats auf Ebene der Außenminister 15. 5. 2002 - Zusammenfassung durch den Vorsitzenden

„1. Die Außenminister und Vertreter der Mitgliedsländer des Euro-Atlantischen Partnerschaftsrats (EAPR) trafen heute in Reykjavik zusammen.

2. Der Generalsekretär der NATO unterrichtete den EAPR über die wichtigsten Ergebnisse des Treffens des Nordatlantikrats vom 14. Mai.

3. Das heutige Treffen stellte einen wichtigen Meilenstein auf dem Weg zum Prager Gipfel dar, als ein wichtiger Schritt nach vorne im laufenden Wandlungsprozess der Allianz und ihrer Partnerschaften. Die Minister stimmten überein, dass die NATO-Politik der Partnerschaft und Zusammenarbeit, seit sie im Jahre 1991 auf den Weg gebracht wurde, zum Aufbau von Stabilität und Sicherheit im euro-atlantischen Raum beigetragen hat, und zwar durch die Förderung gemeinsamer Werte und die Entwicklung echter Konsultation und Kooperation. Sie betonten, dass der bisherige Erfolg des EAPR und der Partnerschaft für den Frieden (PfP) ein solides Fundament bildet, um EAPR und PfP dem sich verändernden internationalen Umfeld anzupassen. Diese Anpassung soll integraler und wichtiger Bestandteil der Entscheidungen auf dem Prager Gipfel sein.

4. Die Minister stimmten überein, dass sich EAPR und PfP nach Prag zum Nutzen der Bündnisstaaten wie auch der Partner weiter entwickeln muss und dass dazu beide Gremien den unterschiedlichen Forderungen und besonderen Gegebenheiten aller Partner, einschließlich der Partnerländer in Zentralasien und im Kaukasus, wirksam und flexibel Rechnung tragen müssen. Gleichzeitig unterstrichen die Minister die Notwendigkeit der Förderung von Einigkeit und Solidarität der euro-atlantischen Gemeinschaft durch erweiterte Mechanismen zur Konsultation und Kooperation, die allen offen stehen. Mit Blick auf beide Ziele verwiesen sie auf die bleibende Wichtigkeit des EAPRS-Grundlagendokuments sowie des PfP-Rahmendokuments und tauschten ihre Ansichten darüber aus, wie die in beiden Gremien gebotenen Instrumente zur Konsultation und Kooperation möglichst voll ausgeschöpft werden können.

5. Die Minister brachten die Erklärung des EAPR vom 12. September 2001 nach den Terrorangriffen auf die USA in Erinnerung und bekräftigten ihre Entschlossenheit, dafür Sorge zu tragen, dass der Euro-Atlantische Partnerschaftsrat seiner Rolle im Kampf gegen den Terrorismus voll und ganz gerecht wird. Sie tauschten ihre Ansichten darüber aus, wie die Fähigkeit des EAPR weiter entwickelt werden kann, damit er wirksam auf terrorismusbezogene Belange der Bündnismitglieder und Partner reagieren und diesbezügliche Eigenanstrengun-

- I. Chronik -
Nr. 98/14.-15.V.2002: NATO-Tagung in Reykjavik

gen der NATO unterstützen kann. Die Minister stimmten überein, dass bei der Überprüfung und Anpassung des EAPR und der PfP die Forderungen im Kampf gegen den Terrorismus voll Berücksichtigung finden müssen.

6. Die Minister nahmen eine Reihe von Berichten über die Entwicklung und Nutzung der bestehenden Partnerschaftsmechanismen entgegen. Im Zusammenhang mit den Gesprächen über die Überprüfung und Anpassung des EAPR und der PfP nahmen sie den Fortschrittsbericht des Vorsitzenden über die Überprüfung der Euro-Atlantischen Partnerschaft sowie den Bericht des Vorsitzenden über die Rolle der Euro-Atlantischen Partnerschaft in der Reaktion auf den Terrorismus zur Kenntnis. Sie begrüßten die Fortschritte durch die bisher geleistete Arbeit. Sie unterstrichen die Notwendigkeit, die Arbeit energisch fortzuführen, um den Staats- und Regierungschefs ein schlüssiges und abgestimmtes Paket von Vorschlägen zur Weiterentwicklung des EAPR und der PfP zu unterbreiten, damit beide den Bündnismitgliedern und Partnern ein noch besseres Hilfsmittel zur Begegnung der Herausforderung des 21. Jahrhunderts sein können."

3. Treffen der NATO-Ukraine-Kommission auf Ebene der Außenminister

„1. Die NATO-Ukraine-Kommission trat am 15. Mai 2002 in Reykjavik auf Ebene der Außenminister zusammen.

2. Die Minister überprüften die weitere Entwicklung der Sicherheitslage im euro-atlantischen Raum, würdigten die strategische Dimension der ausgeprägten Partnerschaft zwischen der NATO und der Ukraine und unterstrichen den Wunsch der Ukraine sowie der NATO, ihre Beziehung auf eine qualitativ neue Ebene zu heben, unter anderem auch durch intensivierte Konsultationen und die Zusammenarbeit in politischen, wirtschaftlichen und verteidigungspolitischen Fragen.

3. Die NATO-Ukraine-Kommission auf Ministerebene beauftragte dazu die Botschafter, in den kommenden Monaten auf der Grundlage der Charta über die ausgeprägte Partnerschaft die Möglichkeiten für eine Vertiefung und Erweiterung der NATO-Ukraine-Beziehung zu sondieren und zu entwickeln. Die Minister verfolgen damit die Absicht, den Rahmen für diese gestärkte Beziehung rechtzeitig bis zum oder noch vor dem Prager Treffen der NATO-Ukraine-Kommission auf Ebene der Staats- und Regierungschefs im November 2002 festzulegen.

4. Die Minister der Bündnispartner begrüßten die Erklärung von Minister Zlenko, dass die NATO-Erweiterung ein wichtiges Element zur Stärkung der Sicherheit in Europa darstellt und dass die NATO-Politik der offenen Tür einer der wichtigen Bausteine des gesamteuropäischen Integrationsprozesses ist, durch den die nationale Sicherheit der Ukraine im Kontext der euro-atlantischen Integrationspolitik der Ukraine gefestigt wird.

5. Die Minister der Bündnispartner würdigten den praktischen Beitrag der Ukraine zu den Anstrengungen der NATO-Staaten im internationalen Kampf gegen den Terrorismus, unter anderem auch durch die aktive Beteiligung der militärischen Lufttransportkräfte der Ukraine an der Dislozierung alliierter Truppen in Afghanistan und durch die Öffnung des ukrainischen Luftraums für Flugzeuge der Bündnispartner, die am Kampf gegen den Terrorismus beteiligt sind.

6. Die NATO und die Ukraine bekräftigten ihr Engagement zur Förderung dauerhafter Stabilität auf dem Balkan durch regionale Aussöhnung und Zusammenarbeit, gutnachbarliche Beziehungen, stabile und sichere Grenzen, den Schutz der Rechte der Angehörigen von ethnischen Gruppen und Minderheiten, durch vertrauensbildende Maßnahmen und die dauerhafte Regelung der Flüchtlings- und Vertriebenenfrage. Die Minister der NATO würdigten besonders die Anstrengungen von KFOR, die Lage im Kosovo zu stabilisieren und begrüßten die Entscheidung der Ukraine, durch den ukrainischen Anteil des polnisch-ukrainischen Bataillons ihren Beitrag zu KFOR weiterzuführen.

7. Die Kommission begrüßte die Annahme eines Dokumentes durch den Gemeinsamen Ständigen NATO-Russland-Rat auf dem gestrigen Treffen der Außenminister über die Schaffung eines neuen NATO-Russland-Rats.

8. Die Minister nahmen Kenntnis von der Umsetzung des NATO-Ukraine-Arbeitsplans für das Jahr 2002. Sie begrüßten die Fortschritte in der Verteidigungsreform sowie die produktiven politischen Konsultationen zwischen der NATO und der Ukraine über die Balkanfrage vom 5.

- I. Chronik -
Nr. 99/16.-17.V.2002: NSG-Treffen in Prag

Februar 2002 sowie die Gespräche auf dem Sondertreffen der NATO-Ukraine-Kommission am 1. März 2002 in Anwesenheit des ukrainischen Premierministers.

9. Die Minister bestätigten, dass das nächste Treffen der NATO-Ukraine-Kommission auf Botschafterebene am 9. Juli 2002 in Kiew stattfinden wird, um den 5. Jahrestag der NATO-Ukraine-Charta zu begehen und die bisherigen Leistungen zu würdigen. Die Botschafter werden auch die Fortschritte prüfen, die im Anschluss an die heute erteilten Aufträge erzielt werden, um das Prager Treffen der NATO-Ukraine-Kommission auf Ebene der Staats- und Regierungschefs im November 2002 vorzubereiten."

(Deutsche NATO Vertretung)

16. - 17. V. 2002

99. Treffen der Lieferländer nuklearer Technologie

Vom 16. bis zum 17. Mai 2002 trafen in Prag Vertreter der Gruppe Nuklearer Lieferstaaten (Nuclear Suppliers Group - NSG) zu ihrer jährlichen Tagung zusammen. Die Resultate sind in anliegender Presseerklärung des tschechischen Außenministeriums festgehalten.

Nuclear Suppliers Group plenary meeting, Prague, 17 May 2002

"The 2002 Plenary Meeting of the Nuclear Suppliers Group (NSG) was held in Prague, Czech Republic, on 16-17 May. Mr. Jan KAVAN, Deputy Prime Minister and Minister of Foreign Affairs of the Czech Republic, made introductory welcoming remarks on behalf of the Czech Government. The meeting was chaired by Ambassador Pavel VACEK, the Czech Permanent Representative to the International Organisations in Vienna. Kazakhstan was welcomed as the newest Participating Government in the Group. The aim of the NSG, which has 40 Member States and the European Commission as permanent observer, is to contribute to prevention of the proliferation of nuclear weapons through export controls of nuclear-related material, equipment, software and technology, without hindering international cooperation on peaceful uses of nuclear energy.

The Plenary recognised the challenge of terrorism that manifested itself so barbarically in September 2001 and agreed that the Group would continue developing its contribution to preventing and countering nuclear terrorism. The Group also agreed to continue to seek ways to enhance information sharing capabilities within the regime.

In that context, the need for effective export controls, including closer cooperation between law enforcement authorities, and strong support for the antiterrorism measures being undertaken by the IAEA was acknowledged. The importance of the requirement of IAEA full-scope safeguards as a condition of supply, strengthening of physical protection of nuclear materials and nuclear facilities and prevention of illicit trafficking of nuclear materials was reiterated in that connection. The Group renewed its encouragement to all those that have not yet done so, to conclude comprehensive safeguards agreements with the IAEA and Additional Protocol and stressed the need to follow the NSG Guidelines.

The Group mandated the Chair to continue the dialogue with the non-NSG countries that have developed nuclear programmes and are potential nuclear suppliers (China, Egypt, India, Indonesia, Iran, Malaysia, Mexico, Pakistan and extend to Israel) for the purpose of strengthening the global non-proliferation regime, in particular through the enhancement of the application of export controls.

To promote greater transparency and openness in NSG activities the NSG Website was opened to the public on 13 May, 2002 ('www.nuclearsuppliersgroup.org' or 'www.nsg-online.org').

The NSG Participating Governments accepted with appreciation the offer of the Government of the Republic of Korea to host the next Plenary meeting in May 2003."

(NSG Website)

17. V. 2002

100. Sicherheitsrat lockert Sanktionen über UNITA

Nachdem die angolanische Regierung und die Widerstandsbewegung UNITA am 4. April 2002 in Lusaka ein Abkommen über einen Waffenstillstand und die Einleitung einer politischen Lösung verabschiedet hatten, fand sich der Sicherheitsrat der Vereinten Nationen am 17. Mai 2002 in New York zur teilweisen Aufhebung von Sanktionen bereit, die er zuvor unter Kapitel VII der VN-Charter über die UNITA verhängt hatte.

Resolution 1412 des VN-Sicherheitsrates verabschiedet am 17. 5. 2002

„Der Sicherheitsrat,

in Bekräftigung seiner Resolutionen 696 (1991) vom 30. Mai 1991, 864 (1993) vom 15. September 1993 und aller danach verabschiedeten Resolutionen, insbesondere der Resolution 1127 (1997) vom 28. August 1997,

unter Hinweis auf die Erklärung seines Präsidenten vom 28. März 2002 (S/20 02 /7), in der insbesondere die Bereitschaft des Rates bekundet wurde, geeignete konkrete Ausnahmen zu den mit Ziffer 4 a) seiner Resolution 1127 (1997) verhängten Maßnahmen sowie Änderungen derselben zu erwägen,

mit Genugtuung über den historischen Schritt, den die Regierung Angolas und die União Nacional para a Independência Total de Angola (UNITA) am 4. April 2002 unternommen haben, in dem sie die Zusatzvereinbarung zum Protokoll von Lusaka betreffend die Einstellung der Feindseligkeiten und die Regelung der ausstehenden militärischen Fragen des Protokolls von Lusaka (S/1994 /1441, Anhang) unterzeichnet haben,

insbesondere mit Genugtuung über die Anstrengungen, die die Regierung Angolas unternimmt, um friedliche und sichere Bedingungen im Land und eine wirksame Verwaltung wiederherzustellen, sowie über die Anstrengungen aller Angolaner, die nationale Aussöhnung zu fördern,

in Bekräftigung seines Eintretens für die Erhaltung der Souveränität und der territorialen Unversehrtheit Angolas,

hervorhebend, wie wichtig es ist, dass die ‚Acordos de Paz', das Protokoll von Lusaka und die einschlägigen Resolutionen des Sicherheitsrats der Vereinten Nationen in vollem Umfang durchgeführt werden, in enger Zusammenarbeit mit den Vereinten Nationen und der Beobachter-Troika,

bekräftigend, dass die UNITA, wie in der Vereinbarung festgelegt, bei der Demobilisierung und Kasernierung der UNITA-Soldaten und ihrer Wiedereingliederung in die Streitkräfte, die Polizei und die Zivilgesellschaft Angolas umfassend zusammen arbeiten muss,

anerkennend, dass Reisen von UNITA-Mitgliedern erleichtert werden müssen,

damit der Friedensprozess und die nationale Aussöhnung vorankommen, namentlich damit die UNITA in die Lage versetzt wird, sich mit dem Ziel der raschen Wiedereingliederung in das Leben des Landes und der Erfüllung aller Friedensabkommen neu zu organisieren,

tätig werdend nach Kapitel VII der Charta der Vereinten Nationen,

1. beschließt, dass die mit den Ziffern 4 a) und b) der Resolution 1127 (1997) verhängten Maßnahmen für einen Zeitraum von neunzig Tagen ab dem Datum der Verabschiedung dieser Resolution ausgesetzt werden;

2. beschließt, dass der Rat vor Ablauf dieses Zeitraums beschließen wird, ob die Aussetzung der in Ziffer 1 genannten Maßnahmen verlängert werden soll, unter Berücksichtigung aller verfügbaren Informationen, einschließlich seitens der Regierung Angolas, über den weiteren Fortschritt des nationalen Aussöhnungsprozesses in Angola;

- I. Chronik -
Nr.101/23.V.2002: Bush vor dem Deutschen Bundestag

3. beschließt, mit der Angelegenheit aktiv befasst zu bleiben."

(Deutscher Übersetzungsdienst, Vereinte Nationen)

23. V. 2002

101. Rede von US-Präsident Bush während einer Sondersitzung des Deutschen Bundestags

Am 23. Mai 2002 hielt der amerikanische Präsident George W. BUSH aus Anlass seines Deutschland-Besuchs eine Rede vor dem Deutschen Bundestag, in der er neue Akzente für die transatlantische Zusammenarbeit setzte.

Rede von US-Präsident George W. Bush vor dem Deutschen Bundestag vom 23. 5. 2002.

„Herr Bundestagspräsident, herzlichen Dank für Ihre freundliche Einführung. Und vielen Dank für die Gelegenheit, heute hier zu sein. Bundespräsident RAU, Bundeskanzler SCHRÖDER, vielen herzlichen Dank. Soviel ich weiß, ist der ehemalige Bundeskanzler KOHL hier. Ich möchte den Mitgliedern des Bundestages danken. Wie geht es Ihnen? Ich war ein bisschen nervös, als der Bundestagspräsident mir sagte, Sie seien alle im Urlaub. Ich kann mir gut vorstellen, wie die Kongressabgeordneten reagieren würden, wenn ich sie alle aus dem Urlaub zurückrufen würde, um eine meiner Reden zu hören. Vielen Dank, dass Sie gekommen sind. Es ist mir eine große Ehre, hier zu sein. Meine Frau Laura und ich sind sehr dankbar für Ihre Gastfreundschaft. Ich hatte das Vergnügen, Ihren Bundeskanzler bereits dreimal in Washington zu begrüßen, und wir haben enge Beziehungen aufgebaut. Herr Bundeskanzler, ich bin Ihnen dankbar.

Jetzt habe ich die Ehre, diese großartige Stadt zu besuchen. Die Geschichte unserer Zeit spiegelt sich im Leben Berlins wider. In diesem Gebäude wurden Feuer des Hasses entfacht, die sich auf der ganzen Welt ausbreiteten. Flugzeuge der Alliierten brachten dieser Stadt während einer 323 Tage und Nächte andauernden Belagerung Nahrungsmittel und Hoffnung. Über eine schändliche Trennlinie sprangen Männer und Frauen aus Wohnhäusern und durchbrachen Stacheldraht, um in Freiheit zu leben oder bei dem Versuch zu sterben. Ein amerikanischer Präsident kam hier her, um sich stolz einen Bürger Berlins zu nennen. Ein anderer Präsident forderte die Sowjets auf: 'reißen Sie diese Mauer nieder'. Und in einer Nacht im November nahmen die Berliner die Geschichte in die Hand und vereinten ihre Stadt.

In der Spanne eines Lebens haben die Menschen dieser Hauptstadt und dieses Landes 12 Jahre Diktatur erduldet, unter 40 Jahren bitterer Teilung gelitten und in diesem herausfordernden Jahrzehnt der Wiedervereinigung obsiegt. Aus allen diesen Bewährungsproben ist Deutschland als verantwortungsvolle, wohlhabende und friedliche Nation hervorgegangen. Wie der Bundespräsident erwähnte sprach mein Vater vor mehr als einem Jahrzehnt von Deutschland und den Vereinigten Staaten als Partner in der Führung - und das ist Wirklichkeit geworden. Ein neues Zeitalter ist angebrochen: Das starke Deutschland, das Sie aufgebaut haben, hat sich auf der Welt bewährt.

Auf beiden Seiten des Atlantiks war die Generation unserer Väter aufgerufen, herausragende Ereignisse zu gestalten - und sie schufen das großartige transatlantische Bündnis der Demokratien. Sie schufen das erfolgreichste Bündnis der Geschichte. Nach dem Kalten Krieg, in der relativ ruhigen Zeit der neunziger Jahre, fragten sich einige, ob unsere transatlantische Partnerschaft noch einem Zweck diente. Die Geschichte gab die Antwort. Unsere Generation sieht sich neuen, schwerwiegenden Bedrohungen der Freiheit, der Sicherheit unserer Völker und der Zivilisation selbst gegenüber. Wir sind mit einer aggressiven Kraft konfrontiert, die den Tod glorifiziert, Unschuldige als Ziel auswählt und die Mittel anstrebt, in großem Ausmaß zu morden.

Wir stehen vor der globalen Tragödie von Krankheit und Armut, die unzählige Leben fordern und ganze Nationen anfällig für Unterdrückung und Terror machen.

- I. Chronik -
Nr.101/23.V.2002: Bush vor dem Deutschen Bundestag

Wir werden diesen Herausforderungen gemeinsam begegnen. Wir müssen ihnen gemeinsam begegnen. Diejenigen, die die Freiheit der Menschen verachten, werden sie auf jedem Kontinent angreifen. Diejenigen, die den Besitz von Raketen und schrecklichen Waffen anstreben, kennen auch die Karte Europas. Wie die Bedrohungen einer anderen Zeit, können diese Bedrohungen nicht ignoriert oder beschwichtigt werden. Indem wir geduldig, unnachgiebig und entschlossen vorgehen, werden wir die Feinde der Freiheit besiegen.

Indem wir weiterhin geeint handeln, begegnen wir den modernen Bedrohungen mit den größten Ressourcen des Reichtums und des Willens, die freie Nationen je aufbrachten. Gemeinsam haben Europa und die Vereinigten Staaten das kreative Talent, die Wirtschaftsmacht, das moralische Erbe und die demokratische Vision, unsere Freiheit zu schützen und die Sache des Friedens voranzubringen.

So unterschiedlich wir sind, wir bauen und verteidigen das gleiche Haus der Freiheit - seine Türen stehen allen Völkern Europas offen, seine Fenster blicken auf die globalen Herausforderungen dahinter. Wir müssen die Grundlagen mit einem Europa schaffen, das zum ersten Mal in seiner Geschichte ungeteilt, frei und in Frieden lebt. Dieser Jahrhunderte alte Traum ist in greifbare Nähe gerückt.

Vom Wald der Argonne bis zum Brückenkopf von Anzio haben Konflikte in Europa das Blut von Millionen gefordert und dabei Leben auf der ganzen Welt verschwendet und zerstört. Es gibt tausende Denkmäler in Parks und auf Plätzen in meinem ganzen Land, jungen Männern von 18, 19 oder 20 Jahren gewidmet, deren Leben in einer Schlacht auf diesem Kontinent endete. Wir sind die erste Generation seit hundert Jahren, die keinen neuen Krieg in Europa fürchten oder mit ihm rechnen muss. Und diese Leistung - Ihre Leistung - ist eine der größten der Neuzeit.

Wenn die Einigung Europas voranschreitet, nimmt die Sicherheit in Europa und Amerika zu. Mit der Integration Ihrer Märkte und einer gemeinsame Währung in der Europäischen Union schaffen Sie die Voraussetzungen für Sicherheit und gemeinsame Zielsetzungen. In allen diesen Schritten sehen die Vereinigten Staaten nicht den Aufstieg eines Rivalen, sondern das Ende alter Feindseligkeiten. Wir sehen den Erfolg unserer Bündnispartner, und beglückwünschen Sie zu Ihren Fortschritten.

Die Erweiterung der NATO wird auch die Sicherheit auf diesem Kontinent erweitern, insbesondere für die Länder, die im letzten Jahrhundert wenig Frieden oder Sicherheit kannten. Wir haben uns vorsichtig in diese Richtung bewegt. Nun müssen wir entschlossen handeln.

Der Gipfel in Prag rückt näher, und die Vereinigten Staaten engagieren sich für die Mitgliedschaft aller europäischer Demokratien in der NATO, die bereit zur Übernahme der Verantwortung sind, die die NATO mit sich bringt. Jeder Teil Europas sollte an der Sicherheit und dem Erfolg dieses Kontinents teilhaben. Ein umfassenderes Bündnis wird die NATO stärken - es wird das Versprechen der NATO erfüllen.

Eine weitere gemeinsame Mission ist die Ermutigung des russischen Volks, seine Zukunft in Europa zu suchen - zusammen mit Amerika. Russland hat seit 1917 die beste Chance, Teil der europäischen Familie zu werden. Die Umgestaltung Russlands ist noch nicht beendet; der Ausgang noch nicht entschieden. Aber trotz aller Probleme und Herausforderungen bewegt Russland sich in Richtung Freiheit - mehr Freiheit in seiner Politik und auf seinen Märkten - eine Freiheit, die es Russland ermöglichen wird, als große und gerechte Nation zu handeln. Ein Russland, das in Frieden mit seinen Nachbarn lebt und die legitimen Rechte von Minderheiten achtet, ist in Europa willkommen.

Zwischen Russland und den Vereinigten Staaten entsteht eine neue Partnerschaft. Russland unterstützt den Krieg gegen den globalen Terror auf entscheidende Weise. Ein russischer Oberst arbeitet jetzt mit Heeresgeneral Tommy FRANKS, dem Befehlshaber des Kriegs in Afghanistan, zusammen. Und in Afghanistan selbst ist Russland beim Aufbau von Krankenhäusern und einer besseren Zukunft für das afghanische Volk behilflich.

Die Vereinigten Staaten und Europa müssen sich des alten Misstrauens entledigen und ihre gemeinsamen Interessen mit Russland verwirklichen. Morgen in Moskau werden Präsident PUTIN und ich wieder gemäß diesen Interessen handeln.

Die Vereinigten Staaten und Russland befreien sich von den letzten Relikten der Konfrontation des Kalten Kriegs. Wir sind über einen ABM-Vertrag hinausgegangen, der uns davon

Nr. 101/23.V.2002: Bush vor dem Deutschen Bundestag

abhielt, unser Volk und unsere Freunde zu verteidigen. Einige warnten, dass ein Hinausgehen über den ABM-Vertrag ein Wettrüsten auslösen könnte. Stattdessen sind Präsident PUTIN und ich dabei, die drastischste Vereinbarung über den Rüstungsabbau der Geschichte zu unterzeichnen. Sowohl die Vereinigten Staaten als auch Russland werden ihre Nukleararsenale und etwa zwei Drittel reduzieren - auf das niedrigste Niveau seit Jahrzehnten.

Alte Rüstungsabkommen zielten auf die Handhabung von Feindseligkeiten und die Wahrung eines Gleichgewichts des Schreckens ab. Diese neue Vereinbarung berücksichtigt, dass Russland und der Westen keine Feinde mehr sind.

Das gesamte transatlantische Bündnis gestaltet die Beziehungen zu Russland neu. Nächste Woche in Rom werden Bundeskanzler SCHRÖDER, unsere Bündnispartner in der NATO und ich als gleichwertige Partner mit Präsident PUTIN bei der Gründung des NATO-Russland-Rats zusammentreffen. Der Rat gibt uns die Möglichkeit, eine gemeinsame Sicherheit vor gemeinsamen Bedrohungen zu schaffen. Wir werden mit Projekten zur Nichtverbreitung, der Bekämpfung des Terrorismus sowie Such- und Rettungseinsätzen beginnen. Mit der Zeit werden wir diese Zusammenarbeit erweitern und gleichzeitig die Kernaufgaben der NATO erhalten. Viele Generationen haben ängstlich auf Russland geblickt. Unsere Generation kann diesen Schatten endlich von Russland nehmen, indem es die Freundschaft eines neuen demokratischen Russlands annimmt.

Während wir unser Bündnis erweitern und Russland einbeziehen, müssen wir auch über Europa hinaus auf Gefahren und bedeutende Verantwortung blicken. Beim Aufbau des Hauses der Freiheit müssen wir auch die Herausforderungen einer größeren Welt berücksichtigen. Und wir müssen uns ihnen gemeinsam stellen.

Für die Vereinigten Staaten war der 11. September 2001 ein tiefer Einschnitt in ihrer Geschichte - die Ende einer Ära, das ebenso scharf und deutlich zu Tage trat wie Pearl Harbor oder der erste Tag der Berlin-Blockade. Es kann auf einer Welt, die der Gnade von Terroristen ausgeliefert ist, keine dauerhafte Sicherheit geben - weder für meine noch für irgendeine andere Nation.

Angesichts dieser Bedrohung ist die bestimmende Zielsetzung der NATO - unsere kollektive Verteidigung - so vordringlich wie eh und je. Die Vereinigten Staaten und Europa benötigen sich gegenseitig, um den Krieg gegen den globalen Terror zu führen und zu gewinnen. Mein Land ist wirklich dankbar für die Anteilnahme des deutschen Volks und die starke Unterstützung Deutschlands und ganz Europas.

Truppen aus über einem Dutzend europäischer Länder sind in und um Afghanistan stationiert, darunter tausende Soldaten aus diesem Land. Es ist die erste Stationierung deutscher Streitkräfte außerhalb Europas seit 1945. Deutsche Soldaten sind in diesem Krieg gestorben, und wir beklagen ihren Verlust ebenso wie wir unseren eigenen beklagen. Deutsche Behörden sind Terrorzellen und ihren Finanzquellen auf der Spur. Und die deutsche Polizei ist den Afghanen beim Aufbau ihrer eigenen Polizei behilflich. Wir sind außerordentlich dankbar für die Unterstützung.

Gemeinsam widersetzen wir uns einem Feind, der sich an Gewalt und dem Schmerz von Unschuldigen nährt. Die Terroristen werden von ihren Hassgefühlen bestimmt: Sie hassen Demokratie und Toleranz und Meinungsfreiheit und Frauen und Juden und Christen und alle Moslems, die nicht ihrer Meinung sind. Andere töteten im Namen der Reinheit der Rasse oder des Klassenkampfs. Diese Feinde töten im Namen einer falschen Reinheit, sie pervertieren den Glauben, den sie zu haben behaupten. In diesem Krieg verteidigen wir nicht nur die Vereinigten Staaten oder Europa, wir verteidigen die Zivilisation an sich.

Das Böse, das sich gegen uns aufgebaut hat, wird die 'neue totalitäre Bedrohung' genannt. Die Autoren des Terrors streben den Besitz atomarer, chemischer und biologischer Waffen an. Regime, die den Terror unterstützen, entwickeln diese Waffen und ihre Trägersysteme. Wenn diese Regime und ihre terroristischen Verbündeten diese Fähigkeiten perfektionieren würden, könnte keine innere Stimme der Vernunft, kein Hauch von Gewissen ihren Einsatz verhindern.

Wunschdenken mag tröstlich sein, es fördert allerdings nicht die Sicherheit. Sie können dies eine strategische Herausforderung nennen; Sie können es wie ich, eine Achse des Bösen nennen; Sie können es nennen, wie Sie möchten, aber lassen Sie uns die Wahrheit sagen.

- I. Chronik -
Nr.101/23.V.2002: Bush vor dem Deutschen Bundestag

Wenn wir diese Bedrohung ignorieren, fordern wir zu einer Art Erpressung auf und bringen Millionen von Bürgern in ernsthafte Gefahr.

Unsere Reaktion wird vernünftig, konzentriert und bewusst sein. Wir werden mehr als unsere militärische Macht einsetzen. Wir werden die Finanzquellen der Terroristen austrocknen, diplomatischen Druck ausüben und weiterhin nachrichtendienstliche Erkenntnisse austauschen. Die Vereinigten Staaten werden sich in jeder Phase eng mit ihren Freunden und Bündnispartnern beraten. Aber täuschen Sie sich nicht, wir werden und müssen uns mit dieser Verschwörung gegen unsere Freiheit und unser Leben auseinandersetzen.

Angesichts neuer Bedrohungen benötigt die NATO eine neue Strategie und neue Fähigkeiten. Von Europa ausgehende Gefahren können Europa jetzt im Herzen treffen - die NATO muss also in der Lage und bereit sein, immer dann zu handeln, wenn Bedrohungen auftreten. Dies wird alle Mittel der modernen Verteidigung erfordern - mobile und stationierbare Streitkräfte, komplexe Sondereinsätze, die Fähigkeit, unter der Bedrohung durch chemische und biologische Waffen zu kämpfen. Jedes Land muss sich auf die militärischen Stärken konzentrieren, die es mit in des Bündnis bringen kann, mit den schwierigen Entscheidungen und den finanziellen Verpflichtungen, die dies erfordert. Wir wissen nicht, woher die nächste Bedrohungen kommen könnte; wir wissen wirklich nicht, in welcher Form sie auftreten könnte. Aber wir müssen als vollwertige militärische Partner bereit sein, uns diesen Bedrohungen unserer Sicherheit zu stellen.

Eine Art und Weise, unsere Sicherheit zu verbessern, ist die Bewältigung Gewalt schürender regionaler Konflikte. Unsere Arbeit auf dem Balkan und in Afghanistan zeigt, wie viel wir erreichen können, wenn wir Seite an Seite stehen. Wir müssen uns weiterhin für den Frieden im Nahen Osten einsetzen. Dieser Frieden muss die dauerhafte Sicherheit des jüdischen Volks gewährleisten. Und dieser Frieden muss dem palästinensischen Volk einen eigenen Staat garantieren.

Inmitten terroristischer Gewalt im Nahen Osten mag die Hoffnung auf eine dauerhafte Lösung in weiter Ferne scheinen. So beurteilten viele einst die Aussicht auf Frieden zwischen Polen und Deutschland, Deutschland und Frankreich, Frankreich und England, Protestanten und Katholiken. Dennoch haben wir gesehen, wie Feinde nach Generationen gegenseitiger Gewalt und Demütigung in einem neuen Europa Partner und Verbündete wurden. Wir beten für den Nahen Osten um den gleichen Heilungsprozess, die gleiche Überwindung von Hass. Wir in unserem Streben nach diesem Frieden unermüdlich sein.

Wir müssen uns bewusst machen, dass Gewalt und Ressentiments durch Fortschritte im Gesundheits- und Bildungswesen und beim Wohlstand besiegt werden. Armut bringt keinen Terror hervor - aber Terror wurzelt in gescheiterten Nationen, die keinen funktionierenden Polizeiapparat haben oder nicht für ihre Bevölkerung sorgen können. Unser Gewissen und unsere Interessen stimmen überein: um eine sicherere Welt zu schaffen, müssen wir eine bessere Welt schaffen.

Die Erweiterung des Handels in unserer Zeit ist einer der Hauptgründe für unsere Fortschritte bei der Bekämpfung der Armut. In Doha verpflichteten wir uns, auf diesen Fortschritten aufzubauen, und wir müssen dieser Verpflichtung nachkommen. Die transatlantischen Nationen müssen eine Lösung für den kleinen, strittigen Teil unserer umfassenden Handelsbeziehungen im Rahmen der Regeln und Streitschlichtungsmechanismen der Welthandelsorganisation finden - ob es sich bei diesen Streitigkeiten um Steuerrecht, Stahl, Landwirtschaft oder Biotechnologie handelt.

Damit alle Nationen von den Weltmärkten profitieren, benötigen sie eine gesunde Bevölkerung, die lesen und schreiben kann. Um den Entwicklungsländern beim Erreichen dieser Ziele behilflich zu sein, haben die führenden Politiker der wohlhabenden Nationen eine Gewissenspflicht - wir haben die Pflicht, unseren Wohlstand großzügig und klug mit anderen zu teilen. Die Regierungen armer Länder haben eine Verpflichtung gegenüber ihrer eigenen Bevölkerung - aber sie haben auch die Pflicht, Reformen durchzuführen, die vorübergehende Hilfe in dauerhafte Fortschritte verwandeln.

Ich habe vorgeschlagen, dass die neue amerikanische Hilfe an Länder geht, die sich auf diesem Weg der Reform befinden. Die Vereinigten Staaten werden ihren Kernhaushalt für Entwicklungshilfe in den nächsten drei Haushaltsjahren um 50 Prozent aufstocken. Sie wird bis zu fünf Milliarden Dollar im Jahr erhöht, über das hinaus, was wir bereits zur Entwicklung beitragen.

Wenn Länder gerecht regiert werden, profitieren die Menschen. Wenn Länder ungerecht zu Gunsten einiger weniger Korrupter regiert werden, wird auch noch so viel Entwicklungshilfe den bedürftigen Menschen nicht helfen. Wenn Länder gerecht regiert werden - wenn Länder gerecht regiert werden, wenn sie in das Bildungs- und Gesundheitswesen investieren und wirtschaftliche Freiheit fördern, haben sie unsere Unterstützung. Und von noch größerer Bedeutung ist, dass diese aufstrebenden Nationen selbst die Fähigkeit und schließlich auch die erforderlichen Ressourcen haben werden, um Krankheiten zu bekämpfen und ihre Umwelt zu verbessern und für ihre Bevölkerung ein Leben in Würde zu ermöglichen.

Sehr geehrte Mitglieder des Bundestags, wir haben uns aufgrund eines ernsten Ziels versammelt - eines sehr ernsten Ziels - von dem die Sicherheit unserer Bevölkerung und das Schicksal unserer Freiheit jetzt abhängt. Wir schaffen eine Welt der Gerechtigkeit, oder wir werden in einer Welt der Zwänge leben. Das Ausmaß unserer gemeinsamen Verantwortung lässt unsere Meinungsverschiedenheiten belanglos erscheinen. Und diejenigen, die unsere Meinungsverschiedenheiten übertreiben, spielen ein leicht durchschaubares Spiel und haben ein simples Verständnis unserer Beziehungen.

Die Vereinigten Staaten und die Nationen Europas sind mehr als militärische Verbündete; wir sind mehr als Handelspartner; wir sind die Erben der gleichen Zivilisation. Die Versprechungen der Magna Charta, die Lehren Athens, die Kreativität von Paris, das unerschütterliche Gewissen Luthers, der sanfte Glaube des Heiligen Franziskus - alles dies ist Teil der amerikanischen Seele. Die Neue Welt war erfolgreich, indem sie die Werte der Alten Welt achtete. Unsere Geschichte driftete manchmal auseinander, dennoch versuchen wir, nach dem gleichen Idealen zu leben. Wir glauben an freie Märkte, gemildert durch Mitgefühl. Wir glauben an offene Gesellschaften, die unveränderliche Wahrheiten widerspiegeln. Wir glauben an den Wert und die Würde jeden Lebens. Diese Wertüberzeugungen verbinden unsere Kulturen und bringen unsere Feinde gegen uns auf. Diese Wertüberzeugungen sind allgemein gültig und richtig. Sie prägen unsere Nationen und unsere Partnerschaft auf einzigartige Weise. Diese Überzeugungen veranlassen uns, Tyrannei und das Böse zu bekämpfen, wie es andere vor uns getan haben.

Einer der größten Deutschen des 20. Jahrhunderts war Pastor Dietrich BONHOEFFER. Er verließ die Sicherheit Amerikas, um sich gegen das nationalsozialistische Regime zu stellen. In einer dunklen Stunde gab er Zeugnis ab vom Evangelium des Lebens und zahlte den Preis für seinen Glauben - er wurde nur Tage vor der Befreiung seines Lagers getötet. 'Ich glaube', sagte BONHOEFFER, 'dass Gott aus allem, auch aus dem Bösen, Gutes entstehen lassen kann und will.' Diese Überzeugung wird durch die Geschichte Europas seit diesem Tag bewiesen - in der Versöhnung und Erneuerung, die diesen Kontinent verwandelt haben. In den Vereinigten Staaten haben wir vor kurzem den Schrecken des Bösen und die Macht des Guten gesehen. In den Bewährungsproben unserer Zeit bekräftigen wir unsere tiefsten Werte und unsere engsten Freundschaften. In dieser Kammer, in dieser Stadt, in diesem ganzen Land und auf dem ganzen Kontinent hat Amerika wertvolle Freunde. Und mit unseren Freunden bauen wir das Haus der Freiheit - für unsere Zeit und für alle Zeiten.

Möge Gott Sie segnen."

(Amerika Dienst)

23. V. 2002

102. Sicherheitsrat verlängert Mandat für Afghanistan Unterstützungstruppe

Am 23. Mai 2003 beriet der Sicherheitsrat der Vereinten Nationen in New York über die Lage in Afghanistan und stellte fest, dass diese weiterhin eine Gefährdung für den internationalen Frieden darstelle. Der Sicherheitsrat verlängerte das Mandat für die internationale Unterstützungstruppe ISAF.

- I. Chronik -
Nr.102/23.V.2002: Mandatsverlängerung für ISAF

Resolution 1413 des VN-Sicherheitsrats, verabschiedet am 23. 5. 2002

„Der Sicherheitsrat,

in Bekräftigung seiner früheren Resolutionen über Afghanistan, insbesondere seiner Resolution 1386 (2001) vom 20. Dezember 2001,

sowie in Bekräftigung seines nachdrücklichen Bekenntnisses zur Souveränität, Unabhängigkeit, territorialen Unversehrtheit und nationalen Einheit Afghanistans,

in Unterstützung der internationalen Anstrengungen zur Ausrottung des Terrorismus im Einklang mit der Charta der Vereinten Nationen sowie außerdem in Bekräftigung seiner Resolutionen 1368 (2001) vom 12. September 2001 und 1373 (2001) vom 28. September 2001,

in Anerkennung dessen, dass die Afghanen selbst dafür verantwortlich sind, für Sicherheit und Recht und Ordnung im gesamten Land zu sorgen, und in dieser Hinsicht die Zusammenarbeit der Afghanischen Interimsverwaltung mit der Internationalen Sicherheitsbeistandstruppe begrüßend,

mit dem Ausdruck seines Dankes an das Vereinigte Königreich Großbritannien und Nordirland für die Übernahme der Führung bei der Organisation und dem Kommando der Internationalen Sicherheitsbeistandstruppe sowie in dankbarer Anerkennung der Beiträge vieler Staaten zu der Internationalen Sicherheitsbeistandstruppe,

mit Genugtuung über das an den Generalsekretär gerichtete Schreiben des Außenministers der Türkei vom 7. Mai 2002 (S/2002/568) und Kenntnis nehmend von dem darin enthaltenen Angebot der Türkei, die Führung bei dem Kommando der Internationalen Sicherheitsbeistandstruppe zu übernehmen,

unter Hinweis auf das Schreiben von Dr. Abdullah ABDULLAH an den Präsidenten des Sicherheitsrats, datiert vom 19. Dezember 2001 (S/2001/1223),

feststellend, dass die Situation in Afghanistan weiterhin eine Bedrohung des Weltfriedens und der internationalen Sicherheit darstellt,

entschlossen, die vollinhaltliche Durchführung des Mandats der Internationalen Sicherheitsbeistandstruppe in Abstimmung mit der durch das Übereinkommen von Bonn geschaffenen Afghanischen Interimsverwaltung und ihren Nachfolgern sicherzustellen,

aus diesen Gründen tätig werdend nach Kapitel VII der Charta der Vereinten Nationen,

1. beschließt, die Genehmigung der Internationalen Sicherheitsbeistandstruppe, wie in Resolution 1386 (2001) definiert, um einen Zeitraum von sechs Monaten ab dem 20. Juni 2002 zu verlängern;

2. ermächtigt die an der Internationalen Sicherheitsbeistandstruppe teilnehmenden Mitgliedstaaten, alle zur Erfüllung des Mandats der Internationalen Sicherheitsbeistandstruppe notwendigen Maßnahmen zu ergreifen;

3. fordert die Mitgliedstaaten auf, Personal, Ausrüstung und andere Ressourcen zu der Internationalen Sicherheitsbeistandstruppe beizutragen und an den gemäß Resolution 1386 (2001) eingerichteten Treuhandfonds Beiträge zu entrichten;

4. ersucht die Führung der Internationalen Sicherheitsbeistandstruppe, über den Generalsekretär monatliche Berichte über die Durchführung ihres Mandats vorzulegen;

5. beschließt, mit der Angelegenheit aktiv befasst zu bleiben."

(Deutscher Übersetzungsdienst, Vereinte Nationen)

103. USA und Russland schließen Abrüstungsvertrag und vereinbaren weitere Kooperation

Am 24. Mai 2002 kam es aus Anlass eines russisch-amerikanischen Gipfeltreffens in Moskau zur Unterzeichnung eines Vertrages über die Abrüstung strategischer Offensivwaffen (Strategic Offensive Reductions Treaty- SORT). Der Text des Vertrages ist im Anhang *(Seite 532)* wiedergegeben. Des Weiteren wurde ein gemeinsames Kommuniqué verabschiedet, in dem die Zusammenarbeit in einer Reihe von Feldern festgeschrieben wurde.

Joint US-Russian Statement from 24. 5. 2002

„The United States of America and the Russian Federation,

Recalling the accomplishments at the Ljubljana, Genoa, Shanghai, and Washington/Crawford Summits and the new spirit of cooperation already achieved;

Building on the November 13, 2001 Joint Statement on a New Relationship Between the United States and Russia, having embarked upon the path of new relations for the twenty-first century, and committed to developing a relationship based on friendship, cooperation, common values, trust, openness, and predictability;

Reaffirming our belief that new global challenges and threats require a qualitatively new foundation for our relationship;

Determined to work together, with other nations and with international organizations, to respond to these new challenges and threats, and thus contribute to a peaceful, prosperous, and free world and to strengthening strategic security;

Declare as follows:

A FOUNDATION FOR COOPERATION

We are achieving a new strategic relationship. The era in which the United States and Russia saw each other as an enemy or strategic threat has ended. We are partners and we will cooperate to advance stability, security, and economic integration, and to jointly counter global challenges and to help resolve regional conflicts.

To advance these objectives the United States and Russia will continue an intensive dialogue on pressing international and regional problems, both on a bilateral basis and in international fora, including in the UN Security Council, the G-8, and the OSCE. Where we have differences, we will work to resolve them in a spirit of mutual respect.

We will respect the essential values of democracy, human rights, free speech and free media, tolerance, the rule of law, and economic opportunity.

We recognize that the security, prosperity, and future hopes of our peoples rest on a benign security environment, the advancement of political and economic freedoms, and international cooperation. The further development of U.S.-Russian relations and the strengthening of mutual understanding and trust will also rest on a growing network of ties between our societies and peoples. We will support growing economic interaction between the business communities of our two countries and people-to-people and cultural contacts and exchanges.

POLITICAL COOPERATION

The United States and Russia are already acting as partners and friends in meeting the new challenges of the 21st century; affirming our Joint Statement of October 21, 2001, our countries are already allied in the global struggle against international terrorism.

The United States and Russia will continue to cooperate to support the Afghan people's efforts to transform Afghanistan into a stable, viable nation at peace with itself and its neighbors. Our

- I. Chronik -
Nr.103/24.V.2002: Russisch-amerikanisches Gipfeltreffen

cooperation, bilaterally and through the United Nations, the 'Six-Plus-Two' diplomatic process, and in other multilateral fora, has proved important to our success so far in ridding Afghanistan of the Taliban and al-Qaida.

In Central Asia and the South Caucasus, we recognize our common interest in promoting the stability, sovereignty, and territorial integrity of all the nations of this region. The United States and Russia reject the failed model of 'Great Power' rivalry that can only increase the potential for conflict in those regions. We will support economic and political development and respect for human rights while we broaden our humanitarian cooperation and cooperation on counterterrorism and counternarcotics.

The United States and Russia will cooperate to resolve regional conflicts, including those in Abkhazia and Nagorno-Karabakh, and the Transnistrian issue in Moldova. We strongly encourage the Presidents of Azerbaijan and Armenia to exhibit flexibility and a constructive approach to resolving the conflict concerning Nagorno-Karabakh. As two of the Co-Chairmen of the OSCE's Minsk Group, the United States and Russia stand ready to assist in these efforts.

On November 13, 2001, we pledged to work together to develop a new relationship between NATO and Russia that reflects the new strategic reality in the Euro-Atlantic region. We stressed that the members of NATO and Russia are increasingly allied against terrorism, regional instability, and other contemporary threats. We therefore welcome the inauguration at the May 28, 2002 NATO-Russia summit in Rome of a new NATO-Russia Council, whose members, acting in their national capacities and in a manner consistent with their respective collective commitments and obligations, will identify common approaches, take joint decisions, and bear equal responsibility, individually and jointly, for their implementation. In this context, they will observe in good faith their obligations under international law, including the UN Charter, provisions and principles contained in the Helsinki Final Act and the OSCE Charter for European Security. In the framework of the NATO-Russia Council, NATO member states and Russia will work as equal partners in areas of common interest. They aim to stand together against common threats and risks to their security.

As co-sponsors of the Middle East peace process, the United States and Russia will continue to exert joint and parallel efforts, including in the framework of the 'Quartet,' to overcome the current crisis in the Middle East, to restart negotiations, and to encourage a negotiated settlement. In the Balkans, we will promote democracy, ethnic tolerance, self-sustaining peace, and long-term stability, based on respect for the sovereignty and territorial integrity of the states in the region and United Nations Security Council resolutions. The United States and Russia will continue their constructive dialogue on Iraq and welcome the continuation of special bilateral discussions that opened the way for UN Security Council adoption of the Goods Review List.

Recalling our Joint Statement of November 13, 2001 on counternarcotics cooperation, we note that illegal drug trafficking poses a threat to our peoples and to international security, and represents a substantial source of financial support for international terrorism. We are committed to intensifying cooperation against this threat, which will bolster both the security and health of the citizens of our countries.

The United States and Russia remain committed to intensifying cooperation in the fight against transnational organized crime. In this regard, we welcome the entry into force of the Treaty on Mutual Legal Assistance in Criminal Matters on January 31, 2002.

ECONOMIC COOPERATION

The United States and Russia believe that successful national development in the 21st century demands respect for the discipline and practices of the free market. As we stated on November 13, 2001, an open market economy, the freedom of economic choice, and an open democratic society are the most effective means to provide for the welfare of the citizens of our countries.

The United States and Russia will endeavor to make use of the potential of world trade to expand the economic ties between the two countries, and to further integrate Russia into the world economy as a leading participant, with full rights and responsibilities, consistent with the rule of law, in the world economic system. In this connection, the sides give high priority to Russia's accession to the World Trade Organization on standard terms.

- I. Chronik -
Nr.103/24.V.2002: Russisch-amerikanisches Gipfeltreffen

Success in our bilateral economic and trade relations demands that we move beyond the limitations of the past. We stress the importance and desirability of graduating Russia from the emigration provisions of the U.S. Trade Act of 1974, also known as the Jackson-Vanik Amendment. We note that the Department of Commerce, based on its ongoing thorough and deliberative inquiry, expects to make its final decision no later than June 14, 2002 on whether Russia should be treated as a market economy under the provisions of U.S. trade law. The sides will take further practical steps to eliminate obstacles and barriers, including as appropriate in the legislative area, to strengthen economic cooperation.

We have established a new dynamic in our economic relations and between our business communities, aimed at advancing trade and investment opportunities while resolving disputes, where they occur, constructively and transparently.

The United States and Russia acknowledge the great potential for expanding bilateral trade and investment, which would bring significant benefits to both of our economies. Welcoming the recommendations of the Russian-American Business Dialogue, we are committed to working with the private sectors of our countries to realize the full potential of our economic interaction. We also welcome the opportunity to intensify cooperation in energy exploration and development, especially in oil and gas, including in the Caspian region.

STRENGTHENING PEOPLE-TO-PEOPLE CONTACTS

The greatest strength of our societies is the creative energy of our citizens. We welcome the dramatic expansion of contacts between Americans and Russians in the past ten years in many areas, including joint efforts to resolve common problems in education, health, the sciences, and environment, as well as through tourism, sister-city relationships, and other people-to-people contacts. We pledge to continue supporting these efforts, which help broaden and deepen good relations between our two countries.

Battling the scourge of HIV/AIDS and other deadly diseases, ending family violence, protecting the environment, and defending the rights of women are areas where U.S. and Russian institutions, and especially non-governmental organizations, can successfully expand their cooperation.

PREVENTING THE SPREAD OF WEAPONS OF MASS DESTRUCTION: NON-PROLIFERATION AND INTERNATIONAL TERRORISM

The United States and Russia will intensify joint efforts to confront the new global challenges of the twenty-first century, including combating the closely linked threats of international terrorism and the proliferation of weapons of mass destruction and their means of delivery. We believe that international terrorism represents a particular danger to international stability as shown once more by the tragic events of September 11, 2001. It is imperative that all nations of the world cooperate to combat this threat decisively. Toward this end, the United States and Russia reaffirm our commitment to work together bilaterally and multilaterally.

The United States and Russia recognize the profound importance of preventing the spread of weapons of mass destruction and missiles. The specter that such weapons could fall into the hands of terrorists and those who support them illustrates the priority all nations must give to combating proliferation.

To that end, we will work closely together, including through cooperative programs, to ensure the security of weapons of mass destruction and missile technologies, information, expertise, and material. We will also continue cooperative threat reduction programs and expand efforts to reduce weapons-usable fissile material. In that regard, we will establish joint experts groups to investigate means of increasing the amount of weapons-usable fissile material to be eliminated, and to recommend collaborative research and development efforts on advanced, proliferation-resistant nuclear reactor and fuel cycle technologies. We also intend to intensify our cooperation concerning destruction of chemical weapons.

The United States and Russia will also seek broad international support for a strategy of proactive non-proliferation, including by implementing and bolstering the Treaty on the Non-Proliferation of Nuclear Weapons and the conventions on the prohibition of chemical and biological weapons. The United States and Russia call on all countries to strengthen and

- I. Chronik -
Nr.103/24.V.2002: Russisch-amerikanisches Gipfeltreffen

strictly enforce export controls, interdict illegal transfers, prosecute violators, and tighten border controls to prevent and protect against proliferation of weapons of mass destruction.

MISSILE DEFENSE, FURTHER STRATEGIC OFFENSIVE REDUCTIONS, NEW CONSULTATIVE MECHANISM ON STRATEGIC SECURITY

The United States and Russia proceed from the Joint Statements by the President of the United States of America and the President of the Russian Federation on Strategic Issues of July 22, 2001 in Genoa and on a New Relationship Between the United States and Russia of November 13, 2001 in Washington. The United States and Russia are taking steps to reflect, in the military field, the changed nature of the strategic relationship between them.

The United States and Russia acknowledge that today's security environment is fundamentally different than during the Cold War.

In this connection, the United States and Russia have agreed to implement a number of steps aimed at strengthening confidence and increasing transparency in the area of missile defense, including the exchange of information on missile defense programs and tests in this area, reciprocal visits to observe missile defense tests, and observation aimed at familiarization with missile defense systems. They also intend to take the steps necessary to bring a joint center for the exchange of data from early warning systems into operation.

The United States and Russia have also agreed to study possible areas for missile defense cooperation, including the expansion of joint exercises related to missile defense, and the exploration of potential programs for the joint research and development of missile defense technologies, bearing in mind the importance of the mutual protection of classified information and the safeguarding of intellectual property rights.

The United States and Russia will, within the framework of the NATO-Russia Council, explore opportunities for intensified practical cooperation on missile defense for Europe. The United States and Russia declare their intention to carry out strategic offensive reductions to the lowest possible levels consistent with their national security requirements and alliance obligations, and reflecting the new nature of their strategic relations.

A major step in this direction is the conclusion of the Treaty Between the United States of America and the Russian Federation on Strategic Offensive Reductions.

In this connection, both sides proceed on the basis that the Treaty Between the United States of America and the Union of Soviet Socialist Republics on the Reduction and Limitation of Strategic Offensive Arms of July 31, 1991, remains in force in accordance with its terms and that its provisions will provide the foundation for providing confidence, transparency, and predictability in further strategic offensive reductions, along with other supplementary measures, including transparency measures, to be agreed.

The United States and Russia agree that a new strategic relationship between the two countries, based on the principles of mutual security, trust, openness, cooperation, and predictability requires substantive consultation across a broad range of international security issues. To that end we have decided to:

- establish a Consultative Group for Strategic Security to be chaired by Foreign Ministers and Defense Ministers with the participation of other senior officials. This group will be the principal mechanism through which the sides strengthen mutual confidence, expand transparency, share information and plans, and discuss strategic issues of mutual interest; and

- seek ways to expand and regularize contacts between our two countries' Defense Ministries and Foreign Ministries, and our intelligence agencies."

(US Department of State)

28. V. 2002

104. NATO-Russland-Gipfeltreffen beschließt engere Beziehungen

Am 28. Mai 2002 kam es in Rom zu einem Gipfeltreffen der Staats- und Regierungschefs der NATO-Staaten mit dem russischen Präsidenten PUTIN. Hierbei wurde eine Neuordnung der Beziehungen zwischen Russland und der NATO beschlossen. Es sollte nicht länger die Allianz als Ganzes Russland gegenüber treten, sondern der neu zu schaffende NATO-Russland-Rat sollte ein gemeinsames Gremium darstellen, in dem alle Staaten gleichberechtigt vertreten sind. Diese Entscheidung wurde in der nachfolgenden Gipfelerklärung festgehalten.

Die Beziehungen zwischen der NATO und Russland: eine neue Qualität - Erklärung des Gipfeltreffens der Staats- und Regierungschefs der Mitgliedstaaten der NATO und der Russischen Föderation vom 28. 5. 2002

„Zu Beginn des 21. Jahrhunderts leben wir in einer neuen, immer stärker miteinander verbundenen Welt, in der beispiellose neue Bedrohungen und Herausforderungen verstärkt gemeinsame Reaktionen erfordern. Infolgedessen schlagen wir, die Mitgliedstaaten der Nordatlantikvertrags-Organisation- und die Russische Föderation, heute ein neues Kapitel unserer Beziehungen auf, in dessen Rahmen wir unser Potenzial zur Zusammenarbeit in- Bereichen von gemeinsamem Interesse ebenso ausbauen wollen wie unsere Fähigkeit, gemeinsamen Bedrohungen und Sicherheitsrisiken vereint zu begegnen. Als Unterzeichner der Grundakte über gegenseitige Beziehungen, Zusammenarbeit und Sicherheit bekräftigen wir erneut die darin niedergelegten Ziele, Grundsätze und Verpflichtungen, insbesondere unsere Entschlossenheit, gemeinsam im euro-atlantischen Raum einen dauerhaften und umfassenden Frieden auf der Grundlage der Demokratie und der kooperativen Sicherheit sowie der unteilbaren Sicherheit aller Staaten in der euro-atlantischen Gemeinschaft zu schaffen. Wir sind überzeugt, dass eine qualitativ neue Beziehung zwischen der NATO und der Russischen Föderation einen wesentlichen Beitrag zu Erreichung dieses Zieles darstellen wird. In diesem Zusammenhang werden wir unseren völkerrechtlichen Verpflichtungen, darunter den Verpflichtungen aus der Charta der Vereinten Nationen, den Bestimmungen und Prinzipien der Schlussakte von Helsinki und der Charta der OSZE für europäische Sicherheit gewissenhaft nachkommen.

Aufbauend auf der Grundakte und unter Berücksichtigung der Initiative, die unsere Außenminister ergriffen haben und die sich in ihrer Erklärung vom 7. Dezember 2001 niederschlagen, nämlich die NATO-Mitgliedstaaten und Russland mit dem Ziel der Erarbeitung und Verfolgung von Möglichkeiten des gemeinsamen Handelns zu 20 zusammenzubringen, errichten wir hiermit den NATO-Russland-Rat. Im Rahmen des NATO-Russland-Rates werden die Mitgliedstaaten der NATO und Russland als gleichberechtigte Partner in Bereichen von gemeinsamem Interesse zusammenarbeiten. Der NATO-Russland-Rat wird einen Mechanismus für Beratungen, Konsensfindung, Zusammenarbeit, gemeinsame Entscheidungsfindung und gemeinsames Handeln für die Mitgliedstaaten der NATO und Russland zu einem breiten Spektrum von Sicherheitsfragen des euro-atlantischen Raumes bieten. Der NATO-Russland-Rat wird als die wichtigste Struktur zur Förderung des Verhältnisses zwischen der NATO und Russland dienen. Das ihm zugrunde liegende Prinzip ist der Konsens. Der Rat wird zum Zweck der frühzeitigen Erkennung sich herausbildender Probleme, der Festlegung optimaler gemeinsamer Herangehensweisen und gegebenenfalls der Durchführung gemeinsamer Aktionen auf der Grundlage des fortgesetzten politischen Dialogs der Mitgliedstaaten zu Sicherheitsfragen arbeiten. Die Mitglieder des NATO-Russland-Rates, in ihrer Eigenschaft als Staaten und im Einklang mit ihren jeweiligen kollektiven Sicherheitsverpflichtungen tätig werden, werden Entscheidungen gemeinsam treffen und die Verantwortung für ihre Umsetzung einzeln und gemeinsam gleichermaßen tragen. Jedes Mitglied kann im NATO-Russland-Rat Fragen aufwerfen, die mit der Umsetzung der gemeinsamen Entschlüsse zusammenhängen.

Den Vorsitz im NATO-Russland-Rat führt der Generalsekretär der NATO. Der NATO-Russland-Rat wird auf Ebene der Außenminister und auf Ebene der Verteidigungsminister

- I. Chronik -
Nr.104/28.V.2002: NATO-Russland-Gipfeltreffen in Rom

zwei Mal jährlich zusammentreten; auf der Ebene der Staats- und Regierungschefs tritt er entsprechend den Erfordernissen zusammen. Treffen des Rates auf Botschafterebene werden mindestens einmal monatlich abgehalten, wobei die Möglichkeit häufiger Treffen im Bedarfsfall besteht, darunter außerordentliche Treffen, die auf Wunsch jedes einzelnen Mitglieds oder des NATO-Generalsekretärs stattfinden können.

Zur Unterstützung und Vorbereitung der Sitzungen des Rates wird ein Vorbereitungsausschuss eingerichtet, der auf der Ebene des Politischen Ausschusses der NATO angesiedelt ist und in dem Russland angemessen vertreten ist. Der Vorbereitungsausschuss wird zwei Mal monatlich oder im Bedarfsfall häufiger zusammentreten. Der NATO-Russland-Rat kann ferner ständige oder Ad-hoc-Ausschüsse oder Arbeitsgruppen zu einzelnen Fragen oder Gebieten der Zusammenarbeit einrichten. Solche Ausschüsse und Arbeitsgruppen werden sich der Ressourcen bestehender NATO-Ausschüsse bedienen.

Unter der Ägide des Rates werden militärische Vertreter und Stabschefs ebenfalls zusammenkommen. Treffen der Stabschefs werden mindestens zwei Mal jährlich stattfinden, Treffen der militärischen Vertreter mindestens einmal monatlich, wobei die Möglichkeit häufigeren Zusammentretens im Bedarfsfall besteht. Zusammenkünfte militärischer Experten können gegebenenfalls einberufen werden.

Der NATO-Russland-Rat, der den Ständigen Gemeinsamen NATO-Russland-Rat ersetzt, wird sich allen Bereichen von gemeinsamem Interesse widmen, die in Abschnitt III der Grundakte niedergelegt sind, darunter die Bestimmung, andere Bereiche in gegenseitigem Einvernehmen hinzuzufügen. Das im Dezember 2001 abgestimmte Arbeitsprogramm für den Ständigen Gemeinsamen Rat und seine Unterorgane für 2002 wird weiterhin unter der Ägide und nach den Regeln des NATO-Russland-Rates umgesetzt. Die NATO-Mitgliedstaaten und Russland werden ihre Zusammenarbeit in Bereichen intensivieren, die den Kampf gegen den Terrorismus, die Krisenbewältigung, die Nichtverbreitung, Rüstungskontrolle und vertrauensbildende Maßnahmen, die Abwehr taktischer Flugkörper, Such- und Rettungsdienst auf See, militärische Zusammenarbeit und Zivilschutz einschließen. Diese Zusammenarbeit kann die Zusammenarbeit in anderen Foren ergänzen. Als erste Schritte in diese Richtung haben wir uns heute auf folgende Formen der Zusammenarbeit verständigt:

- Kampf gegen den Terrorismus: verstärkte Zusammenarbeit durch einen vielfältigen Ansatz, darunter eine gemeinsame Bewertung der terroristischen Bedrohung im euro-atlantischen Raum, konzentriert auf konkrete Gefahren wie beispielsweise die Bedrohung russischer oder NATO-Streitkräfte, ziviler Luftfahrzeuge oder entscheidender Infrastrukturen; ein erster Schritt wird in einer gemeinsamen Bewertung der terroristischen Bedrohung liegen, der die NATO, Russland und die Partnerstreitkräfte auf dem Balkan ausgesetzt sind.

- Krisenbewältigung: verstärkte Zusammenarbeit, darunter durch regelmäßigen Erfahrungs- und Informationsaustausch zu friedenserhaltenden Operationen, einschließlich fortgesetzter Zusammenarbeit und Konsultationen hinsichtlich der Lage auf dem Balkan, Förderung der Interoperabilität der einzelstaatlichen friedenserhaltenden Kontingente, auch durch gemeinsame oder abgestimmte Ausbildungsinitiativen und Weiterentwicklung eines allgemeingültigen Konzepts für gemeinsame friedenserhaltende Maßnahmen der NATO und Russlands.

- Nichtverbreitung: Ausweitung und Stärkung der Zusammenarbeit bei der Bekämpfung der Verbreitung von Massenvernichtungswaffen (MVW) und ihren Trägersystemen, Beitrag zur Stärkung bestehender Nichtverbreitungsvereinbarungen durch einen strukturierten Erfahrungsaustausch mit dem Ziel einer gemeinsamen Bewertung globaler Trends in der Verbreitung von ABC-Kampfmitteln sowie durch einen Erfahrungsaustausch mit dem Ziel der Auslotung von Möglichkeiten für eine intensivere praktischere Zusammenarbeit beim Schutz vor ABC-Kampfmitteln.

- Rüstungskontrolle und vertrauensbildende Maßnahmen: Hinweis auf den Beitrag der Rüstungskontrolle sowie der vertrauens- und sicherheitsbildenden Maßnahmen (VSBM) zur Stabilität im euro-atlantischen Raum und Bekräftigung der Einhaltung des Vertrags über Konventionelle Streitkräfte in Europa als Eckpfeiler der europäischen Sicherheit; gemeinsames Hinarbeiten auf die Ratifizierung durch alle Vertragsstaaten und das In-Kraft-Treten der Vereinbarung über die Anpassung des KSE-Vertrags, die den Beitritt anderer Staaten außerhalb des KSE-Vertrags ermöglichen würden; fortgesetzte Beratungen über den KSE-Vertrag und den Vertrag über den Offenen Himmel und Fortsetzung der Konsultation der Nuklearexperten der NATO und Russlands.

- Abwehr taktischer Flugkörper: intensivere Beratungen zur Abwehr taktischer Flugkörper, insbesondere zu Konzepten, Terminologie, Systemen und Systemkapazitäten, zur Analyse und Bewertung möglicher Interoperabilitätsebenen der jeweiligen Abwehrsysteme und Auslotung der Möglichkeiten einer intensiveren praktischen Zusammenarbeit, darunter durch gemeinsame Ausbildung und gemeinsame Übungen.

- Such- und Rettungsdienst auf See: Überwachung der Umsetzung des Rahmendokuments zur Rettung von U-Bootbesatzungen zwischen der NATO und Russland sowie Fortsetzung der Förderung der Zusammenarbeit, der Transparenz und des Vertrauens im Bereich der Seerettung.

- Militärische Zusammenarbeit und Verteidigungsreform: Verfolgung verbesserter militärischer Zusammenarbeit und Interoperabilität durch verbesserte gemeinsame Ausbildung und gemeinsame Übungen und die Durchführung gemeinsamer Vorführungen und Tests; Prüfung der Möglichkeit der Einrichtung eines integrierten militärischen Ausbildungszentrums der NATO und Russlands für Missionen, mit denen auf die Herausforderungen des 21. Jahrhunderts reagiert werden soll; verbesserte Zusammenarbeit im Bereich der Verteidigungsreform und ihrer wirtschaftlichen Aspekte einschließlich Konvertierung.

- Zivilschutz: Schaffung verbesserter Mechanismen für die künftige Zusammenarbeit zwischen der NATO und Russland bei der Reaktion auf zivile Notfälle. Zu den ersten Schritten wird der Austausch von Informationen über aktuelle Katastrophen ebenso zählen wie der Austausch von Informationen über MVW-Folgenbekämpfung.

- Neue Herausforderungen und Bedrohungen: zusätzlich zu den oben genannten Bereichen Prüfung von Möglichkeiten, neuen Herausforderungen und Bedrohungen des euroatlantischen Raumes im Rahmen der Arbeit des NATO-Ausschusses für die Herausforderungen der modernen Gesellschaft zu begegnen; Einleitung einer Zusammenarbeit im Bereich der zivilen und militärischen Luftraumkontrolle und verstärkte wissenschaftliche Zusammenarbeit.

Die Mitglieder des NATO-Russland-Rates werden darauf hinwirken, weitere Bereiche der Zusammenarbeit zu erschließen."

(NATO Website)

29. V. 2002

105. EU-Russland-Gipfel beschließt Erweiterung der Zusammenarbeit

Am 29. Mai 2002 kam es zum neunten Gipfeltreffen EU-Russland, an den neben dem russischen Präsidenten Wladimir PUTIN der Präsident des Europäischen Rates, José Maria AZNAR, der Hohe Vertreter für die Gemeinsame Außen- und Sicherheitspolitik, Javier SOLANA, und der Präsident der Europäischen Kommission, Romano PRODI, teilnahmen. Die behandelten Themen umfassten auch solche der Außen- und Sicherheitspolitik. Im Folgenden wird die Gemeinsame Erklärung in Auszügen wiedergegeben.

Gemeinsame Erklärung des russischen Präsidenten, des Präsidenten des Europäischen Rates, des Hohen Vertreters für die Gemeinsame Außen- und Sicherheitspolitik, und des Präsidenten der Europäischen Kommission auf dem neunten EU-Russland-Gipfel am 29. 5. 2002 in Moskau (gekürzt)

„Wir, die Führungspolitiker Russlands und der EU, erörterten umfassend unsere bilaterale Zusammenarbeit und eine Vielzahl an internationalen Problemen. Wir unterstrichen die Bedeutung einer strategischen Partnerschaft zwischen Russland und der EU, die auf der vollständigen Einhaltung der UN-Charta, der eingegangenen Verpflichtungen im Rahmen des Europarats und der OSZE sowie auf gemeinsamen Werten und gegenseitigem Vertrauen

- I. Chronik -
Nr. 105/29.V.2002: EU-Russland-Gipfel in Moskau

beruht. Wir brachten unsere feste Absicht zum Ausdruck, in unserer Kooperation zu konkreten Ergebnissen zu gelangen. Zu diesem Zweck einigten wir uns darauf, die positiven Tendenzen, die unsere Beziehungen charakterisieren, zu verstärken.

Wir erneuerten unsere Absicht, das Partnerschafts- und Kooperationsabkommen (PKA) wie auch die Russische Mittelfristige Strategie zur Entwicklung der Beziehungen mit der Europäischen Union und die Gemeinsame Strategie für Russland der EU weiterhin effektiv zu nutzen, um zur Sicherheit und Stabilität in Europa beizutragen, Handel und Investitionen zu fördern sowie eine Gesellschaft zu stärken, die auf der Einhaltung demokratischer Grundsätze und der Menschenrechte aufbaut. Die Verteidigung der Meinungsfreiheit und der Kampf gegen Ausländerfeindlichkeit sowie gegen ethnische, religiöse oder sonstige Diskriminierung, sind fundamentale Elemente für die Bewahrung dieser Grundsätze.

Wir haben vor, die gemeinsamen Anstrengungen zu verstärken, um die gemeinsamen Herausforderungen erfolgreich anzugehen, besonders internationaler Terrorismus, einschließlich Zugang zu Massenvernichtungswaffen, sowie Drogenproduktion und -handel, illegale Migration und andere Formen organisierten Verbrechens, falls notwendig durch die Einführung neuer Mechanismen. In diesem Zusammenhang begrüßen wir das Treffen unserer Justiz- und Innenminister vom 25. April 2002 in Luxemburg. Wir sind uns einig, dass diese Fragen anzugehen, die für unsere gemeinsame Sicherheit von vitalem Interesse sind, für Russland und die EU vorrangig ist.

Wir bekräftigten unsere Verpflichtung, den politischen Dialog Russland-EU weiterzuentwickeln. Russland und die Europäische Union werden sich bemühen, ihre Kooperation im Bereich Außen- und Sicherheitspolitik noch ergebnisorientierter und operativer zu machen. Zu diesem Zweck haben wir eine separate Erklärung verabschiedet über die weiteren praktischen Schritte für die Entwicklung des politischen Dialogs und der Zusammenarbeit bei der Krisenbewältigung und in Sicherheitsfragen (Anhang 1).

Mit dem Ziel einer dynamischen Entwicklung der Wirtschaftskooperation zwischen Russland und der EU begrüßen wir:

a) den Fortschrittsbericht der Hochrangigen Gruppe über den Gemeinsamen Europäischen Wirtschaftsraum (GEWR);

b) den Fortschrittsbericht über den Energiedialog, der an unsere separate Stellungnahme zu diesem Thema angehängt ist (Anhang 2);

c) den neuen Streitbeilegungsmechanismus, der eine effektivere Nutzung der PKA-Schlichtungsverfahren ermöglicht, um Handelsstreitigkeiten beizulegen.

Wir denken, dass ein baldiger Beitritt Russlands zur WTO Russland stärker in die Weltwirtschaft einbinden und die Wirtschaftsbeziehungen zwischen Russland und der EU vertiefen und somit die Einrichtung des GEWR erleichtert wird. In Anerkennung der Fortschritte der Russischen Föderation im Hinblick auf die Einführung von marktwirtschaftlichen Beziehungen in ihrer Volkswirtschaft erklärte die EU ihre Absicht, ihre Gesetzgebung zu ändern, um Russland den vollen Status als Marktwirtschaft zuzuerkennen. Die Russische Föderation bekräftigte ihre Absicht, Reformen zu vollenden, insbesondere abzielend auf den schrittweisen Abbau der Handelsbeschränkungen und andere Schritte zur Liberalisierung ihrer Energiemärkte sowie auf die schrittweise Umsetzung marktwirtschaftlicher Prinzipien in ihrer Energiepolitik, einschließlich in Bezug auf die Preisgestaltung.

Die bevorstehende EU-Erweiterung wird für unsere Beziehungen neue Perspektiven eröffnen, zugleich aber auch möglicherweise neue Probleme hervorrufen, einschließlich in den Bereichen Handel, Wirtschaftskooperation und menschliche Kontakte. Wir vereinbarten, den Kern der russischen Bedenken im Rahmen des PKA aktiver zu erörtern.

Unter Berücksichtigung der gesetzlichen und praktischen Konsequenzen der EU-Erweiterung einigten sich Russland und die EU darauf, die gemeinsame Arbeit fortzusetzen, um zu einer für beide Seiten akzeptablen Lösung für die Kaliningrad-Region zu kommen. Dies wird von zentraler Bedeutung für die Entwicklung einer strategischen Partnerschaft zwischen der Russischen Föderation und der Europäischen Union sein sowie für die Stärkung einer Atmosphäre der guten Nachbarschaft und der gegenseitigen Verständigung.

- I. Chronik -
Nr.105/29.V.2002: EU-Russland-Gipfel in Moskau

Wir nahmen zur Kenntnis, dass die Umweltaspekte der Beziehungen Russland-EU eine konkrete Form angenommen haben, insbesondere im Rahmen der Nördlichen Dimension. Wir streben daher an, den Umweltpartnerschaftsfonds der Nördlichen Dimension so bald wie möglich nutzbar zu machen. Wir werden alles Notwendige tun, damit das Kyoto-Protokoll so bald wie möglich zu einem wirklichen Instrument zur Lösung des Problems der Klimaerwärmung wird. Wir bekräftigen unsere Bereitschaft, bei der Vorbereitung der im Jahr 2003 in Russland stattfindenden Weltkonferenz über Klimawandel eng zusammenzuarbeiten.

Wir bestätigen, dass das Russland-EG-Wissenschafts- und Technologieabkommen vom 10. Mai 2001 eine solide Grundlage für eine langfristige Zusammenarbeit in diesem Feld gelegt hat. Wir sind ermutigt durch den Entwurf eines Aktionsplans, der unseren Wissenschafts- und Technologiedialog strukturiert, und wir sind überzeugt, dass seine Umsetzung zur Etablierung integrierter Wissenschaftsnetzwerke beitragen wird und zur Entwicklung gemeinsamer Forschungsprojekte und damit unsere internationale Kooperation im 6. Forschungs- und Entwicklungsrahmenprogramm der EU, das im Jahr 2003 beginnen soll, fördern wird. In diesem Zusammenhang unterstreichen wir die wichtige ergänzende Rolle anderer verwandter Instrumente, um unsere Wissenschafts- und Technologiekooperation weiter voranzubringen, insbesondere die Internationale Vereinigung für die Förderung der Zusammenarbeit mit Wissenschaftlern aus den Neuen Unabhängigen Staaten der ehemaligen Sowjetunion (INTAS) für die Grundwissenschaften und das Internationale Wissenschafts- und Technologiezentrum (ISTC) zur Verhinderung der Weiterverbreitung und Integration von Wissenschaftlern aus dem Militärbereich in die zivile Forschung.

Wir sind zufrieden über die Vertiefung der langfristigen Partnerschaft im Bereich der Weltraumforschung zwischen Russland und der Europäischen Union, wie auch zwischen Rosaviakosmos und der Europäischen Weltraumagentur. In diesem Zusammenhang sehen wir der Unterzeichnung eines neuen Abkommens zwischen der Regierung der Russischen Föderation und der Europäischen Weltraumagentur über Zusammenarbeit und Partnerschaft bei der Erforschung und Nutzung des Weltraums für friedliche Zwecke entgegen. Wir ermutigten auch Experten auf beiden Seiten, ihren Dialog über Fragen der Zusammenarbeit bei der Entwicklung und Operation von Weltraumfahrzeugen der nächsten Generation, globaler Satellitennavigation (GALILEO und Global Orbiting Navigation Satellite System - GLONASS) sowie Überwachungssystemen (Global Monitoring for Environment and Security - GMES) zu intensivieren.

In der Diskussion über internationale Fragen betonten wir die herausragende Bedeutung der Umsetzung und weiteren Stärkung der Nichtweiterverbreitungsregimes und der Lösung der Probleme der Rüstungskontrolle und Abrüstung. Wir wiederholen unsere Entschlossenheit, unseren Dialog und unsere Zusammenarbeit in diesem Bereich zu vertiefen, einschließlich dem fortgesetzten wichtigen EU-Beitrag zu den bestehenden relevanten Abrüstungsprogrammen in Russland. Wir werden den Dialog und die Zusammenarbeit über globale Sicherheit und Stabilität verstärken. Die EU begrüßt den kürzlich zwischen der Russischen Föderation und den USA abgeschlossenen Vertrag über die Reduzierung strategischer Offensivwaffen.

Die Seiten begrüßten die Schaffung des neuen Russland-NATO-Rates als einen großen positiven Schritt in Richtung auf eine Stärkung der umfassenden Sicherheit im euro-atlantischen Raum.

Wir bekräftigen unsere Bereitschaft, die zentrale Rolle der Vereinten Nationen in internationalen Fragen zu stärken. Wir betonen ebenfalls die Rolle der OSZE, im Einklang mit den angenommenen Beschlüssen und Verpflichtungen, als einer umfassenden regionalen Organisation zum Zweck der Konsultation, Entscheidungsfindung und Zusammenarbeit im OSZE-Gebiet. Wir stimmen überein, dass die vollständige Umsetzung des OSZE-Potenzials in den Bereichen Sicherheit, Wirtschaft, Umweltschutz und Menschenrechte, ein effektiveres Handeln in Bezug auf die neuen Herausforderungen an die globale und europäische Sicherheit, einschließlich des Kampfes gegen den internationalen Terrorismus, erlauben würde.

Andere internationale Themen von gemeinsamem Interesse für Russland und die EU wurden ebenfalls diskutiert. Wir bestätigten einen hohen Grad an Verständigung während der Diskussion über regionale Probleme, insbesondere über die Situation im Nahen Osten, zu der wir eine gesonderte gemeinsame Stellungnahme verabschiedet haben (Anhang 3).

Die Seiten hatten einen intensiven Meinungsaustausch über die Stabilisierung der Situation auf dem Balkan. Sie einigten sich darauf, dass es von essenzieller Bedeutung ist, dass die UN-

- I. Chronik -
Nr.105/29.V.2002: EU-Russland-Gipfel in Moskau

Sicherheitsratsresolution für die Region umgesetzt und die strikte Einhaltung sichergestellt wird, einschließlich der Achtung der territorialen Integrität der Staaten in der Region durch alle beteiligten Seiten. Ebenfalls von großer Bedeutung ist die Fortführung des Ohrid-Rahmenabkommens in der Ehemaligen Jugoslawischen Republik Mazedonien sowie des Allgemeinen Rahmenabkommens in Bosnien-Herzegowina. Wir bekräftigten die Bedeutung des Abkommens vom 14. März über den Wiederaufbau der Beziehungen zwischen Serbien und Montenegro.

Wir sind entschlossen, die Bemühungen für den Nachkriegswiederaufbau in Afghanistan zu fördern, möglichst gemeinsame Projekte einschließend und mit den UN als zentralem Koordinator. Wir unterstützen weiterhin nachhaltig das Bonn-Abkommen und sehen dem Erfolg der geplanten Loya Jirga entgegen. Wir rufen alle afghanischen Seiten auf, in diesem Prozess umfassend zusammenzuarbeiten.

Wir erörterten mit tiefer Besorgnis die kürzliche Verschlechterung der indisch-pakistanischen Beziehungen nach den letzten Terroranschlägen in Jammu und Kaschmir und den militärischen Vorkommnissen an der Grenze sowie den von Pakistan durchgeführten Raketentests. Wir haben eine gemeinsame Stellungnahme zur den Entwicklungen der indisch-pakistanischen Beziehungen verabschiedet (Anhang 4).

Russland und die EU werden bei der Lösung regionaler Konflikte zusammenarbeiten, einschließlich der Transnistrien-Frage in der Republik Moldau.

Zusammenfassend sind wir uns einig, dass der Moskauer Gipfel ein wichtiger Meilenstein in der Entwicklung und Stärkung der strategischen Partnerschaft zwischen Russland und der Europäischen Union im 21. Jahrhundert darstellt.

Anhang 1: Gemeinsame Erklärung über weitere praktische Schritte bei der Entwicklung des politischen Dialogs und der Zusammenarbeit bei der Krisenbewältigung und in Sicherheitsfragen

Wir sind fest entschlossen, unsere Kooperation in politischen und Sicherheitsfragen fortzusetzen und zu verbessern. Wir werden gemeinsam handeln, um die Sicherheit für alle in einem freien Gesamteuropa zu stärken, dabei das Prinzip der Unteilbarkeit von Sicherheit anerkennend, um dadurch Frieden und Stabilität für gegenwärtige und zukünftige Generationen von Europäern sicherzustellen. Unsere Kooperation ist ein integraler Bestandteil der globalen Sicherheit und muss als feste Grundlage für die Stabilität der Welt sorgen.

Wir haben in unserer Zusammenarbeit bedeutende Erfolge erreicht. Wir beziehen uns auf die Gemeinsame Erklärung über die Stärkung des Dialogs und der Zusammenarbeit in politischen und Sicherheitsfragen in Europa, die am 30. Oktober 2000 in Paris angenommen wurde, und die Gemeinsame Stellungnahme über die Stärkung des Dialogs und der Zusammenarbeit in politischen und Sicherheitsfragen, verabschiedet am 3. Oktober 2001 in Brüssel. Wir nehmen mit Genugtuung die guten Ergebnisse unseres politischen Dialogs auf allen Ebenen seit dem letzten Gipfel zur Kenntnis. Dies alles erlaubt es uns, weitere bedeutsame Schritte, wenn angemessen, zu gehen, in Brüssel, Moskau oder anderswo, in Richtung auf eine engere Kooperation und gemeinsames Handeln. Unsere Aktivitäten in diesem Bereich werden die sich verändernde Situation in Europa im Bereich der Sicherheit sowie die Entwicklungen in der EU berücksichtigen.

Wir einigten uns darauf, unseren politischen Dialog sowie die Zusammenarbeit bei der Krisenbewältigung und in Sicherheitsfragen bedeutend zu vertiefen. Die Russische Föderation hat einen ‚Russland-EU-Aktionsplan im Bereich der Europäischen Sicherheits- und Verteidigungspolitik' vorgelegt.

Die EU hat die Russische Föderation über den kürzlich von ihren Außenministern gefassten Beschluss informiert, dem kommenden Europäischen Ratstreffen in Sevilla ihre ‚Vereinbarungen für Beratungen und Zusammenarbeit zwischen der Europäischen Union und Russland bei der Krisenbewältigung' vorzulegen, mit Blick auf eine Zusammenarbeit bei von der EU geführten Krisenbewältigungsoperationen. Wir werden eine vergleichende Analyse unserer jeweiligen Konzepte für Krisenbewältigung durchführen, um gemeinsame Herangehensweisen an neue politische und strategische Realitäten zu entwickeln. Wir haben auch einen wichtigen Schritt unternommen, um durch die Ernennung einer russischen Kontaktperson im militärischen Personal der EU den Austausch von praktischen Informationen bei Kri-

Nr.105/29.V.2002: EU-Russland-Gipfel in Moskau

senbewältigungsfragen zu verbessern. Des Weiteren hat am 29. Mai 2002 in Moskau ein Treffen des Vorsitzenden des EU-Militärausschusses mit russischen Militärs stattgefunden.

Wir haben die folgenden Fragen herauskristallisiert, die wir im Rahmen unseres politischen Dialogs über außenpolitische und Sicherheitsfragen auf verschiedenen Ebenen regelmäßig aufgreifen werden:

- Konfliktprävention;

- Minenräumung;

- mögliche Nutzung russischer Langstrecken-Transportflugzeuge durch die EU;

- die Modalitäten einer möglichen russischen Beteiligung an der EU-Polizeimission in Bosnien-Herzegowina.

Die EU und Russland werden sich gegenseitig über die Ergebnisse ihrer wichtigsten internationalen Kontakte und Verhandlungen zu Fragen der Sicherheit und der Krisenbewältigung informieren. Die EU und Russland werden spezifische Aspekte ihrer Kooperation bei der Ausführung von Such-und-Rettungsoperationen im Fall von Naturkatastrophen erörtern wie auch beim Zur-Verfügung-Stellen von humanitärer Hilfe in verschiedenen Regionen der Welt im Rahmen von Krisenbewältigungssituationen.

Wir waren uns einig, in einen tieferen Dialog über konkrete Vorschläge zur Zusammenarbeit und zu gemeinsamem Handeln zu treten. Die Troika des Politischen und Sicherheitsausschusses (PSC) und der russische Botschafter bei der EU werden bei der Koordinierung dieser Arbeit eine wichtige Rolle spielen. Wir werden die Fortschritte in diesen Bereichen auf dem nächsten Russland-EU-Gipfel am 11. November 2002 in Kopenhagen überprüfen.

Anhang 2: Gemeinsame Stellungnahme über den Energiedialog

Wir haben den Bericht, der von den beiden einzigen Verhandlungspartnern über die Fortschritte beim Russland-EU-Energiedialog vorgelegt wurde, zur Kenntnis genommen und mit Genugtuung festgestellt, dass er seine Dynamik und seinen pragmatischen Ansatz beibehalten hat. Die Arbeit hat in den vereinbarten Bereichen des Energiedialogs Fortschritte gemacht, einschließlich der Vorbereitungen für die Gründung des EU-Russischen Energietechnologiezentrums in Moskau oder St. Petersburg, der kontinuierlichen Untersuchung der langfristigen EU- und der russischen Energiemaßnahmen und der relevanten Energiestandards, der Evaluierung von Pilotprojekten zu Energieeinsparung in den Oblasten Archangelsk und Astrachan, die dann als Grundlage für andere regionale Projekte dienen könnten, insbesondere für den Oblast Kaliningrad; und die Erleichterung von Investitionsprojekten im russischen Energiesektor würde dazu beitragen, das Erreichen des strategischen Zieles einer Energiepartnerschaft voranzubringen - und dabei die Energiesicherheit des europäischen Kontinents verbessern.

Wir erkennen an, dass der EU-Energiemarkt zum größten und integriertesten der Welt wird und dass Russland es verdient, Zugang zu ihm zu erhalten. Wir betonen die Bedeutung einer Verbesserung des Handels mit Primärenergie zwischen der EU und Russland, und wir werden daher gemeinsam jene Bereiche prüfen, die unsere Energiebeziehungen verbessern könnten.

Wir heben die Bedeutung langfristiger Verträge für Erdgas hervor, insbesondere, um die Finanzierung von als ‚von gemeinsamen Interesse' identifizierten Projekten sicherzustellen. Die eingeschränkte Frage der Bestimmungsortklausel ist auf dem Weg einer für beide Seiten akzeptablen Lösung. Technische Unterstützung, um die schnelle gemeinsame Untersuchung von Projekten von ‚gemeinsamen Interesse' sicherzustellen, wird ihre Realisierung durch das Zusammenbringen aller interessierter Seiten erleichtern.

Im Hinblick auf Elektrizität ist unter Berücksichtigung dessen, dass ein Zeitplan aufgestellt werden muss, damit gewisse Probleme gelöst werden können, nämlich Reziprozität bei Marktzugang sowie Umwelt- und Nuklearstandards, der erste Schritt in Richtung Handelserleichterungen durch eine solide gesetzliche Grundlage getan und ein Dialog eingeleitet worden. Eine solide gesetzliche Grundlage ist notwendig, damit Marktakteure eine technisch mögliche Verbindung erreichen können, die, während sie beiden Seiten Handelsgewinne verschafft, den hohen Grad an Systemverlässlichkeit beibehält, der von den europäischen Konsumenten gefordert wird.

Die derzeitige Situation im Hinblick auf den Import von Nuklearmaterial in EU-Mitgliedsländer ist für die russische Seite eine Angelegenheit, mit der sie sich befassen muss. Wir einigten uns darauf, in Übereinstimmung mit Artikel 22 des Partnerschafts- und Kooperationsabkommens und im Kontext der EU-Erweiterung, zu einer für beide Seiten akzeptablen Lösung zu kommen."

(Internationale Politik)

29. V. 2002

106. Erneuter Bundestagsbeschluss über Mazedonien-Einsatz

Am 29. Mai 2002 stimmte der Deutsche Bundestag der Verlängerung der Beteiligung der Bundeswehr an der von der NATO angeführten internationalen Schutzmission in Mazedonien mit großer Mehrheit zu.

Beschluss des Deutschen Bundestages vom 29. 5. 2002 über die Fortsetzung der Beteiligung bewaffneter deutscher Streitkräfte an dem NATO-geführten Einsatz auf mazedonischem Territorium zum Schutz von Beobachtern internationaler Organisationen im Rahmen der weiteren Implementierung des politischen Rahmenabkommens vom 13. August 2001 auf der Grundlage des Ersuchens der mazedonischen Regierung vom 28. 4. 2002 und der Resolution 1371 (2001) des Sicherheitsrats der Vereinten Nationen vom 26. 9. 2001.

„Der Deutsche Bundestag stimmt der von der Bundesregierung am 29. Mai 2002 beschlossenen Fortsetzung der deutschen Beteiligung an dem NATO-geführten Einsatz auf mazedonischem Territorium zum Schutz von Beobachtern internationaler Organisationen vom 27. Juni 2002 bis zum 26. Oktober 2002 zu. Die Fortsetzung erfolgt im Rahmen der weiteren Implementierung des politischen Rahmenabkommens vom 13. August 2001 und auf der Grundlage der Resolution 1371 (2001) des Sicherheitsrats der Vereinten Nationen, des Ersuchens der mazedonischen Regierung vom 28. April 2002 sowie der Entscheidung des NATO-Rats vom 21. Mai 2002 zur Verlängerung der Operation AMBER FOX auf der Grundlage des unveränderten Operationsplans 10417. Die Verlängerung der Operation beginnt am 27. Juni 2002. Im Übrigen gelten die Regelungen des Beschlusses der Bundesregierung vom 27. September 2001, dem der Deutsche Bundestag am selben Tage zugestimmt hat (Bundestagsdrucksache 14/6970 v. 27. September 2001), für die Verlängerung des Einsatzes fort.

Die einsatzbedingten Zusatzausgaben für die Fortsetzung des Einsatzes werden für den Zeitraum von vier Monaten im Haushaltsjahr 2002 rund 5,7 Mio. Euro betragen. Sie werden durch Umschichtungen im Einzelplan 14 bzw. aus den Mitteln des Kapitels 60 02 Titel 971 03 finanziert."

Anlage (hier nicht abgedruckt):

(Deutscher Bundestag Drucksache 14/9179)

3. - 6. VI. 2002

107. Australiengruppe verschärft Exportkontrollregime

Vom 3. bis zum 6. Juni 2002 tagten in Paris die Vertreter der Mitgliedstaaten der Australiengruppe. Die Teilnehmer behandelten weitere Maßnahmen zur Verschärfung von Exportkontrollen bei chemischen Substanzen und biologischen Agenzien. Sie verabschiedeten eine revidierte Liste von biologischen Erregern, deren Export reguliert oder verboten ist (Core list) oder wo es verstärkter Aufmerksamkeit bedarf (warning list). Weiterhin wurde ein Katalog von Kriterien für den Export sensitiver biologischer und chemischer Technologien aufgestellt.

- I. Chronik -
Nr.107/3.-6.VI.2002: Tagung der Australiengruppe in Paris

1. Press Release: New Measures to Fight the Spread of Chemical and Biological Weapons, 6. 6. 2002

"Concluding its annual meeting in Paris (3-6 June), the Australia Group today agreed to adopt tougher export controls aimed at preventing the spread of chemical and biological weapons (CBW), including to terrorist groups. The *Australia Group* is an informal network of countries that consult on and harmonise their national export licensing measures on CBW items. Participants aim to prevent any inadvertent contribution to chemical or biological weapons programs. The thirty-three participating countries from Europe, the Asia-Pacific and the Americas, plus the European Commission, have agreed to:

- Adopt formal guidelines governing the licensing of sensitive chemical and biological items. These guidelines are public, consistent with the Group's strong commitment to transparency. All countries are encouraged to adhere to these guidelines in the interest of international peace and security.

- Include a 'catch-all' provision in its guidelines. This is the first time that an export control regime has agreed to include a 'catch-all' clause in its public guidelines, reflecting the resolve of participating national governments to use all means at their disposal to fight the spread of CBW.

- Apply more rigorous controls to the export of fermenters, lowering the volume threshold from 100 litres to 20 litres. This offers a substantial increase in security against terrorists seeking equipment for CBW attacks.

- Add eight new toxins to the Group's biological control list, raising to 19 the total number of controlled toxins.

- Control technology associated with dual-use biological equipment which could be used to manufacture biological weapons.

- Control, for the first time, the intangible transfer of information and knowledge which could be used for CBW purposes.

The Group agreed to additional measures to promote awareness of the threat of CBW proliferation through publication of the Australia Group booklet - 'Fighting the spread of chemical and biological weapons: Strengthening global security'. This complements the Australia Group website www.australiagroup.net. Participants reiterated their commitment to fair and transparent trade in chemical and biological materials for peaceful purposes. They agreed that the non-discriminatory application of national export licensing measures allows legitimate trade to expand unhampered by proliferation fears.

All Australia Group participants are parties to the Chemical Weapons Convention (CWC) and the Biological Weapons Convention (BWC). These conventions legally oblige all state parties, inter alia, not to assist in any way the development and production of chemical and biological weapons anywhere. Participants re-affirmed the central role of national export controls in this regard."

- I. Chronik -
Nr.107/3.-6.VI.2002: Tagung der Australiengruppe in Paris

2. List of Biological Agents for Export Control Core List (revised version 2002)

CORE LIST[1]

Viruses

V1. Chikungunya virus

V2. Congo-Crimean haemorrhagic fever virus

V3. Dengue fever virus

V4. Eastern equine encephalitis virus

V5. Ebola virus

V6. Hantaan virus

V7. Junin virus

V8. Lassa fever virus

V9. Lymphocytic choriomeningitis virus

V10. Machupo virus

V11. Marburg virus

V12. Monkey pox virus

V13. Rift Valley fever virus

V14. Tick-borne encephalitis virus (Russian Spring-Summer encephalitis virus)

V15. Variola virus

V16. Venezuelan equine encephalitis virus

V17. Western equine encephalitis virus

V18. White pox

V19. Yellow fever virus

V20. Japanese encephalitis virus

---

[1] Biological agents are controlled when they are an isolated live culture of a pathogen agent, or a preparation of a toxin agent which has been isolated or extracted from any source, or material including living material which has been deliberately inoculated or contaminated with the agent. Isolated live cultures of a pathogen agent include live cultures in dormant form or in dried preparations, whether the agent is natural, enhanced or modified. An agent is covered by this list except when it is in the form of a vaccine. A vaccine is a medicinal product in a pharmaceutical formulation licensed by, or having marketing or clinical trial authorisation from, the regulatory authorities of either the country of manufacture or of use, which is intended to stimulate a protective immunological response in humans or animals in order to prevent disease in those to whom or to which it is administered.

- I. Chronik -
Nr.107/3.-6.VI.2002: Tagung der Australiengruppe in Paris

Rickettsiae

R1. Coxiella burnetii

R2. Bartonella quintana (Rochalimea quintana, Rickettsia quintana)

R3. Rickettsia prowazeki

R4. Rickettsia rickettsii

Bacteria

B1. Bacillus anthracis

B2. Brucella abortus

B3. Brucella melitensis

B4. Brucella suis

B5. Chlamydia psittaci

B6. Clostridium botulinum

B7. Francisella tularensis

B8. Burkholderia mallei (Pseudomonas mallei)

B9. Burkholderia pseudomallei (Pseudomonas pseudomallei)

B10. Salmonella typhi

B11. Shigella dysenteriae

B12. Vibrio cholerae

B13. Yersinia pestis

Toxins as follow and subunits thereof:[1]

T1. Botulinum toxins[2]

T2. Clostridium perfringens toxins

T3. Conotoxin

T4. Ricin

T5. Saxitoxin

T6. Shiga toxin

T7. Staphylococcus aureus toxins

T8. Tetrodotoxin

T9. Verotoxin

---

[1] Excluding immunotoxins.

[2] Excluding botulinum toxins in product form meeting all of the following criteria:

- are pharmaceutical formulations designed for human administration in the treatment of medical conditions;

- are pre-packaged for distribution as medical products;

- are authorised by a state authority to be marketed as medical products.

- I. Chronik -
Nr.107/3.-6.VI.2002: Tagung der Australiengruppe in Paris

T10. Microcystin (Cyanginosin)

T11. Aflatoxins

T12. Abrin

T13. Cholera toxin

T14. Diacetoxyscirpenol toxin

T15. T-2 toxin

T16. HT-2 toxin

T17. Modeccin toxin

T18. Volkensin toxin

T19. Viscum Album Lectin 1 (Viscumin)

Genetic Elements and Genetically-modified Organisms:

G1 Genetic elements that contain nucleic acid sequences associated with the pathogenicity of any of the microorganisms in the list.

G2 Genetic elements that contain nucleic acid sequences coding for any of the toxins in the list, or for their sub-units.

G3 Genetically-modified organisms that contain nucleic acid sequences associated with the pathogenicity of any of the microorganisms in the list.

G4 Genetically-modified organisms that contain nucleic acid sequences coding for any of the toxins in the list or for their sub-units.

Technical note: Genetic elements include inter alia chromosomes, genomes, plasmids, transposons, and vectors whether genetically modified or unmodified.

WARNING LIST[1]

Viruses

WV1. Kyasanur Forest virus

WV2. Louping ill virus

WV3. Murray Valley encephalitis virus

WV4. Omsk haemorrhagic fever virus

WV5. Oropouche virus

WV6. Powassan virus

WV7. Rocio virus

---

[1] Biological agents are controlled when they are an isolated live culture of a pathogen agent, or a preparation of a toxin agent which has been isolated or extracted from any source, or material including living material which has been deliberately inoculated or contaminated with the agent. Isolated live cultures of a pathogen agent include live cultures in dormant form or in dried preparations, whether the agent is natural, enhanced or modified. An agent is covered by this list except when it is in the form of a vaccine. A vaccine is a medicinal product in a pharmaceutical formulation licensed by, or having marketing or clinical trial authorisation from, the regulatory authorities of either the country of manufacture or of use, which is intended to stimulate a protective immunological response in humans or animals in order to prevent disease in those to whom or to which it is administered.

- I. Chronik -
Nr.107/3.-6.VI.2002: Tagung der Australiengruppe in Paris

WV8. St Louis encephalitis virus

Bacteria

WB1. Clostridium perfringens[1]

WB2. Clostridium tetani[2]

WB3. Enterohaemorrhagic Escherichia coli, serotype 0157 and other verotoxin producing serotypes

WB4. Legionella pneumophila

WB5. Yersinia pseudotuberculosis

Genetic Elements and Genetically-modified Organisms:

WG1 Genetic elements that contain nucleic acid sequences associated with the pathogenicity of any of the microorganisms in the list.

WG2 Genetic elements that contain nucleic acid sequences coding for any of the toxins in the list, or for their sub-units.

WG3 Genetically-modified organisms that contain nucleic acid sequences associated with the pathogenicity of any of the microorganisms in the list.

WG4 Genetically-modified organisms that contain nucleic acid sequences coding for any of the toxins in the list or for their sub-units.

Technical note: Genetic elements include inter alia chromosomes, genomes, plasmids, transposons, and vectors whether genetically modified or unmodified"

3. Guidelines for Transfers of Sensitive Chemical or Biological Items

"The Government of ...has, after careful consideration and consistent with its obligations under the BTWC and the CWC, decided that, when considering the transfer of equipment, materials, and technology that could contribute to chemical and biological weapons activities, it will act in accordance with the following Guidelines.

1. The purpose of these Guidelines is to limit the risks of proliferation and terrorism involving chemical and biological weapons (CBW) by controlling transfers that could contribute to CBW activities by states or non-state actors, consistent with Article III of the Biological Weapons Convention, Article I of the Chemical Weapons Convention, and all relevant United Nations Security Council Resolutions. In accordance with Article X of the Biological Weapons Convention and Article XI of the Chemical Weapons Convention, these Guidelines are not intended to impede chemical or biological trade or international cooperation that could not contribute to CBW activities or terrorism. These Guidelines, including the attached Australia Group (AG) control lists and subsequent amendments thereto, form the basis for controlling transfers to any destination beyond the Government's national jurisdiction or control of materials, equipment, and technology that could contribute to CBW activities. The Government will implement these Guidelines in accordance with its national legislation.

2. These Guidelines will be applied to each transfer of any item in the AG control lists. However, it is a matter for the Government's discretion to determine whether and to what extent to apply expedited licensing measures in the case of transfers to destinations it judges possess consistently excellent non proliferation credentials. Vigilance will be exercised in the consideration of all transfers of items on the Australia Group control lists. Transfers will be denied if the Government judges, on the basis of all available, persuasive information, evaluated ac-

---

[1] Australia Group recognises that these organisms are ubiquitous, but, as they have been acquired in the past as part of biological warfare programs, they are worthy of special caution.

[2] Australia Group recognises that these organisms are ubiquitous, but, as they have been acquired in the past as part of biological warfare programs, they are worthy of special caution.

cording to factors including those in paragraph 3, that the controlled items are intended to be used in a chemical weapons or biological weapons program, or for CBW terrorism, or that a significant risk of diversion exists. It is understood that the decision to transfer remains the sole and sovereign judgment of the Government.

3. In fulfilling the purposes of these Guidelines, national export control legislation, including enforcement and sanctions for violations, plays an important role.

4. To fulfil the purposes of these Guidelines, the evaluation of export applications will take into account the following non-exhaustive list of factors:

a) Information about proliferation and terrorism involving CBW, including any proliferation or terrorism-related activity, or about involvement in clandestine or illegal procurement activities, of the parties to the transaction;

b) The capabilities and objectives of the chemical and biological activities of the recipient state;

c) The significance of the transfer in terms of (1) the appropriateness of the stated end-use, including any relevant assurances submitted by the recipient state or end-user, and (2) the potential development of CBW;

d) The assessment of the end-use of the transfer, including whether a transfer has been previously denied to the end-user, whether the end-user has diverted for unauthorized purposes any transfer previously authorized, and, to the extent possible, whether the end-user is capable of securely handling and storing the item transferred;

e) The applicability of relevant multilateral agreements, including the BTWC and CWC.

5. In a manner consistent with its national legislation and practices, the Government should, before authorizing a transfer of an AG-controlled item, either

(a) satisfy itself that goods are not intended for reexport;

(b) satisfy itself that, if reexported, the goods would be controlled by the recipient government pursuant to these guidelines; or

(c) obtain satisfactory assurances that its consent will be secured prior to any retransfer to a third country.

6. The objective of these Guidelines should not be defeated by the transfer of any non-controlled item containing one or more controlled components where the controlled component(s) are the principal element of the item and can feasibly be removed or used for other purposes. (In judging whether the controlled component(s) are to be considered the principal element, the Government will weigh the factors of quantity, value, and technological know-how involved and other special circumstances that might establish the controlled component or components as the principal element of the item being procured.) The objective of these Guidelines also should not be defeated by the transfer of a whole plant, on any scale, that has been designed to produce any CBW agent or Australia Group-controlled precursor chemical.

7. The Government reserves the discretion to:

(a) apply additional conditions for transfer that it may consider necessary;

(b) apply these guidelines to items not on the Australia Group control lists; and

c) apply measure to restrict exports for other reasons of public policy consistent with its treaty obligations.

8. In furtherance of the effective operation of the Guidelines, the Government will, as necessary and appropriate, exchange relevant information with other governments applying the same Guidelines.

9. The Government encourages the adherence of all states to these Guidelines in the interest of international peace and security.

FURTHER PROVISIONS APPLICABLE TO AUSTRALIA GROUP PARTICIPANTS

In addition, participants in the Australia Group, consistent with their obligations under the BTWC and CWC and in accordance with their national legislation have, after careful consideration, decided also to give equal respect to the following provisions.

CATCH-ALL

1. Participant states will ensure that their regulations require the following:

   (a) an authorisation for the transfer of non-listed items where the exporter is informed by the competent authorities of the Participant State in which it is established that the items in question may be intended, in their entirety or part, for use in connection with chemical or biological weapons activities;

   (b) that if the exporter is aware that non-listed items are intended to contribute to such activities it must notify the authorities referred to above, which will decide whether or not it is expedient to make the export concerned subject to authorisation.

2. Participant states are encouraged to share information on these measures on a regular basis, and to exchange information on catch-all denials relevant for the purpose of the Australia Group.

NO UNDERCUT POLICY

3. In accordance with the Group's agreed procedures, a license for an export that is essentially identical to one denied by another Australia Group participant will only be granted after consultations with that participant, provided it has not expired or been rescinded. Essentially identical is defined as being the same biological agent or chemical or, in the case of dual-use equipment, equipment which has the same or similar specifications and performance being sold to the same consignee. The terms of the Group's 'no undercut policy' do not apply to denials of items under national catch-all provisions.

COMMON APPROACHES

4. Australia Group participants implement these Guidelines in accordance with the Group's agreed common approaches on end-user undertakings and chemical mixtures.

INTRA EU TRADE[1]

5. So far as trade within the European Union is concerned, each member State of the European Union will implement the Guidelines in the light of its commitments as a member of the Union."

(Website Australia Group)

6. - 7. VI. 2002

108. NATO-Verteidigungsministertreffen

Am 6. Juni 2002 trafen sich in Brüssel die Verteidigungsminister der NATO zu ihrer regulären Frühjahrstagung. Dabei standen die Lage auf dem Balkan, die Bekämpfung des Terrorismus sowie die Initiative zur Verbesserung der Verteidigungsfähigkeit im Vordergrund. Sie verabschiedeten zwei gesonderte Erklärungen zum Balkan und zur DCI. Am gleichen Tag traten die Verteidigungsminister als Nukleare Planungsgruppe und Verteidigungsplanungsgruppe zusammen. Am 7. Juni kamen die Verteidigungsminister der

---

[1] This provision applies to members of the European Union.

- I. Chronik -
Nr.108/6.-7.VI.2002: NATO-Verteidigungsministertreffen

NATO mit ihren Kollegen aus dem Euro-Atlantischen Partnerschaftsrat, dem NATO-Russland-Rat sowie der NATO-Ukraine-Kommission zusammen.

1. Kommuniqué des Treffens des Nordatlantikrats auf Ebene der Verteidigungsminister vom 6. 6. 2002

„1. Der Nordatlantikrat trat am 6. Juni 2002 auf Ebene der Verteidigungsminister in Brüssel zusammen.

2. Die NATO trägt weiter in entscheidendem Maße zur Sicherheit im euro-atlantischen Raum bei. Auf dem Balkan ist die NATO Garant für Stabilität und ein sicheres Umfeld. Auf unserem heutigen Treffen widmeten wir der Lage auf dem Balkan besondere Aufmerksamkeit und haben hierzu eine getrennte Erklärung abgegeben.

3. Die Ereignisse seit dem 11. September haben aber gezeigt, wie sehr sich das strategische Umfeld verändert. Die Gefahren, die von neuen und asymmetrischen Bedrohungen ausgehen, sind deutlicher geworden. Die Mittel, die die Nationen gewählt haben, um gegen diese Bedrohungen vorzugehen, sind neue Ansätze in der Durchführung von Operationen und der Festigung der Sicherheit. Nach unserem eigenen Urteil muss die NATO selbst sich weiter entsprechend anpassen und ihre Strukturen und Verfahren im Lichte solcher Veränderungen überprüfen. Vor allem müssen die Mitgliedsstaaten bereit sein, Anpassungen ihrer militärischen Fähigkeiten vorzunehmen, um sicherzustellen, dass sie zur Erfüllung der neuen Forderungen beitragen können, auch der, die sich aus dem Terrorismus ergeben. Wir haben eine getrennte Erklärung zur Entwicklung von Verteidigungsfähigkeiten und Strukturen in der Allianz abgegeben.

4. Wir begrüßten zutiefst die Einrichtung des neuen NATO-Russland-Rats, der in der letzten Woche zum ersten Mal auf Ebene der Staats- und Regierungschefs in Rom zusammentraf. Der Rat, in dem wir als Verteidigungsminister tief involviert sind, ist Ausdruck der Entschlossenheit aller seiner Mitgliedsstaaten, immer enger als gleichberechtigte Partner zusammenzuarbeiten, um den Herausforderungen und Bedrohungen zu begegnen, vor die sie gemeinsam gestellt sind. Wir sind zuversichtlich, dass durch die Einsetzung einer neuen Ebene der Zusammenarbeit und durch das gemeinsame Vorgehen der Bündnispartner und Russlands die Sicherheit in der euro-atlantischen Region entscheidend gefestigt wird. Unter Wahrung des Rechts der Allianz auf eigenständiges Handeln werden wir unseren Teil zur Sicherstellung des Erfolgs des NATO-Russland-Rats voll beisteuern. Das in Reykjavik vereinbarte Arbeitsprogramm bildet eine solide Grundlage für die intensivierte Zusammenarbeit. Wir freuen uns auf das Treffen des Rates auf Ministerebene im weiteren Verlauf dieses Tages, wenn wir mit unserem russischen Kollegen Sergej Iwanow zusammenkommen werden. Wir begrüßen den von den USA und Russland unterzeichneten Vertrag zur Reduzierung einsatzbereit stationierter strategischer Gefechtsköpfe auf ein Niveau zwischen 1.700 - 2.200.

5. Wir haben auch die anderen Kooperationsaktivitäten der Allianz einer Überprüfung unterzogen und dabei auch den Euro-Atlantischen Partnerschaftsrat, die Partnerschaft für den Frieden, den Mittelmeerdialog und unsere Beziehung zur Ukraine einbezogen. Wir freuen uns auf eine neue, gehaltvollere Beziehung zu den Partnern, durch die unsere Zusammenarbeit in der Reaktion auf neue Sicherheitsherausforderungen, einschließlich des Terrorismus, intensiviert wird. Wir nehmen die feste Entschlossenheit der Ukraine zur Kenntnis, die vollständige euro-atlantische Integration weiter anzustreben. Wir erneuern unseren Appell an die Ukraine, die Reformen umzusetzen, die zur Verwirklichung dieser Zielsetzung erforderlich sind und stehen bereit, ihr dabei weiter zu helfen. In diesem Kontext haben wir beschlossen, unsere Partnerschaft mit der Ukraine mit frischen Impulsen und neuer Substanz zu versehen.

6. Auf der Grundlage des konsolidierten Fortschrittsberichts, der uns über die Ergebnisse des dritten Zyklus des Aktionsplans zur Mitgliedschaft (MAP - Membership Action Plan) vorgelegt wurde, haben wir den Stand der Vorbereitungen auf die nächste Erweiterung der Allianz geprüft. Wir begrüßen Kroatien als Teilnehmer am Aktionsplan. Wir sprechen den beitrittswilligen Ländern zu den bisher erzielten bedeutenden Fortschritten zur Erreichung ihrer MAP-Ziele unsere Glückwünsche aus. Unsere Staats- und Regierungschefs, die die nächste Runde der Einladungen auf ihrem Prager Gipfel im November einleiten werden, erwarten von den zum Beitritt einzuladenden Ländern, dass sie sich nachweislich zu den Grundprinzipien und Werten nach Maßgabe des Washingtoner Vertrags bekennen und die Fähigkeit besitzen, zur kollektiven Verteidigung und zum vollem Spektrum der Allianzaufgaben beizutragen, sich

- I. Chronik -
Nr.108/6.-7.VI.2002: NATO-Verteidigungsministertreffen

tatkräftig engagieren, um zu Stabilität und Sicherheit beizusteuern, speziell in Krisen- und Konfliktregionen, sowie willens und in der Lage sind, die Verantwortungen aus der Mitgliedschaft zu übernehmen. Wir halten alle beitrittswilligen Länder dazu an, ihre Anstrengungen in den kommenden Monaten zu intensivieren und sie nicht nur bis zum Prager Gipfel, sondern auch in den folgenden Jahren weiterzuführen. Wir werden ihre Vorbereitungen durch den MAP weiter aktiv begleiten. Als Verteidigungsminister werden wir besonderes Augenmerk auf Fortschritte in den Partnerschaftszielen und - nach Prag - auf Fragen im Zusammenhang mit der militärischen Integration richten.

7. Die NATO trifft interne Vorbereitungen, um zu gewährleisten, dass sie darauf eingestellt ist, neue Mitglieder aufzunehmen. Der Ständige NATO-Rat wird einen umfassenden Bericht über die relevanten Faktoren im Zusammenhang mit den Entscheidungen über die Erweiterung zur Erwägung durch die Staats- und Regierungschefs in Prag erstellen und darin auch die Frage untersuchen, wie sicherzustellen ist, dass die Allianz auch nach der Erweiterung die Fähigkeit besitzt, das volle Spektrum ihrer Aufgaben durchzuführen. Diese Arbeit erfolgt nach politischen Weisungen durch den Rat und wird keine Bedingungen oder Entscheidungen über neue Mitglieder vorgeben.

8. Wir haben auch den Stand der Arbeit zur europäischen Sicherheits- und Verteidigungsidentität und zu den NATO-EU-Beziehungen erörtert und unser Engagement bekräftigt, eine enge, transparente und kohärente Beziehung zwischen den zwei Organisationen zu erreichen. Unsere gemeinsamen Anstrengungen auf dem Balkan haben die Verwirklichung von Frieden und Stabilität in dieser Region weiter gefördert und gezeigt, dass enge Zusammenarbeit erhebliche Vorteile mit sich bringt. Die Ereignisse vom 11. September haben die Wichtigkeit der erweiterten Zusammenarbeit zwischen den zwei Organisationen in gemeinsam interessierenden Fragen gezeigt, die sich auf Sicherheit, Verteidigung und Krisenmanagement beziehen, so dass auf Krisen mit der geeignetsten militärischen Antwort reagiert und wirksames Krisenmanagement sichergestellt werden können. Zu den Vereinbarungen für die NATO-Unterstützung EU-geführter Operationen nach Maßgabe der Entscheidungen des Washingtoner Gipfels im Jahre 1999 und nachfolgender Ministertreffen ist noch wichtige Arbeit zu tun. Wir sind weiter entschlossen, Fortschritte in allen verschiedenen Aspekten unserer Beziehung zu machen und verweisen auf die Notwendigkeit, Lösungen zu finden, die in der Frage der Beteiligung der nicht zur EU gehörenden europäischen Bündnismitglieder für alle Bündnispartner zufriedenstellend sind.

9. Wir stimmen voll und ganz mit den Erklärungen überein, die unsere Außenministerkollegen im letzten Monat zu diesen und anderen Punkten abgegeben haben."

2. Erklärung zum Balkan vom 6. 6. 2002

„1. Wir setzen uns weiter dafür ein, die territoriale Integrität und Souveränität aller Länder auf dem Balkan zu erhalten und im Zusammenwirken mit Partnern und anderen internationalen Organisationen Frieden, Demokratie und Stabilität der Region anzustreben. Die weitere Präsenz der NATO-geführten Kräfte ist sichtbares Zeichen unserer tatkräftigen Unterstützung der Rechtsstaatlichkeit, demokratischer Institutionen, der grundlegenden Menschenrechte, der Rückkehr von Flüchtlingen, der Toleranz, der Aussöhnung und der friedlichen Beilegung von Streitigkeiten und steht für unsere Entschlossenheit, jeder Gewaltausübung Einhalt zu gebieten, ungeachtet ethnischer, politischer oder krimineller Beweggründe.

2. Wir sprechen allen, die bei SFOR, KFOR und der Task Force Fox (TFF) ihren Dienst versehen oder versehen haben, unser Lob und unseren bleibenden Dank sowie unsere Wertschätzung aus für die Opfer, die sie gebracht haben, besonders denen, die Verletzungen davongetragen haben. Unser tiefstes Mitgefühl gilt den Familien derjenigen, die ihr Leben verloren haben und denjenigen, die ihnen in Liebe zugetan waren. Wir erneuern unseren Dank an NATO-Partner und andere Nationen für die bedeutenden Beiträge, die sie zu unserer gemeinsamen Anstrengung leisten.

3. Das Sicherheitsumfeld in der Region hat sich seit der ersten Verlegung von SFOR und KFOR erheblich verbessert. Mit der laufenden Fortentwicklung der Aufgaben und Pflichten können neue Operationskonzepte angenommen werden, und schweres Einsatzgerät kann größtenteils abgezogen werden. Folglich können die Zahlenwerte insgesamt verringert werden, ohne das Engagement der NATO zu schwächen. Durch die NATO-geführten Missionen sind bereits bedeutende Beiträge zur Schaffung einer sich selbst tragenden Stabilität geleistet worden. Die Umstrukturierung ist sichtbares Zeichen der bisher bereits erzielten Fortschritte

- I. Chronik -
Nr.108/6.-7.VI.2002: NATO-Verteidigungsministertreffen

sowie des Vertrauens der Allianz in den weiteren Prozess. Wir haben unmissverständlich klar gemacht, dass sich die NATO weiterhin für Sicherheit und Stabilität auf dem Balkan engagiert. Wir begrüßen das Ergebnis der von uns auf unserem letzten Treffen in Auftrag gegebenen Überprüfung der Rahmenbedingungen für eine rationellere Operationsführung auf dem Balkan und zur Entwicklung eines regionaleren Ansatzes für spezifische Aspekte dieser Operationen. Nach umfassender Konsultation mit unseren nicht zur NATO gehörenden Partnern, die zu den Operationen beitragen, haben wir eine Reihe von Veränderungen für SFOR und KFOR auf der Grundlage dieser gemeinsamen Überprüfung des Einsatzgebietes gebilligt, um über ein kleineres, leichteres, beweglicheres und flexibleres Kräftedispositiv zu verfügen, das kostengünstiger und besser dazu befähigt ist, die gegenwärtigen Herausforderungen zu meistern.

4. Der Plan zur Umsetzung der Umstrukturierung erfolgt in drei Phasen. Phase 1 ist bereits angelaufen und umfasst die Überprüfung der Einsatzpläne für SFOR und KFOR. Phase 2 soll im August beginnen und wird die Umgliederung der Führungsstruktur im gemeinsamen Einsatzgebiet nach regionalen Gesichtspunkten und mit der Zielvorgabe der uneingeschränkten Operationsfähigkeit der operativen und strategischen Reservekräfte einschließen. Bis Ende 2002 wird SFOR auf eine Stärke von 12.000 und KFOR auf eine Stärke von 32.000 zurückgeführt. Für Phase 3 werden weitere Reduzierungen von KFOR auf eine Stärke von 29.000 bis Ende Juni 2003 ins Auge gefasst. Wir werden bestrebt sein, Verantwortlichkeiten zur Unterstützung der zivilen Umsetzung auf örtliche Behörden und andere internationale Organisationen zu übertragen, wo angezeigt.

5. Wir wollen sicherstellen, dass unsere Streitkräfte im Rahmen ihrer bestehenden Mandate und Möglichkeiten Maßnahmen gegen Personen ergreifen, die des Terrorismus verdächtigt werden, und zwar in Abstimmung mit den entsprechenden zivilen Stellen und anderen internationalen Organisationen. Die Allianz wird sich zusammen mit örtlichen Stellen weiter engagieren, um sicherzustellen, dass die Region nicht zu einem Zufluchtsort oder zu einer Zwischenstation für Terroristen wird.

6. Das Engagement der NATO für Sicherheit und Stabilität auf dem Balkan bleibt unverändert fest, und das Bündnis wird seiner Rolle zur Verwirklichung der Ziele der internationalen Gemeinschaft ohne Abstriche gerecht werden.

7. Wir begrüßen die Fortschritte zur Entwicklung staatlicher Institutionen in Bosnien und Herzegowina während der letzten sechs Monate, und insbesondere die Verpflichtung der Präsidentschaft zur Stärkung des Ständigen Ausschusses für Militärische Angelegenheiten und zur weiteren Reduzierung sowie Umstrukturierung der Streitkräfte. Wir fordern sie eindringlich auf, diesen Prozess beschleunigt fortzuführen und ihre Zusagen ohne Abstriche zu erfüllen. Wir ermutigen die Führung in Bosnien und Herzegowina, ihre Arbeit zur Umstrukturierung der Streitkräfte fortzuführen und finanzierbare Streitkräfte in angemessener Stärke aufzustellen, die wirksam und nach NATO-Standards eingesetzt werden und somit zu internationalen Friedensmissionen und anderen Aktivitäten beitragen können. Wir begrüßen die bereits getroffenen Entscheidungen, um sicherzustellen, dass entlassene Soldaten die Unterstützung erhalten, die sie zur Wiedereingliederung ins zivile Leben benötigen.

8. Die öffentliche Sicherheitslage und die schleppenden Fortschritte zur Stärkung örtlicher Polizei- und Justizstrukturen sowie der Rechtsstaatlichkeit, die für den fairen, gleichen und wirksamen Schutz aller Bewohner essentielle Voraussetzung ist, bleibt für uns weiterhin Anlass zur Sorge. Wir begrüßen die baldige Verlegung der EU-Polizeimission für den Folgeeinsatz der internationalen Polizeikräfte der Vereinten Nationen und begrüßen die Entscheidung der EU, die nicht der EU angehörenden NATO-Mitglieder, die zur Zeit Beiträge zu den internationalen VN-Polizeikräften leisten, zur Teilnahme an der Polizeimission der EU einzuladen. Wir freuen uns auf die enge Zusammenarbeit zwischen SFOR und dieser Mission. SFOR wird sie in Übereinstimmung mit seinem Mandat weiter unterstützen.

9. Wir bekräftigen unser volles Engagement zur Unterstützung des internationalen Strafgerichtshofs für das ehemalige Jugoslawien (IStGhJ) und werden unsere Anstrengungen fortsetzen, um wegen Kriegsverbrechen angeklagte Personen zu ergreifen. Wir stellen die Fortschritte fest, die die politischen Stellen in Bosnien und Herzegowina zur Verbesserung ihrer Zusammenarbeit mit dem IStGhJ gemacht haben. Weitere Verbesserungen sind aber erforderlich. Wir verurteilen aufs Schärfste diejenigen, die Angeklagten, die sich der Gerichtsbarkeit entziehen, weiterhin Unterstützung anbieten. Wir fordern alle Behörden mit Nachdruck auf, ihre Verpflichtungen nach den Bestimmungen der Friedensvereinbarung von Dayton zur

- I. Chronik -
Nr.108/6.-7.VI.2002: NATO-Verteidigungsministertreffen

Festnahme Angeklagter ohne Abstriche zu erfüllen. Wir bekräftigen unsere Entschlossenheit sicherzustellen, dass alle angeklagten Personen, insbesondere KARADZIC und MLADIC, nach Den Haag überstellt werden.

10. Wir erwarten die reibungslose Abhaltung freier und gerechter Wahlen im Oktober und halten die politischen Führer dazu an, weitere Maßnahmen zur Stärkung staatlicher Strukturen zu ergreifen, damit Bosnien und Herzegowina auf seinem unumkehrbaren Weg zur euroatlantischen Integration weitere Fortschritte erzielen kann.

11. Wir bekräftigen unser Eintreten für die vollständige Implementierung der Resolution 1244 des VN-Sicherheitsrats zum Kosovo. Wir appellieren an alle auf kommunaler Ebene gewählten Führer sowie die provisorischen Institutionen, ihrer Verantwortung gerecht zu werden und uneingeschränkt mit KFOR und UNMIK zusammenzuarbeiten, um ein friedliches, multiethnisches, multikulturelles und demokratisches Kosovo zu fördern. Wir fordern die vorläufige Versammlung des Kosovo auf, die Grenzvereinbarung zwischen der BRJ und der ehemaligen jugoslawischen Republik Mazedonien zu respektieren. Die Kommunalwahlen im Herbst dieses Jahres werden eine weitere Gelegenheit zur Erweiterung des demokratischen Prozesses bieten, so dass alle Menschen im Kosovo, ungeachtet ihrer ethnischen Abstammung oder Religion, die universellen Menschenrechte gleichberechtigt genießen können, auch durch die Teilhabe an demokratischen Institutionen. Sorge bereiten uns weiterhin potentielle Ausbrüche von Gewalt in Konfrontationsgebieten wie in Mitrovica, und wir fordern alle Parteien eindringlich zur Zusammenarbeit auf, um parallele Strukturen abzubauen und Probleme friedlich zu lösen.

12. Wir weisen darauf hin, dass KFOR seine robusten Maßnahmen fortführt, Sicherheits- sowie Abriegelungseinsätze im Rahmen der Operation Eagle zu intensivieren, unter anderem auch nach Maßgabe der Vereinbarung über provisorische Einsatzverfahren mit Nachbarstaaten. Wir begrüßen die weiteren Fortschritte zur Übertragung der Verantwortung für die öffentliche Sicherheit auf die zuständigen zivilen Stellen, sofern die Umstände dies zulassen, unter anderem auch auf die UNMIK- und Kosovo-Polizeikräfte. Wir begrüßen den Fortschritt des Kosovo-Schutzkorps zur Erreichung seiner Zielsetzung, Einsatzmittel zur Verwendung im Rahmen der zivilen Notfallplanung bereitzustellen. Wir erwarten weiterhin von der Führung des Korps, dass sie geeignete Maßnahmen ergreift, sofern dies erforderlich ist, um den Verhaltenskodes und die Disziplinarordnung des Korps strikt durchzusetzen. Wir sehen der vollständigen Implementierung der Vereinbarung entgegen, um Angehörige des Kosovo-Schutzkorps vom aktiven Dienst in den Reservestatus zu überführen.

13. In der ehemaligen jugoslawischen Republik Mazedonien werden wir weiter zur Sicherung von Frieden und Stabilität beitragen. Wir begrüßen die Entscheidung zur Verlängerung des Mandats der Task Force Fox bis zum 26. Oktober 2002, um EU- und OSZE-Beobachter im Notfall zu unterstützen. Wir verweisen auf die Bedeutung freier und gerechter Parlamentswahlen im September, die unter internationaler Wahlbeobachtung stattfinden sollen und ein wichtiger Schritt zur demokratischen Entwicklung der ehemaligen jugoslawischen Republik Mazedonien und zur Umsetzung der Rahmenvereinbarung vom See Ohrid sein werden.

14. Wir sehen der weiteren Entwicklung der Beziehungen des Bündnisses zur Bundesrepublik Jugoslawien (BRJ) erwartungsvoll entgegen und zählen auf die zügige Umsetzung der Vereinbarung, die zwischen Serbien und Montenegro zur Neubestimmung ihrer Beziehung erreicht worden ist. Wir begrüßen das Interesse der BRJ am Beitritt zur Partnerschaft für den Frieden und erwarten die Zusammenarbeit mit der Führung der BRJ, um die Fortschritte zu erreichen, die erforderlich sind, um die Teilnahme der BRJ an der Partnerschaft für den Frieden zu ermöglichen. Die uneingeschränkte und fortgesetzte Zusammenarbeit mit dem Strafgerichtshof für das ehemalige Jugoslawien, demokratische Reformen und die demokratische Kontrolle über die Streitkräfte sowie die vollständige und transparente Umsetzung der Friedensvereinbarung von Dayton sind essentielle Voraussetzungen für eine tiefere Beziehung zu unserer Allianz. Die Unterstützung der Anstrengungen der internationalen Gemeinschaft in Bosnien und Herzegowina durch die BRJ spielen ebenfalls eine wichtige Rolle.

15. Als Reaktion auf die Notwendigkeit, die Einsätze auf dem Balkan im Rahmen der Grenzsicherheit und der Unterbindung des Schmuggels zu intensivieren, verweisen wir mit Zufriedenheit auf jüngste Entscheidungen durch die Allianz, die zum Ziel haben, das Eigenengagement der Länder in der Region zu gewinnen sowie die Zusammenarbeit und Abstimmung unter den Nationen und den internationalen Organisationen in der Region zu verbessern. Wir begrüßen die Fortschritte, die bislang in Albanien erzielt worden sind und beabsichtigen,

- I. Chronik -
Nr.108/6.-7.VI.2002: NATO-Verteidigungsministertreffen

unsere militärische Präsenz in Albanien weiterzuführen, unter anderem mit einem ranghohen militärischen Vertreter sowie einem NATO-Stab in Tirana, zur Ergänzung unserer Präsenz in Skopje, um so in der Lage zu sein, die Abstimmung sowie Unterstützung zukünftiger Sicherheitsinitiativen mit Albanien zu erweitern.

16. Mit besonderer Sorge stellten wir Verbindungen zwischen dem organisierten Verbrechen und dem Extremismus in der Region fest. Wir begrüßen die Anstrengungen der Behörden in der Region und internationaler Organisationen, sich diesen Herausforderungen aktiv zu stellen. Wir verweisen auf die Beiträge der NATO-geführten Kräfte in der Region zu diesen Anstrengungen. Wir sind überzeugt, dass die Einkehr von Rechtsstaatlichkeit essentielle Voraussetzung für die zukünftige Stabilität der Region ist. Maßnahmen zur Stärkung rechtsstaatlicher Strukturen, einschließlich der Polizei und des Justizwesens, und zur Unterbindung aller Formen des Schmuggels, des Schwarzhandels und der Korruption, müssen dringende Prioritäten sein. Wir halten Fortschritte in der Bekämpfung des organisierten Verbrechens und der Sicherstellung einer wirksamen Grenzkontrolle- und -überwachung für entscheidende Schritte auf dem Wege zur euro-atlantischen Integration und Entwicklung einer lebensfähigen und stabilen Demokratie."

3. Erklärung zu den Verteidigungsfähigkeiten vom 6. 6. 2002

„1. Wir setzen uns dafür ein, die NATO zur Durchführung des vollen Spektrums ihrer Aufträge mit den entsprechenden Fähigkeiten auszustatten. Dies setzt die weitere Anpassung unserer Verteidigungs- und Streitkräftedispositive voraus, besonders angesichts der sich fortentwickelnden Sicherheitslage und, wo erforderlich, die Überprüfung unserer Strukturen sowie die Zuteilung von Ressourcen, auch durch Umschichtungen innerhalb gemeinsam finanzierter Militärhaushalte. Die Angriffe gegen die Vereinigten Staaten im September des vergangenen Jahres und die Deutlichkeit, die uns diese Angriffe über die Bedrohung durch den Terrorismus vor Augen führten, haben die Dringlichkeit dieser Anpassung ebenso wie die Wichtigkeit der neuen bedrohungsrelevanten Aspekte erhöht. Die NATO muss für ihre Aufträge über Streitkräfte verfügen, die schnell überall dorthin verlegt werden können, wo sie gebraucht werden, die Operationen über Raum und Zeit durchführen und ihre vorgegebenen Ziele erreichen können. Der Aktionsradius, den die NATO in Zukunft als Antwort auf den Terrorismus und andere Herausforderungen vorgeben kann, wird vom Erfolg unserer Anstrengungen abhängen, die militärischen Fähigkeiten der Allianz zu modernisieren.

2. Wir haben den Stand der auf unserem letzten Treffen in Auftrag gegebenen Arbeit an der militärischen Verteidigungskonzeption gegen den Terrorismus überprüft. Nach seiner Billigung wird das Konzept zur Entwicklung detaillierterer Grundsätze und doktrinärer Verfahren dienen, die möglicherweise die Anpassung von Strukturen und Verteidigungsfähigkeiten erforderlich machen werden, um der Bedrohung durch den Terrorismus zu begegnen. Wir messen daher der zügigen Fertigstellung dieser Arbeit besondere Wichtigkeit bei und erteilen die Weisung, sie so schnell wie möglich zum Abschluss zu bringen. Wir erwarten hierzu auf unserem Treffen in Warschau einen Bericht und wünschen, dass das Konzept spätestens so zeitgerecht fertiggestellt wird, dass es in das Maßnahmenpaket zur Steigerung der Leistungsfähigkeit der Allianz im Kampf gegen den Terrorismus einfließen kann, das den Staats- und Regierungschefs auf dem Prager Gipfel vorzulegen ist.

3. Seit dem Ende des Kalten Krieges hat die Allianz ihr Strategisches Konzept ebenso wie ihre Führungs- und Streitkräftestrukturen der sich verändernden Sicherheitslage angepasst. Die Umsetzung der neuen NATO-Streitkräftestruktur ist angelaufen. Damit die Allianz aber in der Lage ist, ihre grundlegenden Sicherheitsaufgaben zu erfüllen, muss sie sich auch weiterhin auf neue Herausforderungen einstellen, besonders auf die, vom Terrorismus und der Verbreitung von Massenvernichtungswaffen ausgehen, und sie muss sicherstellen, dass die NATO und ihre Mitgliedsstaaten über die Strukturen und die verlegefähigen Kräfte verfügen, die in der Lage sind, entsprechend zu reagieren. Nach der Entscheidung durch den Verteidigungsplanungsausschuss vom heutigen Morgen, der wir uns anschließen, werden die militärischen Kommandobehörden der NATO die laufende umfassende Überprüfung der NATO-Führungsvorkehrungen weiterführen und ausbauen und dabei alle Ebenen der NATO-Kommandostruktur einbeziehen, einschließlich der Hauptquartiere der Alliierten Streitkräftekommandos (CJTF) sowie der NATO-Streitkräftestruktur, mit dem Ziel, eine militärische Mindestforderung für diese Führungsvorkehrungen zu definieren. Über diese Arbeit wird dem Ständigen NATO-Rat/Verteidigungsplanungsausschuss und uns auf unserem Treffen im September berichtet, damit weitere politische Empfehlungen zur Vorbereitung der in Prag zu

- I. Chronik -
Nr.108/6.-7.VI.2002: NATO-Verteidigungsministertreffen

treffenden Entscheidungen unterbreitet werden können. Es ist unser beabsichtigtes Ziel, dass unsere Staats- und Regierungschefs in Prag für den Abschluss dieser Arbeit Weisung erteilen und einen festen zeitlichen Rahmen festlegen, damit Entscheidungen über die Führungsvorkehrungen bis zum Sommer 2003 getroffen werden können.

4. Wir erkennen, dass die Befähigung der Allianz zur Erfüllung des vollen Spektrums ihrer Aufträge im sich verändernden strategischen Umfeld weitgehend von unserer Fähigkeit abhängen wird, den Anteil unserer Kampftruppen und Unterstützungskräfte, die für Operationen außerhalb ihrer Heimatstützpunkte oder in Gebieten ohne größere Unterstützung durch eine Gastgebernation einsetzbar sind, substantiell zu erhöhen. Das ist eine große Herausforderung, zu der die Arbeit im Lichte der Überprüfung der Streitkräftestruktur bereits in Angriff genommen wurde. Wir wollen diese Herausforderung meistern.

5. Wir nahmen die Fortschritte zur Kenntnis, die in der Umsetzung der auf dem Washingtoner Gipfel auf den Weg gebrachten Initiative zur Verteidigungsfähigkeit erzielt worden sind und stimmten überein, dass jetzt eine größere und konzentriertere Anstrengung erforderlich ist. Wir erteilten daher dem Ständigen NATO-Rat die Weisung, Empfehlungen für eine neue Initiative zur Verteidigungsfähigkeit zu unterbreiten und dabei den militärischen Fachrat und nationale Vorschläge zu berücksichtigen. Diese Initiative soll sich auf eine kleine Anzahl von Verteidigungsfähigkeiten konzentrieren, die für das volle Spektrum der Bündnisaufträge von essentieller Bedeutung sind. Sie wird auch unsere Fähigkeiten zur Verteidigung gegen den Terrorismus stärken. Die Potentiale sollen zur Verteidigungsfähigkeit der Allianz gegen chemische, biologische und radiologische sowie nukleare Angriffe beitragen; sie sollen sichere Führungsfernmeldesysteme sowie die Informationsüberlegenheit gewährleisten; die Interoperabilität dislozierter Kräfte und Schlüsselaspekte in Bezug auf die Wirksamkeit im Einsatz verbessern; und sie sollen die zügige Verlegung und die Möglichkeit zur dauerhaften Unterstützung von Kampftruppen sicherstellen.

6. Die neue Initiative muss sich auf feste nationale Zusagen stützen, die unsere Nationen abgeben werden, mit genauen Zielvorgaben. Für die geeignete Lenkung der Initiative auf hochrangiger Ebene ist Sorge zu tragen. Die Initiative soll zu verstärkter multinationaler Zusammenarbeit und Aufgabenteilung führen, wo angezeigt auch durch gemeinsam beschaffte und gemeinsam eingesetzte Systeme. Nach noch zu entwickelnden Modalitäten soll sie bei voller Transparenz die entsprechenden Aktivitäten des 'Europäischen Aktionsplans zu den Fähigkeiten' ergänzen und stärken und dabei die Wichtigkeit des Geistes der Offenheit berücksichtigen sowie die Eigenständigkeit beider Organisationen respektieren.

7. Die neue Initiative muss realistisch und wirtschaftlich erreichbar sein, aber auch eine echte Herausforderung darstellen. In diesem Zusammenhang verweisen wir auf den Raum zur weiteren Umverteilung von Prioritäten in den Verteidigungshaushalten vieler Bündnismitglieder, zum Beispiel durch die Reduzierung von Truppenstärken und die Verlagerung von Ressourcen zur Modernisierung der Ausrüstung. In vielen Fällen werden aber auch substantielle Finanzmittel erforderlich werden. Die Bündnismitglieder müssen eindeutig neue Mittel und Wege erschließen, um kostenwirksame Lösungen zur Abstellung von Mängeln in den Verteidigungsfähigkeiten zu identifizieren und umzusetzen und sich in ihren Anstrengungen nach Möglichkeit nicht zu verzetteln. Wo angezeigt, sollte die neue Initiative dazu auch die Zusammenfassung militärischer Fähigkeiten, die stärkere Rollenspezialisierung, die kooperative Beschaffung von Ausrüstungen sowie die gemeinsame und multinationale Finanzierung fördern. Empfehlungen zur Initiative sind den Staats- und Regierungschefs in Prag zur Billigung vorzulegen. Wir forderten den Ständigen NATO-Rat auf, uns auf unserem informellen Treffen in Warschau im September über den Fortschritt zu dieser Arbeit zu berichten.

8. Die Weiterverbreitung von Massenvernichtungswaffen, ihrer Trägermittel und die Bedrohung, die diese für unsere Bevölkerung, die Hoheitsgebiete und die Streitkräfte unseres Bündnisses darstellen können, sind weiterhin Anlass zu großer Sorge, besonders im Hinblick auf den möglichen Einsatz solcher Waffen durch Terroristen. Viel wertvolle Arbeit ist in Folge der vor drei Jahren auf dem Washingtoner Gipfel auf den Weg gebrachten Initiative zu Massenvernichtungswaffen bereits geleistet worden. Heute haben wir weitere Schritte unternommen, um die Fähigkeit der NATO zur Verteidigung ihrer Streitkräfte gegen chemische, biologische und radiologische Waffen zu erweitern, indem wir ein umfassendes Paket von Initiativen zur Verteidigungsfähigkeit gegen Massenvernichtungswaffen gebilligt haben. Diese Initiativen, die darauf zugeschnitten sind, die Möglichkeit zur multinationalen Beteiligung zu bieten, umfassen: ein verlegefähiges ABC-Analyse-Labor als Prototyp; ein Team zur Reaktion

- I. Chronik -
Nr.108/6.-7.VI.2002: NATO-Verteidigungsministertreffen

auf ABC-Vorfälle als Truppenversuchsmodell; ein virtuelles ‚Centre of Excellence' als Schaltstelle für die ABC-Abwehr; NATO-Lagerbestände zur B- und C-Waffen-Abwehr; ein Überwachungssystem für Erkrankungen. Wir haben die Weisung erteilt, dass erste Schritte eingeleitet werden, um sicherzustellen, dass diese Initiativen weiterentwickelt und auf dem Prager Gipfel vorgestellt werden.

9. In der Allianz besteht gegenwärtig Konsens über die Notwendigkeit zur Stationierung von Verteidigungssystemen gegen taktische Flugkörper, um unsere dislozierten Kräfte zu schützen. Sobald die NATO ihre Durchführbarkeitsstudie für ein Abwehrsystem gegen taktische Flugkörper zum Abschluss gebracht hat, sollten die Bündnispartner Optionen zum Aufbau dieser erforderlichen Verteidigungsfähigkeiten in Erwägung ziehen. Das Bündnisgebiet und Bevölkerungszentren können ebenfalls einer wachsenden Bedrohung durch Flugkörper ausgesetzt sein. Die Allianz muss daher Optionen untersuchen, um der wachsenden Bedrohung effektiv und effizient durch politische und verteidigungspolitische Anstrengungen im geeigneten Mischverhältnis zu begegnen. Unsere Anstrengungen dazu müssen dem Grundsatz der Unteilbarkeit der Sicherheit aller Bündnispartner entsprechen."

4. Gemeinsames Kommuniqué des Verteidigungsplanungsausschusses (DPC) und der Nuklearen Planungsgruppe (NPG), Treffen des Nordatlantikrats auf Ebene der Verteidigungsminister

„1. Der Verteidigungsplanungsausschuss und die Nukleare Planungsgruppe der Nordatlantikpakt-Organisation traten am 6. Juni 2002 in Brüssel auf Ministerebene zusammen.

2. Wir bekräftigten unsere Entscheidung, dass die NATO - um das volle Spektrum ihrer Aufgaben wahrnehmen zu können - über Streitkräfte verfügen muss, die schnell überall dorthin verlegt werden können, wo sie gebraucht werden und in der Lage sind, Operationen über Raum und Zeit durchzuführen sowie ihre vorgegebenen Ziele zu erreichen. In diesem Zusammenhang haben wir ein neues Paket von NATO-Streitkräftezielen für die Zeit bis 2008 angenommen. Wir begrüßten die Entscheidung Islands, sich zum ersten Mal am Prozess der Streitkräfteziele zu beteiligen.

3. Um sicherzustellen, dass die Allianz über die Strukturen und die verlegefähigen Streitkräfte verfügt, die in der Lage sind, in einem sich verändernden strategischen Umfeld ihre grundlegenden Sicherheitsaufgaben zu erfüllen, auch durch die Reaktion auf die Bedrohungen durch Terrorismus und die Proliferation von Massenvernichtungswaffen, ist es erforderlich, die Führungsstrukturen des Bündnisses insgesamt noch einmal zu betrachten. Dazu ist es dringend notwendig, die laufende Bewertung der gesamten Führungsvorkehrungen der NATO fortzuführen und weiter auszubauen. Im Zuge dieser Arbeit muss voll berücksichtigt werden, wie sich die Veränderungen in der strategischen Lage sowie die damit verbundenen Risiken und potentiellen Bedrohungen auf die Fähigkeit der NATO auswirken, das volle Spektrum ihrer Aufträge erfüllen zu können. Diese Überprüfung muss umfassend sein und alle Elemente der NATO-Führungsstruktur einschließen, auch die Hauptquartiere der Alliierten Streitkräftekommandos (CJTF) sowie die Hauptquartiere im Rahmen der NATO-Streitkräftestruktur, mit dem Ziel, die militärischen Mindestforderungen zu definieren. Wir haben daher heute den militärischen Kommandobehörden der NATO die Weisung erteilt, diese Arbeit mit Dringlichkeit weiterzuführen und uns auf unserem Treffen im September zu berichten, damit wir weitere Weisungen zur Erarbeitung spezifischer Empfehlungen für die in Prag zu treffenden Entscheidungen erteilen können. Es ist unser beabsichtigtes Ziel, dass die Staats- und Regierungschefs in Prag klare Weisung erteilen und einen festen zeitlichen Rahmen für den Abschluss dieser Arbeit festlegen, damit Entscheidungen über die Führungsvorkehrungen bis zum Sommer 2003 getroffen werden können.

4. Bei unseren Überlegungen über die Streitkräfteziele für das Jahr 2002 achteten wir besonders darauf, dass sie weitgehend den militärischen Fähigkeiten/Potentialen Rechnung tragen, die zur Bekämpfung des Terrorismus erforderlich sind. Wir berücksichtigten dabei auch den Aspekt, inwieweit sie den Verbesserungen in den Schlüsselbereichen gerecht werden, die in der Initiative zur Verteidigungsfähigkeit aufgezeigt sind. Die Streitkräfteziele konzentrieren sich weiter auf die Entwicklung besser ausgerüsteter, verlegefähiger und dauerhaft unterstützbarer Streitkräfte sowie die Umstrukturierung dieser Kräfte. Die Ziele umfassen weitgehend auch Forderungen, die aus der Überprüfung der NATO-Streitkräftestruktur abgeleitet wurden, die die militärischen Kommandobehörden der NATO durchgeführt haben und die ebenfalls auf die Entwicklung besser dislozierbarer Kräfte abzielt. Angesichts des sich verän-

dernden strategischen Umfelds, in dem die Forderung nach Landstreitkräften insgesamt rückläufig ist, hat sich der Bedarf an verlegefähigen Bodenkampftruppen mehr als verdoppelt.

5. Wir sehen daher, dass die Befähigung der Allianz zur Erfüllung ihrer Aufgaben im gegenwärtigen strategischen Umfeld von unserer Fähigkeit abhängt, den Anteil unserer Kampftruppen und Unterstützungskräfte, die für Operationen weit entfernt von ihren Heimatstützpunkten oder ohne größere Unterstützung durch eine Gastgebernation einsetzbar sind, in bedeutendem Maße zu erhöhen. Das ist eine große Herausforderung, die wir meistern wollen. Unsere Gespräche über die Entwicklung der Streitkräfteziele haben klar aufgezeigt, dass weitere Anstrengungen auf die Entwicklung von Schlüsselpotentialen konzentriert werden müssen, unter anderem auf die Verteidigung gegen nukleare, chemische und biologische Waffen, strategische Transportsysteme, Unterstützungsfähigkeiten für Kampfeinheiten sowie auf eine Reihe spezieller Fähigkeiten, wie Überwachungs- und Zielerfassungssysteme, unterstützende Störsysteme und die Fähigkeit zur Luftbetankung. Wir stellten fest, dass zur Behebung dieser Mängel eine Umverteilung von Prioritäten, multinationale Zusammenarbeit und Aufgabenteilung eine wichtige Rolle spielen müssen, wo angezeigt auch durch gemeinsame und gemeinschaftliche Finanzierung oder durch gemeinsam beschaffte und gemeinsam eingesetzte NATO-Systeme, wie dem luftgestützten Frühwarn- und Leitsystem AWACS. Um solche Gemeinschaftsprojekte zu erleichtern, wollen wir effizienten Möglichkeiten für das Management von Kooperationsprojekten und für die Abstimmung in der Rüstungsbeschaffung besondere Aufmerksamkeit widmen. In vielen Fällen werden aber auch zusätzliche Finanzmittel erforderlich werden. Wir setzen uns dafür ein, in unseren nationalen Verteidigungsplänen der Umsetzung der NATO-Streitkräfteziele für das Jahr 2002 eine hohe Priorität einzuräumen und um die erforderlichen Ressourcen nachzusuchen, um dies zu gewährleisten.

6. Auf unserem Treffen der Nuklearen Planungsgruppe haben wir den Status der Nuklearkräfte der NATO überprüft sowie damit zusammenhängende Fragen und Aktivitäten angesprochen. Wir dankten dem amerikanischen Verteidigungsminister für seine Unterrichtung über die Ergebnisse der jüngsten Gipfeltreffens zwischen Präsident PUTIN und Präsident BUSH in Moskau und St. Petersburg, besonders zur Weiterentwicklung des neuen strategischen Rahmens zwischen den Vereinigten Staaten und Russland. Wir begrüßten die Ergebnisse des Gipfels und brachten unsere uneingeschränkte Bereitschaft zum Ausdruck, die erzielte Einigung über eine vertragliche Regelung zu unterstützen, durch die im Laufe der kommenden zehn Jahre einsatzbereit stationierte strategische Gefechtsköpfe der USA auf einen Stand zwischen 1700 und 2200 und strategische Gefechtsköpfe Russlands auf dasselbe Niveau reduziert werden.

7. Wir erinnerten daran, dass die sub-strategischen Nuklearkräfte der NATO seit 1991 um über 85% reduziert worden sind und auf dem Mindestniveau erhalten bleiben, das zur Wahrung von Frieden und Stabilität ausreicht. In diesem Zusammenhang erteilten wir Weisung zur weiteren Anpassung des NATO-Dispositivs an Flugzeugen mit dualer Einsatzfähigkeit. Wir bekräftigten, dass die grundlegende Zweckbestimmung der Nuklearkräfte der Bündnisstaaten politischer Natur ist: Wahrung des Friedens sowie Verhinderung von Zwangsausübung und jeder Art von Krieg. Wir messen den in Europa stationierten und der NATO zur Verfügung stehenden Nuklearkräften, die ein essentielles politisches und militärisches Bindeglied zwischen den europäischen und nordamerikanischen Mitgliedern der Allianz darstellen, weiter großen Wert bei.

8. In dieser Beziehung stellen wir fest, dass Abschreckung und Verteidigung, zusammen mit Rüstungskontrolle und Nichtverbreitung, weiter eine essentielle Rolle zur Verwirklichung der sicherheitspolitischen Ziele des Bündnisses spielen werden. Wir bekräftigen unsere Entschlossenheit, zur Implementierung der Schlussfolgerungen der Überprüfungskonferenz zum Nichtverbreitungsvertrag (NVV) aus dem Jahre 2000 beizutragen und begrüßten die umfassende Erörterung von Fragen auf der Vorbereitungskonferenz im April dieses Jahres im Vorfeld der Überprüfungskonferenz im Jahre 2005. Wir unterstützen auch in Zukunft die bestehenden Moratorien zu nuklearen Testversuchen.

9. Wir brachten unsere Zufriedenheit über die Ergebnisse des gemeinsamen Seminars von Nuklearexperten der NATO und Russlands zum Ausdruck, das im April 2002 in Den Haag stattfand und sich mit Themen der nuklearen Sicherheit und Absicherung befasste. Das Seminar war der erste Schritt zur Weiterführung der Konsultationen und Zusammenarbeit in Bezug auf die Vorschläge der NATO für vertrauens- und sicherheitsbildende Maßnahmen zur Steigerung der Transparenz zwischen den beiden Seiten in Nuklearwaffenfragen. In diesem Zu-

sammenhang begrüßten wir die zusätzlichen Impulse, die die Ergebnisse des Putin/Bush-Gipfels dieser Arbeit gegeben und sie stärker in den Brennpunkt gerückt haben."

5. Treffen des Euro-Atlantischen Partnerschaftsrats auf Ebene der Verteidigungsminister, Zusammenfassung des Vorsitzenden vom 7. 6. 2002

„1. Die Verteidigungsminister und Vertreter der Mitgliedsländer des Euro-Atlantischen Partnerschaftsrats (EAPR) trafen heute in Brüssel zusammen, um die Zukunft der Partnerschaft für den Frieden (PfP) und des EAPR sowie die Rolle der PfP im internationalen Kampf gegen den Terrorismus zu erörtern. Die Minister tauschten ferner ihre Ansichten über die Lage auf dem Balkan aus. Ich unterrichtete die Minister über die wichtigsten Ergebnisse des Treffens des Nordatlantikrats vom 6. Juni.

2. Die Minister stimmten überein, dass die Partnerschaft seit ihrer Entstehung einen bedeutenden Beitrag zum Aufbau von Stabilität und Sicherheit im euro-atlantischen Raum geleistet hat. Die Minister verwiesen auf den bemerkenswerten Erfolg ihrer Zusammenarbeit über ein breites Spektrum von Betätigungsfeldern, einschließlich der NATO-geführten Operationen auf dem Balkan, der Verteidigungsreform, des regionalen Zusammenwirkens sowie der Zusammenarbeit im Rahmen von Programmen, zur Sicherheit der Menschen beitragen. Die Minister unterstrichen jedoch, dass die Partnerschaft sich weiter entwickeln und dabei das einzigartige Potential ihrer aus 46 Nationen bestehenden Mitgliedschaft voll ausschöpfen und den bisher erzielten Erfolg weiter ausbauen muss. Diese Anpassung muss integraler und wichtiger Bestandteil der Entscheidungen auf dem Prager Gipfeltreffen sein.

3. Die Minister stimmten überein, dass die Partnerschaft nach Prag so ausgerichtet werden muss, dass sie den besonderen Forderungen und Gegebenheiten einzelner Partner besser Rechnung tragen und sicherstellen kann, dass sie für alle teilnehmenden Nationen weiterhin wichtig und wertvoll bleibt, einschließlich der Partnerländer in Zentralasien und im Kaukasus. In diesem Zusammenhang erörterten die Minister die Fragen, ob der Rahmen für die Konsultation und Kooperation in verteidigungsrelevanten Fragen erweitert, wie die Partnerschaft weiter zu Reformen im Bereich der Verteidigung und Sicherheit beitragen und wie die regionale Dimension der Partnerschaft weiter entwickelt werden können.

4. Die Minister brachten in Erinnerung, dass sich die Bündnismitglieder und Partner in der Zeit nach den Angriffen auf die Vereinigten Staaten am 11. September dazu verpflichtet hatten, sich im Kampf gegen den Terrorismus zusammenzuschließen. Die Minister stimmten überein, dass der EAPR eine tragende Säule der internationalen Koalition im Kampf gegen den Terrorismus ist und bleiben wird, und sie tauschten ihre Ansichten darüber aus, wie die Fähigkeit der Partnerschaft weiterentwickelt werden kann, damit sie wirksam auf besorgniserregende terrorismusbezogene Belange reagieren kann. Die Minister waren einvernehmlich der Meinung, dass die Notwendigkeiten des Kampfes gegen den Terrorismus in der Überprüfung und Anpassung des EAPR und der PfP voll berücksichtigt werden müssen, und sie erörterten die Frage, welche speziellen Elemente in einen Aktionsplan der Partnerschaft gegen den Terrorismus einbezogen werden könnten.

5. Die Minister erörterten die Lage auf dem Balkan und bekräftigten ihr Engagement zur Wahrung der territorialen Integrität und Souveränität aller Balkanstaaten und - im Zusammenwirken mit anderen internationalen Organisationen - zur Entwicklung von Frieden, Demokratie und Stabilität in der Region. Die Minister besprachen auch die Frage, wie die Zusammenarbeit zwischen den truppenstellenden Ländern der NATO und ihrer Partner weiter verbessert werden kann sowie die Frage, wie die erforderliche Abstimmung unter den Nationen und internationalen Organisationen sicherzustellen ist, um die NATO-Initiative zur Absicherung und Abriegelung der Grenzen auf dem Balkan zu unterstützen.

6. Die Minister nahmen eine Reihe von Berichten über die Entwicklung und Nutzung der bestehenden Partnerschaftsmechanismen entgegen. In den Gesprächen über die Überprüfung und Anpassung der Partnerschaft für den Frieden nahmen sie den Bericht des Vorsitzenden über die Überprüfung der Euro-Atlantischen Partnerschaft sowie den Bericht des Vorsitzenden über die Rolle der Euro-Atlantischen Partnerschaft in der Reaktion auf den Terrorismus zur Kenntnis. Sie begrüßten die schon erzielten Arbeitsfortschritte und unterstrichen die Notwendigkeit, dafür Sorge zu tragen, dass die Partnerschaft für Partner und Bündnismitglieder auch in Zukunft von Relevanz ist. Sie betonten, dass die Arbeit energisch weitergeführt werden muss, um den Staats- und Regierungschefs in Prag ein konkretes Paket von Vorschlägen zur

Anpassung der Partnerschaft unterbreiten zu können, damit sie sich den neuen Sicherheitsherausforderungen stellen kann."

6. Erklärung zum Treffen des NATO-Russland-Rats auf Ebene der Verteidigungsminister vom 6. 6. 2002

„1. Wir, die Verteidigungsminister des NATO-Russland-Rats, sind heute zu unserem ersten Treffen zusammengekommen. Wir sind entschlossen, unseren Beitrag zur Gestaltung der neuen Beziehung zwischen den NATO-Mitgliedsstaaten und Russland zu leisten, wie sie durch die Erklärung 'NATO-Russland-Beziehungen: Eine Neue Qualität' ins Leben gerufen und von den Staats- und Regierungschefs am 28. Mai 2002 auf ihrem Gipfel in Rom angenommen und unterzeichnet wurde. In diesem Geiste sind wir als gleichberechtigte Partner zusammengekommen, um gemeinsame Interessensgebiete zu erörtern, um unsere Fähigkeit zur Zusammenarbeit zu erweitern und um angesichts gemeinsamer Risiken und Bedrohungen für unsere Sicherheit zusammenzustehen.

2. Wir setzen uns mit Nachdruck für die Umsetzung des NRR-Arbeitsprogramms für das Jahr 2002 ein, das in Reykjavik angenommen und in Rom in Kraft gesetzt wurde und haben unseren Botschaftern die Weisung erteilt, diese Arbeit voranzubringen. Im Einzelnen haben wir dem NRR auf Botschafterebene die Weisung erteilt:

- die operativen Auswirkungen zu prüfen, die sich aus der jüngst angenommenen und von uns als Verteidigungsministern voll geteilten gemeinsamen Beurteilung der terroristischen Bedrohung für die SFOR- und KFOR-Friedenstruppe ergeben; und den fachlichen Rat zur Frage einzubringen, wie truppenstellende Länder und Partner am Besten in diese Arbeit eingebunden werden können;

- einen geeigneten Zeitplan festzulegen und eine breiter gefasste Beurteilung der terroristischen Bedrohung für den euro-atlantischen Raum zu erarbeiten, zunächst mit Schwerpunkt auf spezifische Bedrohungen, denen zum Beispiel Streitkräfte Russlands und der NATO sowie zivile Luftfahrzeuge ausgesetzt sein oder die von zivilen Luftfahrzeugen für sensitive Infrastruktureinrichtungen, wie Kernkraftwerke, ausgehen können; die Federführung hierzu soll, wie von den Außenministern vorgesehen, bei einer Ad-hoc-Arbeitsgruppe liegen, von der auch Rückmeldungen über die erforderlichen operativen Implikationen kommen sollen;

- die Ausrichtung einer Folgekonferenz in Moskau für das im Februar in Rom durchgeführte Treffen zur militärischen Rolle in der Terrorismusbekämpfung zu prüfen und schwerpunktmäßig konkrete Möglichkeiten zur erweiterten Zusammenarbeit auf diesem Gebiet zu untersuchen;

- zur Frage des Krisenmanagements die Mittel und Wege zu prüfen, wie die in der Erklärung der Staats- und Regierungschefs in Rom skizzierte Zusammenarbeit verstärkt werden kann, auch durch die weitere Umsetzung der detaillierten Vorgaben des Arbeitsprogramms des Ständigen Gemeinsamen Rats und seiner militär-politischen Facharbeitsgruppe für das Jahr 2002 zum Thema Friedenserhaltung

- zur Nichtverbreitung eine Ad-hoc-Arbeitsgruppe mit dem Auftrag einzusetzen, eine gemeinsame Beurteilung globaler Tendenzen in der Proliferation nuklearer, biologischer und chemischer Stoffe zu erarbeiten und als ersten Schritt einen strukturierten Gedankenaustausch einzuleiten, um die laufenden Gespräche über die Proliferation von Flugkörpern fortzuführen; ferner Erfahrungen auszutauschen, mit dem Ziel, Möglichkeiten für die intensivierte praktische Zusammenarbeit zum Schutz vor ABC-Kampfstoffen zu sondieren;

- als wichtige Maßnahme konkrete Pläne und zeitliche Vorgaben für die Konsultation und Zusammenarbeit im Bereich der Verteidigung gegen taktische Flugkörper zu entwickeln

- auf dem Gebiet der Rüstungskontrolle und der vertrauensbildenden Maßnahmen die relevanten Teile des PJC-Arbeitsprogramms für das Jahr 2002 weiter umzusetzen, unter anderem im Hinblick auf die Zusammenstellung des Arbeitsplans für Konsultationen zwischen Nuklearexperten Russlands und der NATO,

- einen Meinungsaustausch zur Frage der Verteidigungsreform vorzunehmen, auch durch laufende Diskussionen im Rahmen der Stabsgespräche zwischen der NATO und Russland über die Frage der Verteidigungsreform, um die Möglichkeit zum Dialog und zur gegen-

- I. Chronik -
Nr.108/6.-7.VI.2002: NATO-Verteidigungsministertreffen

seitigen Unterstützung in Verfahren und Prozessen der Verteidigungsreform zu sondieren, auch durch mögliche Initiativen zur Ausbildung von Personal und zu wirtschaftlichen Aspekten, einschließlich der Konversion; auf Expertenebene Bereiche für die Konsultation zu sondieren, die zu konkreten und spezifischen Projekten führen können;

- die Einsetzung einer Ad-hoc-Arbeitsgruppe zur Frage der Verteidigungsreform zu prüfen;

- die Ausrichtung eines Seminars zur Verteidigungsreform beim NATO Defence College zu prüfen;

- auf dem Gebiet der Logistik, des Lufttransports und der Luftbetankung zusammenzuarbeiten und in einem ersten Schritt spezifische Aktionspläne zu vereinbaren, einschließlich möglicher Zeitpläne für die Weiterführung der Zusammenarbeit in diesen Bereichen; diese Pläne sollten den Vorschlag aufgreifen, so bald wie möglich praktische Demonstrationsversuche auszurichten;

- auf dem Gebiet des Rettungs- und Suchdienstes auf See den Abschluss und die anschließende Umsetzung eines Rahmendokuments zur Rettung von U-Boot-Besatzungen zu überwachen; und ferner die Zusammenarbeit, die Offenheit und das Vertrauen zwischen der NATO und Russland in der Frage des Such- und Rettungsdienstes auf See zu begleiten und weiter zu fördern; und

- spezielle Pläne zu erarbeiten und Zeitpläne für die Umsetzung des NRR-Arbeitsprogramms in den Bereichen der Ausbildung und Übungen sowie der Kooperationsinitiative zur Frage des Luftraums zu vereinbaren und die möglichst zügige Umsetzung weiterzuverfolgen."

7. Erklärung zum Treffen der NATO-Ukraine-Kommission auf Ebene der Verteidigungsminister vom 7. 6. 2002

„1. Die NATO-Ukraine-Kommission (NUK) trat heute auf Ebene der Verteidigungsminister im NATO-Hauptquartier in Brüssel zusammen.

2. Die Minister erörterten die Entwicklung der Sicherheitslage im euro-atlantischen Raum und würdigten die strategische Bedeutung der ausgeprägten Partnerschaft zwischen der NATO und der Ukraine; sie unterstrichen ihren gemeinsamen Wunsch, ihre Beziehung auf eine qualitativ neue Ebene anzuheben.

3. Die Verteidigungsminister nahmen die Entscheidung der Außenminister zur Kenntnis, die diese auf ihrem Treffen in Reykjavik gefällt hatten, um auf der Grundlage der Charta für eine ausgeprägte Partnerschaft weiter aufzubauen und die Beziehung zwischen der NATO und der Ukraine zu erweitern. Die Verteidigungsminister stimmten überein, dass eine so gestärkte Beziehung auf der substantiellen und erfolgreichen Zusammenarbeit zwischen der NATO und der Ukraine in Fragen der Sicherheit und Verteidigung aufbauen sollte. In diesem Zusammenhang nehmen die Minister die Bestrebungen der Ukraine zur euro-atlantischen Integration zur Kenntnis.

4. Die Minister der NATO-Staaten würdigten den praktischen Beitrag der Ukraine zu den Anstrengungen der Bündnispartner im internationalen Kampf gegen den Terrorismus, so auch die aktive Beteiligung der militärischen Lufttransportkräfte der Ukraine zur Verlegung alliierter Truppen in Afghanistan ebenso wie die Öffnung des ukrainischen Luftraums für Flugzeuge der Bündnispartner im Rahmen der Anti-Terror-Kampagne. Die Minister brachten ihre besondere Wertschätzung für die Anstrengungen der KFOR-Truppe zur Stabilisierung des Kosovo zum Ausdruck und würdigten den Beitrag des polnisch-ukrainischen Bataillons.

5. Die Minister stellten mit Zufriedenheit die Fortschritte auf dem Gebiet der Verteidigungsreform fest und billigten den Zwischenbericht der gemeinsamen Arbeitsgruppe für Verteidigungsreformen. Die NATO-Minister begrüßten die zusätzlichen Vorschläge des ukrainischen Verteidigungsministers als einen weiteren Beweis für das Engagement der Ukraine zur vollständigen Umsetzung der Projekte der gemeinsamen Arbeitsgruppe. Die Minister stellten fest, dass die Verteidigungsreform zwar eine nationale Aufgabe ist, bekräftigten aber ihre Bereitschaft zur Unterstützung der ukrainischen Anstrengungen; übereinstimmend sagten sie zu, die Schnittstelle zwischen bilateraler Zusammenarbeit und NATO-Ukraine-Initiativen weiter zu stärken, wie zum Beispiel die Entwicklung eines zivilen Rahmens für das ukrainische Ver-

teidigungsministerium, die Umsetzung von Zielen als Teil der nationalen Verteidigungsreform, einschließlich der Entwicklung von schnellen Reaktionskräften, ferner die technisch sichere Vernichtung überzähliger Munitionsteile sowie kleiner und leichter Waffen. Die Minister wiesen darauf hin, dass die vollständige Umsetzung der NATO-Ukraine-Sicherheitsvereinbarung ein wichtiger Schritt zur weiteren Vertiefung der Zusammenarbeit auf diesem und anderen Gebieten sein würde. Die Minister begrüßten auch die Tatsache, dass Gespräche angelaufen sind, um eine Vereinbarung über Unterstützung durch die Gastgebernation sowie eine Vereinbarung über strategischen Lufttransport vorzubereiten.

6. Die Minister würdigten die Arbeit der zivilen und militärischen Stellen der NATO und der Ukraine zur Förderung der NATO-Ukraine-Zusammenarbeit im Rahmen der Partnerschaft für den Frieden (PfP) und insbesondere die Aktivitäten in Bezug auf die Reform des Verteidigungs- und Sicherheitsbereichs. In diesem Kontext stellten die Minister ebenfalls den Beitrag des NATO-Verbindungsbüros sowie des NATO-Informations- und Dokumentationszentrums in der Ukraine heraus.

7. Die Minister nahmen zur Kenntnis, dass das nächste Treffen der NATO-Ukraine-Kommission auf Botschafterebene am 9. Juli 2002 in Kiew anlässlich des 5-Jahrestags der NATO-Ukraine-Charta stattfinden wird und dass die NATO-Ukraine-Kommission im November 2002 in Prag auf Ebene der Staats- und Regierungschefs zusammenkommen wird."

(Deutsche NATO-Vertretung)

6. VI. 2002

109. USA werden Ministerium für Heimatverteidigung einrichten

Am 6. Juni 2002 hielt der amerikanische Präsident George W. BUSH eine Rede vor beiden Häusern des amerikanischen Kongresses in Washington, D.C., in der er organisatorische Konsequenzen aus den Anschlägen vom 11. September 2001 zog. Fortan solle ein Ministerium für Heimatverteidigung geschaffen werden, welches die Abwehr derartiger Gefahren organisieren und koordinieren soll.

Rede von US-Präsident Bush vom 6. 6. 2002

„Guten Abend. In den nächsten Minuten möchte ich Sie auf den neuesten Stand bezüglich der in unserem Krieg gegen den Terror erzielten Fortschritte bringen und tiefgreifende Veränderungen vorschlagen, die unsere innere Sicherheit angesichts der andauernden Bedrohung durch Terroranschläge verbessern sollen.

Fast neun Monate sind seit dem Tag vergangen, der unser Land für immer verändert hat. Die Trümmer dessen, was einst das World Trade Center war, sind mit hunderttausend Lastwagenladungen weggeräumt worden. Die Westseite des Pentagon sieht beinahe wieder so aus wie am 10. September. Und während die Kinder die Schule beenden und die Familien sich auf die Sommerferien vorbereiten, scheint das Leben für viele fast normal.

Dennoch sind wir heute eine andere Nation - trauriger und stärker, weniger unschuldig und mutiger, wir wissen das Leben besser zu schätzen, und viele, die unserem Land dienen, sind eher bereit, ihr Leben für eine große Sache zu riskieren. Für diejenigen, die Familienangehörige und Freunde verloren haben, wird der Schmerz nie vergehen - genauso wenig wie die Verantwortung, die dieser Tag uns allen auferlegt hat. Die Vereinigten Staaten haben in einem gigantischen Kampf gegen den Terror eine Führungsrolle in der zivilisierten Welt übernommen. Freiheit und Angst befinden sich im Krieg - und die Freiheit obsiegt.

Heute sind mehr als 60.000 amerikanische Soldaten auf der ganzen Welt in dem Krieg gegen den Terror stationiert - über 7.000 in Afghanistan, andere auf den Philippinen, im Jemen und der Republik Georgien, um die örtlichen Streitkräfte auszubilden. Nächste Woche wird Afghanistan eine repräsentative Regierung wählen, auch wenn amerikanische Truppen immer noch zusammen mit den Truppen unserer Bündnispartner entfernte Verstecke der Al Qaida angreifen.

- I. Chronik -
Nr.109/6.VI.2002: Rede von Präsident Bush

Unter unseren Gefangenen befindet sich ein Mann namens Abu ZABEDAH, der Einsatzleiter der Al Qaida. Von ihm und hunderten anderen erfahren wir mehr über die Pläne und Einsätze der Terroristen - das sind entscheidende Informationen für die Antizipierung und Verhinderung zukünftiger Anschläge.

Unsere Koalition ist stark. Über 90 Nationen haben mehr als 2.400 Terroristen und ihre Gefolgsleute gefangen genommen oder inhaftiert. Über 180 Nationen haben in dem Krieg gegen den Terrorismus Hilfe angeboten oder stellen sie bereit. Und unser Militär ist stark und bereit, sich jeder auftretenden Bedrohung des amerikanischen Volkes zu widersetzen.

Nicht an jedem Tag dieses Krieges wird sich das Drama der Befreiung eines Landes abspielen. Dennoch bringt jeder Tag neue Informationen, einen Tipp oder eine Verhaftung, einen weiteren Schritt, oder zwei oder drei in dem unerbittlichen Marsch, unserer Nation Sicherheit und unsere Feinde vor Gericht zu bringen.

Jeden Tag lese ich ein 'die Bedrohungsanalyse' genanntes Dokument. Es fasst die Informationen unserer Nachrichtendienste und Strafverfolgungsbehörden über terroristische Aktivitäten zusammen. Manchmal sind die Informationen sehr allgemein - vages Gerede, Angeberei über künftige Anschläge. Manchmal sind die Informationen spezifischer, wie in dem jüngsten Fall, als ein Inhaftierter Al-Qaida-Anhänger sagte, es seien Anschläge auf Finanzinstitutionen geplant.

Wenn glaubwürdige nachrichtendienstlichen Erkenntnisse es erfordern, werden die zuständigen Strafverfolgungsbeamten und örtlichen Regierungsvertreter alarmiert. Diese Warnungen sind bedauerlicherweise eine neue Realität im amerikanischen Leben - und wir haben vor kurzem eine Zunahme der allgemeinen Drohungen erlebt. Die Amerikaner sollten weiter das tun, was sie tun - ihr Leben leben, aber auf ihre Umgebung achten. Setzen Sie Ihre Augen und Ohren für den Schutz unserer inneren Sicherheit ein.

Beim Schutz unseres Landes hängen wir vom Geschick unserer Bürger ab - den Truppen, die wir in den Kampf schicken; den Mitarbeitern der Nachrichtendienste, die ihr Leben für Bruchstücke von Informationen riskieren; den Strafverfolgungsbeamten, die nach Spuren und Verdächtigen suchen. Wir erfahren jetzt, dass den Verdachtsmomenten und Einblicken einiger unserer Agenten an vorderster Front vor dem 11. September nicht genug Beachtung geschenkt wurde.

Meine Regierung unterstützt die wichtige Arbeit der nachrichtendienstlichen Ausschüsse im Kongress, die die Aktivitäten der Strafverfolgungsbehörden und der Nachrichtendienste überprüfen. Wir müssen wissen, wann Warnungen überhört oder Anzeichen nicht beachtet wurden - nicht um Schuldzuweisungen vorzunehmen, sondern um sicherzustellen, dass wir das Problem beseitigen und es nicht wieder auftritt.

Aufgrund aller Unterlagen, die ich gesehen habe, glaube ich nicht, dass irgend jemand das Grauen des 11. September hätte verhindern können. Dennoch wissen wir jetzt, dass tausende ausgebildeter Mörder Anschläge auf uns planen, und dieses schreckliche Wissen erfordert von uns ein anderes Handeln.

Wenn Sie ein an vorderster Front stehender Mitarbeiter des FBI, des CIA oder einer anderen Strafverfolgungsbehörde oder eines Nachrichtendienstes sind und Sie sehen etwas, das Ihren Verdacht erregt, möchte ich, dass Sie das sofort melden. Ich erwarte, dass Ihr Vorgesetzter es mit dem gebührenden Ernst behandelt. Es muss ein vollständiger Informationsaustausch stattfinden, so dass wir jede Spur verfolgen können, um die eine zu finden, die eine Tragödie verhindern könnte.

Ich beglückwünsche die Leiter und Mitarbeiter des FBI und des CIA für die Einleitung unerlässlicher Reformen. Sie müssen weiterhin anders denken und handeln, um den Feind zu besiegen.

Der erste und beste Weg zur Gewährleistung der inneren Sicherheit der Vereinigten Staaten besteht im Angriff auf den Feind dort, wo er sich versteckt und plant, und genau das tun wir. Wir unternehmen auch bedeutende Schritte zur Verbesserung unserer Maßnahmen zum Schutz der inneren Sicherheit - Sicherung der Cockpits, Verschärfung der Grenzkontrollen, Lagerung von Impfstoffen, Verbesserung der Sicherheit von Wasser- und Atomkraftwerken.

- I. Chronik -
Nr.109/6.VI.2002: Rede von Präsident Bush

Nach dem 11. September mussten wir schnell handeln, und deswegen habe ich Tom RIDGE zu meinem Berater für innere Sicherheit ernannt. Während Gouverneur RIDGE bei der Vorbereitung einer nationalen Strategie mit allen Regierungsebenen zusammenarbeitet und wir mehr über die Pläne und Fähigkeiten des Terrornetzwerks in Erfahrung gebracht haben, sind wir zu der Schlussfolgerung gelangt, dass unsere Regierung umorganisiert werden muss, um sich effektiver mit den neuen Bedrohungen des 21. Jahrhunderts auseinanderzusetzen. Daher fordere ich den Kongress heute Abend auf, mit mir zusammen ein einziges, ständiges Ministerium mit einer übergeordneten und vordringlichen Aufgabe ins Leben zu rufen: Schutz der inneren Sicherheit der Vereinigten Staaten und Schutz des amerikanischen Volkes.

Zurzeit sind bis zu hundert verschiedene Regierungsbehörden für die innere Sicherheit verantwortlich und keine hat die letztliche Rechenschaftspflicht. Die Küstenwache hat beispielsweise mehrere Aufgaben, von Suche und Rettung bis zur Umsetzung von Seerechtsverträgen. Sie erstattet dem Verkehrsministerium Bericht, dessen Hauptverantwortungsbereich Straßen, Schienen, Brücken und Luftstraßen sind. Die Zollfahndung nimmt neben anderen Aufgaben Zölle ein und verhindert Schmuggel - und ist Teil des Finanzministeriums, dessen Hauptaufgabe die Steuerpolitik, nicht die Sicherheit ist.

Heute Abend schlage ich ein ständiges Ministerium für innere Sicherheit auf Kabinettsebene vor, um wichtige Behörden zusammenzulegen, die enger zusammenarbeiten müssen. Dazu zählen: Die Küstenwache, der Grenzschutz, die Zollfahndung, Einwanderungsbeamte, das Amt für Verkehrssicherheit und die Bundesbehörde für die Bewältigung von Notfällen. Die Mitarbeiter dieser neuen Behörde werden jeden Morgen in dem Wissen zur Arbeit kommen, dass ihre wichtigste Aufgabe im Schutz ihrer Mitbürger besteht.

Das Ministerium für innere Sicherheit wird mit vier Hauptaufgaben betraut. Dieses neue Amt wird unsere Grenzen kontrollieren und verhindern, dass Terroristen und Sprengstoff in unser Land gelangen. Es wird mit bundesstaatlichen und kommunalen Behörden zusammenarbeiten, um schnell und effektiv auf Notfälle zu reagieren. Es wird unsere besten Wissenschaftler zur Entwicklung von Technologien zusammenführen, die biologische, chemische und atomare Waffen aufspüren sowie die Medikamente und Behandlungsmethoden ausmachen, die unsere Bürger am besten schützen. Und dieses neue Ministerium wird Informationen der Nachrichtendienste und Strafverfolgungsbehörden aus allen Regierungsämtern prüfen und täglich ein einziges Bild der Bedrohungen unserer inneren Sicherheit erstellen. Die Analysten werden dafür verantwortlich sein, das Schlimmste anzunehmen und seine Abwehr zu planen.

Der Grund für die Schaffung dieses Ministeriums besteht nicht in der Einrichtung von mehr Regierungsbehörden, sondern in der Verbesserung ihrer Zielrichtung und Effektivität. Die Mitarbeiter dieses neuen Ministeriums werden großenteils von den Behörden abgezogen, die wir zusammenlegen. Indem wir Duplizität und Überlappung beenden, geben wir weniger für feste Kosten und mehr zum Schutz der Vereinigten Staaten aus. Diese Umorganisation wird den guten Menschen in unserer Regierung die beste Chance zum Erfolg bieten, da unsere Ressourcen in gründlicher und einheitlicher Weise organisiert werden.

Heute Abend schlage ich die umfassendste Umorganisation der Bundesregierung seit den vierziger Jahren des 20. Jahrhunderts vor. Während seiner Präsidentschaft erkannte Harry TRUMAN, dass die zersplitterte Verteidigung unserer Nation umorganisiert werden musste, um den Kalten Krieg zu gewinnen. Er schlug den Zusammenschluss unserer Streitkräfte in einem einzigen Verteidigungsministerium sowie die Gründung des Nationalen Sicherheitsrats vor, um Verteidigung, Nachrichtendienste und Diplomatie zusammenzubringen. Trumans Reformen helfen uns immer noch bei der Bekämpfung des Terrors im Ausland, und jetzt benötigen wir ähnliche dramatische Reformen zum Schutz unserer Bürger im Inland.

Nur der Kongress der Vereinigten Staaten kann ein neues Ministerium gründen. Daher bitte ich heute Abend um Ihre Hilfe bei der Ermutigung Ihrer Regierungsvertreter, meinen Plan zu unterstützen. Wir sehen uns einer dringenden Notwendigkeit gegenüber, und wir müssen schnell handeln, in diesem Jahr, vor dem Ende der Sitzungsperiode des Kongresses. Alle in unserer Regierung Vertretenen haben seit dem 11. September sehr viel gelernt, und wir müssen anhand von jeder Lektion handeln. Wir sind heute Abend stärker und besser vorbereitet als wir es an jenem schrecklichen Morgen waren - und mit Ihrer Hilfe und der Unterstützung des Kongresses werden wir noch stärker sein.

- I. Chronik -
Nr.110/12.-13.VI.2002: G8-Außenministertreffen

Die Geschichte hat unsere Nation zum Handeln aufgefordert. Die Geschichte hat uns vor eine große Herausforderung gestellt: Werden die Vereinigten Staaten - mit ihrer einzigartigen Position und Macht - angesichts des Terrors zurückschrecken, oder werden wir die Führungsrolle zu einer freieren, zivilisierteren Welt übernehmen? Es gibt nur eine Antwort: Dieses großartige Land wird die Welt zu Sicherheit, Frieden und Freiheit führen."

(Amerika Dienst)

12. - 13. VI. 2002

110. Außenministertreffen der G8 zu internationalen Konflikten

Am 12. und 13. Juni 2002 trafen im kanadischen Ort Whistler die Außenminister der G8-Staaten zusammen, um über regionale Konflikte und eine Reihe von globalen oder Regionen übergreifende Themen zu sprechen. Die Zusammenfassung des kanadischen Vorsitzes ist hier wiedergegeben. Die Minister verabschiedeten des weiteren eine Erklärung über Konfliktprävention, Abrüstung, Demobilisierung und Reintegration.

1. Canadian Chair's Statement on the G8-Meeting, 13. 6. 2002

"1. G8 Foreign Ministers met in Whistler, June 12-13, to exchange views and coordinate action on a range of important global and regional issues. Discussions focused particularly on counterterrorism; Afghanistan; tensions between India and Pakistan; the conflict in the Middle East; Non-proliferation, Arms Control and Disarmament (NACD), including weapons of mass destruction (WMD); and the Balkans. We recognized the need to go beyond simply responding to crises and to address the problems of governance and development that can give rise to them.

Counter Terrorism

2. On September 19 last year, following the terrorist attacks in the United States, and at the initiative of the Italian Presidency, G8 Leaders asked their Ministers to develop concrete measures to fight terrorism. Yesterday, we issued a Progress Report on the Fight Against Terrorism outlining actions we have taken since September 11, 2001. These efforts have been coordinated with work by Ministers of Finance, of Interior and Justice. We rededicated ourselves to defending our values and freedoms by continuing the fight against terrorism, which we agreed will require constant vigilance and effort. We stressed the importance of increased cooperation among G8 states to prevent terrorist access to chemical, biological, radiological and nuclear (CBRN) weapons. G8 members are also committed to assisting individual states or regions to build their capacity to fight terrorism, working closely with the United Nations and relevant regional organizations, and focusing on areas where the G8 can make a value-added contribution. In offering this assistance, we will coordinate our efforts to avoid duplication and ensure the best application of our expertise.

Afghanistan

3. G8 Foreign Ministers discussed the situation in Afghanistan, on which we issued a separate statement yesterday. We expressed our strong support for the emergency Loya Jirga currently underway in Afghanistan, and offered our congratulations to Hamid KARZAI for his election today in Kabul. We commend Chairman KARZAI, his cabinet, and the Afghan people for the extraordinary progress they have made in the last months in rebuilding the Afghan state. The Loya Jirga is a vital step in the creation of a representative, inclusive and effective transitional authority and a critical step towards democratic elections due in 2004. We discussed the importance of responding to the needs identified by the Afghan authorities to build the governance structures essential for continued progress. In order to create the conditions for the provision of humanitarian relief and to enable longer term reconstruction efforts, the G8 has focused attention on security sector issues in Afghanistan. We have worked with the Afghan Interim Administration, the Special Representative of the Secretary-General, Lakhdar BRAHIMI, and the United Nations Assistance Mission in Afghanistan (UNAMA) to support efforts to demobi-

lize and reintegrate former combatants, build a national army, create national and regional police forces, and to restore the justice sector. Particular attention has been given to addressing the challenges of opium production and trafficking in Afghanistan. We also recognized the importance of translating without delay the pledges made during the Tokyo Conference into concrete support to reinforce the positive transition in Afghanistan and to give hope to the Afghan people for a secure and stable future.

India-Pakistan

4. G8 Foreign Ministers discussed tensions between India and Pakistan and raised continuing concerns regarding the risk of conflict between these nuclear weapons capable nations, and the threat this would pose to regional and global security and stability. We stressed the need for a continued reduction of tensions and for political dialogue between the two parties. We reiterated our May 31 call for Pakistan to put a permanent stop to terrorist activity originating from territory under Pakistani control, and for both countries to continue to work with the international community to ensure that there will be a diplomatic solution to the current crisis. We are committed to continuing to work with India and Pakistan to deal with the fundamental problems underlying the current crisis and to sustaining coordinated diplomatic efforts in the region.

The Middle East

5. G8 Foreign Ministers discussed the situation in the Middle East and called for an immediate end to terrorism and violence. We reaffirmed the vision of a region where two states, Israel and Palestine, live side by side within secure and recognized borders. We underlined our commitment to work together, and with the parties involved, to sustain the conditions for peace, prosperity and economic rehabilitation, dignity and security in the region. G8 Foreign Ministers welcomed the Arab League initiative adopted at its Summit in Beirut and the intention of the United States to convene an international conference on the Middle East.

Non-Proliferation, Arms Control and Disarmament (NACD)

6. G8 Foreign Ministers discussed the changed international security environment and the challenge to global stability and security posed by the proliferation of weapons of mass destruction. We exchanged views on the international non-proliferation, arms control and disarmament agenda, and welcomed the recent agreement between the United States and Russia on reducing nuclear weapons. We agreed that these positive events provide an opportunity for progress in meeting other NACD challenges. In this regard, we reaffirmed the need to use all available instruments-from multilateral mechanisms and legally binding arrangements to export controls. With respect to plutonium dispositioning, we affirmed the importance of ensuring that excess military plutonium is rendered permanently unusable for nuclear weapons. Donors are working to complete negotiations for a multilateral framework for Russia's plutonium dispositioning program in 2003.

The Balkans

7. G8 Foreign Ministers noted the progress towards peace, stability, democracy, and regional cooperation in the Balkans designed to increase the capacity for effective governance. We expressed our continued support for a strong international presence in the region. We fully supported the benchmarks presented to the Security Council by the Special Representative of the Secretary-General for Kosovo. They will be important in fulfilling the objectives of Security Council Resolution 1244 and in building a democratic, multi-ethnic Kosovo.

Conflict Prevention

8. We fulfilled our Rome commitments of last year to find new ways to contribute to the prevention of conflicts, and in this respect experts completed their work on the management of shared water resources and on Disarmament, Demobilization, and Reintegration.

Other Regional Issues

9. G8 Foreign Ministers welcomed the resumption of talks aimed at achieving a just, viable and comprehensive settlement of the Cyprus problem. We urged the two Cypriot leaders, and

all others concerned, to intensify the effort to reach agreement and to bridge the remaining obstacles towards a lasting settlement. We welcomed the United Nations Secretary-General's recent visit to Cyprus and endorsed his hope that an agreement could be reached soon and that the United Nations should play a full role in facilitating this objective.

10. G8 Foreign Ministers agreed that efforts to reduce tension and establish lasting peace on the Korean Peninsula should be further encouraged. We reiterated our support for the Republic of Korea's policy of engagement. We recognized the need to continue to urge the Democratic People's Republic of Korea to respond constructively to international concerns over security, non-proliferation and humanitarian issues.

11. We agreed to meet next during the United Nations General Assembly in New York in September."

2. G8 Conflict Prevention: Disarmament, Demobilisation and Reintegration

Introduction

"The G8 Miyazaki initiative on 'Small arms and light weapons' (SALW), emphasised the central importance of 'Disarmament, demobilisation and reintegration' (DDR) in post-conflict situations. The initiative on 'Conflict and development' recognised that peace and democratic stability are prerequisites for economic growth and sustainable development.

DDR is an important example of how this may work in practice. Once combatants cease to be involved in conflict and are reintegrated into society, substantial progress can be made towards the creation of a safe and secure environment thereby enabling poor communities to build better lives and work their way out of poverty. DDR thus makes a key contribution to peace building and sustainable development.

But reintegration is not only the end-result of disarmament and demobilisation. It is also the key to ensuring that disarmament and demobilisation take place in the first place and are maintained in the long term. As the Brahimi Report noted, demobilised fighters 'tend to return to a life of violence if they find no legitimate livelihood, that is, if they are not reintegrated into the local economy'. For this to happen successfully, both ex-combatants and the local community must feel secure, and there must be opportunities for employment that can be sustained in the long term. New work on DDR is beginning to recognise that DDR not only paves the way for development, but also relies on long-term development for its own success.

Conditions for successful DDR

Past experience suggests some essential pre-conditions for successful DDR: a peace agreement with genuine commitment from all parties to the conflict; proper co-ordination and clear unambiguous leadership within the group of actors involved in DDR; and the personnel, material and financial resources to make it work. DDR could take place in the context of a peacekeeping operation mandated by the UN Security Council. In this regard, the Brahimi-Report recommended improved co-ordination between the relevant UN agencies and a greater role for DPKO in DDR. But there may also be occasions where regional organisations and NGOs can play a valuable role in DDR as part of post-conflict peace-building.

DDR

The availability of weapons and the resulting insecurity can have an adverse effect (both humanitarian and socio-economic) on the stability and development of a country. A key part of any DDR process is disarmament; weapons clearly need to be under the strictest of control and where appropriate, destroyed. Previous disarmament initiatives have had varied, often limited success. As part of its Miyazaki initiative on Small Arms and Light Weapons the G8 recognised that the availability of weapons, especially small arms and light weapons is an important factor in exacerbating conflict and that disarmament is therefore a priority. Unless another form of disposition has been officially authorised and such weapons have been marked, effective provisions for the collection, control, storage and destruction of SALW should be included in peace agreements.

But it is also particularly important to ensure that peace settlements include sufficient, preferably non-cash incentives to give parties the confidence to disarm in the first place. Ideally reintegration should offer incentives to soldiers to return to civilian life, including access to health and education programmes. There is a particular need to recognise the special requirements of women and child-combatants. But many who enter post-conflict DDR processes will want to rejoin the security forces, either police or military. Therefore a broader security sector reform is often critical in enabling the development of disciplined security forces accountable to civilian authority. Provisions should also be made for the rehabilitation of victims, many of whom are women and children. Broadly speaking, reintegration incentives should focus on the establishment of a visibly successful, long-term reintegration programme, which goes beyond military intervention and emergency humanitarian assistance into long term development assistance.

Conclusions

Recognising that it is important to see DDR in the wider context of peace building and development, the G8 endorses the importance of DDR as a key step in the process of moving from conflict to sustainable development.

More specifically:

- The G8 strongly supports the Programme of Action adopted by the United Nations Conference on the Illicit Trade in Small Arms and Light Weapons in All Its Aspects held in July 2001 in New York. The G8 supports efforts to ensure strong commitments and concrete initiatives framed in a comprehensive approach when implementing the commitments entered into under the Programme of Action.

- The G8 recognises the need to support initiatives that are designed to improve the organisational and operational aspects of DDR programmes and to ensure that such initiatives contribute to sustainable peace, security and development.

- The G8 recognises the pre-conditions for successful DDR and support the need for better co-ordination. A comprehensive plan of action should be drawn up covering the political framework, military operations, economic re-building, public and media services, and funding, as part of the process of improving co-ordination.

- The G8 acknowledges that peacekeeping missions, where appropriate, should include a post-conflict small arms and light weapons disarmament and destruction component.

- The G8 recognises the important role which the UN can play in promoting DDR programmes given its experience and activity in the fields of peacekeeping and post-conflict rehabilitation.

- The G8 recognises the role to be played by regional organisations in supporting DDR, as part of post-conflict peace-building, based on examples which include ECOMOG in Liberia and the potential for such support by OSCE in Nagornyy Karabakh.

- The G8 accepts that peace-building activities such as DDR require skilled personnel to work on the ground for long periods of time and supports capacity building within both international institutions and non-governmental organisations in order to achieve this.

- The G8 recognises that lessons have been learnt from past-peacekeeping and peace-building missions and undertakes to support the important research and training efforts developed by DPKO and relevant peacekeeping missions including UNTAET. Best practices in approaching the reintegration of ex-combatants include:

-- Taking account of the broad spectrum of political, economic, social, media, public service, civil society, military and other issues;

-- Assessing, as soon as possible, the needs of former combatants and of the conflict-torn society itself;

-- Providing realistic incentives which would also benefit the citizens affected by, but not engaged in, the conflict;

-- Providing better donor co-ordination on activities to support reintegration programmes, including appropriate disbursement of funds.

- I. Chronik -
Nr.111/13.VI.2002:USA zu Kooperation bei Raketenabwehr

-- The G8 undertakes to support DDR programmes, through, inter alia, calling upon international institutions involved in DDR to ensure that a coherent and comprehensive plan for any DDR exercise is mandated and developed drawing on the above lessons.

-- The G8 undertakes to offer national expertise as required to strengthen the planning and implementation of activities as part of a coherent and comprehensive DDR plan."

(Kanadisches Ministerium für Auswärtige Beziehungen und Außenhandel)

13. VI. 2002

111. USA wollen Kooperation bei Raketenabwehr

Am 13. Juni 2002 wurde in Washington, D.C., eine Erklärung von US-Präsident George W. BUSH veröffentlicht, in der den Rücktritt seines Landes vom ABM-Vertrag *(siehe oben Seite 262)* erneut rechtfertigte und vertiefte Kooperation mit anderen Ländern, insbesondere mit Russland ankündigte.

Erklärung von Präsident George W. Bush zum Rücktritt der USA vom ABM-Vertrag vom 13. 6. 2002.

„Vor sechs Monaten habe ich bekannt gegeben, dass die Vereinigten Staaten vom ABM-Vertrag von 1972 zurücktreten werden, und heute tritt dieser offizielle Rücktritt in Kraft. Angesichts der Tatsache, dass dieser Vertrag nun hinter uns liegt, besteht unsere Aufgabe in der Entwicklung und Stationierung einer effektiven Verteidigung gegen begrenzte Raketenangriffe. Wie die Ereignisse vom 11. September deutlich gemacht haben, leben wir nicht länger in der Welt des Kalten Krieges, für die der ABM-Vertrag entworfen wurde. Wir sehen uns jetzt neuen Bedrohungen durch Terroristen gegenüber, die unsere Zivilisation mit allen Mitteln zerstören wollen, die mit Massenvernichtungswaffen und Langstreckenraketen bewaffneten Schurkenstaaten zur Verfügung stehen. Die Verteidigung des amerikanischen Volkes gegen diese Bedrohungen ist meine oberste Priorität als Oberbefehlshaber.

Die neuen strategischen Herausforderungen des 21. Jahrhunderts erfordern von uns eine andere Denkweise. Aber sie erfordern von uns auch zu handeln. Ich fordere den Kongress auf, die Mittel in voller Höhe zu bewilligen, die ich in meinem Haushaltsentwurf für die Raketenabwehr beantragt habe. Das wird den Vereinigten Staaten gestatten, eng mit allen der Freiheit verpflichteten Nationen bei der Entwicklung von Maßnahmen und Fähigkeiten zusammenzuarbeiten, die erforderlich sind, um die Welt für nachfolgende Generationen zu einem sichereren Ort zu machen.

Ich habe mich verpflichtet, das Raketenabwehrsystem so schnell wir möglich zu stationieren, um das amerikanische Volk und unsere disloziierten Streitkräfte gegen die uns konfrontierende wachsende Bedrohung durch Raketenangriffe zu verteidigen. Weil diese Bedrohungen auch unsere Bündnispartner und Freunde auf der ganzen Welt gefährden, ist es unerlässlich, dass wir bei der Verteidigung gegen diese Bedrohungen zusammenarbeiten - eine wichtige Aufgabe, die der ABM-Vertrag verboten hat. Die Vereinigten Staaten werden ihren Dialog und die Zusammenarbeit mit anderen Nationen bei der Raketenabwehr vertiefen.

Im vergangenen Monat vereinbarten Präsident PUTIN und ich, dass Russland und die Vereinigten Staaten Wege zur Zusammenarbeit bei der Raketenabwehr sondieren werden, darunter die Erweiterung militärischer Übungen, Austausch von Frühwarndaten sowie mögliche gemeinsame Forschung und Entwicklung auf dem Gebiet der Raketenabwehrtechnologien. Im letzten Jahr haben unsere Länder hart daran gearbeitet, die Relikte des Kalten Kriegs und seine Strukturen zu beseitigen. Die Vereinigten Staaten und Russland bauen neue Beziehungen auf der Grundlage gemeinsamer Interessen und zunehmend gemeinsamer Werte auf. Im Rahmen des Vertrags von Moskau werden die Nukleararsenale unserer Nationen auf das niedrigste Niveau seit Jahrzehnten reduziert. Die Zusammenarbeit bei der Raketenabwehr wird ebenfalls einen wichtigen Beitrag zur Förderung der von unseren beiden Ländern angestrebten Beziehungen leisten."

(Amerikanische Botschaft, Berlin)

14. VI. 2002

112. Russland sieht sich nicht mehr an den START-II Vertrag gebunden

Am 14. Juni 2002 veröffentlichte das russische Außenministerium die nachfolgende Erklärung, wonach sich die Russische Föderation nicht mehr an den START-II Vertrag von 1993 *(Band XXVI, S. 446 ff.)* gebunden sehe, nachdem der US-Senat START II sowie die 1997 aufgehandelten Folgeprotokolle nicht ratifiziert und den ABM-Vertrag aufgekündigt habe.

Statement by the Ministry of Foreign Affairs of the Russian Federation on the Legal Status of the Treaty Between the Russian Federation and the United States of America on Further Reduction and Limitation of Strategic Offensive Arms, from 14. 6. 2002

„In May 2000, the Russian Federation ratified the Treaty between the Russian Federation and the United States of America on Further Reduction and Limitation of Strategic Offensive Arms (START II Treaty) and the New York memoranda of understanding of 26 September 1997 on the Anti-Ballistic Missile Treaty. In this connection, there was a mutual understanding with the United States of America that it would act in like manner. This would have made it possible to put into effect these important agreements concerning the strategic offensive and defensive arms of the two countries.

The United States has, however, refused to ratify the START II Treaty and the New York memoranda of understanding. In addition, on 13 June 2002, the United States withdrew from the Anti-Ballistic Missile Treaty, with the result that this international legal instrument, which for three decades stood as the cornerstone of strategic stability, is no longer valid. In the light of these actions by the United States and on the basis of the provisions of the Federal Act ratifying the START II Treaty, the Russian Federation notes that none of the prerequisites for the entry into force of the START II Treaty exist and no longer considers itself bound by the obligation under international law to refrain from actions that could deprive this Treaty of its object and purpose."

(CD/1677)

21. - 22. VI. 2002

113. EU-Gipfel in Sevilla zur Außen- und Verteidigungspolitik

Vom 21. bis 22. Juni 2002 trafen in der spanischen Stadt Sevilla die Staats- und Regierungschef der EU (Europäischer Rat) zusammen. Hauptthemen waren Fragen der Wirtschaftspolitik sowie der Einwanderungs- und Asylpolitik. Des Weiteren wurde über den Beitrag der GASP zur Terrorismusbekämpfung und zur Lage im Nahen Osten beraten. Zu beiden Themen nahm der Rat gesonderte Stellungnahmen an, die im nachfolgenden wiedergegeben sind. Der Europäische Rat billigte den Bericht des Vorsitzes über den Stand der Vorbereitungen zur ESVP, der ebenfalls hier wiedergegeben wird.

1. Schlussfolgerungen des Vorsitzes, Sevilla 21. - 22. 6. 2002 (Auszüge)

....„10. Der Europäische Rat billigte den Bericht des Vorsitzes über die Europäische Sicherheits- und Verteidigungspolitik.

11. Der Europäische Rat ist entschlossen, die Rolle der Europäischen Union bei der Bekämpfung des Terrorismus auszubauen, und ist sich bewusst, welche Bedeutung dem Beitrag der GASP, einschließlich der ESVP, hierbei zukommt; er nahm daher eine Erklärung an (siehe Anlage V), die darauf abzielt, den für die Terrorismusbekämpfung erforderlichen Fähigkeiten besser Rechnung zu tragen.

- I. Chronik -
Nr.113/21.-22.VI.2002: EU-Gipfel in Sevilla

12. Im Anschluss an die in Laeken angenommene Erklärung zur Einsatzbereitschaft auf dem Gebiet der Europäischen Sicherheits- und Verteidigungspolitik sind wesentliche Fortschritte erzielt worden, was den Ausbau der zivilen und militärischen Fähigkeiten, die Durchführung des Aktionsplans zur Beseitigung bestehender Mängel und die Perspektiven für eine Zusammenarbeit auf dem Gebiet der Rüstung anbelangt. Der Europäische Rat fordert die Verteidigungsminister im Rat ‚Allgemeine Angelegenheiten und Außenbeziehungen' auf, weiterhin den Verlauf dieser Arbeiten betreffend die Fähigkeiten zu lenken.

13. Die Europäische Union hat bestätigt, dass sie in der Lage ist, Operationen zur Krisenbewältigung durchzuführen; insbesondere hat sie beschlossen, die Polizeimission in Bosnien und Herzegowina (EUPM) zu leiten, durch die ab dem 1. Januar 2003 die derzeitige Operation der UNO abgelöst wird.

14. Der Europäische Rat hat den Willen der Europäischen Union zum Ausdruck gebracht, die NATO in der ehemaligen jugoslawischen Republik Mazedonien abzulösen. Er beauftragte den Generalsekretär/Hohen Vertreter und die zuständigen Gremien der Europäischen Union, die notwendigen Kontakte mit den Behörden der ehemaligen jugoslawischen Republik Mazedonien und den Verantwortlichen der NATO aufzunehmen und die bisherigen Planungsmaßnahmen weiterzuführen und zu intensivieren, damit die Union in die Lage ver- setzt wird, die NATO-Mission nach Ablauf des derzeitigen Mandats der NATO abzulösen, sofern die Dauervereinbarungen für die EU-NATO-Zusammenarbeit (‚Berlin plus') bis dahin getroffen sind.

15. Der Europäische Rat begrüßt die bisher vom spanischen Vorsitz erzielten Fortschritte in Bezug auf die Umsetzung der in Nizza vereinbarten Regelungen über die Beteiligung der nicht der Europäischen Union angehörenden europäischen Bündnispartner und beauftragt den nächsten Vorsitz, diese Arbeiten gemeinsam mit dem Generalsekretär/Hohen Vertreter fortzu- setzen.

16. Im zivilen Bereich wurden die Arbeiten in den vier prioritären Bereichen fortgesetzt (Polizei, Rechtsstaatlichkeit, Zivilverwaltung und Zivilschutz); dies betrifft sowohl qualitative als auch quantitative Aspekte der Fähigkeiten. Die Beschlussfassungsstrukturen und -verfahren der ESVP sind bei der ersten von der Europäischen Union geführten Krisenmanagementübung erfolgreich getestet worden.

17. Ein Bericht über alle diese Fragen wird dem Europäischen Rat auf seiner Tagung in Kopenhagen vorgelegt."

2. Erklärung des Europäischen Rates über den Beitrag der GASP, einschliesslich der ESVP, zur Bekämpfung des Terrorismus

„1. Der Europäische Rat bekräftigt, dass der Terrorismus eine beispiellose Herausforderung für Europa und für die Welt und eine Bedrohung für unsere Sicherheit und unsere Stabilität darstellt. Daher hat der Europäische Rat auf seiner Sondertagung am 21. September 2001 beschlossen, sein Engagement gegen den Terrorismus durch einen abgestimmten und interdisziplinären Ansatz zu verstärken, in den alle Politiken der Union einfließen; dies schließt den weiteren Ausbau der Gemeinsamen Außen- und Sicherheitspolitik (GASP) und die Erreichung der Einsatzbereitschaft der Europäischen Sicherheits- und Verteidigungspolitik (ESVP) ein.

2. Der Europäische Rat hat festgestellt, welch bemerkenswerte Erfolge bei der Umsetzung des Aktionsplans zur Bekämpfung des Terrorismus erreicht worden sind, und er unterstreicht erneut, dass die Bekämpfung des Terrorismus weiterhin ein vorrangiges Ziel der Europäischen Union und ein Kernstück ihrer Außenpolitik ist. Dabei sind Solidarität und internationale Zusammenarbeit die wesentlichen Instrumente zur Bekämpfung dieser Geißel. Die Union wird sich auch künftig aufs Engste mit den Vereinigten Staaten und anderen Partnern abstimmen. Die Union wird bestrebt sein, sowohl intern als auch in ihren Beziehungen zu Drittländern und internationalen Organisationen wie der UNO, der NATO und der OSZE weitere Beiträge zu den internationalen Anstrengungen zu leisten.

3. Die Gemeinsame Außen- und Sicherheitspolitik, einschließlich der Europäischen Sicherheits- und Verteidigungspolitik (ESVP), kann eine wichtige Rolle bei der Abwehr dieser Bedrohung für unsere Sicherheit und bei der Festigung von Frieden und Sicherheit spielen. Angesichts der internationalen Lage nach den Terroranschlägen vom 11. September kommt es nun zu einer engeren Zusammenarbeit unter den Mitgliedstaaten."

- I. Chronik -
Nr.113/21.-22.VI.2002: EU-Gipfel in Sevilla

3. Bericht des Vorsitzes über die Europäische Sicherheits- und Verteidigungspolitik

I. EINLEITUNG

1. Die Europäische Union hat unter dem spanischem Vorsitz ihre Arbeit auf dem Gebiet der Europäischen Sicherheits- und Verteidigungspolitik (ESVP) fortgesetzt. Gemäß der Erklärung von Laeken zur Einsatzbereitschaft auf dem Gebiet der ESVP wurde die Entwicklung der militärischen und zivilen Fähigkeiten sowie der Kapazitäten für die Konfliktverhütung vorangetrieben; die Union hat eine erste EU-Krisenbewältigungsoperation beschlossen und ihre erste Krisenmanagementübung durchgeführt.

2. Was die Vorlage dieses Berichts betrifft, so hat der Vorsitz zur Kenntnis genommen, dass Dänemark auf das die Position dieses Landes betreffende Protokoll Nr. 5 im Anhang zum Vertrag von Amsterdam hingewiesen hat.

II: HIN ZUR ERSTEN EU-GEFÜHRTEN KRISENBEWÄLTIGUNGSOPERATION

3. Die Union hat mit Zustimmung der Regierung von Bosnien und Herzegowina beschlossen, vom 1. Januar 2003 an eine Polizeimission der EU (EUPM) in diesem Land durchzuführen, die die derzeitige Polizeimission der Vereinten Nationen ablösen soll. Zuvor war das Angebot der Union vom Lenkungsausschuss des Rates für die Umsetzung des Friedens am 28. Februar befürwortet und anschließend vom VN-Sicherheitsrat in seiner Resolution 1396 begrüßt worden. Es handelt sich um den ersten Beschluss zur Durchführung einer EU-Krisenbewältigungsoperation.

4. Die Union hat sich zudem bereit erklärt, im Anschluss an Wahlen in der ehemaligen jugoslawischen Republik Mazedonien und auf Ersuchen der Regierung dieses Lands Verantwortung für eine Operation zu übernehmen, die an den derzeitigen NATO-Operation in der ehemaligen jugoslawischen Republik Mazedonien anschließt, in der Erwartung, dass die Dauervereinbarungen für die EU-NATO-Zusammenarbeit (‚Berlin plus') bis dahin getroffen sind. Die Union hat die hierfür erforderlichen Vorarbeiten bereits in Angriff genommen.

III. ROLLE DER ESVP BEI DER TERRORISMUSBEKÄMPFUNG

5. In seiner Erklärung über den Beitrag der GASP, einschließlich der ESVP, zur Bekämpfung des Terrorismus hat der Europäische Rat anerkannt, dass die Europäische Sicherheits- und Verteidigungspolitik als Bestandteil der GASP eine wichtige Rolle bei der Terrorismusbekämpfung und bei der Festigung von Frieden und Stabilität spielen sollte.

IV. AUSBAU DER MILITÄRISCHEN FÄHIGKEITEN DER UNION

Militärische Fähigkeiten

6. Die Umsetzung des Europäischen Aktionsplans zu den Fähigkeiten (ECAP) ist im vollem Gange. Offiziell in Angriff genommen wurden die Arbeiten auf der ECAP-Eröffnungstagung, die am 11./12. Februar 2002 in Brüssel stattfand. Was die zur Erreichung des Planziels erforderlichen Fähigkeiten betrifft, so werden viele Defizite, darunter die Mehrzahl der gravierensten Mängel, bereits im Rahmen von ECAP-Panels geprüft, die dem Militärausschuss der EU Bericht erstatten. Dabei wird die Union nach Lösungen, auch multinationalen Lösungen, und neuen Formen der Zusammenarbeit zwischen den Mitgliedstaaten suchen, damit die Ressourcen optimal genutzt werden können. Die Grundsätze, auf die sich der ECAP stützt, werden bereits angewandt. Bei der Festlegung der Mechanismen zur Umsetzung des ECAP wurde dem Bottom-up-Konzept und dem freiwilligen Charakter des Aktionsplans Rechnung getragen. Die Zusammenarbeit mit der NATO wurde eingeleitet, und es werden weitere Verbesserungen angestrebt. Feste Zusagen seitens der Mitgliedstaaten und eine diesbezügliche Koordinierung sind notwendig und müssen weiter gefördert werden.

7. Die qualitativen und quantitativen Aspekte der militärischen Fähigkeiten, die zur Erreichung des Helsinki-Planziels erforderlich sind, wurden präzisiert. Die diesbezüglichen Beratungen erfolgten mit Unterstützung durch die NATO im Rahmen der Planziel-Task-Force-Plus.

8. Bei der Festlegung der Einzelheiten des Mechanismus zur Entwicklung der Fähigkeiten wurden erhebliche Fortschritte erzielt, und zwar sowohl in Bezug auf die internen Aspekte als

- I. Chronik -
Nr.113/21.-22.VI.2002: EU-Gipfel in Sevilla

auch im Hinblick auf die Schnittstelle EU-NATO. Die Fortschritte sollten unbedingt weiter überwacht und bewertet, und Defizite bei der Entwicklung der militärischen Fähigkeiten der EU behoben werden; im Rahmen des CDM sind die Grundsätze und ein Rahmen für den Bedarf an kohärenten und sich gegenseitig verstärkende Fähigkeiten von NATO und EU auszuarbeiten.

Zusammenarbeit auf dem Gebiet der Rüstung

9. Im Anschluss an die informelle Tagung der Nationalen Rüstungsdirektoren der EU vom 29. April 2002 in Madrid hat der Rat erörtert, wie die Zusammenarbeit auf dem Gebiet der Rüstung im Interesse der ESVP gefördert werden kann, soweit die Mitgliedstaaten dies für angezeigt halten. Es bestand Einvernehmen darüber, dass – soweit die Mitgliedstaaten dies für angemessen erachten - weitere Beratungen über diese Fragen erforderlich sind, wobei die Leitlinien, die der Vorsitz als Ergebnis der vorgenannten Tagung vorgelegt hat, zu berücksichtigen wären. Am 12. Juni 2002 fand in Madrid ein Seminar zu diesem Thema statt, an dem alle einschlägig Betroffenen, einschließlich Vertreter der europäischen Rüstungsindustrie, teilnahmen. Im Rahmen des ECAP werden zudem weitere Überlegungen über die Bedarfsdeckung und die Finanzierung der Fähigkeiten angestellt werden; entsprechende Beratungen haben bereits u.a. auf der informellen Tagung der Verteidigungsminister in Saragossa und auf der Ratstagung vom 13. Mai 2002 stattgefunden.

Zivile Fähigkeiten

10. Am 16. Mai 2002 hat in Brüssel eine Beitragskonferenz zum Bereich Rechtsstaatlichkeit stattgefunden. Dabei haben die Mitgliedstaaten Zusagen gemacht, die über das in Göteborg vereinbarte Ziel hinausgehen; diesem Ziel zufolge sollten sie 2003 in der Lage sein, bis zu 200 Beamte für Krisenmanagementoperationen in diesem Bereich bereitzustellen. Die Erklärung, die auf der Beitragskonferenz zum Bereich Rechtsstaatlichkeit angenommen wurde, wurde vom Rat am 13. Juni 2002 gebilligt (Anhang I).

11. Was den Bevölkerungsschutz betrifft, so wurde dazu aufgerufen, Beitragszusagen zu machen, damit die konkreten Ziele von Göteborg erreicht werden können.

12. Beträchtliche Fortschritte wurden bei der Umsetzung des Aktionsplans für die Polizei erzielt, wodurch die qualitativen Aspekte der Fähigkeiten im Bereich der Polizei verbessert wurden.

V. STRUKTUREN, VERFAHREN, ÜBUNGEN

Strukturen

13. Wie vom Rat auf seiner Tagung vom 18. Februar 2002 vereinbart sind die Verteidigungsminister am 13. Mai 2002 erstmals im Rat (Allgemeine Angelegenheiten) zusammengetreten; den Vorsitz führte der Verteidigungsminister des Vorsitzlandes. Bei dieser Gelegenheit hat der Rat alle in Laeken genannten relevanten Aspekte des Aufbaus der militärischen Fähigkeiten der EU geprüft. Weitere Tagungen dieser Art sind geplant.

14. Das Satellitenzentrum der Europäischen Union und das Institut der Europäischen Union für Sicherheitsstudien haben am 1. Januar 2002 ihre Arbeit aufgenommen.

15. Das Generalsekretariat des Rates hat in Bezug auf Struktur und Verfahren mehrere Änderungen vorgenommen; hierzu gehört die Weiterentwicklung eines gemeinsamen Lagezentrums mit dem Ziel, seine Fähigkeit zur Analyse und Nutzung von Nachrichtenmaterial und anderen Informationen, die von den Mitgliedstaaten zur Verfügung gestellt werden, zu verbessern und den Austausch von Erkenntnissen und anderen Informationen auszuweiten. Hierdurch wird die Unterstützung des Rates im gesamten ESVP-Bereich verbessert.

Verfahren

16. Die Verfahren der Krisenbewältigung, auf die in Nizza Bezug genommen wurde, wurden einer gründlichen Prüfung unterzogen. Im Mittelpunkt der Prüfung stand die Schnittstelle zwischen den militärischen und den zivilen Komponenten der Krisenbewältigungsoperationen. Das Politische und Sicherheitspolitische Komitee hat Kenntnis von den überarbeiteten Verfahren genommen.

17. Im militärischen Bereich wurden vom Militärausschuss der Europäischen Union, der hierbei vom Militärstab der Europäischen Union unterstützt wurde, in Bezug auf Konzeption und Verfahren auf mehreren Gebieten umfangreiche Arbeiten durchgeführt, die dem Ziel der Festlegung interner Verfahren dienten. Insbesondere wurden entsprechend den Mandaten von Helsinki und Laeken die Beratungen über die Verfahren und Konzepte betreffend die im Rahmen des Planziels vorgesehenen Krisenreaktionskräfte und die Verbesserung der Führungsvorkehrungen für nationale und multinationale Hauptquartiere mit dem Ziel fortgesetzt, eine wirksame und rechtzeitige Reaktion auf eine Krise zu ermöglichen.

18. Die Modalitäten für die Finanzierung von Krisenbewältigungsoperationen mit militärischen oder verteidigungspolitischen Bezügen wurden angenommen (Anhang II).

19. Die Arbeiten, die auf die Verbesserung der zivilen Fähigkeiten in den in Feira ermittelten vier prioritären Bereichen zielen, wurden fortgesetzt. Im Bereich der Polizei nahm das Politische und Sicherheitspolitische Komitee Kenntnis von Leitlinien für die Befehls- und Kontrollstruktur von EU-Polizeieinsätzen im Rahmen der Krisenbewältigung, vom EU-Konzept für die polizeiliche Planung und von den Gesamtkonzepten der EU für Missionen zur Substituierung und zur Verstärkung örtlicher Polizeikräfte. Es wurden Leitlinien für die polizeilichen Aspekte der Erkundungsmissionen der EU ausgearbeitet. Weitere Arbeiten wurden auch im Bereich der in den EU-Mitgliedstaaten verwendeten Auswahl- und Ausbildungskriterien für Polizeimissionen sowie im Bereich der Listen durchgeführt, in denen die Ausrüstung für Polizeimissionen der EU aufgeführt wird. Vom 11. bis 13. März 2002 fand in La Toja ein Seminar über die Rolle der europäischen Polizei bei der zivilen Krisenbewältigung statt.

20. Was die Rechtsstaatlichkeit betrifft, so wurden weitere Beratungen über Leitlinien für Straf-verfahren im Rahmen von Krisenbewältigungsoperationen durchgeführt. Als Ergebnis dieser Beratungen hat die EU der Hohen Kommissarin der Vereinten Nationen für Menschenrechte als ersten Beitrag zu den Arbeiten im Rahmen der VN einen Leitlinienentwurf vorgelegt.

21. Für den Bereich der Zivilverwaltung nahm das Politische und Sicherheitspolitische Komitee Kenntnis von grundlegenden Leitlinien für die Übergangsverwaltung im Rahmen der Krisenbewältigung.

22. Auf der Madrider Konferenz (27./28. Mai 2002) wurden Ausbildungsmodule für Experten im Bereich von Rechtsstaatlichkeit und Zivilverwaltung im Rahmen der Krisenbewältigung begrüßt, die von einzelstaatlichen Ausbildungszentren der EU-Mitgliedstaaten auf Initiative der Gemeinschaft entwickelt worden waren. Es wurde empfohlen, die Zusammenarbeit im Bereich der Ausbildung u.a. durch die Durchführung von Pilotkursen weiter auszubauen.

23. Im Bereich des Zivilschutzes hat der Rat am 17. Juni 2002 Schlussfolgerungen zur Anwendung des Gemeinschaftsverfahrens zur Förderung einer verstärkten Zusammenarbeit bei Katastrophenschutzeinsätzen im Rahmen der Krisenbewältigung im Sinne von Titel V EUV angenommen (Anhang III).

Übungen

24. Die erste Krisenmanagementübung der EU (CME 02), bei der die Beschlussfassungsverfahren für die ESVP und die Koordinierung des gesamten Spektrums des zivilen und militärischen Instrumentariums in der Phase der Entscheidungsvorbereitung getestet werden sollten, wurde im Mai durchgeführt. Bei der Übung wurden das Funktionieren der Strukturen, die der EU die Durchführung von Krisenbewältigungsoperationen ermöglichen sollen, und das Zusammenwirken dieser Strukturen erfolgreich demonstriert. Die EU konnte aus der Übung erste Lehren für die künftige Entwicklung von EU-Krisenbewältigungsmechanismen insbesondere für den weiteren Ausbau der zivil-militärischen Koordinierung der EU ziehen.

VI. ZUSAMMENARBEIT MIT NATO

25. Die Konsultation und Zusammenarbeit zwischen der EU und der NATO wurde in Fragen der Sicherheit, Verteidigung und Krisenbewältigung, die von gemeinsamem Interesse sind, fortgesetzt, damit die geeignetste militärische Reaktion auf eine Krise ermöglicht und eine wirksame Krisenbewältigung unter voller Wahrung der Beschlussfassungsautonomie der NATO und der EU gewährleistet werden kann. In dieser Hinsicht sollten die fruchtbare und beispielhafte enge Zusammenarbeit in Fragen der Krisenbewältigung in den westlichen Bal-

- I. Chronik -
Nr.113/21.-22.VI.2002: EU-Gipfel in Sevilla

kanstaaten, insbesondere in der ehemaligen jugoslawischen Republik Mazedonien, in Südserbien und in Bosnien und Herzegowina, sowie der weitere Ausbau der politischen Konsultationen hervorgehoben werden. Die Konsultationen nach den Terroranschlägen vom 11. September wurden ebenfalls fortgesetzt und intensiviert.

26. Die Kontakte zur NATO wurden mit dem Ziel weitergeführt, so bald wie möglich die noch ausstehenden Dauervereinbarungen über die Konsultation und Zusammenarbeit EU/NATO (einschließlich sämtlicher Aspekte von ‚Berlin plus') festzulegen und damit die Schlussfolgerungen des Europäischen Rates (Nizza) umzusetzen und die Konsultationen und die Zusammenarbeit zwischen EU und NATO bei der Krisenbewältigung zu verbessern. Diese Vereinbarungen sind für die ESVP von entscheidender Bedeutung und werden die verfügbaren Fähigkeiten der Union erheblich verstärken. Der Vorsitz hat mit Unterstützung des Generalsekretärs/ Hohen Vertreters alles unternommen, um für die noch bestehenden Probleme eine annehmbare Lösung zu finden.

27. Nachdem der Rat dem Vorsitz eine entsprechende Genehmigung erteilt hatte, übermittelte die EU der NATO am 30. April 2002 einen Vorschlag zur Aufnahme von Verhandlungen über ein Geheimschutzabkommen.

VII. ZUSAMMENARBEIT MIT INTERNATIONALEN ORGANISATIONEN

28. Die Zusammenarbeit mit einschlägigen internationalen Organisationen auf dem Gebiet der Krisenbewältigung wurde fortgesetzt. Mit den VN, der OSZE und dem Europarat wurden auf hoher Ebene weitere Kontakte geführt. Der Vorsitz veranstaltete am 16./17. April 2002 in Brüssel ein Seminar über die Entwicklung von Instrumenten der zivilen Krisenbewältigung. An diesem Seminar nahmen Vertreter dieser Organisationen und der NATO teil. Es wurden spezifische Maßnahmen für die Zusammenarbeit vorgeschlagen, die durchgeführt werden oder als Teil der künftigen Entwicklung der praktischen Aspekte der Zusammenarbeit der EU mit internationalen Organisationen in Betracht gezogen werden.

VIII. ZUSAMMENARBEIT MIT DRITTLÄNDERN

29. Die Konsultationen mit den europäischen NATO-Mitgliedern, die nicht Mitglied der EU sind, und anderen Ländern, die sich um den Beitritt zur EU bewerben, über die Maßnahmen der EU im Bereich der Krisenbewältigung wurden fortgesetzt. Diese Staaten sowie andere OSZE-Mitgliedstaaten, die nicht Mitglied der EU sind und sich derzeit an der IPTF der VN beteiligen, wurden aufgefordert, einen Beitrag zur EUPM zu leisten.

30. Mit Russland, Kanada und der Ukraine wurden Vereinbarungen für die Konsultation und Zusammenarbeit bei der Krisenbewältigung geschlossen (Anhänge IV, V und VI). Auf dem Gipfeltreffen EU-Russland am 29. Mai 2002 in Moskau und auf dem Gipfeltreffen EU-Kanada am 8. Mai 2002 in Toledo wurde die Bedeutung der Zusammenarbeit auf diesem Gebiet hervorgehoben.

31. Am 20.-21. Mai 2002 fand in Barcelona ein Seminar über die Mittelmeer-Dimension der ESVP statt.

IX. KONFLIKTVERHÜTUNG

32. Die GASP einschließlich der ESVP trug unter anderem durch die Entwicklung eines ‚systematischen Ansatzes' zur Verbesserung der Fähigkeit der EU bei, gewaltsame Konflikte zu verhüten. Am 18. - 19. März 2002 wurde in Seu d'Urgell ein Seminar veranstaltet, auf dem die Durchführung des EU-Programms zur Verhütung gewaltsamer Konflikte beurteilt werden sollte. Ein Bericht über die Durchführung dieses Programms wird separat vorgelegt.

X. HUMANITÄRES RECHT

33. Zur Bekräftigung der Bedeutung, die die EU der Achtung des internationalen humanitären Rechts und der Verbreitung seiner Regeln und Grundsätze beimisst, wurde vom 22. bis 24. April 2002 in Salamanca ein Seminar zum Thema 'Internationales humanitäres Recht und EU-Krisenbewältigungsoperationen' durchgeführt, um Fragen zu erörtern, die für EU-geführte Operationen relevant sind.

XI. PARLAMENTARISCHE DIMENSION UND ÖFFENTLICHKEIT

34. Der Vorsitz hat den Dialog mit den Parlamentarischen Versammlungen über die Weiterentwicklung der ESVP fortgesetzt; zu diesem Zweck fand unter anderem am 4./5. Februar 2002 eine Tagung in Madrid statt.

35. Besondere Aufmerksamkeit galt der Verbesserung der verfügbaren Informationen über die ESVP. Ein Seminar zum Thema ‚Öffentliche Kommunikation über Verteidigungs- und Sicherheitsfragen' fand am 4./5. Juni 2002 in Cartagena statt.

XII. MANDAT FÜR DEN KÜNFTIGEN VORSITZ[1]

36. Auf der Grundlage dieses Berichts wird der künftige Vorsitz, der vom Generalsekretär/Hohen Vertreter unterstützt wird, ersucht, die Arbeiten im Rat (Allgemeine Angelegenheiten) zur Entwicklung der ESVP fortzusetzen und dabei insbesondere auf Folgendes zu achten:

- die Notwendigkeit, vordringlich und unter voller Wahrung der Grundsätze und Beschlüsse des Europäischen Rates von Nizza ein umfassendes Einvernehmen über alle noch ausstehenden Dauervereinbarungen zwischen der EU und der NATO zu erzielen;

- die weitere Stärkung der europäischen militärischen Fähigkeiten, damit das Planziel und die kollektiven Fähigkeitsziele erreicht werden;

- die Verstärkung der Zusammenarbeit im Rüstungsbereich nach dem Ermessen der Mitgliedstaaten;

- die vollständige Umsetzung der beschlossenen Regelungen für die Konsultation und die Beteiligung der nicht der EU angehörenden europäischen NATO-Mitglieder und anderer Länder, die sich um den Beitritt zur EU bewerben, sowie weiterer potenzieller Partner gemäß den in Nizza und auf anderen Tagungen des Europäischen Rates angenommenen Grundsätzen und Beschlüssen;

- die Fortführung der vordringlichen Arbeit an der endgültigen Festlegung der Finanzierungsregelung für die Durchführung von militärischen und zivilen Krisenbewältigungsoperationen sowie die Aufnahme der Arbeit an den betreffenden praktischen Modalitäten;

- die weitere Stärkung der EU-Krisenmanagementmechanismen, indem die aus der Krisenmanagementübung CME 02 gewonnenen Erkenntnisse berücksichtigt, die mit der zivil-militärischen Koordinierung verknüpften konzeptionellen und praktischen Aspekte weiter ausgearbeitet und das Übungsprogramm sowie insbesondere der Ratsbeschluss vom 18. März 2002 weiter umgesetzt werden;

- die Verbesserung der zivilen Fähigkeiten in den vier vorrangigen Bereichen, einschließlich - soweit erforderlich - der Ausrichtung einer umfassenden Beitragskonferenz sowie die Präzisierung der Modalitäten für Beiträge von Drittstaaten zu den zivilen Krisenbewältigungsoperationen der EU;

- die weitere Umsetzung des Europäischen Programms zur Verhütung gewaltsamer Konflikte.

Der künftige Vorsitz, der vom Generalsekretär/Hohen Vertreter unterstützt wird, wird ersucht, dem Europäischen Rat (Kopenhagen) Bericht zu erstatten."

(Anhänge sind hier nicht wiedergegeben)

(Website der EU)

---

[1] Gemäß dem Bericht, den Dänemark dem Rat am 8. Oktober 2001 vorlegte, und aufgrund der den Verträgen beigefügten Rechtsakte bezüglich der besonderen Position Dänemarks wird Dänemark bei den Fragen, die die Ausarbeitung und Durchführung von Beschlüssen und Maßnahmen der Union im verteidigungspolitischen Bereich betreffen, nicht den Vorsitz führen. In dieser Angelegenheit wird der Vorsitz durch Griechenland wahrgenommen.

24. VI. 2002

114. US-Präsident hält Grundsatzrede zum Nahen Osten

Am 24. Juni 2002 hielt der amerikanische Präsident George W. BUSH in Washington, D.C., eine Rede, in der er sich mit dem Konflikt zwischen Israel und den Palästinensern auseinander setzte. Während er in dieser Rede größeres Verständnis für die Belange der Palästinenser zeigte als andere Präsidenten vor ihm und auch das Recht der Palästinenser auf einen eigenen Staat anerkannte, sprach er sich dafür aus, den Wiederbeginn des politischen Dialogs zwischen Israel und den Palästinensern erst mit einer neuen Führung aufzunehmen.

Rede von US-Präsident Bush zum Nahen Osten vom 24. 6. 2002

„Zu lange schon leben die Bürger des Nahen Ostens inmitten von Tod und Furcht. Der Hass einiger weniger macht die Hoffnungen vieler zunichte. Extremistische und terroristische Kräfte versuchen, Fortschritt und Frieden zu zerstören, indem sie Unschuldige töten. Dies wirft einen dunklen Schatten auf die gesamte Region. Um der gesamten Menschheit willen müssen sich die Dinge im Nahen Osten ändern. Es ist unhaltbar, dass israelische Bürger in Terror leben. Es ist unhaltbar, dass Palästinenser in erbärmlichen Zuständen und unter Besatzung leben. Die momentane Situation bietet keine Aussicht auf eine Verbesserung der Lebensumstände. Die Bürger Israels werden weiterhin Opfer von Terroristen, und daher wird sich Israel weiter verteidigen.

In dieser Situation wird das Leben des palästinensischen Volks immer trostloser. Meine Vision ist die von zwei Staaten, Israel und Palästina, die Seite an Seite in Frieden und Sicherheit leben. Es gibt einfach keine Möglichkeit, diesen Frieden zu erreichen, wenn nicht alle Parteien den Terror bekämpfen. Wenn zu diesem entscheidenden Zeitpunkt jedoch alle Parteien mit der Vergangenheit brechen und sich auf einen neuen Weg begeben, können wir die Dunkelheit mit dem Licht der Hoffnung überwinden. Der Frieden erfordert eine neue, andere palästinensische Führung, damit ein Palästinenserstaat entstehen kann.

Ich rufe das palästinensische Volk auf, eine neue Führung zu wählen, die nicht vom Terror belastet ist. Ich rufe es auf, eine funktionierende, auf Toleranz und Freiheit beruhende Demokratie aufzubauen. Wenn das palästinensische Volk diese Ziele aktiv verfolgt, werden die Vereinigten Staaten und die Welt ihre Bestrebungen aktiv unterstützen. Wenn die Palästinenser diese Ziele erreichen, können sie mit Israel, Ägypten und Jordanien eine Vereinbarung über Sicherheit und andere Voraussetzungen für die Unabhängigkeit treffen.

Und wenn das palästinensische Volk eine neue politische Führung, neue Institutionen und neue Sicherheitsvereinbarungen mit seinen Nachbarn hat, werden die Vereinigten Staaten von Amerika die Gründung eines palästinensischen Staats unterstützen. Seine Grenzen und gewisse Gesichtspunkte seiner Souveränität werden bis zu einer endgültigen Regelung im Nahen Osten provisorischer Natur sein.

Wir alle tragen Verantwortung für die bevorstehende Arbeit. Das palästinensische Volk hat Talente und Fähigkeiten, und ich bin zuversichtlich, dass es die Neugeburt seiner Nation bewirken kann. Ein palästinensischer Staat wird nie durch Terror geschaffen werden - er wird aus Reformen hervorgehen. Und Reformen müssen mehr sein, als Retusche oder der verdeckte Versuch, den Status quo zu erhalten. Wahre Reformen erfordern völlig neue politische und wirtschaftliche Institutionen, die auf Demokratie, Marktwirtschaft und Maßnahmen gegen den Terrorismus beruhen.

Heute hat die gewählte palästinensische Legislative keine Autorität, und die Macht ist in den Händen einiger weniger nicht Rechenschaftspflichtiger konzentriert. Ein Palästinenserstaat kann seinen Bürgern nur mit einer neuen, Gewaltenteilung verankernden Verfassung dienen. Das palästinensische Parlament sollte die volle Autorität eines gesetzgeberischen Organs haben. Beamten und Regierungsministern müssen Befugnisse und die Unabhängigkeit haben, um effektiv zu regieren.

I. Chronik -
Nr.114/24.VI.2002: Bush-Rede zum Nahen Osten

Die Vereinigten Staaten werden gemeinsam mit der Europäischen Union und arabischen Staaten mit der palästinensischen Führung an der Entwicklung eines neuen verfassungsmäßigen Rahmens und einer praktizierten Demokratie für das palästinensische Volk arbeiten. Und die Vereinigten Staaten werden den Palästinensern gemeinsam mit anderen in der internationalen Gemeinschaft behilflich sein, bis Ende des Jahres faire regionale Wahlen mit mehreren Parteien zu organisieren und zu überwachen, auf die dann nationale Wahlen folgen.

Heute lebt das palästinensische Volk in einem Zustand der wirtschaftlichen Stagnation, der durch staatliche Korruption noch verschlimmert wird. Ein palästinensischer Staat erfordert eine florierende Volkswirtschaft, in der ehrliches Unternehmertum durch eine ehrliche Regierung gefördert wird. Die Vereinigten Staaten, die internationale Gebergemeinschaft und die Weltbank sind zur Zusammenarbeit mit den Palästinensern bei wichtigen Wirtschaftsreform- und Entwicklungsprojekten bereit. Die Vereinigten Staaten, die EU, die Weltbank und der Internationale Währungsfonds sind bereit, die Reform der palästinensischen Finanzen zu überwachen und Transparenz sowie eine unabhängige Rechnungslegung zu fördern.

Und die Vereinigten Staaten werden gemeinsam mit ihren Partnern in den Industrieländern die humanitäre Hilfe zur Linderung des Leids der Palästinenser aufstocken. Den Palästinensern mangelt es heute an effektiven Gerichten, und sie haben keine Möglichkeit, ihre Rechte zu verteidigen und zu rechtfertigen. Ein Palästinenserstaat erfordert ein verlässliches Justizsystem zur Bestrafung derjenigen, die Unschuldige zu Opfern machen. Die Vereinigten Staaten und Mitglieder der internationalen Gemeinschaft sind bereit, mit der palästinensischen Führung beim Aufbau und der Überwachung eines Finanz- und eines wirklich unabhängigen Justizsystems zusammenzuarbeiten.

Zurzeit fördern die Palästinenserbehörden den Terrorismus statt ihn zu bekämpfen. Das ist inakzeptabel. Die Vereinigten Staaten werden die Gründung eines Palästinenserstaats nicht unterstützen, solange seine führenden Politiker die Terroristen nicht kontinuierlich bekämpfen und ihre Infrastruktur zerschlagen. Dies erfordert von außen überwachte Bestrebungen zum Wiederaufbau und zur Reform des palästinensischen Sicherheitsapparats. Das Sicherheitssystem muss sich an klaren Zuständigkeits- und Rechenschaftslinien sowie einer einheitlichen Befehlsstruktur orientieren.

Die Vereinigten Staaten verfolgen diese Reform gemeinsam mit wichtigen Staaten der Region. Die Welt ist bereit zu helfen, letztlich hängen diese Schritte auf dem Weg zu einem Staat jedoch von den Palästinensern und ihrer Führung ab. Wenn sie energisch den Weg der Reform einschlagen, kann sich die Belohnung schnell einstellen. Wenn die Palästinenser die Demokratie annehmen, gegen Korruption vorgehen und den Terror energisch zurückweisen, können sie auf die amerikanische Unterstützung für die Gründung eines provisorischen Palästinenserstaats zählen.

Durch engagierte Bestrebungen könnte dieser Staat schnell entstehen, während eine Einigung mit Israel, Ägypten und Jordanien in praktischen Dingen wie der Sicherheit erzielt wird. Die endgültigen Grenzen, die Hauptstadtfrage und andere Gesichtspunkte der Souveränität dieses Staats werden zwischen den Parteien als Teil einer endgültigen Regelung ausgehandelt. Arabische Staaten haben bei diesem Prozess ihre Unterstützung angeboten, und ihre Hilfe wird auch benötigt. Ich habe bereits gesagt, dass man als Nation im Krieg gegen den Terror entweder für oder gegen uns ist. Um auf der Seite des Friedens zu stehen, müssen die Länder handeln. Jeder sich wirklich für den Frieden engagierende führende Politiker wird Aufrufe zur Gewalt in den staatlichen Medien verbieten und Mordanschläge öffentlich verurteilen. Jedes sich wirklich zum Frieden bekennende Land wird dem Fluss von Kapital, Ausrüstung und Rekruten an Terrorgruppen, die die Zerstörung Israels beabsichtigen - einschließlich der Hamas, des Islamischen Dschihad und der Hisbollah - Einhalt gebieten. Jedes sich wirklich zum Frieden bekennende Land muss die Entsendung iranischer Güter an diese Gruppen verhindern und sich Regimes wie dem Irak, die Terror fördern, widersetzen. Und Syrien muss im Krieg gegen den Terror die richtige Seite wählen, indem es Ausbildungslager für Terroristen schließt und Terrororganisationen ausweist.

Führende Politiker, die am Friedensprozess teilhaben wollen, müssen durch ihre Handlungsweise ihre uneingeschränkte Unterstützung für den Frieden zeigen. Während wir uns auf eine friedliche Lösung zu bewegen, erwarten wir von den arabischen Staaten den Aufbau engerer diplomatischer und handelspolitischer Beziehungen zu Israel, mit dem Ziel einer vollständigen Normalisierung der Beziehungen zwischen Israel und der gesamten arabischen Welt.

I. Chronik -
Nr. 114/24.VI.2002: Bush-Rede zum Nahen Osten

Israel hat ebenfalls ein großes Interesse am Erfolg eines demokratischen Palästinas. Ständige Besetzung bedroht die Identität und Demokratie Israels. Ein stabiler, friedlicher Staat Palästina ist für die von Israel angestrebte Sicherheit notwendig. Ich fordere Israel also zu konkreten Schritten auf, die Gründung eines lebensfähigen, glaubwürdigen palästinensischen Staats zu unterstützen. Während wir bezüglich der Sicherheit Fortschritte machen, müssen sich die israelischen Streitkräfte vollständig auf die Positionen zurückziehen, die es vor dem 28. September 2000 innehatte. Und der israelische Siedlungsbau in den besetzten Gebieten muss in Übereinstimmung mit den Empfehlungen der Mitchell-Kommission beendet werden.

Die palästinensische Volkswirtschaft muss sich entwickeln können. Sobald die Gewalt nachlässt, sollte die Freizügigkeit wiederhergestellt werden, damit unschuldige Palästinenser ihre Arbeit wieder aufnehmen und ein normales Leben führen können. Die palästinensischen Gesetzgeber und Regierungsvertreter sowie die Mitarbeiter humanitärer Hilfs- und internationaler Organisationen müssen ihrer Arbeit zum Aufbau einer besseren Zukunft nachgehen können. Israel sollte die eingefrorenen palästinensischen Vermögenswerte in ehrliche, verantwortliche Hände übergeben.

Ich habe Außenminister POWELL um intensive Zusammenarbeit mit den Politikern im Nahen Osten und weltweit gebeten, um die Vision eines palästinensischen Staats zu verwirklichen und sie auf einen umfassenden Plan zur Unterstützung von Reformen und zum Aufbau von Institutionen in Palästina einzuschwören.

Letztlich müssen Israelis und Palästinenser die sie entzweienden entscheidenden Themen ansprechen, wenn es wahren Frieden geben soll; sie müssen alle Ansprüche regeln sowie die zwischen ihnen bestehenden Konflikte beilegen. Das bedeutet, dass die 1967 begonnene israelische Besetzung durch eine zwischen den Parteien ausgehandelte Lösung auf der Grundlage der Resolutionen 242 und 338 des UN-Sicherheitsrats mit dem Rückzug der Israelis in sichere und anerkannte Grenzen beendet wird.

Wir müssen auch die Fragen bezüglich Jerusalem, der Notlage und Zukunft der palästinensischen Flüchtlinge und des endgültigen Friedens zwischen Israel und dem Libanon sowie zwischen Israel und einem Syrien lösen, das Frieden unterstützt und Terror bekämpft.

Alle, die mit der Geschichte des Nahen Ostens vertraut sind, müssen sich vor Augen führen, dass es Rückschläge in diesem Prozess geben kann. Wie wir gesehen haben, wollen geschulte und entschlossene Mörder diesen Prozess aufhalten. Dennoch erinnern die ägyptischen und jordanischen Friedensverträge mit Israel uns daran, dass Fortschritte mit einer entschlossenen und verantwortungsbewussten Führung schnell herbeigeführt werden können.

Mit dem Aufbau neuer palästinensischer Institutionen und der Wahl neuer Politiker, die im Bereich von Sicherheit und Reformen ihrer Aufgabe gerecht werden, erwarte ich, dass Israel reagiert und auf ein Abkommen über den endgültigen Status hinarbeitet. Durch intensive Bemühungen aller Seiten könnte dieses Abkommen binnen drei Jahren erzielt werden. Mein Land und ich werden aktiv auf dieses Ziel hinarbeiten.

Ich kann die große Wut und den Schmerz des israelischen Volks verstehen. Sie haben zu lange mit Angst und Begräbnissen gelebt, mussten Märkte und den öffentlichen Nahverkehr meiden und waren gezwungen, bewaffneten Wachleuten in Kindergärten zu postieren. Die palästinensische Autonomiebehörde hat das von Ihnen unterbreitete Angebot abgelehnt und mit den Terroristen Handel getrieben. Sie haben das Recht auf ein normales Leben, Sie haben das Recht auf Sicherheit; und ich bin der festen Überzeugung, dass Sie einen reformierten, verantwortungsbewussten palästinensischen Partner zur Erlangung dieser Sicherheit benötigen.

Ich kann die große Wut und die Verzweiflung des palästinensischen Volks verstehen. Jahrzehntelang wurden Sie im Nahostkonflikt wie ein Faustpfand behandelt. Ihre Interessen wurden einem umfassenden Friedensabkommen unterworfen, das nie zu kommen scheint, während sich Ihre Lebensumstände jedes Jahr verschlechtern. Sie verdienen Demokratie und Rechtsstaatlichkeit. Sie verdienen eine offene Gesellschaft und eine prosperierende Wirtschaft. Sie verdienen ein Leben voller Hoffnung für Ihre Kinder. Ein Ende der Besetzung und ein friedlicher demokratischer Palästinenserstaat mögen weit entfernt erscheinen, aber die Vereinigten Staaten und ihre Partner auf der ganzen Welt sind bereit zu helfen. Sie helfen Ihnen, dies so schnell wie möglich zu verwirklichen.

- I. Chronik -
Nr.115/26.VI.2002: Sicherheitsrat zu Afghanistan

Wenn die Freiheit auf dem steinigen Boden des Westjordanlands und im Gazastreifen gedeihen kann, wird sie Millionen von Männern und Frauen auf der ganzen Welt inspirieren, die der Armut und Unterdrückung ebenso müde sind und denen die Vorteile der demokratischen Regierung ebenso zustehen.

Ich hege eine Hoffnung für das Volk in den muslimischen Ländern. Ihre Verpflichtung zu Moral, zum Lernen und zu Toleranz führte zu großen historischen Leistungen. Und diese Werte sind in der islamischen Welt von heute lebendig. Sie haben eine reiche Kultur, und sie teilen die Wünsche und Hoffnungen der Männer und Frauen aller anderen Kulturen. Wohlstand und Freiheit und Würde sind nicht nur amerikanische oder westliche Hoffnungen. Es sind universelle, menschliche Hoffnungen. Und selbst inmitten der Gewalt und des Aufruhrs im Nahen Osten sind die Vereinigten Staaten überzeugt, dass diese Hoffnungen die Macht zur Umgestaltung von Leben und Nationen haben.

Dieser Augenblick ist sowohl eine Chance als auch eine Bewährungsprobe für alle Parteien im Nahen Osten: eine Chance, die Grundlagen für zukünftigen Frieden zu schaffen; eine Bewährungsprobe, um zu beweisen, wer es mit dem Frieden ernst meint und wer nicht. Die Entscheidung hier ist wichtig und einfach. In der Bibel steht: ‚Ich habe euch Leben und Tod ... vorgelegt, damit du das Leben erwählst.' Für alle Parteien in diesem Konflikt ist die Zeit gekommen, Frieden, Hoffnung und das Leben zu wählen."

(Amerikanische Botschaft, Berlin)

26. VI. 2002

115. Sicherheitsrat zeigt sich befriedigt über Entwicklung in Afghanistan

Am 26. Juni 2002 befasste sich in New York der Sicherheitsrat der Vereinten Nationen mit der Lage in Afghanistan. Nachdem es gelungen war, eine Versammlung aller wichtigen politischen und ethnischen Vertreter (Loya Jirga) abzuhalten und einen Präsidenten zu wählen, sieht der Sicherheitsrat Anlass, optimistisch in die Zukunft zu blicken, lässt aber erkennen, dass weitere Anstrengungen der internationalen Staatengemeinschaft notwendig bleiben werden.

Resolution 1419 des VN-Sicherheitsrates, verabschiedet am 26. 6. 2002

„Der Sicherheitsrat,

in Bekräftigung seiner früheren Resolutionen über Afghanistan, insbesondere seiner Resolution 1383 (2001) vom 6. Dezember 2001,

außerdem in Bekräftigung seines nachdrücklichen Bekenntnisses zur Souveränität, Unabhängigkeit, territorialen Unversehrtheit und nationalen Einheit Afghanistans,

sowie in Bekräftigung seiner festen Entschlossenheit, dem Volk von Afghanistan dabei zu helfen, den tragischen Konflikten in Afghanistan ein Ende zu setzen und einen dauerhaften Frieden, die Stabilität und die Achtung vor den Menschenrechten zu fördern,

ferner in Bekräftigung seiner nachdrücklichen Unterstützung für die internationalen Anstrengungen zur Ausrottung des Terrorismus, im Einklang mit der Charta der Vereinten Nationen, sowie außerdem in Bekräftigung seiner Resolutionen 1368 (2001) vom 12. September 2001 und 1373 (2001) vom 28. September 2001,

erneut erklärend, dass er sich das am 5. Dezember 2001 in Bonn unterzeichnete Übereinkommen über vorläufige Regelungen in Afghanistan bis zur Wiederherstellung dauerhafter staatlicher Institutionen (S/2001/1154) (Übereinkommen von Bonn) zu eigen macht, und die ersten Schritte zu seiner Durchführung, namentlich die Einsetzung der Menschenrechtskommission und der Justizkommission, begrüßend,

- I. Chronik -
Nr.115/26.VI.2002: Sicherheitsrat zu Afghanistan

1. begrüßt die erfolgreiche und friedliche Abhaltung der vom früheren König Mohammed ZAHIR, dem ‚Vater der Nation', eröffneten außerordentlichen Loya Jirga vom 11. Juni bis zum 19. Juni und nimmt mit besonderer Genugtuung davon Kenntnis, dass zahlreiche Frauen daran teilgenommen haben und dass alle Volksgruppen und religiösen Gemeinschaften vertreten waren;

2. spricht dem afghanischen Volk seine Anerkennung für den Erfolg der außerordentlichen Loya Jirga aus und fordert es auf, sein unveräußerliches Recht, frei über seine eigene politische Zukunft zu bestimmen, weiter auszuüben;

3. begrüßt die Wahl des Staatsoberhaupts, Präsident Hamid KARSAI, durch die außerordentliche Loya Jirga sowie die Errichtung der Übergangsverwaltung;

4. bekundet erneut seine nachdrückliche Unterstützung für die Übergangsverwaltung bei der vollinhaltlichen Durchführung des Übereinkommens von Bonn, namentlich der Einsetzung einer Verfassungskommission, sowie bei der Stärkung der Zentralregierung, dem Aufbau einer nationalen Armee und Polizeitruppe, der Durchführung von Demobilisierungs- und Wiedereingliederungsmaßnahmen und der Verbesserung der Sicherheitssituation in ganz Afghanistan, bei der Bekämpfung des unerlaubten Drogenhandels, der Sicherstellung der Achtung vor den Menschenrechten, der Durchführung der Reform des Justizsektors, der Schaffung einer Grundlage für eine gesunde Volkswirtschaft und dem Wiederaufbau der Produktionskapazitäten und der Infrastruktur;

5. fordert in dieser Hinsicht alle afghanischen Gruppen auf, voll mit der Übergangsverwaltung zusammenzuarbeiten, um den im Übereinkommen von Bonn vorgezeichneten Prozess abzuschließen und die Beschlüsse der außerordentlichen Loya Jirga umzusetzen;

6. fordert die Übergangsverwaltung nachdrücklich auf, an die Anstrengungen der Interimsregierung zur Vernichtung der jährlichen Mohnernte anzuknüpfen;

7. fordert die Übergangsverwaltung außerdem nachdrücklich auf, weiter an die Anstrengungen der Interimsregierung anzuknüpfen, das Wohl und die Interessen der afghanischen Frauen und Kinder zu fördern und Bildungsangebote für Jungen und Mädchen bereitzustellen;

8. würdigt die Rolle, die das System der Vereinten Nationen zur Unterstützung der Anstrengungen der Afghanen wahrnimmt, bekundet erneut seine nachhaltige Unterstützung des Sonderbeauftragten des Generalsekretärs, Lakhdar BRAHIMI, und der Mitarbeiter der Hilfsmission der Vereinten Nationen in Afghanistan (UNAMA), und bekräftigt, dass er die volle Weisungsbefugnis des Sonderbeauftragten des Generalsekretärs, im Einklang mit seinen einschlägigen Resolutionen, in Bezug auf die Planung und Durchführung sämtlicher Tätigkeiten der Vereinten Nationen in Afghanistan billigt;

9. würdigt außerdem den Beitrag der Internationale Sicherheitsbeistandstruppe (ISAF) zur Herstellung eines sicheren Umfelds für die außerordentliche Loya Jirga;

10. betont erneut, wie wichtig die fortgesetzte internationale Unterstützung für die Vollendung des im Übereinkommen von Bonn vorgezeichneten Prozesses ist, fordert die Geberländer, die auf der Konferenz von Tokio Mittelzusagen abgegeben haben, dazu auf, ihre Zusagen prompt zu erfüllen, und fordert alle Mitgliedstaaten auf, die Übergangsverwaltung zu unterstützen und langfristige Hilfe sowie Hilfe für den derzeitigen Haushalt für die laufenden Kosten der Übergangsverwaltung sowie für den sozialen und wirtschaftlichen Wiederaufbau und die Normalisierung Afghanistans insgesamt bereitzustellen;

11. fordert eine erheblich umfangreichere und raschere internationale Hilfe für die enorme Zahl afghanischer Flüchtlinge und Binnenvertriebener, um ihre geordnete Rückkehr und wirksame Wiedereingliederung in die Gesellschaft zu erleichtern und damit einen Beitrag zur Stabilität des gesamten Landes zu leisten;

12. fordert alle afghanischen Gruppen auf, den vollen und ungehinderten Zugang der humanitären Hilfsorganisationen zu den Not leidenden Menschen zu unterstützen und die Sicherheit der humanitären Helfer zu gewährleisten;

13. beschließt, mit der Angelegenheit aktiv befasst zu bleiben."

(Deutscher Übersetzungsdienst, Vereinte Nationen)

26. - 27. VI. 2002

116. Gipfeltreffen der G8-Staaten in Kananaskis

Am 27. Juni 2002 kamen die Staats- und Regierungschefs der sieben wichtigsten Industriestaaten und Russlands in Kananaskis (Kanada) zu ihrem jährlichen Gipfeltreffen zusammen. Sie behandelten eine Reihe von wirtschaftspolitischen Themen und den Problemen Afrikas, wozu einige afrikanische Staatspräsidenten eingeladen wurden. Sie widmeten sich dann vornehmlich Fragen der internationalen Politik, wobei die Bekämpfung des Terrorismus, die Nichtverbreitung von Kernwaffen, präventive Maßnahmen zur Verhinderung des Zugangs von Terroristen zu Kernwaffenmaterialien im Vordergrund standen. Es wurden zwei gesonderte Erklärungen verabschiedet: eine, die eine globale Partnerschaft gegen die Verbreitung von Massenvernichtungswaffen begründete und mit der ein gemeinsames Hilfsprogramm für Russland initiiert wurde, um noch bestehende Mängel bei der Sicherung von Kernwaffenmaterialien zu beheben; sowie eine weitere zur Transportsicherheit, mit der die internationalen Standards zur Sicherung von Transportmitteln gegen Terroristen erhöht werden sollen. Im Folgenden wird neben der Zusammenfassung der Ergebnisse des Treffens durch den kanadischen Vorsitz die Erklärung über „globale Partnerschaft" abgedruckt.

1. The Kananaskis Summit Chair's Summary, 27. 6. 2002

"We met in Kananaskis for our annual Summit to discuss the challenges of fighting terrorism, strengthening global economic growth and sustainable development, and building a new partnership for Africa's development. This was our first meeting since the terrible events of September 11. We discussed the threat posed to innocent citizens and our societies by terrorists and those who support them. We are committed to sustained and comprehensive actions to deny support or sanctuary to terrorists, to bring terrorists to justice, and to reduce the threat of terrorist attacks.

　i. We agreed on a set of six non-proliferation Principles aimed at preventing terrorists - or those who harbour them - from acquiring or developing nuclear, chemical, radiological and biological weapons; missiles; and related materials, equipment or technologies. We called on other countries to join us in implementing these Principles.

　ii. We launched a new *G8 Global Partnership Against the Spread of Weapons and Materials of Mass Destruction*, under which we will undertake cooperative projects on the basis of agreed guidelines. We committed to raise up to US $20 billion to support such projects over the next ten years.

　iii. We agreed on a new initiative with clear deadlines - *Cooperative G8 Action on Transport Security* - to strengthen the security and efficiency of the global transportation system.

We discussed the outlook for global economic growth and employment, and the challenges of poverty reduction and sustainable development. We expressed confidence in our economies and in the prospects for global growth. We agreed on the fundamental importance of strong political leadership for the success of economic reforms in our own economies. We support emerging market countries, including Brazil and others in Latin America, in their efforts to implement sound economic policies.

　i. We agreed to resist protectionist pressures and stressed our commitment to work with developing countries to ensure the successful conclusion of the Doha Development Agenda by January 1, 2005.

　ii. We agreed on the importance of reaffirming the Doha Agenda and the Monterrey Consensus and to work at the upcoming Johannesburg Summit to produce meaningful partnerships for sustainable development and measurable results. We recognized that climate change is a pressing issue that requires a global solution, and we discussed the problem of deforestation.

iii. We will fund our share of the shortfall in the enhanced HIPC initiative, recognizing that this shortfall will be up to US $1 billion. We stressed the importance of good governance in countries benefiting from HIPC debt relief.

iv. We reviewed implementation of the DOT Force's Genoa Plan of Action and welcomed its initiatives to strengthen developing countries' readiness for e-development, such as the e-model to improve the efficiency of public administrations and to enhance the transparency of national budgeting.

v. We adopted a series of recommendations to assist developing countries to achieve universal primary education for all children and equal access to education for girls. We agreed to increase significantly our bilateral assistance for countries that have demonstrated a strong and credible policy and financial commitment to these goals.

We met with the Presidents of Algeria, Nigeria, Senegal and South Africa, and the Secretary General of the United Nations, to discuss the challenges faced by Africa and the G8's response to the *New Partnership for Africa's Development* (NEPAD).

i. We adopted *the G8 Africa Action Plan* as a framework for action in support of the NEPAD. We agreed to each establish enhanced partnerships with African countries whose performance reflects the NEPAD commitments.

ii. Assuming strong African policy commitments, and given recent assistance trends, we believe that in aggregate half or more of our new development assistance commitments announced at Monterrey could be directed to African nations that govern justly, invest in their own people and promote economic freedom.

iii. We underlined the devastating consequences for Africa's development of diseases such as malaria, tuberculosis and HIV/AIDS. In addition to our ongoing commitments to combat these diseases, we committed to provide sufficient resources to eradicate polio by 2005.

iv. We agreed to work with African partners to deliver a joint plan by 2003 for the development of African capability to undertake peace support operations.

v. We will continue our dialogue with our African partners. At our next Summit, we will review progress on the implementation of *the G8 Africa Action Plan* on the basis of a final report from our Personal Representatives for Africa.

Finally, we discussed several regional issues that have significant implications for international peace and security.

i. We stressed our commitment to work for peace in the Middle East, based on our vision of two states, Israel and Palestine, living side by side within secure and recognized borders. We agreed on the urgency of reform of Palestinian institutions and its economy, and of free and fair elections.

ii. We support the Transitional Authority of Afghanistan. We will fulfil our Tokyo Conference commitments and will work to eradicate opium production and trafficking.

iii. We discussed the tensions between India and Pakistan. We agreed that Pakistan must put a permanent stop to terrorist activity originating from territory under its control. Both countries should commit to sustained dialogue on the underlying issues that divide them.

We welcomed the offer of the President of France to host our next Summit in June 2003. We agreed that Russia will assume the 2006 G8 Presidency and will host our annual Summit that year."

2. Erklärung der Staats- und Regierungschefs der G8 vom 27. 6. 2002: Die Globale G8-Partnerschaft

„Die Angriffe vom 11. September haben gezeigt, dass Terroristen bereit sind, jedes Mittel anzuwenden, um Terror zu verbreiten und unschuldigen Menschen furchtbare Verluste zu-

zufügen. Wir verpflichten uns, Terroristen oder diejenigen, die ihnen Unterschlupf gewähren, daran zu hindern, nukleare, chemische, radiologische und biologische Waffen, Flugkörper und dazugehörige Materialien, Ausrüstungen und Technologien zu erwerben oder zu entwickeln. Wir rufen alle Länder auf, gemeinsam mit uns den Katalog der Nichtverbreitungsprinzipien zu verabschieden, den wir heute angekündigt haben.

In einer wichtigen Initiative zur Umsetzung dieser Prinzipien haben wir heute auch beschlossen, eine neue Globale G8-Partnerschaft gegen die Verbreitung von Massenvernichtungswaffen und -materialien zu begründen. Im Rahmen dieser Initiative werden wir konkrete Kooperationsprojekte, zunächst in Russland, unterstützen, die sich mit Fragen der Nichtverbreitung, Abrüstung, Bekämpfung des Terrorismus und der nuklearen Sicherheit befassen. Zu unseren vorrangigen Anliegen gehören die Zerstörung chemischer Waffen, die Entsorgung von außer Dienst gestellten Atom-U-Booten, die Entsorgung spaltbaren Materials und die Beschäftigung früherer Rüstungsforscher. Wir werden uns verpflichten, in den nächsten zehn Jahren bis zu 20 Mrd. $ zur Unterstützung solcher Projekte aufzubringen. Ländern, die einen Beitrag zu dieser Globalen Partnerschaft leisten, steht eine Reihe von Finanzierungsoptionen zur Verfügung, darunter die Option ‚bilateraler Schuldenerlass gegen Programmerfüllung'.

Wir haben einen Katalog von Leitlinien verabschiedet, der die Grundlage für die Aushandlung konkreter Vereinbarungen für neue Projekte bildet und mit sofortiger Wirkung Anwendung finden wird, um die wirksame und effiziente Entwicklung, Koordinierung und Umsetzung von Projekten zu gewährleisten. Wir werden im Laufe des nächsten Jahres prüfen, ob die Leitlinien auf bestehende Projekte anwendbar sind.

In der Erkenntnis, dass diese Globale Partnerschaft die internationale Sicherheit erhöhen wird, laden wir andere Länder, die bereit sind, die gemeinsamen Prinzipien und Leitlinien anzunehmen, ein, mit uns Beratungen darüber aufzunehmen, wie sie sich an dieser Initiative beteiligen und zu ihr beitragen können. Wir werden die Fortschritte in Bezug auf diese Globale Partnerschaft auf unserem nächsten Gipfeltreffen im Jahr 2003 überprüfen.

DIE GLOBALE G8-PARTNERSCHAFT: PRINZIPIEN, MIT DEREN HILFE TERRORISTEN ODER DIEJENIGEN, DIE IHNEN UNTERSCHLUPF GEWÄHREN, DARAN GEHINDERT WERDEN SOLLEN, ZUGANG ZU MASSENVERNICHTUNGSWAFFEN ZU ERLANGEN

Die G8 rufen alle Staaten auf, sich mit ihnen gemeinsam zu den folgenden sechs Prinzipien zu bekennen, mit deren Hilfe Terroristen oder diejenigen, die ihnen Unterschlupf gewähren, daran gehindert werden sollen, nukleare, chemische, radiologische und biologische Waffen, Flugkörper und dazugehörige Materialien, Ausrüstungen und Technologien zu erwerben oder zu entwickeln:

1. Förderung der Annahme, weltweiten Geltung, uneingeschränkten Umsetzung, und, soweit erforderlich, der Stärkung multilateraler Verträge und anderer internationaler Übereinkünfte, die darauf abzielen, die Verbreitung oder den illegalen Erwerb solcher Gegenstände zu verhindern; Stärkung der für die Umsetzung dieser Übereinkünfte zuständigen Institutionen.

2. Entwicklung und Aufrechterhaltung geeigneter und wirksamer Maßnahmen für den Nachweis und die Sicherung solcher Gegenstände während der Herstellung, Nutzung, Lagerung und des innerstaatlichen und internationalen Transports; Unterstützung für Staaten, denen ausreichende Mittel für die Überwachung und die Sicherung solcher Gegenstände fehlen.

3. Entwicklung und Aufrechterhaltung wirksamer Maßnahmen des physischen Schutzes zur Anwendung in Anlagen, in denen solche Gegenstände untergebracht sind, einschließlich tiefgestaffelter Schutzmaßnahmen; Unterstützung für Staaten, denen ausreichende Mittel für den Schutz ihrer Anlagen fehlen.

4. Entwicklung und Aufrechterhaltung wirksamer Grenzkontrollen, Strafverfolgungsbemühungen und Maßnahmen der internationalen Zusammenarbeit, um Fälle von illegalem Handel mit solchen Gegenständen aufzudecken, von einem solchen Handel abzuschrecken oder ihn zu unterbinden, beispielsweise durch die Installation von Detektorsystemen, die Ausbildung von Zoll- und Strafverfolgungspersonal und die Zusammenarbeit bei der Aufspürung solcher Gegenstände; Unterstützung für Staaten, denen ausreichende Expertise oder Mittel für die Stärkung ihrer Fähigkeiten, Fälle von illegalem Handel mit solchen Gegenständen aufzudecken, von einem solchen Handel abzuschrecken oder ihn zu unterbinden, fehlen.

- I. Chronik -
Nr.116/26.-27.VI.2002: Gipfeltreffen der G8-Staaten

5. Entwicklung, Überprüfung und Aufrechterhaltung wirksamer nationaler Export- und Durchfuhrkontrollen für Gegenstände auf multilateralen Exportkontrolllisten sowie für Gegenstände, die auf solchen Listen zwar nicht aufgeführt sind, aber dennoch zur Entwicklung, Produktion oder Nutzung nuklearer, chemischer und biologischer Waffen und Flugkörper beitragen können, und zwar unter besonderer Berücksichtigung der Aspekte, die sich auf Endnutzer, endnutzerbestimmte Exportkontrollen (‚catch-all') sowie Vermittlungsgeschäfte beziehen; Unterstützung für Staaten, denen die rechtliche und ordnungspolitische Infrastruktur, die Implementierungserfahrung und/oder die Mittel fehlen, um ihre Export- und Transitkontrollsysteme entsprechend zu entwickeln.

6. Durchführung und Stärkung von Bemühungen um die Bewirtschaftung und Entsorgung von Beständen an spaltbarem Material, das als nicht mehr für Verteidigungszwecke benötigt bezeichnet wird, sowie um die Vernichtung aller chemischer Waffen und die Verringerung der Bestände an gefährlichen biologischen Krankheitserregern und Toxinen auf ein Minimum, ausgehend von der Erkenntnis, dass durch die Verringerung der Gesamtbestände an solchen Gegenständen auch die Gefahr der Beschaffung durch Terroristen abnimmt.

GLOBALE G8-PARTNERSCHAFT: LEITLINIEN FÜR NEUE ODER ERWEITERTE KOOPERATIONSPROJEKTE

Die G8 werden auf bilateraler und multilateraler Ebene partnerschaftlich zusammenarbeiten, um entsprechend ihrer jeweiligen Mitteln neue oder erweiterte Kooperationsprojekte zur Behandlung von Fragen der

i) Nichtverbreitung,

ii) Abrüstung,

iii) Terrorismusbekämpfung und

iv) nuklearen Sicherheit (einschließlich Umweltthemen)

zu entwickeln, zu koordinieren, umzusetzen und zu finanzieren; Ziel ist, die strategische Stabilität in Übereinstimmung mit unseren internationalen Sicherheitszielen und zur Unterstützung der multilateralen Nichtverbreitungsregime zu erhöhen. Jedes Land ist für die Umsetzung seiner Verpflichtungen in den Bereichen Nichtverbreitung, Abrüstung, Terrorismusbekämpfung und nukleare Sicherheit in erster Linie selbst verantwortlich und sagt seine volle Mitwirkung im Rahmen dieser Partnerschaft zu.

Die Kooperationsprojekte im Rahmen dieser Initiative werden unter Berücksichtigung der internationalen Verpflichtungen und innerstaatlichen Rechtsvorschriften der teilnehmenden Partner und auf der Grundlage geeigneter bilateraler und multilateraler rechtlicher Rahmenstrukturen beschlossen und durchgeführt und sollten gegebenenfalls folgende Elemente beinhalten:

i) Wechselseitig vereinbarte Maßnahmen und Verfahren für eine wirksame Überwachung, Prüfung und Transparenz sind erforderlich, um zu gewährleisten, dass kooperative Aktivitäten vereinbarten Zielen entsprechen (einschließlich gegebenenfalls der Unumkehrbarkeit), Arbeitsergebnisse zu bestätigen, Rechenschaft über die ausgegebenen Mittel abzulegen und für angemessenen Zugang für die Vertreter der Geber zu den Örtlichkeiten der Projekte (Arbeitsstätten) zu sorgen;

ii) die Projekte werden umweltverträglich durchgeführt und ein Höchstmaß an Sicherheit aufweisen;

iii) für jedes Projekt werden klar definierte Zwischenziele festgelegt, einschließlich der Option, ein Projekt aufzuschieben oder zu beenden, falls die Zwischenziele nicht erreicht werden;

iv) die zur Verfügung gestellten Materialien, Ausrüstungen, Technologien, Dienstleistungen und Expertise dienen ausschließlich friedlichen Zwecken und werden, sofern nichts anderes vereinbart wird, nur zur Verwirklichung der Projekte eingesetzt und nicht weitergegeben. Zur Verhinderung von Diebstahl und Sabotage werden ferner angemessene Maßnahmen des physischen Schutzes angewandt;

v) alle Regierungen werden die notwendigen Schritte unternehmen, um zu gewährleisten, dass die geleistete Hilfe als kostenlose technische Unterstützung betrachtet und von Steuern, Zöllen, Abgaben und sonstigen Gebühren befreit wird;

vi) die Beschaffung von Waren und Dienstleistungen erfolgt im Rahmen des Möglichen in Übereinstimmung mit offenen internationalen Verfahren und im Einklang mit nationalen Sicherheitsbedürfnissen;

vii) alle Regierungen werden die notwendigen Schritte unternehmen, um zu gewährleisten, dass Geberländern, ihrem Personal und ihren Vertragspartnern angemessener Schutz vor Schadenersatzansprüchen im Zusammenhang mit der Zusammenarbeit gewährt wird;

viii) Vertretern von Regierungen von Geberländern, die an Kooperationsprojekten arbeiten, werden geeignete Vorrechte und Immunitäten gewährt;

ix) es werden Maßnahmen zur Gewährleistung des wirksamen Schutzes sensitiver Informationen und geistigen Eigentums ergriffen.

Angesichts der Bandbreite und des Umfangs der durchzuführenden Aktivitäten werden die G8 einen geeigneten Mechanismus zur jährlichen Überprüfung der im Rahmen dieser Initiative erzielten Fortschritte schaffen, der Konsultationen über die Prioritäten, die Ermittlung von Projektlücken und möglichen Überschneidungen sowie die Bewertung der Übereinstimmung der Kooperationsprojekte mit internationalen Sicherheitsverpflichtungen und –zielen einschließen kann. Die Umsetzung konkreter bilateraler und multilateraler Projekte wird vorbehaltlich der für das betreffende Projekt geeigneten Vereinbarungen, einschließlich bestehender Mechanismen, koordiniert.

Für die Zwecke dieser Leitlinien bezeichnet der Ausdruck ‚neue oder erweiterte Kooperationsprojekte' Kooperationsprojekte, die auf der Grundlage dieser Globalen Partnerschaft eingeleitet oder verstärkt werden. Alle nach der Ankündigung dieser Globalen Partnerschaft ausgezahlten oder freigesetzte Mittel gehen in die Gesamtsumme der bereitgestellten Ressourcen ein. Ländern, die einen Beitrag zu dieser Globalen Partnerschaft leisten, steht eine Reihe von Finanzierungsoptionen zur Verfügung, darunter die Option ‚bilateraler Schuldenerlass gegen Programmerfüllung', geografische Schwerpunkt der Globalen Partnerschaft wird zunächst auf Projekten in Russland liegen, das weiterhin die Hauptverantwortung für die Erfüllung seiner Verpflichtungen und Anforderungen im Rahmen dieser Partnerschaft trägt.

Darüber hinaus sind die G8 willens, mit anderen Empfängerländern, einschließlich denen der ehemaligen Sowjetunion, die bereit sind, die Leitlinien anzunehmen, in Verhandlungen über die Einbeziehung in die Partnerschaft einzutreten. In der Erkenntnis, dass die Globale Partnerschaft die internationale Sicherheit erhöhen soll, laden die G8 andere ein, zu dieser Initiative beizutragen und sich ihr anzuschließen. Was die nukleare Sicherheit betrifft, vereinbarten die Partner, eine neue G8-Gruppe für nukleare Sicherheit und physischen Schutz (Nuclear Safety and Security Group) bis zu unserem nächsten Gipfeltreffen einzusetzen."

(Kanadisches Ministerium für Auswärtiges Beziehungen und Außenhandel;
Auswärtiges Amt, Berlin)

12. VII. 2002

117. Sicherheitsrat beschließt Ausnahmeregelung für Internationalen Strafgerichtshof

Am 12. Juli 2002 beriet der Sicherheitsrat in New York über die Frage, ob der neu eingerichtete Internationale Strafgerichtshof auch Verfahren gegen Mitglieder von VN-Peacekeeping-Missionen eröffnen könne, die Staatsangehörige von Ländern sind, die nicht dem Statut des IStGH beigetreten sind. Die US-Regierung hatte diesen Punkt anhängig gemacht und eine ausdrückliche Ausnahmeregelung verlangt, anderenfalls könnten die USA keine Friedensmissionen mehr verantworten. Die nachfolgende Resolutionen erteilte diese Freistellung, allerdings nur für ein Jahr befristet.

Resolution 1422 des VN-Sicherheitsrats, verabschiedet am 12. 7. 2002

„Der Sicherheitsrat,

davon Kenntnis nehmend, dass das am 17. Juli 1998 in Rom verabschiedete Statut des Internationalen Strafgerichtshofs (das Römische Statut) am 1. Juli 2002 in Kraft getreten ist,

betonend, wie wichtig die Einsätze der Vereinten Nationen für den Weltfrieden und die internationale Sicherheit sind,

in Anbetracht dessen, dass nicht alle Staaten Vertragsparteien des Römischen Statuts sind,

in Anbetracht dessen, dass die Vertragsstaaten des Römischen Statuts sich dafür entschieden haben, die Zuständigkeit des Strafgerichtshofs im Einklang mit dem Statut und insbesondere dem Grundsatz der Komplementarität anzuerkennen,

in Anbetracht dessen, dass die Staaten, die nicht Vertragspartei des Römischen Statuts sind, auch künftig im Rahmen ihrer nationalen Zuständigkeit ihren Verantwortlichkeiten in Bezug auf internationale Verbrechen nachkommen werden,

feststellend, dass vom Sicherheitsrat der Vereinten Nationen eingerichtete oder genehmigte Einsätze zum Zwecke der Wahrung oder Wiederherstellung des Weltfriedens und der internationalen Sicherheit disloziert werden,

ferner feststellend, dass es im Interesse des Weltfriedens und der internationalen Sicherheit ist, es den Mitgliedstaaten zu erleichtern, zu den vom Sicherheitsrat der Vereinten Nationen eingerichteten oder genehmigten Einsätzen beizutragen,

tätig werdend nach Kapitel VII der Charta der Vereinten Nationen,

1. ersucht den Internationalen Strafgerichtshof, im Einklang mit Artikel 16 des Römischen Statuts, beim Eintreten eines Falles, an dem derzeitige oder ehemalige Amtsträger oder Bedienstete eines zu einem Einsatz beitragenden Staates, der nicht Vertragspartei des Römischen Statuts ist, auf Grund von Handlungen oder Unterlassungen im Zusammenhang mit einem von den Vereinten Nationen eingerichteten oder genehmigten Einsatz beteiligt sind, für einen Zeitraum von zwölf Monaten ab dem 1. Juli 2002 keine Ermittlungen oder Strafverfolgungen bezüglich eines solchen Falles einzuleiten oder durchzuführen, sofern der Sicherheitsrat nichts anderes beschließt;

2. bekundet die Absicht, das in Ziffer 1 enthaltene Ersuchen unter denselben Bedingungen an jedem 1. Juli um einen weiteren Zeitraum von zwölf Monaten zu erneuern, solange dies notwendig ist;

3. beschließt, dass die Mitgliedstaaten keine Maßnahmen ergreifen werden, die mit Ziffer 1 und ihren internationalen Verpflichtungen unvereinbar sind;

4. beschließt, mit der Angelegenheit befasst zu bleiben."

(Deutscher Übersetzungsdienst, Vereinte Nationen)

16. VII. 2002

118. Bemühungen des Quartetts für Friedenslösung im Nahen Osten fortgesetzt

Am 16. Juli 2002 tagten zum zweiten Mal die Vertreter der USA, Russlands, der Europäischen Union und Generalsekretär Kofi ANNAN, um über Möglichkeiten einer Friedenslösung für den Nahen Osten zu beraten. Die dabei

- I. Chronik -
Nr.118/16.VII.2002: „Quartett" zum Nahen-Osten

vereinbarte Gemeinsame Erklärung des Nahost-Quartetts wurde auf der Sitzung des Sicherheitsrats am 18. Juli 2002 ausdrücklich unterstützt.

Gemeinsame Erklärung des Nahost-Quartetts (UN, EU, USA, Russland) vom 16. 7. 2002 in New York

„Der Generalsekretär der Vereinten Nationen, Kofi ANNAN, der Außenminister der Russischen Föderation, Igor IWANOW, der Außenminister der Vereinigten Staaten, Colin L. POWELL, der Außenminister Dänemarks, Per Stig MOELLER, der Hohe Vertreter für die Gemeinsame Außen- und Sicherheitspolitik der Europäischen Union, Javier SOLANA, und der Europäische Kommissar für Außenbeziehungen, Chris PATTEN, sind heute in New York zusammengetroffen. ...

Die Mitglieder des Quartetts prüften die Situation im Nahen Osten und kamen überein, weiterhin enge Konsultationen zu führen, wie in der Erklärung von Madrid vorgesehen, der das Quartett voll verpflichtet bleibt, um eine gerechte, umfassende und dauerhafte Regelung des Nahostkonflikts zu fördern. Das Quartett bekundet seine Unterstützung für die Einberufung eines weiteren internationalen Ministertreffens zu einem geeigneten Zeitpunkt.

Das Quartett missbilligt nachdrücklich die tragische Tötung israelischer Zivilpersonen am heutigen Tag und wiederholt seine nachdrückliche und unmissverständliche Verurteilung des Terrorismus, einschließlich der Selbstmordattentate, die moralisch abstoßend sind und den legitimen Bestrebungen des palästinensischen Volkes nach einer besseren Zukunft großen Schaden zugefügt haben. Es darf den Terroristen nicht erlaubt werden, die Hoffnungen einer ganzen Region und einer geeinten internationalen Gemeinschaft auf echten Frieden und echte Sicherheit für Palästinenser wie für Israelis zunichte zu machen. Das Quartett bringt abermals sein tiefes Bedauern über den Verlust unschuldiger israelischer und palästinensischer Menschenleben zum Ausdruck und spricht allen, die einen solchen Verlust erlitten haben, sein Mitgefühl und seine Anteilnahme aus. Die Mitglieder des Quartetts verliehen ihrer wachsenden Sorge über die zunehmende humanitäre Krise in den palästinensischen Gebieten Ausdruck und bekundeten ihre Entschlossenheit, die vordringlichen Bedürfnisse der Palästinenser anzugehen. In Übereinstimmung mit der Erklärung von Präsident BUSH vom 24. Juni bekunden die Vereinten Nationen, die EU und Russland ihre nachdrückliche Unterstützung für das Ziel, eine endgültige israelisch-palästinensische Regelung herbeizuführen, die bei intensiven Bemühungen aller Seiten auf dem Gebiet der Sicherheit und in Bezug auf Reformen innerhalb von drei Jahren erreicht werden könnte. Die Vereinten Nationen, die EU und Russland begrüßen das Engagement von Präsident BUSH für eine aktive Führungsrolle der Vereinigten Staaten bei der Verfolgung dieses Ziels. Das Quartett bekennt sich nach wie vor zur Verwirklichung der Vision zweier Staaten, Israels und eines unabhängigen, lebensfähigen und demokratischen Palästina, die Seite an Seite in Frieden und Sicherheit leben, wie dies in der Resolution 1397 des Sicherheitsrats der Vereinten Nationen bekräftigt wurde. Die Mitglieder des Quartetts versprechen, individuell und gemeinsam, alles Mögliche zu tun, um die Ziele der Reform, der Sicherheit und des Friedens zu verwirklichen, und erklären erneut, dass die Fortschritte im politischen, sicherheitsbezogenen, wirtschaftlichen und humanitären Bereich und bei der Schaffung von Institutionen Hand in Hand gehen müssen. Das Quartett wiederholt, dass es die Initiative Saudi-Arabiens, die vom Gipfel der Arabischen Liga in Beirut unterstützt wurde, als wichtigen Beitrag zu einem umfassenden Frieden begrüßt.

Zur Förderung von Fortschritten in Richtung auf diese gemeinsamen Ziele kam das Quartett überein, dass einer koordinierten internationalen Kampagne zur Unterstützung der palästinensischen Bemühungen um politische und wirtschaftliche Reformen große Bedeutung zukommt. Das Quartett begrüßt und ermuntert das starke palästinensische Interesse an grundlegenden Reformen, einschließlich des palästinensischen 100-Tage-Reformprogramms. Es begrüßt außerdem die Bereitschaft der Staaten der Region und der internationalen Gemeinschaft, den Palästinensern beim Aufbau von Institutionen für eine gute Regierungsführung und bei der Schaffung eines neuen Rahmens für eine funktionierende Demokratie in Vorbereitung auf die Schaffung eines Staates behilflich zu sein. Eine wesentliche Voraussetzung für die Verwirklichung dieser Ziele ist die Abhaltung gut vorbereiteter, freier, offener und demokratischer Wahlen. Die neue internationale Arbeitsgruppe für Reformen, die aus Vertretern der Vereinigten Staaten, der EU, des Generalsekretärs der Vereinten Nationen, Russlands, Japans, Norwegens, der Weltbank und des Internationalen Währungsfonds besteht und unter der Schirmherrschaft des Quartetts tätig ist, wird sich um die Ausarbeitung und Umsetzung eines umfassenden Aktionsplans für Reformen bemühen. Auf der ersten Sitzung dieser Ar-

- I. Chronik -
Nr.118/16.VII.2002: „Quartett" zum Nahen-Osten

beitsgruppe am 10. Juli in London wurde ein detaillierter Plan erörtert, der konkrete palästinensische Verpflichtungen enthält. Die Gruppe wird im August erneut zusammentreten, um Maßnahmen unter anderem im Bereich der Zivilgesellschaft, der finanziellen Rechenschaftspflicht, der Kommunalverwaltung, der Marktwirtschaft, der Wahlen und der Justiz- und Verwaltungsreform zu prüfen.

Die Umsetzung eines Aktionsplans mit geeigneten Zielparametern für Fortschritte bei den Reformmaßnahmen sollte zur Errichtung eines demokratischen palästinensischen Staates führen, der durch Rechtsstaatlichkeit, Gewaltenteilung und eine lebendige freie Marktwirtschaft gekennzeichnet ist, die den Interessen seiner Bevölkerung am besten gerecht wird. Das Quartett verpflichtet sich außerdem dazu, die Parteien bei ihren Bemühungen um die Wiederaufnahme des Dialogs auch weiterhin zu unterstützen, und es begrüßt in dieser Hinsicht die jüngsten Ministertreffen auf hoher Ebene zwischen Israelis und Palästinensern über Fragen der Sicherheit, der Wirtschaft und der Reformen.

Das Quartett stimmte darin überein, dass es unbedingt erforderlich ist, neue und effiziente palästinensische Sicherheitskapazitäten mit einer soliden Grundlage aufzubauen, mit einheitlicher Führung und mit Transparenz und Rechenschaftspflicht, was ihre Ressourcen und ihre Verhaltensweisen betrifft. Eine Umstrukturierung der Sicherheitsinstitutionen im Hinblick auf diese Ziele sollte zu einer Verbesserung der Leistungen der Palästinenser auf dem Gebiet der Sicherheit führen, was eine wesentliche Voraussetzung für Fortschritte bei anderen Aspekten der institutionellen Veränderungen und bei der Verwirklichung eines palästinensischen Staates darstellt, der der Terrorbekämpfung verpflichtet ist.

In diesem Zusammenhang stellt das Quartett fest, dass Israel ein vitales Interesse am Erfolg der palästinensischen Reformen hat. Das Quartett fordert Israel auf, konkrete Schritte zu unternehmen, um das Entstehen eines lebensfähigen palästinensischen Staates zu unterstützen. Unter Berücksichtigung der legitimen Sicherheitsbedürfnisse Israels gehören zu diesen Schritten sofortige Maßnahmen, um die internen Abriegelungen in bestimmten Gebieten zu lockern, sowie, mit fortschreitenden Verbesserungen der Sicherheitslage durch reziproke Maßnahmen, der Rückzug der israelischen Truppen auf ihre Positionen vor dem 28. September 2000. Des weiteren sollten eingefrorene Steuereinnahmen freigegeben werden. In dieser Hinsicht wird derzeit ein Mechanismus geschaffen, der mehr Transparenz und Rechenschaftspflicht bietet. Ferner sollte Israel im Einklang mit den Empfehlungen des Mitchell-Ausschusses jegliche neue Siedlungstätigkeit einstellen. Israel muss außerdem den vollen, sicheren und ungehinderten Zugang für das internationale und humanitäre Personal gewährleisten.

Das Quartett erklärt erneut, dass es zu einer ausgehandelten, dauerhaften Regelung auf der Grundlage der Resolutionen 242 und 338 des Sicherheitsrats kommen muss. Es kann keine militärische Lösung des Konflikts geben; Israelis und Palästinenser müssen die zentralen Fragen, die sie trennen, durch nachhaltige Verhandlungen beilegen, wenn es einen echten und dauerhaften Frieden und tatsächliche und anhaltende Sicherheit geben soll. Die 1967 begonnene israelische Besatzung muss beendet werden, und Israel muss sichere und anerkannte Grenzen haben. Das Quartett bekräftigt ferner sein Bekenntnis zum Ziel eines umfassenden regionalen Friedens zwischen Israel und Libanon sowie zwischen Israel und Syrien auf der Grundlage der Resolutionen 242 und 338, des Rahmens von Madrid und des Grundsatzes ‚Land gegen Frieden'.

Das Quartett sieht den bevorstehenden Konsultationen mit den Außenministern Jordaniens, Ägyptens, Saudi-Arabiens und mit anderen regionalen Partnern mit Interesse entgegen und beschließt, weiterhin regelmäßige Konsultationen auf Ebene der höchsten Vertreter über die Situation im Nahen Osten abzuhalten. Die Gesandten des Quartetts werden ihre Arbeit vor Ort fortsetzen, um die Arbeit der höchsten Vertreter zu unterstützen, der Arbeitsgruppe für Reformen behilflich zu sein und den Parteien Hilfestellung bei der Wiederaufnahme eines politischen Dialogs zu geben, damit eine Lösung für die zentralen politischen Fragen erreicht werden kann."

(Deutscher Übersetzungsdienst, Vereinte Nationen)

22. VII. 2002

119. EU zur Entwicklung im Nahen Osten

Am 22. Juli 2002 verabschiedete in Brüssel der Rat für Allgemeine Angelegenheiten (Außenminister) eine Erklärung zur Lage im Nahen Osten, die die Besorgnis über die Eskalation der Gewalt zwischen Israel und den Palästinensern Ausdruck verlieh.

Nahosterklärung der Europäischen Union vom 22. 7. 2002

„1. Der Rat hat das Ergebnis des Vierertreffens auf Ministerebene in New York vom 16. Juli 2002 begrüßt. Das Treffen hat die Rolle der Viergruppe als wesentlicher Rahmen für die internationalen Bemühungen zur Unterstützung einer umfassenden politischen Lösung der Krise im Nahen Osten bestätigt. Die anschließenden Diskussionen der Mitglieder der Viergruppe mit den Außenministern Jordaniens und Ägyptens haben zur Sicherstellung einer engen Koordinierung zwischen der Viergruppe und den wichtigsten Akteuren unter den arabischen Staaten beigetragen.

2. Im Anschluss an die von der Arabischen Liga unterstützte Initiative Saudi Arabiens, die Erklärung von Sevilla vom 22. Juni und die Erklärung von US-Präsident BUSH vom 24. Juni hat die Viergruppe wichtige Elemente für Fortschritte in Richtung auf eine Lösung der Krise im Nahen Osten vereinbart. Der Rat hat insbesondere hervorgehoben, dass es paralleler Fortschritte in politischen, wirtschaftlichen und Sicherheitsfragen bedarf, dass die humanitäre und soziale Lage unverzüglich verbessert werden muss, dass Wahlen abgehalten werden müssen und dass zu gegebener Zeit ein weiteres internationales Ministertreffen einberufen werden muss. Der Rat hat außerdem darauf hingewiesen, dass unbedingt ein Fahrplan aufgestellt werden muss, nach dem das Ziel einer endgültigen israelisch-palästinensischen Einigung mit zwei in Frieden und Sicherheit nebeneinander lebenden Staaten innerhalb der vereinbarten Frist der nächsten drei Jahre erreicht werden soll.

3. Der Rat unterstützte einen Aktionsplan für palästinensische Reformen, der in der Sitzung der Task Force in London lanciert und bei dem Treffen der Viergruppe in New York bestätigt wurde. Als größter Geber für die palästinensischen Gebiete wird die EU aktiv und konstruktiv zur Arbeit der unter der Federführung der Viergruppe gebildeten Task Force beitragen und die Palästinenser in ihren Bemühungen um umfassende Reformen in allen Bereichen zur Vorbereitung ihrer Staatsgründung unterstützen. Sie ist bereit, bei der Vorbereitung und Beobachtung freier und fairer Wahlen in Palästina behilflich zu sein.

4. Es wurde hervorgehoben, dass es für einen Erfolg der palästinensischen Reformen auch paralleler und reziproker Schritte auf israelischer Seite bedarf. Der Rat unterstützte den entschiedenen Appell der Viergruppe an Israel, die Absperrungen aufzuheben, seine Militärkräfte auf die Stellungen zurückzuziehen, die sie vor dem 28. September 2000 innehatten, den Transfer der überfälligen Zahlungen an die Palästinensische Autonomiebehörde wieder aufzunehmen und die Siedlungstätigkeit einzustellen. Vor dem Hintergrund einer Verschlechterung der humanitären Lage in den Palästinensergebieten forderte der Rat unverzüglichen freien Zugang für Mitarbeiter humanitärer Hilfsorganisationen.

5. Der Rat ist zuversichtlich, dass die Schritte, die die Viergruppe vereinbart hat, zum Wiederaufbau des Vertrauens beitragen und den Weg für eine internationale Friedenskonferenz ebnen werden.

6. Der Rat hat die jüngsten Terroranschläge gegen israelische Zivilpersonen auf das Schärfste verurteilt. Der Rat hat zur Kenntnis genommen, dass die Palästinensische Autonomiebehörde derartige Aktionen verurteilt hat, und hat erneut an die Palästinensische Autonomiebehörde appelliert, im Kampf gegen den Terrorismus alle ihr möglichen Anstrengungen zu unternehmen. Der Rat fordert Israel dringend auf, von nicht gerechtfertigten Abschiebungen Abstand zu nehmen.

7. Der Rat begrüßte die Wiederaufnahme der Verhandlungen zwischen Israel und der Palästinensischen Autonomiebehörde."

(Website der EU)

120. Regierungserklärung zur Verteidigungspolitik

25. VII. 2002

Am 25. Juli 2002 hielt Verteidigungsminister Peter STRUCK im Deutschen Bundestag in Berlin eine Grundsatzrede zur Lage der Bundeswehr und zu ihren Aufgaben im Rahmen der Sicherheitspolitik der Bundesrepublik, die im folgenden gekürzt wiedergegeben wird.

Rede von Verteidigungsminister Struck am 25. 7. 2002

„Ich übernehme eine schwierige Aufgabe. Das Amt des Bundesministers der Verteidigung bringt hohe Verantwortung, aber auch vielfältige Gestaltungsmöglichkeiten mit sich. Ich übernehme uneingeschränkt und gerne die Verantwortung für die Menschen in der Bundeswehr und werde meine Aufgaben als Inhaber der Befehls- und Kommandogewalt sehr verantwortlich wahrnehmen.

Ebenso bekenne ich mich ausdrücklich zu dem breiten Konsens in Fragen der Außen-, Sicherheits- und Verteidigungspolitik, der in diesem Hause herrscht. Ich stelle mich bewusst in die Kontinuität meiner Vorgänger Helmut SCHMIDT, Georg LEBER, Volker RÜHE, aber auch ganz besonders Rudolf SCHARPING. Es ist das Verdienst dieser meiner Vorgänger, dass der deutschen Friedenspolitik eine Bundeswehr zur Verfügung steht, die im In- und Ausland ein hohes Ansehen genießt. Es hat nicht viele Momente in unserer Geschichte gegeben, in denen man deutsche Soldaten in anderen Ländern um die Übernahme von Aufgaben gebeten hat, in denen tiefes Vertrauen in die deutsche Politik herrscht. Seien wir ein wenig stolz darauf, dass es jetzt so ist.

Wir befinden uns zurzeit in einem Prozess der Anpassung unserer Sicherheitspolitik an die aktuelle Bedrohungslage, die uns der 11. September auf brutalste Weise vor Augen geführt hat. Das gilt im nationalen, im europäischen, im transatlantischen und auch im globalen Rahmen. Die Aufgabe, weltweite Sicherheit zu gewährleisten, stellt sich zu Beginn unseres Jahrhunderts unter veränderten Parametern: die sicherheitspolitische Lage ist zunächst durch eine Vervielfachung der Akteure gekennzeichnet. Neben die staatlichen Kräfte treten nichtstaatliche, transnationale Kräfte, die auch von Regierungen und staatlichen Strukturen unterstützt werden. Sie können infolge der enormen Fortschritte in den Bereichen Technologie und Kommunikation eine weltpolitische, dabei aber auch eine zerstörerische Rolle spielen, so dass man mit Recht von einer Privatisierung der Gewalt sprechen kann.

Mit der Art und Anzahl der Beteiligten haben sich auch die möglichen Erscheinungsformen von Krisen und Konflikten nachhaltig verändert. Der klassische zwischenstaatliche Krieg ist zu Beginn des 21. Jahrhunderts unwahrscheinlicher geworden. Innerstaatliche Konflikte und Bürgerkriege haben an Bedeutung gewonnen. Gleichzeitig sind Formen der asymmetrischen Kriegführung in den Vordergrund gerückt. Gleichwohl dürfen uns diese Entwicklungen nicht blind machen gegenüber vielfältigen anderen Krisen und Konflikten. Sie können zur überregionalen Destabilisierung und zur Beeinträchtigung auch unserer Sicherheit in Europa führen. Ich erinnere nur an die Lage im Nahen Osten und an den Kaschmir-Konflikt.

Ein weiterer Aspekt kommt hinzu: Auf gesamtpolitischer Ebene hat eine Verschiebung der Problemachsen stattgefunden. Der Ost-West-Konflikt ist beendet; Europa wächst zusammen. Einen Tag nach meiner Ernennung zum Bundesminister der Verteidigung durch den Herrn Bundespräsidenten ist dies in besonders beeindruckender Weise durch die Rede des polnischen Staatspräsidenten beim Gelöbnis deutscher Soldaten am 20. Juli deutlich geworden. Ich war ihm sehr dankbar dafür, dass er, teilweise in deutscher Sprache, zu unseren Soldaten gesprochen hat. Es war sehr beeindruckend.

Die Nord-Süd-Dimension der globalen Aufgaben und Probleme wird demgegenüber immer stärker sichtbar. Russland entwickelt sich zu einem strategischen Partner der Europäer und der USA. Daraus ergeben sich neue Perspektiven zum gemeinsamen Engagement für den Frieden. In diesem Gesamtkontext muss eine zeitgemäße Sicherheitspolitik mehr als Abschreckung und Verteidigung leisten. Deshalb ist die Politik der Bundesregierung von einem erweiterten Verständnis von Sicherheit geprägt, das im Kern drei Elemente umfasst:

- I. Chronik -
Nr.120/25.VII.2002: Grundsatzrede von Minister Struck

Erstens verstehen wir Sicherheit in einem umfassenden Sinn. Wir berücksichtigen ihre politische, ökonomische, ökologische, soziale und kulturelle Dimension. Wir richten unsere Politik auf die tieferen Ursachen und Erscheinungsformen von Krisen und Konflikten aus. Gerade auf dem Balkan und in Afghanistan hat sich gezeigt: Die Gefahr der militärischen Eskalation von Konflikten ist groß, wenn man nicht umfassend an die Wurzeln dieser Konflikte herangeht. Der Versuch einer allein militärischen Lösung politischer Konflikte führt in aller Regel nicht zu nachhaltiger Stabilität, sondern trägt nur den Keim weiterer Auseinandersetzungen in sich.

Zweitens haben wir die Prävention in den Mittelpunkt unserer Außen-, Sicherheits-, Wirtschafts- und Entwicklungspolitik gestellt, um durch eine vorausschauende Politik Krisen zu entschärfen. Diese Prävention hat sich in Mazedonien und anderswo bestens bewährt. Wir verhindern das Aufkeimen von Konflikten und leisten einen nachhaltigen Beitrag zur Entwicklung einer Politik des fairen Interessenausgleichs in den internationalen Beziehungen.

Drittens haben wir erkannt, dass die Gefährdungen des 21. Jahrhunderts vor keiner Grenze - auch nicht vor einer Weltmacht - Halt machen. Dies haben uns die Terroranschläge auf die USA vor Augen geführt. Es sind gemeinsame Risiken, die gemeinsame Antworten erfordern. Sicherheit und Stabilität sind zu einer gemeinsamen Aufgabe geworden. Aufgrund des politischen, wirtschaftlichen und sicherheitspolitischen Potenzials Deutschlands wird von uns - mehr als früher - gefordert, mehr Verantwortung für die internationale Friedenssicherung in Europa und darüber hinaus zu übernehmen. Die Bundesregierung stellt sich dieser Verantwortung.

Wir stehen nicht mehr unter Hinweis auf unsere Geschichte abseits, wenn unsere Sicherheitsinteressen betroffen sind und andere auf unseren Beitrag setzen. Dies schließt die Bereitschaft zu militärischen Beiträgen und zur Beteiligung an militärischen Operationen ein. Unsere Geschichte begründet für das wiedervereinigte Deutschland geradezu eine Verpflichtung - zur Solidarität, zur Wahrnehmung von Verantwortung und zur Unterstützung derer, die auf uns bauen.

Dabei hat sich die Bundesregierung zu Recht einer konsequenten Politik des Interessenausgleichs und Multilateralismus verschrieben. Das heißt, wir sind gefordert, wenn sich die NATO, die Europäische Union und die Vereinten Nationen zur Abwehr von Gefahren und zur Sicherung des Friedens engagieren. Vor diesem Hintergrund ist die internationale Rolle Deutschlands nicht von einem transatlantischen Bündnis, das für Sicherheit und Stabilität des euro-atlantischen Raumes von zentraler Bedeutung ist, und von der Stärkung der außen- und sicherheitspolitischen Handlungsfähigkeit Europas zu trennen. NATO und Europäische Union haben einen Kurs der konsequenten Anpassung an die skizzierten neuen Rahmenbedingungen und an die neuen Erfordernisse eingeleitet. Sie verbessern zielgerichtet ihre Fähigkeiten zur Bewältigung der neuen Herausforderungen. Die NATO wird die Politik der offenen Tür auf dem Prager Gipfel im November dieses Jahres fortsetzen. Sie wird weitere wichtige Entscheidungen zu den NATO-Verfahren, den militärischen Fähigkeiten und zur Zusammenarbeit mit Partnern treffen, um die neuen Aufgaben noch konsequenter angehen zu können. Sie wird so ihre zentrale Rolle für die europäische Sicherheit bewahren und ihre Bedeutung für die globale Sicherheit weiter ausbauen. Der Prager Gipfel im November dieses Jahres wird ein Meilenstein werden, um die fortdauernde Anpassung des Bündnisses an das veränderte Umfeld weiter voranzutreiben. Das strategische Konzept von 1999 bietet hierfür weiterhin eine sehr solide Grundlage. Doch es ist klar, dass die NATO in der Lage sein muss, die vitalen Sicherheitsinteressen ihrer Mitglieder dort zu verteidigen, wo sie berührt werden: innerhalb und außerhalb Europas. Das ändert nichts daran, dass die NATO ein regionales Bündnis bleibt und der Washingtoner Vertrag unverändert Gültigkeit hat.

Die Europäische Union entwickelt sich zu einer starken, umfassenden politischen Union. Mit der Europäischen Sicherheits- und Verteidigungspolitik eröffnet sie sich neue Möglichkeiten zur Durchführung militärischer und ziviler Krisenmanagementaufgaben und neue Perspektiven, um an der Friedenssicherung in Europa und darüber hinaus mitzuwirken. Die Europäische Union hat auf dem Gipfel in Laeken vor wenigen Monaten ihre Einsatzbereitschaft für einige Krisenmanagementaufgaben erklärt. ...

Die Bundeswehr genießt dank der hohen Professionalität und Motivation ihrer Angehörigen in unserem Land in allen gesellschaftlichen Bereichen und über Parteigrenzen hinweg hohe Anerkennung und Wertschätzung. Mehr noch: sie hat sich im Ausland hohes Ansehen erworben. Gemeinsam mit den Streitkräften unserer Verbündeten und Partner leistet sie tagtäglich einen substanziellen Beitrag zur Sicherung des Friedens in Bosnien und Herzegowina, in

- I. Chronik -
Nr.121/1.VIII.2002: USA und ASEAN-Staaten

Kosovo, in Mazedonien, auf der arabischen Halbinsel, im östlichen Mittelmeer, am Horn von Afrika, in Afghanistan und in Georgien. Die Öffentlichkeit vertraut der Bundeswehr und verlässt sich zu Recht auf ihre Loyalität gegenüber dem Grundgesetz.

Die Soldaten erleben Rückhalt und Respekt auch und gerade dann, wenn sie in schwierigen Friedensmissionen eingesetzt werden. Diese neuartigen Aufgaben bedeuten völlig veränderte Herausforderungen mit Folgen für das Selbstverständnis der Soldaten. Sie zu bewältigen bedarf es nicht nur einer modernen Ausrüstung, sondern vor allem eines hinreichenden geistigen Rüstzeugs. Die wichtigste geistige Grundlage für unsere Soldaten ist das Konzept der inneren Führung. Die innere Führung hat sich ständig weiterentwickelt und ihre Grundsätze haben sich im Einsatz bestätigt. Sie äußern sich in Respekt vor anderen Volksgruppen, in der Achtung von Mitmenschen sowie bei der Aufbauhilfe und der Entwicklung von demokratischen Strukturen. Auf diesen Grundsätzen fußen die international anerkannten Erfolge der Bundeswehr bei Friedenseinsätzen der Vereinten Nationen oder der NATO. Dafür zu sorgen, dass dies so bleibt, ist für mich oberste Verpflichtung. ...

Ich weiß, dass das internationale Engagement die Bundeswehr in außerordentlicher Weise und bis an die Grenze ihrer Möglichkeiten und Fähigkeiten fordert. Ich weiß auch, dass die Anforderungen an die Bundeswehr auf absehbare Zeit nicht geringer werden. Eine spürbare Entlastung ist im Hinblick auf die Beanspruchung durch internationale Einsätze derzeit nicht zu erwarten. Umso wichtiger ist es, dass wir auf dem eingeschlagenen Weg der Erneuerung der Bundeswehr unbeirrt und konsequent fortschreiten.

Die Weichen für die Zukunft der Streitkräfte und der Wehrverwaltung in einem komplexer gewordenen internationalen Umfeld sind damit richtig gestellt, die Weichen für eine Armee, die unseren Interessen und dem Auftrag des Grundgesetzes entspricht, als gleichberechtigtes Mitglied in einem vereinten Europa dem Frieden in der Welt zu dienen, für eine Armee, die den sicherheitspolitischen Entwicklungen und Verpflichtungen nachkommt, wie sie sich aus Deutschlands Mitgliedschaft in NATO, Europäischer Union, in der OSZE und in den Vereinten Nationen ergeben, und für eine Armee, die die legitimen Erwartungen an Deutschland erfüllt, seinem politischen und wirtschaftlichen Gewicht entsprechend zur gemeinsamen Aufgabe der Friedenssicherung beizutragen."

(Presse- und Informationsamt der Bundesregierung)

I. VIII. 2002

121. USA vereinbaren Zusammenarbeit mit ASEAN-Staaten bei Bekämpfung des Terrorismus

Am 1. August 2002 kam es in Brunei Darussalam zu einem Treffen von US-Außenminister Colin POWELL mit seinen Amtskollegen aus den ASEAN-Staaten, auf dem Möglichkeiten der Kooperation zur Bekämpfung des Terrorismus besprochen wurden. Die nachfolgende Gemeinsame Erklärung wurde dabei vereinbart.

Gemeinsame Erklärung der Vereinigten Staaten von Amerika und der Mitgliedstaaten des Verbands Südostasiatischer Nationen (ASEAN) zur Zusammenarbeit bei der Bekämpfung des internationalen Terrorismus, unterzeichnet am 1. 8. 2002

„Die Regierungen von Brunei Darussalam, des Königreichs Kambodscha, der Republik Indonesien, der Demokratischen Volksrepublik Laos, Malaysias, der Union von Myanmar, der Republik Philippinen, der Republik Singapur, des Königreichs Thailand, der Sozialistischen Republik Vietnam, sämtlich Mitgliedstaaten des Verbands Südostasiatischer Nationen (ASEAN), und der Vereinigten Staaten von Amerika (im Folgenden bezeichnet als ‚die Teilnehmer');

- eingedenk der ASEAN-Erklärung über Gemeinsames Vorgehen zur Bekämpfung des Terrorismus von 2001, die u.a. dazu verpflichtet, die Zusammenarbeit auf bilateraler, regionaler und internationaler Ebene zu verstärken, um den Terrorismus in umfassender Weise zu bekämpfen, und die bekräftigt, dass auf internationaler Ebene die Vereinten Nationen eine wesentliche Rolle in dieser Hinsicht spielen sollten;

- ihre Verpflichtung bestätigend, alle Formen terroristischer Akte zu bekämpfen, ihnen vorzubeugen und sie zu unterdrücken in Übereinstimmung mit der Charta der Vereinten Nationen, dem Völkerrecht und allen diesbezüglichen Resolutionen oder Erklärungen der Vereinten Nationen zum internationalen Terrorismus, insbesondere die Grundsätze, die in den Resolutionen 1373, 1267 und 1390 des Sicherheitsrats der Vereinten Nationen niedergelegt sind;

- terroristische Akte in allen ihren Formen und Ausprägungen, begangen wo, wann und von wem auch immer, als eine tief greifende Bedrohung des internationalen Friedens und der Sicherheit betrachtend, die eine konzertierte Aktion erfordert, um alle Völker und den Frieden und die Sicherheit der Welt zu bewahren;

- die Prinzipien der souveränen Gleichheit, territorialen Integrität und Nichteinmischung in die inneren Angelegenheiten von Staaten anerkennend;

- die Bedeutung der bestehenden Zusammenarbeit in Fragen von Sicherheit, Nachrichtendiensten und der Justiz dankbar anerkennend und geleitet von dem Wunsch, diese Zusammenarbeit zu verstärken und zu vertiefen, um den internationalen Terrorismus durch das ASEAN-Ministertreffen zum Transnationalen Verbrechen als herausragendem ASEAN-Gremium zur Bekämpfung des Terrorismus und durch andere Mechanismen zu bekämpfen;

- die grenzüberschreitende Natur terroristischer Aktivitäten und die Notwendigkeit anerkennend, die internationale Zusammenarbeit auf allen Ebenen zu verstärken, um Terrorismus in umfassender Weise zu bekämpfen;

- von dem Wunsch erfüllt, die Zusammenarbeit zur Bekämpfung des Terrorismus zwischen den entsprechenden Behörden der teilnehmenden Regierungen zu verbessern;

- erklären feierlich das Folgende:

Ziele

1. Die Teilnehmer bekräftigen die Bedeutung, über ein Rahmenwerk zur Zusammenarbeit zu verfügen, um internationalem Terrorismus vorzubeugen, ihn zu stoppen und zu bekämpfen durch den Austausch von Informationen, nachrichtendienstlichen Kenntnissen und den Aufbau von Fähigkeiten.

2. Die Teilnehmer heben hervor, dass diese Zusammenarbeit den Zweck hat, die Wirksamkeit dieser Bemühungen zur Bekämpfung des Terrorismus zu erhöhen.

Umfang und Reichweite der Zusammenarbeit

3. Die Teilnehmer betonen ihre Verpflichtung, sich darum zu bemühen, die in dieser Erklärung niedergelegten Prinzipien bei jeder einzelnen oder allen nachfolgend aufgeführten Handlungen anzuwenden in Übereinstimmung mit ihren entsprechenden einheimischen Gesetzen und ihren besonderen Umständen:

i. Fortsetzung und Verbesserung des Austauschs nachrichtendienstlicher Informationen über die Finanzierung des Terrorismus in Bezug auf Antiterrormaßnahmen, einschließlich der Entwicklung wirksamer Politiken zur Bekämpfung des Terrorismus und rechtlicher, regulativer und verwaltungstechnischer Verfahren gegen den Terrorismus.

ii. Verbesserung der Verbindungen zwischen ihren Polizei- und Justizbehörden, um praktische Mechanismen gegen den Terrorismus zu schaffen.

iii. Stärkung der Bemühungen zum Aufbau von Kapazitäten durch Training und Ausbildung; Konsultationen unter Beamten, Wissenschaftlern und vor Ort Tätigen; Seminare, Konferenzen und gemeinsames Vorgehen im Bedarfsfall.

iv. Gewährung von Unterstützung in Fragen des Verkehrs, der Grenz- und Einwanderungskontrollen, einschließlich Dokumenten- und Passfälschung, um den Zustrom von terrorismusbezogenem Material, von Geld und Menschen wirksam aufhalten zu können.

v. Einhaltung der Sicherheitsratsresolutionen 1373, 1267 und 1390 sowie anderer Resolutionen oder Erklärungen der Vereinten Nationen zum internationalen Terrorismus.

vi. Entwicklung anderer Bereiche der Zusammenarbeit auf gegenseitiger Grundlage.

Teilnahme

4. Die Teilnehmer werden aufgefordert, allen zwölf auf den Terrorismus bezogenen Konventionen und Protokollen der Vereinten Nationen beizutreten.

5. Jeder einzelne Teilnehmer wird aufgefordert, eine Behörde zu bestimmen, um sich mit den Justizbehörden, den mit der Bekämpfung der Terrorismusfinanzierung befassten und anderen Regierungsdienststellen abzustimmen und als zentraler Kontaktort für die Umsetzung dieser Erklärung zu handeln.

Offenlegung von Informationen

6. Die Teilnehmer erwarten, dass kein Teilnehmer irgendeine vertrauliche Information, Dokumente oder Daten, die er in Zusammenhang mit dieser Erklärung erlangt, irgendeiner dritten Partei zu irgendeinem Zeitpunkt zugänglich macht, es sei denn, dass eine schriftliche Zustimmung desjenigen Teilnehmers vorliegt, der die Information zur Verfügung gestellt hat.

7. Alle Teilnehmer sind aufgefordert, die Vorschriften dieser Erklärung in allen Einzelheiten in gutem Glauben und wirkungsvoll zu unterstützen und anzuwenden."

(Internationale Politik)

7. VIII. 2002

122. Außenminister Fischer spricht sich gegen Militärintervention im Irak aus

Am 7. August 2002 wurde ein Interview mit dem deutschen Außenminister Joschka FISCHER in der Süddeutschen Zeitung veröffentlicht, in dem er sich unter anderem gegen jegliche Militärintervention im Irak aussprach.

Interview von Außenminister Fischer mit der Süddeutschen Zeitung vom 7. 8. 2002 (Auszüge)

„...*Frage:* Was spricht aus Ihrer Sicht gegen eine Militärintervention in Irak?

Fischer: Unsere tiefe Skepsis und damit unsere Ablehnung gründet sich darauf, dass hier eine falsche Priorität gesetzt wird. Unsere Analyse zeigt an erster Stelle die Bedrohung durch den islamistischen Terrorismus. Niemand kann bislang einen weiteren großen Anschlag ausschließen. Aber niemand hat auch bisher eine Verbindung von Saddam HUSSEIN zu Organisationen wie Al Khaïda nachgewiesen. Die zweite extreme Gefahr geht vom Nahost-Konflikt aus. Um hier Verhandlungen wieder eine Chance zu geben, bedarf es einer großen Anstrengung und eines geschlossenen internationalen Handelns. Und ohne eine Lösung dieser zwei Probleme einen dritten Konflikt zu eröffnen, das birgt ein großes, ja ein nahezu unkalkulierbares Risiko.

Frage: Die Amerikaner haben mit Irak noch eine Rechnung offen.

Fischer: Die Fragen, die George BUSH senior Anfang der neunziger Jahre gehindert haben, amerikanische Truppen bis Bagdad vorrücken zu lassen, sind auch heute noch unbeantwortet. Die USA verfügen über die militärischen Mittel für einen gewaltsamen Regimewechsel in Irak - aber ist man sich über die Risiken im Klaren? Und ist man sich im Klaren, dass dies eine völlige Neuordnung des Nahen Ostens nach sich ziehen müsste, und zwar nicht nur militärisch, sondern vor allem auch politisch? Dies hieße für die USA eine möglicherweise jahrzehntelange Präsenz in dieser Region. Ob die Amerikaner dazu bereit sind, ist mehr als offen. Wenn sie allerdings vor der Zeit ihre Präsenz beenden würden, dann hätten wir Europäer als unmittelbare Nachbarn dieser Region die fatalen Konsequenzen zu tragen.

- I. Chronik -
Nr.123/9.VIII.2002: Schröder zur Irak-Politik der USA

Frage: Wie schätzen Sie die Bedrohung durch Saddam HUSSEIN ein?

Fischer: Saddam HUSSEIN ist ein verbrecherischer Diktator, und eine Strafe für sein eigenes Volk. Aber man muss sehen - und das hat auch die Anhörung im US-Senat gezeigt -, dass die Eindämmungspolitik der Vereinten Nationen im Großen und Ganzen erfolgreich war. Ich sehe nicht, dass sich die Bedrohung durch Irak so verändert hätte, dass sie jetzt ein militärisches Eingreifen notwendig machen würde. Im Übrigen: Wenn es anders wäre, davon können Sie ausgehen, dann wäre der Wahlkampf zweitrangig. Wenn für Deutschland und seine Bevölkerung eine wachsende oder unmittelbare Gefahr bestünde, wäre ich ausschließlich meinem Amt als Außenminister verpflichtet. Und das kann ich auch für meinen Kanzler sagen.

Frage: Eine Beteiligung der Bundeswehr wäre nicht im deutschen Interesse?

Fischer: Das ist keine Frage des deutschen Interesses. Wir müssen eine gemeinsame europäische Position finden. Das wird schwierig genug. Und SCHÄUBLE hat uns da keinen Gefallen getan.

Frage: Die Türkei hat einige substanzielle Gesetzesänderungen beschlossen ...

Fischer: ... man kann sogar sagen: historische Gesetzesänderungen.

Frage: Rückt die Türkei damit der EU-Mitgliedschaft näher?

Fischer: Da frage ich als erstes: Ist dieses Europa nicht faszinierend? Ohne eine europäische Perspektive hätte es diese Veränderungen in der Türkei wohl auf Jahrzehnte nicht gegeben. (...) Die Ängste, die geschürt werden, teile ich nicht. Es kommt jetzt auf die Umsetzung an, aber die Reformen können sich als Durchbruch zur Modernisierung der Türkei erweisen. Sie wäre das erste islamisch geprägte Land, das diese Modernisierung schafft. Und nun denken Sie mal perspektivisch, was das für die ganze Region bedeuten könnte. Da könnte langfristig die Chance erwachsen, die Modernisierungsblockade der arabisch-islamischen Welt aufzubrechen.

Frage: Aber die Türkei erwartet nun den Beginn der Verhandlungen über eine EU-Mitgliedschaft.

Fischer: Das wird die EU-Kommission zu erörtern haben. Aber klar ist: Die Kriterien für solche Verhandlungen sind festgelegt, und da wird es auch keine Lex Türkei geben können. ..."

(Auswärtiges Amt)

9. VIII. 2002

123. Bundeskanzler Schröder kritisiert Irak-Politik der USA

Am 9. August 2002 wurde Bundeskanzler Gerhard SCHRÖDER im Rahmen der Sendung „ARD-Bericht aus Berlin" zu seiner Haltung zu den amerikanischen Plänen über eine Militärintervention gegen den Irak interviewt. Die entsprechenden Stellen des Interviews sind im Folgenden abgedruckt.

„*Frage:* Kommen wir zum Schluss zu einem Thema, dass Sie ebenfalls diese Woche eingeführt haben in den Wahlkampf. Das ist das Thema Irak... Sie haben gesagt: Deutschland steht unter meiner Führung nicht für Abenteuer zur Verfügung. Was heißt das denn? Unterstellen Sie ernsthaft Georg BUSH, dass die USA verantwortungslos in einen Krieg laufen oder droht diese Gefahr eines Krieges wirklich akut?

Antwort: Das ist damit nicht gesagt. Zunächst ist einmal ist es so, dass wir unsere Bündnisverpflichtungen wahrnehmen. Ich bin es gewesen, der die Frage der Teilnahme Deutschlands am Kampf gegen die Taliban, gegen den internationalen Terrorismus mit der Vertrauensfrage verbunden hat. Das ist in Amerika durchaus wahrgenommen worden. Das heißt, immer dann, wenn unsere Partner attackiert angegriffen werden, steht Deutschland als Land des Beistandes zur Verfügung, gar keine Frage. Und mein Hinweis war, dass wir auch für die Weltöffentlichkeit erst klarmachen müssen, dass die Auseinandersetzung in Afghanistan zu unseren Gun-

Nr.124/15.VIII.2002: Schröder zur deutschen Irak-Politik

sten entschieden ist - der Krieg dauert nämlich noch an -, dass wir eine Dividende geben für die Rückkehr in die Staatengemeinschaft. Das muss man lernen in den Völkern der Welt. Und dass man nicht gut handelt, wenn man in einer solchen Situation die internationale Koalition gegen den Terror strapaziert, vielleicht sogar kaputt macht, indem man über die Frage Irak diskutiert. Wir hatten in Übereinstimmung mit den Vereinten Nationen die Eindämmungspolitik vorangetrieben. Und mein Plädoyer heißt: Lasst uns das weitermachen, Druck auf Saddam HUSSEIN ausüben, dass er die Inspektoren ins Land lässt. Das ist auch, zwar nicht vordergründig, aber im Grunde akzeptiert von den arabischen, den gemäßigten arabischen Regierungen. Ich denke, dass wir, wenn es jetzt über militärische Interventionen geht, zurückhaltend sein sollten. Das bedeutet, dass Deutschland sich daran nicht beteiligen wird. Und wir haben die Ausgaben für internationale Einsätze von 1998, wo das 170 Millionen Euro etwa waren, auf jetzt 1,7 Milliarden Euro gesteigert. Wir haben nach Amerika die zweitmeisten Truppen in internationalen Einsätzen - mehr als jeder andere europäische Staat. Damit ist die Grenze dessen, was von uns Sinnvollerweise verlangt werden kann, erreicht - und das galt es deutlich zu machen. Und wir werden darüber vor zu entscheiden haben am 23. bis 25. September, einen Tag nach der Wahl, wenn die Verteidigungsminister der NATO sich treffen. Deswegen müssen wir die Frage jetzt klären und wir können nicht warten bis der Wahltag vorbei ist.

Frage: Die Frage ist nur, was das genau heißt, und zwar für die deutschen Soldaten, ihrer Familien, ihre Kinder? Heißt Ihre Aussage: Deutsche Soldaten werden in gar keinem Fall im Irak an einem Angriff teilnehmen?

Antwort: Das ist der Inhalt der Aussage.

Frage: Und das bleibt so.

Antwort: Und das ist so und die gilt und die bleibt. Und davon ist nicht abzustreichen. Das wissen die Verbündeten auch. Wir sind beispielhaft in Europa. Und ich möchte, dass das endlich auch mal respektiert wird und dass nicht immer Forderungen an unser Land formuliert werden, sondern dass man zur Kenntnis nimmt - was übrigens unsere Partner tun, in Amerika tun, auch in Europa tun -, dass man zur Kenntnis nimmt, was wir leisten, möglichst auch in Deutschland, auch bei der Opposition und auch in Wahlkämpfen.

Frage: Sie sagen, die Verbündeten wissen das. Als Sie beispielsweise den amerikanischen Präsidenten haben wissen lassen: Irak ohne uns Deutsche. Was war seine Reaktion?

Antwort: Es gibt gar keine direkte Reaktion, weil wir immer übereingestimmt haben in der Frage, dass die Verbündeten nicht nur über das Wann oder Wie, sondern auch über das Ob konsultiert werden. Diese Konsultationen haben nicht stattgefunden, deswegen, um zu Ihrer Ausgangsfrage zu kommen, gehe ich auch nicht von aktuellen Ereignissen aus. Aber Debatten, öffentliche Debatten, Debatten im Senat, im amerikanischen Kongress, in der europäischen Öffentlichkeit, die könnten ja auch Fakten setzen, an denen man dann nicht mehr vorbeikommt. Deswegen beteiligt sich Deutschland, beteiligen sich verantwortliche Politiker in Deutschland an dieser Diskussion, um klarzumachen, auch dem Volk gegenüber, das einen Anspruch auf Klarheit hat, wo wir stehen in dieser Frage. Man muss frei bleiben, Entscheidungen im eigenen Interesse, im deutschen Interesse zu treffen, wenn diese Entscheidungen anstehen."

(Presse- und Informationsamt der Bundesregierung)

15. VIII. 2002

124. Bundeskanzler Schröder bekräftigt deutsche Haltung im Irak-Konflikt

Am 15. August 2002 erschien in der Wochenzeitung "Die Zeit" ein Interview mit Bundeskanzler Gerhard SCHRÖDER, in dem eine Reihe von innen- und außenpolitischen Themen angeschnitten wurden. Im Folgenden sind die außenpolitischen Abschnitte wiedergegeben.

- I. Chronik -
Nr.124/15.VIII.2002: Schröder zur deutschen Irak-Politik

„...DIE ZEIT: Herr Bundeskanzler, während der Kosovo-Krise haben Sie Wert darauf gelegt, dass die Bundesrepublik sich nicht aus der westlichen Allianz verabschiedet. Haben Sie nicht Angst, dass jetzt, in der Frage eines möglichen Kriegs gegen den Irak, genau das geschieht?

Schröder: Nein. Es geht doch um völlig verschiedene Sachverhalte. Nach dem 11. September ging es darum, einem Freund und Verbündeten, der auf seinem Territorium vom internationalen Terrorismus angegriffen worden ist, Beistand zu leisten - eine für mich selbstverständliche Freundespflicht, auch dann, wenn die Umsetzung nicht leicht war. Zunächst musste die Tabuisierung des Militärischen in Deutschland aufgebrochen werden, um dieser Beistandpflicht genüge zu tun, die ja die andere Seite der Medaille jener Solidarität ist, die wir erfahren haben. Das haben wir gemacht. Jetzt geht es nicht darum, gegen einen klar erkennbaren Angriff und von den Vereinten Nationen legitimiert, eine Verteidigung zu organisieren, sondern augenscheinlich darum, einen neuen Konfliktherd im Nahen Osten zu entfachen. Das ist etwas fundamental anderes. Die Taliban sind noch nicht besiegt worden. Enduring Freedom muss deshalb noch weitergehen.

ZEIT: Und weiterhin mit deutscher Beteiligung?

Schröder: Ja, denn es geht um Verteidigung gegen den Terrorismus, wenn auch sicher in einer Form, die für die deutsche Öffentlichkeit neu war. Wir sind in Afghanistan präsent im Rahmen der internationalen Schutztruppe. Und noch ist dort die Aufgabe, nämlich das *nation building*, nicht einmal in Ansätzen zu Ende gebracht. Erstens fürchte ich: Wenn wir jetzt über neue militärische Aktionen in der Region diskutieren, werden es diejenigen in Kabul, auf es die es ankommt, schwer haben zu begreifen, dass die Rückkehr in die Staatengemeinschaft auch so etwas wie eine Friedensdividende, nämlich den Aufbau des eigenen Landes, mit sich bringt. Zweitens: Mit einer militärischen Intervention im Irak würden wir mit Blick auf den Nahen Osten falsche Prioritäten setzen. Wer dort reinwill, muss eine Legitimation dafür haben, und die gibt es noch nicht. Aber er muss auch wissen, was er dort will und wie er wieder herauskommt. Wer im Irak interveniert, muss eine Vorstellung von der politischen und ökonomischen Ordnung im Nahen Osten entwickeln. Mein Eindruck ist, dass es diese Vorstellung über das Danach noch nicht gibt. Und drittens: Nach den Vereinigten Staaten stellt Deutschland bei internationalen Einsätzen inzwischen die meisten Truppen. Mehr als 9000 unserer Soldaten sind weltweit präsent. Vor dem Hintergrund, dass die Bundeswehr sich in einer notwendigen Reformphase befindet, ist die Grenze der Belastungen erreicht, was den Einsatz von Soldaten und die verfügbaren, auch materiellen Ressourcen angeht.

ZEIT: Hat es Sie überrascht, dass diejenigen, die in der Vergangenheit behauptet haben, die Bundeswehr sei an ebendieser Grenze ihrer Fähigkeiten angelangt - zum Beispiel Oberst GERTZ vom Bundeswehrverband -, jetzt finden, wir könnten noch eine ganze Brigade mobilisieren?

Schröder: Wir wissen seit einiger Zeit, dass Herr GERTZ nicht besonders ernst zu nehmen ist. Er gehört sicher nicht zu denen, von denen sich eine Bundesregierung beraten lassen sollte, wenn sie vernünftig beraten werden will.

ZEIT: Und wie ernst ist Ihr Parteifreund KLOSE zu nehmen, der Ihre Position harsch kritisiert?

Schröder: Ich denke, dass Herr KLOSE eine sehr persönliche Auffassung vertritt - die nach meinem Eindruck nicht die Auffassung der SPD-Fraktion ist.

ZEIT: Es ist zumindest eine originelle Form, Wahlkampf zu machen.

Schröder: Eben. Wir haben Meinungsfreiheit in unserer Partei, wie in dieser Gesellschaft überhaupt.

ZEIT: Bedauern Sie das manchmal?

Schröder: Niemals! (lacht) Jeder muss für sich selber entscheiden, zu welchem Zeitpunkt er was sagt, das sollte man aber nicht überbewerten.

ZEIT: KLOSEs Argument, die Drohkulisse für SADDAM sei aufrechtzuerhalten, ist aber nicht so leicht zu widerlegen.

- I. Chronik -
Nr.124/15.VIII.2002: Schröder zur deutschen Irak-Politik

Schröder: Sie wird ja aufrechterhalten. Die Eindämmungspolitik gegenüber Bagdad war und ist erfolgreich, weil sie von den gemäßigten arabischen Regierungen verstanden, wenn nicht sogar unterstützt wird. Sie muss man ja nicht aufgeben.

ZEIT: US-Verteidigungsminister RUMSFELD behauptet, sie sei gescheitert.

Schröder: Ich glaube nicht, dass man das sagen kann, ganz im Gegenteil. Saddams Regime war und ist isoliert und wäre nach meiner Auffassung auch zu bewegen gewesen, die internationalen Inspekteure wieder ins Land zu lassen. Mir geht es bei der Teilnahme an dieser Debatte darum, dass durch die Diskussion nicht Fakten gesetzt werden, die dann nicht wieder zurückzuholen sind. Ich habe nicht den Eindruck, dass wir mit dieser Bewertung in Europa isoliert sind. Aber was die Bereitschaft angeht, auch zu sagen, was man denkt, gibt es vielleicht Unterschiede, übrigens in Deutschland auch Unterschiede zwischen mir und der Opposition. Ich habe sowohl in der einen als auch in der anderen Frage gesagt, was ich für richtig halte. Gerade mir, nach dem ich die Teilnahme an Enduring Freedom gegen manche Warnung auch der Konservativen mithilfe der Vertrauensfrage im Bundestag durchgesetzt habe, sollte man jetzt nicht vorwerfen, zu wenig Rücksicht auf Interessen unserer Partner zu nehmen. Das wird in Europa und den USA auch verstanden.

ZEIT: Der ‚deutsche Weg' ist also nicht nur ein deutscher Weg - dann hätten Sie es doch auch gleich so sagen können!

Schröder: Das Wort vom ‚deutschen Weg' bezog sich inhaltlich keineswegs auf die internationale Politik. Gemeint war zunächst einmal das, was wir an Balance zwischen Kapital und Arbeit im Inneren schaffen; dass es also um Veränderungen, aber auch um sozialen Zusammenhalt geht. Das knüpft an den Begriff vom ‚Modell Deutschland' an. Das Wort soll deutlich machen, dass das sich entwickelnde Europa nicht nur ein Markt im ökonomischen Sinne sein soll, sondern auch ein Ort sozialer Interaktion.

ZEIT: Auch da gibt es keinen grundsätzlichen Dissens mit vielen europäischen Nachbarn. Warum dann vom ‚deutschen Weg' sprechen?

Schröder: Warum sollten wir nicht sehr selbstbewusst, ohne überheblich zu sein, sagen, dass wir die soziale Balance, die in Deutschland immer gehalten worden ist, auch weiter praktizieren werden. Im Übrigen wage ich zu bezweifeln, ob diese Gemeinsamkeit überall in Europa so besteht. Die konservativen Freunde etwa des italienischen Ministerpräsidenten werden schon zu erklären haben, was sie von dessen politischen Vorstellungen in Deutschland übernehmen wollen und was nicht.

ZEIT: Jetzt reden Sie von STOIBER?

Schröder: Ja. Ein paar Unterschiede gibt es nämlich, von denen ich nicht möchte, dass sie verloren gehen.

ZEIT: Der ‚deutsche Weg' wäre auch dadurch zu kennzeichnen, dass es zumindest in außenpolitischen Grundsatzfragen, zum Beispiel in der Frage des Verhältnisses zu Amerika, zwischen der Opposition und der Regierung in den letzten Jahrzehnten keine großen Differenzen mehr gab.

Schröder: Einspruch, Euer Ehren! War es nicht vielmehr so, dass die Opposition immer wieder versucht hat, dieses freundschaftliche Verhältnis zu Amerika für sich zu monopolisieren und die Sozialdemokraten in die Ecke der Unzuverlässigkeit zu drängen? Und ist dies nicht erst wirklich durchbrochen worden, als die Amerikaner gespürt haben, wer in einer Situation, in der es wirklich darauf ankommt, seine eigene politische Existenz - Stichwort Vertrauensfrage - für die Gemeinsamkeit einsetzt und wer nicht. Daraus leitet sich dann aber auch das Recht, vielleicht sogar die Pflicht ab, in bestimmten Situationen sehr deutlich zu sagen, was wir denken. Partnerschaft mit den Vereinigten Staaten, Freundschaft heißt doch nicht Unterordnung. Das heißt auch, auf der Basis von Gemeinsamkeiten in den Werten auch mal sagen zu können: In diesem Punkt sind wir nicht einer Meinung.

ZEIT: Die ‚uneingeschränkte Solidarität' hat Sie also politisch freier gemacht?

Schröder: Genau darum geht es. Die Tatsache, dass wir es waren, die als Erste gesagt haben, wir müssen an diesem Punkt unsere traditionelle Tabuisierung des Militärischen durchbrechen, hat dazu geführt, dass wir uns damit gegenüber den Amerikanern auch mehr Recht

- I. Chronik -
Nr.124/15.VIII.2002: Schröder zur deutschen Irak-Politik

erworben haben, konsultiert zu werden - nicht nur über das Wie und Wann, auch über das Ob. Die Irak-Frage, die jetzt so intensiv diskutiert wird, hat übrigens enorme Auswirkungen auf die Finanzwelt und die Weltwirtschaft insgesamt - jetzt schon.

ZEIT: Fühlen Sie sich denn informiert und konsultiert, fühlen Sie sich in dieser entscheidenden Frage, Irak, von den Vereinigten Staaten partnerschaftlich behandelt?

Schröder: Es gibt Konsultationsmechanismen auf den unterschiedlichsten Ebenen. Da aber die Diskussion über mögliche Optionen nicht zuletzt in den USA öffentlich geführt worden ist ...

ZEIT: ... reicht es, die Zeitung zu lesen ...?

Schröder: ... ist es, denke ich, die selbstverständliche Pflicht der Regierung, auch öffentlich zu sagen, wo sie steht. Wir leben doch nicht im Zeitalter der Geheimdiplomatie.

ZEIT: Aber im Wahlkampf.

Schröder: Das spielt nicht die hervorgehobene Rolle. Über existenzielle Fragen kann eine demokratische Regierung doch nicht nur in Hinterstuben diskutieren.

ZEIT: Sie reagieren also auf die Washingtoner Debatte, nicht auf BUSH, der offiziell erklärt, in diesem Jahr werde sowieso nicht mehr entschieden, und nicht auf Brüsseler Militärs, die Ihnen widersprechen und sagen, am 23. September werde auch nicht in der Nato vorentschieden?

Schröder: Nein, ich reagiere darauf, dass es diese öffentliche Diskussion gibt und dass die Bevölkerung in Deutschland mir zu Recht Vorwürfe machen würde, wenn ich sie im Unklaren ließe über das, was wir für richtig und was wir für falsch halten. Solche Debatten schaffen immer Fakten. Also muss man sich selber auch daran beteiligen mit dem, was man an Fakten schaffen möchte. Es gibt am 23. September die Konferenz der Nato-Verteidigungsminister, und natürlich wird dann in Warschau auch über diese Frage diskutiert. Viele haben geschrieben - was ich immer für richtig hielt -, dass man zentrale Fragen wie etwa die Zuwanderung nicht aus dem Wahlkampf herauslassen darf. Jetzt aber scheint es so zu sein, dass mir anempfohlen wird, noch weit zentralere Fragen aus dem Wahlkampf herauszuhalten. Das funktioniert nicht.

ZEIT: Wie definitiv ist ‚definitiv'? Weshalb sagen Sie heute schon nein zu einer Intervention, und gilt das auch endgültig für den Fall eines UN-Mandats?

Schröder: Ich hoffe, mit der Begründung für meine Position das ‚Definitive' erklärt zu haben. Ich empfehle, sich wirklich einmal mit der Tatsache auseinander zu setzen, dass der Krieg gegen die Taliban nicht zu Ende ist. Von einem wirklich befriedeten demokratischen Afghanistan sind wir noch weit entfernt. Das gilt auch für eine Friedensordnung im Nahen Osten. Zu einem solchen Zeitpunkt ausschließlich über eine militärische Intervention zu diskutieren oder diskutieren zu lassen, das macht meine Reaktion erforderlich.

ZEIT: Können Sie sich vorstellen, dass die Vereinigten Staaten sich auf den Bündnisfall des Nato-Vertrages berufen?

Schröder: Nein.

ZEIT: Und wenn sie es doch tun?

Schröder: Das geht nicht. Der Bündnisfall kann überhaupt nur beschlossen werden, wenn ein Nato-Mitglied auf seinem Territorium angegriffen wird. Also werden sie es auch nicht machen.

ZEIT: Herr RUMSFELD hat inzwischen allerdings eine völlig neue Theorie des Präventivkrieges entwickelt.

Schröder: Ich halte mich an unsere Verträge und nicht an irgendwelche Kriegstheorien, von wem auch immer.

ZEIT: Was ist mit den deutschen Spürpanzern in Kuwait? Ist es nicht inkonsequent, dass sie dort schon stationiert wurden und auch bleiben sollen?

- I. Chronik -
Nr.124/15.VIII.2002: Schröder zur deutschen Irak-Politik

Schröder: Inkonsequent ist das überhaupt nicht. Und was heißt ‚schon'? Sie sind dort im Rahmen von Enduring Freedom. Da die Operation nicht beendet ist, ist es auch logisch, dass sie dort bleiben, denn sie dienen dazu, Enduring Freedom abzusichern. Offensiv sind sie in keiner Weise einsetzbar.

ZEIT: Aber sie sind dabei, auch im Falle eines Angriffes auf den Irak.

Schröder: Sie sollen in Kuwait Basen schützen, die für Enduring Freedom genutzt werden. Mehr können und sollen sie nicht. Nun darf man doch nicht, weil es einem so passt, Dinge miteinander verquicken, die nichts miteinander zu tun haben. Ich habe immer gesagt: Das, was zu Enduring Freedom beschlossen worden ist, wird erfüllt. Denn das bezieht sich ja auf eine Beistandspflicht, die aus einem Angriff auf Amerika resultiert.

ZEIT: Namentlich nicht genannte Generale, die in der *FAZ* zitiert werden, erklären aufmüpfig, die deutschen Soldaten in Kuwait ließen sich im Falle einer Irak-Intervention sogar zur Brigade ausbauen, wie sie überhaupt Lust an einer solchen Intervention durchblicken lassen.

Schröder: Ich beschäftige mich doch nicht mit namentlich nicht genannten Generalen. Wie das zustande kommt, wenn man Zitate für eine Geschichte nicht hat, wissen Sie aus dem journalistischen Geschäft doch am besten.

ZEIT: War es Ihre Entscheidung, sechs Fuchs-Panzer in Kuwait zu stationieren?

Schröder: Letztlich ist das die Entscheidung des Verteidigungsministers gewesen, der das gemacht hat, was ihm seine Berater empfohlen haben. So wurde es auch die Entscheidung des Sicherheitskabinetts und dann des Bundestages. Die Soldaten und die Panzer sind dort auf der Basis eines Parlamentsbeschlusses, und sie können sinnvollerweise auch nur durch einen gegenteiligen Parlamentsbeschluss zurückgezogen werden, so lange sie gebraucht werden. Wir können ja immer weniger machen, als uns legitimiert worden ist, aber können nie mehr machen, und das wollen wir auch nicht.

ZEIT: Wir sind im Wahlkampf. Und man muss sagen, dass Ihre Position sich nicht nur atmosphärisch, sondern auch in der Sache durchaus zu unterscheiden scheint von Ihrer, schlicht ausgedrückt, proamerikanischen Position von früher.

Schröder: Nein! Erst recht nicht, weil es die *eine* amerikanische Position so gar nicht gibt.

ZEIT: Sind Sie denn kurz vor einem möglichen Regierungswechsel ...

Schröder: Auch dazu nein!

ZEIT: ... in dieser Angelegenheit im Gespräch mit Ihren nicht so großen Freunden in Paris und mit Ihren Freunden in London?

Schröder: Ja, natürlich. Der französische Präsident und ich haben dazu absolut gleichlautend Stellung genommen. Dass es andererseits eine ganz besondere Beziehung, die auch historisch begründet ist, in solchen Fragen zwischen den Vereinigten Staaten und Großbritannien gibt, ist hinreichend bekannt.

ZEIT: Würden Sie so weit gehen zu sagen, dass Ihr Weg in der Sache der europäische Weg werden könnte?

Schröder: Ich würde immer dafür eintreten, dass das so wird, obwohl ich niemanden für mich in Anspruch nehmen will. Wir sind am Beginn einer solchen Debatte, und wir theoretisieren sehr stark. Wir theoretisieren übrigens auch sehr stark, was denn der Sicherheitsrat der Vereinten Nationen beschließen könnte.

ZEIT: Frau WIECZOREK-ZEUL, Ihre Entwicklungshilfeministerin, hat in markigen Worten vor einem Flächenbrand im Nahen Osten gewarnt. Ist es klug, im Wahlkampf solche Ängste zu schüren?

Schröder: Wenn der eine oder andere prononcierter formuliert als ich, kann ich damit leben.

ZEIT: Schüren Sie mit Ihren Debattenbeiträgen nicht auch Ängste?

Schröder: Ich bitte Sie! Wir reden hier über existenzielle Fragen der Politik. Mit dem Schüren von Ängsten hat das nichts zu tun.

- I. Chronik -
Nr.125/26.VIII.2002: Cheney zur Irak-Politik

ZEIT: Noch einmal zurück zum umstrittenen ‚deutschen Weg': Gerade wenn man in dieser heiklen Frage eine europäische Position anstrebt, muss die nationale Konnotation dieses Wortes doch kontraproduktiv sein?

Schröder: Der ganze Versuch, daraus einen Sonderweg zu konstruieren, also Anklänge an Rapallo herauszuhören, ist reine Wahlkampftaktik, weil ich mich eben nicht auf außenpolitische Fragen bezogen habe....

ZEIT: Sind Sie stolz auf den von Ihnen so genannten Paradigmenwechsel in der Außenpolitik?

Schröder: Stolz ist das falsche Wort. Ich habe ihn für notwendig gehalten, er ist Teil unserer Arbeit, und dabei wird es auch bleiben. Was aber geradezu einlädt zu Differenzierungen: Was wir geleistet haben, bezog sich auf ganz bestimmte Sachverhalte. Wenn die Sachverhalte sich ändern, müssen wir uns auch an anderen Maßstäben orientieren..."

(Die Zeit)

26. VIII. 2002

125. US-Vizepräsident zur Politik gegenüber dem Irak

Am 26. August 2002 hielt US-Vizepräsident Richard CHENEY eine Rede vor Veteranen in Nashville, Tennessee, in der er ein breites Bild der Bedrohungslage im Mittleren Osten vorlegte und die Irak-Politik der Administration darlegte. Unter anderem behauptete er auch, der Irak besäße Massenvernichtungswaffen und sei auch bereit, diese einzusetzen.

Rede von US-Vizepräsident Cheney vom 26. 8. 2002

„Seit den Terroranschlägen vom 11. September ist viel geschehen. Aber wie Verteidigungsminister RUMSFELD gesagt hat, sind wir dem Anfang dieses Krieges immer noch näher als dem Ende. Die Vereinigten Staaten befinden sich in einem beispiellosen Konflikt - einer neuen Art von Krieg gegen eine neue Art von Feind. Die Terroristen, die die Vereinigten Staaten angriffen, sind skrupellos, sie sind erfinderisch, und sie verstecken sich in vielen Ländern. Sie kamen in unser Land, um Tausende unschuldiger Männer, Frauen und Kinder zu ermorden. Zweifellos wollen sie uns wieder angreifen und sich die schrecklichste aller Waffen beschaffen.

Gegen solche Feinde haben die Vereinigten Staaten und die zivilisierte Welt nur eine Option: Wo immer Terroristen auch agieren, wir müssen ihren Aufenthaltsort ausfindig machen, ihre Planungen unterbinden und einen nach dem anderen vor Gericht bringen.

In Afghanistan ist dem Talibanregime und den Al-Qaida-Terroristen das Schicksal widerfahren, das sie sich selbst ausgesucht haben. Und sie haben die neuen Methoden und Fähigkeiten der amerikanischen Streitkräfte aus nächster Nähe und persönlich gesehen. Als ehemaliger Verteidigungsminister möchte ich sagen, dass ich niemals zuvor so stolz auf die Streitkräfte der Vereinigten Staaten war.

Die in diesem Konflikt bereits zu Tage getretene Kombination von Vorteilen - Präzisionseinsätze aus der Luft, nachrichtendienstliche Erkenntnisse in Echtzeit, Sondereinsatzkräfte, die große Reichweite von Marineeinheiten und die enge Abstimmung mit örtlichen Streitkräften - stellt einen bedeutenden Fortschritt unserer Fähigkeit dar, den Feind anzugreifen und zu besiegen. Diese Vorteile werden bei zukünftigen Feldzügen nur noch mehr an Bedeutung gewinnen. Präsident BUSH hat oft davon gesprochen, wie die Vereinigten Staaten den Frieden bewahren können, wenn sie den Begriff Krieg neu definieren. Das bedeutet, dass unsere Streitkräfte über jedes Mittel verfügen müssen, um auf jegliche gegen uns gerichtete Bedrohung reagieren zu können. Es bedeutet, dass jeden Feind, der ein Komplott gegen die Vereinigten Staaten oder unsere Freunde schmiedet, eine schnelle, entschiedene und verheerende Reaktion erwartet.

- I. Chronik -
Nr.125/26.VIII.2002: Cheney zur Irak-Politik

Wie immer bei den amerikanischen Streitkräften sind die Männer und Frauen, die hervortreten und die Uniform dieser großartigen Nation anziehen, der einzig wichtige Faktor. Von unseren Streitkräften wurde im vergangenen Jahr viel verlangt, und in den kommenden Monaten und Jahren wird es noch mehr sein. Die Soldaten haben im Gegenzug einen Anspruch auf viele Dinge von unserer Seite. Sie verdienen die besten Waffen, die beste Ausrüstung, die beste Unterstützung und die beste Ausbildung, die wir ihnen nur bieten können. Und unter Präsident BUSH werden sie das alles haben.

Der Präsident hat beim Kongress eine einjährige Erhöhung der Ausgaben für die Landesverteidigung um mehr als 48 Milliarden Dollar beantragt - die höchste seit Ronald REAGAN im Weißen Haus lebte. Und für das Wohl der Familien unserer Männer und Frauen in Uniform hat er beim Kongress auch für jeden Soldaten eine Solderhöhung beantragt. Unserer Ansicht nach haben sie es verdient.

Wir haben in diesem Krieg eine weitreichende Koalition zivilisierter Staaten gebildet. Sie erkennen die Gefahr und arbeiten mit uns an allen Fronten. Der Präsident hat sehr deutlich gemacht, dass es im Kampf gegen den Terrorismus keinen neutralen Boden gibt. Diejenigen, die Terroristen Unterschlupf gewähren sind mitschuldig an den Taten, die sie begehen. Im Rahmen der Bush-Doktrin wird ein Regime, das Terroristen Unterschlupf gewährt oder unterstützt als Feind der Vereinigten Staaten betrachtet.

Die Taliban haben diese Lektion schon gelernt, aber Afghanistan war nur der Anfang eines längeren Feldzugs. Wenn wir jetzt aufhören würden, wäre jegliches Sicherheitsgefühl, das wir hätten, falsch und vorübergehend. Es existiert eine terroristische Unterwelt, die sich über mehr als 60 Länder erstreckt. Unsere Aufgabe wird jedes uns zur Verfügung stehende Mittel der Diplomatie, der Finanzen, der Nachrichtendienste, der Strafverfolgung und der Militärmacht erfordern. Aber wir werden die Feinde der Vereinigten Staaten im Laufe der Zeit finden und besiegen. Im Fall Osama BIN LADENs bedeutet dies, wie Präsident BUSH kürzlich sagte: ‚Wenn er am Leben ist, kriegen wir ihn. Wenn er tot ist, haben wir ihn schon.'

Aber die Herausforderungen für unser Land beinhalten mehr als nur die Verfolgung einer Einzelperson oder einer kleinen Gruppe. Der 11. September und seine Nachwirkungen haben dieser Nation die Gefahr vor Augen geführt, ebenso wie die wahren Absichten des globalen Terrornetzwerks und die Realität, dass entschlossene Feinde den Besitz von Massenvernichtungswaffen anstreben, um sie gegen uns einzusetzen.

Es besteht Gewissheit darüber, dass das Al-Qaida-Netzwerk den Besitz solcher Waffen anstrebt und zumindest eingeschränkte Fähigkeiten hat, diese einzusetzen. In den Ruinen der Al-Qaida-Verstecke in Afghanistan haben wir Hinweise auf dahingehende Bemühungen gefunden. Und vor wenigen Tagen bekamen wir weitere Bestätigung in Form von Videos, die bei CNN gezeigt wurden: Bilder von Al-Qaida-Mitgliedern, die trainieren, um Terrorakte zu begehen und Bilder von der Erprobung chemischer Waffen an Hunden. Diese auf freiem Fuß befindlichen Terroristen sind entschlossen, diese Fähigkeiten gegen die Vereinigten Staaten und ihre Freunde und Bündnispartner auf der ganzen Welt einzusetzen.

Angesichts dieser Perspektive, gilt die alte Sicherheitsdoktrin nicht mehr. In den Tagen des Kalten Krieges konnten wir der Bedrohung durch Abschreckungs- und Eindämmungsstrategien begegnen. Es ist aber viel schwieriger, Feinde abzuschrecken, die kein Land zu verteidigen haben. Und Eindämmung ist nicht möglich, wenn Diktatoren Massenvernichtungswaffen beschaffen und willens sind, diese mit Terroristen zu teilen, die den Vereinigten Staaten katastrophalen Schaden zufügen wollen.

Der Fall Saddam HUSSEINs, einem Todfeind unseres Landes, erfordert eine aufrichtige Bewertung der Fakten. Nach seiner Niederlage im Golfkrieg 1991 hat Saddam HUSSEIN im Rahmen der Resolution 687 des UN-Sicherheitsrats zugesagt, die Entwicklung aller Massenvernichtungswaffen einzustellen. Er stimmte der Beendigung seines Nuklearwaffenprogramms zu. Er stimmte der Zerstörung seiner chemischen und biologischen Waffen zu. Des weiteren willigte er ein, UN-Waffeninspektorenteams in sein Land zu lassen, die sicherstellen sollten, dass er diesen Forderungen tatsächlich nachkommt.

In den vergangenen zehn Jahren hat Saddam HUSSEIN keine dieser Zusagen eingehalten. Das irakische Regime war dagegen sehr bemüht, seine Fähigkeiten im Bereich chemischer und biologischer Kampfstoffe zu verbessern. Und es betreibt auch weiterhin das vor vielen Jahren begonnene Nuklearprogramm. Dies sind keine Waffen zur Verteidigung des Irak, es

- I. Chronik -
Nr.125/26.VIII.2002: Cheney zur Irak-Politik

sind in hohem Maß todbringende Angriffswaffen, die entwickelt wurden, damit Saddam HUSSEIN jeden Beliebigen damit bedrohen kann, sei es in der eigenen Region oder darüber hinaus.

Im Hinblick auf Nuklearwaffen werden sich viele von Ihnen daran erinnern, dass Saddam HUSSEINs Bestrebungen 1981 einen herben Rückschlag erlitten, als die Israelis den Reaktor in Osirak beschossen. Ein weiterer entscheidender Schlag erfolgte während und in der Folge von Desert Storm.

Aber wir wissen jetzt, dass Saddam HUSSEIN seine Bemühungen zur Beschaffung von Nuklearwaffen wieder aufgenommen hat. Neben anderen Quellen haben wir diese Information aus erster Hand von Überläufern, einschließlich Saddam HUSSEINS eigenem Schwiegersohn, der daraufhin auf Anweisung Saddam HUSSEINs ermordet wurde. Viele von uns sind davon überzeugt, dass Saddam HUSSEIN sehr bald über Nuklearwaffen verfügen wird.

Wir können nur nicht abschätzen, wie bald. Der Nachrichtendienst ist ein unsicheres Geschäft, auch unter optimalen Bedingungen. Das ist insbesondere dann der Fall, wenn man es mit einem totalitären Regime zu tun hat, dass sich auf die Irreführung der internationalen Gemeinschaft spezialisiert hat. Ich möchte Ihnen nur ein Beispiel dafür geben. Vor dem Golfkrieg kamen die Spitzenanalysten der amerikanischen Nachrichtendienste zu mir ins Büro, um mir zu sagen, dass Saddam HUSSEIN in frühestens fünf oder vielleicht zehn Jahren über Nuklearwaffen verfügen würde. Nach dem Krieg erfuhren wir, dass er diesem Ziel viel näher war, vielleicht hätte es nur noch ein Jahr gedauert, bis er solche Waffen gehabt hätte.

Saddam HUSSEIN ersann ebenso ein ausgefeiltes Programm zur Verheimlichung seiner aktiven Bemühungen zur Herstellung chemischer und biologischer Waffen. Und man muss sich die Geschichte der UN-Inspektorenteams im Irak vor Augen halten. Selbst als die Inspektoren die genauesten Rüstungskontrollen der Geschichte durchführten, ist ihnen doch vieles entgangen. Bevor sie des Landes verwiesen wurden, fanden und zerstörten die Inspektoren Tausende chemischer Waffen und Hunderte Tonnen Senfgas und andere Nervengifte.

Und dennoch hat Saddam HUSSEIN versucht, sie zu behindern und sie bei jeder Gelegenheit irrezuführen - und er hatte oft genug damit Erfolg. Ich führe ein Beispiel an. Im Frühjahr 1995 waren die Inspektoren kurz davor zu erklären, dass Saddam HUSSEINS Programme zur Entwicklung chemischer Waffen und ballistischer Flugkörper größerer Reichweite aufgedeckt und beendet worden seien. Da lief plötzlich Saddam HUSSEINS Schwiegersohn über und packte aus. Binnen weniger Tage wurden die Inspektoren zu einer irakischen Hühnerfarm gebracht. Dort waren kistenweise Dokumente und jede Menge Beweise für Iraks geheimstes Waffenprogramm versteckt. Das sollte uns allen ins Gedächtnis rufen, wie oft wir mehr durch Überläufer als durch die Inspektionen selbst erfahren haben.

Die Inspektoren waren bestürzt, als sie noch rechtzeitig erkannten, dass Saddam HUSSEIN sie über das Ausmaß seiner Massenproduktion von VX - einem der todbringendsten dem Menschen bekannter Kampfstoffe - weitgehend im Unklaren gelassen hatte. Noch weit von der Einstellung der verbotenen irakischen Raketenprogramme entfernt, fanden die Inspektoren heraus, dass Saddam HUSSEIN solche Raketentests quasi buchstäblich vor der Nase der UN-Inspektoren durchführte.

Vor diesem Hintergrund könnte jemand zu Recht den Vorschlag in Frage stellen, wir bräuchten nur die Inspektoren wieder in den Irak zu schicken, dann wären alle unsere Sorgen behoben Saddam HUSSEIN hat das Spiel von Betrug und Rückzug perfektioniert und ist Meister in der Kunst des Leugnens und der Täuschung. Eine Rückkehr der Inspektoren wäre überhaupt keine Garantie für die Einhaltung der UN-Resolutionen durch Saddam HUSSEIN. Im Gegenteil, es besteht die große Gefahr, dass man sich irrtümlich in dem Glauben wiegt, Saddam HUSSEIN sei wieder 'in der Klemme'.

In der Zwischenzeit würde er weitere Pläne aushecken. In den letzten 12 Jahren hat ihn nichts aufgehalten - weder seine Zusagen, die Entdeckungen der Inspektoren oder die Enthüllungen der Überläufer, die Kritik oder Achtung durch die internationale Gemeinschaft, noch die viertägige Bombardierung durch die Vereinigten Staaten im Jahr 1998. Er möchte immer mehr Zeit gewinnen, um mit den Ressourcen haushalten zu können, in seine laufenden chemischen und biologischen Waffenprogramme zu investieren und in den Besitz von Nuklearwaffen zu gelangen.

- I. Chronik -
Nr.125/26.VIII.2002: Cheney zur Irak-Politik

Sollten alle seine ehrgeizigen Ziele verwirklicht werden, wären die Auswirkungen für den Nahen Osten, die Vereinigten Staaten und für den Weltfrieden enorm. Das gesamte Spektrum von Massenvernichtungswaffen wäre dann in den Händen eines Diktators, der bereits seine Bereitschaft zum Einsatz solcher Waffen unter Beweis gestellt und sie sowohl in seinem Krieg mit dem Iran als auch gegen sein eigenes Volk eingesetzt hat. Bewaffnet mit einem Arsenal dieser Waffen des Terrors und Herr über zehn Prozent der Ölreserven der Welt könnte Saddam HUSSEIN versuchen, die Beherrschung des gesamten Nahen Ostens anzustreben, die Kontrolle über einen Großteil der weltweiten Energiereserven zu erlangen, die Freunde der Vereinigten Staaten in der gesamten Region direkt zu bedrohen und die Vereinigten Staaten oder jede andere Nation nuklearer Erpressung auszusetzen.

Mit anderen Worten - es besteht kein Zweifel, dass Saddam HUSSEIN jetzt Massenvernichtungswaffen besitzt. Es besteht kein Zweifel, dass er sie für den Einsatz gegen unsere Freunde, unsere Bündnispartner und gegen uns anhäuft. Und es besteht kein Zweifel, dass seine aggressiven regionalen Ambitionen ihn zu künftigen Konfrontationen mit seinen Nachbarländern veranlassen werden - Konfrontationen sowohl mit den heute in seinem Besitz befindlichen Waffen als auch mit denjenigen, die er mit seinem Ölreichtum weiterhin entwickeln wird.

Meine Damen und Herren, es gibt keinen Grund im Verhalten oder der Geschichte von Saddam HUSSEIN, die von mir heute Morgen angesprochenen Sorgen mit Vorbehalt aufzunehmen. Schließlich befassen wir uns mit demselben Diktator, der amerikanische und britische Piloten regelmäßig in der Flugverbotszone beschießt, demselben Diktator, der eine Gruppe von Mördern entsandt hat, die Präsident BUSH bei einer Auslandsreise töten sollten, demselben Diktator, der in den Iran und in Kuwait einmarschierte und ballistische Raketen auf den Iran, Saudi-Arabien und Israel abgefeuert hat, demselben Diktator, der seit mehr als 20 Jahren auf der Liste des US-Außenministeriums von den Terrorismus fördernden Staaten steht.

Angesichts einer solchen Bedrohung müssen wir mit Sorgfalt, Bedacht und in Konsultation mit unseren Bündnispartnern vorgehen. Ich kenne unseren Präsidenten sehr gut. Ich habe an seiner Seite gearbeitet, als er unsere Antwort auf die Ereignisse des 11. September in die Wege leitete. Ich weiß, dass er vorsichtig und überlegt alle möglichen Optionen bei der Bewältigung der Bedrohung berücksichtigt, die ein von Saddam HUSSEIN beherrschter Irak darstellt. Und ich bin zuversichtlich, dass er im Einklang mit seinen Äußerungen enge Konsultationen mit dem Kongress sowie unseren Freunden und Bündnispartnern führen wird, bevor er sich für eine Vorgehensweise entscheidet. Er begrüßt die Debatte, die jetzt auch hier im Land geführt wird, und hat seinem nationalen Sicherheitsteam gegenüber klargestellt, dass er unsere uneingeschränkte Teilnahme an den Anhörungen wünscht, die nächste Woche zu diesem ungeheuer wichtigen Thema im Kongress stattfinden.

Wir werden auch von einem Rückblick auf unsere eigene Geschichte profitieren. In dieser Halle sind heute viele Veteranen des Zweiten Weltkriegs versammelt. Für die Vereinigten Staaten begann dieser Krieg am 7. Dezember 1941 mit dem Angriff auf Pearl Harbor und der beinahe vollständigen Zerstörung unserer Pazifikflotte. Erst dann erkannten wir das Ausmaß der Gefahr für unser Land. Erst dann erklärten die Achsenmächte uneingeschränkt ihre Absichten uns gegenüber. Zu diesem Zeitpunkt waren bereits viele Länder eingenommen worden. Millionen von Menschen waren gestorben. Und unsere Nation war in einen Zweifrontenkrieg verwickelt, der mehr als eine Millionen amerikanischer Opfer forderte. Bis heute analysieren Historiker diesen Krieg, spekulieren, wie wir Pearl Harbor hätten verhindern können und fragen, welche Maßnahmen die Tragödien verhindert hätten, die zu dem schlimmsten der menschlichen Geschichte zählen.

Im Jahr 2002 müssen die Vereinigten Staaten sorgfältige Fragen stellen, nicht nur über unsere Vergangenheit, sondern auch über unsere Zukunft. Den gewählten Politikern dieses Landes obliegt die Verantwortung, alle verfügbaren Optionen zu berücksichtigen. Und das tun wir. Was wir angesichts einer tödlichen Bedrohung nicht tun dürfen, ist, uns Wunschdenken hinzugeben oder mutwillig die Augen zu verschließen. Wir werden nicht einfach wegschauen, das Beste hoffen und die Angelegenheit einer zukünftigen Regierung zur Lösung überlassen. Wie Präsident BUSH gesagt hat, ist die Zeit nicht auf unserer Seite. Einsatzbereite Massenvernichtungswaffen in den Händen eines Terrornetzwerks oder eines mörderischen Diktators - oder die Zusammenarbeit dieser Beiden - stellen die ernsteste Bedrohung dar, die man sich vorstellen kann. Die Risiken der Untätigkeit sind sehr viel größer als die Risiken des Handelns.

- I. Chronik -
Nr.125/26.VIII.2002: Cheney zur Irak-Politik

Jetzt und in Zukunft werden wir eng mit der globalen Koalition zusammenarbeiten, um den Terroristen und den sie fördernden Staaten das Material, die Technologie und das Fachwissen für die Herstellung und den Einsatz von Massenvernichtungswaffen zu verwehren. Wir werden zum Schutz der Vereinigten Staaten und ihrer Bündnispartner vor einem plötzlichen Angriff eine effektive Raketenabwehr entwickeln und stationieren. Und die ganze Welt soll wissen, dass wir alle erforderlichen Maßnahmen zur Verteidigung unserer Freiheit und unserer Sicherheit ergreifen werden.

Der ehemalige Außenminister KISSINGER hat vor kurzem erklärt: ‚Die Bedrohung der Verbreitung von Massenvernichtungswaffen, die große Gefahr, die sie darstellen, die Ablehnung eines tragfähigen Inspektionssystems und die demonstrative Feindlichkeit von Saddam HUSSEIN führen zusammengenommen zu dem Gebot eines Präventivschlags.' Wenn die Vereinigten Staaten den 11. September hätten verhindern können, hätten wir es getan - das steht außer Frage. Sollten wir in der Lage sein, einen weiteren, sehr viel verheerenderen Anschlag zu verhindern, werden wir es tun - das steht außer Frage. Diese Nation wird sich Terroristen oder Terrorregimes nicht auf Gedeih und Verderb ausliefern.

Die Argumente gegen ein Vorgehen im Falle von Saddam HUSSEIN sind mir vertraut. Einige räumen ein, dass Saddam HUSSEIN böse, machthungrig und eine Bedrohung ist - aber dass wir, bis er die Schwelle zum tatsächlichen Besitz von Nuklearwaffen überschreitet, jeglichen Präventivschlag ausschließen sollten. Diese Logik scheint mir viele Fehler zu enthalten. Die Argumentation lässt sich wie folgt zusammenfassen: Ja, Saddam HUSSEIN ist so gefährlich wie wir sagen, wir müssen ihn nur stärker werden lassen, bevor wir etwas dagegen tun.

Aber wenn wir bis zu diesem Zeitpunkt warten, wäre Saddam HUSSEIN nur ermutigt, und es würde noch schwieriger für uns, Freunde und Bündnispartner für den Kampf gegen ihn zu gewinnen. Als einer derjenigen, der an der Zusammenstellung der Koalition im Golfkrieg beteiligt war, kann ich Ihnen sagen, dass unsere Aufgabe dann angesichts eines mit Nuklearwaffen ausgerüsteten Saddam HUSSEIN unendlich viel schwieriger wäre. Und viele derjenigen, die jetzt argumentieren, wir sollten nur handeln, wenn er in den Besitz von Nuklearwaffen gelangt, würden dann eine Kehrtwendung machen und sagen, wir können nicht handeln, weil er Nuklearwaffen besitzt. Im Grunde empfiehlt dieses Argument einen Kurs der Untätigkeit, der an sich schon für viele Länder - einschließlich unseres eigenen - verheerende Konsequenzen haben könnte.

Ein anderes Argument lautet, der Widerstand gegen Saddam HUSSEIN würde in diesem Teil der Welt noch größere Probleme schaffen und den umfassenderen Krieg gegen den Terror behindern. Meiner Ansicht nach trifft das Gegenteil zu. Ein Machtwechsel im Irak würde der Region eine Reihe von Vorteilen bringen. Wenn die gravierendsten Bedrohungen beseitigt sind, werden die freiheitsliebenden Menschen der Region eine Chance zur Förderung der Werte haben, die dauerhaften Frieden herbeiführen können. Bezüglich der Reaktion der Araber ‚auf der Straße' sagt der Nahostexperte Professor Fouad AJAMI voraus, dass man nach der Befreiung auf den Straßen in Basra und Bagdad ‚zweifelsohne ebenso wie damals die Menschenmenge in Kabul in Freude ausbrechen wird und die Amerikaner bejubelt'. Die Extremisten in der Region müssten ihre Strategie des Dschihad überdenken. Gemäßigte in der gesamten Region würden Mut fassen. Und unsere Fähigkeit zur Förderung des israelisch-palästinensischen Friedensprozesses würde verbessert, so wie es nach der Befreiung Kuwaits 1991 der Fall war.

In Wirklichkeit bergen diese Zeiten nicht nur Gefahren, sondern auch Chancen. Im Nahen Osten, wo so viele Menschen nur Armut und Unterdrückung, Terror und Tyrannei kennen, blicken wir auf den Tag, an dem die Menschen in Freiheit und Würde leben können und an dem die jungen Menschen frei von den Umständen aufwachsen können, die der Nährboden für Verzweiflung, Hass und Gewalt sind.

In anderen Zeiten wurde die Welt Zeuge, wie die Vereinigten Staaten erbitterte Gegner besiegten, dann beim Wiederaufbau ihres Landes behilflich waren und starke Bande zwischen unseren Völkern und unseren Regierungen knüpften. In Afghanistan sieht die Welt heute, dass die Vereinigten Staaten nicht handeln, um zu erobern, sondern um zu befreien, und weiterhin in Freundschaft dort bleiben, um den Menschen beim Aufbau einer Zukunft der Stabilität, Selbstverwaltung und des Friedens zu helfen.

Im gleichen Geiste würden wir nach einem Machtwechsel im Irak handeln. Mit unserer Hilfe kann ein befreiter Irak wieder zu einer großartigen Nation werden. Der Irak ist reich an natürlichen Rohstoffen und menschlichen Fähigkeiten und hat ein unbegrenztes Potenzial für eine Zukunft in Frieden und Wohlstand. Unser Ziel wäre ein Irak mit territorialer Integrität, einer demokratischen und pluralistischen Regierung - eine Nation, in der die Menschenrechte jeder ethnischen und religiösen Gruppe geachtet und geschützt werden. In diesem krisengeschüttelten Land sollen alle, die Gerechtigkeit, Würde und die Chance anstreben, ihr eigenes Leben zu leben, wissen, dass sie in den Vereinigten Staaten von Amerika einen Freund und Bündnispartner haben.

Wichtige Entscheidungen und große Herausforderungen liegen vor uns. Dennoch können und werden wir eine sicherere und bessere Welt nach dem Krieg gegen den Terror aufbauen. Im vergangenen Jahr wurden Millionen Menschen im In- und Ausland erneut durch den Mut und die Selbstlosigkeit der amerikanischen Streitkräfte inspiriert. Ich selbst werde täglich - wie während meiner Zeit im Pentagon - an das Privileg erinnert, das die Zusammenarbeit mit unserem Militär darstellt. Auf welchem Gebiet und in welchem Rang auch immer - dies sind Männer und Frauen, die nach einem Kodex leben, den Vereinigten Staaten die besten Jahre ihres Lebens geben und der Welt die herausragendsten Qualitäten unseres Landes zeigen."

(Amerikanische Botschaft, Berlin)

11. IX. 2002

126. Bundeskanzler Schröder bekräftigt Kritik an Irak-Politik der USA

Am 11. September 2002 wurde im Fernsehsender N24 ein Interview mit Bundeskanzler Gerhard SCHRÖDER zu aktuellen außen- und innenpolitischen Themen ausgestrahlt. Im Folgenden sind jene Teile wiedergegeben, die sich mit der Irak-Frage beschäftigten.

Auszüge aus dem N 24 Interview mit dem Bundeskanzler am 11. 9. 2002

„...*Frage: Sie haben eben von der uneingeschränkten Solidarität gesprochen. Jetzt bekommt BUSH von Ihnen ein uneingeschränktes Nein, was den Irak-Einsatz anbelangt. Lassen Sie jetzt die Amerikaner im Regen stehen?*

Antwort: Ich verstehe diese Frage nicht ganz, denn man muss doch differenzieren: Das eine, der 11. September, war ein Ereignis, wo ein Freund und Bündnispartner im eigenen Land angegriffen worden ist. Da kann es doch gar kein Zögern geben, wenn man um Beistand gebeten wird, zumal Deutschland dreißig Jahre lang und mehr von der Solidarität der Vereinigten Staaten sehr viel an Sicherheit hatte. Das war doch völlig klar. Nur, wenn man das - und ich habe das ja mit der Vertrauensfrage durchgesetzt, also meine eigene politische Existenz in diese Solidarität investiert - tut und im Übrigen das, weshalb man das getan hat, nämlich im Kampf gegen den Internationalen Terrorismus, der noch nicht beendet ist, dann erlaubt das, ja legt sogar nahe zu differenzieren. Ich glaube deswegen, dass diese Differenzierung erstens verstanden wird und zweitens nichts von der grundsätzlichen Solidarität bezogen auf den 11. September und den Kampf gegen den internationalen Terrorismus wegnimmt. Im Gegenteil, ich fürchte, dass, wenn wir im Irak intervenierten oder wer auch immer das tut, diese wichtige internationale Koalition in Mitleidenschaft gezogen würde, wenn nicht zerbräche. Das wäre, wie ich finde, für den gemeinsamen Kampf ganz schrecklich.

Frage: Aber die Amerikaner sehen ja eine Linie vom 11. September bis zu der möglichen Bedrohung im Irak...

Antwort: Ich weiß nicht, wo Sie Ihre Informationen her haben, aber bisher war es doch so, dass die Vereinten Nationen gesagt haben: Unser politisches Ziel ist, Inspekteure ins Land zu bekommen. Um das zu erreichen, gibt es Druck in vielfältiger Weise, und der Irak war ja auch in der arabischen Welt so gut wie isoliert. Dann wurde das Ziel gewechselt, weil nämlich gesagt wurde, unabhängig von der Frage, ob ihr die Inspekteure reinlasst oder nicht, wollen wir jedenfalls mit militärischer Gewalt auch das Regime beseitigen. Das war ein Zielwechsel, der nichts mit der Politik zu tun hat, die wir gemeinsam verabredet hatten, und deswegen muss das dort verantwortet werden, wo der Zielwechsel gemacht worden ist. Man wird ja sehen - der amerikanische Präsident wird ja eine sicher sehr beachtete Rede halten zu diesen

- I. Chronik -
Nr.126/11.IX.2002: Schröder zur Irak-Politik der USA

Fragen -, wie sich die Vereinigten Staaten vor der UNO in dieser Frage endgültig einlassen. Ich will darüber nicht spekulieren, sondern es ist klar, dass ich zunächst einmal die Position kennen lernen will.

Frage: *Halten Sie den Vorschlag Frankreichs für sinnvoll, dem Irak ein Ultimatum zu stellen für die Wiedereinreise von Waffeninspektoren?*

Antwort: Über diese Vorschläge ist berichtet worden. Einen offiziellen kenne ich nicht. Wir haben natürlich, als CHIRAC mich zu Hause besucht hat, über diese Fragen geredet, aber das, was dort sozusagen berichtet worden ist, war nicht Gegenstand unseres Gespräches, und deswegen muss ich zurückhaltend sein bei der Bewertung von Berichten über Vorschläge, die Kollegen gemacht haben. Die deutsche Position habe ich klar definiert. Aus den Gründen, die ich genannt habe, werden wir uns an einer militärischen Intervention nicht beteiligen.

Frage: *Der Chef des NATO-Militärausschusses, General KUJAT, hat gesagt, dass es nicht sehr klug ist, so vorzugehen, nämlich dass man von vornherein alle militärischen Optionen ausschließt, weil man dann keinen Druck auf den Irak wirklich machen kann. Können Sie diese Haltung des General KUJAT verstehen?*

Antwort: Der General KUJAT hat gestern diese Berichterstattung über seine angebliche Haltung eindeutig dementiert. Deswegen habe ich gar keinen Anlass, über eine dementierte Berichterstattung - Sie haben es wahrscheinlich nicht mitbekommen - irgendwelche Vermutungen anzustellen. Warum sollte ich?

Frage: *Wir haben General KUJAT im O-Ton gehört, wie er es gesagt hat.*

Antwort: Ich war ja nicht dabei. Er hat gesagt, er hätte in dieser Frage das, was berichtet worden ist, nicht gesagt, und hätte erst recht nicht die Bundesregierung kritisiert. Ich habe doch keinen Anlass, einem so verdienten Mann, auch so guten Mann, der auf einem der wichtigsten Militärpositionen für Deutschland sitzt, sein Dementi nicht zu glauben. Wo käme ich da hin?

Frage: *Mit welchen Mitteln will die deutsche Bundesregierung denn Druck auf Saddam HUSSEIN ausüben, um den Waffeninspektoren die Einreise wieder zu ermöglichen?*

Antwort: Mit denen, die die Vereinten Nationen beschlossen hatten. Es geht um die politische Isolierung, es geht um ökonomischen Druck, und es geht natürlich um diplomatischen Druck, das ist doch gar keine Frage. Der entscheidende Punkt ist, wir sind mit dem, was wir als Folge des 11. Septembers begonnen haben, nämlich den internationalen Terrorismus zu bekämpfen und vor allen Dingen dessen Vorhut, die Taliban, alles andere als endgültig erfolgreich bisher. Das heißt, der Kampf geht weiter. Deutschland hat insgesamt fast 10 000 Soldaten teils auf dem Balkan, teils in ‚Enduring Freedom', teils in Afghanistan. Wir müssen uns überhaupt keine Vorhaltungen machen lassen über Mangel an Bereitschaft, an diesem Kampf teilzunehmen, aber wir sind doch in einer Situation, wo die Taliban nicht besiegt sind, wo wir weit davon entfernt sind, Aufbauleistungen in Afghanistan geleistet zu haben, und wo wir unbedingt diese Koalition gegen den Terror auch unter Einschluss der moderaten arabischen Führer zusammenhalten müssen, sonst wird doch der Kampf als solcher, der die Hauptsache ist, die wir machen müssen, gefährdet. Das ist doch wichtig, und das sehe ich belastet, wenn man jetzt über militärische Interventionen im Irak nachdenkt. Und deswegen gibt es von mir ein Nein. Das ist eines, das jedenfalls unter meiner Führung sich für Deutschland auch nicht verändern wird.

Frage: *Tony BLAIR und die USA sehen allerdings auch eine nukleare Gefahr durch den Irak. Haben Sie Erkenntnisse darüber, dass der Irak Atomwaffen baut oder zu bauen plant? Wie sind Ihre Erkenntnisse, was das Gefährdungspotenzial (durch Saddam HUSSEIN anbelangt)?*

Antwort: Ich werde natürlich nicht die Erkenntnisse ausbreiten, die ich von unseren Diensten habe. Es gibt ja eine enge Zusammenarbeit der Dienste.

Frage: *Es gibt dann Erkenntnisse darüber?*

Antwort: Das, was ich an Erkenntnissen habe, legt keine neue Bedrohungsanalyse nahe.

Frage: *Wie wird sich denn die Bundesregierung verhalten, wenn nun die USA oder Großbritannien Beweise dafür vorlegen, dass der Irak Verbindungen zum internationalen Terror hat?*

- I. Chronik -
Nr.126/11.IX.2002: Schröder zur Irak-Politik der USA

Antwort: Also, solche Fragen theoretisch zu diskutieren, ist nun hochgradig gefährlich, denn ich kann doch mein politisches Handeln nicht auf Wenn-Fragen einrichten. Ich müsste zunächst einmal Informationen bekommen. Dann müsste ich sie bewerten, natürlich unter Zuhilfenahme von Fachleuten, die wir selber haben. Alles andere ist doch eine Diskussion über theoretische Fragen, die man als Journalist natürlich führen kann und muss, aber nicht als Bundeskanzler.

Frage: Mal eine praktische Frage: Haben Sie mit dem amerikanischen Präsidenten telefoniert, oder planen Sie, es noch zu tun?

Antwort: Es gibt auf allen Arbeitsebenen die üblichen Kontakte - auf allen. Der Bundesaußenminister ist in New York. Er wird mit dem amerikanischen Außenminister sprechen. Im Übrigen, die Positionen in dieser einen Frage sind bekannt, sowohl dem einen wie dem anderen...

Natürlich kann man immer sprechen, wenn es einen wichtigen Anlass gibt, wenn es darum ginge, eine Position zu verändern, wenn ein solches Gespräch gewünscht würde - sofort. Nur, das, was jetzt von der Opposition gemacht wird, ist doch Ablenken von der Sachfrage - soll sich Deutschland beteiligen oder nicht - zu einer Stilfrage. Ich habe überhaupt kein Problem zu reden, wann immer das gewünscht wird. Aber das ändert doch nichts an den Positionen, die ich eingenommen habe. Gehen Sie mal davon aus, die Kontakte, die es gibt auf den genannten Ebenen, die sind so deutlich und so freundschaftlich, dass die deutsche Position, jedenfalls die der Bundesregierung, hinreichend in Amerika bekannt ist.

Frage: Wenn es einen Konflikt gibt zwischen den USA und Deutschland in dieser Sachfrage, wäre es doch eigentlich - es ist ja eine wichtige Frage - nur selbstverständlich, wenn Sie Ihren engsten Verbündeten - - -

Antwort: Auf allen Ebenen ist das an Informationen ausgetauscht, was zur Klärung dieser Frage ausgetauscht werden muss.

Frage: Kritisiert wurde allerdings vielfach der Tonfall, mit dem dieses Nein den Amerikanern mitgeteilt wurde. Warum hat Deutschland nicht versucht, auf sagen wir mal eher diplomatischerem Wege den Amerikanern die deutsche Haltung mitzuteilen und dann versucht, vorsichtig Einfluss zu nehmen?

Antwort: Der Strategiewechsel in den Vereinigten Staaten, der ist uns bekannt gemacht worden durch eine Rede des amerikanischen Vizepräsidenten, und zwar eine Rede, die er öffentlich gehalten hat. Wir haben die analysiert und haben darauf unsere Position aufgebaut, die hieß: Mit uns diese militärische Intervention nicht. So, das war die Ausgangsposition, und mehr ist auch gar nicht gesagt worden. Was der eine oder andere - Sie spielen sicher auf einen guten Freund von mir an, der eine wichtige Position in der SPD-Fraktion einnimmt -, dass der eine oder andere sprachlich mal überzieht, das kommt immer mal vor. Ich habe klargemacht – *Zwischenfrage: Herrn* STIEGLER *meinen Sie?*

Antwort: Ich habe klargemacht, was ich nicht will: Ich will nicht, dass aus einem sachlichen Konflikt, der unter Freunden möglich sein muss und (den man) auch freundschaftlich austragen können muss, ein persönlicher wird. Deswegen habe ich alle, alle Dinge zurückgewiesen - und man wird sich auch daran halten -, die geeignet wären, aus einem sachlichen Konflikt, den es ja auch in anderen Fragen - denken Sie an Kyoto, denken Sie an die Landwirtschaftspolitik - gibt - nicht ganz so bedeutsam, das ist wohl wahr, aber bei Kyoto durchaus auch -, ich will nicht, dass aus einem solchen sachlichen Konflikt unter Freunden irgend etwas persönlich nachbleibt. Und so verhalte ich mich, und das erwarte ich auch von allen Spitzen in der Koalition, und alle halten sich ja im Grunde auch daran.

Frage: In der Europäischen Union ist allerdings Ihre radikal ablehnende Position nicht unbedingt mehrheitsfähig. Sie haben die Franzosen, die Briten, die nicht so kategorisch einen Militäreinsatz ablehnen. Wer unterstützt Sie denn in der Europäischen Union?

Antwort: Also, nun nehmen Sie doch mal das Ergebnis von Helsingör. Nehmen Sie mal die Erklärungen, die der für Außenpolitik zuständige Herr SOLANA abgegeben hat, nehmen Sie die Erklärungen von Herrn PRODI, dann werden Sie spüren, dass, wie nicht anders zu erwarten, man Fragen von solcher Bedeutung auch durchaus unterschiedlich beurteilen kann, je nachdem, ob sie es mit einer konservativen Regierung wie zum Beispiel in den Niederlanden oder in Spanien oder auch in Italien zu tun haben oder mit einer, die ich zu führen habe und wo wir die Positionen festlegen. Es ist also insofern gar kein Wunder, dass es unterschiedliche

- I. Chronik -
Nr.127/12.IX.2002: Rede von Präsident Bush vor den VN

Auffassungen und Differenzierungen in Europa gibt. Das ist so unter souveränen Staaten, und ich denke, in Helsingör ist deutlich geworden, dass die Außenminister sich auf eine gemeinsame Position einigen können. Daran werden wir auch weiter arbeiten. Nur, unsere eigene Position können wir doch deswegen nicht in Frage stellen..."

(Presse- und Informationsamt der Bundesregierung)

12. IX. 2002

127. Rede von US-Präsident George W. Bush vor den VN

Am 12. September 2002 hielt der amerikanische Präsident George W. BUSH vor der Generalversammlung der Vereinten Nationen eine viel beachtete Rede, in der er schwere Vorwürfe gegen den Irak erhob und den Vereinten Nationen eine letzte Chance einräumte, die seit 1991 offenen Fragen bezüglich der Massenvernichtungswaffen des Iraks endlich zu klären, andernfalls würde sein Land das Problem selber lösen. Diese Rede löste intensive diplomatische Aktivitäten aus, die zur Resolution 1441 im November 2002 führten (siehe unten S. 465).

US-Präsident ruft Vereinte Nationen zum Handeln gegenüber Irak auf

Rede von US-Präsident George W. BUSH vor den Vereinten Nationen am 12. 9. 2003

„Herr Generalsekretär, Herr Präsident, verehrte Delegierte, meine Damen und Herren: Ein Jahr und einen Tag, nachdem Terroranschläge Leid über mein Land und über viele Bürger unserer Welt gebracht haben, kommen wir hier zusammen. Gestern haben wir der unschuldigen Menschen gedacht, die an jenem schrecklichen Morgen ihr Leben ließen. Heute wenden wir uns der dringenden Pflicht zu, unser Leben zu schützen, frei von Illusion und Angst.

Wir haben im vergangenen Jahr viel erreicht - in Afghanistan und darüber hinaus. Wir haben immer noch viel zu tun - in Afghanistan und darüber hinaus. Viele Nationen, die hier vertreten sind, haben sich dem Kampf gegen den globalen Terrorismus angeschlossen, und das amerikanische Volk ist dafür dankbar.

Die Vereinten Nationen wurden aus einer Hoffnung heraus geboren, die einen Weltkrieg überdauert hat - die Hoffnung auf eine gerechtere Welt, die sich aus den alten von Konflikt und Angst geprägten Handlungsmustern löst. Die Gründungsmitglieder beschlossen, dass der Weltfriede nie mehr durch den Willen und die Niederträchtigkeit eines Mannes zerstört werden darf. Wir schufen den UN-Sicherheitsrat, damit unsere Beratungen - anders als im Völkerbund - mehr als bloßes Reden und unsere Resolutionen mehr als bloße Wünsche sind. Nachdem wir viele hinterlistige Diktatoren und gebrochene Verträge erlebt hatten und viele Menschenleben sinnlos geopfert worden waren, einigten wir uns einhellig auf Grundsätze der Menschenwürde und ein Sicherheitssystem, das von allen verteidigt werden würde.

Heute werden diese Grundsätze und diese Sicherheit auf die Probe gestellt. Unsere Verpflichtung zur Menschenwürde wird durch anhaltende Armut und verheerende Krankheiten herausgefordert. Das Leid ist groß und unsere Verantwortung ist klar. Die Vereinigten Staaten leisten wie andere Staaten weltweit Hilfe, die Menschen erreicht und Menschenleben wieder lebenswert macht; sie erweitern den Handel und den damit einhergehenden Wohlstand und leisten medizinische Hilfe, wo sie dringend benötigt wird.

Als Zeichen unseres Engagements für die Menschenwürde werden die Vereinigten Staaten wieder der UNESCO beitreten. Diese Organisation wurde reformiert und die Vereinigten Staaten werden sich umfassend für ihre Mission zur Förderung von Menschenrechten, Toleranz und Bildung einsetzen.

Unsere gemeinsame Sicherheit wird durch regionale Konflikte auf die Probe gestellt. Es sind Konflikte ethnischer und religiöser Art, die zwar schon lange währen, aber nicht unvermeidlich sind. Im Nahen Osten kann es für keine Seite Frieden geben, ohne dass auf beiden Seiten

- I. Chronik -
Nr.127/12.IX.2002: Rede von Präsident Bush vor den VN

Freiheit herrscht. Die Vereinigten Staaten bekennen sich zu einem unabhängigen und demokratischen Palästina, das mit Israel Seite an Seite in Frieden und Sicherheit lebt. Wie alle anderen Völker verdienen die Palästinenser eine Regierung, die ihren Interessen dient und auf ihre Stimme hört. Mein Land wird weiterhin alle Parteien ermutigen, ihrer Verantwortung im Streben nach einer gerechten und umfassenden Lösung des Konflikts gerecht zu werden.

Unsere Grundsätze und unsere Sicherheit werden heutzutage vor allem durch geächtete Gruppen und Regime herausgefordert, die kein moralisches Gesetz anerkennen und deren Gewaltbereitschaft keine Grenzen kennt. Die Anschläge in den Vereinigten Staaten vor einem Jahr zeigten uns die zerstörerischen Absichten unserer Feinde. Diese Bedrohung versteckt sich in vielen Ländern, einschließlich meinem eigenen. In Gruppen und Lagern planen Terroristen weitere Zerstörungen und richten neue Stützpunkte für ihren Krieg gegen die Zivilisation ein. Und unsere größte Angst ist, dass Terroristen einen Weg finden könnten, ihre irren Absichten noch schneller in die Tat umzusetzen, wenn ihnen geächtete Regime Technologien zur Verfügung stellten, die das Töten in großem Ausmaß ermöglichen.

An einem Ort, in einem Regime, finden wir all diese Gefahren in ihrer tödlichsten und aggressivsten Form. Es ist exakt jene Form aggressiver Bedrohung, zu deren Bekämpfung die Vereinten Nationen ins Leben gerufen worden sind.

Vor zwölf Jahren marschierte der Irak ohne vorhergehende Provokation in Kuwait ein. Die Streitkräfte des Regimes waren gewillt, ihren Vormarsch auf andere Länder und deren Ressourcen fortzusetzen. Wäre Saddam HUSSEIN beschwichtigt statt gestoppt worden, hätte er den Frieden und die Stabilität der Welt gefährdet. Doch dieser Aggression wurde durch die Macht der Koalitionsstreitkräfte und den Willen der Vereinten Nationen Einhalt geboten.

Der irakische Diktator akzeptierte eine Reihe von Verpflichtungen, um die Einstellung der Angriffe zu erreichen und sich selbst zu retten. Die Bedingungen waren klar - ihm und allen anderen. Und er erklärte sich bereit, den Nachweis für die Erfüllung jeder einzelnen Verpflichtung zu erbringen.

Er hat statt dessen nur seine Missachtung der Vereinten Nationen und all seiner Verpflichtungen bewiesen. Saddam HUSSEIN hat sich selbst das Urteil gesprochen, indem er durch Täuschung und Grausamkeiten keiner seiner Zusagen einhielt.

Im Jahr 1991 verpflichtete ihn Resolution 688 des UN-Sicherheitsrats zur sofortigen Beendigung der Unterdrückung seines eigenen Volkes, einschließlich der systematischen Unterdrückung von Minderheiten, was - so der Sicherheitsrat - den internationalen Frieden und die Sicherheit in der Region bedrohte. Dieser Forderung ist er nicht nachgekommen.

Im vergangenen Jahr fand die UN-Menschenrechtskommission heraus, dass im Irak weiterhin sehr schwere Verletzungen der Menschenrechte zu beobachten sind und dass die Unterdrückung durch das Regime weit verbreitet ist. Zehntausende politischer Oppositioneller und normale Bürger wurden willkürlich verhaftet und inhaftiert, es fanden Massenhinrichtungen und Folterungen durch Prügel, Verbrennungen, Elektroschocks, Nahrungsentzug, Verstümmelung und Vergewaltigung statt. Ehefrauen wurden vor den Augen ihrer Ehemänner gefoltert, Kinder in der Gegenwart ihrer Eltern - und all diese Gräuel wurden durch einen totalitären Staatsapparat vor den Augen der Welt verborgen.

Im Jahr 1991 forderte der UN-Sicherheitsrat durch die Resolutionen 686 und 687, dass alle Gefangenen aus Kuwait und anderen Ländern freigelassen würden. Das irakische Regime stimmte dem zu, nur um sein Versprechen anschließend zu brechen. Im vergangenen Jahr berichtete der zuständige UN-Beauftragte, dass Bürger Kuwaits, Saudi Arabiens, Indiens, Syriens, Libanons, Irans, Ägyptens, Bahreins und Omans noch vermisst werden, insgesamt mehr als 600 Menschen. Unter ihnen befindet sich ein amerikanischer Pilot.

Im Jahr 1991 forderte der UN-Sicherheitsrat mit Resolution 687, dass der Irak alle Verbindungen zum Terrorismus aufkündigen muss und es keiner Terrororganisation gestattet werden darf, auf irakischem Boden zu operieren. Das irakische Regime hat dem zugestimmt. Und seine Zusage nicht eingehalten. Unter Verletzung von Resolution 1373 des Sicherheitsrats, bietet der Irak Terrororganisationen weiterhin Unterschlupf und Unterstützung. Diese Organisationen richten ihre Gewalt gegen den Iran, Israel und westliche Regierungen. Irakische Dissidenten im Ausland sind Ziel ihrer Mordanschläge. Im Jahr 1993 versuchte der Irak den kuwaitischen Emir und einen ehemaligen amerikanischen Präsidenten zu ermorden. Die

- I. Chronik -
Nr.127/12.IX.2002: Rede von Präsident Bush vor den VN

irakische Regierung hat offen die Anschläge vom 11. September begrüßt. Außerdem ist bekannt, dass sich aus Afghanistan geflohene Terroristen der Al-Qaida im Irak aufhalten.

Im Jahr 1991 verpflichtete sich das irakische Regime, alle Massenvernichtungswaffen und Langstreckenraketen zu zerstören sowie deren Entwicklung einzustellen und der Welt die Erfüllung der Forderungen zu beweisen, indem es gründliche Inspektionen in seinem Land zulassen würde. Der Irak hat sich an keinen Punkt dieser grundlegenden Vereinbarung gehalten.

Das irakische Regime sagte zwischen 1991 und 1995, es besitze keine biologischen Waffen. Nach dem Überlaufen eines mit diesem Waffenprogramm befassten hochrangigen Beamten erwies sich dies als Lüge, und der Irak gab zu, zehntausende Liter Anthrax und andere tödliche biologische Stoffe produziert zu haben, um damit Skud-Raketen, Bomben und Sprühflugzeuge zu bestücken. UN-Inspektoren sind der Auffassung, dass der Irak zwei- bis viermal mehr biologische Kampfstoffe hergestellt hat, als angegeben, und dass er zu mehr als drei Tonnen Rohstoffen zur potenziellen Herstellung biologischer Waffen keine Angaben gemacht hat. Der Irak ist momentan dabei, Einrichtungen, die der Produktion von biologischen Waffen dienten, auszubauen und zu verbessern.

Inspektionen durch die Vereinten Nationen haben auch ergeben, dass der Irak wahrscheinlich VX, Senfgas und andere chemischen Stoffe hortet und dass das Regime dabei ist, Einrichtungen zur Produktion chemischer Waffen wieder aufzubauen und zu erweitern.

Nach vier Jahren der Täuschung gab der Irak 1995 schließlich zu, vor dem Golfkrieg ein Atomwaffenprogramm gehabt zu haben. Wir wissen jetzt, dass das Regime im Irak ohne diesen Krieg sehr wahrscheinlich bereits im Jahr 1993 über eine Nuklearwaffe verfügt hätte.

Auch heute noch hält der Irak wichtige Informationen über sein Nuklearprogramm zurück, einschließlich Angaben zu der Bauweise von Waffen, Beschaffungswegen, Forschungsdaten, vorhandenem Nuklearmaterial und zur Dokumentation ausländischer Unterstützung. Der Irak verfügt über fähige Atomwissenschaftler und -techniker. Er hat die zum Bau einer Atomwaffe benötigte Infrastruktur. Der Irak hat mehrere Versuche gemacht, hochfeste Aluminiumrohre zu beschaffen, die zur Anreicherung von Uran für eine Nuklearwaffe verwendet werden. Sollte der Irak spaltbares Material beschaffen, wäre er innerhalb eines Jahres fähig, eine Atomwaffe zu bauen. In den staatlich kontrollierten irakischen Medien wurde über zahlreiche Treffen zwischen Saddam HUSSEIN und seinen Nuklearwissenschaftlern berichtet, die keinen Zweifel daran ließen, dass er nach wie vor ein starkes Interesse an solchen Waffen hat.

Der Irak besitzt ebenfalls Raketen des Skud-Typs mit einer Reichweite jenseits der 150 Kilometer, die ihm von den Vereinten Nationen erlaubt wurden. Arbeiten an Test- und Produktionsstätten zeigen, dass der Irak weitere Langstreckenraketen baut, die in der ganzen Region verheerende Auswirkungen haben können.

Nach der Invasion Iraks in Kuwait im Jahr 1990 hat die Welt dem Irak wirtschaftliche Sanktionen auferlegt. Diese Sanktionen wurden nach dem Krieg beibehalten, um die Befolgung der Sicherheitsratsresolutionen zu erzwingen. Mit der Zeit wurde dem Irak erlaubt, Einkünfte aus Ölverkäufen für Nahrungsmittelkäufe zu verwenden. Saddam HUSSEIN hat dieses Programm unterminiert und kauft unter Umgehung der Sanktionen Raketentechnologie und militärisches Material. Er macht die Vereinten Nationen für die Leiden des irakischen Volks verantwortlich, obwohl er selbst seinen Ölreichtum benutzt, um sich selbst prächtige Paläste zu bauen und um für sein Land Waffen zu beschaffen. Durch seine Weigerung, seine eigenen Zusagen einzuhalten, trägt er die volle Verantwortung für den Hunger und die Not unschuldiger irakischer Bürger.

Der Irak versprach UN-Inspektoren 1991 sofortigen und uneingeschränkten Zugang zur Überprüfung der Verpflichtung, Massenvernichtungswaffen und Langstreckenraketen aufzugeben. Der Irak hat diese Zusage nicht eingehalten und die UN-Inspektoren sieben Jahre lang getäuscht, hintergangen und schikaniert, bevor er die Zusammenarbeit völlig aufkündigte. Nur wenige Monate nach dem 1991 vereinbarten Waffenstillstand wiederholte der Sicherheitsrat zweimal seine Forderung an das irakische Regime, umfassend mit den Waffeninspekteuren zusammenzuarbeiten und verurteilte Iraks gravierende Missachtung seiner Verpflichtungen. Der Sicherheitsrat verurteilte den klaren Bruch der Vereinbarungen und wiederholte diese Aufforderung im Jahr 1994 und noch zweimal im Jahr 1996. Der Sicherheitsrat erneuerte seine Forderung noch dreimal im Jahr 1997 und führte offensichtliche Ver-

- I. Chronik -
Nr.127/12.IX.2002: Rede von Präsident Bush vor den VN

stöße an. Auch 1998 wurde die Einhaltung noch dreimal eingefordert und das Verhalten des Irak als völlig inakzeptabel bezeichnet. Und auch 1999 wurde die Forderung noch einmal wiederholt.

Heute ist es fast vier Jahre her, seit die letzten UN-Waffeninspekteure einen Fuß auf irakischen Boden setzten. Vier Jahre, in denen das irakische Regime Zeit hatte, um im Verborgenen zu planen, zu produzieren und zu testen.

Wir wissen, dass Saddam HUSSEIN sich sogar um Massenvernichtungswaffen bemühte, selbst als sich die Inspekteure noch in seinem Land befanden. Können wir da etwa annehmen, er habe damit aufgehört, als sie das Land verließen? Die Geschichte, die Logik und die Fakten lassen nur einen Schluss zu: Saddam HUSSEINs Regime ist eine ernsthafte und wachsende Gefahr. Von etwas anderem auszugehen, bedeutet entgegen besserem Wissen zu hoffen. Von der Redlichkeit dieses Regimes auszugehen würde bedeuten, das Leben von Millionen Menschen und den Frieden auf der Welt tollkühn aufs Spiel zu setzen. Das ist ein Risiko, dass wir nicht eingehen dürfen.

Sehr verehrte Delegierte der Generalversammlung, wir sind mehr als geduldig gewesen. Wir haben es mit Sanktionen versucht. Wir haben es mit Zuckerbrot, sprich dem Öl-für-Nahrungsmittel-Programm versucht, und mit Luftschlägen schwangen wir die Peitsche. Aber Saddam HUSSEIN hat all diesen Bemühungen getrotzt und fährt mit der Entwicklung von Massenvernichtungsprogrammen fort. Wir könnten zum ersten Mal ganz sicher sein, dass er Atomwaffen hat, wenn er eine einsetzen würde, was Gott verhüten möge. Wir schulden es allen unseren Bürgern, alles in unserer Macht Stehende zu tun, um zu verhindern, dass dieser Tag kommt.

Das Verhalten des irakischen Regimes ist eine Bedrohung der Autorität der Vereinten Nationen und eine Bedrohung für den Frieden. Seit zehn Jahren reagiert der Irak auf die Forderungen der Vereinten Nationen mit Widerstand. Die ganze Welt steht nun vor einer Prüfung und die Vereinten Nationen vor einem schwierigen und entscheidenden Augenblick. Müssen Resolutionen des Sicherheitsrats befolgt und umgesetzt oder dürfen sie folgenlos beiseite geschoben werden? Werden die Vereinten Nationen ihrem Gründungszweck gerecht oder werden sie bedeutungslos?

Die Vereinigten Staaten unterstützten die Gründung der Vereinten Nationen. Wir wollen, dass die Vereinten Nationen effektiv, respektvoll und erfolgreich sind. Wir wollen, dass die Resolutionen der weltweit wichtigsten multinationalen Institution umgesetzt werden. Diese Resolutionen werden gerade einseitig vom irakischen Regime unterwandert. Die Partnerschaft unserer Nationen kann den vor uns liegenden Test bestehen, indem sie klarstellt, was wir jetzt vom irakischen Regime erwarten.

Wenn das irakische Regime Frieden wünscht, muss es alle Massenvernichtungswaffen, Langstreckenraketen und alles damit im Zusammenhang stehende Material sofort und bedingungslos aufgeben, offen legen, entfernen oder zerstören.

Wenn das irakische Regime Frieden wünscht, wird es sofort jegliche Unterstützung des Terrorismus beenden und ihn unterdrücken, so wie es von allen Staaten aufgrund der Resolutionen des UN-Sicherheitsrates gefordert wird.

Wenn das irakische Regime Frieden wünscht, wird es die Verfolgung seiner Zivilbevölkerung, einschließlich Gruppierungen der Shi'a, Sunniten, Kurden, Turkomanen und anderer beenden, wie es die Resolutionen des Sicherheitsrats ebenso fordern. Wenn das irakische Regime Frieden wünscht, wird es alle Beteiligten des Golfkriegs, deren Schicksal bislang ungeklärt ist, freilassen oder über deren Verbleib Rechenschaft abgeben. Es wird die sterblichen Überreste aller Gefallenen herausgeben, gestohlenes Eigentum zurückgeben, Haftung für die Verluste durch die Invasion Kuwaits übernehmen und sich bei den internationalen Lösungsbemühungen kooperativ verhalten, so wie es von den Resolutionen des UN-Sicherheitsrates gefordert wird.

Wenn das irakische Regime Frieden wünscht, wird es unverzüglich jeglichen verbotenen Handel außerhalb des Öl-für-Nahrungsmittel-Programms einstellen. Es wird die UN-Verwaltung der Mittel aus diesem Programm akzeptieren, die sicherstellen soll, dass das Geld gerecht und unmittelbar zum Nutzen des irakischen Volkes verwendet wird.

- I. Chronik -
Nr.127/12.IX.2002: Rede von Präsident Bush vor den VN

Wenn alle diese Schritte unternommen werden, wird das Regime eine neue Offenheit und Verlässlichkeit im Irak signalisieren. So könnte sich die Möglichkeit auftun, dass die Vereinten Nationen dabei helfen, eine Regierung zu bilden, die alle Iraker repräsentiert; eine Regierung, die auf der Achtung der Menschrechte, wirtschaftlicher Freiheit und Wahlen unter internationaler Aufsicht gründet.

Die Vereinigten Staaten haben keine Auseinandersetzung mit dem irakischen Volk. Dieses Volk hat zu lange in stiller Gefangenschaft gelitten. Freiheit für das irakische Volk ist ein großes moralisches Anliegen und ein großes strategisches Ziel. Das irakische Volk hat es verdient und die Sicherheit aller Nationen verlangt dies. Freie Gesellschaften schüchtern nicht durch Grausamkeit und Eroberung ein und bedrohen die Welt nicht mit Massenmord. Die Vereinigten Staaten unterstützen politische und wirtschaftliche Freiheit in einem vereinigten Irak.

Wir können uns keinen Illusionen hingeben - es ist wichtig, sich heute daran zu erinnern. Saddam HUSSEIN griff 1980 den Iran und 1990 Kuwait an. Er feuerte ballistische Raketen auf den Iran, Saudi Arabien, Bahrein und Israel ab. Sein Regime hat einmal in einigen nordirakischen Kurdendörfern die Tötung aller Personen zwischen 15 und 70 Jahren angeordnet. Er setzte Giftgas gegen viele iranische und 40 irakische Dörfer ein.

Meine Nation wird mit dem UN-Sicherheitsrat daran arbeiten, dieser gemeinsamen Herausforderung zu begegnen. Wenn uns das irakische Regime wieder täuschen sollte, muss die Welt den Irak bewusst und entschieden zur Rechenschaft ziehen. Wir werden mit dem UN-Sicherheitsrat an den notwendigen Resolutionen arbeiten. Aber über die Absichten der Vereinigten Staaten sollten keine Zweifel bestehen. Die Resolutionen des UN-Sicherheitsrates werden umgesetzt, den gerechtfertigten Forderungen nach Frieden und Sicherheit muss Folge geleistet werden - oder ein Vorgehen gegen den Irak wird unvermeidlich. Ein Regime, das seine Legitimität verloren hat, wird auch seine Macht verlieren.

Die Ereignisse können sich in zwei Richtungen entwickeln. Zum einen: Sollten wir angesichts der Gefahr nicht handeln, wird das irakische Volk weiterhin unter brutaler Unterdrückung leiden. Das Regime wird neue Macht haben, um seine Nachbarn zu schikanieren, zu beherrschen und zu erobern, was den Nahen Osten zu weiteren Jahren des Blutvergießens und der Angst verdammen würde. Das Regime wird instabil bleiben, die Region wird instabil bleiben, es wird keine Hoffnung auf Freiheit bestehen und die Region wird vom Fortschritt unserer Zeit abgeschnitten. Mit jedem Schritt, den das irakische Regime zur Beschaffung und zum Einsatz der schrecklichsten aller Waffen unternimmt, verringern sich unsere Optionen, diesem Regime entgegenzutreten. Sollte ein ermutigtes Regime diese Waffen verbündeten Terroristen zur Verfügung stellen, wären die Anschläge des 11. September nur der Auftakt für weit größere Gräueltaten.

Wenn wir unserer Verantwortung nachkommen, wenn wir diese Gefahr überwinden, können wir einer ganz anderen Zukunft entgegensehen. Das irakische Volk kann seine Gefangenschaft abschütteln. Es kann sich eines Tages bei einem demokratischen Afghanistan und einem demokratischen Palästina einreihen und in der ganzen moslemischen Welt Reformen anregen. Diese Nationen können durch ihr Beispiel zeigen, dass eine aufrichtige Regierung, die Achtung der Frau und die große islamische Tradition des Lernens im Nahen Osten und darüber hinaus triumphieren können. Und wir werden zeigen, dass das Versprechen der Vereinten Nationen in unserer Zeit erfüllt werden kann.

Der Ausgang bleibt offen. Beide Wege liegen vor uns. Wir müssen zwischen einer Welt voller Angst und einer Welt des Fortschritts wählen. Wir können nicht daneben stehen und nichts unternehmen, während Gefahr im Verzug ist. Wir müssen für Sicherheit und die dauerhaften Rechte und Hoffnungen der Menschheit einstehen. Aufgrund ihres Erbes und ihrer Entscheidung werden die Vereinigten Staaten von Amerika sich dafür einsetzen. Und, verehrte Delegierte der Vereinten Nationen, Sie haben die Macht, dies ebenfalls zu tun."

(Amerikanische Botschaft, Berlin)

16. - 20. IX. 2002

128. Vierte Staatenkonferenz zum Ottawa-Übereinkommen zur Ächtung von Antipersonenminen

Vom 16. bis zum 20. September 2002 fand in Genf die vierte Konferenz der Mitgliedstaaten der Ottawa-Konvention über das Verbot der Herstellung, des Einsatzes und des Besitzes von Antipersonenminen von 1997 statt (*Text in Band XXVII, Seite 521*). Aus den umfangreichen Materialien wird lediglich die Abschlussdeklaration wiedergegeben.

Declaration of the Forth Meeting of the States Parties, Geneva 20. 9. 2002

"1. We, the States parties to the Convention on the Prohibition of the Use, Stockpiling, Production and Transfer of Anti-Personnel Mines and on Their Destruction, along with other States, international organizations and institutions and non-governmental organizations, gathered in Geneva, reaffirm our unwavering commitment to the total eradication of anti-personnel mines and to addressing the insidious and inhumane effects of these weapons. We commit ourselves to intensify our efforts in those areas most directly related to the core humanitarian objectives of the Convention.

2. We celebrate the growing support for the Convention, ratified by 116 States and acceded to by another 12. With an additional 17 countries having signed, but not yet ratified the Convention, the number of States parties and signatories now totals 145, including more than 40 mine-affected States. We call upon those that have not done so, to ratify or accede to the Convention. We also call upon all States in the process of formally accepting the obligations of the Convention, to provisionally apply the terms of the Convention.

3. We recognize that the new international norm established by the Convention is being demonstrated by the successful record of implementation of the Convention, including the conduct of many States not party to the Convention respecting the provisions therein. A total of 88 States parties no longer possess stockpiled anti-personnel mines, including 34 which have completed stockpile destruction since the entry into force of the Convention. A further 22 State parties are in the process of destroying their stockpiles. Furthermore, over US $ 1 billion has been allocated since the Convention was negotiated to address the global landmine problem, in addition to the resources being allocated by mine-affected countries themselves.

4. We feel encouraged by the fact that over the past year, a considerable amount of land was cleared of anti-personnel mines, that casualty rates in several of the world's most mine-affected States have again decreased, that landmine victim assistance has improved, and that our cooperative efforts continue to contribute to this progress.

5. While recognizing the success of the Convention, we remain deeply concerned that anti-personnel mines continue to kill, maim and threaten the lives of countless innocent people each day, that the terror of mines prevents individuals from reclaiming their lives and that the lasting impact of these weapons denies communities the opportunity to rebuild long after conflicts have ended.

6. We deplore any use of anti-personnel mines. Such acts are contrary to the object and purpose of the Convention and exacerbate the humanitarian problems already caused by the use of these weapons. We urge all those who continue to use, produce, otherwise acquire, stockpile, retain and/or transfer anti-personnel landmines, to cease immediately and to join us in the task of eradicating these weapons. We particularly call upon the States outside the Convention, which have recently used anti-personnel mines and/or continue to produce to stop these activities.

7. We expect those States, which have declared their commitment to the object and purpose of the Convention and which continue to use anti-personnel mines, to recognize that this is a clear violation of their solemn commitment. We call upon all States concerned to respect their commitments.

8. Recognizing the need to secure full compliance with all obligations of the Convention, we reaffirm our commitment to effectively implement the Convention and to comply fully with its provisions. We do so in the spirit of cooperation and collaboration that has characterized this process. In the event of serious concerns of non-compliance with any of the obligations of the Convention, we acknowledge our responsibility to seek clarification of these concerns, in this cooperative spirit.

9. We recall that the four-year maximum time period for the destruction of stockpiled anti-personnel mines is less than one year away for those States which became parties in 1999. We also recall that as soon as possible, but not later than 10 years after the entry into force of this Convention, each State party must undertake to destroy or ensure the destruction of all anti-personnel mines in mined areas under its jurisdiction or control. We encourage continuing national, regional and international initiatives aimed at fulfilling these obligations. At the same time, we congratulate those States parties that have already destroyed their stockpiles of anti-personnel mines and those that have made substantial progress in clearing mined areas.

10. We call upon all Governments and people everywhere to join in the common task to meet the enormous challenges of mine action, including victim assistance, to provide the technical and financial assistance required, and, where appropriate, to integrate these efforts into national development strategies. As States parties committed to the eradication of anti-personnel mines, we reiterate that assistance and cooperation for mine action will flow primarily to those that have forsworn the use of these weapons forever through adherence to, implementation of, and compliance with the Convention.

11. We recognize that to achieve the promise of this unique and important humanitarian instrument, we must continue working tirelessly in all parts of the world to end the use of anti-personnel mines, to destroy stockpiles, to cease development, production and transfers of these weapons, to clear mined areas to free land from its deadly bondage, to assist victims to reclaim their lives with dignity and to prevent new victims.

12. We reaffirm that progress to free the world from anti-personnel mines would be promoted by the commitment by non-State actors to cease and renounce their use in line with the international norm established by this Convention. We urge all non-State actors to cease and renounce the use, stockpiling, production and transfer of anti-personnel mines according to the principles and norms of International Humanitarian Law.

13. We warmly welcome the substantial progress made during the intersessional work programme. This programme continues to focus and advance the international community's mine action efforts, it greatly assists in our collective aim to implement the Convention and it provides a forum for mine-affected and other States to share experiences, acquire knowledge and enhance efforts to implement the Convention. We express our satisfaction that the intersessional work programme has been carried out in the Convention's tradition of partnership, dialogue, openness and practical cooperation. We welcome the increasing participation of mine-affected States in the intersessional work programme and the valuable contribution of the Sponsorship Programme.

14. To further enhance the intersessional process, we commit ourselves to intensify our efforts in those areas most directly related to the core humanitarian objectives of the Convention. We recommit ourselves to proceed with our work in a manner consistent with the principles that have well served the intersessional programme to date, particularly informality and cooperation. We furthermore call upon all States parties and other interested actors to continue to participate actively in the work of the Standing Committees.

15. We acknowledge the positive work of the Coordinating Committee tasked with the coordination of the intersessional work programme, and its role in the strengthening of the intersessional process. We thank the Geneva International Centre for Humanitarian Demining (GICHD) for its essential support and its commitment to the intersessional process. And we express our appreciation to the GICHD for the prompt manner in which it established the Implementation Support Unit (ISU) in accordance with the decision taken by the States parties at the Third Meeting of the States Parties and to the ISU for quickly demonstrating its effectiveness and value to States parties.

16. We acknowledge the contributory role of the United Nations agencies involved in Mine Action.

- I. Chronik -
Nr.129/17.IX.2002: Erklärung des Nahost-Quartetts

17. We express our gratitude to the International Campaign to Ban Landmines (ICBL) and other relevant non-governmental organizations, the International Committee of the Red Cross (ICRC) and to regional and national organizations and agencies for their important and substantive contribution to the intersessional process and to the overall implementation and consolidation of the Convention.

18. In reflecting upon our progress and accomplishments, and in considering the work that lies ahead, we reconfirm our conviction to make anti-personnel mines objects of the past, our obligation to assist those who have fallen victim to this terror, and our shared responsibility to the memories of those whose lives have been lost as a result of the use of these weapons, including those killed as a result of their dedication to helping others by clearing mined areas or providing humanitarian assistance."

(UN Website)

17. IX. 2002

129. Nahost-Quartett einigt sich auf „Roadmap"

Am 17. September 2002 trafen sich in New York der Generalsekretär der Vereinten Nationen, die Außenminister der USA und Russlands sowie der Europäische Kommissar für Außenbeziehungen, um über Möglichkeiten zu beraten, den Friedensprozess zwischen Israel und den Palästinensern wieder zu beleben. Sie einigten sich auf einen entsprechenden Fahrplan (roadmap), dessen Hauptelemente in der nachfolgenden Erklärung wiedergegeben sind, der aber noch nicht im Wortlaut veröffentlicht wurde.

Gemeinsame Erklärung des Nahost-Quartetts (UN, EU, USA, Russland) vom 17. 9. 2002 in New York

„Der Generalsekretär der Vereinten Nationen, Kofi ANNAN, der Außenminister der Vereinigten Staaten, Colin POWELL, der Außenminister der Russischen Föderation, Igor IWANOW, der Außenminister Dänemarks, Per Stig MOELLER, der Hohe Vertreter für die Gemeinsame Außen- und Sicherheitspolitik der Europäischen Union, Javier SOLANA, und der Europäische Kommissar für Außenbeziehungen, Chris PATTEN, sind heute in New York zusammengetroffen.

In Bekräftigung ihrer früheren Erklärungen prüften die Mitglieder des Quartetts die Entwicklungen seit ihrem letzten Treffen am 16. Juli 2002. Sie missbilligten und verurteilten die moralisch abstoßenden Gewalt- und Terrorakte, die enden müssen. Sie kamen überein, ihre Bemühungen zu intensivieren, um ihr gemeinsames Ziel der Herbeiführung einer endgültigen israelisch-palästinensischen Regelung zu fördern, auf die Grundlage ihrer gemeinsamen, unter anderem von Präsident BUSH zum Ausdruck gebrachten Vision zweier Staaten, Israels und eines unabhängigen, lebensfähigen und demokratischen Palästina, die Seite an Seite in Frieden und Sicherheit leben.

Das Quartett wird auch künftig auf alle Parteien einwirken, damit sie sich ihrer Verantwortung stellen, eine gerechte und umfassende Regelung des Konflikts auf der Grundlage der Resolutionen 242, 338 und 1397 des Sicherheitsrats, des Rahmens von Madrid, des Grundsatzes 'Land gegen Frieden' und der Durchführung aller bestehenden Vereinbarungen zwischen den Parteien zu suchen. Das Quartett bekräftigt die unveränderte Wichtigkeit der Initiative Saudi-Arabiens, die sich die Arabische Liga auf ihrem Gipfeltreffen in Beirut zu eigen machte und die einen grundlegenden Bestandteil der internationalen Bemühungen bildet, einen umfassenden Frieden auf allen Verhandlungsschienen, einschließlich der syrisch-israelischen und der libanesisch-israelischen Schiene, zu fördern.

Das Quartett arbeitet in enger Abstimmung mit den Parteien und im Benehmen mit wichtigen regionalen Akteuren an einem konkreten, aus drei Phasen bestehenden Umsetzungsfahrplan, mit dem innerhalb von drei Jahren eine endgültige Regelung herbeigeführt werden könnte. Die umfassende Aufgabenerfüllung im Sicherheitsbereich ist unerlässlich. Der Plan wird nur

- I. Chronik -
Nr.129/17.IX.2002: Erklärung des Nahost-Quartetts

gelingen, wenn er den politischen, wirtschaftlichen, humanitären und institutionellen Dimensionen Rechnung trägt, und soll genau vorgeben, welche reziproken Schritte die Parteien in jeder Phase zu unternehmen haben. Bei diesem Ansatz würden Fortschritte von einer Phase zur nächsten strikt an der Einhaltung konkreter Erfüllungskriterien durch die Parteien gemessen, die vom Quartett überwacht und bewertet werden.

Das Quartett unterstützt außerdem, in Vorbereitung zur Gründung eines palästinensischen Staates, die Bemühungen der Palästinenser um die Ausarbeitung einer Verfassung, die Gewaltenteilung, Transparenz, Rechenschaftspflicht und das lebendige politische System gewährleistet, das die Palästinenser verdienen.

Die erste Phase des Planes (2002 und erste Jahreshälfte 2003) wird Erfüllungskriterien für eine umfassende Sicherheitsreform, den Rückzug Israels auf seine Positionen vor dem 28. September 2000 mit schrittweiser Verbesserung der Sicherheitslage sowie die Unterstützung der Abhaltung freier, fairer und glaubhafter Wahlen durch die Palästinenser Anfang 2003 auf der Grundlage der Empfehlungen der Internationalen Arbeitsgruppe des Quartetts für palästinensische Reformen umfassen. In der ersten Phase soll eine Tagung des Ad-hoc-Verbindungsausschusses auf Ministerebene stattfinden, um die humanitäre Lage und die Aussichten für wirtschaftliche Entwicklung im Westjordanland und in Gaza zu prüfen und bis zum Ende des Jahres vorrangige Bereiche für die Geberhilfe, namentlich zu Gunsten des Reformprozesses, zu ermitteln. Die höchsten Vertreter des Quartetts werden neben der Ministertagung des Ad-hoc-Verbindungsausschusses zusammentreffen.

In der zweiten Planphase (2003) sollten wir uns hauptsächlich mit der Option der Schaffung eines auf einer neuen Verfassung gründenden palästinensischen Staates mit vorläufigen Grenzen befassen, der eine Zwischenstation auf dem Weg zu einer Regelung über den endgültigen Status darstellt.

In seiner letzten Phase (2004 bis 2005) sieht der Plan israelisch-palästinensische Verhandlungen zur Herbeiführung einer endgültigen Statusregelung im Jahr 2005 vor. Entsprechend der von Präsident BUSH zum Ausdruck gebrachten Vision bedeutet dies, dass die israelische Besatzung, die 1967 begann, durch eine zwischen den Parteien ausgehandelte Regelung auf der Grundlage der Resolutionen 242 und 338 des Sicherheitsrats beendet wird und dass ein Rückzug Israels auf sichere und anerkannte Grenzen erfolgen wird.

Das Quartett begrüßt den Bericht der Arbeitsgruppe über die Fortschritte der sieben Reformunterstützungsgruppen und stellt fest, dass innerhalb kurzer Zeit und unter sehr schwierigen Bedingungen mehrere bedeutsame Erfolge, insbesondere im Bereich der Finanzreform, erzielt wurden. Unter der Schirmherrschaft des Quartetts wird die Arbeitsgruppe die Palästinenser und die Palästinensische Behörde auch weiterhin dabei unterstützen, Fortschrittsparameter für Reformen festzulegen und nach ihrem Vorrang zu reihen, insbesondere was die Frage der Wahlen, der Justizreform und der Rolle der Zivilgesellschaft betrifft.

Sowohl die Reformbemühungen als auch der politische Prozess müssen israelische Maßnahmen umfassen, unter Berücksichtigung der legitimen Sicherheitsbedürfnisse Israels, um die Lebensbedingungen der Palästinenser zu verbessern, indem Israel die Wiederaufnahme normaler Wirtschaftstätigkeiten zulässt, den Güter-, Personen- und grundlegenden Dienstleistungsverkehr erleichtert und Ausgangssperren und Abriegelungen aufhebt. Im Hinblick auf die Transparenz und Rechenschaftspflicht im Zusammenhang mit den palästinensischen Haushaltsregelungen begrüßt das Quartett den Beschluss Israels, einen Teil der palästinensischen Mehrwertsteuer- und Zolleinnahmen weiterzuleiten, die seit September 2000 einbehalten wurden, und fordert Israel auf, diesen Prozess fortzusetzen und die regelmäßigen monatlichen Einnahmenüberweisungen an das palästinensische Finanzministerium wieder aufzunehmen. Im Einklang mit den Empfehlungen der Mitchell-Kommission muss außerdem die israelische Siedlungstätigkeit in den besetzten Gebieten aufhören.

Das Quartett begrüßt den Bericht der Persönlichen Humanitären Abgesandten des Generalsekretärs, Catherine BERTINI, sowie den jüngsten Bericht des Sonderkoordinators der Vereinten Nationen in den besetzten Gebieten über die Auswirkungen der Abriegelungen. Es fordert Israel und die Palästinenser auf, ihre jeweiligen Verantwortlichkeiten anzuerkennen und ihnen entsprechend zu handeln und rasche Maßnahmen zur Linderung der sich drastisch verschlechternden humanitären Lage im Westjordanland und in Gaza zu ergreifen. Insbesondere muss Israel den vollen, sicheren und ungehinderten Zugang für das internationale und humanitäre Personal gewährleisten.

- I. Chronik -
Nr.130/17.IX.2002: Nationale Sicherheitsstrategie der USA

Das Quartett erklärt erneut, dass die Wiederherstellung einer dauerhaften Ruhe durch die umfassende Aufgabenerfüllung im Sicherheitsbereich von entscheidender Wichtigkeit ist, und fordert die Palästinenser auf, mit den Vereinigten Staaten und den regionalen Partnern zusammenzuarbeiten, um die palästinensischen Sicherheitsdienste zu reformieren, die Polizeiarbeit und die Aufrechterhaltung von Recht und Ordnung für die Zivilbevölkerung zu stärken und den Terror zu bekämpfen, der die legitimen Bestrebungen der Palästinenser schwer untergraben hat. Die Israelis und die Palästinenser sollten die Zusammenarbeit auf dem Gebiet der Sicherheit wieder aufnehmen, und Israel sollte reziproke Maßnahmen ergreifen, während die Palästinenser Anstrengungen zur Bekämpfung des Terrorismus in allen seinen Formen unternehmen.

Das Quartett wird seine Erörterungen bezüglich des Zeitplans und der Modalitäten einer internationalen Konferenz fortsetzen. Zur Erörterung dieser Fragen traf das Quartett außerdem mit den Außenministern Ägyptens, Jordaniens, Saudi-Arabiens und Syriens, als Vertreter des Ausschusses der Arabischen Liga für Folgemaßnahmen, sowie mit Vertretern Israels und der Palästinensischen Behörde zusammen. Das Quartett sieht der Fortsetzung der Konsultationen mit Interesse entgegen."

(Deutscher Übersetzungsdienst, Vereinte Nationen)

17. IX. 2002

130. Nationale Sicherheitsstrategie der USA veröffentlicht

Am 17. September 2002 wurde in Washington, D.C., die nachfolgende Nationale Sicherheitsstrategie der USA veröffentlicht. Sie ist ein vom Kongress beauftragtes Dokument, in dem die Bush-Administration ihre grundsätzlichen strategischen Ziele darlegt. Dieses Dokument wurde weltweit scharf wegen der darin enthaltenen Überlegungen zu präemptivem militärischem Vorgehen gegen Staaten und terroristische Akteure kritisiert.

The National Security Strategy of the United States of America from 17. 9. 2002

INTRODUCTION

„The great struggles of the twentieth century between liberty and totalitarianism ended with a decisive victory for the forces of freedom - and a single sustainable model for national success: freedom, democracy, and free enterprise. In the twenty-first century, only nations that share a commitment to protecting basic human rights and guaranteeing political and economic freedom will be able to unleash the potential of their people and assure their future prosperity. People everywhere want to be able to speak freely; choose who will govern them; worship as they please; educate their children - male and female; own property; and enjoy the benefits of their labor. These values of freedom are right and true for every person, in every society - and the duty of protecting these values against their enemies is the common calling of freedom-loving people across the globe and across the ages.

Today, the United States enjoys a position of unparalleled military strength and great economic and political influence. In keeping with our heritage and principles, we do not use our strength to press for unilateral advantage.We seek instead to create a balance of power that favors human freedom: conditions in which all nations and all societies can choose for themselves the rewards and challenges of political and economic liberty. In a world that is safe, people will be able to make their own lives better.We will defend the peace by fighting terrorists and tyrants.We will preserve the peace by building good relations among the great powers. We will extend the peace by encouraging free and open societies on every continent.

Defending our Nation against its enemies is the first and fundamental commitment of the Federal Government. Today, that task has changed dramatically. Enemies in the past needed great armies and great industrial capabilities to endanger America. Now, shadowy networks of individuals can bring great chaos and suffering to our shores for less than it costs to purchase a single tank. Terrorists are organized to penetrate open societies and to turn the power of modern technologies against us.

To defeat this threat we must make use of every tool in our arsenal - military power, better homeland defenses, law enforcement, intelligence, and vigorous efforts to cut off terrorist financing. The war against terrorists of global reach is a global enterprise of uncertain duration. America will help nations that need our assistance in combating terror. And America will hold to account nations that are compromised by terror, including those who harbor terrorists - because the allies of terror are the enemies of civilization. The United States and countries cooperating with us must not allow the terrorists to develop new home bases. Together, we will seek to deny them sanctuary at every turn.

The gravest danger our Nation faces lies at the crossroads of radicalism and technology. Our enemies have openly declared that they are seeking weapons of mass destruction, and evidence indicates that they are doing so with determination. The United States will not allow these efforts to succeed.We will build defenses against ballistic missiles and other means of delivery. We will cooperate with other nations to deny, contain, and curtail our enemies' efforts to acquire dangerous technologies. And, as a matter of common sense and self-defense, America will act against such emerging threats before they are fully formed.We cannot defend America and our friends by hoping for the best. So we must be prepared to defeat our enemies' plans, using the best intelligence and proceeding with deliberation. History will judge harshly those who saw this coming danger but failed to act. In the new world we have entered, the only path to peace and security is the path of action.

As we defend the peace, we will also take advantage of an historic opportunity to preserve the peace. Today, the international community has the best chance since the rise of the nation-state in the seventeenth century to build a world where great powers compete in peace instead of continually prepare for war. Today, the world's great powers find ourselves on the same side - united by common dangers of terrorist violence and chaos. The United States will build on these common interests to promote global security.We are also increasingly united by common values. Russia is in the midst of a hopeful transition, reaching for its democratic future and a partner in the war on terror. Chinese leaders are discovering that economic freedom is the only source of national wealth. In time, they will find that social and political freedom is the only source of national greatness. America will encourage the advancement of democracy and economic openness in both nations, because these are the best foundations for domestic stability and international order.We will strongly resist aggression from other great powers - even as we welcome their peaceful pursuit of prosperity, trade, and cultural advancement.

Finally, the United States will use this moment of opportunity to extend the benefits of freedom across the globe.We will actively work to bring the hope of democracy, development, free markets, and free trade to every corner of the world. The events of September 11, 2001, taught us that weak states, like Afghanistan, can pose as great a danger to our national interests as strong states. Poverty does not make poor people into terrorists and murderers. Yet poverty, weak institutions, and corruption can make weak states vulnerable to terrorist networks and drug cartels within their borders.

The United States will stand beside any nation determined to build a better future by seeking the rewards of liberty for its people. Free trade and free markets have proven their ability to lift whole societies out of poverty - so the United States will work with individual nations, entire regions, and the entire global trading community to build a world that trades in freedom and therefore grows in prosperity. The United States will deliver greater development assistance through the New Millennium Challenge Account to nations that govern justly, invest in their people, and encourage economic freedom.We will also continue to lead the world in efforts to reduce the terrible toll of HIV/AIDS and other infectious diseases.

In building a balance of power that favors freedom, the United States is guided by the conviction that all nations have important responsibilities. Nations that enjoy freedom must actively fight terror. Nations that depend on international stability must help prevent the spread of weapons of mass destruction. Nations that seek international aid must govern themselves wisely, so that aid is well spent. For freedom to thrive, accountability must be expected and required.

We are also guided by the conviction that no nation can build a safer, better world alone. Alliances and multilateral institutions can multiply the strength of freedom-loving nations. The

- I. Chronik -
Nr.130/17.IX.2002: Nationale Sicherheitsstrategie der USA

United States is committed to lasting institutions like the United Nations, the World Trade Organization, the Organization of American States, and NATO as well as other long-standing alliances. Coalitions of the willing can augment these permanent institutions. In all cases, international obligations are to be taken seriously. They are not to be undertaken symbolically to rally support for an ideal without furthering its attainment.

Freedom is the non-negotiable demand of human dignity; the birthright of every person - in every civilization. Throughout history, freedom has been threatened by war and terror; it has been challenged by the clashing wills of powerful states and the evil designs of tyrants; and it has been tested by widespread poverty and disease. Today, humanity holds in its hands the opportunity to further freedom's triumph over all these foes. The United States welcomes our responsibility to lead in this great mission.

George W. BUSH, the White House, September 17, 2002

I. OVERVIEW OF AMERICA'S INTERNATIONAL STRATEGY

'Our Nation's cause has always been larger than our Nation's defense. We fight, as we always fight, for a just peace - a peace that favors liberty. We will defend the peace against the threats from terrorists and tyrants. We will preserve the peace by building good relations among the great powers. And we will extend the peace by encouraging free and open societies on every continent.' President Bush at West Point, New York, June 1, 2002

The United States possesses unprecedented - and unequaled - strength and influence in the world. Sustained by faith in the principles of liberty, and the value of a free society, this position comes with unparalleled responsibilities, obligations, and opportunity. The great strength of this nation must be used to promote a balance of power that favors freedom. For most of the twentieth century, the world was divided by a great struggle over ideas: destructive totalitarian visions versus freedom and equality.

That great struggle is over. The militant visions of class, nation, and race which promised utopia and delivered misery have been defeated and discredited. America is now threatened less by conquering states than we are by failing ones. We are menaced less by fleets and armies than by catastrophic technologies in the hands of the embittered few. We must defeat these threats to our Nation, allies, and friends.

This is also a time of opportunity for America. We will work to translate this moment of influence into decades of peace, prosperity, and liberty. The U.S. national security strategy will be based on a distinctly American internationalism that reflects the union of our values and our national interests. The aim of this strategy is to help make the world not just safer but better. Our goals on the path to progress are clear: political and economic freedom, peaceful relations with other states, and respect for human dignity. And this path is not America's alone. It is open to all. To achieve these goals, the United States will:

- champion aspirations for human dignity;

- strengthen alliances to defeat global terrorism and work to prevent attacks against us and our friends;

- work with others to defuse regional conflicts;

- prevent our enemies from threatening us, our allies, and our friends, with weapons of mass destruction;

- ignite a new era of global economic growth through free markets and free trade;

- expand the circle of development by opening societies and building the infrastructure of democracy;

- develop agendas for cooperative action with other main centers of global power; and

- transform America's national security institutions to meet the challenges and opportunities of the twenty-first century.

- I. Chronik -
Nr.130/17.IX.2002: Nationale Sicherheitsstrategie der USA

II. CHAMPION ASPIRATIONS FOR HUMAN DIGNITY

'Some worry that it is somehow undiplomatic or impolite to speak the language of right and wrong. I disagree. Different circumstances require different methods, but not different moralities.' President Bush, West Point, New York, June 1, 2002

In pursuit of our goals, our first imperative is to clarify what we stand for: the United States must defend liberty and justice because these principles are right and true for all people everywhere. No nation owns these aspirations, and no nation is exempt from them. Fathers and mothers in all societies want their children to be educated and to live free from poverty and violence. No people on earth yearn to be oppressed, aspire to servitude, or eagerly await the midnight knock of the secret police.

America must stand firmly for the nonnegotiable demands of human dignity: the rule of law; limits on the absolute power of the state; free speech; freedom of worship; equal justice; respect for women; religious and ethnic tolerance; and respect for private property.

These demands can be met in many ways. America's constitution has served us well. Many other nations, with different histories and cultures, facing different circumstances, have successfully incorporated these core principles into their own systems of governance. History has not been kind to those nations which ignored or flouted the rights and aspirations of their people.

America's experience as a great multi-ethnic democracy affirms our conviction that people of many heritages and faiths can live and prosper in peace. Our own history is a long struggle to live up to our ideals. But even in our worst moments, the principles enshrined in the Declaration of Independence were there to guide us. As a result, America is not just a stronger, but is a freer and more just society.

Today, these ideals are a lifeline to lonely defenders of liberty. And when openings arrive, we can encourage change - as we did in central and eastern Europe between 1989 and 1991, or in Belgrade in 2000.When we see democratic processes take hold among our friends in Taiwan or in the Republic of Korea, and see elected leaders replace generals in Latin America and Africa, we see examples of how authoritarian systems can evolve, marrying local history and traditions with the principles we all cherish.

Embodying lessons from our past and using the opportunity we have today, the national security strategy of the United States must start from these core beliefs and look outward for possibilities to expand liberty.

Our principles will guide our government's decisions about international cooperation, the character of our foreign assistance, and the allocation of resources. They will guide our actions and our words in international bodies.

We will:

- speak out honestly about violations of the nonnegotiable demands of human dignity using our voice and vote in international institutions to advance freedom;

- use our foreign aid to promote freedom and support those who struggle non-violently for it, ensuring that nations moving toward democracy are rewarded for the steps they take;

- make freedom and the development of democratic institutions key themes in our bilateral relations, seeking solidarity and cooperation from other democracies while we press governments that deny human rights to move toward a better future; and

- take special efforts to promote freedom of religion and conscience and defend it from encroachment by repressive governments.

We will champion the cause of human dignity and oppose those who resist it.

III. STRENGTHEN ALLIANCES TO DEFEAT GLOBAL TERRORISM AND WORK TO PREVENT ATTACKS AGAINST US AND OUR FRIENDS

'Just three days removed from these events, Americans do not yet have the distance of history. But our responsibility to history is already clear: to answer these attacks and rid the world of

- I. Chronik -
Nr.130/17.IX.2002: Nationale Sicherheitsstrategie der USA

evil.War has been waged against us by stealth and deceit and murder. This nation is peaceful, but fierce when stirred to anger. The conflict was begun on the timing and terms of others. It will end in a way, and at an hour, of our choosing.' President Bush, Washington, D.C. (The National Cathedral), September 14, 2001

The United States of America is fighting a war against terrorists of global reach. The enemy is not a single political regime or person or religion or ideology. The enemy is terrorism - premeditated, politically motivated violence perpetrated against innocents.

In many regions, legitimate grievances prevent the emergence of a lasting peace. Such grievances deserve to be, and must be, addressed within a political process. But no cause justifies terror. The United States will make no concessions to terrorist demands and strike no deals with them.We make no distinction between terrorists and those who knowingly harbor or provide aid to them.

The struggle against global terrorism is different from any other war in our history. It will be fought on many fronts against a particularly elusive enemy over an extended period of time. Progress will come through the persistent accumulation of successes - some seen, some unseen.

Today our enemies have seen the results of what civilized nations can, and will, do against regimes that harbor, support, and use terrorism to achieve their political goals. Afghanistan has been liberated; coalition forces continue to hunt down the Taliban and al-Qaida. But it is not only this battlefield on which we will engage terrorists. Thousands of trained terrorists remain at large with cells in North America, South America, Europe, Africa, the Middle East, and across Asia.

Our priority will be first to disrupt and destroy terrorist organizations of global reach and attack their leadership; command, control, and communications; material support; and finances. This will have a disabling effect upon the terrorists' ability to plan and operate.

We will continue to encourage our regional partners to take up a coordinated effort that isolates the terrorists. Once the regional campaign localizes the threat to a particular state, we will help ensure the state has the military, law enforcement, political, and financial tools necessary to finish the task.

The United States will continue to work with our allies to disrupt the financing of terrorism.We will identify and block the sources of funding for terrorism, freeze the assets of terrorists and those who support them, deny terrorists access to the international financial system, protect legitimate charities from being abused by terrorists, and prevent the movement of terrorists' assets through alternative financial networks.

However, this campaign need not be sequential to be effective, the cumulative effect across all regions will help achieve the results we seek. We will disrupt and destroy terrorist organizations by:

- direct and continuous action using all the elements of national and international power. Our immediate focus will be those terrorist organizations of global reach and any terrorist or state sponsor of terrorism which attempts to gain or use weapons of mass destruction (WMD) or their precursors;

- defending the United States, the American people, and our interests at home and abroad by identifying and destroying the threat before it reaches our borders.While the United States will constantly strive to enlist the support of the international community, we will not hesitate to act alone, if necessary, to exercise our right of selfdefense by acting preemptively against such terrorists, to prevent them from doing harm against our people and our country; and

- denying further sponsorship, support, and sanctuary to terrorists by convincing or compelling states to accept their sovereign responsibilities. We will also wage a war of ideas to win the battle against international terrorism. This includes:

- using the full influence of the United States, and working closely with allies and friends, to make clear that all acts of terrorism are illegitimate so that terrorism will be viewed in the same light as slavery, piracy, or genocide: behavior that no respectable government can condone or support and all must oppose;

- supporting moderate and modern government, especially in the Muslim world, to ensure that the conditions and ideologies that promote terrorism do not find fertile ground in any nation;

- diminishing the underlying conditions that spawn terrorism by enlisting the international community to focus its efforts and resources on areas most at risk; and

- using effective public diplomacy to promote the free flow of information and ideas to kindle the hopes and aspirations of freedom of those in societies ruled by the sponsors of global terrorism.

While we recognize that our best defense is a good offense, we are also strengthening America's homeland security to protect against and deter attack. This Administration has proposed the largest government reorganization since the Truman Administration created the National Security Council and the Department of Defense. Centered on a new Department of Homeland Security and including a new unified military command and a fundamental reordering of the FBI, our comprehensive plan to secure the homeland encompasses every level of government and the cooperation of the public and the private sector.

This strategy will turn adversity into opportunity. For example, emergency management systems will be better able to cope not just with terrorism but with all hazards. Our medical system will be strengthened to manage not just bioterror, but all infectious diseases and mass-casualty dangers. Our border controls will not just stop terrorists, but improve the efficient movement of legitimate traffic.

While our focus is protecting America, we know that to defeat terrorism in today's globalized world we need support from our allies and friends.Wherever possible, the United States will rely on regional organizations and state powers to meet their obligations to fight terrorism. Where governments find the fight against terrorism beyond their capacities, we will match their willpower and their resources with whatever help we and our allies can provide.

As we pursue the terrorists in Afghanistan, we will continue to work with international organizations such as the United Nations, as well as non-governmental organizations, and other countries to provide the humanitarian, political, economic, and security assistance necessary to rebuild Afghanistan so that it will never again abuse its people, threaten its neighbors, and provide a haven for terrorists.

In the war against global terrorism, we will never forget that we are ultimately fighting for our democratic values and way of life. Freedom and fear are at war, and there will be no quick or easy end to this conflict. In leading the campaign against terrorism, we are forging new, productive international relationships and redefining existing ones in ways that meet the challenges of the twenty-first century.

IV. WORK WITH OTHERS TO DEFUSE REGIONAL CONFLICTS

'We build a world of justice, or we will live in a world of coercion. The magnitude of our shared responsibilities makes our disagreements look so small.' President Bush, Berlin, Germany, May 23, 2002

Concerned nations must remain actively engaged in critical regional disputes to avoid explosive escalation and minimize human suffering. In an increasingly interconnected world, regional crisis can strain our alliances, rekindle rivalries among the major powers, and create horrifying affronts to human dignity.When violence erupts and states falter, the United States will work with friends and partners to alleviate suffering and restore stability.

No doctrine can anticipate every circumstance in which U.S. action - direct or indirect - is warranted. We have finite political, economic, and military resources to meet our global priorities. The United States will approach each case with these strategic principles in mind:

- The United States should invest time and resources into building international relationships and institutions that can help manage local crises when they emerge.

- I. Chronik -
Nr.130/17.IX.2002: Nationale Sicherheitsstrategie der USA

- The United States should be realistic about its ability to help those who are unwilling or unready to help themselves. Where and when people are ready to do their part, we will be willing to move decisively.

The Israeli-Palestinian conflict is critical because of the toll of human suffering, because of America's close relationship with the state of Israel and key Arab states, and because of that region's importance to other global priorities of the United States. There can be no peace for either side without freedom for both sides. America stands committed to an independent and democratic Palestine, living beside Israel in peace and security. Like all other people, Palestinians deserve a government that serves their interests and listens to their voices. The United States will continue to encourage all parties to step up to their responsibilities as we seek a just and comprehensive settlement to the conflict.

The United States, the international donor community, and the World Bank stand ready to work with a reformed Palestinian government on economic development, increased humanitarian assistance, and a program to establish, finance, and monitor a truly independent judiciary. If Palestinians embrace democracy, and the rule of law, confront corruption, and firmly reject terror, they can count on American support for the creation of a Palestinian state.

Israel also has a large stake in the success of a democratic Palestine. Permanent occupation threatens Israel's identity and democracy. So the United States continues to challenge Israeli leaders to take concrete steps to support the emergence of a viable, credible Palestinian state. As there is progress towards security, Israel forces need to withdraw fully to positions they held prior to September 28, 2000. And consistent with the recommendations of the Mitchell Committee, Israeli settlement activity in the occupied territories must stop. As violence subsides, freedom of movement should be restored, permitting innocent Palestinians to resume work and normal life. The United States can play a crucial role but, ultimately, lasting peace can only come when Israelis and Palestinians resolve the issues and end the conflict between them.

In South Asia, the United States has also emphasized the need for India and Pakistan to resolve their disputes. This Administration invested time and resources building strong bilateral relations with India and Pakistan. These strong relations then gave us leverage to play a constructive role when tensions in the region became acute. With Pakistan, our bilateral relations have been bolstered by Pakistan's choice to join the war against terror and move toward building a more open and tolerant society. The Administration sees India's potential to become one of the great democratic powers of the twentyfirst century and has worked hard to transform our relationship accordingly. Our involvement in this regional dispute, building on earlier investments in bilateral relations, looks first to concrete steps by India and Pakistan that can help defuse military confrontation.

Indonesia took courageous steps to create a working democracy and respect for the rule of law. By tolerating ethnic minorities, respecting the rule of law, and accepting open markets, Indonesia may be able to employ the engine of opportunity that has helped lift some of its neighbors out of poverty and desperation. It is the initiative by Indonesia that allows U.S. assistance to make a difference.

In the Western Hemisphere we have formed flexible coalitions with countries that share our priorities, particularly Mexico, Brazil, Canada, Chile, and Colombia. Together we will promote a truly democratic hemisphere where our integration advances security, prosperity, opportunity, and hope. We will work with regional institutions, such as the Summit of the Americas process, the Organization of American States (OAS), and the Defense Ministerial of the Americas for the benefit of the entire hemisphere.

Parts of Latin America confront regional conflict, especially arising from the violence of drug cartels and their accomplices. This conflict and unrestrained narcotics trafficking could imperil the health and security of the United States. Therefore we have developed an active strategy to help the Andean nations adjust their economies, enforce their laws, defeat terrorist organizations, and cut off the supply of drugs, while - as important - we work to reduce the demand for drugs in our own country.

In Colombia, we recognize the link between terrorist and extremist groups that challenge the security of the state and drug trafficking activities that help finance the operations of such groups. We are working to help Colombia defend its democratic institutions and defeat illegal

- I. Chronik -
Nr.130/17.IX.2002: Nationale Sicherheitsstrategie der USA

armed groups of both the left and right by extending effective sovereignty over the entire national territory and provide basic security to the Colombian people.

In Africa, promise and opportunity sit side by side with disease, war, and desperate poverty. This threatens both a core value of the United States - preserving human dignity - and our strategic priority - combating global terror. American interests and American principles, therefore, lead in the same direction: we will work with others for an African continent that lives in liberty, peace, and growing prosperity. Together with our European allies, we must help strengthen Africa's fragile states, help build indigenous capability to secure porous borders, and help build up the law enforcement and intelligence infrastructure to deny havens for terrorists.

An ever more lethal environment exists in Africa as local civil wars spread beyond borders to create regional war zones. Forming coalitions of the willing and cooperative security arrangements are key to confronting these emerging transnational threats.

Africa's great size and diversity requires a security strategy that focuses on bilateral engagement and builds coalitions of the willing. This Administration will focus on three interlocking strategies for the region:

- countries with major impact on their neighborhood such as South Africa, Nigeria, Kenya, and Ethiopia are anchors for regional engagement and require focused attention;

- coordination with European allies and international institutions is essential for constructive conflict mediation and successful peace operations; and

- Africa's capable reforming states and sub-regional organizations must be strengthened as the primary means to address transnational threats on a sustained basis.

Ultimately the path of political and economic freedom presents the surest route to progress in sub-Saharan Africa, where most wars are conflicts over material resources and political access often tragically waged on the basis of ethnic and religious difference. The transition to the African Union with its stated commitment to good governance and a common responsibility for democratic political systems offers opportunities to strengthen democracy on the continent.

V. PREVENT OUR ENEMIES FROM THREATENING US, OUR ALLIES, AND OUR FRIENDS WITH WEAPONS OF MASS DESTRUCTION

'The gravest danger to freedom lies at the crossroads of radicalism and technology. When the spread of chemical and biological and nuclear weapons, along with ballistic missile technology - when that occurs, even weak states and small groups could attain a catastrophic power to strike great nations. Our enemies have declared this very intention, and have been caught seeking these terrible weapons. They want the capability to blackmail us, or to harm us, or to harm our friends - and we will oppose them with all our power.' President BUSH, West Point, New York, June 1, 2002

The nature of the Cold War threat required the United States - with our allies and friends - to emphasize deterrence of the enemy's use of force, producing a grim strategy of mutual assured destruction. With the collapse of the Soviet Union and the end of the Cold War, our security environment has undergone profound transformation.

Having moved from confrontation to cooperation as the hallmark of our relationship with Russia, the dividends are evident: an end to the balance of terror that divided us; an historic reduction in the nuclear arsenals on both sides; and cooperation in areas such as counterterrorism and missile defense that until recently were inconceivable.

But new deadly challenges have emerged from rogue states and terrorists. None of these contemporary threats rival the sheer destructive power that was arrayed against us by the Soviet Union. However, the nature and motivations of these new adversaries, their determination to obtain destructive powers hitherto available only to the world's strongest states, and the greater likelihood that they will use weapons of mass destruction against us, make today's security environment more complex and dangerous.

In the 1990s we witnessed the emergence of a small number of rogue states that, while different in important ways, share a number of attributes. These states:

- I. Chronik -
Nr.130/17.IX.2002: Nationale Sicherheitsstrategie der USA

- brutalize their own people and squander their national resources for the personal gain of the rulers;

- display no regard for international law, threaten their neighbors, and callously violate international treaties to which they are party;

- are determined to acquire weapons of mass destruction, along with other advanced military technology, to be used as threats or offensively to achieve the aggressive designs of these regimes;

- sponsor terrorism around the globe; and

- reject basic human values and hate the United States and everything for which it stands.

At the time of the Gulf War, we acquired irrefutable proof that Iraq's designs were not limited to the chemical weapons it had used against Iran and its own people, but also extended to the acquisition of nuclear weapons and biological agents. In the past decade North Korea has become the world's principal purveyor of ballistic missiles, and has tested increasingly capable missiles while developing its own WMD arsenal. Other rogue regimes seek nuclear, biological, and chemical weapons as well. These states' pursuit of, and global trade in, such weapons has become a looming threat to all nations.

We must be prepared to stop rogue states and their terrorist clients before they are able to threaten or use weapons of mass destruction against the United States and our allies and friends. Our response must take full advantage of strengthened alliances, the establishment of new partnerships with former adversaries, innovation in the use of military forces, modern technologies, including the development of an effective missile defense system, and increased emphasis on intelligence collection and analysis.

Our comprehensive strategy to combat WMD includes:

- Proactive counterproliferation efforts. We must deter and defend against the threat before it is unleashed. We must ensure that key capabilities - detection, active and passive defenses, and counterforce capabilities - are integrated into our defense transformation and our homeland security systems. Counterproliferation must also be integrated into the doctrine, training, and equipping of our forces and those of our allies to ensure that we can prevail in any conflict with WMD-armed adversaries.

- Strengthened nonproliferation efforts to prevent rogue states and terrorists from acquiring the materials, technologies, and expertise necessary for weapons of mass destruction. We will enhance diplomacy, arms control, multilateral export controls, and threat reduction assistance that impede states and terrorists seeking WMD, and when necessary, interdict enabling technologies and materials. We will continue to build coalitions to support these efforts, encouraging their increased political and financial support for nonproliferation and threat reduction programs. The recent G-8 agreement to commit up to $20 billion to a global partnership against proliferation marks a major step forward.

- Effective consequence management to respond to the effects of WMD use, whether by terrorists or hostile states. Minimizing the effects of WMD use against our people will help deter those who possess such weapons and dissuade those who seek to acquire them by persuading enemies that they cannot attain their desired ends. The United States must also be prepared to respond to the effects of WMD use against our forces abroad, and to help friends and allies if they are attacked.

It has taken almost a decade for us to comprehend the true nature of this new threat. Given the goals of rogue states and terrorists, the United States can no longer solely rely on a reactive posture as we have in the past. The inability to deter a potential attacker, the immediacy of today's threats, and the magnitude of potential harm that could be caused by our adversaries' choice of weapons, do not permit that option. We cannot let our enemies strike first.

In the Cold War, especially following the Cuban missile crisis, we faced a generally status quo, risk-averse adversary. Deterrence was an effective defense. But deterrence based only upon the threat of retaliation is less likely to work against leaders of rogue states more willing to take risks, gambling with the lives of their people, and the wealth of their nations.

- I. Chronik -
Nr.130/17.IX.2002: Nationale Sicherheitsstrategie der USA

- In the Cold War, weapons of mass destruction were considered weapons of last resort whose use risked the destruction of those who used them. Today, our enemies see weapons of mass destruction as weapons of choice. For rogue states these weapons are tools of intimidation and military aggression against their neighbors. These weapons may also allow these states to attempt to blackmail the United States and our allies to prevent us from deterring or repelling the aggressive behavior of rogue states. Such states also see these weapons as their best means of overcoming the conventional superiority of the United States.

- Traditional concepts of deterrence will not work against a terrorist enemy whose avowed tactics are wanton destruction and the targeting of innocents; whose so-called soldiers seek martyrdom in death and whose most potent protection is statelessness. The overlap between states that sponsor terror and those that pursue WMD compels us to action.

For centuries, international law recognized that nations need not suffer an attack before they can lawfully take action to defend themselves against forces that present an imminent danger of attack. Legal scholars and international jurists often conditioned the legitimacy of preemption on the existence of an imminent threat - most often a visible mobilization of armies, navies, and air forces preparing to attack.

We must adapt the concept of imminent threat to the capabilities and objectives of today's adversaries. Rogue states and terrorists do not seek to attack us using conventional means. They know such attacks would fail. Instead, they rely on acts of terror and, potentially, the use of weapons of mass destruction - weapons that can be easily concealed, delivered covertly, and used without warning.

The targets of these attacks are our military forces and our civilian population, in direct violation of one of the principal norms of the law of warfare. As was demonstrated by the losses on September 11, 2001, mass civilian casualties is the specific objective of terrorists and these losses would be exponentially more severe if terrorists acquired and used weapons of mass destruction.

The United States has long maintained the option of preemptive actions to counter a sufficient threat to our national security. The greater the threat, the greater is the risk of inaction - and the more compelling the case for taking anticipatory action to defend ourselves, even if uncertainty remains as to the time and place of the enemy's attack. To forestall or prevent such hostile acts by our adversaries, the United States will, if necessary, act preemptively.

The United States will not use force in all cases to preempt emerging threats, nor should nations use preemption as a pretext for aggression. Yet in an age where the enemies of civilization openly and actively seek the world's most destructive technologies, the United States cannot remain idle while dangers gather. We will always proceed deliberately, weighing the consequences of our actions. To support preemptive options, we will:

- build better, more integrated intelligence capabilities to provide timely, accurate information on threats, wherever they may emerge;

- coordinate closely with allies to form a common assessment of the most dangerous threats; and

- continue to transform our military forces to ensure our ability to conduct rapid and precise operations to achieve decisive results.

The purpose of our actions will always be to eliminate a specific threat to the United States or our allies and friends. The reasons for our actions will be clear, the force measured, and the cause just.

VI. IGNITE A NEW ERA OF GLOBAL ECONOMIC GROWTH THROUGH FREE MARKETS AND FREE TRADE

'When nations close their markets and opportunity is hoarded by a privileged few, no amount-no amount-of development aid is ever enough. When nations respect their people, open markets, invest in better health and education, every dollar of aid, every dollar of trade revenue and domestic capital is used more effectively.' President BUSH, Monterrey, Mexico, March 22, 2002

- I. Chronik -
Nr.130/17.IX.2002: Nationale Sicherheitsstrategie der USA

A strong world economy enhances our national security by advancing prosperity and freedom in the rest of the world. Economic growth supported by free trade and free markets creates new jobs and higher incomes. It allows people to lift their lives out of poverty, spurs economic and legal reform, and the fight against corruption, and it reinforces the habits of liberty.

We will promote economic growth and economic freedom beyond America's shores. All governments are responsible for creating their own economic policies and responding to their own economic challenges. We will use our economic engagement with other countries to underscore the benefits of policies that generate higher productivity and sustained economic growth, including:

- pro-growth legal and regulatory policies to encourage business investment, innovation, and entrepreneurial activity;

- tax policies - particularly lower marginal tax rates - that improve incentives for work and investment;

- rule of law and intolerance of corruption so that people are confident that they will be able to enjoy the fruits of their economic endeavors;

- strong financial systems that allow capital to be put to its most efficient use;

- sound fiscal policies to support business activity;

- investments in health and education that improve the well-being and skills of the labor force and population as a whole; and

- free trade that provides new avenues for growth and fosters the diffusion of technologies and ideas that increase productivity and opportunity.

The lessons of history are clear: market economies, not command-and-control economies with the heavy hand of government, are the best way to promote prosperity and reduce poverty. Policies that further strengthen market incentives and market institutions are relevant for all economies - industrialized countries, emerging markets, and the developing world.

A return to strong economic growth in Europe and Japan is vital to U.S. national security interests. We want our allies to have strong economies for their own sake, for the sake of the global economy, and for the sake of global security. European efforts to remove structural barriers in their economies are particularly important in this regard, as are Japan's efforts to end deflation and address the problems of non-performing loans in the Japanese banking system. We will continue to use our regular consultations with Japan and our European partners - including through the Group of Seven (G-7) - to discuss policies they are adopting to promote growth in their economies and support higher global economic growth.

Improving stability in emerging markets is also key to global economic growth. International flows of investment capital are needed to expand the productive potential of these economies. These flows allow emerging markets and developing countries to make the investments that raise living standards and reduce poverty. Our long-term objective should be a world in which all countries have investment-grade credit ratings that allow them access to international capital markets and to invest in their future.

We are committed to policies that will help emerging markets achieve access to larger capital flows at lower cost. To this end, we will continue to pursue reforms aimed at reducing uncertainty in financial markets. We will work actively with other countries, the International Monetary Fund (IMF), and the private sector to implement the G-7 Action Plan negotiated earlier this year for preventing financial crises and more effectively resolving them when they occur.

The best way to deal with financial crises is to prevent them from occurring, and we have encouraged the IMF to improve its efforts doing so. We will continue to work with the IMF to streamline the policy conditions for its lending and to focus its lending strategy on achieving economic growth through sound fiscal and monetary policy, exchange rate policy, and financial sector policy.

The concept of 'free trade' arose as a moral principle even before it became a pillar of economics. If you can make something that others value, you should be able to sell it to them. If others make something that you value, you should be able to buy it. This is real freedom, the freedom for a person - or a nation - to make a living. To promote free trade, the Unites States has developed a comprehensive strategy:

- Seize the global initiative. The new global trade negotiations we helped launch at Doha in November 2001 will have an ambitious agenda, especially in agriculture, manufacturing, and services, targeted for completion in 2005. The United States has led the way in completing the accession of China and a democratic Taiwan to the World Trade Organization. We will assist Russia's preparations to join the WTO.

- Press regional initiatives. The United States and other democracies in the Western Hemisphere have agreed to create the Free Trade Area of the Americas, targeted for completion in 2005. This year the United States will advocate market-access negotiations with its partners, targeted on agriculture, industrial goods, services, investment, and government procurement. We will also offer more opportunity to the poorest continent, Africa, starting with full use of the preferences allowed in the African Growth and Opportunity Act, and leading to free trade.

- Move ahead with bilateral free trade agreements. Building on the free trade agreement with Jordan enacted in 2001, the Administration will work this year to complete free trade agreements with Chile and Singapore. Our aim is to achieve free trade agreements with a mix of developed and developing countries in all regions of the world. Initially, Central America, Southern Africa, Morocco, and Australia will be our principal focal points.

- Renew the executive-congressional partnership. Every administration's trade strategy depends on a productive partnership with Congress. After a gap of 8 years, the Administration reestablished majority support in the Congress for trade liberalization by passing Trade Promotion Authority and the other market opening measures for developing countries in the Trade Act of 2002. This Administration will work with Congress to enact new bilateral, regional, and global trade agreements that will be concluded under the recently passed Trade Promotion Authority.

- Promote the connection between trade and development. Trade policies can help developing countries strengthen property rights, competition, the rule of law, investment, the spread of knowledge, open societies, the efficient allocation of resources, and regional integration - all leading to growth, opportunity, and confidence in developing countries. The United States is implementing The Africa Growth and Opportunity Act to provide market-access for nearly all goods produced in the 35 countries of sub- Saharan Africa. We will make more use of this act and its equivalent for the Caribbean Basin and continue to work with multilateral and regional institutions to help poorer countries take advantage of these opportunities. Beyond market access, the most important area where trade intersects with poverty is in public health. We will ensure that the WTO intellectual property rules are flexible enough to allow developing nations to gain access to critical medicines for extraordinary dangers like HIV/AIDS, tuberculosis, and malaria.

- Enforce trade agreements and laws against unfair practices. Commerce depends on the rule of law; international trade depends on enforceable agreements. Our top priorities are to resolve ongoing disputes with the European Union, Canada, and Mexico and to make a global effort to address new technology, science, and health regulations that needlessly impede farm exports and improved agriculture. Laws against unfair trade practices are often abused, but the international community must be able to address genuine concerns about government subsidies and dumping. International industrial espionage which undermines fair competition must be detected and deterred.

- Help domestic industries and workers adjust. There is a sound statutory framework for these transitional safeguards which we have used in the agricultural sector and which we are using this year to help the American steel industry. The benefits of free trade depend upon the enforcement of fair trading practices. These safeguards help ensure that the benefits of free trade do not come at the expense of American workers. Trade adjustment assistance will help workers adapt to the change and dynamism of open markets.

- Protect the environment and workers. The United States must foster economic growth in ways that will provide a better life along with widening prosperity. We will incorporate labor and environmental concerns into U.S. trade negotiations, creating a healthy 'network' between multilateral environmental agreements with the WTO, and use the International Labor Organization, trade preference programs, and trade talks to improve working conditions in conjunction with freer trade.

- Enhance energy security. We will strengthen our own energy security and the shared prosperity of the global economy by working with our allies, trading partners, and energy producers to expand the sources and types of global energy supplied, especially in the Western Hemisphere, Africa, Central Asia, and the Caspian region. We will also continue to work with our partners to develop cleaner and more energy efficient technologies.

Economic growth should be accompanied by global efforts to stabilize greenhouse gas concentrations associated with this growth, containing them at a level that prevents dangerous human interference with the global climate. Our overall objective is to reduce America's greenhouse gas emissions relative to the size of our economy, cutting such emissions per unit of economic activity by 18 percent over the next 10 years, by the year 2012. Our strategies for attaining this goal will be to:

- remain committed to the basic U.N. Framework Convention for international cooperation;

- obtain agreements with key industries to cut emissions of some of the most potent greenhouse gases and give transferable credits to companies that can show real cuts;

- develop improved standards for measuring and registering emission reductions;

- promote renewable energy production and clean coal technology, as well as nuclear power - which produces no greenhouse gas emissions, while also improving fuel economy for U.S. cars and trucks;

- increase spending on research and new conservation technologies, to a total of $4.5 billion - the largest sum being spent on climate change by any country in the world and a $700 million increase over last year's budget; and

- assist developing countries, especially the major greenhouse gas emitters such as China and India, so that they will have the tools and resources to join this effort and be able to grow along a cleaner and better path.

VII. EXPAND THE CIRCLE OF DEVELOPMENT BY OPENING SOCIETIES AND BUILDING THE INFRASTRUCTURE OF DEMOCRACY

'In World War II we fought to make the world safer, then worked to rebuild it. As we wage war today to keep the world safe from terror, we must also work to make the world a better place for all its citizens.' President BUSH, Washington, D.C. (Inter-American Development Bank), March 14, 2002

A world where some live in comfort and plenty, while half of the human race lives on less than $2 a day, is neither just nor stable. Including all of the world's poor in an expanding circle of development - and opportunity - is a moral imperative and one of the top priorities of U.S. international policy.

Decades of massive development assistance have failed to spur economic growth in the poorest countries. Worse, development aid has often served to prop up failed policies, relieving the pressure for reform and perpetuating misery. Results of aid are typically measured in dollars spent by donors, not in the rates of growth and poverty reduction achieved by recipients. These are the indicators of a failed strategy.

Working with other nations, the United States is confronting this failure.We forged a new consensus at the U.N. Conference on Financing for Development in Monterrey that the objectives of assistance - and the strategies to achieve those objectives - must change.

This Administration's goal is to help unleash the productive potential of individuals in all nations. Sustained growth and poverty reduction is impossible without the right national policies. Where governments have implemented real policy changes, we will provide significant new levels of assistance. The United States and other developed countries should set an ambitious and specific target: to double the size of the world's poorest economies within a decade.

The United States Government will pursue these major strategies to achieve this goal:

I. Chronik
Nr.130/17.IX.2002: Nationale Sicherheitsstrategie der USA

- Provide resources to aid countries that have met the challenge of national reform. We propose a 50 percent increase in the core development assistance given by the United States. While continuing our present programs, including humanitarian assistance based on need alone, these billions of new dollars will form a new Millennium Challenge Account for projects in countries whose governments rule justly, invest in their people, and encourage economic freedom. Governments must fight corruption, respect basic human rights, embrace the rule of law, invest in health care and education, follow responsible economic policies, and enable entrepreneurship. The Millennium Challenge Account will reward countries that have demonstrated real policy change and challenge those that have not to implement reforms.

- Improve the effectiveness of the World Bank and other development banks in raising living standards. The United States is committed to a comprehensive reform agenda for making the World Bank and the other multilateral development banks more effective in improving the lives of the world's poor. We have reversed the downward trend in U.S. contributions and proposed an 18 percent increase in the U.S. contributions to the International Development Association (IDA) - the World Bank's fund for the poorest countries - and the African Development Fund. The key to raising living standards and reducing poverty around the world is increasing productivity growth, especially in the poorest countries. We will continue to press the multilateral development banks to focus on activities that increase economic productivity, such as improvements in education, health, rule of law, and private sector development. Every project, every loan, every grant must be judged by how much it will increase productivity growth in developing countries.

- Insist upon measurable results to ensure that development assistance is actually making a difference in the lives of the world's poor. When it comes to economic development, what really matters is that more children are getting a better education, more people have access to health care and clean water, or more workers can find jobs to make a better future for their families. We have a moral obligation to measure the success of our development assistance by whether it is delivering results. For this reason, we will continue to demand that our own development assistance as well as assistance from the multilateral development banks has measurable goals and concrete benchmarks for achieving those goals. Thanks to U.S. leadership, the recent IDA replenishment agreement will establish a monitoring and evaluation system that measures recipient countries' progress. For the first time, donors can link a portion of their contributions to IDA to the achievement of actual development results, and part of the U.S. contribution is linked in this way. We will strive to make sure that the World Bank and other multilateral development banks build on this progress so that a focus on results is an integral part of everything that these institutions do.

- Increase the amount of development assistance that is provided in the form of grants instead of loans. Greater use of results-based grants is the best way to help poor countries make productive investments, particularly in the social sectors, without saddling them with ever-larger debt burdens. As a result of U.S. leadership, the recent IDA agreement provided for significant increases in grant funding for the poorest countries for education, HIV/AIDS, health, nutrition, water, sanitation, and other human needs. Our goal is to build on that progress by increasing the use of grants at the other multilateral development banks. We will also challenge universities, nonprofits, and the private sector to match government efforts by using grants to support development projects that show results.

- Open societies to commerce and investment. Trade and investment are the real engines of economic growth. Even if government aid increases, most money for development must come from trade, domestic capital, and foreign investment. An effective strategy must try to expand these flows as well. Free markets and free trade are key priorities of our national security strategy.

- Secure public health. The scale of the public health crisis in poor countries is enormous. In countries afflicted by epidemics and pandemics like HIV/AIDS, malaria, and tuberculosis, growth and development will be threatened until these scourges can be contained. Resources from the developed world are necessary but will be effective only with honest governance, which supports prevention programs and provides effective local infrastructure. The United States has strongly backed the new global fund for HIV/AIDS organized by U.N. Secretary General Kofi ANNAN and its focus on combining prevention with a broad strategy for treatment and care. The United States already contributes more than twice as much money to such efforts as the next largest donor. If the global fund demonstrates its promise, we will be ready to give even more.

- Emphasize education. Literacy and learning are the foundation of democracy and development. Only about 7 percent of World Bank resources are devoted to education. This proportion should grow. The United States will increase its own funding for education assistance by at least 20 percent with an emphasis on improving basic education and teacher training in Africa. The United States can also bring information technology to these societies, many of whose education systems have been devastated by HIV/AIDS.

- Continue to aid agricultural development. New technologies, including biotechnology, have enormous potential to improve crop yields in developing countries while using fewer pesticides and less water. Using sound science, the United States should help bring these benefits to the 800 million people, including 300 million children, who still suffer from hunger and malnutrition.

VIII. DEVELOP AGENDAS FOR COOPERATIVE ACTION WITH THE OTHER MAIN CENTERS OF GLOBAL POWER

'We have our best chance since the rise of the nation-state in the 17th century to build a world where the great powers compete in peace instead of prepare for war.' President BUSH, West Point, New York, June 1, 2002

America will implement its strategies by organizing coalitions - as broad as practicable - of states able and willing to promote a balance of power that favors freedom. Effective coalition leadership requires clear priorities, an appreciation of others' interests, and consistent consultations among partners with a spirit of humility.

There is little of lasting consequence that the United States can accomplish in the world without the sustained cooperation of its allies and friends in Canada and Europe. Europe is also the seat of two of the strongest and most able international institutions in the world: the North Atlantic Treaty Organization (NATO), which has, since its inception, been the fulcrum of transatlantic and inter-European security, and the European Union (EU), our partner in opening world trade.

The attacks of September 11 were also an attack on NATO, as NATO itself recognized when it invoked its Article V self-defense clause for the first time. NATO's core mission - collective defense of the transatlantic alliance of democracies - remains, but NATO must develop new structures and capabilities to carry out that mission under new circumstances. NATO must build a capability to field, at short notice, highly mobile, specially trained forces whenever they are needed to respond to a threat against any member of the alliance.

The alliance must be able to act wherever our interests are threatened, creating coalitions under NATO's own mandate, as well as contributing to mission-based coalitions. To achieve this, we must:

- expand NATO's membership to those democratic nations willing and able to share the burden of defending and advancing our common interests;

- ensure that the military forces of NATO nations have appropriate combat contributions to make in coalition warfare;

- develop planning processes to enable those contributions to become effective multinational fighting forces;

- take advantage of the technological opportunities and economies of scale in our defense spending to transform NATO military forces so that they dominate potential aggressors and diminish our vulnerabilities;

- streamline and increase the flexibility of command structures to meet new operational demands and the associated requirements of training, integrating, and experimenting with new force configurations; and

- I. Chronik -
Nr.130/17.IX.2002: Nationale Sicherheitsstrategie der USA

- maintain the ability to work and fight together as allies even as we take the necessary steps to transform and modernize our forces.

If NATO succeeds in enacting these changes, the rewards will be a partnership as central to the security and interests of its member states as was the case during the Cold War. We will sustain a common perspective on the threats to our societies and improve our ability to take common action in defense of our nations and their interests. At the same time, we welcome our European allies' efforts to forge a greater foreign policy and defense identity with the EU, and commit ourselves to close consultations to ensure that these developments work with NATO. We cannot afford to lose this opportunity to better prepare the family of transatlantic democracies for the challenges to come.

The attacks of September 11 energized America's Asian alliances. Australia invoked the ANZUS Treaty to declare the September 11 was an attack on Australia itself, following that historic decision with the dispatch of some of the world's finest combat forces for Operation Enduring Freedom. Japan and the Republic of Korea provided unprecedented levels of military logistical support within weeks of the terrorist attack. We have deepened cooperation on counterterrorism with our alliance partners in Thailand and the Philippines and received invaluable assistance from close friends like Singapore and New Zealand.

The war against terrorism has proven that America's alliances in Asia not only underpin regional peace and stability, but are flexible and ready to deal with new challenges. To enhance our Asian alliances and friendships, we will:

- look to Japan to continue forging a leading role in regional and global affairs based on our common interests, our common values, and our close defense and diplomatic cooperation;

- work with South Korea to maintain vigilance towards the North while preparing our alliance to make contributions to the broader stability of the region over the longer term;

- build on 50 years of U.S.-Australian alliance cooperation as we continue working together to resolve regional and global problems - as we have so many times from the Battle of the Coral Sea to Tora Bora;

- maintain forces in the region that reflect our commitments to our allies, our requirements, our technological advances, and the strategic environment; and

- build on stability provided by these alliances, as well as with institutions such as ASEAN and the Asia-Pacific Economic Cooperation forum, to develop a mix of regional and bilateral strategies to manage change in this dynamic region.

We are attentive to the possible renewal of old patterns of great power competition. Several potential great powers are now in the midst of internal transition - most importantly Russia, India, and China. In all three cases, recent developments have encouraged our hope that a truly global consensus about basic principles is slowly taking shape.

With Russia, we are already building a new strategic relationship based on a central reality of the twenty-first century: the United States and Russia are no longer strategic adversaries. The Moscow Treaty on Strategic Reductions is emblematic of this new reality and reflects a critical change in Russian thinking that promises to lead to productive, long-term relations with the Euro-Atlantic community and the United States. Russia's top leaders have a realistic assessment of their country's current weakness and the policies - internal and external - needed to reverse those weaknesses. They understand, increasingly, that Cold War approaches do not serve their national interests and that Russian and American strategic interests overlap in many areas.

United States policy seeks to use this turn in Russian thinking to refocus our relationship on emerging and potential common interests and challenges. We are broadening our already extensive cooperation in the global war on terrorism. We are facilitating Russia's entry into the World Trade Organization, without lowering standards for accession, to promote beneficial bilateral trade and investment relations. We have created the NATO-Russia Council with the goal of deepening security cooperation among Russia, our European allies, and ourselves. We will continue to bolster the independence and stability of the states of the former Soviet Union

- I. Chronik -
Nr.130/17.IX.2002: Nationale Sicherheitsstrategie der USA

in the belief that a prosperous and stable neighborhood will reinforce Russia's growing commitment to integration into the Euro-Atlantic community.

At the same time, we are realistic about the differences that still divide us from Russia and about the time and effort it will take to build an enduring strategic partnership. Lingering distrust of our motives and policies by key Russian elites slows improvement in our relations. Russia's uneven commitment to the basic values of free-market democracy and dubious record in combating the proliferation of weapons of mass destruction remain matters of great concern. Russia's very weakness limits the opportunities for cooperation. Nevertheless, those opportunities are vastly greater now than in recent years - or even decades.

The United States has undertaken a transformation in its bilateral relationship with India based on a conviction that U.S. interests require a strong relationship with India. We are the two largest democracies, committed to political freedom protected by representative government. India is moving toward greater economic freedom as well. We have a common interest in the free flow of commerce, including through the vital sea lanes of the Indian Ocean. Finally, we share an interest in fighting terrorism and in creating a strategically stable Asia.

Differences remain, including over the development of India's nuclear and missile programs, and the pace of India's economic reforms. But while in the past these concerns may have dominated our thinking about India, today we start with a view of India as a growing world power with which we have common strategic interests. Through a strong partnership with India, we can best address any differences and shape a dynamic future.

The United States relationship with China is an important part of our strategy to promote a stable, peaceful, and prosperous Asia-Pacific region. We welcome the emergence of a strong, peaceful, and prosperous China. The democratic development of China is crucial to that future. Yet, a quarter century after beginning the process of shedding the worst features of the Communist legacy, China's leaders have not yet made the next series of fundamental choices about the character of their state. In pursuing advanced military capabilities that can threaten its neighbors in the Asia-Pacific region, China is following an outdated path that, in the end, will hamper its own pursuit of national greatness. In time, China will find that social and political freedom is the only source of that greatness.

The United States seeks a constructive relationship with a changing China. We already cooperate well where our interests overlap, including the current war on terrorism and in promoting stability on the Korean peninsula. Likewise, we have coordinated on the future of Afghanistan and have initiated a comprehensive dialogue on counterterrorism and similar transitional concerns. Shared health and environmental threats, such as the spread of HIV/AIDS, challenge us to promote jointly the welfare of our citizens.

Addressing these transnational threats will challenge China to become more open with information, promote the development of civil society, and enhance individual human rights. China has begun to take the road to political openness, permitting many personal freedoms and conducting village-level elections, yet remains strongly committed to national one-party rule by the Communist Party. To make that nation truly accountable to its citizen's needs and aspirations, however, much work remains to be done. Only by allowing the Chinese people to think, assemble, and worship freely can China reach its full potential.

Our important trade relationship will benefit from China's entry into the World Trade Organization, which will create more export opportunities and ultimately more jobs for American farmers, workers, and companies. China is our fourth largest trading partner, with over $100 billion in annual two-way trade. The power of market principles and the WTO's requirements for transparency and accountability will advance openness and the rule of law in China to help establish basic protections for commerce and for citizens. There are, however, other areas in which we have profound disagreements. Our commitment to the self-defense of Taiwan under the Taiwan Relations Act is one. Human rights is another. We expect China to adhere to its nonproliferation commitments. We will work to narrow differences where they exist, but not allow them to preclude cooperation where we agree.

The events of September 11, 2001, fundamentally changed the context for relations between the United States and other main centers of global power, and opened vast, new opportunities. With our long-standing allies in Europe and Asia, and with leaders in Russia, India, and

China, we must develop active agendas of cooperation lest these relationships become routine and unproductive.

Every agency of the United States Government shares the challenge. We can build fruitful habits of consultation, quiet argument, sober analysis, and common action. In the long-term, these are the practices that will sustain the supremacy of our common principles and keep open the path of progress.

IX. TRANSFORM AMERICA'S NATIONAL SECURITY INSTITUTIONS TO MEET THE CHALLENGES AND OPPORTUNITIES OF THE TWENTY-FIRST CENTURY

'Terrorists attacked a symbol of American prosperity. They did not touch its source. America is successful because of the hard work, creativity, and enterprise of our people.' President BUSH, Washington, D.C. (Joint Session of Congress), September 20, 2001

The major institutions of American national security were designed in a different era to meet different requirements. All of them must be transformed.

It is time to reaffirm the essential role of American military strength.We must build and maintain our defenses beyond challenge. Our military's highest priority is to defend the United States. To do so effectively, our military must:

- assure our allies and friends;

- dissuade future military competition;

- deter threats against U.S. interests, allies, and friends; and

- decisively defeat any adversary if deterrence fails.

The unparalleled strength of the United States armed forces, and their forward presence, have maintained the peace in some of the world's most strategically vital regions. However, the threats and enemies we must confront have changed, and so must our forces. A military structured to deter massive Cold War-era armies must be transformed to focus more on how an adversary might fight rather than where and when a war might occur. We will channel our energies to overcome a host of operational challenges.

The presence of American forces overseas is one of the most profound symbols of the U.S. commitments to allies and friends. Through our willingness to use force in our own defense and in defense of others, the United States demonstrates its resolve to maintain a balance of power that favors freedom. To contend with uncertainty and to meet the many security challenges we face, the United States will require bases and stations within and beyond Western Europe and Northeast Asia, as well as temporary access arrangements for the long-distance deployment of U.S. forces.

Before the war in Afghanistan, that area was low on the list of major planning contingencies. Yet, in a very short time, we had to operate across the length and breadth of that remote nation, using every branch of the armed forces.We must prepare for more such deployments by developing assets such as advanced remote sensing, long-range precision strike capabilities, and transformed maneuver and expeditionary forces. This broad portfolio of military capabilities must also include the ability to defend the homeland, conduct information operations, ensure U.S. access to distant theaters, and protect critical U.S. infrastructure and assets in outer space.

Innovation within the armed forces will rest on experimentation with new approaches to warfare, strengthening joint operations, exploiting U.S. intelligence advantages, and taking full advantage of science and technology.We must also transform the way the Department of Defense is run, especially in financial management and recruitment and retention. Finally, while maintaining near-term readiness and the ability to fight the war on terrorism, the goal must be to provide the President with a wider range of military options to discourage aggression or any form of coercion against the United States, our allies, and our friends.

We know from history that deterrence can fail; and we know from experience that some enemies cannot be deterred. The United States must and will maintain the capability to defeat any attempt by an enemy - whether a state or non-state actor - to impose its will on the United

- I. Chronik -
Nr.130/17.IX.2002: Nationale Sicherheitsstrategie der USA

States, our allies, or our friends. We will maintain the forces sufficient to support our obligations, and to defend freedom. Our forces will be strong enough to dissuade potential adversaries from pursuing a military build-up in hopes of surpassing, or equaling, the power of the United States.

Intelligence - and how we use it - is our first line of defense against terrorists and the threat posed by hostile states. Designed around the priority of gathering enormous information about a massive, fixed object - the Soviet bloc - the intelligence community is coping with the challenge of following a far more complex and elusive set of targets.

We must transform our intelligence capabilities and build new ones to keep pace with the nature of these threats. Intelligence must be appropriately integrated with our defense and law enforcement systems and coordinated with our allies and friends. We need to protect the capabilities we have so that we do not arm our enemies with the knowledge of how best to surprise us. Those who would harm us also seek the benefit of surprise to limit our prevention and response options and to maximize injury.

We must strengthen intelligence warning and analysis to provide integrated threat assessments for national and homeland security. Since the threats inspired by foreign governments and groups may be conducted inside the United States, we must also ensure the proper fusion of information between intelligence and law enforcement.

Initiatives in this area will include:

- strengthening the authority of the Director of Central Intelligence to lead the development and actions of the Nation's foreign intelligence capabilities;

- establishing a new framework for intelligence warning that provides seamless and integrated warning across the spectrum of threats facing the nation and our allies;

- continuing to develop new methods of collecting information to sustain our intelligence advantage;

- investing in future capabilities while working to protect them through a more vigorous effort to prevent the compromise of intelligence capabilities; and

- collecting intelligence against the terrorist danger across the government with allsource analysis.

As the United States Government relies on the armed forces to defend America's interests, it must rely on diplomacy to interact with other nations. We will ensure that the Department of State receives funding sufficient to ensure the success of American diplomacy. The State Department takes the lead in managing our bilateral relationships with other governments. And in this new era, its people and institutions must be able to interact equally adroitly with non-governmental organizations and international institutions. Officials trained mainly in international politics must also extend their reach to understand complex issues of domestic governance around the world, including public health, education, law enforcement, the judiciary, and public diplomacy.

Our diplomats serve at the front line of complex negotiations, civil wars, and other humanitarian catastrophes. As humanitarian relief requirements are better understood, we must also be able to help build police forces, court systems, and legal codes, local and provincial government institutions, and electoral systems. Effective international cooperation is needed to accomplish these goals, backed by American readiness to play our part.

Just as our diplomatic institutions must adapt so that we can reach out to others, we also need a different and more comprehensive approach to public information efforts that can help people around the world learn about and understand America. The war on terrorism is not a clash of civilizations. It does, however, reveal the clash inside a civilization, a battle for the future of the Muslim world. This is a struggle of ideas and this is an area where America must excel.

We will take the actions necessary to ensure that our efforts to meet our global security commitments and protect Americans are not impaired by the potential for investigations, inquiry, or prosecution by the International Criminal Court (ICC), whose jurisdiction does not extend to Americans and which we do not accept. We will work together with other nations to avoid complications in our military operations and cooperation, through such mechanisms as multilateral and bilateral agreements that will protect U.S. nationals from the ICC. We will implement fully the American Servicemembers Protection Act, whose provisions are intended to ensure and enhance the protection of U.S. personnel and officials.

We will make hard choices in the coming year and beyond to ensure the right level and allocation of government spending on national security. The United States Government must strengthen its defenses to win this war. At home, our most important priority is to protect the homeland for the American people.

Today, the distinction between domestic and foreign affairs is diminishing. In a globalized world, events beyond America's borders have a greater impact inside them. Our society must be open to people, ideas, and goods from across the globe. The characteristics we most cherish - our freedom, our cities, our systems of movement, and modern life - are vulnerable to terrorism. This vulnerability will persist long after we bring to justice those responsible for the September 11 attacks. As time passes, individuals may gain access to means of destruction that until now could be wielded only by armies, fleets, and squadrons. This is a new condition of life. We will adjust to it and thrive - in spite of it.

In exercising our leadership, we will respect the values, judgment, and interests of our friends and partners. Still, we will be prepared to act apart when our interests and unique responsibilities require. When we disagree on particulars, we will explain forthrightly the grounds for our concerns and strive to forge viable alternatives. We will not allow such disagreements to obscure our determination to secure together, with our allies and our friends, our shared fundamental interests and values.

Ultimately, the foundation of American strength is at home. It is in the skills of our people, the dynamism of our economy, and the resilience of our institutions. A diverse, modern society has inherent, ambitious, entrepreneurial energy. Our strength comes from what we do with that energy. That is where our national security begins."

(White House)

24. IX. 2002

131. Sicherheitsrat kritisiert Israel und Palästinensische Autonomiebehörde

Am 24. September 2002 trat der Sicherheitsrat der Vereinten Nationen in New York zusammen, um über die kritische Lage im Nahen Osten zu beraten, wo Selbstmordanschläge von Palästinensern und Bestrafungsaktionen der Israelis gegen die Autonomiebehörde eskaliert waren. In der anliegenden Resolution wurden die Palästinenser aufgefordert, Terrorakte einzustellen während von Israel verlangt wurde, die Besetzung palästinensischer Städte und der Gebäude der Palästinensischen Autonomiebehörde zu beenden.

Resolution 1435, vom VN-Sicherheitsrat verabschiedet am 24. 9. 2002

„Der Sicherheitsrat,

in Bekräftigung seiner Resolutionen 242 (1967) vom 22. November 1967, 338 (1973) vom 22. Oktober 1973, 1397 (2002) vom 12. März 2002, 1402 (2002) vom 30. März 2002 und 1403 (2002) vom 4. April 2002 sowie der Erklärungen seines Präsidenten vom 10. April 2002 und 18. Juli 2002,

mit dem erneuten Ausdruck seiner tiefen Besorgnis über die tragischen und gewalttätigen Ereignisse, die seit September 2000 stattgefunden haben, und über die anhaltende Verschlechterung der Situation, unter Verurteilung aller Terroranschläge auf Zivilpersonen, namentlich der Bombenanschläge in Israel am 18. und 19. September 2002 und in einer palästinensischen Schule in Hebron am 17. September 2002,

tief besorgt über die erneute Besetzung des Hauptquartiers des Präsidenten der Palästinensischen Behörde in der Stadt Ramallah, die am 19. September 2002 stattfand, und ihre sofortige Beendigung verlangend,

höchst beunruhigt über die erneute Besetzung palästinensischer Städte sowie über die gravierenden Einschränkungen der Bewegungsfreiheit von Personen und Gütern, und ernsthaft besorgt über die humanitäre Krise, mit der das palästinensische Volk konfrontiert ist,

erneut erklärend, dass das humanitäre Völkerrecht unter allen Umständen geachtet werden muss, namentlich das Vierte Genfer Abkommen vom 12. August 1949 zum Schutze von Zivilpersonen in Kriegszeiten,

1. verlangt erneut die sofortige Einstellung aller Gewalthandlungen, namentlich aller Akte des Terrors, der Provokation, der Aufwiegelung und der Zerstörung;

2. verlangt, dass Israel die Maßnahmen in und um Ramallah sofort beendet, namentlich die Zerstörung der palästinensischen zivilen und Sicherheitsinfrastruktur;

3. verlangt außerdem den raschen Abzug der israelischen Besatzungstruppen aus den palästinensischen Städten und ihren Rückzug auf die vor September 2000 gehaltenen Positionen;

4. fordert die Palästinensische Behörde auf, ihrer erklärten Verpflichtung nachzukommen und sicherzustellen, dass diejenigen, die für Terroranschläge verantwortlich sind, von ihr vor Gericht gestellt werden;

5. bekundet seine volle Unterstützung für die Bemühungen des Quartetts und fordert die Regierung Israels, die Palästinensische Behörde und alle Staaten in der Region auf, bei diesen Bemühungen mitzuarbeiten, und erkennt in diesem Zusammenhang an, dass die auf dem Gipfel der Arabischen Liga in Beirut gebilligte Initiative nach wie vor wichtig ist;

6. beschließt, mit der Angelegenheit befasst zu bleiben."

(Deutscher Übersetzungsdienst, Vereinte Nationen)

24. - 27. IX. 2002

132. Plenartreffen von MTCR

Vom 24. bis zum 27. September 2002 trafen in Warschau die Vertreter der Mitgliedstaaten des Raketentechnologiekontrollregimes MTCR zu ihrer jährlichen Plenartagung zusammen. Sie behandelten die aktuellen Ereignisse, insbesondere die Bemühungen um eine Ausweitung der normativen Basis für ihre Tätigkeit durch einen Verhaltenskodex. Sie einigten sich des weiteren auf eine Anpassung der Verbotslisten.

Results of the MTCR Plenary Meeting, Warsaw, Poland, 27. 9. 2002

„The Missile Technology Control Regime (MTCR) held its 17th Plenary Meeting in Warsaw from 24 to 27 September 2002 in order to review its activities and further strengthen its efforts to prevent missile proliferation. The meeting marked the start of the Polish chairmanship and was officially opened by Mr. Wlodzimierz CIMOSZEWICZ, the Minister of Foreign Affairs of the Republic of Poland. The delegates were also greeted by Prof. Adam D. ROTFELD, Undersecretary of State in the Ministry of Foreign Affairs of Poland. The meeting of Enforcement Experts was officially opened by Mr. Tomasz MICHALAK, Under-secretary of State in the Ministry of Finance.

The MTCR was established in 1987 with the aim of controlling exports of missiles capable of delivering weapons of mass destruction. The 33 countries of the MTCR[1] form an important international arrangement dealing with such missiles, as well as related equipment and technology. Details of the MTCR's objectives, membership and control list are now available on the Regime's new website (www.mtcr.info), endorsed by the Warsaw Plenary as an important contribution to transparency.

Coordinating their efforts through the MTCR, its member states have contributed significantly to curbing global missile proliferation. The plenary reiterated that the proliferation of weapons of mass destruction and their means of delivery poses a serious threat to international and regional peace and security.

The Plenary also stressed the need for further efforts to limit the risk of controlled items and their technologies falling into the hands of terrorist groups and individuals. To that end they adopted the following Joint Action: 'In view of the growing concern over the continuing proliferation of weapons of mass destruction and their delivery systems, and of the fact that not only states but also terrorist groups and individuals may acquire such weapons, and remembering the tragic events of September 11, 2001, the Partner countries of the MTCR stress the need to give the necessary impetus to actions to combat terrorism. The MTCR will continue to contribute to the fight against terrorism by limiting the risk of controlled items and their technology falling into the hands of terrorist groups and individuals and calls upon all states to take similar action. Partner countries will further study how possible changes to the MTCR guidelines may contribute to this objective.'

The Plenary recognized that further action against missile proliferation was essential at the national, regional and international level. In this context, it re-emphasized the important role played by export controls, the need for their strict implementation and enforcement, and the need for continued adaptation and strengthening of such controls to respond to technological development and the evolving security environment. To this end the Plenary agreed to a number of changes to the Regime's Annex i.e. Control List.

The Polish Chair was mandated to pursue a range of contacts with non-partners, including MTCR sponsored workshops and seminars, and intensified dialogue concerning MTCR goals and activities, with the focus on such topics as export controls, related legislation, transhipment and enforcement.

The Plenary welcomed the offer of Argentina to host the next Plenary Meeting in Buenos Aires in September 2003 and to serve as Chair of the MTCR for the subsequent year. Partners also noted the Republic of Korea's willingness to host the 2004 Plenary.

Partners noted with appreciation the invitation by the government of the Netherlands to the international conference in the Hague on 25-26 November 2002 to launch the International Code of Conduct against Ballistic Missile Proliferation."

(MTCR Website)

11. X. 2002

133. US-Kongress verabschiedet Resolution zum Einsatz von Gewalt gegen Irak

Am 11. Oktober 2002 verabschiedete der US-Kongress in Washington, D.C., mit großer Mehrheit die nachfolgende Resolution, die US-Präsident BUSH die Möglichkeit geben sollte, militärisch gegen den Irak vorzugehen.

---

[1] Participating states: Argentina, Australia, Austria, Belgium, Brazil, Canada, the Czech Republic, Denmark, Finland, France, Germany, Greece, Hungary, Iceland, Ireland, Italy, Japan, the Republic of Korea, Luxembourg, the Netherlands, New Zealand, Norway, Poland, Portugal, Russia, South Africa, Spain, Sweden, Switzerland, Turkey, Ukraine, the United Kingdom and the United States.

I. Chronik
Nr.133/11.X.2002: US-Kongress für Gewalt gegen Irak

Joint Resolution to Authorize the use of United States Armed Forces Against Iraq

„Whereas the Iraq Liberation Act (Public Law 105-338) expressed the sense of Congress that it should be the policy of the United States to support efforts to remove from power the current Iraqi regime and promote the emergence of a democratic government to replace that regime;

Whereas on September 12, 2002, President BUSH committed the United States to `work with the United Nations Security Council to meet our common challenge' posed by Iraq and to `work for the necessary resolutions,' while also making clear that `the Security Council resolutions will be enforced, and the just demands of peace and security will be met, or action will be unavoidable';

Whereas the United States is determined to prosecute the war on terrorism and Iraq's ongoing support for international terrorist groups combined with its development of weapons of mass destruction in direct violation of its obligations under the 1991 cease-fire and other United Nations Security Council resolutions make clear that it is in the national security interests of the United States and in furtherance of the war on terrorism that all relevant United Nations Security Council resolutions be enforced, including through the use of force if necessary;

Whereas Congress has taken steps to pursue vigorously the war on terrorism through the provision of authorities and funding requested by the President to take the necessary actions against international terrorists and terrorist organizations, including those nations, organizations or persons who planned, authorized, committed or aided the terrorist attacks that occurred on September 11, 2001, or harbored such persons or organizations;

Whereas the President and Congress are determined to continue to take all appropriate actions against international terrorists and terrorist organizations, including those nations, organizations or persons who planned, authorized, committed or aided the terrorist attacks that occurred on September 11, 2001, or harbored such persons or organizations;

Whereas the President has authority under the Constitution to take action in order to deter and prevent acts of international terrorism against the United States, as Congress recognized in the joint resolution on Authorization for Use of Military Force (Public Law 107-40); and

Whereas it is in the national security of the United States to restore international peace and security to the Persian Gulf region: Now, therefore, be it

Resolved by the Senate and House of Representatives of the United States of America in Congress assembled,

SEC. 1. SHORT TITLE.

This joint resolution may be cited as the `Authorization for the Use of Military Force Against Iraq'.

SEC. 2. SUPPORT FOR UNITED STATES DIPLOMATIC EFFORTS.

The Congress of the United States supports the efforts by the President to -- (1) strictly enforce through the United Nations Security Council all relevant Security Council resolutions applicable to Iraq and encourages him in those efforts; and (2) obtain prompt and decisive action by the Security Council to ensure that Iraq abandons its strategy of delay, evasion and noncompliance and promptly and strictly complies with all relevant Security Council resolutions.

SEC. 3. AUTHORIZATION FOR USE OF UNITED STATES ARMED FORCES.

(a) AUTHORIZATION- The President is authorized to use the Armed Forces of the United States as he determines to be necessary and appropriate in order to --

(1) defend the national security of the United States against the continuing threat posed by Iraq; and

(2) enforce all relevant United Nations Security Council resolutions regarding Iraq.

(b) PRESIDENTIAL DETERMINATION- In connection with the exercise of the authority granted in subsection (a) to use force the President shall, prior to such exercise or as soon thereafter as may be feasible, but no later than 48 hours after exercising such authority, make available to the Speaker of the House of Representatives and the President pro tempore of the Senate his determination that --

(1) reliance by the United States on further diplomatic or other peaceful means alone either (A) will not adequately protect the national security of the United States against the continuing threat posed by Iraq or (B) is not likely to lead to enforcement of all relevant United Nations Security Council resolutions regarding Iraq; and

(2) acting pursuant to this resolution is consistent with the United States and other countries continuing to take the necessary actions against international terrorists and terrorist organizations, including those nations, organizations or persons who planned, authorized, committed or aided the terrorists attacks that occurred on September 11, 2001.

(c) WAR POWERS RESOLUTION REQUIREMENTS-

(1) SPECIFIC STATUTORY AUTHORIZATION- Consistent with section 8(a)(1) of the War Powers Resolution, the Congress declares that this section is intended to constitute specific statutory authorization within the meaning of section 5(b) of the War Powers Resolution.

(2) APPLICABILITY OF OTHER REQUIREMENTS- Nothing in this resolution supersedes any requirement of the War Powers Resolution.

SEC. 4. REPORTS TO CONGRESS.

(a) The President shall, at least once every 60 days, submit to the Congress a report on matters relevant to this joint resolution, including actions taken pursuant to the exercise of authority granted in section 3 and the status of planning for efforts that are expected to be required after such actions are completed, including those actions described in section 7 of Public Law 105-338 (the Iraq Liberation Act of 1998).

(b) To the extent that the submission of any report described in subsection (a) coincides with the submission of any other report on matters relevant to this joint resolution otherwise required to be submitted to Congress pursuant to the reporting requirements of Public Law 93-148 (the War Powers Resolution), all such reports may be submitted as a single consolidated report to the Congress.

(c) To the extent that the information required by section 3 of Public Law 102-1 is included in the report required by this section, such report shall be considered as meeting the requirements of section 3 of Public Law 102-1."

(Amerikanische Botschaft, Berlin)

16. X. 2002

134. Nordkorea gesteht Existenz eines verbotenen Urananreicherungsprogramms ein

Am 16. Oktober 2002 erklärte der Sprecher des amerikanischen Außenministeriums, Richard BOUCHER, dass im Rahmen der bilateralen Kontakte seiner Regierung mit derjenigen Nordkoreas diese Anfang Oktober eingestanden hätten, dass sie ein heimliches Programm zur Anreicherung von Uran verfolgen würden. Sie hätten dieses Eingeständnis erst gemacht, nachdem die vorgelegten Beweise nicht mehr zu leugnen gewesen wären.

Presseerklärung des Sprechers des amerikanischen Außenministeriums zu Nordkoreas Nuklearprogramm, abgegeben am 16. 10. 2002 in Washington

„Zu Beginn dieses Monats reisten hohe amerikanische Beamte nach Nordkorea, um dort Gespräche über eine Reihe von Fragen zu führen. Im Verlauf dieser Gespräche setzten Ministerialdirektor James A. KELLY und seine Delegation die Nordkoreaner davon in Kenntnis, dass wir kürzlich Informationen erhalten hätten, die darauf hindeuten, dass Nordkorea unter Verletzung des Rahmenabkommens und anderer Vereinbarungen über ein Programm zur Anreicherung von Uran für Kernwaffen verfügt. Nordkoreanische Beamte bestätigten, dass sie ein solches Programm haben. Die Nordkoreaner versuchten, dafür die Vereinigten Staaten verantwortlich zu machen und erklärten, dass sie das Rahmenabkommen für null und nichtig betrachteten. Ministerialdirektor KELLY hob hervor, dass Nordkorea seit einer Reihe von Jahren an diesem Programm arbeitet.

Im Verlauf des Sommers hatte Präsident BUSH - in Konsultationen mit unseren Verbündeten und Freunden - einen umfassenden Versuch unternommen, um die Beziehungen mit Nordkorea zu verbessern. Die Vereinigten Staaten waren bereit, wirtschaftliche und politische Schritte anzubieten, um die Lebensbedingungen des nordkoreanischen Volkes zu verbessern, vorausgesetzt der Norden wäre zu einer grundlegenden Änderung seiner Haltung in einer Reihe von Fragen bereit, eingeschlossen seine Programme über Massenvernichtungswaffen, die Entwicklung und den Export von ballistischen Raketen, die Bedrohung seiner Nachbarn, die Unterstützung für Terrorismus und die beklagenswerte Behandlung des nordkoreanischen Volkes. Angesichts unserer Besorgnisse hinsichtlich des Kernwaffenprogramms des Nordens sind wir nicht in der Lage, diesen Kurs fortzusetzen.

Nordkoreas geheimes Kernwaffenprogramm ist eine ernsthafte Verletzung der Verpflichtungen Nordkoreas im Rahmen des Rahmenabkommens wie auch des Nichtverbreitungsvertrags (NVV), seiner Sicherheitsvereinbarungen mit der Internationalen Atomenergiebehörde und der Gemeinsamen Nord-Süd-Erklärung über die Entnuklearisierung der koreanischen Halbinsel.

Die Regierung befindet sich in Beratungen mit wichtigen Mitgliedern des Kongresses und wird dies weiter tun. Unterstaatssekretär John BOLTON und Ministerialdirektor James KELLY reisen in die Region, um mit Freunden und Verbündeten über diese wichtige Frage zu beraten.

Die Vereinigten Staaten und unsere Verbündeten fordern Nordkorea auf, sich gemäß seinen Verpflichtungen im Rahmen des Nichtverbreitungsvertrags zu verhalten und sein Kernwaffenprogramm auf eine nachprüfbare Art zu beenden.

Wir bemühen uns um eine friedliche Lösung für diese Situation. Jedermann in der Region hat an dieser Frage Interesse, und keine friedliche Nation wünscht ein mit Kernwaffen gerüstetes Nordkorea. Dies ist eine Gelegenheit für friedliebende Nationen in der Region, sich mit dieser Herausforderung eindringlich zu befassen."

(Internationale Politik)

24. - 25 . X. 2002

135. EU-Gipfel von Brüssel zum Verhältnis ESVP-NATO

Am 24. und 25. Oktober 2002 trafen die Staats- und Regierungschefs der EU in Brüssel zusammen. Diese Sitzung des Europäischen Rates beschäftigte sich schwerpunktmäßig mit der Erweiterung, institutionellen Fragen, dem Haushalt sowie dem Verhältnis ESVP zu den USA und zur NATO. Der Rat beschloss weiterhin, dass die EU so bald wie erforderlich die operative Führung des internationalen Truppenkontingents in Makedonien von der NATO übernehmen solle. Die diesbezüglichen Ausführungen der Schlussfolgerungen des Vorsitzes sowie die Anlage zur ESVP sind hier wiedergegeben.

1. Schlussfolgerungen des Vorsitzes, Brüssel 24. - 25. 10. 2002 (Auszüge)

„...18. Der Europäische Rat hat die Modalitäten zur Umsetzung der Bestimmungen von Nizza (siehe Anlage II) über die Beteiligung der nicht der EU angehörenden europäischen NATO-Partner festgelegt. Die Umsetzung der Bestimmungen von Nizza über die Beteiligung der

- I. Chronik -
Nr.135/24.-25.X.2002: EU-Gipfel in Brüssel

nicht der EU angehörenden europäischen NATO-Partner wird durch die einschlägigen Beschlüsse über die Beziehungen zwischen der Europäischen Union und der NATO ermöglicht.

19. Der Europäische Rat hat bei dieser Gelegenheit darauf hingewiesen, dass bei diesen Modalitäten und Beschlüssen und ihrer Umsetzung stets die Bestimmungen des Vertrags über die Europäische Union, insbesondere jene über die Ziele und Grundsätze der GASP nach Maßgabe von Artikel 11 EUV einzuhalten sind. Desgleichen sind die vom Europäischen Rat angenommenen einschlägigen Schlussfolgerungen und Texte zu beachten (siehe Nummer 22).

20. Ferner gilt als vereinbart, dass bei keiner Aktion gegen die Grundsätze der Charta der Vereinten Nationen, einschließlich der Grundsätze dieser Charta hinsichtlich der Aufrechterhaltung von Frieden und Sicherheit auf internationaler Ebene, der friedlichen Streitbeilegung und der Unterlassung einer Androhung oder Anwendung von Gewalt verstoßen wird, da sich sowohl der EU-Vertrag als auch der Nordatlantikvertrag auf diese, für alle Mitglieder entsprechend geltenden Grundsätze stützen.

21. Der Europäische Rat erinnerte außerdem daran, dass die EU dafür Sorge trägt, dass die Politik der Union gemäß Artikel 17 EUV den besonderen Charakter der Sicherheits- und Verteidigungspolitik bestimmter Mitgliedstaaten nicht berührt. Der Vorsitz nahm den Hinweis Dänemarks auf Protokoll Nr. 5 zum EU-Vertrag über die Position Dänemarks zur Kenntnis.

22. Der Europäische Rat hat den Generalsekretär/Hohen Vertreter, Javier SOLANA, beauftragt, entsprechende Schritte zu unternehmen, damit so bald wie möglich eine Einigung zwischen der EU und der NATO erreicht werden kann.

23. Der Vorsitz wird zusammen mit dem Generalsekretär/Hohen Vertreter, Javier SOLANA, in etwa zwei bis drei Wochen über die Ergebnisse dieser Bemühungen Bericht erstatten. Die Europäische Union wird auf der Grundlage dieser Ergebnisse die erforderlichen Beschlüsse fassen.

24. Im Anschluss an die Gespräche des Generalsekretärs/Hohen Vertreters mit Präsident TRAJKOVSKI hat der Europäische Rat seine Bereitschaft bekräftigt, am 15. Dezember die Nachfolge der militärischen Operation der NATO in der ehemaligen jugoslawischen Republik Mazedonien zu übernehmen. Er forderte die zuständigen Stellen der Europäischen Union auf, alle Optionen zu prüfen, die zur Erreichung dieses Ziels notwendig sind. Der Europäische Rat stellte fest, dass diese Folge-Operation im Geiste der Partnerschaft erfolgen wird, der sich zwischen der EU und der NATO beim Krisenmanagement herausgebildet hat, sofern rechtzeitig eine entsprechende Vereinbarung erzielt wird."

2. Anlage zu ESVP: Umsetzung der Bestimmungen von Nizza über die Beteiligung der nicht der EU angehörenden europäischen Bündnispartner

EINHALTUNG DER NATO-VERPFLICHTUNGEN DURCH BESTIMMTE EU-MITGLIEDSTAATEN

„1. Im Vertrag über die Europäische Union (Artikel 17 Absatz 1) heißt es:

‚Die Politik der Union nach diesem Artikel berührt nicht den besonderen Charakter der Sicherheits- und Verteidigungspolitik bestimmter Mitgliedstaaten; sie achtet die Verpflichtungen einiger Mitgliedstaaten, die ihre gemeinsame Verteidigung in der Nordatlantikvertragsorganisation (NATO) verwirklicht sehen, aus dem Nordatlantikvertrag und ist vereinbar mit der in jenem Rahmen festgelegten gemeinsamen Sicherheits- und Verteidigungspolitik.'

2. Dies bedeutet für die betreffenden Mitgliedstaaten, dass sie bei ihren Aktionen und Beschlüssen im Rahmen der militärischen Krisenbewältigung durch die EU ihren Vertragspflichten als NATO-Bündnispartner stets in vollem Umfang nachkommen. Dies bedeutet auch, dass die ESVP unter keinen Umständen - auch nicht im Krisenfall - gegen einen Bündnispartner eingesetzt wird, wobei im Gegenzug davon ausgegangen wird, dass im Rahmen der militärischen Krisenbewältigung der NATO nicht gegen die EU oder ihre Mitgliedstaaten vorgegangen wird. Ferner gilt als vereinbart, dass bei keiner Aktion gegen die Grundsätze der Charta der Vereinten Nationen verstoßen wird.

- I. Chronik -
Nr.135/24.-25.X.2002: EU-Gipfel in Brüssel

BETEILIGUNG DER NICHT DER EU ANGEHÖRENDEN EUROPÄISCHEN BÜNDNIS-
PARTNER AN DEN ESVP- KONSULTATIONEN IN FRIEDENSZEITEN

3. Wie auf der Tagung des Europäischen Rates in Nizza vereinbart wurde, führt die EU kontinuierlich Konsultationen mit den nicht der EU angehörenden europäischen Bündnispartner durch, bei denen das gesamten Spektrum der Fragen im Zusammenhang mit Sicherheit, Verteidigung und Krisenbewältigung abgedeckt wird. Je nach Bedarf werden zusätzliche ‚15 + 6'-Sitzungen anberaumt. Die Konsultationen finden gegebenenfalls insbesondere im Rahmen zusätzlicher Zusammenkünfte in der Zusammensetzung der EU + 6 im Vorfeld der Sitzungen des PSK und des EUMC statt, in denen Beschlüsse gefasst werden können, die die Sicherheitsinteressen der nicht der EU angehörenden europäischen Bündnispartner berühren. Das Ziel dieser Konsultationen besteht für die der EU und die nicht der EU angehörenden europäischen Bündnispartner in einem Gedankenaustausch und Beratungen über Belange und Interessen dieser Mitglieder, damit die EU diesen Rechnung tragen kann. Wie auch im Rahmen der GASP versetzen diese Konsultationen die nicht der EU angehörenden europäischen Bündnispartner in die Lage, zur Europäischen Sicherheits- und Verteidigungspolitik beizutragen und sich den Beschlüssen, Aktionen und Erklärungen im Rahmen der ESVP anzuschließen.

4. Die Konsultationen zwischen den der EU und den nicht der EU angehörenden europäischen Bündnispartner werden sorgfältig vorbereitet, unter anderem durch Beratungen mit dem Vorsitz, dem Ratssekretariat und den Vertretern der nicht der EU angehörenden europäischen Bündnispartner und durch die Übermittlung relevanter Dokumente. Für eine angemessene Nachbereitung dieser Zusammenkünfte wird Sorge getragen, unter anderem anhand einer vom Ratssekretariat erstellten Zusammenfassung der Beratungen. Durch diese Maßnahmen sollen, umfassende und zugleich eingehende Konsultationen sichergestellt werden.

5. Die in Nizza vereinbarten ‚15 + 6'-Treffen werden durch die Benennung ständiger Ansprechpartner für das PSK erleichtert. Um den Dialog mit dem EUMC sicherzustellen und die ‚15 + 6'-Treffen auf der Ebene der Vertreter des Militärausschusses vorzubereiten, können die nicht der EU angehörenden europäischen Bündnispartner auch Ansprechpartner für den Militärausschuss benennen. Diese Ansprechpartner für die verschiedenen EU-Gremien können durch tägliche bilaterale Kontakte die regelmäßigen ‚15 + 6'-Konsultationen unterstützen.

BEZIEHUNGEN ZWISCHEN DEM EUMS UND DEN AN EU-GEFÜHRTEN OPERATIONEN BETEILIGTEN NATIONALEN HQ

6. Für die nicht der EU angehörenden europäischen Bündnispartner in den militärischen Strukturen der EU werden geeignete Regelungen auf der Grundlage der NATO-Regelungen für nicht der NATO angehörende EU-Mitglieder ausgearbeitet, wobei den Unterschieden zwischen den Militärstrukturen der beiden Organisationen Rechnung getragen wird. Wird die Einsatzplanung von der NATO geleitet, werden die nicht der EU angehörenden europäischen Bündnispartner in vollem Umfang einbezogen. Leitet eines der europäischen Hauptquartiere auf strategischer Ebene die Einsatzplanung, so werden die nicht der EU angehörenden europäischen Bündnispartner als beitragende Länder ersucht, Offiziere zu diesem Hauptquartier zu entsenden.

BETEILIGUNG AN EU-GEFÜHRTEN ÜBUNGEN

7. Die EU beabsichtigt nicht, militärische Übungen unterhalb der Ebene des Einsatzhauptquartiers (FHQ) durchzuführen. Übungen unterhalb dieser Ebene fallen weiterhin in die Zuständigkeit der Mitgliedstaaten.

8. Die EU verpflichtet sich zum Dialog, zu Konsultationen und zur Zusammenarbeit mit den nicht der EU angehörenden europäischen Bündnispartnern, und dies muss sich auch in entsprechenden Übungen niederschlagen.

9. Die Regelungen für die Teilnahme dieser Bündnispartner an EU-Übungen werden nach dem Vorbild der Regelungen für ihre Teilnahme an EU-geführten Operationen getroffen. Die nicht der EU angehörenden europäischen Bündnispartner können an EU-Übungen teilnehmen, bei denen auf die Mittel und Fähigkeiten der NATO zurückgegriffen wird. Da auch die Möglichkeit besteht, dass sich die nicht der EU angehörenden Bündnispartner an EU-geführten Operationen beteiligen, bei denen nicht auf die Mittel und Fähigkeiten der NATO zurückgegriffen wird, müssen sie folglich auch an entsprechenden Übungen teilnehmen und

die EU muss hier- für Vorkehrungen treffen. Die nicht der EU angehörenden europäischen Bündnispartner sollten eingeladen werden, andere relevante Übungen, an denen sie nicht teilnehmen, als Beobachter zu verfolgen.

MODALITÄTEN FÜR DIE BETEILIGUNG AN EU-GEFÜHRTEN OPERATIONEN

10. Bei der Prüfung der Optionen für eine Reaktion im Krisenfall, einschließlich einer möglichen EU-geführten Operation, würde die EU den Interessen und Belangen der nicht der EU angehörenden europäischen Bündnispartner Rechnung tragen und dies durch entsprechend intensive Konsultationen sicherstellen.

11. Die nicht der EU angehörenden europäischen Bündnispartner können sich an einer EU-geführten Operation, bei der auf die Mittel und Fähigkeiten der NATO zurückgegriffen wird, beteiligen, wenn sie dies wünschen, und sie werden nach den bei der NATO geltenden Verfahren in die Planung und Vorbereitung einbezogen.

12. Im Fall einer EU-geführten Operation, bei der nicht auf die Mittel und Fähigkeiten der NATO zurückgegriffen wird, werden die nicht der EU angehörenden europäischen Bündnispartner aufgrund eines Beschlusses des Rates um Teilnahme ersucht. Bei der Beschlussfassung über die Teilnahme wird der Rat den Sicherheitsanliegen der nicht der EU angehörenden europäischen Bündnispartner Rechnung tragen. Für den speziellen Fall, dass nicht der EU angehörende europäische Bündnispartner Bedenken äußern, da eine geplante autonome Operation der EU in geografischer Nähe eines nicht der EU angehörenden europäischen Bündnispartners durchgeführt wird oder dessen nationale Sicherheitsinteressen berühren könnte, konsultiert der Rat diesen Bündnispartner und beschließt aufgrund der Ergebnisse dieser Konsultation über seine Teilnahme, wobei die oben zitierten einschlägigen Bestimmungen des Vertrags über die Europäische Union sowie die Erklärung unter Nummer 2 berücksichtigt werden.

BETEILIGUNG AN DER VORBEREITUNG, PLANUNG UND DURCHFÜHRUNG EINER EU-GEFÜHRTEN OPERATION

13. Die 15 + 6-Konsultationen würden ein Forum für die nicht der EU angehörenden europäischen Bündnispartner darstellen, die als potenziell an einer EU-geführten Militäroperation Beteiligte bereits ab dem Frühstadium einer Krise mit der EU in einem Dialog stehen und in den einzelnen Planungsphasen von der EU konsultiert werden müssen.

14. Die Kontakte mit den nicht der EU angehörenden europäischen Bündnispartnern werden auf allen Ebenen im Rahmen der 15 + 6-Konsultationen und sonstiger Vereinbarungen entsprechend den Entwicklungen in der Phase vor der Entstehung einer Krise intensiviert. Dieser Prozess ist wichtig, denn so können der vorläufige militärische Beitrag der nicht der EU angehörenden europäischen Bündnispartner in der vooperationellen Phase und die einschlägigen militärischen Faktoren während der Ausarbeitung der militärstrategischen Optionen erörtert werden; diese Informationen dienen als Grundlage für die Planungs- und Vorbereitungsarbeiten, auf die sich der Rat bei einem Beschluss über eine EU-geführte Operation stützen wird. Auf diese Weise kann der Rat die Auffassungen der nicht der EU angehörenden europäischen Bündnispartner, insbesondere ihre sicherheitspolitischen Anliegen und ihren Standpunkt zur Art der Reaktion der EU auf die Krise, vor einen Beschluss über eine militärische Option berücksichtigen.

15. Daher würden im Rahmen des 15 + 6-Forums, auch auf Ebene des PSK und des EUMC, Konsultationen geführt, um die Ausarbeitung von Operationskonzepten und damit zusammenhängende Fragen - wie Kommando- oder Streitkräftestrukturen - zu erörtern. Die nicht der EU angehörenden europäischen Bündnispartner hätten Gelegenheit, ihre Ansichten zum CONOPS und zu ihrer möglichen Beteiligung vorzutragen, bevor der Rat die Entscheidung träfe, die genaue Planung einer Operation in Angriff zu nehmen und die Staaten, die nicht Mitglied der EU sind, förmlich aufzufordern, daran teilzunehmen. Nach einer Entscheidung über die Beteiligung der Staaten, die nicht Mitglied der EU sind, würden die nicht der EU angehörenden europäischen Bündnispartner als beitragende Länder geben, sich an der operativen Planung zu beteiligen. Gegenstand der Konsultationen im Rahmen des 15 + 6-Forums wäre die laufende Planung der Einzelheiten der Operation, einschließlich des OPLAN.

16. Sobald der Rat beschlossen hat, eine Militäroperation durchzuführen und eine Streitkräfteplanungskonferenz einzuberufen, würde der Ausschuss der beitragenden Länder eingerich-

tet und zusammentreten, um über die abschließende Überarbeitung der ursprünglichen Operationspläne und die militärischen Vorbereitungen für die Operation zu beraten.

17. Wie in Nizza vereinbart, wird der Ausschuss der beitragenden Länder bei der laufenden Durchführung der Operation eine Schlüsselrolle übernehmen. Er ist das vorrangige Forum, in dem die beitragenden Länder gemeinsam die Fragen erörtern, die sich im Zusammenhang mit dem Einsatz ihrer Streitkräfte bei einer Operation stellen. Der Ausschuss wird die Berichte des Operation Commander und die von diesem aufgeworfenen Fragen erörtern sowie gegebenenfalls Empfehlungen für das PSK abgeben. Der Ausschuss der beitragenden Länder trifft Entscheidungen über die laufende Durchführung der Operation und gibt gegebenenfalls einvernehmlich Empfehlungen zur Änderung der operativen Planung, möglicherweise auch zur Änderung der Ziele, ab. Die Stellungnahmen des Ausschusses der beitragenden Länder werden vom PSK bei der Prüfung von Fragen der politischen Kontrolle und strategischen Leitung einer Operation berücksichtigt. Das Generalsekretariat des Rates fertigt über jede Sitzung des Ausschusses der beitragenden Länder ein Protokoll an, das den Vertretern des PSK und des EUMC jeweils rechtzeitig vor ihrer nächsten Sitzung übermittelt wird.

18. Der Operation Commander erstattet dem Ausschuss der beitragenden Länder Bericht über die Operation, damit dieser seine Aufgaben wahrnehmen und seiner Schlüsselrolle bei der laufenden Durchführung der Operation gerecht werden kann."

(Website der EU)

25. X. 2002

136. Nordkorea wirft USA Vertragsbruch vor

In einer scharf gehaltenen Reaktion auf die Vorwürfe des amerikanischen Außenministeriums vom 16. Oktober 2002, wonach Nordkorea ein geheimes und verbotenes Nuklearprogramm habe, welches unter anderem nach dem 1994 geschlossenen Rahmenabkommen *(siehe Band XXVI, S. 188 ff.)* unzulässig sei, klagte die nordkoreanische Regierung ihrerseits am 25. Oktober 2002 die USA an und beschuldigte Washington, die Bestimmungen des Abkommens nicht eingehalten zu haben. Dieses sei nunmehr Null und Nichtig.

Erklärung des Sprechers des Außenministeriums der Koreanischen Demokratischen Volksrepublik zur Nuklearfrage auf der koreanischen Halbinsel, abgegeben am 25. 10. 2002 in Pjöngjang

„Zu Beginn des neuen Jahrhunderts haben sich neue dramatische Änderungen auf der koreanischen Halbinsel und dem übrigen Nordostasien ereignet. Die Beziehungen zwischen den beiden koreanischen Staaten und die Beziehungen der KDVR zu Russland, China und Japan sind in eine neue wichtige Phase eingetreten. Es wurden wichtige Maßnahmen unternommen, um die Eisenbahnverbindung zwischen den beiden koreanischen Staaten, die über ein halbes Jahrhundert unterbrochen war, wieder herzustellen. Die Probleme der gemeinsamen Vergangenheit mit Japan wurden geklärt und die politischen sowie historischen Überreste aus dem letzten Jahrhundert beseitigt. Von Seiten der KDVR wurden neue Schritte der ökonomischen Leitung einschließlich der Einrichtung einer Wirtschaftssonderzone unternommen.

All dies geschah in Übereinstimmung mit der veränderten Situation und den besonderen Bedingungen des Landes. Diese Entwicklungen fördern den Frieden in Asien und dem Rest der Welt. Mit Ausnahme der Vereinigten Staaten begrüßten fast alle Länder diese Maßnahmen, was eine große Ermutigung für die KDVR bedeutet. Vor diesem Hintergrund empfing die KDVR vor kurzem einen Sonderbotschafter des US-Präsidenten in der Hoffnung, die feindseligen Beziehungen zu den USA und ausstehende Probleme gleichberechtigt zu lösen. Bedauerlicherweise erwies sich der Besuch des amerikanischen Sonderbotschafters der Bush-Administration in der KDVR als ein Versuch, die KDVR mit Gewalt unter Druck zu setzen und die positive Entwicklung auf der koreanischen Halbinsel und in Nordostasien zurückzudrehen. Ohne Beweise zu haben, behauptete er, das Atomprogramm in der KDVR diene in erster Linie dazu, Atomwaffen zu produzieren und den Rahmenvertrag zwischen der KDVR und den

- I. Chronik -
Nr.136/25.X.2002: KDVR wirft USA Vertragsbruch vor

USA zu verletzen. Er drohte sogar, im Falle der Beibehaltung des Atomwaffenprogramms käme es zu keinem Dialog mit den USA. Außerdem seien die Nord-Süd-Beziehungen sowie die Beziehungen zwischen der KDVR und Japan gefährdet. Die Haltung der USA war so unilateral und anmaßend, dass die KDVR davon schockiert war. Die USA irren sich gewaltig, wenn sie denken, dass ein solch räuberisches Verhalten nach der Methode ‚Haltet den Dieb!' auf die KDVR irgendeinen Eindruck machen würde.

Mit dem Ziel der Weltherrschaft haben die USA seit nahezu einem halben Jahrhundert in Südkorea und seiner unmittelbaren Umgebung massiv Nuklearwaffen stationiert und bedrohen damit die KDVR. Im Oktober 1994 wurde der Rahmenvertrag zwischen der KDVR und den USA vereinbart, aber die USA haben sich bisher geweigert, über die rechtmäßige Inkraftsetzung des Rahmenvertrags zu sprechen. Unter Paragraph 1 des Rahmenvertrags haben sich die USA verpflichtet, der KDVR bis zum Jahre 2003 Leichtwasserreaktoren zu liefern, wenn diese ihr auf Graphitreaktoren beruhendes Programm einfriert. Aber in den vergangenen acht Jahren gab es nur Standortvorbereitungen für die Leichtwasserreaktoren, obwohl die Nuklearanlagen in der KDVR seit acht Jahren stillgelegt sind. Wenn es nicht zu einer vollen Normalisierung in den politischen und ökonomischen Beziehungen kommt und die Leichtwasserreaktoren gemäß Paragraph 1 und 2 des Rahmenvertrags endlich fertiggestellt werden, führt dies in der KDVR zu einem Verlust von 1000 bis 2000 Megawattstunden. In den letzten acht Jahren haben die USA ihre feindselige Politik gegenüber der KDVR fortgesetzt und die Wirtschaftssanktionen beibehalten. Weiterhin haben sie die KDVR als Teil einer ‚Achse des Bösen' definiert. Nach Paragraph 3 des Rahmenvertrags sind die USA verpflichtet, der KDVR formale Zusagen zu geben, keinen Druck auszuüben und keine Nuklearwaffen gegen sie einzusetzen. Dennoch gilt die KDVR in den USA als ein Ziel für einen nuklearen Präventivschlag. In Paragraph 4 des Rahmenvertrags und Absatz g eines vertraulichen Zusatzprotokolls soll die KDVR nur Inspektionen erlauben, nachdem die ‚Lieferung von nichtnuklearen Komponenten für den ersten Leichtwasserreaktor einschließlich Turbinen und Generatoren' beendet ist. Aber schon bestehen die USA auf einer umfassenden Nuklearinspektion mit dem Ziel, die internationale Gemeinschaft von der Verletzung des Rahmenvertrags durch die KDVR zu überzeugen.

Dies zwang die KDVR zum ersten Mal, das geheime Zusatzprotokoll zu veröffentlichen. In letzter Konsequenz haben die USA keinen der vier Paragraphen des Rahmenvertrags beachtet. Die USA haben den Rahmenvertrag nur unterzeichnet, weil sie der Auffassung waren, die KDVR würde früher oder später zusammenbrechen. Kürzlich deklarierte die Bush-Administration die KDVR als Teil der ‚Achse des Bösen' und als Ziel eines Präventivnuklearschlags der USA. Dies war eine klare Kriegserklärung gegen die KDVR, womit die Vereinbarungen und der abgeschlossene Rahmenvertrag zwischen der KDVR und den USA annulliert wurden. Auf lange Sicht ist es die Politik der Bush-Administration, einen Präventivnuklearschlag gegen die KDVR zu führen.

Diese Entwicklung, die eine grobe Verletzung des Geistes des Kernwaffensperrvertrags darstellt, reduziert die Absichtserklärung der beiden koreanischen Staaten zur atomaren Abrüstung zu einer ungültigen Vereinbarung. Der leichtsinnige politische, ökonomische und militärische Druck der USA führt zu einer ernsthaften Verletzung des Existenzrechts der KDVR und schafft eine gefährliche Situation auf der koreanischen Halbinsel. Es wäre naiv zu glauben, die KDVR würde eine solchen Situation tatenlos hinnehmen. Das war der Grund, warum die KDVR gegenüber dem Sonderbotschafter des US-Präsidenten zum Ausdruck brachte, dass sie berechtigt sei, nicht nur Kernwaffen, sondern jede Art von leistungsfähigen Waffen zu besitzen, um ihre Souveränität und ihr Existenzrecht gegenüber der ständig wachsenden nuklearen Bedrohung durch die USA zu verteidigen. Gegenüber dem arroganten und impertinenten Verhalten der USA hat die KDVR, die ihre Souveränität höher als das Leben schätzt, keine bessere Antwort. Die KDVR hat weder einen Anlass noch einen Grund, sich von den USA attackieren oder entwaffnen zu lassen.

Dennoch klärte sich die KDVR großherzig zu einer Einigung bezüglich der folgenden Bedingungen bereit: erstens Anerkennung der Souveränität der KDVR durch die USA, zweitens die Versicherung der Gewaltfreiheit gegenüber der KDVR und drittens keine Behinderung der wirtschaftlichen Entwicklung der KDVR durch die USA. Heutzutage behaupten die USA und ihre Anhänger, dass erst Verhandlungen stattfinden sollen, nachdem die KDVR abgerüstet hat. Das ist unlogisch. Denn wie kann die KDVR einen Angriff mit leeren Händen abwehren? Es ist ein Trugschluss zu glauben, die KDVR würde dem Druck nachgeben, der den Tod bedeutet. Keiner kann von einem anderen erwarten, dass er bereit ist zu sterben. Es ist der Wille der Armee und des Volkes der KDVR, bis zuletzt an der armeebasierten Politik festzuhalten.

- I. Chronik -
Nr.137/28.X.2002: Villepin kritisiert Irak-Politik der USA

Die Position der KDRV ist unveränderlich. Die KDVR ist davon überzeugt, dass ein Nichtangriffsvertrag zwischen der KDVR und den USA zu einer vernünftigen und realistischen Lösung des Nuklearproblems und zu einer Entschärfung der ernsten Situation auf der koreanischen Halbinsel führen wird. Wenn die USA durch einen solchen Vertrag der KDVR einen Nichtangriff einschließlich der Nichtanwendung von Kernwaffen zusichern, ist die KDVR bereit, über ihre Sicherheitsanstrengungen aufzuklären. Die Regelung aller Probleme mit der KDVR, einem kleinen Land, sollte darauf basieren, dass kein Druck in Bezug auf ihre Souveränität und ihr Existenzrecht ausgeübt wird. Es gibt nur die Alternative von Verhandlungen oder Abschreckung. Soweit als möglich wird sich die KDVR immer für die erste Möglichkeit entscheiden."

(Nordkoreanisches Außenministerium, www.kdvr.de)

28. X. 2002

137. Französischer Außenminister kritisiert US-Politik in der Irak-Krise

Am 28. Oktober 2002 veröffentlichte die in Paris erscheinende Zeitung „Le Figaro" ein Interview mit dem französischen Außenminister Dominique de VILLEPIN, in dem dieser die Opposition seines Landes gegen die amerikanische Haltung in der Irak-Frage rechtfertigt und die US-Administration kritisiert.

Interview des französischen Außenministers zu Irak mit „Le Figaro" am 28. 10. 2002 in Paris

„*Frage:* Die Vereinigten Staaten haben einen Resolutionsentwurf zum Thema Irak vorgelegt, der Frankreich nicht zufrieden stellt. Welche Änderungen möchten Sie erreichen?

De Villepin: Es geht um die Waffenkontrollen und die Frage der Gewaltanwendung. Wir sind uns über den Vorschlag eines zweistufigen Vorgehens einig geworden. Zunächst muss der Sicherheitsrat die praktischen Regelungen zur Entsendung der Inspektoren nach Irak festlegen. Dann, wenn Bagdad seinen Verpflichtungen nicht nachkommen sollte, wäre der Sicherheitsrat auf der Basis der Berichte der UN-Inspektoren erneut anzurufen. Sobald wir mit den Amerikanern und all unseren Partnern über diese Herangehensweise einig sind, darf der von den Vereinigten Staaten vorgelegte Text keine Mechanismen enthalten, die dem geplanten Vorgehen ausweichen.

Frage: Der amerikanische Text spricht bereits von 'klaren Verletzungen' durch Irak, ohne den Bericht der Inspektoren abzuwarten. Im gleichen Absatz werden die 'schwerwiegenden Konsequenzen' erwähnt, was in der Diplomatensprache Gewaltanwendung bedeutet. Öffnet der amerikanische Text so nicht den Weg zu dem Automatismus, den Sie abwenden möchten?

De Villepin: Jede Zweideutigkeit muss vermieden werden. Wir haben natürlich nichts dagegen, dass der Text die bisherigen Unterlassungen Iraks enthält. Aber vor allem muss er die neue Situation in Betracht ziehen, die durch die Rückkehr der Inspektoren entsteht, und er muss die Verpflichtungen klar benennen, die für Irak daraus entstehen. Im Mittelpunkt der neuen Resolution steht die Einhaltung dieser Verpflichtungen, die von nun an garantiert werden muss. Wenn Irak beschließt, sich den Verpflichtungen zu entziehen, so muss der Sicherheitsrat erneut zusammenkommen und die notwendigen Schlüsse ziehen. Wenn diese Logik akzeptiert wird, muss man sich daran halten: man kann nicht in zwei Etappen vorgehen und gleichzeitig einen Blankoscheck haben wollen, der zu jeder Zeit ein unilaterales Vorgehen rechtfertigen könnte.

Frage: Geht der amerikanische Text folglich nicht auf Ihre Forderungen ein?

De Villepin: In dieser Form und aus den eben genannten Gründen enthält der Text widersprüchliche Elemente. Wir müssen also daran arbeiten. Wir wollen vorankommen und uns dabei auf das Wesentliche konzentrieren: ein strenges Kontrollsystem aufbauen und einen klaren Rahmen für eine eventuelle Gewaltanwendung schaffen.

- I. Chronik -
Nr.137/28.X.2002: Villepin kritisiert Irak-Politik der USA

Frage: Wird Frankreich einen anderen Text vorlegen?

De Villepin: Wir arbeiten derzeit auf der Basis des amerikanischen Textes, wobei wir natürlich Änderungen vorschlagen. Wir haben übrigens ein Papier in Umlauf gebracht, das unsere Vorschläge zusammenfasst. Wir haben nun ein doppeltes Ziel: schnell abschließen und zwar auf der Basis eines möglichst breiten Konsenses im Sicherheitsrat. Deswegen habe ich ein Treffen des Sicherheitsrats auf Ministerebene vorgeschlagen, um die letzten Blockaden aufzuheben. Ich habe diesen Vorschlag mit mehreren meiner Kollegen, auch mit Colin POWELL, besprochen und sie haben ihn positiv aufgenommen.

Frage: Wird Frankreich, wenn die Vereinigten Staaten ihren Text zur Abstimmung vorlegen, falls nötig soweit gehen, sein Veto einzulegen?

De Villepin: Frankreich hat von Anfang an eine klare Haltung eingenommen, indem wir gesagt haben, dass wir uns nicht mit einem Text einverstanden erklären, der unsere Grundsätze nicht berücksichtigt. Aber ich glaube, dass wir zu einer für alle annehmbaren Resolution gelangen können.

Frage: Glauben Sie, dass ein Konsens möglich ist?

De Villepin: Was für uns zählt, ist, dass der Sicherheitsrat auf jeder Stufe des Prozesses angerufen werden kann. Man kann die kollektive Verantwortung nicht abgeben. Das Vorgehen der internationalen Gemeinschaft muss gleichzeitig auf einer gewissen Moralvorstellung und auf einer gewissen Vorstellung von internationaler Rechtmäßigkeit beruhen. Wir müssen das Vorgehen verankern in den drei sich ergänzenden Grundsätzen der Einheit, der Legitimität und der Wirksamkeit: Um heute und auch langfristig wirksam zu sein, muss unser Handeln in den Augen aller unbestreitbar legitim sein, was voraussetzt, dass es von der internationalen Gemeinschaft im Konsens beschlossen wurde. Ein solcher Konsens ist kein Vorwand für Untätigkeit, sondern vielmehr die Voraussetzung für ein wirklich effektives Handeln.

Frage: Läuft Frankreich nicht Gefahr, vor allem in den Vereinigten Staaten, als das Land zu erscheinen, das einem Vorgehen in Irak im Weg steht?

De Villepin: Es geht nicht um die Beziehung zwischen Frankreich und den Vereinigten Staaten, diese ist ausgezeichnet. Wir arbeiten solidarisch und kooperativ. Unsere Vorschläge erfahren breite Unterstützung, wie die kürzlich stattgefundene Diskussion im Sicherheitsrat gezeigt hat. Bei dieser Resolution geht es um die Haltung der internationalen Gemeinschaft zu einer Krise, in diesem Fall zur Irak-Krise, und sie kann eine Antwort darauf geben. Dies ist eine sehr wichtige Herausforderung, selbst über Irak hinaus.

Frage: Meinen Sie, dass es bei diesem Kampf um eine Irak-Resolution eigentlich um das System der kollektiven Sicherheit geht?

De Villepin: Bringen wir nichts durcheinander. Heute sind wir angetreten, um eine Antwort auf die Irak-Krise zu finden, das ist die Dringlichkeit. Gemeinsam darauf antworten zu können ist ebenso wichtig. Es liegt im Interesse aller, auch der Vereinigten Staaten, zu einer Resolution zu gelangen, hinter der die ganze internationale Gemeinschaft steht. Es geht um das Prinzip der Sicherheit und der gemeinsamen Verantwortung an sich. Wir müssen immer entschlossener und immer solidarischer sein. Ich füge hinzu, dass der Einsatz von Gewalt nur ein letztes Mittel sein kann. Gewalt alleine kann weder Frieden noch Sicherheit gewährleisten. Das wird in Nahost erkennbar. Man braucht eine politische Perspektive und eine Vorstellung von der Welt, die alle Energien mobilisieren und vereinen. Seit Beginn des Jahres herrscht eine Grundströmung in der arabischen Welt, die in der saudischen Initiative zu Nahost zum Ausdruck kam und beim arabischen Gipfel in Beirut aufgegriffen wurde. Angesichts der Bedrohungen, die sich heute häufen, wie Terrorismus, Verbreitung von Massenvernichtungswaffen, Fundamentalismus, brauchen wir eine globale Antwort, eine kollektive Antwort, die auf gemeinsamen Werten und Regeln beruht. Toleranz und Dialog stellen unsere besten Waffen gegen Fanatismus und für die dauerhafte Sicherung der Stabilität in der Welt dar. Wir dürfen uns der Spirale der Angst und Gewalt nicht ausliefern, die das Unverständnis zwischen den Völkern nur vergrößern und die Brüche nur vermehren kann."

(Französische Botschaft, Berlin)

29. X. 2002

138. Bundesregierung bleibt bei Nein zu Irak-Intervention

Am 29. Oktober 2002 bekräftigte Bundeskanzler Gerhard SCHRÖDER in einer Regierungserklärung vor dem Deutschen Bundestag die ablehnende Haltung seiner Regierung gegen die Pläne der USA, im Irak einen gewaltsamen Regimewechsel herbeizuführen. Er betonte, dass es gelte, mit Mitteln der Abrüstungsdiplomatie vorzugehen.

Regierungserklärung des deutschen Bundeskanzlers am 29. 10. 2002 vor dem Deutschen Bundestag in Berlin, Auszüge zur Außen- und Sicherheitspolitik

„...Die außen- und sicherheitspolitischen Herausforderungen lassen sich an zwei Daten anschaulich festmachen: Durch den 9. November 1989 hat sich Deutschlands Rolle in der Welt langfristig gewandelt und der 11. September 2001 hat die Sicherheit in der Welt insgesamt dramatisch verändert. Mir liegt daran, dass Folgendes immer wieder deutlich wird: Deutschland ist heute mit fast 10000 Soldatinnen und Soldaten nach den Vereinigten Staaten von Amerika der größte Truppensteller, was internationale Einsätze angeht. Der Kampf gegen den internationalen Terrorismus, der - was wir gerade in diesen Tagen wieder spüren - längst nicht gewonnen ist, wird uns auch weiterhin ebenso substanzielles Engagement abfordern wie unsere langfristig eingegangenen Sicherheits- und Aufbauverpflichtungen, etwa auf dem Balkan, aber auch in Afghanistan.

Gleichzeitig befindet sich die Bundeswehr im größten Reformprozess ihrer Geschichte, der sie für ihre komplexen Aufgaben von heute und morgen tauglicher als in der Vergangenheit machen soll. Die Bundesregierung - mir liegt daran, das hier deutlich zu machen - dankt den Soldatinnen und Soldaten ausdrücklich für ihr großes professionelles Engagement unter diesen enormen Belastungen. Völlig zu Recht genießen unsere Soldatinnen und Soldaten das große Vertrauen der Menschen, für die sie, ob in Kabul, in Bosnien-Herzegowina oder in Mazedonien, in Kosovo oder in Georgien, immer auch Hoffnung auf Frieden und Sicherheit verkörpern. Welch glückhafter Wandel in der deutschen Geschichte!

Die Fortsetzung der Reform unserer Streitkräfte setzt voraus, dass wir das Gesamtspektrum der Aufgaben der Bundeswehr unter heutigen sicherheitspolitischen Bedingungen analysieren und bereit sind, die daraus notwendigen Konsequenzen zu ziehen. Dies erfordert auch eine umfassende Prüfung dessen, was wir unter diesen neuen Bedingungen an materieller Ausstattung und an Personal wirklich benötigen. Bis Ende der Legislaturperiode werden wir überprüfen, ob über das beschlossene und ins Werk Gesetzte hinaus weitere Strukturanpassungen oder gar eine Änderung der Wehrverfassung nötig sind.

Auch wenn wir infolge unserer wiedererlangten staatlichen Einheit und der damit erlangten vollen Souveränität wiederholt unsere nunmehr selbstverständliche Bereitschaft unter Beweis gestellt haben und stellen, gegebenenfalls unseren militärischen Beitrag für Frieden und Sicherheit zu leisten, ist sich die Bundesregierung jedoch bewusst: Sicherheit ist heute weniger denn je mit militärischen Mitteln, geschweige denn mit militärischen Mitteln allein herzustellen. Wer Sicherheit schaffen und aufrechterhalten will, der muss - das ist klar - einerseits Gewalt entschieden bekämpfen, andererseits aber auch das Umfeld befrieden, in dem Gewalt entsteht, und zwar durch präventive Konfliktregelung, durch Schaffung sozialer und ökologischer Sicherheit, durch ökonomische Zusammenarbeit und durch das Eintreten für Menschen- und auch für Minderheitenrechte. Einer solchen präventiven und umfassend ansetzenden Außen- und Sicherheitsrepublik bleibt die Bundesregierung verpflichtet.

Wir haben nicht erst durch die Attentate von New York, Washington, Djerba, Bali und zuletzt Moskau schmerzlich erfahren müssen, dass die Modernisierungs- und Verflechtungsprozesse unserer heutigen Welt weder zwangsläufig friedlich verlaufen noch automatisch zu mehr Freiheit und Demokratie führen. Umso größer ist unsere Verpflichtung, den Prozess der Globalisierung nicht nur anzunehmen, sondern ihn auch aktiv politisch zu gestalten.

Sicherheit setzt gerade bei beschleunigten, aber ungleichzeitigen Entwicklungen voraus, dass wir uns ständig um Interessenausgleich und auch um eine gerechtere Verteilung der Globalisierungsgewinne bemühen. Wir werden unter den Bedingungen einer enger zusammengerückten Welt keine Sicherheit erreichen, wenn wir Unrecht, Unterdrückung und Unterentwicklung weiter gären lassen.

Gegen die neue Gefahr einer privatisierten Gewalt von Kriegsherren, Kriminellen und Terroristen setzen wir internationale Allianzen gegen Terrorismus und gegen Unfreiheit. Wir wollen die Stärkung von Gewaltmonopolen durch starke, legitimierte internationale Organisationen, allen voran die Vereinten Nationen. Dies werden wir auch durch unsere Mitarbeit im Weltsicherheitsrat und den Vorsitz, den Deutschland dort turnusgemäß übernehmen wird, bekräftigen.

Die Bundesregierung tritt in ihrer internationalen Verantwortung dafür ein, dass mit der Globalisierung der Märkte eine Globalisierung der Menschenrechte und der sozialen Sicherheit einhergeht. In diesem Sinne haben wir uns zuletzt auf dem Weltnachhaltigkeitsgipfel in Johannesburg für konsequente Armutsbekämpfung, Öffnung der Weltmärkte sowie eine weltweite Anstrengung für Klimaschutz und ökologische Energienutzung engagiert. Die Finanzierungsbasis für die Entwicklung haben wir festgeschrieben; wir werden bis zum Jahr 2006 das Ziel einer Quote von 0,33 Prozent für die Entwicklungsarbeit umsetzen. Deutschlands Platz bei der Durchsetzung universeller Werte unter Wahrnehmung unserer internationalen Verantwortung bleibt durch die feste Verankerung in unseren Bündnissen, unsere Rolle in der Europäischen Union und unsere Freundschaft zu den Vereinigten Staaten von Amerika bestimmt. Unsere transatlantischen Beziehungen, die auf der Solidarität freiheitlicher Demokratien und auf unserer tief empfundenen Dankbarkeit für das Engagement der Vereinigten Staaten bei dem Sieg über die Nazibarbarei und bei der Wiederherstellung von Freiheit und Demokratie beruhen, sind von strategischer Bedeutung und von prinzipiellem Rang. Diese Beziehungen finden ihren Ausdruck in einer Vielzahl von politischen, wirtschaftlichen, kulturellen und zivilgesellschaftlichen Kontakten und Freundschaften. Dies schließt aber unterschiedliche Bewertungen in ökonomischen und politischen Fragen nicht aus. Wo es sie gibt, werden sie sachlich und im Geiste freundschaftlicher Zusammenarbeit ausgetragen.

Die Bundesregierung hat immer deutlich gemacht, dass Deutschland die Prioritäten bei der Bekämpfung des internationalen Terrorismus im fortgesetzten Engagement bei Enduring Freedom und in der Fortsetzung und Stärkung internationaler Koalitionen gegen den Terror sieht. Wir wissen, dass gerade der Nahe und Mittlere Osten dringend Hoffnung auf greifbare Fortschritte in Richtung eines dauerhaften und gerechten Friedens brauchen. In diesem Sinne hat sich die Bundesregierung intensiv für ein Ende der tödlichen Spirale von Terror und Gewalt in Israel und in Palästina eingesetzt. Mit unseren europäischen und amerikanischen Partnern sind wir uns einig, dass Frieden im Nahen Osten nur durch ein Ende der Gewalt und die Ermöglichung eines Zusammenlebens von Israelis und Palästinensern in zwei eigenständigen, anerkannten Staaten mit sicheren Grenzen erreicht werden kann. Eine solche Lösung muss auf dem Verhandlungsweg gefunden werden.

Um die Gefahr, die von Massenvernichtungswaffen ausgeht, zu mindern, haben wir unsere technischen, personellen und sachlichen Mittel angeboten und werden die Mission der UN-Waffeninspektoren in Irak mit allen Kräften, die wir haben, unterstützen. Die Region und die gesamte Welt brauchen genaue Kenntnis über die Waffenpotenziale des Regimes im Irak. Wir brauchen die Gewissheit, dass die dortigen Massenvernichtungswaffen vollständig abgerüstet werden. Über den Weg zu diesem Ziel hat die Bundesregierung frühzeitig ihre Auffassung und auch ihre Besorgnisse zum Ausdruck gebracht.

Die zwischenzeitliche Entwicklung und die internationale Diskussion vor allen Dingen im Weltsicherheitsrat zeigen, dass die Chance besteht, eine militärische Konfrontation am Golf doch noch zu vermeiden. Ich bekräftige in diesem Zusammenhang unsere Haltung, dass wir auf unbeschränktem Zugang der Waffeninspektoren zu den Arsenalen Saddam HUSSEINs beharren. Angesichts der bedrohlichen Lage im Nahen Osten und der Notwendigkeit, den Kampf gegen den internationalen Terrorismus auf möglichst breiter Grundlage zu führen und ihn dann zu gewinnen, setzt die Bundesregierung auf die Ausschöpfung aller Möglichkeiten von internationalen Inspektionen.

Gegenüber Irak und anderen Gefahrenherden müssen eine konsequente Politik der Abrüstung und internationale Kontrollen vorrangiges Ziel bleiben. Das ist einer der Gründe, warum wir immer gesagt haben - das gilt nach wie vor -, dass wir uns an einer militärischen Intervention in Irak nicht beteiligen werden..."

(Presse- und Informationsamt der Bundesregierung)

139. Sicherheitsrat gibt Irak letzte Chance

8. XI. 2002

Am 8. November 2002 verabschiedete der Sicherheitsrat der Vereinten Nationen in New York eine Resolution, die den Irak aufforderte, seinen Abrüstungsverpflichtungen nachzukommen, die ihm bereits 1991 auferlegt worden waren (*siehe Band XXV, S. 134*) und die er Ende 1998 weitgehend abschütteln konnte, ohne dass seinerzeit die Staatengemeinschaft darauf reagiert hätte (*siehe Band XXVII, S. 496*). Nachdem der amerikanische Präsident in seiner Rede vom 12. September 2002 vor der Generalversammlung den Vereinten Nationen eine letzte Chance gegeben hatte, dieses Problem zu lösen, war es zu fast zweimonatigen Verhandlungen über den Text dieser Resolution gekommen, bei der sich vor allem Frankreich als Kritiker der USA verstand. Die hier wiedergegebene Resolution 1441 gab dem Irak eine letzte Chance, blieb aber in der Definition der Folgen der Nichtbeachtung vieldeutig.

Resolution 1441 des VN-Sicherheitsrats, verabschiedet am 8. 11. 2002

„Der Sicherheitsrat,

unter Hinweis auf alle seine früheren einschlägigen Resolutionen, insbesondere seine Resolutionen 661 (1990) vom 6. August 1990, 678 (1990) vom 29. November 1990, 686 (1991) vom 2. März 1991, 687 (1991) vom 3. April 1991, 688 (1991) vom 5. April 1991, 707 (1991) vom 15. August 1991, 715 (1991) vom 11. Oktober 1991, 986 (1995) vom 14. April 1995 und 1284 (1999) vom 17. Dezember 1999 sowie alle einschlägigen Erklärungen seines Präsidenten,

sowie unter Hinweis auf seine Resolution 1382 (2001) vom 29. November 2001 und seine Absicht, diese vollständig durchzuführen,

in Erkenntnis der Bedrohung, die Iraks Nichtbefolgung der Resolutionen des Rates sowie die Verbreitung von Massenvernichtungswaffen und Langstreckenflugkörpern für den Weltfrieden und die internationale Sicherheit darstellen,

daran erinnernd, dass die Mitgliedstaaten durch seine Resolution 678 (1990) ermächtigt wurden, alle erforderlichen Mittel einzusetzen, um seiner Resolution 660 (1990) vom 2. August 1990 und allen nach Resolution 660 (1990) verabschiedeten einschlägigen Resolutionen Geltung zu verschaffen und sie durchzuführen und den Weltfrieden und die internationale Sicherheit in dem Gebiet wiederherzustellen,

ferner daran erinnernd, dass er als notwendigen Schritt zur Herbeiführung seines erklärten Ziels der Wiederherstellung des Weltfriedens und der internationalen Sicherheit in dem Gebiet Irak mit seiner Resolution 687 (1991) Verpflichtungen auferlegte,

missbilligend, dass Irak die in Resolution 687 (1991) verlangte genaue, vollständige und endgültige Offenlegung aller Aspekte seiner Programme zur Entwicklung von Massenvernichtungswaffen und von ballistischen Flugkörpern mit einer Reichweite von mehr als 150 Kilometern sowie aller seiner Bestände derartiger Waffen, ihrer Komponenten und Produktionseinrichtungen und ihrer Standorte sowie aller sonstigen Nuklearprogramme, einschließlich jener, bezüglich derer Irak geltend macht, dass sie nicht Zwecken im Zusammenhang mit kernwaffenfähigem Material dienen, nicht vorgenommen hat,

ferner missbilligend, dass Irak den sofortigen, bedingungslosen und uneingeschränkten Zugang zu den von der Sonderkommission der Vereinten Nationen (UNSCOM) und der Internationalen Atomenergie-Organisation (IAEO) bezeichneten Stätten wiederholt behindert hat und dass Irak nicht, wie in Resolution 687 (1991) gefordert, voll und bedingungslos mit den Waffeninspektoren der UNSCOM und der IAEO kooperiert hat und schließlich 1998 jede Zusammenarbeit mit der UNSCOM und der IAEO eingestellt hat,

- I. Chronik -
Nr.139/8.XI.2002: Sicherheitsrat gibt Irak letzte Chance

missbilligend, dass die in den einschlägigen Resolutionen geforderte internationale Überwachung, Inspektion und Verifikation von Massenvernichtungswaffen und ballistischen Flugkörpern in Irak seit Dezember 1998 nicht mehr stattfindet, obwohl der Rat wiederholt verlangt hat, dass Irak der in Resolution 1284 (1999) als Nachfolgeorganisation der UNSCOM eingerichteten Überwachungs-, Verifikations- und Inspektionskommission der Vereinten Nationen (UNMOVIC) und der IAEO sofortigen, bedingungslosen und uneingeschränkten Zugang gewährt, sowie mit Bedauern über die dadurch verursachte Verlängerung der Krise in der Region und des Leids der irakischen Bevölkerung,

sowie missbilligend, dass die Regierung Iraks ihren Verpflichtungen nach Resolution 687 (1991) betreffend den Terrorismus, nach Resolution 688 (1991) betreffend die Beendigung der Unterdrückung seiner Zivilbevölkerung und die Gewährung des Zugangs für die internationalen humanitären Organisationen zu allen hilfsbedürftigen Personen in Irak sowie nach den Resolutionen 686 (1991), 687 (1991) und 1284 (1999) betreffend die Repatriierung von Staatsangehörigen Kuwaits und dritter Staaten, die von Irak widerrechtlich festgehalten werden, die Zusammenarbeit bei der Klärung ihres Verbleibs sowie die Rückgabe aller von Irak widerrechtlich beschlagnahmten kuwaitischen Vermögenswerte nicht nachgekommen ist,

unter Hinweis darauf, dass der Rat in seiner Resolution 687 (1991) erklärte, dass eine Waffenruhe davon abhängen werde, dass Irak die Bestimmungen der genannten Resolution und namentlich die Irak darin auferlegten Verpflichtungen akzeptiert,

fest entschlossen, dafür zu sorgen, dass Irak seine Verpflichtungen nach Resolution 687 (1991) und den sonstigen einschlägigen Resolutionen vollständig, sofort und ohne Bedingungen oder Einschränkungen einhält, und unter Hinweis darauf, dass die Resolutionen des Rates den Maßstab für die Einhaltung der Verpflichtungen Iraks bilden,

daran erinnernd, dass es für die Durchführung der Resolution 687 (1991) und der sonstigen einschlägigen Resolutionen unerlässlich ist, dass die UNMOVIC als Nachfolgeorganisation der Sonderkommission und die IAEO ihrer Tätigkeit wirksam nachgehen können,

feststellend, dass das Schreiben des Außenministers Iraks vom 16. September 2002 an den Generalsekretär ein notwendiger erster Schritt dazu ist, Iraks anhaltende Nichtbefolgung der einschlägigen Ratsresolutionen zu korrigieren,

ferner Kenntnis nehmend von dem Schreiben des Exekutivvorsitzenden der UNMOVIC und des Generaldirektors der IAEO vom 8. Oktober 2002 an General AL-SAADI, Mitglied der Regierung Iraks, in dem im Anschluss an ihr Treffen in Wien die praktischen Regelungen festgelegt werden, die eine Voraussetzung für die Wiederaufnahme der Inspektionen in Irak durch die UNMOVIC und die IAEO sind, und mit dem Ausdruck seiner größten Besorgnis darüber, dass die Regierung Iraks die in dem genannten Schreiben festgelegten Regelungen nach wie vor nicht bestätigt hat,

in Bekräftigung des Bekenntnisses aller Mitgliedstaaten zur Souveränität und territorialen Unversehrtheit Iraks, Kuwaits und der Nachbarstaaten,

mit Lob für den Generalsekretär und für die Mitglieder der Liga der arabischen Staaten und ihren Generalsekretär für ihre diesbezüglichen Bemühungen,

entschlossen, die vollständige Befolgung seiner Beschlüsse sicherzustellen,

tätig werdend nach Kapitel VII der Charta der Vereinten Nationen,

1. beschließt, dass Irak seine Verpflichtungen nach den einschlägigen Resolutionen, namentlich der Resolution 687 (1991), erheblich verletzt hat und nach wie vor erheblich verletzt, indem Irak insbesondere nicht mit den Inspektoren der Vereinten Nationen und der Internationalen Atomenergie-Organisation (IAEO) zusammenarbeitet und die nach den Ziffern 8 bis 13 der Resolution 687 (1991) erforderlichen Maßnahmen nicht abschließt;

2. beschließt, dabei eingedenk der Ziffer 1, Irak mit dieser Resolution eine letzte Chance einzuräumen, seinen Abrüstungsverpflichtungen nach den einschlägigen Resolutionen des Rates nachzukommen; und beschließt demgemäss, ein verstärktes Inspektionsregime einzurichten, mit dem Ziel, den vollständigen und verifizierten Abschluss des mit Resolution 687 (1991) und späteren Resolutionen des Rates eingerichteten Abrüstungsprozesses herbeizuführen;

- I. Chronik -
Nr.139/8.XI.2002: Sicherheitsrat gibt Irak letzte Chance

3. beschließt, dass die Regierung Iraks, um mit der Erfüllung ihrer Abrüstungsverpflichtungen zu beginnen, zusätzlich zur Vorlage der zweimal jährlich erforderlichen Erklärungen der Überwachungs-, Verifikations- und Inspektionskommission der Vereinten Nationen (UNMOVIC), der IAEO und dem Rat spätestens 30 Tage nach Verabschiedung dieser Resolution eine auf dem neuesten Stand befindliche genaue, vollständige und umfassende Erklärung aller Aspekte seiner Programme zur Entwicklung chemischer, biologischer und nuklearer Waffen, ballistischer Flugkörper und anderer Trägersysteme, wie unbemannter Luftfahrzeuge und für den Einsatz mit Luftfahrzeugen bestimmter Ausbringungssysteme, einschließlich aller Bestände sowie der exakten Standorte derartiger Waffen, Komponenten, Subkomponenten, Bestände von Agenzien sowie dazugehörigen Materials und entsprechender Ausrüstung, der Standorte und der Tätigkeit seiner Forschungs-, Entwicklungs- und Produktionseinrichtungen sowie aller sonstigen chemischen, biologischen und Nuklearprogramme, einschließlich jener, bezüglich derer es geltend macht, dass sie nicht Zwecken im Zusammenhang mit der Produktion von Waffen oder Material dienen, vorlegen wird;

4. beschließt, dass falsche Angaben oder Auslassungen in den von Irak nach dieser Resolution vorgelegten Erklärungen sowie jegliches Versäumnis Iraks, diese Resolution zu befolgen und bei ihrer Durchführung uneingeschränkt zu kooperieren, eine weitere erhebliche Verletzung der Verpflichtungen Iraks darstellen und dem Rat gemeldet werden, damit er nach den Ziffern 11 und 12 eine Bewertung trifft;

5. beschließt, dass Irak der UNMOVIC und der IAEO sofortigen, ungehinderten, bedingungslosen und uneingeschränkten Zugang zu ausnahmslos allen, auch unterirdischen, Bereichen, Einrichtungen, Gebäuden, Ausrüstungsgegenständen, Unterlagen und Transportmitteln gewährt, die diese zu inspizieren wünschen, sowie sofortigen, ungehinderten und uneingeschränkten Zugang ohne Anwesenheit Dritter zu allen Amtsträgern und anderen Personen, welche die UNMOVIC oder die IAEO in der von ihr gewählten Art und Weise oder an einem Ort ihrer Wahl auf Grund irgendeines Aspekts ihres jeweiligen Mandats zu befragen wünschen; beschließt ferner, dass die UNMOVIC und die IAEO nach ihrem Ermessen Befragungen innerhalb oder außerhalb Iraks durchführen können, dass sie die Ausreise der Befragten und ihrer Angehörigen aus Irak erleichtern können und dass diese Befragungen nach alleinigem Ermessen der UNMOVIC und der IAEO ohne Beisein von Beobachtern der Regierung Iraks stattfinden können; und weist die UNMOVIC an und ersucht die IAEO, die Inspektionen spätestens 45 Tage nach Verabschiedung dieser Resolution wiederaufzunehmen und den Rat 60 Tage danach über den neuesten Sachstand zu unterrichten;

6. macht sich das Schreiben des Exekutivvorsitzenden der UNMOVIC und des Generaldirektors der IAEO vom 8. Oktober 2002 an General Al-Saadi, Mitglied der Regierung Iraks, zu eigen, das dieser Resolution als Anlage beigefügt ist, und beschließt, dass der Inhalt dieses Schreibens für Irak bindend ist;

7. beschließt ferner, in Anbetracht der von Irak lange unterbrochenen Anwesenheit der UNMOVIC und der IAEO und zu dem Zweck, dass sie die in dieser und in allen früheren einschlägigen Resolutionen festgelegten Aufgaben wahrnehmen können, sowie ungeachtet früherer Vereinbarungen die nachstehenden abgeänderten beziehungsweise zusätzlichen Regelungen festzulegen, die für Irak bindend sind, um ihre Arbeit in Irak zu erleichtern:

- die UNMOVIC und die IAEO bestimmen die Zusammensetzung ihrer Inspektionsteams und stellen sicher, dass diese Teams aus den qualifiziertesten und erfahrensten verfügbaren Sachverständigen bestehen;

- das gesamte Personal der UNMOVIC und der IAEO genießt die in dem Übereinkommen über die Vorrechte und Immunitäten der Vereinten Nationen und der Vereinbarung über die Vorrechte und Befreiungen der IAEO für Sachverständige im Auftrag der Vereinten Nationen vorgesehenen Vorrechte und Immunitäten;

- die UNMOVIC und die IAEO haben das uneingeschränkte Ein- und Ausreiserecht in und aus Irak, das Recht auf freie, uneingeschränkte und sofortige Bewegung zu und von den Inspektionsstätten sowie das Recht, alle Stätten und Gebäude zu inspizieren, einschließlich des sofortigen, ungehinderten, bedingungslosen und un-eingeschränkten Zugangs zu den Präsidentenanlagen unter den gleichen Bedingungen wie zu den anderen Stätten, ungeachtet der Bestimmungen der Resolution 1154 (1998);

- I. Chronik -
Nr.139/8.XI.2002: Sicherheitsrat gibt Irak letzte Chance

- die UNMOVIC und die IAEO haben das Recht, von Irak die Namen aller Mitarbeiter zu erhalten, die mit den chemischen, biologischen, nuklearen und ballistische Flugkörper betreffenden Programmen Iraks sowie mit den entsprechenden Forschungs-, Entwicklungs- und Produktionseinrichtungen in Verbindung stehen oder in Verbindung standen;

- die Sicherheit der Einrichtungen der UNMOVIC und der IAEO wird durch eine ausreichende Zahl von Sicherheitskräften der Vereinten Nationen gewährleistet;

- die UNMOVIC und die IAEO haben das Recht, zum Zweck der Blockierung einer zu inspizierenden Stätte Ausschlusszonen zu erklären, die auch umliegende Gebiete und Verkehrskorridore umfassen, in denen Irak alle Bewegungen am Boden und in der Luft einstellt, sodass an der zu inspizierenden Stätte nichts verändert und nichts davon entfernt wird;

- die UNMOVIC und die IAEO können Starr- und Drehflügelluftfahrzeuge, einschließlich bemannter und unbemannter Aufklärungsflugzeuge, frei und uneingeschränkt einsetzen und landen;

- die UNMOVIC und die IAEO haben das Recht, nach ihrem alleinigen Ermessen alle verbotenen Waffen, Subsysteme, Komponenten, Unterlagen, Materialien und andere damit zusammenhängende Gegenstände verifizierbar zu entfernen, zu vernichten oder unschädlich zu machen sowie das Recht, alle Einrichtungen oder Ausrüstungen für deren Produktion zu beschlagnahmen oder zu schließen; und

- die UNMOVIC und die IAEO haben das Recht, Ausrüstung oder Material für Inspektionen frei einzuführen und zu verwenden und jede Ausrüstung, jedes Material und alle Dokumente, die sie bei Inspektionen sichergestellt haben, zu beschlagnahmen und auszuführen, ohne dass Mitarbeiter der UNMOVIC oder der IAEO oder ihr dienstliches oder persönliches Gepäck durchsucht werden;

8. beschließt ferner, dass Irak keine feindseligen Handlungen gegen Vertreter oder Personal der Vereinten Nationen oder der IAEO oder irgendeines Mitgliedstaats, der tätig wird, um einer Resolution des Rates Geltung zu verschaffen, durchführen oder androhen wird;

9. ersucht den Generalsekretär, Irak diese Resolution, die für Irak bindend ist, unverzüglich zur Kenntnis zu bringen; verlangt, dass Irak binnen sieben Tagen nach dieser Unterrichtung seine Absicht bestätigt, diese Resolution vollinhaltlich zu befolgen, und verlangt ferner, dass Irak sofort, bedingungslos und aktiv mit der UNMOVIC und der IAEO kooperiert;

10. ersucht alle Mitgliedstaaten, die UNMOVIC und die IAEO bei der Erfüllung ihres jeweiligen Mandats rückhaltlos zu unterstützen, so auch indem sie alle Informationen über verbotene Programme oder andere Aspekte ihres Mandats vorlegen, namentlich über die von Irak seit 1998 unternommenen Versuche, verbotene Gegenstände zu erwerben, und indem sie Empfehlungen zu den zu inspizierenden Stätten, den zu befragenden Personen, den Umständen solcher Befragungen und den zu sammelnden Daten abgeben, wobei die UNMOVIC und die IAEO dem Rat über die dabei erzielten Ergebnisse Bericht erstatten werden;

11. weist den Exekutivvorsitzenden der UNMOVIC und den Generaldirektor der IAEO an, dem Rat über jede Einmischung Iraks in die Inspektionstätigkeiten und über jedes Versäumnis Iraks, seinen Abrüstungsverpflichtungen, einschließlich seiner Verpflichtungen betreffend Inspektionen, nach dieser Resolution nachzukommen, sofort Bericht zu erstatten;

12. beschließt, sofort nach Eingang eines Berichts nach den Ziffern 4 oder 11 zusammenzutreten, um über die Situation und die Notwendigkeit der vollinhaltlichen Befolgung aller einschlägigen Ratsresolutionen zu beraten, um den Weltfrieden und die internationale Sicherheit zu sichern;

13. erinnert in diesem Zusammenhang daran, dass der Rat Irak wiederholt vor ernsthaften Konsequenzen gewarnt hat, wenn Irak weiter gegen seine Verpflichtungen verstößt;

14. beschließt, mit der Angelegenheit befasst zu bleiben."

(Deutscher Übersetzungsdienst, Vereinte Nationen)

- I. Chronik -
Nr.140/11.-15.XI.2002: Überprüfungskonferenz des BWÜ

11. - 15. XI. 2002

140. Fortsetzung der Überprüfungskonferenz des BWÜ

In Genf fand vom 11. bis zum 15. November 2002 die Fortsetzung der fünften Überprüfungskonferenz zum Übereinkommen über das Verbot und die Vernichtung von Biologischen und Toxinwaffen (BWÜ) statt. Der erste Versuch war im Dezember 2001 daran gescheitert, dass die USA im letzten Augenblick massive Änderungen am vorbereiteten Text des Schlussdokumentes vornehmen wollten, die nicht die Unterstützung der meisten anderen Teilnehmer fanden. Im November gelang es aber, ein Papier über den weiteren Folgeprozess zu verabschieden.

Convention on the Prevention of Biological Weapons, Results of the Fifth Review Conference, 14. 11. 2002

"At its eighth plenary meeting on 14 November 2002, the Conference decided, by consensus, as follows:

(a) To hold three annual meetings of the States Parties of one week duration each year commencing in 2003 until the Sixth Review Conference, to be held not later than the end of 2006, to discuss, and promote common understanding and effective action on:

i. the adoption of necessary national measures to implement the prohibitions set forth in the Convention, including the enactment of penal legislation;

ii. national mechanisms to establish and maintain the security and oversight of pathogenic microorganisms and toxins;

iii. enhancing international capabilities for responding to, investigating and mitigating the effects of cases of alleged use of biological or toxin weapons or suspicious outbreaks of disease;

iv. strengthening and broadening national and international institutional efforts and existing mechanisms for the surveillance, detection, diagnosis and combating of infectious diseases affecting humans, animals, and plants;

v. the content, promulgation, and adoption of codes of conduct for scientists.

(b) All meetings, both of experts and of States Parties, will reach any conclusions or results by consensus.

(c) Each meeting of the States Parties will be prepared by a two week meeting of experts. The topics for consideration at each annual meeting of States Parties will be as follows: items i and ii will be considered in 2003; items iii and iv in 2004; item v in 2005. The first meeting will be chaired by a representative of the Eastern Group, the second by a representative of the Group of Non-Aligned and Other States, and the third by a representative of the Western Group.

(d) The meetings of experts will prepare factual reports describing their work.

(e) The Sixth Review Conference will consider the work of these meetings and decide on any further action.

(f) At the same meeting, the Conference approved the nomination by the Eastern Group of Ambassador Tibor TÓTH of Hungary as Chairman of the 2003 meetings. At the ninth plenary meeting the Conference approved the cost estimates for the meetings to be held in 2003, 2004 and 2005, as contained in document BWC/CONF.V/14. The Conference requested the Depositaries of the Convention to consult with a view to establishing suitable dates for the 2003 meetings, and to notify States Parties accordingly.

At the eighth plenary meeting, the Conference decided that the Sixth Review Conference would be held in Geneva in 2006, and would be preceded by a Preparatory Committee."

(Auswärtiges Amt)

13. XI. 2002

141. Irak erklärt sich zur Wiederaufnahme von Inspektionen bereit

Am 13. November 2002 fand sich die Regierung des Iraks nach langem Zögern bereit, die in Resolution 1441 geforderte Wiederaufnahme von Inspektionen durch die Sonderkommission UNMOVIC zu akzeptieren. Das an den Generalsekretär der Vereinten Nationen, Kofi ANNAN, gerichtete Schreiben des irakischen Außenministers Nadschi SABRI, enthält noch einmal die Darlegung der Argumentation der irakischen Führung zu der Problematik.

Schreiben des Außenministers Iraks Nadschi Sabri an UN-Generalsekretär Kofi Annan vom 13. 11. 2002

„Sehr geehrter Herr Generalsekretär,

Sie werden sich an die gewaltige Aufregung erinnern, die der Präsident der Vereinigten Staaten von Amerika durch seine enorme und niederträchtige Verleumdung Iraks verursacht hat und dessen Gefolgsmann Tony BLAIR ihm in böser Absicht nachfolgte und mit Schmähungen voranging, als sie beide das Gerücht verbreiteten, Irak habe in der Zeit seit 1998 während der Abwesenheit der Inspektoren Kernwaffen hergestellt oder sei dabei, solche herzustellen. Später behaupteten sie, Irak habe tatsächlich chemische und biologische Waffen produziert, obwohl wir genauso gut wie wir wissen, und wie andere Staaten in der Lage sind zu wissen, dass es sich dabei um eine völlig aus der Luft gegriffene Erfindung handelt. Aber ist das Wissen um die Wahrheit überhaupt Teil des Vokabulars des politischen Verkehrs in unserer Zeit, nachdem sich das Böse in der amerikanischen Regierung jeder Fessel entledigt hat und jede Hoffnung auf das Gute vernichtet wurde? Ja kann denn überhaupt von amerikanischen Regierungen etwas Gutes erwartet oder erhofft werden, jetzt wo sie sich durch ihre Gier, den Zionismus und andere, allen bekannten Faktoren in den Tyrannen unserer Zeit verwandelt haben?

Nachdem einige Staaten und die Öffentlichkeit auf diese Lüge hereingefallen waren, während andere dazu schwiegen, konfrontierte Irak sie mit seiner Zustimmung zur Rückkehr der internationalen Inspektoren, nach einer Einigung mit Ihnen, als Vertreter der Vereinten Nationen in New York, am 16. September 2002, und in einer gemeinsamen Presseerklärung einer von Amer AL-SAADI geleiteten technischen Delegation Iraks, des Chefinspektors Hans BLIX und Mohammed EL BARADEIs, des Generaldirektors der Internationalen Atomenergie-Organisation (IAEO) am 30. September/1. Oktober 2002. Doch wenige Stunden nachdem Iraks Zustimmung zur Rückkehr der Inspektoren feststand und der 19. Oktober 2002 als Datum ihrer Ankunft vereinbart war, erklärte der amerikanische Außenminister Colin POWELL, er werde nicht zulassen, dass sich die Inspektoren nach Irak begäben. Die Bande des Bösen begann erneut von der Notwendigkeit zu sprechen, eine neue Resolution zu verabschieden, um den Menschen der Welt mit Neuigkeiten Sand in die Augen zu streuen, damit sie nicht die Arbeit der Inspektionsteams verfolgen und sich davon überzeugen, was Irak erklärt hat, nämlich während der Abwesenheit der Inspektoren keine nuklearen, chemischen oder biologischen Massenvernichtungswaffen hergestellt oder besessen zu haben. Statt jedoch die entsprechenden Überwachungstätigkeiten vorzunehmen und so die für diese Lügen und falschen Anschuldigungen Verantwortlichen zu entlarven, gingen die Vertreter der internationalen Organisation und ihrer Organe, und insbesondere diejenigen der ständigen Mitglieder des Sicherheitsrats, vielmehr geschäftig daran, die Beschaffenheit und den Wortlaut der neuen Resolution zu diskutieren. Sie strichen einen Buchstaben hier und einen Buchstaben da, fügten ein Wort hier und ein Wort da dazu, bis sie zu einer Einigung kamen, da sie dachten, dass es besser sei, von einem wütenden Stier in einer kleinen Arena getreten zu werden als auf offenem Felde seine Hörner zu spüren. Dazu kam es unter dem Druck der amerikanischen Regierung und ihrer Drohung, aus der internationalen Organisation auszutreten, sofern sie sich nicht Amerikas Wünschen fügte, ein Akt der Niedertracht bestenfalls und ein Grund zur Scham für jedes ehrliche und freie Mitglied der internationalen Organisation, das sich an die Bestimmungen der Charta erinnert und das merkt, dass einige sich schämen für diejenigen, die keine Scham empfinden.

Wir haben den Mitgliedern des Sicherheitsrats, die wir kontaktiert haben oder die uns kontaktierten, als sie uns von den Vorwänden der Amerikaner und von ihren Drohungen erzähl-

- I. Chronik -
Nr.141/13.XI.2002: Irak akzeptiert UNMOVIC

ten, unser Land entweder allein oder mit wem auch immer an ihrer Seite anzugreifen, falls der Sicherheitsrat sich ihren Wünschen nicht fügte, erklärt, dass wir es vorziehen, wenn es denn unvermeidlich ist, dass uns Amerika allein angreift und dass wir ihm im Vertrauen auf Gott entgegentreten, anstatt dass Amerika internationale Rückendeckung erhält, die es ihm erlaubt, seine Lügen ganz oder teilweise zu verschleiern und die Falschheit an die Wahrheit heranschleichen zu lassen, damit sie ihr den Dolch des Bösen und der Perfidie ins Herz stoßen kann. Und wir sind Amerika bereits einmal entgegengetreten, zu einem Zeitpunkt, als man es ähnlich beschreiben konnte, und das war einer der Gründe für seine Isoliertheit bei den Menschen in der Welt.

Amerikas Aggressivität und die Ungerechtigkeiten und die Zerstörung, die es im Alleingang seinen Opfern zufügt, hauptsächlich Muslime und arabische Gläubige, stellen den Hauptgrund dafür dar, dass es seine Botschafter und anderes Personal abzieht, seine Botschaften schließt und seine Interessen in vielen Teilen der Welt einschränkt, und sich dazu noch für seine Aggressionspolitik und seine aggressiven Ziele den Hass der Völker der Welt zuzieht. Kein anderes Land der Welt zuvor, nicht einmal in früheren Zeiten die Väter des Kolonialismus, hat sich je in einer solchen Situation befunden. Dennoch hat der Sicherheitsrat, oder genauer gesagt diejenigen, die ihn im Wesentlichen beherrschen, anstatt die amerikanische Regierung und ihren Gefolgsmann, hinter denen der hassenswerte Zionismus steht, die Früchte des Bösen ernten zu lassen, das sie gesät haben, diese Schändlichkeit bewahrt anstatt ihr Einhalt zu gebieten. Wir werden sehen, und dann wird die Reue nichts nützen, wenn sie sich die Fingerspitzen beißen.

Der Einfluss einer jeden internationalen Organisation beruht auf der Fähigkeit, die menschliche Gemeinschaft, in der sie existiert, zu überzeugen, sowie in dem Vertrauen, das ihm diese Gemeinschaft entgegenbringt, nachdem die Organisation erklärt hat, dass sie geschaffen wurde, um Zielen zu dienen, die für diese Gemeinschaft wichtig sind. Wir befürchten, dass die Vereinten Nationen das Vertrauen und das Interesse der Völker verlieren wird, falls das nicht bereits geschehen ist, wenn sie von mächtigen Interessen ausgesaugt werden, wann immer diese Interessen sich auf Kosten anderer Völker vereinen und einander hofieren und über Falschheiten auf Kosten der Wahrheit feilschen. So werden die Vereinten Nationen und ihre Organe zusammenbrechen, ganz wie es dem Völkerbund davor erging. Die Verantwortung dafür wird nicht allein bei der amerikanischen Regierung liegen, sondern bei allen, die in ihrer Schwachheit für deren Interessen arbeiten und ihren Drohungen, Verlockungen oder Versprechungen erliegen.

Wer schweigt, wenn es gilt, die Wahrheit zu sagen, ist ein stummer Teufel. Nichts ist bedrückkender als das Schweigen der Staatenvertreter im Sicherheitsrat, als der amerikanische Entwurf diskutiert wurde, auf die Frage des Vertreters Mexikos hinsichtlich der Möglichkeit, die gegen Irak verhängten Sanktionen aufzuheben. Während der Konsultationen im Sicherheitsrat betreffend die Resolution 1441 am 7. November 2002 sagte der mexikanische Vertreter, dass ihn die Erklärungen des amerikanischen Botschafters bezüglich des Fehlens jeglicher Bezugnahme auf eine Aufhebung der Sanktionen und die Schaffung einer von Massenvernichtungswaffen freien Zone im Nahen Osten nicht befriedigten und dass er dies seiner Regierung mitteilen werden, um Anweisungen zu erhalten. Der britische Vertreter antwortete, dass er den Stellungnahmen der Delegationen Syriens und Mexikos hinsichtlich der Aufnahme eines Absatzes über die Aufhebung der Sanktionen in die Resolution zugehört habe. Er sagte, Irak sei schon zuvor die Gelegenheit gegeben worden, seine Massenvernichtungswaffen aufzugeben, habe das aber ignoriert und habe die Entscheidung getroffen, sie zu behalten. Daher sei eine Bezugnahme auf eine Aufhebung der Sanktionen nicht angezeigt, solange Irak noch solche Waffen besitze. Nichtsdestoweniger sei eine indirekte diesbezügliche Bezugnahme enthalten. Man muss hier hinzufügen, dass in keiner der Vertreter fragte, wann, wie oder wo Irak diese angebliche Entscheidung getroffen habe, Massenvernichtungswaffen zu behalten. Die Delegierten behandelten die Erklärung des britischen Vertreters so, als ob sie sich auf eine Angelegenheit beziehe, die sie nichts angehe, oder vielmehr, als ob es sie nichts angehe, ob die Wahrheit gesagt wird. Deuten nicht diese und andere Dinge, zusammen mit dem sinkenden Ansehen internationaler Organisationen dieser Art, auf die Möglichkeit des Zusammenbruchs dieser internationalen Organisation hin, die gegründet wurde, um den Weltfrieden und die internationale Sicherheit zu wahren, die sich aber in einen Marktplatz verwandelt hat, in dem um die Interessen der Großmächte gefeilscht wird und der einen Deckmantel für Krieg, Vernichtung, Blockaden und das Aushungern ganzer Völker bietet?

- I. Chronik -
Nr.141/13.XI.2002: Irak akzeptiert UNMOVIC

Die Zukunft wird sich an der Reformfähigkeit, oder an der fehlenden Reformfähigkeit, entscheiden, und das gilt auch für die Vereinten Nationen. Alle diejenigen, für die es nicht nur ein Lippenbekenntnis, sondern ein echtes Anliegen ist, diese internationale Organisation und ihre Arbeit auf der Grundlage der Charta zu fördern, damit Stabilität, Gerechtigkeit und Fairness auf der ganzen Welt herrschen und den Weg zu Frieden, Freiheit und Zusammenarbeit zwischen den Völkern ebnen, sind dazu aufgefordert, mit Vorsicht und im Einklang mit dem Völkerrecht und der Charta der Vereinten Nationen zu handeln und nicht nach eigenem Gutdünken entsprechend den ungezügelten Neigungen derjenigen, welche die Welt mit ihren Waffen und finsteren Plänen bedrohen, und derjenigen, welche engstirnig auf ihre eigenen Interessen achten, die sie zu fördern suchen, indem sie auf Kosten der Wahrheit, der Gerechtigkeit und der Fairness einen Handel eingehen.

Wir wissen, dass diejenigen, die im Sicherheitsrat auf die Verabschiedung der Resolution 1441 (2002) drängten, andere Ziele verfolgen als sich zu vergewissern, dass Irak in Abwesenheit der Inspektoren seit 1998 keine Massenvernichtungswaffen entwickelt hat. Sie wissen sehr gut, wie sie Irak verließen und was der Grund für ihre Abreise war. Obwohl uns bewusst ist, dass nach der weithin bekannten Vereinbarung zwischen den Vertretern Iraks und dem Generalsekretär und nach der Presseerklärung von Hans BLIX, Mohammed EL BARADEI und den Vertretern Iraks kein Sachverhalt und keine Prinzipien der Gerechtigkeit und Fairness die Annahme dieser Resolution im Namen des Sicherheitsrats notwendig machen, setzen wir Sie hiermit davon in Kenntnis, dass wir der Resolution 1441 (2002) entsprechen werden, trotz ihres schändlichen Inhalts und obwohl sie vor dem Hintergrund der Absichten derjenigen durchgeführt werden soll, die mit bösem Willen handeln. Während dies in dem Versuch geschieht, unserem Volk Leid zu ersparen, werden wir nicht vergessen, genauso wie andere nicht vergessen sollten, dass die Wahrung der Würde unseres Volkes und seiner Sicherheit und Unabhängigkeit innerhalb seines Heimatlandes eine geheiligte und ehrenvolle nationale Pflicht unserer Führung und unserer Regierung ist. Das Gleiche gilt für den Schutz unseres Heimatlandes und seiner Souveränität sowie der des Volkes und seiner Sicherheit, seiner Interessen und seiner hehren Werte vor Widersachern und Unterdrückern. Daher sind wir bereit, wie wir in der besagten Vereinbarung und der Presseerklärung sagten, die Inspektoren zu empfangen, damit sie ihren Auftrag erledigen und sich vergewissern können, dass Irak in ihrer Abwesenheit aus Irak seit 1998 unter den sowohl Ihnen als auch dem Sicherheitsrat bekannten Umständen keine Massenvernichtungswaffen produziert hat. Wir ersuchen Sie, den Sicherheitsrat davon zu unterrichten, dass wir bereit sind, die Inspektoren im Einklang mit den festgelegten Terminen zu empfangen. Alle beteiligten Parteien sollten bedenken, dass wir uns im heiligen Monat Ramadan befinden und dass die Menschen fasten, und dass nach diesem Monat ein Festtag sein wird. Die zuständigen Amtsträger und Behörden werden dennoch vor diesem Hintergrund und angesichts der Dreiparteien-Erklärung Frankreichs, Russlands und Chinas mit den Inspektoren zusammenarbeiten. Die Regierung Iraks wird außerdem all das bei ihrem Umgang mit den Inspektoren sowie in allen Angelegenheiten berücksichtigen, welche das Verhalten und die Absichten jedes von ihnen betreffen, der bösen Willen zeigt oder eine ungebührliche Einstellung zur Erhaltung der nationalen Würde, Unabhängigkeit und Sicherheit des Volkes und der Sicherheit, Unabhängigkeit und Souveränität der Heimat an den Tag legt. Wir erwarten sehnlich, dass sie ihre Aufgabe im Einklang mit dem Völkerrecht so bald wie möglich erfüllen. Tun sie dies auf professionelle und rechtmäßige Weise, und ohne vorher geplante Ziele, werden die Erfindungen der Lügner für alle ersichtlich sein und wird das erklärte Ziel des Sicherheitsrats erreicht sein. Dann wird der Sicherheitsrat rechtlich verpflichtet sein, das Embargo gegen Irak aufzuheben; falls er das nicht tut, werden alle Menschen guten Willens in der ganzen Welt, zusätzlich zu Irak, ihn auffordern, das Embargo und alle anderen ungerechten Sanktionen gegen Irak aufzuheben. Vor der Öffentlichkeit und vor dem Gesetz wird der Rat verpflichtet sein, die Ziffer 14 seiner Resolution 687 (1991) auf das zionistische Gebilde (Israel) und danach auf die gesamte Nahostregion anzuwenden, damit sie frei von Massenvernichtungswaffen ist. Die Zahl der Gerechten in der Welt wird zunehmen, und mit ihnen die Möglichkeiten Iraks, das Krächzen der Krähen des Bösen zu vertreiben, die Tag für Tag sein Land heimsuchen, sein Eigentum zerstören und mit ihren Bomben Menschen töten, wenn es nicht die Ungerechten selbst bereits getan haben. Wenn das geschieht, wird es helfen, die Region und die Welt zu stabilisieren, sofern damit eine Lösung zur Beendigung der zionistischen Besetzung Palästinas einhergeht, die nicht auf zweierlei Maß beruht, und sofern die Aggressoren von ihren Angriffen auf Muslime und auf die Welt ablassen.

Wir wiederholen daher, über Sie, dieselbe Erklärung gegenüber dem Sicherheitsrat: Senden Sie die Inspektoren nach Irak, damit sie sich davon überzeugen, und wenn ihr Verhalten genau überwacht wird, um sicherzustellen, dass es rechtmäßig und professionell ist, werden

- I. Chronik -
142/19.XI.2002: EU-Außenminister in Brüssel zu Irak

alle dessen sicher sein, dass Irak keine nuklearen, chemischen oder biologischen Massenvernichtungswaffen produziert hat, egal was die üblen Heuchler Gegenteiliges behaupten mögen. Die Erfindungen der Lügner und die Täuschereien der Scharlatane in der amerikanischen und britischen Regierung werden vor der Welt bloßgelegt werden, im Gegensatz zur Wahrhaftigkeit der stolzen Iraker und zur Richtigkeit ihrer Worte und ihrer Taten. Wenn jedoch zugelassen wird, dass die Launen der amerikanischen Regierung und die Wünsche der Zionisten sowie ihre Gefolgsleute und Geheimdienste, ihre Drohungen und üblen Verlockungen die Inspektionsteams und ihre Mitglieder manipulieren und zu ihrem Spielball machen, dann wird das Bild getrübt werden, und die entstehende Verwirrung wird die Tatsachen verzerren und die Dinge in eine gefährliche Richtung treiben, an den Rand des Abgrunds, eine Situation, die weder die Gerechten wünschen noch diejenigen, wie meine Regierung, die den Sachverhalt aufdecken wollen wie er ist. An der Arbeit im Felde und an der Durchführung wird es sich entscheiden, ob die Absicht wirklich war, den Sicherheitsrat feststellen zu lassen, dass Irak die angeblichen Waffen nicht besitzt, oder ob die ganze Angelegenheit nicht mehr als ein arglistiger Vorwand für die Urheber der Resolution ist, die schändliche Verleumdungen von sich geben und keinerlei Skrupel haben, die Öffentlichkeit und ihr eigenes Volk zu belügen.

Sollen doch die Inspektoren nach Bagdad kommen, um ihren Auftrag im Einklang mit dem Gesetz durchzuführen, und wir werden hören und sehen, gemeinsam mit denen, die im Einklang mit ihren Verpflichtungen und Rechten nach der Charta der Vereinten Nationen und dem Völkerrecht hören, sehen und handeln. Der letztliche Bezugsrahmen bleibt die Resolution 687 (1991), die sowohl dem Sicherheitsrat als auch Irak Verpflichtungen auferlegt, sowie der Verhaltenskodex in der Vereinbarung, die am 16. September 2002 mit dem Generalsekretär in New York unterzeichnet wurde, und die Presserklärung, die gemeinsam mit Hans BLIX und Mohammed EL BARADEI am 30. September/1. Oktober 2002 in Wien herausgegeben wurde.

Wir hoffen, dass Sie Ihre Verantwortung wahrnehmen werden, indem Sie zu den Unterdrückern sprechen und sie darauf aufmerksam machen, dass ihre ungerechte Behandlung der Muslime, gläubigen Araber sowie aller Menschen katastrophale Auswirkungen hat und dass Gott allmächtig ist und alles vermag. Sagen Sie ihnen, dass das irakische Volk stolz, gläubig und kampfesmutig ist und dass es seit vielen vielen Jahren den alten Kolonialismus, den Imperialismus und die Aggression, einschließlich derjenigen des Tyrannen, bekämpft und bekriegt hat. Der Preis für die Wahrung seiner Unabhängigkeit, seiner Würde und seiner hehren Prinzipien waren Ströme von Blut, gewaltige Entbehrungen und Beeinträchtigungen seiner Reichtümer, aber gleichzeitig auch unvergängliche Errungenschaften, die ihm zum Stolz gereichen. Wir hoffen, dass Sie den Unwissenden raten, die Sache nicht an den Rand des Abgrunds zu treiben, wenn die Zeit der Durchführung kommt, denn das Volk Iraks wird nicht das Leben wählen, wenn es dafür seine Würde, seine Heimat, seine Freiheit oder die Dinge, die ihm heilig sind, opfern muss. Im Gegenteil, es wird dafür sein Leben geben, wenn dies der einzige Weg ist zu bewahren, was bewahrt werden muss.

Bevor ich meinen Brief schließe, möchte ich Sie davon unterrichten, dass ich zu gegebener Zeit ein weiteres detailliertes Schreiben an Sie richten werde, in dem wir zu den in Resolution 1441 (2002) enthaltenen Verfahren und Maßnahmen Stellung nehmen, die mit dem Völkerrecht, der Charta der Vereinten Nationen, den bekannten Tatsachen und den Erfordernissen früherer einschlägiger Resolutionen des Sicherheitsrats nicht vereinbar sind...."

(Dokumentarchiv.de)

19. XI. 2002

142. EU fordert Irak zur Kooperation auf

Am 19. November 2002 traf in Brüssel der Rat der Außenminister der EU (Rat für Allgemeine Angelegenheiten) zusammen. Dabei wurde auch die Lage im Irak-Konflikt behandelt. Die Teilnehmer verabschiedeten die nachfolgende Erklärung, in der sie den Irak auffordern, die letzte Gelegenheit zu ergreifen, um seinen Abrüstungsverpflichtungen nachzukommen.

- I. Chronik -
Nr.143/21.-22.XI.2002: NATO-Gipfeltreffen in Prag

Erklärung der EU zum Irak vom 19. 11. 2002

„Der Rat begrüßt die einstimmige Annahme der Resolution 1441 des VN-Sicherheitsrates vom 8. November 2002, die den Weg für die Rückkehr der Waffeninspektoren nach Irak auf der Grundlage einer strengeren Inspektionsregelung bereitet.

Die Irak-Politik der Europäischen Union hat ein klares Ziel: die Beseitigung der Massenvernichtungswaffen Iraks im Einklang mit den Resolutionen des VN-Sicherheitsrates.

Mit der Resolution 1441 wird der irakischen Regierung eine klare Botschaft übermittelt. Die Völkergemeinschaft ist sich einig in ihrer Entschlossenheit, die Massenvernichtungswaffen Iraks zu beseitigen. Die Resolution zeigt Irak den Weg, die Krise friedlich beizulegen. Der Rat weist darauf hin, dass Irak unverzüglich, bedingungslos und aktiv mit den Waffeninspektoren zusammenarbeiten muss. Der Rat ruft die irakische Regierung dringend auf, diese letzte Gelegenheit zu ergreifen, um den Abrüstungsverpflichtungen Iraks nachzukommen. Nur so kann Irak eine weitere Konfrontation vermeiden. In diesem Zusammenhang nimmt der Rat die Tatsache, dass Irak die Resolution akzeptiert hat, als ersten Schritt zur Erfüllung der Abrüstungsverpflichtungen zur Kenntnis.

Die EU wird die VN und insbesondere den VN-Sicherheitsrat, der in erster Linie in dieser Frage zuständig ist, weiterhin rückhaltlos unterstützen. Die Rolle des Sicherheitsrates bei der Aufrechterhaltung von Frieden und Sicherheit in der Welt muss gewahrt werden.

Der Rat erklärt, dass er Dr. BLIX von der UNMOVIC und Dr. EL-BARADEI von der IAEO, die die Inspektionen leiten werden, uneingeschränkt unterstützt. Die EU ist bereit, jedwede mögliche politische und praktische Unterstützung zu leisten, einschließlich der Bereitstellung von Personal für die Inspektionsteams der UNMOVIC und der IAEO, um zu gewährleisten, dass deren Mission das Ziel der Völkergemeinschaft, nämlich die vollständige Beseitigung der Massenvernichtungswaffen Iraks, erreicht."

(Website der EU)

21. - 22. XI. 2002

143. NATO-Gipfeltreffen in Prag

Am 21. November 2002 trafen sich in der tschechischen Hauptstadt Prag die Staats- und Regierungschefs der NATO. Mit dem Gipfeltreffen wurde ein weiteres Kapitel der Erweiterung aufgeschlagen, denn sieben Länder wurden zu Verhandlungen über Mitgliedschaft eingeladen. Ein weiterer Schwerpunkt war die Debatte über die Irak-Krise. Zu diesem Punkt wurde eine entsprechende Erklärung veröffentlicht. Daneben wurde die Führungsstruktur der NATO grundlegend geändert, es wurde die Aufstellung einer Schnellen Eingreiftruppe beschlossen und die Teilnehmer verpflichteten sich, die Ziele der Defence Capabilities Initiative (DCI) von 1999 zu erfüllen. Ebenfalls wurde ein Konzept zur Bekämpfung des Terrorismus angenommen und beschlossen, Raketenabwehroptionen für das Bündnisgebiet zu prüfen sowie Initiativen im Bereich des Schutzes gegen Massenvernichtungswaffen umzusetzen. Am 22. November tagten dann der NATO-Russland-Rat und der Atlantische Partnerschaftsrat auf Ebene der Außenminister.

1. Prager Gipfelerklärung der Staats- und Regierungschefs auf dem Treffen des Nordatlantikrats in Prag am 21. 11. 2002

„1. Wir, die Staats- und Regierungschefs der Mitgliedsländer der Nordatlantischen Allianz, sind heute zusammengekommen, um unsere Allianz zu erweitern und die NATO weiter zu stärken, um den ernsthaften neuen Bedrohungen und tief greifenden Sicherheitsherausforde-

- I. Chronik -
Nr.143/21.-22.XI.2002: NATO-Gipfeltreffen in Prag

rungen des 21. Jahrhunderts zu begegnen. Eng miteinander verbunden durch unsere gemeinsame Vision, wie sie im Washingtoner Vertrag konkrete Form erhielt, wollen wir die NATO einem Wandlungsprozess unterziehen - mit neuen Mitgliedern, neuen Verteidigungsfähigkeiten und neuen Beziehungen zu unseren Partnern. Wir stehen fest in unserem Bekenntnis zur transatlantischen Bindung, zu den grundlegenden Sicherheitsaufgaben der NATO, einschließlich der kollektiven Verteidigung, zu unseren gemeinsamen demokratischen Werten und zur Charta der Vereinten Nationen.

2. Heute haben wir die Entscheidung getroffen, Bulgarien, Estland, Lettland, Litauen, Rumänien, die Slowakei und Slowenien zur Aufnahme von Beitrittsgesprächen über die Mitgliedschaft in unserer Allianz einzuladen. Wir sprechen ihnen zu diesem historischen Anlass, der so passend in Prag stattfindet, unsere Glückwünsche aus. Durch den Beitritt dieser neuen Mitglieder wird die Sicherheit für alle im euro-atlantischen Raum gefestigt und ein Beitrag zur Verwirklichung unserer gemeinsamen Zielsetzung eines ungeteilten und freien Europas geleistet, das in Frieden und durch gemeinsame Werte vereint ist. Die Tür zur NATO bleibt für europäische Demokratien offen, die willens und in der Lage sind, die Verantwortungen und Pflichten der Mitgliedschaft in Übereinstimmung mit Artikel 10 des Washingtoner Vertrags zu übernehmen.

3. Vor dem Hintergrund der tragischen Ereignisse vom 11. September 2001 und unserer anschließenden Entscheidung zur Verkündung von Artikel 5 des Washingtoner Vertrags haben wir ein umfassendes Maßnahmenpaket auf der Grundlage des Strategischen Konzepts der NATO gebildet, um unsere Fähigkeit zu stärken, den Herausforderungen für die Sicherheit unserer Streitkräfte, unserer Bevölkerung und unseres Territoriums zu begegnen, aus welcher Richtung diese Herausforderungen auch kommen mögen. Durch die heutigen Entscheidungen werden ausgewogene und effektive Fähigkeiten in der Allianz bereitgestellt, damit die NATO das volle Spektrum ihrer Aufgaben besser erfüllen und kollektiv auf diese Herausforderungen reagieren kann, auch auf die Bedrohung, die vom Terrorismus sowie der Weiterverbreitung von Massenvernichtungswaffen und ihrer Trägermittel ausgeht.

4. Wir unterstreichen, dass unsere Anstrengungen zur Umgestaltung und Anpassung der NATO von keinem Land und keiner Organisation als eine Bedrohung anzusehen sind, sondern vielmehr als Zeichen unserer Entschlossenheit, unsere Bevölkerung, unser Territorium und unsere Streitkräfte vor jedem bewaffneten Angriff zu schützen, der aus dem Ausland geführt wird, auch vor Terroranschlägen. Wir sind entschlossen, vor jedem gegen uns gerichteten Angriff abzuschrecken, solche Angriffe zu unterbinden und uns dagegen zu verteidigen und zu schützen, und zwar in Übereinstimmung mit dem Washingtoner Vertrag und der Charta der Vereinten Nationen. Um das volle Spektrum ihrer Aufgaben zu erfüllen, muss die NATO in der Lage sein, Streitkräfte einzusetzen, die schnell dorthin verlegt werden können, wo sie nach Entscheidung durch den Nordatlantikrat benötigt werden und die Fähigkeit besitzen, Operationen über Zeit und Raum zu führen - auch in einem potentiellen nuklearen, biologischen und chemischen Bedrohungsumfeld - und ihre Ziele zu erreichen. Einsatzstarke militärische Kräfte, als essentieller Teil unserer gesamtpolitischen Strategie, sind von entscheidender Wichtigkeit, um die Freiheit und Sicherheit unserer Bevölkerung zu gewährleisten und zu Frieden und Sicherheit im euro-atlantischen Raum beizutragen. Wir haben daher folgende Entscheidungen getroffen:

a) *Schaffung von NATO-Reaktionskräften (NATO Response Force – NRF)*, die sich aus hochmodernen, flexiblen, dislozierbaren, zur Interoperabilität tauglichen und durchhaltefähigen Truppenteilen zusammensetzen, die Land-, See- und Luftkontingente umfassen und bereitstehen, um nach Entscheidung durch den Rat schnell dorthin zu verlegen, wo sie benötigt werden. Die NATO-Reaktionskräfte werden auch die schwerpunktmäßige Förderung von Verbesserungen der militärischen Fähigkeiten der Allianz mit bestimmen. Wir haben Weisungen zur Entwicklung eines umfassenden Konzepts für solche Kräfte erteilt, die die erste Stufe ihrer Einsatzfähigkeit sobald wie möglich, aber bis spätestens Oktober 2004 und ihre Einsatzfähigkeit bis spätestens Oktober 2006 erreichen sollen; wir haben den Auftrag erteilt, den Verteidigungsministern im Frühjahr des Jahres 2003 hierüber zu berichten. Die Arbeiten zu den NATO-Reaktionskräften und die entsprechende Arbeit im Rahmen des Planziels der EU sollten sich gegenseitig stärken und der Autonomie beider Organisationen Rechnung tragen.

b) *Straffung der militärischen Führungsvorkehrungen der NATO*. Wir haben den Bericht der Verteidigungsminister gebilligt, der den Rahmen für eine schlankere, effizientere und bes-

- I. Chronik -
Nr.143/21.-22.XI.2002: NATO-Gipfeltreffen in Prag

ser dislozierbare Kommandostruktur vorgibt, um die operativen Voraussetzungen für das volle Spektrum der Allianzaufgaben zu schaffen. Sie stützt sich auf das vereinbarte Dokument der Militärischen Mindestforderungen für die Führungsvorkehrungen der Allianz. Die Struktur wird die transatlantische Bindung stärken, zu einer bedeutenden Reduzierung der Zahl der Hauptquartiere sowie der kombinierten Luftangriffs- und Luftverteidigungsgefechtsstände führen und die Umgestaltung unserer militärischen Fähigkeiten fördern. Sie wird zwei strategische Kommandos (Strategic Commands) umfassen - eines für operationelle und eines für funktionelle Aufgaben. Das strategische Kommando für Operationen, mit dem Hauptquartier in Europa (Belgien) wird von zwei Gemeinsamen Streitkräftekommandos (Joint Force Commands) unterstützt, die in der Lage sind, ein Hauptquartier für ein landgestütztes alliiertes Streitkräftekommando (Combined Joint Task Force - CJTF) sowie ein robustes, jedoch kleineres ständiges gemeinsames Hauptquartier aufzustellen, aus dem ein seegestütztes CJTF-Hauptquartier hergestellt werden kann; ferner Land-, See- und Luftkontingente. Das für die Fragen der Umgestaltung verantwortliche strategische Kommando, mit dem Hauptquartier in den Vereinigten Staaten und einer Präsenz in Europa, wird für die weitere Umgestaltung der militärischen Fähigkeiten und die Förderung der Interoperabilität der NATO-Streitkräfte, wo angezeigt im Zusammenwirken mit dem Alliierten Kommando für Operationen, verantwortlich sein. Wir haben dem Rat und dem Verteidigungsplanungsausschuss die Weisung erteilt, unter Berücksichtigung der Arbeit durch die Militärbehörden der NATO und der objektiven militärischen Kriterien, die Detailarbeiten an der Struktur zum Abschluss zu bringen, einschließlich geografischer Standorte der Hauptquartiere und anderer Strukturelemente, damit die Verteidigungsminister im Juni 2003 die endgültigen Entscheidungen treffen können.

c) *Billigung der Prager Verpflichtung zu Verteidigungsfähigkeiten* als Teil der laufenden Anstrengungen der NATO zur Verbesserung und Entwicklung militärischer Fähigkeiten zur modernen Operationsführung in einem hohen Bedrohungsumfeld. Einzelne Bündnismitglieder haben feste und spezifische politische Verpflichtungen übernommen, ihre Fähigkeiten in den folgenden Bereichen zu verbessern: in der Abwehr gegen chemische, biologische, radiologische und nukleare Waffen; in der Aufklärung, Überwachung und Zielerfassung; in der Luft-Boden-Überwachung; in Führungs- und Kommunikationssystemen; in der Wirksamkeit im Einsatz, einschließlich präzisionsgelenkter Munition und der Systeme zur Ausschaltung gegnerischer Luftverteidigungssysteme; im strategischen Luft- und Seetransport; in der Luftbetankung; und in Bezug auf verlegefähige Einsatzunterstützungs- und Logistikeinheiten. Unsere Anstrengungen zur Verbesserung der Verteidigungsfähigkeiten durch die Prager Verpflichtung sowie die Anstrengungen der Europäischen Union zum Ausbau europäischer Fähigkeiten durch den 'Europäischen Aktionsplan zu den Fähigkeiten' sollten sich gegenseitig verstärken, dabei der Autonomie beider Organisationen Rechnung tragen und im Geiste der Offenheit stattfinden.

Wir werden alle Aspekte unserer Prager Verpflichtung zu Verteidigungsfähigkeiten so schnell wie möglich umsetzen. Wir werden die erforderlichen Schritte unternehmen, um Verteidigungsfähigkeiten in den Bereichen zu verbessern, in denen fortbestehende Mängel identifiziert worden sind. Solche Schritte könnten multinationale Anstrengungen, die Spezialisierung auf Rollen und die Umschichtung von Prioritäten umfassen; dabei stellen wir fest, dass in vielen Fällen zusätzliche Finanzmittel erforderlich sein werden, wo angezeigt vorbehaltlich der parlamentarischen Billigung. Wir wollen energisch weiter Fähigkeitsverbesserungen anstreben. Wir haben dem Ständigen Rat die Weisung erteilt, den Verteidigungsministern über die Umsetzung zu berichten.

d) *Billigung des vereinbarten militärischen Konzepts für die Verteidigung gegen den Terrorismus.* Das Konzept ist Teil eines Maßnahmenpakets zur Stärkung der NATO-Fähigkeiten in diesem Bereich und schließt auch Verbesserungen im Austausch nachrichtendienstlicher Erkenntnisse und in den Vorkehrungen zur Krisenreaktion ein. Der Terrorismus, den wir kategorisch verwerfen und in all seinen Erscheinungsformen verurteilen, stellt eine ernsthafte und wachsende Bedrohung für die Bevölkerung, die Streitkräfte und das Territorium des Bündnisses sowie die internationale Sicherheit dar. Wir sind entschlossen, dieses Übel so lange wie nötig zu bekämpfen. Um gegen den Terrorismus wirksam vorgehen zu können, muss unsere Reaktion vielschichtig und umfassend sein.

Wir engagieren uns im Zusammenwirken mit unseren Partnern zur vollständigen Umsetzung des Aktionsplans der Zivilen Notfallplanung, um den zivilen Sektor auf mögliche

- I. Chronik -
Nr.143/21.-22.XI.2002: NATO-Gipfeltreffen in Prag

Angriffe mit chemischen, biologischen oder radiologischen Kampfstoffen gegen die Bevölkerung besser vorzubereiten. Wir werden unsere Fähigkeit ausbauen, um auf entsprechendes Ersuchen nationaler Behörden Unterstützung leisten zu können und ihnen dabei zu helfen, die Folgen von Terroranschlägen, einschließlich chemischer, biologischer, radiologischer und nuklearer Angriffe gegen kritische Infrastruktureinrichtungen zu beheben, wie im Aktionsplan der Zivilen Notfallplanung vorgesehen.

e) *Billigung der Umsetzung der nachstehenden fünf Initiativen für die Verteidigung gegen nukleare, biologische und chemische Waffen*, um so die Verteidigungsfähigkeiten der Allianz gegen Massenvernichtungswaffen zu erweitern: ein verlegefähiges ABC-Abwehr-Analyse-Labor als Prototyp; ein Team zur Reaktion auf ABC-Vorfälle als Truppenversuchsmodell; ein virtuelles 'Centre of Excellence' als Schaltstelle für die ABC-Abwehr; NATO-Lagerbestände zur B- und C-Waffen-Abwehr; und ein Überwachungssystem für Erkrankungen. Wir bekräftigen unser Engagement, unsere ABC-Abwehrmöglichkeiten zügig auszubauen und zu verbessern.

f) *Verstärkung unserer Fähigkeiten zur Verteidigung gegen Software-Angriffe*.

g) *Prüfung von Optionen zur effektiven und effizienten Begegnung der wachsenden Raketenbedrohung* für das Territorium, die Streitkräfte und Bevölkerungszentren des Bündnisses, und zwar durch politische und verteidigungspolitische Anstrengungen im geeigneten Mischverhältnis, im Zusammenwirken mit der Abschreckung. Wir haben heute eine neue Durchführbarkeitsstudie für die Raketenabwehr der NATO auf den Weg gebracht, um Optionen für den Schutz des Territoriums, der Streitkräfte und der Bevölkerungszentren des Bündnisses gegen das volle Spektrum der Raketenbedrohungen zu untersuchen; wir werden diese Studie weiter bewerten. Unsere Anstrengungen in dieser Hinsicht werden dem Grundsatz der Unteilbarkeit der Sicherheit der Bündnispartner entsprechen. Wir unterstützen die Erweiterung der Rolle des Zentrums für Massenvernichtungswaffen im Internationalen Stab, um die Arbeit der Allianz zur Begegnung dieser Bedrohung zu unterstützen.

Wir bekräftigen einmal mehr, dass Abrüstung, Rüstungskontrolle und Nichtverbreitung einen essentiellen Beitrag dazu leisten, die Weiterverbreitung und den Einsatz von Massenvernichtungswaffen und ihrer Trägersysteme zu verhindern. Wir unterstreichen die Wichtigkeit der Einhaltung und Stärkung bestehender multilateraler Nichtverbreitungs- und Exportkontrollregime sowie internationaler Rüstungskontroll- und Abrüstungsverträge.

5. Die Aufnahme Bulgariens, Estlands, Lettlands, Litauens, Rumäniens, der Slowakei und Sloweniens als neue Mitglieder wird die Fähigkeit der NATO steigern, die Herausforderungen zu meistern, die sich ihr heute und in Zukunft stellen. Diese Länder haben ihr Bekenntnis zu den grundlegenden Prinzipien und Werten nach Maßgabe des Washingtoner Vertrages unter Beweis gestellt sowie die Fähigkeit, zum vollem Spektrum der Allianzaufgaben beizutragen, einschließlich der kollektiven Verteidigung, und sie haben ihren festen Vorsatz bekundet, zu Stabilität und Sicherheit beitragen zu wollen, besonders in Krisen- und Konfliktregionen. Wir werden die Beitrittsgespräche unverzüglich aufnehmen, mit der Zielsetzung, die Beitrittsprotokolle bis Ende März 2003 zu unterzeichnen und den Ratifikationsprozess so rechtzeitig zum Abschluss zu bringen, dass diese Länder unserem Bündnis spätestens auf unserem Gipfeltreffen im Mai 2004 beitreten können. In der Zeit bis zum Beitritt wird die Allianz die eingeladenen Länder so weit wie möglich in Aktivitäten des Bündnisses einbeziehen. Wir sagen ihnen unsere weitere Hilfe und Unterstützung zu, unter anderem auch durch den Aktionsplan zur Mitgliedschaft. Mit Interesse sehen wir der Vorlage des Zeitplans der eingeladenen Länder für die Durchführung von Reformen entgegen, die erwartungsgemäß zu weiteren Fortschritten vor und nach dem Beitritt führen werden, um den Beitrag dieser Länder zur Allianz noch weiter zu steigern.

6. Wir würdigen Albaniens bedeutende Reformfortschritte, seine konstruktive Rolle zur Förderung der regionalen Stabilität und seine tatkräftige Unterstützung des Bündnisses. Wir würdigen die bedeutenden Fortschritte, die die ehemalige jugoslawische Republik Mazedonien1 in ihrem Reformprozess erzielt hat und ihre tatkräftige Unterstützung von Bündnisoperationen sowie die wichtigen Schritte, die sie unternommen hat, um ihre internen Herausforderungen zu bewältigen sowie Demokratie, Stabilität und ethnische Aussöhnung zu fördern. Wir werden beiden Ländern weiter helfen, auch durch den Aktionsplan zur Mitgliedschaft, um Stabilität, Sicherheit und Aufschwung zu verwirklichen, damit sie die Pflichten der Mitgliedschaft erfül-

- I. Chronik -
Nr.143/21.-22.XI.2002: NATO-Gipfeltreffen in Prag

len können. In diesem Zusammenhang sind wir auch übereingekommen, unsere Fähigkeiten zu verbessern, um zu den weiteren Reformen in Albanien beizutragen und die Reformen im Verteidigungs- und Sicherheitsbereich der ehemaligen jugoslawischen Republik Mazedonien durch die NATO-Präsenz weiter zu unterstützen. Wir ermutigen beide Länder, ihre Reformanstrengungen zu verdoppeln. Sie finden bei der Überlegung über eine zukünftige Mitgliedschaft weiter Berücksichtigung.

Kroatien, das ermutigende Reformfortschritte erzielt hat, wird bei den Überlegungen über eine zukünftige Mitgliedschaft ebenfalls Berücksichtigung finden. Die Fortschritte dazu werden von den weiteren Reformbemühungen Kroatiens und der Erfüllung aller seiner internationalen Verpflichtungen, auch gegenüber dem Internationalen Strafgerichtshof für das ehemalige Jugoslawien (IStGhJ), abhängen.

Der Aktionsplan zur Mitgliedschaft wird auch in Zukunft als Instrument dienen, um die Fortschritte der beitrittswilligen Länder ständig zu überprüfen. Die heute eingeladenen Länder werden nicht die letzten sein.

7. Der Euro-atlantische Partnerschaftsrat (EAPR) und die Partnerschaft für den Frieden (PfP) haben Sicherheit und Stabilität im gesamten euro-atlantischen Raum in hohem Maße gefestigt. Wir haben heute die Entscheidung getroffen, unsere Zusammenarbeit mit den EAPR/PfP-Ländern weiter zu verbessern. Unser politischer Dialog wird gestärkt und die Mitglieder des Bündnisses werden in Abstimmung mit Partnern, soweit wie möglich und wo angezeigt, die Einbeziehung von Partnern in die Planung, Durchführung und Aufsicht über diejenigen Aktivitäten und Projekte erhöhen, an denen sie sich beteiligen und zu denen sie beitragen. Wir haben neue praktische Mechanismen eingeführt, so zum Beispiel individuelle Aktionspläne zur Partnerschaft, durch die ein umfassender, maßgerechter und differenzierter Ansatz zur Partnerschaft sichergestellt und die Unterstützung der Reformanstrengungen von Partnern ermöglicht werden. Wir ermutigen Partner, einschließlich der Länder in den strategisch wichtigen Regionen Kaukasus und Zentralasien, diese Mechanismen zu nutzen. Wir begrüßen die Entschlossenheit von Partnern, alle Anstrengungen zu unternehmen, um den Terrorismus zu bekämpfen, unter anderem auch durch den Partnerschafts-Aktionsplan gegen den Terrorismus. Wir werden darüber hinaus die Interoperabilität sowie verteidigungsbezogene Aktivitäten, die das Kernstück unserer Partnerschaft bilden, weiter steigern. Die Beteiligung an der Partnerschaft für den Frieden und im Euro-atlantischen Partnerschaftsrat könnte in Zukunft weiter ausgeweitet werden und die Bundesrepublik Jugoslawien sowie Bosnien und Herzegowina einbeziehen, sobald die erforderlichen Fortschritte erzielt worden sind, einschließlich der uneingeschränkten Zusammenarbeit mit dem IStGhJ.

8. Wir begrüßen die bedeutenden Leistungen des NATO-Russland-Rats seit dem historischen Gipfeltreffen der NATO und Russlands in Rom. Wir haben unsere Beziehung zum Nutzen aller Völker im euro-atlantischen Raum vertieft. Die Mitgliedstaaten der NATO und Russland arbeiten im NATO-Russland-Rat als gleichberechtigte Partner zusammen und erzielen Fortschritte in verschiedenen Bereichen, wie der Friedenserhaltung, der Verteidigungsreform, der Nichtverbreitung von Massenvernichtungswaffen, im Such- und Rettungsdienst, in der Zivilen Notfallplanung, in der taktischen Raketenabwehr sowie im Kampf gegen den Terrorismus, zur Verwirklichung unseres gemeinsamen Ziels eines stabilen, friedlichen und ungeteilten Europas. In Übereinstimmung mit der Grundakte und der Erklärung von Rom sind wir entschlossen, unsere Zusammenarbeit mit Russland weiter zu intensivieren und auszubauen.

9. Wir setzen uns weiter für eine starke Beziehung zwischen der NATO und der Ukraine im Rahmen der Charta für eine ausgeprägte Partnerschaft ein. Wir nehmen die Entschlossenheit der Ukraine zur Kenntnis, die vollständige euro-atlantische Integration weiter anzustreben und ermutigen die Ukraine, alle erforderlichen Reformen, einschließlich der Durchsetzung der Exportkontrollen, umzusetzen, um dieses Ziel zu erreichen. Der neue Aktionsplan, den wir zusammen mit der Ukraine annehmen, ist ein Schritt nach vorn; er stellt politische, wirtschaftliche, militärische und andere Reformbereiche heraus, in denen die Ukraine weitere Fortschritte erzielen muss und in denen die NATO auch in Zukunft Unterstützung leisten wird. Weitere Fortschritte zur Vertiefung und Erweiterung unserer Beziehung setzt das unmissverständliche Bekenntnis der Ukraine zu den Werten der euro-atlantischen Gemeinschaft voraus.

10. Wir bekräftigen, dass die Sicherheit in Europa eng mit der Sicherheit und Stabilität im Mittelmeerraum verknüpft ist. Wir beschließen daher, die politischen und praktischen Dimensionen unseres Mittelmeerdialogs als einen festen Bestandteil des Sicherheits-

- I. Chronik -
Nr.143/21.-22.XI.2002: NATO-Gipfeltreffen in Prag

Kooperationsansatzes der Allianz substantiell zu verbessern. Dazu regen wir die Intensivierung der praktischen Zusammenarbeit und das effektive Zusammenwirken in gemeinsam interessierenden Sicherheitsfragen an, wo angezeigt auch in terrorismusbezogenen Fragen, einem Bereich, in dem die NATO besonders wertvolle Beiträge leisten kann. Wir bekräftigen, dass der Mittelmeerdialog und andere internationale Anstrengungen, einschließlich des EU-Barcelona-Prozesses, komplementär sind und sich gegenseitig stärken.

11. Die NATO und die Europäische Union haben gemeinsame strategische Interessen. Wir treten weiter nachdrücklich für die Entscheidungen ein, die auf dem Washingtoner Gipfel und späteren Ministertreffen gefällt worden sind, um die Zusammenarbeit zwischen der NATO und der EU zu erweitern. Der Erfolg unserer Zusammenarbeit wird durch unsere konzertierten Anstrengungen auf dem Balkan im Rahmen der Wiederherstellung des Friedens und der Schaffung der Voraussetzungen für gedeihliche und demokratische Gesellschaften deutlich. Die Ereignisse am und seit dem 11. September 2001 haben die Wichtigkeit größerer Transparenz und Zusammenarbeit zwischen unseren zwei Organisationen in gemeinsam interessierenden Fragen der Sicherheit, Verteidigung und des Krisenmanagement noch stärker aufgezeigt, um auf Krisen mit den geeignetsten militärischen Möglichkeiten reagieren und ein effektives Krisenmanagement sicherzustellen zu können. Wir engagieren uns weiter für die Erzielung der erforderlichen Fortschritte in allen verschiedenen Aspekten unserer Beziehung und weisen auf die Notwendigkeit hin, für alle Bündnispartner in der Frage der Beteiligung der nicht zur EU gehörenden europäischen NATO-Länder zufriedenstellende Lösungen zu finden, um eine echte strategische Partnerschaft zu erzielen.

12. Um Frieden und Stabilität im euro-atlantischen Raum weiter zu fördern, wird die NATO ihre fruchtbare und enge Zusammenarbeit mit der OSZE weiter entwickeln, und zwar in den komplementären Bereichen der Konfliktprävention, im Krisenmanagement und in der Konfliktnachsorge.

13. Die Allianz spielt eine entscheidende Rolle in der Wiederherstellung eines sicheren Umfelds in Südosteuropa. Wir bekräftigen unsere Bereitschaft zur Unterstützung der territorialen Integrität und Souveränität aller Länder in dieser strategisch wichtigen Region. Wir werden unsere Zusammenarbeit mit unseren Partnern im Rahmen von SFOR und KFOR, der Vereinten Nationen, der Europäischen Union, der OSZE und anderer internationaler Organisationen fortführen, um beim Aufbau eines friedlichen, stabilen und demokratischen Südosteuropas mitzuhelfen, in dem alle Länder den Reformprozess selbst in die Hand nehmen und in die euro-atlantischen Strukturen integriert sind. Wir sind weiter entschlossen, diese Zielsetzung Wirklichkeit werden zu lassen. Wir erwarten von den Ländern der Region, dass sie den Aufbau dauerhafter multi-ethnischer Demokratien fortführen, das organisierte Verbrechen und die Korruption ausmerzen und die Rechtsstaatlichkeit fest verankern, dass sie regional miteinander zusammenarbeiten; und dass sie ihren internationalen Verpflichtungen in vollem Umfang gerecht werden, auch indem sie die vom IStGhJ wegen Kriegsverbrechen angeklagten Personen der Gerichtsbarkeit in Den Haag überstellen. Die Reformfortschritte, die diese Länder machen, werden das Tempo ihrer Integration in euro-atlantische Strukturen bestimmen. Wir bestätigen, dass wir in der Region weiterhin präsent sein werden und bereit sind, diesen Ländern in der Region durch individuelle Unterstützungsprogramme zu helfen, damit sie die bereits erzielten Fortschritte fortführen können. Im Lichte weiterer Fortschritte und der Beurteilung der vorherrschenden Sicherheitslage und der gegebenen Gegebenheiten werden wir Optionen zur weiteren Rationalisierung und Umstrukturierung unserer Kräfte unter Berücksichtigung eines regionalen Ansatzes prüfen. Wir begrüßen den erfolgreichen Abschluss der Operation 'Amber Fox' in der ehemaligen jugoslawischen Republik Mazedonien. Wir sind übereingekommen, ab dem 15. Dezember für eine begrenzte Zeit eine NATO-Präsenz zu erhalten, um zur weiteren Stabilisierung beizutragen; wir werden diese Präsenz im Lichte der weiteren Entwicklung der Lage überprüfen. Wir nehmen die Erklärung der EU zur Kenntnis, die militärische Operation in der ehemaligen jugoslawischen Republik Mazedonien unter geeigneten Voraussetzungen übernehmen zu wollen.

14. Mitgliedsländer der NATO sind dem Aufruf des VN-Sicherheitsrats gefolgt, der afghanischen Regierung bei der Wiederherstellung eines sicheren Umfelds in und um Kabul zu helfen. Ihre Soldaten bilden das Rückgrat der internationalen Streitkräfte zur Förderung der Sicherheit in Afghanistan (International Security Assistance Force in Afghanistan - ISAF). Wir anerkennen den aufeinanderfolgenden Beitrag des Vereinigten Königreichs und der Türkei als ISAF-Führungsnationen und begrüßen die Bereitschaft Deutschlands und der Niederlande, gemeinsam die Nachfolge anzutreten. Die NATO ist übereingekommen, die nachfolgen-

den Führungsnationen in selektiven Bereichen zu unterstützen und so unser weiteres Engagement unter Beweis zu stellen. Die Verantwortung für Sicherheit sowie Recht und Ordnung in ganz Afghanistan liegt jedoch beim afghanischen Volk selbst.

15. Wir treten weiter für den KSE-Vertrag ein und bekräftigen unser Festhalten am baldigen Inkrafttreten des angepassten Vertrags. Das KSE-Regime leistet einen grundlegenden Beitrag zu mehr Sicherheit und Integration in Europa. Wir begrüßen den Ansatz derjenigen Nicht-KSE-Länder, die ihre Absicht erklärt haben, mit seinem Inkrafttreten um Beitritt zum angepassten KSE-Vertrag zu ersuchen. Ihr Beitritt wäre ein wichtiger weiterer Beitrag zur Stabilität und Sicherheit in Europa. Wir begrüßen die wichtigen Ergebnisse der Anstrengungen Russlands, Streitkräfte im Vertragsgebiet gemäß Artikel 5 des Vertragswerks auf vereinbarte Obergrenzen zu reduzieren. Wir drängen auf die zügige Erfüllung der noch ausstehenden Istanbuler Verpflichtungen in Bezug auf Georgien und Moldau, die die Voraussetzungen dafür schaffen werden, dass die Mitglieder des Bündnisses und andere Vertragsstaaten die Ratifikation des angepassten KSE-Vertrags weiterführen können.

16. Im Rahmen der Umgestaltung der NATO haben wir ein Maßnahmenpaket gebilligt, um die Effizienz und Effektivität in der Organisation des Hauptquartiers zu verbessern. Die NATO-Plus-Initiative zu personellen Ressourcen ergänzt diese Anstrengung. Wir wollen individuell und kollektiv auch weiterhin die Ressourcen bereitstellen, die erforderlich sind, um unser Bündnis in die Lage zu versetzen, die ihm von uns gestellten Aufgaben zu erfüllen.

17. Wir begrüßen die Rolle der parlamentarischen Versammlung der NATO als Ergänzung der NATO-Anstrengungen, Stabilität auf ganz Europa auszudehnen. Wir würdigen auch den Beitrag, den die Vereinigung Atlantischer Gesellschaften leistet, um in unserer Öffentlichkeit ein besseres Verständnis der Allianz und ihrer Ziele zu fördern.

18. Wir sprechen der Regierung der Tschechischen Republik unseren aufrichtigen Dank für ihre großzügige Gastfreundschaft aus.

19. Unser Gipfeltreffen zeigt, dass die europäischen und nordamerikanischen Bündnispartner, die durch die Geschichte und gemeinsame Werte bereits eng miteinander verbunden sind, auch in Zukunft eine Gemeinschaft sein werden, die entschlossen und dazu befähigt ist, unser Territorium, unsere Bevölkerung und unsere Streitkräfte gegen alle Bedrohungen und Herausforderungen zu verteidigen. Seit über fünfzig Jahren verteidigt die NATO Frieden, Demokratie und Sicherheit im euro-atlantischen Raum. Die Verpflichtungen, die wir hier in Prag übernommen haben, werden dafür Sorge tragen, dass das Bündnis dieselbe entscheidende Rolle auch in Zukunft spielen wird."

2. Prager Gipfelerklärung zur Frage des Irak vom 21. 11. 2002

„Wir, die 19 Staats- und Regierungschefs der NATO, haben auf unserem Gipfeltreffen in Prag unsere ernsthafte Besorgnis über den Terrorismus und die Weiterverbreitung von Massenvernichtungswaffen zum Ausdruck gebracht.

In Bezug auf Irak sichern wir unsere uneingeschränkte Unterstützung für die Implementierung der Resolution 1441 des Sicherheitsrats der Vereinten Nationen zu und appellieren an den Irak, diese und alle einschlägigen Resolutionen des VN-Sicherheitsrats vollständig und unverzüglich zu implementieren.

Wir bedauern, dass der Irak es versäumt hat, uneingeschränkt seinen Verpflichtungen nachzukommen, die als notwendiger Schritt verhängt wurden, um internationalen Frieden und Sicherheit wiederherzustellen, und wir rufen in Erinnerung, dass der Sicherheitsrat in seiner Resolution beschlossen hat, dem Irak eine letzte Möglichkeit zu geben, seine Abrüstungsverpflichtungen nach Maßgabe der einschlägigen Resolutionen des Rates zu erfüllen.

Die NATO-Bündnispartner stehen gemeinsam zu ihrer Verpflichtung, wirksame Maßnahmen zu ergreifen, um den Vereinten Nationen in ihren Anstrengungen zu helfen und sie zu unterstützen, die vollständige und unverzügliche Einhaltung der VN-Resolution 1441 durch den Irak, ohne Vorbedingungen oder Einschränkungen, sicherzustellen. Wir erinnern daran, dass der Sicherheitsrat den Irak in dieser Resolution warnend darauf hingewiesen hat, dass er bei weiterer Verletzung seiner Pflichten mit ernsthaften Konsequenzen zu rechnen hat."

- I. Chronik -
Nr.143/21.-22.XI.2002: NATO-Gipfeltreffen in Prag

3. Treffen des NATO-Russland-Rats (NRR) auf Ebene der Außenminister Prag, den 22. 11. 2002. Abschlusserklärung durch NATO-Generalsekretär Lord Robertson

„Auf ihrem heutigen Treffen haben die Außenminister der Mitgliedsländer des NATO-Russland-Rats

- die von ihren Staats- und Regierungschefs auf dem Gipfeltreffen in Rom eingeleitete Arbeit weitergeführt und die während des ersten Halbjahres im Rahmen des NRR geleistete Arbeit einer Bestandsaufnahme unterzogen;

- ihrer tiefen Zufriedenheit über die substantiellen Fortschritte Ausdruck verliehen, die zur Umsetzung der Erklärung von Rom in allen darin enthaltenen Feldern der Zusammenarbeit erzielt worden sind;

- besonders die Fortschritte begrüßt, die zur Intensivierung der Zusammenarbeit auf folgenden Gebieten erzielt worden sind:

-- im Krisenmanagement, einem Bereich, zu dem die NRR-Botschafter einen politischen Rahmen vereinbart haben, um die Arbeit für zukünftige friedenserhaltende Operationen der NATO und Russlands weiterzuführen und zu dem Fortschritte im Dialog über die Mittel und Wege erreicht worden sind, um die Grenzsicherheit auf dem Balkan zu festigen;

-- im Kampf gegen den Terrorismus, zu dem die Arbeit an einer Reihe von Beurteilungen spezifisch terroristischer Bedrohungen des euro-atlantischen Raums voranschreitet; sie brachten ihre Erwartungen an die NATO-Russland Konferenz über 'Die Rolle des Militärs im Kampf gegen den Terrorismus' zum Ausdruck, die am 9. Dezember in Moskau stattfindet; und sie begrüßten Schritte, um gegenwärtigen sicherheitspolitischen Herausforderungen wirksamer begegnen zu können, insbesondere dem Terrorismus sowie der Weiterverbreitung von Massenvernichtungswaffen;

-- in der Frage der Verteidigungsreform, zu der das Seminar in Rom im Oktober 2002 den Weg für einen fruchtbareren Dialog im NRR-Rahmen und eine erweiterte Zusammenarbeit in der Anpassung der Streitkräfte zur Begegnung gemeinsamer sicherheitspolitischer Herausforderungen bereitet hat;

-- in der taktischen Raketenabwehr, zu der ein ehrgeiziges Arbeitsprogramm den Weg zur Interoperabilität russischer Systeme und der Systeme von Bündnispartnern abgesteckt hat;

-- in zivilen Notfällen, einem Themenbereich, zu dem die im September 2002 von Russland ausgerichtete Übung in Bogorodsk den Anstoß zu erweiterter Zusammenarbeit gegeben hat; und

-- in der Frage der Nichtverbreitung, in der die Arbeit zu einer gemeinsamen Beurteilung der globalen Proliferationstendenzen von ABC-Kampfstoffen und ihrer Einsatzmittel angelaufen ist;

- die Zusicherung der Mitgliedsländer der NATO zur Kenntnis genommen, dass sich die von der Allianz auf ihrem Prager Gipfel getroffenen Entscheidungen nicht gegen die Sicherheitsinteressen Russlands oder anderer Partnerstaaten richten;

- die Ziele, Prinzipien und Verpflichtungen bekräftigt, die in der Grundakte über gegenseitige Beziehungen, Zusammenarbeit und Sicherheit sowie in der Erklärung von Rom enthalten sind. Sie bekräftigen ihr Festhalten am KSE-Vertrag als einem Eckpfeiler der europäischen Sicherheit und vereinbarten, zusammen weiter auf die Ratifizierung des Vertragswerks durch alle Vertragsstaaten hinzuarbeiten, wodurch der Beitritt von Nicht-KSE-Staaten möglich würde;

- den Ansatz derjenigen Nicht-KSE-Staaten begrüßt, die ihre Absicht erklärt haben, mit seinem Inkrafttreten um Beitritt zum angepassten KSE-Vertrag zu ersuchen, und stimmten überein, dass der Beitritt dieser Länder ein wichtiger zusätzlicher Beitrag zu Stabilität und Sicherheit in Europa sein würde;

- übereinstimmend festgestellt, dass im gegenwärtigen Sicherheitsumfeld, in dem sich die NATO-Mitgliedsländer und Russland zunehmend gemeinsamen Bedrohungen und Her-

- I. Chronik -
Nr.143/21.-22.XI.2002: NATO-Gipfeltreffen in Prag

ausforderungen ausgesetzt sehen, die weitere Intensivierung der Zusammenarbeit im NRR-Rahmen die Sicherheit im gesamten euro-atlantischen Raum weiter festigen wird, und dazu den NRR-Botschaftern den Auftrag erteilt, für 2003 ein gehaltvolles Arbeitsprogramm zu entwickeln und dabei auf den im Jahre 2002 bereits erzielten Fortschritten aufzubauen.

Als Vorsitzender des NATO-Russland-Rats freue ich mich auf meinen Moskaubesuch vom 8. - 10.Dezember 2002 und die weiteren Gespräche mit der russischen Führung als eine Gelegenheit zur Weiterentwicklung der Zusammenarbeit zwischen der NATO und Russland."

4. Euro-Atlantischer-Partnerschaftsrat: Zusammenfassung durch den Vorsitzenden, 22. 11. 2002

„1. Die Staats- und Regierungschefs, bzw. ihre Vertreter, der 46 Mitgliedsstaaten des Euro-Atlantischen Partnerschaftsrats (EAPR) trafen heute in Prag zusammen, um die Sicherheitsherausforderungen des 21. Jahrhunderts zu erörtern. Sie unterstrichen ihr gemeinsames Engagement für die Stärkung und den Ausbau von Frieden und Stabilität im euro-atlantischen Raum, auf der Grundlage der gemeinsamen Werte und Prinzipien, auf denen ihre Zusammenarbeit aufbaut.

2. Die EAPR-Staats- und Regierungschefs stellten fest, dass die Mitglieder des Bündnisses und die Partnerstaaten sich denselben neuen Bedrohungen ihrer Sicherheit ausgesetzt sehen und brachten ihre Entschlossenheit zum Ausdruck, zur Begegnung dieser neuen Herausforderungen gemeinsam vorzugehen. Sie bekräftigten die Entschlossenheit ihrer Länder, den Terrorismus als eine Geißel der Menschheit zu bekämpfen, wie in der EAPR-Erklärung vom 12. September 2001 zum Ausdruck gebracht. Sie betonten die Wichtigkeit von Initiativen, die darauf abzielen, den Beitrag des EAPR im Kampf gegen den Terrorismus zu steigern. Sie begrüßten den von den Bündnismitgliedern und ihren Partnern entwickelten Partnerschafts-Aktionsplan gegen den Terrorismus als konkreten Ausdruck ihres Willens, ihre Kräfte gegen den Terrorismus zu bündeln, und zwar in Übereinstimmung mit ihren nationalen politischen Vorgaben und Fähigkeiten.

3. Die EAPR-Staats- und Regierungschefs bekräftigten ferner ihr Bekenntnis zur euro-atlantischen Partnerschaft und ihre Entschlossenheit, auf dem Erfolg des EAPR und der Partnerschaft für den Frieden (PfP) die Arbeit in allen Konsultations- und Kooperationsfragen weiter auszubauen. Parallel zur weiteren Entwicklung der NATO sollte sich auf die Substanz und der Prozess der Zusammenarbeit der NATO mit ihren Partnern fortgestalten. Dazu erörterten die Staats- und Regierungschefs des EAPR die Erweiterung der politischen und sicherheitspolitischen Konsultationen, die Entwicklung eines weitergefassten Sicherheitsansatzes in der Arbeit des EAPR und der Partnerschaft für den Frieden, die Erweiterung der Beteiligung von Partnern in den Entscheidungsprozeß der NATO in relevanten Bereichen und die Intensivierung der Wechselwirkung zwischen dem Bündnis und Partnern in der täglichen Arbeit auf den geeigneten Ebenen und in den entsprechenden Strukturelementen.

4. Die EAPR-Staats- und Regierungschefs nahmen einen Bericht über 'Die umfassende Prüfung des Euro-Atlantischen Partnerschaftsrats und der Partnerschaft für den Frieden' entgegen, den die Bündnismitglieder und Partner nach dem Frühjahrstreffen der NATO- und EAPR-Minister erarbeitet haben; sie schlossen sich dem im Bericht vorgeschlagenen Maßnahmenpaket uneingeschränkt an. Sie betonten die bleibende Wichtigkeit der auf dem Washingtoner Gipfel auf den Weg gebrachten Partnerschaftsinitiativen und bekräftigten ihre Bereitschaft zur weiteren tatkräftigen Umsetzung dieser Initiativen. Sie unterstrichen die Tatsache, dass die Interoperabilität auch in Zukunft ein Schlüsselelement der PfP-Kooperation sein wird und weiter ausgebaut werden soll.

5. Die EAPR-Staats- und Regierungschefs unterstrichen den Wert der Arbeit in flexibel zusammengesetzten Gremien, um so die Bündnismitglieder und Partner, bei denen der Willen und die Fähigkeit zur Zusammenarbeit am stärksten ausgeprägt ist, zusammenzuführen, um zu spezifischen Projekten beizutragen. Sie verwiesen auf den im Bericht vorgeschlagenen Mechanismus des Partnerschafts-Aktionsplans, der ein wertvolles Instrument dazu sein wird. Sie betonten, dass sowohl die Substanz als auch der Prozess der Zusammenarbeit im EAPR und PfP-Rahmen den besonderen und vielschichtigen Bedürfnissen und Umständen der einzelnen Partner voll Rechnung tragen müsse, auch der Partnerstaaten in Zentralasien und im Kaukasus. Dazu seien die Beziehungen zwischen dem Bündnis und interessierten Partnern noch individueller und – in diesem Kontext – noch umfassender zu gestalten. Sie begrüßten

- I. Chronik -
Nr.144/22.XI.2002: Europäische Verteidigung

daher den neuen Mechanismus der individuellen Partnerschafts-Aktionspläne, auf die interessierte Partner zurückgreifen können und die ein wertvolles Hilfsmittel für die noch zielgerichtetere Zusammenarbeit und die Förderung demokratischer Reformen darstellen.

6. Die EAPR-Staats- und Regierungschefs bekräftigten das Eintreten der euro-atlantischen Gemeinschaft für Frieden, Sicherheit und Stabilität auf dem Balkan. Sie begrüßten die Initiativen zur weiteren Stärkung des EAPR-Beitrags zu Sicherheit und Stabilität auf subregionaler Ebene, so auch in Südosteuropa.

7. Die EAPR-Staats- und Regierungschefs sind weiter entschlossen in ihrem Engagement zu einer lebendigen und dynamischen euro-atlantischen Partnerschaft und der tatkräftigen Umsetzung aller Initiativen, die dem Ziel diesen, diese Partnerschaft voll auf die Herausforderungen des 21. Jahrhunderts auszurichten."

(NATO Website)

22. XI. 2002

144. Vorschläge zur Europäischen Verteidigung veröffentlicht

Am 22. November 2002 machte die britische Regierung ihre Position zum Thema ESVP in der Arbeitsgruppe VIII des Europäischen Konvents mit dem nachfolgend abgedruckten Papier deutlich. Am gleichen Tag legten die Regierungen Deutschlands und Frankreichs ihre Position in einem gemeinsamen Papier dar.

1. Stellungnahme der Regierung des Vereinigten Königreichs zu den Beratungen des Konvents, Arbeitsgruppe VIII „Verteidigung" vom 22. 11. 2002

EINFÜHRUNG

„1. Die EU hat seit St. Malo viel getan, um eine Europäische Sicherheits- und Verteidigungspolitik (ESVP) im Rahmen ihrer Gemeinsamen Außen- und Sicherheitspolitik (GASP) ins Leben zu rufen. Die Fortschritte sind beträchtlich. Es ist bemerkenswert, dass das zivile Planziel erreicht ist und beim militärischen bereits signifikante Fortschritte erzielt wurden. Die ESVP ist bereits zu einigen Einsätzen fähig - der erste zivile Einsatz, nach Bosnien, soll gerade anlaufen. Ein militärischer Einsatz könnte bald durchgeführt werden.

2. Aber es bleibt noch viel zu tun - sowohl hinsichtlich des politischen Rahmens, wie auch hinsichtlich der militärischen Fähigkeiten. Wenn die ESVP Wirklichkeit werden soll, müssen den politischen Ambitionen dislozierbare und interoperable Kräfte und Fähigkeiten folgen. Die EU-Staaten müssen mehr für Verteidigung ausgeben, oder zumindest ihre derzeitigen Verteidigungsausgaben wirksamer verwenden, damit die EU über die militärischen Fähigkeiten verfügen kann, die sie zur Durchführung der Petersberg-Aufgaben braucht.

3. Die Verteidigungsstrukturen der EU und der NATO müssen sich in Anbetracht der erheblichen Überschneidungen zwischen den beiden Organisationen hinsichtlich ihrer Mitglieder, der Rolle der NATO als kollektiver Verteidigungsorganisation ihrer Mitgliedstaaten, ihrer beträchtlichen Kräfte und Fähigkeiten, und der Tatsache, dass alle beteiligten Länder nur einen Satz von Streitkräften haben, gegenseitig ergänzen und verstärken. Enge Verbindungen zwischen der EU und der NATO sind deshalb unverzichtbar zur Vermeidung unnötiger Duplizierung. Eine Einigung auf Berlin Plus (womit die EU Zugang zu NATO-Kräften und -fähigkeiten erhält, in die elf Mitgliedstaaten bereits investiert haben) ist ein zentraler Bestandteil dieses Prozesses und wichtig für EU-Einsätze, die eine enge Koordinierung mit der NATO erfordern.

4. Nach dem 11. September stehen wir auch vor neuen sicherheitspolitischen Herausforderungen. In den nächsten zwanzig Jahren scheinen die Gefahren für die internationale Stabilität ebenso sehr von Terrorismus und Massenvernichtungswaffen auszugehen wie von konventionellen militärischen Bedrohungen. Wir müssen bereit und flexibel genug sein, um diese neuen Herausforderungen zu bewältigen.

- I. Chronik -
Nr.144/22.XI.2002: Europäische Verteidigung

5. Die ESVP dient den Zielen der Gemeinsamen Außen- und Sicherheitspolitik (GASP) der Union und muss von einer klaren Vision von der Rolle der Union als Kraft der Stabilität innerhalb Europas und darüber hinaus getragen werden. Außerdem muss die ESVP die Stellung der Union als zunehmend einflussreichem global player widerspiegeln, der die Interessen der Union, auch als Anwalt der Menschenrechte und Demokratie, weltweit zu vertreten im Stande ist, sie muss berücksichtigen, dass die Union auch zu anderen Operationen, zum Beispiel durch die UN, beiträgt. Der Hohe Vertreter (und sein Stellvertreter) muss weiterhin die Verantwortung sowohl für die GASP wie auch für die ESVP haben, und beides sollte im Vertrag weiterhin gemeinsam behandelt werden, damit eine Kohärenz aller außenpolitischer Maßnahmen der EU gewährleistet ist.

EINSÄTZE UND AUFGABEN DER EU

6. Die Fähigkeit der EU, auf neue Bedrohungen und Herausforderungen zu reagieren, muss auf den neuesten Stand gebracht werden. Denkbar ist eine Modernisierung und Erweiterung der jetzigen Petersberg-Aufgaben dahingehend, dass sie dem Spektrum von Rollen Rechnung tragen, die die EU bei der Krisenbewältigung zu übernehmen anstreben sollte, und damit die proaktive Rolle der ESVP bei der allgemeineren Konfliktverhütung ausgebaut werden kann, z.B. durch Hinzufügen von:

- Stabilisierung: Aufgaben, wie sie z.B. die Task Force Fox in Makedonien übernommen hat;

- Konfliktverhütung: ein frühes Eingreifen in einem Kreislauf der Gewalt;

- Verteidigungsdiplomatie: Streitkräfte bereitstellen, die feindselige Stimmungen vertreiben, Vertrauen aufbauen und aufrechterhalten und bei der Entwicklung demokratisch verantwortlicher Streitkräfte behilflich sind, zum Beispiel durch Ausbildung und Hilfe, oder durch Waffenvernichtungs- und Rüstungskontrollprogramme.

7. Die Einbeziehung dieser neuen Aktivitäten wird die Gewähr dafür bieten, dass die Petersberg-Aufgaben auch weiterhin ihre jetzige Flexibilität behalten, ein breites Spektrum von Aktivitäten - von humanitären Aufgaben und Rettungseinsätzen bis hin zu Kampftruppen für die Krisenbewältigung - zu umfassen, bei denen die EU über die Fähigkeiten verfügt, eine glaubwürdige Reaktion zustande zu bringen.

8. Zweitens sollten wir klären, wie wir zivilen Behörden der EU militärische Unterstützung geben wollen, vor allem im Hinblick auf den Katastrophenschutz, indem wir z.B. helfen, die Folgen eines terroristischen Anschlags oder einer größeren Naturkatastrophe zu bewältigen. Nach dem 11. September hat die EU bereits wertvolle Arbeit geleistet, um der zunehmenden Bedrohung durch den Terrorismus die Stirn zu bieten. Dies sollte eine pfeilerübergreifende Anstrengung bleiben, wobei die Führung von den Mitgliedstaaten und den zivilen Dienststellen auf Gemeinschaftsebene ausgehen sollte. Im Falle eines atomaren, biologischen oder chemischen Angriff auf EU-Hoheitsgebiet würde ein Mitgliedstaat möglicherweise auf die - auch militärischen - Ressourcen anderer Mitgliedstaaten sowie der NATO zurückgreifen wollen. Die politischen Führer würden eine Mobilisierung sowohl der zivilen als auch der militärischen Fähigkeiten verlangen. Wir würden es begrüßen, wenn der Konvent einen Vorschlag dazu unterbreiten könnte, wie die Koordination der nationalen militärischen Kräfte in der EU für den Katastrophenschutz am effektivsten und flexibelsten gehandhabt werden könnte – dies müsste sicherlich unter der zivilen Kontrolle des betroffenen Staates erfolgen. Hierbei könnte auch überlegt werden, ob es Spielraum gibt, auf militärisches Wissen im Ratssekretariat zurückzugreifen, oder ob diese Koordination am besten über den Gemeinschaftsmechanismus für den Katastrophenschutz vonstatten gehen sollte.

9. Es gibt gute Argumente dafür, Verteidigungsgarantien in derjenigen Organisation zu belassen, die dazu ausgerüstet ist, sie mit integrierten militärischen Streitkräften einzulösen – und das ist die NATO. Die Zahl der EU-Mitglieder, die auch NATO-Mitglieder sind, wird nach den nächsten Erweiterungswellen voraussichtlich auf 19 anwachsen. Aus diesen Gründen wären wir nicht für eine Ausdehnung der EU-Aktivitäten auf die gemeinsame Verteidigung (bzw. über Artikel 17 des Vertrags hinaus). In gleicher Weise halten wir ein Protokoll im Vertrag auf Opt-in-Basis, welches vorsieht, dass bestimmte Mitgliedstaaten im Falle eines Angriffs von außen militärische Hilfe anbieten, sowohl für entzweiend wie auch für militärisch undurchführbar. Es dupliziert die Arbeit der NATO und erhöht die tatsächliche Sicherheit der europäischen Staaten um nichts. Die eigentlichen Bedrohungen, denen die EU-

- I. Chronik -
Nr.144/22.XI.2002: Europäische Verteidigung

Mitgliedstaaten heute ausgesetzt sind, umfassen Terrorismus, Proliferation und Instabilität in benachbarten Staaten. Diese müssen mit einem umfassenden EU-Konzept angegangen werden, das die GASP, die ESVP und Anstrengungen im Rahmen des ersten und dritten Pfeilers umfasst.

10. Die Analyse dieser Bedrohungen ist ein zentraler Motor für die Tätigkeit der EU und ihrer Mitgliedstaaten. Die Strukturen des Rates und das Sekretariat leisten mit ihrer Untersuchung von Instabilität und Konflikten in anderen Staaten, mit der sie der ESVP eine analytische Grundlage geben, eine Menge gute Arbeit. Wir würden es begrüßen, wenn diese Analysen um die Bedrohungen der EU durch Terrorismus und Proliferation erweitert werden könnten.

FLEXIBLE BETEILIGUNG

11. Von manchen ist die flexible Zusammenarbeit vorgeschlagen worden, um Synergien zwischen den Verteidigungsfähigkeiten der Mitgliedstaaten zu fördern und die EU in die Lage zu versetzen, rasch auf eine Krise zu reagieren. Aus praktischen Gründen müssen wir u.U. prüfen, inwieweit kleinere Gruppen, die bestimmte Kriterien erfüllen (z.B. die Entschlossenheit, Kräfte zu stationieren, die der Befehlshaber der Streitkräfte innerhalb bestimmter Zeitvorgaben benötigt), bestimmte Operationen einleiten und in ihren Anfängen durchführen, wobei sie EU-Mechanismen anwenden. Andere Mitgliedstaaten würden ermuntert, sich daran zu beteiligen, sobald sie dazu bereit wären.

12. Die ESVP umfasst bereits umfangreiche Bestimmungen, die auf eine intensivere Zusammenarbeit hinauslaufen: Statusunterschiede, den dänischen Opt-out, die konstruktive Enthaltung, nationale Entscheidungen in der Frage, ob Truppen bereitgestellt werden, und unterschiedliche Beteiligungen an Gruppen im Rahmen des Europäischen Aktionsplans zu den Fähigkeiten. Alle bestehenden Methoden der Zusammenarbeit kleiner Gruppen setzen einen Konsens aller über das geplante Vorhaben sowie nationale Entscheidungen zur Frage, ob das Land tatsächlich der Gruppe, die die Politik durchführt, beitreten will, voraus. Aber es gibt noch die verschiedensten Möglichkeiten, sie weiterzuentwickeln. Sie reichen von einer größeren Nutzung bestehender Formationen, die nicht dem Rat unterstehen, bis zur Überprüfung der Regeln für die konstruktive Enthaltung und neuen Formen so genannter 'verstärkter Zusammenarbeit', bei der nicht zunächst eine einstimmige Entscheidung nötig wäre. Der Konvent muss sich mit allen diesen Möglichkeiten eingehend auseinander setzen und prüfen, was sie für die Entwicklung der außenpolitischen Maßnahmen der EU, einschließlich einer effektiven ESVP, bedeuten würden.

FÄHIGKEITEN

13. Die Erreichung unserer militärischen Fähigkeitsziele ist eine zentrale Voraussetzung dafür, dass wir die ESVP glaubwürdig machen. Damit es der EU gelingen kann, sowohl 2003 ihr Planziel zu erreichen als auch danach unsere Fähigkeiten aufrechtzuerhalten und zu verbessern, ist das uneingeschränkte Engagement aller Mitgliedstaaten erforderlich. Damit wir das Engagement fördern und messen können, braucht die EU eine objektivere Basis, auf der sie nationale und kollektive Leistung beurteilen kann.

14. Wir möchten vorschlagen, dass die EU von ihrem Modell des wirtschaftlichen Benchmarking Gebrauch macht, um die nationalen Leistungen im Bereich der militärischen Fähigkeiten, wozu angemessene Grade der Bereitschaft, Dislozierbarkeit, Interoperabilität und Durchhaltefähigkeit gehören müssen, zu bewerten und zu vergleichen. Die Verteidigungsausgaben allein sagen uns nicht, ob das Geld effektiv verwendet wird, um konkrete militärische Fähigkeiten zu erwerben. Statt dessen müssen wir auch die Fähigkeiten selbst messen und prüfen, ob sie dem entsprechen, was die EU braucht.

15. Brauchbare Indikatoren für die Ausgaben sind u.a. die Gesamtsumme, die für die Verteidigung ausgegeben wird; diese Summe als Anteil am BIP; und das Verhältnis zwischen den Elementen Ausrüstung, Personal und Infrastruktur. Aber um die tatsächlichen Fähigkeiten zu bewerten, müssen wir eine Form von Auditing-Prozess entwickeln, bei dem wir Fähigkeiten anhand von Leistungs-Benchmarks vergleichen, und in jedem Bereich beste Praktiken anstreben. Um effektiv zu sein, müssen EU- und NATO-Methodologien kohärent sein. Durch Vergleich der beschafften Fähigkeiten mit den Aufwendungen dafür können die Mitgliedstaaten überlegen, wie sie ihre Systeme verbessern können, um am effektivsten Fähigkeiten für die ESVP zu bekommen. Ein solcher Mechanismus würde eine geeignete Struktur erfordern, die

entweder explizit für diesen Zweck geschaffen werden müsste oder beim Ratssekretariat angesiedelt wäre. Die Ergebnisse könnten vom EU-Militärausschuss und vom PSK benutzt werden als Informationsgrundlage für die Gespräche der Verteidigungsminister über die Verbesserung der Fähigkeiten für die ESVP.

DEFENCE CAPABILITY DEVELOPMENT AGENCY

16. Dieses erneute Bekenntnis zu einer Verbesserung der Fähigkeiten muss von einer konzertierten Anstrengung zur Erarbeitung eines effektiveren institutionellen Ansatzes zur Entwicklung stärkerer militärischer Fähigkeiten in der EU unterstützt werden. Wir halten es für erforderlich, dass die ESVP durch eine intergouvernementelle Defence Capability Development Agency (DCDA) unterstützt wird, die harmonische und aufeinander abgestimmte nationale Anstrengungen fördern kann, nicht nur in Bezug auf die Ausrüstung, sondern auch in punkto Personal und Fremdleistungsarbeiten, wodurch effiziente Streitkräfte gebildet werden. Der Leiter der DCDA würde den Hohen Vertreter unterstützen, die Verteidigungsminister ermuntern (und manchmal überreden), den Benchmarking- und Bewertungsprozess der Fähigkeiten überwachen und zusammen mit dem Vorsitzenden des EU-Militärausschusses die angebotenen Fähigkeiten prüfen, um zu gewährleisten, dass die EU effektiv funktioniert und ihre militärischen Aufgaben erfüllt. Die DCDA würde sich auch mit Rüstungspolitik befassen und auf dem Letter-of-Intent-Prozess zur Verbesserung des Marktzugangs für Rüstungsgüter unter Berücksichtigung des besonderen Charakters einiger dieser Güter und der globalen Natur des Marktes selbst aufbauen.

17. Aus Gründen der nationalen Sicherheit ist und bleibt Rüstung eine Zuständigkeit der Mitgliedstaaten. Aber wir müssen uns für mehr Zusammenarbeit zwischen Gruppen von Mitgliedstaaten in Bezug auf die Fähigkeiten einsetzen. Zusammenarbeit im Bereich der Fähigkeiten ermöglicht finanzielle Einsparungen, eine verbesserte Interoperabilität und industrielle Integration. Das Fundament für Fortschritte in diesem Bereich wurde bereits von Organisationen wie der Westeuropäischen Rüstungsgruppe (WEAG), der Organisation Conjointe de Coopération en matière d'Armement (OCCAR) und dem Letter of Intent gelegt. Unseres Erachtens muss die EU jetzt darauf hinarbeiten, die Prinzipien bewährter Praktiken, die sich diese Organisationen zu Eigen gemacht haben, anzunehmen und weiterzuentwickeln.

18. Die geplante Defence Capability Development Agency könnte bestehende Arbeiten im Rüstungsbereich und andere relevante Initiativen auf der Grundlage der WEAG, der OCCAR und des Letter of Intent als Teil der Regierungszusammenarbeit in der EU umfassen. Durch Konsolidierung und Ausbau dieser Arbeit dürfte die EU in der Lage sein, auf einer Reihe wichtiger Charakteristiken jener Organisationen - Effizienz, Flexibilität und bewährte Praktiken - aufzubauen. Die DCDA sollte entweder das Sekretariat zu ihrer Verfügung haben oder einen eigenen Stab (der größtenteils aus von den Mitgliedstaaten entsandten Experten bestehen sollte).

19. Durch Einbeziehung der WEAG in die EU würde die DCDA allen Mitgliedstaaten ein Forum bieten, in dem die Nationalen Rüstungsdirektoren prüfen könnten, wie sie ihre Zusammenarbeit in sämtlichen Fragen verbessern könnten. Im Falle der OCCAR und des Letter of Intent würde zunächst nur eine kleine Gruppe von Mitgliedstaaten teilnehmen, damit sich eine innovative, aber technisch schwierige Zusammenarbeit fruchtbar entwickeln könnte. Eine Mitgliedschaft würde von der Fähigkeit der einzelnen Staaten abhängen, vereinbarte Kriterien zu erfüllen. Dies würde eine Zusammenarbeit gewährleisten, die konkrete Ergebnisse im Hinblick auf die Fähigkeitsziele der EU bringen würde.

20. Bei der Festlegung der Bestimmungen für die Zusammenarbeit müssen wir auch daran denken, dass die Zusammenarbeit im Bereich der Fähigkeiten nicht auf die EU beschränkt ist. Wir müssen unbedingt dafür sorgen, dass die Beschaffungsprogramme für die Teilnahme von Ländern offen bleiben, die nicht der EU angehören, insbesondere von NATO-Staaten. Jede Lösung sollte den Wettbewerb und offene Märkte im gesamten euro-atlantischen Raum fördern und nicht zu einer europäischen Präferenz führen.

EU-ENTSCHEIDUNGSVERFAHREN

21. Die Arbeitsgruppe ‚Verteidigung' ist beauftragt worden zu prüfen, ob die Entscheidungsverfahren der EU für militärische Einsätze verbessert werden könnten und welches die Auswirkungen für den Generalsekretär/Hohen Vertreter wären. Dieser (und jeder Stellvertreter)

- I. Chronik -
Nr.144/22.XI.2002: Europäische Verteidigung

sollte unseres Erachtens größere Befugnisse im Bereich der GASP einschließlich der ESVP haben. Hierzu sollte ein Initiativrecht gehören. Doch braucht jedes System auch Kontrollen. Es muss klar sein, dass der Generalsekretär/Hohe Vertreter seine Verantwortung unter der Direktion des Rates und ggf. des Politischen und Sicherheitspolitischen Ausschusses ausübt. Wann immer die Mitgliedstaaten aufgefordert sind, Soldaten in Gefahr zu bringen, ist es wichtig, dass die strategischen politischen und militärischen Entscheidungen, die ihre Sicherheit betreffen, auf einer Konsensmeinung der Beitragenden beruhen."

2. Gemeinsame deutsch-französische Vorschläge für den Europäischen Konvent zum Bereich Europäische Sicherheits- und Verteidigungspolitik, vorgelegt vom französischen Außenminister, Dominique de Villepin, und vom deutschen Außenminister, Joschka Fischer, Mitglieder des Konvents, am 22. 11. 2002 in Brüssel

„Gemäß der Erklärung des Gipfels von Schwerin möchten Deutschland und Frankreich dem Europäischen Konvent folgende Vorschläge unterbreiten:

1. AUFGABEN DER ESVP

Laut Vertrag über die Europäische Union umfasst die GASP ‚sämtliche Fragen, welche die Sicherheit der Union betreffen, wozu auch die schrittweise Festlegung einer gemeinsamen Verteidigungspolitik (...) gehört, die zu einer gemeinsamen Verteidigung führen könnte, falls der Europäische Rat dies beschließt'. An dieser Perspektive einer gemeinsamen Verteidigung halten wir fest, da sie die Solidarität von Werten und Interessen widerspiegelt, die uns eint, die sich mit den Fortschritten des europäischen Aufbauwerks vertieft und die in sämtlichen Bereichen zum Ausdruck kommen muss.

Unser Ansatz muss es ermöglichen, die gegenwärtigen Herausforderungen anzugehen. Heute sind die EU-Mitgliedstaaten mit vielfältigen und transnationalen Bedrohungen konfrontiert, die nicht nur zwischenstaatlicher und militärischer Art sind. Um diese globalen Bedrohungen abwehren zu können, muss die Union eine globale Vision ihrer Sicherheit entwickeln, bei der eine breite Palette von Mitteln zum Einsatz kommt (justizielle und polizeiliche Zusammenarbeit, wirtschaftliche und finanzielle Instrumente, Zivilschutz, militärische Mittel). Durch die abgestimmte Verwendung dieser Instrumente wird die Union die Sicherheit ihres Gebiets und ihrer Bevölkerungen gewährleisten und zur Stabilität ihres strategischen Umfelds beitragen.

Deutschland und Frankreich schlagen vor, in der Neufassung des Vertrags (Werte) eine Aussage zu 'Solidarität und Gemeinsame Sicherheit' aufzunehmen und dem Vertrag eine politische Erklärung gleichen Namens beizufügen ('Solidarität und Gemeinsame Sicherheit'), um alle Arten von Risiken, darunter insbesondere den Terrorismus, und die zu ihrer Bewältigung erforderlichen Mittel zu identifizieren. Die Erklärung sollte in der Perspektive von Art. 17 Abs. 1 EUV auch die Fortentwicklung der ESVP zu einer Europäischen Sicherheits- und Verteidigungs-Union umfassen, die auch zur Stärkung des europäischen Pfeilers der Allianz beitragen soll.

2. FLEXIBILITÄT IM BEREICH DER EUROPÄISCHEN SICHERHEITS-
UND VERTEIDIGUNGSPOLITIK

Unser Ziel ist größere Flexibilität, u.a. im Bereich der Entscheidungsverfahren. Wünschenswert ist grundsätzlich die Beteiligung aller Mitgliedstaaten der Union. Es wird aber Situationen geben, in denen nicht alle Mitgliedstaaten bereit oder in der Lage sind, sich an der Zusammenarbeit zu beteiligen. Für diesen Fall muss denjenigen, die dies wünschen, die Option einer Zusammenarbeit mit einigen anderen im Rahmen des Vertrags offen stehen.

Daher muss das Instrument der verstärkten Zusammenarbeit auch für die ESVP nutzbar gemacht werden. Dies würde es einer Gruppe von Mitgliedstaaten erlauben, eine verstärkte Zusammenarbeit zu entwickeln, die den übrigen Mitgliedstaaten bzw. der gesamten Union offen steht und gleichzeitig einen Bezug zu den bestehenden Institutionen und Politiken der EU herstellt.

Denkbar wäre verstärkte Zusammenarbeit insbesondere:

- in Bezug auf multinationale Streitkräfte mit integrierten Führungskapazitäten, unbeschadet ihres Einsatzes im Rahmen der NATO,

- I. Chronik -
Nr.144/22.XI.2002: Europäische Verteidigung

- bei der Rüstung und den Fähigkeiten (siehe Punkt 3 und 4),

- bei der Verwaltung der Humanressourcen, der Ausbildung und der Erarbeitung gemeinsamer Doktrinen.

In Bezug auf die verstärkte Zusammenarbeit wären hierfür die geeigneten Modalitäten festzulegen, insbesondere:

- Beschluss der Begründung einer solchen Zusammenarbeit mit qualifizierter Mehrheit;

- Sicherung rascher Entscheidungsverfahren (u.a. Überprüfung Artikel 27 c EUV-Nizza);

- Herabsetzung des Schwellenwerts für die Teilnehmerzahl.

Daneben sollte für die ESVP auch die Nutzung anderer Flexibilitätsinstrumente innerhalb des Vertrags geprüft werden. Für die Nutzung von Flexibilitätsinstrumenten innerhalb des Vertrags bei der Einleitung und Durchführung von militärischen Operationen sollten besondere Regeln gelten. Hier sollte es bei dem Erfordernis der Einstimmigkeit bleiben, mit der Möglichkeit der konstruktiven Enthaltung.

Deutschland und Frankreich schlagen vor, die Möglichkeit, verstärkte Zusammenarbeit für den Bereich der ESVP entsprechend den o.g. Modalitäten zu nutzen, in den Vertrag aufzunehmen. Deutschland und Frankreich schlagen vor, dass diejenigen Mitgliedstaaten, die dies wünschen, ihre in der WEU eingegangenen Verpflichtungen unter Nutzung der verstärkten Zusammenarbeit in die Europäische Union überführen

3. ENTWICKLUNG DER MILITÄRISCHEN FÄHIGKEITEN

Eine Entwicklung der ESVP und damit das Erreichen eines voll handlungsfähigen Europa ist ohne eine Stärkung der militärischen Fähigkeiten nicht möglich. Über die Entwicklung einer europäischen Sicherheitskultur hinaus erfordert dies eine bessere Ressourcenallokation sowie vermehrte Anstrengungen zur Ausrüstung unserer Streitkräfte. Als Ausdruck ihres diesbezüglichen Engagements auf politischer Ebene sollten die Mitgliedstaaten, die dies wünschen, ein Protokoll zur gemeinsamen Verwirklichung der europäischen Fähigkeitsziele schließen.

Deutschland und Frankreich schlagen vor, dem Vertrag im Anhang ein Protokoll beizufügen, in dem sich die Staaten, die dies wünschen, verpflichten, die erforderlichen Anstrengungen zur Verbesserung der militärischen Fähigkeiten zu unternehmen und neue Formen der Zusammenarbeit zu entwickeln, insbesondere durch Harmonisierung der militärischen Bedarfsplanung, Bündelung von Fähigkeiten und Ressourcen sowie Aufgabenteilung.

Deutschland und Frankreich schlagen die Aufnahme einer Bezugnahme auf die Projekte der Zusammenarbeit in den Vertrag vor, die bereits zwischen Mitgliedstaaten in diesem Bereich bestehen, und ihre Festschreibung in einem Protokoll im Anhang als Projekte der Union, die ggf. auf der Basis verstärkter Zusammenarbeit durchgeführt werden (multinationale Streitkräfte und Strukturen, bestimme Aspekte der LoI und der OCCAR).

4. ENTWICKLUNG EINER EUROPÄISCHEN RÜSTUNGSPOLITIK

Unsere gemeinsamen Anstrengungen zur Verbesserung unserer Fähigkeiten erfordern eine stärkere Abstimmung zwischen den im Bereich der Rüstung eingeleiteten Kooperationen und eine Stärkung der industriellen und technologischen Verteidigungsbasis.

- Damit die Union mit den notwendigen Fähigkeiten ausgestattet wird, bedarf es einer stärkeren Harmonisierung der operativen Bedürfnisse und der Vorbereitung der Zukunft sowie einer Rüstungspolitik, die folgende Funktionen haben müsste: Unterstützung und Koordinierung von Forschung und Technologie im Bereich der Verteidigung, Stärkung der industriellen und technologischen Verteidigungsbasis, Schaffung im Laufe der Zeit eines europäischen Rüstungsmarkts;

- Festlegung der Mittel, um diesen Anforderungen gerecht zu werden:

-- zwischenstaatlicher Rahmen für eine harmonisierte Definition der militärischen operativen Bedürfnisse mit dem Ziel einer europäischen Planung;

- I. Chronik -
Nr.145/25.XI.2002: Treffen des MTCR in Den Haag

-- zwischenstaatlicher Rahmen, gegebenenfalls unter Rückgriff auf eine Agentur auf der Grundlage der schrittweise erweiterten OCCAR für den Erwerb von Ausrüstung, die im Rahmen multinationaler Programme entwickelt wird;

-- verstärkte Zusammenarbeit: in bestimmten Bereichen der LoI und der OCCAR (Versorgungssicherheit, Organisation der Exporte, Behandlung sensibler Informationen; Verzicht auf industrielle Kompensationen und gegenseitige Öffnung der Märkte); siehe Punkt 2

-- Anpassung des Gemeinschaftsrahmens, inkl. Anpassung von Art. 296 EGV, an die Besonderheiten der Rüstung: für die Transits, die Sicherheit der Informationen, das geistige Eigentum, die Zolltarife und die Forschung (wobei man sich im letzteren Bereich auf die Rahmenprogramme für Forschung und Entwicklung stützt).

Deutschland und Frankreich schlagen die Aufnahme in den Vertrag vor:

- der Funktionen einer europäischen Rüstungspolitik, darunter die schrittweise Schaffung eines europäischen Rüstungsmarkts mittels spezieller Verfahren, inkl. einer Anpassung von Art. 296 EGV,

- die Gründung einer Europäischen Rüstungsagentur, ggf. auf der Basis der verstärkten Zusammenarbeit."

(Britische Botschaft in Berlin, Europäischer Konvent, Brüssel)

25. XI. 2002

145. Verhaltenskodex gegen Raketenproliferation verabschiedet

Am 25. November 2002 kamen in Den Haag Vertreter der Mitgliedstaaten des Raketentechnologiekontrollregimes MTCR und 70 weiterer Staaten zusammen, um einen Verhaltenskodex zu verabschieden, der Normen gegen die Verbreitung von Raketen und für die friedliche Weltraumnutzung enthält und möglicherweise einen ersten Schritt in Richtung auf ein multilaterales Abkommen über Raketentechnologie darstellen könnte.

The Hague Code of Conduct against Missile Proliferation

PREAMBLE

„The Subscribing States:

Reaffirming their commitment to the United Nations Charter;

Stressing the role and responsibility of the United Nations in the field of international peace and security;

Recalling the widespread concern about the proliferation of weapons of mass destruction and their means of delivery;

Recognizing the increasing regional and global security challenges caused, inter alia, by the ongoing proliferation of Ballistic Missile systems capable of delivering weapons of mass destruction;

Seeking to promote the security of all states by fostering mutual trust through the implementation of political and diplomatic measures;

Having taken into account regional and national security considerations;

Believing that an International Code of Conduct against Ballistic Missile Proliferation will contribute to the process of strengthening existing national and international security arrangements and disarmament and non-proliferation objectives and mechanisms;

Recognising that subscribing States may wish to consider engaging in co-operative measures among themselves to this end;

1. Adopt this International Code of Conduct against Ballistic Missile Proliferation (hereinafter referred to as "the Code");

2. Resolve to respect the following Principles:

a) Recognition of the need comprehensively to prevent and curb the proliferation of Ballistic Missile systems capable of delivering weapons of mass destruction and the need to continue pursuing appropriate international endeavours, including through the Code;

b) Recognition of the importance of strengthening, and gaining wider adherence to, multilateral disarmament and non-proliferation mechanisms;

c) Recognition that adherence to, and full compliance with, international arms control, disarmament and non-proliferation norms help build confidence as to the peaceful intentions of states;

d) Recognition that participation in this Code is voluntary and open to all States;

e) Confirmation of their commitment to the United Nations Declaration on international Cooperation and Use of Outer Space for the Benefit and in the Interest of all States taking into particular Account the Needs of Developing Countries, adopted by the United Nations General Assembly (Resolution 51/122 of 13 December 1996);

f) Recognition that states should not be excluded from utilising the benefits of space for peaceful purposes, but that, in reaping such benefits and in conducting related cooperation, they must not contribute to the proliferation of Ballistic Missiles capable of delivering weapons of mass destruction;

g) Recognition that Space Launch Vehicle programmes should not be used to conceal Ballistic Missile programmes;

h) Recognition of the necessity of appropriate transparency measures on Ballistic Missile programmes and Space Launch Vehicle programmes in order to increase confidence and to promote non-proliferation of Ballistic Missiles and Ballistic Missile technology;

3. Resolve to implement the following General Measures:

a) To ratify, accede to or otherwise abide by:

I. the Treaty on principles Governing the Activities of States in the Exploration and Use of Outer Space, including the Moon and Other Celestial Bodies (1967),

II. the Convention on International Liability for Damage Caused by Space Objects (1972), and

III. the Convention on Registration of Objects Launched into Outer Space (1974);

b) To curb and prevent the proliferation of Ballistic Missiles capable of delivering weapons of mass destruction, both at a global and regional level, through multilateral, bilateral and national endeavours;

c) To exercise maximum possible restraint in the development, testing and deployment of Ballistic Missiles capable of delivering weapons of mass destruction, including, where possible, to reduce national holdings of such missiles, in the interest of global and regional peace and security;

d) To exercise the necessary vigilance in the consideration of assistance to Space Launch Vehicle programmes in any other country so as to prevent contributing to delivery systems for weapons of mass destruction, considering that such programmes may be used to conceal Ballistic Missile programmes;

e) Not to contribute to, support or assist any Ballistic Missile programme in countries which might be developing or acquiring weapons of mass destruction in contravention of norms established by, and of those countries' obligations under, international disarmament and non-proliferation treaties;

4. Resolve to implement the following:

a) Transparency measures as follows, with an appropriate and sufficient degree of detail to increase confidence and to promote non-proliferation of Ballistic Missiles capable of delivering weapons of mass destruction:

i) With respect to Ballistic Missile programmes to:

I. make an annual declaration providing an outline of their Ballistic Missile policies. Examples of openness in such declarations might be relevant information on Ballistic Missile systems and land (test-) launch sites;

II. provide annual information on the number and generic class of Ballistic Missiles launched during the preceding year, as declared in conformity with the pre-launch notification mechanism referred to hereunder, in tiret iii);

ii) With respect to expendable Space Launch Vehicle programmes, and consistent with commercial and economic confidentiality principles, to:

I. make an annual declaration providing an outline of their Space Launch Vehicle policies and land (test-) launch sites;

II. provide annual information on the number and generic class of Space Launch Vehicles launched during the preceding year, as declared in conformity with the pre-launch notification mechanism referred to hereunder, in tiret iii);

III. consider, on a voluntary basis (including on the degree of access permitted), inviting international observers to their land (test-) launch sites;

iii) With respect to their Ballistic Missile and Space Launch Vehicle programmes to:

I. exchange pre-launch notifications on their Ballistic Missile and Space Launch Vehicle launches and test flights. These notifications should include such information as the generic class of the Ballistic Missile or Space Launch Vehicle, the planned launch notification window, the launch area and the planned direction;

b) Subscribing States could, as appropriate and on a voluntary basis, develop bilateral or regional transparency measures, in addition to those above.

c) Implementation of the above Confidence Building Measures does not serve as justification for the programmes to which these Confidence Building Measures apply;

5. Organisational aspects

Subscribing States determine to:

a) Hold regular meetings, annually or as otherwise agreed by Subscribing States;

b) Take all decisions, both substantive and procedural, by a consensus of the Subscribing States present;

c) Use these meetings to define, review and further develop the workings of the Code, including in such ways as:

I. establishing procedures regarding the exchange of notifications and other information in the framework of the Code;

II. establishing an appropriate mechanism for the voluntary resolution of questions arising from national declarations, and/or questions pertaining to Ballistic Missile and/or Space Launch Vehicle programmes;

III. naming of a Subscribing State to serve as an immediate central contact for collecting and disseminating Confidence Building Measures submissions, receiving and announcing the subscription of additional States, and other tasks as agreed by Subscribing States; and

IV. others as may be agreed by the Subscribing States, including possible amendments to the Code."

(Abrüstungsbericht)

27. XI. 2002

146. Sicherheitsrat verlängert ISAF Mandat in Afghanistan

Am 27. November 2002 beschäftigte sich der Sicherheitsrat der Vereinten Nationen in New York mit der Lage in Afghanistan. Neben einer Würdigung der bisher erreichten Leistungen und der Bekräftigung, dass die Lage noch keinesfalls als entspannt angesehen werden kann, verabschiedete er die folgende Resolution, in der das Mandat der Internationalen Sicherungstruppe (ISAF) für ein Jahr verlängert wurde.

Resolution 1444 des VN-Sicherheitsrats, verabschiedet am 27. 11. 2002

„Der Sicherheitsrat,

in Bekräftigung seiner früheren Resolutionen über Afghanistan, insbesondere seiner Resolutionen 1386 (2001) vom 20. Dezember 2001 und 1413 (2002) vom 23. Mai 2002,

sowie in Bekräftigung seines nachdrücklichen Bekenntnisses zur Souveränität, Unabhängigkeit, territorialen Unversehrtheit und nationalen Einheit Afghanistans,

in Unterstützung der internationalen Anstrengungen zur Ausrottung des Terrorismus im Einklang mit der Charta der Vereinten Nationen sowie außerdem in Bekräftigung seiner Resolutionen 1368 (2001) vom 12. September 2001 und 1373 (2001) vom 28. September 2001,

in Anerkennung dessen, dass die Afghanen selbst dafür verantwortlich sind, für Sicherheit und Recht und Ordnung im gesamten Land zu sorgen, und in dieser Hinsicht die Anstrengungen der Afghanischen Übergangsverwaltung zur Einsetzung einer in jeder Weise repräsentativen, professionellen, multiethnischen Armee und Polizei sowie die Zusammenarbeit der Afghanischen Übergangsverwaltung mit der Internationalen Sicherheitsbeistandstruppe begrüßend,

mit dem Ausdruck seines Dankes an die Türkei für die Übernahme der Führung bei der Organisation und dem Kommando der Internationalen Sicherheitsbeistandstruppe vom Vereinigten Königreich ab dem 20. Juni 2002 sowie in dankbarer Anerkennung der Beiträge vieler Staaten zu der Internationalen Sicherheitsbeistandstruppe,

unter Begrüßung des gemeinsamen Schreibens des Außenministers Deutschlands und des Außenministers der Niederlande vom 21. November 2002 an den Generalsekretär (S/2002/1296, Anlage), in dem Deutschland und die Niederlande ihre Bereitschaft bekunden, gemeinsam die Führung beim Kommando über die Internationale Sicherheitsbeistandstruppe von der Türkei zu übernehmen, sowie in der Erwartung, dass zu gegebener Zeit Angebote zur Ablösung Deutschlands und der Niederlande bei der Führung dieses Kommandos eingehen werden,

unter Hinweis auf das Schreiben von Dr. Abdullah ABDULLAH an den Präsidenten des Sicherheitsrats, datiert vom 19. Dezember 2001 (S/2001/1223),

feststellend, dass die Situation in Afghanistan nach wie vor eine Bedrohung des Weltfriedens und der internationalen Sicherheit darstellt,

entschlossen, die vollinhaltliche Durchführung des Mandats der Internationalen Sicherheitsbeistandstruppe in Abstimmung mit der mit dem Übereinkommen von Bonn eingesetzten Afghanischen Übergangsverwaltung und ihren Nachfolgern sicherzustellen,

- I. Chronik -
Nr.147/29.XI.2002: IAEA kritisiert Nordkorea

aus diesen Gründen tätig werdend nach Kapitel VII der Charta der Vereinten Nationen,

1. beschließt, die Genehmigung der Internationalen Sicherheitsbeistandstruppe, wie in Resolution 1386 (2001) definiert, um einen Zeitraum von einem Jahr ab dem 20. Dezember 2002 zu verlängern;

2. ermächtigt die an der Internationalen Sicherheitsbeistandstruppe teilnehmenden Mitgliedstaaten, alle zur Erfüllung des Mandats der Internationalen Sicherheitsbeistandstruppe notwendigen Maßnahmen zu ergreifen;

3. fordert die Mitgliedstaaten auf, Personal, Ausrüstung und andere Ressourcen zu der Internationalen Sicherheitsbeistandstruppe beizutragen und an den gemäß Resolution 1386 (2001) eingerichteten Treuhandfonds Beiträge zu entrichten;

4. ersucht die Führung der Internationalen Sicherheitsbeistandstruppe, über den Generalsekretär vierteljährliche Berichte über die Durchführung ihres Mandats vorzulegen;

5. beschließt, mit der Angelegenheit befasst zu bleiben."

(Deutscher Übersetzungsdienst, Vereinte Nationen)

29. XI. 2002

147. Internationale Atomenergieorganisation kritisiert Nordkorea

Am 29. November 2002 befasste sich der Gouverneursrat der Internationalen Atomenergieorganisation (IAEA) in Wien mit dem nordkoreanischen Nuklearprogramm, nachdem Ende Oktober erkennbar geworden war, dass Nordkorea ein heimliches Programm zur Uran-Anreicherung betreibt. Die vorliegende Resolution des Gouverneursrates drückt die ernsthafte Sorge über dieses Programm aus und fordert Nordkorea auf, Klarheit über dieses Programm zu schaffen und endlich seine gesamten nuklearen Aktivitäten unter Safeguards zu stellen und ohne Wenn und Aber zu seinem vertraglichen Kernwaffenverzicht zu stehen.

Resolution GOV/2002-60 des Board of Governors der IAEA vom 29. 11. 2002

"The Board of Governors,

a) Recalling its resolutions GOV/2636, GOV/2639, GOV/2645, GOV/2692, GOV/2711 and GOV/2742, and General Conference resolutions GC(XXXVII)RES/624, GC(XXXVIII)RES/16, GC(39)/RES/3, GC(40)/RES/4, GC(41)/RES/22, GC(42)/RES/2, GC(43)/RES/3, GC(44)/RES/26, GC(45)RES/16, and GC(46) RES/14,

b) Noting that the Democratic People's Republic of Korea (DPRK) is a party to the Treaty on the Non-Proliferation of Nuclear Weapons (NPT) and reaffirming that the IAEA-DPRK safeguards agreement (INFCIRC/403) under the NPT remains binding and in force,

c) Recalling further resolution 825 (1993) adopted by the Security Council of the United Nations on 11 May 1993 and 31 March 1994, 30 May 1994 and 4 November 1994 statements by the President of the United Nations Security Council, particularly the request to take all steps the Agency deems necessary to verify full compliance by the DPRK with its safeguards agreement with the Agency,

d) Noting with extreme concern recent reports of an unsafeguarded DPRK uranium enrichment programme, and the DPRK statement of 25 October 2002 that it is 'entitled to possess not only nuclear weapons but any type of weapon more powerful than that,'

e) Mindful of the indispensable role of the IAEA in continuing to monitor the freeze on nuclear facilities in the DPRK as requested by the Security Council,

f) Recognizing the importance to the international community of maintaining peace, stability, and the nuclear weapons-free status of the Korean Peninsula, and declaring its readiness to promote a peaceful resolution of the DPRK nuclear issue,

g) Noting that the IAEA Secretariat has sent two letters (17 and 18 October 2002) to the authorities of the DPRK, asking them to cooperate with the Agency and seeking clarification of reported information about a programme to enrich uranium,

h) Having considered the report of the Director General at its meeting of 28 November 2002,

1. Reiterates its previous calls to the DPRK to comply fully and promptly with its safeguards agreement and to co-operate fully with the Agency to that end;

2. Endorses the statement by the Director General on 17 October 2002 in which he expressed 'deep concern' regarding reported information that the DPRK has a programme to enrich uranium for nuclear weapons, and the action taken by the Director General to seek information from the DPRK on any such activity;

3. Insists that the DPRK urgently and constructively respond to letters from the IAEA Secretariat requesting clarification of the reported uranium enrichment programme;

4. Calls upon the DPRK to accept without delay the proposal of the Director General to despatch a senior team to the DPRK, or to receive a DPRK team in Vienna, to clarify the aforementioned uranium enrichment programme;

5. Recognises that such a programme, or any other covert nuclear activities, would constitute a violation of the DPRK's international commitments, including the DPRK's safeguards agreement with the Agency pursuant to the NPT;

6. Deplores the DPRK's repeated public statements that it is entitled to possess nuclear weapons, which runs contrary to its obligations under the NPT not to develop or possess nuclear weapons;

7. Urges the DPRK to provide to the Agency all relevant information concerning the reported uranium enrichment programme, and other relevant nuclear fuel cycle facilities;

8. Urges the DPRK to cooperate with the Agency with a view to opening immediately all relevant facilities to IAEA inspection and safeguards, as required under its comprehensive safeguards agreement;

9. Urges the DPRK to give up any nuclear weapons programme, expeditiously and in a verifiable manner;

10. Requests the Director General to transmit this resolution to the DPRK, to continue dialogue with the DPRK with a view toward urgent resolution of the issues above, and to report again to the Board of Governors on the matter at its next meeting or when deemed necessary; and

11. Decides to remain seized of the matter. "

(IAEA Website)

6. - 7. XII. 2002

148. OSZE-Ministerrat in Porto

Am 6. und 7. Dezember 2002 fand in der portugiesischen Stadt Porto die zehnte Außenministerkonferenz der OSZE statt. Auf ihr standen die Bekämpfung des internationalen Terrorismus ebenso im Mittelpunkt wie die noch offenen Konflikte in Transnistrien und im Kaukasus. Des Weiteren wurde die Arbeit der einzelnen Gremien und Institutionen der OSZE behandelt. Im Folgenden sind einige der in Porto verabschiedeten Dokumente wiedergegeben: Eine Erklärung zum Thema „Bewältigung des Wandel", ein

- I. Chronik -
Nr.148/6.-7.XII.2002: OSZE-Ministerrat in Porto

weiteres Dokument mit den zusammengefassten Einzelerklärungen, eine Reihe von interpretativen Erklärungen zu diesem Dokument sowie eine Charta zur Verhütung und Bekämpfung des Terrorismus.

1. „Bewältigung des Wandels" Erklärung des Ministerrats von Porto

„1. Wir, die Minister für auswärtige Angelegenheiten der Teilnehmerstaaten der Organisation für Sicherheit und Zusammenarbeit in Europa, sind in Porto zusammengetreten und haben unsere Entschlossenheit zur Zusammenarbeit bekräftigt, um unsere Völker vor bestehenden und neuen Sicherheitsbedrohungen zu bewahren. Aus dem Wandel des politischen, die Sicherheit und Wirtschaft betreffenden Umfeldes erwachsen der OSZE neue Herausforderungen. Mit dem fortschreitenden neuen Jahrhundert treten diese Herausforderungen deutlicher zutage, und der einzigartige Beitrag der OSZE zu einer internationalen Gemeinschaft, in der sich alle Nationen und Menschen sicher fühlen können, erhält immer größeres Gewicht. Uns bietet sich die historische Chance, in einem stetig zusammen-wachsenden Europa Frieden, Wohlstand und Demokratie auf Dauer zu festigen.

2. Wir bekräftigen unser Bekenntnis zur Förderung von Sicherheit und Zusammenarbeit in einem OSZE-Gebiet ohne Trennlinien durch den Aufbau von gegenseitigem Vertrauen und durch Zusammenarbeit bei der Lösung von Sicherheitsfragen im Geiste von Transparenz und Partnerschaft. Unsere Bemühungen werden durch diejenigen anderer internationaler Organisationen und Institutionen ergänzt, mit denen wir auf der Grundlage der Plattform für kooperative Sicherheit eng zusammenarbeiten werden.

3. Gleichzeitig muss unsere Organisation neue Antworten auf neuartige Bedrohungen unserer Sicherheit entwickeln, die alle drei Dimensionen unseres ganzheitlichen Ansatzes erfassen und stärken. Unsere Bemühungen um die Förderung von Frieden und Stabilität müssen Hand in Hand gehen mit unserer Entschlossenheit, für die uneingeschränkte Achtung der Menschenrechte, der Grundfreiheiten und der Rechtsstaatlichkeit zu sorgen und die unverzichtbaren Voraussetzungen für eine bestandfähige Entwicklung in allen unseren Staaten abzusichern.

4. Die jüngsten Terroranschläge wie die Geiselnahme in Moskau haben gezeigt, dass der Terrorismus nach wie vor eine Bedrohung für die individuelle und die globale Sicherheit darstellt. In der Charta zur Verhütung und Bekämpfung des Terrorismus, die wir heute verabschiedet haben, sind die Grundsätze für unser gemeinsames Vorgehen gegen den Terrorismus verankert. Letztes Jahr verabschiedeten wir in Bukarest unter dem Eindruck der Ereignisse vom 11. September einen Aktionsplan zur Bekämpfung des Terrorismus, und heute haben wir beschlossen, unsere Bemühungen zu seiner Umsetzung zu intensivieren.

5. Um sicherzustellen, dass die OSZE gegenwärtigen und zukünftigen Anforderungen gewachsen ist, sind wir überein gekommen, dass sie 2003 die Entwicklung einer Strategie gegen Bedrohungen von Sicherheit und Stabilität im einundzwanzigsten Jahrhundert fortsetzen soll. Die heute beschlossene Jährliche Sicherheitsüberprüfungskonferenz der OSZE wird einen Rahmen für einen verstärkten Sicherheitsdialog für die Überprüfung der Arbeit der OSZE und ihrer Teilnehmerstaaten im Sicherheitsbereich bilden. Wir haben ferner beschlossen, die Rolle der OSZE bei Einsätzen zur Friedenssicherung zu überdenken, wobei die diesbezüglichen Fähigkeiten der OSZE bewertet und Optionen für ihr Engagement in diesem Bereich aufgezeigt werden sollen.

6. Gute Polizeiarbeit vermag einen wesentlichen Beitrag zu Sicherheit und Stabilität zu leisten. Wir bestätigen, dass die OSZE ihre Fähigkeit zur Hilfeleistung an Teilnehmerstaaten, die ihre Polizeikompetenz verbessern wollen, weiter ausbauen soll, und wir ermutigen die Teilnehmerstaaten, die dazu nötigen Ressourcen zur Verfügung zu stellen.

7. Wir haben heute beschlossen, 2003 eine neue Strategie zur Stärkung der ökonomischen und ökologischen Dimension der OSZE auszuarbeiten, welche die Ziele, Grundsätze, Kriterien und Methoden der OSZE-Aktivitäten in diesem Bereich festlegt, einschließlich einer verbesserten Zusammenarbeit in Umweltfragen. Wirtschafts- und Umweltfaktoren können die Sicherheit und Stabilität bedrohen. Die durch den Untergang des Öltankers Prestige 100 Meilen vor der Küste unseres Tagungsorts verursachte Katastrophe führt uns schmerzlich die Notwendigkeit vor Augen, die Meeresumwelt vor Ölverschmutzung und deren Folgen für die örtliche Bevölkerung zu bewahren. Wir fordern die Teilnehmerstaaten, die Internationale

- I. Chronik -
Nr.148/6.-7.XII.2002: OSZE-Ministerrat in Porto

Seeschifffahrtsorganisation und andere maßgebliche internationale Organisationen auf, durch verstärkte Bemühungen die Meeresumwelt vor solchen Katastrophen zu schützen, indem sie bei der Verhütung, Verringerung und Kontrolle von Ölverschmutzung unter voller Einhaltung des Völkerrechts intensiver zusammenarbeiten.

8. Die menschliche Dimension ist und bleibt das Herzstück der Aktivitäten der Organisation. Die in diesem Jahr verabschiedeten neuen Modalitäten der OSZE-Implementierungstreffen zur menschlichen Dimension werden die Wirksamkeit der Arbeit der Organisation und ihrer Institutionen weiter erhöhen. Wir sind übereingekommen, den OSZE-Aktionsplan für Aktivitäten zur Bekämpfung des Menschenhandels zu überarbeiten und zu aktualisieren. Hohe Priorität erhält die Förderung von Toleranz und Nichtdiskriminierung, wozu wir einen eigenen Beschluss verabschiedet haben. Ferner haben wir einen Beschluss über Verpflichtungen betreffend Wahlen angenommen, und werden dabei weiter zusammenarbeiten.

9. Wir würdigen den beachtlichen Beitrag, den unsere Institutionen und Feldeinsätze dank ihrer engagierten Mitarbeiter zur praktischen Umsetzung der Ziele und Grundsätze unserer Organisation in Zusammenarbeit mit den Gaststaaten leisten. Wir beauftragen den Ständigen Rat, gegebenenfalls Mittel und Wege zu prüfen, wie die Funktionsweise und Wirksamkeit der Feldeinsätze weiter verbessert werden kann.

10. Nicht alle Herausforderungen, denen sich die OSZE gegenüber sieht, sind neu. Wir sind nach wie vor besorgt über anhaltende Konflikte in verschiedenen Regionen des OSZE- Gebiets, welche die Einhaltung der OSZE-Grundsätze gefährden und Frieden und Stabilität beeinträchtigen. Wir verpflichten uns, unsere Bemühungen zur Beilegung dieser Konflikte zu verstärken.

11. Wir begrüßen die bedeutenden Fortschritte bei der Erfüllung der auf dem Gipfeltreffen von Istanbul 1999 übernommenen Verpflichtungen und sehen der baldigen voll-ständigen Umsetzung dieser Verpflichtungen durch alle betroffenen Parteien entgegen.

12. Wir würdigen die Arbeit, die dieses Jahr in Bezug auf die Verbesserung der Führung der Organisation geleistet wurde. Wir beauftragen den Ständigen Rat, sich über die Arbeitsgruppe OSZE-Reform weiter mit den in diesbezüglichen Bericht des Vorsitzes angeführten ungelösten Fragen auseinander zusetzen und 2003 entsprechende Beschlüsse zu fassen. Ferner erteilen wir dem Ständigen Rat den Auftrag, seine Arbeit betreffend den Rechtsstatus sowie die Vorrechte und Immunitäten der OSZE fortzusetzen.

13. Rüstungskontrolle und vertrauens- und sicherheitsbildende Maßnahmen sind und bleiben unverzichtbarer Teil unseres umfassenden Sicherheitskonzepts. Wir begrüßen die Beschlüsse des Forums für Sicherheitskooperation über die verstärkte Umsetzung des OSZE-Dokuments über Kleinwaffen und leichte Waffen, über den Umgang mit Risiken, die durch Lager überschüssiger oder zur Zerstörung anstehender Munition und Sprengmittel entstehen und über die Stärkung der Rolle des Verhaltenskodex zu politisch-militärischen Aspekten der Sicherheit im Kampf gegen den Terrorismus. Wir beauftragen das Forum, sich an gemeinsamen Maßnahmen in Beantwortung bestehender und neuer Herausforderungen für die Sicherheit zu beteiligen.

14. Wir vermerken mit Befriedigung, dass das erste Jahr der Umsetzung des Vertrags über den Offenen Himmel erfolgreich verlaufen ist. Wir erinnern daran, dass alle OSZE-Teilnehmerstaaten einen Antrag auf Beitritt zum Vertrag stellen können. Wir halten fest, dass Anträge von mehreren OSZE-Teilnehmerstaaten von den Vertragsstaaten bereits genehmigt wurden beziehungsweise auf der Tagesordnung der Beratungskommission ‚Offener Himmel' stehen.

15. Wir werden die Zusammenarbeit und den Dialog mit unseren Kooperationspartnern im Mittelmeerraum sowie mit Japan, der Republik Korea und Thailand weiter vertiefen. Wir sehen ihrer weiteren aktiven und zielgerichteten Teilnahme an der Arbeit der OSZE zu Themen von gemeinsamem Interesse entgegen.

16. Die OSZE hat bei der Förderung von Demokratie, Frieden und Stabilität in ihrer gesamten Region eine einzigartige Rolle zu spielen. Sie schafft Vertrauen durch Dialog und Transparenz, stärkt die Zivilgesellschaft, bekämpft die Ursachen der Bedrohungen für die Stabilität, legt Grundsätze und Verpflichtungen fest und fördert deren Umsetzung. Sie leistet Staaten praktische Hilfe bei der Stärkung ihrer Institutionen, damit diese neue Herausforderungen

bewältigen können. Diese Rolle ist im neuen Sicherheitsumfeld wichtiger denn je. Heute verkünden wir unsere Entschlossenheit, die Organisation zu stärken und sie den geänderten Verhältnissen anzupassen."

2. Erklärungen des Ministerrates

(1)

„1. Im Rückblick auf das Engagement der OSZE in Südosteuropa im Jahr 2002 zollen wir den Ländern der Region Anerkennung für ihre Bemühungen um die weitere Festigung von Sicherheit, Stabilität und Demokratie und begrüßen die positiven Entwicklungen in dieser Hinsicht. Die OSZE setzte ihre Hilfestellung bei der Förderung von Frieden und Stabilität in der Region fort, und wir bekräftigen unsere Verpflichtung, die Länder der Region auf ihrem Weg zu Frieden und Wohlstand zu unterstützen. Wir nehmen auch ihr unverbrüchliches Bekenntnis zur Integration in die europäischen und euroatlantischen Strukturen zu Kenntnis. Wir sind uns im Klaren darüber, dass die Verantwortung für Fortschritte in Politik und Wirtschaft hauptsächlich bei den Regierungen und Menschen der Region liegt und begrüßen diesbezüglich die verbesserten nachbarschaftlichen Beziehungen und die verstärkte regionale Zusammenarbeit. Wir werden uns weiterhin darum bemühen, dass die Fortschritte unumkehrbar und bestandfähig werden, und gemeinsame Ziele auf der Grundlage gemeinsamer Verpflichtungen und Wertvorstellungen verwirklicht werden.

2. In Erneuerung unseres Bekenntnisses zur Schlussakte von Helsinki, zur Charta von Paris und zur Europäischen Sicherheitscharta von Istanbul 1999 unterstützen wir uneingeschränkt die territoriale Integrität und die Unverletzlichkeit der Grenzen der Staaten in Süd-osteuropa. Wir begrüßen die Bemühungen der Regierungen, gemeinsam mit der OSZE und anderen internationalen Organisationen in ehemaligen Krisengebieten den Frieden zu sichern und die Sicherheit und Stabilität zu festigen. Wir erwarten die vollständige Einhaltung aller internationalen Verpflichtungen und bekräftigen unsere Verpflichtung, die Resolution 1244 des Sicherheitsrats der Vereinten Nationen uneingeschränkt umzusetzen. Wir sind bereit, auch weiterhin eine aktive Rolle in der Übergangsverwaltungsmission der Vereinten Nationen im Kosovo zu übernehmen und den vorläufigen Selbstverwaltungsinstitutionen im Kosovo (Bundesrepublik Jugoslawien) Hilfestellung zu leisten. Wir sehen einer raschen Verabschiedung der Verfassungsurkunde für Serbien und Montenegro und der anschließenden Durchführung entgegen. Wir würdigen die unablässigen Bemühungen der internationalen Gemeinschaft und der Regierungsstellen von Bosnien und Herzegowina um eine Stärkung der Eigenverantwortung der lokalen Akteure für den Reformprozess im Land durch die Umsetzung des Allgemeinen Rahmenübereinkommens für Frieden in Bosnien und Herzegowina (Friedensverträge von Dayton/Paris) und ermutigen sie dazu, davon nicht abzulassen.

3. Wir bekräftigen unsere Unterstützung für die Bemühungen der Länder der Region, multiethnische Gesellschaften auf der Grundlage der Stärkung demokratischer Institutionen und der Rechtsstaatlichkeit, der Achtung der Menschenrechte und Grundfreiheiten einschließlich der Rechte von Angehörigen nationaler Minderheiten aufzubauen. Wir ermutigen die betroffenen Länder der Region dazu, Gesetze über nationale Minderheiten im Einklang mit internationalen Verpflichtungen und den Empfehlungen des Hohen Kommissars der OSZE für nationale Minderheiten zu verabschieden und umzusetzen. Wir sind davon überzeugt, dass der Aufbau eines wirksamen, nichtdiskriminierenden Schulsystems ein unerlässliches Instrument zur Herbeiführung der Versöhnung ist und begrüßen eine verstärkte Rolle der OSZE in Bosnien und Herzegowina auf diesem Gebiet.

4. Wir begrüßen die Entwicklung von Initiativen zur Stärkung regionaler Zusammenarbeit in Flüchtlings- und Vertriebenenfragen, erwarten deren Verwirklichung und ermutigen die betroffenen Länder zu zusätzlichen Maßnahmen zur Erleichterung bestandfähiger Lösungen für ihre Not, einschließlich der uneingeschränkten Ausübung ihres Rechts auf Rückkehr und Wiederinbesitznahme ihres Eigentums in der gesamten Region.

5. Wir begrüßen die Fortschritte auf dem Weg zur Schaffung stabiler und demokratischer Institutionen in der Region. Mit Befriedigung stellen wir fest, dass die vom Büro für demokratische Institutionen und Menschenrechte der OSZE beobachteten Wahlen weitgehend im Einklang mit internationalen Normen abgehalten wurden. Die OSZE war erfolgreich mit der Organisation von Wahlen im Kosovo (Bundesrepublik Jugoslawien). Wir ermutigen die be-

troffenen Länder zu weiteren Schritten zur Abänderung ihrer Wahlgesetze gemäß den Empfehlungen des BDIMR der OSZE.

6. Die OSZE wird über ihre Institutionen, Feldeinsätze und sonstigen kooperativen Instrumente im Einklang mit der Plattform für kooperative Sicherheit weiterhin das Ihrige zur Stärkung der internationalen Zusammenarbeit in der Region beitragen und den Ländern der Region in ihren Bemühungen zur Bewältigung aktueller und neuer Herausforderungen an die Sicherheit und Stabilität zur Seite stehen. Wir begrüßen die Initiativen der Länder der Region im Hinblick auf eine zunehmende regionale Zusammenarbeit und ermutigen sie dazu, in ihren diesbezüglichen Anstrengungen nicht nachzulassen. Wir stehen zu unserer Zusage, mit den Ländern der Region zusammenzuarbeiten, um den Bedrohungen des Terrorismus, des organisierten Verbrechens, der Korruption, der illegalen Einwanderung und des illegalen Handels mit Waffen, Suchtstoffen und Menschen entgegenzutreten. Wir bekräftigen unsere Unterstützung für die Arbeit des Arbeitskreises Menschenhandel des Stabilitätspakts. Die OSZE ist bereit, mit den Ländern der Region und anderen Institutionen oder Organisationen zusammenzuarbeiten, um die Grenzen sicher zu machen.

7. Wir begrüßen das von den Ländern der Region gewünschte verstärkte Engagement der OSZE bei Polizeiaktivitäten, einschließlich der Entwicklung eines Instrumentariums für den Kampf gegen das organisierte Verbrechen in seiner regionalen Dimension. Mit besonderer Genugtuung nehmen wir die Fortschritte bei der Verwirklichung gemeinsamer Programme für multiethnische Polizeiausbildung und bürgernahe Polizeiarbeit zur Kenntnis. Wir begrüßen die Einrichtung einer EU-Polizeimission in Bosnien und Herzegowina, welche die Internationale Polizeieinsatztruppe der Vereinten Nationen ablösen wird.

8. Wir stehen zu unserer Verpflichtung, den Ländern bei der Bewältigung der Herausforderungen des Übergangsprozesses und der Modernisierung ihrer Wirtschaft zu helfen, erkennen jedoch an, dass die wichtigsten Träger der Unterstützung für die Region von außen der Stabilisierungs- und Assoziierungsprozess der Europäischen Union und der ihn ergänzende Stabilitätspakt für Südosteuropa unter der Schirmherrschaft der OSZE sind. Wir begrüßen die engere, sich gegenseitig verstärkende Zusammenarbeit in der Region zwischen der OSZE und der Europäischen Union. Wir bekennen uns unverändert zum Stabilitätspakt und begrüßen die Aktivitäten des südosteuropäischen Kooperationsprozesses und anderer regionaler Initiativen und Organisationen, die wir dazu ermutigen, engere Beziehungen zum Stabilitätspakt herzustellen.

9. Wir begrüßen das Bekenntnis der Länder der Region zur Erfüllung ihrer inter-nationalen Verpflichtungen. Wir erwarten eine vollständige und umfassende Zusammenarbeit aller mit dem Internationalen Strafgerichtshof für das ehemalige Jugoslawien (ICTY) und ermutigen die betreffenden Länder dazu, alle dafür notwendigen Schritte zu setzen. Alle diejenigen, gegen die der Gerichtshof Anklage erhebt, sind ausnahmslos den ICTY-Organen auszuliefern, damit ihnen der Prozess gemacht werden kann, und der Zugang zu Zeugen und Archiven sollte gewährleistet sein. Wir begrüßen die vom Internationalen Strafgerichtshof geplante Einbindung örtlicher Gerichte in die Kriegsverbrecherprozesse.

10. Wir begrüßen die fortgesetzte Tätigkeit der OSZE zur Unterstützung der Durchführung von Anhang 1-B Artikel II und IV der Friedensverträge von Dayton/Paris. Wir ermutigen die Parteien von Artikel II, ihre freiwilligen Aktivitäten fortzusetzen, insbesondere im Hinblick auf die Entwicklung von Verfahren, die es den Streitkräften der Gebietseinheiten ermöglichen, einander bei Unglücksfällen und Naturkatastrophen Hilfestellung zu leisten. Wir begrüßen die Fortschritte zu Artikel IV, ermutigen die Parteien allerdings auch, die Frage der Anzahl schwerer Waffen in ausgenommenen Kategorien, im ihnen Ausrüstungen über die zulässigen Obergrenzen hinaus gestattet, zu lösen. Wir begrüßen die erste Zusammenkunft der Kommission für die Durchführung des Abschließenden Dokuments der Verhandlungen nach Anhang 1-B Artikel V der Friedensverträge von Dayton/Paris und sind bereit, ihre künftige Arbeit zu unterstützen.

11. Wir fordern die Länder der Region dazu auf, wirksame Waffenexportregelungen im Einklang mit den OSZE-Prinzipien und -Dokumenten, einschließlich des OSZE-Dokuments über Kleinwaffen und leichte Waffen, auszuarbeiten und umzusetzen. Wir begrüßen die Zusammenarbeit mit dem Stabilitätspakt bei Problemen wie der maßlosen und destabilisierenden Anhäufung und unkontrollierten Verbreitung von Kleinwaffen und leichten Waffen.

- I. Chronik -
Nr.148/6.-7.XII.2002: OSZE-Ministerrat in Porto

(2)

1. Die OSZE begrüßt die wertvollen Beiträge zur Stärkung der Stabilität und Sicherheit in der Region, die die zentralasiatischen Teilnehmerstaaten gemeinsam mit der internationalen Gemeinschaft zur Stabilisierung der Lage in Afghanistan leisteten. Die zentralasiatischen Länder spielen in diesem Zusammenhang eine unverzichtbare Rolle im Hinblick auf die Bewältigung konkreter Sicherheitsprobleme in der Region und die Förderung der Entwicklung von Politik und Wirtschaft.

2. Wir teilen die Besorgnis der zentralasiatischen Teilnehmerstaaten in Bezug auf die Sicherheitslage in der Region, etwa auch angesichts der Bedrohungen durch den inter-nationalen Terrorismus, das organisierte Verbrechen sowie den Drogen- und den Waffenhandel. Wir werden uns gemeinsam mit den zentralasiatischen Teilnehmerstaaten weiterhin mit diesen Anliegen auseinander setzen. 2002 arbeitete die OSZE stetig an der Umsetzung des Bukarester Aktionsplans und des im Dezember 2001 verabschiedeten Aktionsprogramms von Bischkek. Die OSZE, ihre Institutionen und Feldeinsätze unterstützen die entschlossenen Bemühungen der zentralasiatischen Teilnehmerstaaten zur Bekämpfung und Verhütung des Terrorismus auf der Grundlage der in diesen Dokumenten niedergelegten Prinzipien.

3. Wir begrüßen die Bemühungen der zentralasiatischen Staaten um den Ausbau ihrer Zusammenarbeit mit der OSZE. Unser Augenmerk gilt nach wie vor der menschlichen Dimension, doch werden wir danach trachten, größere Ausgewogenheit zwischen den drei Dimensionen des OSZE-Sicherheitskonzepts sowohl auf der politischen wie auch auf Projektebene herzustellen. Im Hinblick darauf ist uns bewusst, dass wir unsere Aktivitäten in der ökonomischen und ökologischen Dimension auch als Grundlage für wirksame politische und soziale Reformen unbedingt verstärken müssen. Ein unerlässlicher Faktor wird dabei die verbesserte Koordination mit anderen in der Region tätigen internationalen Organisationen und Institutionen, einschließlich der Europäischen Union, sein. Die weitere Unterstützung für politische, wirtschaftliche, ökologische und soziale Reformen durch die OSZE wird zu Stabilität und Wohlstand in der Region beitragen. Wir stellen insbesondere fest, dass sich die Umweltkrise am Aralsee negativ auf eine bestandfähige Entwicklung auswirkt und die Stabilität und Sicherheit in der weiteren Region gefährdet.

4. Wir ermutigen die zentralasiatischen Teilnehmerstaaten in ihren Bemühungen, in Erfüllung aller OSZE-Verpflichtungen in den drei Dimensionen Reformen zur politischen und wirtschaftlichen Entwicklung in ihren jeweiligen Ländern durchzuführen. Die Bemühungen der OSZE, ihrer Gremien und Institutionen in Unterstützung der Anstrengungen der zentralasiatischen Teilnehmerstaaten um Stärkung der Demokratie und demokratischer Institutionen, um Festigung der Rechtsstaatlichkeit und Förderung des Wohlstands durch marktwirtschaftliche Entwicklung werden weitergehen.

(3)

1. Wir sind zutiefst besorgt, dass trotz der Bemühungen der Republik Moldau und der Vermittler der OSZE, der Russischen Föderation und der Ukraine, 2002 keinerlei Fortschritte im Hinblick auf Verhandlungen über eine umfassende politische Regelung des Problems Transnistrien zu verzeichnen waren. Wir bekräftigen, dass bei der Beilegung dieses Konflikts die Souveränität und territoriale Integrität der Republik Moldau sichergestellt werden müssen. In diesem Zusammenhang betonen wir die wichtige Rolle der Vermittler für die Erleichterung der Wiederaufnahme des Verhandlungsprozesses in der bestehenden fünfseitigen Form und wir begrüßen insbesondere ihren Vorschlag für eine Regelung, das sogenannte ‚Kiew-Dokument', das als Grundlage für Verhandlungen über den Status der Region Transnistrien der Republik Moldau angenommen wurde.

2. Wir bedauern, das trotz all dieser Bemühungen die transnistrische Seite weiterhin den Verhandlungsprozess blockiert. Wir begrüßen diesbezüglich die Bereitschaft aller maßgeblichen Parteien, sich für eine dauerhafte politische Lösung zu verwenden.

3. Wir begrüßen den fristgerechten Abschluss des Abzugs der russischen durch den KSE-Vertrag begrenzten Ausrüstung aus der Region Transnistrien der Republik Moldau.

4. Wir begrüßen ferner die Bemühungen der Russischen Föderation, ihrer auf dem OSZE-Gipfeltreffen von Istanbul 1999 eingegangenen Verpflichtung nachzukommen, den Abzug der russischen Streitkräfte vom Hoheitsgebiet Moldaus bis Ende 2002 abzuschließen. Wir nehmen

- I. Chronik -
Nr.148/6.-7.XII.2002: OSZE-Ministerrat in Porto

zur Kenntnis, dass 2002 gewisse Fortschritte in Bezug auf den Abzug beziehungsweise auf die Verwertung einer gewissen Menge an Munition und sonstiger Militärausrüstung, die im Eigentum der Russischen Föderation stehen, erzielt wurden.

5. Wir sind jedoch besorgt über die Verzögerung in Bezug auf den vollständigen und transparenten Abzug beziehungsweise die vollständige und transparente Verwertung russischer Munition und Militärausrüstung, die teilweise darauf zurückzuführen ist, dass die transnistrischen Behörden systematisch Schwierigkeiten machten und Hindernisse in den Weg legten, die nicht hingenommen werden können.

6. Wir würdigen die Bemühungen aller Teilnehmerstaaten der OSZE, die zum freiwilligen Fonds beitrugen, um es der OSZE zu ermöglichen, der Russischen Föderation bei der Erfüllung ihrer Verpflichtungen aus dem OSZE-Gipfeltreffen von Istanbul 1999 zu helfen. Wir begrüßen die verpflichtende Zusage der Russischen Föderation, den Abzug der russischen Streitkräfte ehestmöglich abzuschließen, sowie ihre Absicht, dies bis zum 31. Dezember 2003 zu tun, sofern die erforderlichen Voraussetzungen gegeben sind. Wir ermutigen die Teilnehmerstaaten der OSZE dazu, ihre Unterstützung für den Abzug/die Verwertung von Munition und sonstiger Militärausrüstung durch die Russische Föderation durch geeignete politische Maßnahmen und durch einen ersten oder durch weitere Beiträge in den zu diesem Zweck eingerichteten freiwilligen Fonds auf Grundlage regelmäßiger Berichte der OSZE-Mission in Moldau fortzusetzen.

(4)

1. Wir sind nach wie vor zutiefst besorgt darüber, dass es trotz des verstärkten Dialogs zwischen den Parteien und trotz der aktiven Unterstützung durch die Ko-Vorsitzenden der Minsk-Gruppe nicht gelungen ist, eine Lösung im Konflikt um Berg-Karabach herbeizuführen. Wir stellen erneut fest, dass die rasche Beilegung dieses langwierigen Konflikts zu dauerhaftem Frieden sowie zu anhaltender Sicherheit, Stabilität und Zusammenarbeit im südlichen Kaukasus beitragen wird.

2. Wir betonen erneut, wie wichtig eine Fortsetzung der Friedensgespräche ist, und fordern die Seiten dazu auf, ihre Bemühungen um eine rasche Lösung des Konflikts auf der Grundlage der Normen und Grundsätze des Völkerrechts fortzuführen. Wir ermutigen die Parteien ferner dazu, weitere Maßnahmen zu erkunden, die das gegenseitige Vertrauen stärken.

3. Wir begrüßen es, dass sich die Parteien zur Feuereinstellung und zur Herbeiführung einer friedlichen und umfassenden Regelung verpflichtet haben. Wir begrüßen insbesondere die fortgesetzten Treffen zwischen den Präsidenten von Armenien und Aserbaidschan und ihrer Sonderbeauftragten. Wir ermutigen die Parteien, ihre Bemühungen um eine gerechte und dauerhafte Lösung mit aktiver Unterstützung durch die Ko-Vorsitzenden fortzusetzen.

(5)

1. Wir erneuern unser unverbrüchliches Bekenntnis dazu, die Unabhängigkeit, Souveränität und territoriale Integrität Georgiens zu unterstützen, und bestätigen die Dokumente früherer OSZE-Gipfel- und Ministerratstreffen betreffend Georgien.

2. Mit Bedauern stellen wir fest, dass die positive Dynamik des friedlichen Prozesses in der Region Zchinwali (Südossetien) in den letzten Monaten aus verschiedenen Gründen nachhaltig gestört wurde, und halten fest, wie wichtig ein Festhalten an den im Abkommen von Sotschi vom 24. Juni 1992 vereinbarten Prinzipien einer friedlichen Regelung des georgisch-ossetischen Konflikts ist. Wir unterstützen die Bemühungen der Gemeinsamen Kontrollkommission um Stabilisierung der Lage und würdigen die auf Initiative des Amtierenden Vorsitzenden der OSZE vom 27. bis 29. Oktober 2002 in Castelo Branco beziehungsweise in Lissabon abgehaltenen konstruktiven Treffen von Expertengruppen im Rahmen der Fortsetzung des politischen Lösungsprozesses, bei denen die Russische Föderation als Vermittler auftrat, und an denen die OSZE-Mission in Georgien teilnahm. Wir nehmen zur Kenntnis, dass alle Seiten die Rolle betonten, die frühere Expertengruppentreffen und die Diskussion über verschiedene Aspekte der politischen Lösung, insbesondere über den Entwurf eines vorläufigen Dokuments insofern spielten, als sie die Basis für die Suche nach beiderseits annehmbaren Konfliktlösungen verbreiteten. Wir ermutigen die Seiten dazu, den Dialog auf allen Ebenen zu fördern und die Bemühungen zu verstärken, um politische Verhandlungen und die Rückkehr der Flüchtlinge und Binnenvertriebenen zu erleichtern, wofür eine rasche Einigung auf

- I. Chronik -
Nr.148/6.-7.XII.2002: OSZE-Ministerrat in Porto

die rechtlichen Rahmenbedingungen für die Rückgabe von Häusern und Eigentum an die Flüchtlinge und Binnenvertriebenen unerlässlich ist. Wir würdigen die finanzielle Unterstützung der EU für die Erhaltung der Verhandlungsdynamik und ihren Wunsch, sich am wirtschaftlichen Wiederaufbau zu beteiligen, der für Fortschritte in Richtung einer umfassenden Regelung so wichtig ist. Wir befürworten die Vergabe großzügiger Wirtschaftshilfe an Schlüsselbereiche und sprechen uns für die Entsendung einer internationalen Bedarfserhebungsmission in die Region aus.

3. Wir begrüßen die Einrichtung eines Sonderkoordinierungszentrums für die Zusammenarbeit zwischen den Strafverfolgungsbehörden der Parteien bei der Verbrechensbekämpfung und fordern die internationale Gemeinschaft auf, die Aktivitäten des Zentrums nachhaltig zu unterstützen.

4. Wir würdigen die Tätigkeit des Kommandos der Gemeinsamen Friedenstruppe (JPKF) und des OSZE-Programms für rasches Eingreifen (REACT), die im Austausch gegen Waffen und Kampfmittel, die der JPKF freiwillig übergeben wurden, für die grundlegenden Bedürfnisse der georgischen und der ossetischen Gemeinschaft sorgten. Wir sehen weiteren Fortschritten im Jahr 2003 entgegen, die sich auf ein besseres Einvernehmen zwischen den Parteien insbesondere in Bezug auf die Festlegung des politischen Status der Region Zchinwali (Südossetien) im Staat Georgien stützen.

5. Wir würdigen und unterstützen die Bemühungen der Vereinten Nationen in Abchasien (Georgien) und ihre führende Rolle bei den Verhandlungen über eine friedliche Beilegung des Konflikts auf der Grundlage der Erhaltung der territorialen Integrität Georgiens und der Wahrung der Rechte aller an diesem Konflikt Beteiligten.

6. Wir bedauern, dass keine nennenswerten Fortschritte zur Überwindung der prekären Patt-Situation zu verzeichnen waren, die nach wie vor in Bezug auf das zentrale Problem im georgisch-abchasischen Konflikt - dem künftigen Status Abchasiens im Staat Georgien - herrscht. Diesbezüglich fordern wir die Konfliktparteien zur Wiederaufnahme eines konstruktiven Dialogs auf und hoffen - ohne ihren endgültigen Vereinbarungen vorgreifen zu wollen -, dass beide Parteien, insbesondere die abchasische Seite, das unter der Schirmherrschaft der Vereinten Nationen verfasste Dokument über die Aufteilung der verfassungsmäßigen Zuständigkeiten zwischen Tiflis und Suchumi annehmen werden, das die Grundlage für inhaltliche Verhandlungen bilden sollte. Die OSZE ist bereit, sich an allen Bemühungen der internationalen Gemeinschaft um eine friedliche Konfliktregelung aktiv zu beteiligen.

7. Wir begrüßen die Anzeichen für einen Abbau der Spannungen und eine Stärkung der Stabilität in der Region, die vor allem auf die gemeinsame UNOMIG-CISPKF Patrouillentätigkeit im Kodori-Tal zurückzuführen sind. Zur Stärkung dieser positiven Entwicklung sollten die Parteien alle bestehenden Vereinbarungen nach Treu und Glauben umsetzen, einschließlich insbesondere des Moskauer Waffenstillstandsabkommens vom 14. Mai 1994, und das gegenseitige Vertrauen zwischen ihnen sollte wieder hergestellt werden. Die allgemeine Sicherheits- und Menschenrechtslage in Abchasien (Georgien) ist nach wie vor instabil, insbesondere im Bezirk Gali. Hier ist die OSZE bereit, Bemühungen zur Förderung der Einhaltung der Menschenrechte und Grundfreiheiten aktiv zu unterstützen und eine künftige Vereinbarung über die Rückkehr der Flüchtlinge und Binnenvertriebenen, die durch die massiven Zerstörungen und Zwangsaussiedlung aus ihren ständigen Wohnstätten vertrieben wurden, zu überwachen.

8. Mit Nachdruck fordern wir die Umsetzung der Empfehlungen der von den Vereinten Nationen angeführten gemeinsamen Bewertungsmission betreffend unter anderem die Eröffnung einer Außenstelle im Bezirk Gali, mit demselben Mandat und denselben Modalitäten wie das bestehende Menschenrechtsbüro der Vereinten Nationen in Suchumi, zu dem ein Menschenrechtsreferent der OSZE abgestellt wurde. In diesem Zusammenhang ist die OSZE bereit, ihre Projekte in Abchasien (Georgien) auf dem Gebiet der menschlichen Dimension auszuweiten.

9. Im Einklang mit den Verpflichtungen des OSZE-Gipfeltreffens von Istanbul 1999 unterstützen wir den Wunsch der Parteien, Verhandlungen über die Dauer und die Art des Betriebs der russischen Militärstützpunkte Batumi und Achalkalaki und der russischen Militärobjekte im Hoheitsgebiet Georgiens zu Ende zu führen. Wir nehmen Kenntnis vom transparenten Besuch der OSZE-Militärexperten am Militärstützpunkt Gudauta in Abchasien (Georgien), der einen Meilenstein auf dem Weg zu einer raschen und rechtsgültigen Übergabe der Objekte von Gudauta darstellte. Wir würdigen den erfolgreichen Abschluss des Melange-Projekts, durch

das Raketentreibstoff zu Dünger für die sauren Böden in Westgeorgien neutralisiert werden soll, und das von der OSZE verwaltet wird. Wir fordern die Teilnehmerstaaten eindringlich auf, weiterhin Beiträge zum freiwilligen Fonds zu leisten.

10. Angesichts der Sicherheitsanliegen in der Region äußern wir unsere Anerkennung für den wesentlichen Beitrag zu Stabilität und Vertrauen in der Region, den der Grenzbeobachtungseinsatz der OSZE entlang der Grenze zwischen Georgien und den Republiken Tschetschenien und Inguschetien (beide Russische Föderation) leistet. Wir weisen den Ständigen Rat an, Vorschläge zur Ausweitung des Grenzbeobachtungseinsatzes auf die Grenze zwischen Georgien und der Republik Dagestan (Russische Föderation) zu prüfen."

3. Interpretative Erklärungen zu den Erklärungen des Ministerrats

Interpretative Erklärung der Delegation Moldaus gemäß Absatz 79 (Kapitel 6) der Schlussempfehlungen der Helsinki-Konsultationen

„Die Delegation der Republik Moldau möchte zu diesem Zeitpunkt feststellen, dass sie den Wortlaut dieses Dokuments im Interesse des notwendigen Konsenses akzeptiert und damit erneut ihre Bereitschaft zur Zusammenarbeit mit allen Teilnehmerstaaten bei der Förderung der Ziele unserer Organisation unter Beweis gestellt hat.

Wir sind der Ansicht, dass die Bestimmungen der Ministererklärungen die ganze OSZE-Gemeinschaft dazu verpflichten, für die vollständige und gewissenhafte Durchführung der Beschlüsse des Gipfeltreffens von Istanbul betreffend Moldau zu sorgen. Wir fordern die Russische Föderation mit Nachdruck auf, der von ihr 1999 in Istanbul eingegangenen Verpflichtung, den Abzug ihrer Streitkräfte aus dem Hoheitsgebiet der Republik Moldau abzuschließen, nachzukommen, und erwarten von ihr, dass sie 2003 ihren diesbezüglichen politischen Willen unter Beweis stellt, wie es das vorliegende Dokument verlangt. Wie von allen Parteien, die an den Verhandlungen über diese Erklärung beteiligt waren, vereinbart, bezieht sich der Begriff ‚erforderliche Voraussetzungen' im Zusammenhang mit dem Abzug ausschließlich auf eventuelle technische Vorkehrungen und kann in keinem Fall für irgendwelche politische Umstände gelten.

Wir bedauern, dass in der Frage der Beilegung des transnistrischen Konflikts kein spürbarer Fortschritt zu verzeichnen war. Angesichts unserer Erkenntnis, dass dafür ausschließlich die transnistrische Führung verantwortlich ist, werden wir in naher Zukunft einen härteren Standpunkt einnehmen und eine Reihe konkreter Maßnahmen gegenüber dem Regime in Tiraspol ergreifen können, um dafür zu sorgen, dass der Konfliktbeilegungsprozess zügiger vorankommt. Diesbezüglich begrüßt die Republik Moldau die EU-Erklärung vom 4. Dezember 2002 über den transnistrischen Konflikt sowie die bereits geäußerte Bereitschaft anderer besorgter Länder, zu dieser gemeinsamen Bemühung beizutragen. Die Republik Moldau erneuert ihr Bekenntnis zur Zusammenarbeit mit allen OSZE-Teilnehmerstaaten, insbesondere mit den Mitgliedern der Europäischen Union, den Vereinigten Staaten, der Russischen Föderation und der Ukraine, um dafür zu sorgen, dass unsere gemeinsamen Beschlüsse endlich in die Tat umgesetzt werden. Die Glaubwürdigkeit und Autorität dieser Organisation hängt davon ab, ob uns das gelingt."

Interpretative Erklärung der Delegation Georgiens gemäß Absatz 79 (Kapitel 6) der Schlussempfehlungen der Helsinki-Konsultationen

„Die Delegation Georgiens willigte in den Konsens zum Entwurf der Erklärung über Georgien ein, möchte jedoch eine offizielle Klarstellung des Standpunkts Georgiens zu jenem Teil der Erklärung anbringen, der sich auf die Erfüllung der internationalen Verpflichtungen der Russischen Föderation aus der Gemeinsamen Erklärung von Istanbul bezieht. Wir sind nach wie vor überzeugt, dass die Russische Föderation ihre Verpflichtungen nicht vollständig erfüllt hat, unter anderem ist die Frage der Schließung und Auflösung des Militärstützpunkts Gudauta nach wie vor nicht gelöst und wird es auch solange bleiben, bis die Russische Föderation ausreichende transparente Maßnahmen trifft und der Militärstützpunkt rechtsgültig an die georgische Seite übergeben wird.

Gemeinsam mit der KSE-Gemeinschaft fordern wir die Russische Föderation auch dazu auf, die Verhandlungen unverzüglich wieder aufzunehmen und eine Vereinbarung über die Dauer und die Art der Beendigung des Betriebs der russischen Militärstützpunkte Batumi und

Achalkalaki und der russischen Militärobjekte im Hoheitsgebiet Georgiens herbeizuführen. Diesbezüglich sind die souveränen Rechte Georgiens und das Grundprinzip des KSE-Vertrags betreffend die Notwendigkeit der freiwillig erteilten Zustimmung eines Staats zu jeder Dislozierung ausländischer Truppen auf seinem Hoheitsgebiet zu berücksichtigen. Wir erwarten, dass die Russische Föderation ihre Haltung nach Maßgabe der souveränen Ansprüche des aufnehmenden Staats abändert, was es uns ermöglichen wird, dieses Problem auf konstruktive Art und Weise endgültig zu lösen. Andernfalls behält sich Georgien das Recht vor, gemäß den Erfordernissen seiner nationalen Interessen zu handeln."

Interpretative Erklärung der Delegation Aserbaidschans gemäß Absatz 79 (Kapitel 6) der Schlussempfehlungen der Helsinki-Konsultationen

„In Bezug auf den soeben verabschiedeten Beschluss des 10. Treffens des OSZE-Ministerrats möchte ich eine interpretative Erklärung gemäß Absatz 79, Kapitel 6 der Schlussempfehlungen der Helsinki-Konsultationen abgeben:

Die Republik Aserbaidschan hat sich dem Konsens zur Erklärung über den Konflikt zwischen Armenien und Aserbaidschan ausgehend von den folgenden Grundsätzen der OSZE angeschlossen, die wie folgt lauten: ‚Die Teilnehmerstaaten werden die territoriale Integrität eines jeden Teilnehmerstaates achten. Dementsprechend werden sie sich jeder mit den Zielen und Grundsätzen der Charta der Vereinten Nationen unvereinbaren Handlung gegen die territoriale Integrität, politische Unabhängigkeit oder Einheit eines jeden Teilnehmerstaates enthalten, insbesondere jeder derartigen Handlung, die eine Androhung oder Anwendung von Gewalt darstellt.

Die Teilnehmerstaaten werden ebenso davon Abstand nehmen, das Territorium eines jeden anderen Teilnehmerstaates zum Gegenstand einer militärischen Besetzung oder anderer direkter oder indirekter Gewaltmaßnahmen unter Verletzung des Völkerrechts oder zum Gegenstand der Aneignung durch solche Maßnahmen oder deren Androhung zu machen. Keine solche Besetzung oder Aneignung wird als rechtmäßig anerkannt werden.'

Die Republik Aserbaidschan möchte darüber hinaus betonen, dass der Grundsatz des Rechts der Völker auf Selbstbestimmung gemäß dem folgenden Prinzip der Schlussakte von Helsinki auszuüben ist: ‚Die Teilnehmerstaaten werden die Gleichberechtigung der Völker und ihr Selbstbestimmungsrecht achten, indem sie jederzeit in Übereinstimmung mit den Zielen und Grundsätzen der Charta der Vereinten Nationen und den einschlägigen Normen des Völkerrechts handeln, einschließlich jener, die sich auf die territoriale Integrität der Staaten beziehen.'

Ferner erklärt die Republik Aserbaidschan, dass der Konflikt zwischen Armenien und Aserbaidschan nur auf der Grundlage der vollen Achtung der territorialen Integrität Aserbaidschans beigelegt werden kann, das heißt:

- eindeutige Anerkennung der territorialen Integrität Aserbaidschans, zu dem untrennbar die Region Berg-Karabach gehört, durch Armenien

- sofortiger und bedingungsloser Abzug der armenischen Besatzungstruppen aus allen Gebieten Aserbaidschans, einschließlich der Region Berg-Karabach

- Herbeiführung aller Bedingungen, die die sichere Rückkehr der zwangsvertriebenen aserbaidschanischen Bevölkerung in ihre Gebiete begünstigen.

Die Republik Aserbaidschan erklärt ferner, dass unabhängig davon, welche Form der Selbstverwaltung für die in der Region Berg-Karabach von Aserbaidschan lebende armenische Gemeinde ausgearbeitet wird, sie jedenfalls nur auf der Grundlage der vollen Achtung der territorialen Integrität Aserbaidschans möglich sein wird. Ich ersuche, diese Erklärung dem Journal des Tages beizufügen."

Interpretative Erklärung der Delegation Dänemarks im Namen der Europäischen Union gemäß Absatz 79 (Kapitel 6) der Schlussempfehlungen der Helsinki-Konsultationen

„In der Moldau-Frage möchte die EU auf die Erklärung des Vorsitzes im Namen der Europäischen Union zum Transnistrien-Konflikt in Moldau verweisen, die am 4. Dezember 2002 in Brüssel und Kopenhagen abgegeben wurde: ‚Die EU ist tief besorgt über die Lage hinsichtlich des Transnistrien-Konflikts in der Republik Moldau. Die EU betont, dass eine Konfliktlösung gefunden werden muss, bei der die territoriale Unversehrtheit des moldauischen Staates uneingeschränkt gewahrt bleibt. Die EU ruft die Konfliktparteien nachdrücklich dazu auf, die Verhandlungen im Hinblick darauf voranzutreiben, dass so bald wie möglich eine Lösung gefunden wird. Die EU bedauert die geringen Fortschritte bei der Erfüllung der in Istanbul eingegangenen Verpflichtungen.

Die EU hat durchwegs die Bemühungen der internationalen Vermittler zur Erleichterung einer Konfliktlösung unterstützt, und sie bedauert zutiefst die mangelnde Bereitschaft der transnistrischen Seite zur Zusammenarbeit im Verhandlungsprozess. Die EU bringt ihre Besorgnis über die illegalen, mit dem Konflikt zusammenhängenden Aktivitäten zum Ausdruck. Sie fordert alle beteiligten Parteien dazu auf, diesen ein Ende zu setzen, und bekundet ihre Bereitschaft, Maßnahmen zu prüfen, die zur Erreichung dieses Ziels und zur Förderung einer politischen Lösung beitragen können. Die EU erwartet, dass alle Partner in der Region konstruktiv im Verein mit den internationalen Bemühungen zusammenarbeiten werden. damit es zu einem Durchbruch in der festgefahrenen politischen Situation kommt und der Verhandlungsprozess wieder in Bewegung gebracht wird.' "

Interpretative Erklärung der Delegation der Niederlande und anderer Staaten[1] gemäß Absatz 79 (Kapitel 6) der Schlussempfehlungen der Helsinki-Konsultationen

„Im Zusammenhang mit Absatz 11 der Erklärung des Ministerrats und den Erklärungen des Ministerrats zu Moldau und Georgien möchten wir Absatz 15 der Gipfelerklärung von Prag der NATO-Länder vom 21. November 2001 zitieren: ‚Wir erneuern unser Bekenntnis zum KSE-Vertrag und bekräftigen unser Bemühen um ein rasches Inkrafttreten des angepassten Vertrags. Das KSE-Regime leistet einen grundlegenden Beitrag zu einem sichereren und integrierteren Europa. Wir begrüßen das Vorgehen jener Nicht-KSE-Länder, die ihre Absicht erklärt haben, einen Antrag auf Beitritt zum angepassten KSE-Vertrag nach dessen Inkrafttreten stellen zu wollen. Ihr Beitritt wäre ein wichtiger weiterer Beitrag zur Stabilität und Sicherheit in Europa. Wir begrüßen die beachtlichen Ergebnisse der Bemühungen Russlands um eine Reduzierung der Streitkräfte in dem Gebiet nach Artikel V des Vertrags auf vereinbarte Niveaus. Wir fordern mit Nachdruck die rasche Erfüllung der offenen Verpflichtungen von Istanbul in Bezug auf Georgien und Moldau, welche die Voraussetzungen für die Verbündeten und andere Vertragsstaaten schaffen wird, die Ratifizierung des angepassten KSE-Vertrags voranzutreiben.'"

4. OSZE-Charta zur Verhütung und Bekämpfung des Terrorismus vom 7. 12. 2002

„Die OSZE-Teilnehmerstaaten, fest entschlossen, sich dem Kampf gegen den Terrorismus anzuschließen,

1. verurteilen auf das Entschiedenste Terrorismus in jeder Form und Ausprägung, wann, wo und von wem auch immer er begangen wird, und wiederholen, dass kein Umstand und kein Beweggrund terroristische Handlungen oder die Unterstützung von Terrorismus rechtfertigen kann;

---

[1] (auch im Namen Belgiens, Dänemarks, Deutschlands, Frankreichs, Griechenlands, Islands, Italiens, Kanadas, Luxemburgs, Norwegens, Polens, Portugals, Spaniens, der Tschechischen Republik, der Türkei, Ungarns, des Vereinigten Königreichs und der Vereinigten Staaten von Amerika.

- I. Chronik -
Nr.148/6.-7.XII.2002: OSZE-Ministerrat in Porto

2. lehnen es nachdrücklich ab, Terrorismus mit irgendeiner Staatsangehörigkeit oder Religion gleichzusetzen, und bekräftigen, dass Maßnahmen gegen den Terrorismus gegen keine Religion, keine Nation und kein Volk gerichtet sind;

3. sind sich der Tatsache bewusst, dass dem Terrorismus eine koordinierte und umfassende Reaktion entgegengesetzt werden muss und dass Handlungen des internationalen Terrorismus, wie in Resolution 1373 (2001) des Sicherheitsrats der Vereinten Nationen festgestellt, eine Bedrohung des Weltfriedens und der internationalen Sicherheit darstellen;

4. erklären, dass terroristische Handlungen, Methoden und Praktiken sowie die bewusste Unterstützung, Duldung, Finanzierung und Planung solcher Handlungen sowie die Anstiftung dazu im Widerspruch zu den Zielen und Grundsätzen der Vereinten Nationen und der OSZE stehen;

5. halten es für äußerst wichtig, die laufende Umsetzung der OSZE-Verpflichtungen in Bezug auf Terrorismus durch die Bekräftigung der grundlegenden und ewig gültigen Prinzipien zu ergänzen, auf denen die Tätigkeit der OSZE bisher beruhte und auch in Zukunft beruhen wird und zu denen sich die Teilnehmerstaaten uneingeschränkt bekennen;

6. bekräftigen ihre Verpflichtung, die erforderlichen Maßnahmen zu treffen, um die Menschenrechte und Grundfreiheiten, insbesondere das Recht auf Leben, jedes Menschen innerhalb ihres Zuständigkeitsbereichs vor terroristischen Handlungen zu schützen;

7. verpflichten sich, wirksame und entschlossene Maßnahmen gegen den Terrorismus zu ergreifen und alle gegen den Terrorismus gerichteten Aktionen und ihre diesbezügliche Zusammenarbeit im Einklang mit der Rechtsstaatlichkeit, der Charta der Vereinten Nationen und den einschlägigen Bestimmungen des Völkerrechts, den internationalen Menschenrechtsnormen und gegebenenfalls dem humanitären Völkerrecht durchzuführen;

8. bekräftigen, dass jeder Staat verpflichtet ist, es zu unterlassen, Terroristen Unterschlupf zu gewähren, Terroranschläge in einem anderen Staat zu organisieren, zu solchen anzustiften, sie aktiv oder passiv zu unterstützen, ihnen Vorschub zu leisten oder auf andere Weise zu begünstigen oder in seinem eigenen Hoheitsgebiet organisierte Aktivitäten zu dulden, die auf die Begehung solcher Handlungen gerichtet sind;

9. werden auf dem Wege der Zusammenarbeit dafür Sorge tragen, dass jede Person, die vorsätzlich an der Finanzierung, Planung, Vorbereitung oder Begehung terroristischer Handlungen oder an deren Unterstützung mitwirkt, vor Gericht gestellt wird, und werden einander zu diesem Zweck jede nur denkbare Unterstützung bei der Weitergabe von Informationen im Zusammenhang mit strafrechtlichen Ermittlungen oder Auslieferungs-verfahren im Zusammenhang mit terroristischen Handlungen in Übereinstimmung mit ihren innerstaatlichen Rechtsvorschriften und internationalen Verpflichtungen gewähren; 10. werden im Einklang mit einschlägigen Bestimmungen des innerstaatlichen Rechts und des Völkerrechts sowie durch richtige Anwendung der Ausschlussklauseln des Abkommens von 1951 über die Rechtsstellung der Flüchtlinge und dessen Protokoll von 1967 geeignete Schritte unternehmen, um sicherzustellen, dass keiner Person, die terroristische Handlungen geplant, erleichtert oder an solchen teilgenommen hat, Asyl gewährt wird;

11. erkennen an, dass die einschlägigen Übereinkommen und Protokolle der Vereinten Nationen und die Resolutionen des Sicherheitsrats der Vereinten Nationen, insbesondere die Resolution 1373 (2001) des Sicherheitsrats der Vereinten Nationen, den wichtigsten völkerrechtlichen Rahmen für den Kampf gegen den Terrorismus darstellen;

12. anerkennen die Bedeutung der vom Ausschuss für Terrorismusbekämpfung des Sicherheitsrats der Vereinten Nationen geleisteten Arbeit und bekräftigen die Verpflichtung und die Bereitschaft der Teilnehmerstaaten und der OSZE, mit diesem Ausschuss zusammenzuarbeiten;

13. erinnern an die Rolle der OSZE als regionale Abmachung nach Kapitel VIII der Charta der Vereinten Nationen und an ihre daraus erwachsende Verpflichtung, zum weltweiten Kampf gegen den Terrorismus beizutragen;

14. verweisen auf ihren auf dem Neunten Treffen des OSZE-Ministerrats in Bukarest gefassten Beschluss über die Bekämpfung des Terrorismus und den in diesem enthaltenen Aktions-

plan zur Bekämpfung des Terrorismus und bekräftigen die darin eingegangenen Verpflichtungen;

15. nehmen mit Befriedigung Kenntnis von der Erklärung und dem Aktionsprogramm, die auf der am 13. und 14. Dezember 2001 abgehaltenen Internationalen Konferenz von Bischkek ‚Festigung von Sicherheit und Stabilität in Zentralasien: Stärkung umfassender Bemühungen im Kampf gegen den Terrorismus' verabschiedet wurden;

16. erneuern ihre Verpflichtung, aktiver und enger untereinander und mit anderen internationalen Organisationen zusammenzuarbeiten, um den Bedrohungen und Herausforderungen für die Sicherheit entgegenzutreten, die sie im Rahmen der auf dem Gipfeltreffen von Istanbul verabschiedeten Europäischen Sicherheitscharta, einschließlich der Plattform für kooperative Sicherheit, eingegangen sind;

17. unterstreichen, dass die Verhütung und Bekämpfung des Terrorismus auf einem Konzept der gemeinsamen und umfassenden Sicherheit und einem konsequenten Ansatz beruhen muss, und verpflichten sich, die drei Dimensionen und alle Gremien und Institutionen der OSZE einzusetzen, um den Teilnehmerstaaten auf deren Ersuchen bei der Verhütung und Bekämpfung des Terrorismus in all seinen Formen behilflich zu sein;

18. sichern zu, dass sie ihre Verpflichtungen aus den Übereinkommen und Protokollen der Vereinten Nationen und den Resolutionen des Sicherheitsrats sowie andere völker-rechtliche Verpflichtungen erfüllen werden, denen zufolge sie zu gewährleisten haben, dass terroristische Handlungen sowie Aktivitäten, die diese unterstützen, einschließlich der Finanzierung des Terrorismus, nach innerstaatlichem Recht als schwere Straftaten gelten;

19. werden zusammenarbeiten, um terroristische Handlungen zu verhüten, zu bekämpfen, zu untersuchen und strafrechtliche zu verfolgen, etwa auch durch verstärkte Zusammenarbeit und vollständige Umsetzung der einschlägigen internationalen Übereinkommen und Protokolle betreffend den Terrorismus;

20. sind von der Notwendigkeit überzeugt, den Bedingungen entgegenzuwirken, die geeignet sind, den Terrorismus zu begünstigen und zu unterstützen, insbesondere indem Demokratie und Rechtsstaatlichkeit uneingeschränkt geachtet werden, allen Bürgern die volle Teilnahme am politischen Leben zugestanden wird, in ihrer Gesellschaft Diskriminierung verhindert und zum interkulturellen und interreligiösen Dialog ermutigt wird, die Zivilgesellschaft in die Suche nach gemeinsamen politischen Lösungen von Konflikten eingebunden wird, die Menschenrechte und Toleranz gefördert werden und die Armut bekämpft wird;

21. würdigen die positive Rolle, die Medien bei der Förderung von Toleranz und gegenseitigem Verständnis zwischen Religionen, Weltanschauungen, Kulturen und Völkern sowie bei der Aufklärung über die Gefahr des Terrorismus spielen können;

22. verpflichten sich, Verhetzung zu bekämpfen und die erforderlichen Maßnahmen zu ergreifen, um den Missbrauch der Medien und der Informationstechnologie für terroristische Zwecke zu verhindern, wobei zu gewährleisten ist, dass diese Maßnahmen im Einklang mit dem nationalen Recht, dem Völkerrecht und den OSZE-Verpflichtungen stehen;

23. werden die Bewegung von Terroristen oder terroristischen Gruppen verhindern, indem sie wirksame Grenzkontrollen durchführen und die Ausstellung von Identitätsdokumenten und Reiseausweisen kontrollieren;

24. anerkennen die Notwendigkeit, im Rahmen ihrer Verpflichtungen aus dem Internationalen Übereinkommen über die Bekämpfung der Finanzierung des Terrorismus und aus den einschlägigen Resolutionen des Sicherheitsrats die internationale Zusammenarbeit dahingehend zu ergänzen, dass sie alle Maßnahmen ergreifen, die notwendig sind, um die Unterstützung, Finanzierung und Vorbereitung terroristischer Handlungen in ihren Hoheitsgebieten mit allen rechtlich zulässigen Mitteln zu verhüten und zu bekämpfen und die vorsätzliche Bereitstellung oder Sammlung von Geldern für terroristische Zwecke unter Strafe zu stellen;

25. bekräftigen ihr Bekenntnis zur Erfüllung ihrer internationalen Verpflichtungen aus den Resolutionen 1373 (2001) und 1390 (2002) des Sicherheitsrats der Vereinten Nationen und insbesondere die Vermögenswerte jener einzufrieren, die vom Ausschuss des Sicherheitsrats nach Resolution 1267 (1999) namhaft gemacht werden;

149/9.XII.2002: Keine Sanktionen mehr über Angola

26. nehmen mit Besorgnis Kenntnis von den Verbindungen zwischen dem Terrorismus und dem grenzüberschreitendem organisierten Verbrechen, der Geldwäsche, dem Menschenhandel und dem unerlaubten Drogen- und Waffenhandel und betont in diesem Zusammenhang die Notwendigkeit, die Koordination zu verstärken und kooperative Vorgehensweisen auf allen Ebenen zu entwickeln, um ihre Reaktion auf diese ernst zu nehmende Bedrohung und Herausforderung für die Sicherheit und Stabilität zu verstärken;

27. erklären ihre Entschlossenheit, nach Treu und Glauben alle im Rahmen der politisch-militärischen Dimension der OSZE, die vom Forum für Sicherheitskooperation vertreten wird, zur Verfügung stehenden einschlägigen Instrumente einzusetzen und betonen die Wichtigkeit der umfassenden Umsetzung dieser Instrumente, insbesondere des Verhaltenskodex zu politisch-militärischen Aspekten der Sicherheit und des OSZE-Dokuments über Kleinwaffen und leichte Waffen;

28. bekräftigen, dass Rüstungskontrolle, Abrüstung und Nichtverbreitung nach wie vor unverzichtbare Elemente der kooperativen Sicherheit zwischen den Staaten sind, dass sie auch wesentlich zur Verringerung des Risikos beitragen können, dass sich Terroristen Zugang zu Massenvernichtungswaffen und -material und den für deren Einsatz erforderlichen Geräten verschaffen; äußern ihre Entschlossenheit, gegen das Risiko der unerlaubten Verbreitung konventioneller Waffen, einschließlich Kleinwaffen und leichten Waffen, und des Zugangs zu diesen vorzugehen; werden alles in ihren Kräften Stehende tun, um diese Gefahren mittels nationaler Anstrengungen und durch Stärkung und Verschärfung bestehender multilateraler Vertragswerke im Bereich der Rüstungskontrolle, der Abrüstung und der Nichtverbreitung, einschließlich der OSZE-Prinzipien zur Regelung der Nichtverbreitung, auf ein Minimum zu reduzieren und für deren wirksame Umsetzung und gegebenenfalls weltweite Anwendbarkeit einzutreten."

(Deutscher Übersetzungsdienst, Vereinte Nationen)

9. XII. 2002

149. Sicherheitsrat hebt alle Sanktionen über Angola auf

Am 9. Dezember 2002 befasste sich der Sicherheitsrat in New York mit der Lage in Angola. Nachdem sich die Situation schon im Laufe des Jahres entspannt hatte und die Umsetzung des Protokolls von Lusaka erfolgversprechend angelaufen war, hob der Sicherheitsrat die bislang über Angola und die UNITA verhängten Sanktionen auf, nachdem er bereits einige Sanktionen zuvor aufgehoben hatte *(siehe oben, S. 337)*.

Resolution 1448 des VN-Sicherheitsrats, verabschiedet am 9. 12. 2002

„Der Sicherheitsrat,

in Bekräftigung seiner Resolution 864 (1993) vom 15. September 1993 und aller danach verabschiedeten einschlägigen Resolutionen, insbesondere der Resolutionen 1127 (1997) vom 28. August 1997, 1173 (1998) vom 12. Juni 1998, 1237 (1999) vom 7. Mai 1999, 1295 (2000) vom 18. April 2000, 1336 (2001) vom 23. Januar 2001, 1348 (2001) vom 19. April 2001, 1374 (2001) vom 19. Oktober 2001, 1404 (2002) vom 18. April 2002, 1412 (2002) vom 17. Mai 2002, 1432 (2002) vom 15. August 2002, 1433 (2002) vom 15. August 2002 und 1439 (2002) vom 18. Oktober 2002,

sowie in Bekräftigung seines Eintretens für die Erhaltung der Souveränität und der territorialen Unversehrtheit Angolas,

mit Genugtuung über die Schritte, welche die Regierung Angolas und die União Nacional para a Independência Total de Angola (UNITA) im Hinblick auf die vollständige Durchführung der ‚Accordos de Paz', des Protokolls von Lusaka (S/1994/1441, Anhang), der Vereinbarung vom 4. April 2002 (S/2002/483), der einschlägigen Resolutionen des Sicherheitsrats und der von der Regierung Angolas am 19. November 2002 veröffentlichten Erklärung zum Friedensprozess (S/2002/1337) unternommen haben, sowie über den Abschluss der Arbeit der

- I. Chronik -
Nr.150/10.XII.2002: USA zu Massenvernichtungswaffen

Gemeinsamen Kommission, wie aus der am 20. November 2002 unterzeichneten Erklärung der Gemeinsamen Kommission hervorgeht,

mit dem erneuten Ausdruck seiner Besorgnis über die humanitären Auswirkungen der derzeitigen Lage auf die Zivilbevölkerung Angolas,

tätig werdend nach Kapitel VII der Charta der Vereinten Nationen,

1. erklärt seine Absicht, den zusätzlichen Bericht des Überwachungsmechanismus nach Resolution 1295 (2000) umfassend zu prüfen;

2. beschließt, dass die Maßnahmen, die mit Ziffer 19 der Resolution 864 (1993), den Ziffern 4 c) und d) der Resolution 1127 (1997) und den Ziffern 11 und 12 der Resolution 1173 (1998) verhängt wurden, mit dem Tag der Verabschiedung dieser Resolution unwirksam werden;

3. beschließt ferner, den mit Ziffer 22 der Resolution 864 (1993) eingerichteten Ausschuss mit sofortiger Wirkung aufzulösen;

4. beschließt, den Generalsekretär zu ersuchen, den gemäß Ziffer 11 der Resolution 1237 (1999) eingerichteten Treuhandfonds der Vereinten Nationen zu schließen und die erforderlichen Vorkehrungen zu treffen, um an diejenigen Mitgliedstaaten, die freiwillige Beiträge zu dem Treuhandfonds der Vereinten Nationen entrichtet hatten, anteilmäßig und im Einklang mit den einschlägigen Finanzverfahren Rückerstattungen zu leisten."

(Deutscher Übersetzungsdienst, Vereinte Nationen)

10. XII. 2002

150. Nationale Strategie der USA zur Abwehr von Massenvernichtungswaffen

Am 10. Dezember 2002 erschien in Washington, D.C., die nachfolgende Nationale Strategie zur Abwehr von Massenvernichtungswaffen. In ihr legt die US-Administration dar, wie sie mit den Gefahren fertig werden will, die sich durch die Verbreitung von Massenvernichtungswaffen ergeben. Dabei werden militärische und diplomatische ebenso einkalkuliert wie Maßnahmen zur Sicherung im Falle von Angriffen auf die USA.

National Strategy to Combat Weapons of Mass Destruction from December 2002

INTRODUCTION

„Weapons of mass destruction (WMD) - nuclear, biological, and chemical - in the possession of hostile states and terrorists represent one of the greatest security challenges facing the United States. We must pursue a comprehensive strategy to counter this threat in all of its dimensions.

An effective strategy for countering WMD, including their use and further proliferation, is an integral component of the National Security Strategy of the United States of America. As with the war on terrorism, our strategy for homeland security, and our new concept of deterrence, the U.S. approach to combat WMD represents a fundamental change from the past. To succeed, we must take full advantage of today's opportunities, including the application of new technologies, increased emphasis on intelligence collection and analysis, the strengthening of alliance relationships, and the establishment of new partnerships with former adversaries.

Weapons of mass destruction could enable adversaries to inflict massive harm on the United States, our military forces at home and abroad, and our friends and allies. Some states, including several that have supported and continue to support terrorism, already possess WMD and are seeking even greater capabilities, as tools of coercion and intimidation. For them, these are not weapons of last resort, but militarily useful weapons of choice intended to overcome our nation's advantages in conventional forces and to deter us from responding to aggression against our friends and allies in regions of vital interest. In addition, terrorist groups

- I. Chronik -
Nr.150/10.XII.2002: USA zu Massenvernichtungswaffen

are seeking to acquire WMD with the stated purpose of killing large numbers of our people and those of friends and allies - without compunction and without warning.

We will not permit the world's most dangerous regimes and terrorists to threaten us with the world's most destructive weapons. We must accord the highest priority to the protection of the United States, our forces, and our friends and allies from the existing and growing WMD threat.

PILLARS OF OUR NATIONAL STRATEGY

Our National Strategy to Combat Weapons of Mass Destruction has three principal pillars:

Counterproliferation to Combat WMD Use

The possession and increased likelihood of use of WMD by hostile states and terrorists are realities of the contemporary security environment. It is therefore critical that the U.S. military and appropriate civilian agencies be prepared to deter and defend against the full range of possible WMD employment scenarios. We will ensure that all needed capabilities to combat WMD are fully integrated into the emerging defense transformation plan and into our homeland security posture. Counterproliferation will also be fully integrated into the basic doctrine, training, and equipping of all forces, in order to ensure that they can sustain operations to decisively defeat WMD-armed adversaries.

Strengthened Nonproliferation to Combat WMD Proliferation

The United States, our friends and allies, and the broader international community must undertake every effort to prevent states and terrorists from acquiring WMD and missiles. We must enhance traditional measures.-.diplomacy, arms control, multilateral agreements, threat reduction assistance, and export controls - that seek to dissuade or impede proliferant states and terrorist networks, as well as to slow and make more costly their access to sensitive technologies, material, and expertise. We must ensure compliance with relevant international agreements, including the Nuclear Nonproliferation Treaty (NPT), the Chemical Weapons Convention (CWC), and the Biological Weapons Convention (BWC). The United States will continue to work with other states to improve their capability to prevent unauthorized transfers of WMD and missile technology, expertise, and material. We will identify and pursue new methods of prevention, such as national criminalization of proliferation activities and expanded safety and security measures.

Consequence Management to Respond to WMD Use

Finally, the United States must be prepared to respond to the use of WMD against our citizens, our military forces, and those of friends and allies. We will develop and maintain the capability to reduce to the extent possible the potentially horrific consequences of WMD attacks at home and abroad

The three pillars of the U.S. national strategy to combat WMD are seamless elements of a comprehensive approach. Serving to integrate the pillars are four cross-cutting enabling functions that need to be pursued on a priority basis: intelligence collection and analysis on WMD, delivery systems, and related technologies; research and development to improve our ability to respond to evolving threats; bilateral and multilateral cooperation; and targeted strategies against hostile states and terrorists.

COUNTERPROLIFERATION

We know from experience that we cannot always be successful in preventing and containing the proliferation of WMD to hostile states and terrorists. Therefore, U.S. military and appropriate civilian agencies must possess the full range of operational capabilities to counter the threat and use of WMD by states and terrorists against the United States, our military forces, and friends and allies.

Interdiction

Effective interdiction is a critical part of the U.S. strategy to combat WMD and their delivery means. We must enhance the capabilities of our military, intelligence, technical, and law enforcement communities to prevent the movement of WMD materials, technology, and expertise to hostile states and terrorist organizations.

Deterrence

Today's threats are far more diverse and less predictable than those of the past. States hostile to the United States and to our friends and allies have demonstrated their willingness to take high risks to achieve their goals, and are aggressively pursuing WMD and their means of delivery as critical tools in this effort. As a consequence, we require new methods of deterrence. A strong declaratory policy and effective military forces are essential elements of our contemporary deterrent posture, along with the full range of political tools to persuade potential adversaries not to seek or use WMD. The United States will continue to make clear that it reserves the right to respond with overwhelming force.-.including through resort to all of our options.-.to the use of WMD against the United States, our forces abroad, and friends and allies.

In addition to our conventional and nuclear response and defense capabilities, our overall deterrent posture against WMD threats is reinforced by effective intelligence, surveillance, interdiction, and domestic law enforcement capabilities. Such combined capabilities enhance deterrence both by devaluing an adversary's WMD and missiles, and by posing the prospect of an overwhelming response to any use of such weapons.

Defense and Mitigation

Because deterrence may not succeed, and because of the potentially devastating consequences of WMD use against our forces and civilian population, U.S. military forces and appropriate civilian agencies must have the capability to defend against WMD-armed adversaries, including in appropriate cases through preemptive measures. This requires capabilities to detect and destroy an adversary's WMD assets before these weapons are used. In addition, robust active and passive defenses and mitigation measures must be in place to enable U.S. military forces and appropriate civilian agencies to accomplish their missions, and to assist friends and allies when WMD are used.

Active defenses disrupt, disable, or destroy WMD en route to their targets. Active defenses include vigorous air defense and effective missile defenses against today's threats. Passive defenses must be tailored to the unique characteristics of the various forms of WMD. The United States must also have the ability rapidly and effectively to mitigate the effects of a WMD attack against our deployed forces.

Our approach to defend against biological threats has long been based on our approach to chemical threats, despite the fundamental differences between these weapons. The United States is developing a new approach to provide us and our friends and allies with an effective defense against biological weapons.

Finally, U.S. military forces and domestic law enforcement agencies as appropriate must stand ready to respond against the source of any WMD attack. The primary objective of a response is to disrupt an imminent attack or an attack in progress, and eliminate the threat of future attacks. As with deterrence and prevention, an effective response requires rapid attribution and robust strike capability. We must accelerate efforts to field new capabilities to defeat WMD-related assets. The United States needs to be prepared to conduct post-conflict operations to destroy or dismantle any residual WMD capabilities of the hostile state or terrorist network. An effective U.S. response not only will eliminate the source of a WMD attack but will also have a powerful deterrent effect upon other adversaries that possess or seek WMD or missiles.

- I. Chronik -
Nr.150/10.XII.2002: USA zu Massenvernichtungswaffen

NONPROLIFERATION

Active Nonproliferation Diplomacy

The United States will actively employ diplomatic approaches in bilateral and multilateral settings in pursuit of our nonproliferation goals. We must dissuade supplier states from cooperating with proliferant states and induce proliferant states to end their WMD and missile programs. We will hold countries responsible for complying with their commitments. In addition, we will continue to build coalitions to support our efforts, as well as to seek their increased support for nonproliferation and threat reduction cooperation programs. However, should our wide-ranging nonproliferation efforts fail, we must have available the full range of operational capabilities necessary to defend against the possible employment of WMD.

Multilateral Regimes

Existing nonproliferation and arms control regimes play an important role in our overall strategy. The United States will support those regimes that are currently in force, and work to improve the effectiveness of, and compliance with, those regimes. Consistent with other policy priorities, we will also promote new agreements and arrangements that serve our nonproliferation goals. Overall, we seek to cultivate an international environment that is more conducive to nonproliferation. Our efforts will include:

Nuclear

- Strengthening of the Nuclear Nonproliferation Treaty and International Atomic Energy Agency (IAEA), including through ratification of an IAEA Additional Protocol by all NPT states parties, assurances that all states put in place full-scope IAEA safeguards agreements, and appropriate increases in funding for the Agency;

- Negotiating a Fissile Material Cut-Off Treaty that advances U.S. security interests; and

- Strengthening the Nuclear Suppliers Group and Zangger Committee.

Chemical and Biological

- Effective functioning of the Organization for the Prohibition of Chemical Weapons;

- Identification and promotion of constructive and realistic measures to strengthen the BWC and thereby to help meet the biological weapons threat; and

- Strengthening of the Australia Group.

Missile

- Strengthening the Missile Technology Control Regime (MTCR), including through support for universal adherence to the International Code of Conduct Against Ballistic Missile Proliferation.

Nonproliferation and Threat Reduction Cooperation

The United States pursues a wide range of programs, including the Nunn-Lugar program, designed to address the proliferation threat stemming from the large quantities of Soviet-legacy WMD and missile-related expertise and materials. Maintaining an extensive and efficient set of nonproliferation and threat reduction assistance programs to Russia and other former Soviet states is a high priority. We will also continue to encourage friends and allies to increase their contributions to these programs, particularly through the G-8 Global Partnership Against the Spread of Weapons and Materials of Mass Destruction. In addition, we will work with other states to improve the security of their WMD-related materials.

Controls on Nuclear Materials

In addition to programs with former Soviet states to reduce fissile material and improve the security of that which remains, the United States will continue to discourage the worldwide accumulation of separated plutonium and to minimize the use of highly-enriched uranium. As outlined in the National Energy Policy, the United States will work in collaboration with international partners to develop recycle and fuel treatment technologies that are cleaner, more efficient, less waste-intensive, and more proliferation-resistant.

U.S. Export Controls

We must ensure that the implementation of U.S. export controls furthers our nonproliferation and other national security goals, while recognizing the realities that American businesses face in the increasingly globalized marketplace.

We will work to update and strengthen export controls using existing authorities. We also seek new legislation to improve the ability of our export control system to give full weight to both nonproliferation objectives and commercial interests. Our overall goal is to focus our resources on truly sensitive exports to hostile states or those that engage in onward proliferation, while removing unnecessary barriers in the global marketplace.

Nonproliferation Sanctions

Sanctions can be a valuable component of our overall strategy against WMD proliferation. At times, however, sanctions have proven inflexible and ineffective. We will develop a comprehensive sanctions policy to better integrate sanctions into our overall strategy and work with Congress to consolidate and modify existing sanctions legislation.

WMD CONSEQUENCE MANAGEMENT

Defending the American homeland is the most basic responsibility of our government. As part of our defense, the United States must be fully prepared to respond to the consequences of WMD use on our soil, whether by hostile states or by terrorists. We must also be prepared to respond to the effects of WMD use against our forces deployed abroad, and to assist friends and allies. The National Strategy for Homeland Security discusses U.S. Government programs to deal with the consequences of the use of a chemical, biological, radiological, or nuclear weapon in the United States. A number of these programs offer training, planning, and assistance to state and local governments. To maximize their effectiveness, these efforts need to be integrated and comprehensive. Our first responders must have the full range of protective, medical, and remediation tools to identify, assess, and respond rapidly to a WMD event on our territory.

The White House Office of Homeland Security will coordinate all federal efforts to prepare for and mitigate the consequences of terrorist attacks within the United States, including those involving WMD. The Office of Homeland Security will also work closely with state and local governments to ensure their planning, training, and equipment requirements are addressed. These issues, including the roles of the Department of Homeland Security, are addressed in detail in the National Strategy for Homeland Security.

The National Security Council's Office of Combating Terrorism coordinates and helps improve U.S. efforts to respond to and manage the recovery from terrorist attacks outside the United States. In cooperation with the Office of Combating Terrorism, the Department of State coordinates interagency efforts to work with our friends and allies to develop their own emergency preparedness and consequence management capabilities.

INTEGRATING THE PILLARS

Several critical enabling functions serve to integrate the three pillars.-.counterproliferation, nonproliferation, and consequence management.-.of the U.S. National Strategy to Combat WMD.

- I. Chronik -
Nr.150/10.XII.2002: USA zu Massenvernichtungswaffen

Improved Intelligence Collection and Analysis

A more accurate and complete understanding of the full range of WMD threats is, and will remain, among the highest U.S. intelligence priorities, to enable us to prevent proliferation, and to deter or defend against those who would use those capabilities against us. Improving our ability to obtain timely and accurate knowledge of adversaries' offensive and defensive capabilities, plans, and intentions is key to developing effective counter- and nonproliferation policies and capabilities. Particular emphasis must be accorded to improving: intelligence regarding WMD-related facilities and activities; interaction among U.S. intelligence, law enforcement, and military agencies; and intelligence cooperation with friends and allies.

Research and Development

The United States has a critical need for cutting-edge technology that can quickly and effectively detect, analyze, facilitate interdiction of, defend against, defeat, and mitigate the consequences of WMD. Numerous U.S. Government departments and agencies are currently engaged in the essential research and development to support our overall strategy against WMD proliferation.

The new Counterproliferation Technology Coordination Committee, consisting of senior representatives from all concerned agencies, will act to improve interagency coordination of U.S. Government counterproliferation research and development efforts. The Committee will assist in identifying priorities, gaps, and overlaps in existing programs and in examining options for future investment strategies.

Strengthened International Cooperation

WMD represent a threat not just to the United States, but also to our friends and allies and the broader international community. For this reason, it is vital that we work closely with like-minded countries on all elements of our comprehensive proliferation strategy.

Targeted Strategies Against Proliferants

All elements of the overall U.S. strategy to combat WMD must be brought to bear in targeted strategies against supplier and recipient states of WMD proliferation concern, as well as against terrorist groups which seek to acquire WMD.

A few states are dedicated proliferators, whose leaders are determined to develop, maintain, and improve their WMD and delivery capabilities, which directly threaten the United States, U.S. forces overseas, and/or our friends and allies. Because each of these regimes is different, we will pursue country-specific strategies that best enable us and our friends and allies to prevent, deter, and defend against WMD and missile threats from each of them. These strategies must also take into account the growing cooperation among proliferant states.-.so-called secondary proliferation.-.which challenges us to think in new ways about specific country strategies.

One of the most difficult challenges we face is to prevent, deter, and defend against the acquisition and use of WMD by terrorist groups. The current and potential future linkages between terrorist groups and state sponsors of terrorism are particularly dangerous and require priority attention. The full range of counterproliferation,nonproliferation, and consequence management measures must be brought to bear against the WMD terrorist threat, just as they are against states of greatest proliferation concern.

End Note

Our National Strategy to Combat WMD requires much of all of us - the Executive Branch, the Congress, state and local governments, the American people, and our friends and allies. The requirements to prevent, deter, defend against, and respond to today's WMD threats are complex and challenging. But they are not daunting. We can and will succeed in the tasks laid out in this strategy; we have no other choice."

(White House)

11. XII. 2002

151. Vierte Staatenkonferenz zum Zweiten Protokoll zum VN-Waffenabkommen

Am 11. Dezember 2002 trafen in Genf Vertreter der Unterzeichnerstaaten des 1996 abgeänderten Zweiten Protokolls zum Übereinkommen über das Verbot oder die Beschränkung des Einsatzes bestimmter konventioneller Waffen, die übermäßige Leiden verursachen oder unterschiedslos wirken können *(Text des geänderten Protokolls in Band XXVI, S. 647 ff.)* zu ihrer vierten jährlichen Konferenz zusammen. Auf ihr wurde eine Bilanz des Protokolls gezogen und der nachfolgende Aufruf beschlossen, der alle Staaten auffordert, die dem abgeänderten Protokoll noch nicht beigetreten waren, dieses so bald wie möglich zu tun, um eine breitest mögliche Wirkung des Abkommens zu erzielen.

An Appeal of the States Parties to Amended Protocol II to the CCW on the Occasion of the Fourth Annual Conference

"We, the States which have notified the Depositary of their consent to be bound by Amended Protocol II to the CCW, meeting in Geneva on 11 December 2002 for our Fourth Annual Conference:

Bearing in mind the important contribution of Amended Protocol II to international efforts to alleviate the suffering caused by certain conventional weapons which may be deemed to be excessively injurious or to have indiscriminate effects;

Noting that Amended Protocol II is the only international legal instrument which covers all types of mines, booby traps and other devices;

Having reviewed the operation and status of Amended Protocol II, in accordance with paragraph 3(a) of Article 13;

Having considered the national annual reports (42) presented by States which have notified the Depositary of their consent to be bound by Amended Protocol II;

Welcome the fact that, since the First Annual Conference held in December 1999, 24 more States have notified the Depositary of their consent to be bound by Amended Protocol II, thus bringing the total number of States which have adhered to this Protocol to 69;

Emphasize the importance of achieving the widest possible adherence to Amended Protocol II;

Urge all States that have not yet done so to take all measures to accede to it as soon as possible."

(UN Website)

- I. Chronik -
Nr.152/11.-12.XII.2002: Wassenaar Arrangement

11. - 12. XII. 2002

152. Mitgliedstaaten des Wassenaar Arrangements zur Bekämpfung des Terrorismus

Am 11. und 12. Dezember 2002 fand in Wien das achte Plenartreffen der Mitgliedstaaten des Wassenaar Arrangements statt. Schwerpunkt der Beratungen waren Maßnahmen zur Bekämpfung des Terrorismus und des Handels mit konventionellen Waffen. Auf dem Treffen wurden zwei Dokumente angenommen: Ein Dokumente über empfohlene Praktiken beim Export von Kleinwaffen und ein Dokument über Maklertätigkeiten bei Waffengeschäften. Des weiteren wurde das Dokument „Initial Elements", welches 1996 verabschiedet und seitdem novelliert worden war, erneut abgeändert. Es ist im Folgenden in der nun gültigen Version wiedergegeben.

1. The 2002 Plenary of the Wassenaar Arrangement on Export Controls for Conventional Arms and Dual-Use Goods and Technologies

"The eighth Plenary meeting of the Wassenaar Arrangement (WA)[1] was held in Vienna, 11-12 December 2002, under the chairmanship of Ambassador Volodymyr OHRYZKO (Ukraine).

Participating States agreed on several significant initiatives to combat terrorism, building on the counter-terrorism commitments agreed at the 2001 Plenary. They intensified their ongoing co-operation to prevent the acquisition of conventional arms and dual-use goods and technologies by terrorist groups and organisations, as well as by individual terrorists. To this end, they developed new means for sharing information and for implementing concrete actions to strengthen export controls over these items. In their review of the lists of items subject to export controls, Participating States paid particular attention to the terrorism threat, introducing new controls for this purpose. A number of additional proposals aimed at strengthening export controls as part of the fight against terrorism and against illicit transfers were made. In this context, Participating States also agreed to review existing WA guidelines regarding Man-Portable Air Defence Systems (MANPADS) to assess the adequacy of these guidelines in preventing terrorist use of such systems.

Participating States agreed on a major new initiative on small arms and light weapons (SALW) - weapons of choice for terrorists. They adopted a document setting out detailed 'best practice' guidelines and criteria for exports of SALW. They also agreed to study the adoption of the sub-categories of SALW used in the Organisation for Security and Co-operation in Europe as a basis for reporting of SALW within the Wassenaar Arrangement. The Plenary reaffirmed the importance of responsible export policies towards, and effective export controls over, SALW in order to prevent uncontrolled proliferation, destabilising accumulations and diversion.

Participating States recognised the positive work done during the year to make the Information Exchange more efficient. They expressed concern about illicit arms flows to zones of conflict and areas covered by UN Security Council embargoes, as well as licit transfers to zones of conflict from states not participating in the Wassenaar Arrangement. They stressed their commitment to support, by all appropriate means, the efforts of the Security Council to prevent illegal arms transfers to terrorist groups and to all governments and groups under Security Council embargoes.

---

[1] The Wassenaar Arrangement on Export Controls for Conventional Arms and Dual-Use Goods and Technologies was established in July 1996 by 33 Participating States on the basis of the Initial Elements. Meetings are normally held in Vienna, Austria, where the Arrangement is based. The Participating States of the Wassenaar Arrangement are: Argentina, Australia, Austria, Belgium, Bulgaria, Canada, Czech Republic, Denmark, Finland, France, Germany, Greece, Hungary, Ireland, Italy, Japan, Luxembourg, Netherlands, New Zealand, Norway, Poland, Portugal, Republic of Korea, Romania, Russian Federation, Slovakia, Spain, Sweden, Switzerland, Turkey, Ukraine, United Kingdom and the United States.

- I. Chronik -
Nr.152/11.-12.XII.2002: Wassenaar Arrangement

Recognising the importance of controlling arms brokering, Participating States adopted a Statement of Understanding on this subject. They agreed to continue elaborating and refining the criteria for effective legislation on arms brokering, and to continue discussion of enforcement measures, for the purpose of developing a Wassenaar policy on arms brokering.

Participating States considered measures on possible implementation of a catch-all[1] provision and a denial consultation mechanism. They agreed to include an additional sub-category of military items in mandatory reporting of transfers/licenses granted under Appendix 3 of the Initial Elements (revision available shortly on this website).

In order to keep pace with advances in technology and developments in the international security situation, the Plenary emphasised the importance of the timely updating of the control lists and agreed a number of amendments, including strengthened controls on radiation hardened integrated circuits, which will be published shortly (on this website).

At the same time, Participating States, in their review of the control lists, sought to take into account other developments, including wide availability and diversity of suppliers. A significant degree of relaxation of export control was introduced for digital computers, for example, along with the decontrol of general-purpose microprocessors. Participating States also worked to make the existing control text more easily understood and more 'user-friendly' for commercial exporters and licensing authorities.

Participating States agreed to develop contacts with non-Wassenaar members, including major arms producing countries. Participating States again confirmed that the Wassenaar Arrangement is open, on a global and non-discriminatory basis, to prospective adherents that comply with established criteria for participation, and agreed to develop further contacts with the UN and other relevant international organisations and other non-proliferation regimes to avoid duplication of work and to facilitate complementarity.

Participating States will carry out next year the scheduled wide-ranging review ('Assessment') of the functioning of the Arrangement. This will be the second such review in Wassenaar's history.

Members of the Plenary thanked Ambassador OHRYZKO for his major contribution as Plenary Chairman to the work of the Wassenaar Arrangement. They also welcomed the new Head of Secretariat, Ambassador Sune DANIELSSON, to his first Plenary.

The next regular WA Plenary meeting is to be held in Vienna in December 2003. Ambassador Kenneth C. BRILL (United States) will assume the Plenary Chairmanship on 1 January 2003."

2. Best Practice Guidelines for Exports of Small Arms and Light Weapons (SALW) as adopted by the Plenary of 11-12 December 2002

"I. Participating States of the Wassenaar Arrangement,

Having regard to the Initial Elements of the Wassenaar Arrangement; and in particular the objectives of:

(i) greater responsibility in transfers of conventional arms;

(ii) the prevention of destabilising accumulations of such arms; and

(iii) the need to prevent the acquisition of conventional arms by terrorist groups and organisations, as well as by individual terrorists;

---

[1] Under which Participating States, as a matter of national policy, would require licensing/authorisation for transfers of non-listed items, under nationally or multilaterally specified circumstances, to certain destinations when the items are intended for a military end use.

- I. Chronik -
Nr.152/11.-12.XII.2002: Wassenaar Arrangement

Bearing in mind the 2001 UN Programme of Action to Prevent, Combat and Eradicate the Illicit Trade in SALW in All Its Aspects (UNPOA), and, where appropriate, the relevant provisions of the 2000 OSCE Document and other regional initiatives that Participating States are party to,

Affirm that they apply strict national controls on the export of SALW, as well as on transfers of technology related to their design, production, testing and upgrading,

And agree that:

SALW exports will be evaluated carefully against the Wassenaar Arrangement Initial Elements and the Wassenaar document 'Elements for Objective Analysis and Advice Concerning Potentially Destabilising Accumulations of Conventional Weapons' and any subsequent amendments thereto. In particular:

1. Each Participating State will, in considering proposed exports of SALW, take into account:

   (a) The need to avoid destabilising accumulations of arms, bearing in mind the particular circumstances of the recipient country and its region;

   (b) The internal and regional situation in and around the recipient country, in the light of existing tensions or armed conflicts and details of the recipient within that country;

   (c) The record of compliance of the recipient country with regard to international obligations and commitments, in particular on the suppression of terrorism, and on the non-use of force, and in the field of non-proliferation, or in other areas of arms control and disarmament, and the record of respect for international law governing the conduct of armed conflict;

   (d) The nature and cost of the arms to be transferred in relation to the circumstances of the recipient country, including its legitimate security and defence needs and to the objective of the least diversion of human and economic resources to armaments;

   (e) The requirements of the recipient country to enable it to exercise its right to individual or collective self-defence in accordance with Article 51 of the Charter of the United Nations;

   (f) Whether the transfers would contribute to an appropriate and proportionate response by the recipient country to the military and security threats confronting it;

   (g) The legitimate domestic security needs of the recipient country;

   (h) The requirements of the recipient country to enable it to participate in peacekeeping or other measures in accordance with decisions of the United Nations, OSCE or other relevant regional organisations with a peacekeeping mandate;

   (i) The respect for human rights and fundamental freedoms in the recipient country;

   (j) The risk of diversion or re-export in conditions incompatible with these Guidelines, particularly to terrorists.

2. Each Participating State will avoid issuing licences for exports of SALW where it deems that there is a clear risk that the small arms in question might:

   (a) Support or encourage terrorism;

   (b) Threaten the national security of other States;

   (c) Be diverted to territories whose external relations are the internationally acknowledged responsibility of another State;

   (d) Contravene its international commitments, in particular in relation to sanctions adopted by the Security Council of the United Nations, agreements on non-proliferation, small arms, or other arms control and disarmament agreements;

(e) Prolong or aggravate an existing armed conflict, taking into account the legitimate requirement for self-defence, or threaten compliance with international law governing the conduct of armed conflict;

(f) Endanger peace, create an excessive and destabilising accumulation of small arms, or otherwise contribute to regional instability;

(g) Contrary to the aims of this document, be either re-sold (or otherwise diverted) within the recipient country, re-produced without licence, or be re-exported;

(h) Be used for the purpose of repression;

(i) Be used for the violation or suppression of human rights and fundamental freedoms;

(j) Facilitate organised crime;

(k) Be used other than for the legitimate defence and security needs of the recipient country.

Furthermore,

3. Participating States agree to ensure, as far as possible, without prejudice to the rights of States to re-export SALW that they have previously imported, that the original exporting Participating State, in accordance with bilateral agreements, will be notified before re-export/re-transfer of those weapons.

4. Participating States agree that unlicensed manufacture of foreign-origin SALW is inconsistent with these Best Practice Guidelines.

5. Participating States will take especial care when considering exports of SALW other than to governments or their authorised agents.

II. In addition, The Participating States of the Wassenaar Arrangement,

Recognising that uncontrolled flows of illicit SALW pose a serious threat to peace and security, especially in areas beset by conflicts and tensions;

And noting that poorly managed stocks of SALW, which are particularly liable to loss through theft, corruption or negligence, pose a similar threat;

Agree that:

1. Participating States will take into account, as far as possible, the stockpile management and security procedures of a potential recipient, including the recipient's ability and willingness to protect against unauthorised re-transfers, loss, theft and diversion.

2. Participating States will support the following provisions concerning small arms marking, record keeping and co-operation:

(a) While it is for each Participating State to determine the exact nature of the marking system for SALW manufactured in or in use in its territory, Participating States agree to ensure that all small arms manufactured on their territory are marked in such a way as to enable individual small arms to traced. The marking should contain information which would allow, at a minimum, identification of the year and country of manufacture, the manufacturer and the small arm's serial number which is unique to each weapon. All such marks should be permanent and placed on the small arms at the point of manufacture. Participating States will also ensure, as far as possible and within their competence, that all small arms manufactured under their authority outside their territory are marked to the same standard.

(b) Should any unmarked small arms be discovered in the course of the routine management of their current stockpiles, they will destroy them, or, if those small arms are brought into service or exported, that they will mark them beforehand with an identifying mark unique to each small arm.

(c) Each Participating State will ensure that comprehensive and accurate records of their own holdings of small arms, as well as those held by manufacturers, exporters and importers of small arms within their territory, are maintained and held as long as possible with a view to improving the traceability of small arms.

(d) Participating States resolve to assist each other, on request, in their efforts to identify and trace SALW and ammunition, which have been determined as illicit by the requesting State. Such co-operation will occur on a confidential basis.

3. Further, each Participating State will:

(a) Ensure that these principles are reflected, as appropriate, in their national legislation and/or in their national policy documents governing the export of conventional arms and related technology.

(b) Consider assisting other Participating States in the establishment of effective national mechanisms for controlling the export of SALW.

(c) Put in place and implement adequate laws or administrative procedures to control strictly the activities of those that engage in the brokering of SALW and ensure appropriate penalties for those who deal illegally in SALW."

3. Statement of Understanding on Arms Brokerage

"Taking into account the objectives of the Wassenaar Arrangement as contained in the Initial Elements, Participating States recognize the importance of comprehensive controls on transfers of conventional arms, sensitive dual use goods and technologies. In order to accomplish these objectives, Participating States recognize the value of regulating the activities of arms brokers.

For the purpose of developing a WA policy on international arms brokering, Participating States will, in addition to continuing the elaboration and refining of criteria for effective arms brokering legislation and discuss enforcement measures, consider, inter alia, such measures as:

- Requiring registration of arms brokers;

- Limiting the number of licensed brokers;

- Requiring licensing or authorization of brokering; or

- Requiring disclosure of import and export licenses or authorizations, or of accompanying documents and of the names and locations of brokers involved in transactions."

4. The Wassenaar Arrangement on Export Controls for Conventional Arms and Dual-Use Goods and Technologies: Initial Elements as Amended by the Plenary of 2002

I. PURPOSES

„1. The *Wassenaar Arrangement* has been established in order to contribute to regional and international security and stability, by promoting transparency and greater responsibility in transfers of conventional arms and dual-use goods and technologies, thus preventing destabilising accumulations. Participating States will seek, through their national policies, to ensure that transfers of these items do not contribute to the development or enhancement of military capabilities which undermine these goals, and are not diverted to support such capabilities.

2. It will complement and reinforce, without duplication, the existing control regimes for weapons of mass destruction and their delivery systems, as well as other internationally recognised measures designed to promote transparency and greater responsibility, by focusing on the threats to international and regional peace and security which may arise from transfers of armaments and sensitive dual-use goods and technologies where the risks are judged greatest.

3. This arrangement is also intended to enhance co-operation to prevent the acquisition of armaments and sensitive dual-use items for military end-uses, if the situation in a region or the behaviour of a state is, or becomes, a cause for serious concern to the Participating States.

4. This arrangement will not be directed against any state or group of states and will not impede bona fide civil transactions. Nor will it interfere with the rights of states to acquire legiti-

mate means with which to defend themselves pursuant to Article 51 of the Charter of the United Nations.

5. In line with the paragraphs above, Participating States will continue to prevent the acquisition of conventional arms and dual-use goods and technologies by terrorist groups and organisations, as well as by individual terrorists. Such efforts are an integral part of the global fight against terrorism.[1]

II. SCOPE

1. Participating States will meet on a regular basis to ensure that transfers of conventional arms and transfers in dual-use goods and technologies are carried out responsibly and in furtherance of international and regional peace and security.

2. To this end, Participating States will exchange, on a voluntary basis, information that will enhance transparency, will lead to discussions among all Participating States on arms transfers, as well as on sensitive dual-use goods and technologies, and will assist in developing common understandings of the risks associated with the transfer of these items. On the basis of this information they will assess the scope for co-ordinating national control policies to combat these risks. The information to be exchanged will include any matters which individual Participating States wish to bring to the attention of others, including, for those wishing to do so, notifications which go beyond those agreed upon.

3. The decision to transfer or deny transfer of any item will be the sole responsibility of each Participating State. All measures undertaken with respect to the arrangement will be in accordance with national legislation and policies and will be implemented on the basis of national discretion.

4. In accordance with the provisions of this arrangement, Participating States agree to notify transfers and denials. These notifications will apply to all non-participating states. However, in the light of the general and specific information exchange, the scope of these notifications, as well as their relevance for the purposes of the arrangement, will be reviewed. Notification of a denial will not impose an obligation on other Participating States to deny similar transfers. However, a Participating State will notify, preferably within 30 days, but no later than within 60 days, all other Participating States of an approval of a licence which has been denied by another Participating State for an essentially identical transaction during the last three years.[2]

5. Upon the commencement of this arrangement, Participating States agree that work on further guidelines and procedures will continue expeditiously and taking into account experience acquired. This will include, in particular, a review of the scope of conventional arms to be covered with a view to extending information and notifications beyond the categories described in Appendix 3. Participating States agree to discuss further how to deal with any areas of overlap between the various lists.

6. Participating States agree to assess the overall functioning of this arrangement regularly, for the first time in 1999.

III. CONTROL LISTS

1. Participating States will control all items set forth in the List of Dual-Use Goods and Technologies and in the Munitions List (see Appendix 5),[3] with the objective of preventing unauthorised transfers or re-transfers of those items.

---

[1] This paragraph was added by the Plenary of December 2001.

[2] This notification is applicable to items in the second tier and its sub-set of very sensitive items.

[3] France, the Russian Federation and Ukraine view this list as a reference list drawn up to help in the selection of dual-use goods which could contribute to the indigenous development, production or enhancement of conventional munitions capabilities.

- I. Chronik -
Nr.152/11.-12.XII.2002: Wassenaar Arrangement

2. The List of Dual-Use Goods and Technologies (tier 1) has two annexes of sensitive (tier 2) and a limited number of very sensitive items (sub-set tier 2).

3. The lists will be reviewed regularly to reflect technological developments and experience gained by Participating States, including in the field of dual-use goods and technologies which are critical for indigenous military capabilities. In this respect, studies shall be completed to coincide with the first revision to the lists to establish an appropriate level of transparency for pertinent items.

IV. PROCEDURES FOR THE GENERAL INFORMATION EXCHANGE

1. Participating States agree to exchange general information on risks associated with transfers of conventional arms and dual-use goods and technologies in order to consider, where necessary, the scope for co-ordinating national control policies to combat these risks.

2. A list of possible elements of the general information exchange on non-participating states is contained in Appendix 1.

V. PROCEDURES FOR THE EXCHANGE OF INFORMATION ON DUAL-USE GOODS AND TECHNOLOGY

1. Participating States will notify licences denied to non-participants with respect to items on the List of Dual-Use Goods and Technologies, where the reasons for denial are relevant to the purposes of the arrangement.

2. For tier 1, Participating States will notify all licences denied relevant to the purposes of the arrangement to non-participating states, on an aggregate basis, twice per year. The indicative content of these denial notifications is described in Appendix 2.

3. For items in the second tier and its sub-set of very sensitive items, Participating States will notify, on an individual basis, all licences denied pursuant to the purposes of the arrangement to non-participating states. Participating States agree that notification shall be made on an early and timely basis, that is preferably within 30 days but no later than within 60 days, of the date of the denial. The indicative content of these denial notifications is described in Appendix 2.

4. For items in the second tier, Participating States will notify licences issued or transfers made relevant to the purposes of the arrangement to non-participants, on an aggregate basis, twice per year. The indicative content of these licence/transfer notifications is described in Appendix 2.

5. Participating States will exert extreme vigilance for items included in the sub-set of tier 2 by applying to those exports national conditions and criteria. They will discuss and compare national practices at a later stage.

6. Participating States agree that any information on specific transfers, in addition to that specified above, may be requested *inter alia* through normal diplomatic channels.

VI. PROCEDURES FOR THE EXCHANGE OF INFORMATION ON ARMS

1. Participating States agree that the information to be exchanged on arms will include any matters which individual Participating States wish to bring to the attention of others, such as emerging trends in weapons programmes and the accumulation of particular weapons systems, where they are of concern, for achieving the objectives of the arrangement.

2. As an initial stage in the evolution of the new arrangement, Participating States will exchange information every six months on deliveries to non-participating states of conventional arms set forth in Appendix 3, derived from the categories of the UN Register of Conventional Arms. The information should include the quantity and the name of the recipient state and, except in the category of missiles and missile launchers, details of model and type.

3. Participating States agree that any information on specific transfers, in addition to that specified above, may be requested *inter alia* through normal diplomatic channels.

VII. MEETINGS AND ADMINISTRATION

1. Participating States will meet periodically to take decisions regarding this arrangement, its purposes and its further elaboration, to review the lists of controlled items, to consider ways of co-ordinating efforts to promote the development of effective export control systems, and to discuss other relevant matters of mutual interest, including information to be made public.

2. Plenary meetings will be held at least once a year and chaired by a Participating State on the basis of annual rotation. Financial needs of the arrangement will be covered under annual budgets, to be adopted by Plenary Meetings.

3. Working Groups may be established, if the Plenary meeting so decides.

4. There will be a secretariat with a staff necessary to undertake the tasks entrusted to it.

5. All decisions in the framework of this arrangement will be reached by consensus of the Participating States.

VIII. PARTICIPATION

The new arrangement will be open, on a global and non-discriminatory basis, to prospective adherents that comply with the agreed criteria in Appendix 4. Admission of new participants will be based on consensus.

IX. CONFIDENTIALITY

Information exchanged will remain confidential and be treated as privileged diplomatic communications. This confidentiality will extend to any use made of the information and any discussion among Participating States."

(Website Wassenaar)

12. - 13. XII. 2002

153. EU-Gipfel in Kopenhagen

Am 12. und 13. Dezember 2002 fand ein weiterer Gipfel der Staats- und Regierungschefs der EU statt, auf dem der Europäische Rat formell den Abschluss der Beitrittsverhandlungen mit Estland, Lettland, Litauen, Malta, Polen, der Slowakei, Slowenien, der Tschechischen Republik, Ungarn und Zypern beschloss. Der Rat nahm die Bemühungen des Hohen Beauftragten für GASP, Javier SOLANA, über die Zusammenarbeit mit der NATO und anderen Staaten zur Kenntnis und billigte eine am 12. Dezember von den Außenministern der EU erarbeitete Stellungnahme hierzu. Die Tagung wurde überschattet von den Ereignissen im Nahen Osten sowie durch die Krise über den Irak. Zu beiden Komplexen verabschiedeten die Teilnehmer gesonderte Erklärungen.

1. Schlussfolgerungen des Vorsitzes, Kopenhagen 12. - 13. 12. 2002 (Auszüge)

„....3. Der Europäische Rat hat auf seiner Tagung 1993 in Kopenhagen das ehrgeizige Vorhaben eingeleitet, das Vermächtnis von Konflikten und Spaltungen in Europa zu überwinden. Der heutige Tag stellt insofern ein beispielloses historisches Ereignis dar, als dieser Prozess durch den Abschluss der Beitrittsverhandlungen mit Estland, Lettland, Litauen, Malta, Polen, der Slowakei, Slowenien, der Tschechischen Republik, Ungarn und Zypern vollendet wird. Die Union freut sich nunmehr, diese Staaten zum 1. Mai 2004 als Mitglieder aufnehmen zu können. Dieser Erfolg bezeugt die gemeinsame Entschlossenheit der Völker Europas, sich in einer Union zusammenzufinden, die zur treibenden Kraft für Frieden, Demokratie, Stabilität und Wohlstand auf unserem Kontinent geworden ist. Als vollwertige Mitglieder einer auf

I. Chronik -
Nr.153/12.-13.XII.2002: EU-Gipfel in Kopenhagen

Solidarität gründenden Union werden diese Staaten an der Ausgestaltung der weiteren Entwicklung des europäischen Projekts uneingeschränkt beteiligt sein.

4. Die Union billigt das in Dokument 21000/02 wiedergegebene Ergebnis der Verhandlungen. Die finanziellen Folgen der Erweiterung sind in Anlage I dargelegt. Das umfassende und ausgewogene Ergebnis stellt eine solide Grundlage für die reibungslose Integration von zehn neuen Mitgliedstaaten dar und gewährleistet das effiziente Funktionieren der erweiterten Union. Die erzielte Einigung umfasst die Übergangsvereinbarungen, die erforderlich sind, damit die beitretenden Staaten erfolgreich alle Verpflichtungen aus ihrer Mitgliedschaft erfüllen können. Das Ergebnis der Beitrittsverhandlungen stellt das weitere Funktionieren des Binnenmarkts und der verschiedenen EU-Politiken sicher, stellt aber kein Präjudiz für eine künftige Reform dar.

5. Dadurch, dass die Erfüllung der eingegangenen Verpflichtungen bis zum Beitritt überwacht wird, erhalten die beitretenden Staaten weitere Orientierungshilfen bei ihren Anstrengungen zur Übernahme der mit der Mitgliedschaft einhergehenden Verantwortlichkeiten und werden den derzeitigen Mitgliedstaaten die erforderlichen Garantien gegeben. Die Kommission wird auf der Grundlage der Berichte über die Ergebnisse der Überwachung die erforderlichen Vorschläge unterbreiten. In Schutzklauseln werden Maßnahmen für die Bewältigung unvorher- gesehener Entwicklungen festgelegt, die in den ersten drei Jahren nach dem Beitritt eintreten könnten. Der Europäische Rat begrüßt darüber hinaus, dass im Rahmen des bestehenden Prozesses der Koordinierung der Wirtschaftspolitik die Verpflichtung gilt, die Fortschritte in der Wirtschafts-, Haushalts- und Strukturpolitik in den Bewerberländern weiterhin zu überwachen.

6. Alle Anstrengungen sollten nunmehr darauf gerichtet werden, die Ausarbeitung des Beitrittsvertrags abzuschließen, so dass er der Kommission zur Stellungnahme und anschließend dem Europäischen Parlament zur Zustimmung vorgelegt werden kann, damit ihn der Rat am 16. April 2003 in Athen unterzeichnen kann.

7. Mit dem erfolgreichen Abschluss der Beitrittsverhandlungen hat die Union ihre Zusage erfüllt, dass die zehn beitretenden Staaten an den Wahlen zum Europäischen Parlament im Jahre 2004 als Mitglieder teilnehmen können. Im Beitrittsvertrag wird vorgesehen, dass die derzeitige Kommission ab dem Beitritt am 1. Mai 2004 um Mitglieder aus den neuen Mitgliedstaaten erweitert wird. Nach der Ernennung eines neuen Präsidenten der Kommission durch den Europäischen Rat soll das neu gewählte Europäische Parlament eine neue Kommission, die am 1. November 2004 ihr Amt antreten soll, bestätigen. Zum gleichen Zeitpunkt treten die Bestimmungen des Vertrags von Nizza über die Kommission und die Beschlussfassung im Rat in Kraft. Die erforderlichen Konsultationen mit dem Europäischen Parlament hierüber werden bis Ende Januar 2003 abgeschlossen sein. Die vorerwähnten Vereinbarungen werden die uneingeschränkte Beteiligung der neuen Mitgliedstaaten am institutionellen Rahmen der Union gewährleisten.

8. Schließlich werden die neuen Mitgliedstaaten auch uneingeschränkt an der nächsten Regierungskonferenz teilnehmen. Ohne Reform wird die Union die Vorteile der Erweiterung nicht voll ausschöpfen. Der neue Vertrag wird nach dem Beitritt unterzeichnet. Dieser Zeitplan greift der zeitlichen Planung für den Abschluss der Regierungskonferenz nicht vor.

9. Die jetzige Erweiterung bildet die Grundlage für eine Union, die über gute Aussichten auf ein nachhaltiges Wachstum verfügt und bei der Konsolidierung von Stabilität, Frieden und Demokratie in Europa und darüber hinaus eine bedeutende Rolle spielen kann. Die derzeitigen wie die beitretenden Staaten werden ersucht, entsprechend ihren nationalen Ratifikationsverfahren den Vertrag so rechtzeitig zu ratifizieren, dass er am 1. Mai 2004 in Kraft treten kann.

10. Im Einklang mit Nummer 3 wird Zypern aufgrund des Abschlusses der Beitrittsverhandlungen als neuer Mitgliedstaat in die Europäische Union aufgenommen. Der Europäische Rat betont indessen, dass er dem Beitritt eines vereinten Zyperns zur Europäischen Union nachdrücklich den Vorzug gibt. Er begrüßt in diesem Zusammenhang die Zusage der griechischen und der türkischen Zyprer, die Verhandlungen mit dem Ziel fortzuführen, bis zum 28. Februar 2003 zu einer umfassenden Regelung der Zypern-Frage auf der Grundlage der Vorschläge des Generalsekretärs der Vereinten Nationen zu gelangen. Der Europäische Rat ist der Auffassung, dass diese Vorschläge die einmalige Gelegenheit bieten, in den kommenden Wochen

eine Regelung zu erzielen, und fordert die Führer der beiden zyprischen Gemeinschaften, der griechischen und der türkischen, nachdrücklich auf, diese Gelegenheit zu nutzen.

11. Die Union bekräftigt, dass sie bereit ist, die Bedingungen einer Regelung im Einklang mit den Grundsätzen, auf denen die Europäische Union beruht, im Beitrittsvertrag zu berücksichtigen. Wenn es zu einer Regelung kommt, entscheidet der Rat einstimmig auf der Grundlage von Vorschlägen der Kommission über die im Hinblick auf die türkisch-zyprische Gemeinschaft vorzunehmenden Anpassungen der Modalitäten für den Beitritt Zyperns zur EU.

12. Der Europäische Rat hat beschlossen, dass, wenn es nicht zu einer Regelung kommt, die Anwendung des Besitzstands auf den Nordteil der Insel ausgesetzt wird, bis der Rat auf der Grundlage eines Vorschlags der Kommission einstimmig etwas anderes beschließt. Die Kommission wird ersucht, bis dahin im Benehmen mit der Regierung Zyperns zu prüfen, auf welche Weise der Nordteil Zyperns in seiner wirtschaftlichen Entwicklung gefördert und näher an die Union herangeführt werden kann.

13. Der erfolgreiche Abschluss der Beitrittsverhandlungen mit zehn beitrittswilligen Ländern verleiht dem Beitritt Bulgariens und Rumäniens als Teil desselben umfassenden und irreversiblen Erweiterungsprozesses neuen Schwung. Die Union begrüßt die von diesen Ländern erzielten wichtigen Fortschritte, die ihren gebührenden Niederschlag in den weit vorangeschrittenen Beitrittsverhandlungen mit ihnen finden.

14. Die Union sieht der Konsolidierung der bisherigen Ergebnisse erwartungsvoll entgegen. Entsprechend den Schlussfolgerungen des Europäischen Rates (Brüssel) und je nach den weiteren Fortschritten, die bei der Erfüllung der Beitrittskriterien zu verzeichnen sein werden, besteht das Ziel darin, Bulgarien und Rumänien 2007 als Mitglieder der Europäischen Union aufzunehmen. Die Union bestätigt, dass die Verhandlungen über den Beitritt dieser Länder auf der Grundlage derselben Kriterien fortgesetzt werden, die auch für die bisherigen Beitrittsverhandlungen maßgebend waren, und dass jedes Bewerberland bei den Verhandlungen nach seinen eigenen Leistungen beurteilt wird.

15. Die von der Kommission vorgelegten Fahrpläne sehen für Bulgarien und Rumänien klar abgesteckte Ziele vor und bieten jedem dieser Länder die Möglichkeit, das Tempo seines Beitrittsprozesses selbst zu bestimmen. Es ist von wesentlicher Bedeutung, dass Bulgarien und Rumänien diese Chance dadurch nutzen, dass sie ihre Vorbereitungen beschleunigen; dazu zählt, dass sie die bei den Beitrittsverhandlungen eingegangenen Verpflichtungen erfüllen und umsetzen. Die Union unterstreicht in diesem Zusammenhang die Bedeutung der Justiz- und Verwaltungsreform, die Bulgarien und Rumänien bei den gesamten Beitrittsvorbereitungen weiter voranbringen wird. Dadurch wird gewährleistet, dass dieser Prozess auf der Grundlage der bisherigen Ergebnisse erfolgreich voranschreitet. Die künftigen Vorsitze und die Kommission werden dafür Sorge tragen, dass die Beitrittsverhandlungen über die restlichen Kapitel, einschließlich der Kapitel mit finanziellen Auswirkungen, mit unvermindertem Tempo fortgesetzt werden und mit den Anstrengungen Bulgariens und Rumäniens Schritt halten.

16. Die Union betont, dass sie entschlossen ist, Bulgarien und Rumänien bei ihren Bemühungen zu unterstützen. Die Union billigt die Mitteilung der Kommission über die Fahrpläne für Bulgarien und Rumänien, darunter auch die vorgeschlagenen erheblich verstärkten Heranführungshilfen. Die umfangreichen Finanzmittel, die gewährt werden, sollten flexibel genutzt werden und auf die festgestellten Prioritäten gerichtet sein, einschließlich in Schlüsselbereichen wie Justiz und Inneres. Zusätzliche Hilfestellung bei den Vorbereitungen auf den Beitritt erhalten sie durch die überarbeiteten Beitrittspartnerschaften, die ihnen im nächsten Jahr unterbreitet werden.

17. Bulgarien und Rumänien werden zudem als Beobachter an der nächsten Regierungskonferenz teilnehmen.

18. Der Europäische Rat erinnert an seinen 1999 in Helsinki gefassten Beschluss, dass die Türkei ein beitrittswilliges Land ist, das auf der Grundlage derselben Kriterien, die auch für die übrigen beitrittswilligen Länder gelten, Mitglied der Union werden soll. Er begrüßt nachdrücklich die wichtigen Schritte, die die Türkei zur Erfüllung der Kopenhagener Kriterien unternommen hat, insbesondere durch die jüngsten Legislativpakete und anschließenden Durchführungsmaßnahmen, die zahlreiche der in der Beitrittspartnerschaft festgelegten wesentlichen Prioritäten abdecken. Die Union würdigt die Entschlossenheit der neuen türki-

- I. Chronik -
Nr.153/12.-13.XII.2002: EU-Gipfel in Kopenhagen

schen Regierung, weitere Schritte in Richtung auf Reformen zu unternehmen, und fordert die Regierung insbesondere auf, alle in Bezug auf die politischen Kriterien noch bestehenden Mängel zügig anzugehen, und zwar nicht nur auf dem Gebiet der Gesetzgebung, sondern vor allem auch in Bezug auf die Umsetzung. Die Union erinnert daran, dass ein Beitrittskandidat nach den 1993 in Kopenhagen festgelegten politischen Kriterien als Voraussetzung für die Mitgliedschaft eine institutionelle Stabilität als Garantie für demokratische und rechtsstaatliche Ordnung, für die Wahrung der Menschenrechte sowie die Achtung und den Schutz von Minderheiten ver- wirklicht haben muss.

19. Die Union ruft die Türkei auf, ihren Reformprozess energisch voranzutreiben. Entscheidet der Europäische Rat im Dezember 2004 auf der Grundlage eines Berichts und einer Empfehlung der Kommission, dass die Türkei die politischen Kriterien von Kopenhagen erfüllt, so wird die Europäische Union die Beitrittsverhandlungen mit der Türkei ohne Verzug eröffnen.

20. Um die Türkei auf ihrem Weg zur EU-Mitgliedschaft zu unterstützen, soll die Heranführungsstrategie für das Land verstärkt werden. Die Kommission wird ersucht, einen Vorschlag für eine überarbeitete Beitrittspartnerschaft vorzulegen und den Prozess der Durchsicht der Rechtsvorschriften zu intensivieren. Parallel dazu sollte die Zollunion EG-Türkei ausgeweitet und vertieft werden. Die Union wird ihre finanzielle Heranführungshilfe für die Türkei erheblich aufstocken. Ab 2004 wird diese Hilfe aus Mitteln der Haushaltslinie ‚Heranführungshilfen' finanziert.

21. Die Europäische Union und die beitretenden Staaten haben sich auf eine gemeinsame Erklärung ‚Das eine Europa' zu dem kontinuierlichen, umfassenden und unumkehrbaren Charakter des Erweiterungsprozesses (siehe Dok. SN 369/02) verständigt; diese Erklärung wird der Schlussakte des Beitrittsvertrags beigefügt.

22. Die Erweiterung wird der europäischen Integration neuen Schwung verleihen. Damit bietet sich auch eine wichtige Chance, die Beziehungen zu den Nachbarländern auf der Grundlage gemeinsamer politischer und wirtschaftlicher Werte auszubauen. Die Union ist weiterhin entschlossen, neue Trennungslinien in Europa zu vermeiden und Stabilität und Wohlstand innerhalb der neuen Grenzen der EU und darüber hinaus zu fördern.

23. Der Europäische Rat erinnert an die auf der Tagung des Europäischen Rates (Kopenhagen) vom Juni 1993 festgelegten Kriterien und bekräftigt die vom Europäischen Rat in Feira proklamierte europäische Perspektive der Länder des Westlichen Balkans im Stabilisierungs- und Assoziierungsprozess. Der Rat betont, dass er entschlossen ist, diese Länder bei ihren Bemühungen um eine Annäherung an die EU zu unterstützen. Der Europäische Rat begrüßt die Entscheidung des künftigen griechischen Vorsitzes, am 21. Juni 2003 in Thessaloniki ein Gipfeltreffen zwischen den EU-Mitgliedstaaten und den Ländern des Stabilisierungs- und Assoziierungsprozesses zu veranstalten.

24. Durch die Erweiterung werden sich die Beziehungen zu Russland intensivieren. Die Europäische Union wünscht auch, ihre Beziehungen zur Ukraine, zu Moldau, zu Belarus und den Ländern im südlichen Mittelmeerraum auf der Grundlage eines langfristigen Ansatzes zur Förderung demokratischer und wirtschaftlicher Reformen, einer nachhaltigen Entwicklung und des Handels auszubauen, und arbeitet hierfür neue Initiativen aus. Der Europäische Rat begrüßt die Absicht der Kommission und des Generalsekretärs/Hohen Vertreters, hierzu Vorschläge zu unterbreiten....

27. Der Europäische Rat sprach dem Vorsitz und dem Generalsekretär/Hohen Vertreter, Javier SOLANA, seine Anerkennung für ihre Bemühungen aus, die die umfassende Einigung mit der NATO über alle noch zu schließenden Dauervereinbarungen zwischen der EU und der NATO ermöglicht haben, die mit den auf den vorangegangenen Tagungen des Europäischen Rates vereinbarten Grundsätzen und den auf der Tagung des Europäischen Rates in Nizza gefassten Beschlüssen voll und ganz in Einklang steht.

28. Der Europäische Rat bekräftigte die Bereitschaft der Union, die Nachfolge der militärischen Operation in der ehemaligen jugoslawischen Republik Mazedonien in Absprache mit der NATO so bald wie möglich zu übernehmen, und ersuchte die zuständigen EU-Gremien, die Arbeiten bezüglich des Gesamtkonzepts der Operation, einschließlich der Entwicklung militärischer Optionen und einschlägiger Pläne, abzuschließen.

- I. Chronik -
Nr.153/12.-13.XII.2002: EU-Gipfel in Kopenhagen

29. Der Europäische Rat bekundete ferner die Bereitschaft der Union, die Führung bei einer militärischen Operation in Bosnien in der Nachfolge der SFOR zu übernehmen. Er ersuchte den Generalsekretär/Hohen Vertreter, Javier SOLANA, und den kommenden Vorsitz, hierzu Konsultationen mit den Behörden in Bosnien und Herzegowina, dem Hohen Vertreter/EU-Sonderbeauftragten Lord ASHDOWN, der NATO und anderen internationalen Akteuren aufzunehmen und dem Rat im Februar Bericht zu erstatten. Er ersuchte die zuständigen EU-Gremien, bis zu diesem Zeitpunkt auch Vorschläge zu einem Gesamtkonzept, einschließlich des Rechtsrahmens, zu unterbreiten.

30. Der Europäische Rat hat die in Anlage II enthaltene Erklärung des Rates zur Kenntnis genommen.

31. Der Europäische Rat nahm die in den Anlagen III und IV enthaltenen Erklärungen an."

2. Anlage II: Erklärung des Rates(Tagung in Kopenhagen vom 12. 12. 2002)

„Der Rat hält Folgendes fest:

1. Beim derzeitigen Sachstand finden die Berlin-plus-Vereinbarungen und ihre Umsetzung nur auf diejenigen EU-Mitgliedstaaten Anwendung, die auch entweder NATO-Mitglieder oder Vertragsparteien der ‚Partnerschaft für den Frieden' sind und die dementsprechend bilaterale Sicherheitsabkommen mit der NATO geschlossen haben.

2. Absatz 1 berührt nicht die Rechte und Pflichten der EU-Staaten in ihrer Eigenschaft als EU-Mitglieder. In Ermangelung spezieller Vorschriften im Vertrag oder in einem ihm beigefügten Protokoll (Sonderfall Dänemark) werden somit alle EU-Mitgliedstaaten an der Erarbeitung und Verwirklichung der GASP der Union, die alle Fragen im Zusammenhang mit der Sicherheit der Union einschließlich der schrittweisen Festlegung einer gemeinsamen Verteidigungspolitik umfasst, uneingeschränkt teilnehmen.

3. Die Tatsache, dass beim derzeitigen Sachstand Zypern und Malta nach ihrem Beitritt zur EU nicht an Militäroperationen der EU, die unter Rückgriff auf NATO-Mittel durchgeführt werden, teilnehmen werden, berührt nicht das Recht ihrer Vertreter, nach Maßgabe der Sicherheitsvorschriften der EU an den Sitzungen von EU-Organen und -Gremien einschließlich des PSK teilzunehmen und hierbei ihre Stimme abzugeben, wenn es um Entscheidungen geht, die nicht die Durchführung derartiger Operationen betreffen. Ebenso wird nicht ihr Recht berührt, EU-Verschlusssachen nach Maßgabe der Sicherheitsvorschriften der EU zu erhalten, sofern die EU-Verschlusssachen keine NATO-Verschlusssachen enthalten oder auf sie Bezug nehmen."

3. Erklärung des Europäischen Rates zum Nahen Osten

„Im Nahen Osten muss Frieden herrschen. Der Europäische Rat ruft das israelische und das palästinensische Volk dazu auf, die endlose Spirale der Gewalt zu durchbrechen. Er bekräftigt, dass er Terrorakte entschieden und unmissverständlich verurteilt. Der palästinensischen Sache wird durch die Selbstmordanschläge nicht wieder gutzumachender Schaden zugefügt. Die Europäische Union unterstützt die Anstrengungen jener Palästinenser, die bestrebt sind, den Reformprozess voranzubringen und der Gewalt ein Ende zu setzen. Sie appelliert an Israel, diese Anstrengungen zu unterstützen. Ohne die legitimen Sicherheitsinteressen Israels in Frage zu stellen, fordert der Europäische Rat Israel auf, künftig übermäßiger Gewaltanwendung und Hinrichtungen ohne Gerichtsverfahren Einhalt zu gebieten, die der israelischen Bevölkerung keine Sicherheit bringen. Gewaltakte und Auseinandersetzungen müssen Verhandlungen und Kompromissbemühungen weichen. Die Mitglieder der internationalen Gemeinschaft einschließlich der betroffenen Parteien haben eine gemeinsame Vorstellung von zwei Staaten - Israel und ein unabhängiges, existenzfähiges, souveränes und demokratisches Palästina -, die auf der Grundlage der Grenzen von 1967 in Sicherheit nebeneinander bestehen. Nun sollten alle Anstrengungen darauf ausgerichtet werden, diese Vorstellung Wirklichkeit werden zu lassen.

Oberste Priorität für den Europäischen Rat ist es daher, dass das Nahost-Quartett am 20. Dezember dieses Jahres eine gemeinsame Wegskizze mit eindeutigen Terminen für die Schaffung eines Palästinenserstaates bis 2005 festlegt. Die Umsetzung der Wegskizze muss auf der Grundlage paralleler Fortschritte in sicherheitsbezogener, politischer und wirtschaftlicher Hinsicht erfolgen und sollte von dem Quartett aufmerksam überwacht werden.

In diesem Zusammenhang ist der Europäische Rat beunruhigt über die anhaltenden illegalen Siedlungstätigkeiten, die die konkrete Umsetzung der Zwei-Staaten-Lösung gefährden könnten. Die Erweiterung der Siedlungen und der damit verbundenen Bautätigkeiten, die - auch von der Stelle der Europäischen Union für die Beobachtung der Siedlungen - umfassend dokumentiert worden sind, verstößt gegen das Völkerrecht, liefert Zündstoff in einer bereits angespannten Lage und verstärkt die Furcht der Palästinenser, dass Israel zu einer Beendigung der Besetzung nicht wirklich ent- schlossen ist. Sie ist ein Hindernis für den Frieden. Der Europäische Rat fordert die Regierung Israels nachdrücklich auf, ihrer Siedlungspolitik eine Kehrtwende zu geben und in einem ersten Schritt alle Siedlungstätigkeiten sofort vollständig und tatsächlich einzustellen. Sie ruft dazu auf, von einer weiteren Beschlagnahmung von Grund und Boden für den Bau des so genannten Sicherheitswalls Abstand zu nehmen. Es muss entschlossen gehandelt werden, um die sich drastisch verschärfende humanitäre Lage im Westjordanland und im Gazastreifen, die das Leben für die palästinensische Bevölkerung immer unerträglicher werden lässt und Extremismus schürt, zu verbessern. Der Zugang für humanitäre Zwecke und die Sicherheit des humanitären Personals und seiner Einrichtungen müssen gewährleistet werden.

In der Absicht, die Reformen in den palästinensischen Gebieten zu unterstützen, wird die EU die Palästinensische Behörde auf der Grundlage eindeutiger Ziele und Bedingungen weiterhin finanziell unterstützen. Die EU fordert andere internationale Geber dazu auf, sich diesem Engagement - auch im Hinblick auf kohärente Anstrengungen zum Wiederaufbau - anzuschließen. Israel muss seinerseits die monatlichen Überweisungen palästinensischer Steuereinnahmen wieder aufnehmen. Die Europäische Union ist entschlossen, die Arbeiten mit ihren Partnern im Quartett fortzusetzen, um Israelis und Palästinenser gleichermaßen auf dem Weg zur Wiederaussöhnung, zu Verhandlungen und zu einer endgültigen, gerechten und friedlichen Regelung des Konflikts zu unterstützen."

4. Erklärung des Europäischen Rates zu Irak

„Der Europäische Rat betont seine uneingeschränkte und unzweideutige Unterstützung der Resolution 1441 des Sicherheitsrats vom 8. November 2002. Das Ziel der Europäischen Union besteht weiterhin in der Beseitigung der Massenvernichtungswaffen Iraks entsprechend den einschlägigen Resolutionen des VN-Sicherheitsrats. Es ist nun Sache Iraks, diese letzte Gelegenheit, seinen internationalen Verpflichtungen nachzukommen, zu ergreifen. Der Europäische Rat nimmt zur Kenntnis, dass Irak die Resolution 1441 akzeptiert und wie gefordert eine Erklärung über seine Programme zur Entwicklung von Massenvernichtungswaffen und damit zusammenhängenden Produkten vorgelegt hat.

Die EU wird weiterhin uneingeschränkt die Bemühungen der VN um die Gewährleistung einer vollständigen und sofortigen Erfüllung der Resolution 1441 durch Irak unterstützen. Die Rolle des Sicherheitsrats bei der Aufrechterhaltung von Frieden und Sicherheit in der Welt muss respektiert werden.

Der Europäische Rat erklärt, dass er die Inspektionen der UNMOVIC und der IAEO unter Leitung von Herrn Dr. BLIX und von Herrn Dr. EL BARADEI uneingeschränkt unterstützt. Der Europäische Rat betont, dass es den Waffeninspektoren erlaubt sein sollte, ihre wichtige Aufgabe weiter ungestört wahrzunehmen und hierbei auf die gesamte Bandbreite der Hilfsmittel zurückzugreifen, die ihnen nach der Resolution 1441 zur Verfügung stehen. Die EU sieht der Bewertung der irakischen Erklärung durch die Waffeninspektoren erwartungsvoll entgegen."

(Website der EU)

12. – 13. XII. 2002

154. Vertragstaatenkonferenz des VN-Waffenübereinkommens berät über Handhabung von Restmunition

Am 12. und 13. Dezember 2002 kam es in Genf zu einer Konferenz der Vertragstaaten des VN-Übereinkommens über das Verbot oder die Beschränkung des Einsatzes bestimmter konventioneller Waffen, die übermäßige

- I. Chronik -
154/12.-13.XII.2002: VN-Waffenübereinkommen

Leiden verursachen oder unterschiedslos wirken können (VN-Waffenübereinkommen). Ziel war es, über Möglichkeiten zu beraten, wie explosive Restbestände von früheren Kriegen zu behandeln sind. Die Ergebnisse sind in einem Bericht festgehalten, der hier auszugsweise wiedergegeben wird.

Report of the Meeting of the States Parties to the Convention on Prohibitions or Restrictions on the Use of Certain Conventional Weapons Which May be Deemed to be Excessively Injurious or to Have Indiscriminate Effects, 13. 12. 2002 (Auszüge)

"1. The Second Review Conference of the States Parties to the Convention on Prohibitions or Restrictions on the Use of Certain Conventional Weapons Which May be Deemed to be Excessively Injurious or to Have Indiscriminate Effects (CCW) held at Geneva on 11-21 December 2001 in its Final Declaration decided to commission follow-up work on decisions arising from the Second Review Conference of the Convention, under the oversight of the Chairman-designate of a meeting of the States Parties to the Convention to be held on 12-13 December 2002 in Geneva, in conjunction with the Fourth Annual Conference of States Parties to Amended Protocol II, which may begin on 11 December 2002. For that purpose the Conference decided to establish an open-ended Group of Governmental Experts with separate Coordinators to:

(a) discuss ways and means to address the issue of Explosive Remnants of War (ERW). In this context the Group shall consider all factors, appropriate measures and proposals, in particular:
- factors and types of munitions that could cause humanitarian problems after a conflict;

- technical improvements and other measures for relevant types of munitions, including sub-munitions, which could reduce the risk of such munitions becoming ERW;

- the adequacy of existing International Humanitarian Law in minimising post-conflict risks of ERW, both to civilians and to the military;

- warning to the civilian population, in or close to, ERW-affected areas, clearance of ERW, the rapid provision of information to facilitate early and safe clearance of ERW, and associated issues and responsibilities;

- assistance and co-operation. The Coordinator shall undertake work in an efficient manner so as to submit recommendations, adopted by consensus, at an early date for consideration by the States Parties, including whether to proceed with negotiating a legally-binding instrument or instruments on ERW and/or other approaches. CCW/MSP/2002/2

(b) further explore the issue of mines other than anti-personnel mines. The Coordinator shall submit a report, adopted by consensus, to the States Parties.

The Conference also decided that the Chairman-designate shall undertake consultations during the intersessional period on possible options to promote compliance with the Convention and its annexed Protocols, taking into account proposals put forward, and shall submit a report, adopted by consensus, to the States Parties. The Conference also decided to invite interested States Parties to convene experts to consider possible issues related to small calibre weapons and ammunitions, such as: military requirements; scientific and technical factors/methodology; medical factors; legal/treaty obligations/standards; financial implications; and in this respect, report on their work to the States Parties to the Convention. These meetings shall have no implications for the CCW budget.

At the same Conference the States Parties also agreed that the Chairman-designate shall consult States Parties on financial arrangements and the programme of work and that the intersessional work will be conducted in accordance with the Rules of Procedure adopted by the Second Review Conference of the States Parties to the Convention.

2. The Conference recommended the appointment of Ambassador Rakesh SOOD of India as Chairman-designate of the Meeting of the States Parties to be held at Geneva from 12-13 December 2002, and appointed two Coordinators for the Group of Governmental Experts: Ambassador Chris SANDERS of the Netherlands on Explosive Remnants of War, and Minister Counsellor Peter KOLAROV of Bulgaria on Mines Other Than Anti-Personnel Mines.

- I. Chronik -
154/12.-13.XII.2002: VN-Waffenübereinkommen

3. The Group of Governmental Experts held three sessions during 2002. The deliberations and activities of all three sessions of the Group are reflected in CCW/GGE/I/2 of 28 May 2002, CCW/GGE/II/1 of 26 July 2002 and CCW/GGE/III/1 of 11 December 2002.

4. The Meeting of the States Parties to the Convention was held at Geneva from 12 to 13 December 2002.

5. On 12 December 2002, the Session was opened by the Deputy Secretary- General of the Conference on Disarmament and Chief of the Geneva Branch of the Department for Disarmament Affairs, Mr. Enrique ROMAN-MOREY.

6. At the same meeting, the Meeting of the States Parties confirmed by acclamation the nomination of Ambassador Rakesh SOOD of India as Chairman of the Meeting.

7. At its first plenary meeting, on 12 December 2002, the Meeting of the States Parties adopted its agenda with oral amendments as contained in Annex I....

20. The following States participated in the general exchange of views: Argentina, Australia, Austria, Brazil, Canada, China, Croatia, Cuba, Denmark (on behalf of the European Union and associated States), Egypt, Federal Republic of Yugoslavia, France, Ireland, Israel, Italy, Japan, Libyan Arab Jamahiriya, Mexico, New Zealand, Norway, Pakistan, Panama, Poland, Republic of Korea, Romania, Russian Federation, Senegal, South Africa, Sweden, Switzerland, and United States of America. Representatives of the International Committee of the Red Cross (ICRC), Human Rights Watch (HRW), International Campaign to Ban Landmines (ICBL) and Landmine Action also participated in the general exchange of views.

21. The Meeting of the States Parties decided that the Working Group on Explosive Remnants of War would continue its work in the year 2003 with the following mandate:

(a) (i) To negotiate an instrument on post-conflict remedial measures of a generic nature which would reduce the risks of ERW. These measures would be based on a broad definition covering most types of explosive munitions, with the exception of mines. Abandoned munitions would have to be included. In these negotiations, questions need to be considered regarding, inter alia, responsibility for clearance, existing ERW, the provision of information to facilitate clearance and risk education, warnings to civilian populations, assistance & co-operation, and a framework for regular consultations of High Contracting Parties. These negotiations would have to establish the scope of this instrument consistent with Article I of the Convention as amended at its Second Review Conference.

(a) (ii) To explore and determine whether these negotiations could successfully address preventive generic measures for improving the reliability of munitions that fall within the agreed broad definition, through voluntary best practices concerning the management of manufacturing, quality control, handling and storage of munitions. Exchange of information, assistance and co-operation would be important elements of such best practices.

(b) Separate from the negotiations under (a): to continue to consider the implementation of existing principles of International Humanitarian Law and to further study, on an open ended basis, possible preventive measures aimed at improving the design of certain specific types of munitions, including sub- munitions, with a view to minimise the humanitarian risk of these munitions becoming ERW. Exchange of information, assistance and co-operation would be part of this work.

(c) In the context of the activities described above, meetings of military experts can be conducted to provide advice in support of these activities.

22. The Meeting of the States Parties decided that the Working Group on Mines Other Than Anti-Personnel Mines would continue its work in the year 2003 with the following mandate:

(a) To continue to explore the issue of mines other than anti-personnel mines. The group shall consider the most appropriate way to reduce the risks posed by the irresponsible use of mines other than anti-personnel mines, including the possibility to conclude a negotiating mandate for a new instrument and other appropriate measures. The Group of Governmental Experts shall take into account: the necessity to strike the right balance between humanitarian concerns and military utility of MOTAPM; existing restrictions on such mines in Amended Protocol II to the CCW; technical and other measures aimed at minimizing the humanitarian risks posed by such mines as well as the modalities for their effective implementation, such as international cooperation and assistance, transition periods etc.; questions involving the use of MOTAPM by non-state actors; any question involving other aspects of such mines.

(b) In the context of the activities described above, meetings of military experts can be conducted to provide advice in support of these activities.

23. The Meeting of the States Parties decided that the Chairman-designate shall undertake consultations during the intersessional period on possible options to promote compliance with the Convention and its annexed Protocols, taking into account proposals put forward, and shall submit a report, adopted by consensus, to the States Parties...."

(UN Website)

13. XII. 2002

155. Sondertreffen der Nuklearen Lieferländer zu Nordkorea

Am 13. Dezember 2002 kam es in Wien zu einem Sondertreffen der Mitgliedstaaten der Nuclear Suppliers Group (NSG). Ziel war es, angesichts der neuen Lage in Nordkorea die Absicht der Mitgliedstaaten zu bekräftigen, die nuklearen Exportkontrollen einzuhalten.

Nuclear Suppliers Group Extraordinary Plenary Meeting, Vienna 13. 12. 2002

"The Nuclear Suppliers Group (NSG) held an Extraordinary Plenary Meeting at the Permanent Mission of Japan to the International Organisations in Vienna on 13 December 2002, under the Czech Chairmanship.

The aim of the NSG, which has 40 Participating Governments[1] and the European Commission as permanent observer, is to contribute to prevention of the proliferation of nuclear weapons through export controls of nuclear-related material, equipment, software and technology without hindering international co-operation on peaceful uses of nuclear energy. The Extraordinary Plenary Meeting was held to respond to the new proliferation and security challenges that threaten to strike at the foundations of the global non-proliferation regime. In response to the threat of nuclear terrorism, the Participating Governments of the NSG agreed to several comprehensive amendments to strengthen its Guidelines.[2] These amendments are intended to prevent and counter the threat of diversion of nuclear exports to nuclear terrorism. The Plenary emphasised that effective export controls are an important tool to combat the threat of nuclear terrorism.

The Participating Governments of the NSG recalled the IAEA's Board of Governor's resolution of 29 November 2002, which recognised, inter alia, that a covert enrichment programme or any other covert nuclear activities would constitute a violation of the DPRK's international agreements, including their safeguards agreement pursuant to the NPT. The Plenary also took note of other concerns by Participating Governments that the recent activities of the DPRK are a clear violation of its commitments under the Agreed Framework and the Joint North-South Declaration on the Denuclearization of the Korean Peninsula. The Participating Governments of the NSG call on all states to exercise extreme vigilance that their exports and any goods or nuclear technologies that transit their territorial jurisdiction do not contribute to any aspect of

---

[1] Participating Governments of the NSG are: Argentina, Australia, Austria, Belarus, Belgium, Brazil, Bulgaria, Canada, Cyprus, Czech Republic, Denmark, Finland, France, Germany, Greece, Hungary, Ireland, Italy, Japan, Kazakhstan, Republic of Korea, Latvia, Luxembourg, Netherlands, New Zealand, Norway, Poland, Portugal, Romania, Russian Federation, Slovakia, Slovenia, South Africa, Spain, Sweden Switzerland, Turkey, Ukraine, United Kingdom, United States of America.

[2] Published as IAEA Document INFCIRC/254 as amended.

a North Korean nuclear weapons effort, especially in light of current circumstances. The NSG and its Czech Chair stand ready at anytime to assist and provide information to all states for the purpose of maintaining vigilance to prevent the movement of nuclear and nuclear -related items and technologies to a DPRK nuclear weapons program.

The Participating Governments of the NSG call on all states to adopt enhanced export controls as a means to prevent the proliferation of nuclear weapons."

(Auswärtiges Amt)

22. - 31. XII. 2002

156. Streit über nordkoreanisches Nuklearprogramm eskaliert

In den letzten Tagen des Jahres 2002 eskalierte die Auseinandersetzung um das nordkoreanische Nuklearprogramm. Nachdem die US-Regierung erklärt hatte, dass Nordkorea die Existenz eines heimlichen und verbotenen Anreicherungsprogramms zugegeben habe *(siehe oben S. 451)*, hatte der Gouverneursrat der IAEA Nordkorea dringlich dazu aufgerufen, sich an die Vorschriften der relevanten Safeguards-Abkommen und anderer internationaler Verpflichtungen zu halten *(siehe oben S. 493)*. In einer Stellungnahme vom 4. Dezember 2002 wies die Regierung in Pjöngjang diese Erklärung als einseitig zurück. Am 12. Dezember 2002 kündigte sie an, die seit 1994 stillgelegten Nuklearanlagen in Jongbong wieder in Betrieb zu nehmen, darunter eine Wiederaufbereitungsanlage für Plutonium. Mit der gleichen Erklärung wurde die IAEA aufgefordert, die dort angebrachten Siegel und sonstigen Kontrolleinrichtungen abzubauen. Am 26. Dezember 2002 forderte sie zudem den Abzug aller Inspekteure der IAEA. Die IAEA folgte dieser Aufforderung, am 27. 12. erklärte der Generaldirektor der IAEA, Mohammed El Baradei, dass damit die IAEA nicht mehr in der Lage sei, Nordkoreas Kernenergieprogramm zu überwachen.

(IAEA Website)

II. Abkommen und Verträge

1. Treaty Between the United States of America and the Russian Federation on Strategic Offensive Reductions, 24. 5. 2002

The United States of America and the Russian Federation, hereinafter referred to as the Parties,

Embarking upon the path of new relations for a new century and committed to the goal of strengthening their relationship through cooperation and friendship,

Believing that new global challenges and threats require the building of a qualitatively new foundation for strategic relations between the Parties,

Desiring to establish a genuine partnership based on the principles of mutual security, cooperation, trust, openness, and predictability,

Committed to implementing significant reductions in strategic offensive arms,

Proceeding from the Joint Statements by the President of the United States of America and the President of the Russian Federation on Strategic Issues of July 22, 2001 in Genoa and on a New Relationship between the United States and Russia of November 13, 2001 in Washington,

Mindful of their obligations under the Treaty Between the United States of America and the Union of Soviet Socialist Republics on the Reduction and Limitation of Strategic Offensive Arms of July 31, 1991, hereinafter referred to as the START Treaty,

Mindful of their obligations under Article VI of the Treaty on the Non-Proliferation of Nuclear Weapons of July 1, 1968, and

Convinced that this Treaty will help to establish more favorable conditions for actively promoting security and cooperation, and enhancing international stability,

Have agreed as follows:

ARTICLE I

Each Party shall reduce and limit strategic nuclear warheads, as stated by the President of the United States of America on November 13, 2001 and as stated by the President of the Russian Federation on November 13, 2001 and December 13, 2001 respectively, so that by December 31, 2012 the aggregate number of such warheads does not exceed 1700-2200 for each Party. Each Party shall determine for itself the composition and structure of its strategic offensive arms, based on the established aggregate limit for the number of such warheads.

ARTICLE II

The Parties agree that the START Treaty remains in force in accordance with its terms.

ARTICLE III

For purposes of implementing this Treaty, the Parties shall hold meetings at least twice a year of a Bilateral Implementation Commission.

ARTICLE IV

1. This Treaty shall be subject to ratification in accordance with the constitutional procedures of each Party. This Treaty shall enter into force on the date of the exchange of instruments of ratification.

2. This Treaty shall remain in force until December 31, 2012 and may be extended by agreement of the Parties or superseded earlier by a subsequent agreement.

3. Each Party, in exercising its national sovereignty, may withdraw from this Treaty upon three months written notice to the other Party.

ARTICLE V

This Treaty shall be registered pursuant to Article 102 of the Charter of the United Nations.

Done at Moscow on May 24, 2002, in two copies, each in the English and Russian languages, both texts being equally authentic.

(US Department of State)

III. Register

1. Sach- und Länderregister

(Seite)

ABKOMMEN UND VERTRÄGE

5.-6.XII.2001	Regelungen für Neuordnung Afghanistans gefunden	238
1. I. 2002	Vertrag über den Offenen Himmel in Kraft getreten	290
24. V. 2002	USA und Russland schließen Abrüstungsvertrag und vereinbaren weitere Kooperation	344

ABRÜSTUNG

17.VIII.2001	Verhandlungen über Ergänzungsprotokoll zum BWÜ gescheitert	132
18. - 21. IX. 2001	Dritte Vertragsstaatenkonferenz des Ottawa-Abkommens zur Ächtung von Antipersonenminen	154
7. XII. 2001	Überprüfungskonferenz zum BWÜ geht ohne Ergebnis zu Ende	219
24. I. 2002	Vorstellungen der Bush-Administration zur Abrüstungsdiplomatie	294
24. V. 2002	USA und Russland schließen Abrüstungsvertrag und vereinbaren weitere Kooperation	344
11.-15. XI. 2002	Fortsetzung der Überprüfungskonferenz des BWÜ	469

AFGHANISTAN

7. X. 2001	USA beginnen Militärschläge in Afghanistan	181
8.-9.X.2001	EU zum Vorgehen gegen die Taliban, zum Kampf gegen den Terrorismus und zur Lage im Nahen Osten	186
6. XI. 2001	Deutschland leistet militärische Hilfe für Operation Enduring Freedom	195
14. XI. 2001	Sicherheitsrat der VN unterstützt Einrichtung einer Übergangsverwaltung in Afghanistan	208
13. XI. 2001	Russisch-amerikanisches Gipfeltreffen	207
16. XI. 2001	Kanzler Schröder verbindet Afghanistan Abstimmung mit Vertrauensfrage	209
5.-6.XII.2001	Regelungen für Neuordnung Afghanistans gefunden	238
6. XII. 2001	Sicherheitsrat unterstützt vorläufige Regelungen für Afghanistan	252
10. XII. 2001	EU-Außenminister zu Afghanistan und zum Nahen Osten	253
20. XII. 2001	Sicherheitsrat beschließt Einrichtung einer Internationalen Sicherheitsbeistandstruppe für Afghanistan	283
22. XII. 2001	Bundestag billigt Beteiligung der Bundeswehr an Afghanistan Truppe	284
28. III. 2002	Sicherheitsrat richtet VN-Hilfsmission für Afghanistan ein	314
23. V. 2002	Sicherheitsrat verlängert Mandat für Afghanistan Unterstützungstruppe	342
26. VI. 2002	Sicherheitsrat zeigt sich befriedigt über Entwicklung in Afghanistan	392
27. XI. 2002	Sicherheitsrat verlängert ISAF Mandat in Afghanistan	492

- III. Register -
1. Sach- und Länderregister

AFRIKA

31. I. 2002	Grundsatzerklärung des Sicherheitsrats zur Situation Afrikas	302
17. V. 2002	Sicherheitsrat lockert Sanktionen über UNITA	337
9. XII. 2002	Sicherheitsrat hebt alle Sanktionen über Angola auf	507

ANGOLA

17. V. 2002	Sicherheitsrat lockert Sanktionen über UNITA	337
9. XII. 2002	Sicherheitsrat hebt alle Sanktionen über Angola auf	507

ASEAN

1. VIII. 2002	USA vereinbaren Zusammenarbeit mit ASEAN-Staaten bei Bekämpfung des Terrorismus	405

ASIATISCHE SICHERHEIT

6. VI. 2001	USA wollen weiter mit Nordkorea verhandeln	55
16. X. 2002	Nordkorea gesteht Existenz eines verbotenen Urananreicherungsprogramms ein	454
25. X. 2002	Nordkorea wirft USA Vertragsbruch vor	459
22.-31. XII. 2002	Streit über nordkoreanisches Nuklearprogramm eskaliert	531

BIOLOGISCHE WAFFEN

17.VIII.2001	Verhandlungen über Ergänzungsprotokoll zum BWÜ gescheitert	132
1. -4 . X. 2001	Jahrestreffen der Australiengruppe	179
7. XII. 2001	Überprüfungskonferenz zum BWÜ geht ohne Ergebnis zu Ende	219
3.-6. VI. 2002	Australiengruppe verschärft Exportkontrollregime	355
11.-15. XI. 2002	Fortsetzung der Überprüfungskonferenz des BWÜ	469

BUNDESREPUBLIK DEUTSCHLAND

29. III. 2001	Deutsch-amerikanische Erklärung zu transatlantischen Beziehungen	14
19. IX. 2001	Regierungserklärung der Bundesregierung zu den Anschlägen vom 11. September	157
27. IX. 2001	Bundestags-Beschluss über Bundeswehreinsatz in Mazedonien	172
27. IX. 2001	Operation Amber-Fox in Mazedonien gestartet	175
6. XI. 2001	Deutschland leistet militärische Hilfe für Operation Enduring Freedom	195
16. XI. 2001	Kanzler Schröder verbindet Afghanistan Abstimmung mit Vertrauensfrage	209
13. XII. 2001	Bundestag beschließt Fortsetzung des Mazedonieneinsatzes der Bundeswehr	261
22. XII. 2001	Bundestag billigt Beteiligung der Bundeswehr an Afghanistan Truppe	284
12. II. 2002	Außenminister Fischer kritisiert US-Politik gegenüber „Achse des Bösen"	305

- III. Register -
1. Sach- und Länderregister

25. II. 2002	Deutsch-britische Initiative zur Stärkung des Europäischen Rates	306
23. V. 2002	Rede von US-Präsident Bush während einer Sondersitzung des Deutschen Bundestags	338
29. V. 2002	Erneuter Bundestagsbeschluss über Mazedonien-Einsatz	355
25. VII. 2002	Regierungserklärung zur Verteidigungspolitik	403
7. VIII. 2002	Außenminister Fischer spricht sich gegen Militärintervention im Irak aus	407
9. VIII. 2002	Bundeskanzler Schröder kritisiert Irak-Politik der USA	408
15. VIII. 2002	Bundeskanzler Schröder bekräftigt deutsche Haltung im Irak-Konflikt	409
29. X. 2002	Bundesregierung bleibt bei Nein zu Irak-Intervention	463
22. XI. 2002	Vorschläge zur Europäischen Verteidigung veröffentlicht	483

CD (CONFERENCE ON DISARMAMENT)

24. I. 2002	Vorstellungen der Bush-Administration zur Abrüstungsdiplomatie	294

CHEMISCHE WAFFEN

1. - 4. X. 2001	Jahrestreffen der Australiengruppe	179
3.-6. VI. 2002	Australiengruppe verschärft Exportkontrollregime	355

CTBT - COMPREHENSIVE TEST-BAN TREATY

11.-13.XI.2001	Zweite Konferenz zur Förderung des Inkrafttretens des Nuklearen Teststoppvertrags	202

EU: GEMEINSAME AUSSEN- UND SICHERHEITS- UND VERTEIDIGUNGSPOLITIK

22. I. 2001	Europäische Union richtet sicherheits- und verteidigungspolitische Gremien ein	1
22. V. 2001	EU begrüßt Ergebnisse der Mitchell-Kommission	30
13. VI. 2001	Sondergipfel der NATO zu ESVP und Erweiterung	66
15.-16.VI.2001	EU-Gipfel von Göteborg zur Weiterentwicklung der ESVP	76
13. VIII. 2001	Rahmenabkommen zwischen der Republik Mazedonien und der Euro-Atlantischen Gemeinschaft	134
12. IX. 2001	Europäischer Rat verurteilt Anschläge von New York und Washington	153
21. IX. 2001	EU beschließt umfassenden Maßnahmenkatalog gegen Terrorismus	164
8.-9.X.2001	EU zum Vorgehen gegen die Taliban, zum Kampf gegen den Terrorismus und zur Lage im Nahen Osten	186
17. X. 2001	EU-Staaten zum Vorgehen gegen den Terrorismus	189
19. X. 2001	EU-Gipfel zu weiteren Maßnahmen gegen Terrorismus	192
29. X. 2001	EU über Grundsätze einer Nahost Friedensregelung	194
19.-20.XI.2001	EU beschließt Verbesserung der militärischen Fähigkeiten	212
10. XII. 2001	EU-Außenminister zu Afghanistan und zum Nahen Osten	253
14.-15. XII. 2001	EU-Gipfel in Laeken	264
28. I. 2002	EU zur Lage im Nahen Osten	298
10. IV. 2002	Erstes Treffen des Quartetts über Nahen Osten	316
15. IV. 2002	Europäischer Rat beschließt Maßnahmen gegen terroristische Bedrohungen	318
13. V. 2002	Europäischer Rat zu militärischen Fähigkeiten und Rüstungspolitik	322
29. V. 2002	EU-Russland-Gipfel beschließt Erweiterung der Zusammenarbeit	350
21.-22. VI. 2002	EU-Gipfel in Sevilla zur Außen- und Verteidigungspolitik	382

- III. Register -
1. Sach- und Länderregister

16. VII. 2002	Bemühungen des Quartetts für Friedenslösung im Nahen Osten fortgesetzt	399
22. VII. 2002	EU zur Entwicklung im Nahen Osten	402
17. IX. 2002	Nahost-Quartett einigt sich auf „Roadmap"	429
24.-25. X. 2002	EU-Gipfel von Brüssel zum Verhältnis ESVP-NATO	455
19. XI. 2002	EU fordert Irak zur Kooperation auf	473
22. XI. 2002	Vorschläge zur Europäischen Verteidigung veröffentlicht	483
12.-13. XII. 2002	EU-Gipfel in Kopenhagen	522

EUROPÄISCHE UNION

22. I. 2001	Europäische Union richtet sicherheits- und verteidigungspolitische Gremien ein	1
15.-16.VI.2001	EU-Gipfel von Göteborg zur Weiterentwicklung der ESVP	76
21. IX. 2001	EU beschließt umfassenden Maßnahmenkatalog gegen Terrorismus	164
19. X. 2001	EU-Gipfel zu weiteren Maßnahmen gegen Terrorismus	192
19.-20.XI.2001	EU beschließt Verbesserung der militärischen Fähigkeiten	212
14.-15. XII. 2001	EU-Gipfel in Laeken	264
25. II. 2002	Deutsch-britische Initiative zur Stärkung des Europäischen Rates	306
21.-22. VI. 2002	EU-Gipfel in Sevilla zur Außen- und Verteidigungspolitik	382
24.-25. X. 2002	EU-Gipfel von Brüssel zum Verhältnis ESVP-NATO	455
22. XI. 2002	Vorschläge zur Europäischen Verteidigung veröffentlicht	483
12.-13. XII. 2002	EU-Gipfel in Kopenhagen	522

EXPORTKONTROLLEN

10. - 11. V. 2001	Jahrestreffen der Nuklearen Lieferländer	24
25.-28.IX.2001	Plenartreffen von MTCR	170
1 - 4. X. 2001	Jahrestreffen der Australiengruppe	179
16. - 17. V. 2002	Treffen der Lieferländer nuklearer Technologie	336
3.-6. VI. 2002	Australiengruppe verschärft Exportkontrollregime	355
24.-27. IX. 2002	Plenartreffen von MTCR	451
25. XI. 2002	Verhaltenskodex gegen Raketenproliferation verabschiedet	489
11.-12. XII. 2002	Mitgliedstaaten des Wassenaar Arrangements zur Bekämpfung des Terrorismus	514

FRANKREICH

2. VII. 2001	Russisch-französische Erklärung über strategische Fragen	108
28. X. 2002	Französischer Außenminister kritisiert US-Politik in der Irak-Krise	461
22. XI. 2002	Vorschläge zur Europäischen Verteidigung veröffentlicht	483

G-7/G8

18.-19.VII.2001	G8-Außenminster zur Konfliktverhütung und zur aktuellen Lage in Krisenregionen	119
21. VII. 2001	Gipfeltreffen der G8 in Genua	127
12.-13. VI. 2002	Außenministertreffen der G8 zu internationalen Konflikten	377
26.-27. VI. 2002	Gipfeltreffen der G8-Staaten in Kananaskis	394

GROSSBRITANNIEN

25. II. 2002	Deutsch-britische Initiative zur Stärkung des Europäischen Rates	306

- III. Register -
1. Sach- und Länderregister

| 22. XI. 2002 | Vorschläge zur Europäischen Verteidigung veröffentlicht | 483 |

HUMANITÄRES KRIEGSVÖLKERRECHT

18.-21. IX. 2001	Dritte Vertragsstaatenkonferenz des Ottawa-Abkommens zur Ächtung von Antipersonenminen	154
11.-21. XII. 2001	Zweite Überprüfungskonferenz zum VN-Waffenübereinkommen	255
16.-20. IX. 2002	Vierte Staatenkonferenz zum Ottawa-Übereinkommen zur Ächtung von Antipersonenminen	427
11. XII. 2002	Vierte Staatenkonferenz zum Zweiten Protokoll zum VN-Waffenabkommen	514
12.-13. XII. 2002	Vertragstaatenkonferenz des VN-Waffenübereinkommens berät über Handhabung von Restmunition	527

IAEO - INTERNATIONALE ATOMENERGIE-ORGANISATION

| 29. XI. 2002 | Internationale Atomenergieorganisation kritisiert Nordkorea | 493 |

INF-VERTRAG

| 1. VI. 2001 | Letzte INF-Inspektion abgeschlossen | 51 |

INTERNATIONALER STRAFGERICHTSHOF

| 12. VII. 2002 | Sicherheitsrat beschließt Ausnahmeregelung für Internationalen Strafgerichtshof | 398 |

IRAK

1. V. 2001	Sicherheitsrat lockert Sanktionenregime für Irak	50
3. VII. 2001	Sicherheitsrat der VN beschließt Maßnahmen zur weiteren Deckung des humanitären Bedarfs der irakischen Bevölkerung	109
29. XI. 2001	Differenziertes Sanktionenregime für Irak vereinbart	219
14. V. 2002	Sicherheitsrat lockert Importregime für den Irak	324
7. VIII. 2002	Außenminister Fischer spricht sich gegen Militärintervention im Irak aus	407
9. VIII. 2002	Bundeskanzler Schröder kritisiert Irak-Politik der USA	408
15. VIII. 2002	Bundeskanzler Schröder bekräftigt deutsche Haltung im Irak-Konflikt	409
26. VIII. 2002	US-Vizepräsident zur Politik gegenüber dem Irak	414
12. IX. 2002	Rede von US-Präsident George W. Bush vor den VN	422
11. X. 2002	US-Kongress verabschiedet Resolution zum Einsatz von Gewalt gegen Irak	452
28. X. 2002	Französischer Außenminister kritisiert US-Politik in der Irak-Krise	461
29. X. 2002	Bundesregierung bleibt bei Nein zu Irak-Intervention	463
8. XI. 2002	Sicherheitsrat gibt Irak letzte Chance	465
13. XI. 2002	Irak erklärt sich zur Wiederaufnahme von Inspektionen bereit	470
19. XI. 2002	EU fordert Irak zur Kooperation auf	473
12.-13. XII. 2002	EU-Gipfel in Kopenhagen	522

- III. Register -
1. Sach- und Länderregister

ISRAEL

26. I. 2001	Israel und Palästinenser einigen sich auf Wiederaufnahme von Gesprächen	3
30. IV. 2001	Mitchell-Kommision legt Bericht mit Empfehlungen zum Nahost-Konflikt vor	16
15. V. 2001	Reaktion Israels auf den Bericht der Mitchell-Komission	25
12. III. 2002	Sicherheitsrat zur Situation in Israel und Palästina	313
30. III. 2002	Sicherheitsrat der VN zu Israel und zu den Palästinensern	315
24. IX. 2002	Sicherheitsrat kritisiert Israel und Palästinensische Autonomiebehörde	450

JUGOSLAWIEN (EHEMALIGES)

16. III. 2001	Sicherheitsrat der VN zur Einrichtung demokratischer und autonomer Selbstverwaltungsinstitutionen im Kosovo	11
21. III. 2001	Sicherheitsrat verurteilt terroristische Aktivitäten in Teilen der ehemaligen jugoslawischen Republik Mazedonien und in bestimmten Ortschaften in Südserbien	12
1. - 8. VI. 2001	NATO-Verteidigungsminister zur Lage der Allianz und zur Situation auf dem Balkan	55
18.-19.VII.2001	G8-Außenminster zur Konfliktverhütung und zur aktuellen Lage in Krisenregionen	119
21. VII. 2001	Gipfeltreffen der G8 in Genua	127
13. VIII. 2001	Rahmenabkommen zwischen der Republik Mazedonien und der Euro-Atlantischen Gemeinschaft	134
22. VIII. 2001	Beginn der Operation Essential Harvest	145
10. IX. 2001	Sicherheitsrat hebt Waffenembargo gegen Jugoslawien auf	149
26. IX. 2001	Sicherheitsrat zur Souveränität und territorialen Unversehrtheit Mazedoniens	171
27. IX. 2001	Bundestags-Beschluss über Bundeswehreinsatz in Mazedonien	172
27. IX. 2001	Operation Amber-Fox in Mazedonien gestartet	175
15. I. 2002	Sicherheitsrat zur Lage zwischen Kroatien und Jugoslawien	290
29. V. 2002	Erneuter Bundestagsbeschluss über Mazedonien-Einsatz	355

KERNWAFFEN, KERNWAFFENTESTS

11.-13.XI.2001	Zweite Konferenz zur Förderung des Inkrafttretens des Nuklearen Teststoppvertrags	202
12. III. 2002	Außenminister Powell zur Nuclear Posture Review	311
24. V. 2002	USA und Russland schließen Abrüstungsvertrag und vereinbaren weitere Kooperation	344

KONFLIKTPRÄVENTION UND -SCHLICHTUNG

13. VI. 2001	Sicherheitsrat zur Zusammenarbeit bei Friedenssicherungseinsätzen	68
18.-19.VII.2001	G8-Außenminster zur Konfliktverhütung und zur aktuellen Lage in Krisenregionen	119
30. VIII. 2001	Sicherheitsrat verabschiedet Grundsatzdokument über eine umfassende Strategie zur Verhütung bewaffneter Konflikte	145
12.-13. VI. 2002	Außenministertreffen der G8 zu internationalen Konflikten	377

- III. Register -
1. Sach- und Länderregister

KONVENTIONELLE WAFFEN

11.-12. XII. 2002	Mitgliedstaaten des Wassenaar Arrangements zur Bekämpfung des Terrorismus	514
12.-13. XII. 2002	Vertragstaatenkonferenz des VN-Waffenübereinkommens berät über Handhabung von Restmunition	527

KOSOVO-KONFLIKT

16. III. 2001	Sicherheitsrat der VN zur Einrichtung demokratischer und autonomer Selbstverwaltungsinstitutionen im Kosovo	11

KROATIEN

15. I. 2002	Sicherheitsrat zur Lage zwischen Kroatien und Jugoslawien	290

KSE (VERTRAG ÜBER KONVENTIONELLE STREITKRÄFTE IN EUROPA)

1. VI. 2001	Überprüfungskonferenz zum Vertrag über konventionelle Streitkräfte in Europa abgeschlossen	52

LANDMINEN

18. - 21. IX. 2001	Dritte Vertragsstaatenkonferenz des Ottawa-Abkommens zur Ächtung von Antipersonenminen	154
16.-20. IX. 2002	Vierte Staatenkonferenz zum Ottawa-Übereinkommen zur Ächtung von Antipersonenminen	427
11. XII. 2002	Vierte Staatenkonferenz zum Zweiten Protokoll zum VN-Waffenabkommen	514

MAZEDONIEN

21. III. 2001	Sicherheitsrat verurteilt terroristische Aktivitäten in Teilen der ehemaligen jugoslawischen Republik Mazedonien und in bestimmten Ortschaften in Südserbien	12
21. VII. 2001	Gipfeltreffen der G8 in Genua	127
13. VIII. 2001	Rahmenabkommen zwischen der Republik Mazedonien und der Euro-Atlantischen Gemeinschaft	134
22. VIII. 2001	Beginn der Operation Essential Harvest	145
26. IX. 2001	Sicherheitsrat zur Souveränität und territorialen Unversehrtheit Mazedoniens	171
27. IX. 2001	Bundestags-Beschluss über Bundeswehreinsatz in Mazedonien	172
27. IX. 2001	Operation Amber-Fox in Mazedonien gestartet	175
13. XII. 2001	Bundestag beschließt Fortsetzung des Mazedonieneinsatzes der Bundeswehr	261
29. V. 2002	Erneuter Bundestagsbeschluss über Mazedonien-Einsatz	355

- III. Register -
1. Sach- und Länderregister

MTCR

25.-28. IX.2001	Plenartreffen von MTCR	170
24.-27. IX. 2002	Plenartreffen von MTCR	451
25. XI. 2002	Verhaltenskodex gegen Raketenproliferation verabschiedet	489

NAHER UND MITTLERER OSTEN

26.I. 2001	Israel und Palästinenser einigen sich auf Wiederaufnahme von Gesprächen	3
30. IV. 2001	Mitchell-Kommission legt Bericht mit Empfehlungen zum Nahost-Konflikt vor	16
15. V. 2001	Reaktion Israels auf den Bericht der Mitchell-Komission	25
21. V. 2001	US-Außenminister Powell zum Nahen Osten	28
22. V. 2001	EU begrüßt Ergebnisse der Mitchell-Kommission	30
26. V. 2001	Arafat zu den Aussichten des Friedensprozesses in Nahost	31
1. V. 2001	Sicherheitsrat lockert Sanktionenregime für Irak	50
14. VI. 2001	Amerikanischer Plan für den Nahen Osten vorgelegt	74
3. VII. 2001	Sicherheitsrat der VN beschließt Maßnahmen zur weiteren Deckung des humanitären Bedarfs der irakischen Bevölkerung	109
18.-19.VII.2001	G8-Außenminster zur Konfliktverhütung und zur aktuellen Lage in Krisenregionen	119
21. VII. 2001	Gipfeltreffen der G8 in Genua	127
8.-9.X.2001	EU zum Vorgehen gegen die Taliban, zum Kampf gegen den Terrorismus und zur Lage im Nahen Osten	186
29. X. 2001	EU über Grundsätze einer Nahost Friedensregelung	194
13. XI. 2001	Russisch-amerikanisches Gipfeltreffen	207
29. XI. 2001	Differenziertes Sanktionenregime für Irak vereinbart	219
10. XII. 2001	EU-Außenminister zu Afghanistan und zum Nahen Osten	253
28. I. 2002	EU zur Lage im Nahen Osten	298
12. III. 2002	Sicherheitsrat zur Situation in Israel und Palastina	313
30. III. 2002	Sicherheitsrat der VN zu Israel und zu den Palästinensern	315
10. IV. 2002	Erstes Treffen des Quartetts über Nahen Osten	316
14. V. 2002	Sicherheitsrat lockert Importregime für den Irak	324
24. VI. 2002	US-Präsident hält Grundsatzrede zum Nahen Osten	389
16. VII. 2002	Bemühungen des Quartetts für Friedenslösung im Nahen Osten fortgesetzt	399
22. VII. 2002	EU zur Entwicklung im Nahen Osten	402
7. VIII. 2002	Außenminister Fischer spricht sich gegen Militärintervention im Irak aus	407
9. VIII. 2002	Bundeskanzler Schröder kritisiert Irak-Politik der USA	408
15. VIII. 2002	Bundeskanzler Schröder bekräftigt deutsche Haltung im Irak-Konflikt	409
26. VIII. 2002	US-Vizepräsident zur Politik gegenüber dem Irak	414
12. IX. 2002	Rede von US-Präsident George W. Bush vor den VN	422
17. IX. 2002	Nahost-Quartett einigt sich auf „Roadmap"	429
24. IX. 2002	Sicherheitsrat kritisiert Israel und Palästinensische Autonomiebehörde	450
11. X. 2002	US-Kongress verabschiedet Resolution zum Einsatz von Gewalt gegen Irak	452
28. X. 2002	Französischer Außenminister kritisiert US-Politik in der Irak-Krise	461
29. X. 2002	Bundesregierung bleibt bei Nein zu Irak-Intervention	463
8. XI. 2002	Sicherheitsrat gibt Irak letzte Chance	465
13. XI. 2002	Irak erklärt sich zur Wiederaufnahme von Inspektionen bereit	470
19. XI. 2002	EU fordert Irak zur Kooperation auf	473
12.-13. XII. 2002	EU-Gipfel in Kopenhagen	522

- III. Register -
1. Sach- und Länderregister

NATO

29. V. 2001	NATO-Frühjahrstreffen in Budapest	34
1. - 8. VI. 2001	NATO-Verteidigungsminister zur Lage der Allianz und zur Situation auf dem Balkan	55
13. VI. 2001	Sondergipfel der NATO zu ESVP und Erweiterung	66
22. VIII. 2001	Beginn der Operation Essential Harvest	145
12. IX. 2001	NATO-Rat zum Eintreten des Bündnisfalls	154
27. IX. 2001	Operation Amber-Fox in Mazedonien gestartet	175
4. X. 2001	NATO Zusammenarbeit zur Abwehr des Terrorismus beschlossen	180
6.-7 .XII. 2001	NATO-Herbsttagung zu Terrorismus und Beziehungen zu Russland	245
18. XII. 2001	NATO-Verteidigungsminister zur Terrorismusbekämpfung	274
14. - 15. V. 2002	NATO-Minister-Treffen in Reykjavik	329
28. V. 2002	NATO-Russland-Gipfeltreffen beschließt engere Beziehungen	348
6. - 7. VI. 2002	NATO-Verteidigungsministertreffen	362
24.-25. X. 2002	EU-Gipfel von Brüssel zum Verhältnis ESVP-NATO	455
21. - 22. XI. 2002	NATO-Gipfeltreffen in Prag	474

NICHTVERBREITUNGSPOLITIK

10. - 11. V. 2001	Jahrestreffen der Nuklearen Lieferländer	24
6. VI. 2001	USA wollen weiter mit Nordkorea verhandeln	55
25.-28.IX.2001	Plenartreffen von MTCR	170
16. - 17. V. 2002	Treffen der Lieferländer nuklearer Technologie	336
24.-27. IX. 2002	Plenartreffen von MTCR	451
16. X. 2002	Nordkorea gesteht Existenz eines verbotenen Urananreicherungsprogramms ein	454
25. X. 2002	Nordkorea wirft USA Vertragsbruch vor	459
25. XI. 2002	Verhaltenskodex gegen Raketenproliferation verabschiedet	489
29. XI. 2002	Internationale Atomenergieorganisation kritisiert Nordkorea	493
10. XII. 2002	Nationale Strategie der USA zur Abwehr von Massenvernichtungswaffen	508
13. XII. 2002	Sondertreffen der Nuklearen Lieferländer zu Nordkorea	530
22.-31. XII. 2002	Streit über nordkoreanisches Nuklearprogramm eskaliert	531

NORDKOREA

6. VI. 2001	USA wollen weiter mit Nordkorea verhandeln	55
16. X. 2002	Nordkorea gesteht Existenz eines verbotenen Urananreicherungsprogramms ein	454
25. X. 2002	Nordkorea wirft USA Vertragsbruch vor	459
29. XI. 2002	Internationale Atomenergieorganisation kritisiert Nordkorea	493
13. XII. 2002	Sondertreffen der Nuklearen Lieferländer zu Nordkorea	530
22.-31. XII. 2002	Streit über nordkoreanisches Nuklearprogramm eskaliert	531

NSG - NUCLEAR SUPPLIERS GROUP

10. - 11. V. 2001	Jahrestreffen der Nuklearen Lieferländer	24
16. - 17. V. 2002	Treffen der Lieferländer nuklearer Technologie	336
13. XII. 2002	Sondertreffen der Nuklearen Lieferländer zu Nordkorea	530

- III. Register -
1. Sach- und Länderregister

„OFFENER HIMMEL"

1. I. 2002	Vertrag über den Offenen Himmel in Kraft getreten	290

OSZE - ORGANISATION FÜR SICHERHEIT UND ZUSAMMENARBEIT IN EUROPA

1. VI. 2001	Überprüfungskonferenz zum Vertrag über konventionelle Streitkräfte in Europa abgeschlossen	52
3.-4.XII.2001	OSZE-Ministerratstreffen in Bukarest	230
6.-7. XII. 2002	OSZE-Ministerrat in Porto	495

PEACEKEEPING

13. VI. 2001	Sicherheitsrat zur Zusammenarbeit bei Friedenssicherungseinsätzen	68
26. IX. 2001	Sicherheitsrat zur Souveränität und territorialen Unversehrtheit Mazedoniens	171
27. IX. 2001	Bundestags-Beschluss über Bundeswehreinsatz in Mazedonien	172
27. IX. 2001	Operation Amber-Fox in Mazedonien gestartet	175
13. XII. 2001	Bundestag beschließt Fortsetzung des Mazedonieneinsatzes der Bundeswehr	261

RAKETENABWEHR

3. II. 2001	US-Verteidigungsminister plädiert für Raketenabwehr	4
12. III. 2001	Direktor der BMDO erklärt Raketenabwehr für machbar	7
12. VII. 2001	Überlegungen der Bush-Administration zur Raketenabwehr	112
24. VII. 2001	US-Überlegungen zum strategischen Verhältnis zu Russland	129
24. V. 2002	USA und Russland schließen Abrüstungsvertrag und vereinbaren weitere Kooperation	344
13. VI. 2002	USA wollen Kooperation bei Raketenabwehr	381

RÜSTUNGSKONTROLLE

3. II. 2001	US-Verteidigungsminister plädiert für Raketenabwehr	4
12. III. 2001	Direktor der BMDO erklärt Raketenabwehr für machbar	7
1. V. 2001	US-Präsident Bush zur nuklearen Abrüstung und Raketenabwehr	20
1. VI. 2001	Letzte INF-Inspektion abgeschlossen	51
1. VI. 2001	Überprüfungskonferenz zum Vertrag über konventionelle Streitkräfte in Europa abgeschlossen	52
12. VII. 2001	Überlegungen der Bush-Administration zur Raketenabwehr	112
5. XII. 2001	Implementierung des START-Vertrages abgeschlossen	237
24. I. 2002	Vorstellungen der Bush-Administration zur Abrüstungsdiplomatie	294
24. V. 2002	USA und Russland schließen Abrüstungsvertrag und vereinbaren weitere Kooperation	344
13. VI. 2002	USA wollen Kooperation bei Raketenabwehr	381
14. VI. 2002	Russland sieht sich nicht mehr an den START-II Vertrag gebunden	382

543

RÜSTUNGSWIRTSCHAFT

13. V. 2002	Europäischer Rat zu militärischen Fähigkeiten und Rüstungspolitik	322

RUSSLAND

2. VII. 2001	Russisch-französische Erklärung über strategische Fragen	108
24. VII. 2001	US-Überlegungen zum strategischen Verhältnis zu Russland	129
13. XI. 2001	Russisch-amerikanisches Gipfeltreffen	207
5. XII. 2001	Implementierung des START-Vertrages abgeschlossen	237
6.-7 .XII. 2001	NATO-Herbsttagung zu Terrorismus und Beziehungen zu Russland	245
13. XII. 2001	USA treten vom ABM-Vertrag zurück	262
18. XII. 2001	Russland kritisiert Pläne der USA, im Weltraum Raketenabwehrkomponenten zu stationieren	282
10. IV. 2002	Erstes Treffen des Quartetts über Nahen Osten	316
24. V. 2002	USA und Russland schließen Abrüstungsvertrag und vereinbaren weitere Kooperation	344
28. V. 2002	NATO-Russland-Gipfeltreffen beschließt engere Beziehungen	348
29. V. 2002	EU-Russland-Gipfel beschließt Erweiterung der Zusammenarbeit	350
14. VI. 2002	Russland sieht sich nicht mehr an den START-II Vertrag gebunden	382
16. VII. 2002	Bemühungen des Quartetts für Friedenslösung im Nahen Osten fortgesetzt	399
17. IX. 2002	Nahost-Quartett einigt sich auf „Roadmap"	429

SALT-VERTRAG / ABM-VERTRAG

13. XII. 2001	USA treten vom ABM-Vertrag zurück	262
18. XII. 2001	Russland kritisiert Pläne der USA, im Weltraum Raketenabwehrkomponenten zu stationieren	282

SPALTMATERIALKONTROLLEN

26.-27. VI. 2002	Gipfeltreffen der G8-Staaten in Kananaskis	394

STRATEGISCHE RÜSTUNGSKONTROLLE (START/SORT)

1. V. 2001	US-Präsident Bush zur nuklearen Abrüstung und Raketenabwehr	20
12. VII. 2001	Überlegungen der Bush-Administration zur Raketenabwehr	112
24. VII. 2001	US-Überlegungen zum strategischen Verhältnis zu Russland	129
13. XI. 2001	Russisch-amerikanisches Gipfeltreffen	207
5. XII. 2001	Implementierung des START-Vertrages abgeschlossen	237
13. XII. 2001	USA treten vom ABM-Vertrag zurück	262
18. XII. 2001	Russland kritisiert Pläne der USA, im Weltraum Raketenabwehrkomponenten zu stationieren	282
24. V. 2002	USA und Russland schließen Abrüstungsvertrag und vereinbaren weitere Kooperation	344
13. VI. 2002	USA wollen Kooperation bei Raketenabwehr	381
14. VI. 2002	Russland sieht sich nicht mehr an den START-II Vertrag gebunden	382

- III. Register -
1. Sach- und Länderregister

TERRORISMUS

11. IX. 2001	Terroranschläge in New York und Washington	150
12. IX. 2001	Sicherheitsrat verurteilt Terror als Bedrohung des Weltfriedens	152
12. IX. 2001	Europäischer Rat verurteilt Anschläge von New York und Washington	153
12. IX. 2001	NATO-Rat zum Eintreten des Bündnisfalls	154
19. IX. 2001	Regierungserklärung der Bundesregierung zu den Anschlägen vom 11. September	157
20. IX. 2001	Präsident Bush macht islamische Fundamentalisten für Anschlag verantwortlich	159
21. IX. 2001	EU beschließt umfassenden Maßnahmenkatalog gegen Terrorismus	164
28. IX. 2001	Sicherheitsrat der VN gegen die Finanzierung terroristischer Handlungen	176
4. X. 2001	NATO Zusammenarbeit zur Abwehr des Terrorismus beschlossen	180
7. X. 2001	USA beginnen Militärschläge in Afghanistan	181
8.-9.X.2001	EU zum Vorgehen gegen die Taliban, zum Kampf gegen den Terrorismus und zur Lage im Nahen Osten	186
17. X. 2001	EU-Staaten zum Vorgehen gegen den Terrorismus	189
19. X. 2001	EU-Gipfel zu weiteren Maßnahmen gegen Terrorismus	192
6. XI. 2001	Deutschland leistet militärische Hilfe für Operation Enduring Freedom	195
10. XI. 2001	US-Präsident Bush ruft zum Krieg gegen Terrorismus auf	198
12. XI. 2001	Sicherheitsrat der VN über das weltweite Vorgehen gegen den Terrorismus	205
13. XI. 2001	Russisch-amerikanisches Gipfeltreffen	207
14. XI. 2001	Sicherheitsrat der VN unterstützt Einrichtung einer Übergangsverwaltung in Afghanistan	208
3.-4.XII.2001	OSZE - Ministerratstreffen in Bukarest	230
5.-6.XII.2001	Regelungen für Neuordnung Afghanistans gefunden	238
6.-7.XII. 2001	NATO-Herbsttagung zu Terrorismus und Beziehungen zu Russland	245
18. XII. 2001	NATO-Verteidigungsminister zur Terrorismusbekämpfung	274
20. XII. 2001	Sicherheitsrat beschließt Einrichtung einer Internationalen Sicherheitsbeistandstruppe für Afghanistan	283
16. I. 2002	Sicherheitsrat beschließt Maßnahmen gegen Mitglieder der Taliban und der Al-Qaida-Organisation	291
29. I. 2002	Präsident Bush zur Lage der Nation	299
11. III. 2002	Präsidenten Bush ruft zur zweiten Phase des Krieges gegen Terrorismus auf	308
15. IV. 2002	Europäischer Rat beschließt Maßnahmen gegen terroristische Bedrohungen	318
23. V. 2002	Rede von US-Präsident Bush während einer Sondersitzung des Deutschen Bundestags	338
6. VI. 2002	USA werden Ministerium für Heimatverteidigung einrichten	374
1. VIII. 2002	USA vereinbaren Zusammenarbeit mit ASEAN-Staaten bei Bekämpfung des Terrorismus	405

TRANSATLANTISCHE BEZIEHUNGEN

29. III. 2001	Deutsch-amerikanische Erklärung zu transatlantischen Beziehungen	14
29. I. 2002	Präsident Bush zur Lage der Nation	299
12. II. 2002	Außenminister Fischer kritisiert US-Politik gegenüber „Achse des Bösen"	305
23. V. 2002	Rede von US-Präsident Bush während einer Sondersitzung des Deutschen Bundestags	338
9. VIII. 2002	Bundeskanzler Schröder kritisiert Irak-Politik der USA	408
15. VIII. 2002	Bundeskanzler Schröder bekräftigt deutsche Haltung im Irak-Konflikt	409
26. VIII. 2002	US-Vizepräsident zur Politik gegenüber dem Irak	414
28. X. 2002	Französischer Außenminister kritisiert US-Politik in der Irak-Krise	461

- III. Register -
1. Sach- und Länderregister

29. X. 2002	Bundesregierung bleibt bei Nein zu Irak-Intervention	463

ÜBERPRÜFUNGSKONFERENZEN

1. VI. 2001	Überprüfungskonferenz zum Vertrag über konventionelle Streitkräfte in Europa abgeschlossen	52
7. XII. 2001	Überprüfungskonferenz zum BWÜ geht ohne Ergebnis zu Ende	219
11.-21. XII. 2001	Zweite Überprüfungskonferenz zum VN-Waffenübereinkommen	255
11.-15. XI. 2002	Fortsetzung der Überprüfungskonferenz des BWÜ	469

VEREINIGTE STAATEN VON AMERIKA

3. II. 2001	US-Verteidigungsminister plädiert für Raketenabwehr	4
12. III. 2001	Direktor der BMDO erklärt Raketenabwehr für machbar	7
29. III. 2001	Deutsch-amerikanische Erklärung zu transatlantischen Beziehungen	14
1. V. 2001	US-Präsident Bush zur nuklearen Abrüstung und Raketenabwehr	20
21. V. 2001	US-Außenminister Powell zum Nahen Osten	28
6. VI. 2001	USA wollen weiter mit Nordkorea verhandeln	55
14. VI. 2001	Amerikanischer Plan für den Nahen Osten vorgelegt	74
12. VII. 2001	Überlegungen der Bush-Administration zur Raketenabwehr	112
24. VII. 2001	US-Überlegungen zum strategischen Verhältnis zu Russland	129
11. IX. 2001	Terroranschläge in New York und Washington	150
12. IX. 2001	Sicherheitsrat verurteilt Terror als Bedrohung des Weltfriedens	152
12. IX. 2001	Europäischer Rat verurteilt Anschläge von New York und Washington	153
12. IX. 2001	NATO-Rat zum Eintreten des Bündnisfalls	154
20. IX. 2001	Präsident Bush macht islamische Fundamentalisten für Anschlag verantwortlich	159
4. X. 2001	NATO Zusammenarbeit zur Abwehr des Terrorismus beschlossen	180
7. X. 2001	USA beginnen Militärschläge in Afghanistan	181
6. XI. 2001	Deutschland leistet militärische Hilfe für Operation Enduring Freedom	195
10. XI. 2001	US-Präsident Bush ruft zum Krieg gegen Terrorismus auf	198
13. XI. 2001	Russisch-amerikanisches Gipfeltreffen	207
5. XII. 2001	Implementierung des START-Vertrages abgeschlossen	237
13. XII. 2001	USA treten vom ABM-Vertrag zurück	262
24. I. 2002	Vorstellungen der Bush-Administration zur Abrüstungsdiplomatie	294
29. I. 2002	Präsident Bush zur Lage der Nation	299
12. II. 2002	Außenminister Fischer kritisiert US-Politik gegenüber „Achse des Bösen"	305
11. III. 2002	Präsidenten Bush ruft zur zweiten Phase des Krieges gegen Terrorismus auf	308
12. III. 2002	Außenminister Powell zur Nuclear Posture Review	311
10. IV. 2002	Erstes Treffen des Quartetts über Nahen Osten	316
23. V. 2002	Rede von US-Präsident Bush während einer Sondersitzung des Deutschen Bundestags	338
24. V. 2002	USA und Russland schließen Abrüstungsvertrag und vereinbaren weitere Kooperation	344
6. VI. 2002	USA werden Ministerium für Heimatverteidigung einrichten	374
13. VI. 2002	USA wollen Kooperation bei Raketenabwehr	381
24. VI. 2002	US-Präsident hält Grundsatzrede zum Nahen Osten	389
16. VII. 2002	Bemühungen des Quartetts für Friedenslösung im Nahen Osten fortgesetzt	399
1. VIII. 2002	USA vereinbaren Zusammenarbeit mit ASEAN-Staaten bei Bekämpfung des Terrorismus	405
9. VIII. 2002	Bundeskanzler Schröder kritisiert Irak-Politik der USA	408
15. VIII. 2002	Bundeskanzler Schröder bekräftigt deutsche Haltung im Irak-Konflikt	409
26. VIII. 2002	US-Vizepräsident zur Politik gegenüber dem Irak	414
12. IX. 2002	Rede von US-Präsident George W. Bush vor den VN	422

- III. Register -
1. Sach- und Länderregister

17. IX. 2002	Nahost-Quartett einigt sich auf „Roadmap"	429
17. IX. 2002	Nationale Sicherheitsstrategie der USA veröffentlicht	431
11. X. 2002	US-Kongress verabschiedet Resolution zum Einsatz von Gewalt gegen Irak	452
25. X. 2002	Nordkorea wirft USA Vertragsbruch vor	459
28. X. 2002	Französischer Außenminister kritisiert US-Politik in der Irak-Krise	461
29. X. 2002	Bundesregierung bleibt bei Nein zu Irak-Intervention	463
10. XII. 2002	Nationale Strategie der USA zur Abwehr von Massenvernichtungswaffen	508

VEREINTE NATIONEN

16. III. 2001	Sicherheitsrat der VN zur Einrichtung demokratischer und autonomer Selbstverwaltungsinstitutionen im Kosovo	11
21. III. 2001	Sicherheitsrat verurteilt terroristische Aktivitäten in Teilen der ehemaligen jugoslawischen Republik Mazedonien und in bestimmten Ortschaften in Südserbien	12
1. V. 2001	Sicherheitsrat lockert Sanktionenregime für Irak	50
13. VI. 2001	Sicherheitsrat zur Zusammenarbeit bei Friedenssicherungseinsätzen	68
3. VII. 2001	Sicherheitsrat der VN beschließt Maßnahmen zur weiteren Deckung des humanitären Bedarfs der irakischen Bevölkerung	109
30. VIII. 2001	Sicherheitsrat verabschiedet Grundsatzdokument über eine umfassende Strategie zur Verhütung bewaffneter Konflikte	145
10. IX. 2001	Sicherheitsrat hebt Waffenembargo gegen Jugoslawien auf	149
12. IX. 2001	Sicherheitsrat verurteilt Terror als Bedrohung des Weltfriedens	152
26. IX. 2001	Sicherheitsrat zur Souveränität und territorialen Unversehrtheit Mazedoniens	171
28. IX. 2001	Sicherheitsrat der VN gegen die Finanzierung terroristischer Handlungen	176
12. XI. 2001	Sicherheitsrat der VN über das weltweite Vorgehen gegen den Terrorismus	205
14. XI. 2001	Sicherheitsrat der VN unterstützt Einrichtung einer Übergangsverwaltung in Afghanistan	208
29. XI. 2001	Differenziertes Sanktionenregime für Irak vereinbart	219
6. XII. 2001	Sicherheitsrat unterstützt vorläufige Regelungen für Afghanistan	252
11.-21. XII. 2001	Zweite Überprüfungskonferenz zum VN-Waffenübereinkommen	255
20. XII. 2001	Sicherheitsrat beschließt Einrichtung einer Internationalen Sicherheitsbeistandstruppe für Afghanistan	283
15. I. 2002	Sicherheitsrat zur Lage zwischen Kroatien und Jugoslawien	290
16. I. 2002	Sicherheitsrat beschließt Maßnahmen gegen Mitglieder der Taliban und der Al-Qaida-Organisation	291
31. I. 2002	Grundsatzerklärung des Sicherheitsrats zur Situation Afrikas	302
12. III. 2002	Sicherheitsrat zur Situation in Israel und Palästina	313
28. III. 2002	Sicherheitsrat richtet VN-Hilfsmission für Afghanistan ein	314
30. III. 2002	Sicherheitsrat der VN zu Israel und zu den Palästinensern	315
10. IV. 2002	Erstes Treffen des Quartetts über den Nahen Osten	316
14. V. 2002	Sicherheitsrat lockert Importregime für den Irak	324
17. V. 2002	Sicherheitsrat lockert Sanktionen über UNITA	337
23. V. 2002	Sicherheitsrat verlängert Mandat für Afghanistan Unterstützungstruppe	342
26. VI. 2002	Sicherheitsrat zeigt sich befriedigt über Entwicklung in Afghanistan	392
12. VII. 2002	Sicherheitsrat beschließt Ausnahmeregelung für Internationalen Strafgerichtshof	398
16. VII. 2002	Bemühungen des Quartetts für Friedenslösung im Nahen Osten fortgesetzt	399
12. IX. 2002	Rede von US-Präsident George W. Bush vor den VN	422
17. IX. 2002	Nahost-Quartett einigt sich auf „Roadmap"	429
24. IX. 2002	Sicherheitsrat kritisiert Israel und Palästinensische Autonomiebehörde	450
8. XI. 2002	Sicherheitsrat gibt Irak letzte Chance	465

- III. Register -
1. Sach- und Länderregister

13. XI. 2002	Irak erklärt sich zur Wiederaufnahme von Inspektionen bereit	470
27. XI. 2002	Sicherheitsrat verlängert ISAF Mandat in Afghanistan	492
9. XII. 2002	Sicherheitsrat hebt alle Sanktionen über Angola auf	507
11. XII. 2002	Vierte Staatenkonferenz zum Zweiten Protokoll zum VN-Waffenabkommen	514
12.-13. XII. 2002	Vertragstaatenkonferenz des VN-Waffenübereinkommens berät über Handhabung von Restmunition	527

VERTRAUENSBILDENDE MASSNAHMEN

| 1. I. 2002 | Vertrag über den Offenen Himmel in Kraft getreten | 290 |

WASSENAAR ARRANGEMENT

| 11.-12. XII. 2002 | Mitgliedstaaten des Wassenaar Arrangements zur Bekämpfung des Terrorismus | 514 |

WELTRAUM

| 18. XII. 2001 | Russland kritisiert Pläne der USA, im Weltraum Raketenabwehrkomponenten zu stationieren | 282 |

2. Personenregister

ABDULLAH: Saudischer Kronprinz 313; 317

ABDULLAH, ABDULLAH: Außenminister Afghanistans 283; 343; 493

AL-SAADI, AMER: General, Mitglied der irakischen Regierung 466 - 467; 470

AMATO, GIULIANO: italienischer Politiker 265; 270

ANNAN, KOFI: Generalsekretär der Vereinten Nationen 30; 126; 210; 316; 399 - 400; 429; 444; 470

ARAFAT, YASSIR: Präsident der Palästinensischen Autonomiebehörde 27; 30 - 31; 103; 105; 189; 273; 298 - 299; 306; 315 - 317

ARMITAGE, RICHARD: Stellvertr. Außenminister der USA 23

ARROYO, GLORIA MACAPAGAL: Präsidentin der Philippinen 309

ASHDOWN, LORD PADDY: EU Sonderbeauftragter für Bosnien-Herzegowina 525

AZNAR, JOSÉ MARIA: Ministerpräsident Spaniens 306; 350

BERTINI, CATHERINE: Persönliche Abgesandte des VN Generalsekretärs 430

BILDT, CARL: Sonderbeauftragter des VN Generalsekretärs für den Balkan 65

BIN LADEN, OSAMA: Islamischer Terrorist 160; 183; 184; 186; 197; 208; 210; 211; 292, 415

BLAIR, TONY: Premierminister Großbritanniens 151; 160; 306; 420; 470

BLIX, HANS: Leiter von UNMOVIC 470; 472 - 474; 527

BOLTON, JOHN: Staatssekretär im US-State Department 129; 294; 297; 298; 455

BONHOEFFER, DIETRICH: Pastor und Widerstandskämpfer im Dritten Reich 342

BOUCHER, RICHARD: Sprecher des US State Departments 454

BRAHIMI, LAKDAR: Sonderbeauftragter des Generalsekretärs der VN 87; 102; 125; 190; 207; 244; 377; 393

BRILL, KENNETH C.: US Diplomat 516

BURNS, WILLIAM: Abteilungsleiter im US State Department 29; 30

BUSH, GEORGE H. W.: früherer US Präsident 312

BUSH, GEORGE W.: US Präsident 5 - 6; 14; 21; 28; 48; 55 - 57; 66 - 67; 112; 114 - 116; 129 - 131; 150; 159; 181; 183; 185; 189; 198; 207; 262; 278; 294 - 296; 298 - 300; 305; 308; 312; 317; 338; 370; 374 - 381; 389; 400; 402; 407 - 408; 412; 414 - 415; 417; 419; 422; 429 - 431; 433 - 436; 438; 440; 443; 445; 448; 452 - 453; 455; 459 - 460

CASTRO, FIDEL: Präsident Cubas 8

CHE GUEVARA, ERNESTO: Revolutionär 8

CHENEY, RICHARD: US Vizepräsident, früherer Verteidigungsminister 312; 414

CHIRAC, JACQUES: Präsident Frankreichs 108; 151; 181; 420

CHURCHILL, WINSTON: früherer britischer Premierminister 7

CIMOSZEWICZ, WLODZIMIERZ: Außenminister Polens 451

CLINTON, BILL: US Präsident 4

COATS, DANIEL: US Botschafter in Berlin 151

DANIELSSON, SUNE: Leiter des Sekretariats des Wassenaar Arrangements 516

DASCHLE, TOM: US Senator 160

DEHAENE, JEAN-LUC: früherer belgischer Ministerpräsident 265; 270

DEMIREL, SULEYMAN: früherer Präsident der Türkei 16; 28

EAGLEBURGER, LAWRENCE: früherer Staatssekretär im US State Department 112

EINHORN, ROBERT J.: Assistant Secreatry for Nonproliferation, US State Department 24

EL BARADEI, MOHAMMED: Generaldirektor der IAEO 470; 472 - 473; 527, 531

ESSY, AMARA: Generalsekretär der Organisation der Afrikanischen Einheit 302

FISCHER, JOSCHKA: Außenminister Deutschlands 244; 285; 305 - 306; 407 - 408; 487

FRANKS, THOMAS: US General 339

GEORGIEVSKI, LJUBCO: Premierminister Mazedoniens 78

GEPHARDT, RICHARD: Sprecher der Demokraten im US-Repräsentantenhaus 160

- III. Register -
2. Personenregister

GISCARD D'ESTAING, VALÉRY: früherer Präsident Frankreichs 264; 270; 306; 308

GIULIANI, RUDY: Bürgermeister von New York 163; 185

HADLEY, STEVEN: Stellvertretender Nationaler Sicherheitsberater von US Präsident Bush 23

HASTERT, DENNY: Sprecher des US-Repräsentantenhauses 160

INDYK, MARTIN: US Diplomat 29

IWANOW, IGOR: Außenminister Russlands 131

IWANOW, SERGEJ: Verteidigungsminister Russlands 115; 131

JAGLAND, THORBJÖRN: Außenminister Norwegens 16; 28

JOSPIN, LIONEL: Ministerpräsident Frankreichs 151

KADISH, RONALD: Direktor BMDO 7; 130

KARADZIC, RADOVAN: bosnisch-serbischer Politiker, als Kriegsverbrecher gesucht 281; 365

KARSAI, HAMID: Führer der Übergangsregierung Afghanistans und Premierminister 300; 377; 393

KAVAN, JAN: Außenminister der Tschechischen Republik 336

KELLY, JAMES A.: Abteilungsleiter im US State Department 454; 455

KIM DAE-JUNG: Präsident Südkoreas 55

KISSINGER, HENRY A.: früherer US Außenminister 5; 418

KLAIBER, KLAUS-PETER: Deutscher Diplomat, Sonderbeauftragter der EU für Afghanistan 253; 265

KLEIN, HUGO: früherer Verfassungsrichter und Staatsrechtslehrer 212

KOHL, HELMUT: früherer Bundeskanzler 266; 338

KOLAROV, PETER: bulgarischer Diplomat 528

KUJAT, HARALD: General, Vorsitzender des NATO Militärausschusses 420

LEBER, GEORG: früherer Bundesminister der Verteidigung 403

LEVIN, CARL: US Senator 112

LOTT, TRENT: US Senator 160

MAHLEY, DON: US Diplomat 133

MCCAIN, JOHN: US Senator 5

MCNAMARA, ROBERT: früherer US Verteidigungsminister 8

MERZ, FRIEDRICH: Vorsitzender der Unionsfraktion im Deutschen Bundestag 285

MICHALAK, TOMASZ: Staatssekretär im polnischen Finanzministerium 451

MILOŠEVIC, SLOBODAN: früherer Präsident Serbiens 35; 60; 122

MITCHELL, GEORGE: früherer US Senator 16; 25; 28 - 31; 33; 103; 105; 189; 195; 207; 274; 316

MLADIC, RATKO: Bosnisch-serbischer Militärführer, als Kriegsverbrecher gesucht 281; 365

MOELLER, PER STIG: Außenminister Dänemarks 400; 429

MORATINOS, MIGUEL ANGEL: Sonderbeauftragter der EU für den Nahen Osten 104

MUSCHARRAF, PERVEZ: Präsident Pakistans 301

OHRYZKO, VOLODYMYR: ukrainischer Diplomat 515; 516

PAGTAKHAN, REY: Staatssekretär im kanadischen Außenministerium 170

PATAKI, GEORGE: Gouverneur des Staates New York 163

PATTEN, CHRIS: EU Kommissar für Außenbeziehungen 400; 429

PERES, SHIMON: Außenminister Israels 189; 254

PIQUÉ, JOSEP: Außenminister Spaniens 316

POWELL, COLIN: Außenminister der USA 28; 55; 131; 311; 316 - 317; 391; 400; 405; 429; 462; 470

PRODI, ROMANO: Präsident der EU Kommission 308; 350; 421

PUTIN, WLADIMIR: Präsident Russlands 108; 115; 129 - 131; 150 - 151; 207; 262 - 263; 278; 296; 312; 339 - 340; 348; 350; 370; 381

RABBANI, BURHANUDDIN: afghanischer Politiker 239

RABIN, JITZHAK: früherer Premierminister von Israel 27; 33

RALSTON, JOSEPH: General, NATO SACEUR 176

REAGAN, RONALD: früherer US Präsident 415

REED, JACK: US Senator 311

RIDGE, TOM: Berater von US Präsident Bush zu Fragen der inneren Sicherheit 376

- III. Register -
2. Personenregister

ROBERTSON, LORD GEORGE: NATO Generalsekretär 66; 154; 180; 481

ROMAN-MOREY, ENRIQUE: Leiter der Genfer Branche der VN Abrüstungsabteilung 528

ROTFELD, ADAM D.: Staatssekretär im polnischen Außenministerium 451

RUDMAN, WARREN: früherer US Senator 16; 28

RÜHE, VOLKER: früherer Bundesminister der Verteidigung 403

RUMSFELD, DONALD H.: US Verteidigungsminister 5; 22; 115; 131; 195; 411 - 412; 414

SABRI, NADSCHI: Außenminister des Irak 470

HUSSEIN, SADDAM: Präsident des Irak 8; 22; 112 - 114; 305; 407 - 409; 415 - 418; 420; 423 - 426; 464

SALEH, ALI ABDULLAH: Präsident des Jemens 310

SANDERS, CHRIS: niederländischer Diplomat 528

SCHAATH, NABIL: Außenminister der Palästinensischen Autonomiebehörde 254

SCHARPING, RUDOLF: Verteidigungsminister Deutschlands bis 2002 403

SCHEWARDNADSE, EDUARD: Präsident Georgiens 310

SCHLIECHER, RON: US Diplomat 29

SCHMIDT, HELMUT: früherer Bundeskanzler und Verteidigungsminister 403

SCHRÖDER, GERHARD: Deutscher Bundeskanzler 14; 150; 157; 181; 196; 209; 284 - 285; 306; 338; 340; 408 - 414; 419; 463

SHARON, ARIEL: Premierminister von Israel 25; 32; 103; 306

SOLANA, JAVIER: Hoher Vertreter der EU für GASP 17; 28; 76 - 77; 254; 274; 285; 306 - 308; 316; 350; 400; 421; 429; 456; 522; 525

SOOD, RAKESH: indischer Diplomat 528

STIEGLER, LUDWIG: Vorsitzender der Bundestagsfraktion der SPD 421

STOIBER, EDMUND: Ministerpräsident Bayerns 411

STRUCK, PETER: Verteidigungsminister Deutschlands 403

SVILANOVIC, GORAN: Außenminister Jugoslawiens 44

TENET, GEORGE: Direktor des US Geheimdienstes CIA 74, 195; 207; 273; 316

TÓTH, TIBOR: ungarischer Diplomat 132 - 133; 469

TRAJKOWSKI, BORIS: Präsident Mazedoniens 15; 38; 61; 78; 137; 173; 176; 246; 251; 261; 281; 456

TRUMAN, HARRY: früherer US Präsident 376

VACEK, PAVEL: tschechischer Diplomat 336

VERHOFSTADT, GUY: Premierminister Belgiens 151; 158

VILLEPIN, DOMINIQUE DE: Außenminister Frankreichs 461 - 462; 487

WARNER, JOHN: US Senator 112

WOLFOWITZ, PAUL: Stellvertretender Verteidigungsminister der USA 23; 112; 130 - 131

ZAHIR, MOHAMMED: früherer König von Afghanistan 239; 240; 393

ZINNI; ANTHONY: US General, Sonderbotschafter 316; 317

3. Abkürzungsverzeichnis

ABC-Waffen	Atomare, Biologische und Chemische Waffen
ABM	Anti-Ballistic Missiles (Bilateraler US-sowjetischer Vetrag über die Begrenzung von Systemen zur Abwehr Strategischer Raketen vom 26. Mai 1972
AFSOUTH	Hauptquartier Südeuropa (NATO)
AIDS	Acquired Immune Deficiency Syndrome
ANZUS	Australia, Newsealand, US Pact
APEC	Asia-Pacific Economic Cooperation
ASEAN	Association of South East Asian Nations (Indonesien, Malaysia, Philippinen, Singapur, Thailand)
ASG	Afghanistan Support Group
AStV	Ausschuss der Ständigen Vertreter
AWACS	Flugzeuge des luftgestützten Frühwarn- und Leitsystems der NATO
AWG	Außenwirtschaftsgesetz
AWV	Außenwirtschaftsverordnung
BDIMR	Büro für demokratische Institutionen und Menschenrechte in Warschau (KSZE)
BM	Ballistic Missile
BMD(O)	Ballistic Missile Defense (Organization)- Abwehr ballistischer Raketen
BMVg	Verteidigungsministerium
BMWi	Wirtschaftsministerium
BNP	Bruttonationalprodukt
BRJ	Bundesrepublik Jugoslawien
BSP	Brutto Sozial Produkt
BTWC	Biological and Toxin Weapons Convention (Übereinkommen über das Verbot chemischer Waffen sowie des Übereinkommens über das Verbot biologischer Waffen und von Toxinwaffen)
BW	Biological Weapons (Biologische Waffen)
BWÜ	Übereinkommen zum Verbot von Biologischen- und Toxinwaffen
CBM	Confidence Building Measure
CBRN	Chemical, Biological, Radiological and Nuclear Weapons
CBO	Congressional Budget Office
CBW	Chemical and biological weapons
CCW	Convention on Prohibitions or Restrictions on the Use of Certain Conventional Weaopons which May be Deemed to be Excessively Injurious or to have Indiscriminate Effects
CD	Conference on Disarmament (Genfer Abrüstungskonferenz)
CDM	Capabilities Development Mechanism (Mechanismus zur Entwicklung der militärischen Fähigkeiten der EU
CFE	Conventional Armed Forces in Europe
CFSP	Common Foreign and Security Policy
CIA	Central Intelligence Agency (oberste Geheimdienstbehörde der USA, gegr. 1947)
CIC	Konferenz über die Verbesserung der militärischen Fähigkeiten des Europäischen Rates vom 19. November 2001
CIS	Commonwealth of Independent States
CJPS	Combined Joint Planning Staff
CJTF	Combined Joint Task Forces - Alliierte Streitkräftekommandos
CME	Krisenmanagementübungen der EU
CNAD	Konferenz der Nationalen Rüstungsdirektoren
CNN	nordamerikanischer Nachrichtensender
COMKFOR	Commander KFOR
COMSFOR	Commander SFOR

- III. Register -
3. Abkürzungsverzeichnis

COTER	Committee on Terrorism
CRG	Compliance Review Group
CTBT(O)	Atomtestverbotsvertrag (Comprehensive Test Ban Treaty)(Organisation)
CTR	Cooperative Threat Reduction
CW(C)	Chemical Weapons (Convention)
CWÜ	Chemiewaffenübereinkommen
DCDA	Defence Capability Development Agency
DCI	Defence Capabilities Initiative (Initiative zur Verteidigungsfähigkeit)
DCOs	District Coordination Office (Israelisch - palästinensische Bezirkskoordinationsbüros)
DDR	Disarmament, Demobilisation und Reintegration (Konfliktverhütung der G8)
DFVSR	Deutsch-französischer Verteidigungs- und Sichrheitsrat
DGP	Hochrangige Verteidigungspolitische Arbeitsgruppe für Proliferation der NATO (Senior Defence Group on Proliferation)
DPC	Verteidigungsplanungsausschuß (NATO)
DPKO	Department of Peace Keeping Operations (innerhalb des VN-Sekretariats
DPRK	Democratic People´s Republic of Korea
DSACEUR	Stellvertreter des Obersten Alliierten Befehlshabers Europa
EAPR	Euro-Atlantischer Partnerschaftsrat
ECAP	European Capabilities Action Plan (Europäischer Aktionsplan zum Ausbau militärischer Fähigkeiten
ECHO	Büro der Europäischen Kommission für Humanitäre Operationen
ECOMOG	Friedenstruppe afrikanischer Staaten in Liberia
EFTA	European Free Trade Association (Europäische Freihandelsgemeinschaft
EG	Europäische Gemeinschaft
EGV	Vertrag zur Gründung der Europäischen Gemeinschaft
EPA	Europäische Polizeiakademie
ERW	Explosive Remnants of War
ESSENTIAL HARVEST	NATO-geführte Operation auf mazedonischem Territorium
ESVI	Europäische Sicherheits- und Verteidigungsidentität
ESVP	Europäische Sicherheits- und Verteidigungspolitik
EU	Europäische Union
EUMC	Militärausschuss der EU
EUMM	EU-Überwachungsmission
EUMS	Militärstab der EU
EUPM	Polizeimission in Bosnien und Herzegowina (EU)
EUV	Vertrag über die Europäische Union
EXSPEC	Ausarbeitung der Übungsspezifikationen (EU)
FAO	Food and Agriculture Organization
FATF	Financial Action Task Force
FAZ	Frankfurter Allgemeine Zeitung
FBI	Federal Bureau of Investigation
FFC	Fact-Finding Commission
FHQ	Force Headquarters (Einsatz Hauptquartiere)
FMCT	Verbot der Herstellung Spaltbaren Materials für Waffenzwecke (Fissile Material Cutoff Convention)
FRY	Federal Republic of Jugoslavia
FSK	Forum für Sicherheitskooperation der KSZE/OSZE
FYROM	Former Yugoslav Republic of Macedonia
G7/G8	Gipfeltreffen der sieben größten Industriestaaten (G7) und Russlands (G8)
GASP	Gemeinsame Außen- und Sicherheitspolitik der Europäischen Union

- III. Register -
3. Abkürzungsverzeichnis

GATT	Allgemeines Zoll- und Handelsabkommen (General Agreement on Tariffs and Trade)
GBG	Gemeinsame Beratungsgruppe (KSE-Verhandlungen)
GC	General Conference
GDE	für den ESVP-Bereich zuständige Dienststelle des Ratssekretariats
GESVP	Gemeinsame Europäische Sicherheits- und Verteidigungspolitik
GEVP	Gemeinsame Europäische Verteidigungspolitik
GEWR	Gemeinsamer Europäischer Wirtschaftsraum
GICHD	Geneva International Centre for Humanitarian Demining
GHz	Giga-Hertz
GMES	Global Monitoring for Environment and Sucurity
GUS	Gemeinschaft unabhängiger Staaten
HDZ	Kroatischer Nationalkongress
HEU	highly enriched uranium
HIPC	Highly Indebted Poor Countries - hochverschuldete arme Länder
HIV	human immunodeficiency virus - Aids Virus
HKNM	Hoher Kommissar für Nationale Minderheiten der OSZE
HQ	Headquarter
HR	High Representative
HRW	Human Rights Watch
HTF	Headline Goals Task Force/ Planziel Task-Force
IADS	Integrated Air Defence
IAEA	International Atomic Energy Agency
IAEO	Internationale Atomenergie Organisation
IAO	Internationale Arbeitsorganisation
ICAO	International Civil Aviation Organization (internat. Zivilluftfahrt-Organisation der VN)
ICBL	Internationale Kampagne zum Verbot von Landminen
ICBM	Inter-Continental Ballistic Missile (Landgestützte Interkontinentalrakete
ICC	International Criminal Court
ICMP	International Commission on Missing Persons
ICO	Islamische Konferenz
ICRC	International Committee of the Red Cross
ICTY	Internationales Kriegsverbrechertribunal für ehem. Jugoslawien
IDA	International Development Fund
IDF	Israelische Verteidigungsstreitkräfte
IKRK	Internationales Komitee des Roten Kreuzes
IMF	International Monetary Fund
INF	Intermediate Range Nuclear Forces
INFCIRC	Information Circular (Dokumente der IAEO/IAEA
INTAS	Internationale Vereinigung für die Förderung der Zusammenarbeit mit Wissenschaftlern aus den GUS-Staaten S.352???
IPTF	Internationale Polizeitruppe in Bosnien Herzegowina
IRBM	Intermediate-range ballistic missile
IS	Internationaler Stab (NATO)
ISAF	Internationale Sicherheitstruppe für Afghanistan
ISTAR	Nachrichtengewinnung, Überwachung, Zielerfassung und Aufklärung
ISTC	Internationales Wissenschafts- und Technologiezentrum
IStGhJ	Internationaler Strafgerichtshof für Jugoslawien
ISU	Implementation Support Unit
IT	Informationstechnologie
IWF	Internationaler Währungsfond
JPKF	Kommando der gemeinsamen Friedenstruppe in Georgien
KDVR	Koreanische Demokratische Volksrepublik
KEDO	Korean Energy Development Organization
KFOR	NATO-geführte multinationale Friedenstruppe für den Kosovo

- III. Register -
3. Abkürzungsverzeichnis

KPC	Kosovo-Schutzkorps
KSE	Verhandlungen über Konventionelle Streitkräfte in Europa
LTBT	Limited Test Ban Treaty (Vertrag zur Begrenzng von Kernwaffentests)
LWR	Leichtwasserreaktor
MANPADS	man-portabe air defence systems
MAP	Membership Action Plan / Aktionsplan zur Mitgliedschaft (NATO)
MCP	Mikrokanalplatte
MLS	Rechnersysteme mit mehrstufiger Sicherheit
MOTAPM	Mines Other Than Anti-Personnel Mines (Minen, die nicht direkt gegen Personen eingesetzt werden
MTCR	Missile Technology Control Regime (Raketen Technologie Kontroll-Regime
MVW	Massenvernichtungswaffen
NAC	North Atlantic Council
NACD	Non-proliferation, Arms Control and Disarmament
NATO	Nordatlantikvertragsorganisation (North Atlantic Treaty Organization)
NBC	Nuclear, Biological, Chemical
NEPAD	New Partnership for Africa's Development
NGOs	Nichtstaatliche Organisationen
NIM	Baugruppenträger für nukleare Instrumentierungsmodule
NMD	National Missile Defense
NPG	Nukleare Planungsgruppe (NATO)
NPR	Nuclear Posture Review
NPT	Nuklearer Nichtverbreitungsvertrag
NRF	NATO Response Force
NRO	Nichtregierungsorganisation
NRR	NATO-Russland-Rat
NSC	National Security Council / Nationaler Sicherheitsrat
NSG	Nuclear Suppliers Group (Gruppe der Nuklearlieferländer)
NUK	NATO-Ukraine-Kommission
NVV	Nuklearer Nichtverbreitungsvertrag
NWFZ	Nuclear-weapon free zones
OAS	Organization of American States
OAU	Organization of African Unity
OCCAR	Organisation Conjointe de Coopération en matière d'Armement
OCHA	Office for the Coordination of Humanitarian Assistance
OECD	Organisation für wirtschaftliche Zusammenarbeit und Entwicklung (Organization for Economic Co-operation and Development)
OHQ	Operations Headquarter (WEU)
OHR	Office of the High Representative
OIP	Büro für das Irak-Programm der VN
OPLAN	Einsatzplan der NATO zum Schutz der VN-Schutzzonen
OSZE	Organisation für Sicherheit und Zusammenarbeit in Europa
PA	Palästinensische Autonomiebehörde
PARP	PfP-Planungs- und Überprüfungsprozeß
PfP	Partnerschaft für den Frieden (NATO)
PIC	Friedensimplementierungsrat für Bosnien-Herzegowina (Peace Implementation Council)
PJC	Permanenter Gemeinsamer NATO-Russland-Rat
PKA	Partnerschafts- und Kooperationsabkommen
PLO	Palästinensische Befreiungsorganisation
PNET	Peaceful Nuclear Explosions Treaty ????
PSK	Politisches und Sicherheitspolitisches Komitee der EU
R&T	Research and Technology

- III. Register -
3. Abkürzungsverzeichnis

REACT	Schnelle Einsatzgruppen für Expertenhilfe und Kooperation (OSZE)
RI	Regierung Israels
SAARC	South Asian Association for Regional Cooperation
SACEUR	Supreme Allied Commander Europe (der NATO)
SACLANT	Oberbefehlshaber der NATO für den Atlantik
SACO	Special Action Committee on Okinawa
SALW	Small arms and light weapons
SEECAP	South East Europe Common Assessment Paper on Regional Security Challenges and Opportunities
SEEGROUP	South East Europe Security Cooperation Steering Group
SEEI	South East Europe Initiative
SFOR	Stabilisierungstruppe in Bosnien und Herzegowina (NATO)
SHAPE	Oberstes Hauptquartier der NATO für Europa
SIS	Schengener Informationssystem
SLBM	Sea-Launched Ballistic Missile (U-Boot gestützte strategische Rakete)
SLV	Space launch vehicle
SOFA	Status of Forces Agreement (Rechtsstellung der Truppen)
SOPs	Standing Operating Procedures (WEU)
SORT	Strategic Offensive Reductions Treaty
START	Strategic Arms Reduction Talks (Verhandlungen über die Verminderung strategischer Rüstung
TFF	Task Force Fox
THAAD	Theater High-Altitude Area Defense
TLE	Treaty Limited Equipment - Kategorien der durch den KSE-Vertrag begrenzten konventionellen Waffen und Ausrüstungen
TMD	theater missile defense - regional begrenzte Abwehr ballistischer Raketen
TTBT	Threshold Test Ban Treaty
TTR	Träger-Technologie-Regime
U(d)SSR	Union (der) Sozialistischen Sowjetrepubliken
UCK	Albanische Befreiungsbewegung
UK	United Kingdom
UNAMA	United Nations Assistance Mission in Afghanistan (Hilfsmission der Vereinten Nationen in Afghanistan)
UNESCO	Sonderorganisation der VN für Erziehung, Wissenschaft und Kultur
UNHCR	Hoher Flüchtlingskommissar der VN
UNICEF	Kinderhilfswerk der VN
UNITA	União Nacional para a Independência Tatal de Angola
UNMIK	VN-Mission im Kosovo
UNMOP	Beobachtermission der Vereinten Nationen in Prevlaka
UNMOVIC	Überwachungs-, Verifikations- und Inspektionskommission der VN für den Irak
UNO	United Nations Organization (VN)
UNODCCP	Büro der Vereinten Nationen für Drogenkontrolle und Verbrechensverhütung
UNOMIG	Präsenz der Vereinten Nationen in Georgien
UNOMSIL	Beobachtermission der VN in Sierra Leone
UNPOA	UN Programme of Action to Prevent, Combat and Eradicate the Illicit Trade in SALW in All Its Aspects
UNSCOM	Sonderkommission der VN für den Irak
UNSMA	Sondermission der Vereinten Nationen in Afghanistan
UNTAET	Friedensmission der vereinten Nationen in Ost-Timor
US(A)	United States (of America)
USAID	United States Agency for International Development
USSR	Union der sozialistischen Sowjetrepubliken

- III. Register -
3. Abkürzungsverzeichnis

VN	Vereinte Nationen
VSBM	Vertrauens- und sicherheitsbildende Maßnahmen
WA	Wassenaar Arrangement
WEAG	Westeuropäische Rüstungsgruppe
WEU	Westeuropäische Union
WEUDAM	WEU-Mission zur Hilfe bei Minenräumarbeiten in Kroatien
WMD	Weapons of mass destruction (Massenvernichtungswaffen)
WTO	Welthandelsorganisation (World Trade Organization)

- III. Register -
4. Quellenverzeichnis

4. Verzeichnis der Quellen

ABRÜSTUNGSBERICHT: Bericht zur Rüstungskontrolle, Abrüstung und Nichtverbreitung 2002, herausgegeben vom Auswärtigen Amt
AMERIKA DIENST: herausgegeben von der US-Botschaft, Berlin, Website: www.usembassy.de
AMERIKANISCHE BOTSCHAFT, BERLIN: US-Botschaft, Berlin, Website: www.usembassy.de
AUSSENMINISTERIUM DER RUSSISCHEN FÖDERATION: Moskau, durch Botschaft der Russischen Föderation, Berlin, Website: www.russische-botschaft.de
AUSWÄRTIGES AMT: Website: www.auswaertiges-amt.de

BOTSCHAFT DES STAATES ISRAEL: Botschaft des Staates Israel, Berlin, Presseerklärungen
BRITISCHE BOTSCHAFT, BERLIN: Website: www.britischebotschaft.de

CBWC BULLETIN: Chemical and Biological Weapons Conventions Bulletin, hrsg. von der University of Sussex
CD: Dokumente der Conference on Disarmament, Website: www.unog.ch
CTBTO: Preparatory Commission for the Comprehensive Testban Treaty Organization, Wien, Website: www.ctbto.org

DEUTSCHER BUNDESTAG, PLENARPROTOKOLL: Website: www.bundestag.de
DEUTSCHER BUNDESTAG DRUCKSACHE: Website: www.bundestag.de
DEUTSCHE NATO VERTRETUNG: Brüssel, Website: www.nato.int/germany
DEUTSCHER ÜBERSETZUNGSDIENST, VEREINTE NATIONEN: New York, Website: www.un.org
DIE ZEIT: Wochenzeitung, Hamburg
DOKUMENTARCHIV.DE: Website: www.dokumentarchive.de

EUROPÄISCHER KONVENT: Brüssel, Website: www.european-convention.eu.int

FRANZÖSISCHE BOTSCHAFT, BERLIN: Website: www.botschaft-frankreich.de

IAEA WEBSITE: International Atomic Energy Agency, Wien, Website: www.iaea.org
INTERNATIONALE POLITIK: Monatszeitschrift, herausgegeben von der Deutschen Gesellschaft für Auswärtige Politik, Berlin

KANADISCHES MINISTERIUM FÜR AUSWÄRTIGE BEZIEHUNGEN UND AUßENHANDEL: Website: www.dfait_maeci.gc.ca

MTCR WEBSITE: Sekretariat des Missile Technology Control Regime (MTCR), Ottawa, Website: www.mtcr.info

NATO WEBSITE: North Atlantic Treaty Organization, Brüssel, Website: www.nato.int
NSG WEBSITE: Sekretariat des Nuclear Supplier Regimes (NSG), Berlin (Bundesministerium für Wirtschaft und Technologie), Website: www.nsg-online.org
NORDKOREANISCHES AUßENMINISTERIUM, Botschaft Nordkoreas in Berlin, Website: www.kvdr.de

- III. Register -
4. Quellenverzeichnis

OSZE: Organisation für Sicherheit und Zusammenarbeit in Europa, Wien, Website: www.osce.org

PRÄSIDIALAMT DER REPUBLIK MAZEDONIEN: Website: www.president.gov.mk/eng/info

PRESSE- UND INFORMATIONSAMT DER BUNDESREGIERUNG: Website: www.bundesregierung.de

RUSSISCHE BOTSCHAFT, BERLIN: Website: www.russische-botschaft.de

UN DISARMAMENT WEBSITE: Genf, Website: www.unog.ch/disarm oder New York: www.un.org

US DEPARTMENT OF STATE: Website: www.state.gov

UN WEBSITE: New York: www.un.org

WEBSITE AUSTRALIA GROUP: Sekretariat der Australien-Gruppe, Canberra, Website: www.australiagroup.net

WEBSITE DER EU: Brüssel, Website: www.eu.int

WEBSITE WASSENAAR: Sekretariat des Wassenaar Arragements, Den Haag, Website: www.wassenaar.org

WHITE HOUSE: Washington, D.C., Website: www.whitehouse.gov

Eine präzisere Kennzeichnung der Internet URL-Adressen erschien nicht sinnvoll, da diese zu häufig umgestellt und oft Dokumente auch wieder entfernt werden.